이렇게 기막힌 적중률

함께 공부하고 특별한 혜택까지!

이기적 스터디 카페 

구독자 13만 명, 전강 무료!

이기적 유튜브 

인증만 하면, **고퀄리티 강의**가 **무료!**

100% 무료 강의

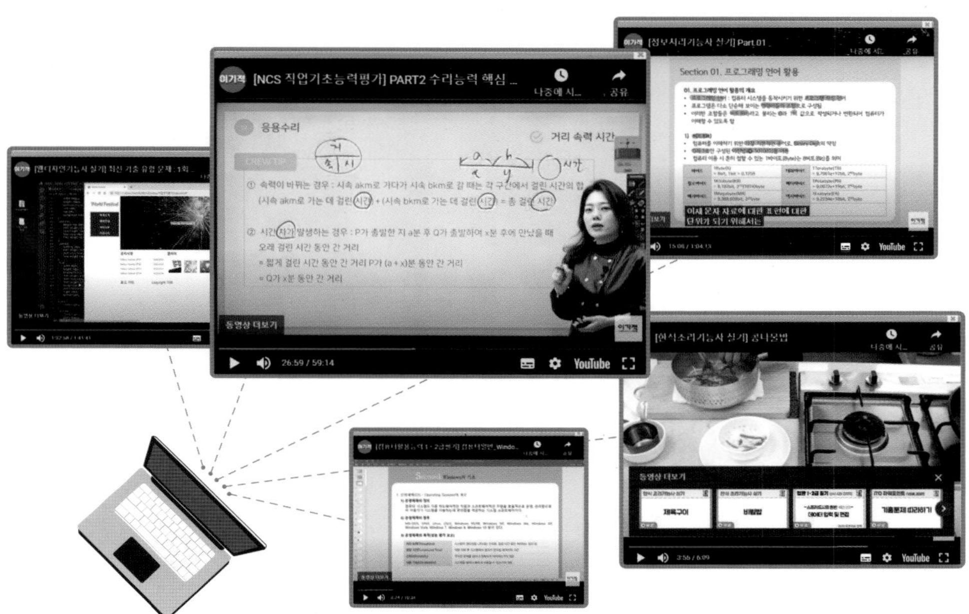

STEP 1
이기적 홈페이지 접속하기

›

STEP 2
무료동영상 게시판에서 과목 선택하기

›

STEP 3
ISBN 코드 입력 & 단어 인증하기

›

STEP 4
이기적이 준비한 명품 강의로 본격 학습하기

영진닷컴 이기적

1년 365일 이기적이 쏜다!

365일 진행되는 이벤트에 참여하고 다양한 혜택을 누리세요.

EVENT ❶

기출문제 복원

- 이기적 독자 수험생 대상
- 응시일로부터 7일 이내 시험만 가능
- 스터디 카페의 링크 클릭하여 제보

EVENT ❷

합격 후기 작성

- 이기적 스터디 카페의 가이드 준수
- 네이버 카페 또는 개인 SNS에 등록 후 이기적 스터디 카페에 인증

EVENT ❸

온라인 서점 리뷰

- 온라인 서점 구매자 대상
- 한줄평 또는 텍스트 & 포토리뷰 작성 후 이기적 스터디 카페에 인증

EVENT ❹

정오표 제보

- 이름, 연락처 필수 기재
- 도서명, 페이지, 수정사항 작성
- book2@youngjin.com으로 제보

이벤트 자세히 보기 ▶

- N페이 포인트 5,000~20,000원 지급
- 영진닷컴 쇼핑몰 30,000원 적립
- 30,000원 미만의 영진닷컴 도서 증정

※이벤트별 혜택은 변경될 수 있으므로 자세한 내용은 해당 QR을 참고하세요.

이렇게
기막힌
적중률

정보처리기사
필기 절대족보

1권 · 이론서

"이" 한 권으로 합격의 "기적"을 경험하세요!

YoungJin.com Y.
영진닷컴

차례

1권 ▶ 합격 강의

손에 잡히는 핵심이론

2권

손에 잡히는 기출문제

구매 인증 PDF

더 공부하고 싶다면?
그래서 이기적이 준비했습니다!
[이기적 스터디 카페]에 접속한 후 구매인증을 하면 더 많은 추가 자료를 보내드립니다.
이기적은 여러분의 합격을 응원합니다!

이 책의 구성

01 손에 잡히는 핵심이론

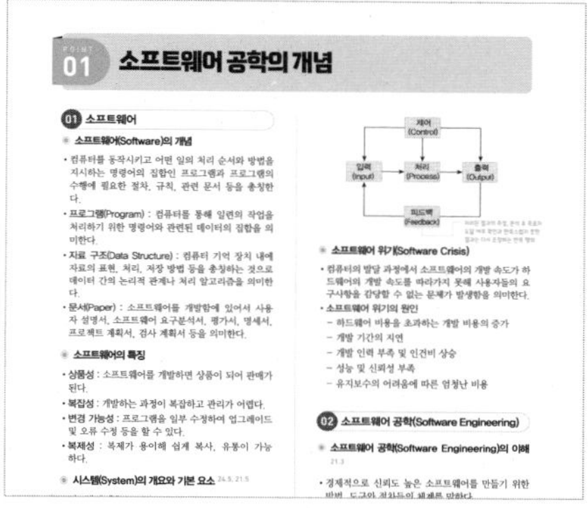

시험에 출제될 가능성이 높은 핵심이론을 엄선하여 기적의 Tip과 함께 학습할 수 있도록 구성했습니다.

02 단답형&객관식 문제

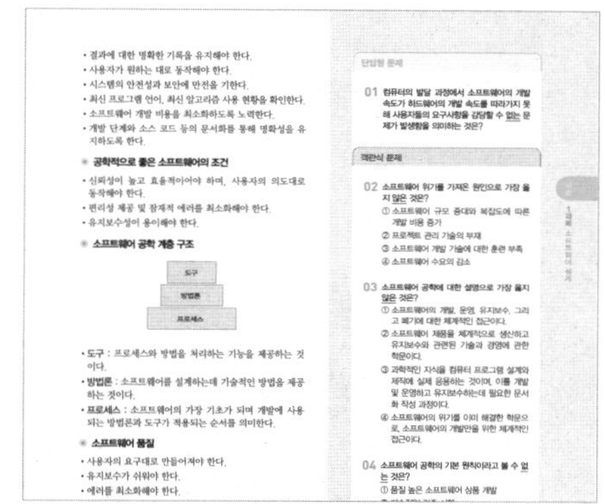

이론 학습 후 바로 단답형&객관식 기출문제를 풀어보며 학습한 내용을 확실하게 정리할 수 있습니다.

03 자주 출제되는 기출문제 190선

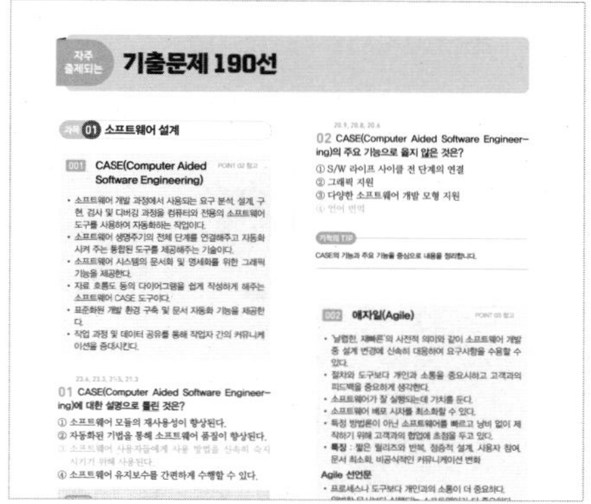

시험에 자주 출제되는 필수 개념을 다시 한 번 확인하고, 빈출 기출문제를 풀어보며 출제 유형을 파악할 수 있습니다.

04 최신 기출문제 14회

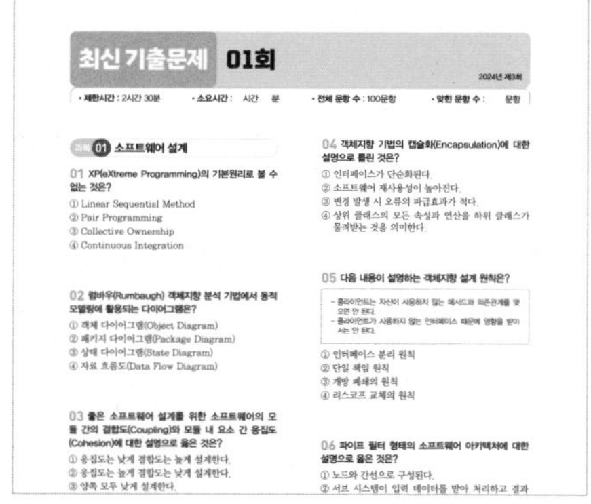

2020~2024년 최신 기출문제 총 14회분을 실제 시험처럼 풀어보며 실전 감각을 빠르게 향상시킬 수 있습니다.

시험의 모든 것

01 응시 자격 조건

- 4년제 대학 졸업자 및 졸업예정자 이상의 학력 소지자만 응시 가능
- 정확한 응시 자격은 시행처에서 확인

02 원서 접수

- 큐넷 홈페이지(q-net.or.kr)에서 접수
- 원서 접수 기간에 직접 인터넷으로 접수

03 시험 응시

- 신분증, 수험표, 기타 준비물 지참
- CBT 시험 방식으로 진행

04 합격자 발표

- 시험 종료와 동시에 합격 여부 확인
- 큐넷 홈페이지에서도 확인 가능

01 시행처

한국산업인력공단

02 시험 일정

- 1년에 3회
- 매년 변경되므로 확인 필수

03 시험 과목

필기	소프트웨어 설계 소프트웨어 개발 데이터베이스 구축 프로그래밍 언어 활용 정보 시스템 구축 관리
실기	정보처리 실무

04 검정 방법

필기	객관식 4지 택일형 과목당 20문항(과목당 30분)
실기	필답형(2시간 30분)

05 합격 점수

필기	100점을 만점으로 하여 과목당 40점 이상, 전과목 평균 60점 이상
실기	100점을 만점으로 하여 60점 이상

06 출제기준

출제기준 바로보기

- 적용 기간 : 2023.1.1. ~ 2025.12.31.
- 자세한 사항은 시행처 참고

소프트웨어 설계	요구사항 확인 화면 설계 애플리케이션 설계 인터페이스 설계
소프트웨어 개발	데이터 입출력 구현 통합 구현 제품 소프트웨어 패키징 애플리케이션 테스트 관리 인터페이스 구현
데이터베이스 구축	SQL 응용 SQL 활용 논리 데이터베이스 설계 물리 데이터베이스 설계 데이터 전환
프로그래밍 언어 활용	서버 프로그램 구현 프로그래밍 언어 활용 응용 SW 기초 기술 활용
정보 시스템 구축 관리	소프트웨어 개발 방법론 활용 IT 프로젝트 정보 시스템 구축 관리 소프트웨어 개발 보안 구축 시스템 보안 구축

시험 출제 경향

1과목 소프트웨어 설계 20문항

항목	비율	빈출 태그
01. 요구사항 확인	19%	요구사항 분석, 요구사항 관리 도구, 요구사항 검토, 워크스루, UML, 유즈케이스 다이어그램, 객체지향 분석 기법
02. 화면 설계	5%	사용자 인터페이스 기본 원칙, UI 설계 지침, UI 설계 원칙
03. 애플리케이션 설계	25%	자료 흐름도, 데이터 사전, 모듈화, 응집도, 결합도, 소프트웨어 아키텍처 품질 속성, 미들웨어, WAS
04. 인터페이스 설계	2%	JSON, AJAX, 인터페이스 연계 기술, 인터페이스 검증 도구, 소프트웨어 모델링
05. 소프트웨어 개발 및 방법론	49%	Gof 디자인패턴, CASE, 재공학, 재사용, 애자일, XP, 객체지향, 객체지향의 구성요소, 캡슐화, 추상화, 상속성, CBD

2과목 소프트웨어 개발 20문항

항목	비율	빈출 태그
01. 데이터 입출력 구현	26%	선형/비선형 자료 구조, Stack, 검색, 정렬, 순환 복잡도
02. 통합 구현	8%	상향/하향식 통합, Stub, Driver, V 모델
03. 제품 소프트웨어 패키징	12%	패키징의 개념, 형상 관리, 형상 관리 도구의 명령어, 빌드 자동화 도구, 성능 테스트 도구, 클린코드, 외계인코드, DRM 구성 요소
04. 애플리케이션 테스트 관리	40%	테스트 케이스, 인수 테스트(알파, 베타), 블랙/화이트박스 테스트, 소프트웨어 테스트 원리, 단위 테스트, 단위 테스트 도구, 경계값 분석
05. 인터페이스 구현	14%	인터페이스 시스템의 구성, API, SOAP, 미들웨어 솔루션 유형, IDE

3과목 데이터베이스 구축 20문항

		빈출 태그
01. SQL 응용	17%	DDL, DML, DCL
02. SQL 활용	22%	하위 질의, SQL 연산자
03. 논리 데이터베이스 설계	42%	트리 순회, E-R 다이어그램, 이상 현상, 정규화, Locking, 관계 대수, 순수 관계 연산자, 데이터베이스 설계 단계(개념-논리-물리), 릴레이션의 구성, 키의 종류, 무결성
04. 물리 데이터베이스 설계	18%	분산 데이터베이스의 목표, 데이터베이스 분할, 인덱스, 해싱
05. 데이터 전환	1%	트랜잭션, 정규화, 반정규화

4과목 프로그래밍 언어 활용 20문항

		빈출 태그
01. 서버 프로그램 구현	16%	분산 운영체제의 투명성, 분산 운영체제의 구조, UNIX 명령어, UNIX 환경 변수
02. 프로그래밍 언어 활용	35%	C(변수, 자료형, 라이브러리, 반복문, 문자열 처리, 연산자), JAVA(연산자, 변수, 접근 제어자, 배열 객체, 함수, 출력), Python
03. 응용 SW 기초 기술 활용	49%	운영체제 스케줄링, 가상 기억 장치, LINUX, IP, TCP/IP, OSI 7계층

5과목 정보 시스템 구축 관리 20문항

		빈출 태그
01. 소프트웨어 개발 방법론 활용	18%	SW 개발 프레임워크, HSM, Hadoop, LOC, COCOMO, 나선형 모델, ISO/IEC 12207, ISO/IEC 9126 품질 특성
02. IT 프로젝트 정보 시스템 구축 관리	16%	프로젝트 일정 관리(PERT, CPM, Putnam)
03. 소프트웨어 개발 보안 구축	20%	접근 통제, CMMI, 소프트웨어 품질, SPICE
04. 시스템 보안 구축	46%	정보보안의 3요소, RIP, 공격 유형, 암호화 기법(공개키, 비공개키, 해시)

CBT 가이드

좌석번호 확인	수험자 접속 대기 화면에서 본인의 좌석번호를 확인합니다.
수험자 정보 확인	시험 감독관이 수험자의 신분을 확인하는 단계입니다. 신분 확인이 끝나면 시험이 시작됩니다.
안내사항	시험 안내사항을 확인하고, 다음을 클릭합니다.
유의사항	시험과 관련된 유의사항을 확인합니다.
문제풀이 메뉴 설명	시험을 볼 때 필요한 메뉴에 대한 설명을 확인합니다. 메뉴를 이용해 글자 크기와 화면 배치를 조정할 수 있습니다. 남은 시간을 확인하며 답을 표기하고, 필요한 경우 아래의 계산기를 이용할 수 있습니다.
문제풀이 연습	시험 보기 전, 연습을 해 보는 단계입니다. 직접 시험 메뉴화면을 클릭하며, CBT가 어떻게 진행되는지 확인합니다.
시험 준비 완료	문제풀이 연습을 모두 마친 후 [시험 준비 완료] 버튼을 클릭하면 시험 감독관의 지시에 따라 시험이 시작됩니다.
시험 시작	시험이 시작되었습니다. 수험자는 제한 시간에 맞추어 문제풀이를 시작합니다.
답안 제출	시험을 완료하면 [답안 제출] 버튼을 클릭합니다. 답안을 수정하기 위해 시험화면으로 돌아가고 싶으면 [아니오] 버튼을 클릭합니다.
답안 제출 최종 확인	답안 제출 메뉴에서 [예] 버튼을 클릭하면, 수험자의 실수를 방지하기 위해 한 번 더 주의 문구가 나타납니다. 완벽히 시험 문제 풀이가 끝났다면 [예] 버튼을 클릭하여 최종 제출합니다.
합격 발표	CBT 시험이 모두 종료되면, 퇴실할 수 있습니다.

CBT 필기시험에 대해 이해하셨나요?
그렇다면 이기적이 준비한 CBT 온라인 문제집으로 학습해 보세요!

이기적 온라인 문제집 : https://cbt.youngjin.com

이기적 CBT 바로가기

손에 잡히는 핵심이론

POINT 01

소프트웨어 공학의 개념

01 소프트웨어

소프트웨어(Software)의 개념

- 컴퓨터를 동작시키고 어떤 일의 처리 순서와 방법을 지시하는 명령어의 집합인 프로그램과 프로그램의 수행에 필요한 절차, 규칙, 관련 문서 등을 총칭한다.
- **프로그램(Program)** : 컴퓨터를 통해 일련의 작업을 처리하기 위한 명령어와 관련된 데이터의 집합을 의미한다.
- **자료 구조(Data Structure)** : 컴퓨터 기억 장치 내에 자료의 표현, 처리, 저장 방법 등을 총칭하는 것으로 데이터 간의 논리적 관계나 처리 알고리즘을 의미한다.
- **문서(Paper)** : 소프트웨어를 개발함에 있어서 사용자 설명서, 소프트웨어 요구분석서, 평가서, 명세서, 프로젝트 계획서, 검사 계획서 등을 의미한다.

소프트웨어의 특징

- **상품성** : 소프트웨어를 개발하면 상품이 되어 판매가 된다.
- **복잡성** : 개발하는 과정이 복잡하고 관리가 어렵다.
- **변경 가능성** : 프로그램을 일부 수정하여 업그레이드 및 오류 수정 등을 할 수 있다.
- **복제성** : 복제가 용이해 쉽게 복사, 유통이 가능하다.

시스템(System)의 개요와 기본 요소 24.5, 21.5

- 시스템의 개요
  - 컴퓨터로 처리 가능한 자료를 입력하고 저장, 처리, 가공해 출력할 수 있도록 설계/구현된 정보 체계를 의미한다.
  - 하나의 목적을 위해 다양한 요소가 유기적으로 결합된 것을 의미한다.
- 기본 요소
  - 입력, 처리, 출력, 제어, 피드백으로 구성된다.

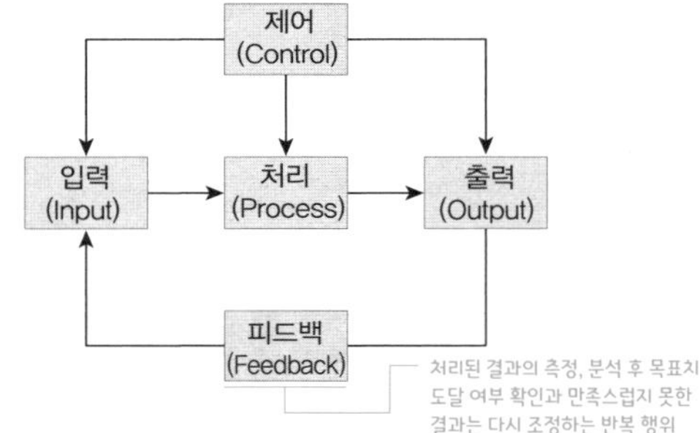

소프트웨어 위기(Software Crisis)

- 컴퓨터의 발달 과정에서 소프트웨어의 개발 속도가 하드웨어의 개발 속도를 따라가지 못해 사용자들의 요구사항을 감당할 수 없는 문제가 발생함을 의미한다.
- 소프트웨어 위기의 원인
  - 하드웨어 비용을 초과하는 개발 비용의 증가
  - 개발 기간의 지연
  - 개발 인력 부족 및 인건비 상승
  - 성능 및 신뢰성 부족
  - 유지보수의 어려움에 따른 엄청난 비용

02 소프트웨어 공학(Software Engineering)

소프트웨어 공학(Software Engineering)의 이해 21.3

- 경제적으로 신뢰도 높은 소프트웨어를 만들기 위한 방법, 도구와 절차들의 체계를 말한다.
- IEEE(전기전자학회(미국))는 소프트웨어의 개발, 운용, 유지보수 및 파기에 대한 체계적인 접근 방법이라 정의하였다.

Institute of Electrical and Electronics Engineers

소프트웨어 공학의 기본 원칙

- 현대적인 프로그래밍 기술을 적용해야 한다.
- 신뢰성이 높아야 한다.
- 사용의 편리성과 유지보수성이 높아야 한다.
- 지속적인 검증 시행을 해야 한다.

- 결과에 대한 명확한 기록을 유지해야 한다.
- 사용자가 원하는 대로 동작해야 한다.
- 시스템의 안전성과 보안에 만전을 기한다.
- 최신 프로그램 언어, 최신 알고리즘 사용 현황을 확인한다.
- 소프트웨어 개발 비용을 최소화하도록 노력한다.
- 개발 단계와 소스 코드 등의 문서화를 통해 명확성을 유지하도록 한다.

◉ 공학적으로 좋은 소프트웨어의 조건

- 신뢰성이 높고 효율적이어야 하며, 사용자의 의도대로 동작해야 한다.
- 편리성 제공 및 잠재적 에러를 최소화해야 한다.
- 유지보수성이 용이해야 한다.

◉ 소프트웨어 공학 계층 구조

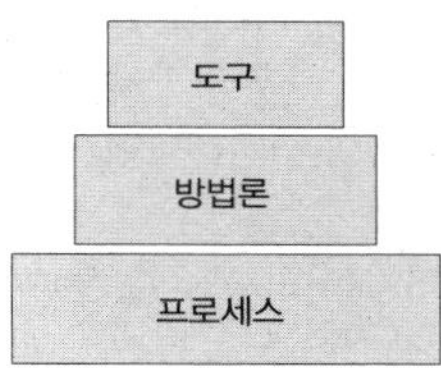

- **도구** : 프로세스와 방법을 처리하는 기능을 제공하는 것이다.
- **방법론** : 소프트웨어를 설계하는데 기술적인 방법을 제공하는 것이다.
- **프로세스** : 소프트웨어의 가장 기초가 되며 개발에 사용되는 방법론과 도구가 적용되는 순서를 의미한다.

◉ 소프트웨어 품질

- 사용자의 요구대로 만들어져야 한다.
- 유지보수가 쉬워야 한다.
- 에러를 최소화해야 한다.
- 초반에 정한 비용에 맞춰 개발해야 한다.
- 정확한 결과가 도출되어야 한다.
- 원하는 시간에 원하는 기능을 수행할 수 있어야 한다.

◉ 소프트웨어 공학의 목표

- 소프트웨어의 생산성과 품질을 향상시킨다.
- 최소의 비용으로 단기간에 시스템에 적합한 소프트웨어를 개발하는 것이 소프트웨어 공학의 궁극적 목적이다.

단답형 문제

01 컴퓨터의 발달 과정에서 소프트웨어의 개발 속도가 하드웨어의 개발 속도를 따라가지 못해 사용자들의 요구사항을 감당할 수 없는 문제가 발생함을 의미하는 것은?

객관식 문제

02 소프트웨어 위기를 가져온 원인으로 가장 옳지 않은 것은?

① 소프트웨어 규모 증대와 복잡도에 따른 개발 비용 증가
② 프로젝트 관리 기술의 부재
③ 소프트웨어 개발 기술에 대한 훈련 부족
④ 소프트웨어 수요의 감소

03 소프트웨어 공학에 대한 설명으로 가장 옳지 않은 것은?

① 소프트웨어의 개발, 운영, 유지보수, 그리고 폐기에 대한 체계적인 접근이다.
② 소프트웨어 제품을 체계적으로 생산하고 유지보수와 관련된 기술과 경영에 관한 학문이다.
③ 과학적인 지식을 컴퓨터 프로그램 설계와 제작에 실제 응용하는 것이며, 이를 개발 및 운영하고 유지보수하는데 필요한 문서화 작성 과정이다.
④ 소프트웨어의 위기를 이미 해결한 학문으로, 소프트웨어의 개발만을 위한 체계적인 접근이다.

04 소프트웨어 공학의 기본 원칙이라고 볼 수 없는 것은?

① 품질 높은 소프트웨어 상품 개발
② 지속적인 검증 시행
③ 결과에 대한 명확한 기록 유지
④ 최대한 많은 인력 투입

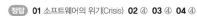

정답 01 소프트웨어의 위기(Crisis) 02 ④ 03 ④ 04 ④

POINT 02

재공학

01 재공학 24.8

◉ 소프트웨어 재공학(Software Reengineering)

└ 현재의 시스템을 변경하거나 재구조화(Restructuring)하는 것

- 소프트웨어 위기를 개발의 생산성이 아닌 유지보수의 생산성으로 해결하려는 방법을 의미한다.
- 현재의 시스템을 변경하거나 재구조화(Restructuring)하는 것이다.
- 재구조화는 재공학의 한 유형으로 사용자의 요구사항이나 기술적 설계의 변경 없이 프로그램을 개선한다.
- 재공학 관점에서 가장 연관 깊은 유지보수 유형은 예방 유지보수(Preventive Maintenance)이다.

◉ 재공학의 장점, 목표, 과정 20.8

장점	개발 시간 및 비용 감소, 품질 향상, 생산성 향상, 신뢰성 향상, 구축 방법에 대한 지식의 공유, 프로젝트 실패 위험 감소
목표	• 소프트웨어의 유지보수성 향상이 최우선 목표이다. • 복잡한 시스템을 다루는 방법 구현, 다른 뷰의 생성, 잃어버린 정보의 복구 및 제거 • 재사용을 수월하게 하며 소프트웨어의 수명을 연장하기 위해서이다.
과정	분석(Analysis) → 구성(Restructuring) → 역공학(Reverse Engineering) → 이식(Migration)

◉ 재공학의 과정 22.3

- **분석(Analysis)** : 기존 소프트웨어의 명세서를 확인하여 소프트웨어의 동작을 이해하고 재공학 대상을 선정하는 것이다.
- **재구성(Restructuring)** 23.6, 23.3 : 소프트웨어 구조를 향상시키기 위해 코드를 재구성하는 것이다.
- **역공학(Reverse Engineering)** 23.6, 22.3 : 원시 코드를 분석하여 소프트웨어 관계를 파악하고 기존 시스템의 설계 정보를 재발견하여 다시 제작하는 작업이다.
- **이식(Migration)** : 기존 소프트웨어 시스템을 새로운 기술 또는 하드웨어 환경에서 사용할 수 있도록 변환하는 작업이다.

◉ 리팩토링(Refactoring)

- 소프트웨어를 보다 쉽게 이해할 수 있고, 적은 비용으로 수정할 수 있도록 겉으로 보이는 동작의 변화 없이 내부 구조를 변경하는 것을 의미한다.

02 CASE(Computer Aided Software Engineering)

◉ CASE 24.3, 23.6, 23.3

- 소프트웨어 개발 과정에서 사용되는 요구분석, 설계, 구현, 검사 및 디버깅 과정을 컴퓨터와 전용 소프트웨어 도구를 사용하여 자동화하는 작업이다.
- 자료 흐름도 등의 다이어그램을 쉽게 작성하게 해주는 소프트웨어 도구이다.
- 작업 과정 및 데이터 공유를 통해 작업자 간의 커뮤니케이션을 증대한다.

◉ CASE가 제공하는 기능 21.5, 21.3, 20.9

- 개발을 신속하게 할 수 있고, 오류 수정이 쉬워 소프트웨어 품질이 향상된다.
- 소프트웨어 생명주기의 전체 단계를 연결해 주고 자동화시켜 주는 통합된 도구를 제공해주는 기술이다.
- 소프트웨어 시스템의 문서화 및 명세화를 위한 그래픽 기능을 제공한다.
- 소프트웨어 개발 단계의 표준화를 기할 수 있으며 자료 흐름도 작성 기능을 제공한다.
- 모델들 사이의 모순 검사 기능을 제공하며 다양한 소프트웨어 개발 모형을 지원한다.
- **원천 기술** 23.6 : 구조적 기법, 프로토타이핑 기술, 정보 저장소 기술

◉ CASE 사용의 장점

- 소프트웨어 개발 기간 단축 및 개발 비용을 절약하여 소프트웨어 생산성을 향상시킨다.
- 자동화된 검사를 통해 소프트웨어 품질이 향상된다.
- 프로그램의 유지보수가 간편해지고 소프트웨어 모듈의 재사용성이 향상된다.

• 소프트웨어 개발 주기의 표준안 확립, 소프트웨어 개발 기법의 실용화, 문서화의 용이성 제공, 시스템 수정 및 유지보수 축소 등의 효과를 얻을 수 있다.

◉ **CASE의 분류** 21.5 모델 간 모순 검사 기능, 모델 오류 검증 기능, 자료 흐름도 작성 기능

• 상위(Upper) CASE : 요구분석 및 설계 단계 지원
• 하위(Lower) CASE : 소스 코드 작성, 테스트, 문서화 과정 지원
• 통합(Integrate) CASE : 소프트웨어 개발 주기 전체 과정 지원

03 요구사항 분석을 위한 CASE 도구

◉ 요구사항 분석을 위한 CASE

• 요구사항을 자동으로 분석하고, 요구사항 분석 명세서를 기술하도록 개발된 도구를 의미한다.
• 표준화와 보고를 통한 문서화 품질 개선, 변경이 주는 영향 추적의 용이성, 명세에 대한 유지보수 비용 축소, 교차 참조도와 보고서를 통한 결함, 생략, 불일치 등의 발견 용이성 등의 특징을 갖는다.
• DB를 모두가 이용 가능하다는 점에서 분석자들 간의 적절한 조정 기능을 제공한다.

◉ 요구사항 분석을 위한 CASE 도구

• SADT(Structured Analysis and Design Technique) 20.9 : SoftTech 사에서 개발한 것으로 시스템 정의, 소프트웨어 요구사항 분석, 시스템/소프트웨어 설계를 위해 널리 이용되어 온 구조적 분석 및 설계 도구이다. 구조적 요구분석을 하기 위해 블록 다이어그램을 채택한 자동화 도구이다.
• SREM(Software Requirements Engineering Methodology) = RSL/REVS : TRW 사가 우주국방시스템 그룹에 의해 실시간 처리 소프트웨어 시스템에서 요구사항을 명확히 기술하도록 할 목적으로 개발한 것으로, RSL과 REVS를 사용하는 자동화 도구이다.
  – RSL(Requirement Statement Language) : 요소, 속성, 관계, 구조들을 기술하는 요구사항 기술 언어이다.
  – REVS(Requirement Engineering and Validation System) : RSL로 기술된 요구사항들을 자동으로 분석하여 요구사항 분석 명세서를 출력한다.
• PSL/PSA : 미시간 대학에서 개발한 것으로 PSL과 PSA를 사용하는 자동화 도구이다.

단답형 문제

01 소프트웨어를 분석하여 소프트웨어 개발 과정과 데이터 처리 과정을 설명하는 분석 및 설계 정보를 재발견하거나 다시 만들어내는 과정을 무엇이라고 하는가?

02 SoftTech 사에서 개발된 것으로 구조적 요구분석을 하기 위해 블록 다이어그램을 채택한 자동화 도구는?

객관식 문제

03 소프트웨어 재공학이 소프트웨어의 재개발에 비해 갖는 장점으로 거리가 먼 것은?
① 위험 부담 감소
② 비용 절감
③ 시스템 명세의 오류 억제
④ 개발 시간의 증가

04 소프트웨어 재공학의 주요 활동 중 기존 소프트웨어 시스템을 새로운 기술 또는 하드웨어 환경에서 사용할 수 있도록 변환하는 작업을 의미하는 것은?
① Analysis ② Migration
③ Restructuring ④ Reverse Engineering

05 CASE(Computer Aided Software Engineering)의 주요 기능으로 옳지 않은 것은?
① S/W 생명주기 전 단계의 연결
② 그래픽 지원
③ 다양한 소프트웨어 개발 모형 지원
④ 언어 번역

정답 01 역공학 02 SADT 03 ④ 04 ② 05 ④

POINT

03 소프트웨어 개발 방법론

01 소프트웨어 설계 방법론

◉ 소프트웨어 생명주기(Software Life Cycle)

- 소프트웨어 제품의 개념 형성에서 시작하여 운용/유지보수에 이르기까지 변화의 모든 과정이다.
- 타당성 검토 → 개발 계획 → 요구사항 분석 → 설계 → 구현 → 테스트 → 운용 → 유지보수

◉ 폭포수 모형(Waterfall Model)의 개요 24.5

- 선형 순차적 모델이라고도 하며 Boehm이 제시한 고전적 생명주기 모형으로, 소프트웨어 개발 과정의 각 단계가 순차적으로 진행되는 모형이다.

◉ 나선형 모형(Spiral Model) 24.8, 23.8, 23.3, 21.3

- Boehm이 제시하였으며, 반복적인 작업을 수행하는 점증적 생명주기 모형이다.
- 점증적 모형, 집중적 모형이라고도 하며 유지보수 과정이 필요 없다.
- 소프트웨어 개발 중 발생할 수 있는 위험을 관리하고 최소화하는 것이 목적이다.
- 나선을 따라서 돌아가면서 각 개발 순서를 반복하여 수행하는 점진적 방식으로 누락된 요구사항을 추가할 수 있다.

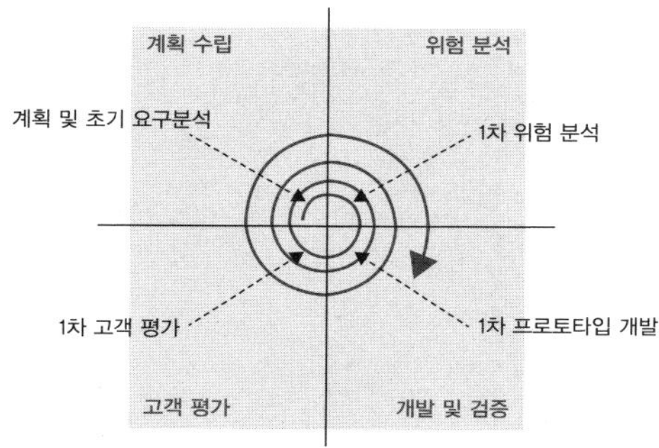

◉ 나선형 모형의 개발 단계 22.7

- **계획 수립** : 기능, 제약 등의 세부적 계획 단계이다.
- **위험 분석** : 위험 요소 분석 및 해결 방안 설정 단계이다.
- **개발과 검증** : 기능 개발 및 검증 단계이다.
- **고객 평가 및 다음 단계 수립** : 결과물 평가 및 추후 단계 진행 여부를 결정하는 단계이다.

◉ 하향식과 상향식 설계 20.6

- **하향식 설계** : 소프트웨어 설계 시 제일 상위에 있는 Main User Function에서 시작하여 기능을 하위 기능들로 나눠 가면서 설계하는 방식이다.
- **상향식 설계** : 가장 기본적인 컴포넌트를 먼저 설계한 다음 이것을 사용하는 상위 수준의 컴포넌트를 설계하는 방식이다.

◉ 프로토타입 모형(Prototype Model)의 개요 22.7

- 실제 개발될 시스템의 견본(Prototype)을 미리 만들어 최종 결과물을 예측하는 모형이다.
- 개발이 완료되고 나서 사용을 하면 문제점을 알 수 있는 폭포수 모형의 단점을 보완하기 위한 모형으로 요구사항을 충실하게 반영할 수 있다.

24.8, 24.5, 24.3, 22.3, 20.6

◉ HIPO(Hierarchy Input Process Output)

- 입력, 처리, 출력으로 구성되는 시스템 분석 및 설계와 시스템 문서화용 기법이다.
- 일반적으로 가시적 도표(Visual Table of Contents), 총체적 다이어그램(Overview Diagram), 세부적 다이어그램(Detail Diagram)으로 구성된다.
- 구조도(가시적 도표, Visual Table of Contents), 개요, 도표(Index Diagram), 상세 도표(Detail Diagram)로 구성된다. └ 전체적인 기능과 흐름을 보여줌
- 기능과 자료의 의존 관계를 동시에 표현할 수 있다.
- 보기 쉽고 이해하기 쉬우며 유지보수가 쉽다.
- 하향식 소프트웨어 개발을 위한 문서화 도구이다.

◉ V-모델 23.6, 22.3

- 폭포수 모형에 시스템 검증과 테스트 작업을 강조한 모델이다.
- 세부적인 프로세스로 구성되어 있어서 신뢰도 높은 시스템 개발에 효과적이다.
- 개발 단계의 작업을 확인하기 위해 테스트 작업을 수행한다.
- 생명주기 초반부터 테스트 작업을 지원한다.
- 코드뿐만 아니라 요구사항과 설계 결과도 테스트할 수 있어야 한다.
- 폭포수 모형보다 반복과 재처리 과정이 명확하다.
- 테스트 작업을 단계별로 구분하므로 책임이 명확해진다.

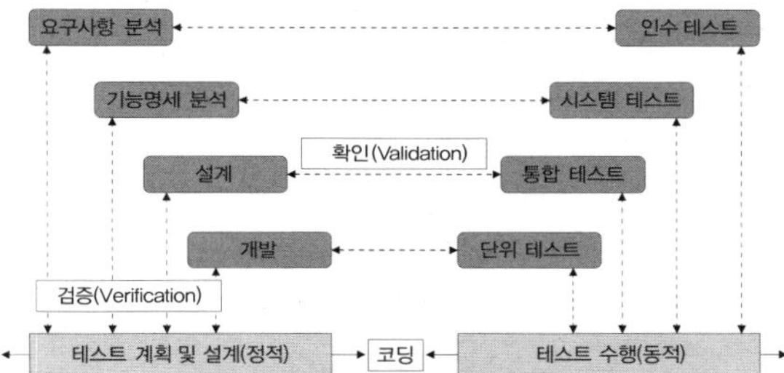

▲V-모델과 테스트 단계

02 애자일(Agile) 개발 방법론 23.8, 23.3, 22.4, 21.9, 20.9

◉ 애자일(Agile) 개발 방법론 — 사전적 의미 : 날렵한, 재빠른

- 특정 방법론이 아닌 소프트웨어를 빠르고 낭비 없이 제작하기 위해 고객과의 협업에 초점을 둔 것으로 소프트웨어 개발 중 설계 변경에 신속히 대응하여 요구사항을 수용할 수 있다.
- 개인과 소통 및 고객과의 피드백을 중요하게 생각한다.
- 소프트웨어가 잘 실행되는데 가치를 두며, 소프트웨어 배포 시차를 최소화할 수 있다.

특징	짧은 릴리즈와 반복, 점증적 설계, 사용자 참여, 문서 최소화, 비공식적인 커뮤니케이션 변화
종류 21.5	익스트림프로그래밍(XP, eXtreme Programming), 스크럼(SCRUM), 린(Lean), DSDM(Dynamic System Development Method, 동적 시스템 개발 방법론), FDD(Feature Driven Development, 기능 중심 개발), Crystal, ASD(Adaptive Software Development, 적응형 소프트웨어 개발 방법론), DAD(Disciplined Agile Delivery, 학습 애자일 배포)

단답형 문제

01 프로토타입을 지속적으로 발전시켜 최종 소프트웨어 개발까지 이르는 개발 방법으로 위험 관리가 중심인 소프트웨어 생명주기 모형은?

객관식 문제

02 HIPO(Hierarchy Input Process Output)에 대한 설명으로 거리가 먼 것은?
① 상향식 소프트웨어 개발을 위한 문서화 도구이다.
② HIPO 차트 종류에는 가시적 도표, 총체적 도표, 세부적 도표가 있다.
③ 기능과 자료의 의존 관계를 동시에 표현할 수 있다.
④ 보기 쉽고 이해하기 쉽다.

03 애자일 기법에 대한 설명으로 맞지 않는 것은?
① 절차와 도구보다 개인과 소통을 중요하게 생각한다.
② 계획에 중점을 두어 변경 대응이 난해하다.
③ 소프트웨어가 잘 실행되는데 가치를 둔다.
④ 고객과의 피드백을 중요하게 생각한다.

04 소프트웨어 생명주기 모형 중 고전적 생명주기 모형으로 선형 순차적 모델이라고도 하며, 타당성 검토, 계획, 요구사항 분석, 구현, 테스트, 유지보수의 단계를 통해 소프트웨어를 개발하는 모형은?
① 폭포수 모형
② 애자일 모형
③ 컴포넌트 기반 방법론
④ 6GT 모형

05 애자일 개발 방법론이 아닌 것은?
① 스크럼(Scrum)
② 익스트림 프로그래밍(XP)
③ 기능 주도 개발(FDD)
④ 하둡(Hadoop)

정답 01 나선형 모형 02 ① 03 ② 04 ① 05 ④

이론 1과목 소프트웨어 설계

문서 중심이 아닌, 실행 가능한 소프트웨어를 중시

Agile 선언문 21.3

- 프로세스나 도구보다 개인과의 소통이 더 중요하다.
- 완벽한 문서보다 실행되는 소프트웨어가 더 중요하다.
- 계약 협상보다 고객과의 협업이 더 중요하다.
- 계획을 따르는 것보다 변경에 대한 응답이 더 중요하다.

03 XP 23.6, 23.3, 22.7, 22.4, 21.9

XP(eXtreme Programming)

- 1999년 Kent Beck이 제안하였으며, 개발 단계 중 요구사항이 시시각각 변동이 심한 경우 적합한 방법론이다.

  소규모 개발 조직이 불확실하고 변경이 많은 요구를 접하였을 때 적절한 방법임
- 요구에 맞는 양질의 소프트웨어를 신속하게 제공하는 것을 목표로 한다.
- 요구사항을 모두 정의해 놓고 작업을 진행하는 것이 아니라, 요구사항이 변경되는 것을 적용하는 방식으로 예측성보다는 적응성에 더 높은 가치를 부여한 방법이다.
- 고객의 참여와 개발 과정의 반복을 극대화하여 생산성을 향상하는 방법이다.

XP 핵심 가치 24.8, 24.3, 20.9, 20.6

- **소통(Communication)** : 개발자, 관리자, 고객 간의 원활한 소통을 지향한다.
- **단순성(Simplicity)** : 부가적 기능 또는 미사용 구조와 알고리즘은 배제한다.
- **피드백(Feedback)** : 소프트웨어 개발에서 변화는 불가피하다. 이러한 변화는 지속적 테스트와 통합, 반복적 결함 수정 등 빠르게 피드백한다.
- **용기(Courage)** : 고객 요구사항 변화에 능동적으로 대응한다.
- **존중(Respect)** : 팀원 간의 상호 존중을 기본으로 한다.

XP Process

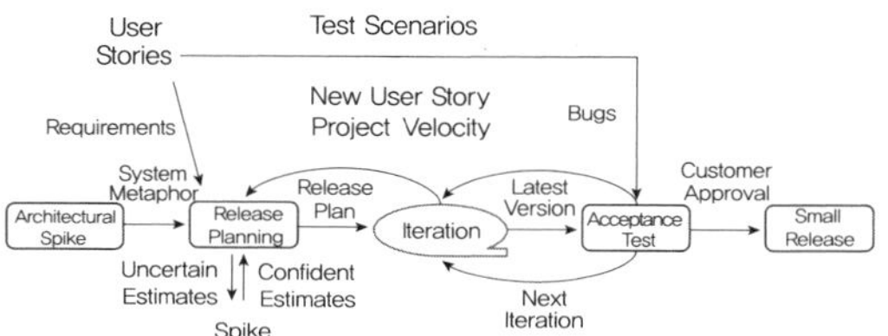

- Spike : 어려운 요구사항, 잠재적 솔루션을 고려하기 위해 작성하는 간단한 프로그램
- User Stories : 사용자의 요구사항을 간단한 시나리오로 표현(UML에서의 Use Case와 목적이 같다)

용어	설명
User Story	일종의 요구사항으로 UML의 유즈케이스와 같은 목적으로 생성되나 형식이 없고 고객에 의해 작성된다는 것이 다르다.
Release Planning	몇 개의 스토리가 적용되어 부분적으로 기능이 완료된 제품을 제공하는 것으로 부분/전체 개발 완료 시점에 대한 일정을 수립한다.
Iteration	• 하나의 릴리즈를 세분화한 단위이며 1~3주 단위로 진행된다. • 반복(Iteration) 진행 중 새로운 스토리가 추가 될 때 진행 중 반복(Iteration)이나 다음 반복에 추가될 수 있다.
Acceptance Test	• 릴리즈 단위의 개발이 구현되었을 때 진행하는 테스트로 사용자 스토리에 작성된 요구사항을 확인하여 고객이 직접 테스트한다. • 오류가 발견되면 다음 반복(Iteration)에 추가한다. 테스트 후 고객의 요구사항이 변경되거나 추가되면 중요도에 따라 우선순위가 변경될 수 있다. • 완료 후 다음 반복(Iteration)을 진행한다.
Small Release	• 릴리즈 단위를 기능별로 세분화하면 고객의 반응을 기능별로 확인할 수 있다. • 최종 완제품일 때 고객에 의한 최종 테스트 진행 후 고객에 제공한다.

XP의 12가지 실천사항(Practice) 24.8, 20.9

구분	12 실천사항	설명
Fine Scale Feed-back	Pair Program-ming (짝 프로그래밍)	• 두 사람이 짝이 되어 한 사람은 코딩을 다른 사람은 검사를 수행하는 방식이다. • 코드에 대한 책임을 공유하고, 비형식적인 검토를 수행할 수 있다. • 코드 개선을 위한 리팩토링을 장려하며, 생산성이 떨어지지 않는다.
	Planning Game	게임처럼 선수와 규칙, 목표를 두고 기획에 임한다.
	Test Driven Develop-ment	실제 코드를 작성하기 전에 단위 테스트부터 작성 및 수행하며, 이를 기반으로 코드를 작성한다.
	Whole Team	개발 효율을 위해 고객을 프로젝트 팀원으로 상주시킨다.

Continuous Process	Continuous Integration	상시 빌드 및 배포를 할 수 있는 상태로 유지한다.
	Design Improvement	기능 변경 없이 중복성/복잡성 제거, 커뮤니케이션 향상, 단순화, 유연성 등을 위한 재구성을 수행한다.
	Small Releases	짧은 주기로 잦은 릴리즈를 함으로써 고객이 변경사항을 볼 수 있게 한다.
Shared Understand-ing	Coding Standards	소스 코드 작성 포맷과 규칙들을 표준화된 관례에 따라 작성한다.
	Collective Code Ownership	시스템에 있는 소스 코드는 팀의 모든 프로그래머가 누구든지 언제라도 수정할 수 있다.
	Simple Design	가능한 가장 간결한 디자인 상태를 유지한다.
	System Metaphor	최종적으로 개발되어야 할 시스템의 구조를 기술한다.
Programmer Welfare	Sustainable Pace	일주일에 40시간 이상 작업 금지, 2주 연속 오버타임을 금지한다.

◉ 효과적인 프로젝트 관리를 위한 3대 요소 24.5

- 사람(People) – 인적 자원
- 문제(Problem) – 문제 인식
- 프로세스(Process) – 작업 계획

◉ 정형 기술 검토 지침 사항 24.5, 23.8, 23.6, 22.7, 22.3

- 의제와 그 범위를 유지하라.
- 참가자의 수를 제한하라.
- 각 체크 리스트를 작성하고, 자원과 시간 일정을 할당하라.
- 개발자가 아닌 제품의 검토에 집중하라.
- 논쟁과 반박을 제한하라.
- 검토 과정과 결과를 재검토하라.

단답형 문제

01 XP(eXtreme Programming) 프로세스 단계 중에서 다음이 설명하는 단계명은 무엇인지 쓰시오.

> – 하나의 릴리즈를 세분화한 단위이며 1~3주 단위로 진행된다.
> – 반복(Iteration) 진행 중 새로운 스토리가 추가 될 경우 진행 중 반복(Iteration)이나 다음 반복에 추가될 수 있다.

객관식 문제

02 소프트웨어 프로젝트 관리를 효과적으로 수행하는데 필요한 03P에 해당하지 않는 것은?

① People ② Problem
③ Process ④ Possibility

03 XP(eXtreme Programming)의 기본 원리로 볼 수 없는 것은?

① Linear Sequential Method
② Pair Programming
③ Collective Ownership
④ Continuous Integration

04 XP(eXtreme Programming)의 5가지 가치로 거리가 먼 것은?

① 용기 ② 의사소통
③ 정형 분석 ④ 피드백

05 애자일(Agile) 프로세스 모델에 대한 설명으로 틀린 것은?

① 변화에 대한 대응보다는 자세한 계획을 중심으로 소프트웨어를 개발한다.
② 프로세스와 도구 중심이 아닌 개개인과의 상호소통을 통해 의견을 수렴한다.
③ 협상과 계약보다는 고객과의 협력을 중시한다.
④ 문서 중심이 아닌, 실행 가능한 소프트웨어를 중시한다.

정답 01 Iteration 02 ④ 03 ① 04 ③ 05 ①

이론 1과목 소프트웨어 설계

POINT 04

SCRUM

01 SCRUM

SCRUM 개념과 특징

- 요구사항 변경에 신속하게 대처할 수 있도록 반복적이고 점진적인 소규모 팀원 간 활발한 소통과 협동심이 필요한 팀 중심의 소프트웨어 개발 방법론이다.
- 개발자들의 팀 구성과 각 구성원의 역할, 일정 결과물 및 그 외 규칙을 정하는 것을 말한다.
- 기능 개선점에 우선순위를 부여하고, 개발 주기 동안 실제 동작 가능한 결과를 제공한다.
- 개발 주기마다 적용된 기능이나 개선점의 리스트를 제공한다.
- 커뮤니케이션을 위하여 팀은 개방된 공간에서 개발하고, 매일 15분 정도 회의를 한다.
- 팀원 스스로 팀을 구성해야 한다. — Self Organizing
- 개발 작업에 관한 모든 것을 팀원 스스로 해결해야 한다. — Cross Functional

SCRUM 기본 원리

- 기능 협업을 기준으로 배치된 팀은 스프린트 단위로 소프트웨어를 개발한다.
- 스프린트는 고정된 30일의 반복이며, 스프린트 시행하는 작업은 고정된다.
- 요구사항, 아키텍처, 설계가 프로젝트 전반에 걸쳐 잘 드러나야 한다.
- 정해진 시간을 철저히 지켜야 하며, 완료된 모든 작업은 제품 백로그에 기록된다.
- 가장 기본적인 정보 교환 수단은 일일 스탠드 업 미팅, 또는 일일 스크럼이다.

SCRUM 팀

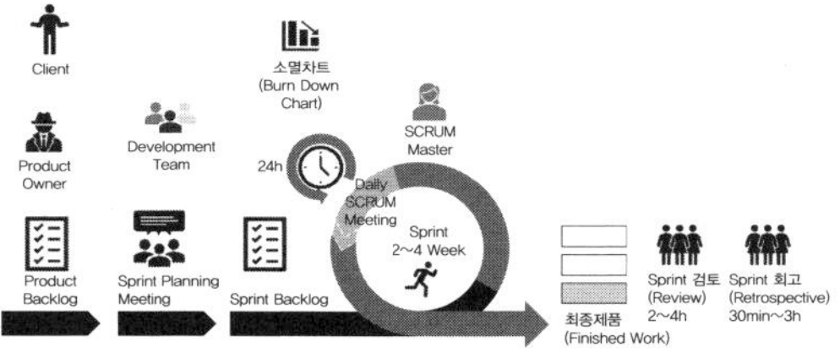

SCRUM 팀의 역할 24.3

담당자	역할
제품 책임자 (Product Owner)	• 개발 목표에 이해도가 높은 개발 의뢰자, 사용자가 담당한다. • 제품 요구사항을 파악하여 기능 목록(Product Backlog)을 작성한다. • 제품 테스트 수행 및 요구사항 우선순위를 갱신한다. • 업무 관점에서 우선순위와 중요도를 표시하고 신규 항목을 추가한다. • 스프린트 계획 수립까지만 임무를 수행한다. • 스프린트가 시작되면 팀 운영에 관여하지 않는다.
스크럼 마스터	• 업무를 배분만 하고 일은 강요하지 않으며 팀을 스스로 조직하고 관리하도록 지원한다. • 개발 과정 장애 요소를 찾아 제거한다. • 개발 과정에서 스크럼의 원칙과 가치를 지키도록 지원한다.
스크럼 팀	• 제품 책임자, 스크럼 마스터를 제외한 팀원(개발자, 디자이너, 제품 테스터 등 모든 팀원)이 해당되고 팀원은 5~9명 내외로 구성한다. • 기능을 작업 단위로 분류하며, 요구사항을 사용자 스토리로 도출, 구현한다. • 일정, 속도를 추정한 뒤 제품 책임자에게 전달한다. • 스프린트 결과물을 제품 책임자에게 시연한다. • 매일 스크럼 회의에 참여하여 진행 상황을 점검한다.

02 SCRUM 과정 22.7

Product Backlog

- 제품 개발에 필요한 모든 요구사항(User Story)을 우선순위에 따라 나열한 목록이다.
- 개발 과정에서 새롭게 도출되는 요구사항으로 인해 지속해서 업데이트된다.
- 제품 백로그에 작성된 사용자 스토리를 기반으로 전체 일정 계획인 릴리즈 계획을 수립한다.

작은 단위의 개발 업무를 단기간에 전력 질주하여 개발한다는 의미로 반복 주기(2~4주)마다 이해관계자에게 일의 진척도를 보고함

◉ Sprint Planning Meeting

- Product Backlog(제품 기능 목록)에서 진행할 항목을 선택한다.
- 선택한 Sprint에 대한 단기 일정을 수립하고, 요구사항을 개발자들이 나눠 작업할 수 있도록 Task 단위로 나눈다.
- 개발자별로 Sprint Backlog를 작성하고 결과물에 대한 반복 완료 시 모습을 결정한다.
- 수행에 필요한 요구사항을 SCRUM Master에게 보고하여 이해관계자로부터 지원을 받는다.

◉ Daily SCRUM Meeting

- 매일 약속된 시간에 짧은 시간 동안(약 15분) 서서 진행 상황만 점검한다.
- 한 사람씩 어제 한 일과 오늘 할 일을 이야기하고 스프린트 작업 목록을 잘 개발하고 있는지 확인한 뒤 완료된 세부 작업 항목을 완료 상태로 옮겨 스프린트 현황판에 갱신한다.
- 스크럼 마스터는 방해 요소를 찾아 해결하고 잔여 작업 시간을 소멸 차트(Burn down Chart)에 기록한다.

◉ Finished Work

- 모든 스프린트 주기가 완료되면 제품 기능 목록(Product Backlog)의 개발 목표물이 완성된다.

◉ 스프린트 리뷰(Sprint Review)

- 스프린트 검토 회의(Sprint Review)에 개발자와 사용자가 같이 참석한다.
- 하나의 스프린트 반복 주기 (2~4주)가 끝나면 실행 가능한 제품이 생성되는데 이에 대해 검토하며, 검토는 가능한 4시간 안에 마무리한다.
- 개선해야 할 사항에 대하여 제품 책임자(Product Owner)는 피드백을 정리하고 제품 백로그(Product Backlog)를 작성하여 다음 스프린트에 적용한다.

◉ 스프린트 회고(Sprint Retrospective)

- 스프린트에서 수행한 활동과 결과물을 살펴본다.
- 개선점이 없는지 살펴보고 문제점을 기록하는 정도로 진행한다.
- 팀의 단점을 찾기보다는 강점을 찾아 팀 능력을 극대화한다.
- 개발 추정 속도와 실제 작업 속도를 비교하고 차이가 있다면 이유를 분석해 본다.

단답형 문제

01 SCRUM의 작업 흐름도에서 제품 개발에 필요한 모든 요구사항(User Story)을 우선순위에 따라 나열한 목록을 무엇이라고 하는가?

02 SCRUM의 작업 흐름도에서 다음이 설명하는 것의 명칭을 쓰시오.

> – 사전적으로 전력 질주란 의미가 있다.
> – 작은 단위의 개발 업무를 단기간에 전력 질주하여 개발한다는 의미이다.
> – 반복 주기(2~4주)마다 이해관계자에게 일의 진척도를 보고한다.

객관식 문제

03 다음 보기 중 SCRUM 기본 원리를 잘못 설명한 것은?

① 기능 협업을 기준으로 배치된 팀은 스프린트 단위로 소프트웨어를 개발한다.
② 스프린트는 고정된 10일의 반복이며, 스프린트 시 행하는 작업은 고정된다.
③ 요구사항, 아키텍처, 설계가 프로젝트 전반에 걸쳐 잘 드러나야 한다.
④ 정해진 시간을 철저히 지켜야 하며, 완료된 모든 작업은 제품 백로그에 기록된다.

04 Daily SCRUM Meeting에 관한 다음 보기 중 잘못 설명된 것은?

① 매일 약속된 시간에 짧은 시간 동안(약 15분) 서서 진행 상황만 점검한다.
② 한 사람씩 어제 한일과 오늘 할 일을 이야기하고 스프린트 작업 목록을 잘 개발하고 있는지 확인한다.
③ 완료된 세부 작업 항목을 완료 상태로 옮겨 스프린트 현황판에 갱신한다.
④ 제품 책임자는 방해 요소를 찾아 해결하고 잔여 작업 시간을 소멸 차트(Burn down Chart)에 기록한다.

정답 **01** Product Backlog **02** Sprint **03** ② **04** ④

이론 1과목 소프트웨어 설계

POINT 05

현행 시스템 분석

01 현행 시스템 분석

◉ 현행 시스템 분석의 정의와 목적

- 현행 시스템이 어떤 하위 시스템으로 구성되어 있는지 파악하는 절차를 의미한다.
- 현행 시스템의 제공 기능과 타 시스템과의 정보 교환 분석을 파악한다.
- 현행 시스템의 기술 요소와 소프트웨어, 하드웨어를 파악한다.
- **목적** : 개발 시스템의 개발 범위를 확인하고 이행 방향성을 설정한다.

◉ 현행 시스템 파악 절차 24.8, 21.3

- 1단계 : 시스템 구성 파악 – 시스템 기능 파악 – 시스템 인터페이스 현황 파악
- 2단계 : 아키텍처 파악 – 소프트웨어 구성 파악
- 3단계 : 시스템 하드웨어 현황 파악 – 네트워크 구성 파악

◉ 시스템 아키텍처

- 시스템 내의 상위 시스템과 하위 시스템들이 어떠한 관계로 상호작용하는지 각각의 동작 원리와 구성을 표현한 것이다.
- 단위 업무 시스템별로 아키텍처가 다른 경우 핵심 기간 업무 처리 시스템을 기준으로 한다.
- 시스템의 전체 구조, 행위, 그리고 행위 원리를 나타내며 시스템이 어떻게 작동하는지 설명하는 틀이다.
- 시스템의 목적 달성을 위해 시스템에 구성된 각 컴포넌트를 식별하고 각 컴포넌트의 상호작용을 통하여 어떻게 정보가 교환되는지 설명한다.

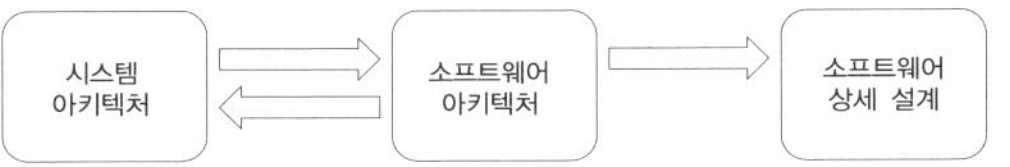

02 시스템 및 인터페이스 현황 파악

◉ 시스템 구성 파악

- 조직 내의 주요 업무를 기간 업무와 지원 업무로 구분하여 기술한다.
- 모든 단위 업무를 파악할 수 있도록 하며, 시스템 내의 명칭, 기능 등 주요 기능을 명시한다.
- **시스템 구성 현황 작성 예**

구분	시스템명	시스템 내용
기간 업무	단위 A 업무	기간 단위 업무 A 처리를 위한 A1, A2 등의 기능을 제공
	단위 B 업무	기간 단위 업무 B 처리를 위한 B1, B2 등의 기능을 제공
지원 업무	지원 C 업무	지원 업무 C 처리를 위한 C1, C2 등의 기능을 제공

◉ 시스템 기능 파악

- 단위 업무 시스템이 현재 제공하고 있는 기능을 주요 기능과 하부 기능으로 구분하여 계층형으로 표시한다.
- **시스템 기능 구성도 예**

송신 시스템	수신 시스템	연동 데이터	연동 형식	통신 규약	연계 유형	주기
A 단위 업무 시스템	대외 기관 시스템 C	연체 정보	XML	TCP/IP	EAI	1 시간
B 단위 업무 시스템	대외 기관 시스템 D	신용 정보	XML	X.25	FEP	수시

◉ 인터페이스 현황 파악

- 현행 시스템의 단위 업무 시스템이 타 단위 업무 시스템과 서로 주고받는 데이터의 연계 유형, 데이터 형식과 종류, 프로토콜 및 주기 등을 명시한다.
- 데이터 형식 예 XML, 고정 Format, 가변 Format
- 통신 규약 예 TCP/IP, X.25
- 연계 유형 예 EAI, FEP

• 인터페이스 현황 작성 예

시스템명	기능 L1	기능 L2	기능 L3
A 단위 업무 시스템	기능 1	하부 기능 11	세부 기능 111
			세부 기능 112
		하부 기능 12	세부 기능 121
			세부 기능 122
	기능 2	하부 기능 21	세부 기능 211
			세부 기능 212

◉ EAI(Enterprise Application Integration, 기업 애플리케이션 통합) 23.6

• 기업 내의 컴퓨터 애플리케이션들을 현대화하고, 통합하고, 조정하는 것을 목표로 세운 계획, 방법 및 도구 등을 의미한다.

◉ FEP(Front-End Processor, 전위 처리기) 24.5, 22.3

• 입력 데이터를 프로세서가 처리하기 전에 미리 처리하여 프로세서가 처리하는 시간을 줄여주는 프로그램이나 하드웨어이다.
• 여러 통신 라인을 중앙 컴퓨터에 연결하고 터미널의 메시지(Message)가 보낼 상태로 있는지 받을 상태로 있는지 검색한다. 통신 라인의 에러를 검출한다.

03 소프트웨어, 하드웨어, 네트워크 현황 파악

◉ 소프트웨어 구성 파악

• 시스템 내의 단위 업무 시스템의 업무 처리용 소프트웨어의 품명, 용도, 라이선스 적용 방식, 라이선스 수를 명시한다.
• 시스템 구축 시 많은 예산 비중을 차지하므로 라이선스 적용 방식과 보유한 라이선스 수량 파악이 중요하다.
• **라이선스 적용 방식 단위 :** 사이트, 서버, 프로세서, 코어, 사용자 수

◉ 하드웨어 구성 파악

• 각 단위 업무 시스템의 서버 위치 및 주요 사양, 수량, 이중화 여부를 파악한다.
• **서버 사양 :** CPU 처리 속도, 메모리 크기, 하드 디스크의 용량

단답형 문제

01 시스템 내의 상위 시스템과 하위 시스템들이 어떠한 관계로 상호작용하는지 각각의 동작 원리와 구성을 표현한 것의 명칭을 쓰시오.

02 현행 시스템 분석 단계 중 현행 시스템의 단위 업무 시스템이 타 단위 업무 시스템과 서로 주고받는 데이터의 연계 유형, 데이터 형식과 종류, 프로토콜 및 주기 등을 명시하는 단계를 쓰시오.

객관식 문제

03 기업 내의 컴퓨터 애플리케이션들을 현대화하고, 통합하고, 조정하는 것을 목표로 세운 계획, 방법 및 도구 등을 일컫는 것은?

① e-business ② BPR
③ EAI ④ ERP

04 입력되는 데이터를 컴퓨터의 프로세서가 처리하기 전에 미리 처리하여 프로세서가 처리하는 시간을 줄여주는 프로그램이나 하드웨어를 말하는 것은?

① EAI ② FEP
③ GPL ④ Duplexing

05 아키텍처 설계 과정이 올바르게 나열된 것은?

> ㉮ 설계 목표 설정
> ㉯ 시스템 타입 결정
> ㉰ 스타일 적용 및 커스터마이즈
> ㉱ 서브 시스템의 기능, 인터페이스 동작 작성
> ㉲ 아키텍처 설계 검토

① ㉮ → ㉯ → ㉰ → ㉱ → ㉲
② ㉲ → ㉮ → ㉯ → ㉱ → ㉰
③ ㉮ → ㉲ → ㉯ → ㉱ → ㉰
④ ㉮ → ㉯ → ㉰ → ㉲ → ㉱

정답 **01** 시스템 아키텍처 **02** 인터페이스 현황 파악 **03** ③ **04** ② **05** ①

- **서버 이중화** : 장애 시 서비스의 계속 유지를 위하여 운영
- 기간 업무의 장애 대응 정책에 따라 필요 여부가 달라진다.
- 현행 시스템에 이중화가 적용되어 있다면 대부분 목표 시스템도 이중화가 요구되므로 그에 따른 기술 난이도, 비용 증가 가능성을 파악한다.

◉ 네트워크 구성 파악

- 현행 업무 처리 시스템의 네트워크 구성 형태를 그림으로 표현한다.
- 장애 발생 시 추적 및 대응 등의 다양한 용도로 활용된다.
- 서버의 위치, 서버 간 연결 방식 등을 파악한다.
- 물리적인 위치 관계, 조직 내 보안 취약성 분석 및 대응 방안을 파악한다.

◉ 개발 기술 환경 분석

- 개발 대상 시스템의 플랫폼, OS, DBMS, Middle Ware 등을 분석한다.

04 플랫폼(Platform)파악

◉ 플랫폼

- 응용 소프트웨어 + (하드웨어 + 시스템 소프트웨어)
- 다양한 애플리케이션이 작동하는 기본이 되는 운영체제 소프트웨어를 의미한다.
- **종류** : JAVA 플랫폼, .NET 플랫폼, iOS, Android, Windows
- **기능** : 개발/운영/유지보수 비용의 감소, 생산성 향상, 동일 플랫폼 간의 네트워크 효과

◉ 플랫폼 성능 특성 분석 20.5

- 현행 시스템의 사용자가 요구사항을 통하여 시스템 성능상의 문제를 요구할 경우 플랫폼 성능 분석을 통하여 사용자가 느끼는 속도를 파악하고 개선 방향을 제시할 수 있다.
- **특성 분석 항목** : 응답 시간(Response Time), 가용성(Availability), 사용률(Utilization)

◉ 플랫폼 성능 특성 분석 방법

- **기능 테스트(Performance Test)** : 현재 시스템의 플랫폼을 평가할 수 있는 기능 테스트를 수행한다.
- **사용자 인터뷰** : 사용자를 대상으로 현행 플랫폼 기능의 불편함을 인터뷰한다.
- **문서 점검** : 플랫폼과 유사한 플랫폼의 기능 자료를 분석한다.

05 현행 시스템의 OS 분석

◉ OS(Operating System, 운영체제) 정의 및 기능

- HW, SW 자원 관리 및 공통 서비스 제공, 사용자와의 인터페이스를 제공한다.
- **종류** : Windows, Android, iOS, UNIX, LINUX, Mac OS 등

◉ 현행 시스템의 OS 분석 항목 및 고려사항

- **분석 항목** : 현재 정보 시스템의 OS 종류와 버전, 패치 일자, 백업 주기 분석
- **고려사항** : 가용성, 성능, 기술 지원, 주변기기, 구축 비용(TCO)
- 현행 환경 분석 과정에서 라이선스의 종류, 사용자 수, 기술의 지속 가능성 등을 고려해야 한다.
- **메모리 누수** : 실행 SW가 정상 종료되지 않고 남아 있는 증상

TCO(Total Cost of Ownership) : 일정 기간 자산 획득에 필요한 직/간접적인 총비용으로 HW, SW 구매 비용, 운영 교육, 기술 지원, 유지보수, 손실, 에너지 사용 비용

◉ 오픈소스 라이선스 종류

- 소스 코드가 공개되어 누구나 특별한 제한 없이 소스를 사용할 수 있으며 대표적으로 LINUX가 있다.
- GNU(GNU's Not Unix) : 컴퓨터 프로그램은 물론 모든 관련 정보를 돈으로 주고 구매하는 것을 반대하는 것이 기본 이념이다. 예 LINUX
- GNU GPLv1(General Public License) : 소스 코드를 공개하지 않으면서 바이너리만 배포하는 것을 금지하며, 사용할 수 있는 쉬운 소스 코드를 같이 배포해야 한다.
- BSD(Berkeley Software Distribution) : 아무나 개작할 수 있고, 수정한 것을 제한 없이 배포할 수 있다. 단, 수정본의 재배포는 의무적인 사항이 아니다. 공개하지 않아도 되는 상용 소프트웨어에서도 사용할 수 있다.

• Apache 2.0 : Apache 재단 소유의 SW 적용을 위해 제공하는 라이선스이다. 소스 코드 수정 배포 시 Apache 2.0을 포함해야 한다. 예 Android, HADOOP

HADOOP : 다수의 저렴한 컴퓨터를 하나처럼 묶어 대량 데이터(Big Data)를 처리하는 기술

06 현행 시스템 DBMS 분석

DBMS(DataBase Management System)

- 종속성과 중복성의 문제를 해결하기 위해서 제안된 데이터베이스 시스템이다.
- 응용 프로그램과 데이터의 중재자로서 모든 응용 프로그램들이 데이터베이스를 공유할 수 있도록 관리한다.
- 데이터베이스의 구성, 접근 방법, 관리 유지에 대한 모든 책임을 진다.
- **종류** : Oracle, IBM DB2, Microsoft SQL Sever, MySQL, SQ Lite, MongoDB, Redis

현행 시스템 DBMS 분석

- DBMS 종류, 버전, 구성 방식, 저장 용량, 백업 주기, 제작사의 유지보수 여부 가능성을 분석한다.
- 테이블 수량, 데이터 증가 추이, 백업 방식 등을 분석한다.
- 논리/물리 테이블의 구조도를 파악하여 각 테이블의 정규화 정도, 조인 난이도, 각종 프로시저, 트리거 등을 분석한다.

DBMS 분석 시 고려사항 20.6

구분	설명
가용성	장시간 운영 시 장애 발생 가능성, 패치 설치를 위한 재 기동 시간과 이중화 및 복제 지원, 백업 및 복구 편의성 등을 고려한다.
성능	대규모 데이터 처리 성능(분할 테이블의 지원 여부), 대량 거래 처리 성능 및 다양한 튜닝 옵션 지원, 비용 기반 최적화 지원 및 설정의 최소화 등을 고려한다.
기술 지원	제조업체의 안정적인 기술 지원, 같은 DBMS 사용자들 간의 정보 공유 여부와 오픈소스 여부 등을 고려한다.
상호 호환성	설치 가능한 운영체제 종류를 파악하여 다양한 운영체제에서 지원되는지 확인한다. JDBC, ODBC 등 상호 호환성이 좋은 제품을 선택한다.
구축 비용	라이선스 정책 및 비용, 유지 또는 관리 비용, 총 소유 비용(TCO)을 고려한다.

단답형 문제

01 일정 기간 자산 획득에 필요한 직/간접적인 총비용으로 HW/SW 구매 비용, 운영 교육, 기술 지원, 유지보수, 손실, 에너지 사용 비용 등을 무엇이라고 하는가?

객관식 문제

02 다음 중 소프트웨어, 하드웨어, 네트워크 현황 파악 단계에서 개발 기술 환경 분석 대상이 아닌 것은?
① 개발 대상 사용자의 요구사항
② OS
③ DBMS
④ Middle Ware

03 소프트웨어 설계 시 구축된 플랫폼의 성능 특성 분석에 사용되는 측정 항목이 아닌 것은?
① 응답 시간(Response Time)
② 가용성(Availability)
③ 사용률(Utilization)
④ 서버 튜닝(Server Tuning)

04 다음 중 운영체제가 아닌 것은?
① Prezi
② Windows
③ Unix
④ LINUX

05 DBMS 분석 시 고려사항으로 거리가 먼 것은?
① 가용성
② 성능
③ 네트워크 구성도
④ 상호 호환성

정답 01 TCO 02 ① 03 ④ 04 ① 05 ③

POINT 06

요구사항 개발

01 요구사항 개발

요구공학(Requirements Engineering)

- 소프트웨어 개발 시 사용자 요구가 정확히 반영된 시스템 개발을 위하여 사용자의 요구를 추출, 분석, 명세, 검증, 관리하는 구조화된 활동 집합이다.
- 요구사항을 정의하고, 문서로 만들고, 관리하는 프로세스를 의미한다.
- 효과적인 의사소통을 통하여 공통 이해를 설정하며, 불필요한 비용 절감, 요구사항 변경 추적이 가능해진다.
- 분석 결과의 문서화를 통해 향후 유지보수에 유용하게 활용할 수 있다.
- 자료 흐름도, 자료 사전 등이 효과적으로 이용될 수 있으며, 더 구체적인 명세를 위해 소단위 명세서가 활용될 수 있다.

Mini-Spec

요구공학의 목적

- 소프트웨어 개발 시 이해관계자 사이의 원활한 의사소통 수단을 제공한다.
- 요구사항 누락 방지, 상호 이해 오류 등의 제거로 경제성을 제공한다.
- 요구사항 변경 이력 관리를 통하여 개발 비용 및 시간을 절약할 수 있다.
- 비용과 일정에 대한 제약 설정과 타당성 조사, 요구사항 정의 문서화 등을 수행한다.

요구사항 베이스라인(BaseLine, 기준선)

- 이해 당사자 간의 명시적 합의 내용이며 프로젝트 목표 달성 여부를 확인하는 기준이다.
- 요구사항을 조기에 명확히 확정하고, 추후 발생 가능한 변경사항을 체계적으로 관리하기 위한 기준이 된다.

요구공학(개발) 프로세스

- 요구사항을 명확히 분석하여 검증하는 진행 순서를 의미한다.
- 개발 대상에 대한 요구사항을 체계적으로 도출한다.
- 도출된 요구사항을 분석하여 분석 결과를 명세서에 정리한다.
- 정리된 명세서를 마지막으로 확인, 검증하는 일련의 단계를 말한다.
- 경제성, 기술성, 적법성, 대안성 등 타당성 조사가 선행되어야 한다.

Feasibility Study

SWEBOK(Software Engineering Body of Knowledge, 소프트웨어 공학 지식 체계) : 국제 표준화 기구의 정보 기술 분야인 ISO/IEC에서 의견을 모아 집필 발간하는 표준화 체계 문서

SWEBOK에 따른 요구사항 개발 프로세스

- 도출(Elicitation) → 분석(Analysis) → 명세(Specification) → 확인(Validation) 24.3, 21.5

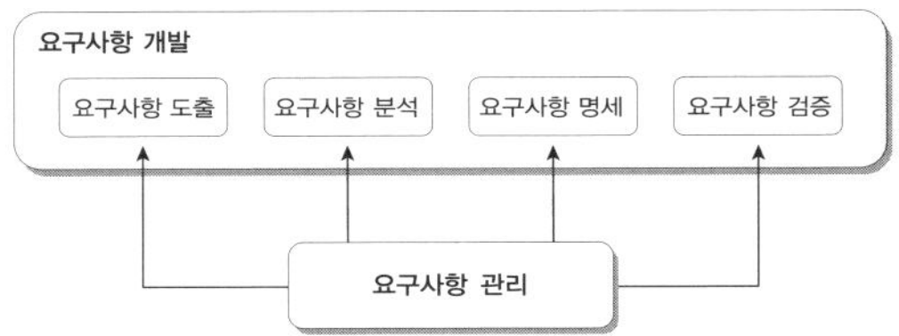

요구사항 도출(Requirement Elicitation)

- 소프트웨어가 해결해야 할 문제를 이해하는 첫 번째 단계이다.
- 현재의 상태를 파악하고 문제를 정의한 후 문제 해결과 목표를 명확히 도출하는 단계이다.
- 요구사항의 위치와 수집 방법과 관련되어 있다.
- 이해관계자(Stakeholder)가 식별되며, 개발팀과 고객 사이의 관계가 만들어지는 단계이며, 다양한 이해관계자와 효율적인 의사소통이 중요하다.
- **요구사항 도출 기법** : 고객의 발표, 문서 조사, 설문, 업무 절차 및 양식 조사, 브레인스토밍, 워크숍, 인터뷰, 관찰 및 모델의 프로토타이핑, Use Case, 벤치마킹, BPR(업무 재설계), RFP(제안요청서)

◉ 요구사항 분석(Requirement Analysis) 23.6, 21.5

- 소프트웨어가 환경과 어떻게 상호작용하는지 이해하고, 사용자의 요구사항을 걸러 내기 위한 과정을 통하여 요구사항을 도출하고, 요구사항 정의를 문서화하는 과정이다. 구조화와 열거가 어려워, 명확하지 못하거나 모호한 부분이 많음
- 도출된 사항을 분석하여 소프트웨어 개발 범위를 파악하고 개발 비용, 일정에 대한 제약을 설정하고 타당성 조사를 수행한다.
- 요구사항 간 상충하는 것을 해결하고, 소프트웨어의 범위(비용과 일정)를 파악하고 타당성 조사를 시행한다.
- 요구사항 기술 시 요구사항 확인, 요구사항 구현의 검증, 비용 추정 등의 작업이 가능하도록 충분하고 정확하게 기술한다.
- **요구분석을 위한 기법** 20.8 : 사용자 의견 청취, 사용자 인터뷰, 현재 사용 중인 각종 문서 분석과 중재, 관찰 및 모델 작성 기술, 설문 조사를 통한 의견을 수렴한다.

◉ 요구사항 분석 수행 단계

- **문제 인식** : 인터뷰, 설문 조사 등 도구를 활용하여 요구사항을 파악하는 과정이다.
- **전개** : 파악한 문제를 자세히 조사하는 작업이다.
- **평가와 종합** : 요구들을 다이어그램이나 자동화 도구를 이용하여 종합하는 과정이다.
- **검토** : 요구분석 작업의 내용을 검토, 재정리하는 과정이다.
- **문서화** : 요구사항 분석 내용을 문서로 만드는 단계이다.

◉ 요구사항 분류

- **기술 내용에 따른 분류** : 기능 요구사항, 비기능 요구사항
- **기술 관점 및 대상에 따른 분류** : 시스템 요구사항, 사용자 요구사항

◉ 요구사항 분류 기준 21.9

- 기능 요구사항, 비기능 요구사항을 구분하고 우선순위 여부를 확인한다.
- 요구사항이 하나 이상의 고수준 요구사항으로부터 유도된 것인지 확인한다.
- 이해관계자나 다른 원천(Source)으로부터 직접 발생한 것인지 확인한다.
- 요구사항이 제품에 관한 것인지 프로세스에 관한 것인지 확인하고 요구사항이 소프트웨어에 미치는 영향의 범위를 확인한다.
- 요구사항이 소프트웨어 생명주기 동안에 변경이 발생하는지를 확인한다.

단답형 문제

01 소프트웨어 개발 시 사용자의 요구를 정확히 반영한 시스템 개발을 위하여 추출, 분석, 명세, 검증, 관리하는 구조화된 활동 집합을 무엇이라고 하는가?

02 다음은 SWEBOK에 따른 요구사항 개발 프로세스이다. 빈칸에 알맞은 절차명을 쓰시오.

> 도출(Elicitation) → 분석(Analysis) → (　　) → 확인(Validation)

객관식 문제

03 소프트웨어 개발 방법 중 요구사항 분석(Requirements Analysis)과 거리가 먼 것은?

① 비용과 일정에 대한 제약 설정
② 타당성 조사
③ 요구사항 정의 문서화
④ 설계 명세서 작성

04 사용자의 요구사항 분석 작업이 어려운 이유로 가장 거리가 먼 것은?

① 개발자와 사용자 간의 지식이나 표현의 차이가 커서 상호 이해가 쉽지 않다.
② 사용자의 요구는 예외가 거의 없어 열거와 구조화가 어렵지 않다.
③ 사용자의 요구사항이 모호하고 부정확하며, 불완전하다.
④ 개발하고자 하는 시스템 자체가 복잡하다.

05 요구사항 분석 시에 필요한 기술로 가장 거리가 먼 것은?

① 청취와 인터뷰 질문 기술
② 분석과 중재 기술
③ 설계 및 코딩 기술
④ 관찰 및 모델 작성 기술

정답 **01** 요구공학 **02** 명세(Specification) **03** ④ **04** ② **05** ③

비기능적 예 : '차량 대여 시스템이 제공하는 모든 화면이 3초 이내에 사용자에게 보여야 한다'는 비기능적 요구

◉ 기능적 요구사항 vs 비기능적 요구사항 23.8, 22.4

기능적 요구사항	비기능적 요구사항
시스템이 실제로 어떻게 동작하는지에 관점을 둔 요구사항	시스템 구축에 대한 성능, 보안, 품질, 안정성 등으로 실제 수행에 보조적인 요구사항

◉ 요구사항 명세(Requirement Specification)

- 시스템 정의, 시스템 요구사항, 소프트웨어 요구사항을 작성한다.
- 체계적으로 검토, 평가, 승인될 수 있도록 문서로 만드는 것을 의미한다.
- 기능 요구사항은 빠지는 부분 없이 명확하게 기술한다.
- 설계 과정의 오류사항을 추적할 수 있어야 한다.
- 비기능 요구사항은 필요한 것만 명확하게 기술한다.
- 개발자가 효과적으로 설계할 수 있고 사용자가 쉽게 이해할 수 있도록 한다.

◉ 요구사항 명세 기법 24.8, 20.9

구분	정형 명세	비정형 명세
기법	수학적 기반/모델링 기반	• 상태/기능/객체 중심 명세 기법 • 자연어 기반
종류	• Z, VDM • Petri-Net(모형 기반) • LOTOS(대수적 방법) • CSP, CCS	• FSM(Finite State Machine) • Decision Table, ER 모델링 • State Chart(SADT) • Use Case • 사용자 기반 모델링
장점	• 시스템 요구 특성을 정확하고 명세가 간결하게 명세할 수 있음 • 명세/구현의 일치성	• 명세 작성 이해 용이 • 의사전달 방법 다양성
단점	• 낮은 이해도 • 이해관계자의 부담 가중	• 불충분한 명세 기능 • 모호성

◉ 요구사항 명세 속성

- **정확성** : 요구사항은 정확해야 한다.
- **명확성** : 단 한 가지로만 해설되어야 한다.
- **완전성** : 모든 것이 표현(기능+비기능) 가능해야 한다.
- **일관성** : 요구사항 간 충돌이 없어야 한다.
- **수정 용이성** : 요구사항 변경이 가능해야 한다.
- **추적성** : RFP, 제안서를 통해 추적 가능해야 한다.

◉ 요구사항 확인(Requirement Validation)

- 요구사항 분석 단계를 거쳐 문서로 만들어진 내용을 확인하고 검증하는 단계이다.
- 일반적으로 요구사항 관리 도구를 이용하여 이해관계자들이 문서를 검토해야 하고, 요구사항 정의 문서들에 대해 형상 관리를 한다.
- 회사의 표준에 적합하고 이해할 수 있고, 일관성이 있고, 완전한지 검증한다.
- 요구분석가가 요구사항을 이해했는지 확인(Validation)이 필요하다.
- 리소스가 요구사항에 할당되기 전에 문제를 파악하기 위하여 다음과 같은 검증을 수행한다.
  - 예 표준에 적합한가?, 이해 가능한가?, 일관성 있는가?, 완전한가?
- **요구사항 관리 도구의 필요성** 21.5 : 요구사항 변경으로 인한 비용 편익 분석, 요구사항 변경의 추적, 요구사항 변경에 따른 영향 평가

◉ 형상 관리(Configuration Management)

- 애플리케이션 개발 단계에서 도출되는 프로그램, 문서, 데이터 등의 모든 자료를 형상 단위라고 하며, 이러한 자료의 변경을 관리함으로써 애플리케이션 버전 관리 등을 하는 활동이다.

◉ 요구사항 할당(Requirement Allocation)

- 요구사항을 만족시키기 위한 아키텍처 구성 요소를 식별하는 활동이다.
- 식별된 타 구성 요소와 상호작용 여부 분석을 통하여 추가 요구사항을 발견할 수 있다.

◉ 정형 분석(Formal Analysis)

- 구문(Syntax)과 형식적으로 정의된 의미(Semantics)를 지닌 언어로 요구사항을 표현한다.
- 명확하게 표현하여 오해를 최소화할 수 있다.
- 요구사항 분석의 마지막 단계에서 이루어진다.

02 요구사항 확인 기법

◉ 요구사항 확인 기법의 종류

- 프로토타이핑(Prototyping), 모델 검증(Model Verification), 요구사항 검토(Requirement Reviews), 인수 테스트(Acceptance Tests)

◉ 프로토타이핑(Prototyping) 23.8, 22.7

- 도출된 요구사항을 토대로 프로토타입(시제품)을 제작하여 대상 시스템과 비교하면서 개발 중에 도출되는 추가 요구사항을 지속해서 재작성하는 과정이다.
- 새로운 요구사항을 도출하기 위한 수단이다.
- 소프트웨어 엔지니어 관점에서 요구사항을 확인하기 위한 수단으로 많이 사용되고 실제 구현 전에 잘못된 요구사항을 적용하는 자원 낭비를 방지할 수 있다.
- **절차** : 요구사항 분석 단계 → 프로토타입 설계 단계 → 프로토타입 개발 단계 → 고객의 평가 단계 → 프로토타입 정제 단계 → 완제품 생산 단계

장점	단점
• 분석가의 가정을 파악하고 잘못되었을 때 유용한 피드백을 제공한다. • 문서나 그래픽 모델보다 프로토타입으로 이해하기 쉬워 사용자와 개발자 사이의 의사소통에 도움이 된다. • 요구사항의 가변성이 프로토타이핑 이후에 급격히 감소한다. • 빠르게 제작할 수 있으며, 반복 제작을 통하여 발전된 결과를 가져올 수 있다.	• 사용자의 관심이 핵심 기능에서 멀어질 수 있으며 프로토타입의 디자인이나 품질 문제로 집중될 수 있다. • 프로토타입 수행 비용이 발생한다. • 전체 범위 중 일부 대상 범위만 프로토타입을 제작하면 사용성이 과대 평가될 수 있다.

◉ 모델 검증(Model Certification)

- 분석 단계에서 개발된 모델의 품질을 검증한다.
- **정적 분석**(Static Analysis) : 객체 모델에서 객체들 사이에 존재하는 Communication Path(의사소통 경로)를 검증하기 위해 사용한다. 명세의 일관성과 정확성을 확인 분석하는 도구이다.
- **동적 분석**(Dynamic Analysis) : 직접 실행을 통하여 모델을 검증하는 방식이다.

◉ 인수 테스트(Acceptance Tests) 24.5

- 최종 제품이 설계 시 제시한 요구사항을 만족하는지 확인하는 단계이다.
- 인수 시 각 요구사항의 확인 절차 계획해야 한다.
- **종류** : 계약 인수 테스트, 규정 인수 테스트, 알파 검사, 베타 검사, 사용자 인수 테스트, 운영 인수 테스트

단답형 문제

01 애플리케이션 개발 단계에서 도출되는 프로그램, 문서, 데이터 등의 모든 자료의 변경을 관리함으로써 애플리케이션 버전 관리 등을 하는 활동을 무엇이라고 하는가?

객관식 문제

02 애플리케이션 개발 과정에서 가장 먼저 해야 할 일은?

① 프로그램 코딩 ② 프로그램 구현
③ 요구사항의 분석 ④ 유지보수

03 요구사항 명세 기법에 대한 설명으로 틀린 것은?

① 비정형 명세 기법은 사용자의 요구를 표현할 때 자연어를 기반으로 서술한다.
② 비정형 명세 기법은 사용자의 요구를 표현할 때 Z 비정형 명세 기법을 사용한다.
③ 정형 명세 기법은 사용자의 요구를 표현할 때 수학적인 원리와 표기법을 이용한다.
④ 정형 명세 기법은 비정형 명세 기법에 비해 표현이 간결하다.

04 프로토타입 모형에 대한 설명으로 가장 옳지 않은 것은?

① 개발 단계 안에서 유지보수가 이루어지는 것으로 볼 수 있다.
② 최종 결과물이 만들어지는 소프트웨어 개발 완료 시점에 최초로 오류 발견이 가능하다.
③ 발주자나 개발자 모두에게 공동의 참조 모델을 제공한다.
④ 사용자의 요구사항을 충실히 반영할 수 있다.

정답 **01** 형상 관리(Configuration Management) **02** ③ **03** ② **04** ②

이론 1과목 소프트웨어 설계

POINT 07

UML

01 개념 모델링(Conceptual Modeling)

개념 모델링

- 요구사항을 이해하기 쉽도록 실 세계의 상황을 단순화하여 개념적으로 표현한 것을 모델이라고 하고, 이렇게 표현된 모델을 생성해 나가는 과정을 개념 모델링이라고 한다.
- 모델은 문제가 발생하는 상황에 대한 이해를 증진하고 해결책을 설명하므로 소프트웨어 요구사항 분석의 핵심이라 할 수 있다.
- 개발 대상 도메인의 엔티티(Entity)들과 그들의 관계 및 종속성을 반영한다.
- 요구사항별로 관점이 다르므로 개념 모델도 다양하게 표현되어야 한다.
- 대부분 UML(Unified Modeling Language)을 사용한다.
- **종류** : Use Case Diagram, Data Flow Model, State Model, Goal-Based Model, User Interactions, Object Model, Data Model

02 UML(Unified Modeling Language)

UML 22.7

- 객체지향 소프트웨어 개발 과정에서 시스템 분석, 설계, 구현 등의 산출물을 명세화, 시각화, 문서화할 때 사용하는 모델링 기술과 방법론을 통합하여 만든 범용 모델링 언어이다.
- Rumbaugh의 OMT 방법론과 Booch의 Booch 방법론, Jacobson의 OOSE 방법론을 통합하여 만든 모델링 개념의 공통 집합으로 객체지향 분석 및 설계 방법론의 표준 지정을 목표로 제안된 모델링 언어이다.
- OMG(Object Management Group)에서 표준화 공고 후 IBM, HP, Microsoft, Oracle 등이 참여하여 1997.1 버전 1.0을 Release 하였다.

24.8, 24.5, 23.8, 23.3, 22.7, 22.3, 21.9, 21.5, 21.3, 20.9, 20.8, 20.6

럼바우(Rumbaugh) 객체지향 분석 기법

- 소프트웨어 구성 요소를 그래픽으로 모형화하였다.
- 객체 모델링 기법이라고도 한다.
- **객체 모델링** : 정보 모델링이라고도 한다. 시스템에서 요구되는 객체를 찾아내어 속성과 연산 식별 및 객체들 간의 관계를 규정하여 객체를 다이어그램으로 표시한다. (OMT(Object Modeling Technique))
- **동적 모델링** : 제어 흐름, 상호작용, 동작 순서 등의 상태를 시간 흐름에 따라 상태 다이어그램으로 표시한다.
- **기능 모델링** : 여러 프로세스 간의 자료 흐름을 표시한다. 어떤 데이터를 입력하여 어떤 결과를 가져올 수 있을지를 표현한다.

UML의 특성

- **비주얼화** : 소프트웨어 구성 요소 간의 관계 및 상호작용을 시각화한 것이다.
- **문서화** : 소프트웨어 생명주기의 중요한 작업을 추적하고 문서화할 수 있다. 개발 프로세스 및 언어와 무관하게 개발자 간의 의사소통 도구를 제공한다.
- **명세화** : 분석, 설계, 구현의 완벽한 모델을 제공한다. 분석 단계–기능 모델, 설계 단계–동작 수준 모델, 구현 단계–상호작용 모델 수준으로 명세화할 수 있다. 단순 표기법이 아닌 구현에 필요한 개발적 요소 및 기능에 대한 명세를 제공한다.
- **구축** : 객체지향 언어와 호환되는 프로그래밍 언어는 아니지만, 모델이 객체지향 언어로 매핑될 수 있다. (Mapping)

UML 소프트웨어에 대한 관점 22.4, 22.3, 21.3

- **기능적 관점** : 사용자 측면에서 본 소프트웨어의 기능을 나타낸다. 사용 사례 모델링이라고도 한다. 요구분석 단계에서 사용한다. UML에서는 Use Case Diagram을 사용한다.
- **정적 관점** : 소프트웨어 내부의 구성 요소 사이의 구조적 관계를 나타낸다. 객체, 속성, 연관 관계, 오퍼레이션의 시스템 구조를 나타내며, UML에서는 Class Diagram을 사용한다. 예 클래스 사이의 관계, 클래스 구성과 패키지 사이의 관계

• 동적 관점 : 시스템의 내부 동작을 말하며, UML에서는 Sequence Diagram, State Diagram, Activity Diagram을 사용한다.

순차 다이어그램 : 회귀 메시지(Self-Message), 제어 블록(Statementblock) 등으로 구성

UML의 기본 구성 23.8, 23.3

구성	설명
사물 (Things)	• 객체지향 모델을 구성하는 기본 요소이다. • 객체 간의 관계 형성 대상이다.
관계 (Relationship)	• 객체 간의 연관성을 표현하는 것이다. • 종류 : 연관, 집합, 포함, 일반화, 의존, 실체화
다이어그램 (Diagram)	• 객체의 관계를 도식화한 것이다. • 다양한 관점에서 의사소통할 수 있도록 View를 제공한다. • 정적 모델 : 구조 다이어그램 • 동적 모델 : 행위 다이어그램

스테레오 타입 22.7, 20.6

• UML에서 제공하는 기본 요소 외에 추가적인 확장 요소를 표현할 때 사용한다.
• UML 확장 모델에서 스테레오 타입 객체를 표현할 때 사용하는 기호는 쌍 꺾쇠와 비슷하게 생긴 길러멧(Guillemet) 《 》이며, 길러멧 안에 확장 요소를 적는다.

UML 접근 제어자

접근제어자	표기	설명
public	+	어떤 클래스의 객체에서든 접근 가능하다.
private	−	해당 클래스로 생성된 객체만 접근 가능하다.
protected	#	해당 클래스와 동일 패키지에 있거나 상속 관계에 있는 하위 클래스의 객체들만 접근 가능하다.
package	~	동일 패키지에 있는 클래스의 객체들만 접근 가능하다.

연관 관계 다중성 표현

표기	의미
1	1 개체 연결
* 또는 0..*	0이거나 그 이상 객체 연결
1..*	1이거나 1 이상 객체 연결
0..1	0이거나 1 객체 연결
1, 3, 6	1이거나 3이거나 6 객체 연결
n	n개 객체 연결
n..*	n이거나 n개 이상 객체 연결

단답형 문제

01 럼바우의 모델링 방법 중 다음 설명에 해당하는 것은?

> "실 세계 문제 영역으로부터 객체와 클래스를 추출해 그들 간의 관계를 연관화, 집단화, 일반화 중심으로 규명하며, 클래스의 속성과 연산을 함께 표현함으로써 시스템의 정적 구조를 생성한다."

02 UML 확장 모델에서 스테레오 타입 객체를 표현할 때 사용하는 기호는?

객관식 문제

03 객체지향 방법론 중에서 Rumbaugh의 OMT 방법론과 Booch의 Booch 방법론, Jacobson의 OOSE 방법론을 통합하여 만든 모델링 개념의 공통집합으로 객체지향 분석 및 설계 방법론의 표준 지정을 목표로 제안된 모델링 언어는?
① OOD(Object Oriented Design)
② OMG(Object Management Group)
③ OMT(Object Modeling Technique)
④ UML(Unified Modeling Language)

04 럼바우(Rumbaugh) 객체지향 분석 기법에서 동적 모델링에 활용되는 다이어그램은?
① 객체 다이어그램(Object Diagram)
② 패키지 다이어그램(Package Diagram)
③ 상태 다이어그램(State Diagram)
④ 자료 흐름도(Data Flow Diagram)

05 럼바우(Rumbaugh)의 객체지향 분석 절차를 가장 바르게 나열한 것은?
① 객체 모형 → 동적 모형 → 기능 모형
② 객체 모형 → 기능 모형 → 동적 모형
③ 기능 모형 → 동적 모형 → 객체 모형
④ 기능 모형 → 객체 모형 → 동적 모형

정답 01 객체 모델링 02 《 》(길러멧) 03 ④ 04 ③ 05 ①

03 UML 다이어그램의 분류

정적이고, 구조 표현을 위한 다이어그램

구조적 다이어그램(Structured Diagram) 24.5

다이어그램 유형	목적
클래스 다이어그램 (Class Diagram)	시스템 내 클래스의 정적 구조를 표현하고 시스템을 구성하는 클래스들 사이의 관계를 표현한다.
객체 다이어그램 (Object Diagram)	객체 정보를 보여준다.
복합체 구조 다이어그램 (Composite Structure Diagram)	복합 구조의 클래스와 컴포넌트 내부 구조를 표현한다.
배치 다이어그램 24.8 (Deployment Diagram)	소프트웨어, 하드웨어, 네트워크를 포함한 실행 시스템의 물리 구조를 표현한다.
컴포넌트 다이어그램 (Component Diagram) 24.5, 22.7	컴포넌트 구조 사이의 관계를 표현한다.
패키지 다이어그램 (Package Diagram)	클래스나 유스케이스 등을 포함한 여러 모델 요소들을 그룹화해 패키지를 구성하고 패키지들 사이의 관계를 표현한다.

동적이고, 순차적인 표현을 위한 다이어그램

행위 다이어그램(Behavior Diagram)

- 종류 : Use Case Diagram Activity Diagram, Collaboration Diagram, State Diagram Interaction Diagram(Sequence Diagram, Communication Diagram, Interaction Overview Diagram, Timing Diagram)

다이어그램 유형		목적
유스케이스 다이어그램 (Use Case Diagram)		사용자 관점에서 시스템 행위를 표현한다.
활동 다이어그램 (Activity Diagram) 23.8		업무 처리 과정이나 연산이 수행되는 과정을 표현한다.
상태 머신 다이어그램 (State Machine Diagram)		객체의 생명주기를 표현한다. 동적 행위를 모델링하지만 특정 객체만을 다룬다. 예 실시간 임베디드 시스템, 게임, 프로토콜 설계에 이용
Collaboration Diagram		Sequence Diagram과 같으며 모델링 공간에 제약이 없어 구조적인 면을 중시한다.
상호작용 다이어그램 (Interaction Diagram)	순차 다이어그램 (Sequence Diagram) 22.7, 22.4, 20.8	• 시스템의 동작을 정형화하고 객체의 메시지 교환을 쉽게 표현하고 시간에 따른 메시지 발생 순서를 강조한다. • 요소 : 생명선(Life Line), 통로(Gate), 상호작용(Interaction Fragment), 발생(Occurrence), 실행(Execution), 상태 불변(State Invariant), 메시지(Messages), 활성(Activations), 객체(Entity), 액터(Actor)
	상호작용 개요 다이어그램 (Interaction Overview Diagram)	여러 상호작용 다이어그램 사이의 제어 흐름을 표현한다.
	통신 다이어그램 (Communication Diagram)	객체 사이의 관계를 중심으로 상호작용을 표현한다.
	타이밍 다이어그램 (Timing Diagram)	객체 상태 변화와 시간 제약을 명시적으로 표현한다.

04 클래스 다이어그램 관계 표현

Class Diagram 21.9

- 시스템을 구성하는 객체 간의 관계를 추상화한 모델을 논리적 구조로 표현한다.
- 객체지향 개발에서 공통으로 사용된다.
- 분석, 설계, 구현 단계 전반에 지속해서 사용된다.

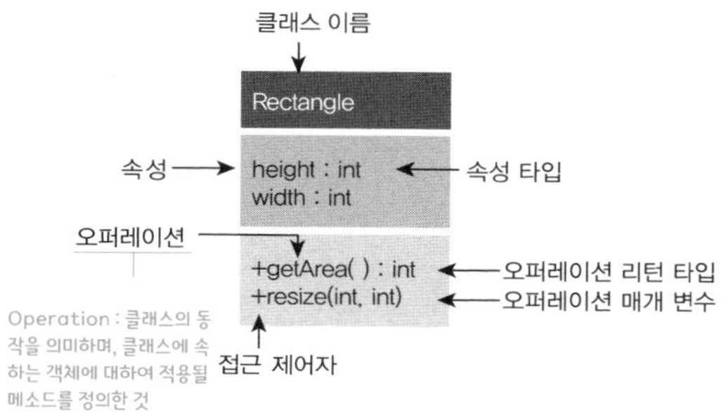

Operation : 클래스의 동작을 의미하며, 클래스에 속하는 객체에 대하여 적용될 메소드를 정의한 것

◉ UML 관계 표현

구성	표시	설명
단방향 연관 관계	────────→	한쪽은 알지만 반대쪽은 상대방 존재를 모름
양방향 연관 관계	────────	양쪽 클래스 객체들이 서로의 존재를 인식
의존 관계	- - - - - - - ->	연관 관계와 같지만 메소드를 사용할 때와 같이 매우 짧은 시간만 유지
일반화 관계	────────▷	객체지향에서 상속 관계(IS-A)를 표현하며, 한 클래스가 다른 클래스를 포함하는 상위 개념일 때 사용
집합/포함 관계	────────◇	클래스 사이 전체나 부분이 같은 관계
	────────◆	전체/부분 객체 라이프타임 의존적(전체 객체 삭제 → 부분 객체 삭제)
실체화 관계	- - - - - - -▷	책임 집합 인터페이스와 실제로 실현한 클래스들의 사이

◉ UML 연관 관계(Association Relation)

- 한 사물의 객체가 다른 사물의 객체와 연결된 것을 표현한다.
- 두 클래스가 서로 연관이 있다면 A, B 객체를 서로 참조할 수 있음을 표현한다.
- **이름** : 관계의 의미를 표현하기 위해 이름을 가질 수 있다.
- **역할** : 수행하는 역할의 명시적 이름을 가질 수 있다.

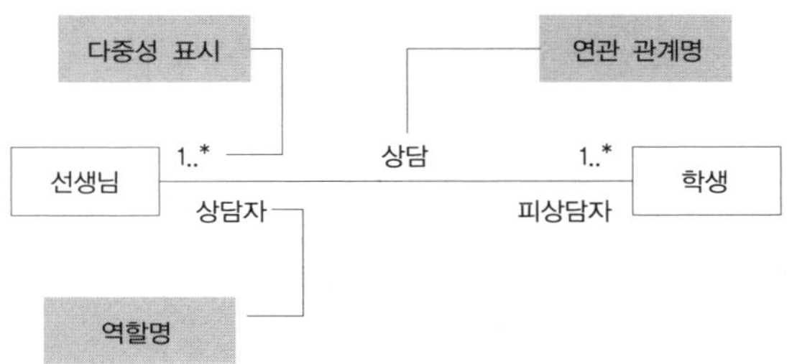

- **구성 요소** : 객체(Object), 생명선(LifeLine), 실행(Actuation), 메시지(Message), 시간(Time)

단답형 문제

01 UML의 행위 다이어그램 중 사용자 관점에서 시스템 행위를 표현하는 다이어그램을 쓰시오.

객관식 문제

02 UML에서 시퀀스 다이어그램의 구성 항목에 해당하지 <u>않는</u> 것은?

① 생명선　　② 실행
③ 확장　　④ 메시지

03 UML에서 활용되는 다이어그램 중 시스템의 동작을 표현하는 행위(Behavioral) 다이어그램에 해당하지 <u>않는</u> 것은?

① 유스케이스 다이어그램(Use Case Diagram)
② 시퀀스 다이어그램(Sequence Diagram)
③ 활동 다이어그램(Activity Diagram)
④ 배치 다이어그램(Deployment Diagram)

04 UML 모델에서 사용하는 Structural Diagram에 속하지 <u>않은</u> 것은?

① Class Diagram
② Object Diagram
③ Component Diagram
④ Activity Diagram

05 순차 다이어그램(Sequence Diagram)과 관련한 설명으로 <u>틀린</u> 것은?

① 객체들의 상호작용을 나타내기 위해 사용한다.
② 시간의 흐름에 따라 객체들이 주고받는 메시지의 전달 과정을 강조한다.
③ 동적 다이어그램보다는 정적 다이어그램에 가깝다.
④ 교류 다이어그램(Interaction Diagram)의 한 종류로 볼 수 있다.

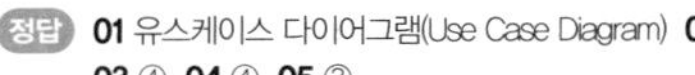
정답 **01** 유스케이스 다이어그램(Use Case Diagram) **02** ③ **03** ④ **04** ④ **05** ③

이론
1과목 소프트웨어 설계

UML 의존 관계(Dependency Relation) 24.3, 21.9

- 연관 관계와 같지만 메소드를 사용할 때와 같이 매우 짧은 시간만 유지된다.
- 영향을 주는 객체(User)에서 영향을 받는 객체 방향으로 점선 화살표를 연결한다.

UML 일반화 관계(Generalization Relation) 20.8

- 객체지향에서 상속 관계를 표현한다. (Is A Kind Of)
- 한 클래스가 다른 클래스를 포함하는 상위 개념일 때 사용한다.

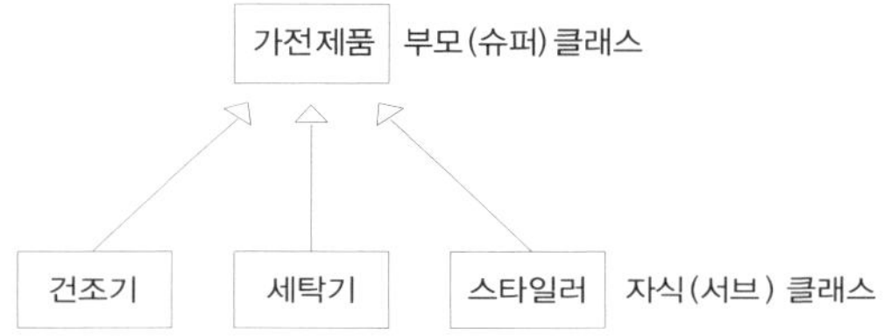

UML 집합 관계(Aggregation Relation)

- A 객체가 B 객체에 포함된 관계이다.
- '부분'을 나타내는 객체를 다른 객체와 공유할 수 있다.
- '전체' 클래스 방향에 빈 마름모로 표시하고, or 관계에 놓이면 선 사이를 점선으로 잇고 {or}를 표시한다.

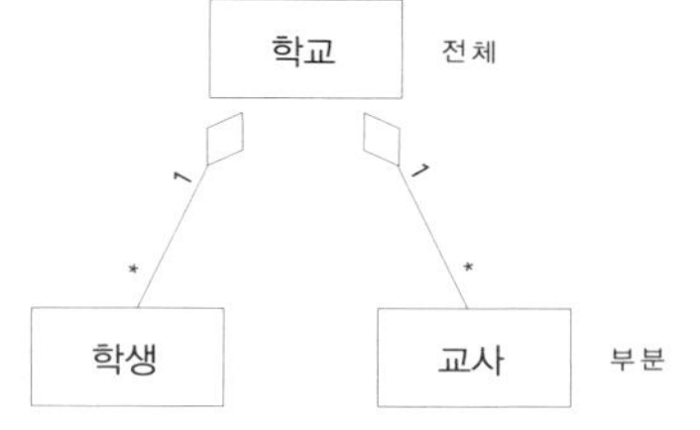

UML 포함 관계 (Composition Relation) 21.5

- 부분 객체가 전체 객체에 속하는 강한 집합 연관의 관계를 표현하는 클래스이다.
- '부분' 객체는 다른 객체와 공유 불가하고, '전체' 객체 방향에 채워진 마름모로 표시한다.

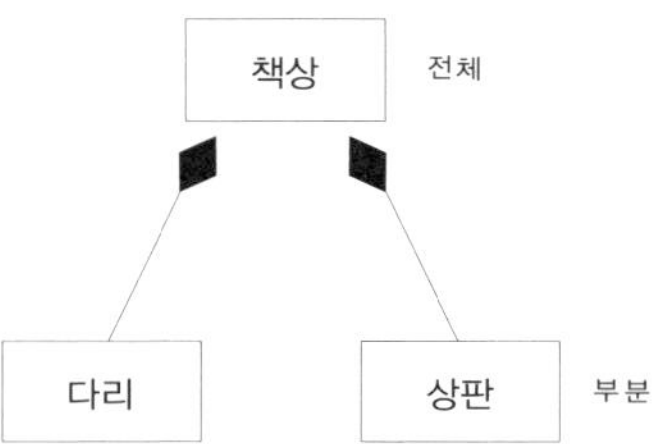

UML 실체화 관계(Realization Relation) 24.5

- 인터페이스와 실제 구현된 일반 클래스 간의 관계로 존재하는 행동에 대한 구현을 표현한다.
- 한 객체가 다른 객체에게 오퍼레이션을 수행하도록 지정하는 의미적 관계이다.

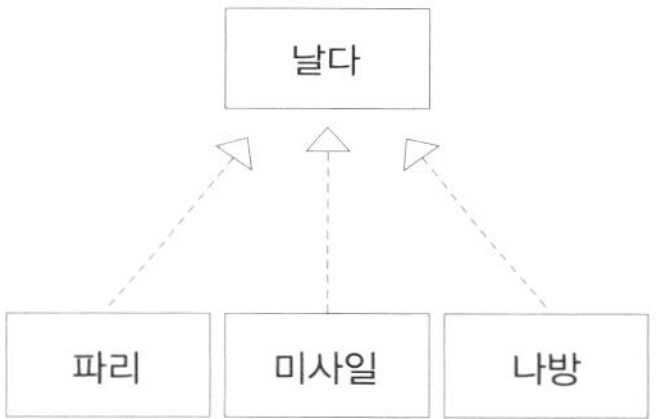

05 Use Case Diagram

Use Case Diagram의 개념

- 객체지향 초반기 분석 작업에 작성되는 사용자의 요구를 기능적 측면에서 기술할 때 사용하는 도구로 Actor와 Use Case로 구성된다.
- 얻어지는 결과는 개발 대상 시스템이 제공해야 하는 서비스 목록이 된다.

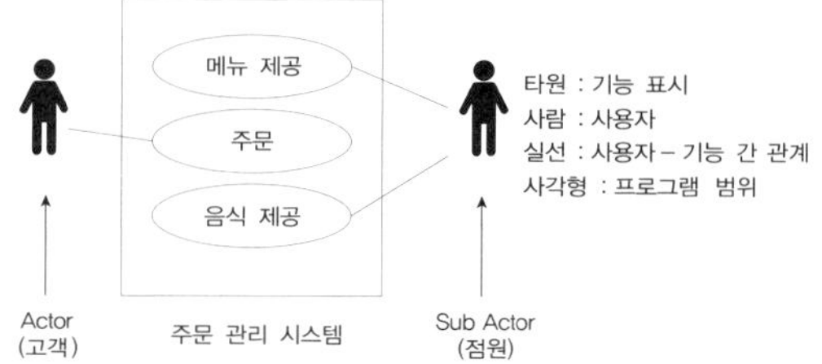

◉ Use Case Diagram 요소 24.5, 21.5, 21.3

요소	설명
시스템 경계 (System Boundary)	• 시스템이 제공해야 하는 사례(Use Case)들의 범위가 된다. • 큰 규모의 객체로 구현되는 존재이다.
액터 (Actor)	• 서비스를 이용하는 외부 객체이다. • 시스템이 특정한 사례(Use Case)를 실행하도록 요구할 수 있는 존재이다.
유스케이스 (Use Case)	• 시스템이 제공해야 하는 개별적인 서비스 기능이다. • 서비스는 특정 클래스의 멤버 함수로 모델링된다.
접속 관계 (communi–cation Association)	• 액터/유스케이스 또는 유스케이스/유스케이스 사이에 연결되는 관계이다. • 액터나 유스케이스가 다른 유스케이스의 서비스를 이용하는 상황을 표현한다.
사용 관계 (Uses Association)	여러 개의 유스케이스에서 공통으로 수행해야 하는 기능을 모델링하기 위해 사용한다.
확장 관계 (Extends Association) 24.5	• 확장 기능 유스케이스와 확장 대상 유스케이스 사이에 형성되는 관계로, 해당 유스케이스에 부가적인 유스케이스를 실행할 수 있을 때의 관계이다. • 확장 대상 유스케이스를 수행 할 때 특정 조건에 따라 확장 기능 유스케이스를 수행하는 경우에 적용한다.

◉ Use Case Diagram 작성 단계

단계	설명
액터식별	• 모든 사용자 역할과 상호작용하는 타 시스템을 식별한다. • 정보를 주고받는 하드웨어 및 지능형 장치를 식별한다.
Use Case 식별	• 액터가 요구하는 서비스와 정보를 식별한다. • 액터가 시스템과 상호작용하는 행위를 식별한다.
관계 정의	• 액터와 액터 그리고 액터와 유스케이스의 관계 분석을 정의한다. • 유스케이스와 유스케이스 간의 관계 분석을 정의한다.
Use Case 구조화	• 두 개의 상위 Use Case에 존재하는 공통 서비스를 추출한다. • 추출된 서비스로 Use Case를 정의한다. • 추출된 서비스를 사용하는 Use Case와 관계를 정의한다. • 조건에 따른 서비스 수행 부분 분석하여 구조화한다.

단답형 문제

01 아래의 UML 모델에서 '날다' 클래스와 하위 클래스의 관계와 같이 인터페이스와 실제 구현된 일반 클래스 간의 관계로 존재하는 행동에 대한 구현의 권한 관계는?

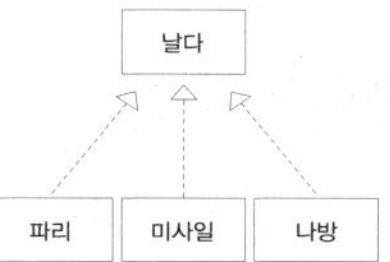

객관식 문제

02 아래의 UML 모델에서 '차' 클래스와 각 클래스의 관계로 옳은 것은?

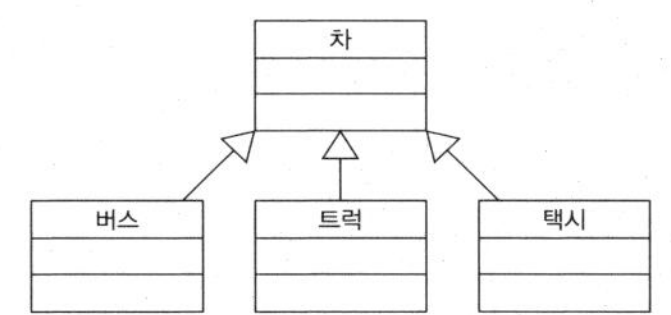

① 추상화 관계 ② 의존 관계
③ 일반화 관계 ④ 그룹 관계

03 다음 보기는 Use Case Diagram 작성 단계이다. 순서대로 나열한 것으로 알맞은 것은?

(가) 액터 식별	(나) Use Case 식별
(다) 관계 정의	(라) Use Case 구조화

① 가 – 나 – 라 – 다
② 다 – 나 – 가 – 라
③ 가 – 나 – 다 – 라
④ 라 – 가 – 다 – 나

04 다음 중 Use Case Diagram 요소가 아닌 것은?

① 시스템 경계 ② 액터
③ 접속 관계 ④ 실체화 관계

정답 01 UML 실체화 관계 02 ③ 03 ③ 04 ④

이론 1과목 소프트웨어 설계

POINT 08 UI 환경 분석

01 소프트웨어 아키텍처

소프트웨어 아키텍처(Software Architecture)

- 개발 대상 시스템의 전반적인 구조를 체계적으로 설계하는 것이다.
- 다수의 이해관계자가 참여하는 복잡한 개발에서 상호이해, 타협, 의사소통을 체계적으로 접근하기 위한 것이다.
- 소프트웨어를 구성하는 컴포넌트들의 상호작용 및 관계, 각각의 특성을 기반으로 컴포넌트들이 상호 유기적으로 결합하는 소프트웨어의 여러 가지 원칙들의 집합이다.

소프트웨어 아키텍처 품질 요구사항

- 소프트웨어의 기능, 성능, 만족도 등의 요구사항이 얼마나 충족하는가를 나타내는 소프트웨어 특성의 핵심 집합이다.
- 사용자의 요구사항을 얼마나 충족시키느냐에 따라 확립된다.

ISO/IEC 9126 모델 23.7, 20.6

- 소프트웨어 품질 특성과 평가를 위한 국제 표준이다.
- **내외부 품질** : 기능성, 신뢰성, 사용성, 효율성, 유지보수성, 이식성으로 구분된다.
- **사용 품질** : 효과성, 생산성, 안전성, 만족도
- **외부지표(External Metrics)** : 실행 가능한 SW, 시스템을 시험, 운영 또는 관찰을 통하여 시스템을 구성하고 있는 일부분으로부터 추출된 소프트웨어 제품의 측정에 사용한다. 사용자, 평가자, 시험자 및 개발자에게 시험 수행이나 운영 중에 소프트웨어 제품에 대한 품질을 평가하는 항목이다.
- **내부지표(Internal Metrics)** : 설계, 코딩 도중에 실행할 수 없는 SW 제품(명세서, 원시 코드 등)에 대하여 적용하고 설계상 요구되는 외부 품질을 성취하기 위하여 ISO 9126-3에 규정한다. 사용자, 평가자, 시험자 및 개발자가 소프트웨어 제품의 품질을 평가할 수 있도록 도움을 준다.

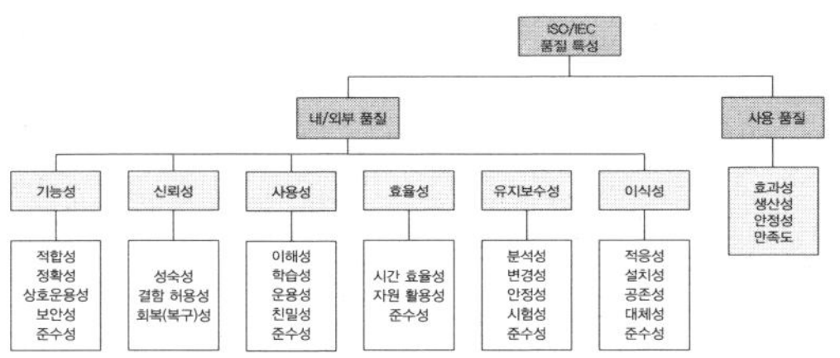

ISO/IEC 25010

- ISO/IEC 9126에서 ISO/IEC 25010으로 개정되어 특성 기준이 6개에서 8개로 증가하였다.
- **기존** : 기능성, 신뢰성, 사용성, 유지보수성, 이식성, 효율성
- **변경** : 기능 적합성, 실행 효율성, 호환성, 사용성, 신뢰성, 보안성, 유지보수성, 이식성, 부특성 일부가 증가하였다.

02 UI 표준을 위한 환경 분석

사용자 경향 분석

- 기존/현존 UI 경향을 숙지하고 현재 UI 단점을 작성한다.
- 사용자의 요구사항을 파악하고, 쉽게 이해 가능한 기능 위주로 기술 영역을 정의한다.

기능 및 설계 분석

- **기능 조작성 분석** : 사용자 편의를 위한 조작에 관한 분석을 확인한다. 예 스크롤바 지원 가능 여부, 마우스 조작 시 동선 확인
- **오류방지 분석** : 조작 시 오류에 대해 예상 가능한지 확인한다. 예 의도치 않는 페이지 이동, 기능 버튼의 명확한 구분 가능한지 확인, 기능 버튼 이름이 사용자 조작과 일치하는지 확인
- **최소한의 조작으로 업무 처리 가능한 형태 분석** : 작업 흐름에 가장 적합한 레이아웃 인지 확인한다. 예 기능 특성에 맞는 UI 확인 및 조작 단계 최소화와 동선 단순 여부 확인

• **UI의 정보 전달력 확인** : 중요정보 인지, 쉽게 전달 가능한지, 정보 제공의 간결성, 명확성을 확인하고 정보 제공 방식의 일관성, 사용자 이해성 확인, 상호연관성 높은 정보 인지 확인한다. 예 오류 발생 시 해결 방법 접근 용이성 확인

요구사항 요소

구분	설명
데이터 요구	• 사용자 요구 모델과 객체들의 핵심 특성에 기반하여 데이터 객체를 정리한다. • 인터페이스에 영향을 줄 수 있으니 초기에 확인한다. 예 Email 메시지 속성 : 제목, 송신자, 송신일, 참조인, 답변 등
기능 요구	• 동사형으로 사용자의 목적 달성을 위해 실행해야 할 기능을 설명한다. • 기능 요구 목록으로 정리한다. • 최대한 철저하게 작성해야 한다. 예 사용자는 메일을 작성하거나, 수신, 참조하여 발송할 수 있다.
제품, 서비스 품질	• 감성 품질과 데이터/기능 요구 외 제품 품질, 서비스 품질을 고려한다. • 시스템 처리 능력 등 정량화 가능한 요구사항을 확인한다.
제약 사항	비용, 데드라인, 시스템 준수에 필요한 규제 등 사전에 제약 사항의 변경 여부를 확인한다.

정황 시나리오 작성

• 개발하는 서비스의 초기 모양을 상상하는 단계이다.
• 사용자 관점에서 작성하며 요구사항 정의에서 가장 기초적인 시나리오를 의미한다.
• 높은 수준과 낙관적인 상황에서 이상적 시스템 동작에 초점을 둔다.
• 육하원칙을 따르고 사용자가 주로 사용하는 기능 기반에서 작성한다.
• 간단명료하게 작성하여 정확하게 전달하고, 같은 동작 기능은 하나의 시나리오에 통합한다.
• 외부 전문가, 경험자에게 검토를 의뢰하도록 한다.
• **정황 시나리오 작성 예**

정황 시나리오	요구사항
• 사원은 출근하여 시스템에 로그인하고 오늘 업무를 확인한다. • 어제 요청한 결제가 승인되었는지 확인한다.	• 로그인하면 맨 위 화면에 오늘 업무가 표시되어야 한다. • 결제 요청 내역에 결제 승인 여부가 확인될 수 있도록 승인 내역은 다른 색을 이용한다.

단답형 문제

01 소프트웨어 품질 특성과 평가를 위한 국제 표준을 쓰시오.

객관식 문제

02 정황 시나리오 작성의 특징 중 잘못 설명된 것은?
① 개발하는 서비스의 초기 모양을 상상하는 단계이다.
② 사용자 관점에서 작성하며 요구사항 정의에서 가장 기초적인 시나리오를 의미한다.
③ 낮은 수준과 비관적인 상황에서 이상적 시스템 동작에 초점을 둔다.
④ 육하원칙을 따르고 사용자가 주로 사용하는 기능 기반에서 작성한다.

03 ISO/IEC 9126에 근거한 소프트웨어 품질목표 중 명시된 조건 하에서 소프트웨어 제품의 일정한 성능과 자원 소요량의 관계에 관한 속성, 즉 요구되는 기능을 수행하기 위해 필요한 자원의 소요 정도를 의미하는 것은?
① Usability ② Reliability
③ Functionality ④ Efficiency

04 ISO/IEC 9126의 소프트웨어 품질 특성 중 기능성(Functionality)의 하위 특성으로 옳지 않은 것은?
① 학습성 ② 적합성
③ 정확성 ④ 보안성

05 다음 중 요구사항의 요소가 아닌 것은?
① 데이터 요구
② 기능 요구
③ 제품서비스 품질
④ 정황 시나리오

정답 **01** ISO/IEC 9126 **02** ③ **03** ④ **04** ① **05** ④

POINT 09

UI 표준 및 지침

01 UI 표준 및 지침

UI(User Interface)

- 인간, 디지털 기기, 소프트웨어 사이에서 의사소통할 수 있도록 만들어진 매개체이다.
- 인간과 컴퓨터의 상호작용(HCI)에 필요한 화상, 문자, 소리, 수단(장치)을 의미한다.

UI 분야

- **표현에 관한 분야** : 전체적인 구성과 콘텐츠의 상세 표현을 위한 분야이다.
- **정보 제공과 전달 분야** : 물리적 제어를 통한 정보 제공과 전달을 위한 분야이다.
- **기능 분야** : 기능적으로 사용자가 쉽고 간편하게 사용하도록 하는 분야이다.

UI의 특징

- 실사용자의 만족도에 직접 영향을 준다.
- 적절한 UI 구성으로 편리성, 가독성, 동선의 축약 등으로 작업 시간을 줄이고 업무 효율을 높일 수 있다.
- 실사용자가 수행해야 할 기능을 구체적으로 제시한다.
- UI 설계 전 소프트웨어 아키텍처를 우선 숙지하고 있어야 한다.

UI 개발 시스템이 가져야 할 기능 20.9

- 사용자 입력의 검증
- 에러 처리와 에러 메시지 처리
- 도움과 프롬프트(Prompt) 제공

프롬프트(Prompt) : 사용자의 명령을 받아들일 준비가 되었음을 모니터에 나타내는 표시(커서)

02 UI 설계

UI 설계 원칙 20.8, 20.6

- **직관성**(Intuitiveness) : 누구나 쉽게 이해하고 사용할 수 있도록 한다.
- **유효성**(Efficiency) : 사용자의 목적을 정확히 달성할 수 있도록 유용하고 효과적이어야 한다.
- **학습성**(Learnability) : 사용자가 쉽게 배우고 익힐 수 있어야 한다.
- **유연성**(Flexibility) : 사용자의 요구를 최대한 수용하면서 오류를 최소화해야 한다.

UI 설계의 필요성

- 구현 대상 결과의 오류 최소화와 적은 노력으로 구현하는 결과를 얻을 수 있다.
- 막연한 작업 기능에 대하여 구체적 방법을 제시한다.
- 사용자 편의성을 높여 작업 시간 단축, 업무 이해도를 높인다.
- 정보 제공자/공급자 사이의 원활하고 쉬운 매개 임무를 수행한다.

UI 설계 지침 23.8, 21.5

구분	설명
사용자 중심	실사용자의 이해를 바탕으로 쉽게 이해하고, 쉽게 사용할 수 있는 환경을 제공한다.
일관성	사용자가 기억하기 쉽고 빠른 습득이 가능하도록 버튼이나 조작법을 제공한다.
단순성	인지적 부담을 줄이도록 조작 방법을 가장 간단히 작동하도록 한다.
가시성	주요 기능은 메인 화면에 배치하여 조작이 쉽게 한다.
표준화	기능 구조의 선행 학습 이후 쉽게 이용할 수 있도록 디자인을 표준화한다.
접근성	사용자의 직무, 성별, 나이 등 다양한 계층을 수용해야 한다.
결과 예측 가능	작동 대상 기능만 보고도 결과 예측이 가능해야 한다.
명확성	사용자 관점에서 개념적으로 쉽게 인지할 수 있어야 한다.
오류 발생 해결	오류가 발생하면 사용자가 상황을 정확히 인지할 수 있어야 한다.

03 UI 표준

UI 구현 표준

• 전체 시스템 개발 중에 개발자 간 협업을 통하여 각기 개발한 화면 간에 갖추어야 할 최소한의 UI 요소 및 배치 규칙 등의 규칙을 의미한다.
• 공통으로 적용되어야 할 화면 구성, 화면 이동 등이 있다.

UI 설계 시 오류 메시지나 경고에 관한 지침

• 메시지는 이해하기 쉬워야 한다.
• 오류로부터 회복을 위한 구체적인 설명이 제공되어야 한다.
• 오류로 인해 발생될 수 있는 부정적인 내용을 적극적으로 사용자들에게 알려야 한다.

한국형 웹 콘텐츠 접근성 지침 2.1 4가지 원칙

• 인식의 용이성 : 대체 텍스트, 멀티미디어 대체 수단, 명료성
• 운용의 용이성 : 입력 장치 접근성, 충분한 시간 제공, 광(光)과민성 발작 예방, 쉬운 내비게이션
• 이해의 용이성 : 가독성, 예측 가능성, 콘텐츠의 논리성, 입력 도움
• 견고성 : 문법 준수, 웹 애플리케이션 접근성

04 UX(User eXperience)

UX 사용자 경험

• 제품을 대상으로 직 · 간접적으로 사용하면서 느끼고 생각하게 되는 지각과 반응, 행동 등 모든 경험을 의미한다.
• UI는 사람과 시스템 간의 상호작용을 의미하지만, UX는 제품과 서비스, 회사와 상호작용을 통해서 전체적인 느낌이나 경험을 말한다.
• UX에 영향을 주는 요소 : 성능, 시간

모바일 사용자 UX 설계 시 고려사항(행정안전부 고시)

• 시스템을 사용하는 대상, 환경, 목적, 빈도 등을 고려한다.
• 사용자가 직관적으로 서비스 이용 방법을 파악할 수 있도록 한다.
• 입력의 최소화, 자동 완성 기능을 제공한다.
• 사용자의 입력 실수를 수정할 수 있도록 되돌림 기능을 제공한다.
• 모바일 서비스의 특성에 적합한 디자인을 제공한다.

단답형 문제

01 사용자가 제품을 대상으로 직 · 간접적으로 사용하면서 느끼고 생각하게 되는 지각과 반응, 행동 등 모든 경험을 무엇이라고 하는가?

객관식 문제

02 UI 설계 원칙 중 누구나 쉽게 이해하고 사용할 수 있어야 한다는 원칙은?
① 희소성
② 유연성
③ 직관성
④ 멀티 운용성

03 소프트웨어의 사용자 인터페이스 개발 시스템(User Interface Development System)이 가져야 할 기능이 아닌 것은?
① 사용자 입력의 검증
② 에러 처리와 에러 메시지 처리
③ 도움과 프롬프트(Prompt) 제공
④ 소스 코드 분석 및 오류 복구

04 User Interface 설계 시 오류 메시지나 경고에 관한 지침으로 가장 거리가 먼 것은?
① 메시지는 이해하기 쉬워야 한다.
② 오류로부터 회복을 위한 구체적인 설명이 제공되어야 한다.
③ 오류로 인해 발생 될 수 있는 부정적인 내용을 적극적으로 사용자들에게 알려야 한다.
④ 소리나 색의 사용을 줄이고 텍스트로만 전달하도록 한다.

정답 **01** UX(User Experience), 사용자 경험 **02** ③ **03** ④ **04** ④

POINT 10 UI 설계

01 UI 설계 단계

UI 설계 단계

- **문제 정의** : 시스템의 목적과 해결해야 할 문제를 정의한다.
- **사용자 모델 정의** : 사용자 특성을 결정하고, 소프트웨어 작업 지식 정도에 따라 초보자, 중급자, 숙련자로 구분한다.
- **작업 분석** : 사용자의 특징을 세분화하고 수행되어야 할 작업을 정의한다.
- **컴퓨터 오브젝트 및 기능 정의** : 작업 분석을 통하여 어떤 사용자 인터페이스에 표현할지를 정의한다.
- **사용자 인터페이스 정의** : 모니터, 마우스, 키보드, 터치스크린 등 물리적 입·출력 장치 등 상호작용 오브젝트를 통하여 시스템 상태를 명확히 한다.
- **디자인 평가** : 사용자 능력, 지식에 적합한가? 사용자가 사용하기 편리한가? 등의 평가를 의미하며, 사용성 공학을 통하여 사용성 평가를 할 수 있다. 평가 방법론으로는 GOMS, Heuristics 등이 있다.

•GOMS : 인간이 어떤 행위를 할지 예측하여 그 문제를 해결하는데 필요한 소요 시간, 학습 시간 등을 평가하기 위한 기법
•Heuristics : 논리적 근거가 아닌 어림짐작을 통하여 답을 도출해 내는 방법

UI 상세 설계 단계

UI 메뉴 구조 설계	• 요구사항과 UI 표준 및 지침에 따라 사용자의 편의성을 고려한다. • 요구사항 최종 확인, UI 설계서 표지 및 개정 이력을 작성한다. • UI 구조 설계, 사용자 기반 메뉴 구조 설계 및 화면을 설계한다.
내/외부 화면과 폼 설계	• UI 요구사항과 UI 표준 지침에 따라 하위 시스템 단위를 설계한다. 실행 차를 최소화하기 위하여 UI 설계 원리 검토 → 행위 순서 검토 → 행위 순서대로 실행 검토한다. • 평가 차를 줄이기 위한 UI 설계 원리를 검토한다.
UI 검토 수행	• UI 검토 보완을 위한 시뮬레이션 시연 구성원에는 컴퓨터 역할을 하기 위해 서류를 조작하는 사람, 전체적인 평가를 위한 평가 진행자, 관찰자가 있다. 이 평가 결과를 토대로 설계를 보완한다. • UI 시연을 통한 사용성에 대한 검토 및 검증을 수행한다.

UI 상세 설계–시나리오 작성 원칙

- UI 전체적 기능, 작동 방식을 개발자가 쉽게 이해할 수 있도록 구체적으로 작성한다.
- 대표 화면 레이아웃 및 하위 기능을 정의하고 Tree 구조나 Flowchart 표기법을 이용한다.
- 공통 적용이 가능한 UI 요소와 상호작용(Interaction)을 일반적인 규칙으로 정의한다.
- 상호작용의 흐름 및 순서, 분기, 조건, 루프를 명시한다.
- 예외 상황에 관한 사례를 정의하고 UI 시나리오 규칙을 지정한다.
- 기능별 상세 기능 시나리오를 정의하되 UI 일반 규칙을 지킨다.
- **시나리오 문서의 작성 요건** : 완전성, 일관성, 이해성, 가독성, 수정 용이성, 추적 용이성

UI 흐름 설계서 구성

- **UI 설계서 표지** : 프로젝트 이름, 시스템 이름을 포함하여 작성한다.
- **UI 설계서 개정 이력** : 처음 작성 시 '초안 작성'을 포함한다. 초기 버전은 1.0으로 설정하고 완성 시 버전은 x.0으로 바꾸어 설정한다.

UI 요구사항 정의

- **시스템 구조** : UI 프로토타입 재확인 후 UI 시스템 구조를 설계한다.
- **사이트맵** : UI 시스템 구조를 사이트맵 구조로 설계한다.
- **프로세스 정의** : 사용자 관점에서의 요구 프로세스 순서를 정리한다.
- **화면 설계** : UI 프로세스/프로토타입을 고려하여 페이지 별로 화면을 구성 및 설계한다.

UI의 종류 23.6

- GUI(Graphical User Interface), OUI(Organic User Interface), NUI(Natural User Interface), CLI(Command Line Interface)

멀티 터치, 동작 인식 등 사용자의 자연스러운 움직임을 인식하여 서로 주고받는 정보를 제공하는 사용자 인터페이스

02 UI 설계 도구

◉ UI 설계에 도움을 주는 도구들

- **와이어 프레임(Wire Frame)** : UI 중심의 화면 레이아웃을 선(Wire)을 이용하여 개략적으로 작성한다.
- **목업(Mockup)** : 시각적으로 구성 요소를 배치하는 것으로 일반적으로 실제로 구현되지는 않는다.
- **프로토타입(Prototype)** : Interaction(상호작용)이 결합하여 실제 작동하는 모형이다.
- **스토리보드(Storyboard)** : 정책, 프로세스, 와이어 프레임, 설명이 모두 포함된 설계 문서이다.

◉ 와이어 프레임

- 기획 단계 초기에 작성하며, 구성할 화면의 개략적인 레이아웃이나 UI 요소 등의 틀을 설계하는 단계이다.
- 개발 관계자(디자이너, 개발자, 기획자) 사이의 레이아웃 협의, 현재 진행 상황 등을 공유할 때 사용한다.
- **툴** : 핸드라이팅, 파워포인트, 키노트, Sketch, Balsamiq Mockup, Adobe Experience Design, 카카오 오븐

◉ 목업(Mockup) 24.3, 22.7, 22.3

- 와이어 프레임보다 좀 더 실제 제품과 유사하게 만들어지는 실물 크기의 정적 모형으로 시각적으로만 구현된다.
- **툴** : 카카오 오븐, Balsamiq Mockup, Power Mockup

◉ 스토리보드

- UI/UX 구현에 수반되는 사용자와 작업, 인터페이스 간 상호작용을 시각화한 것이다.
- 개발자/디자이너와의 의사소통을 돕는 도구이다.
- 완성해야 할 서비스와 예상되는 사용자 경험을 미리 보기 위한 방법론이다.
- **작성 목적** : 설계에 필요한 조각을 모아 순서대로 놓고 배치해 보고 쌓아서 조립하는 과정으로 설계 단계에서 발생할 수 있는 문제를 미리 발견하고 대처하기 위한 과정이다.
- **작성 방법** : 상단/우측 → 제목, 작성자 기재, 좌측 → UI 화면, 우측 → Description
- **작성 단계** : 메뉴 구성도 만들기 → 스타일 확정하기 → 설계하기

단답형 문제

01 UI 설계 단계에서 인지적, 경험적, 사회적 관점에서 사용성을 공학적 방법으로 평가하는 방법론은?

02 와이어 프레임보다 좀 더 실제 제품과 유사하게 만들어지는 실물 크기의 정적 모형으로 시각적으로만 구현되는 UI 설계 도구는?

객관식 문제

03 다음 내용이 설명하는 UI설계 도구는?

> – 디자인, 사용방법 설명, 평가 등을 위해 실제 화면과 유사하게 만든 정적인 형태의 모형
> – 시각적으로 구성 요소를 배치하는 것으로 일반적으로 실제로 구현되지는 않음

① 스토리보드(Storyboard)
② 목업(Mockup)
③ 프로토타입(Prototype)
④ 유스케이스(Usecase)

04 다음 중 UI 상세 설계 단계 중 시나리오 작성 원칙에 대한 설명으로 <u>잘못된</u> 것은?

① UI 전체적 기능, 작동 방식을 개발자가 쉽게 이해할 수 있도록 구체적으로 작성한다.
② 대표 화면 레이아웃 및 하위 기능을 정의하고 PERT/CPM 표기법을 이용한다.
③ 공통 적용이 가능한 UI 요소와 Interaction을 일반적인 규칙으로 정의한다.
④ Interaction(상호작용)의 흐름 및 순서, 분기, 조건, 루프를 명시한다.

05 다음 중 시나리오 문서의 작성 요건이 <u>아닌</u> 것은?

① 완전성 ② 효과성
③ 이해성 ④ 가독성

정답 **01** Usability Engineering, 사용성 공학
02 목업(Mockup) **03** ② **04** ② **05** ②

03 UI 프로토타입

UI Prototype

- 도출된 요구사항을 토대로 프로토타입(시제품)을 제작하여 대상 시스템과 비교하면서 개발 중에 도출되는 추가 요구사항을 지속해서 재작성하는 과정이다.
- 와이어 프레임, 스토리보드에 Interaction을 적용한 것이다.
- 동적인 형태로 구현된 모형이다.
- **툴** : HTML/CSS, Axure, Invision Studio, 카카오 오븐, Flinto, 네이버 Proto Now
- **작성 방법에 따른 분류** : 디지털 프로토타입, 페이퍼 프로토타입

프로토타입의 장 · 단점

장점	단점
• 사용자 설득과 이해가 쉽다. • 개발 시간이 감소한다. • 오류를 사전에 발견할 수 있다.	• 수정이 많아지면 작업 시간이 늘어날 수 있다. • 필요 이상으로 자원을 많이 소모한다. • 정확한 문서 작업이 생략되는 문제가 발생할 수 있다.

프로토타입 작성 도구 및 방법

구분	방법	비고
Analog	• 포스트잇, 칠판, 종이, 펜 등을 이용한다. • 소규모 개발, 제작 비용과 기간이 적을 경우 이용한다. • 빠른 업무 협의가 필요할 경우 이용한다.	손, 펜
	• 비용이 저렴하면서 즉시 변경이 가능하다. • 회의 중 바로 작성할 수 있다. • 상호 연관 관계가 복잡한 경우 표현이 어렵다. • 공유가 어렵다.	–
Digital	Power Point, Acrobat, Invision, Marvel, Adobe Xd, Flinto, Priciple, Keynote, UX pin, HTML 등을 이용한다.	Digital Tool
	• 재사용성이 높지만 툴을 다룰 줄 아는 전문가가 필요하다. • 목표 제품과 비슷하게 테스트할 수 있으며 수정이 수월하다.	–

UI Prototype 작성 시 고려사항

- 프로토타입 계획작성, 프로토타입 범위 확인, 프로토타입 목표 확인, 프로토타입 기간 및 비용 확인, 프로토타입 산출물 확인, 프로토타입 유의사항 확인

UI Prototype 계획 시 고려사항

- 프로토타입 목표 확인, 프로토타입 환경 확인, 프로토타입 일정 확인, 프로토타입 범위 확인, 프로토타입 인원 확인, 프로토타입 아키텍쳐 검증 확인, 프로토타입 이슈 및 해결, 프로토타입 가이드 확정, 프로토타입 개발 생산성 확인, 프로토타입 결과 시연

UI 프로토타입 제작 단계

- 사용자 요구분석 → 프로토타입 작성 → 프로토타입 사용자 테스트 → 수정과 합의 단계

04 감성 공학

감성 공학

- 인간의 소망으로 이미지나 감성을 구체적 제품 설계를 통하여 실현해 내는 공학적 접근 방법으로 인간과 컴퓨터 간의 상호작용, 즉 HCI(Human Computer Interaction or Interface) 설계에 인간의 특성, 감성 등의 정량적 측정과 평가를 통하여 제품 환경 설계에 반영하는 기술이다.
- 인간이 가지고 있는 소망으로서의 이미지나 감성을 구체적인 제품 설계로 실현해 내는 인문 사회 과학, 공학, 의학 등 여러 분야의 학문이 융합된 기술이다.
- 감각 및 생체계측, 센서, 인공지능 등의 생체 제어 기술 등을 통해 과학적으로 접근한다.
- 최종 목표는 감성 공학을 통하여 인간이 쉽고 편리하고 쾌적하게 시스템과 어우러지는 것이다.
- 1988년 시드니 국제 학회에서 '감성 공학'으로 명명된다.

◉ 감성 공학 접근 방법

- 1류(의미 미분법) : 인간의 감각, 감성을 표현하는 어휘(형용사)를 이용하여 제품에 대한 이미지를 조사 분석하고, 디자인 요소에 연계하는 접근 방법이다.
- 2류 : 1류와 기본 틀은 공유하고, 감성 어휘 수집의 전 단계에서 평가자들의 생활 양식을 추가 하였다. 제품에 대한 기호 및 수요를 분석 대상의 소속 지역, 생활 양식, 의식 문화를 분석하는 접근 방법이며 1류와 함께 감성의 심리적 특성을 강조한다.
- 3류 : 1류의 감성 어휘 대신 평가자의 특정 시제품을 사용하여 자신의 감각 척도로 감성을 표출하는 방법이다. 평가자의 생리적 감각 계측을 통해서 그 객관성이 보완되고 정량화된 값으로 산출된다. 대상 제품의 물리적인 특성에 대하여 객관적인 지표와의 연관 분석을 통하여 제품 설계에 응용된다. 인간 감각 계측과 이의 활용이 강조된 접근 방법으로 감성의 생리적 특성을 중요시한다.

◉ HCI(Human Computer Interaction or Interface)

- 인간과 컴퓨터의 상호작용을 연구하여 어떻게 하면 좋은 제품을 만들 수 있는지를 연구한다.

◉ HCI 목적

- 컴퓨터를 인간이 쉽게 사용할 수 있게 하여 상호작용(UX)을 개선하는 것이다.
- 컴퓨터의 도구로서 잠재력을 극대화해 인간의 의지를 더 자유롭게 한다.
- 인간의 창의력, 인간 사이의 의사소통과 협력을 증진하는데 있다.

◉ 감성 공학 요소 기술

- 기초 기술, 구현 기술, 응용 기술

◉ 감성 공학 관련 기술

- 생체측정 기술, 인간 감성 특성 파악 기술, 감성 디자인 기술과 오감 센서 및 감성 처리 기술, 마이크로 기구 설계, 사용성 평가 기술 및 가상현실 기술

단답형 문제

01 UI 설계 도구 중 도출된 요구사항을 토대로 와이어 프레임, 스토리보드에 상호작용(Interaction)을 적용한 것은?

02 인간의 소망으로 이미지나 감성을 구체적 제품 설계를 통하여 실현해 내는 공학적 접근 방법으로 인간과 컴퓨터 간의 상호작용, 즉 HCI(Human Computer Interaction or Interface) 설계에 인간의 특성 등의 정량적 측정과 평가를 통하여 제품 환경 설계에 반영하는 기술은?

객관식 문제

03 프로토타입 모형의 장점으로 가장 적절한 것은?

① 비용과 시간의 절감
② 책임 한계의 명백한 구분
③ 요구사항의 충실 반영
④ 프로젝트 관리의 용이

04 소프트웨어 생명 주기 모형 중 다음 설명에 해당하는 것은?

> – 시스템 기능을 사용자에게 미리 보여줌으로써 개발자와 사용자 간의 오해 요소를 줄인다.
> – 사용자와 개발자 간의 커뮤니케이션이 원활하지 못할 때 서로의 이해에 도움을 준다.
> – 실제 개발될 시스템 견본을 미리 만들어 최종 결과물을 예측하는 모형이다.

① 폭포수 모형
② 나선형 모형
③ 프로토타입 모형
④ 4GT 모형

정답 **01** UI Prototype **02** 감성 공학 **03** ③ **04** ③

POINT 11 소프트웨어 설계 모델링

01 소프트웨어의 설계(Design)

◉ 소프트웨어 설계 모델링 — 현실 세계에 존재하는 데이터를 추상화하여 컴퓨터 세계로 옮기는 변환 과정

- **정의** : 요구사항(기능, 성능)을 만족하는 소프트웨어의 내부 구조 및 동적 행위들을 모델링하여 표현하고, 분석, 검증하는 과정이며 이 과정에서 만들어지는 산출물을 의미한다.
- **목적** : "무엇을(What)"으로부터 "어떻게(How)"로 관점을 전환하면서 최종 제작할 소프트웨어의 청사진을 만드는 것을 의미한다.

◉ 소프트웨어 설계

- 본격적인 프로그램의 구현에 들어가기 전에 소프트웨어를 구성하는 뼈대를 정의해 구현의 기반을 만드는 것을 의미하며 상위 설계(High-Level Design)와 하위 설계(Low-Level Design)로 구분된다.

◉ 설계의 기본 원리

- 분할과 정복, 추상화, 단계적 분해, 모듈화, 정보 은닉

◉ 소프트웨어 설계 분류 24.8, 20.9

◉ 상위 설계(High-Level Design)

- 아키텍처 설계(Architecture Design), 예비 설계(Preliminary Design)라고 하며, 전체 골조(뼈대)를 세우는 단계이다.
- **아키텍처(구조) 설계** : 시스템의 전체적인 구조
- **데이터 설계** : 시스템에 필요한 정보를 자료 구조/데이터베이스 설계에 반영
- **시스템 분할** : 전체 시스템을 여러 개의 서브 시스템으로 분리
- **인터페이스 설계** : 시스템의 구조와 서브 시스템들 사이의 관계
- **사용자 인터페이스 설계** : 사용자와 시스템의 관계

◉ 하위 설계(Low-Level Design)

- 모듈 설계(Module Design), 상세 설계(Detail Design)라고 하며, 시스템 각 구성 요소들의 내부 구조, 동적 행위 등을 결정하여 각 구성 요소의 제어와 데이터 간의 연결에 대한 구체적인 정의를 하는 단계이다.
- **하위 설계 방법** : 절차 기반(Procedure-Oriented), 자료 위주(Data-Oriented), 객체지향(Object-Oriented) 설계 방법

◉ 모듈(Module)이 되기 위한 주요 특징

- 다른 것들과 구별될 수 있는 독립적인 기능을 가진 단위(Unit)이다.
- 독립적인 컴파일이 가능해야 하고, 유일한 이름을 가져야 한다.
- 다른 모듈에서의 접근이 가능해야 한다.

◉ 소프트웨어 설계 대상

구분	설명
구조 모델링	• SW를 구성하는 컴포넌트의 유형, 인터페이스, 내부 설계 구조 등 구조의 상호 연결 등의 구조를 모델링하는 것이다. • 구성 요소에는 프로시저, 데이터 구조, 모듈, 파일 구조 등이 있다. • 구성 요소들의 연결 구조, 포함 관계를 시스템 구조라 한다.
행위 모델링	• 소프트웨어의 구성 요소들 기능과 구성 요소들이 언제, 어떤 순서로 기능을 수행하고 상호 작용하는지를 모델링하는 것이다. • 시스템 각 구성 요소들의 기능적인 특성을 모델링하는 것이다. • 입 · 출력 데이터, 데이터의 흐름과 변환, 데이터의 저장, 실행 경로, 상태 전이, 이벤트 발생 순서 등이 행위 모형화에 속한다.

◉ 소프트웨어 설계 방법

구분	설명
구조적 설계	• 기능적 관점으로 소프트웨어에 요구된 기능이나 자료 처리 과정, 알고리즘 등을 중심으로 시스템을 나눠 설계하는 방식이다. • 시스템의 각 모듈은 최상위 기능에서 하위 기능으로 하향적으로 세분화한다. • Coad/Yourdon
자료 중심 설계	• 입 · 출력 자료의 구조를 파악하여 소프트웨어 자료 구조를 설계하는 방식이다. • Jackson Warner–Orr
객체지향 설계	• 자료와 자료에 적용될 기능을 함께 묶어 추상화하는 개념이다. • 시스템은 객체로 구성된다. • Yourdon, Sheller/Meller, Rumbaugh, Booch

◉ 소프트웨어 구조도 24.3, 23.6

- 소프트웨어의 구성 요소인 모듈 간의 계층적 구성을 나타낸 것이다.
- 프로그램 구조에서 사용되는 용어이다.

Fan–in	주어진 한 모듈을 제어하는 상위 모듈 수
Fan–out	주어진 한 모듈이 제어하는 하위 모듈 수
Depth	최상위 모듈에서 주어진 모듈까지의 깊이
Width	같은 등급(Level)의 모듈 수
Super ordinate	다른 모듈을 제어하는 모듈
Subordinate	어떤 모듈에 의해 제어되는 모듈

- Fan–in/Fan–out을 분석하면 시스템 복잡도 파악이 가능하다.

Fan–in이 높은 경우	• 재사용 측면에서 잘된 설계로 볼 수 있다. • 시스템 구성 요소 중 일부가 동작하지 않으면 시스템이 중단되는 단일 장애 발생 가능성이 있다. • 단일 장애 발생을 방지하기 위해 중점 관리가 필요하다.
Fan–out이 높은 경우	• 불필요한 타 모듈의 호출 여부를 확인한다. • Fan–out을 단순하게 설계할 수 있는지 검토한다.

- **복잡도 최적화를 위한 조건** : Fan–in은 높이고 Fan–out은 낮추도록 설계한다.

단답형 문제

01 소프트웨어 설계 방법 중 기능적 관점으로 소프트웨어에 요구된 기능이나 자료 처리 과정, 알고리즘 등을 중심으로 시스템을 나눠 설계하는 방식을 쓰시오.

객관식 문제

02 소프트웨어의 상위 설계에 속하지 않는 것은?
① 아키텍처 설계
② 모듈 설계
③ 인터페이스 설계
④ 사용자 인터페이스 설계

03 소프트웨어 구조와 관련된 용어로, 주어진 한 모듈(Module)을 제어하는 상위 모듈 수를 나타내는 것은?
① Modularity ② Subordinate
③ Fan–in ④ Superordinate

04 다음은 어떤 프로그램 구조를 나타낸다. 모듈 F에서의 Fan–in과 Fan–out의 수는 얼마인가?

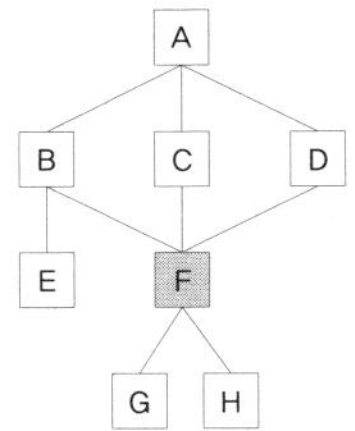

① Fan–in : 2, Fan–out : 3
② Fan–in : 3, Fan–out : 2
③ Fan–in : 1, Fan–out : 2
④ Fan–in : 2, Fan–out : 1

05 소프트웨어 설계의 기본 원리가 아닌 것은?
① 분할과 정복 ② 추상화
③ 단계적 통합 ④ 모듈화

정답 **01** 구조 설계 **02** ② **03** ③ **04** ② **05** ③

02 코드 설계의 개요

코드 설계

- 데이터의 사용 목적에 따라서 식별하고 분류, 배열하기 위하여 사용하는 숫자, 문자 혹은 기호를 코드라고 한다.
- 대량의 자료를 구별, 동질의 그룹으로 분류하고 순번으로 나열하며, 특정의 자료를 선별하거나 추출을 쉽게 하여 파일 시스템을 체계화한 것을 코드 설계라 한다.
- **코드 설계 순서** : ① 코드 대상 선정 ② 코드화 목적 명확화 ③ 코드 부여 대상 수 확인 ④ 사용 범위 결정 ⑤ 사용 기간 결정 ⑥ 코드화 대상의 특성 분석 ⑦ 코드 부여 방식 결정 ⑧ 코드의 문서화

코드의 기능 20.8

코드의 기본적 기능	코드의 3대 기능	코드의 부가적 기능
• 표준화 기능 • 간소화 기능	• 분류 기능 • 식별 기능 • 배열 기능	• 연상 기능 • 암호화 기능 • 오류 검출 기능

코드 설계 목적 및 특성

목적	특성
고유성	코드는 그 뜻이 1:1로 확실히 대응할 수 있어야 한다.
분류 편리성	목적에 적합한 분류가 가능해야 한다.
배열의 효율성	바람직한 배열을 얻을 수 있어야 한다.
간결성	짧고 간결 명료해야 한다.
유지보수 편리성	유지 관리가 쉬워야 한다.
코드의 독립성	다른 코드 체계와 중복되지 않아야 한다.
코드의 편의성	이해가 쉽고, 사용하는데 편리해야 한다.
추가 · 삭제 편리성	추가와 삭제가 편리해야 한다.

코드 설계 시 고려사항

기계 처리의 적합성	컴퓨터의 처리에 적합하게 한다.
사용의 편리성	취급하기 쉽게 한다.
코드의 공통성	공통성이 있도록 한다.
코드의 체계성	체계적이어야 한다.
코드의 유연성	확장성이 있어야 한다.

03 코드의 종류

순차 코드(Sequence Code) 20.6

- 코드화 대상 항목을 어떤 일정한 배열로 일련번호를 배당하는 코드로 확장성이 좋으며, 단순해서 이해하기 쉽고, 기억하기 쉽다.
- 항목 수가 적고, 변경이 적은 자료에 적합하며, 일정 순서대로 코드를 할당하므로 기억 공간 낭비가 적다.
- 누락된 번호를 삽입하기 어렵고 명확한 분류 기준이 없어 코드에 따라 분류가 어려워 융통성이 낮다.

블록 코드(Block Code, 구분 코드)

- 코드화 대상 항목에 미리 공통의 특성에 따라서 임의의 크기를 블록으로 구분하여 각 블록 안에서 일련번호를 배정하는 코드이다.
- 기계 처리가 어렵고 블록마다 여유 코드를 두어 코드의 추가를 쉽게 할 수 있지만, 여유 코드는 코드 낭비 요인이 된다.

그룹 분류식 코드(Group Classification Code)

- 코드화 대상 항목을 소정의 기준에 따라 대분류, 중분류, 소분류로 구분하고 순서대로 번호를 부여하는 코드이다.
- 분류 기준이 명확한 경우 이용도가 높으며 기계 처리에 가장 적합하다.
- 여유 부분이 있어 자료 추가를 쉽게 처리할 수 있으나 자릿수가 길어질 수 있다.

10진 분류 코드(Decimal Code)

- 좌측 부는 그룹 분류에 따르고 우측은 10진수의 원칙에 따라 세분화하는 코드이다.
- 무한하게 확대할 수 있어 대량의 자료에 대한 삽입 및 추가가 쉽다.
- 자릿수가 많아지고 기계 처리에 불편하지만, 배열이나 집계가 쉽다.
- 주로 도서 분류 코드에 사용된다.

표의 숫자 코드(Significant Digit Code, 유효 숫자 코드) 24.5, 20.9

- 코드화 대상 항목의 길이, 넓이, 부피, 무게 등을 나타내는 문자나 숫자, 기호를 그대로 사용하는 코드이다.
- 코드의 추가 및 삭제가 쉽다.
- 같은 코드를 반복 사용하므로 오류가 적다.

코드	의미
127-890-1245	두께 127mm, 폭 890mm, 길이 1,245mm의 강판

연상 코드(Mnemonic Code, 기호 코드)

- 코드화 대상의 품목 명칭 일부를 약호 형태로 코드 속에 넣어 대상 항목을 쉽게 알 수 있는 코드이다.

코드	의미
TV-39-C	TV 39인치 컬러

코드의 오류 종류 24.8, 24.5, 21.5

오류	의미	예
필사 오류 (Transcription Error)	입력 시 한 자리를 잘못 기록하는 오류	1234 → 1237
전위 오류 (Transposition Error)	입력 시 좌우 자리를 바꾸어 발생하는 오류	1234 → 1243
이중 오류(Double Transposition Error)	전위 오류가 두 개 이상 발생하는 오류	1234 → 2143
생략 오류 (Missing Error)	입력 시 한 자리를 빼고 기록하는 오류	1234 → 123
추가 오류 (Addition Error)	입력 시 한 자리를 추가해서 기록하는 오류	1234 → 12345
임의 오류 (Random Error)	두 가지 이상의 오류가 결합해서 발생하는 오류	1234 → 21345

단답형 문제

01 코드화 대상 항목의 중량, 면적, 용량 등의 물리적 수치를 이용하여 만든 코드는?

객관식 문제

02 코드의 기본 기능으로 거리가 먼 것은?
① 복잡성
② 표준화
③ 분류
④ 식별

03 코드 설계에서 일정한 일련번호를 부여하는 방식의 코드는?
① 연상 코드
② 블록 코드
③ 순차 코드
④ 표의 숫자 코드

04 코드 기입 과정에서 "2006"으로 표기해야 하는데 "2060"으로 표기하였을 때의 오류는?
① Transcription Error
② Transposition Error
③ Addition Error
④ Random Error

05 다음의 코드 설계 단계 중 가장 먼저 행하는 것은?
① 코드 대상 항목 선정
② 사용 범위와 기간의 결정
③ 코드 부여 방식 결정
④ 코드 목적의 명확화

정답 01 표의 숫자 코드 02 ① 03 ③ 04 ② 05 ①

04 구조적 개발 방법론

구조적 분석 21.3

- 자료(Data)의 흐름, 처리를 중심으로 한 요구분석 방법이며 전체 시스템의 일관성 있는 이해를 돕는 분석 도구로 모형화에 필요한 도구 제공 및 시스템을 나누어 분석할 수 있다.
- 정형화된 분석 절차에 따라 사용자 요구사항을 파악, 문서화하는 체계적 분석 방법으로 자료 흐름도, 자료 사전, 소단위 명세를 사용한다.
- 시스템 분할이 가능하며 하향식 분석 기법을 사용하고 분석자와 사용자 간의 의사소통을 돕는다.

구조적 설계의 특징과 기본 구조

- **특징** : 하향식 기법, 신뢰성 향상, 유연성 제공, 재사용 용이
- **기본 구조** : 순차(Sequence) 구조, 선택(Selection) 구조 = 조건(Condition) 구조, 반복(Repetition) 구조

05 구조적 분석 도구 22.7, 21.3, 20.9, 20.8, 20.6

자료 흐름도(DFD : Data Flow Diagram) 24.8, 23.8

- 시스템 내의 모든 자료 흐름을 4가지의 기본 기호(처리, 자료 흐름, 자료 저장소, 단말)로 기술하고 이런 자료 흐름을 중심으로 한 분석용 도구이다.
- DFD의 요소는 화살표, 원, 사각형, 직선(단선/이중선)으로 표시하고 구조적 분석 기법에 이용된다.
- 시스템이나 프로그램 간의 총체적인 데이터 흐름을 표시할 수 있으며, 기본적인 데이터 요소와 그들 사이의 데이터 흐름 형태로 기술된다.
- 다차원적이며 자료 흐름 그래프 또는 버블(Bubble) 차트라고도 한다.
- 그림 중심의 표현이고 하향식 분할 원리를 적용한다.
- 갱신하기 쉬워야 하며 이름의 중복을 제거하여 이름으로 정의를 쉽게 찾을 수 있도록 한다.
- 정의하는 방식이 명확해야 한다.

자료 흐름도(DFD) 작성 원칙

- 출력 자료 흐름은 입력 자료 흐름을 이용해 생성해야 한다.
- 입력, 출력 자료 자체에 대해서만 인지하고 자료의 위치나 방향은 알 필요가 없다.
- 자료 흐름 변환의 형태에는 본질 변환, 합성의 변환, 관점의 변환, 구성의 변환 등이 있다.
- **자료 보존의 원칙** : 출력 자료 흐름은 반드시 입력 자료 흐름을 이용해 생성한다.
- **최소 자료 입력의 원칙** : 출력 자료를 산출하는데 필요한 최소의 자료 흐름만 입력한다.
- **독립성의 원칙** : 프로세스는 오직 자신의 입력 자료와 출력 자료 자체에 대해서만 알면 된다.
- **지속성의 원칙** : 프로세스는 항상 수행하고 있어야 한다.
- **순차 처리의 원칙** : 입력 자료 흐름의 순서는 출력되는 자료 흐름에서도 지키도록 한다.
- **영구성의 원칙** : 자료 저장소의 자료는 입력으로 사용해도 삭제되지 않는다.

데이터(자료) 흐름도 23.3, 22.3

구성 요소	의미	표기법
프로세스 (Process)	자료를 변환시키는 시스템의 한 부분을 나타낸다.	프로세스 이름 (원)
자료 흐름 (Data Flow)	자료의 이동(흐름)을 나타낸다.	자료 이름 →
자료 저장소 (Data Store)	시스템에서의 자료 저장소(파일, 데이터베이스)를 나타낸다.	자료 저장소 이름 (이중선)
단말 (Terminator)	• 자료의 발생지와 종착지를 나타낸다. • 시스템의 외부에 존재하는 사람이나 조직체이다.	단말 이름 (사각형)

소단위 명세서(Mini-Specification)

- 세분화된 자료 흐름도에서 최하위 단계 프로세스의 처리 절차를 설명한 것이다.
- 세분화된 자료 흐름도에서 최하위 단계 버블(프로세스)의 처리 절차를 기술한 것으로 프로세스 명세서라고도 한다.
- 분석가의 문서이며, 자료 흐름도(DFD)를 지원하기 위하여 작성한다. (Data Flow Diagram)
- 서술 문장, 구조적 언어, 의사 결정 나무, 의사 결정 표(판단표), 그래프 등을 이용하여 기술한다.

◉ 구조적 언어, 의사 결정 나무, 의사 결정표

- **구조적 언어** : 자연어 일부분으로 한정된 단어와 문형, 제한된 구조를 사용하여 명세서를 작성하는데 이용하는 명세 언어이다.
- **의사 결정 나무** : 현재 상황과 목표와의 상호 관련성을 나무의 가지를 이용해 표현한 것으로 불확실한 상황에서의 의사결정을 위한 분석 방법이다.
- **의사 결정표(Decision Table)** : 복잡한 의사결정 논리를 기술하는데 사용하며, 주로 자료 처리 분야에서 이용된다.

◉ 자료 사전(DD : Data Dictionary) 20.9, 20.8, 20.6

- 시스템과 관련된 모든 자료의 명세와 자료 속성을 파악할 수 있도록 조직화한 도구이다.
- **표기법**

기호	의미	설명
=	자료의 정의	~로 구성되어 있다(is compose of).
+	자료의 연결	그리고(and, along with)
( )	자료의 생략	생략 가능한 자료(optional)
[|]	자료의 선택	다중 택일(selection), 또는(or)
{ }	자료의 반복 (iteration of)	$\{\ \}_n$: 최소 n번 이상 반복 $\{\ \}^n$: 최대 n번 이하 반복 $\{\ \}_m^n$: m번 이상 n번 이하 반복
* *	자료의 설명	주석(comment)

◉ 자료 사전의 역할

- 자료 흐름도에 기술한 모든 자료의 정의를 기술한 문서이다.
- 구조적 시스템 방법론에서 자료 흐름도, 소단위 명세서와 더불어 중요한 분석 문서 중 하나이다.
- 자료 사전 이해도를 높이고자 할 때는 하향식 분할 원칙에 맞추어 구성 요소를 재정의한다.

◉ 자료 사전에서 기술해야 할 자료

- 자료 흐름을 구성하는 자료 항목, 자료 저장소를 구성하는 자료 항목, 자료에 대한 의미, 자료 원소의 단위 및 값 등이 있다.

단답형 문제

01 구조적 설계에서 세분화된 자료 흐름도에서 최하위 단계 프로세스의 처리 절차를 설명한 것은?

객관식 문제

02 자료 흐름도(DFD)의 각 요소별 표기 형태의 연결이 옳지 않은 것은?
① Process : 원
② Data Flow : 화살표
③ Data Store : 삼각형
④ Terminator : 사각형

03 구조적 분석에서 자료 사전(Data Dictionary) 작성 시 고려한 사항으로 옳지 않은 것은?
① 갱신하기 쉬워야 한다.
② 이름이 중복되어야 한다.
③ 이름으로 정의를 쉽게 찾을 수 있어야 한다.
④ 정의하는 방식이 명확해야 한다.

04 자료 흐름도(Data Flow Diagram)의 구성 요소로 옳은 것은?
① Process, Data Flow, Data Store, Comment
② Process, Data Flow, Data Store, Terminator
③ Data Flow, Data Store, Terminator, Data Dictionary
④ Process, Data Store, Terminator, Mini-Spec

05 자료 흐름도(DFD)를 작성하는 데 지침이 될 수 없는 항목은?
① 자료 흐름은 처리(Process)를 거쳐 변환될 때마다 새로운 이름을 부여한다.
② 어떤 처리(Process)가 출력 자료를 산출하기 위해서는 반드시 입력 자료가 발생해야 한다.
③ 자료 저장소에 입력 화살표가 있으면 반드시 출력 화살표도 표시되어야 한다.
④ 상위 단계의 처리(Process)와 하위 자료 흐름도의 자료 흐름은 서로 일치되어야 한다.

정답 01 소단위 명세서 02 ③ 03 ② 04 ② 05 ③

POINT 12

모듈

01 모듈과 결합도, 응집도

◉ 모듈

- 전체 프로그램에서 어떠한 기능을 수행할 수 있는 실행 코드를 의미한다.
- 재사용이 가능하며 자체적으로 컴파일할 수 있다.
- 시스템 개발 시 기간과 노동력을 절감할 수 있다.
- 모듈의 독립성은 결합도와 응집도에 의해 측정된다.
- 서브루틴 = 서브 시스템 = 작업 단위
- 변수의 선언을 효율적으로 할 수 있어 기억 장치를 유용하게 사용할 수 있다.
- 모듈마다 사용할 변수를 정의하지 않고 상속하여 사용할 수 있다.
- 각 모듈의 기능이 서로 다른 모듈과의 과도한 상호 작용을 회피함으로서 이루어지는 것을 기능적 독립성이라 한다.

◉ 결합도(Coupling) 24.8, 23.6, 23.3, 22.7, 22.4, 21.3

- 서로 다른 두 모듈 간의 상호 의존도로서 두 모듈 간의 기능적인 연관 정도를 나타낸다.
- 모듈 간의 결합도를 약하게 하면 모듈 독립성이 향상되어 시스템을 구현하고 유지보수 작업이 쉬워진다.
- 자료 결합도가 설계 품질이 가장 좋다.

결합도 약함 ↑	자료 결합도 (Data Coupling)	• 모듈 간의 인터페이스가 자료 요소로만 구성된 경우로 다른 모듈에 영향을 주지 않는 가장 바람직한 결합도이다. • 모듈 간의 내용을 전혀 알 필요가 없다.
	스탬프 결합도 Stamp Coupling)	• 두 모듈이 같은 자료 구조를 조회하는 경우의 결합도이며, 자료 구조의 어떠한 변화 즉 포맷이나 구조의 변화는 그것을 조회하는 모든 모듈 및 변화되는 필드를 실제로 조회하지 않는 모듈까지도 영향을 미치게 된다. • 배열, 레코드, 구조 등이 모듈 간 인터페이스로 전달되는 경우와 관계된다.
	제어 결합도 (Control Coupling)	어떤 모듈이 다른 모듈의 내부 논리 조작을 제어하기 위한 목적으로 제어 신호를 이용하여 통신하는 경우이며, 하위 모듈에서 상위 모듈로 제어 신호가 이동하여 상위 모듈에 처리 명령을 부여하는 권리 전도 현상이 발생하게 된다.
	외부 결합도 (External Coupling)	어떤 모듈에서 외부로 선언한 변수(데이터)를 다른 모듈에서 참조할 경우와 관계된다.
	공통 결합도 (Common Coupling)	여러 모듈이 공통 자료 영역을 사용하는 경우로 공통 데이터 영역 내용을 수정하면 이 데이터를 사용하는 모든 모듈에 영향을 준다.
↓ 결합도 강함	내용 결합도 (Content Coupling) 23.6	• 가장 강한 결합도를 가지고 있으며, 한 모듈이 다른 모듈의 내부 기능 및 그 내부 자료를 조회하도록 설계되었을 경우와 관계된다. • 한 모듈에서 다른 모듈의 내부로 제어 또는 이동된다. • 한 모듈이 다른 모듈 내부 자료의 조회 또는 변경이 가능하다. • 두 모듈이 같은 문자(Literals)의 공유가 가능하다.

◉ 응집도(Cohesion) 24.5, 23.8

Myers가 구분하였음

- 명령어, 명령어의 모임, 호출문, 특정 작업 수행 코드 등 모듈 안의 요소들이 서로 관련된 정도를 말한다.
- 구조적 설계에서 기능 수행 시 모듈 간 최소한의 상호작용을 하여 하나의 기능만을 수행하는 정도를 표현한다.
- 모듈이 독립적인 기능으로 구성됨의 정도를 의미한다.
- 응집도가 높다는 것은 필요한 요소들로 구성됨을 의미한다.
- 응집도가 낮다는 것은 요소 간의 관련성이 적음을 의미한다.

응집도 강함 ↑	기능적 응집도 (Functional Cohesion)	모듈 내부의 모든 기능 요소들이 한 문제와 연관되어 수행되는 경우와 관계된다.
	순차적 응집도 (Sequential Cohesion)	한 모듈 내부의 한 기능 요소에 의한 출력 자료가 다음 기능 요소의 입력 자료로 제공되는 경우와 관계된다.
	교환적 응집도 (Communica-tional Cohe-sion)	같은 입력과 출력을 사용하는 소 작업이 모인 경우와 관계된다.
	절차적 응집도 (Procedural Cohesion)	모듈이 다수의 관련 기능을 가질 때 모듈 내부의 기능 요소들이 그 기능을 순차적으로 수행할 경우와 관계된다.
	시간적 응집도 (Temporal Cohesion)	특정 시간에 처리되는 여러 기능을 모아 한 개의 모듈로 작성할 경우와 관계된다.
	논리적 응집도 (Logical Cohesion)	유사한 성격을 갖거나 특정 형태로 분류되는 처리 요소들로 하나의 모듈이 형성되는 경우와 관계된다.
↓ 응집도 약함	우연적 응집도 (Coincidental Cohesion) 22.4	모듈 내부의 각 기능 요소들이 서로 관련이 없는 요소로만 구성된 경우와 관계된다.

◉ 효과적인 모듈화 설계 방법 24.8, 22.3, 20.9

- 출입구를 하나씩 갖게 하여 복잡도와 중복성을 줄이고 일관성을 유지할 수 있도록 설계한다.
- 유지보수가 용이하도록 설계한다.

응집도는 강하게, 결합도는 약하게 설계하여 모듈의 독립성을 보장

- 모듈 크기는 시스템의 전반적인 기능과 구조를 이해하기 쉬운 크기로 설계한다.
- 모듈 기능은 예측이 가능해야 하며 지나치게 제한적이어서는 안 된다.
- 모듈 간의 효과적인 제어를 위해 설계에서 계층적 자료 조직이 제시되어야 한다.
- 적당한 모듈의 크기를 유지하고 모듈 간의 접속 관계를 분석하여 복잡도와 중복을 줄인다.

◉ 모듈 설계의 특징

- 모듈 독립성이 높다는 것은 단위 모듈을 변경하더라도 타 모듈에 영향이 적다는 의미이며, 오류 발견과 해결이 쉬워진다.
- 모듈 인터페이스 설계 시 인덱스 번호, 기능 코드 등 전반적인 논리 구조에 영향을 끼치지 않도록 한다.

단답형 문제

01 어떤 모듈이 다른 모듈의 내부 논리 조직을 제어하기 위한 목적으로 제어 신호를 이용하여 통신하는 경우이며, 하위 모듈에서 상위 모듈로 제어 신호가 이동하여 상위 모듈에게 처리 명령을 부여하는 권리 전도 현상이 발생하게 되는 결합도는?

02 응집도의 종류 중 서로 간에 어떠한 의미 있는 연관 관계도 지니지 않은 기능 요소로 구성되는 경우이며, 서로 다른 상위 모듈에 의해 호출되어 처리상의 연관성이 없는 서로 다른 기능을 수행하는 경우의 응집도는?

객관식 문제

03 바람직한 소프트웨어 설계 지침이 아닌 것은?

① 적당한 모듈의 크기를 유지한다.
② 모듈 간의 접속 관계를 분석하여 복잡도와 중복을 줄인다.
③ 모듈 간의 결합도는 강할수록 바람직하다.
④ 모듈 간의 효과적인 제어를 위해 설계에서 계층적 자료 조직이 제시되어야 한다.

04 결합도(Coupling)에 대한 설명으로 틀린 것은?

① 데이터 결합도(Data Coupling)는 두 모듈이 매개 변수로 자료를 전달할 때, 자료 구조 형태로 전달되어 이용될 때 데이터가 결합되어 있다고 한다.
② 내용 결합도(Content Coupling)는 하나의 모듈이 직접적으로 다른 모듈의 내용을 참조할 때 두 모듈은 내용적으로 결합되어 있다고 한다.
③ 공통 결합도(Common Coupling)는 두 모듈이 같은 전역 데이터를 접근한다면 공통결합되어 있다고 한다.
④ 결합도(Coupling)는 두 모듈 간의 상호작용, 또는 의존도 정도를 나타내는 것이다.

01 Control Coupling(제어 결합도)
02 Coincidental Cohesion(우연적 응집도)
03 ③ **04** ①

02 모듈과 컴포넌트

모듈 vs 컴포넌트

모듈	컴포넌트
• 자신만으로 동작할 수 있는 명령의 집합이다. • 실제로 가장 맨 앞에 위치하는 구현된 단위이며, 자료 구조, 알고리즘 등이를 제공하는 인터페이스이다. • 정의하지 않는 이상 바로 재활용을 할 수 없다.	• SW 시스템에서 독립적인 업무 또는 기능을 수행하는 모듈로 교체가 가능한 부품이다. • 모듈화로 생산성을 향상했으나 모듈의 소스 코드 레벨의 재활용으로 인한 한계성을 극복하기 위하여 등장하였다. • 인터페이스를 통해서 연결된다.

예 1개 서버에 100개의 클라이언트가 서비스를 받고 있을 때, 모듈은 서버 1+서비스 구현된 모듈 1개로 총 모듈은 2개이다. 컴포넌트는 실제 동작하고 있는 서버 1 + 클라이언트 100개로 총 101이다.

모듈, 컴포넌트, 서비스 특징 비교

구분	모듈	컴포넌트
주요 목적	소프트웨어 복잡도 해소	소프트웨어 재사용성 향상
재사용 단위	소스 코드	실행 코드
독립성	구현 언어 종속적, 플랫폼에 종속적	구현 언어 종속적, 동일 플랫폼 기반 개별적 연계
응용	단일 애플리케이션	분산 애플리케이션
중심사상	모듈화, 추상화	객체지향, CBD
호출 방법	함수 호출	구현 기술 인터페이스
서비스 특징	여러 모듈이 하나의 애플리케이션을 형성하는 계층 구조	다른 컴포넌트와 커뮤니케이션 네트워크를 이루면서 서비스

모듈 분할의 특징

- 설계의 질을 측정할 수 있고 유지보수가 쉽고 재사용이 쉽다.
- **모듈 분할 시 영향을 주는 설계 형태** : 추상화(Abstraction), 모듈화(Modularity), 정보 은폐(Information Hiding), 복잡도(Complexity), 시스템 구조(System Structure)

03 재사용과 공통 모듈

재사용 22.3

새로운 개발 방법론 도입이 어려움

- 검증된 기능을 파악하여 재구성하는 것을 의미한다.
- 모듈을 최적화하여 타 시스템에 적용하면 개발 비용과 기간을 낮출 수 있다.
- 생산성 및 소프트웨어의 품질이 향상된다.
- 재사용 시 해당 모듈은 외부 모듈과의 응집도는 높고, 결합도는 낮아야 한다.
- 기존 소프트웨어에 재사용 소프트웨어를 추가하기 어려운 문제점이 발생할 수 있다.

재사용 규모에 따른 구분 20.9

- **함수와 객체** : 클래스, 메소드 단위로 소스 코드 등을 재사용한다.
- **애플리케이션** : 공통 업무를 처리할 수 있도록 구현된 애플리케이션을 공유하여 재사용한다.
- **컴포넌트** : 컴포넌트 자체 수정 없이 인터페이스를 통하여 컴포넌트 단위로 재사용한다.

공통 모듈

- 각 서브 시스템에서 공통으로 사용하는 기능(날짜 처리 등)을 묶어 하나의 공통된 모듈로 개발한다.
- 모듈 재사용성을 높이고 중복 개발로 인한 낭비를 없애기 위해 설계 단계에서 공통 모듈을 분리한다.
- 같은 기능을 재사용함으로 기능에 대한 정합성 유지 및 중복 개발을 방지할 수 있다.
- 유지보수 단계에서도 모듈 변경을 통하여 관련된 시스템을 일괄 변경할 수 있다.
- **재사용 범위에 따른 분류** : 함수와 객체 재사용, 컴포넌트 재사용, 애플리케이션 재사용

공통 모듈 – 명세 기법 20.6

정확성 (Correctness)	실제 구현 시 꼭 필요한 기능인지 확인할 수 있도록 정확히 작성한다.
명확성 (명료성, Clarity)	해당 기능에 대한 일관된 이해와 하나로 해석될 수 있도록 작성한다.
완전성 (Completeness)	시스템 구현 시 필요한 것, 요구되는 것을 모두 작성한다.

일관성 (Consistency)	공통 기능 간 서로 충돌이 발생하지 않도록 작성한다.
추적성 (Traceability)	공통 기능에 대한 요구사항 출처, 관련 시스템이 유기적 관계 구분이 가능하도록 작성한다.

◉ 모듈 명세화 도구

- 흐름도(Flowchart), N-S 도표(Nassi-Schneiderman Chart), 의사 코드(Pseudo Code), 의사 결정표(Decision Table), 의사 결정도(Decision Diagram), PDL(Program Design Language), 상태 전이도(State Transition Diagram), 행위도(Action Diagram)

24.8, 24.3, 23.8, 23.6, 20.9

◉ N-S 도표(Nassi-Schneiderman Chart)

- 구조적 프로그램의 순차, 선택, 반복의 구조를 사각형으로 도식화하여 알고리즘을 논리적 기술에 중점을 둔 도형식 표현 방법이다.
- 이해하기 쉽고 코드 변환이 용이하다.
- 조건이 복합되어 있는 곳의 처리를 시각적으로 명확히 식별하는데 적합하다.
- **제어 구조** : 순차(연속, Sequence), 선택 및 다중 선택(If~Then~Else, Case), 반복(Repeat~Until, While, For)
- 주로 박스 다이어그램을 사용하여 논리적인 제어 구조로 흐름을 표현한다.

처리 1
처리 2
처리 3

▲ 순차 구조

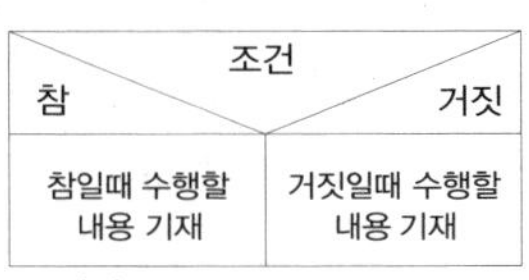

▲ 선택 구조

▲ 케이스(Case) 구조

DO WHILE 조건
처리

▲ 반복 구조

단답형 문제

01 공통 모듈에 대한 명세 기법 중 해당 기능에 대해 일관되게 이해되고 한 가지로 해석될 수 있도록 작성하는 원칙은?

객관식 문제

02 소프트웨어를 재사용함으로써 얻을 수 있는 이점으로 가장 거리가 먼 것은?

① 생산성 증가
② 프로젝트 문서 공유
③ 소프트웨어 품질 향상
④ 새로운 개발 방법론 도입 용이

03 공통 모듈의 재사용 범위에 따른 분류가 아닌 것은?

① 컴포넌트 재사용
② 더미코드 재사용
③ 함수와 객체 재사용
④ 애플리케이션 재사용

04 NS(Nassi-Schneiderman) Chart에 대한 설명으로 거리가 먼 것은?

① 논리의 기술에 중점을 둔 도형식 표현 방법이다.
② 연속, 선택 및 다중 선택, 반복 등의 제어 논리 구조로 표현한다.
③ 주로 화살표를 사용하여 논리적인 제어 구조로 흐름을 표현한다.
④ 조건이 복합된 곳의 처리를 시각적으로 명확히 식별하는데 적합하다.

정답 01 명확성(명료성) 02 ④ 03 ② 04 ③

POINT 13

Software Architecture

01 소프트웨어 아키텍처(Software Architecture)

Software Architecture의 개요

- 요구사항을 기반으로 개발 대상 소프트웨어의 기본 틀(뼈대)을 만드는 것이다.
- 다수의 이해관계자가 참여하는 복잡한 개발에서 상호 이해, 타협, 의사소통을 체계적으로 접근하기 위한 것이다.
- 전체 시스템의 전반적인 구조를 체계적으로 설계하는 것이다.
- **권형도(2004)** : "소프트웨어를 구성하는 컴포넌트들의 상호작용 및 관계, 각각의 특성을 기반으로 컴포넌트들이 상호 유기적으로 결합하는 소프트웨어의 여러 가지 원칙들의 집합"이다.
- **역할** : 설계 및 구현을 위한 구조적/비구조적인 틀(Frame)을 제공한다.
- Structure Frame : 시스템 개발을 위하여 결정된 컴포넌트의 구조 모델이다.
- Non Structure frame : 해당 구조 모델 이외 다른 아키텍처 설계의 결정들이다.

Software Architecture 시스템 품질 속성 7 22.7, 21.5

- 성능, 사용 운용성, 보안성, 시험 용이성, 가용성, 변경 용이성, 사용성

Software Architecture 특징

- **간략성** : 이해하고 추론 가능할 정도로 간결해야 한다.
- **추상화** : 시스템의 추상적인 표현을 사용한다.
- **가시성** : 시스템이 포함해야 하는 것들을 가시화해야 한다.
- **복잡도 관리 종류** : 과정 추상화, 데이터 추상화, 제어 추상화

Software Architecture 평가 기준

- 시스템은 어떻게 모듈로 구성되는가?
- 시스템은 실행 시에 어떻게 행동하고, 연결되는가?
- 시스템은 어떻게 비 소프트웨어 구조(CPU, 파일 시스템, 네트워크, 개발팀 등)와 관계하고 있는가?

아키텍처 프레임워크 구성 요소

- **프레임워크(FrameWork)** 24.8, 24.5, 21.5 : 복잡한 소프트웨어 문제를 해결하거나 서술하는데 필요한 기본 구조를 제공함으로써 재사용이 가능하게 해준다.

요소	설명
Architecture Description(AD)	• 아키텍처를 기록하기 위한 산출물이다. • 하나의 AD는 하나 이상의 View로 구성한다.
이해관계자(Stakeholder)	소프트웨어 시스템 개발에 관련된 모든 사람과 조직을 의미하며, 고객, 개발자, 프로젝트 관리자 등을 포함한다.
관심사(Concerns)	같은 시스템에 대해 서로 다른 이해관계자의 의견이다. 예 사용자 입장 : 기본 기능 + 신뢰성/보안성 요구
관점(Viewpoint)	서로 다른 역할이나 책임으로 시스템이나 산출물에 대한 서로 다른 관점이다.
뷰(View)	이해관계자들과 이들이 가지는 생각이나 견해로부터 전체 시스템을 표현(4 + 1 View)한다.

소프트웨어 아키텍처 4+1 View Model

- Kruchten에 의해 Object 표기법을 사용하다가 1995년 Booch의 UML이 정의되면서 Booch 표기법을 포함하여 4+1이 되었다.
- 다양하고 동시적인 View를 기반으로 소프트웨어 위주 시스템의 아키텍처를 묘사하는 View 모델이다.
- 복잡한 소프트웨어 아키텍처를 다양한 이해관계자들이 바라보는 관점으로, 다양한 측면을 고려하기 위하여 다양한 관점을 바탕으로 정의한 모델이다.
- Logical View(분석 및 설계), Implementation View(프로그래머), Process View(시스템 통합자), Deployment View(시스템 엔지니어), Use Case View(사용자)의 5계층으로 분류한 모델이다.

◉ 소프트웨어 아키텍처 설계 원리

구분	설명
단순성	다양한 요소를 단순화하여 복잡성을 최소화한다.
효율성	활용 자원의 적절성과 효율성을 높인다.
분할, 계층화	다루기 쉬운 단위로 묶어서 계층화한다.
추상화	부가적인 기능이 아닌 핵심 기능 위주로 컴포넌트를 정의한다.
모듈화	내부 요소의 응집도를 높이고 각 모듈의 외부 결합도를 낮춘다.

◉ 소프트웨어 아키텍처 설계 과정 22.7, 22.3

- 설계 목표 설정 → 시스템 타입 결정 → 스타일 적용 및 커스터마이즈 → 서브 시스템의 기능, 인터페이스 동작 작성 → 아키텍처 설계 검토

◉ 소프트웨어 아키텍처 평가 방법론의 종류

방법	설명
SAAM	• 다양한 수정 가능성(Modificability) 관점에서 아키텍처를 평가하고 분석하는 방법이다. • 수정/변경에 필요한 자원을 가정하고 이를 기반으로 평가한다. • ATAM에 비하여 상세하지는 않지만 보다 많은 영역에 적용할 수 있다.
ATAM	• 아키텍처가 품질 속성을 만족하는지 판단하고, 어떻게 절충(TradeOff)하면서 상호작용하는지 분석하는 평가 방법이다. • 모든 품질 속성을 평가하고, 관심 있는 모든 관련 당사자들 참여한다. • 정량적/정성적 분석/평가를 수행하며, 민감점(Sensitivity Point)과 절충점(Trade off Point)을 찾는 데 중점을 둔다.
CBAM	• 소프트웨어 아키텍처를 ROI 관점에서 평가하며 시스템이 제공하는 품질에서 경제적 이득 측면을 고려한다. • 비용, 이익을 기반으로 ROI를 계산하여 수익이 최대화되는 소프트웨어 아키텍처를 선정한다.
ARID	• 전체 아키텍처가 아닌 한 부분에 대한 품질 요소에 집중하여 평가를 진행한다.

SAAM: Software Architecture Analysis Method의 약어로 최초 정리된 평가 방법

ATAM: Architecture Trade Off Analysis Method의 약어로 SAAM을 승계한 방법론

ROI: Return On Investment(투자 수익률)

CBAM: Cost Benefit Analysis Method의 약어로 ATAM에서 경제적인 부분 을 보완한 형태

ARID: Active Review for Intermediate Design, ATAM과 ADR(Active Design Review를 혼합한 형태

단답형 문제

01 다음 중 소프트웨어 아키텍처 설계에서 시스템 품질 속성이 아닌 것을 골라 쓰시오.

> 가용성, 독립성, 변경 용이성, 사용성, 보안성, 성능

객관식 문제

02 소프트웨어 아키텍처와 관련한 설명으로 틀린 것은?

① 파이프 필터 아키텍처에서 데이터는 파이프를 통해 양방향으로 흐르며, 필터 이동 시 오버헤드가 발생하지 않는다.
② 외부에서 인식할 수 있는 특성이 담긴 소프트웨어의 골격이 되는 기본 구조로 볼 수 있다.
③ 데이터 중심 아키텍처는 공유 데이터 저장소를 통해 접근자 간의 통신이 이루어지므로 각 접근자의 수정과 확장이 용이하다.
④ 이해 관계자들의 품질 요구사항을 반영하여 품질 속성을 결정한다.

03 아키텍처 설계 과정이 올바른 순서로 나열된 것은?

> ㉮ 설계 목표 설정
> ㉯ 시스템 타입 결정
> ㉰ 스타일 적용 및 커스터마이즈
> ㉱ 서브 시스템의 기능, 인터페이스 동작 작성
> ㉲ 아키텍처 설계 검토

① ㉮ → ㉯ → ㉰ → ㉱ → ㉲
② ㉲ → ㉮ → ㉯ → ㉱ → ㉰
③ ㉮ → ㉲ → ㉯ → ㉱ → ㉰
④ ㉮ → ㉯ → ㉰ → ㉲ → ㉱

정답 01 독립성 02 ① 03 ①

이론 1과목 소프트웨어 설계

POINT 14

소프트웨어 아키텍처 패턴

01 소프트웨어 아키텍처 패턴

= 아키텍처 스타일 = 표준 아키텍처

아키텍처 패턴

- 소프트웨어 아키텍처를 설계하는데 발생하는 문제점을 해결하기 위한 재사용 가능한 솔루션으로 디자인 패턴과 유사하나 더 큰 범위에 속한다.

종류	Layered, Client-Server, Mater-Slave, Pipe-Filter, Broker, Peer to Peer, Event-Bus, MVC(Model View Controller), Blackboard, Interpreter
장점	개발 시간 단축, 고품질 소프트웨어, 안정적 개발 가능, 개발 단계 관계자 간 의사소통이 간편함, 시스템 구조 이해도가 높아 유지보수에 유리하다.

계층(Layered) 패턴

- 소프트웨어를 계층 단위(Unit)로 분할하며, N-tier 아키텍쳐 패턴이라고도 한다.
- 계층적으로 조직화할 수 있는 서비스로 구성된 애플리케이션에 적합하다.
- 전통적인 방법으로 층 내부의 응집도를 높이는 것이 중요하다.
- 모듈들의 응집된 집합 계층 간의 관계는 사용 가능의 관계로 표현한다.

장점	정보은닉의 원칙 적용, 높은 이식성을 가진다.
단점	추가적인 실행 시 오버헤드(너무 많은 계층으로 성능 감소 발생)가 발생한다.
활용	일반적인 데스크톱 소프트웨어나 E-Commerce 웹 애플리케이션
4계층	Presentation Layer = UI 계층(UI Layer) Application Layer = 서비스 계층(Service Layer) Business Logic Layer = 도메인 계층(Domain Layer) Data access Layer = 영속 계층(Persistence Layer)

MVC(Model View Controller) 패턴 24.5, 23.8

- 대화형 애플리케이션을 아래와 같이 3부분으로 분류한다.

사용자가 편집하길 원하는 모든 데이터를 가지고 있어야 함

Model	핵심 기능 + 데이터
View	사용자에게 정보를 표시한다(다수 뷰가 정의될 수 있음).
Controller	사용자로부터 입력을 처리한다.

모델이나 뷰에 대해서 알고 있어야 함

장점	같은 모델에서 다수의 뷰를 생성할 수 있으며, 실행 시간에 동적으로 연결 및 해제할 수 있다.
단점	사용자 행동에 대한 불필요 업데이트가 발생할 수 있으며 복잡성이 증가할 수 있다.
활용	일반적인 웹 애플리케이션 설계 아키텍처, Django나 Rails와 같은 웹 프레임워크

클라이언트 서버(Client Server) 패턴

- 하나의 서버와 다수 클라이언트로 구성되며, 클라이언트가 서버에 서비스를 요청하면 커뮤니케이션이 이루어진다. 서버는 응답을 위해 항상 대기 중이어야 한다.
- 여러 컴포넌트에 걸쳐서 데이터와 데이터를 처리하는 애플리케이션에 적합하다.

장점	직접 데이터 분산, 위치 투명성을 제공한다.
단점	서비스와 서버의 이름을 관리하는 레지스터가 없어 이용 가능한 서비스 시간에 불편함을 초래한다.
활용	이메일, 문서 공유, 은행 등 온라인 애플리케이션

파이프 필터(Pipe-Filters) 24.8, 24.5, 23.6, 20.9, 21.5

- 데이터 흐름(Data Stream)을 생성하고 처리하는 시스템을 위한 구조이다. (데이터 송·수신이나 처리의 연속적 흐름)
- 필터는 파이프를 통해 받은 데이터를 변경시키고 그 결과를 파이프로 전송한다.
- 각 처리 과정은 필터 컴포넌트에서 이루어지며, 처리되는 데이터는 파이프를 통해 흐른다. 이 파이프는 버퍼링 또는 동기화 목적으로 사용될 수 있다.
- 컴파일러, 연속한 필터들은 어휘 분석, 파싱, 의미 분석 그리고 코드 생성을 수행한다.

장점	필터 교환과 재조합을 통해서 높은 유연성을 제공한다.
단점	상태정보 공유를 위해 비용이 소요되며 데이터 변환에 과부하가 걸릴 수 있다.
활용	컴파일러, 어휘 분석, 구문 분석, 의미 분석, 코드 생성

◉ Peer To Peer

분산 컴퓨팅 애플리케이션 구축 시 유연성을 제공

- 클라이언트/서버 스타일에 대칭적 특징을 추가한 형태이다.
- Peer가 하나의 컴포넌트로 대응되며 컴포넌트는 클라이언트, 서버 역할 모두 수행한다.

◉ 브로커(Broker)

Apache ActiveMQ, Apache Kafka, RabbitMQ, JBoss Messaging과 같은 메시지 브로커 소프트웨어에 활용

- 컴포넌트가 컴퓨터와 사용자를 연결해 주는 역할을 하며 분산 시스템에 주로 사용된다.
- 요청에 응답하는 컴포넌트들이 여러 개 존재할 때 적합하다.

◉ 블랙보드(Black Board)

- 결정적 해결 전략이 존재하지 않는 문제 해결에 적합하며 음성 인식, 신호 해석 등에 활용된다.
- 블랙보드의 데이터를 컴포넌트에서 검색을 통하여 찾을 수 있다.

장점	다양한 접근법, 유지보수성, 가변성, 재사용 가능한 지식 자원
단점	테스팅 어려움, 완전한 해결책을 보장하지 못함

◉ 이벤트 버스(Event-Bus)

이벤트 생성(소스), 이벤트 수행(리스너), 이벤트 통로(채널), 채널 관리(버스)

- 소스 이벤트가 메시지를 발행하면 해당 채널 구독자가 메시지 수신 후 해당 이벤트를 처리하는 방식으로 주로 이벤트를 처리하며 이벤트 소스, 이벤트 리스너(Event Listener), 채널, 이벤트 버스 등 4가지 주요 컴포넌트들을 갖는다.
- 소스는 이벤트 버스를 통해 특정 채널로 메시지를 발행하고, 리스너는 특정 채널에서 메시지를 구독한다. 리스너는 이전에 구독한 채널에 발행된 메시지에 대해 알림을 받는다.

◉ 인터프리터(Interpreter)

SQL과 같은 데이터베이스 쿼리 언어, 통신 프로토콜을 정의하기 위한 언어

- 특정 언어로 작성된 프로그램을 해석하는 컴포넌트를 설계할 때 사용된다.
- 주로 특정 언어로 작성된 문장 혹은 표현 식이라고 하는 프로그램의 각 라인을 수행하는 방법을 지정한다. 기본 아이디어는 언어의 각 기호에 대해 클래스를 만드는 것이다.

단답형 문제

01 소프트웨어 아키텍처를 설계하는데 발생하는 문제점을 해결하기 위하여 일반화되고 재사용 가능한 솔루션을 무엇이라고 하는가?

객관식 문제

02 다음 중 소프트웨어 아키텍처 패턴의 구조에 속하지 않는 것은?

① Layered ② Client-Server
③ Pipe-Line ④ Broker

03 파이프 필터 형태의 소프트웨어 아키텍처에 대한 설명으로 옳은 것은?

① 노드와 간선으로 구성된다.
② 서브 시스템이 입력 데이터를 받아 처리하고 결과를 다음 서브 시스템으로 넘겨주는 과정을 반복한다.
③ 계층 모델이라고도 한다.
④ 3개의 서브 시스템(모델, 뷰, 제어)으로 구성되어 있다.

04 소프트웨어 아키텍처 패턴의 구조 중 MVC의 분류가 아닌 것은?

① Model ② View
③ Controller ④ Client-Server

05 소프트웨어 아키텍처 패턴의 구조 중 계층(Layered Pattern)에서 4계층 연결이 잘못된 것은?

① Presentation Layer = UI 계층(UI Layer)
② Application Layer = 표현 계층(Presentation Layer)
③ Business Logic Layer = 도메인 계층(Domain Layer)
④ Data access Layer = 영속 계층(Persistence Layer)

정답 **01** 소프트웨어 아키텍처 패턴 **02** ③ **03** ② **04** ④ **05** ②

POINT 15

객체지향 설계

01 객체지향 설계

◉ 구조적 프로그래밍(Structured Programming)

- 프로그램의 이해가 쉽고 디버깅 작업이 쉽다.
- 한 개의 입구(입력)와 한 개의 출구(출력) 구조를 갖도록 한다.
- GOTO(분기) 문은 사용하지 않는다.
- **구조적 프로그래밍의 기본 구조** : 순차(Sequence) 구조, 선택(Selection) 구조, 반복(Iteration) 구조

◉ 절차적 프로그래밍(Procedural Programming)

- 순서대로 일련의 명령어를 나열하여 프로그래밍한다.
- Function(함수) 기반의 프로그래밍이며, 프로시저로써 Function 외에도 Subroutine이 문법적으로 구현되어 있다.
- 절차형 언어의 경우 규모가 커지면 커질수록 함수가 기하급수적으로 늘어난다.
- 함수가 타 프로그램과 문제를 일으킬 수 있는 문제점을 가지고 있다.
- 프로그램과 별개로 데이터 취급이 되므로 완전하지 않고 현실 세계 문제를 프로그램으로 표현하는데 제약이 있다.

◉ 객체지향(Object Oriented) 분석 21.3

- 현실 세계의 대상체인 개체(Entity)를 속성(Attribute)과 메소드(Method)로 결합하여 객체(Object)로 표현(모델링)한다.
- 소프트웨어 개발 대상을 기능이 아닌 개체를 대상으로 하며 개체 간의 상호 관계를 모델링하는 방식이다.
- 구조적 소프트웨어 위기를 해결하기 위한 생산성, 재사용성, 확장성, 사용 편의성, 유지보수성 요구로 인하여 등장하였다.
- 현실 세계를 객체라는 모형으로 형상화하므로 사용자와 개발자의 상호 이해도가 높다.

◉ 객체지향 프로그래밍(Object Oriented Programming)

- 컴퓨터 소프트웨어를 구조적인 코드 단위로 보는 것이 아니라 Object 단위로 구분하고 Object 간의 모음으로 설계하는 것이다.
- 소프트웨어 내의 Object는 서로 Message를 주고받는다.
- 처리 요구를 받은 객체가 자기 자신 안에 있는 내용을 가지고 처리하는 방식이다.
- 프로그램이 단순화되고 생산성, 신뢰성이 높아져 대규모 개발에 많이 사용된다.

◉ 객체지향 구성 요소 22.4, 22.3, 21.5, 20.8, 20.6

<table>
<tr><td>Class
24.5</td><td colspan="2">• 유사한 객체를 정의한 집합으로 속성+행위를 정의한 것으로 일반적인 Type을 의미한다.
• 기본적인 사용자 정의 데이터형이며, 데이터를 추상화하는 단위이다.
• 구조적 기법에서의 단위 테스트(Unit Test)와 같은 개념이다.
• 상위 클래스(부모 클래스, Super Class), 하위 클래스(자식 클래스, Sub Class)로 나뉜다.</td></tr>
<tr><td rowspan="3">23.8
Object
사용자가 편집하길 원하는 모든 데이터를 가지고 있어야 함</td><td colspan="2">• 데이터와 함수를 묶어 캡슐화하는 대상이 된다.
• Class에 속한 Instance를 Object라고 한다.
• 하나의 소프트웨어 모듈로서 목적, 대상을 표현한다.
• 같은 클래스에 속한 각각의 객체를 Instance라고 한다.</td></tr>
<tr><td>Attribute</td><td>Object가 가지고 있는 데이터 값</td></tr>
<tr><td>Method</td><td>Object의 행위인 함수</td></tr>
<tr><td>Message</td><td colspan="2">Object 간에 서로 주고받는 통신을 의미한다.</td></tr>
</table>

- Class = 틀 = Type
- Object = 실체 = 변수 = Instance

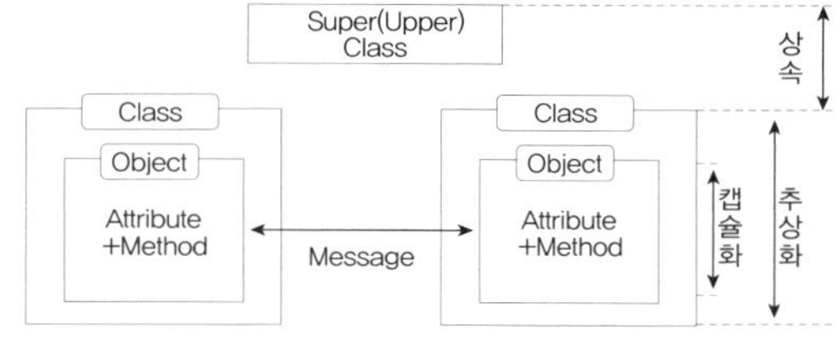

02 객체지향의 특징 21.5, 21.3, 20.9, 20.8

◉ 객체지향의 5가지 특징

JAVA에서 정보은닉을 표기할 때 private는 외부에서 클래스 내부 정보에 접근하지 못하도록 하는 '접근금지' 의미를 가짐

현재 코드를 변경하지 않고 새로운 클래스를 쉽게 추가할 수 있음

캡슐화 (Encapsulation) 24.8, 24.5, 23.8 22.4	• 서로 관련성이 높은 데이터(속성)와 그와 관련된 기능(메소드, 함수)을 묶는 기법이다. • 결합도가 낮아져 소프트웨어 개발에 있어 재사용성이 높아진다. • 정보은닉을 통하여 타 객체와 메시지 교환 시 인터페이스가 단순해진다. • 변경 발생 시 오류의 파급 효과가 적다.
정보은닉 (Information Hiding) 22.4, 21.9	• 객체 내부의 속성과 메소드를 숨기고 공개된 인터페이스를 통해서만 메시지를 주고받을 수 있도록 하는 것을 의미한다. • 예기치 못한 Side Effect를 줄이기 위해서 사용한다.
추상화 (Abstraction) 24.8, 24.3, 23.8, 21.9	• 시스템 내의 공통 성질을 추출한 뒤 추상 클래스를 설정하는 기법이다. • 현실 세계를 컴퓨터 시스템에 자연스럽게 표현할 수 있다. • 종류 : 기능 추상화, 제어 추상화, 자료 추상화
상속성 (Inheritance)	• 상위 클래스의 모든 속성, 연산을 하위 클래스가 재정의 없이 물려받아 사용하는 것이다. • 상위 클래스는 추상적 성질을, 자식 클래스는 구체적 성질을 가진다. • 하위 클래스는 상속받은 속성과 연산에 새로운 속성과 연산을 추가하여 사용할 수 있다. • 다중 상속 : 다수 상위 클래스에서 속성과 연산을 물려받는 것이다.
다형성 (Polymorphism) 23.6	• 객체가 다양한 모양을 가지는 성질을 뜻한다. • 오퍼레이션이나 속성의 이름이 하나 이상의 클래스에서 정의되고 각 클래스에서 다른 형태로 구현될 수 있는 개념이다. • 속성이나 변수가 서로 다른 클래스에 속하는 객체를 지칭할 수 있는 성질이다. • 오버로딩(같은 이름순서 재사용)과 오버라이딩(재정의)이 있다.

◉ 객체지향 기법에서의 관계성 23.3, 20.6

- is member of : 연관성(Association), 참조 및 이용 관계
- is part of : 집단화(Aggregation), 객체 간의 구조적인 집약 관계
- is a : 일반화(Generalization), 특수화(Specialization), 클래스 간의 개념적인 포함 관계

단답형 문제

01 객체지향 기법에서 객체가 메시지를 받아 실행해야 할 객체의 구체적인 연산을 정의한 것은?

02 객체지향 기법에서 클래스들 사이의 '부분-전체(part-whole)' 관계 또는 '부분(is-a-part-of)'의 관계로 설명되는 연관성을 나타내는 용어는?

객관식 문제

03 객체지향 기법에서 클래스들 사이의 '부분-전체(part-whole)' 관계 또는 '부분(is-a-part-of)'의 관계로 설명되는 연관성을 나타내는 용어는?

① 일반화 ② 추상화 ③ 캡슐화 ④ 집단화

04 객체지향 기법의 캡슐화(Encapsulation)에 대한 설명으로 틀린 것은?

① 인터페이스가 단순화된다.
② 소프트웨어 재사용성이 높아진다.
③ 변경 발생 시 오류의 파급 효과가 적다.
④ 상위 클래스의 모든 속성과 연산을 하위 클래스가 물려받는 것을 의미한다.

05 객체에 대한 설명으로 틀린 것은?

① 객체는 상태, 동작, 고유 식별자를 가진 모든 것이라 할 수 있다.
② 객체는 공통 속성을 공유하는 클래스들의 집합이다.
③ 객체는 필요한 자료 구조와 이에 수행되는 함수들을 가진 하나의 독립된 존재이다.
④ 객체의 상태는 속성값에 의해 정의된다.

06 객체지향 기법에서 상위 클래스의 메소드와 속성을 하위 클래스가 물려받는 것을 의미하는 것은?

① Abstraction ② Polymorphism
③ Encapsulation ④ Inheritance

정답 01 Method 02 집단화 03 ④ 04 ④ 05 ② 06 ④

오버로딩(Overloading) 23.6, 22.4

- 사전적 의미 : 과적, 과부하
- 한 클래스 내에서 같은 이름의 메소드를 사용하는 것이다.
- 같은 이름의 메소드를 여러 개 정의하면서 매개 변수의 유형과 개수가 달라지도록 하는 기술이다.

오버라이딩(Overriding)

- 사전적 의미 : 가장 우선되는, 최우선으로 되는, 다른 것보다 우선인
- 상속 관계의 두 클래스의 상위 클래스에서 정의한 메소드를 하위 클래스에서 변경(재정의)하는 것이다.
- Java 언어에서는 static 메소드의 오버라이딩을 허용하지 않는다.
- 오버라이딩의 경우 하위 객체의 매개 변수 개수와 타입은 상위 객체와 같아야 한다.

오버로딩 vs 오버라이딩

구분	오버로딩(Overloading)	오버라이딩(Overriding)
메소드 이름	한 클래스 내에서 같음	상속 관계의 두 클래스 간 같음
매개 변수 개수/매개 변수 타입	매개 변수 타입 또는 개수가 달라야 함	반드시 같아야 함
접근 제한	무관함	범위는 같거나 커야 함
사용	같은 이름으로 메소드 중복 정의	자식 클래스에서 부모 클래스의 메소드 재정의

객체지향 설계 원칙(SOLID) 24.8, 23.8, 22.3, 20.9, 20.8

단일 책임의 원칙 (SRP : Single Responsibility Principle)	모든 클래스는 단일 목적으로 생성되고, 하나의 책임만 가져야 한다.
개방-폐쇄의 원칙 (OCP : Open Closed Principle	소프트웨어 구성 요소는 확장에 대해서는 개방되어야 하나 수정에 대해서는 폐쇄적이어야 한다.
리스코프치환 원칙 (LSP : Liskov Substitution Principle)	부모 클래스가 들어갈 자리에 자식 클래스를 대체하여도 계획대로 작동해야 한다.
인터페이스 분리 원칙 (ISP : Interface Segregation Principle)	• 클라이언트는 자신이 사용하지 않는 메소드와 의존 관계를 맺으면 안 된다. • 클라이언트가 사용하지 않는 인터페이스 때문에 영향을 받아서는 안 된다.
의존 역전 원칙 (DIP : Dependency Inversion Principle)	의존 관계를 맺으면, 변하기 쉽고 변화 빈도가 높은 것보다 변하기 어렵고 변화 빈도가 낮은 것에 의존한다.

03 객체지향 개발 방법론

객체지향 개발 방법론의 종류

종류	설명	특징
Booch	설계 부분만 존재하며 문서화를 강조하여 다이어그램 기반으로 개발되었다.	• 분석과 설계가 분리되지 않는다. • 정적 모델과 동적 모델로 표현된다.
OOSE (Jacob-son) Object Oriented SW Engineering	• Use Case의 한 접근 방법이다. • Use Case를 모든 모델의 근간으로 활용된다.	• 분석, 설계 및 구현으로 구성된다. • 기능적 요구사항 중심이다. • 시스템 변화에 유연하다.
OMT (Rum-baugh) Object Modeling Technology	• 객체지향 분석, 시스템 설계, Object 설계/구현 4단계로 구성된다. • 객체 모델링 : 객체도를 이용하여 시스템의 정적 구조를 표현한다. • 동적 모델링 : 상태도를 이용하여 객체의 제어 흐름/상호 반응을 표현한다. • 기능 모델링 : 자료 흐름도를 이용하여 데이터값의 변화 과정을 표현한다.	• 복잡한 대형 개발 프로젝트에 유용하다. • 기업 업무의 모델링에 있어 편리하고 사용자와 의사소통이 원활하다. • CASE와 연동이 충실하다.
Coad와 Yourdon 방법 21.3, 20.6	객체지향 분석 방법론에서 E-R 다이어그램을 사용하여 객체의 행위를 모델링한다.	객체 식별, 구조 식별, 주체 정의, 속성 및 관계 정의, 서비스 정의 등의 과정으로 구성된다.

04 클래스 설계

◉ 클래스 설계

- 분석 단계 중 아직 확정되지 않은 클래스 내부 부분 중 구현에 필요한 중요한 사항을 결정하는 작업을 의미한다.
- 클래스의 서비스 인터페이스에 대한 정확한 정의, 메소드 내부의 로직 등 객체의 상태 변화와 오퍼레이션의 관계를 상세히 설계해야 하며, 클래스가 가지는 속성값에 따라 오퍼레이션 구현이 달라진다.
- 객체의 상태 변화 모델링은 필수이다.

◉ 클래스 인터페이스

- 관점에 따라 관심이 다르므로, 클래스 인터페이스가 중요하다.
- 관점이 다른 개발자들이 클래스 명세의 어떤 부분에 관심이 있는가?
- **클래스 구현** : 실제 설계로부터 클래스를 구현하려는 개발자
- **클래스 사용** : 구현된 클래스를 이용하여 다른 클래스를 개발하려는 개발자
- **클래스 확장** : 구현된 클래스를 확장하여 다른 클래스로 만들고자 하는 개발자

24.5, 20.8

◉ 협약에 의한 설계(Design by Contract) 3가지 타입

- 선행조건(Precondition) : 오퍼레이션이 호출되기 전에 참이 되어야 할 조건
- 결과조건(Postcondition) : 오퍼레이션이 수행된 후 만족해야 하는 조건
- 불변조건(Invariant) : 클래스 내부가 실행되는 동안 항상 만족하여야 하는 조건

단답형 문제

01 객체지향 분석 방법론 중 E-R 다이어그램을 사용하여 객체의 행위를 모델링하며, 객체 식별, 구조 식별, 주체 정의, 속성 및 관계 정의, 서비스 정의 등의 과정으로 구성되는 것은?

객관식 문제

02 객체지향 개념에서 다형성(Polymorphism)과 관련한 설명으로 <u>틀린</u> 것은?

① 다형성은 현재 코드를 변경하지 않고 새로운 클래스를 쉽게 추가할 수 있게 한다.
② 다형성이란 여러 가지 형태를 가지고 있다는 의미로, 여러 형태를 받아들일 수 있는 특징을 말한다.
③ 메소드 오버라이딩(Overriding)은 상위 클래스에서 정의한 일반 메소드의 구현을 하위 클래스에서 무시하고 재정의할 수 있다.
④ 메소드 오버로딩(Overloading)의 경우 매개 변수 타입은 동일하지만 메소드명을 다르게 함으로써 구현, 구분할 수 있다.

03 다음 내용이 설명하는 객체지향 설계 원칙은?

> – 클라이언트는 자신이 사용하지 않는 메소드와 의존 관계를 맺으면 안 된다.
> – 클라이언트가 사용하지 않는 인터페이스 때문에 영향을 받아서는 안 된다.

① 인터페이스 분리 원칙
② 단일 책임 원칙
③ 개방 폐쇄의 원칙
④ 리스코프 교체의 원칙

04 객체지향 설계 원칙 중, 서브 타입(상속받은 하위 클래스)은 어디에서나 자신의 기반 타입(상위 클래스)으로 교체할 수 있어야 함을 의미하는 원칙은?

① ISP(Interface Segregation Principle)
② DIP(Dependency Inversion Principle)
③ LSP(Liskov Substitution Principle)
④ SRP(Single Responsibility Principle)

정답 **01** Coad와 Yourdon 방법 **02** ④ **03** ① **04** ③

POINT 16

디자인 패턴

01 디자인 패턴

디자인 패턴(Design Pattern) 22.3

- 자주 사용하는 설계 형태를 정형화하여 유형별로 설계 템플릿을 만들어 두고 소프트웨어 개발 중 나타나는 과제를 해결하기 위한 방법 중 한 가지다.
- 다양한 응용 소프트웨어 시스템들을 개발할 때 서로 간에 공통되는 설계 문제가 존재하는데, 각 해결책 사이에도 공통점이 있으며 이러한 유사점을 패턴이라 한다.
- 개발자 간 원활한 의사소통, 소프트웨어 구조 파악 용이, 설계 변경에 대한 유연한 대처, 개발의 효율성, 유지보수성, 운용성 등 소프트웨어 품질 향상에 도움을 준다.
- 객체지향 프로그래밍 설계 시 유사한 상황에서 구조적인 문제를 해결할 수 있도록 방안을 제공해주며, Gof(Gang of Four) 분류가 가장 많이 사용된다.

디자인 패턴을 사용할 때의 장 · 단점 24.8, 20.9

장점	• 개발자 간의 원활한 의사소통을 지원한다. • 소프트웨어 구조 파악이 쉽다. • 재사용을 통한 개발 시간을 단축할 수 있다. • 설계 변경 요청에 유연한 대처를 할 수 있다. • 객체지향 설계 및 구현의 생산성을 높이는 데 적합하다.
단점	• 객체지향 설계/구현 위주로 사용된다. • 초기 투자 비용 부담이 된다.

디자인 패턴의 구성 요소 20.8

- 4가지 필수 요소와 추가 요소가 있다.

필수 요소	• 패턴의 이름 : 패턴을 부를 때 사용하는 이름과 유형 • 문제 및 배경 : 패턴이 사용되는 분야 또는 배경, 해결하는 문제를 의미 • 해법 : 패턴을 이루는 요소들, 관계, 협동(Collaboration) 과정 • 결과 : 패턴을 사용하면 얻게 되는 이점이나 영향
추가 요소	• 알려진 사례 : 간단한 적용 사례 • 샘플 코드 : 패턴이 적용된 원시 코드 • 원리, 정당성, 근거

GoF(Gangs of Four) 디자인 패턴 24.8, 20.9, 20.8, 20.6

- 에릭 감마(Eric Gamma), 리처드 헬름(Richard Helm), 랄프 존슨(Ralph Johnson), 존 브리시데스(John Vlissides)가 제안하였다.
- 객체지향 설계 단계 중 재사용에 관한 유용한 설계를 디자인 패턴화하였다.
- 생성 패턴, 구조 패턴, 행위 패턴으로 분류한다.

생성 패턴 24.8, 24.5, 22.3, 21.5, 20.8

- 객체를 생성하는 것과 관련된 패턴이다.
- 객체의 생성과 변경이 전체 시스템에 미치는 영향을 최소화하도록 만들어주어 유연성을 높일 수 있고 코드를 유지하기가 쉬운 편이다.
- 객체의 생성과 참조 과정을 추상화함으로써 시스템을 개발할 때 부담을 덜어준다.

Factory Method	• 상위 클래스에서 객체를 생성하는 인터페이스를 정의하고, 하위 클래스에서 인스턴스를 생성하도록 하는 방식이다. • Virtual-Constructor 패턴이라고도 한다.
Singleton 23.3	• 전역 변수를 사용하지 않고 객체를 하나만 생성하도록 한다. • 생성된 객체를 어디에서든지 참조할 수 있도록 하는 패턴이다.
Prototype	• prototype을 먼저 생성하고 인스턴스를 복제하여 사용하는 구조이다. • 일반적인 방법으로 객체를 생성한다. • 비용이 많이 소요되는 경우 주로 사용한다.
Builder	작게 분리된 인스턴스를 조립하듯 조합하여 객체를 생성한다.
(추상 팩토리) Abstraction Factory 23.3	• 구체적인 클래스에 의존하지 않고 서로 연관되거나 의존적인 객체들의 조합을 만드는 인터페이스를 제공하는 패턴이다. • 관련된 서브 클래스를 그룹 지어 한 번에 교체할 수 있다.

구조 패턴

- 클래스나 객체를 조합해 더 큰 구조를 만드는 패턴이다.
- 복잡한 형태의 구조를 갖는 시스템을 개발하기 쉽게 만들어주는 패턴이다.
- 새로운 기능을 가진 복합 객체를 효과적으로 작성할 수 있다. 예 서로 다른 인터페이스를 지닌 2개의 객체를 묶어 단일 인터페이스를 제공하거나 객체들을 서로 묶어 새로운 기능을 제공하는 패턴이다. 프로그램 내의 자료구조나 인터페이스 구조 등을 설계하는데 많이 활용된다.
- **구성** : Adapter, Bridge, Composite, Decorator, Facade(퍼사드), Flyweight, Proxy

Adapter 21.5	기존에 구현되어 있는 클래스에 기능 발생 시 기존 클래스를 재사용할 수 있도록 중간에서 맞춰주는 역할을 한다.
Bridge 23.8, 23.6	기능 클래스 계층과 구현 클래스 계층을 연결하고, 구현부에서 추상 계층을 분리하여 각자 독립적으로 변형할 수 있도록 해주는 패턴이다.

행위 패턴 23.6, 22.4

- 반복적으로 사용되는 객체들의 상호작용을 패턴화한 것으로, 클래스나 객체들이 상호작용하는 방법과 책임을 분산하는 방법을 정의한다.
- 메시지 교환과 관련된 것으로, 객체 간의 행위나 알고리즘 등과 관련된 패턴을 말한다.
- **구성** : Chain of Responsibility(책임 연쇄), Iterator(반복자), Command(명령), Interpreter(해석자), Memento(기록), Observer(감시자), State(상태), Strategy(전략), Visitor(방문자), Template Method, Mediator(중재자)

Mediator (중재자)	객체 간의 통제와 지시의 역할을 하는 중재자를 두어 객체지향의 목표를 달성하게 해준다.

디자인 패턴 vs 아키텍처 패턴

- 아키텍처 패턴이 상위 설계에 이용된다.
- **아키텍처 패턴** : 시스템 전체 구조를 설계하기 위한 참조 모델
- **디자인 패턴** : 서브 시스템 내 컴포넌트와 그들 간의 관계를 구성하기 위한 참조 모델

단답형 문제

01 다음 내용이 설명하는 디자인 패턴은?

> – 객체를 생성하기 위한 인터페이스를 정의하여 어떤 클래스가 인스턴스화 될 것인지는 서브 클래스가 결정하도록 하는 것
> – Virtual–Constructor 패턴이라고도 함

객관식 문제

02 디자인 패턴 사용의 장 · 단점에 대한 설명으로 거리가 먼 것은?

① 소프트웨어 구조 파악이 용이하다.
② 객체지향 설계 및 구현의 생산성을 높이는 데 적합하다.
③ 재사용을 위한 개발 시간이 단축된다.
④ 절차형 언어와 함께 이용될 때 효율이 극대화된다.

03 GoF(Gangs of Four) 디자인 패턴 분류에 해당하지 않는 것은?

① 생성 패턴　② 구조 패턴
③ 행위 패턴　④ 추상 패턴

04 디자인 패턴 중에서 행위적 패턴에 속하지 않는 것은?

① 커맨드(Command) 패턴
② 옵저버(Observer) 패턴
③ 프로토타입(Prototype) 패턴
④ 상태(State) 패턴

05 객체지향 소프트웨어 설계 시 디자인 패턴을 구성하는 요소로서 가장 거리가 먼 것은?

① 개발자 이름　② 문제 및 배경
③ 사례　④ 샘플코드

정답 **01** Factory Method 패턴 **02** ④ **03** ④ **04** ③ **05** ①

이론 1과목 소프트웨어 설계

POINT 17 인터페이스 요구사항 확인

01 인터페이스 요구사항

◉ 인터페이스 내/외부 요구사항

• 개발 대상 조직 내/외부의 시스템 연동을 통하여 상호작용을 위한 접속 방법, 규칙을 의미한다.

◉ 인터페이스 요구사항 구성

• 요구사항의 구성, 내/외부 인터페이스 이름, 연계 대상 시스템, 연계 범위 및 내용, 연계 방식, 송신 데이터, 인터페이스 주기, 기타 고려사항

◉ 인터페이스 요구사항의 분류

기능적 요구사항	소프트웨어가 내/외부 시스템 간의 연계를 통하여 수행될 기능과 관련하여 가져야 하는 기능적 속성에 대한 요구사항이다.
비기능적 요구사항	기능에 관련되지 않는 사항으로 기능 요구사항을 만족시키는 바탕에서 정상적으로 작동하기 위한 시스템 내/외부의 제약조건을 의미한다.

◉ 인터페이스 요구사항 명세서

요구사항 분류		시스템 인터페이스 요구사항
요구사항 번호		SIR-DUMOK001
요구사항 명칭		네아로 연동 (인터페이스 이름)
요구사항 상세 설명	정의	네이버 아이디로 회원 연동 (연계 대상 시스템)
	세부 내용	• 네이버 아이디 서비스인 네아로 API를 이용하여 두목넷 회원 가입에 활용할 수 있도록 한다. (연계 대상 범위 및 내용 / 송신 데이터) • 두목넷 네아로 서비스 아이디가 네이버에 전달되고, API를 통하여 회원 정보를 가져온다. (연계 방식) • 예상 트랜잭션 : 일 2,000건 〈추가 정의 내용〉 (인터페이스 주기) (기타 고려사항) • 네이버 회원 정보 중 이름, 닉네임, 이메일, 전화번호를 가져온다. • 네아로 서비스를 통하여 회원 가입할 때 회원 아이디를 "NAVER_"로 시작하도록 하여 구분한다.
산출 정보		네아로 API 적용 설명서와 두목넷 회원 DB 구조
요구사항 출처		고객지원팀
관련 요구사항		SIR-DUMOK001

◉ 인터페이스 요구사항의 분석 절차

(요구사항 명세서에서 기능적인 요구사항과 비기능적인 요구사항을 명세하고 분류한 뒤 구체화하여 이해관계자와 공유하는 과정)

① 소프트웨어 개발 요구사항 목록에서 시스템 인터페이스와 관련된 요구사항을 선별하여 시스템 인터페이스 요구사항 명세를 작성한다.

② 시스템 인터페이스와 관련된 요구사항, 아키텍처 정의서, 현행 시스템의 대내외 연계 시스템 현황 등 관련 자료를 준비한다.

③ 시스템 인터페이스 요구사항 명세서를 파악하여 기능적/비기능적 요구사항을 구분한다.

④ 시스템 인터페이스 요구 명세서와 요구사항 목록, 기타 관련 자료를 비교 분석하여 내용을 추가, 수정하여 완성도를 높인다.

⑤ 앞서 정리된 문서를 이해관계자와 공유한다.

◉ 인터페이스 요구사항 검증

• 인터페이스 설계 및 구현 전 사용자의 요구사항을 명세하고 그 명세가 완전한가를 검토하고 개발 범위를 설정하는 것이다.

• 인터페이스 요구 명세가 완전하지 않으면 설계 및 구현 단계에서 추가 수정해야 하므로 비경제적이다.

• **검증 절차** : 검토 계획 수립 → 검토, 오류 수정 → 베이스라인 설정

검토 계획 수립	• 프로젝트 규모, 참여 인력, 기간 등을 고려하여 검토 기준 및 방법을 결정하는 단계이다. • 품질 관리자, 인터페이스 분석가, 아키텍트, 사용자, 테스터 등 참여자를 선임한다. • 완전성, 명확성, 일관성 검토 점검표를 작성한다. • 요구사항 명세서, 요구사항 목록, 시스템 구성도, 현행 표준 등 자료를 준비한다. • 요구사항 검토 일정을 확정한다.
검토 및 오류 수정	• 검토 계획 수립 단계에서 수집, 작성된 문서를 검토한다. • 검토 중 오류 발생 시 수정할 수 있도록 오류 목록, 시정 조치서를 작성한다.

	• 검토 결과를 관련자에게 전달하여 오류 수정 및 요구사항 승인 절차를 진행한다. • 시정 조치가 완료되면 검토 작업을 마무리한다.
베이스 라인 설정	• 검토 및 수정 단계에서 검증된 요구사항을 프로젝트 관리자와 관련 결정자에게 승인받는다. • 요구사항 명세서의 베이스라인을 설정한다.

◉ 인터페이스 요구사항 검증 방법 20.8, 20.6

• 프로토타이핑, 테스트 설계, CASE 도구 활용, 요구사항 검토 등의 방법이 있다.

<table>
<tr><th>방법</th><th colspan="2">설명</th></tr>
<tr><td>프로토 타이핑</td><td colspan="2">요구사항에 대한 이해를 위하여 기본적인 기능만 시제품으로 제공하여 사용자로부터 피드백을 받는 요구사항 분석 기법이다.</td></tr>
<tr><td>테스트 설계</td><td colspan="2">Test Case를 생성하고, 요구사항이 현실적으로 테스트 가능한지 검토한다.</td></tr>
<tr><td>CASE</td><td colspan="2">• Computer Aid Software Engineering
• 일관성 분석을 통하여 요구사항 변경의 추적과 분석을 통하여 요구사항을 관리한다.</td></tr>
<tr><td rowspan="3">요구 사항 검토</td><td>동료 검토</td><td>명제 작성자가 동료들에게 설명하고 동료들이 결함을 찾는 방법이다.</td></tr>
<tr><td>워크스루 (Walk Through) 24.5, 23.3, 22.4</td><td>• 검토회의 전 명세서 배포 → 짧은 검토 회의 → 결함 발견
• 사용 사례를 확장하여 명세하거나 설계 다이어그램, 원시 코드, 테스트 케이스 등에 적용할 수 있다.
• 복잡한 알고리즘 또는 반복, 실시간 동작, 병행 처리와 같은 기능이나 동작을 이해하려고 할 때 유용하다.
• 단순한 테스트 케이스를 이용하여 프로덕트를 수작업으로 수행해 보는 것이다.</td></tr>
<tr><td>인스펙션 (Inspection) 24.8, 23.3</td><td>• 소프트웨어 요구, 설계, 원시 코드 등의 작성자 외의 다른 전문가 또는 팀이 검사하여 오류를 찾아내는 공식적 검토 방법이다.
• 코드 인스펙션 과정 : 계획 → 사전교육 → 준비 → 인스펙션 회의 → 재작업 → 추적</td></tr>
</table>

검토 회의 전에 요구사항 명세서를 미리 배포하여 사전 검토한 후 짧은 검토 회의를 통해 오류를 조기에 검출하는 데 목적을 두는 요구사항 검토 방법

코드 품질 향상 기법 중 하나로 정적 테스트 기법에 해당됨

◉ 인터페이스 설계의 정의

• 시스템의 구조와 서브 시스템들 사이의 관계를 표현한다.
• 소프트웨어에 의해 간접적으로 제어되는 장치와 소프트웨어를 실행하는 하드웨어이다.
• 기존의 소프트웨어와 새로운 소프트웨어를 연결하는 소프트웨어이다.

단답형 문제

01 인터페이스 요구사항을 분류할 때 기능에 관련되지 않는 사항으로 기능 요구사항을 만족시키는 바탕에서 정상적으로 작동하기 위한 시스템 내/외부의 제약조건을 무엇이라고 하는가?

객관식 문제

02 인터페이스 요구사항 검토 방법에 대한 설명이 옳은 것은?
① 리팩토링 : 작성자 이외의 전문 검토 그룹이 요구사항 명세서를 상세히 조사하여 결함, 표준 위배, 문제점 등을 파악
② 동료검토 : 요구사항 명세서 작성자가 요구사항 명세서를 설명하고 이해관계자들이 설명을 들으면서 결함을 발견
③ 인스펙션 : 자동화된 요구사항 관리 도구를 이용하여 요구사항 추적성과 일관성을 검토
④ CASE 도구 : 검토 자료를 회의 전에 배포해서 사전 검토한 후 짧은 시간 동안 검토 회의를 진행하면서 결함을 발견

03 검토회의 전에 요구사항 명세서를 미리 배포하여 사전 검토한 후 짧은 검토 회의를 통해 오류를 조기에 검출하는데 목적을 두는 요구사항 검토 방법은?
① 빌드 검증　② 동료 검토
③ 워크 스루　④ 개발자 검토

정답 **01** 비기능적 요구사항 **02** ② **03** ③

POINT 18

인터페이스 대상 식별

01 대상 식별

시스템 아키텍처 요구사항

- 하드웨어, 소프트웨어를 모두 포함하는 전체 시스템에 대한 논리적 기능 체계 그리고 그것을 실현하기 위한 구성 방식, 시스템 전체의 최적화를 목표로 한다.
- 요구사항과 시스템의 전체 생명주기를 고려한다.
- 시스템의 구성, 동작 원리를 정확하게 표현해야 하며 각 컴포넌트에 대한 설계, 구현을 지원하는 수준으로 자세히 기술한다(IEEE 1474, TOGAF).
- 각 컴포넌트 사이의 상호작용, 외부 환경과의 관계를 기술한다.

시스템 인터페이스 식별

- 개발 대상 시스템과 연결된 연계 시스템 사이의 인터페이스를 식별하는 것이다.
- 시스템의 업무 정의서, 시스템 아키텍처 정의서, 유스케이스 정의서 등을 통하여 송신, 수신, 중계 시스템을 식별한다.
- 인터페이스 요구명세서, 인터페이스 요구사항 목록을 기반으로 개발 대상 시스템과 연계된 내/외부 시스템 사이의 인터페이스 목록을 작성한다.

Interface System Process

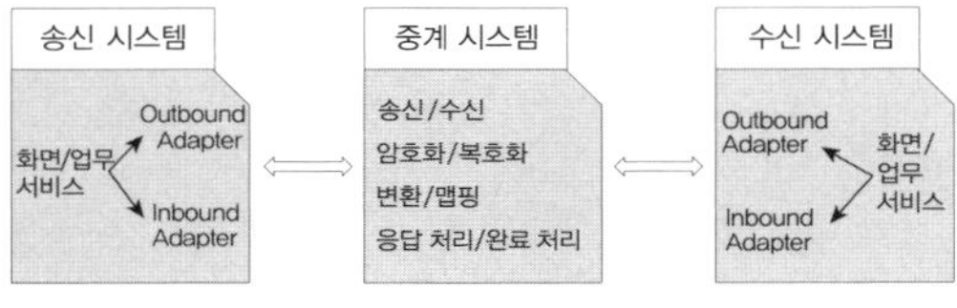

인터페이스 시스템의 구성 21.5

- 서로 다른 시스템 간의 연결을 의미하며 송신, 수신, 중계 서버로 구성된다.

송신 시스템	연계할 데이터를 테이블, 파일 형태로 생성하고 전송하는 시스템이다.
수신 시스템	송신된 데이터를 수신 시스템에서 관리하는 형식의 데이터를 변환하여 DB에 저장하거나 애플리케이션에 활용할 수 있도록 지원하는 시스템이다.
중계 시스템	송·수신 시스템 사이에서 데이터 송·수신 상태를 모니터링하는 시스템이다.

인터페이스 데이터 표준

- 시스템 사이에 상호 교환되는 데이터는 표준 형식을 정의하여 사용한다.
- 인터페이스 설계 단계에서 송·수신 시스템 사이의 전송 표준 항목, 업무 처리 데이터, 공통 코드 정보 등을 누락 없이 확인하여 명세서를 작성한다.
- 인터페이스는 데이터 공통부/개별부/종료부로 구성된다.

공통부	인터페이스 표준 항목을 포함한다.
개별부	송·수신 시스템에서 업무 처리에 필요한 데이터를 포함한다.
종료부	전송 데이터의 끝을 표시하는 문자를 포함한다.

전문 공통부 (고정 크기)			전문 개별부 (가변 크기)	전문 종료부
전문 길이 10Byte	시스템 공통 246Byte	거래 공통 256Byte	데이터 nByte	전문 종료 2Byte

02 인터페이스 상세 설계

내/외부 송·수신 방식

직접 연계 방식	중계 서버 또는 솔루션 사용 없이 송·수신 시스템이 직접 인터페이스하는 방식이다.
간접 연계 방식	연계 솔루션을 통하여 송·수신 엔진과 어댑터를 이용하여 인터페이스하는 방식이다.

◉ 간접 연계 vs 직접 연계 방식의 장 · 단점

구분		설명
간접	장점	• 네트워크/프로토콜 등 서로 다른 환경을 갖는 시스템을 연계 통합할 수 있다. • 인터페이스 변경 시 대처가 수월하다.
	단점	• 연계 절차가 복잡하고 연계 서버 사용으로 인하여 성능 저하가 발생할 수 있다. • 개발 및 테스트 기간이 많이 소요된다.
직접	장점	• 연계 절차가 없어 처리 속도가 빠르다. • 구현이 단순하며 개발 비용과 개발 기간에서 경제적이다.
	단점	• 송 · 수신 시스템 간 높은 결합도로 인하여 시스템 변경에 유연성이 떨어진다. • 전사 시스템의 통합 환경을 구축하기 어렵다. • 보안 처리와 업무 로직 구현을 인터페이스별로 작성해야 하는 불편함이 있다.

◉ 인터페이스 연계 기술

구분	설명
DB Link	• DB에서 제공하는 DB Link 객체를 이용하는 것이다. • 수신 시스템의 DB에서 송신 시스템에 접근 가능한 DB Link를 생성한 뒤 송신 시스템에서 DB Link로 직접 참조하여 연계하는 것이다.
DB Connection	수신 시스템 WAS에서 송신 시스템으로 연결되는 DB Connection Pool을 생성하고 프로그램 소스에서 이를 사용하는 것이다.
API/ Open API	송신 시스템의 DB에서 데이터를 읽어 제공하는 Application Programming Interface를 이용하는 것이다.
JDBC	수신 시스템의 프로그램에서 JDBC 드라이버를 이용하여 송신 시스템 DB와 연결하여 사용하는 것이다.
Hyper Link	웹 애플리케이션에서 Hyper Link를 사용하는 방식이다.
Socket 24.5, 21.3	서버에서 통신을 위한 소켓(Socket)을 생성, 포트를 할당한 뒤 클라이언트의 통신 요청 시 클라이언트와 연결하는 방식이다.
Web Service	웹 서비스에서 WSDL, UDDI, SOAP 프로토콜을 이용하는 방식이다.
연계 솔루션	실제 송 · 수신 처리와 진행 상황을 모니터링 및 통제하는 EAI 서버, 송 · 수신 시스템에 설치되는 어댑터(Client)를 이용하는 방식이다.

단답형 문제

01 인터페이스 시스템의 구성 중 송신된 데이터를 수신 시스템에서 관리하는 형식의 데이터를 변환하여 DB에 저장하거나 애플리케이션에 활용할 수 있도록 지원하는 시스템은?

02 인터페이스 연계 기술 중에서 수신 시스템 WAS에서 송신 시스템으로 연결되는 DB Connection Pool을 생성하고 프로그램 소스에서 이를 사용하는 것은?

객관식 문제

03 템 아키텍처 요구사항 설명 중 잘못된 것은?

① 하드웨어, 소프트웨어를 모두 포함하는 전체 시스템에 대한 논리적 기능 체계 그리고 그것을 실현하기 위한 구성 방식, 시스템 전체의 최적화를 목표로 한다.
② 요구사항과 시스템의 전체 생명주기를 고려한다.
③ 시스템의 구성, 동작 원리를 정확하게 표현해야 하며, 각 컴포넌트에 대한 설계, 구현의 경우 간략히 기술한다.
④ 각 컴포넌트 사이의 상호작용, 외부 환경과의 관계를 기술한다.

04 시스템 사이에 상호 교환되는 데이터는 표준 형식을 정의하여 사용할 때 사용하는 인터페이스 데이터의 구성에 해당하지 않는 것은?

① 공통부 ② 개별부
③ 종료부 ④ 시작부

05 인터페이스 상세 설계 단계에서 사용하는 연계 기술이 아닌 것은?

① DB Link ② JDBC
③ x-unit ④ Socket

정답 **01** 수신 시스템 **02** DB Connection **03** ③ **04** ④ **05** ③

03 연계 기술

◉ 시스템 연계 기술

- API(Application Programming Interface) : 프로그래밍을 통하여 프로그램을 작성하기 위한 일련의 부프로그램, 프로토콜 등을 정의하여 상호작용을 하기 위한 인터페이스 사양을 말한다.
- WSDL(Web Services Description Language) : 관련된 서식, 프로토콜 등을 웹 서비스를 통해 표준적인 방법으로 기술하고 게시하기 위한 언어이다.
- UDDI(Universal Description, Discovery, and Integration) : 인터넷에서 전 세계 비즈니스 목록에 자신을 등재하기 위한 확장성 생성 언어(XML) 기반의 규격화된 레지스트리이다.
- SOAP(Simple Object Access Protocol) : 웹 서비스를 실제로 이용하기 위한 객체 간의 통신 규약이다.

◉ 인터페이스 송 · 수신 통신 유형

구분		설명
통신 유형	단방향	데이터를 요청한 뒤 그에 대한 피드백이 필요 없는 경우이다.
	동기	• 데이터를 요청한 뒤 그에 대한 피드백이 올 때까지 대기하는 방식이다. • 거래량이 적고, 빠른 응답이 요구되는 경우이다.
	비동기	• 데이터를 요청한 뒤 그에 대한 피드백이 올 때까지 타 작업을 처리한 뒤 해당 요청을 처리하는 방식이다. • 거래량이 많거나 데이터 전송 시스템의 처리가 늦는 경우 사용한다.
처리 유형	지연 처리	단위 처리 비용이 과다하게 발생하는 경우이다.
	배치 처리	대량의 데이터를 한 번에 처리해야 하는 경우이다.
	실시간 처리	요청을 즉시 처리해야 하는 경우이다.

◉ 인터페이스 데이터 명세화

- 인터페이스 요구사항 분석 과정에서 식별한 연계 정보에 해당하는 개체 정의서, 테이블 정의서, 코드 정의서 등을 분석하여 그에 요구되는 데이터 명세를 작성한다.

개체 정의서	데이터베이스 개념 모델링 단계에서 도출한 개체 타입, 속성, 식별자 등 개체에 관한 정보를 명세화한 자료이다.
테이블 정의서	• 데이터베이스 논리/물리 모델링 단계에서 작성하는 설계 산출물이다. • Table의 속성명, 자료형, 길이, Key, Default 값, Index, 업무 규칙 등을 명세화한 자료이다.
코드 정의서	Code는 전체 데이터베이스에 유일하게 정의되며 Code의 명명 규칙 확정 및 그에 따른 어떤 코드를 사용할지 정한다.

◉ 송 · 수신 데이터 명세

- 송 · 수신 시스템의 테이블 정의서, 파일 레이아웃에서 연계하고자 하는 테이블이나 파일 단위로 명세를 작성한다.
- 송 · 수신 데이터 항목의 데이터 타입, 길이, 필수 입력 여부, 식별자 여부를 정의한다.
- 코드성 데이터 항목은 공통 코드 여부인지 확인하고 코드값 범위를 정의한다.
- 법률적 근거 및 사내 보안 규정을 참고하여 암호화 대상 칼럼을 선정하고, 해당 칼럼이 송 · 수신 데이터에 포함되었으면 암호화 적용 여부를 정의한다.

04 인터페이스 오류

◉ 오류 식별 및 처리 방안 명세화

- 내/외부 인터페이스 목록에 존재하는 각 인터페이스에 대해 발생 가능한 오류를 식별하고 오류 처리 방안을 명세화하는 것을 의미한다.
- 시스템 및 전송 오류 시 연계 프로그램 등에서 정의한 예외 상황과 대/내외 시스템 연계 시 발생할 수 있는 다양한 오류 상황을 식별하여 구분한다.

◉ 오류 발생 영역

- 송신 시스템(연계 프로그램)과 중계 시스템(연계 서비스) 사이, 중계 시스템(연계 서비스)과 수신 시스템(연계 프로그램) 사이이다.

◉ 인터페이스 오류 처리 유형

- 연계 시스템(서버)의 장애, 송신 시스템의 연계 프로그램 오류, 수신 시스템의 연계 프로그램 오류, 연계 데이터 자체 오류 등으로 구분할 수 있다.

- 송신 시스템의 연계 프로그램 오류는 연계 데이터를 생성/추출하는 과정 및 코드와 데이터를 변환하는 과정에서 발생할 수 있다.
- 수신 시스템의 연계 프로그램 오류는 운영 DB에 데이터를 반영하고 코드 및 데이터를 변환하는 과정에서 발생할 수 있다.
- **연계 서버** : 연계 서버의 실행 여부, 송·수신 전송 형식 변환 등 연계 서버의 기능과 관련된 장애와 오류이다.
- **연계 데이터** : 연계 데이터값이 유효하지 않아 발생하는 오류이다.
- **송신 시스템 연계 프로그램** : 송신 데이터 추출을 위한 데이터베이스 접근 권한 오류와 데이터 변환 처리 오류이다.
- **수신 시스템 연계 프로그램** : 수신 데이터를 응용 데이터베이스에 반영하는 중에 발생하는 오류와 데이터 변환 시 발생하는 오류이다.

05 인터페이스 설계서

◉ 인터페이스 설계서의 정의

- 시스템 인터페이스 현황을 확인하기 위해서 시스템이 가지고 있는 인터페이스 목록과 상세 데이터 명세를 정의한 것이다.
- 인터페이스 목록과 인터페이스 정의서 작성을 통하여 구현된다.
- 내/외부의 모듈 간에 공통으로 제공되는 기능과 각 데이터의 인터페이스 확인에 활용된다.
- 송·수신 방법 및 송·수신 데이터 명세화 과정에서 작성된 산출물을 기반으로 작성한다.
- 초안 작성 후 인터페이스 시스템 정의서 내용과 비교하여 보완 및 수정을 진행한다.

◉ 인터페이스 목록 작성

- 인터페이스 목록은 연계 업무와 연계에 참여하는 송·수신 시스템의 정보나 연계 방식 그리고 통신 유형 등에 관한 정보를 포함해야 한다.

◉ 인터페이스 정의서 작성

- 데이터 송신 시스템, 데이터 수신 시스템 간의 데이터 저장소와 속성 등의 상세 내역을 포함한다.
- 인터페이스별로 시스템 간 연계를 유지하는데 필요한 데이터 항목 및 구현 요건 등을 기술하는 것이다.

단답형 문제

01 다음 빈칸에 알맞은 답을 쓰시오.

> 인터페이스 설계서는 인터페이스 (가)과 인터페이스 (나) 작성을 통하여 구현된다.

02 인터페이스 설계서에서 인터페이스별로 시스템 간 연계를 유지하는데 필요한 데이터 항목 및 구현 요건 등을 기술하는 것은?

객관식 문제

03 다음 중 웹 서비스를 실제로 이용하기 위한 객체 간의 통신 규약은?
① SOAP
② JDBC
③ XML
④ xUnit

04 인터넷에서 전 세계 비즈니스 목록에 자신을 등재하기 위한 확장성 생성 언로서 XML 기반의 규격화 된 레지스트리는?
① UDDI
③ SOAP
④ WSDL
⑤ HTML

05 다음 중 인터페이스 송·수신 통신 유형이 아닌 것은?
① 단방향
② 동기식
③ 비동기식
④ 지연 처리

정답 **01** 가 : 목록, 나 : 정의서 **02** 인터페이스 정의서
03 ① **04** ① **05** ④

이론 1과목 소프트웨어 설계

POINT 19

미들웨어 솔루션

01 미들웨어(Middle Ware)

◉ 미들웨어 솔루션의 정의 23.3, 22.4, 21.9, 21.3, 20.9

- 클라이언트와 서버 간의 통신을 담당하는 시스템 소프트웨어이다.
- 이기종 하드웨어, 소프트웨어, 네트워크, 프로토콜, PC 환경, 운영체제 환경 등에서 시스템 간의 표준화된 연결을 도와주는 소프트웨어이다.
- 표준화된 인터페이스를 통하여 시스템 간의 데이터 교환에 있어 일관성을 제공한다.
- 운영체제와 애플리케이션 사이에서 중간 매개 역할을 하는 다목적 소프트웨어이다.
- 애플리케이션에 운영체제가 제공하는 서비스를 추가 및 확장하여 제공하는 컴퓨터 소프트웨이다.
- 표준화된 인터페이스를 제공하여 다양한 환경을 지원하기 때문에 체계가 다른 업무와 상호 연동이 가능하다.
- 분산된 업무를 동시에 처리할 수 있기 때문에 자료의 일관성이 유지되어 부하의 분산이 가능하다.

◉ 미들웨어 솔루션의 유형 21.3, 20.8, 20.6

데이터베이스	• DB 제작사에서 제공하는 클라이언트와 데이터베이스를 연결하기 위한 미들웨어이며, DB 사용 시스템 구축은 보통 2-Tier 아키텍처이다. • 종류 : Oracle의 Glue, Boland 의 IDAPI, MS의 ODBC 등
TP-Monitor (Transaction Processing Monitor)	• 비지니스의 요구사항을 해결하기 위하여 여러 소프트웨어 상호 간 혼합된 환경의 온라인 업무에서 세션, 시스템, 데이터베이스 사이의 트랜잭션을 감시하는 미들웨어이다. • 분산 환경에서 분산 트랜잭션을 처리하며, 사용자 수가 증가해도 빠른 응답 속도를 보장해야 할 경우 사용한다. • 통신 미들웨어 기능 외에 트랜잭션 협력 서비스, 안정적인 메시지 큐잉 시스템, 일의 흐름 관리와 개발의 통합적인 서비스들을 제공한다. • 종류 : Oracle의 tuxedo, Tmax의 Tmax
ORB (Object Request Broker)	• 객체지향 미들웨어로 코바(CORBA) 표준 스펙을 구현한 미들웨어이다. • 로컬 및 원격지에 있는 객체들 사이에 통신을 담당하는 핵심 기술이다. • 인터페이스는 인터페이스 정의 언어인 IDL을 사용한다. • 하나의 객체와 다른 객체 사이의 인터페이스를 정의하게 된다. • 최근에는 TP-Monitor의 장점인 트랜잭션 처리와 모니터링 등을 추가로 구현 가능하다. • 종류 : Micro Focus의 Orbix, OMG의 CORBA
RPC (Remote Procedure Call) 21.3	• 분산 처리 시스템을 구현하기 위해 응용 프로그램의 프로시저를 사용하여 원격 프로시저를 로컬 프로시저처럼 호출하는 방식이다. • 종류 : OSF의 ONC/RPC, 이큐브 시스템의 Entera
MOM 23.3 (Message Oriented Middleware) 송신측과 수신측의 연결 시 메시지 큐를 활용하는 방법이 있음	• 메시지를 기반으로 하는 비동기식 메시지 전달 보장 방식 미들웨어로 이기종의 분산 데이터베이스 시스템에서 데이터 동기화에 주로 사용한다. • 종류 : Oracle의 Message Q, JCP의 JMS, MS의 MSMQ
WAS (Web Application Server)	• 일반 웹 서버와 구별되며, 주로 DB 서버와 같이 동적 서버 콘텐츠를 수행하는데 사용한다. • 동적인 웹 사이트, 웹 애플리케이션, 웹 서비스의 개발을 지원하기 위하여 설계된 미들웨어 소프트웨어이다. • 서버 단에서 애플리케이션을 동작할 수 있도록 지원한다. • 데이터 접근, 세션 관리, 트랜잭션 관리 등을 위한 라이브러리를 제공한다. • HTTP를 통한 사용자 컴퓨터나 장치에 Application을 수행해주는 미들웨어이다. • 선정 시 고려사항 : 가용성, 성능, 기술 지원, 구축 비용 • 종류 : RedHat의 JBoss, Tmax의 JEUS, Oracle의 Weblogic, IBM의 Websphere, GlasFish, Jetty, Resin, Tomcat
객체 트랜잭션 모니터 (OTM)	• 전통적인 TP-Monitor의 기능과 ORBs에 의해 제공되는 객체 기반 프로그램 인터페이스를 제공한다. • 유연성 있는 통합적인 시스템 환경을 제공하는 새로운 형태의 미들웨어이다.

미들웨어 솔루션의 분류

DB 미들웨어 (애플리케이션-TO-데이터 방식)	통신 미들웨어 (애플리케이션-TO-애플리케이션 방식)
• ODBC(Open Database Application Connectivity) • IDAP(Intergranted-Database Application Interface) • DRDA(Distributed Relational Data Access) • OLEDB(Object Linking and Embedding Data-base)	• RPC(Remote Procedure Call) • DCE(Distributed Computing Environment) • MOM(Message Oriented Middleware) • ORB(Object Request Broker) • OTM(Object Transaction Monitor)

Web 서버와 WAS의 구성 형태

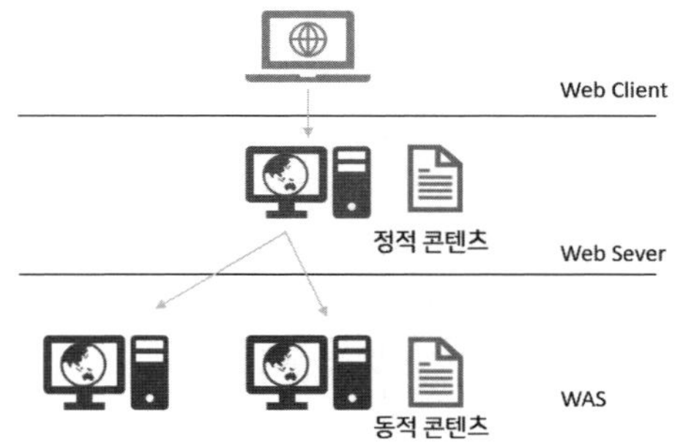

단답형 문제

01 다음이 설명하는 미들웨어 솔루션은?

- 객체지향 미들웨어로 코바(CORBA) 표준 스펙을 구현한 미들웨어이다.
- 로컬 및 원격지에 있는 객체들 사이에 통신을 담당하는 핵심 기술이다.
- 인터페이스는 인터페이스 정의 언어인 IDL을 사용한다.

객관식 문제

02 클라이언트와 서버 간의 통신을 담당하는 시스템 소프트웨어를 무엇이라고 하는가?

① 웨어러블　② 하이웨어
③ 미들웨어　④ 응용 소프트웨어

03 미들웨어 솔루션의 유형에 포함되지 않는 것은?

① WAS　② Web Server
③ RPC　④ ORB

04 트랜잭션이 올바르게 처리되고 있는지 데이터를 감시하고 제어하는 미들웨어는?

① RPC　② ORB
③ TP monitor　④ HUB

05 미들웨어에 대한 설명으로 틀린 것은?

① 여러 운영체제에서 응용 프로그램들 사이에 위치한 소프트웨어이다.
② 미들웨어의 서비스 이용을 위해 사용자가 정보 교환 방법 등의 내부 동작을 쉽게 확인할 수 있어야 한다.
③ 소프트웨어 컴포넌트를 연결하기 위한 준비된 인프라 구조를 제공한다.
④ 여러 컴포넌트를 1대1, 1대다, 다대다 등 여러 가지 형태로 연결이 가능하다.

 정답 **01** ORB(Object Request Broker) **02** ③ **03** ② **04** ③ **05** ②

POINT 20

통합 구현

01 단위 모듈 구현

단위 모듈

- 소프트웨어 구현에 필요한 다양한 동작 중 한 가지 동작을 수행하는 기능을 모듈로 구현한 것을 의미한다.
- 사용자 또는 다른 모듈로부터 값을 전달받아 시작되는 작은 프로그램이다.
- 독립적인 컴파일이 가능하며, 다른 모듈에 호출되거나 삽입될 수 있다.
- 두 개의 단위 모듈이 합쳐지면 두 개의 기능들을 같은 모듈로 구현할 수 있다.
- **종류** : 화면, DB 접근, 인터페이스, 비즈니스 트랜잭션, 데이터 암호화 등

단위 기능 명세서

- 큰 규모의 시스템을 분해하여 단위 기능별로 계층적으로 구조화하고, 단순하게 추상화한 문서이다.

모듈화의 원리 23.6, 23.3

- 소프트웨어 개발에 있어 기능을 나누고 추상화하여 소프트웨어의 성능을 향상시키고 유지보수를 효과적으로 구현하기 위한 기법을 의미한다.
- 종류

추상화 종류 : 기능 추상화, 자료 추상화, 제어 추상화

분할과 지배 (Divide Conquer)	복잡한 문제를 분해, 모듈 단위로 문제를 해결한다.
정보 은폐 (Information Hiding)	어렵거나 변경 가능성이 있는 모듈을 타 모듈로부터 은폐시킨다.
자료 추상화 (Data Abstraction)	함수 내에 자료 구조의 표현 명세를 은폐, 자료와 자료에 적용 가능한 오퍼레이션을 함께 정의한다.
모듈의 독립성 (Module Independence)	낮은 결합도, 높은 응집도를 갖도록 한다.

단위 모듈 테스트(Unit Test)

화이트박스 테스트와 블랙박스 테스트 기법

- 프로그램의 단위 기능을 구현하는 모듈이 정해진 기능을 정확히 수행하는지 검증하는 것이다.

구현 단계의 작업 절차 21.3

코딩 계획 ▶ 코딩 ▶ 컴파일 ▶ 테스트

02 통합 개발 환경 22.4

IDE(Integrated Development Environment)

- C++, Java 등의 언어를 이용한 소프트웨어 개발 단계에서 패키지 인크루딩, 소스 코드 편집, 컴파일, 디버깅, 바이너리 배포 등 모든 작업을 통합 지원한다.
- 편집기, 컴파일러, 디버거 등의 다양한 도구를 하나의 인터페이스로 통합하여 제공한다.
- 오류 체크를 시각화하여 확인 및 수정을 쉽도록 지원한다.
- 컴파일에 필요한 외부 추가 기능을 연계하여 개발의 편의성을 높였다.
- **종류** : 이클립스, 비주얼 스튜디오, 엑스 코드, 안드로이드 스튜디오, IDEA

IDE 도구의 기능 23.8

- 개발 환경 지원, 컴파일, 디버깅, 외부 연계, DB 연동, Deployment

빌드 자동화 도구 21.5

- 소스 코드 컴파일 후 다수의 연관된 모듈을 묶어 실행 파일로 만든다.
- 소프트웨어 개발자가 반복 작업해야 하는 코딩을 잘 짜여진 프로세스를 통해 자동으로 실행하여, 신뢰성 있는 결과물을 생산해 낼 수 있는 작업 방식 및 방법이다.
- 소스 코드를 컴파일, 테스트, 정적 분석 등을 실시하여 실행 가능한 애플리케이션으로 자동 생성하는 프로그램이며, 지속해서 증가하는 라이브러리의 자동 추가 및 관리(전처리, Preprocessing)를 지원한다.

컴파일 전 코드 내 주석을 제거하거나 외부 라이브러리를 탑재하는 등의 컴파일 준비 과정

- 최근에는 오픈소스인 Gradle이 등장했으며, 구글이 안드로이드의 기본 빌드 시스템으로 Gradle을 선택하면서 사용자가 급증하였다.

- **기능** : 코드 컴파일, 컴포넌트 패키징, 파일 조작, 개발 테스트 실행, 버전 관리 도구 통합, 문서 생성, 배포 기능, 코드 품질 분석
- **프로세스** : 컴파일 → 패키징 → 단위 테스트 → 정적 분석 → 리포팅 → 배포 → 최종 빌드
- **종류** 23.8, 23.3, 22.3 : Gradle, Jenkins, Makefile, Ant, Maven 등

Ant (아파치 재단에서 개발한 자바의 공식적인 빌드 도구)	• 아파치 소프트웨어 재단에서 개발. XML 기반 빌드 스크립트를 사용한다. • 정해진 규칙이 없고, 절차적이다(명확한 빌드 절차 정의가 필요). • 생명주기를 갖지 않아 각 Target에 대한 의존관계와 작업을 정의해 주어야 한다. • 유연성이 높으나 프로젝트가 복잡해지는 경우 Build 과정의 이해가 어려워진다. • XML, Remote Repository를 가져올 수 없고 스크립트의 재사용이 어렵다.
Maven	• 프로젝트에 필요한 모든 종속성(Dependency)을 리스트의 형태로 Maven에 알려서 종속성을 관리한다. 사용성이 좋지만 맞춤화된 로직 실행이 어렵다. • XML, Repository를 가져올 수 있지만 라이브러리가 서로 종속할 경우 XML이 복잡해진다. • 'Jar', 'Class Path'를 선언만 하면 직접 다운로드할 필요가 없이 Repository에서 계층적인 데이터를 표현하기에는 좋지만, 플로우나 조건부 상황을 표현하기 어렵다.
Gradle	• JVM 기반의 빌드 도구이며, Ant와 Maven의 단점을 보완한 오픈소스 기반의 Build 자동화 도구로 프로젝트 시작 시 설정에 드는 시간을 절약할 수 있다. • 한스도커를 중심으로 6인의 개발자가 공동 개발하였다. • Maven처럼 종속성을 활용하여 Groovy 기반 스크립트를 사용한다. • Maven처럼 Groovy(자바를 기반으로 파이썬, 루비, 스몰토크 등의 특징을 더한 동적 객체지향 프로그래밍 언어)를 기반으로 제작된 DSL(Domain Specicfic Language)(웹 페이지에 사용되는 HTML과 같이 특정한 도메인에 특화된 언어)을 스크립트 언어로 사용하는 오픈소스 형태의 자동화 도구이다. • 안드로이드 앱 개발 환경에서 사용된다. • if, else, for 등의 로직 구현이 가능하고, xml을 사용하지 않아 간결하고 빠른 성능을 제공한다. • 유연성과 확장성을 제공하며 하나의 Repository 내에 멀티 프로젝트를 구성할 수 있다.
Jenkins	• Java 기반의 오픈소스 형태의 빌드 자동화 도구로 쉽게 설치 가능하다. • 서버 기반의 도구로서 클라이언트의 요청을 처리하기 위해 서버에서 실행되는 서블릿(작은 프로그램) 실행과 생명주기를 관리하는 서블릿 컨테이너에서 실행된다. • Web UI를 지원하고, SVN, Git 등의 대부분 형상 관리 도구와 연동 가능하다.

단답형 문제

01 큰 규모의 시스템을 분해하여 단위 기능별로 계층적으로 구조화하고, 단순하게 추상화한 문서는?

02 다음이 설명하는 빌드 자동화 도구는?

> – JVM 기반의 빌드 도구이며, Ant와 Maven의 단점을 보완한 오픈소스 기반의 Build 자동화 도구로 프로젝트 시작 시 설정에 드는 시간을 절약할 수 있다.
> – 한스도커를 중심으로 6인의 개발자가 공동 개발하였다.
> – Maven처럼 종속성을 활용하여 Groovy 기반 스크립트를 사용한다.

객관식 문제

03 다음 중 모듈화의 원리가 아닌 것은?

① Divide Conquer
② Information Hiding
③ Data Compile
④ Module Independence

04 다음 중 빌드 자동화 도구의 종류가 아닌 것은?

① Ant ② Maven
③ Gradle ④ xUnit

05 IDE 도구의 각 기능에 대한 설명으로 틀린 것은?

① Coding – 프로그래밍 언어를 가지고 컴퓨터 프로그램을 작성할 수 있는 환경을 제공
② Compile – 저급 언어의 프로그램을 고급언어 프로그램으로 변환하는 기능
③ Debugging – 프로그램에서 발견되는 버그를 찾아 수정할 수 있는 기능
④ Deployment – 소프트웨어를 최종 사용자에게 전달하기 위한 기능

정답 **01** 단위 기능 명세서 **02** Gradle **03** ③ **04** ④ **05** ②

이론 2과목 소프트웨어 개발

POINT 21

제품 소프트웨어 패키징

01 애플리케이션 패키징(배포)

애플리케이션 패키징의 개념 24.5, 24.3, 23.3, 22.3

- 개발이 완료된 소프트웨어를 고객에 인도하기 위해 패키징하고, 설치 매뉴얼, 사용 매뉴얼 등을 작성하는 일련의 배포용 설치 파일을 만드는 작업을 의미한다.
- 패키징은 사용자 중심으로 진행한다.

패키징 시 고려사항

패키징은 사용자 중심으로 진행

- 사용자 시스템의 환경, 직관적 UI, 관리 서비스 형태 제공, 패키징 변경 및 개선 관리를 통한 안정적 배포

패키징 프로세스

기능 식별	• 입 · 출력 데이터를 식별하고, 전체적인 기능 정의 및 데이터 흐름을 식별한다. • 기능 단위 및 출력에 대하여 상세 정의한다.
모듈화	• 모듈화를 위하여 모듈 간 결합도와 응집도를 분석한다. • 분류할 수 있는 기능 단위 및 서비스 단위를 모듈별로 분류한다. • 공유 가능한 기능과 재활용 기능을 분류한다.
빌드 진행	• 신규 개발 소스 및 컴파일 결과물을 준비한다. • 정상적으로 빌드되는 기능 단위 및 서비스를 분류한다. • 빌드 도구를 선별하여 선택하고, 해당 빌드 도구를 이용하여 빌드를 수행한다. • 컴파일 외의 에디터 등의 관련 도구 기능을 확인한다.
사용자 환경 분석	• 고객의 편의를 위하여 최소 사용자 환경 사전을 정의한다. • 다양한 사용자 환경 테스트를 수행한다.
패키지 적용 시험	• 실 사용자 환경에서의 패키징 적용을 테스트한다. • 사용자 관점에서 UI 및 시스템상의 편의성을 점검한다.
패키징 변경 개선	사용자 관점에서 패키징 적용 시 개선점을 도출하여 서비스 가능한 수준의 개선 후 개선 버전을 다시 패키징한다.

모듈화: 기능 분리가 가능하여 인터페이스가 간단해 짐

02 제품 소프트웨어의 패키징 도구

패키징 도구

- 소프트웨어 배포를 목적으로 패키징 시에 지적 재산권을 보호하고, 관리하는 기능을 제공하는 도구이다.
- 소프트웨어의 안전한 유통 그리고 배포를 도와주는 솔루션이다.
- 패키징 도구는 불법 복제로부터 디지털 콘텐츠의 지적 재산권을 보호해 주는 사용 권한 제어 기술, 패키징 기술, 라이선스 관리, 권한 통제 기술 등을 포함한다.

패키징 도구 활용 시 고려사항 21.5, 20.9, 20.8, 20.6

- 사용자에게 배포되는 소프트웨어임을 고려하여 반드시 내부 콘텐츠에 대한 암호화 및 보안을 고려한다.
- 다양한 이기종 콘텐츠 및 단말기 간 DRM 연동을 고려한다.
- 사용자 편의성을 위한 복잡성 및 비효율성 문제를 고려한다.
- 제품 소프트웨어에 적합한 암호화 알고리즘을 적용하여 범용성에 지장이 없도록 고려한다.

패키징 도구의 구성 요소

암호화 (Encryption)	콘텐츠 및 라이선스를 암호화하고, 전자 서명을 할 수 있는 기술이다. 예 PKI, Symmetric/Asymmetric Encryption, DiGital Signature
키 관리 (Key Management)	• 콘텐츠를 암호화한 키에 대한 저장 및 배포 기술이다. • 관리 방식 : 분산형, 중앙 집중형
암호화 파일 생성 (Packager)	콘텐츠를 암호화된 콘텐츠로 생성하기 위한 기술이다. 예 Pre-packaging, On-the-fly Packaging

식별 기술 (Identification)	콘텐츠에 대해 식별하고 체계화하는 기술이다. 예 DOI, URI
저작권 표현 (Right Expression)	저작권의 라이선스 내용을 표현하는 기술이다. 예 XrML/MPGE-21 REL, ODRL
정책 관리 (Policy Management)	라이선스 발급 및 사용에 대한 정책 표현 및 관리 기술이다. 예 XML, Contents Management System
크랙 방지 (Tamper Resistance)	크랙에 의한 콘텐츠 사용 방지 기술이다. (Code Obfuscation, Kernel Debugger Detection, Module Certification) 예 Secure DB, Secure Time Management, Encryption
인증 (Authentication)	라이선스 발급 및 사용의 기준이 되는 사용자 인증 기술이다. 예 User/Device Authentication, SSO, DiGital Certificate

03 모니터링 도구와 협업 도구

◉ 애플리케이션 모니터링 도구(APM : Application Performance Management)

- 응용 소프트웨어의 성능과 서비스 이용성을 감시하고 관리하는 데 초점을 둔 도구이다.
- 애플리케이션의 안정적인 시스템 운영을 위한 도구로써 부하량, 접속자 파악, 장애 진단, 통계, 분석 등을 목적으로 하는 성능 모니터링 제품으로 정의할 수도 있다.

◉ 애플리케이션 모니터링 도구의 기능

- **애플리케이션 변경 관리** : 애플리케이션 간의 종속 관계를 모니터링, 애플리케이션의 변경이 있을 경우 변경의 영향도 파악에 활용, ChangeMiner
- **애플리케이션 성능 관리** : 애플리케이션 서버로 유입되는 트랜잭션 수량, 처리 시간, 응답 시간 등을 모니터링, Jeniffer, Nmon

◉ 협업 도구

- 소프트웨어 개발 과정에서 이해관계자 간의 지속적 이견 조율을 수행하기 위한 도구이다.
- **분류** : 문서 공유, 소스 공유, 아이디어 공유, 디자인 공유, 일정 관리, 프로젝트 관리, 마인드맵

단답형 문제

01 개발이 완료된 소프트웨어를 고객에 인도하기 위해 패키징하고, 설치 매뉴얼, 사용 매뉴얼 등을 작성하는 일련의 배포용 설치 파일을 만드는 작업 무엇이라고 하는가?

객관식 문제

02 소프트웨어 모듈화의 장점이 아닌 것은?
① 오류의 파급 효과를 최소화한다.
② 기능의 분리가 가능하여 인터페이스가 복잡하다.
③ 모듈의 재사용 기능으로 개발과 유지보수가 용이하다.
④ 프로그램의 효율적인 관리가 가능하다.

03 소프트웨어 패키징 도구 활용 시 고려사항으로 틀린 것은?
① 반드시 내부 콘텐츠에 대한 암호화 및 보안을 고려한다.
② 보안을 위하여 이기종 연동을 고려하지 않아도 된다.
③ 사용자 편의성을 위한 복잡성 및 비효율성 문제를 고려한다.
④ 제품 소프트웨어 종류에 적합한 암호화 알고리즘을 적용한다.

04 제품 소프트웨어 패키징 도구 활용 시 고려사항이 아닌 것은?
① 제품 소프트웨어의 종류에 적합한 암호화 알고리즘을 고려한다.
② 추가로 다양한 이기종 연동을 고려한다.
③ 사용자 편의성을 위한 복잡성 및 비효율성 문제를 고려한다.
④ 내부 콘텐츠에 대한 보안은 고려하지 않는다.

정답 **01** 애플리케이션 패키징 **02** ② **03** ② **04** ④

이론 2과목 소프트웨어 개발

POINT 22 제품 소프트웨어 저작권

저작권 : 저작자의 권리를 보호하기 위한 제반 규정과 법률

01 제품 소프트웨어 저작권 보호

◉ DRM(Digital Rights Management)

- 디지털 콘텐츠의 생성에서부터 실제 사용자까지 모든 유통 과정에 걸쳐 콘텐츠를 안전하게 관리 및 보호하고 허가된 사용자만이 접근할 수 있도록 제한하는 기술이다.
- 컴퓨터 소프트웨어는 무한 복제가 가능하고 원본과 복사본이 동일하게 배포될 가능성이 커 이를 방지하기 위한 기술적인 방법을 통칭한다.
- **DRM의 기술적 요구사항** : 지속적 보호(Persistent Protection), 이용 편리성(Easy to Use), 유연성(Flexibility), 통합의 용이성(Seamless) 등의 4가지로 분류할 수 있다.

◉ DRM의 특성

디지털 미디어의 생명 주기 동안 발생하는 사용 권한 관리, 과금, 유통 단계를 관리하는 기술로도 볼 수 있음

- **거래 투명성** : 저작권자와 콘텐츠 유통업자 사이의 거래 구조 투명성 제공
- **사용규칙 제공** : 사용 가능 횟수, 유효기간, 사용 환경 등을 정의 가능, 다양한 비즈니스 모델 구성 및 콘텐츠 소비 형태 통제 제공
- **자유로운 상거래 제공** : 이메일, 디지털 미디어, 네트워크 등을 통한 자유로운 상거래 제공, 허가받은 사용자는 별도의 비밀키를 이용하여 대상 콘텐츠를 복호화하고 허가된 권한으로 사용 가능

◉ DRM 기술 요소 23.3, 21.3, 20.9, 20.8, 20.6

요소 기술	설명	방식
암호화 (Encryption)	콘텐츠 및 라이선스를 암호화하고, 전자서명을 할 수 있는 기술	PKI, Encryption, Digital Sinature
키 관리 (Key Management)	콘텐츠를 암호화한 키에 대한 저장 및 배포 기술	Centralized, Enveloping
암호화 파일 생성 (Packager)	콘텐츠를 암호화된 콘텐츠로 생성하기 위한 기술	Pre-Packaging, On-the-fly Packaging
식별 기술 (Identification)	콘텐츠에 대한 식별체계 표현 기술	DOI, URI
저작권 표현 (Right Expression)	라이선스의 내용 표현 기술	ODRL, XrML/MPGE-21 REL
정책 관리 (Policy Management)	라이선스 발급 및 사용에 대한 정책 표현 및 관리 기술	XML, Contents Management System
크랙 방지 (Tamper Resistance)	크랙에 의한 콘텐츠 사용 방지 기술	Secure DB, Secure Time Management, Encryption
인증 (Authentication)	라이선스 발급 및 사용의 기준이 되는 사용자 인증 기술	SSO, ID/PW, 디지털 인증, 이메일 인증
인터페이스 (Interface)	• 상이한 DRM 플랫폼 간의 상호 호환성 • 인터페이스 및 인증 기술	IPMP
이벤트 보고 (Event Reporting)	콘텐츠의 사용이 적절하게 이루어지고 있는지 모니터링 기술로 불법유통이 탐지되었을 때 이동 경로를 추적에 활용	
사용 권한 (Permission)	콘텐츠의 사용에 대한 권한을 관리하는 기술 요소	퍼미션(렌더, 트랜스포트, 데리버티브)

◉ DRM의 유통 과정과 구성 24.8, 23.6, 21.5, 20.9

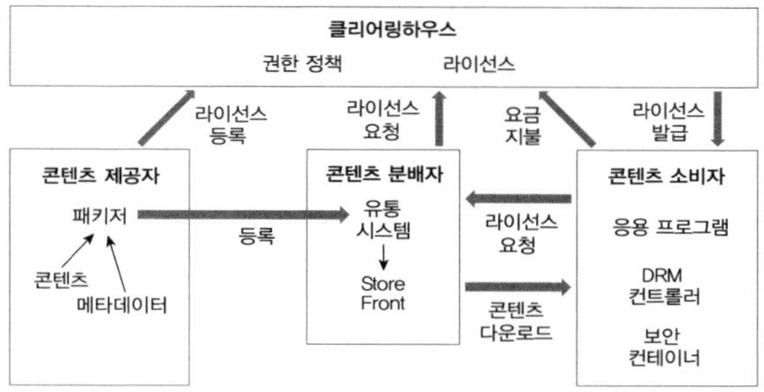

구성	설명
콘텐츠 제공자 (Contents Provider)	콘텐츠를 제공하는 저작권자
콘텐츠 분배자 (Contents Distributor)	쇼핑몰 등으로 암호화된 콘텐츠 제공
패키저 (Packager)	콘텐츠를 메타 데이터와 함께 배포 가능한 단위로 묶는 기능
보안 컨테이너 (Security Container)	원본을 안전하게 유통하려는 전자적 보안 장치
DRM Controller	배포된 콘텐츠의 이용 권한을 통제
Clearing House	• 키 관리 및 라이선스 발급 관리 • 디지털 저작권의 이용 생태계를 관리 및 감독하기 위한 제3의 운영 주체로서 디지털 저작물의 이용 내역을 근거로 신뢰할 수 있는 저작권료의 정산 및 분배가 이루어지는 곳

◉ 디지털 콘텐츠의 사용 권한(Permission) 유형

유형	설명
렌더 퍼미션 (Render Permission)	사용자에게 콘텐츠가 표현되고 이용되는 권리 형태를 정의 예 문서(뷰, 프린트 권한 제어), 동영상(플레이 권한 제어)
트랜스포트 퍼미션 (Transport Permission)	사용자들 간에 권리 교환이 이루어지는 권리 형태를 정의 예 카피(copy), 무브(move), 론(loan)
데리버티브 퍼미션 (Derivative Permission)	콘텐츠의 추출 변형이 가능한 권한 예 익스트랙드(Extract), 임베드(Embed), 에디트(Edit) 등

단답형 문제

01 DRM의 구성 중 디지털 저작권의 이용 생태계를 관리 및 감독하기 위한 제3의 운영 주체로서 디지털 저작물의 이용 내역을 근거로 신뢰할 수 있는 저작권료의 정산 및 분배가 이루어지는 곳은?

02 디지털 콘텐츠의 사용 권한(Permission) 유형 중 사용자들 간에 권리 교환이 이루어지는 권리 형태를 정의한 것은?

객관식 문제

03 저작권 관리 구성 요소에 대한 설명이 틀린 것은?
① 콘텐츠 제공자(Contents Provider) : 콘텐츠를 제공하는 저작권자
② 콘텐츠 분배자(Contents Distributor) : 콘텐츠를 메타 데이터와 함께 배포 가능한 단위로 묶는 기능
③ 클리어링 하우스(Clearing House) : 키 관리 및 라이선스 발급 관리
④ DRM 컨트롤러 : 배포된 콘텐츠의 이용 권한을 통제

04 디지털 저작권 관리(DRM) 기술과 거리가 먼 것은?
① 콘텐츠 암호화 및 키 관리
② 콘텐츠 식별 체계 표현
③ 콘텐츠 오류 감지 및 복구
④ 라이선스 발급 및 관리

05 디지털 저작권 관리(DRM)의 기술 요소가 아닌 것은?
① 크랙 방지 기술
② 정책 관리 기술
③ 암호화 기술
④ 방화벽 기술

정답 **01** Clearing House **02** Transport Permission **03** ② **04** ③ **05** ④

POINT 23

제품 소프트웨어 메뉴얼 작성

01 소프트웨어 매뉴얼

소프트웨어 매뉴얼

- 제품 소프트웨어 개발 단계부터 적용한 기준이나 패키징 이후 설치와 사용자 측면의 주요 내용 등을 기록한 문서로 설치 매뉴얼과 사용자 매뉴얼로 구분된다.

소프트웨어 설치 매뉴얼 20.9

- 소프트웨어 실사용자가 제품을 최초 설치 시 참조하는 매뉴얼이며, 제품 소프트웨어 소개, 설치 파일, 설치 절차 등이 포함된다.
- 설치 과정에서 표시될 수 있는 예외 상황에 관련 내용을 별도로 구분하여 설명한다.
- 설치 시작부터 완료할 때까지의 전 과정을 빠짐없이 순서대로 설명한다.
- 설치 매뉴얼은 사용자 기준으로 작성한다.
- 설치 매뉴얼에는 목차, 개요, 기본사항 등이 기본적으로 포함되어야 한다.

소프트웨어 설치 매뉴얼 구성

목차 및 개요	• 작성하는 매뉴얼 전체 내용을 순서대로 요약하여 작성한다. • 설치 매뉴얼의 주요 특징, 구성과 설치 방법, 순서 등에 관해 기술한다.
문서 이력 정보	매뉴얼 변경 이력에 대한 정보를 버전별, 시간순으로 작성한다.
설치 매뉴얼 주석	• 주의 사항 : 사용자가 제품 설치 시 반드시 숙지해야 하는 중요한 정보 주석으로 안내를 작성한다. • 참고 사항 : 설치 관련하여 영향을 미치는 특별한 사용자 환경 및 상황에 대한 내용 주석으로 안내를 작성한다.
설치 도구의 구성	• exe/dll/ini/chm 등 해당 설치 관련 파일에 대한 안내를 작성한다. • 폴더 및 설치 프로그램 실행 파일에 대한 안내를 작성한다.
설치 위치 지정	설치 폴더와 설치 프로그램 실행 파일을 설정한다.

소프트웨어 설치 매뉴얼 기본 사항 21.3

- 제품 소프트웨어 개요, 설치 관련 파일, 설치 아이콘, 프로그램 삭제, 관련 추가 정보

소프트웨어 설치 환경 체크 항목

- 사용자 환경, 설치 시 실행 중인 다른 프로그램 종료 확인, 업그레이드 버전 존재 여부 확인, 백업 폴더 확인

소프트웨어 설치 매뉴얼 작성 프로세스

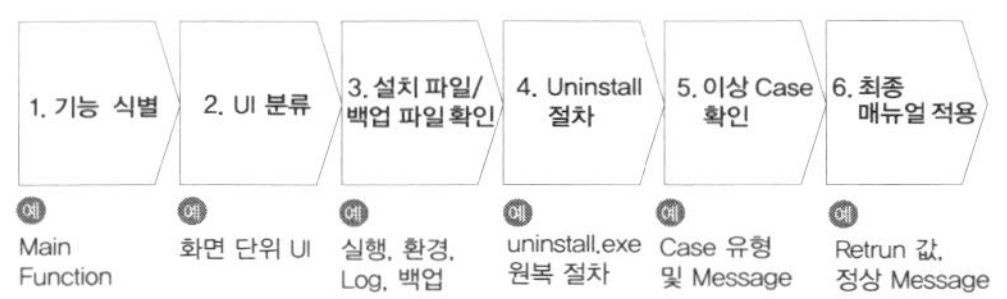

02 소프트웨어 사용자 매뉴얼

사용자 매뉴얼

- 소프트웨어 설치와 사용에 필요한 제반 절차 및 환경 등 전체 내용을 포함하는 매뉴얼을 작성하며, 제품 소프트웨어에 대한 패치 개발과 업그레이드를 위해 버전 관리를 수행한다.
- 소프트웨어 사용 방법을 기술하며 패키지의 기능, 패키지의 인터페이스, 포함하고 있는 메소드나 오퍼레이션과 메소드의 파라미터 등의 설명이 포함되어야 한다.

사용자 매뉴얼의 구성

사용자 화면 및 UI	• 주의 사항 : 사용자가 반드시 숙지해야 하는 중요정보를 작성한다. • 참고 사항 : 특별한 사용자 환경 및 상황에 대한 예외사항을 작성한다.
주요 기능 분류	• 설명할 기능을 포함할 화면을 스크린샷하여 작성한다. • 동작하는 기능을 화면의 순서대로 차례로 분류하여 작성한다. • 기능 동작 시 참고 사항, 주의 사항 등을 메모로 추가한다.

응용 프로그램/설정	• 제품 실행 시 영향을 받거나 주는 소프트웨어에 대하여 설명한다. • 동작 시 사전에 실행해야 할 소프트웨어가 있다면 기술한다. • 동작에 필요한 기본 설정(Settings)과 기본 설정값을 안내한다.
장치 연동	제품 소프트웨어가 Embedded(장치 내에 내장) 관련된 제품일 경우에 해당 장치에 어떤 것이 있는지와 연동되는 장치에는 무엇이 있는지 설명한다.
Network 환경	제품 소프트웨어와 관련한 Network 정보를 표시(Status)하고, Network에 정상 연결되었는지, 이를 위한 관련 설정값은 무엇이 있는지 설명한다.
Profile 설명	• 제품 소프트웨어 구동 시 체크하는 환경 파일이므로 환경 파일의 경로 변경, 이동을 금지하는 안내를 설명한다. • 구동 시 필요한 필수 파일의 내용 간략히 설명한다.
고객 지원 방법	설치 및 사용에 관련된 기술적 지원을 받을 수 있는 유선, 이메일, 홈페이지, 등 정보를 기재한다.
준수 정보 및 제한 보증	• 시리얼 코드를 불법 등록 사용하지 못하도록 준수 사항을 안내한다. • 저작권자의 지적 재산권, 허가권, 통신 규격, 개발 언어, 연동 프로그램, 문서 효력 등의 정보를 안내한다.

◉ 사용자 매뉴얼 작성 프로세스 21.8

작성 지침 정의 → 구성 요소 정의 → 구성 요소별 내용 작성 → 사용자 매뉴얼 검토

◉ 소프트웨어 국제 표준 품질 특성

1과목 소프트웨어 아키텍처 포인트의 상세 특성과 같이 학습하세요.

5과목의 소프트웨어 개발 표준과 연계됩니다.

ISO/IEC 9126	• Information Technology–Software Quality Characteristics and Metrics • 소프트웨어 품질 특성과 척도에 관한 지침이다. • 고객 관점에서 소프트웨어에 관한 품질 특성과 품질 부 특성을 정의한다.
ISO/IEC 12119 20.8	• ISO/IEC 9126의 품질 모델을 따르며 패키지 소프트웨어의 일반적인 제품 품질 요구사항 및 테스트를 위한 국제 표준이다. • 제품 설명서, 사용자 문서 및 프로그램으로 구분하여 각각 품질 요구사항을 규정하고 있다.
ISO/IEC 25000 24.5, 24.3, 23.8, 23.3, 22.3	• 기존 소프트웨어 품질 평가 모델과 소프트웨어 평가 절차 모델인 ISO/IEC 9126과 ISO/IEC 14598을 통합하였다. • 2500n, 2501n, 2502n, 2503n, 2504n의 다섯 가지 분야로 나눌 수 있고, 확장 분야인 2505n이 있다. • 2501n (9126–2, 품질 모형) : 품질 모델 및 품질 사용 • 2503n (9126–3, 품질 측정) : 매트릭을 통한 측정 방법 제시

단답형 문제

01 사용자 매뉴얼의 구성 중 다음 항목을 작성하는 것은?

> – 설명할 기능을 포함할 화면을 스크린샷하여 작성한다.
> – 동작하는 기능을 화면의 순서대로 차례로 분류하여 작성한다.
> – 기능 동작 시 참고 사항, 주의 사항 등을 메모로 추가한다.

객관식 문제

02 소프트웨어 설치 매뉴얼에 대한 설명으로 틀린 것은?

① 설치 과정에서 표시될 수 있는 예외 상황에 관련 내용을 별도로 구분하여 설명한다.
② 설치 시작부터 완료할 때까지의 전 과정을 빠짐없이 순서대로 설명한다.
③ 설치 매뉴얼은 개발자 기준으로 작성한다.
④ 설치 매뉴얼에는 목차, 개요, 기본 사항 등이 기본적으로 포함되어야 한다.

03 패키지 소프트웨어의 일반적인 제품 품질 요구사항 및 테스트를 위한 국제 표준은?

① ISO/IEC 2196 ② IEEE 19554
③ ISO/IEC 12119 ④ ISO/IEC 14959

04 소프트웨어 품질 관련 국제 표준인 ISO/IEC 25000에 관한 설명으로 옳지 않은 것은?

① 소프트웨어 품질 평가를 위한 소프트웨어 품질 평가 통합 모델 표준이다.
② System and Software Quality Requirements and Evaluation으로 줄여서 SQuaRE라고도 한다.
③ ISO/IEC 2501n에서는 소프트웨어의 내부 측정, 외부 측정, 사용 품질 측정, 품질 측정 요소 등을 다룬다.
④ 기존 소프트웨어 품질 평가 모델과 소프트웨어 평가 절차 모델인 ISO/IEC 9126과 ISO/IEC 14598을 통합하였다.

정답 01 주요 기능 분류 02 ③ 03 ③ 04 ③

ISO 9001	• Quality Systems–Model for Quality Assurance in Design, Development, Production, Installation and Servicing • 설계, 개발, 생산, 설치 및 서비스 과정에 대한 품질 보증 모델이다. • 공급자와 구매자 각각의 관리 책임을 명시하고 있으며 운영 중인 품질 시스템이 이 표준에 적합할 경우 품질 인증을 부여할 수 있도록 한다.

◉ 소프트웨어 품질 목표(Software Quality and Goals) 24.8, 24.5, 23.3, 22.7, 21.8, 21.3, 20.9

운영 특성	정확성(Correctness)	사용자의 요구 기능을 충족시키는 정도
	신뢰성(Reliability)	주어진 시간 동안 주어진 기능을 오류 없이 수행하는 정도
	사용 용이성(Usability)	• 사용에 필요한 노력을 최소화하고 쉽게 사용할 수 있는 정도 • 적절한 사용자 인터페이스와 문서를 가지고 있는 정도
	효율성(Efficiency)	명시된 조건하에서 소프트웨어 제품의 일정한 성능과 자원 소요량의 관계에 관한 속성, 즉 요구되는 기능을 수행하기 위해 필요한 자원의 소요 정도
	무결성(Integrity)	허용되지 않는 사용이나 자료의 변경을 제어하는 정도
변경 수용 특성	이식성(Portability)	다양한 하드웨어 환경에서도 운용 가능하도록 쉽게 수정될 수 있는 정도
	상호운용성(Interoperability)	다른 소프트웨어와 정보를 교환할 수 있는 정도
	재사용성(Reusability)	전체나 일부 소프트웨어를 다른 목적으로 사용할 수 있는가 하는 정도
	유지보수성(Maintainability)	사용자의 기능 변경의 필요성을 만족하기 위하여 소프트웨어를 진화하는 것이 가능한 정도
	유연성(Flexibility)	소프트웨어를 얼마만큼 쉽게 수정할 수 있는가의 정도
	시험 역량(Testability)	의도된 기능을 수행하도록 보장하기 위해 프로그램을 시험할 수 있는 정도

관계자의 관점에 따라 다름

◉ 소프트웨어 품질 측정 시 관점별 분류 20.6

- **사용자 관점** : 제품의 신뢰성, 효율성, 사용 용이성, 간결성 등이 있다.
- **개발자 관점** : 검증 가능성, 유지보수성, 이식성, 무결성, 사용성 등이 있다.
- **프로젝트 관리자 관점** : 프로세스의 생산성과 제어 용이성

03 릴리즈 노트 작성하기

◉ 릴리즈 노트(Release Note)

- 애플리케이션 최종 사용자인 고객에게 제공하는 잘 정리된 배포 정보 문서이다.
- 애플리케이션 릴리즈 노트에는 상세 서비스를 포함하여 수정/변경된 정보를 담고 있는 문서이다.
- 사용자에게 최종 배포된 릴리즈 노트를 보면 테스트가 어떻게 진행됐는지, 개발팀의 제공 사양을 얼마나 준수했는지를 확인해 볼 수 있다.
- 전체적인 버전 관리 및 릴리즈 정보를 체계적으로 관리할 수 있다.
- 릴리즈 노트는 현재 시제로 개발팀에서 직접 작성하여야 하며, 명확하고 정확하며 완전한 정보를 제공해야 한다.
- 개발자와 테스터가 함께 협업해야 하고 최초 및 변경, 개선 항목까지 연결되어 다음 항목에 대한 정보들이 릴리즈 노트를 통해 작성되어야 한다.

◉ 릴리즈 노트 작성 항목 23.3

헤더(Header)	문서명, 제품명, 배포 버전 번호, 릴리즈 날짜, 참고 날짜, 문서(릴리즈 노트) 버전 등
개요	제품 및 변경에 대한 정보를 간략하게 작성한다.
목적	제품의 버그 픽스(오류 수정)와 새로운 기능을 포함한 릴리스의 새로운 사항의 나열과 더불어 릴리스 노트의 목적에 대한 간략한 개요를 작성한다.
이슈 요약	문제가 되는 버그의 간단한 설명과 개선사항 항목을 요약하여 작성한다.
재현 항목	버그 발생을 재현하기 위한 절차이다.
수정 및 개선 내용	수정 및 개선 내용을 간략하게 서술한다.

최종 사용자 영향도	최종 사용자에게 필요한 조치로, 이 변경사항으로 인해 다른 기능이 영향을 받는지 간략히 서술한다.
노트	소프트웨어 및 하드웨어 설치 항목, 제품, 문서를 포함한 업그레이드 항목을 서술한다.
면책 조항	회사와 표준 제품과 관련된 메시지를 작성한다. 예 프리웨어, 불법 복제 금지 등
연락 정보	사용자 지원 및 문의 관련한 연락처 정보를 작성한다.

◉ 릴리즈 노트 작성 순서

모듈 식별	• 모듈 및 빌드 수행 후 릴리즈 노트 기준의 항목을 순서대로 정리한다. • 소스를 통하여 처리되는 입 · 출력 데이터의 형, 기능 정의, 데이터 흐름을 정리한다. • 메인 함수 이외의 호출 함수를 정의하고 이에 대한 출력값을 식별한다. 예 I/O 데이터, Function Data Flow
릴리즈 정보 확인	• 릴리즈 노트 작성을 위해 문서명, 제품명의 릴리즈 기본 정보를 확인한다. • 최초 패키징 버전 작성을 위한 버전 번호, 릴리즈 날짜를 확인한다. • 패키징 시마다 진행 날짜와 릴리즈 노트의 갱신 버전을 확인한다. • 문서 이름(릴리즈 노트 이름), 제품 이름 정보를 확인한다. 예 문서/제품명, Ver no, 릴리즈 날짜
릴리즈 노트 개요 작성	• 빌드 내용에 따라 릴리즈 노트의 개요를 작성한다. • 빌드 이후에 제품 및 패키징에 대해 간략히 메모한다. • 빌드 이후의 패키징본에 대한 결과를 기록한다. • 버전 번호 내용, 버전 관리 사항 등을 릴리즈 노트에 기록한다. 예 제품/변경 노트, Ver/Configure info
영향도 체크	• 이슈, 버그 및 추가 영향도를 점검하여 기술한다. • 발생한 버그의 설명, 개선한 릴리즈 항목을 기술한다. • 버그 발견을 위한 재현 테스트 및 재현 환경을 기술한다. • 이슈, 버그 발생에 따른 영향도를 상세하게 기술한다. 예 트러블 이슈, 버그 발견
정식 릴리즈 노트 작성	• 릴리즈 정보, 헤더(Header) 및 개요 등 기본사항을 기술한다. • 정식 버전을 기준으로 릴리즈 노트의 개요를 기술한다. • 이슈, 버그 등 개선 내용을 상세하게 기술한다. 예 릴리즈 정보, 헤더 및 개요
추가 개선 항목 식별	• 추가 개선에 따른 추가 항목을 식별하여 릴리즈 노트를 작성한다. • 추가 개선에 대한 베타 버전을 이용 테스트 수행한다. • 테스트 중 발생한 긴급 버그를 수정한다. • 추가 기능 향상을 위해 작은 기능을 수정한다. • 사용자 요청에 따른 추가 개선을 계획하고 수정한다. 예 베타 버전, 긴급 버그, 사용자 요청

단답형 문제

01 사용자 매뉴얼의 구성 중 다음 항목을 작성하는 것은?

> – 사용에 필요한 노력을 최소화하고 쉽게 사용할 수 있는 정도
> – 적절한 사용자 인터페이스와 문서를 가지고 있는 정도

02 소프트웨어 품질 목표 중 사용자의 요구 기능을 충족시키는 정도를 의미하는 것은?

객관식 문제

03 소프트웨어 품질 목표 중 주어진 시간 동안 주어진 기능을 오류 없이 수행하는 정도를 나타내는 것은?

① 직관성
② 사용 용이성
③ 신뢰성
④ 이식성

04 소프트웨어 품질 관리 기술에서 품질 목표의 항목과 가장 거리가 먼 것은?

① 정확성
② 종속성
③ 유연성
④ 무결성

05 소프트웨어 품질 목표 중 요구되는 기능을 수행하기 위해 필요한 자원의 소요 정도를 의미하는 것은?

① Usability
② Reliability
③ Efficiency
④ Functionality

정답 01 Usability, 02 Correctness 03 ③ 04 ② 05 ③

POINT 24

형상 관리

01 형상 관리 도구

24.5, 23.8, 22.7, 22.4, 21.3, 20.6

◉ 형상 관리(Configuration Management)

- 개발 단계에 생성되는 모든 문서, 코드 등 소프트웨어의 변경사항을 체계적으로 관리하기 위하여 추적하고 통제하는 것이다.
- 작업 산출물을 형상 항목(Configuration Item)이라는 형태로 선정하고, 형상 항목 간의 변경사항 추적과 통제 정책을 수립하고 관리한다.
- 요구사항 변경 또는 오류로 지속해서 변화하는 자료이며, 이러한 변화를 이력화하여 유지보수성을 향상할 수 있다.
- 소프트웨어는 가시성(눈으로 확인할 수 있는 성질)이 없으므로 개발 과정의 진행 정도를 확인하는 도구로 사용된다.
- 단순 버전 관리 기반의 소프트웨어 운용을 좀 더 포괄적인 학술 분야의 형태로 넓히는 근간을 의미한다.

◉ 형상 관리 항목(Configuration Item) 20.9

- 개발 프로세스에서 생산되거나 사용되는 작업 산출물, 작업 산출물들의 집합체를 의미한다.
- **대표적인 소프트웨어 형상 항목** : 프로젝트 요구 분석서, 운영 및 설치 지침서, 요구사항 명세서, 설계/인터페이스 명세서, 테스트 설계서, 소프트웨어 품질보증, 형상 관리, V&V(확인 및 검증(Verification & Validation)) 계획서와 같은 계획서, 코드 모듈(소스와 오브젝트 모두)

◉ 형상 관리 종류

(형상 관리: 버전 관리, 리비전 관리, 변경 관리, 빌드 관리, 이슈 관리 등을 모두 포함)

버전 관리	• 다양한 형상 항목이 과거부터 현재에 이르기까지 요구사항 등의 변화에 따라 버전을 부여함으로써 이력을 관리하는 것이다. • 버전을 통해 시간적인 변경사항과 해당 작업 담당자를 추적할 수 있다.
변경 관리	• 변경된 요구사항에 대하여, 비용 및 기간 등을 고려하고 타당성을 평가한다. • 요구사항이 타당한 경우 제품 또는 산출물을 변경하고, 그렇지 않을 경우 변경을 거부하는 활동이다.

◉ 형상 관리 도구 20.8

- 소프트웨어 개발 생명주기 전반에 걸쳐 생성되는 소스 코드와 문서 등과 같은 산출물의 종합 및 변경 과정을 체계적으로 관리하고 유지하는 일련의 개발 관리 활동이다.
- 소프트웨어에 가시성과 추적 가능성을 부여하여 제품의 품질과 안전성을 높인다.
- 형상 식별, 형상 통제, 형상 상태 보고, 형상 감사를 통하여 변경사항을 관리한다.
- 이전 리비전이나 버전에 대한 정보에 접근 가능하여 배포본 관리에 유용하다.
- 불필요한 사용자의 소스 수정을 제한할 수 있다.
- 동일한 프로젝트에 대해 여러 개발자가 동시 개발이 가능하다.

◉ 형상 관리의 필요성과 효과

- 이미 수정된 오류가 갑자기 다시 나타나거나, 사용하던 문서나 코드가 갑자기 사라지거나 찾을 수 없는 경우가 발생할 수 있다.
- 원시 코드와 실행 코드의 버전이 일치하지 않는다.
- 요구사항이 자주 변경되고, 변경이 어떤 결과를 가져올지 예측할 수 없다.
- 무엇을 변경해야 할지 막연하고, 따라서 변경에 대한 노력을 예측할 수 없다.
- 분산된 지역에서 소프트웨어를 병렬적으로 개발하기 어렵다.
- 제품 납기일을 맞추기가 어렵고, 프로젝트가 계획대로 잘 진행되고 있는지 알 수 없다.
- **형상 관리의 효과**

관리적 효과	• 표준 확립으로 전사적 IT 자원 관리 쉬움, 기간별/팀별/업무별 산출물 현황 및 변경 이력 통계를 파악할 수 있다. • 제품 개발 관련 산출물이 자동 생성되고 관리된다. • 개발/유지보수 활동을 통합 관리할 수 있다. • 변경 프로세스의 체계를 확립하고, 외주 개발 통제 및 현황 파악을 도와준다.
품질 향상 효과	• 산출물 버전 관리를 자동으로 생성 관리할 수 있어 결함 및 오류가 감소한다. • 변경 프로그램의 이력 관리를 통하여 문제 파악 및 버그 수정과 변경 내용의 영향 분석이 쉬워진다.

◉ 형상 관리 절차 24.3, 21.8

• 형상 관리는 최초 계획을 수립하고 형상 식별, 통제, 감사, 기록 및 보고와 같은 활동들을 통해 일련의 과정들을 거치게 된다.

형상 식별 (Configuration Identification)	• 형상 관리의 가장 기본이 되는 활동으로 형상 관리 계획을 근거로 형상 관리의 대상이 무엇인지 식별하는 과정이다. • 변경 추적성 부여와 대상 식별을 위해 ID와 관리 번호를 할당한다. • 형상 항목 대상 : 품질 관리 계획서, 품질 관리 매뉴얼, 요구사항 명세서, 설계/인터페이스 명세서, 테스트 설계서, 소스 코드
형상 통제 (Configuration Control)	• 형상통제위원회 운영을 통하여 변경 통제가 이루어져야 한다. • 요구사항 변경 요구를 관리하고, 변경 제어, 형상 관리 등의 통제를 지원하고 기준선에 대한 관리 및 형상 통제 수행할 수 있다.
형상 보고 및 감사	• 기준선의 무결성 평가 단계로서 개발자, 유지보수 담당자가 아닌 제3자의 객관적인 확인 및 검증 과정을 통해 새로운 형상의 무결성을 확보하는 활동이다. • 형상 감사 시 고려사항 ① 명시된 변경이 정확하게 수정되었는가? ② 기술 검토를 수행하였는가? ③ 개발 프로세스를 준수하였는가? ④ 변경 발생 시, 형상 관리 절차를 준수하였는가? ⑤ 변경에 대한 정보(변경일, 변경인, 변경사항)를 기록하였는가?
형상 기록/보고	• 소프트웨어 개발 상태에 대한 보고서를 제공하는 단계로 기준선에 대한 변경과 처리 과정에서의 변경을 상태 보고에 모두 기록한다. • 기록/보고 항목 : 승인된 형상 리스트, 계획된 변경 상태, 승인된 변경의 구현 상태

◉ 형상 관리, 버전 관리, 변경 관리

• 형상 관리 ⊇ 버전 관리 ⊇ 변경 관리

형상 관리 (Configuration Management)	버전 관리 (Version Management)	변경 관리 (Version Management)
버전, 변경 관리 개념을 포함하고, 프로젝트 진행 상황, 빌드와 릴리즈 퍼블리싱까지 모두 관리할 수 있는 통합 시스템이라고 할 수 있다.	• 변경 이력을 추적 관리하는 가장 좋은 방법이 버전으로 구분하는 것이다. • 사소한 체크인, 체크아웃부터 릴리즈, 퍼블리싱의 과정을 버전으로 관리한다.	• 소스 코드의 변경 상황을 관리한다. • 문서의 변경 이력과 복원 등의 기능이 제공된다.

단답형 문제

01 형상 관리 절차 중 형상 통제를 주도하는 기관은?

02 형상통제위원회에서 프로젝트 관리를 위한 명세서 또는 제품으로서, 소프트웨어 개발 과정 중 변경사항을 통제하기 위한 기준을 무엇이라고 하는가?

객관식 문제

03 소프트웨어 형상 관리에서 관리 항목에 포함되지 않는 것은?

① 프로젝트 요구분석서
② 소스 코드
③ 운영 및 설치 지침서
④ 프로젝트 개발 비용

04 소프트웨어의 개발 과정에서 소프트웨어의 변경사항을 관리하기 위해 개발된 일련의 활동을 뜻하는 것은?

① 복호화 ② 형상 관리
③ 저작권 ④ 크랙

05 제품 소프트웨어의 형상 관리 역할로 틀린 것은?

① 형상 관리를 통해 이전 리비전이나 버전에 대한 정보에 접근 가능하여 배포본 관리에 유용
② 불필요한 사용자의 소스 수정 제한
③ 프로젝트 개발 비용을 효율적으로 관리
④ 동일한 프로젝트에 대해 여러 개발자 동시 개발 가능

06 소프트웨어 형상 관리의 의미로 적절한 것은?

① 비용에 관한 사항을 효율적으로 관리하는 것
② 개발 과정의 변경사항을 관리하는 것
③ 테스트 과정에서 소프트웨어를 통합하는 것
④ 개발 인력을 관리하는 것

정답 01 형상통제위원회 02 기준선 03 ④ 04 ②
05 ③ 06 ②

02 버전 관리 도구

◉ 버전 관리 도구 구분

공유 폴더 방식 종류 : SCCS, RCS, PVCS, QVCS	• 담당자 한 명이 공유 폴더 내 자료를 자신의 PC로 복사한 후 컴파일하여 이상 유무를 확인하고, 파일의 오류가 확인되면, 해당 파일을 등록한 개발자에게 수정 의뢰한다. • 개발자들은 매일 완료된 파일을 공유 폴더에 복사하여 관리한다. • 파일에 이상이 없다면 다음날 각 개발자가 동작 여부를 다시 확인한다. • 파일의 변경사항을 데이터베이스에 기록하여 관리한다.
클라이언트/서버 방식 종류 : CVS, SVN(Subversion), CMVC, Perforce, CVSNT, Clear Case	• 버전 관리 자료가 중앙 시스템(서버)에 저장되어 관리되는 방식이다. • 서버의 자료를 개발자별로 자신의 PC(클라이언트)로 복사하여 작업 후 변경된 내용을 서버에 반영하고, 모든 버전 관리는 서버에서 수행하는 방식이다. • 하나의 파일을 서로 다른 개발자가 작업할 경우 경고 메시지를 출력한다. • 서버에 문제가 생기면, 서버가 복구되기 전까지 다른 개발자와의 협업 및 버전 관리 작업을 중단한다.
24.5, 21.5 분산 저장소 방식 종류 : Git, Bazaar, Mercurial, Team-Ware, Bitkeeper, Plastic SCM, GNU arch	• 버전 관리 자료가 원격 저장소와 로컬 저장소에 함께 저장되어 관리된다. • 로컬 저장소에서 버전 관리가 가능하므로 원격 저장소에 문제가 생겨도 로컬 저장소의 자료를 이용하여 작업할 수 있다. • 개발자별로 원격 저장소의 자료를 각자의 로컬 저장소로 복사하여 작업 후 변경사항을 로컬 저장소에서 우선 적용하여 로컬 버전 관리가 가능하다. • 개발 완료한 파일을 수정한 다음에 로컬 저장소에 먼저 커밋(Commit)한 이후, 다시 원격 저장소에 반영(Push)하는 방식이다.

◉ 주요 버전 관리 도구

동시에 소스를 수정하는 것을 방지하며 다른 방향으로 진행된 개발 결과를 합치거나 변경 내용을 추적할 수 있는 소프트웨어 버전 관리 도구

CVS (Con-current Ver-sions System)	• 동시 버전 시스템이다. • 소프트웨어 프로젝트를 진행할 때, 파일로 이뤄진 모든 작업과 모든 변화를 추적하고, 여러 개발자가 협력하여 작업할 수 있게 한다. • 오픈소스 프로젝트에서 널리 사용되었다. • 최근에는 CVS가 한계를 맞아, 이를 대체하는 Subversion이 개발되었다.
RCS 24.3 (Revision Control System)	• CVS와의 차이점은 소스 파일의 수정을 한 사람만으로 제한한다. • 다수의 사용자가 동시에 파일 수정을 할 수 없도록 파일 잠금 방식으로 버전을 관리하는 도구이다.
Sub-version (SVN)	• CVS보다, 속도 개선, 저장 공간, 변경 관리 단위가 작업 모음 단위로 개선되었다. 2000년부터 콜랩넷에서 개발되었다. • CVS와 사용 방법이 유사해 CVS 사용자가 쉽게 도입해 사용할 수 있다. • 아파치 최상위 프로젝트로서 전 세계 개발자 커뮤니티와 함께 개발되고 있다. • 디렉터리, 파일을 자유롭게 이동해도 버전 관리가 가능하다. • repository(저장소) : 프로젝트의 파일 및 변경 정보가 저장되는 장소이다. • trunk : 메인 개발 소스. 개발 소스를 commit 했을 때 개발 소스가 모이는 곳이다. • branch : trunk에서 분기된 개발 소스로 실험적인 기능을 추가하거나, 출시를 위한 안정화 버전 작업을 할 때 사용한다. • tag : 특정 시점에서 프로젝트의 스냅숏을 찍어두는 것을 의미한다.
Bit-keeper	SVN과 비슷한 중앙 통제 방식으로 대규모 프로젝트에서 빠른 속도를 내도록 개발된 버전 관리 도구이다.
Git •지역 저장소 : 개발자가 실제 작업하는 로컬 저장소 •원격 저장소 : 다수 개발자가 협업을 위해 공동 관리하는 저장소	• 프로그램 등의 소스 코드 관리를 위한 분산 저장소 방식 시스템이다. • 리누스 토르발스가 리눅스 커널 개발에 이용하려고 개발하였으며, 현재는 다른 곳에도 널리 사용되고 있다. • 지역 저장소와 원격 저장소 2개의 저장소가 존재한다. • 지역 저장소에서 버전 관리가 진행되어, 버전 관리가 빠르다. • 깃의 작업 폴더는 모두, 전체 기록과 각 기록을 추적할 수 있는 정보를 포함하고 있으며, 완전한 형태의 저장소이다. • 네트워크에 접근하거나 중앙 서버에 의존하지 않는다.
Clear Case	• 복수 서버, 복수 클라이언트 구조이다. • 서버 확장 요구가 있을 때 필요한 서버를 하나씩 추가할 수 있다.

◉ 컴포넌트 저장소(Repository)

- 인증을 받은 컴포넌트를 등록하는 저장소로 손쉽게 컴포넌트를 이용할 수 있다.
- 저장소는 컴포넌트의 최신 버전을 유지하고 있으며, 컴포넌트의 버전별 상태도 유지하고 관리함으로써 사용자가 컴포넌트 이용을 쉽게 한다.

◉ Git 주요 명령어

init	새로운 로컬 git 생성하기
add	저장소(Staging Area)에 파일을 추가하기
commit	작업 내역 지역 저장소에 저장하기
branch	새로운 파생 저장소인 브랜치 생성하기
checkout	선택한 브랜치로 이동하기
merge	현재 브랜치와 지정한 브랜치를 병합하기
fetch	Git 서버에서 코드를 받아오기
pull	Git 서버에서 최신 코드 받아와 병합하기
remote	원격 저장소 추가하기
clone	원격 저장소에 있는 프로젝트 복사하여 내려받기

◉ Subversion(SVN) 주요 명령어 20.8

import	아무것도 없는 서버의 저장소에 맨 처음 소스 파일을 저장한다.
check-in 24.5, 21.5	체크아웃으로 가져온 파일을 수정 후 저장소(Repository)에 새로운 버전으로 갱신한다.
check-out	타 개발자가 수정 작업을 위하여 저장소(Repository)에 저장된 파일을 자신의 작업 공간으로 인출한다.
commit	체크인 시 이전 갱신 사항이 있는 경우 충돌(Conflict)이 있을 경우 알림을 표시하고 diff(코드 비교) 도구를 이용하여 수정한 뒤 Commit(예치) 과정을 수행한다.
diff	새로운 개발자가 추가된 파일의 수정 기록(Change Log)을 보면서 기존 개발자가 처음 추가한 파일과 이후 변경된 파일의 차이를 본다(Diff).
update	저장소에 존재하는 최신 버전 자료와 자신의 작업 공간과 동기화(Update)한다.
branch	주 저장소에서 파생된 프로젝트이다.
fork	주 저장소에서 소프트웨어 소스 코드를 통째로 복사하여 독립적인 새로운 소프트웨어 개발 허용하는 것으로 제시된 라이선스 기준을 지켜야 한다.
info	지정된 파일에 대한 정보를 표시한다.
merge	다른 디렉터리에서 작업된 버전 관리 내역을 기본 개발 작업과 병합한다.

단답형 문제

01 다음이 설명하는 버전 관리 도구는?

- 프로그램 등의 소스 코드 관리를 위한 분산 버전 관리 시스템이다.
- 리누스 토르발스가 리눅스 커널 개발에 이용하려고 개발하였으며, 현재는 다른 곳에도 널리 사용되고 있다.
- 지역 저장소와 원격 저장소 2개의 저장소가 존재한다.

02 버전 관리 도구에서 프로젝트의 파일 및 변경 정보가 저장되는 장소는?

객관식 문제

03 동시에 소스를 수정하는 것을 방지하며 다른 방향으로 진행된 개발 결과를 합치거나 변경 내용을 추적할 수 있는 소프트웨어 버전 관리 도구는?

① RCS(Revision Control System)
② RTS(Reliable Transfer Service)
③ RTC(Remote Procedure Call)
④ RVS(Relative Version System)

04 공유 폴더 방식의 버전 관리 도구의 설명으로 잘못된 것은?

① 개발자들은 매일 완료된 파일을 공유 폴더에 복사하여 관리한다.
② 파일에 이상이 없다면 다음날 각 개발자가 동작 여부를 다시 확인한다.
③ 파일의 변경 사항을 데이터베이스에 기록하여 관리한다.
④ 종류에는 CVS, SVN(Subversion), CMVC, Perforce, CVSNT, Clear Case 등이 있다.

05 형상 관리 도구의 주요 기능으로 거리가 먼 것은?

① 정규화 ② 체크인
③ 체크아웃 ④ 커밋

정답 **01** Git **02** Repository **03** ① **04** ④ **05** ①

POINT 25

애플리케이션 테스트 관리

01 테스트 케이스

◉ 소프트웨어 테스트 22.4, 21.5

테스트는 오류를 찾는 작업이고 디버깅은 오류를 수정하는 작업

- 소프트웨어 개발 단계에서 사용자 요구사항에 서술된 동작과 성능, 사용성, 안정성 등을 만족하는지 확인하기 위하여 소프트웨어의 결함을 찾아내는 활동으로 품질 향상, 오류 발견, 오류 예방 관점에서 수행하는 행동이다.
- **품질 향상 관점** : 반복적인 테스트를 거쳐 제품의 신뢰도를 향상하는 품질 보증 활동이다.
- **오류 발견 관점** : 잠재된 오류를 발견하고 이를 수정하여 올바른 프로그램을 개발하는 활동이다.
- **오류 예방 관점** : 코드 리뷰, 동료 검토, 인스펙션 등을 통해 오류를 사전에 발견하는 활동이다.

◉ 소프트웨어 테스트의 원리 24.8

테스팅은 결함이 존재함을 밝히는 활동이다.	소프트웨어의 잠재적인 결함을 줄일 수 있지만, 결함이 발견되지 않아도 결함이 없다고 증명할 수 없음을 나타낸다.
완벽한 테스팅은 불가능하다.	무한 경로, 무한 입력값, 무한 시간이 소요되어 완벽하게 테스트할 수 없으므로 리스크 분석과 우선순위를 토대로 테스트에 집중하는 것을 의미한다.
테스팅은 개발 초기에 시작해야 한다.	애플리케이션의 개발 단계에 테스트를 계획하고 SDLC(Software Development Life Cycle)의 각 단계에 맞춰 전략적으로 접근하는 것을 고려하라는 뜻이다.
결함 집중 (Defect Clustering)	애플리케이션 결함의 대부분은 소수의 특정한 모듈에 집중되어 존재한다. 파레토 법칙이 좌우한다.
살충제 패러독스 (Pesticide Paradox)	동일한 테스트 케이스로 반복 테스트 시 결함을 발견할 수 없으므로 주기적으로 테스트 케이스를 리뷰하고 개선해야 한다.
테스팅은 정황(Context)에 의존한다.	정황과 비즈니스 도메인에 따라 테스트를 다르게 수행하여야 한다.
오류-부재의 궤변 (Absence of Errors Fallacy)	사용자의 요구사항을 만족하지 못하는 오류를 발견하고 그 오류를 제거하였다 해도, 해당 애플리케이션의 품질이 높다고 말할 수 없다.

◉ 파레토의 법칙(Law of Pareto) 24.3, 20.6

- '80 대 20 법칙' 또는 '2 대 8 법칙'이라고도 한다. 전체 결과의 80%가 전체 원인의 20%에서 일어나는 현상을 가리킨다. 예를 들어, 20%의 VIP 고객이 백화점 전체 매출의 80%에 해당하는 만큼 쇼핑하는 현상을 의미한다.

◉ 테스트 케이스(Test Case) 22.7

- 구현된 소프트웨어가 사용자의 요구사항을 정확하게 준수했는지를 확인하기 위해 설계된 입력값, 실행 조건, 기대 결과 등으로 구성된 테스트 항목에 대한 명세서를 의미한다.
- 명세 기반 테스트의 설계 산출물이다.
- 테스트 케이스를 설계 단계에 작성하면 테스트 시 오류를 방지하고, 테스트 수행에 있어 낭비를 줄일 수 있다.

명세 기반 테스트 : 테스트 수행의 증거로도 활용되며, 사용자의 요구사항에 대한 명세를 빠짐없이 테스트 케이스로 구현하고 있는지 확인

- **표준 테스트 케이스 형식** 21.3

ID	시나리오	테스트 단계	테스트 데이터	예상 결과	실제 결과	통과 실패

◉ 테스트 케이스 작성 절차

테스트 계획 검토 및 자료 확보 → 위험 평가 및 우선순위 결정 → 테스트 요구사항 정의 → 테스트 구조 설계 및 테스트 방법 결정 → 테스트 케이스 정의 → 테스트 케이스 타당성 확인 및 유지보수

◉ 테스트 케이스의 구성 요소(ISO/IEC/IEEE 29119-3)

식별자(Identifier), 테스트 항목(Test Item), 입력 명세(Input Specification), 출력 명세(Output Specification), 환경 설정(Environmental Needs), 특수 절차 요구(Special Procedure Requirement), 의존성 기술(Inter-case Dependencies)

◉ 테스트 프로세스(Test Process)

계획 및 제어 → 분석 및 설계 → 구현 및 실현 → 평가 → 완료

◉ 테스트 커버리지(Test Coverage)

• 테스트 수행 정도로서 구문 커버리지, 결정 커버리지, 조건 커버리지, 조건/결정 커버리지, 변경 조건/결정 커버리지, 다중 조건 커버리지로 구분한다.

◉ 테스트 오라클(Test Oracle) 20.9

• 테스트의 결과가 참인지 거짓인지를 판단하기 위해서 사전에 정의된 참(True)값을 입력하여 비교하는 기법 및 활동을 말한다.

참(True) 오라클	모든 입력값에 대하여 적합한 결과를 생성하여, 발생한 오류를 모두 검출할 수 있는 오라클이다.
일관성 검사(Consistent) 오라클	애플리케이션 변경이 있을 때, 수행 전과 후의 결과값이 동일한지 확인하는 오라클이다.
샘플링(Sampling) 오라클	임의로 선정한 몇 개의 입력값에 대해서만 기대하는 결과를 제공한다.
휴리스틱(Heuristic) 오라클	샘플링 오라클을 개선한 오라클로, 임의 입력값에 대해 올바른 결과를 제공하고, 나머지 값들에 대해서는 휴리스틱(추정)으로 처리한다.

02 V-모델과 테스트

◉ 테스트 레벨

• 애플리케이션 개발 단계에 따라 단위 테스트, 통합 테스트, 시스템 테스트, 인수 테스트, 설치 테스트로 분류한다.
• 애플리케이션을 총체적으로 관리하기 위한 테스트 활동의 묶음이다.
• 각각의 테스트 레벨은 서로 독립적, 각각 다른 테스트 계획과 전략이 필요하다.

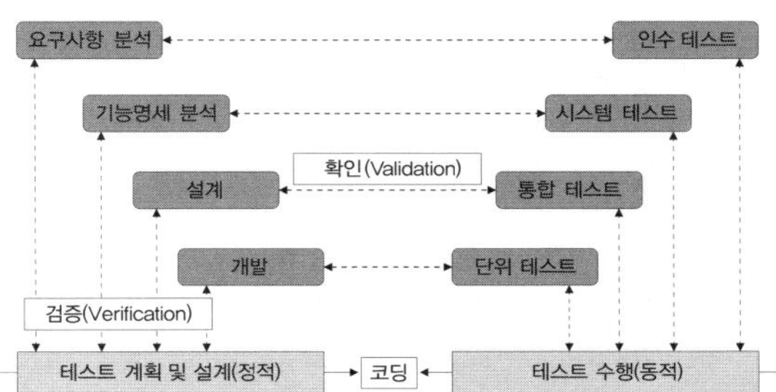

▲V-모델과 테스트 단계

단답형 문제

01 구현된 소프트웨어가 사용자의 요구사항을 정확하게 준수했는지를 확인하기 위해 설계된 입력값, 실행 조건, 기대 결과 등으로 구성된 테스트 항목에 대한 명세서는?

02 소프트웨어 테스트 원리 중 애플리케이션 결함의 대부분은 소수의 특정한 모듈에 집중되어 존재한다는 원리는?

03 제품이 명세서대로 완성되었는지 검증하는 단계로 개발자의 시각에서 제품의 생산 과정을 테스트하는 것을 의미하는 것은?

04 다음 중 동일한 테스트 케이스로 반복 테스트 시 결함을 발견할 수 없으므로 주기적으로 테스트 케이스를 리뷰하고 개선해야 하는 테스트 원리는?

객관식 문제

05 소프트웨어 테스트에서 오류의 80%는 전체 모듈의 20% 내에서 발견된다는 법칙은?

① Brooks의 법칙 ② Boehm의 법칙
③ Pareto의 법칙 ④ Jackson의 법칙

06 테스트 케이스와 관련한 설명으로 틀린 것은?

① 테스트의 목표 및 테스트 방법을 결정하기 전에 테스트 케이스를 작성해야 한다.
② 프로그램에 결함이 있더라도 입력에 대해 정상적인 결과를 낼 수 있기때문에 결함을 검사할 수 있는 테스트 케이스를 찾는 것이 중요하다.
③ 개발된 서비스가 정의된 요구사항을 준수하는지 확인하기 위한 입력값과 실행 조건, 예상 결과의 집합으로 볼 수 있다.
④ 테스트 케이스 실행이 통과되었는지 실패하였는지 판단하기 위한 기준을 테스트 오라클(TestOracle)이라고 한다.

정답 **01** 테스트 케이스 **02** 결함 집중의 원리 **03** 검증 **04** 살충제 패러독스 **05** ③ **06** ①

시각에 따른 테스트 24.3, 23.7

- 검증(Verification) 테스트 : 제품이 명세서대로 완성되었는지 검증하는 단계이다. 개발자의 시각에서 제품의 생산 과정을 테스트하는 것을 의미한다.
- 확인(Validation) 테스트 : 사용자의 요구사항을 잘 수행하고 있는지 사용자의 시각에서 생산된 제품의 결과를 테스트하는 것을 의미한다.
  - 예 알파, 베타, 블랙박스 테스트

테스트 케이스 자동 생성 21.8

자료 흐름도 → 테스트 경로 관리, 입력 도메인 분석 → 테스트 데이터 산출, 랜덤 테스트 → 무작위 값 입력, 신뢰성 검사

테스트 레벨의 종류

구분	내용
24.8, 24.5, 22.4, 21.8, 21.5 단위(Unit) 테스트	• 개발자가 원시 코드를 대상으로 각각의 단위를 다른 부분과 연계되는 부분은 고려하지 않고 단위 자체에만 집중하여 테스트한다. • 객체지향에서 클래스 테스팅이 여기에 해당한다.
통합 테스트	단위 테스트를 통과한 개발 소프트웨어/하드웨어 컴포넌트 간 인터페이스 및 연동 기능 등을 구조적으로 접근하여 테스트한다.
시스템 테스트	• 단위/통합 테스트가 가능한 완벽히 완료되어 기능상에 문제가 없는 상태에서 실제 환경과 가능한 유사한 환경에서 진행한다. • 시스템 성능과 관련된 요구사항이 완벽하게 수행되는지를 테스트하기 때문에 사전 요구사항이 명확해야 한다. • 개발 조직과는 독립된 테스트 조직에서 수행한다.
20.8 인수 테스트	• 일반적인 테스트 레벨의 가장 마지막 상위 레벨로, SW 제품에 대한 요구사항이 제대로 이행되었는지 확인하는 단계이다. • 테스팅 환경을 실 사용자 환경에서 진행하며 수행하는 주체가 사용자이다. • 알파, 베타 테스트와 가장 밀접한 연관이 있다.

알파 테스트(Alpha Test)와 베타 테스트(Beta Test) 24.3

구분	내용
알파 테스트 21.3 20.9	• 개발자 관점에서 수행되며, 사용상의 문제를 반영되도록 하는 테스트이다. • 개발자의 장소에서 사용자가 개발자 앞에서 행해지며, 오류와 사용상의 문제점을 사용자와 개발자가 함께 확인하면서 검사하는 기법이다. • 개발자는 사용상의 문제를 기록하여 반영되도록 하는 테스트이다.
베타 테스트	• 선정된 다수의 사용자가 자신들의 사용 환경에서 일정 기간 사용하면서 테스트한다. • 문제점이나 개선 사항 등을 기록하고 개발 조직에 통보하여 반영되도록 하는 테스트이다.

03 애플리케이션 테스트

정적 테스트

- 애플리케이션을 직접 실행하지 않고 명세서나 소스 코드를 대상으로 분석한다.
- 소프트웨어 개발 초기에 결함 발견이 가능하여, 개발 비용을 낮출 수 있다.
- 종류 : Inspection, walk-through, Code Test, Orthogonal Array Testing, Prior Defect History Testing, Risk-Based Testing, Run Chart, Statistical Profile Testing

동적 테스트

- 애플리케이션을 직접 실행하여 오류를 찾는다.
- 소프트웨어 개발의 모든 단계에서 테스트를 수행한다.
- 종류 : 블랙박스 테스트, 화이트박스 테스트 24.8

구분	종류
블랙박스 테스팅 (명세 기반)	Boundary Value Testing, Cause-Effect Graphing, Control Flow Testing, CRUD Testing, Decision Tables Testing, Equivalence Class Partitioning, Exception Testing, Finite State Testing, Free Form Testing, Positive and negative Testing, Prototyping, Random Testing, Range Testing, Regression Testing, State Transition Testing, Thread Testing
화이트박스 테스팅 (구조 기반)	Basis Path Testing, Branch Coverage Te sting, Condition Coverage Testing, Data Flow Testing, Loop Testing, Mutation Testing, Sandwich Testing, Statement Coverage Testing

◉ 테스트 기반(Test Bases)에 따른 테스트

구분	설명
구조 기반 테스트	• 소프트웨어 내부의 구조(논리 흐름)에 따라 테스트 케이스를 작성하고 확인하는 테스트 방식이다. • 종류 : 구문 기반, 결정 기반, 조건 기반, 데이터 흐름
명세 기반 테스트	• 사용자의 요구사항에 대한 명세를 기반으로 테스트 케이스를 작성하고 확인하는 테스트 방식이다. • 종류 : 동등 분할, 경계값 분석, 분류 트리, 상태 전이, 결정 테이블, 원인-결과, 조합 테스트, 시나리오, 오류 추정
경험 기반 테스트	• 테스터의 경험을 기반으로 수행하는 테스트 방식이다. • 요구사항에 대한 명세가 미흡하거나 테스트 시간에 제약이 있는 경우 수행하면 효과적이다. • 종류 : 에러 추정, 체크 리스트, 탐색적 테스팅

◉ 목적에 따른 테스트

구분	설명
성능 (Performance)	소프트웨어의 응답 시간, 처리량 등을 테스트한다.
회복 (Recovery)	소프트웨어에 고의로 부하를 가하여 실패하도록 유도하고 올바르게 복구되는지 테스트한다.
구조 (Structured)	소프트웨어 내부의 논리적인 경로, 소스 코드의 복잡도 등을 평가한다.
회귀 (Regression)	소프트웨어의 변경 또는 수정된 코드에 새로운 결함이 없음을 확인한다.
안전 (Security)	소프트웨어가 불법적인 침입으로부터 시스템을 보호할 수 있는지 확인한다.
강도 (Stress)	소프트웨어에 과도하게 부하를 가하여도 소프트웨어가 정상적으로 실행되는지 확인한다.
병행 (Parallel)	변경된 소프트웨어와 기존 소프트웨어에 동일한 데이터를 입력하여 두 결과 결과를 비교 확인한다.

단답형 문제

01 사용자의 요구사항에 대한 명세를 기반으로 테스트 케이스를 작성하고 확인하는 테스트 방식은?

02 프로그램 실행 여부에 따른 테스트 기법 중 다음에 해당하는 것은?

> – 애플리케이션을 직접 실행하지 않고 명세서나 소스 코드를 대상으로 분석하는 테스트를 의미한다.
> – 소프트웨어 개발 초기에 결함 발견이 가능하여, 개발 비용을 낮출 수 있다.
> – 종류 : 워크스루, 인스펙션, 코드 검사 등이 있다.

객관식 문제

03 알파, 베타 테스트와 가장 밀접한 연관이 있는 테스트 단계는?

① 단위 테스트 ② 인수 테스트
③ 통합 테스트 ④ 시스템 테스트

04 다음 중 명세 기반 테스트 기법 종류에 해당하지 않는 것은?

① 동등 분할 테스트
② 경계값 분석 테스트
③ 분류 트리 테스트
④ 결정 기반 테스트

05 검증(Validation) 검사 기법 중 개발자의 장소에서 사용자가 개발자 앞에서 행해지며, 오류와 사용상의 문제점을 사용자와 개발자가 함께 확인하면서 검사하는 기법은?

① 디버깅 검사
② 형상 검사
③ 자료 구조 검사
④ 알파 검사

정답 **01** 명세 기반 테스트 **02** 정적 테스트 **03** ② **04** ④ **05** ④

이론 2과목 소프트웨어 개발

POINT 26 테스트 시나리오와 테스트 기법

01 테스트 시나리오

◉ 테스트 시나리오

- 테스트 케이스를 적용하는 순서에 따라 여러 테스트 케이스의 집합으로서, 테스트 케이스의 동작 순서를 기술한 문서이며 테스트를 위한 절차를 정리한 문서이다.
- 테스트 순서에 대한 구체적인 절차, 사전 조건, 입력 데이터 등을 정리하여, 테스트 항목을 빠짐없이 수행할 수 있도록 한다.

◉ 테스트 시나리오 작성 시 유의점

- 테스트 항목을 시스템별, 모듈별, 항목별 테스트 시나리오를 분리하여 작성한다.
- 고객의 요구사항과 설계 문서 등을 토대로 테스트 시나리오를 작성한다.
- 테스트 항목은 식별자 번호, 순서 번호, 테스트 데이터, 테스트 케이스, 예상 결과, 확인 등의 항목을 포함하여 작성한다.

◉ 테스트 환경 구축

- 개발된 응용 소프트웨어가 실제 운영 시스템에서 정상적으로 작동하는지 테스트할 수 있도록 하기 위하여 실제 운영 시스템과 동일 또는 유사한 사양의 하드웨어, 소프트웨어, 네트워크 등의 시설을 구축하는 활동이다.

◉ 테스트 환경 구축의 유형

하드웨어 기반	서버 장비(WAS, DBMS), 클라이언트 장비, 네트워크 장비 등의 장비를 설치하는 작업이다.
소프트웨어 기반	구축된 하드웨어 환경에 테스트할 응용 소프트웨어를 설치하고 필요한 데이터를 구축하는 작업이다.
가상 시스템 기반	물리적으로 개발 환경 및 운영 환경과 별개로 독립된 테스트 환경을 구축하기 힘든 경우에는 가상 머신(Virtual Machine) 기반의 서버 또는 클라우드 환경을 이용하여 테스트 환경을 구축하고, 네트워크는 VLAN과 같은 기법을 이용하여 논리적 분할 환경을 구축할 수 있다.

02 테스트 기법

◉ 화이트박스 테스트(White Box Test) 22.4, 20.6

- 모듈의 원시 코드를 오픈시킨 상태에서 코드의 논리적 모든 경로를 테스트하는 방법이다.
- Source Code의 모든 문장을 한 번 이상 수행하여 모듈 안의 작동을 직접 관찰할 수 있다.
- 산출물의 기능별로 적절한 프로그램의 제어 구조에 따라 선택, 반복 등의 부분들을 수행함으로써 논리적 경로를 점검한다.
- 테스트 데이터를 선택하기 위하여 검증 기준(Test Coverage)을 정한다.
- 테스트 데이터를 이용해 실제 프로그램을 실행함으로써 오류를 찾는 동적 테스트(Dynamic Test)에 해당한다.

◉ 화이트박스 테스트 종류 24.5, 22.3

- 화이트박스 테스트 종류에는 기초 경로 검사, 제어 구조 검사 등이 있다.

기초 경로 검사 (Basic Path Testing)	• Tom McCabe가 제안한 대표적 화이트박스 테스트 기법이다. • 테스트 케이스 설계자가 절차적 설계의 논리적 복잡성을 측정할 수 있게 한다. • 측정 결과는 실행 경로의 기초를 정의하는데 지침으로 사용된다. • 기초 경로(Basic Path) : 제어 흐름 그래프를 분석하여 선형 독립 실행 경로 집합을 찾는다. Mccabe의 순환 복잡도를 사용하여 선형 독립 경로 수를 결정한 다음 얻어진 각 경로에 대한 테스트 사례를 생성한다.
제어 구조 검사	• 조건 검사 : 프로그램 모듈 내에 있는 논리적 조건을 테스트하는 테스트 케이스 설계 기법이다. • 루프 검사 : 프로그램의 반복 구조에 초점을 맞춰 실시하는 테스트 케이스 설계 기법이다. • 데이터 흐름 검사 : 프로그램에서 변수의 정의와 변수 사용의 위치에 초점을 맞춰 실시하는 테스트 케이스 설계 기법이다.

◉ 화이트박스 테스트 검증 기준

문장 검증 기준	소스 코드의 모든 구문이 한 번 이상 수행된다.
분기 검증 기준	소스 코드의 모든 조건문이 한 번 이상 수행된다.
조건 검증 기준	소스 코드의 모든 조건문에 대해 조건이 True인 경우와 False인 경우가 한 번 이상 수행된다.
분기/조건 기준	소스 코드의 모든 조건문과 각 조건문에 포함된 개별 조건식의 결과가 True인 경우와 False인 경우 한 번 이상 수행된다.

◉ 블랙박스 테스트(Black Box Test) 23.3, 21.5

- 소프트웨어가 수행할 특정 기능을 알기 위해 각 기능이 완전히 작동되는 것을 입증하는 테스트로 기능 테스트라고도 한다.
- 요구사항 명세를 보면서 테스트, 주로 구현된 기능을 테스트한다.
- 소프트웨어 인터페이스에서 실시되는 테스트이다.

◉ 블랙박스 테스트 종류 21.5, 20.9, 20.8

- 동치 분할 검사, 경계값 분석, 원인-효과 그래프 검사, 오류 예측 검사, 비교 검사 등이 있다.

동치 분할 검사 (Equivalence Partitioning) 24.5, 22.7	• 입력 자료에 초점을 맞춰 테스트 케이스를 만들고 검사하는 방법이다. • 입력 조건에 타당한 입력 자료와 그렇지 않은 자료의 개수를 균등하게 분할해 테스트 케이스를 설정한다.
원인-효과 그래프 검사 (Cause and Effect Graphing)	• 입력 데이터 간의 관계와 출력에 영향을 미치는 상황을 체계적으로 분석한다. • 효용성이 높은 테스트 케이스를 선정해 검사한다.
오류 예측 검사 (Error Forecast)	• 과거의 경험이나 감각으로 테스트하는 기법이다. • 다른 테스트 기법으로는 찾기 어려운 오류를 찾아내는 보충적 검사 기법이다.
비교 검사 (Comparison Testing)	동일한 테스트 자료를 여러 버전의 프로그램에 입력하고 동일한 결과가 출력되는지 테스트하는 기법이다.
대표적인 명세 기반 기법(Specification-based Technique) 경계값 분석 (Boundary Value Analysis) 20.9, 20.8, 20.6	• 입력 자료에만 치중한 동치 분할 기법을 보완한 기법이다. • 입력 조건 경계값에서 오류 발생 확률이 크다는 것을 활용하여 경계값을 테스트 케이스로 선정해 검사한다. • 분할의 경계 부분에 해당되는 입력값에서 결함이 발견될 확률이 경험적으로 높기 때문에 결함을 방지하기 위해 경계값까지 포함하여 테스트하는 기법이다.

단답형 문제

01 블랙박스 테스트 기법에 관한 다음 설명과 가장 부합하는 것은?

> 여러 버전의 프로그램에 동일한 검사 자료를 제공하여 동일한 결과가 출력되는 검사하는 기법이다.

객관식 문제

02 평가 점수에 따른 성적 부여는 다음 표와 같다. 이를 구현한 소프트웨어를 경계값 분석 기법으로 테스트하고자 할 때 다음 중 테스트 케이스의 입력값으로 옳지 않은 것은?

평가점수	성적
80~100	A
60~79	B
0~59	C

① 59　② 80
③ 90　④ 101

03 블랙박스 검사 기법에 해당하는 것으로만 나열한 것은?

> ㉠ 데이터 흐름 검사　㉡ 기초 경로 검사
> ㉢ 동치 클래스 분해　㉣ 경계값 분석
> ㉤ 원인-효과 그래프　㉥ 비교 검사

① ㉠, ㉡　② ㉠, ㉡, ㉤, ㉥
③ ㉢, ㉣, ㉤, ㉥　④ ㉠, ㉢, ㉣, ㉤, ㉥

04 화이트 박스 검사 기법에 해당하는 것으로만 짝지어진 것은?

> ㉠ 데이터 흐름 검사　㉡ 루프 검사
> ㉢ 동등 분할 검사　㉣ 경계값 분석
> ㉤ 원인 결과 그래프 기법　㉥ 오류예측 기법

① ㉠, ㉡　② ㉠, ㉣
③ ㉡, ㉤　④ ㉢, ㉥

정답 01 비교 검사 02 ③ 03 ③ 04 ①

POINT 27

테스트 커버리지

01 테스트 커버리지

테스트 커버리지 23.8

- 주어진 테스트 케이스에 의해 수행되는 소프트웨어의 테스트 범위를 측정하는 테스트 품질 측정 기준이며, 테스트의 정확성과 신뢰성을 향상시키는 역할을 한다.

기능 기반	• 테스트 대상 애플리케이션의 전체 기능을 모수로 설정하고, 실제 테스트가 수행된 기능의 수를 측정하는 방법이다. • 기능 기반 테스트 커버리지는 100% 달성을 목표로 하며, 일반적으로 UI가 많은 시스템의 경우 화면 수를 모수로 사용할 수도 있다.
Line Coverage	• 애플리케이션 전체 소스 코드의 Line 수를 모수로 테스트 시나리오가 수행한 소스 코드의 Line 수를 측정하는 방법이다. • 단위 테스트에서는 이 라인 커버리지를 척도로 삼기도 한다.
Code Coverage	소프트웨어 테스트 충분성 지표 중 하나로 소스 코드의 구문, 조건, 결정 등의 구조 코드 자체가 얼마나 테스트 되었는지를 측정하는 방법이다.
Statement Coverage	코드 구조 내의 모든 구문에 대해 한 번 이상 수행하는 테스트 커버리지를 말한다.
Condition Coverage	결정 포인트 내의 모든 개별 조건식에 대해 수행하는 테스트 커버리지를 말한다.
Decision Coverage	결정 포인트 내의 모든 분기문에 대해 수행하는 테스트 커버리지를 말한다.
Modified Condition/ Decision Coverage	조건과 결정을 복합적으로 고려한 측정 방법이며, 결정 포인트 내의 다른 개별적인 조건식 결과에 상관없이 독립적으로 전체 조건식의 결과에 영향을 주는 테스트 커버리지를 말한다.

테스트 커버리지 유형

- 기능 기반 커버리지, 라인 커버리지, 코드 커버리지 (구문, 결정, 조건, 변경 조건/결정)

02 테스트 자동화

테스트 자동화 도구

- 애플리케이션 개발 중 반복되는 다양한 테스트 과정을 HW/SW 적으로 자동화 도구를 사용하고 일관성 및 생산성을 향상시키는 도구이다.
- 테스트 관리, 소스 코드 리뷰 및 인스펙션, 테스트 설계 및 개발, 테스트 수행 등 테스트에 포함되는 다양한 과정을 자동으로 지원하는 도구이다.

테스트 자동화 수행 시 고려사항

- 모든 과정이 아닌 그때그때 맞는 적절한 도구를 선택
- 자동화 도구를 고려하여 프로젝트 일정 계획
- 프로젝트 초기에 테스트 엔지니어 투입 시기 계획

테스트 자동화 도구의 유형

정적 분석 도구	• 프로그램을 실행하지 않고 소스 코드 분석을 통해 결함을 발견하는 도구이다. • 코딩 표준, 코딩 스타일, 코딩 복잡도, 남은 결함 등을 발견하기 위해 사용한다.	
테스트 실행 도구	스크립트 언어를 사용하여 테스트를 실행하는 방법으로서 테스트 데이터와 수행 방법 등이 포함된 스크립트를 작성한 후 실행한다.	
	데이터 주도 접근 방식	• 테스트 데이터를 스프레드시트 문서에 저장하고 실행하는 방식으로 다양한 테스트 데이터를 동일한 테스트 케이스로 반복하여 실행할 수 있다. • 새로운 데이터의 경우 미리 작성된 스크립트에 테스트를 추가하여 테스트 진행할 수 있다.
	키워드 주도 접근 방식	• 테스트를 수행할 동작을 나타내는 키워드와 테스트 데이터를 스프레드시트 문서에 저장하여 실행하는 방식이다. • 키워드를 이용하여 테스트를 정의할 수 있다.
성능 테스트 도구 21.5	애플리케이션의 처리량, 응답 시간, 경과 시간, 자원 사용률에 대해 가상의 사용자를 생성하고 테스트를 수행함으로써 성능 목표를 달성하였는지를 확인하는 테스트 자동화 도구이다.	

테스트 통제 도구	테스트 계획 및 관리, 수행, 결함 관리 등을 수행한다.
테스트 하네스 도구	소프트웨어 컴포넌트의 테스트를 가능하게 하거나 프로그램의 입력을 받아들이거나 빠진 컴포넌트의 기능을 대신하거나 실행 결과와 예상 결과를 비교하기 위하여 동원된 소프트웨어 도구이다.

◉ 테스트 하네스(Test Harness) 도구 구성 요소

테스트 드라이버 (Test Driver) 24.5, 23.8, 23.6, 22.3, 21.8	• 하위 → 상위 모듈로 통합하면서 테스트하는 상향식 테스트에서 사용한다. • 테스트 대상을 제어하고 동작시키는데 사용되는 도구를 의미한다. • 시스템 및 컴포넌트를 시험하는 환경의 일부분으로 시험을 지원하는 목적하에 생성된 코드와 데이터이다.
테스트 스텁 (Test Stub) 22.4, 21.3, 20.6	• 상위 → 하위 모듈 방향으로 통합 테스트를 진행하는 하향식 테스트에서 사용한다. • 상위 모듈에서 하위 모듈로의 테스트를 진행하는 과정 중 하위 시스템 컴포넌트의 개발이 완료되지 않은 상황에서 시스템 테스트를 진행하기 위하여 임시로 생성된 가상의 더미 컴포넌트(Dummy Componet)이다.
테스트 슈트 (Test Suites)	• 일정한 순서에 의하여 수행될 개별 테스트들의 집합 또는 패키지이다. • 슈트는 응용 분야나 우선순위, 내용에 연관된다.
테스트 케이스 (Test Case)	• 요구에 맞게 개발되었는지 확인하기 위하여 테스트할 입력과 예상 결과를 정의한 것이다. • 테스트 자동화를 도입하면 테스트 케이스는 데이터 레코드로 저장될 수 있고 테스트 스크립트로 정의할 수 있다.
테스트 스크립트 (Test Script)	테스트 케이스를 수행하여 그 결과를 보고할 목적으로 명령어 또는 이벤트 중심의 스크립트 언어로 작성한 파일로 수행경로에 영향을 미칠 논리 조건들을 포함하고 있다.
목 오브젝트 (Mock Object)	테스트를 위해 사용자 행위를 미리 조건부로 입력해 두고 그 상황에 맞는 행위를 수행하는 객체이다.

◉ 테스트 수행 단계별 테스트 자동화 도구

- **테스트 계획 단계** : 요구사항 관리 도구
- **테스트 분석 및 설계 단계** : 테스트 케이스 생성 도구
- **테스트 수행 단계** : 테스트 자동화/정적 분석/동적 분석/성능 테스트/모니터링 도구
- **테스트 관리 단계** : 커버리지 분석/형상 관리/결함 추적 및 관리 도구

단답형 문제

01 다음 설명에 해당하는 테스트 하네스 도구를 쓰시오.

> – 하위 → 상위 모듈로 통합하면서 테스트하는 상향식 테스트에서 사용한다.
> – 시스템 및 컴포넌트를 시험하는 환경의 일부분으로 시험을 지원하는 목적하에 생성된 코드와 데이터이다.

객관식 문제

02 소프트웨어 컴포넌트의 테스트를 가능하게 하거나 프로그램의 입력을 받아들이거나 빠진 컴포넌트의 기능을 대신하거나 실행 결과와 예상 결과를 비교하기 위하여 동원된 소프트웨어 도구는?

① 테스트 하네스(Test Harness)
② 테스트 슈트(Test Suites)
③ 테스트 스크립트(Test Script)
④ 목 오브젝트(Mock Object)

03 하향식 통합에 있어서 모듈 간의 통합 시험을 위해 일시적으로 필요한 조건만을 가지고 임시로 제공되는 시험용 모듈을 무엇이라고 하는가?

① Stub ② Driver
③ Procedure ④ Function

04 다음 중 테스트 커버리지에 해당하지 <u>않는</u> 것은?

① 구문 커버리지
② 결정 커버리지
③ 조건 커버리지
④ 조건/구문 커버리지

정답 01 테스트 드라이버(Test Driver) 02 ① 03 ① 04 ④

POINT 28 통합 테스트

01 통합 테스트

◉ 단위 테스트(Unit Test)

- 하나의 모듈을 기준으로 독립적으로 진행되는 가장 작은 단위의 테스트이다.
- 애플리케이션을 구성하는 하나의 기능이 올바르게 동작하는지를 독립적으로 테스트하는 것이다.
- 구현 단계에서 각 모듈의 개발을 완료 후 개발자가 명세서의 내용대로 정확히 구현되었는지 테스트한다.
- 모듈 내부의 구조를 구체적으로 볼 수 있는 구조적 테스트를 주로 시행한다.
- 소프트웨어 최소 기능 단위인 모듈, 컴포넌트를 테스트하는 것으로 사용자의 요구사항을 기반으로 한 기능 테스트를 제일 먼저 수행한다.
- 인터페이스, 자료 구조, 독립적 기초 경로, 오류 처리 경로, 결제 조건 등을 테스트한다.

◉ 통합 테스트(Integration Test)

- 각 모듈 간을 결합하여 시스템 완성시키는 과정에서 모듈 간 인터페이스 혹은 통합된 컴포넌트 간 상호 작용 오류 및 결함을 찾아 해결하기 위한 테스트 기법이다.

비점진적 통합 방식 (빅뱅 통합)	점진적 통합 방식 (상향식/하향식)
• 모든 모듈이 결합된 프로그램 전체를 대상으로 테스트한다. • 규모 작은 소프트웨어에 적합하다. • 오류 발견/장애 위치 파악 또는 수정이 어렵다.	• 단계적으로 통합하며 테스트한다. • 오류 수정이 쉽다. • 인터페이스 관련 오류를 테스트할 수 있다.

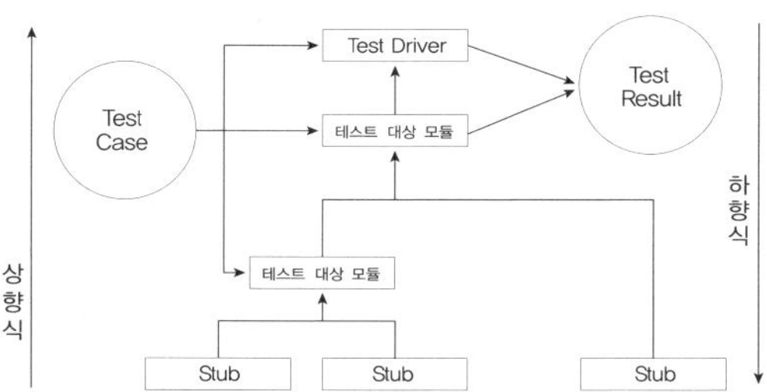

모듈 간의 인터페이스와 시스템의 동작이 정상적으로 잘 되고 있는지를 빨리 파악하고자 할 때 상향식보다는 하향식 통합 테스트를 사용하는 것이 좋음

02 통합 방식 23.6, 23.3, 22.4

◉ 하향식 통합

- 상위 컴포넌트를 테스트하고 점증적으로 하위 컴포넌트를 검사한다.
- 주요 제어 모듈 기준으로 아래로 통합하며 진행한다.
- 하위 컴포넌트 개발이 완료되지 않은 경우 스텁(Stub)을 사용하기도 한다.
- 우선 통합법, 깊이 우선 통합법, 너비 우선 통합법 등이 있다.
- 하위 레벨 모듈들은 특정한 소프트웨어 부가 기능을 수행하는 클러스터들에 결합된다.

◉ 상향식 통합

- 프로그램 구조에서 최하위 레벨인 모듈을 구성하고 상위 모듈 방향으로 통합하며 검사한다.
- 가장 하위 단계의 모듈부터 수행되므로 스터브가 필요 없으나 하나의 주요 제어 모듈과 관련된 종속 모듈의 그룹인 클러스터가 필요하다.

◉ 빅뱅(BigBang) 통합

- 시스템을 구성하는 모듈을 각각 따로 구현하고 전체 시스템을 한 번에 테스트 진행한다.
- 테스트를 위한 Driver와 Stub 없이 실제 모듈들로 테스트를 진행한다.
- 단시간 테스트를 수행하나 결함의 격리가 어려운 방식이다.

◉ 샌드위치 통합

- 상향식과 하향식의 장점을 이용하는 방식(하향식 + 상향식)이다.
- 하위 프로젝트가 있는 대규모 프로젝트에 사용하는 방식이다.
- 병렬 테스트가 가능하고 시간 절약이 가능하다.
- 스텁(Stub)과 드라이버(Driver)의 필요성이 매우 높은 방식이며, 비용이 많이 들어간다.

◉ 통합 테스트 수행 방법 비교

구분	상향식	하향식	빅뱅(BigBang)
드라이버/스텁	드라이버	스텁	실제 모듈로 테스트
수행	하위 → 상위	상위 → 하위	동시
장점	• 장애 위치 확인 용이 • 모든 모듈이 개발 준비되어 있지 않아도 됨	• 장애 위치 확인 용이 • 초기 프로토타입 가능	소규모 시스템에 단기간 테스트 가능
단점	• 초기 프로토타입 불가 • 중요한 모듈들이 마지막에 테스트 될 가능성이 있음	• 많은 스텁 필요 • 낮은 수준 모듈은 부적절한 테스트 가능성	• 장애 위치 확인 어려움 • 모든 모듈이 개발 준비되어 있어야 함

◉ 정형 기술 검토 지침 사항

- 의제와 그 범위를 유지하고 참가자의 수를 제한하라.
- 각 체크 리스트를 작성하고, 자원과 시간 일정을 할당하라.
- 개발자가 아닌 제품의 검토에 집중하라.
- 논쟁과 반박을 제한하고 검토 과정과 결과를 재검토하라.

단답형 문제

01 다음이 설명하는 통합 테스트 기법을 쓰시오.

> – 시스템을 구성하는 모듈을 각각 따로 구현하고 전체 시스템을 한 번에 시험을 진행한다.
> – 테스트를 위한 Driver와 Stub 없이 실제 모듈들로 테스트를 진행한다.
> – 단시간 테스트를 수행하나 결함의 격리가 어려운 방식이다.

객관식 문제

02 다음이 설명하는 애플리케이션 통합 테스트 유형은?

> – 깊이 우선 방식 또는 너비 우선 방식이 있다.
> – 상위 컴포넌트를 테스트하고 점증적으로 하위 컴포넌트를 테스트한다.
> – 하위 컴포넌트 개발이 완료되지 않은 경우 스텁(Stub)을 사용하기도 한다.

① 하향식 통합 테스트
② 상향식 통합 테스트
③ 회귀 테스트
④ 빅뱅 테스트

03 상향식 통합 테스트 기법 중 상향식과 하향식의 장점을 이용하는 방식은?
① 샌드위치 테스트(Sandwich Test)
② 하이브리드 테스트
③ 빅뱅 테스트
④ 점진적 테스트

04 정형 기술 검토(FTR)의 지침으로 틀린 것은?
① 의제를 제한한다.
② 논쟁과 반박을 제한한다.
③ 문제 영역을 명확히 표현한다.
④ 참가자의 수를 제한하지 않는다.

정답 **01** 빅뱅 통합 **02** ① **03** ① **04** ④

POINT 29

결함 관리

01 결함 관리

◉ 결함

결함(Defect)의 원인이 되는 것으로, 소프트웨어 개발자, 분석가 등에 의해 유발된 실수

- 소프트웨어의 에러(Error), 결함(Defect), 결점(Fault), 버그(Bug), 실패(Failure)와 같은 용어가 사용되며, 이러한 결함으로 인하여 설계와 다르게 동작하거나 다른 결과가 발생하는 것을 의미한다.
- **심각도별 분류** : 치명적(Critical) 결함, 주요(Major) 결함, 보통(Normal) 결함, 경미한(Minor) 결함, 단순(Simple) 결함 등으로 분류할 수 있다.
- **결함 우선순위** : 결정적, 높음, 보통, 낮음 또는 즉시 해결, 주의 요망, 대기, 개선 권고 순으로 표시하며 결함의 심각도가 높다고 해서 반드시 우선순위가 높은 것은 아니다.

◉ 결함 유입별 분류

기획 시 유입되는 결함, 설계 시 유입되는 결함, 코딩 시 유입되는 결함, 테스트 부족으로 유입되는 결함 등으로 분류한다.

◉ 결함 분류

- **시스템 결함** : 주로 애플리케이션이나 데이터베이스 처리에서 발생된 결함이다.
- **기능 결함** : 애플리케이션의 기획, 설계, 업무 시나리오 등의 단계에서 유입된 결함이다.
- **GUI 결함** : 화면 설계에서 발생된 결함이다.
- **문서 결함** : 기획자, 사용자, 개발자 간 의사소통 및 기록이 원활하지 않아 발생된 결함이다.

◉ 결함 관리 프로세스

결함 관리 계획	결함 관리에 대한 일정, 인력, 업무 프로세스를 확보하여 계획을 수립
결함 기록	테스터는 발견된 결함에 대한 정보를 결함 관리 DB에 기록
결함 검토	등록된 결함에 있어서 주요 내용을 검토하고, 결함을 수정할 개발자에게 전달
결함 수정	개발자는 할당된 결함 프로그램 수정
결함 재확인	테스터는 개발자가 수정한 내용을 확인하고 다시 테스트 수행
결함 상태 추적 및 모니터링	결함 관리 팀장은 결함 관리 DB를 이용하여 대시보드 또는 게시판 형태의 서비스를 제공
최종 결함 분석 및 보고서 작성	발견된 결함과 관련된 내용과 이해관계자들의 의견이 반영된 보고서를 작성하고 결함 관리를 종료

◉ 결함 관리 프로세스 24.5

애플리케이션 테스트에서 발견된 결함을 처리하는 과정

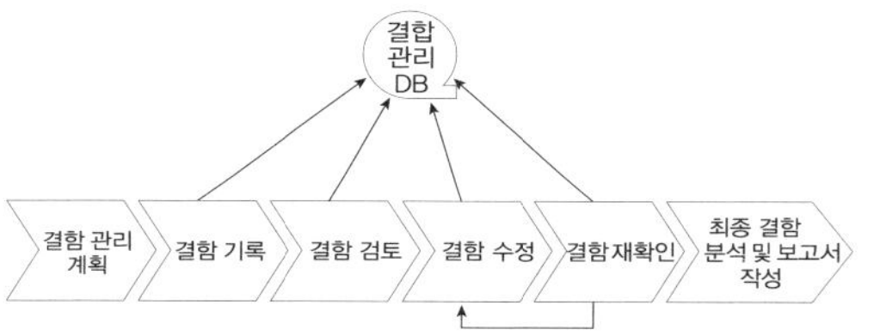

◉ 결함 추적 순서

결함이 발견되고 해결될 때까지의 과정

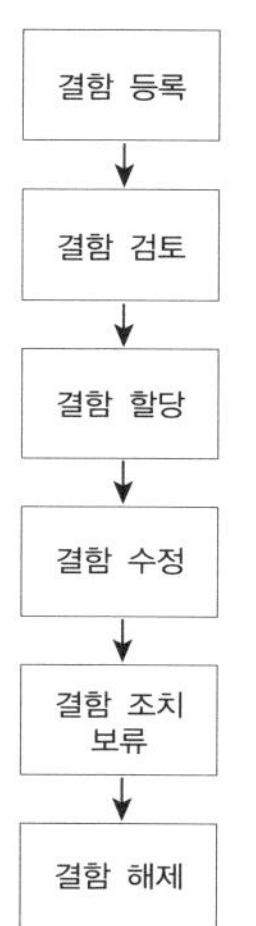

02 결함 관리 도구 및 용어

◉ 결함 관리 도구

- Mantis : 소프트웨어 설계 시 단위별 작업 내용을 기록할 수 있어 결함 및 이슈 관리, 추적을 지원하는 오픈소스 도구
- Trac : 결함 추적 및 통합 관리를 지원하는 오픈소스 도구
- Bugzilla : 결함을 지속적으로 관리하고 심각도와 우선순위를 지정할 수 있는 오픈소스 도구
- Redmine : 프로젝트 관리 및 결함 추적 도구
- JIRA : 아틀래시안에서 제작한 PHP로 개발된 결함 상태 관리 도구
- Test Collab : 테스트 케이스를 관리하기 위한 간단하고 쉬운 인터페이스를 제공하며 Jira, Redmine, Asana, Mantis 등과 같은 버그 추적 도구와의 완벽한 통합 지원

◉ 결함 관련 용어

에러 (Error)	소프트웨어 개발 또는 유지보수 수행 중에 발생한 부정확한 결과로, 개발자의 실수로 발생한 오타, 개발 명세서의 잘못된 이해, 서브루틴의 기능 오해 등이 있다.
오류 (Fault)	프로그램 코드상에 존재하는 것으로 비정상적인 프로그램과 정상적인 프로그램 버전 간의 차이로 인하여 발생되며, 잘못된 연산자가 사용된 경우에 프로그램이 서브루틴으로부터의 에러 리턴을 점검하는 코드가 누락된 것을 말한다.
실패 (Failure)	정상적인 프로그램과 비정상적인 프로그램의 실행 결과의 차이를 의미하며, 프로그램 실행 중에 프로그램의 실제 실행 결과를 개발 명세서에 정의된 예상 결과와 비교함으로써 발견한다.
결함 (Defect)	버그, 에러, 오류, 실패, 프로그램 실행에 대한 문제점, 프로그램 개선사항 등의 전체를 포괄하는 용어이다.

◉ 결함 내성(Fault Tolerance)

- 시스템을 구성하는 부품의 일부에서 결함(Fault) 또는 고장(Failure)이 발생하여도 정상적 혹은 부분적으로 기능을 수행할 수 있는 내성을 의미한다.
- 고장 허용성이라고도 한다.

단답형 문제

01 소프트웨어의 에러(Error), 결점(Fault), 버그(Bug), 실패(Failure)와 같은 용어가 사용되며, 이러한 원인으로 인하여 설계와 다르게 동작하거나 다른 결과가 발생하는 것을 무엇이라고 하는가?

02 소프트웨어 개발 또는 유지보수 수행 중에 발생한 부정확한 결과로, 개발자의 실수로 발생한 오타, 개발 명세서의 잘못된 이해, 서브루틴의 기능 오해 등에 해당하는 결함 관리 용어는?

객관식 문제

03 다음 중 소프트웨어 결함 관리의 심각도별 분류가 아닌 것은?

① Critical
② Major
③ Normal
④ Week

04 다음 중 소프트웨어 결함 유입별 분류에 해당하지 않는 것은?

① 기획 시 유입되는 결함
② 설계 시 유입되는 결함
③ 코딩 시 유입되는 결함
④ 모듈화 시 유입되는 결함

05 다음 중 결함의 분류에 해당하지 않는 것은?

① 시스템 결함
② 기능 결함
③ 테스트 결함
④ 문서 결함

정답 **01** 결함(Defect) **02** 에러(Error) **03** ④ **04** ④ **05** ③

이론 2과목 소프트웨어 개발

POINT 30

애플리케이션 성능 개선

01 애플리케이션 성능 개선

◉ 성능 측정 지표

- **처리량(Throughput)** : 주어진 시간에 처리할 수 있는 프로세스 처리 수
- **응답 시간(Response Time)** : 데이터 입력 완료 시부터 응답 출력이 개시될 때까지의 시간
- **경과 시간(Turnaround Time)** : 입력한 시점부터 그 결과의 출력이 완료할 때까지 걸리는 시간
- **자원 사용률(Resource Usage)** : 프로세스 처리 중 사용하는 CPU 사용량, 메모리 사용량, 네트워크 사용량

◉ 유형별 성능 분석 도구

- **성능/부하/스트레스(Performance/Load/Stress) 점검 도구** : 측정 지표인 처리량, 응답 시간, 경과 시간 등을 점검하기 위해 가상의 시스템 부하나 스트레스를 통해 성능을 분석하는 도구이다.
- **모니터링(Monitoring) 도구** : 성능 모니터링, 성능 저하 원인 분석, 시스템 부하량 분석, 장애 진단, 사용자 분석, 용량 산정 등의 기능을 통하여 애플리케이션 실행 시 자원 사용량을 확인하고 분석 가능한 도구이다.

◉ 위험 감시(Risk Monitoring) 23.3, 22.4

- 위험 요소 징후들에 대하여 계속적으로 인지하는 것이다.

◉ 위험 분석 (Risk Analysis) 23.3

- 프로젝트에 내재한 위험 요소를 인식하고 그 영향을 분석하여 이를 관리하는 활동으로서, 프로젝트를 성공시키기 위하여 위험 요소를 사전에 예측, 대비하는 모든 기술과 활동을 의미한다.

02 애플리케이션 성능 저하 원인

◉ 데이터베이스 연결 및 쿼리 실행 시 발생되는 성능 저하

DB Lock	• 과도한 데이터 조회/업데이트/인덱스 생성 시 발생한다. • Lock의 해제 시까지 대기하거나 처리되지 못하고 종료된다.
불필요한 DB Fetch	• 필요한 데이터보다 많은 대량의 데이터 요청이 들어 올 경우 발생한다. • 결과 세트에서 마지막 위치로 커서를 옮기는 작업이 빈번한 경우 응답 시간 저하 현상이 발생한다.
연결 누수 (Connection Leak)	DB 연결과 관련한 JDBC 객체를 사용 후 종료하지 않을 경우 발생한다.
부적절한 Connection Pool Size	커넥션 풀 크기가 너무 작거나 크게 설정한 경우 발생한다.
기타	트랜잭션이 Commit 되지 않고 커넥션 풀에 반환되거나, 잘못 작성된 코드로 인해 불필요한 Commit가 자주 발생하는 경우 발생한다.

◉ 내부 로직으로 인한 성능 저하

- 웹 애플리케이션의 인터넷 접속 불량이나 대량의 파일로 인해 부하가 발생하는 경우이다.
- 정상적으로 처리되지 않은 오류 처리로 인한 부하나 트랜잭션이 수행되는 동안 외부 트랜잭션(외부 호출)이 장시간 수행되거나, 타임아웃이 일어나는 경우이다.

◉ 잘못된 환경 설정이나 네트워크 문제로 인한 성능 저하

- **환경 설정으로 인한 성능 저하** : Thread Pool, Heap Memory의 크기를 너무 작게 설정하면 Heap Memory Full 현상이 발생한다.
- **네트워크 장비로 인한 성능 저하** : 라우터, L4 스위치 등 네트워크 관련 장비 간 데이터 전송 실패 또는 전송 지연에 따른 데이터 손실이 발생한다.

03 알고리즘

◉ 알고리즘

특정 프로그래밍 언어의 문법에 따라 쓰인 것이 아니라, 일반적인 언어로 코드를 흉내 내어 알고리즘을 써놓은 코드

- 주어진 과제를 해결하기 위한 방법과 절차를 의미한다.
- 알고리즘은 자연어, 의사코드(Pseudocode), 순서도, 프로그래밍 언어를 이용하여 표현 가능하다.

◉ 알고리즘 설계 기법 24.8, 20.8

분할 정복법 (Divide & Conquer)	• 제시된 문제를 분할이 불가할 때까지 나누고, 각 과제를 풀면서 다시 병합해 문제의 답을 얻는 Top-Down 방식이다. ① 분할(Divide) : 정복이 필요한 과제를 분할이 가능한 부분까지 분할하고, ② 정복(Conquer) : ①에서 분할된 하위 과제들을 모두 해결(정복)한다. ③ 결합(Combine) : 그리고 ②에서 정복된 해답을 모두 취합(결합)한다. 예 퀵 정렬 알고리즘, 병합(합병) 정렬 알고리즘
동적 계획법 (Dynamic Program-ming)	• 주어진 문제를 해결하기 위해 부분 문제에 대한 답을 계속적으로 활용해 나가는 Bottom-Up 방식이다. • ① 부분 문제로 분리 ② 가장 낮은 단계의 부분 문제 해답 계산 ③ 이 부분 문제의 해답을 이용해 상위 부분 문제를 해결 • 이전 단계의 해답을 활용하기 위해 반드시 기억할 수 있는 저장소가 필요 하기 때문에 속도는 빠르지만, 공간 복잡도가 커지는 단점이 있다. 예 플로이드 알고리즘, 피보나치수열 알고리즘 (재귀호출(동적 계획법)뿐만 아니라, 분할 정복법을 통해서도 구현 가능)
탐욕법 (Greedy Method)	• 국소적인 관점에서 최적의 해결 방법을 구하는 기법으로 최적의 해결 방법을 구하지는 못하나 동적 계획법보다 효율적이라고 할 수 있다. 예 크루스칼 알고리즘, 다익스트라 알고리즘
퇴각 검색법 (Back-tracking)	• 어떤 문제의 최적해를 구하기 위해 모든 가능성을 찾아가는 방법이다. • N-Queen 문제 해결 시에 응용된다. (N*N 체스판에 N개의 퀸을 서로 공격할 수 없게 배치하는 경우의 수를 출력하는 문제) • 동적 계획법과 같이 기억할 저장소를 필요로 한다.
분기 한정법 (Branch & Bound)	• 정해진 범위(Bound)를 벗어나는 값들은 가지치기(Branch)해가며 결과값을 추적해 나가는 방식이다. 예 최적 우선 탐색(Best First Search) 알고리즘, A* 알고리즘
근사 해법 (Approx-imation Algorithm)	• 복잡도가 매우 높은 문제에 대해 가장 근사치의 값을 구하는 기법이다. • NP-Hard 문제를 해결하기 위해, 주어진 시간에 최적해에 가장 가까운 답을 찾는 결정성 알고리즘을 구현하는 기법이다. (NP-Hard: 다항식 시간에 풀기 어렵다고 판단되는 문제) • 시간 복잡도, 공간 복잡도, 정밀도를 척도로 평가된다. 예 근사 알고리즘

단답형 문제

01 알고리즘 설계 기법 중 제시된 문제를 분할이 불가할 때까지 나누고, 각 과제를 풀면서 다시 병합해 문제의 답을 얻는 Top-Down 방식은?

02 특정 프로그래밍 언어의 문법에 따라 쓰인 것이 아니라, 일반적인 언어로 코드를 흉내 내어 알고리즘을 써놓은 코드는 무엇인가?

객관식 문제

03 알고리즘 설계 기법으로 거리가 먼 것은?

① Divide and Conquer
② Greedy
③ Static Block
④ Backtracking

04 프로젝트에 내재한 위험 요소를 인식하고 그 영향을 분석하여 이를 관리하는 활동으로서, 프로젝트를 성공시키기 위하여 위험 요소를 사전에 예측, 대비하는 모든 기술과 활동을 포함하는 것은?

① Critical Path Method
② Risk Analysis
③ Work Breakdown Structure
④ Waterfall Model

정답 01 분할 정복법 02 의사코드 03 ③ 04 ②

◉ 시간 복잡도

• 알고리즘의 실행 시간, 즉 알고리즘을 수행하기 위해 프로세스가 수행하는 연산 횟수를 수치화한 것으로 시간이 아닌 명령어의 실행 횟수를 표기한 것이다.

Big−*O* Notation	• 알고리즘의 실행 시간이 최악일 때를 표기하는 방법이다. • 실행 횟수는 어떠한 경우에도 표기 수치보다 많을 수 없다.
Big−θ Notation	• 알고리즘의 실행 시간이 평균일 때를 표기하는 방법이다. • 실행 횟수는 평균적인 수치로 표기하기 까다롭다.
Big−Ω Notation	• 실행 시간이 최상일 때를 표기하는 방법이다. • 실행 횟수는 어떠한 경우에도 표기 수치보다 적을 수 없다. • 신뢰성이 떨어진다.

◉ 정렬 방식별 알고리즘 복잡도

종류	최선	평균	최악
선택 정렬	$O(n^2)$	$O(n^2)$	$O(n^2)$
버블 정렬	$O(n^2)$	$O(n^2)$	$O(n^2)$
삽입 정렬	$O(n)$	$O(n^2)$	$O(n^2)$
힙 정렬	$O(nlog_2n)$	$O(nlog_2n)$	$O(nlog_2n)$
병합 정렬	$O(nlog_2n)$	$O(nlog_2n)$	$O(nlog_2n)$
퀵 정렬	$O(nlog_2n)$	$O(nlog_2n)$	$O(n^2)$

◉ 시간 복잡도에 따른 알고리즘

• 시간 복잡도는 알고리즘이 문제를 해결하기 위한 시간(연산)의 횟수를 말한다.

• 시간 복잡도를 고려하는 것은 최적화를 위해 필요하다.

• 알고리즘의 소요 시간에 대한 정확한 평가는 어려워 자료의 수 n이 증가할 때 시간이(Time-Complexity) 증가하는 대략적인 패턴을 의미한다.

• 시간 복잡도 Big−*O* 표기법

$O(1)$	상수 시간의 복잡도를 의미하며 입력값 n이 주어졌을 때, 문제를 해결하는데 오직 한 단계만 거친다(해시 함수).
$O(log_2n)$	로그 시간의 복잡도를 의미하며 입력값 n이 주어졌을 때, 문제를 해결하는데 필요한 단계들이 연산마다 특정 요인에 의해 줄어든다(이진 탐색).
$O(nlog_2n)$ 21.5, 20.6	선형 로그 시간의 복잡도를 의미하며 문제 해결을 위한 단계 수는 $nlog_2n$번의 수행 시간을 갖는다(퀵 정렬, 힙(Heap) 정렬, 병합(합병) 정렬).
$O(n)$ 23.8	선형 시간의 복잡도를 의미하며 문제를 해결하기 위한 단계의 수와 입력값 n이 1:1 관계이다(순차 탐색). 힙 정렬의 경우 최악 복잡도와 평균 복잡도가 동일
$O(n^2)$ 23.8	제곱 시간의 복잡도를 의미하며 문제를 해결하기 위한 단계의 수는 입력값 n의 제곱근이다(버블(거품) 정렬, 삽입 정렬, 선택 정렬).
$O(C^n)$	지수 시간의 복잡도를 의미하며 문제를 해결하기 위한 단계의 수는 주어진 상수값 C의 n 제곱이다.

04 Mccabe 순환 복잡도(Cyclomatic)

◉ 순환 복잡도

- 프로그램의 이해 난이도는 제어 흐름 난이도의 복잡도에 따라 결정되며, 복잡도를 싸이클로메틱 개수에 의해서 산정하는 방법이다.
- 싸이클로메틱의 개수와 원시 프로그램 오류의 개수는 밀접한 관계가 있다.
- 최대 10을 넘지 않도록 하며 넘으면 이를 분해하도록 한다.

◉ 복잡도 계산 방식

- 복잡도 = 화살표 수 - 노드 수 + 2(제어 흐름 그래프를 통해 파악)
- 복잡도 = 영역 수(폐 구간)+1(제어 흐름 그래프를 통해 파악)
- 복잡도 = 의사 결정수 + 조건 수 + 1
(프로그램 코드상에서 파악, 제어 흐름도를 그리기 어려운 경우 활용한다.)

제어 흐름 그래프가 다음과 같을 때 McCabe의 Cyclomatic 수는 얼마인가? 24.5, 23.8, 22.7, 20.8

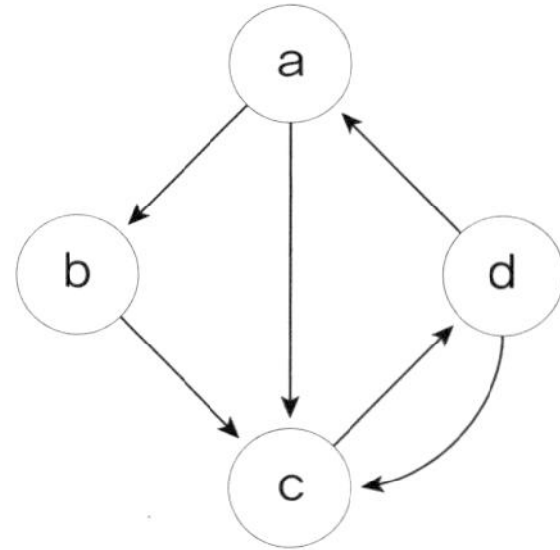

- **순환 복잡도** : V(G) = E－N＋2 = 6－4＋2 = 4
- E : 화살표 수, N : 노드 수(점)

단답형 문제

01 해싱 함수 중 레코드 키를 여러 부분으로 나누고, 나눈 부분의 각 숫자를 더하거나 XOR 한 값을 홈주소로 사용하는 방식은?

02 해싱에서 동일한 홈주소로 인하여 충돌이 일어난 레코드들의 집합을 의미하는 것은?

객관식 문제

03 제어 흐름 그래프가 다음과 같을 때 McCabe의 Cyclomatic 개수는 얼마인가?

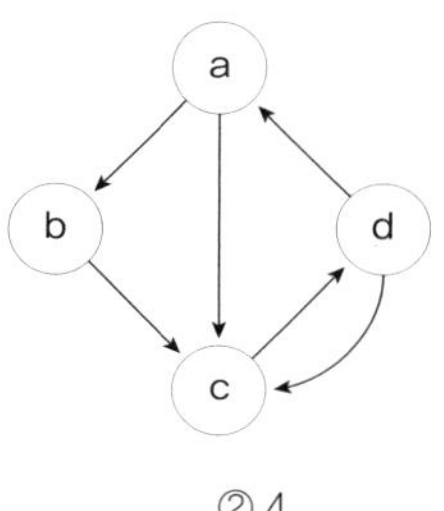

① 3 ② 4
③ 5 ④ 6

04 정렬된 N개의 데이터를 처리하는데 O($N\log_2 N$)의 시간이 소요되는 정렬 알고리즘은?

① 선택 정렬
② 삽입 정렬
③ 버블 정렬
④ 합병 정렬

정답 **01** 폴딩법 **02** Synonym **03** ② **04** ④

POINT 31

소스 코드 최적화

01 소스 코드 최적화

소스 코드 최적화

- 읽기 쉽고 변경 및 추가가 쉬운 클린 코드를 작성하는 것을 의미한다.
- 소스 코드 품질을 위해 기본적으로 지킬 원칙과 기준을 정의하고 있다.

나쁜 코드(Bad Code)	클린 코드(Clean Code) 22.3, 20.8
• 다른 개발자가 로직(Logic)을 이해하기 어렵게 작성된 코드이다. • 변수/메소드에 대한 명칭을 알 수 없는 코드이다. • 동일한 처리 로직이 중복되게 작성된 코드이다. • 스파게티 코드라고도 한다.	• 깔끔하게 잘 정리된 코드이다. • 중복 코드 제거로 애플리케이션의 설계가 개선된다. • 가독성이 높아 애플리케이션의 기능에 대해 쉽게 이해할 수 있다. • 버그를 찾기 쉬워지며, 프로그래밍 속도가 빨라진다. • 클린 코드 최적화 원칙 21.5 : 가독성, 단순성, 의존성 배제, 중복성 최소화, 추상화
유형 : 오염, 문서 부족, 의미 없는 이름, 높은 결합도, 아키텍처 침식	유형 : 보기 좋은 배치, 작은 함수, 분석 가능한 제어 흐름, 오류 처리, 간결한 주석, 의미 있는 이름

스파게티 코드(Spaghetti Code)

- 처리 로직의 제어가 체계화되어 있지 않고 스파게티 면처럼 서로 얽혀 있는 코드이다.
- 잦은 오류가 발생할 가능성이 있다.
- 소스 코드 이해 부족으로 인하여 코드를 계속 덧붙이기 할 경우 코드 복잡도가 증가한다.

코드의 간결성 유지 지침 20.9

- 공백을 이용하여 실행문 그룹과 주석을 명확히 구분하고, 복잡한 논리식과 산술식은 괄호와 들여쓰기(Indentation)를 통해 명확히 표현한다.
- 빈 줄을 사용하여 선언부와 구현부를 구별하고 한 줄에 되도록 적은 문장을 코딩한다.

클린 코드의 작성 원칙 24.8, 21.5, 20.9

가독성	이해하기 쉬운 용어를 사용하고 들여쓰기 등을 활용하여 코드를 쉽게 읽을 수 있도록 작성한다.
단순성	클래스/메소드/함수는 최소 단위로 분리해 한 번에 한 가지 기능만 처리한다.
의존성 배제	다른 모듈에 미치는 영향을 최소화하여 코드 변경 시 다른 부분에 영향 없도록 작성한다.
중복성 최소화	중복된 코드는 삭제하여 공통된 코드로 사용한다.
추상화	상위 클래스/메소드/함수에서 간략하게 애플리케이션 특성을 나타내고, 상세 내용은 하위 클래스/메소드/함수에서 구현한다.

외계인 코드(Alien Code) 24.8, 24.5, 22.3, 20.6

- 오래되거나 참고문서 또는 개발자가 없어 유지보수 작업이 어려운 프로그램을 의미한다.

소스 코드 최적화 유형

클래스 분할 배치	• 하나의 클래스는 하나의 역할만 수행하도록 응집도를 높이도록 한다. • 모듈 크기를 작게 작성한다.
좋은 이름 사용	변수나 함수 이름은 Namming Rule를 정의하여 기억하기 좋고, 발음이 쉽게 사용한다.
코딩 형식 준수	• 개념적 유사성 높은 종속 함수를 사용하여 논리적으로 코드를 라인별로 구분하여 가독성을 높인다. • 호출하는 함수 앞쪽에 배치, 호출되는 함수 뒤쪽에 배치하고 지역 변수는 각 함수 맨 처음에 선언한다.
느슨한 결합(Loosely Coupled)	클래스 간 의존성을 느슨하게 하기 위해 인터페이스 클래스를 이용하여 추상화된 자료 구조와 메소드를 구현한다.
적절한 주석	코드의 간단한 기능 안내 및 중요 코드를 표시할 때 적절히 사용한다.

02 소스 코드 품질 분석

소스 코드 품질 분석 도구 24.8, 20.9, 20.6

• 소스 코드의 코딩 스타일, 코드에 설정된 코딩 표준, 코드의 복잡도, 코드에 존재하는 메모리 누수 현상, 스레드 결함 등을 발견하기 위해 사용하는 분석 도구이다.

개발 초기의 결함을 찾을 때 사용하며, 개발 완료 시점에서는 개발된 소스 코드의 품질 검증을 위해 사용

구분		
정적 분석 도구 23.3, 21.8, 20.9, 20.6	• 잠재적인 실행 오류와 코딩 표준 위배 사항 등 보안 약점을 검출한다. • 검출된 약점을 수정/보완하여 소프트웨어의 안전성을 강화하고 향후 발생하는 오류 수정 비용을 줄일 수 있다. • 소스 코드에서 코딩의 복잡도, 모델 의존성, 불일치성 등을 분석할 수 있다.	
	기법	• 소스 코드 검증 : 검증 가이드라인을 통한 보안 조치 • 코드 리뷰 : 개발자가 작성하고 다른 개발자가 정해진 방법을 통해 검토하는 방법(동료 검토, 제3자 검토라고도 함) • 리버스 엔지니어링 : 시스템의 기술적인 원리를 구조분석을 통해 발견하는 방법
	종류	pmd, cppcheck, SonarQube, checkstyle, ccm, cobertura 등
동적 분석 도구	SW 소스 코드보다는 실행 과정에서의 다양한 입 · 출력 데이터의 변화 및 사용자 상호작용에 따른 변화를 점검하는 분석 기법이다.	

정적 분석과 동적 분석 기술의 비교

분류	정적 분석	동적 분석
대상	소스 코드	실제 애플리케이션
평가 기술	오염 분석, 패턴 비교	애플리케이션 실제 실행
단계	애플리케이션 개발 단계	애플리케이션 개발 완료 단계

단답형 문제

01 다음에서 설명하는 클린 코드 작성 원칙은?

– 한 번에 한 가지 처리만 수행한다.
– 클래스/메소드/함수를 최소 단위로 분리한다.

객관식 문제

02 다음 중 클린 코드 작성 원칙으로 거리가 먼 것은?

① 누구든지 쉽게 이해하는 코드 작성
② 중복이 최대화된 코드 작성
③ 다른 모듈에 미치는 영향 최소화
④ 단순, 명료한 코드 작성

03 외계인 코드(Alien Code)에 대한 설명으로 옳은 것은?

① 프로그램의 로직이 복잡하여 이해하기 어려운 프로그램을 의미한다.
② 아주 오래되거나 참고문서 또는 개발자가 없어 유지보수 작업이 어려운 프로그램을 의미한다.
③ 오류가 없어 디버깅 과정이 필요 없는 프로그램을 의미한다.
④ 사용자가 직접 작성한 프로그램을 의미한다.

04 소스 코드 정적 분석(Static Analysis)에 대한 설명으로 틀린 것은?

① 소스 코드를 실행시키지 않고 분석한다.
② 코드에 있는 오류나 잠재적인 오류를 찾아내기 위한 활동이다.
③ 하드웨어적인 방법으로만 코드 분석이 가능하다.
④ 자료 흐름이나 논리 흐름을 분석하여 비정상적인 패턴을 찾을 수 있다.

정답 01 단순성 02 ② 03 ② 04 ③

POINT 32

인터페이스 구현

01 인터페이스 기능 확인

인터페이스 설계서(정의서)

- 시스템의 인터페이스 현황을 한눈에 확인하기 위하여, 이기종의 시스템 간 데이터 교환과 처리를 위하여 사용되는 데이터뿐 아니라 업무, 그리고 송·수신 시스템 등에 관한 상세 내용을 기술한 문서이다.
- 정적, 동적 모형을 통한 설계서, 일반적 형태의 설계서로 구분된다.

클래스 분할 배치	• 시각적인 다이어그램을 이용하여 정적, 동적 모형으로 각 시스템의 구성 요소를 표현한 문서이다. • 각 인터페이스가 어느 부분에 속하는지 분석할 수 있다. • 교환 트랜잭션 종류를 분석할 수 있다.
적절한 주석	• 개별 인터페이스의 상세 데이터 명세, 시스템 인터페이스 목록, 각 기능의 세부 인터페이스 정보를 정의한 문서이다. • 시스템 인터페이스 설계서 : 시스템 인터페이스 목록을 만들고 각 인터페이스 목록에 대한 상세 데이터 명세를 정의하는 것이다. • 상세 기능별 인터페이스 명세서 : 각 기능의 세부 인터페이스 정보를 정의한 문서이다.

내/외부 모듈 간 공통 기능, 데이터 인터페이스 확인

- 인터페이스 설계서의 외부 및 내부 모듈의 기능을 확인한다.
- 인터페이스 설계서의 외부 및 내부 모듈을 기반으로 공통적으로 제공되는 기능과 각 데이터의 인터페이스를 확인한다.

02 모듈 연계

모듈 연계

- 시스템 인터페이스를 목적으로 내부 모듈–외부 모듈 또는 내부 모듈–내부 모듈 간 인터페이스를 위한 관계를 설정하는 것으로 EAI와 ESB 방식이 있다.

EAI(Enterprise Application Integration)

- 기업 내부에서 운영되는 각종 플랫폼 및 애플리케이션 간의 정보 전달, 연계, 통합을 가능하게 해주는 솔루션이다.
- 각 비즈니스 간 통합 및 연계성을 증대시켜 효율성을 높일 수 있다.
- 각 시스템 간의 확정성을 높여 줄 수 있다.

EAI 구성요소 : Application Adapter, Message Hub, Workflow

EAI 유형 23.8, 21.5, 20.6

유형	기능
Point–to–Point	• 애플리케이션을 중간 미들웨어 없이 Point to Point로 연결하는 기본적인 통합 방식이다. • 별도로 솔루션(미들웨어)을 구매하지 않고 구축할 수 있다. • 상대적으로 저렴하게 구축 가능하지만 변경 및 재사용이 어렵다.
Hub & Spoke (Spoke, 허브)	• 단일 접점인 허브 시스템을 통해 데이터를 전송하는 중앙 집중형 방식으로 확장 및 유지보수가 수월하다. • 중앙 허브에 장애가 발생하면 시스템 전체에 영향을 준다.
Message Bus 21.5 (Bus)	• 애플리케이션 사이에 미들웨어를 배치하여 처리하는 방식으로 확장성이 뛰어나다. • 대용량 데이터 처리에 유리하다.
Hybrid 23.3, 20.9 (Bus, Hub, Hub)	• Hub & Spoke와 Message Bus의 혼합 방식이다. • 그룹 내 : Hub & Spoke, 그룹 간 : Message Bus • 데이터 병목현상을 최소화할 수 있다. • 필요한 경우 한 가지 방식으로 EAI 구현이 가능하다.

◉ ESB(Enterprise Service Bus)

- 애플리케이션 간의 데이터 변환 및 연계 지원 등을 제공하는 인터페이스 제공 솔루션이다.
- 애플리케이션 간의 통합 관점으로 EAI와 유사하다고 볼 수 있으나 애플리케이션보다는 서비스 중심으로 통합을 지향하는 아키텍처 또는 기술을 의미한다.
- 범용적으로 사용하기 위해서는 애플리케이션과의 결합도를 약하게 유지해야 한다.
- 웹 서비스 중심으로 표준화된 데이터, 버스를 통해 이 기종 애플리케이션을 유연(Loosely-Coupled)하게 통합하는 핵심 플랫폼(기술)이다.
- 관리 및 보안이 쉽고 높은 수준의 품질 지원이 가능하다.

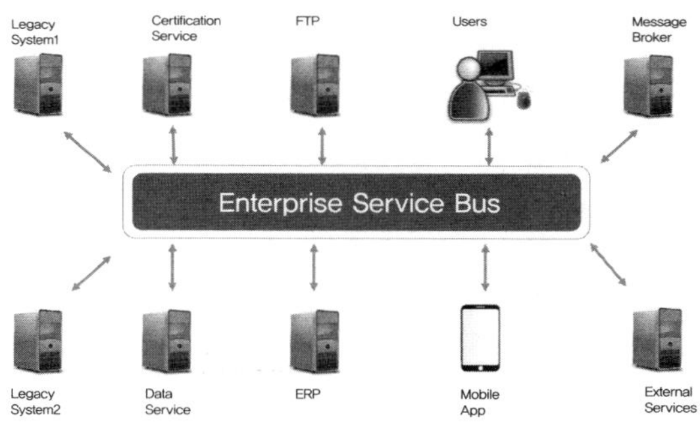

절차 : 인터페이스 기능을 통해 인터페이스 데이터 표준을 확인 → 인터페이스 데이터 항목을 식별 → 데이터 표준을 최종 확인

◉ 데이터 표준 확인

- 내/외부 모듈 간 데이터를 교환 시 데이터 표준을 정의하고 이를 관리하여야 한다.
- 기존 데이터 중 공통 영역을 추출하여 정의하는 경우와 인터페이스를 위해 다른 한쪽의 데이터 형식을 변환하는 경우가 있다.
- JSON, DB, XML, YAML, AJAX 등 다양한 표준으로 인터페이스 모듈을 표현할 수 있다.

03 인터페이스 기능 정의

◉ 인터페이스 기능 정의

- 인터페이스를 실제로 구현하기 위해 인터페이스 기능에 대한 구현 방법을 기능별로 기술하는 과정이다.
- **정의 순서** : 컴포넌트 명세서 확인 → 인터페이스 명세서 확인 → 일관된 인터페이스 기능 구현 정의 → 정의된 인터페이스 기능 구현 정형화

단답형 문제

01 EAI 연계 유형 중 다음 설명에 해당하는 방식은?

> – 단일 접점인 허브 시스템을 통해 데이터를 전송하는 중앙 집중형 방식으로 확장 및 유지 보수가 수월하다.
> – 중앙 허브에 장애가 발생하면 시스템 전체에 영향을 준다.

객관식 문제

02 EAI(Enterprise Application Integration) 구축 유형 중 Hybrid에 대한 설명으로 틀린 것은?

① Hub & Spoke와 Message Bus의 혼합 방식이다.
② 필요한 경우 한 가지 방식으로 EAI 구현이 가능하다.
③ 데이터 병목 현상을 최소화할 수 있다.
④ 중간에 미들웨어를 두지 않고 각 애플리케이션을 Point-to-Point로 연결한다.

03 EAI(Enterprise Application Integration)의 구축 유형으로 옳지 않은 것은?

① Point-to-Point
② Hub & Spoke
③ Message Bus
④ Tree

04 EAI(Enterprise Application Integration) 구축 유형 중 Hybrid에 대한 설명으로 틀린 것은?

① Hub & Spoke와 Message Bus의 혼합 방식이다.
② 필요한 경우 한 가지 방식으로 EAI 구현이 가능하다.
③ 데이터 병목현상을 최소화할 수 있다.
④ 중간에 미들웨어를 두지 않고 각 애플리케이션을 Point-to-Point로 연결한다.

정답 **01** Hub & Spoke **02** ④ **03** ④ **04** ④

◉ 모듈 세부 설계서

• 모듈 구성 요소와 세부적 동작 등을 정의한 설계서이다.

컴포넌트 명세서	인터페이스 명세서
• 내부 클래스 동작, 컴포넌트 개요, 인터페이스를 통해 외부와 통신하는 명세를 정의한다. • 구성 : 컴포넌트 ID, 컴포넌트명, 컴포넌트 개요, 내부 클래스(ID, 클래스명, 설명), 인터페이스 클래스(ID, 인터페이스명, 오퍼레이션명, 구분)	• 컴포넌트 명세서 항목 중 인터페이스 클래스의 세부 조건 및 기능 등을 정의 한다. • 구성 : 인터페이스 ID, 인터페이스명, 오퍼레이션명, 오퍼레이션 개요, 사전 조건, 사후 조건, 파라미터, 반환값

◉ 모듈 세부 설계서 확인

• 컴포넌트가 가지고 있는 주 기능은 컴포넌트 명세서(컴포넌트 개요, 내부 클래스의 클래스명, 설명 등)를 확인한다.
• 인터페이스에 필요한 기능을 각 모듈의 컴포넌트 명세서, 인터페이스 명세서를 통하여 분석한다.
• 인터페이스에 필요한 주 기능은 인터페이스 클래스를 통해 확인하고 인터페이스 명세서를 통해서 컴포넌트 명세서의 인터페이스 클래스에 작성된 인터페이스 세부 조건 및 기능을 확인한다.

04 인터페이스 구현

◉ 인터페이스 구현

• 송 · 수신 시스템 간의 데이터 교환 및 처리를 실현해주는 작업이다.
• 사전에 정의된 기능 구현을 분석하고 인터페이스를 구현한다.
• 인터페이스 기능 구현을 기반으로 인터페이스 구현 방법을 분석하고 분석된 인터페이스 구현 정의를 바탕으로 인터페이스를 구현한다.

◉ 데이터 통신을 이용한 인터페이스 구현

• 애플리케이션 영역에서 인터페이스 형식에 맞춘 데이터 포맷을 인터페이스 대상으로 전송하고 이를 수신 측에서 파싱하여 해석하는 방식이다.

24.8, 20.8

◉ AJAX(Asynchronous Javascript And Xml)

• JavaScript를 사용한 비동기 통신 기술로 클라이언트와 서버 간에 XML 데이터를 주고받는 기술이다.
• 브라우저가 가지고 있는 XMLHttpRequest 객체를 이용해서 전체 페이지를 새로 고치지 않고도 페이지의 일부만을 위한 데이터를 로드하는 기법이다.

24.5, 24.3, 22.4, 20.6

◉ JSON(JavaScript Object Notation)

언어 독립형 데이터 포맷으로 다양한 프로그래밍 언어에서 사용되고 있음

• 데이터 통신을 이용한 인터페이스 구현 방법이다.
• 웹과 컴퓨터 프로그램에서 용량이 적은 데이터를 교환하기 위해 데이터 객체를 속성 · 값의 쌍 형태로 표현하는 형식으로 자바스크립트(JavaScript)를 토대로 개발되어진 형식이다.
• 속성 · 값의 쌍(Attribute-Value Pairs)인 데이터 객체 전달을 위해 사람이 읽을 수 있는 텍스트를 사용하는 개방형 표준 포맷으로 비동기 처리에 쓰이는 AJAX(Asynchronous JavaScript and XML)에서 XML을 대체하는 주요 데이터 포맷이다.

◉ 인터페이스 엔티티를 이용한 인터페이스 구현

• 인터페이스가 필요한 시스템 사이에 별도의 중계 인터페이스 엔티티를 배치하여 상호 연계하는 방식이다.

05 인터페이스 구현 검증

◉ 인터페이스 구현 검증

• 인터페이스 구현 및 감시 도구를 통해서 구현된 인터페이스의 동작 상태를 검증 및 감시(Monitoring)할 수 있다.
• **검증 순서** : 구현된 인터페이스 명세서를 참조하여 구현 검증에 필요한 감시 및 도구를 준비한 뒤 인터페이스 구현 검증을 위하여 외부 시스템과의 연계 모듈 상태를 확인한다.

◉ 인터페이스 구현 검증 도구의 종류 24.3, 20.9, 20.6

• 인터페이스 구현 검증을 위해서 단위 기능 및 시나리오에 기반한 통합 테스트가 필요하며, 테스트 자동화 도구를 이용하여 단위 및 통합 테스트의 효율성을 높일 수 있다.

구분	설명
Watir	• Ruby 기반 웹 애플리케이션 테스트 프레임워크이다. • 모든 언어 기반의 웹 애플리케이션 테스트와 브라우저 호환성을 테스트할 수 있다.
xUnit 22.4	• Java(Junit), C++(Cppunit), .Net(Nunit), .JMockit, EMMA, PHPUnit, HttpUnit, DBUnit 등 다양한 언어를 지원하는 단위 테스트 프레임워크이다. • 함수, 클래스 등 다른 구성 단위들의 테스트를 도와준다.
FitNesse	• 웹 기반 테스트 케이스 설계/실행/결과 확인 등을 지원하는 테스트 프레임워크이다. • 테스트 케이스 테이블 작성하면 자동으로 빠르고 쉽게 작성한 테스트를 수행할 수 있다.
STAF 24.5, 22.7	• 서비스 호출, 컴포넌트 재사용 등 다양한 환경을 지원하는 테스트 프레임워크이다. • 데몬을 사용하여 테스트 대상 분산 환경에서 대상 프로그램을 통한 테스트를 수행하고 통합하는 자동화 검증 도구이다.
NTAF Naver	테스트 자동화 프레임워크이며, STAF와 FitNesse를 통합한다.
Selenium	• 다양한 브라우저 및 개발 언어를 지원하는 웹 애플리케이션 테스트 프레임워크이다. • 테스트를 위한 스크립트 언어 습득 없이, 기능 테스트 작성을 위한 플레이백 도구를 제공한다.

◉ 인터페이스 구현 감시 도구

- APM(Application Performance Management)을 사용하여 동작 상태를 감시할 수 있다.
- 데이터베이스, 웹 애플리케이션의 트랜잭션과 변수값, 호출 함수, 로그 및 시스템 부하 등 종합적인 정보를 조회하고 분석할 수 있다.

예 스카우터, 제니퍼 등

◉ 인터페이스 구현 검증 시 필요한 설계 산출물

- 데이터 전송 주기, 전송 포맷 등을 확인하여 송·수신 시스템에 데이터가 정확하게 전송되었는지 인터페이스 명세서를 중심으로 확인한다.
- 인터페이스 단위 테스트 케이스나 통합 테스트 케이스를 활용한다.
- 모듈 세부 설계서(컴포넌트 명세서, 인터페이스 명세서), 인터페이스 정의서, 동적/정적 모형 설계도, 식별된 인터페이스 기능 목록, 인터페이스 데이터 표준 정의서이다.

단답형 문제

01 인터페이스 구현 검증 도구 중 아래에서 설명하는 것은?

> – 서비스 호출, 컴포넌트 재사용 등 다양한 환경을 지원하는 테스트 프레임워크이다.
> – 각 테스트 대상 분산 환경에 데몬을 사용하여 테스트 대상 프로그램을 통해 테스트를 수행하고, 통합하여 자동화하는 검증 도구이다.

객관식 문제

02 인터페이스 구현 검증 도구가 아닌 것은?

① ESB ② xUnit
③ STAF ④ NTAF

03 웹과 컴퓨터 프로그램에서 용량이 적은 데이터를 교환하기 위해 데이터 객체를 속성·값의 쌍 형태로 표현하는 형식으로 자바스크립트(JavaScript)를 토대로 개발되어진 형식은?

① Python ② XML
③ JSON ④ WEB SERVER

04 인터페이스 구현 시 사용하는 기술 중 다음 내용이 설명하는 것은?

> JavaScript를 사용한 비동기 통신 기술로 클라이언트와 서버 간에 XML 데이터를 주고받는 기술이다.

① Procedure ② Trigger
③ Greedy ④ AJAX

05 다음 중 인터페이스 구현 검증 시 필요한 설계 산출물이 아닌 것은?

① 모듈 세부 설계서
② 인터페이스 정의서
③ 인터페이스 기능 목록
④ 요구사항 정의서

정답 01 STAF 02 ① 03 ③ 04 ④ 05 ④

POINT 33

인터페이스 보안

01 인터페이스 보안

인터페이스 보안

- 모듈 컴포넌트 간 데이터 교환 시 데이터 변조·탈취 및 인터페이스 모듈 자체의 보안 취약점이 존재할 수 있다.

데이터 통신 시 데이터 탈취 위협	• 스니핑(Sniffing) : 네트워크 주변을 지나다니는 패킷을 엿보면서 계정(ID)과 비밀번호를 알아내는 보안 위협이다. • 스푸핑(Spoofing) : 일반 사용자가 인터넷상에서 통신하는 정보를 크래커의 사이트를 통하도록 하여 비밀번호를 알아내는 보안 위협이다.
데이터베이스 암호화	• 데이터베이스의 기밀성을 유지하기 위해 중요 민감 데이터는 암호화한다. • 대칭키, 해시, 비대칭키 알고리즘이 사용된다.
시큐어 코딩	• OWASP(Open Web Application Security Project) Top 10을 참고하여 KISA(한국 인터넷 진흥원)에서 SW 보안 약점 가이드를 발표하였다. • SW 보안 취약점, 약점 및 대응 방안이 구체적으로 서술되어 있으며 이를 바탕으로 시큐어 코딩을 하도록 한다.

네트워크 보안 적용 20.9, 20.6

- 인터페이스 송·수신 간 중간자에 의한 데이터 탈취 또는 위변조를 방지하기 위해서 네트워크 트래픽에 대한 암호화 적용이 요구된다.
- 네트워크 구간의 암호화를 위해서는 인터페이스 아키텍처에 따라서 다양한 방식으로 보안 기능을 적용한다.
- **네트워크 구간 보안 기능 적용 시 고려사항**

단계	고려사항	보안 기능 적용
Transport Laye Network 보안r	상대방 인증을 적용한다.	IPSec AH(Authentication Header) 적용, IKE(Internet Key Ex-change) 프로토콜을 적용한다.
	데이터 기밀성 보장이 필요하다.	IPSec ESP(Encapsulation Security Payload) 적용한다.
	End-to-End 보안을 적용한다.	IPSec Transport Mode 적용한다.
Application Layer Network 보안	서버만 공개키 인증서를 가지고 통신(위험 분산)한다.	SSL(Secure Socket Lay-er)의 서버 인증 상태를 운영한다.
	연결 단위 외 메시지 단위로도 인증 및 암호화가 필요하다.	S-HTTP 적용하여 메시지를 암호화한다(상호 인증 필요, 성능 일부 저하됨).

IPSec : 양방향 암호화 지원

AH : 메시지 체크섬(Checksum)을 활용한 데이터 인증과 비연결형 무결성을 보장해 주는 프로토콜

02 데이터베이스 보안

데이터베이스 보안 적용

- 데이터베이스의 기밀성 유지를 위하여 중요하고 민감한 데이터는 암호화 기법을 활용하여 암호화하도록 한다.
- 데이터베이스의 접근 권한 및 SQL, 프로시저, 트리거 등 데이터베이스 동작 객체의 보안 취약점을 보완하도록 한다.
- 민감하고 중요한 데이터는 암호화와 익명화 등을 통하여 데이터 자체 보안 방법도 고려해야 한다.
- **영역** : 비인가자 접근 관리, 악의적 코드 삽입 금지, 민감 데이터 관리, 악의적 시도 시 에러 처리

데이터베이스 암호화 알고리즘

구분	종류
대칭키 알고리즘	ARIA 128/129/256, SEED
해시 알고리즘	SHA-256/384/512, HAS-160
비대칭키 알고리즘	RSA, ECDSA, ECC

ECC : 타원 곡선 위에서의 이산대수 문제의 난해성에 기반한 암호 알고리즘으로, 비트코인과 같은 블록체인 시스템 등에 활용함

데이터베이스 암호화 기법

- 중요도가 높거나 민감한 정보를 통신 채널을 통하여 전송 시에는 반드시 암·복호화 과정을 거치도록 한다.
- IPSec 24.8, SSL/TLS 등 보안 채널을 활용하여 전송한다.

IPSec : 통신 세션의 각 IP 패킷을 암호화하고 인증하는 안전한 인터넷 프로토콜(IP) 통신을 위한 프로토콜

SSL/TLS : 공개키 기반의 국제 인터넷 표준화 기구에서 표준으로 지정한 인터넷에서 정보를 암호화해서 수신하는 프로토콜

구분	API 방식	Filter(Plug-in) 방식	Hybrid 방식
개념	애플리케이션 레벨에서 암호 모듈(API)을 적용하는 방식이다.	데이터베이스 레벨의 확장성 프로시저 기능을 이용하여 DBMS에 Plugin 또는 Snap-in 모듈 형식으로 작성하는 방식이다.	API/Filter 방식을 결합하거나, Filter 방식에 추가로 SQL문에 대한 최적화를 대행해 주는 어플라이언스를 제공하는 방식이다.
암호화/보안 방식	별도의 API 개발/통합	DB 내 설치/연동	어플라이언스/DB 내 설치
서버 성능 부하	애플리케이션 서버에서 암호화/복호화, 정책 관리, 키 관리를 하므로 부하가 발생한다.	DB 서버에 암호화, 복호화, 정책 관리 키 관리를 하므로 부하가 발생한다.	DB와 어플라이언스에서 부하가 분산된다.
시스템 통합 용이성	애플리케이션 개발 및 통합 기간이 필요하다.	애플리케이션 변경이 필요치 않아 용이성이 높다.	
관리 편의성	애플리케이션 변경 및 암호화 필드를 변경하는 유지보수가 필요하다.	관리자용 GUI를 이용하여 DB 통합 관리가 가능하여 편의성이 높다.	

03 인터페이스 연계 테스트

◉ 연계 테스트

- 송 · 수신 시스템 간 구성 요소가 정상적으로 동작하는지 테스트하는 활동이다.
- **진행 순서** : 연계 테스트 케이스 작성 → 연계 테스트 환경 구축 → 연계 테스트 수행 → 연계 테스트 수행 결과 검증

◉ 연계 테스트 분류

- **소프트웨어 연계 테스트 구간** : 송신 시스템에서 연계 서버 또는 중계 서버를 거치고 수신 시스템까지 데이터가 전달되는가를 테스트한다.
- **소프트웨어 연계 단위 테스트** : 연계 자체만을 테스트한다. 송신 시스템에서 연계 데이터를 추출 및 생성하고 이를 연계 테이블로 생성한다. 연계 서버 또는 중계 서버가 있는 경우 연계 테이블 간 송 · 수신을 한다.
- **소프트웨어 연계 통합 테스트** : 연계 테스트보다 큰 통합 기능 테스트의 일부로서 연계 통합 테스트를 수행한다.

단답형 문제

01 통신 세션의 각 IP 패킷을 암호화하고 인증하는 안전한 인터넷 프로토콜(IP) 통신을 위한 프로토콜은?

02 메시지 체크섬(Checksum)을 활용한 데이터 인증과 비연결형 무결성을 보장해 주는 프로토콜은?

객관식 문제

03 인터페이스 보안을 위해 네트워크 영역에 적용될 수 있는 것으로 거리가 먼 것은?
① IPSec
② SSL
③ SMTP
④ S-HTTP

04 다음 데이터베이스 암호화 알고리즘에서 비대칭키 알고리즘이 아닌 것은?
① RSA
② ECDSA
③ ECC
④ SHA-256

05 다음 중 데이터베이스 암호화 기법 종류가 아닌 것은?
① API 방식
② Filter(Plug-in) 방식
③ Hybrid 방식
④ Bigbang 방식

 **01** IPSec **02** AH(Authentication Header) **03** ③ **04** ④ **05** ④

POINT 34

자료 구조

01 자료 구조

자료 구조의 분류

자료 구조의 활용

- 정렬(Sort)
  - 집합된 데이터 레코드를 일정 기준으로 재배열하는 것을 말한다.
  - 오름차순, 내림차순 (작은 값 → 큰 값 순으로 나열)
- 검색(Search)
  - 저장된 데이터 레코드 중 원하는 값을 빠르게 찾는 것을 말한다.
- 인덱스(Index) 21.8, 21.3 (인덱스 생성 시 CREATE, 삭제 시 DROP 문을 사용)
  - 데이터베이스 성능에 많은 영향을 주는 DBMS의 구성 요소로 테이블과 클러스터에 연관되어 독립적인 저장 공간을 보유하며, 데이터베이스에 저장된 자료를 더욱 빠르게 조회하기 위하여 별도로 구성한 순서 데이터를 말한다.

    예 책의 맨 뒤에 빠르게 찾기에 해당한다.
  - B-트리 인덱스는 분기를 목적으로 하는 Branch Block을 가지고 있다.
  - BETWEEN 등 범위(Range) 검색에 활용될 수 있다.
- 파일 편성
  - 파일에서 레코드의 물리적인 배열 방법이다.

02 선형 자료 구조 23.7

선처럼 일렬로 나열된 자료를 의미

리스트(List)

- 선형 리스트(Linear List)
  - 배열(Array)과 같이 연속되는 기억 장소에 저장되는 리스트이다.
  - 가장 간단한 데이터 구조 중 하나로 데이터 항목을 추가/삭제하는 것이 불편하다.

감자	배	옥수수	고구마

- 연결 리스트(Linked List)
  - 노드(Node)의 포인터 부분을 서로 연결시킨 리스트로 연속적인 기억 공간이 없어도 저장이 가능하다.
  - 노드의 삽입/삭제가 용이하며 포인터를 위한 추가 공간이 필요하므로 기억 공간이 많이 소요된다.

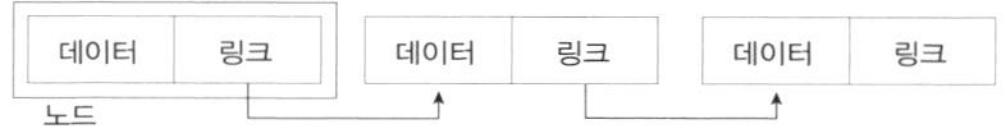

스택(Stack) 22.4

- 리스트의 한쪽 끝에서만 자료의 삽입과 삭제가 이루어지는 자료 구조이다.
- 가장 나중에 삽입된 자료가 가장 먼저 삭제되는 후입선출(LIFO, Last In First Out) 방식이다.
- 마지막 삽입된 자료의 위치를 Top이라 하고, 가장 먼저 삽입된 자료의 위치를 Bottom이라고 한다.
- 스택 가드(Stack Guard) 24.5, 21.5, 20.6 : 메모리상에서 프로그램의 복귀 주소와 변수 사이에 특정 값을 저장해 두었다가 그 값이 변경되었을 경우 오버플로우 상태로 가정하여 프로그램 실행을 중단하는 기술이다.

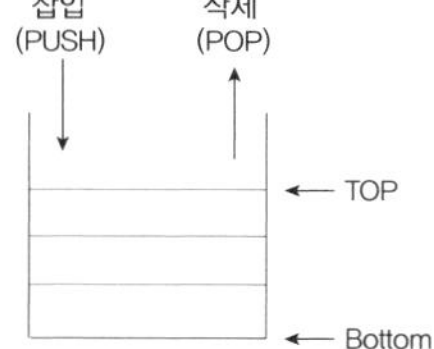

- 스택의 응용 분야[21.5]
  - 인터럽트 처리, 수식의 계산, 0-주소 지정 방식
  - 재귀호출, 후위 표현(Post-fix expression)의 연산, 깊이 우선 탐색

스택의 삽입 알고리즘

```
if TOP≥ n then call Stack-Full
else TOP ← TOP + 1
Stack(TOP) ← Data
end Insert
```

스택의 삭제 알고리즘

```
if TOP = 0 then Underflow
else
remove Stack(TOP)
TOP ← TOP - 1
```

스택의 오버플로 알고리즘

```
TOP = TOP + 1
if TOP 〉 n then goto AA
else Stack(TOP) ← item
```

큐(Queue)

- 자료의 삽입 작업은 선형 리스트의 한쪽 끝에서, 삭제 작업은 다른 쪽 끝에서 수행되는 자료 구조이다.
- 가장 먼저 삽입된 자료가 가장 먼저 삭제되는 선입선출(FIFO : First In First Out) 방식이다.
- **큐의 응용 분야** : 운영체제의 작업 스케줄링 등에서 응용된다.

	Front				Rear	
삭제 ←		B	C	D		← 삽입

데크(Deque)

- 자료의 삽입과 삭제가 리스트의 양쪽 끝에서 이루어지므로 두 개의 포인터를 사용하는 자료 구조이다.
- 스택과 큐를 복합한 형태이다.
- 입력 제한 데크를 Scroll, 출력 제한 데크를 Shelf라고 한다.

	Front				Rear	
삽입 → 삭제 ←		B	C	D		→ 삭제 ← 삽입

단답형 문제

01 메모리상에서 프로그램의 복귀 주소와 변수 사이에 특정 값을 저장해 두었다가 그 값이 변경되었을 경우 오버플로우 상태로 가정하여 프로그램 실행을 중단하는 기술은?

02 양방향에서 입·출력이 가능한 선형 자료 구조로 2개의 포인터를 이용하여 리스트의 양쪽 끝 모두에서 삽입·삭제가 가능한 것은?

객관식 문제

03 순서가 A, B, C, D로 정해진 입력 자료를 스택에 입력하였다가 출력한 결과로 옳은 것은?

① A, D, B, C
② B, A, D, C
③ C, A, B, D
④ D, B, C, A

04 0-주소 인스트럭션에 반드시 필요한 것은?

① 스택
② 베이스 레지스터
③ 큐
④ 주소 레지스터

05 비선형 자료 구조에 해당하는 것은?

① 큐(Queue)
② 그래프(Graph)
③ 데크(Deque)
④ 스택(Stack)

06 순서가 A, B, C, D로 정해진 입력자료를 push, push, pop, push, push, pop, pop, pop 순서로 스택 연산을 수행하는 경우 출력 결과는?

① B D C A ② A B C D
③ B A C D ④ A B D C

정답 **01** 스택 가드 **02** 데크(Deque) **03** ② **04** ① **05** ② **06** ①

이론 3과목 데이터베이스 구축

POINT 35 비선형 구조

01 트리(Tree)

트리의 정의 22.3

- 그래프(Graph)의 특수한 형태로써 노드(Node)와 가지(Branch)를 이용하여 사이클을 이루지 않도록 구성한 자료 구조이다. 21.3

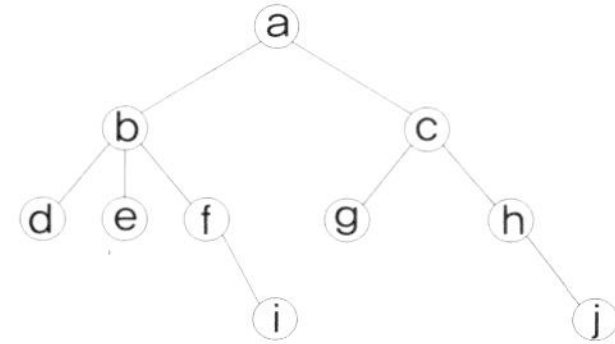

트리 관련 용어

노드(Node)	트리의 기본 구성 요소
근노드(Root Node)	가장 상위에 위치한 노드
레벨(Level)	근노드를 기준으로 특정 노드까지의 경로 길이
조상 노드 (Ancestors Node)	어떤 노드에서 근노드에 이르는 경로상의 모든 노드
부모 노드(Parent Node)	어떤 노드에 연결된 이전 레벨의 노드
자식 노드(Child Node)	어떤 노드에 연결된 다음 레벨의 노드
형제 노드(Brother Node) (= Sibling Node)	같은 부모를 가진 노드
깊이(Depth)	트리의 최대 레벨
차수(Degree) 24.5	어떤 노드에 연결된 자식 노드의 수
단말 노드 (Terminal Node)	트리의 제일 마지막에 위치한 노드(차수=0)
트리의 차수(Degree)	트리의 노드 중 가장 큰 차수

이진 트리(Binary Tree)

- 차수(Degree)가 2 이하인 노드들로만 구성된 트리이다.
- 이진 트리의 레벨 K에서 최대 노드의 수 : 2^K-1

이진 트리의 구조

구분	설명
정이진 트리 (Full Binary Tree)	첫 번째 레벨부터 마지막 레벨까지 모두 2개씩 노드가 채워진 트리를 말한다.
완전 이진 트리 (Complete Binary Tree)	정이진 트리에서 마지막 레벨에서 왼쪽부터 단말 노드를 채우는 트리를 말한다.
사향 이진 트리 (Skewed Binary Tree)	근노드로부터 한쪽 방향으로만 기울어진 트리를 말한다.

이진 트리의 운행법(Traversal)

전위(Preorder) 운행	Root → Left → Right
중위(Inorder) 운행	Left → Root → Right
후위(Postorder) 운행	Left → Right → Root

예제

아래의 트리를 전위 중위 후위 방식으로 각각 운행한 각 노드의 순서는 어떻게 되는가? 24.8, 24.3, 23.8, 23.3, 22.4, 21.3

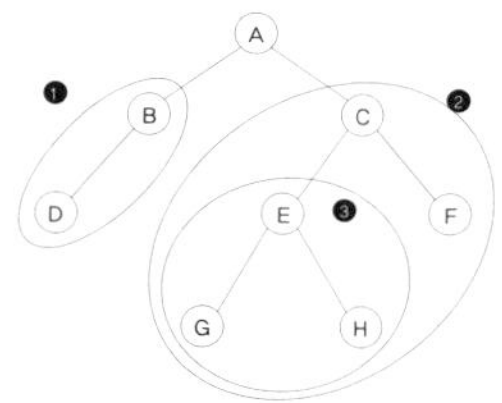

- 전위(Preorder) 운행 : Root → Left → Right
  A ❶ ❷ → A B D ❷ → A B D C ❸ F → A B D C E G H F
- 중위(Inorder) 운행 : Left → Root → Right
  ❶ A ❸ ❷ → D B A ❸ ❷ → D B A G E H C F
- 후위(Postorder) 운행 : Left → Right → Root
  ❶ ❸ ❷ A → D B ❸ ❷ A → D B G H E ❷ A → D B G H E F C A

◉ 수식의 표기법 24.5

전위(Prefix) 표기법	**연산자** → 피연산자 → 피연산자	+A B
중위(Infix) 표기법	피연산자 → **연산자** → 피연산자	A+B
후위(Postfix) 표기법	피연산자 → 피연산자 → **연산자**	A B+

예제

(A*B) + (C*D) 수식을 전위, 후위 방식으로 표기하시오. 24.8

전위 표기 : 연산자 우선순위대로 ( )로 묶어준다.	① ((A*B) + (C*D)) : 괄호 앞으로 연산자를 이동한다. ② +(*(AB)*(CD)) : 괄호를 제거해 준다. ③ +*AB*CD
후위 표기 : 연산자 우선순위대로 ( )로 묶어준다.	① ((A*B) + (C*D)) : 괄호 뒤로 연산자를 이동한다. ② ((AB)*(CD*)+) : 괄호를 제거해준다. ③ AB*CD*+

02 그래프(Graph)

◉ 그래프(Graph)

- 정점(Vertex)과 간선(Edge)의 집합으로 이루어지는 자료 구조이다.
- **표현 방법** : 인접 행렬(Adjacency Matrix)
- **신장 트리(Spanning Tree)** : 간선들이 사이클을 이루지 않도록 정점들을 연결시킨 그래프이다.
- **종류** : 방향 그래프, 무방향 그래프, 완전 그래프, 부 그래프
- n개의 노드로 구성된 무방향 그래프의 최대 간선 수는 n(n−1)/2개다.
- **제어 흐름 그래프에서 순환 복잡도** 22.7

V(G) = E(화살표 수) − N(노드 수) + 2

◉ 인접 행렬(Adjacency Matrix)

- 방향 그래프에서 V_iV_j 관계를 나타내는 행렬의 원소를 A_{ij}라고 할 때, 방향 간선이 있으면 행렬의 A_{ij} = 1, 방향 간선이 없으면 행렬의 A_{ij} = 0으로 나타낸다.
- 무방향 그래프에서 V_i와 V_j가 서로 인접하면 A_{ij} = 1, 서로 인접하지 않으면 A_{ij} = 0으로 나타낸다.

단답형 문제

01 다음 트리의 차수(Degree)와 단말 노드(Terminal Node)의 수는?

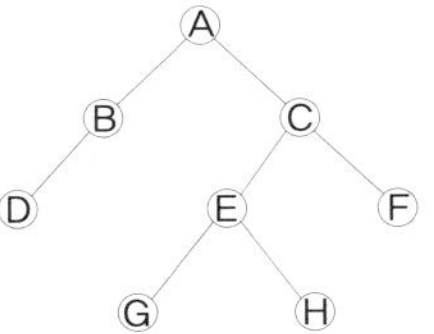

객관식 문제

02 n개의 노드로 구성된 무방향 그래프의 최대 간선 수는?

① n−1 ② n/2
③ n(n−1)/2 ④ n(n+1)

03 다음 트리를 전위 순회(Preorder Traversal)한 결과는?

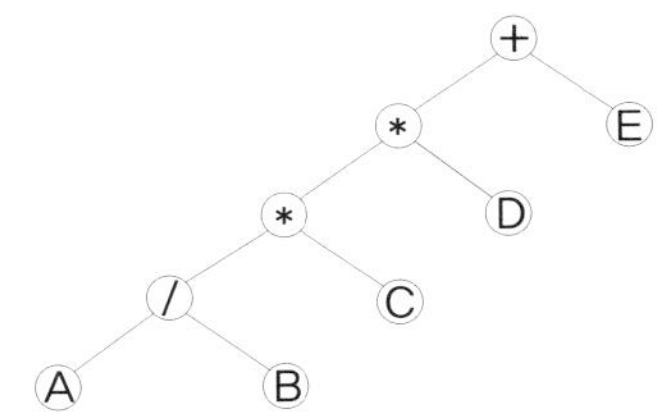

① + * A B / * C D E
② A B / C * D * E +
③ A / B * C * D + E
④ + * * / A B C D E

04 자료 구조의 분류 중 선형 구조가 아닌 것은?

① 트리
② 리스트
③ 스택
④ 데크

정답 **01** 차수: 2 단말 노드: 4 **02** ③ **03** ④ **04** ①

이론 3과목 데이터베이스 구축

POINT 36

정렬

01 정렬(Sort)

- **정렬 알고리즘 선택 시 고려사항** : 데이터의 양, 초기 데이터의 배열 상태, 키 값들의 분포 상태, 사용 컴퓨터 시스템의 특성
- **종류** : 내부 정렬, 외부 정렬

주기억 장치에서 정렬이 이루어짐 / 보조 기억 장치에서 정렬이 이루어짐

02 내부 정렬

◉ 삽입 정렬(Insertion Sort) 24.8, 23.7

- 정렬된 파일에 새로운 하나의 레코드를 순서에 따라 삽입시켜 정렬하는 방법이다.
- **최상** : $O(n)$ • **최악, 평균 시간 복잡도** : $O(n^2)$

예제

아래 배열의 값을 삽입 정렬을 이용하여 오름차순 정렬하시오.

6	5	7	2	8	9

① ⓐ 두 번째 배열 값을 키값으로 지정하고 ⓑ 키값과 키값의 앞 배열의 값을 비교하여 키값보다 값이 크면 값을 ⓒ한 칸 뒤로 밀어주고 뒤로 밀린 배열의 자리에 키값을 삽입한다.

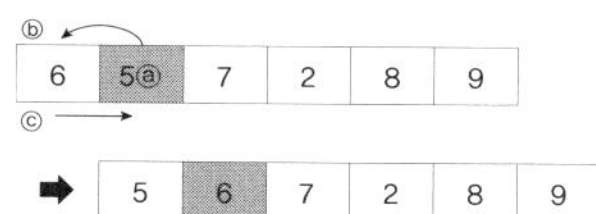

② 다음으로 3번째 배열 값을 키값으로 지정하고 앞의 단계를 반복한다. 이번 단계에서는 키값 앞의 값이 키값보다 작으므로 이동이 발생하지 않는다.

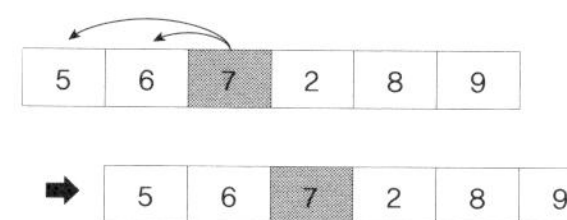

③ 다음으로 4번째 배열 값을 키값으로 지정하고 앞의 단계를 반복한다.

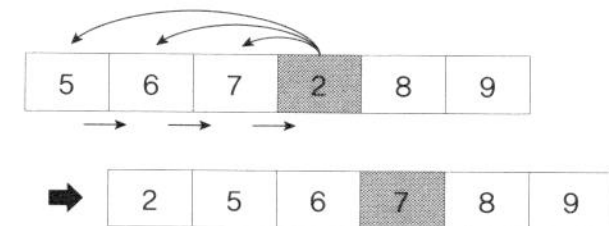

④ 계속 5, 6번째 배열을 키값으로 지정하고 앞의 단계를 반복한다.

◉ 버블 정렬(Bubble Sort) 22.4

물방울처럼 묶어서 정렬

- 인접한 데이터를 비교하면서 그 크기에 따라 데이터의 위치를 바꾸어 정렬하는 방법이다.
- **최상, 최악, 평균 시간 복잡도** : $O(n^2)$

예제

아래 배열의 값을 버블 정렬을 이용하여 오름차순 정렬하시오.

6	5	7	2	8	9

① 첫 번째 배열부터 인접한 1, 2번 배열의 크기를 비교하여 작은 값이 앞으로 위치하도록 교환한다.

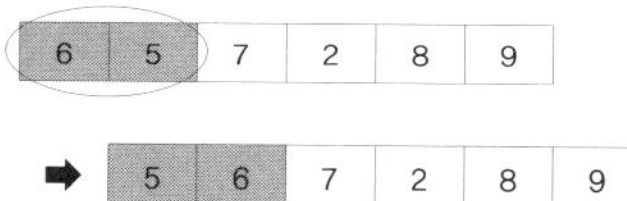

② 인접한 2, 3번 배열의 크기를 비교하여 작은 값이 앞으로 위치하도록 치환한다.

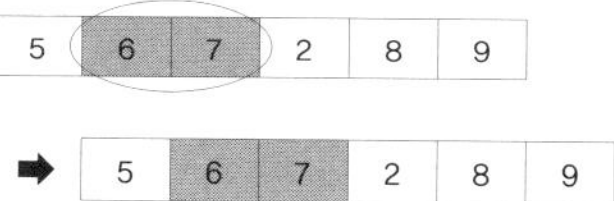

③ 인접한 3, 4번 배열의 크기를 비교하여 작은 값이 앞으로 위치하도록 치환한다.

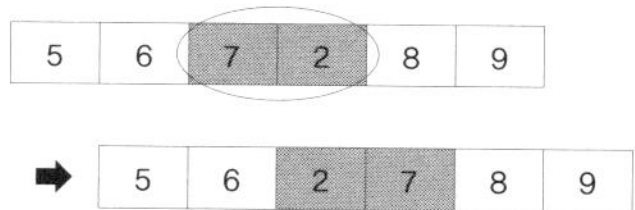

④ 배열 뒤쪽까지 앞의 방식으로 반복한다. 1회전 완료 시 가장 큰 값이 마지막에 배치된다.

◉ 선택 정렬(Selection Sort) 24.5

- n개의 레코드 중에서 최소값(또는 최대값)을 찾아 1st 레코드 위치에 놓고, 나머지 (n−1) 개의 레코드 중에서 최소값(또는 최대값)을 찾아 2nd 레코드 위치에 놓는 방법을 반복하여 정렬하는 방법이다.
- **최상, 최악, 평균 시간 복잡도** : $O(n^2)$

아래 배열의 값을 선택 정렬을 이용하여 오름차순 정렬하시오. 23.6, 21.3

6	5	7	2	8	9

① 첫 번째 값을 기준값으로 선택하고 기준값 뒤의 값과 하나씩 비교하여 기준값보다 값이 작은 배열의 값과 교환한다.

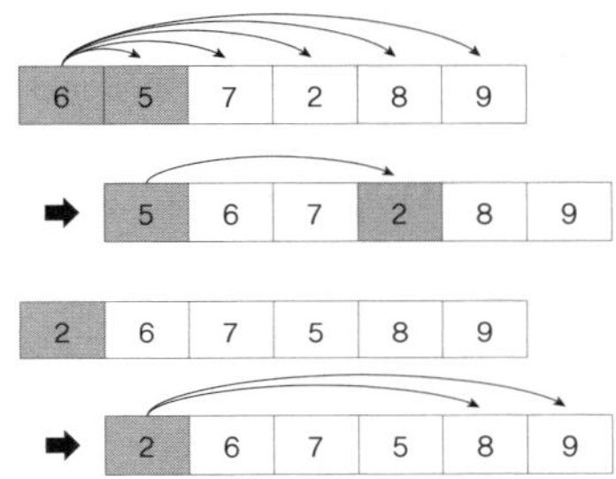

② 다음으로 2번 배열을 기준값으로 지정하여 앞의 단계를 반복한다.
③ 선택 정렬은 버블 정렬과 다르게 1회전 시 가장 작은 값이 가장 앞에 배치된다.

◉ 병합(합병) 정렬(2-Way Merge Sort) 24.8

- 두 개의 키들을 한 쌍으로 하여 각 쌍에 대해 순서를 정한다.
- 순서대로 정렬된 각 쌍의 키들을 합병하여 하나의 정렬된 서브 리스트로 만든다.
- 최상, 최악, 평균 시간 복잡도 : $O(nlog_2n)$

◉ 퀵 정렬(Quick Sort) 22.3

└ 분할 정복(Divide and Conquer)에 기반한 알고리즘

- 레코드의 많은 자료 이동을 없애고 하나의 파일을 부분적으로 나누어가면서 정렬하는 방법으로 키를 기준으로 작은 값은 왼쪽에 큰 값은 오른쪽에 모이도록 서로 교환시키는 부분 교환 정렬법이다.
- 최상, 평균 시간 복잡도 : $O(nlog_2n)$
- 피벗(Pivot)을 사용하며 최악의 경우 : $\frac{n(n-1)}{2}$

◉ 힙 정렬(Heap Sort) 24.5, 23.8

- 완전이진 트리를 이용하여 정렬하는 방법이다.
- 정렬한 입력 레코드들로 힙을 구성하고 가장 큰 키값을 갖는 루트 노드를 제거하는 과정을 반복하여 정렬하는 기법이다.
- 입력 자료의 레코드를 완전 이진 트리(Complete Binary Tree)로 구성한다.
- 최상, 최악, 평균 시간 복잡도 : $O(nlog_2n)$

단답형 문제

01 다음 초기 자료에 대하여 삽입 정렬(Insertion Sort)을 이용하여 오름차순 정렬한 경우 1회전 후의 결과는?

초기 자료 : 8, 3, 4, 9, 7

02 두 개의 키들을 한 쌍으로 하여 각 쌍에 대하여 정렬된 N개의 데이터를 처리하는 $O(nlog_2n)$의 시간이 소요되는 정렬 알고리즘은?

객관식 문제

03 다음 자료에 대하여 선택(Selection) 정렬을 이용하여 오름차순으로 정렬하고자 한다. 3회전 후의 결과로 옳은 것은?

37, 14, 17, 40, 35

① 14, 17, 37, 40, 35
② 14, 37, 17, 40, 35
③ 17, 14, 37, 35, 40
④ 14, 17, 35, 40, 37

04 정렬된 N개의 데이터를 처리하는데 $O(nlog_2n)$의 시간이 소요되는 정렬 알고리즘은?

① 선택 정렬 ② 삽입 정렬
③ 버블 정렬 ④ 합병 정렬

05 분할 정복(Divide and Conquer)에 기반한 알고리즘으로 피벗(Pivot)을 사용하며 최악의 경우 $\frac{n(n-1)}{2}$회의 비교를 수행해야 하는 정렬(Sort)은?

① Selection Sort
② Bubble Sort
③ Insert Sort
④ Quick Sort

정답 **01** 3, 8, 4, 9, 7 **02** 합병 정렬 **03** ④ **04** ④ **05** ④

POINT 37

검색과 해싱

01 검색

검색(Search)의 정의

- 기억 공간 내 기억된 자료 중에서 주어진 조건을 만족하는 자료를 찾는 것이다.

검색 방식의 종류 21.3

- **이분 검색(Binary Search 이진 검색)의 특징**
  - 이분 검색을 실행하기 위한 전제 조건은 자료가 순차적으로 정렬되어 있어야 한다.
  - 탐색 효율이 좋고 탐색 시간이 적게 소요된다.
  - 비교 횟수를 거듭할 때마다 검색 대상이 되는 데이터의 수가 절반으로 줄어든다.
- **선형 검색(Linear Search)** 22.7
  - 주어진 자료에서 원소를 첫 번째 레코드부터 순차적으로 비교하면서 해당 키 값을 가진 레코드를 찾아내는 가장 간단한 검색 방법이다.
  - 데이터를 특별히 조직화할 필요가 없고 다양한 상황에서도 사용될 수 있는 장점이 있지만 n개의 입력 자료에 대해서 평균적으로 (n+1)/2번의 비교를 해야 하므로 비효율적이다.
- **피보나치 검색(Fibonacci Search)**
  - 이진 검색과 비슷한 원리로, 비교 대상 기준을 피보나치 수열로 결정한다.
  - **피보나치 수열** : 1, 2, 3, 5, 8, 11…로 앞의 두 수의 합이 다음번 값이 된다.
- **블록 검색(Block Search)**
  - 전체 레코드를 일정한 블록으로 분리한 뒤 각 블록 내의 키값을 순서대로 비교하여 원하는 값을 찾는 기법이다.
- **이진 트리 검색(Binary Tree Search)**
  - 레코드를 2진 트리로 구성하여 검색하는 방식으로 데이터를 입력하는 순서대로 첫 번째 값을 근노드로 지정하고 근노드보다 작으면 왼쪽, 크면 오른쪽에 연결하여 구성한다.

02 해싱

해싱(Hashing)의 정의 24.5, 23.8

- 해싱 함수(Hashing Function)를 이용하여 레코드 키에 대한 해시 테이블(Hash Table) 내의 홈주소(Home Address)를 계산하여 주어진 레코드에 접근하는 방식이다.
- 직접 접근(Direct Access Method) 파일을 구성할 때 사용된다.
- 속도는 가장 빠르지만 충돌 현상 시 오버플로 해결의 부담이 가중되며, 많은 기억 공간을 요구한다.

해싱 함수의 종류 24.3, 23.6, 21.5, 21.3, 20.9, 19.9

└ 키 값을 해시 테이블의 홈주소로 반환하는 일방향 함수(One way function)

- **제산 방법(Division Method)**
  - 해싱 함수 기법에서 키값을 양의 정수인 소수로 나누어 나머지를 홈주소로 취하는 방법이다.
- **중간 제곱 방법(Mid-Square Method)**
  - 레코드 키값을 제곱하고 나서 그 중간 부분의 값을 주소로 계산하는 방법이다.
  - 해시 테이블의 크기에 따라서 중간 부분의 적당한 자릿수를 선택할 수 있다.
  - 비트 단위로 n자릿수를 중간 위치 자릿수로 가정하면 해시 테이블의 크기는 2^n이다.
- **중첩 방법(Folding Method)** 24.8
  - 해싱 함수 중 주어진 키를 여러 부분으로 나누고, 각 부분의 값을 더하거나 배타적 논리합(XOR : Exclusive OR) 연산을 통하여 나온 결과로 주소를 취하는 방법이다.
- **기수 변환 방법(Radix Conversion Method)**
  - 해싱 함수 기법 중 어떤 진법으로 표현된 주어진 레코드 키값을 다른 진법으로 간주하고 키값을 변환하여 홈주소로 취하는 방식이다.
- **계수 분석 방법(Digit Analysis Method)**
  - 주어진 모든 키값들에서 그 키를 구성하는 자릿수들의 분포를 조사하여 비교적 고른 분포를 보이는 자릿수들을 필요한 만큼 택하는 방법을 취하는 해싱 함수 기법이다.

◉ 오버플로 해결 방법

• 선형 개방 주소법(Linear Open Addressing)
  – 해싱에서 충돌이 일어난 자리에서 그다음 버킷들을 차례로 하나씩 검색하여 최초로 나오는 빈 버킷에 해당 데이터를 저장하는 방법으로 저장할 데이터가 적을 때 유리하다.
  – 포인터와 추가적 저장 공간이 필요 없다.
  – 삽입/삭제 시 오버헤드가 적다.

• 폐쇄 주소 방법(Closed Addressing)
  – 버킷 내에 연결리스트(Linked List)를 할당하여, 버킷에 데이터를 삽입하다가 해시 충돌이 발생하면 연결리스트로 데이터들을 연결하는 방식이다.
  – 해시 테이블이 채워질수록 Lookup 성능 저하가 발생할 수 있다.
  – 대표적인 방법으로 체이닝(Chaining)이 있다.

충돌이 발생하면 각 데이터를 해당 주소에 있는 연결 리스트에 삽입하여 문제를 해결하는 방법

• 재해싱
  – 충돌이 발생하면 새로운 해시 함수를 적용하여 새로운 홈주소를 계산한다.

03 해싱 관련 용어

◉ 동의어(Synonym)

• 해싱에서 동일한 홈주소로 인하여 충돌이 일어난 레코드들의 집합을 의미한다.

◉ 슬롯(Slot)

• 한 개의 레코드를 저장할 수 있는 공간으로 n개의 슬롯이 모여 하나의 버킷을 형성한다.

◉ 충돌(Collision)

• 레코드를 삽입할 때 2개의 상이한 레코드가 똑같은 버킷으로 해싱되는 것을 의미한다.
• 버킷(Bucket)이 여러 개의 슬롯(Slot)으로 구성될 때에는 충돌(Collision)이 발생하여도 오버플로우(Overflow)가 발생하지 않을 수 있다.

단답형 문제

01 해싱에서 동일한 홈주소로 인하여 충돌이 일어난 레코드들의 집합을 의미하는 것은?

02 Linear Search의 평균 검색 횟수는?

객관식 문제

03 해싱 함수 중 레코드 키를 여러 부분으로 나누고, 나눈 부분의 각 숫자를 더하거나 XOR한 값을 홈주소로 사용하는 방식은?

① 제산법 ② 폴딩법
③ 기수 변환법 ④ 숫자 분석법

04 해싱 테이블의 오버플로우 처리 기법이 아닌 것은?

① 개방 주소법 ② 폐쇄 주소법
③ 로그 주소법 ④ 재해싱

05 Linear Search의 평균 검색 횟수는?

① n−1
② (n+1)/2
③ n
④ n/2

06 알고리즘과 관련한 설명으로 틀린 것은?

① 주어진 작업을 수행하는 컴퓨터 명령어를 순서대로 나열한 것으로 볼 수 있다.
② 검색(Searching)은 정렬이 되지 않은 데이터 혹은 정렬이 된 데이터 중에서 키값에 해당하는 데이터를 찾는 알고리즘이다.
③ 정렬(Sorting)은 흩어져 있는 데이터를 키값을 이용하여 순서대로 열거하는 알고리즘이다.
④ 선형 검색은 검색을 수행하기 전에 반드시 데이터의 집합이 정렬되어 있어야 한다.

정답 **01** Synonym **02** (n+1)/2 **03** ② **04** ③ **05** ② **06** ④

POINT 38 인덱스 구조와 파일 편성

01 인덱스

- 인덱스를 통하여 레코드를 빠르게 접근할 수 있다.
- 데이터베이스의 물리적 구조와 밀접한 관계가 있다.
- 레코드의 삽입/삭제가 자주 발생 시 인덱스의 개수를 최소화하는 것이 효율적이다.

02 인덱스 구성 방법

B 트리(Balanced Tree)

- m차 B 트리는 근노드와 단말 노드를 제외한 모든 노드가 최소 m/2, 최대 m개의 서브 트리를 가지는 구조이다.
- 한 노드에 있는 키값은 오름차순을 유지한다.
- 근노드로부터 탐색, 추가, 삭제가 이루어진다.

B+ 트리

- B 트리의 추가, 삭제 시 발생하는 노드의 분열과 합병 연산 과정을 줄일 수 있는 구조이다.
- 가장 널리 사용되는 인덱스 구조이고 레코드 삽입, 삭제 시에도 성능이 보장된다.

트라이(Trie) 색인

- 키 탐색을 위해 키값을 직접 표현하는 것이 아니라 키를 구성하는 문자나 숫자 자체의 순서로 키값을 구성하는 구조이다.
- 삽입, 삭제 시 노드의 분열, 병합이 발생하지 않는다.
- 문자의 함수로 트라이 차수의 키값을 표현한다.

03 파일 편성 방법

순차 파일(Sequential File) 23.8

- 입력되는 데이터의 논리적 순서에 따라 물리적으로 연속된 위치에 순차적으로 기록하는 방식이다.
- 처리 속도가 빠르고, 연속적인 레코드의 저장에 의해 레코드 사이에 빈 공간이 존재하지 않으므로 기억 장치의 효율적인 이용이 가능하다.
- 검색 효율이 낮고 대화식 처리보다 일괄 처리에 적합한 구조이다.
- 어떤 형태의 입 · 출력 매체에서도 처리가 가능하다.

색인 순차 파일(ISAM : Indexed Sequential Access-Method) 23.3

- 키값에 따라 순차적으로 정렬된 데이터를 저장하는 데이터 지역과 이 지역에 대한 포인터를 가진 색인 지역으로 구성된 파일이다.
- 순차 및 직접 접근 형태 모두 가능하도록 레코드들을 키값 순으로 정렬시켜 기록하고, 레코드의 키 항목만으로 모든 색인을 구성하는 방식이다.
- 레코드를 참조할 때 색인을 탐색한 후 색인이 가리키는 포인터를 사용하여 직접 참조할 수 있다.
- 레코드를 추가 및 삽입하는 경우, 파일 전체를 복사할 필요가 없다.
- 인덱스를 저장하기 위한 공간과 오버플로우 처리를 위한 별도의 공간이 필요하다.

색인 순차 파일의 구성 24.3

기본 영역	데이터 레코드를 지정하는 부분이다.	
색인(Index) 영역	기본 영역에 인덱스가 저장되는 부분이다.	
	구성	트랙 인덱스
		실린더 인덱스
		마스터 인덱스
오버플로 영역	한 블록 내에 레코드들이 모두 영역을 차지하여 추가적인 레코드 입력을 처리할 수 없을 때 블록을 할당받아 이를 연결시키는 부분이며 실린더 오버플로 영역과 독립 오버플로 영역으로 구성된다.	

◉ VSAM 파일(Virtual Storage Access Method File)

- 동적 인덱스 방법을 이용한 색인 순차 파일이다.
- 기본 영역과 오버플로 영역을 구분하지 않는다.
- 레코드를 삭제하면 그 공간을 재사용할 수 있다.
- 레코드 저장은 제어 구간에서 이루어진다.
- 제어 구간 단위별 그룹을 제어 영역이라 한다.
- 제어 영역에 대한 인덱스 저장은 순차 세트, 순차 세트의 상위 인덱스, 인덱스 세트 등이 있다.

◉ 직접 파일(Direct File)

- 해싱 함수를 계산하여 물리적 주소에 직접 접근하는 방식으로 레코드를 임의 물리적 기억 공간에 기록한다.
- 특정 레코드에 접근하기 위해서 디스크의 물리적 주소로 변환할 수 있는 해싱 함수를 사용하는 방식이다.
- 속도가 빠르고, 랜덤 처리에 적합하다.
- 기억 공간 효율이 떨어진다.

◉ 역파일(Inverted File)

- 특정 파일을 여러 개의 색인으로 만들고 항목별 특성에 맞게 작업하도록 구성한 구조이다.
- 파일 또는 데이터베이스에서 레코드를 빨리 검색하기 위해 별도 인덱스 파일을 만들어 두며 인덱스 파일에는 키 필드의 값과 그 키값을 가지는 레코드에 대한 포인터들이 저장된다.
- 검색 속도가 빠르며, 데이터 파일에 접근하지 않아 질의 응답 시간이 줄어들고, 처리가 비교적 쉽다.
- 질의를 만족하는 레코드 검색 시 한 번씩만 접근하면 된다.

04 정적 인덱싱과 동적 인덱싱

◉ 정적 인덱싱–색인 순차 파일 방식이 대표적

- 데이터 파일에 레코드가 삽입, 삭제되면 인덱스 내용은 변하지만 인덱스 구조는 정적으로 변하지 않는 구조를 말한다.
- 인덱스 부분과 데이터 부분을 별개의 파일로 구성한다.

◉ 동적 인덱싱–가상 기억 접근 방식이 대표적

- 데이터 파일에 레코드가 삽입되면서 삽입될 레코드를 위해 미리 빈 공간을 준비하는 방법을 말한다.
- 레코드가 블록에 가득 차면 동적으로 분열된다.
- 인덱스 부분과 데이터 부분을 별개의 파일로 구성한다.

단답형 문제

01 해싱 등의 사상 함수를 사용하여 레코드 키(Record Key)에 의한 주소 계산을 통해 레코드에 접근할 수 있도록 구성한 파일은?

02 자료와 부가적인 정보를 조직하고 저장하는 방법이 파일 구조이다. 파일을 조작할 때 또는 오버플로를 위한 공간이 필요하고 파일을 사용하던 중에 오버플로 레코드가 많아지면 재편성해야 하는 것은?

객관식 문제

03 파일 구성 방식 중 ISAM(Indexed Sequential Access–Method)의 물리적인 색인(Index) 구성은 디스크의 물리적 특성에 따라 색인을 구성하는데, 다음 중 3단계 색인에 해당되지 않는 것은?

① Cylinder index ② Track index
③ Master index ④ Volume index

04 색인 순차 파일에 대한 설명으로 옳지 않은 것은?

① 레코드를 참조할 때 색인을 탐색한 후 색인이 가리키는 포인터를 사용하여 직접 참조할 수 있다.
② 레코드를 추가 및 삽입하는 경우, 파일 전체를 복사할 필요가 없다.
③ 인덱스를 저장하기 위한 공간과 오버플로우 처리를 위한 별도의 공간이 필요 없다.
④ 색인 구역은 트랙 색인 구역, 실린더 색인 구역, 마스터 색인 구역으로 구성된다.

정답 01 직접 파일 02 색인 순차 파일 03 ④ 04 ③

POINT 39

데이터베이스의 개념과 DBMS

01 자료 처리

자료와 정보

- **자료(Data)** : 현실 세계로부터 단순한 관찰이나 측정을 통하여 수집된 사실이나 값이다.
- **정보(Information)** : 자료를 처리하여 얻은 결과로서, 의사 결정을 하기 위한 값이다.

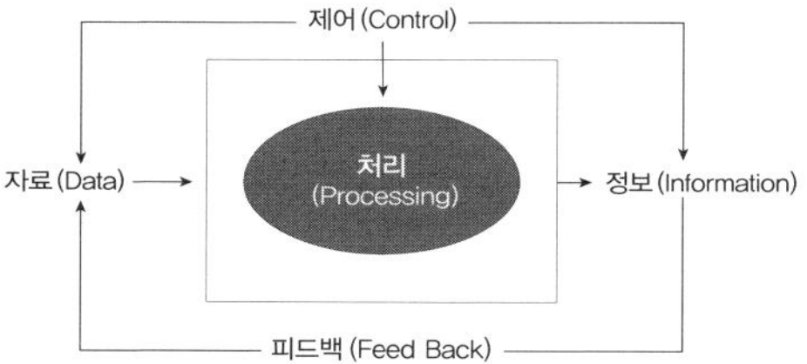

정보 시스템

- 한 조직체의 데이터를 바탕으로 의사 결정에 필요한 정보를 추출하고 생성하는 시스템이다.
- 사용 목적에 따라 인사 정보 시스템, 행정 정보 시스템 등으로 구분된다.

정보 시스템이 사용하는 데이터를 처리하는 시스템(정보 시스템의 서브 시스템)

자료 처리 시스템의 종류

- **일괄 처리 시스템** : 일정 시간 동안 수집된 변동 자료를 컴퓨터의 입력 자료로 만들었다가 필요한 시점에 이 자료들을 입력하여 실행한 후 그 결과를 출력시켜 주는 방식의 시스템이다. 예 급여 관리, 세무 관리
- **온라인 처리 시스템** : 자료 발생 즉시 해당 자료를 처리하여 결과를 출력시켜 주는 방식의 시스템이다. 예 좌석 예약, 주식 거래
- **분산 처리 시스템** : 물리적으로 분리된 각각의 데이터베이스를 네트워크로 연결하여 실사용자들이 각 시스템이 하나인 것처럼 사용할 수 있도록 지원해 주는 시스템이다.

데이터베이스(Database)의 정의

- **통합된 데이터(Integrated Data)** : 각 사용자의 데이터를 한곳에 모아 통합한 데이터이다.
- **저장된 데이터(Stored Data)** : 데이터베이스는 컴퓨터 하드웨어 저장 장치에 저장되어 있는 데이터이다.
- **운영 데이터(Operational Data)** : 데이터베이스는 어떤 조직의 고유 기능을 수행하기 위해 반드시 필요한 데이터이다.
- **공용 데이터(Shared Data)** : 데이터베이스를 여러 사용자가 공동 소유 · 관리 · 활용하는 데이터이다.

데이터베이스의 특성

- **실시간 접근성(Real Time Accessibility)** : 수시적이고 비정형적인 질의에 대하여 실시간 처리로 응답할 수 있어야 한다.
- **내용에 의한 참조(Content Reference)** : 데이터베이스의 데이터는 그 주소나 위치에 의해 참조되는 것이 아니라 내용을 참조한다.
- **동시 공유(Concurrent Sharing)** : 같은 내용의 데이터를 여러 사람이 동시에 공용할 수 있다.
- **계속적 변화(Continuous Evolution)** : 데이터베이스는 데이터의 삽입, 삭제, 갱신으로 내용이 계속적으로 변한다.

데이터베이스 시스템의 구성

- DBMS, 스키마, 데이터베이스 언어, 데이터베이스 사용자

DataBase Management System

DBMS(데이터베이스 관리 시스템)

- 종속성과 중복성의 문제를 해결하기 위해 제안된 시스템이다.
- 응용 프로그램과 데이터의 중재자로서 모든 응용 프로그램들이 데이터베이스를 공유할 수 있도록 관리한다.
- 데이터베이스의 구성, 접근 방법, 관리 유지에 대한 모든 책임을 진다.

DBMS의 필수 기능

- 정의 기능(Definition Facility)
  - 데이터베이스 구조를 정의하고, 데이터의 논리적 구조와 물리적 구조 사이에 변환이 가능하도록 두 구조 사이의 사상(Mapping)을 명시한다.

- 조작 기능(Manipulation Facility)
  - 데이터베이스에 접근하여 데이터의 검색/삽입/삭제/갱신 등의 연산 작업을 하기 위한 사용자와 데이터베이스 사이의 인터페이스 수단을 제공한다.
- 제어 기능(Control Facility)
  - 데이터베이스에 접근하는 갱신, 삽입, 삭제 작업이 정확하게 수행되어 무결성이 유지되도록 제어해야 한다.
  - 정당한 사용자가 허가된 데이터만 접근할 수 있도록 보안(Security)을 유지하고, 권한(Authority)을 검사할 수 있어야 한다.
  - 여러 사용자가 데이터베이스를 동시에 접근하여 데이터를 처리할 때 처리 결과가 항상 정확성을 유지하도록 병행 제어를 할 수 있도록 한다.

DBMS의 장 · 단점

장점	• 데이터 중복 및 종속성 최소화 • 데이터 공유 • 데이터 무결성 및 일관성 유지 • 데이터 보안 보장 용이
단점	• 예비와 회복 기법이 어려움 • 데이터베이스 전문가 부족 • 시스템이 복잡하고, 전산화 비용 증가

데이터웨어하우스(Data Warehouse)

- 기간 업무 시스템에서 추출되어 새로이 생성된 데이터베이스로서 의사결정 지원을 위한 주제 지향적, 통합적, 시계열적(Historical), 비휘발적인 데이터의 집합이다.
- OLAP(On-Line Analytical Processing) : 대용량 데이터를 고속으로 처리하며 쉽고 다양한 관점에서 추출, 분석할 수 있도록 지원하는 데이터 분석 기술이다.
- OLAP 연산 종류 24.8, 20.9 : Roll-Up, Drill-Down, Dicing, Slicing

데이터베이스 용어

- 빅데이터 : 데이터의 생성 양, 주기, 형식 등이 기존 데이터에 비해 매우 크기 때문에, 종래의 방법으로는 수집 · 저장 · 검색 · 분석이 어려운 방대한 데이터이다.
- 데이터 마이닝 : 데이터웨어하우징에서 수집되고 분석된 자료를 사용자에게 제공하기 위해 분류 및 가공되는 요소 기술이다.
- Hadoop : 일반 컴퓨터로 가상화된 대형 스토리지를 구현한다. 그 안에 보관된 거대한 데이터 세트를 병렬로 처리할 수 있도록 빅데이터 분산 처리를 돕는 자바 기반 소프트웨어 오픈소스 프레임워크이다.

단답형 문제

01 빅데이터 분석 기술 중 대량의 데이터를 분석하여 데이터 속에 내재되어 있는 변수 사이의 상호관계를 규명하여 일정한 패턴을 찾아내는 기법은?

02 다음 내용이 설명하고 있는 기술은?

> – 일반 컴퓨터로 가상화된 대형 스토리지 형성
> – 그 안에 보관된 거대한 데이터 세트를 병렬로 처리할 수 있도록 빅데이터 분산 처리를 돕는 자바 소프트웨어 오픈소스 프레임워크

객관식 문제

03 데이터웨어하우스의 기본적인 OLAP(On-Line Analytical Processing) 연산이 아닌 것은?

① Translate ② Roll-Up
③ Dicing ④ Drill-Down

04 DBMS의 필수기능 중 모든 응용 프로그램들이 요구하는 데이터 구조를 지원하기 위해 데이터베이스에 저장될 데이터 타입과 구조에 대한 정의, 이용 방식, 제약조건 등을 명시하는 기능은?

① 정의 기능 ② 조작 기능
③ 사상 기능 ④ 제어 기능

05 데이터베이스 정의에 해당되는 내용을 모두 나열한 것은?

> ㉠ Shared Data
> ㉡ Distributed Data
> ㉢ Stored Data
> ㉣ Operational Data

① ㉠, ㉡ ② ㉠, ㉡, ㉢
③ ㉠, ㉢, ㉣ ④ ㉠, ㉡, ㉢, ㉣

정답 **01** Data Mining **02** Hadoop **03** ① **04** ① **05** ③

이론 3과목 데이터베이스 구축

POINT 40

데이터베이스의 구성, 모델

01 데이터베이스의 구성

스키마(Schema)

- 데이터베이스의 구조(개체, 속성, 관계)에 대한 정의이다.
- 스키마의 3계층

구분	내용
외부 스키마 (External Schema)	사용자나 응용 프로그래머가 접근할 수 있는 정의를 기술한다.
개념 스키마 (Conceptual Schema) 23.6, 21.3, 20.6	• 데이터베이스 전체를 정의한 것으로 데이터 개체, 관계, 제약조건, 접근 권한, 무결성 규칙 등을 명세한 것이다. • 범기관적 입장에서 데이터베이스를 정의한다.
내부 스키마 (Internal Schema)	• 데이터의 실제 저장 방법을 기술한다. • 물리적 저장 장치의 입장에서 본 데이터베이스 구조로써 실제로 데이터베이스에 저장될 레코드의 형식을 정의하고 저장 데이터 항목의 표현 방법, 내부 레코드의 물리적 순서 등을 나타낸다.

데이터베이스 언어(Database Language)

구분	내용
데이터 정의어 (DDL : Data Definition Language)	• 데이터베이스의 객체들, 즉 테이블, 뷰, 인덱스 등에 대한 구조인 스키마를 정의하고 변경하며 삭제할 수 있는 기능이 있다. • 논리적 데이터 구조와 물리적 데이터 구조 간의 사상 정의이다. • 번역한 결과가 데이터 사전에 저장된다.
데이터 조작어 (DML : Data Manipulation Language)	• 사용자와 데이터베이스 관리 시스템 간의 인터페이스를 제공한다. • 데이터의 검색/삽입/삭제/변경을 수행한다.
데이터 제어어 (DCL : Data Control Language)	• 불법적인 사용자로부터 데이터를 보호한다. • 무결성을 유지한다. • 데이터 회복 및 병행 제어를 수행한다.

데이터베이스 사용자

구분	내용
데이터 베이스 관리자 (DBA : Database Administ-rator)	• 데이터베이스를 구축하는 책임자이다. • DBMS를 관리한다. • 사용자 요구 정보 결정 및 데이터를 효율적으로 관리한다. • 백업 및 회복 전략을 정의한다. • 행정적 책임을 가지고 있다. • 시스템 감시 및 성능을 분석한다. • 데이터 사전을 구성한다. • 데이터 접근 권한과 회복 절차를 수립한다. • 데이터베이스의 구성 요소 결정과 내장 저장 구조를 정의 및 수정한다.
응용 프로그래머	• DBA가 설계한 데이터베이스를 기반으로 소프트웨어 개발 툴을 이용하여 사용자에게 제공할 소프트웨어를 작성하는 업무를 담당한다. • COBOL, PASCAL, C, JAVA 등의 개발 언어를 사용한다. 데이터베이스 응용 프로그램을 작성하기 위한 프로그램
일반 사용자	응용 프로그램, 질의어 등을 통하여 데이터베이스에 직접 접근하여 자원을 사용한다.

02 데이터베이스 모델

데이터 모델의 개념

현실 세계를 데이터베이스에 표현하는 중간 과정, 즉 데이터베이스 설계 과정에서 데이터의 구조를 표현하기 위해 사용되는 도구이다.

데이터 모델의 구성 요소 22.4, 20.9

- **데이터 구조(Structure)** : 데이터 구조 및 정적 성질을 표현한다.
- **연산(Operations)** : 데이터의 인스턴스에 적용 가능한 연산 명세와 조작 기법을 표현한다.
- **제약조건(Constraints)** : 데이터의 논리적 제한 명시 및 조작의 규칙이다.

◉ 데이터 모델의 구분

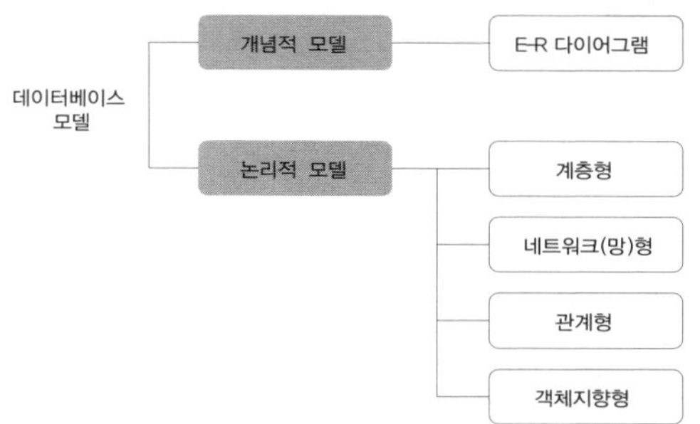

◉ 개념적 데이터 모델

정보 공학 방법론에서 데이터베이스 설계의 표현으로 사용하는 모델링 언어로 P.Chen이 처음 제안

- 속성들로 기술된 개체 타입과 이 개체 타입 간의 관계를 이용하여 현실 세계를 표현하는 방법이다.
- **E–R 모델(Entity–Relationship 모델, 개체–관계 모델)**
  - 대표적인 개념적 데이터 모델이다.
  - 개체 타입과 이들 간의 관계 타입을 이용하여 현실 세계를 개념적으로 표현한 방법이다.
  - **E–R 다이어그램** : E–R 모델을 그래프 방식으로 표현하였다. 24.8, 24.5, 23.3, 22.4, 21.5, 21.3, 20.9, 20.8, 20.6

기호	기호 이름	의미
(사각형)	사각형	개체(Entity)
(마름모)	마름모	관계(Relationship)
(타원)	타원	속성(Attribute)
(실선)	실선	개체 타입과 속성을 연결
(2중 타원)	2중 타원	다중값 속성

◉ 논리적 데이터 모델

- 필드로 기술된 데이터 타입과 이 데이터 타입 간의 관계를 이용하여 현실 세계를 표현하는 방법이다.
- 종류
  - **관계형 데이터 모델** : 데이터베이스를 테이블(Table)의 집합으로 표현한다.
  - **계층형 데이터 모델** : 데이터베이스를 트리(Tree) 구조로 표현한다.
  - **네트워크형 데이터 모델** : 데이터베이스를 그래프(Graph) 구조로 표현(오너–멤버 관계)하며, CODASYL DBTG 모델이라고도 한다.

단답형 문제

01 다음은 무엇에 대한 설명인가?

> "It defines the overall logical structure of the database. It is a description of all the data items used by the application programs or users and only one it can exist per database."

객관식 문제

02 다음 설명에 해당하는 것은?

> "물리적 저장 장치의 입장에서 본 데이터베이스 구조로서 실제로 데이터베이스에 저장될 레코드의 형식을 정의하고 저장 데이터 항목의 표현 방법, 내부 레코드의 물리적 순서 등을 나타낸다."

① 외부 스키마 ② 내부 스키마
③ 개념 스키마 ④ 슈퍼 스키마

03 E–R 모델의 표현 방법으로 옳지 않은 것은?

① 개체 타입 : 사각형 ② 관계 타입 : 마름모
③ 속성 : 오각형 ④ 연결 : 선

04 데이터 모델에 표시해야 할 요소로 거리가 먼 것은?

① 논리적 데이터 구조 ② 출력 구조
③ 연산 ④ 제약조건

05 데이터 모델에 대한 다음 설명 중 ( ) 안에 들어갈 내용으로 가장 타당한 것은?

> 데이터 모델은 일반적으로 3가지 구성 요소를 포함하고 있다. 첫째, 논리적으로 표현된 데이터 구조, 둘째, 이 구조에서 허용될 수 있는 연산, 셋째, 이 구조와 연산에서의 ( )에 대한 명세를 기술한 것이다.

① 개체 ② 속성
③ 도메인 ④ 제약조건

정답 01 Conceptual Schema 02 ② 03 ③ 04 ② 05 ④

POINT 41

관계형 데이터베이스 모델

01 관계형 데이터베이스 모델의 개요

관계형 데이터베이스를 구성하는 개체나 관계를 릴레이션(Relation)으로 표현함

◉ 관계형 데이터베이스 모델 구조 21.3, 20.8

〈학생〉 릴레이션
속성(Attribute)
학번
이름
학과
학년
2024010
면철이
경비학과
1
2024016
두목이
태권도학과
2
2024011
광철이
영문학과
3
튜플
(Tuple)
학년 도메인

- 튜플(Tuple) 24.8, 22.4, 22.3, 20.9
  - 테이블의 행(Row)에 해당하며 파일 구조의 레코드(Record)와 같은 의미이다.
  - 카디널리티(Cardinality) : 튜플의 수(기수)
  - 한 릴레이션의 튜플들의 값은 모두 상이하며, 튜플 간 순서가 없다.

예제

A1, A2, A3 3개 속성을 갖는 한 릴레이션에서 A1의 도메인은 3개 값, A2의 도메인은 2개 값, A3의 도메인은 4개 값을 갖는다. 이 릴레이션에 존재할 수 있는 가능한 튜플(Tuple)의 최대 수는?

릴레이션의 모든 튜플의 값은 달라야 한다는 전제하에 릴레이션이 가질 수 있는 최대의 튜플 수는 각 속성이 갖는 튜플 수를 모두 곱한 개수가 된다(최대 튜플 수 : 모든 속성에 포함된 튜플의 값이 다르다는 전제).
답 : 3 * 2 * 4 = 24

- 속성(Attribute)
  - 테이블의 열(Column)에 해당하며 파일 구조의 항목(Item), 필드(Field)와 같은 의미이다.
  - 차수(Degree) : 속성의 수 24.8, 21.5, 21.3, 20.9
  - 한 릴레이션의 속성은 원자값이며, 속성 간 순서가 없다.
- 도메인(Domain) : 하나의 애트리뷰트가 가질 수 있는 원자값들의 집합이다. 21.3, 20.6

예제

한 릴레이션 스키마가 4개 속성, 2개 후보키 그리고 그 스키마의 대응 릴레이션 인스턴스가 7개 튜플을 갖는다면 그 릴레이션의 차수(Degree)는?

릴레이션의 차수는 해당 릴레이션이 갖는 모든 속성의 수를 의미한다. 이 릴레이션의 전체 속성은 4개이며 그중 2개가 후보키이다. 즉, 전체 속성의 수는 4개이다. 차수에서 튜플 수는 고려사항이 아니다.
답 : 4

◉ 릴레이션의 특징 24.8, 22.4, 21.5, 20.8

- **튜플의 유일성** : 모든 튜플은 서로 다른 값을 갖는다.
- **튜플의 무순서성** : 하나의 릴레이션에서 튜플의 순서는 없다.
- **속성의 원자성** : 속성값은 원자값을 갖는다.
- **속성의 무순서성** : 각 속성은 릴레이션 내에서 유일한 이름을 가지며, 속성의 순서는 큰 의미가 없다.

02 키(Key)의 종류와 무결성

◉ 키의 분류

〈학생〉

학번	주민번호	이름	나이
1	920212-1	면처리	20
2	930202-2	두목이	23
3	990203-1	광처리	24

〈수강〉

학번	과목
1	운영체제
2	소프트웨어공학
3	C언어

◉ 슈퍼키(Super Key) 22.7, 21.8, 20.9

- 두 개 이상의 속성으로 구성된 키 또는 혼합키를 의미한다.
- 모든 튜플에 대해 유일성은 만족하지만, 최소성은 만족하지 않는다.

- 〈학생〉 릴레이션에서 학번, 주민번호, (학번, 이름), (학번, 나이), (학번, 주민번호), (주민번호, 이름) 등 튜플을 식별할 수 있는 모든 경우의 속성 또는 속성 집합이 슈퍼키가 될 수 있다.

◉ 후보키(Candidate Key) 24.5, 23.8, 22.4, 20.6

- 모든 튜플을 유일하게 식별할 수 있는 하나 또는 몇 개의 속성 집합이다.
- 모든 튜플에 대해 유일성과 최소성 모두 만족한다.
- 슈퍼키에서 구해진 속성, 속성 집합 중 가장 적은 속성의 집합(최소성)이 후보키가 된다(학번, 주민번호).

유일성: 튜플이 중복되지 않는 성질
최소성: 키를 구성하는 속성의 개수를 최소화하는 것

◉ 기본키(Primary Key) 22.4

- 후보키 중에서 대표로 선정된 키이다.
- 널 값(Null Value)을 가질 수 없다.
- 후보키 중 가장 적합한 속성 또는 속성 집합을 선택한다. 예 학번, 주민번호

널 값: 공백(Space)이나 0(Zero)과는 다른 의미이며, 아직 알려지지 않거나 모르는 값

◉ 대체키(Alternate Key)

- 후보키가 둘 이상 되는 경우, 그중에서 어느 하나를 선정하여 기본키로 지정하고 남은 나머지 후보키이다.
- 학번을 기본키로 선택한 경우 주민번호가 대체키가 된다.

◉ 외래키(Foreign Key) 22.3, 20.6

- 다른 테이블의 기본키로 사용되는 속성이다.
- 〈수강〉 릴레이션에서 〈학생〉 릴레이션을 참조할 때 〈학생〉 릴레이션의 학번은 참조키, 〈수강〉 릴레이션의 학번이 외래키가 된다.

◉ 무결성(Integrity)

- 릴레이션 무결성 규정(Relation Integrity Rules)은 릴레이션을 조작하는 과정에서의 의미적 관계(Semantic Relationship)를 명세한 것으로 정의 대상으로 도메인, 키, 종속성 등이 있다.
- **개체 무결성** : 기본키의 값은 널(Null) 값이나 중복 값을 가질 수 없다는 제약조건이다. 24.5, 22.4, 21.8, 21.5, 21.3, …
- **참조 무결성** : 릴레이션 R1에 속성 조합인 외래키를 변경하려면 이를 참조하고 있는 릴레이션 R2의 기본키도 변경해야 한다. 이때 참조할 수 없는 외래키 값을 가질 수 없다는 제약조건이다.
- **도메인 무결성** : 각 속성값은 해당 속성 도메인에 지정된 값이어야 한다는 제약조건이다.

단답형 문제

01 릴레이션에 있는 모든 튜플에 대해 유일성은 만족시키지만 최소성은 만족시키지 못하는 키는?

02 다음 설명의 ( ) 안에 들어갈 내용으로 적합한 것은?

> "후보키는 릴레이션에 있는 모든 튜플에 대해 유일성과 ( )(을)를 모두 만족시켜야 한다."

03 하나의 애트리뷰트가 가질 수 있는 원자값들의 집합을 의미하는 것은?

객관식 문제

04 다음 두 릴레이션에서 외래키로 사용된 것은? (단, 밑줄 친 속성은 기본키이다.)

> 과목(<u>과목번호</u>, 과목명)
> 수강(<u>수강번호</u>, 학번, 과목번호, 학기)

① 수강번호
② 과목번호
③ 학번
④ 과목명

05 데이터 무결성 제약조건 중 "개체 무결성 제약"조건에 대한 설명으로 맞는 것은?

① 릴레이션 내의 튜플들이 각 속성의 도메인에 지정된 값만을 가져야 한다.
② 기본키에 속해 있는 애트리뷰트는 널값이나 중복값을 가질 수 없다.
③ 릴레이션은 참조할 수 없는 외래키 값을 가질 수 없다.
④ 외래키 값은 참조 릴레이션의 기본키 값과 동일해야 한다.

정답 **01** 슈퍼키 **02** 최소성 **03** 도메인 **04** ② **05** ②

이론 3과목 데이터베이스 구축

POINT 42

데이터베이스 설계와 정규화

01 데이터베이스 설계 단계

요구조건 분석

- 데이터베이스 사용자로부터 요구조건 수집과 요구조건 명세서를 작성한다.

개념적 설계 23.6, 22.4

- 목표 DBMS에 독립적인 개념 스키마를 설계한다.
- 개념 스키마 모델링(E-R 다이어그램 작성)과 트랜잭션 모델링을 병행 수행한다.
  └ 개발 대상을 추상화하고 기호나 그림 등으로 시각적으로 표현

논리적 설계 23.3, 22.3, 20.6

- 목표 DBMS에 종속적인 논리적 스키마를 설계한다.
- 스키마의 평가 및 정제를 한다.
- 논리적 데이터 모델로 변환 및 트랜잭션 인터페이스를 설계한다.

물리적 설계 24.8, 21.8, 21.5, 21.3, 20.9

- 목표 DBMS에 종속적인 물리적 구조를 설계한다.
- 저장 레코드 양식 설계와 레코드 집중의 분석/설계, 액세스 경로 인덱싱, 클러스터링, 해싱 등의 설계가 포함된다.
- 접근 경로 설계 및 트랜잭션 세부 설계를 한다.

데이터베이스 구현

- 목표 DBMS의 DDL로 스키마를 작성한다.
- 데이터베이스에 등록 후 트랜잭션을 작성한다.

02 데이터베이스 정규화

정규화(Normalization)의 개념 21.8

- 함수적 종속성 등의 종속성 이론을 이용하여 잘못 설계된 관계형 스키마를 더 작은 속성의 세트로 쪼개어 바람직한 스키마로 만들어 가는 과정이다.
- 좋은 데이터베이스 스키마를 생성하고 불필요한 데이터의 중복을 방지하여 정보 검색을 용이하게 할 수 있도록 허용한다.

정규화의 목적 24.8, 23.3, 22.7, 20.9, 20.8

- 데이터 구조의 안정성 최대화
- 중복 데이터의 최소화
- 수정 및 삭제 시 이상 현상 최소화
- 테이블 불일치 위험 간소화

이상 현상(Anomaly) 21.5, 21.3, 20.8

- 릴레이션 조작 시 데이터들이 불필요하게 중복되어 예기치 않게 발생하는 곤란한 현상을 의미한다.
- **종류** : 삽입 이상, 삭제 이상, 갱신 이상

삽입 이상(Insertion Anomaly)

- 데이터를 삽입할 때 불필요한 데이터가 함께 삽입되는 현상이다.
- 〈수강〉 릴레이션에 학번이 600이고, 학년이 2인 학생 값을 새롭게 삽입하려 할 때, 이 학생이 어떤 과목을 등록해서 과목번호를 확보하지 않는 한 이 삽입은 성공할 수 없다(개체무결성 위반).

〈수강〉

학번	과목코드	성적	학년
100	C413	A	4
200	C123	B	1
300	C312	B	3
400	C312	C	2
400	C324	A	2
400	E412	C	2

단, 학번, 과목코드가 하나로 묶여 기본키가 되는 혼합 속성임

삭제 이상(Deletion Anomaly)

- 릴레이션의 한 튜플을 삭제함으로써 연쇄 삭제로 인해 정보의 손실을 발생시키는 현상이다.
- 〈수강〉 릴레이션에서 학번이 200인 학생이 과목 'C123'의 등록을 취소한다고 하자. 해당 학생의 등록을 취소하면서 이 학생의 성적과 학년 정보도 함께 삭제된다.

◉ 갱신 이상(Update Anomaly)

- 튜플 중에서 일부 속성을 갱신함으로써 정보의 모순성이 발생하는 현상이다.
- 〈수강〉 릴레이션에 학번이 400인 학생의 학년을 2에서 3으로 변경시킨다고 하자. 이 변경을 위해서는 이 릴레이션에 학번 400이 나타나 있는 튜플 3개 모두에 대해 학년의 값을 갱신시켜야 한다. 그렇게 하지 않고 일부 튜플만 변경시키게 되면 학번 400인 학생의 학년이 2와 3, 즉 두 가지 값을 갖게 되어 일관성이 없게 된다.

03 함수적 종속

◉ 함수적 종속

- 개체 내에 존재하는 속성 간의 관계를 종속적인 관계로 정리하는 방법이다.
- 데이터 속성들의 의미와 속성 간의 상호 관계로부터 도출되는 제약조건이다.
- 기준값을 결정자(Determinant)라 하고 종속되는 값을 종속자(Dependent)라고 한다.
- 속성 Y는 속성 X에 함수적 종속이라 하고 표현은 X → Y로 표현한다. 이때 X를 결정자, Y를 종속자라고 부른다.

◉ 부분 함수적 종속 21.8

– 복합 속성 (A, B)에 대하여 A → C가 성립할 때이다.

◉ 이행 함수적 종속 20.8, 20.6

- 속성 X, Y, Z가 주어졌을 때 X → Y, Y → Z하면 X → Z가 성립된다는 것이다.

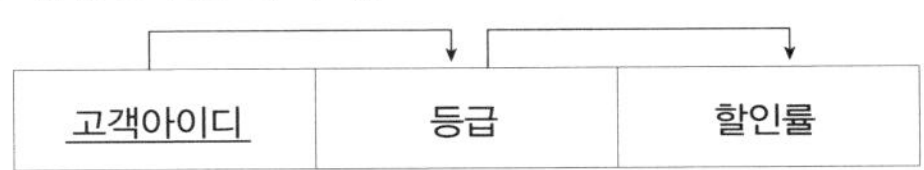

- 고객아이디는 등급을 결정하고, 등급은 할인율을 결정한다. 즉 고객아이디로 할인율을 결정할 수 있는 이행 종속 문제가 발생한다.
- (고객아이디, 등급), (등급, 할인율) 두 개의 테이블로 분리하도록 한다(3차 정규형 진행).

단답형 문제

01 릴레이션 조작 시 데이터들이 불필요하게 중복되어 예기치 않게 발생하는 곤란한 현상을 의미하는 것은?

객관식 문제

02 이행적 함수 종속 관계를 의미하는 것은?

① A → B이고 B → C일 때, A → C를 만족하는 관계
② A → B이고 B → C일 때, C → A를 만족하는 관계
③ A → B이고 B → C일 때, B → A를 만족하는 관계
④ A → B이고 B → C일 때, C → B를 만족하는 관계

03 데이터베이스의 논리적 설계(Logical Design) 단계에서 수행하는 작업이 아닌 것은?

① 레코드 집중의 분석 및 설계
② 논리적 데이터베이스 구조로 매핑(Mapping)
③ 트랜잭션 인터페이스 설계
④ 스키마의 평가 및 정제

04 정규화의 목적으로 옳지 않은 것은?

① 어떠한 릴레이션이라도 데이터베이스 내에서 표현 가능하게 만든다.
② 데이터 삽입 시 릴레이션을 재구성할 필요성을 줄인다.
③ 중복을 배제하여 삽입, 삭제, 갱신 이상의 발생을 야기한다.
④ 효과적인 검색 알고리즘을 생성할 수 있다.

05 데이터베이스 설계 시 물리적 설계 단계에서 수행하는 사항이 아닌 것은?

① 저장 레코드 양식 설계
② 레코드 집중의 분석 및 설계
③ 접근 경로 설계
④ 목표 DBMS에 맞는 스키마 설계

정답 01 이상현상(Anomaly) 02 ① 03 ① 04 ③ 05 ④

POINT 43

정규화

01 정규화 과정 21.8

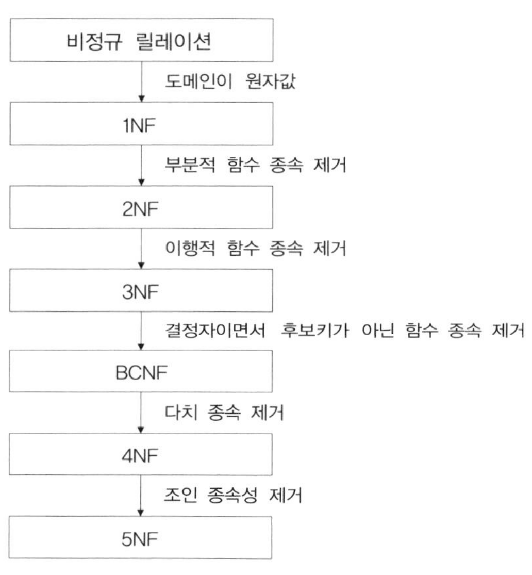

◉ 1정규형 21.3, 20.8

하나의 항목에는 중복된 값이 입력될 수 없음

- 어떤 릴레이션에 속한 모든 도메인이 원자값(Atomic Value)만으로 되어 있는 릴레이션이다.
- 하나의 속성만 있어야 하고 반복되는 속성은 별도 테이블로 분리한다.

국가	도시
대한민국	서울, 부산
미국	워싱턴, 뉴욕
중국	베이징

➔

국가	도시
대한민국	서울
대한민국	부산
미국	워싱턴
미국	뉴욕
중국	베이징

◉ 2정규형 20.6

- 1정규형을 만족하고, 릴레이션에 내재된 부분 함수적 종속을 제거한다.
- 기본키가 아닌 애트리뷰트 모두가 기본키에 완전 함수 종속이 되도록 부분 함수적 종속에 해당하는 속성을 별도의 테이블로 분리한다.

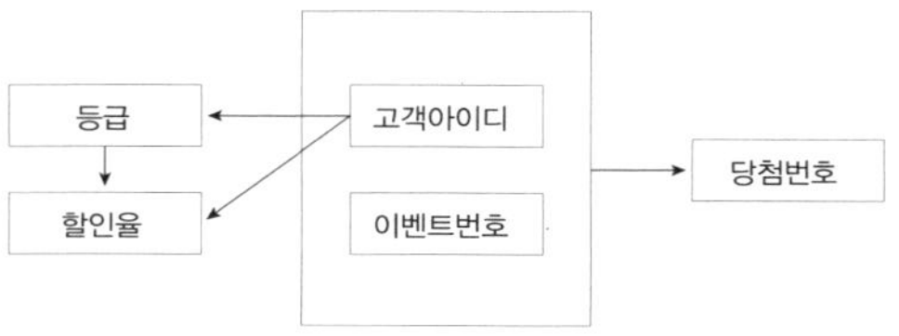

(등급, 할인율) 필드는 기본키에 부분 함수적 종속

- 등급, 할인율 필드는 혼합 속성의 기본키(고객아이디, 이벤트번호)에 부분 함수적 종속성을 갖는다.
- 다음과 같이 완전 함수적 종속을 만족하도록 두 개의 테이블로 분할하여 부분 함수적 종속성을 해소한다.

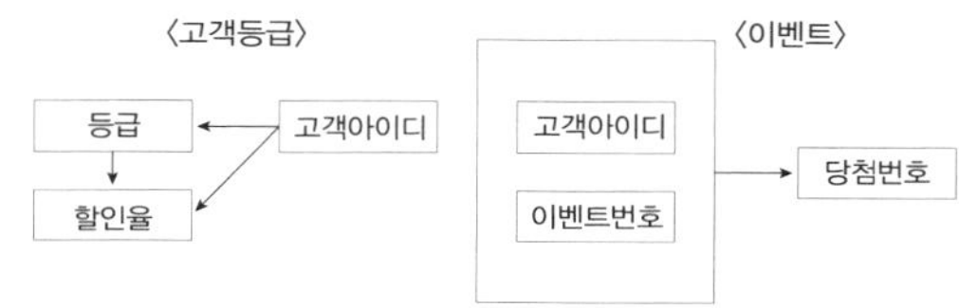

◉ 3정규형 22.3

- 1, 2정규형을 만족하고, 속성 간 이행적 함수 종속을 제거한다.

A → B, B → C이면 A → C

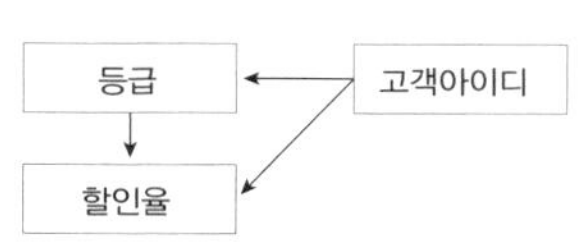

- 위 그림과 같이 고객아이디는 등급을 결정하고, 등급은 할인율을 결정하는 이행 함수적 종속성이 남아 있다.

- 아래 그림과 같이 테이블을 2개로 분할하여 이행 종속성을 해소한다.

Boyce-Codd Normal Form

◉ BCNF(보이스/코드) 정규형 24.8, 24.5, 23.6, 22.4, 21.5, …

- 1, 2, 3정규형을 만족하고, 결정자가 후보키가 아닌 함수 종속이 제거되면 보이스/코드 정규형에 속한다.
- 후보키를 여러 개 가지고 있는 릴레이션에서 발생할 수 있는 이상 현상을 해결하기 위해 3정규형 보다 좀더 강력한 제약조건을 적용한다.
- 보이스/코드 정규형에 속하는 모든 릴레이션은 3정규형에 속하지만, 3정규형에 속하는 모든 릴레이션이 보이스/코드 정규형에 속하지는 않는다.

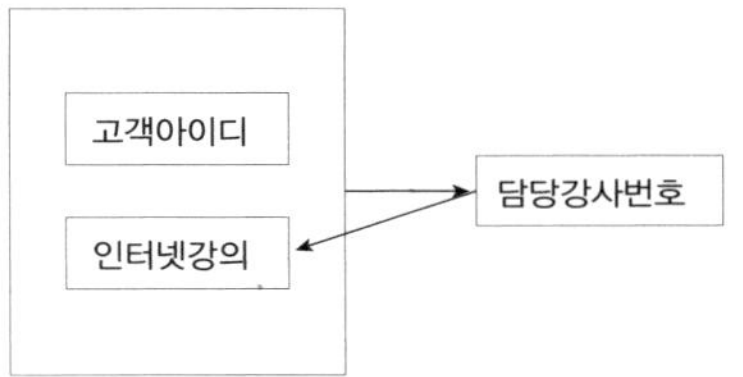

릴레이션 후보키(결정자) 목록
(고객아이디, 인터넷강의) ← 기본키
(고객아이디, 담당강사번호)

위의 함수 종속관계에서(고객아이디, 인터넷강의)는 기본키이다. 이어서 (고객아이디, 담당강사번호) 후보키로는 튜플을 식별하지 못하므로 모두 후보키가 될 수 없다.
아래와 같이 후보키가 아닌 결정자를 제거하고 분할한다.

〈고객별담당강사〉 〈강의담당〉

◉ 4정규형

- 1, 2, 3, BCNF 정규형을 만족하고, 다가(다치) 종속을 제거한다.

◉ 5정규형 22.3

- 1, 2, 3, BCNF, 4정규형을 만족하고, 후보키를 통하지 않은 조인 종속을 제거한다.

단답형 문제

01 릴레이션 R의 모든 결정자(Determinant)가 후보키이면 그 릴레이션 R은 어떤 정규형에 속하는가?

객관식 문제

02 정규화 과정 중 1NF에서 2NF가 되기 위한 조건은?

① 1NF를 만족하고 모든 도메인이 원자값이어야 한다.
② 1NF를 만족하고 키가 아닌 모든 애트리뷰트들이 기본키에 이행적으로 함수 종속되지 않아야 한다.
③ 1NF를 만족하고 다치 종속이 제거되어야 한다.
④ 1NF를 만족하고 키가 아닌 모든 속성이 기본키에 대하여 완전 함수적 종속 관계를 만족해야 한다.

03 다음과 같이 위쪽 릴레이션을 아래쪽 릴레이션으로 정규화를 하였을 때 어떤 정규화 작업을 한 것인가?

국가	도시
대한민국	서울, 부산
미국	워싱턴, 뉴욕
중국	베이징

→

국가	도시
대한민국	서울
대한민국	부산
미국	워싱턴
미국	뉴욕
중국	베이징

① 제1정규형 ② 제2정규형
③ 제3정규형 ④ 제4정규형

04 어떤 릴레이션 R의 모든 조인 종속성의 만족이 R의 후보 키를 통해서만 만족 될 때, 이 릴레이션 R이 해당하는 정규형은?

① 제5정규형 ② 제4정규형
③ 제3정규형 ④ 제1정규형

정답 01 보이스/코드 정규형 02 ④ 03 ① 04 ①

02 반정규화 20.9

- 정규화를 통하여 정합성과 데이터 무결성이 보장되지만, 테이블의 개수가 증가함에 따라 테이블 간의 조인이 증가하여 조회 성능이 떨어질 수 있는데 이렇게 정규화된 엔티티, 속성, 관계에 대해 시스템의 성능 향상과 개발(Development) 및 운영(Maintenance)의 단순화를 위해 중복, 통합, 분리 등을 수행하는 데이터 모델링의 기법을 의미한다.
- **반정규화 기법** : 테이블 반정규화, 컬럼 반정규화, 관계 반정규화
- **테이블 반정규화 기법** : 테이블 병합, 테이블 분할, 테이블 추가
- **테이블 추가 반정규화 유형** : 중복 테이블 추가, 집계 테이블 추가, 진행 테이블 추가, 부분 테이블 추가

◉ 테이블 병합

기법	설명
1:1 관계 테이블 병합	1:1 관계를 통합하여 성능을 향상시킨다.
1:M 관계 테이블 병합	1:M 관계를 통합하여 성능을 향상시킨다.
슈퍼/서브 타입 테이블 병합	슈퍼/서브를 통합하여 성능을 향상시킨다.

◉ 테이블 분할(파티셔닝)

- 테이블을 여러 부분으로 분할하는 것을 의미한다.
- 대표적인 분산 데이터베이스 분할로 각 파티션은 여러 노드로 분산 배치되어 사용자가 각 노드에서 로컬 트랜잭션을 수행할 수 있다.
- 파티션 각각이 작은 데이터베이스가 되도록 분할하는 방법과 하나의 테이블만 같이 선택된 요소로 분리하는 방법이 있다.

◉ 행/열 분할 기법

수직 분할	트랜잭션의 처리 유형을 파악하고 컬럼(열) 단위의 테이블을 저장 장치의 I/O 분산 처리를 위하여 테이블을 1:1로 분리하여 성능을 향상시킨다.
수평 분할	로우(행) 단위로 집중 발생되는 트랜잭션을 분석하여 저장 장치의 I/O 및 데이터 접근의 효율성과 성능 향상을 위해 로우 단위로 테이블을 분할한다.

◉ 분할 키 기준 분할 기법

범위 분할	분할 키 값이 범위 내에 있는지 여부로 구분한다. 예를 들어, 우편번호를 분할 키로 수평 분할하는 경우이다(일, 월, 분기 등 순차 데이터를 관리하는 테이블에 많이 사용한다).
목록 분할	값 목록에 파티션의 할당 분할 키 값을 그 목록에 비추어 파티션을 선택한다. 예를 들어, Country라는 컬럼의 값이 Iceland, Norway, Sweden, Finland, Denmark 중 하나에 있는 행을 빼낼 때 북유럽 국가 파티션을 구축할 수 있다.
해시 분할	해시 함수의 값에 따라 파티션에 포함할지를 결정한다. 예를 들어, 4개의 파티션으로 분할하는 경우 해시 함수는 0~3의 정수를 돌려준다.
합성 분할	범위, 목록, 해시 분할을 결합하여 사용한다. 예를 들면 먼저 범위 분할하고, 다음에 해시 분할 같은 것을 생각할 수 있다. 컨시스턴트 해시법은 해시 분할 및 목록 분할의 합성으로 간주될 수 있고 키 공간을 해시 축소함으로써 일람할 수 있게 한다.
라운드로빈 분할	• 라운드로빈 분할로 회전하면서 새로운 행이 파티션에 할당된다. • 파티션에 행의 고른 분포를 원할 때 사용한다. • 기본키가 필수가 아니며, 해시 분할과 다르게 분할 컬럼을 명시하지 않아도 된다.

◉ 데이터베이스 클러스터링

- 두 대 이상의 서버를 하나의 서버처럼 운영하는 기술로, 서버 이중화 및 공유 스토리지를 사용하여 서버의 가용성을 높이는 기술이다.
- **병렬 처리 클러스터링** : 처리율을 높이기 위한 목적으로 단위 작업을 여러 서버에서 분산 처리한다.
- **고가용성 클러스터링** : 하나의 서버에 장애가 발생하면 다른 서버가 작업을 이어받아 처리하여 서비스 중단을 방지한다.

◉ 테이블 추가 20.6

중복 테이블 추가	업무가 다르거나 서버가 분리된 경우 같은 테이블을 중복으로 추가하여 원격조인을 제거하는 방법을 통하여 성능을 향상시킨다.
집계 테이블 추가	합계, 평균 등 통계 계산을 미리 수행하여 계산해 두어 조회 시 성능을 향상한다.
이력 테이블 추가	이력 테이블에 레코드를 중복 저장하여 성능을 향상시킨다.
부분 테이블 추가	하나의 테이블을 전체 컬럼 중 자주 이용하는 집중화된 컬럼이 있을 경우, 디스크 I/O를 줄이기 위해 해당 컬럼들을 모아놓은 별도의 반정규화된 테이블을 생성한다.
진행 테이블 추가	검색 조건이 여러 테이블에 걸쳐 다양하게 사용되어 복잡하고 처리량이 많은 경우 사용한다.

◉ 컬럼 반정규화

중복 컬럼 추가	조인 시 성능 저하를 예방하기 위해, 중복된 컬럼을 추가하여 조인 횟수를 감소시킨다.
파생 컬럼 추가	트랜잭션이 처리되는 시점에 계산 때문에 발생하는 성능 저하를 예방하기 위해 미리 계산된 값을 저장하는 파생 컬럼을 추가한다.
이력 테이블 컬럼 추가	대량의 이력 데이터를 처리할 때 임의의 날짜 조회나 최근 값을 조회할 때 발생하는 성능 저하를 예방하기 위해 최근값 여부, 시작일, 종료일 등의 기능성 컬럼을 추가한다.
PK(Primary Key)에 의한 컬럼 추가	복합 의미가 있는 PK를 단일 속성으로 구성했을 때 발생하며 PK 안에 데이터가 존재하지만, 성능 향상을 위해 일반 컬럼으로 추가한다.
응용 시스템 오작동을 위한 컬럼 추가	업무적으로는 의미가 없으나, 데이터 처리할 때 오류로 인해 원래값으로 복구하길 원하는 경우 이전 데이터를 임시로 중복 보관하는 컬럼을 추가한다.

◉ 관계 반정규화

중복 관계 추가	데이터 처리 시 여러 경로를 거쳐 조인할 수 있지만, 이때 발생할 수 있는 성능 저하를 방지하기 위해 추가적인 관계 설정을 통하여 성능을 향상할 수 있다.

단답형 문제

01 정규화된 엔티티, 속성, 관계를 시스템의 성능 향상과 개발 운영의 단순화를 위해 중복, 통합, 분리 등을 수행하는 데이터 모델링 기법은?

객관식 문제

02 반정규화(Denormalization) 유형 중 중복 테이블을 추가하는 방법에 해당하지 않는 것은?

① 빌드 테이블의 추가
② 집계 테이블의 추가
③ 진행 테이블의 추가
④ 특정 부분만을 포함하는 테이블 추가

03 병렬 데이터베이스 환경 중 수평 분할에서 활용되는 분할 기법이 아닌 것은?

① 라운드-로빈 ② 범위 분할
③ 예측 분할 ④ 해시 분할

04 다음 중 반정규화의 이유로 가장 부적절한 것은?

① 데이터를 조회할 때 디스크 입출력량이 많아서 성능이 저하될 때 반정규화를 수행 한다.
② 데이터 무결성을 보장하지 못할 때 반정규화를 수행한다.
③ 경로가 너무 멀어 조인으로 인한 성능 저하가 예상될 때 반정규화를 수행한다.
④ 칼럼을 계산하여 읽을 때 성능이 저하될 것이 예상되는 경우 반정규화를 수행한다

05 테이블 반정규화 기법 중 테이블 병합이 아닌 것은?

① 1:1 관계 테이블 병합
② 1:M 관계 테이블 병합
③ 슈퍼/서브 타입 테이블 병합
④ 통계 테이블 추가

정답 01 반정규화 02 ① 03 ③ 04 ② 05 ④

POINT 44
관계 대수와 연산자

01 관계 대수와 관계 해석

◉ 관계 대수(Relational Algebra) 24.8, 21.8, 20.9

- 원하는 정보와 그 정보를 어떻게 유도하는가를 기술하는 절차적인 방법이다.
- 주어진 릴레이션 조작을 위한 연산의 집합이다.
- 일반 집합 연산과 순수 관계 연산으로 구분된다.
- 질의에 대한 해를 구하기 위해 수행해야 할 연산의 순서를 명시한다.

◉ 관계 해석(Relational Calculus) 23.7

- 원하는 정보가 무엇이라는 것만 정의하는 비절차적인 방법이다.
- 도메인 관계 해석과 튜플 관계 해석이 있다.

◉ 관계 해석 자유 변수 23.7, 22.3

- ∀ : for all(모든 것에 대하여), 전칭 정량자(Universal quantifier)
- ∃ : "There exists", "For Some", 존재 정량자(Existential quantifier)

02 순수 관계 연산자

◉ 순수 관계 연산자의 종류 21.8, 21.5, 21.3, 20.8, 20.6

Select(σ)	튜플 집합을 검색한다.
Project(π)	속성 집합을 검색한다.
Join(⋈)	두 릴레이션의 공통 속성을 연결한다.
Division(÷)	두 릴레이션에서 특정 속성을 제외한 속성만 검색한다.

◉ Select(선택)

- 릴레이션의 행에 해당하는 튜플을 선택하는 것이므로 수평적 연산이라고도 한다.
- 연산자의 기호는 시그마(σ)를 사용한다.

예제

$\sigma_{학과='전자과'}$(학생) : 학생 릴레이션에서 학과가 전자과인 학생의 튜플을 검색하시오.

〈학생〉

학번	이름	학과	졸업연도
b101	박수준	국문과	2025
c101	강희영	전자과	2026
c103	두목이	전자과	2027
d101	면처리	영문과	2028

↓

〈결과〉

학번	학과	이름	졸업연도
c101	강희영	전자과	2026
c103	두목이	전자과	2027

◉ Project(추출)

- Project(추출)은 릴레이션의 열에 해당하는 속성을 추출하는 것이므로 수직적 연산이라고도 한다.
- 연산자의 기호는 파이(π)를 사용한다.

◉ Join(결합)

- 공통 속성을 기준으로 두 릴레이션을 합하여 새로운 릴레이션을 만드는 연산이다.
- 연산자의 기호는 ⋈를 사용한다.

◉ Division(나누기) 20.8

- Division에서 나누어지는 릴레이션(학생 릴레이션)은 나누는 릴레이션(학과 릴레이션)의 모든 속성을 전부 포함하고 있다.
- 연산자의 기호는 ÷를 사용한다.

03 집합 연산자

◉ 일반 집합 연산자의 종류

합집합	∪	두 릴레이션의 튜플의 합집합을 구하는 연산이다.
교집합	∩	두 릴레이션의 튜플의 교집합을 구하는 연산이다.
차집합	−	두 릴레이션의 튜플의 차집합을 구하는 연산이다.
교차곱	×	두 릴레이션의 튜플들의 교차곱(순서쌍)을 구하는 연산이다.

◉ Union(합집합) 24.5, 22.3

- Union(합집합)은 두 개의 릴레이션을 합쳐 하나의 릴레이션을 생성한다.
- 연산자의 기호는 ∪를 사용한다.

◉ Intersection(교집합) 24.8, 21.5

- Intersection(교집합)은 연관성이 있는 두 개의 릴레이션에서 중복되는 레코드를 선택하여 릴레이션을 생성한다.
- 연산자의 기호는 ∩를 사용한다.

◉ Difference(차집합) 24.5, 23.6

- Difference(차집합)은 연관성이 있는 두 개의 릴레이션에서 중복되는 레코드를 제거하여 릴레이션을 생성한다.
- 연산자의 기호는 −를 사용한다.

◉ Cartesian Product(교차곱) 24.5, 21.8, 21.5

- 두 릴레이션의 튜플을 교차 곱하여 생성한다.
- 연산자의 기호는 ×를 사용한다.

릴레이션 R의 차수가 4이고 카디널리티가 5이며, 릴레이션 S의 차수가 6이고 카디널리티가 7일 때, 두 개의 릴레이션을 카티션 프로덕트한 결과의 새로운 릴레이션의 차수와 카디널리티는 얼마인가?

Cartesian Product는 속성의 개수는 더하고 각 튜플을 곱하는 것을 의미한다.
릴레이션 R – 차수 4, 카디널리티 5
릴레이션 S – 차수 6, 카디널리티 7
답 : 차수 10, 카디널리티 35

단답형 문제

01 조건을 만족하는 릴레이션의 수평적 부분 집합으로 구성하며, 연산자의 기호는 그리스 문자 시그마(σ)를 사용하는 관계 대수 연산은?

02 관계 대수 연산에서 두 릴레이션이 공통으로 가지고 있는 속성을 이용하여 두 개의 릴레이션을 하나로 합쳐서 새로운 릴레이션을 만드는 연산은?

객관식 문제

03 관계 대수 연산에서 두 릴레이션이 공통으로 가지고 있는 속성을 이용하여 두 개의 릴레이션을 하나로 합쳐서 새로운 릴레이션을 만드는 연산은?

① ⋈ ② ⊃
③ π ④ σ

04 관계 대수의 순수 관계 연산자가 아닌 것은?

① Select
② Cartesian Product
③ Division
④ Project

05 관계 대수에 대한 설명으로 틀린 것은?

① 주어진 릴레이션 조작을 위한 연산의 집합이다.
② 일반 집합 연산과 순수 관계 연산으로 구분된다.
③ 질의에 대한 해를 구하기 위해 수행해야 할 연산의 순서를 명시한다.
④ 원하는 정보와 그 정보를 어떻게 유도하는가를 기술하는 비절차적 방법이다.

01 Select **02** ⋈ **03** ① **04** ② **05** ④

POINT 45

SQL, DDL, DCL, View

01 SQL, DDL(Data Definition Language)

SQL(Structured Query Language) 21.8

- **의미** : 관계형 데이터베이스의 표준 질의어이다.
- **종류** : DDL, DML, DCL

DDL(데이터 정의어)의 개념 21.3

- 데이터베이스의 정의/변경/삭제에 사용되는 언어이다.
- 논리적 데이터 구조와 물리적 데이터 구조로 정의할 수 있다.
- 논리적 데이터 구조와 물리적 데이터 구조 간의 사상을 정의한다.
- 번역한 결과가 데이터 사전에 저장된다.
- **종류** 23.6
  - CREATE 21.5 : 스키마, 도메인, 테이블, 뷰 정의
  - ALTER : 테이블 정의 변경(필드 추가, 삭제, 갱신)
  - DROP : 스키마, 도메인, 테이블, 뷰 삭제

CREATE문 문법 구조

속성의 타입 변경은 ALTER문을 사용

- CREATE TABLE : 테이블을 생성하는 명령문이다.

```
CREATE TABLE 기본테이블
    ({열이름 데이터_타입 [NOT NULL] [DEFALUT 값], }
    {[PRIMARY KEY(열이름_리스트)]},
    {[UNIQUE(열이름_리스트,…)]},
    {[FOREIGN KEY(열이름_리스트)]
    REFERENCES 기본테이블[(기본키_열이름)]
    [ON DELETE 옵션]
    [ON UPDATE 옵션]}
    [CHECK(조건식)]);
```

- { }는 중복 가능한 부분
- NOT NULL은 특정 열에 대해 널(Null) 값을 허용하지 않을 때 기술한다.
- PRIMARY KEY는 기본키를 구성하는 속성을 지정할 때 사용된다.
- FOREIGN KEY는 외래키로 어떤 릴레이션의 기본키를 참조하는지를 기술한다.

ALTER문 문법 구조 21.3, 20.9

- ALTER TABLE : 테이블 구조(필드 추가, 삭제, 변경) 변경문이다.

```
ALTER TABLE 테이블_이름 ADD 열_이름 데이터_타입 DEFAULT 값;
ALTER TABLE 테이블_이름 ALTER 열_이름 SET DEFAULT 값;
ALTER TABLE 테이블_이름 DROP 열_이름 CASCADE;
```

ADD	새로운 열(속성)을 추가할 때 사용한다.
ALTER	특정 열(속성)의 디폴트 값을 변경할 때 사용한다.
DROP	특정 열(속성)을 제거할 때 사용한다.

DROP문 문법 구조

- DROP : 테이블 삭제문 23.3

```
DROP SCHEMA 스키마_이름 [CASCADE | RESTRICT];
DROP DOMAIN 도메인_이름 [CASCADE | RESTRICT];
DROP TABLE 테이블_이름 [CASCADE | RESTRICT];
DROP INDEX 인덱스_이름;
```

24.5, 23.8 CASCADE 연쇄	옵션을 사용하면 삭제할 요소가 다른 개체에서 참조 중이라도 삭제가 수행된다.
RESTRICT 제한	옵션을 사용하면 삭제할 요소가 다른 개체에서 참조 중이라면 삭제가 수행되지 않는다.

02 DCL(Data Control Language)

DCL(데이터 제어어)의 개념 22.4, 20.6

- 데이터 제어 정의 및 기술에 사용되는 언어이다.
- 불법적인 사용자로부터 데이터를 보호한다.
- 무결성을 유지하고 데이터 복구 및 병행 제어를 한다.
- **종류** 24.8, 22.3, 20.8
  - COMMIT : 명령어로 수행된 결과를 실제 물리적 디스크로 저장하고, 명령어로 수행을 성공적으로 완료하였음을 선언한다.

– ROLLBACK 21.5 : 명령어로 수행에 실패하였음을 알리고, 수행된 결과를 원상복귀시킨다.
– GRANT 22.4 : 데이터베이스 사용자에게 사용 권한을 부여한다.
– REVOKE : 데이터베이스 사용자로부터 사용 권한을 취소한다.

◉ 뷰(View)

DBA는 보안성 측면에서 뷰를 활용할 수 있음

- 사용자에게 접근이 허용된 자료만을 제한적으로 보여주기 위해 기본 테이블에서 유도되는 가상 테이블이다.

◉ 뷰(View) 특징 23.3, 22.4, 22.3, 21.5, 20.9, 20.8, 20.6

- 뷰의 생성 시 CREATE문, 검색 시 SELECT문을 사용한다.
- 뷰의 정의 변경 시 ALTER문을 사용할 수 없고 DROP문을 이용한다.
- 뷰를 이용한 또 다른 뷰의 생성이 가능하다.
- 하나의 뷰 제거 시 그 뷰를 기초로 정의된 다른 뷰도 함께 삭제된다.
- 뷰에 대한 조작에서 삽입, 갱신, 삭제 연산은 제약이 따른다.
- 뷰가 정의된 기본 테이블이 제거되면 뷰도 자동적으로 제거된다.

◉ 뷰(View) 장점

장점	• 논리적 데이터 독립성 제공, 사용자 데이터 관리 편의성을 제공한다. • 접근 제어를 통한 보안을 제공한다.
단점	• ALTER VIEW문으로 뷰의 정의 변경이 불가능하다. • 삽입, 갱신, 삭제 연산에 제약이 따른다.

◉ 시스템 카탈로그(System Catalog) 23.3, 22.4, 21.5, 21.3

- 시스템 자신이 필요로 하는 여러 가지 객체(기본 테이블, 뷰, 인덱스, 데이터베이스, 패키지, 접근 권한 등)에 관한 정보를 포함하고 있는 시스템 데이터베이스이다.
- 데이터 사전(Data Dictionary), 메타 데이터(Meta Data)라고도 한다.

  메타 데이터: 데이터에 대한 정보. 즉 데이터베이스에 저장된 자료들의 정보를 담고 있는 것을 말함
- 시스템 카탈로그 자체도 시스템 테이블로 구성되어 있어 SQL문을 이용하여 내용 검색이 가능하다.
- 사용자가 시스템 카탈로그를 직접 갱신할 수는 없으나 SQL문으로 여러 가지 객체에 변화를 주면 시스템이 자동으로 갱신된다.

단답형 문제

01 학생 테이블을 생성한 후, 성별 필드가 누락되어 이를 추가하려고 한다. 이에 적합한 SQL 명령어는?

객관식 문제

02 뷰(View)에 대한 설명으로 옳지 않은 것은?
① 뷰는 CREATE문을 사용하여 정의한다.
② 뷰는 데이터의 논리적 독립성을 제공한다.
③ 뷰를 제거할 때에는 DROP문을 사용한다.
④ 뷰는 저장 장치 내에 물리적으로 존재한다.

03 데이터 제어 언어(DCL)의 기능으로 옳지 않은 것은?
① 데이터 보안
② 논리적, 물리적 데이터 구조 정의
③ 무결성 유지
④ 병행 수행 제어

04 시스템 카탈로그에 대한 설명으로 옳지 않은 것은?
① 사용자가 직접 시스템 카탈로그의 내용을 갱신하여 데이터베이스 무결성을 유지한다.
② 시스템 자신이 필요로 하는 스키마 및 여러 가지 객체에 관한 정보를 포함하고 있는 시스템 데이터베이스이다.
③ 시스템 카탈로그에 저장되는 내용을 메타데이터라고도 한다.
④ 시스템 카탈로그는 DBMS가 스스로 생성하고 유지한다.

정답 01 ALTER 02 ④ 03 ② 04 ①

POINT 46

데이터베이스 조작(DML)

01 DML(Data Manipulation Language)

DML(데이터 조작어)의 개념 22.4, 21.5, 20.9, 20.8, 20.6

- 데이터의 검색/삽입/삭제/변경에 사용되는 언어이다.
- 사용자와 DBMS 간의 인터페이스를 제공한다.
- 종류

SELECT	• 튜플 검색 명령어이다. • 기본 구조 SELECT 속성명[ALL | DISTINCT] FROM 릴레이션명　　중복 값을 제거할 때 사용 WHERE 조건; [GROUP BY 속성명1, 속성명2,…] [HAVING 조건]　Ascending(오름차순)　Descending(내림차순) [ORDER BY 속성명 [ASC | DESC]]; • ALL : 모든 튜플을 검색 (생략 가능) • DISTINCT : 중복된 튜플 생략
INSERT	• 튜플 삽입 명령어이다. • 기본 구조 INSERT INTO 테이블명(속성명1, 속성명2, …) VALUES(데이터1, 데이터2 …);
DELETE	• 튜플 삭제 명령어이다. • 기본 구조 DELETE FROM 테이블명 WHERE 조건;
UPDATE	• 튜플의 내용 변경 명령어이다. • 기본 구조 UPDATE 테이블명 SET 속성명=데이터 WHERE 조건;

02 SELECT 23.8

예제

1. 다음 R1과 R2의 테이블에서 아래의 실행결과를 얻기 위한 SQL 문은? 21.5

[R1] 테이블

학번	이름	학년	학과	주소
1000	홍길동	1	컴퓨터공학	서울
2000	김철수	1	전기공학	경기
3000	강남길	2	전자공학	경기
4000	오말자	2	컴퓨터공학	경기
5000	장미화	3	전자공학	서울

[R2] 테이블

학번	과목번호	과목이름	학점	점수
1000	C100	컴퓨터 구조	A	91
2000	C200	데이터베이스	A+	99
3000	C100	컴퓨터 구조	B+	89
3000	C200	데이터베이스	B	85
4000	C200	데이터베이스	A	93
4000	C300	운영체제	B+	88
5000	C300	운영체제	B	82

[실행 결과]

과목번호	과목이름
C100	컴퓨터 구조
C200	데이터베이스

```
SELECT 과목번호, 과목이름
  FROM R1, R2
  WHERE R1.학번 = R2.학번 AND R1.학과 = '전자공학' AND
  R1.이름 = '강남길';
```

두 조건식이 모두 만족하면 AND, 두 조건식 중 하나만 만족해도 되면 OR

[설명]
R1, R2 테이블에서 학번이 같으면서, R1의 학과가 '전자공학'이면서 '강남길'인 항목의 과목번호,과목이름을 출력하는 SQL문이다.

R1, R2 테이블을 학번으로 조인하고, R1 테이블에서 '전자공학'이면서 '강남길'인 레코드를 R2에서 검색하면 된다.

2. R1 테이블에서 성이 '홍'인 학생의 레코드를 검색하시오.

```
SELECT *
  FROM R1
  WHERE 이름 LIKE '홍%';
```

[실행 결과]

학번	이름	학년	학과	주소
1000	홍길동	1	컴퓨터공학	서울

◉ BETWEEN 24.8, 22.3

- 구간값 조건식이다.
- BETWEEN 170 AND 180은 170 이상에서 180 이하까지의 범위를 의미한다.
- where 점수 >= 90 and 점수 <= 95로 표현할 수 있다.

예제

1. R2 테이블에서 점수가 80점에서 85점까지인 학번, 점수 필드의 레코드를 검색하시오.

```
SELECT 학번, 점수
  FROM R2
  WHERE 점수 BETWEEN 80 AND 85;
```

[실행 결과]

학번	점수
3000	85
5000	82

2. R2 테이블에서 과목번호별 점수의 평균을 구하시오.

```
SELECT 과목번호, AVG(점수) AS 평균
  FROM R2            검색 결과 필드명의 별칭
  GROUP BY 과목번호;
```

[실행 결과]

과목번호	평균
C100	90
C200	92.3
C300	85

단답형 문제

01 STUDENT 테이블에 독일어과 학생 50명, 중국어과 학생 30명, 영어영문학과 학생 50명의 정보가 저장되어 있을 때, 다음 두 SQL 문의 실행 결과 튜플 수는? (단, DEPT 컬럼은 학과명)

```
ⓐ SELECT DEPT FROM STUDENT;
ⓑ SELECT DISTINCT DEPT FROM STUDENT;
```

객관식 문제

02 SQL의 분류 중 DDL에 해당하지 않는 것은?

① UPDATE
② ALTER
③ DROP
④ CREATE

03 player 테이블에는 player_name, team_id, height 컬럼이 존재한다. 아래 SQL문에서 문법적 오류가 있는 부분은?

```
(1) SELECT player_name, height
(2) FROM player
(3) WHERE team_id = 'Korea'
(4) AND height BETWEEN 170 OR 180;
```

① (1)　　② (2)
③ (3)　　④ (4)

정답 01 ⓐ 130, ⓑ 03 02 ① 03 ④

03 그룹 함수, 하위 질의

그룹 함수의 종류(집계 함수) 24.5, 23.8, 21.8, 20.8

종류	설명
COUNT	• 테이블의 행의 수를 계산할 때 • 표현식 : COUNT(*)
SUM	• 하나 또는 여러 개의 열 합계를 구할 때 • 표현식 : SUM(열 이름)
AVG	• 하나 또는 여러 개의 열 평균을 구할 때 • 표현식 : AVG(열 이름)
MAX	• 해당 열의 최댓값을 구할 때 • 표현식 : MAX(열 이름)
MIN	• 해당 열의 최솟값을 구할 때 • 표현식 : MIN(열 이름)

HAVING절을 사용한 조회 검색 24.8, 21.8

- GROUP BY절에 의해 선택된 그룹의 탐색 조건을 지정할 수 있으며 SUM, AVG, COUNT, MAX, MIN 등의 그룹 함수와 함께 사용할 수 있다.

예제

R2 테이블에서 점수가 90점 이상인 학생이 1명 이상인 과목이름별 과목이름을 검색하시오.

```
SELECT 과목이름, COUNT(*) AS 학생수
  FROM R2
  WHERE 점수 >= 90
  GROUP BY 과목이름
  HAVING COUNT(*) >= 1;
```

그룹의 기준인 필드명은 반드시 SELECT절에 작성해야 함

[실행 결과]

과목이름	학생수
컴퓨터구조	1
데이터베이스	2

ORDER BY절을 이용한 정렬 검색 23.6

- 특정 항목을 기준으로 검색 테이블의 행들을 오름차순(ASC) 또는 내림차순(DESC)으로 정렬할 때 사용한다. 생략하면 ASC가 디폴트 값이 되어 오름차순으로 정렬된다.

예제

R2테이블에서 점수를 기준으로 내림차순 정렬하시오.

```
SELECT *
  FROM R2
  ORDER BY 점수 DESC;
```

하위 질의(Sub Query) 22.4, 21.3, 20.9

- 질의를 1차 수행한 다음, 반환값을 다른 릴레이션의 WHERE절에 포함시켜 사용하는 것이다.

예제

다음 SQL문을 분석하시오.

```
SELECT 이름 FROM R1 WHERE 학번 IN
(SELECT 학번 FROM R2 WHERE 과목번호 = 'C100');
```

(SELECT 학번 FROM R2 WHERE 과목번호 = 'C100');
R2 테이블에서 과목번호가 'C100'인 튜플의 학번 필드를 조회한다.
조회된 값을 상위 질의에 대치한다(예를 들어 조회된 값이 1000, 3000, 4000이라고 가정).
SELECT 이름 FROM R1 WHERE 학번 IN (1000, 3000, 4000);

04 INSERT, UPDATE, DELETE

INSERT문 – 삽입문

```
INSERT INTO 테이블(열_이름1, 열_이름2, … )
  VALUES(열_값1, 열_값2 … );
```

예제

R2 테이블에 (학번 : 6000, 과목번호 : C100)인 레코드를 삽입하시오.

```
INSERT INTO R2(학번, 과목번호)
  VALUSE(6000, C100);
```

◉ UPDATE문 – 갱신문

```
UPDATE 테이블
  SET 열_이름 = 산술식{열_이름 = 산술식}
  WHERE 조건;
```

R1 테이블의 홍길동의 학년을 2학년으로 갱신하시오.

```
UPDATE R1
  SET 학년 = 2
  WHERE 이름 = '홍길동';
```

◉ DELETE문 – 삭제문 22.3

WHERE 조건절이 없는 DELETE 명령을 수행하면 모든 레코드가 삭제(테이블은 삭제되지 않음)

```
DELETE
  FROM 테이블이름
  WHERE 조건;
```

예제

R1 테이블에서 장미화 레코드를 삭제하시오.

```
DELETE
  FROM R1
  WHERE 이름 = '장미화';
```

05 NoSQL

◉ NoSQL

- "Not only SQL"로, SQL만을 사용하지 않는 데이터베이스 관리 시스템(DBMS)을 지칭하며, 다양한 유형의 데이터베이스를 사용하는 것을 의미한다.
- 데이터를 저장하는데 SQL 외에도 다른 방법도 있다는 개념하에 비정형 데이터의 저장을 위해 유연한 데이터 모델을 지원한다.
- 전통적인 관계형 데이터베이스 관리 시스템과는 다른 비관계형(Non-Relational) DBMS이다.

단답형 문제

01 다음 SQL문에서 빈칸에 들어갈 내용으로 옳은 것은?

```
UPDATE 회원 (  ) 전화번호 = '010-14' WHERE
회원번호 = 'N4';
```

객관식 문제

02 다음 중 SQL의 집계 함수(Aggregation Function)가 아닌 것은?

① AVG ② COUNT
③ SUM ④ CREATE

03 DML에 해당하는 SQL 명령으로만 나열된 것은?

① DELETE, UPDATE, CREATE, ALTER
② INSERT, DELETE, UPDATE, DROP
③ SELECT, INSERT, DELETE, UPDATE
④ SELECT, INSERT, DELETE, ALTER

04 DELETE 명령에 대한 설명으로 틀린 것은?

① 테이블의 행을 삭제할 때 사용한다.
② WHERE 조건절이 없는 DELETE 명령을 수행하면 DROP TABLE 명령을 수행했을 때와 동일한 효과를 얻을 수 있다.
③ SQL을 사용 용도에 따라 분류할 경우 DML에 해당한다.
④ 기본 사용 형식은 "DELETE FROM 테이블[WHERE 조건];" 이다.

정답 **01** SET **02** ④ **03** ③ **04** ②

POINT 47

트랜잭션, 병행 제어

01 트랜잭션

트랜잭션의 정의(Transaction)

- 하나의 논리적 기능을 수행하기 위한 작업 단위이다.
- 데이터베이스에서 일어나는 연산의 집합이다.

트랜잭션의 특성 23.3, 20.9, 20.8, 20.6

- **원자성(Atomicity)** 24.5, 22.4
  - 완전하게 수행이 완료되지 않으면 전혀 수행되지 않아야 한다.
  - 연산은 Commit, Rollback을 이용하여 적용 또는 취소로 한꺼번에 완료되어야 한다.
  - 중간에 하24.나의 오류가 발생되더라도 취소가 되어야 한다.
- **일관성(Consistency)** 24.8, 23.6, 21.3 : 시스템의 고정 요소는 트랜잭션 수행 전후가 같아야 한다.
- **격리성(Isolation, 고립성)** 21.8 : 트랜잭션 실행 시 다른 트랜잭션의 간섭을 받지 않아야 한다.
- **영속성(Durability, 지속성)** : 트랜잭션의 완료 결과가 데이터베이스에 영구히 기억된다.

CRUD Matrix 24.8, 20.9

- 데이터베이스에 영향을 주는 생성(Create), 읽기(Read), 갱신(Update), 삭제(Delete) 연산으로 프로세스와 테이블 간에 매트릭스를 만들어서 트랜잭션을 분석하는 도구이다.
- 업무 프로세스와 데이터 간의 상관관계 분석을 위한 것으로 업무 프로세스와 엔티티 타입을 행과 열로 구분하여 행과 열이 만나는 교차점에 이용에 대한 상태를 표시한다.

즉각 갱신법 24.8, 20.8

- 데이터를 갱신하면 트랜잭션이 완료되기 전에 실제 데이터베이스에 반영하는 방법이다.
- 회복 작업을 위해서 갱신 내용을 별도 Log로 기록해야 한다.
- Redo, Undo 모두 사용 가능하다.

트랜잭션의 연산

- Commit 연산 : 트랜잭션 실행이 성공적으로 종료되었음을 선언한다.
- Rollback 연산 : 트랜잭션 실행이 실패하였음을 선언한다.
  (Rollback 연산 수행 후의 상태를 철회(Aborted)라고 함)
- Recovery 연산 24.5, 23.6, 21.3 : 트랜잭션을 수행하는 도중 장애로 인해 손상된 데이터베이스를 손상되기 이전의 정상적인 상태로 복구시키는 작업이다.
  (deferred modification, immediate update, shadow paging, check point와 관련 있음)

트랜잭션의 상태 22.4

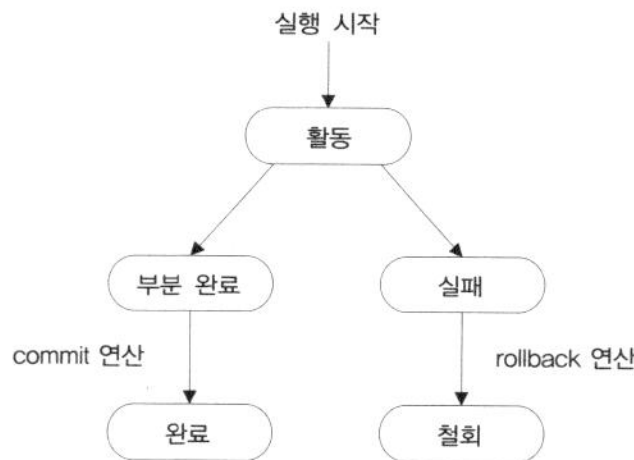

- **활동(Active)** : 트랜잭션이 현재 실행 중인 상태를 말한다.
- **부분 완료(Partially Committed)** 23.3 : 트랜잭션이 마지막 처리를 실행한 뒤 데이터베이스에 그 처리 내용을 적용하기 직전의 상태이다.
- **완료(Committed)** : 부분 완료 상태에서 정상적인 트랜잭션 처리가 이루어져 데이터베이스에 트랜잭션 처리를 적용 완료한 상태이다.
- **실패(Failed)** : 트랜잭션 실행 중 오류로 인해 정상적인 처리가 되지 않아 원자성과 일관성에 문제가 발생하여 더 이상 처리가 불가능한 상태이다.
- **철회(Aborted)** : 트랜잭션 처리 실패를 확인하고 처음 상태로 돌아가는 상태이다.

02 병행 제어

◉ 병행 제어(Concurrency Control)

- 동시에 수행되는 트랜잭션들을 일관성 있게 처리하기 위해 제어하는 것이다.
- 목적 22.3
  - 데이터베이스의 공유를 최대화한다.
  - 데이터베이스의 일관성을 최대화한다.
  - 시스템 활용도를 최대화한다.
  - 사용자에 대한 응답 시간을 최소화한다.
- **병행 수행의 문제점** : 갱신 분실, 비완료 의존성, 모순성, 연쇄 복귀가 있다.
- **종류** 21.5 : 로킹, 최적 병행 수행, 타임스탬프, 다중 버전 기법

◉ 타임스탬프 21.8

- 트랜잭션이 DBMS로부터 유일한 타임스탬프(시간 허가 인증 도장)를 부여받는다.
- 동시성 제어를 위한 직렬화 기법으로 트랜잭션 간의 순서를 미리 정하는 방법이다.

◉ 로킹(Locking) 특징 24.8, 23.8, 23.3, 21.8, 21.3, 20.9, …

- 로킹(Locking)은 하나의 트랜잭션이 데이터를 액세스하는 동안 다른 트랜잭션이 그 데이터 항목을 액세스할 수 없도록 하는 병행 제어 기법이다.
- 로킹 단위가 커지면 로크의 수가 적어 관리가 쉬워지지만 병행성 수준은 낮아진다.
- 로킹 단위가 작으면 로크의 수가 많아 관리가 어려워지지만 병행성 수준은 높아진다.
- 로킹의 대상이 되는 객체(파일, 테이블, 필드, 레코드)의 크기를 로킹 단위라고 한다.
- 2단계 로킹(2-Phase Locking) 22.7
  - 직렬성은 보장하지만 교착상태 예방은 불가능하다.
  - 확장 단계와 축소 단계의 두 단계(Phase)가 있다.
  - 각 트랜잭션의 로크 요청과 해제 요청을 2단계로 실시한다.

트랜잭션을 순서대로 처리하는 것

단답형 문제

01 데이터베이스에 영향을 주는 생성, 읽기, 갱신, 삭제 연산으로 프로세스와 테이블 간에 매트릭스를 만들어서 트랜잭션을 분석하는 것은?

02 트랜잭션의 특성 중 다음 설명에 해당하는 것은?

> "트랜잭션의 연산은 데이터베이스에 모두 반영되든지 아니면 전혀 반영되지 않아야 한다."

객관식 문제

03 트랜잭션의 상태 중 트랜잭션의 마지막 연산이 실행된 직후의 상태로, 모든 연산의 처리는 끝났지만 트랜잭션이 수행한 최종 결과를 데이터베이스에 반영하지 않은 상태는?

① Active
② Partially Committed
③ Committed
④ Aborted

04 데이터베이스 로그(log)를 필요로 하는 회복 기법은?

① 즉각 갱신 기법
② 대수적 코딩 방법
③ 타임스탬프 기법
④ 폴딩 기법

05 다음 설명과 관련 있는 트랜잭션의 특징은?

> "트랜잭션의 연산은 모두 실행되거나, 모두 실행되지 않아야 한다."

① Durability
② Isolation
③ Consistency
④ Atomicity

정답 **01** CRUD 분석 (또는 CRUD Matrix) **02** Atomicity **03** ② **04** ① **05** ④

이론 3과목 데이터베이스 구축

POINT 48

보안, 분산 데이터베이스

01 보안

보안(Security)의 개념

- 권한이 없는 사용자로부터 데이터베이스를 보호하는 것이다.

암호화(Encryption)

- 네트워크를 통하거나 컴퓨터 내부에 자료를 저장할 때 권한을 가진 사람 외에는 데이터를 보지 못하도록 하는 것이다.
- 일반 평문을 다양한 방식의 암호화 기법으로 가공하여 저장하거나 전송 권한이 있는 사용자에 의해 복호화되어 사용한다.

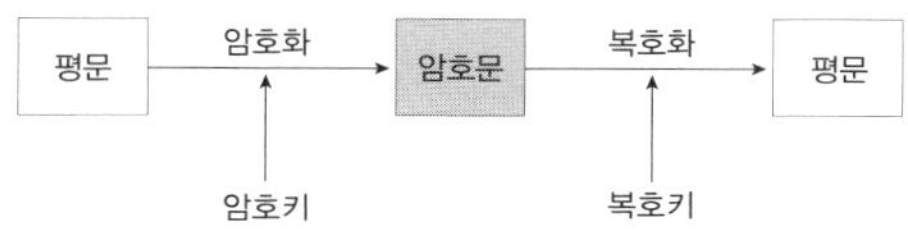

▲암호화 과정

02 암호화 기법 22.4

비밀키(Private Key, 대칭키) 암호화 기법

DES(Data Encryption Standard)

- 비밀키 암호화 기법은 동일한 키로 데이터를 암호화하고 복호화한다. 종류 : DES, AES, ARIA, SEED, IDEA, RC4
- 암호화, 복호화 키가 같아서 키를 공개하면 타인이 알게 된다.
- 암호화와 복호화 속도가 빠르다.
- 대칭 암호 알고리즘은 처음 통신시에 비밀키를 전달해야 하므로, 키 교환 중 키가 노출될 수 있다.

공개키(Public Key, 비대칭키) 암호화 기법

RSA(Rivest, Shamir, Adleman, 소인수분해 문제를 이용)

- 공개키 암호화 기법은 각기 다른 키로 데이터를 암호화하고 복호화한다.
- 암호화, 복호화 키가 다르므로 키는 공개되어도 된다.
- 암호화 및 복호화 속도가 느리다.

03 권한 부여 기법

GRANT 22.4, 22.3, 20.9

- 데이터베이스 사용자에게 사용 권한을 부여한다.
- 기본 구조

```
GRANT 권한 ON 데이터 객체 TO 사용자 [WITH GRANT OPTION];
```

- WITH GRANT OPTION : 사용자가 부여받은 권한을 다른 사용자에게 다시 부여할 수 있는 권한을 부여한다.
- 부여 가능한 권한 : Update, Delete, Insert, Select

REVOKE 22.4, 20.9

- 데이터베이스 사용자로부터 사용 권한을 취소한다.
- 기본 구조

```
REVOKE [GRANT OPTION FOR] 권한 ON 데이터 객체 FROM 사용자 [CASCADE];
```

- GRANT OPTION FOR : 다른 사용자에게 권한을 부여할 수 있는 권한을 취소한다.
- CASCADE : 권한을 부여받았던 사용자가 다른 사용자에게 부여한 권한도 연쇄 취소한다. 20.6
- 부여 가능한 권한 : Update, Delete, Insert, Select

트리거(Trigger) 20.6

- 연쇄 반응을 의미한다. 즉 일정 작업을 수행할 때 이에 부수적으로 자동 처리되도록 하는 것을 말한다.
- 장 · 단점

장점	• 데이터 무결성 강화(참조 무결성) • 업무 규칙의 설정 • 검사 기능의 확장
단점	• 유지보수의 어려움 • 예상치 못한 오류

04 분산 데이터베이스

◉ 분산 데이터베이스의 개념

- 네트워크를 통하여 연결된 여러 개의 컴퓨터에 데이터가 분산된 데이터베이스이다.
- 데이터 처리와 비용이 큰 곳에 별도의 데이터베이스 서버를 확충하는 것을 의미한다.

◉ 분산 데이터베이스의 목표 24.8, 23.3, 22.4, 20.8, 20.6

- **위치 투명성(Location Transparency)** : 하드웨어와 소프트웨어의 물리적 위치를 사용자가 알 필요가 없다.
- **중복(복제) 투명성(Replication Transparency)** : 사용자에게 통지할 필요 없이 시스템 안에 파일들과 자원들의 부가적인 복사를 자유롭게 할 수 있다.
- **병행 투명성(Concurrency Transparency)** : 다중 사용자들이 자원들을 자동으로 공유할 수 있다.
- **장애 투명성(Failure Transparency)** : 사용자들은 어느 위치의 시스템에 장애가 발생했는지 알 필요가 없다.

◉ 분산 데이터베이스 시스템의 구성 요소

- **분산 처리기** : 지리적으로 분산된 시스템을 통합하여 각각의 트랜잭션을 처리한다.
- **분산 데이터베이스** : 각 지역에 설치되는 데이터베이스 시스템이다.
- **통신 네트워크** : 지역적으로 분산된 데이터베이스 시스템을 통신 회선으로 연결한다.

◉ 분산 데이터베이스의 장 · 단점

장점	• 질의 처리 시간의 단축 • 데이터 공유성, 신뢰성, 가용성 향상 • 점진적 시스템 용량 확장이 용이 • 지역 자치성 향상으로 지역 상황에 맞는 시스템 구축이 용이
단점	• 소프트웨어 개발 비용 증가 • 오류 발생 가능성 증가 • 통신망 성능에 따라 전체적인 시스템 성능 저하 • 하드웨어 구매 비용 증가

◉ 지역 자치성과 병렬 처리

- **지역 자치성** : 데이터베이스 중앙 관리자 외에 각 지역에 담당 관리자를 두는 것을 말한다.
- **병렬 처리** : 하나 이상의 처리를 분산되어 있는 데이터베이스에 분산 처리하여 처리 속도를 높이는 것을 말한다.

단답형 문제

01 데이터베이스 시스템에서 삽입, 갱신, 삭제 등의 이벤트가 발생할 때마다 관련 작업이 자동으로 수행되는 절차형 SQL은?

02 참조 무결성을 유지하기 위하여 DROP문에서 부모 테이블의 항목 값을 삭제할 경우 자동적으로 자식 테이블의 해당 레코드를 삭제하기 위한 옵션은?

객관식 문제

03 분산 데이터베이스 목표 중 "데이터베이스의 분산된 물리적 환경에서 특정 지역의 컴퓨터 시스템이나 네트워크에 장애가 발생해도 데이터 무결성이 보장된다"는 것과 관계있는 것은?

① 장애 투명성 ② 병행 투명성
③ 위치 투명성 ④ 중복 투명성

04 분산 데이터베이스의 투명성(Transparency)에 해당하지 않는 것은?

① Location Transparency
② Replication Transparency
③ Failure Transparency
④ Media Access Transparency

05 사용자 X1에게 department 테이블에 대한 검색 연산을 회수하는 명령은?

① delete select on department to X1;
② remove select on department from X1;
③ revoke select on department from X1;
④ grant select on department from X1;

정답 **01** 트리거(trigger) **02** CASCADE **03** ① **04** ④ **05** ③

POINT 49 C언어의 개요

01 C언어의 기초

C언어의 개념

- 1972년 미국 벨 연구소의 데니스 리치에 의해 개발되었다.
- 컴파일러 방식의 언어이다.
- 시스템 프로그래밍에 가장 적합한 언어이다.
- 포인터에 의한 번지 연산 등 다양한 연산 기능을 가진다.
- 이식성이 뛰어나 컴퓨터 기종에 관계없이 프로그램을 작성할 수 있다.
- UNIX 운영체제를 구성한다.

C언어의 기본 구조

- main 함수를 반드시 포함해야 하며, main 함수에서 실행이 시작된다.
- 영문 대 · 소문자를 엄격하게 구별한다.
- 문장을 끝마칠 때는 세미콜론(;)을 사용한다.
- 여러 개의 문장을 묶어 하나의 블록으로 구성할 때 중괄호({ })를 사용한다.
- 주석문은 /* ~ */로 표기한다.

기본 자료형

자료형	예약어	크기
정수형	int	2Byte
	long	4Byte
실수형	float	4Byte
	double	8Byte
문자형	char	1Byte

기억 클래스

- 자동 변수(Automatic Variables)
- 레지스터 변수(Register Variables)
- 정적 변수(Static Variables)
- 외부 변수(External Variables)

입 · 출력 함수

- 표준 입 · 출력 함수

scanf( )	표준 입력 함수
printf( )	표준 출력 함수
getchar( )	문자 입력 함수
putchar( )	문자 출력 함수
gets( )	문자열 입력 함수
puts( )	문자열 출력 함수

- 변환 문자(출력 형식 지정 문자)

%d	10진 정수
%o	8진 정수
%x	16진 정수
%f	10진 실수(소수 이하 6자리까지)
%e	지수
%c	문자
%s	문자열

이스케이프 시퀀스(Escape Sequence)

문자	의미	기능
\n	new line	커서를 다음 줄 처음으로 이동한다.
\r	carriage return	커서를 현재 줄 처음으로 이동한다.
\t	tab	커서를 일정 간격만큼 띄운다.
\b	backspace	커서를 뒤로 한 칸 이동한다.
\f	form feed	한 페이지를 넘긴다.
\0	null character	널 문자를 출력한다.
\'	single quote	작은따옴표를 출력한다.
\"	double quote	큰따옴표를 출력한다.
\\	backslash	역슬래시를 출력한다.
\a	alert	벨 소리를 발생한다.

지역 변수는 블록 내부에서만 유효

◉ C언어 변수명 작성 규칙 23.6, 23.3, 22.7, 21.8, 21.3

- 영문 대소문자(A~Z, a~z), 숫자(0~9), '_'를 혼용하여 사용할 수 있으며, 영문자는 대소문자를 구분한다.
- 첫 글자는 숫자로 시작할 수 없고, 영문자나 '_'로 시작해야 하며, 공백을 포함할 수 없다.
- 영문자는 대소문자를 구분한다.
- 공백을 포함할 수 없다.
- auto, beak, case, char, const, continue, default, do, double, else, enum, extern, float, for, goto, if, int, long, register, return, short, signed, sizeof, static, struct, switch, typedef, union, unsigend, void, volatile, while 32개 예약어(Reserved Word)를 사용할 수 없다.

◉ 라이브러리(Library)

- 단순 활용할 수 있는 도구들의 집합을 의미한다.
- 프로그래머가 어떠한 기능을 수행하기 위해서 도움을 주는 또는 필요한 것을 제공해주는 역할을 한다.

◉ 표준 라이브러리 함수 21.5, 21.3

- stdio.h : C언어 표준 입·출력 라이브러리(Standard Input and Output Library)이다.
- stdlib.h : C 표준 유틸리티 함수를 모아놓은 헤더 파일이다. 문자형 변환, 수치를 문자형으로 변환, 동적 할당 관련 함수, 난수 생성 함수, 정수의 연산 함수, 검색 및 정렬 함수 등이다.
- stdlib.h 함수 종류

atoi( )	문자열을 정수형으로 변환	ceil( )	자리올림
atof( )	문자열을 실수형으로 변환	floor( )	자리버림
atol( )	문자열을 log형 정수로 변환	rand( )	난수 발생
itoa( )	숫자를 문자열로 변환	div( )	정수 나눗셈

◉ 문자열 처리 함수

- strlen() : 인수로 전달되 문자열 길이 반환
- strcat(), strncat() : 하나의 문자열에 다른 문자열을 연결
- strcpy(), strncpy() : 문자열을 복사
- strcmp(), strncmp() : 문자열 내용을 비교 (strcmp(s1, s2) : s1과 s2를 비교)
- atoi(), atol(), atoll(), atof() : 인수로 전달된 문자열을 숫자형으로 변환 (atoi() : int, atol() : long, atoll() : long long, atof() : float)
- toupper(), tolower() : 영문자를 대문자, 소문자로 변환

단답형 문제

01 C언어에서 문자형을 나타내는 형식은 무엇인가?

02 C언어의 정수 데이터 타입 중 'long'의 크기는 얼마인가?

객관식 문제

03 C언어에서 정수 자료형으로 옳은 것은?

① int ② float
③ char ④ double

04 C언어에서 사용하는 이스케이프 시퀀스에 대한 의미가 옳지 않은 것은?

① \n : new page
② \r : carriage return
③ \b : backspace
④ \t : tab

05 C언어의 포인트 형(Pointer Type)에 대한 설명으로 틀린 것은?

① 포인터 변수는 기억 장소의 번지를 기억하는 동적 변수이다.
② 포인터는 가리키는 자료형이 일치할 때 대입하는 규칙이 있다.
③ 보통 변수의 번지를 참조하려면 번지 연산자 #을 변수 앞에 쓴다.
④ 실행문에서 간접 연산자 *를 사용하여 포인터 변수가 지시하고 있는 내용 참조한다.

정답 01 char 02 4Byte 03 ① 04 ① 05 ③

POINT 50 C언어의 연산자

01 C언어 연산자의 종류

연산자의 종류 및 우선순위

연산자	종류	결합 방향	우선순위
단항 연산자	+, − !, ~, ++, −−, &, *, sizeof	←	높음 ↑
산술 연산자	*, /, %	→	
	+, −		
시프트 연산자	<<, >>		
관계 연산자	<, <=, >, >=		
	==, !=		
비트 연산자	&, |, ^		
논리 연산자	&&, ||		
조건 연산자	? :	←	
할당 연산자 21.3	=, +=, −=, *=, /=, %=, <<=, >>=	←	
콤마 연산자	,	→	↓ 낮음

02 C언어 연산자의 특징

단항 연산자

- ! : 부정(NOT)
- ~ : 1의 보수(0→1, 1→0)를 구한다.
- ++ : 1씩 증가를 의미한다.
- −− : 1씩 감소를 의미한다.
- & : 변수의 주소를 의미한다.
- * : 변수의 내용을 의미한다.
- sizeof : 변수, 변수형, 배열의 저장 장소의 크기를 Byte 단위로 구한다.

산술 연산자

- 이항 연산자 +, −는 *, /, % 보다 우선순위가 낮다.
- % : 정수 나눗셈 연산 후 나머지를 구한다.

시프트(Shift) 연산자

- << : 비트를 왼쪽으로 이동시킨다.
- >> : 비트를 오른쪽으로 이동시킨다.

비트 연산자 21.5

- & : 논리곱(AND)
- | : 논리합(OR)
- ^ : 배타적 논리합(XOR)

예

(외부 헤더 파일을 현재 파일에 포함할 때 사용하는 선행처리 지시자 → #include)

구분	내용

코드	`#include <stdio.h>`
	`int main(int argc, char *argv[]) {`
	`    int a = 4;`
	`    int b = 7;`
	`    int c = a|b;`
	`    printf("%d", c);`
	`    return 0;`
	`}`

해설 및 결과	• 변수 a와 b의 4, 7을 (2진수)비트 연산자 |(OR)로 연산한다. • 비트 연산자는 2진수로 변환 후 계산한다. • OR 연산자는 두 비트 중 1개라도 1이면 1이 출력된다. 0100 (10진수 : 4) 비트 OR) 0111 (10진수 : 7) 0111 (10진수 : 7) • 0111는 "%d"출력 형식 지정 문자에 의해 10진수로 변환하면 7이 출력된다.

◉ 논리 연산자 23.8, 22.3

- ! : 논리 부정(NOT)
- && : 논리곱(AND)
- || : 논리합(OR)

◉ 조건 연산자

- C언어에서 유일하게 3개의 피연산자를 갖는 삼항 연산자이다.
- 조건식 ? 참일 때 값 : 거짓일 때 값

예 big = a 〉 b ? a : b; → a와 b 중에서 큰 수가 big에 저장된다.

◉ 할당 연산자

- = : a=b → b를 a에 할당
- += : a+=b → a=a+b
- −= : a−=b → a=a−b
- *= : a*=b → a=a*b
- /= : a/=b → a=a/b
- %= : a%=b → a=a%b
- 〈〈= : a〈〈=b → a=a〈〈b
- 〉〉= : a〉〉=b → a=a〉〉b

◉ 콤마(나열) 연산자

- 변수 선언 시 동일한 자료형을 나열할 때 사용된다.

03 라이브러리

◉ 라이브러리의 개념과 구성 23.6, 21.3

- 라이브러리란 필요할 때 찾아서 쓸 수 있도록 모듈화되어 제공되는 프로그램을 말한다.
- 프로그래밍 언어에 따라 일반적으로 도움말, 설치 파일, 샘플 코드 등을 제공한다.
- 라이브러리는 모듈과 패키지를 총칭하며, 모듈이 개별 파일이라면 패키지는 파일들을 모아 놓은 폴더라고 볼 수 있다.
- 표준 라이브러리는 프로그래밍 언어가 기본적으로 가지고 있는 라이브러리를 의미하며, 외부 라이브러리는 별도의 파일 설치를 필요로 하는 라이브러리를 의미한다.

단답형 문제

01 C언어에서 나머지를 구하는 연산자는 무엇인가?

02 C언어에서 1씩 증가를 의미하는 연산자와 1씩 감소를 의미하는 연산자는 각각 무엇인가?

객관식 문제

03 C언어에서 할당 연산자에 해당하지 않는 것은?

① = ② ?
③ += ④ *=

04 C언어에서 비트 연산자가 아닌 것은?

① & ② !
③ ¦ ④ ^

05 라이브러리의 개념과 구성에 대한 설명 중 틀린 것은?

① 라이브러리란 필요할 때 찾아서 쓸 수 있도록 모듈화되어 제공되는 프로그램을 말한다.
② 프로그래밍 언어에 따라 일반적으로 도움말, 설치 파일, 샘플 코드 등을 제공한다.
③ 외부 라이브러리는 프로그래밍 언어가 기본적으로 가지고 있는 라이브러리를 의미하며, 표준 라이브러리는 별도의 파일 설치를 필요로 하는 라이브러리를 의미한다.
④ 라이브러리는 모듈과 패키지를 총칭하며, 모듈이 개별 파일이라면 패키지는 파일들을 모아 놓은 폴더라고 볼 수 있다.

06 C언어에서 두 개의 논리값 중 하나라도 참이면 1을, 모두 거짓이면 0을 반환하는 연산자는?

① || ② &&
③ ** ④ !=

정답 01 % 02 ++, −− 03 ② 04 ② 05 ③ 06 ①

이론 4과목 프로그래밍 언어 활용

POINT 51

C언어의 배열과 구조체

01 C언어 배열

◉ 배열(Array) 변수

- **C언어의 사용자 정의 자료형** : 배열, 구조체, 공용체
- 한 번의 선언으로 여러 개의 메모리 공간을 관리할 수 있다.
- 같은 자료형의 값을 메모리 공간에 순서적으로 하나의 이름(배열명)으로 모아 놓은 것이다.
- 배열 변수 선언문

```
자료형 배열명[배열요소의 개수];          // 1차원 배열
자료형 배열명[행의 개수][열의 개수];     // 2차원 배열
```

◉ 배열의 초기화

- **배열 요소의 범위** : 배열명[0]~배열명[첨자-1]
- **배열의 첨자(index)** : 0부터 시작한다.
- 배열 선언과 동시에 초기화 시 요소의 개수는 생략할 수 있다.
- 배열 초기화의 예

```
int a[3] = {1, 2, 3};
int b[] = {10, 20, 30};
static int c[5] = {11, 12};
```

02 C언어 1차원 배열과 2차원 배열

◉ 1차원 문자 배열과 문자열

- 문자열 상수를 1차원의 문자 배열과 문자열 배열을 통해 메모리에 저장하여 참조한다.
- 문자열 배열은 문자 배열보다 1byte의 널문자('\0')를 포함하고 있다.
- 문자 상수의 경우는 1byte의 char 자료형으로 문자형 변수에 저장된다. 이때 문자 상수는 ASCII코드로 표현된다.

대문자 'A'의 ASCII코드 값은 65이며 소문자 'a'의 ASCII코드 값은 97이다.

코드

```
#include <stdio.h>
int main(int argc, char *argv[])
{
    int i;
    char ch[4] = {'H', 'R', 'D', 'K'};
    char str[5] = "hrdk";
    for(i=0; i < 4; i++)
        printf("%c", ch[i]);
    printf("\n");
    printf("%s\n", str);
    return 0;
}
```

해설 및 결과

배열의 이름은 배열의 첫 요소(첨자 : 0)의 주소를 의미하기 때문에 printf("%s\n", str); 명령문은 printf("%s\n", &str[0]);와 동일하다.
배열명을 %s 출력형식으로 출력을 하면 문자열 배열의 시작부터 '\0' (NULL 문자) 이전 문자까지 연속해서 모두 출력된다.
[결과]
HRDK
hrdk

◉ 2차원 배열

- **2차원 배열의 선언 형식** : 자료형 배열명[행 개수][열 개수];
- 2차원 배열변수의 원소에 초깃값을 배정하면 행 우선(Row-Major) 원칙을 적용하여 행 인덱스를 고정한 상태에서 열 인덱스를 먼저 증가시키면서 초기값을 배정한다.
- 2차원 배열의 인덱스의 시작 값은 행 인덱스와 열 인덱스 모두 0이다.

코드

```
#include <stdio.h>
int main(int argc, char *argv[])
{
    int i, j, sub_total;
    int s[3][2] = { {10, 20}, {30, 40}, {50, 60} };
    for(i=0; i < 3; i++) {
        sub_total = 0;
        for(j=0; j < 2; j++)
            sub_total += s[i][j];
        printf("%d번 학생 총점 : %d\n", i+1, sub_total);
    }
    return 0;
}
```

결과	[결과] 1번 학생 총점 : 30 2번 학생 총점 : 70 3번 학생 총점 : 110

03 C언어 구조체

◉ 구조체(Structure) 24.5

• 구조체는 서로 연관된 데이터들을 모아 놓은 것이다.
• 서로 다른 자료형의 값을 메모리 공간에 순서적으로 하나의 단위로 참조할 수 있도록 구성해 놓은 것이다.
• 구조체는 struct라는 예약어를 이용하여 선언한다.
• 구조체는 "① 구조체 선언 → ② 구조체 변수 선언 → ③ 구조체 멤버의 참조" 순으로 사용한다.

◉ 구조체 선언

• 구조체 선언은 일반적으로 함수의 외부에 선언한다.
• 구조체 선언문

```
struct 구조체명
{
    데이터형1  멤버명1;
    데이터형2  멤버명2;
    ...
};
```

◉ 구조체 변수 선언

• 구조체 선언에 의해 선언된 구조체형을 가지는 구조체 변수를 선언한다.
• 구조체 변수 선언문

```
struct 구조체명  구조체변수명;
```

◉ 구조체 멤버의 참조

• 구조체 멤버 참조 연산자(.)을 사용하여 멤버를 참조한다.
• 구조체 멤버의 참조

```
구조체변수명.멤버명 = 값;
printf("%d", 구조체변수명.멤버명);
```

단답형 문제

01 C언어에서 배열 b[5]의 값은?

```
static int b[9] = {1, 2, 3};
```

객관식 문제

02 C언어에서 구조체를 사용하여 데이터를 처리할 때 사용하는 것은?

① for
② scanf
③ struct
④ abstract

03 다음 C프로그램의 결과값은?

```
#include <stdio.h>
struct st {
    int a;
    int c[10];
};
int main(int argc, char *argv[])
{
    int i = 0;
    struct st ob1;
    ob1.a = 0;
    for(i = 0; i < 10; i++) {
        ob1.c[i] = i;
    }
    for(i = 0; i < 10; i = i + 2) {
        ob1.a = ob1.a + ob1.c[i];
    }
    printf("%d", ob1.a);
    return 0;
}
```

① 45 ② 55
③ 20 ④ 25

정답 **01** 0 **02** ③ **03** ③

이론 4과목 프로그래밍 언어 활용

POINT 52 Java 언어의 클래스와 상속

01 Java 언어 클래스

클래스(Class)의 개념

- 클래스는 객체지향 기법에서 하나 이상의 유사한 객체들을 묶어서 하나의 공통된 특성을 표현한 것으로 자료 추상화의 개념이다.
- 클래스(Class)는 객체(Object)를 생성하기 위한 설계 또는 틀로, 클래스의 구성요소로는 필드(멤버 변수)와 메소드(멤버 함수)가 있다.
- 필드는 객체의 상태값을 저장하는 목적의 멤버 변수이며, 메소드는 객체의 행위를 구현하는 멤버 함수이다.
- Java 언어에서는 필드, 메소드, 생성자로 클래스가 구성된다. 모든 클래스에는 생성자가 반드시 존재하고 하나 이상의 생성자를 가질 수 있다. 생성자를 생략하면 컴파일 시 자동으로 기본 생성자를 바이트 코드 파일에 추가한다.
- 클래스를 선언한 후 new 연산자를 사용하여 객체를 생성하고 객체에 대한 레퍼런스 변수(참조 변수)를 선언하여 객체를 활용한다.
- 클래스 선언

```
접근 지정자 class 클래스명 {
    필드
    메소드
    생성자
}
```

class 앞에는 접근 지정자 중 public 또는 디폴트(생략) 두 가지 중 한 가지만 사용 가능

main() 메소드

- Java 프로그램의 실행 시 가장 먼저 main() 메소드의 명령문을 순서대로 실행한다. 즉, 실행의 시작이자 실행의 종료인 메소드이다.
- main() 메소드를 포함하는 클래스의 접근 지정자는 public이다.
- main() 메소드 원형

```
public static void main(String[] args) {
    ...
}
```

코드	<pre>class Number {
	    private int x;
	    void setX(int i) {
	        x = i;
	    }
	    int getX( ) {
	        return x;
	    }
	}
	public class Test {
	    public static void main(String[ ] args) {
	        Number obj = new Number( );
	        obj.setX(100);
	        System.out.println(obj.getX( ));
	    }
	}</pre>

해설 및 결과	main method는 프로그램의 실행의 시작을 위해 반드시 필요하며 실행을 시작하는 public class 내에 작성하고 main method가 있는 class명인 Test.java로 파일명을 지정해야만 실행이 가능하다. new 연산자에 의해 객체가 생성되고 레퍼런스 변수 obj가 setX 메소드와 getX 메소드를 호출하여 필드 x의 값에 100을 할당하고 출력한다. [결과] 100

02 Java 언어의 연산자

상속(Inheritance)의 개념

=상위 class=슈퍼 class=기본 class

- 클래스 상속이란 부모(Super) class의 속성(전역변수, 필드, Field)과 메소드를 상속받는 것이다.
- 자식 class는 부모 class의 생성자와 private 요소를 제외한 모든 멤버를 상속받는다.
- 부모 class의 메소드와 속성을 별도의 선언 없이 블록 안에 있는 것처럼 접근하여 사용한다.

=하위 class
=서브 class
=파생 class

- Java 언어에서는 단일상속만 가능하다. 자식 class는 단 하나의 부모 class를 상속받을 수 있다.
- Java 언어의 모든 class는 Object class를 상속받는다.
- 자식 클래스에서의 상속

```
class 부모클래스명 {
    필드
    메소드
}
class 자식클래스명 extends 부모클래스명 {
}
```

◉ 메소드 오버라이딩(Overriding, 재정의)

- 메소드 오버라이딩은 클래스 상속 상황에서 부모 class의 멤버를 자식 class에서 상속받았지만 자식 class에서 해당 멤버의 내용을 수정하여 자식 class 객체에서 적용한다.
- 메소드 오버라이딩은 부모 class의 정의에는 영향을 주지 않는다. 부모 class로부터 상속받은 자식 class의 메소드 멤버를 재정의하는 다형성을 오버라이딩(Overriding)이라고 한다.

코드	class Person {
	    String name = "홍길동";
	    void sleep( ) {
	        System.out.println("SLEEP");
	    }
	}
	class Student extends Person {
	    void sleep( ) {
	        System.out.println("Good Night");
	    }
	}
	public class Text {
	    public static void main(String[ ] args) {
	        Student std = new Student( );
	        System.out.print(std.name + ",");
	        std.sleep( );
	    }
	}

해설 및 결과	자식 클래스 Student에서 부모 클래스로부터 상속받은 sleep() 메소드를 재정의 하였기 때문에 자식 객체를 참조하는 참조 변수 std에 의해 호출되는 sleep 메소드의 결과는 "Good Night"을 출력한다. [결과] 홍길동,Good Night

단답형 문제

01 Java 언어에서 상속 시 사용하는 예약어는?

02 객체가 메시지를 받아 실행해야 할 객체의 구체적인 연산을 정의한 것은?

03 Java 언어에서 클래스를 선언한 후 객체를 생성할 때 사용하는 연산자는?

객관식 문제

04 다음 JAVA 프로그램이 실행되었을 때, 실행 결과는?

```
public class Rarr {
    static int[] marr() {
        int temp[]= new int[4];
        for(int i = 0; i < temp.length; i++)
            temp[i] = i;
        return temp;
        }
}
public static void main(String[] args)
{
    int iarr[];
    iarr = marr();
    for(int i = 0; i < iarr.length; i++)
        System.out.print(iarr[i] + " ");
}
```

① 1 2 3 4
② 0 1 2 3
③ 1 2 3
④ 0 1 2

정답 01 extends 02 메소드 03 new 04 ②

이론 4과목 프로그래밍 언어 활용

03 Java 언어의 기초

Java 언어의 개념

- 객체지향 언어이다.
- 추상화, 상속화, 다형성과 같은 특징을 가진다.
- 네트워크 환경에서 분산 작업이 가능하도록 설계되었다.
- 특정 컴퓨터 구조와 무관한 가상 바이트 머신 코드를 사용하므로 플랫폼이 독립적이다.

Garbage Collector 21.9

Java Virtual Machine

- S/W 개발 중 유효하지 않은 가비지 메모리가 발생한다. Java에서는 C언어와 달리 JVM 가비지 컬렉터가 불필요 메모리를 알아서 정리해준다.

Java 언어의 기본 자료형 24.8, 21.3

분류	예약어	바이트 수	비고
정수형	byte	1byte	−127 ~ +128
	short	2byte	−32,768 ~ +32,767
	int	4byte	−2,147,483,648 ~ +2,147,483,647
	long	8byte	−9,223,372,036,854,775,808 ~ +9,223,372,036,854,775,807
실수형	float	4byte	단정도 실수형 (유효 자리는 7 정도)
	double	8byte	배정도 실수형 (유효 자리는 15 정도)
문자형	char	2byte	유니코드 문자열 1자
논리형	boolean	1byte	true, false

이스케이프 시퀀스(Escape Sequence)

문자	의미	기능
\n	new line	커서를 다음 줄 처음으로 이동한다.
\r	carriage return	커서를 현재 줄 처음으로 이동한다.
\t	tab	커서를 일정 간격만큼 띄운다.
\b	backspace	커서를 뒤로 한 칸 이동한다.
\f	form feed	한 페이지 넘긴다.
\'	single quote	작은따옴표를 출력한다.
\"	double quote	큰따옴표를 출력한다.
\\	backslash	역슬래시를 출력한다.

Java 접근 제한자(접근 제어자) 24.5, 24.3

- public : 모든 접근을 허용한다.
- private : 같은 패키지에 있는 객체와 상속 관계의 객체들만 허용한다.
- default : 같은 패키지에 있는 객체들만 허용한다.
- protected : 현재 객체 내에서만 허용한다.

Java의 출력 함수

- System.out.print( ) : 괄호 안을 출력하고 줄 바꿈을 안 한다.
- System.out.println( ) : 괄호 안을 출력하고 줄 바꿈을 한다.
- System.out.printf( ) : 변환 문자를 사용하여 출력한다.
- **변환 문자**

%d	10진 정수
%o	8진 정수
%x	16진 정수
%f	실수형
%e	지수형
%c	문자
%s	문자열

Java 언어 변수명 작성 규칙 23.3

- 영문 대소문자(A~Z, a~z), 숫자(0~9), '_', '$'를 혼용하여 사용할 수 있다.
- 첫 글자는 영문자나 '_', '$'로 시작해야 한다.
- 영문자는 대소문자를 구분한다.
- 공백을 포함할 수 없다.
- 예약어(Reserved Word)를 사용할 수 없다.

04 Java 언어의 연산자

◉ 연산자의 종류 및 우선순위

연산자	종류	결합 방향	우선순위
단항 연산자	+, −, !, ~, ++, −−	←	높음 ↑
산술 연산자	*, /, %	→	
	+, −	→	
비트 시프트	n 비트만큼 왼쪽 시프트(×2배) 《, 》, 》》	→	
관계 연산자	〈, 〈=, 〉, 〉=, instanceof	→	
	==, !=	→	
논리 연산자	&	→	
	^	→	
	¦	→	
비트 논리	&&	→	
	¦¦	→	
조건 연산자	? :	←	
할당 연산자	=, +=, −=, *=, /=, %=, 《=, 》=	←	↓ 낮음

05 오버로딩과 오버라이딩

◉ 오버로딩(Overloading)

과적, 과부하

- 한 클래스 내에서 같은 이름의 메소드를 사용하는 것이다.
- 같은 이름의 메소드를 여러 개 정의하면서 매개 변수의 유형과 개수가 달라지도록 하는 기술이다.

◉ 오버라이딩(Overriding)

가장 우선되는, 최우선으로 되는, 다른 것보다 우선인

- 상속 관계의 두 클래스의 상위 클래스에서 정의한 메소드를 하위 클래스에서 변경(재정의)하는 것이다.
- Java 언어에서는 static 메소드의 오버라이딩을 허용하지 않는다.
- 오버라이딩의 경우 하위 클래스의 매개 변수 개수와 타입은 상위 객체와 같아야 한다.

단답형 문제

01 Java에서 문자형을 나타내는 char의 크기는 얼마인가?

02 Java의 접근 제한자 중 모든 접근을 허용하는 접근 제한자는 무엇인가?

객관식 문제

03 다음 중 Java에서 사용하는 기본형 타입은?
① 배열형 ② 논리형
③ 클래스형 ④ 인터페이스형

04 Java 프로그래밍 언어의 정수 데이터 타입 중 'long'의 크기는?
① 1byte ② 2byte
③ 4byte ④ 8byte

05 Java에서 사용되는 출력 함수가 아닌 것은?
① System.out.print( )
② System.out.println( )
③ System.out.printing( )
④ System.out.printf( )

06 Java에서 사용하는 접근 제어자의 종류가 아닌 것은?
① internal ② private
③ default ④ public

07 Java에서 변수 선언문으로 옳지 않은 것은?
① short abc;
② int false;
③ float _x;
④ double A123;

정답 **01** 2Byte **02** public **03** ② **04** ④ **05** ③ **06** ① **07** ②

이론 4과목 프로그래밍 언어 활용

POINT 53

제어문

01 조건문

if문

• if문

```
if(조건식)
  조건식의 결과가 참일 때 실행하는 명령문;
```

• if / else문

```
if(조건식)
  조건식의 결과가 참일 때 실행하는 명령문;
else
  조건식의 결과가 거짓일 때 실행하는 명령문;
```

• if / else if / else문

```
if(조건식1)
  조건식1의 결과가 참일 때 실행하는 명령문;
else if(조건식2)
  조건식2의 결과가 참일 때 실행하는 명령문;
else
  조건식1과 조건식2의 결과가 거짓일 때 실행하는 명령문;
```

삼항 연산자에 의한 조건문 24.8, 22.4, 20.3

```
조건식 ? 참일 때 명령문 : 거짓일 때 명령문
```

예 big = a>b ? a : b; → a와 b 중에서 큰 수가 big에 저장된다.

switch~case문 24.8, 23.8

```
switch(조건값)
{
  case 값1:
    조건값이 1일 때 실행하는 명령문;
    break;        ← 반복문이나 switch ~ case 구문을 탈출
  case 값2:
    조건값이 2일 때 실행하는 명령문;
    break;
  ...
  default:
    조건값이 모든 case에 해당되지 않을 때 실행하는 명령문;
    break;
}
```

02 반복문

while문 24.8, 23.8, 22.3, 21.4, 21.3

• 조건식의 결과가 참이면 while문 내의 명령을 실행하고 다시 조건식을 검사한다.
• 조건의 초기값이 거짓이면 while문 내의 명령문은 한 번도 실행되지 않는다.

```
while(조건식)
{
  명령문 1;
  ...
  명령문 n;
}
```

do~while문

- 명령문을 일단 실행하고 나서 조건식을 검사하여 반복 실행 여부를 결정한다.
- 명령문이 적어도 한 번은 실행된다.

```
do
{
  명령문 1;
  ...
  명령문 n;
} while(조건식);
```

for문

- 반복 변수를 초기화하는 초기식은 한 번만 수행되고 조건식을 만족하면 하위 명령문을 수행한 후 증감식을 수행하고 조건식을 검사하면서 반복한다.

```
for(초기식; 조건식; 증감식)
{
  명령문 1;
  ...
  명령문 n;
}
```

객관식 문제

01 다음 자바 프로그램 조건문에 대해 삼항 조건 연산자를 사용하여 옳게 나타낸 것은?

```
int i = 7, j = 9;
int k;
if (i > j)
  k = i - j;
else
  k = i + j;
```

① int i = 7, j = 9;
   int k;
   k = (i > j) ? (i - j) : (i + j);
② int i = 7, j = 9;
   int k;
   k = (i < j) ? (i - j) : (i + j);
③ int i = 7, j = 9;
   int k;
   k = (i > j) ? (i + j) : (i - j);
④ int i = 7, j = 9;
   int k;
   k = (i < j) ? (i + j) : (i - j);

02 다음 C 프로그램의 결과값은?

```
main(void) {
    int i;
    int sum = 0;
    for(i = 1; i <= 10; i = i + 2)
    sum = sum + i;
    printf("%d", sum);
}
```

① 15　　② 19
③ 25　　④ 27

정답 01 ① 02 ③

이론 4과목 프로그래밍 언어 활용

POINT 54

스크립트 언어와 Python

01 스크립트 언어

◉ 스크립트 언어(Script Language)의 개념

- 소스 코드를 컴파일 과정을 거치지 않고 실행할 수 있는 프로그래밍 언어이다.
- 스크립트 언어에 내장된 번역기에 의해 번역되어 실행된다.
- 실행 단계에서 구문을 분석한다.
- Scrapy : 파이썬 기반의 웹크롤러 프레임워크로서 가볍고 빠르고 확장성이 좋다.

◉ 스크립트 언어의 종류

- 서버 측 스크립트 언어

언어	설명
ASP (Active Server Page)	서버 측에서 동적으로 수행되는 페이지를 만들기 위한 언어로 Windows 계열의 운영체제에서 실행 가능하다.
JSP (Java Server Page)	Java를 기반으로 하고 서버 측에서 동적으로 수행하는 페이지를 만드는 언어이다.
PHP (Professional Hypertext Preprocessor)	• 소스 코드가 HTML 파일에 포함되는 언어이다. • 데이터베이스와의 연동이 매우 용이하다. • LINUX, UNIX, Windows 등의 다양한 운영체제에서 사용 가능하다. • PHP 연산자 20.9 산술 연산자: +, −, *, /, %, ** 할당 연산자: =, +=, −=, *=, /=, %= 증가/감소 연산자: ++, −− 관계 연산자: ==, ===, !=, 〈〉, !==, 〉, 〈, 〉=, 〈= 논리 연산자: and, or, xor, &&, ¦¦, !
파이썬 (Python)	• 인터프리터 방식의 객체지향 언어이다. • 실행 시점에 데이터 타입을 결정하는 동적 타이핑 기능을 갖는다.

- 클라이언트 측 스크립트 언어

언어	설명
JavaScript	• HTML 문서에서 HTML이나 CSS로 표현하기 어렵거나 불가능한 작업을 수행하기 위해 개발되었다. • 소스 코드가 HTML 문서에 포함되어 있다. • 클래스가 존재하지 않으며 변수 선언도 필요 없다.(ES5 버전 부터 지원) • 사용자의 웹 브라우저에서 직접 번역되고 실행된다.
VBScript	• 마이크로소프트가 개발한 액티브 스크립트 언어이다. • VBScript의 구문은 비주얼 베이직(Visual Basic) 프로그래밍 언어를 일부 반영한다.

02 파이썬(Python)

◉ 파이썬의 개요 22.7, 21.8

- 1991년 귀도 반 로섬(Guido van Rossum)이 개발한 고급 프로그래밍 언어이다.
- 플랫폼에 독립적이고 인터프리터식, 객체지향적, 동적 타이핑(Dynamically Typed) 대화형 언어이다. 매우 쉬운 문법 구조로 초보자들도 쉽게 배울 수 있다.

◉ 파이썬 변수명 작성 규칙 23.8

- 영문 대소문자(A~Z, a~z), 숫자(0~9), '_'를 혼용하여 사용할 수 있다.
- 첫 글자는 영문자나 '_'로 시작해야 한다.
- 영문자는 대소문자를 구분한다.
- 공백을 포함할 수 없다.
- 예약어(Reserved Word)를 사용할 수 없다.

◉ 문자열 추출하기

```
string = 'Python Good'
```

- 하나의 문자를 추출하려면 추출하려는 문자의 인덱스(0부터 시작)를 지정한다.

```
s = string[1]
print(s)
```

결과 : y

```
s = string[10]
print(s)
```

결과 : d

• 역순으로 맨 오른쪽의 인덱스는 −1이다.

```
s = string[-1]
print(s)
```

결과 : d

```
s = string[-6]
print(s)
```

결과 : n

• [:] 처음부터 끝까지 추출한다.

```
s = string[:]
print(s)
```

결과 : Python Good

• [x:] 인덱스 x부터 끝까지 추출한다.

```
s = string[7:]
print(s)
```

결과 : Good

```
s = string[-3:]
print(s)
```

결과 : ood

• [:y] 처음부터 인덱스 (y−1)까지 추출한다.

```
s = string[:3]
print(s)
```

결과 : Pyt

```
s = string[:-7]
print(s)
```

결과 : Pyth

• [x:y] 인덱스 x부터 (y−1)까지 추출한다.

```
s = string[1:3]
print(s)
```

결과 : yt

```
s = string[-1:-4]
print(s)
```

결과 : Good

• [x:y:z] 인덱스 x부터 (y−1)까지 z만큼 건너뛰면서 추출한다.

```
s = string[1:8:2]
print(s)
```

결과 : yhnG

```
s = string[:5:2]
print(s)
```

결과 : Pto

단답형 문제

01 Java를 기반으로 하고 서버 측에서 동적으로 수행하는 페이지를 만드는 스크립트 언어는 무엇인가?

02 소스 코드가 HTML 파일에 포함되는 스크립트 언어로, 데이터베이스와의 연동이 매우 용이하며, LINUX, UNIX, Windows 등의 다양한 운영체제에서 사용 가능한 스크립트 언어는 무엇인가?

객관식 문제

03 스크립트 언어가 아닌 것은?

① PHP ② COBOL
③ Basic ④ Python

04 파이썬의 변수 작성 규칙 설명으로 옳지 않은 것은?

① 첫 자리에 숫자를 사용할 수 없다.
② 영문 대문자/소문자, 숫자, 밑줄(_)의 사용이 가능하다.
③ 변수 이름의 중간에 공백을 사용할 수 있다.
④ 이미 사용되고 있는 예약어는 사용할 수 없다.

05 다음 파이썬으로 구현된 프로그램의 실행 결과로 옳은 것은?

```
>>> a=[0,10,20,30,40,50,60,70,80,90]
>>> a[:7:2]
```

① [20, 60]
② [60, 20]
③ [0, 20, 40, 60]
④ [10, 30, 50, 70]

정답 **01** JSP **02** PHP **03** ② **04** ③ **05** ③

이론 4과목 프로그래밍 언어 활용

POINT 55

운영체제의 개요

종류 : MS-DOS, Windows 10, LINUX, UNIX, OS/2, 안드로이드, iOS 등

01 운영체제의 개요

운영체제(OS : Operating System)의 개념

- 운영체제는 컴퓨터 사용자와 컴퓨터 하드웨어 간의 인터페이스로서 동작하는 시스템 소프트웨어이다.
- 운영체제는 컴퓨터를 편리하게 사용하고 컴퓨터 하드웨어를 효율적으로 사용할 수 있도록 한다.
- 운영체제는 스스로 어떤 유용한 기능도 수행하지 않고 다른 응용 프로그램이 유용한 작업을 할 수 있도록 환경을 마련하여 준다.

운영체제의 기능

- 사용자와 시스템 간의 편리한 인터페이스를 제공한다.
- 컴퓨터 시스템의 성능을 최적화시킨다.
- 자원의 효과적인 경영을 위해 스케줄링 기능과 자원 보호 기능을 제공한다.
- 시스템에서 발생하는 오류로부터 시스템을 보호한다.
- 사용자들 간에 데이터를 공유할 수 있도록 한다.

운영체제의 목적

구분	내용
처리 능력(Throughput) 향상	• 처리 능력은 일정 시간 내에 시스템이 처리하는 일의 양이다. • 처리 능력이 높을수록 처리하는 일의 양이 많아진다.
응답 시간(Turnaround Time) 단축	• 반환 시간은 컴퓨터 센터에 작업을 지시하고 나서부터 결과를 받을 때까지의 경과 시간이다. • 반환 시간이 감소될수록 처리 속도가 빨라진다.
신뢰도(Reliability) 향상	• 신뢰도는 시스템이 주어진 문제를 정확하게 해결하는 정도이다. • 신뢰도가 높을수록 일을 정확하게 처리한다.
사용 가능도(Availability) 향상	• 사용 가능도는 한정된 자원을 여러 사용자가 요구할 때, 어느 정도 신속하고 충분히 지원해 줄 수 있는지의 정도이다. • 사용 가능도가 높을수록 반환 시간이 감소한다.

운영체제의 운영 방식

구분	내용
일괄 처리 시스템(Batch Processing System)	• 일정량 또는 일정 기간 동안 데이터를 한꺼번에 모아서 처리하는 방식이다. • 운영체제 운용 방식 중 시대적으로 가장 먼저 생겨났다. 예 수도요금 계산 업무, 월급 계산 업무 등
다중 프로그래밍 시스템(Multi-Programming System)	컴퓨터 시스템 자원 활용률을 극대화하기 위해 2개 이상의 프로그램을 주기억장치에 기억시키고 CPU를 번갈아 사용하면서 처리하는 방식이다.
시분할 시스템(Time Sharing System) 23.3	• CPU의 전체 사용 시간을 작은 작업 시간량(Time Slice)으로 나누어서 그 시간량 동안만 번갈아 가면서 CPU를 할당하여 각 작업을 처리하는 방식이다. • 실제로 많은 사용자가 하나의 컴퓨터를 공유하고 있지만 마치 자신만이 컴퓨터 시스템을 독점하여 사용하고 있는 것처럼 느끼게 된다.
다중 처리 시스템(Multi–Processing System)	동시에 프로그램을 수행할 수 있는 CPU를 두 개 이상 두고 각각 그 업무를 분담하여 처리할 수 있는 방식이다.
실시간 처리 시스템(Real Time Processing System)	• 데이터 발생 즉시, 또는 데이터 처리 요구가 있는 즉시 처리하여 결과를 산출하는 방식이다. • 정해진 시간에 반드시 수행되어야 하는 작업들을 처리할 때 가장 적합하다. 예 항공기 예약 업무, 은행 창구 업무, 조회 및 질의 업무 등
다중 모드 시스템(Multi–Mode System)	일괄 처리 + 시분할 + 다중 처리 + 실시간 처리
분산 처리 시스템(Distributed Processing System)	여러 대의 컴퓨터로 작업을 나누어 처리하여 그 내용이나 결과를 통신망을 이용하여 상호 교환되도록 연결하는 방식이다.

02 운영체제의 구성

제어 프로그램(Control Program)

구분	내용
감시 프로그램(Supervisor Program)	• 자원의 할당 및 시스템 전체의 작동 상태를 감시 · 감독하는 프로그램이다. • 제어 프로그램에서 가장 핵심이 된다.

작업 제어 프로그램 (Job Control Program)	• 어떤 업무를 처리하고 다른 업무로의 이행을 자동적으로 수행하기 위한 준비 및 그 처리 완료를 담당하는 기능을 수행한다. • 작업의 연속 처리를 위한 스케줄 및 시스템 자원 할당 등을 담당한다.
데이터 관리 프로그램 (Data Management Program)	주기억 장치와 보조 기억 장치 사이의 자료 전송, 파일의 조작 및 처리, 입·출력 자료와 프로그램 간의 논리적 연결 등 시스템에서 취급하는 파일과 데이터를 표준적인 방법으로 처리할 수 있도록 관리한다.

◉ 처리 프로그램(Processing Program) 21.3

언어 번역 프로그램 (Language Translator Program)	• 프로그래머가 작성한 원시 프로그램을 컴퓨터가 이해할 수 있는 형식으로 번역한다. • 종류 : 컴파일러, 어셈블러, 인터프리터 등
서비스 프로그램 (Service Program)	• 사용자의 편의를 위해 사용 빈도가 높은 프로그램을 시스템 제공자가 미리 작성하여 사용자에게 제공해 주는 프로그램이다. • 종류 : 연계 편집, 유틸리티, 정렬, 병합 등
문제 프로그램 (Problem Program)	특정 업무를 처리하기 위해 사용자가 작성한 프로그램이다.

◉ umask 24.8, 22.3

- 파일이나 디렉터리 생성 시 초기 접근 권한을 설정할 때 사용한다.
- 초기 파일의 권한은 666이고 디렉터리는 777이며 여기에 umask 값을 빼서 초기 파일 권한을 설정할 수 있다.
- 파일 초기 권한 666 － ? = 644

소유자			그룹			사용자		
r	w	x	r	w	x	r	w	x
4	2	1	4	2	1	4	2	1

– rwx(7) 은 모든 권한을 갖는다.
– (0) 은 모든 권한이 해제된 상태
– 644 는 소유자(읽기+쓰기), 그룹(읽기), 사용자(읽기) 권한이 부여된 상태

◉ 리눅스 로그파일 22.3

- utmp : 현재 로그인한 사용자 상태 정보를 담고 있는 로그파일
- wtmp : 성공한 로그인/로그아웃 정보와 시스템 boot/shutdown의 히스토리를 담고 있는 로그파일
- btmp : 실패한 로그인 정보를 담고 있는 로그파일

단답형 문제

01 운영체제의 성능 평가 항목 중 컴퓨터 센터에 작업을 지시하고 나서부터 결과를 받을 때까지의 경과 시간을 무엇이라고 하는가?

02 운영체제의 운영 방식 중 데이터 발생 즉시, 또는 데이터 처리 요구가 있는 즉시 처리하여 결과를 산출하는 방식으로, 항공기 예약 업무, 은행 창구 업무, 조회 및 질의 업무 등에 사용되는 시스템을 무엇이라고 하는가?

객관식 문제

03 운영체제에 대한 설명으로 거리가 먼 것은?
① 다중 사용자와 다중 응용 프로그램 환경하에서 자원의 현재 상태를 파악하고 자원 분배를 위한 스케줄링을 담당한다.
② CPU, 메모리 공간, 기억 장치, 입·출력 장치 등의 자원을 관리한다.
③ 운영체제의 종류로는 매크로 프로세서, 어셈블러, 컴파일러 등이 있다.
④ 입·출력 장치와 사용자 프로그램을 제어한다.

04 운영체제의 목적으로 적합하지 않은 것은?
① Throughput 향상
② Turn Around Time 단축
③ Availability 감소
④ Reliability 향상

05 운영체제를 기능에 따라 분류할 경우 제어 프로그램과 가장 거리가 먼 것은?
① 데이터 관리 프로그램(Data Management Program)
② 감시 프로그램(Supervisor Program)
③ 작업 제어 프로그램(Job Control Program)
④ 서비스 프로그램(Service Program)

정답 **01** 응답 시간(Turnaround Time)
02 실시간 처리 시스템 **03** ③ **04** ③ **05** ④

이론 4과목 프로그래밍 언어 활용

POINT 56

프로세스 관리

01 프로세스

프로세스(Process)의 정의 23.6

- 실행 중인 프로그램이다.
- 실행 가능한 PCB를 가진 프로그램이다.
- 프로세서가 할당되는 실체이다.
- 프로시저가 활동 중인 것이다.
- 비동기적 행위를 일으키는 주체이다.

프로세스 제어 블록(PCB : Process Control Block)

- 운영체제가 프로세스를 관리하기 위해 프로세스에 대한 중요한 정보를 저장해 놓은 곳이다.
- 프로세스가 생성될 때마다 고유의 PCB가 생성되며, 프로세스가 소멸되면 PCB도 소멸된다.
- **PCB에 저장되어 있는 정보** : 프로세스의 현재 상태, 프로세스의 우선순위, 프로세스에 할당된 자원에 대한 정보, CPU 레지스터 정보

프로세스 상태 전이 21.8

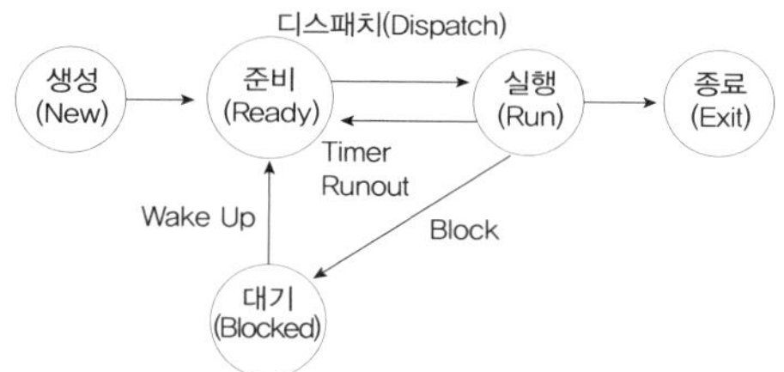

준비 상태 (Ready State)	프로세스가 CPU를 할당받기 위해 준비하고 있는 상태이다.
실행 상태 (Running State)	• 준비 상태의 프로세스가 CPU를 할당받아 실행 중인 상태이다. • 디스패치(Dispatch) : 우선순위가 가장 높은 프로세스가 준비 상태에서 실행 상태로 전환되는 것이다. • 할당 시간 종료(Time Runout) : 실행 상태의 프로세스가 할당 시간(타이머)이 종료되어 준비 상태로 전환되는 것이다.
대기 상태 (Blocked State)	• 실행 상태의 프로세스가 종료되기 전에 입·출력 등의 다른 작업이 필요할 경우 CPU를 반납하고 작업의 완료를 기다리는 상태이다. • 블록(Block) : 실행 상태에서 대기 상태로 전환되는 것이다. • 웨이크 업(Wake Up) : 대기 상태의 프로세스가 웨이크업(조건 만족)되면 준비 상태로 전환된다.

스레드(Thread) 22.4, 21.8

- 프로세스 내에서의 작업 단위로서 시스템의 여러 자원을 할당받아 실행하는 프로그램의 단위를 의미한다.
- 하드웨어, 운영체제의 성능과 응용 프로그램의 처리율을 향상시킬 수 있다.
- 한 개의 프로세스는 여러 개의 스레드를 가질 수 있다.
- **스레드의 구분** : 커널 스레드, 사용자 스레드

커널 수준 스레드는 커널 레벨에서 생성되는 스레드

라이브러리에 의해 구현된 일반적인 스레드

사용자 수준 스레드의 장점

- **높은 이식성** : 기본 커널을 변경할 필요가 없으므로 모든 운영체제에 적용할 수 있어 이식성이 높다.
- **오버헤드 감소** : 커널의 도움 없이 스레드 교환이 가능해서, 사용자와 커널 전환에 따른 오버헤드가 줄어든다.

02 병행 프로세스와 교착상태

병행 프로세스(Concurrent Process)

- 두 개 이상의 프로세스들이 동시에 실행 상태에 있는 것이다.
- 병행 프로그래밍 기법하에서 발생할 수 있는 오류에 대한 오류 방지 방법에는 임계구역, 상호배제, 동기화 기법이 있다.

임계 영역 (Critical Section)	• 어느 한 시점에서 하나의 프로세스가 자원 또는 데이터를 사용하도록 지정된 공유 영역이다. • 임계영역에서의 작업은 신속하게 이루어져야 한다.

임계 영역 (Critical Section)	• 임계영역 내의 프로그램에서는 교착상태가 발생하지 않도록 해야 한다. • 임계영역 내의 프로그램에서는 무한 반복이 발생하지 않도록 해야 한다.
상호배제 (Mutual Exclusion)	• 공유 변수를 접근하고 있는 하나의 프로세스 외에는 다른 모든 프로세스들이 공유 변수를 접근하지 못하도록 제어하는 기법이다. • 상호배제 구현 기법 : 데커 알고리즘, 피터슨 알고리즘, Lamport의 빵집 알고리즘, Test and set 명령어 기법, Swap 명령어 기법
동기화 기법 (Synchronization)	• 세마포어(Semaphore) : Dijkstra가 제안한 방법으로, 연산 P와 V를 통해서 프로세스 사이의 동기를 유지하고 상호배제의 원리를 보장한다. • 모니터(Monitor) : 모니터의 경계에서 상호배제가 시행되며, 모니터 외부에서는 모니터 내부의 데이터를 직접 액세스할 수 없다.

공유 데이터와 이 데이터를 처리하는 프로시저를 포함하는 병행성 구조

◉ 교착상태(Deadlock) 21.3

• 둘 이상의 프로세스들이 서로 다른 프로세스가 차지하고 있는 자원을 요구하며 무한정 기다리게 되어 해당 프로세스들의 진행이 중단되는 현상이다.

• 교착상태의 발생 조건

상호배제 (Mutual Exclusion)	한 번에 한 프로세스만이 어떤 자원을 사용할 수 있다.
점유 및 대기 (Hold and Wait) 23.8, 22.7	프로세스는 다른 자원이 할당되기를 기다리는 동안 이미 확보한 자원을 계속 보유하고 있다.
비선점 (Non-preemption)	자원을 보유하고 있는 프로세서로부터 다른 프로세스가 강제로 그 자원을 빼앗을 수 없다.
환형 대기 (Circular Wait)	이미 자원을 가진 프로세스가 앞이나 뒤의 프로세스의 자원을 요구한다.

• 교착상태의 해결 방법 21.5

예방(Prevention)	교착상태가 발생하지 않도록 사전에 시스템을 제어하는 방법이다.
회피(Avoidance) 24.5	교착상태 발생 가능성을 인정하고 교착상태가 발생하려고 할 때, 교착상태 가능성을 피해 가는 방법이다.
발견(Detection)	교착상태가 발생했는지 검사하여 교착상태에 빠진 프로세스와 자원을 발견하는 방법이다.
회복(Recovery)	교착상태에 빠진 프로세스를 종료하거나 해당 프로세스가 점유하고 있는 자원을 선점하여 다른 프로세스에게 할당하는 기법이다.

자원의 낭비가 가장 심한 것으로 알려진 기법

주로 은행가 알고리즘(Banker's Algorithm)을 사용

단답형 문제

01 둘 이상의 프로세스들이 서로 다른 프로세스가 차지하고 있는 자원을 요구하며 무한정 기다리게 되어 해당 프로세스들의 진행이 중단되는 현상을 무엇이라고 하는가?

객관식 문제

02 프로세스 상태의 종류가 아닌 것은?

① Ready ② Running
③ Request ④ Exit

03 교착상태 발생의 필요 충분 조건이 아닌 것은?

① 상호배제(Mutual Exclusion)
② 점유와 대기(Hold And Wait)
③ 환형 대기(Circular Wait)
④ 선점(Preemption)

04 은행가 알고리즘(Banker's Algorithm)은 교착상태의 해결 방법 중 어떤 기법에 해당하는가?

① Avoidance
② Detection
③ Prevention
④ Recovery

05 다음과 같은 형태로 임계 구역의 접근을 제어하는 상호배제 기법은?

```
P(S) : while S <= 0 do skip;
S := S - 1;
V(S) : S := S + 1;
```

① Dekker Algorithm
② Lamport Algorithm
③ Peterson Algorithm
④ Semaphore

정답 **01** 교착상태(Deadlock) **02** ③ **03** ④ **04** ① **05** ④

POINT 57 프로세스 스케줄링

01 프로세스 스케줄링의 개요

프로세스 스케줄링(Process Scheduling)의 개념

- 프로세스의 생성 및 실행에 필요한 시스템의 자원을 해당 프로세스에 할당하는 작업이다.
- 다중 프로그래밍 운영체제에서 자원의 성능을 향상시키고 효율적인 프로세서의 관리를 위해 작업 순서를 결정하는 것이다.

프로세스 스케줄링의 목적

- 모든 작업들에 대한 공평성 유지, 단위 시간당 처리량 최대화, 응답 시간 및 반환 시간 최소화, 운영체제의 오버헤드 최소화

바람직한 스케줄링 정책

- CPU 이용률 최대화, 응답 시간 및 반환 시간 최소화, 대기 시간 최소화

02 프로세스 스케줄링 기법

비선점(Non-Preemptive) 스케줄링

- 한 프로세스가 일단 CPU를 할당받으면 다른 프로세스가 CPU를 강제로 빼앗을 수 없고, 사용이 끝날 때까지 기다리는 방식이다.
- 모든 프로세스들에 대한 요구를 공정히 처리하여 응답 시간의 예측이 용이하다.
- CPU의 사용 시간이 짧은 프로세스들이 사용 시간이 긴 프로세스들로 인하여 오래 기다리는 경우가 발생할 수 있다.

FIFO (First In First Out) 21.3

- 준비 상태 큐에 도착한 순서대로 CPU를 할당하는 기법이다.
- FCFS(First Come First Service)라고도 한다.

예 FIFO 스케줄링에서 다음과 같은 3개의 작업에 대하여 모든 작업들의 평균 대기 시간 및 평균 반환 시간은?

작업	도착 시간	실행 시간
P1	0	13
P2	3	35
P3	8	10

- 실행 순서 : P1 → P2 → P3
- 대기 시간 : P1(0), P2(10), P3(40)
- 평균 대기 시간 : (0+10+40) / 3 = 16.66
- 반환 시간 : P1(13), P2(45), P3(50)
- 평균 반환 시간 : (13+45+50) / 3 = 36

SJF (Shortest Job First) 20.9

- 준비 상태 큐에서 기다리고 있는 프로세스들 중에서 실행 시간이 가장 짧은 프로세스에게 먼저 CPU를 할당하는 스케줄링 기법이다.
- 평균 대기 시간을 최소화한다.

예 SJF 스케줄링에서 다음과 같이 4개의 작업이 준비 상태 큐에 있을 때 모든 작업들의 평균 대기 시간 및 평균 반환 시간은?

작업	실행 시간
P1	6
P2	3
P3	8
P4	7

- 실행 순서 : P2 → P1 → P4 → P3
- 대기 시간 : P2(0), P1(3) P4(9), P3(16)
- 평균 대기 시간 : (0+3+9+16) / 4 = 7
- 반환 시간 : P2(3), P1(9) P4(16), P3(24)
- 평균 반환 시간 : (3+9+16+24) / 4 = 13

HRN (Highest Response -ratio Next) 24.5, 23.8, 23.6, 23.3, 22.7, 22.4, 20.8

- 어떤 작업이 서비스받을 시간과 그 작업이 서비스를 기다린 시간으로 결정되는 우선순위에 따라 CPU를 할당하는 기법이다.
- 우선순위 계산식 = (대기 시간 + 서비스를 받을 시간) / 서비스를 받을 시간

예 HRN 방식으로 스케줄링할 경우, 입력된 작업이 다음과 같을 때 처리되는 작업 순서는?

작업	대기 시간	서비스(실행) 시간
P1	5	20
P2	40	20
P3	15	45
P4	20	20

[d]A	(5 + 20) / 20 = 1.25	[c]C	(15 + 45) / 45 = 1.33
[a]B	(40 + 20) / 20 = 3	[b]D	(20 + 20) / 20 = 2

우선순위 (Priority)	• 준비 상태 큐에서 대기하는 프로세스에게 부여된 우선순위가 가장 높은 프로세스에게 먼저 CPU를 할당하는 기법이다. • 우선순위가 낮은 프로세스는 무한 정지(Indefinite Blocking)가 발생할 수 있으며, 에이징(Aging) 기법으로 이를 해결할 수 있다.

선점(Preemptive) 스케줄링

- 한 프로세스가 CPU를 할당받아 실행 중이라도 우선순위가 높은 다른 프로세스가 CPU를 강제적으로 빼앗을 수 있는 방식이다.
- 긴급하고 높은 우선순위의 프로세스들이 빠르게 처리될 수 있다.
- 선점을 위한 시간 배당에 대한 인터럽트용 타이머 클럭(Clock)이 필요하다.
- 온라인 응용에 적합한 스케줄링이다.

RR (Round Robin)	• 주어진 시간 할당량(Time Slice) 안에 작업을 마치지 않으면 준비 상태 큐의 가장 뒤로 배치된다. • 시분할 시스템(Time-sharing System)을 위해 고안된 방식이다. • 시간 할당량이 커지면 FCFS 스케줄링과 같은 효과를 얻을 수 있다. • 시간 할당이 작아지면 프로세스 문맥 교환이 자주 일어난다.
SRT (Shortest Remaining Time)	• 작업이 끝나기까지의 실행시간 추정치가 가장 작은 작업을 먼저 실행시키는 기법이다. • FIFO 기법보다 평균 대기 시간이 감소된다. • 작업 시간이 큰 경우 오랫동안 대기하여야 한다.
다단계 큐 (Multi-Level Queue)	프로세스들을 우선순위에 따라 상위, 중위, 하위 단계의 단계별 준비 상태 큐를 배치하는 기법이다.
다단계 피드백 큐 (Multi-Level Feedback Queue)	각 준비 상태 큐마다 부여된 시간 할당량 안에 완료하지 못한 프로세스는 다음 단계의 준비 상태 큐로 이동하는 기법이다.

단답형 문제

01 프로세스의 생성 및 실행에 필요한 시스템의 자원을 해당 프로세스에 할당하는 작업을 무엇이라고 하는가?

02 준비 상태 큐에서 기다리고 있는 프로세스들 중에서 실행 시간이 가장 짧은 프로세스에게 먼저 CPU를 할당하는 비선점 스케줄링 기법은 무엇인가?

객관식 문제

03 HRN(Highest Response-ratio Next) 스케줄링 방식에 대한 설명으로 옳지 않은 것은?

① 대기 시간이 긴 프로세스일 경우 우선순위가 높아진다.
② SJF 기법을 보완하기 위한 방식이다.
③ 긴 작업과 짧은 작업 간의 지나친 불평등을 해소할 수 있다.
④ 우선순위를 계산하여 그 수치가 가장 낮은 것부터 높은 순으로 우선순위가 부여된다.

04 스케줄링 기법 중 SJF 기법과 SRT 기법에 관한 설명으로 가장 옳지 않은 것은?

① SJF는 비선점(Non-Preemptive) 기법이다.
② SJF는 작업이 끝나기까지의 실행 시간 추정치가 가장 작은 작업을 먼저 실행시킨다.
③ SRT는 실행 시간을 추적해야 하므로 오버헤드가 증가한다.
④ SRT에서는 이미 할당된 CPU를 다른 프로세스가 강제로 빼앗아 사용할 수 없다.

05 다음과 같은 프로세스가 차례로 큐에 도착하였을 때, SJF(Shortest Job First) 정책을 사용할 경우 가장 먼저 처리되는 작업은?

프로세스 번호	실행 시간
P1	6
P2	8
P3	4
P4	3

① P1 ② P2 ③ P3 ④ P4

정답 **01** 프로세스 스케줄링 **02** SJF **03** ④ **04** ④ **05** ④

이론 4과목 프로그래밍 언어 활용

POINT 58

기억 장치 관리

01 기억 장치 관리 전략

반입 전략

- 보조 기억 장치에 보관 중인 프로그램이나 데이터를 주기억 장치로 언제 가져올 것인지 결정하는 전략으로 요구 반입, 예상 반입이 있다.

배치 전략 22.7, 22.3, 20.8

- 보조 기억 장치에 보관 중인 프로그램이나 데이터를 주기억 장치 내의 어디로 가져올 것인지 결정하는 전략이다.

최초 적합 (First-Fit)	적재 가능한 공간 중에서 첫 번째 분할 영역에 배치
최적 적합 (Best-Fit)	적재 가능한 공간 중에서 가장 작은 공백이 남는 부분에 배치
최악 적합 (Worst-Fit)	적재 가능한 공간 중에서 가장 큰 공백이 남는 부분에 배치

기억 장치 교체 전략 24.8, 23.8, 21.8

- 주기억 장치의 모든 페이지 프레임이 사용 중일 때 어떤 페이지 프레임을 교체할 것인지 결정하는 전략이다.

OPT (OPTimal Replacement)	• 이후에 가장 오랫동안 사용되지 않을 페이지를 먼저 교체하는 기법이다. • 실현 가능성이 희박하다.
FIFO (First In First Out)	• 가장 먼저 적재된 페이지를 먼저 교체하는 기법이다. • 구현이 간단하다.
LRU(Least Recently Used) 22.4	각 페이지마다 계수기나 스택을 두어 현시점에서 가장 오랫동안 사용하지 않은 페이지를 교체하는 기법이다.
LFU(Least Frequently Used)	참조된 횟수가 가장 적은 페이지를 먼저 교체하는 기법이다.
NUR (Not Used Recently)	각 페이지당 두 개의 하드웨어 비트를 두어서 가장 최근에 사용하지 않은 페이지를 교체하는 기법이다.
SCR (Second Chance Replacement)	FIFO의 단점을 보완하는 기법으로, 가장 오랫동안 주기억 장치에 상주했던 페이지 중에서 자주 참조되는 페이지의 교체를 예방한다.

02 가상 기억 장치 구현 기법

가상 기억 장치(Virtual Memory) 21.3

- 주기억 장치의 부족한 용량을 해결하기 위해 보조 기억 장치를 주기억 장치처럼 사용하는 기법이다.
- 가상 기억 장치의 일반적인 구현 방법에는 프로그램을 고정된 크기의 일정한 블록으로 나누는 페이징 기법과 가변적인 크기의 블록으로 나누는 세그멘테이션 기법이 있다.

페이징(Paging) 기법 24.5, 21.3

- 가상 기억 장치에 보관된 프로그램과 주기억 장치의 영역을 동일한 크기로 나눈 것이 페이지이다. 나눠진 프로그램을 동일하게 나눠진 주기억 장치의 영역에 적재시켜 실행하는 기법이다.
- 가상 기억 장치에서 주기억 장치로 주소를 조정(매핑)하기 위해 페이지의 위치 정보를 가진 페이지 맵 테이블이 필요하다.
- 페이지의 크기가 클수록 페이지 맵 테이블의 크기가 작아지고, 단편화가 증가하고, 디스크 접근 횟수가 감소하며, 전체 입 · 출력 시간이 감소한다.
- 페이지의 크기가 작을수록 페이지 맵 테이블의 크기가 커지고, 단편화가 감소하고, 디스크 접근 횟수가 증가하며, 전체 입 · 출력 시간이 증가한다.

세그먼테이션(Segmentation) 기법

- 가상 기억 장치에 보관된 프로그램을 다양한 크기로 나눈 후, 나눠진 프로그램을 주기억 장치에 적재시켜 실행하는 기법이다.
- 세그먼트(Segment) : 큰 프로그램을 보다 작은 프로그램으로 분할해서 하나의 논리적 단위로 묶어서 주기억 장치에 읽어 들일 수 있는 최소 단위이다.

◉ 구역성(Locality)

- 프로세스가 실행되는 동안 일부 페이지만 집중적으로 참조되는 경향을 의미한다.
- 시간 구역성(Temporal Locality) : 순환(Looping), 스택(Stack), 부프로그램(Subprogram), 집계(Totaling) 등에 사용되는 변수 등이 있다.
- 공간 구역성(Spatial Locality) : 프로세스가 어떤 페이지를 참조했다면 이후 가상 주소 공간상 그 페이지와 인접한 페이지들을 참조할 가능성이 높음을 의미한다. 배열 순례(Array Traversal), 프로그램의 순차적 수행 등이 있다.

◉ 워킹 셋(Working Set) 21.3

- 운영체제의 가상 기억 장치 관리에서 프로세스가 일정 시간 동안 자주 참조하는 페이지들의 집합이다.

◉ 스래싱(Thrashing) 21.5

- 하나의 프로세스가 작업 수행 과정에 수행하는 기억 장치 접근에서 지나치게 페이지 부재가 발생하여 프로세스 수행에 소요되는 시간보다 페이지 이동에 소요되는 시간이 더 커지는 현상이다.

◉ 페이지 부재(Page Fault) 24.5, 22.3

- 참조할 페이지가 주기억 장치에 없는 현상이다.

예제

3개의 페이지를 수용할 수 있는 주기억 장치가 있으며, 초기에는 모두 비어 있다고 가정한다. 다음의 순서로 페이지 참조가 발생할 때, FIFO 페이지 교체 알고리즘을 사용할 경우 몇 번의 페이지 결함이 발생하는가?

페이지 참조 순서 : 1, 2, 3, 1, 2, 4, 1, 2, 5

참조 페이지	1	2	3	1	2	4	1	2	5
프레임 1	1	1	1	1	1	4	4	4	5
프레임 2		2	2	2	2	2	1	1	1
프레임 3			3	3	3	3	3	2	2
페이지 부재	●	●	●			●	●	●	●

총 7번의 페이지 부재가 발생한다.

단답형 문제

01 주기억 장치의 부족한 용량을 해결하기 위해 보조 기억 장치를 주기억 장치처럼 사용하는 기법을 무엇이라고 하는가?

02 하나의 프로세스가 작업 수행 과정에 수행하는 기억 장치 접근에서 지나치게 페이지 부재가 발생하여 프로세스 수행에 소요되는 시간보다 페이지 이동에 소요되는 시간이 더 커지는 현상을 무엇이라고 하는가?

객관식 문제

03 다음의 페이지 참조 열(Page Reference String)에 대해 페이지 교체 기법으로 선입선출 알고리즘을 사용할 경우 페이지 부재(Page Fault) 횟수는? (단, 할당된 페이지 프레임 수는 3이고, 처음에는 모든 프레임이 비어 있다.)

〈페이지 참조 열〉

7, 0, 1, 2, 0, 3, 0, 4, 2, 3, 0, 3, 2, 1, 2, 0, 1, 7, 0

① 13 ② 14 ③ 15 ④ 20

04 4개의 페이지를 수용할 수 있는 주기억 장치가 있으며, 초기에는 모두 비어 있다고 가정한다. 다음의 순서로 페이지 참조가 발생할 때, FIFO 페이지 교체 알고리즘을 사용할 경우 페이지 결함의 발생 횟수는?

페이지 참조 순서 : 1, 2, 3, 1, 2, 4, 5, 1

① 6회 ② 7회
③ 8회 ④ 9회

05 빈 기억 공간의 크기가 20KB, 16KB, 8KB, 40KB 일 때 기억 장치 배치 전략으로 "Best Fit"을 사용하여 17KB의 프로그램을 적재할 경우 내부 단편화의 크기는 얼마인가?

① 3KB ② 23KB
③ 64KB ④ 67KB

정답 **01** 가상 기억 장치 **02** 스래싱 **03** ② **04** ① **05** ①

POINT 59

디스크 스케줄링

01 디스크 스케줄링(Disk Scheduling)

- 사용할 데이터가 디스크의 여러 곳에 저장되어 있을 때 데이터를 액세스하기 위해 디스크 헤드의 이동 경로를 결정하는 기법이다.

02 디스크 스케줄링의 종류

◉ FCFS(First Come First Service)

- 디스크 대기 큐에 먼저 들어온 트랙에 대한 요청을 먼저 서비스하는 기법이다.
- FIFO(First in First Out) 방식이라고도 한다.
- 구현은 쉬운 반면 부하가 크면 응답 지연이 발생한다.

예제

사용자가 요청한 디스크 입 · 출력 내용이 다음의 작업 대기 큐(90 183 37 122 14 128 65 67)와 같다. (단, 현재 디스크 헤드 위치는 53이고, 가장 안쪽이 1번, 가장 바깥쪽이 200번 트랙이라고 가정한다.)

FCFS 이동 순서 : 53 → 90 → 183 → 37 → 122 → 14 → 128 → 65 → 67

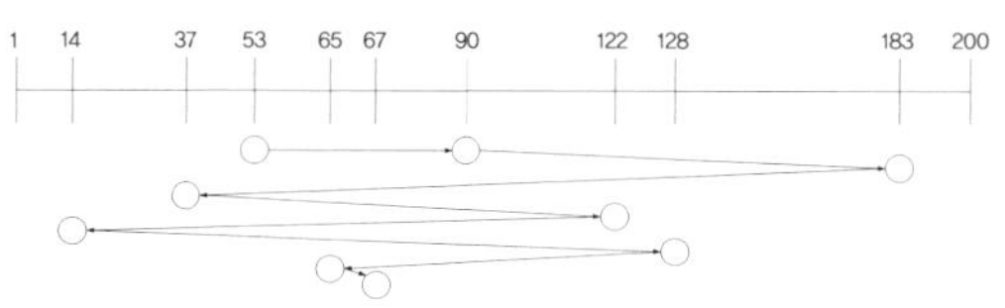

◉ SSTF(Shortest Seek Time First)[21.8]

- 탐색 거리가 가장 짧은 트랙에 대한 요청을 먼저 서비스하는 기법이다.
- 안쪽이나 바깥쪽 트랙이 가운데 트랙보다 서비스를 적게 받아 탐색 패턴이 편중된다.
- 응답 시간 편차로 인해 대화형에는 부적합하다.

예제

현재 헤드 위치가 53에 있고 트랙 1번 방향으로 이동 중이다. 요청 대기 큐에는 다음과 같은 순서의 액세스 요청이 대기 중일 때 SSTF 스케줄링 알고리즘을 사용한다면 헤드의 총 이동 거리는 얼마인가? (단, 현재 디스크 헤드 위치는 53이고, 가장 안쪽이 1번 가장 바깥쪽이 203번 트랙이라고 가정한다.)

–요청 대기 큐 : 98, 203, 37, 122, 14, 124, 65, 67

–현재 위치 53 → 65 → 67 → 37 → 14 → 98 → 122 → 124 → 203

12+ 2 +30+23+84+24 + 2 + 79 = 256

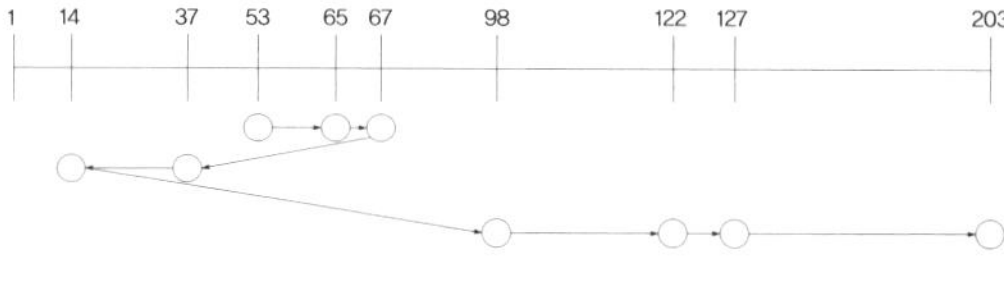

◉ SCAN

- 현재 헤드의 위치에서 진행 방향의 모든 요청을 서비스하면서 끝까지 이동한 후 반대 방향의 요청을 서비스하는 기법이다.
- 바깥쪽 트랙이 안쪽 트랙보다 서비스를 적게 받게 된다.

C-SCAN(Circular SCAN)

• 헤드가 항상 바깥쪽에서 안쪽으로 움직이며 모든 요청을 서비스하면서 끝까지 이동한 후 다시 바깥쪽에서 안쪽으로 이동하면서 요청을 서비스하는 기법이다.

예제

사용자가 요청한 디스크 입·출력 내용이 다음의 작업 대기큐(90, 183, 37, 122, 14, 128, 65, 67)와 같다. (단, 현재 디스크 헤드 위치는 53이고, 가장 안쪽이 1번, 가장 바깥쪽이 200번 트랙이라고 가정한다.)

SCAN 이동 순서 : 53 → 37 → 14 → 1 → 200 →183 → 128 → 122 → 90 → 67 → 65

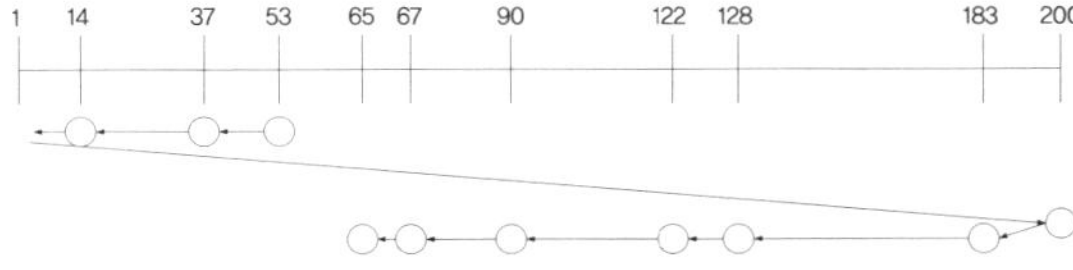

N-step SCAN

• 어떤 방향의 진행이 시작될 당시에 대기 중이던 요청들만 서비스하고, 진행 도중 도착한 요청들은 한데 모아서 다음의 반대 방향 진행 때 최적으로 서비스하는 기법이다.

에센바흐(Eschenbach) 스케줄링

• 헤드가 진행하는 과정에서 각 실린더에 대해 한 번의 디스크팩 회전 시간 동안만 입·출력 요구들을 처리하는 기법이다. 즉, 한 회전 동안 서비스를 받지 못하는 요구들에 대한 처리는 다음으로 미루는 기법이다.

단답형 문제

01 디스크 스케줄링 기법 중에서 탐색 거리가 가장 짧은 요청이 먼저 서비스를 받는 기법이며, 탐색 패턴이 편중되어 안쪽이나 바깥쪽 트랙이 가운데 트랙보다 서비스를 덜 받는 경향이 있는 기법은?

객관식 문제

02 다음 디스크 스케줄링과 관계된 방법 중 그 성격이 다른 하나는?

① C-SCAN
② FCFS
③ SLTF
④ SSTF

03 사용자가 요청한 디스크 입·출력 내용이 다음과 같은 순서로 큐에 들어 있을 때 SSTF 스케줄링을 사용한 경우의 처리 순서는? (단, 현재 헤드 위치는 53이고, 제일 안쪽이 1번, 바깥쪽이 200번 트랙이다.)

큐의 내용 : 98, 183, 37, 122, 14, 124, 65, 67

① 53-65-67-37-14-98-122-124-183
② 53-98-183-37-122-14-124-65-67
③ 53-37-14-65-67-98-122-124-183
④ 53-67-65-124-14-122-37-183-98

04 디스크 입·출력 요청 대기 큐에 다음과 같은 순서로 기억되어 있다. 현재 헤드가 53에 있을 때, 이들 모두를 처리하기 위한 총 이동 거리는 얼마인가? (단, FCFS 방식을 사용한다.)

대기 큐 : 87, 183, 37, 122, 14, 124, 65, 67

① 320
② 640
③ 710
④ 763

정답 **01** SSTF **02** ③ **03** ① **04** ②

POINT 60

정보 관리

01 파일 시스템

파일 시스템(File System)의 개념

- 파일(File)은 연관된 데이터들의 집합이다.
- 파일은 각각의 고유한 이름을 갖고 있다.
- 파일은 주로 보조 기억 장치에 저장하여 사용한다.
- 파일 시스템은 보조 기억 장치와 그 안에 저장된 파일을 관리하는 시스템이다.

파일 시스템의 기능

- 사용자가 파일을 생성, 수정, 제거할 수 있도록 해준다.
- 파일에 대한 여러 가지 접근 제어 방법을 제공한다.
- 사용자와 보조 기억 장치 사이에서 인터페이스를 제공한다.
- 정보의 백업(Backup) 및 복구(Recovery) 기능을 제공한다.
- 정보의 암호화(Encryption) 및 해독(Decryption) 기능을 제공한다.
- 적절한 제어 방식을 통해 타인의 파일을 공동으로 사용할 수 있도록 해준다.

파일 디스크립터(File Descriptor)의 개념 24.8, 21.8

- 파일을 관리하기 위해 필요한 파일에 대한 정보를 갖고 있는 제어 블록이다.
- 파일 제어 블록(FCB : File Control Block)이라고도 한다.
- 파일마다 독립적으로 존재하며, 시스템에 따라 다른 구조를 가질 수 있다.
- 대개 보조 기억 장치에 저장되어 있다가 해당 파일이 열릴(Open) 때 주기억 장치로 옮겨진다.
- 파일 시스템이 관리하므로 사용자가 직접 참조할 수 없다.

파일 디스크립터의 내용

- 파일의 구조, 유형
- 파일의 크기, 이름
- 파일의 생성 시간, 수정 시간
- 파일에 대한 접근 횟수
- 보조 기억 장치 정보, 접근 제어 정보

02 파일 구조

파일 구조의 종류

순차 파일 (Sequential File)	• 레코드들이 논리적인 순서에 따라 물리적인 연속 공간에 순차적으로 저장되는 파일 구조이다. • 주기적으로 처리하는 경우에 시간적으로 속도가 빠르며, 처리 비용이 절감된다. • 순차적으로 실제 데이터만 저장되므로 기억 공간의 활용률이 높다. • 특정 레코드를 검색할 때, 순차적 검색을 하므로 검색 효율이 낮다.
색인 순차 파일 (Indexed Sequential File)	• 키 값에 따라 순차적으로 정렬된 데이터를 저장하는 데이터 구역(Data Area)과 이 구역에 대한 포인터를 가진 색인 구역(Index Area)으로 구성된 파일 구조이다. • 순차 처리와 직접 처리가 모두 가능하다. • 레코드의 삽입, 삭제, 갱신이 용이하다. • 인덱스를 이용하여 해당 데이터 레코드에 접근하기 때문에 처리 속도가 랜덤 편성 파일보다 느리다. • 인덱스를 저장하기 위한 공간과 오버플로우 처리를 위한 별도의 공간이 필요하다.

• 색인 순차 파일의 구성

기본 구역 (Prime Area)	레코드가 기록되는 영역이다.
색인 구역 (Index Area)	• 기본 구역의 레코드의 위치를 찾는 색인이 기록된 영역이다. • 색인 구역의 구성 • 트랙 색인 구역(Track Index Area) • 실린더 색인 구역(Cylinder Index Area) • 마스터 색인 구역(Master Index Area)
오버플로우 구역 (Overflow Area)	기본 구역에 레코드를 삽입하지 못하는 오버플로우 처리를 위한 별도의 영역이다.

직접 파일 (Direct File)	• 키에 일정한 함수를 적용하여 상대 레코드 주소를 얻고, 그 주소를 레코드에 저장하는 파일 구조이다. • 해싱 등의 사상 함수를 사용하여 레코드 키(Record Key)에 의한 주소 계산을 통해 레코드를 접근할 수 있도록 구성된다.

◉ 디렉터리 구조

1단계 디렉터리 구조	• 같은 디렉터리에 시스템에 보관된 모든 파일 정보를 포함하는 구조이다. • 모든 파일들이 유일한 이름을 가진다.
2단계 디렉터리 구조	• 각각의 사용자에 대한 MFD와 각 사용자별로 만들어지는 UFD로 구성된다. • MFD는 각 사용자의 이름이나 계정번호 및 UFD를 가리키는 포인터를 갖고 있으며, UFD는 오직 한 사용자가 갖고 있는 파일들에 대한 파일 정보만 갖고 있다.
트리 디렉터리 구조	• UNIX에서 사용하는 디렉터리 구조이다. • 각 디렉터리는 서브 디렉터리나 파일을 가질 수 있다. • 디렉터리의 생성과 파괴가 비교적 용이하다. • 디렉터리의 탐색은 포인터를 사용하며, 절대 경로명과 상대 경로명을 사용한다.
비순환 그래프 디렉터리 구조	• 부디렉터리의 공동 사용이 가능하다. • 디스크 공간을 절약할 수 있다. • 하나의 파일이나 디렉터리가 여러 개의 경로 이름을 가질 수 있다. • 공유하고 있는 파일 제거 시 떨어진 포인터(Dangling Pointer) 문제가 발생할 수 있다.
일반적인 그래프 디렉터리 구조	사이클이 허용되고, 불필요한 파일 제거를 위해 참조 카운터가 필요한 디렉터리 구조이다.

단답형 문제

01 파일을 관리하기 위해 시스템(운영체제)이 필요로 하는 파일에 대한 정보를 갖고 있는 제어 블록으로, 파일 제어 블록(FCB : File Control Block)이라고도 하는 것은 무엇인가?

02 키 값에 따라 순차적으로 정렬된 데이터를 저장하는 데이터 구역(Data Area)과 이 구역에 대한 포인터를 가진 색인 구역(Index Area)으로 구성된 파일 구조는 무엇인가?

객관식 문제

03 파일 디스크립터(File Descriptor)의 정보에 포함되지 않는 것은?

① 파일 구조　② 파일 유형
③ 파일 작성자　④ 파일 크기

04 파일 구성 방식 중 ISAM(Indexed Sequential Access-Method)의 물리적인 색인(index) 구성은 디스크의 물리적 특성에 따라 색인을 구성하는데, 다음 중 3단계 색인에 해당되지 않는 것은?

① Cylinder Index
② Track Index
③ Master Index
④ Volume Index

05 파일 시스템의 디렉터리 구조 중 중앙에 마스터 파일 디렉터리가 있고 하부에 사용자 파일 디렉터리가 있는 구조는?

① 단일 디렉터리 구조
② 2단계 디렉터리 구조
③ 트리 디렉터리 구조
④ 비순환 그래프 디렉터리 구조

정답 **01** 파일 디스크립터 **02** 색인 순차 파일 **03** ③ **04** ④ **05** ②

POINT 61

분산 운영체제

01 다중 처리기

다중 처리기(Multi-processor)의 개념

- 하나의 시스템에 2개 이상의 프로세서를 가지고 동시에 여러 개의 작업을 처리하는 장치이다.
- 프로세서 중 하나가 고장나도 다른 프로세서들에 의해 고장난 프로세서의 작업을 대신 수행하는 장애 극복이 가능하다.
- 프로세서 간의 통신은 공유 기억 장치를 통하여 입 · 출력 채널, 주변 장치들을 공유한다.
- 대칭적 다중 처리 방식과 비대칭적 다중 처리 방식이 있다.
- 성능 개선 목표 : 유연성, 신뢰성, 수행 속도

다중 처리기의 상호 연결 방법

시분할 공유 버스 (Time Sharing Shared Bus)	• 프로세서, 기억 장치, 입 · 출력 장치 간에 하나의 버스 통신로만을 제공하는 구조이다. • 어느 한 시점에 단지 하나의 전송만이 가능하다. • 버스에 이상이 생기면 전체 시스템에 장애가 발생한다.
크로스바 교환 행렬 (Crossbar Switch Matrix)	• 공유 버스 시스템에서 버스의 수를 기억 장치의 수만큼 증가시킨 구조이다. • 두 개의 서로 다른 저장 장치를 동시에 참조할 수 있다. • 하드웨어가 복잡해지는 단점이 있다.
하이퍼 큐브 (Hyper Cube)	• 10개 이상의 프로세서를 병렬로 동작시키는 구조이다. • 하나의 프로세서에 연결되는 다른 프로세서의 수(연결점)가 n개일 경우 총 2^n 개의 프로세서가 필요하다.
다중 포트 메모리 (Multiport Memory)	하나의 프로세서에 하나의 버스가 할당되어 버스를 이용하려는 프로세서 간 경쟁이 적은 구조이다.

다중 처리기 운영체제의 구조

대칭적 (Symmetric) 처리기	• 모든 프로세서가 하나의 운영체제를 공유해서 수행한다. • 가장 복잡하지만 가장 강력한 구조이다. • 여러 개의 프로세서가 동시에 수행될 수 있다.
24.5 주/종(Master/Slave) 처리기 (비대칭 구조를 가짐)	• 하나의 주 프로세서(입·출력과 연산을 수행)와 나머지 종 프로세서(입·출력 발생 시 주 프로세서에게 서비스를 요청)로 구성된다. • 주 프로세서만이 운영체제를 수행한다.
분리 수행 (Separate-Execution) 처리기	• 주/종 처리기의 비대칭성을 보완하여 각 프로세서가 별도의 운영체제를 가진다. • 프로세서별 자신만의 파일 및 입 · 출력 장치를 제어한다. • 프로세서별 인터럽트는 독립적으로 수행된다. • 한 프로세서의 장애는 전 시스템에 영향을 미치지 않는다.

다중 처리기의 구조

약결합 시스템 (Loosely-Coupled System) (분산 처리 시스템이라고도 함)	• 둘 이상의 시스템을 통신 링크를 이용하여 연결한 시스템이다. • 각 시스템마다 별도의 운영체제를 가진다. • 각 프로세서마다 독립된 메모리를 가진다. • 프로세스 간의 통신은 메시지 전달이나 원격 프로시저 호출을 통하여 이루어진다.
강결합 시스템 (Tightly-Coupled System)	• 하나의 운영체제가 모든 처리기와 시스템 하드웨어를 제어한다. • 프로세서 간 통신은 공유 메모리를 통하여 이루어진다. • 메모리에 대한 프로세서 간의 경쟁 최소화가 고려되어야 한다.

02 분산 처리 시스템(Distributed Processing System)

분산 처리 시스템의 개념 23.3, 22.4, 22.3

- 여러 대의 컴퓨터들에 의해 작업한 결과를 통신망을 이용하여 상호 교환할 수 있도록 연결되어 있는 시스템으로 시스템의 점진적 확장이 용이하다.
- 단일 시스템에 비해 처리용량, 연산 속도, 신뢰성, 사용 가능도가 향상된다.
- 중앙 집중형 시스템에 비해 시스템 설계가 복잡하고 소프트웨어 개발이 어렵다.

◉ 투명성(Transparency) 23.6

• 분산 처리 운영체제에서 구체적인 시스템 환경을 사용자가 알 수 없도록 하며, 또한 사용자들로 하여금 이에 대한 정보가 없어도 원하는 작업을 수행할 수 있도록 지원하는 개념이다.

• 투명성의 종류
  - **위치(Location) 투명성** : 하드웨어와 소프트웨어의 물리적 위치를 사용자가 알 필요가 없다.
  - **이주(Migration) 투명성** : 사용자나 응용 프로그램의 동작에 영향을 받지 않고 자원들을 한 곳에서 다른 곳으로 이동할 수 있다.
  - **복제(Replication) 투명성** : 사용자에게 통지할 필요 없이 시스템 안에 파일들과 자원들의 부가적인 복사를 자유로이 할 수 있다.
  - **병행(Concurrency) 투명성** : 다중 사용자들이 자원들을 자동으로 공유할 수 있다.

◉ 분산 운영체제 구조

구조	설명
Star 성형 구조	• 모든 사이트는 하나의 호스트에 직접 연결된 구조이다. • 중앙 컴퓨터 장애 시 모든 사이트 간 통신이 불가능하다. • 통신 시 최대 두 개의 링크만 필요하고 통신 비용이 저렴하다.
Ring 링형 구조	• 각 사이트는 정확히 다른 두 사이트와 물리적으로 연결된 구조이다. • 정보 전달 방향은 단방향 또는 양방향일 수 있다. • 기본 비용은 사이트의 수에 비례한다. • 메시지가 링을 순환할 경우 통신비용은 증가한다.
Multi Access Bus 다중 접근 버스 구조	• 모든 사이트는 공유 버스에 연결된 구조이다. • 기본 비용은 사이트 수에 비례한다. • 사이트의 고장은 다른 사이트 간의 통신에 영향을 주지 않지만, 링크의 고장은 전체 시스템에 영향을 준다. • 사이트의 추가와 삭제가 용이하다.
Hierarchy Connection 계층 연결 구조	• 각 사이트들이 트리(Tree) 형태로 연결된 구조이다. • 상위 사이트 장애 시 하위 사이트들은 통신이 불가능하다.
Fully Connection 완전 연결 구조	• 모든 사이트는 다른 모든 사이트와 직접 연결된 구조이다. • 사이트 간의 연결은 여러 회선이 존재하므로 신뢰성이 높다. • 사이트 간의 메시지 전달이 매우 빠르다. • 하나의 링크가 고장 나더라도 통신이 단절되지 않는다. • 사이트 설치 시 소요되는 기본 비용은 많이 든다.

단답형 문제

01 하나의 시스템에 2개 이상의 프로세서를 가지고 동시에 여러 개의 작업을 처리하는 장치를 무엇이라고 하는가?

객관식 문제

02 분산 운영체제의 개념 중 강결합(Tightly-Coupled) 시스템의 설명으로 옳지 않은 것은?

① 프로세서 간의 통신은 공유 메모리를 이용한다.
② 여러 처리기 간에 하나의 저장 장치를 공유한다.
③ 메모리에 대한 프로세서 간의 경쟁이 최소화가 고려되어야 한다.
④ 각 사이트는 자신만의 독립된 운영체제와 주기억 장치를 갖는다.

03 128개의 CPU로 구성된 하이퍼큐브에서 각 CPU는 몇 개의 연결점을 갖는가?

① 6 ② 7
③ 8 ④ 10

04 분산 시스템을 위한 마스터-슬레이브(Master-Slave) 아키텍처에 대한 설명으로 틀린 것은?

① 일반적으로 실시간 시스템에서 사용된다.
② 마스터 프로세스는 일반적으로 연산, 통신, 조정을 책임진다.
③ 슬레이브 프로세스는 데이터 수집 기능을 수행할 수 없다.
④ 마스터 프로세스는 슬레이브 프로세스들을 제어할 수 있다.

정답 01 다중 처리기 02 ④ 03 ② 04 ③

이론 / 4과목 프로그래밍 언어 활용

POINT 62

UNIX

01 UNIX의 개요

UNIX의 특징 22.4

- 시분할(Time-sharing) 시스템을 위해 설계된 대화식 운영체제이다.
- 소스가 공개된 개방형 시스템(Open System)이다.
- 트리 구조의 파일 시스템을 갖는다.
- 멀티유저(Multi-user), 멀티태스킹(Multi-tasking)을 지원한다.
- 하나 이상의 작업에 대하여 백그라운드에서 수행 가능하다.
- 90% 이상이 고급 언어인 C로 구성되어 있어서 이식성이 높다.

UNIX 시스템의 구성

커널(Kernel)	• UNIX 시스템의 가장 핵심적인 부분이다. • 프로세스 관리, 메모리 관리, 파일 관리, 입·출력 관리 등의 기능을 수행한다.
쉘(Shell) 22.3	• 사용자가 지정한 명령들을 해석하여 커널로 전달하는 명령어 해석기이다. • 시스템과 사용자 간의 인터페이스를 담당한다. • 종류 : C Shell, Bourn Shell, Korn Shell 등
유틸리티(Utility)	• 사용자의 편의를 위한 프로그램이다. • 종류 : 편집기, 컴파일러, 인터프리터 등

UNIX 파일 시스템의 구조

부트 블록(Boot Block)	부팅에 필요한 코드를 저장하고 있는 블록이다.
슈퍼 블록(Super Block)	전체 파일 시스템에 대한 정보를 저장하고 있는 블록이다.
I-node 블록(Index Node Block)	• 각 파일에 대한 정보를 저장하고 있는 블록이다. • 파일 소유자의 식별번호, 파일 크기, 파일의 최종 수정 시간, 파일 링크 수 등의 내용을 가지고 있다.
데이터 블록(Data Block)	실제 데이터를 저장하고 있는 블록이다.

02 UNIX 명령어

시스템 관련 명령어 23.8

- login : UNIX 시스템에 접속한다.
- logout : UNIX 시스템 접속을 종료한다.
- finger : 시스템에 등록된 사용자의 정보를 표시한다.
- who : 현재 로그인 중인 각 사용자에 관한 정보를 표시한다.
- ping : 네트워크상의 문제를 진단한다.
- fsck : 파일 시스템의 무결성을 검사한다.
- mount : 기존 파일 시스템에 새로운 파일 시스템을 서브 디렉터리에 연결한다.
- uname : 현시 시스템 정보를 확인하는 명령어이다. (옵션 -a : 시스템 모든 정보 출력) 21.3
- exec( ) : 새로운 프로세스를 생성하지 않고, 쉘 프로세스를 대체한다.

프로세스 관련 명령어

- fork : 새로운 프로세스를 생성한다.
- exec : 새로운 프로세스를 수행한다.
- exit : 프로세스 수행을 종료한다.
- wait : 자식 프로세스 중 하나가 종료될 때까지 부모 프로세스를 임시로 중지시킨다.
- kill : 현재 실행 중인 프로세스를 종료하거나 한 줄 전체를 지운다.
- ps : 현재 실행 중인 프로세스의 상태를 표시한다.
- getpid : 자신의 프로세스 아이디를 구한다.
- getppid : 부모 프로세스 아이디를 구한다.

디렉터리 관련 명령어

- pwd : 현재 작업 중인 디렉터리의 경로를 표시한다.
- ls : 현재 디렉터리 내의 모든 파일을 표시한다.
- mkdir : 디렉터리를 생성한다.
- rd : 파일 디렉터리를 삭제한다.
- cd : 디렉터리의 위치를 변경한다.

파일 관련 명령어

- creat : 파일을 생성한다.
- open : 파일을 사용 가능한 상태로 준비시킨다.
- cp : 파일을 복사한다.
- rm : 파일을 삭제한다.
- mv : 파일의 이름을 바꾼다.
- cat [21.3] : 파일의 내용을 화면에 표시한다(cat /etc/*release* : 리눅스 릴리즈 정보 확인).
- chmod [24.8] : 파일의 사용 권한을 지정한다.
- chown : 파일의 소유자를 변경한다.

03 UNIX 환경 변수

환경 변수(Environment Variables)의 개념

- 쉘(Shell)이 프로그램들 사이에서 값을 전달해 주는 역할을 하는 변수이다.
- 프로세스가 컴퓨터에 동작하는 방식에 영향을 미치는 값들의 집합이다.
- 기본적으로 환경 변수는 대문자를 사용한다.

환경 변수 관련 명령어

- env : 전역 환경 변수를 설정하거나 출력한다.
- set : 사용자 환경 변수를 설정한다.
- printenv : 현재 설정되어 있는 환경 변수의 값을 모두 출력한다.
- echo : 특정 환경 변수의 값을 출력한다.
- setenv : 환경 변수의 값을 설정한다.

BASH Shell

- LINUX, MAC OSX 등 다양한 운영체제에서 사용되며 LINUX 표준 쉘이다.
- LINUX에서 환경 변수를 설정하는 명령어에는 env, set, export이 있다.

env	전역 변수 설정, 조회, 삭제
set	사용자 환경 변수 설정 및 조회
export	사용자 환경 변수 전역 변수로 설정
declare	변수 타입을 설정

단답형 문제

01 UNIX 시스템의 가장 핵심적인 부분으로, 프로세스 관리, 메모리 관리, 파일 관리, 입·출력 관리 등의 기능을 수행하는 것을 무엇이라고 하는가?

02 UNIX에서 파일의 사용 허가를 정하는 명령어는 무엇인가?

객관식 문제

03 UNIX에서 새로운 프로세스를 생성하는 명령어는?

① ls ② cat
③ fork ④ chmod

04 UNIX SHELL 환경 변수를 출력하는 명령어가 아닌 것은?

① configenv ② printenv
③ env ④ setenv

05 다음 중 bash 쉘 스크립트에서 사용할 수 있는 제어문이 아닌 것은?

① if ② for
③ repeat_do ④ while

06 UNIX 시스템의 쉘(shell)의 주요 기능에 대한 설명이 아닌 것은?

① 사용자 명령을 해석하고 커널로 전달하는 기능을 제공한다.
② 반복적인 명령을 프로그램으로 만드는 프로그래밍 기능을 제공한다.
③ 쉘 프로그램 실행을 위해 프로세스와 메모리를 관리한다.
④ 초기화 파일을 이용해 사용자 환경을 설정하는 기능을 제공한다.

정답 **01** 커널(Kernel) **02** chmod **03** ③ **04** ① **05** ③ **06** ③

POINT 63

OSI 7계층과 오류 제어 방식

01 OSI 참조 모델

OSI(Open Systems Interconnection) 참조 모델의 개념

- 국제표준화기구(ISO)에서 개발한 모델이다.
- 컴퓨터 네트워크에서 여러 시스템이 데이터를 주고받고 서로 연동할 수 있는 표준화된 인터페이스를 제공하기 위해 프로토콜을 기능별로 나눈 것이다.
- 시스템 연결을 위한 표준 개발을 위하여 공통적인 기법을 제공한다.
- 시스템 간의 정보 교환을 위한 표준 설정을 가질 수 있도록 한다.
- 각 계층에 대해 서로 표준을 생산적으로 발전시킬 수 있도록 개념적, 기능적인 골격을 제공하는 역할을 한다.
- 일반적으로 OSI 7계층이라고 한다.

OSI 참조 모델에서 계층을 나누는 목적

- 시스템 간의 통신을 위한 표준 제공
- 시스템 간의 정보 교환을 하기 위한 상호 접속점의 정의
- 관련 규격의 적합성을 조성하기 위한 공통적인 기반 조성

02 OSI 7계층

Layer 7	응용 계층
Layer 6	표현 계층
Layer 5	세션 계층
Layer 4	전송 계층
Layer 3	네트워크 계층
Layer 2	데이터 링크 계층
Layer 1	물리 계층

물리 계층(Physical Layer)

- 물리적인 장치와 인터페이스가 전송을 위해 필요한 기계적, 전기적, 기능적, 절차적 기능을 정의하는 계층이다.
- 장치와 전송 매체 간의 인터페이스 특성 규정, 전송 매체의 유형 규정, 전송로의 연결, 유지 및 해제를 담당한다.
- **프로토콜 종류** : RS-232C, V.24, X.21

데이터 링크 계층(Data Link Layer) 24.8, 21.3

- 인접한 두 개의 통신 시스템 간에 신뢰성 있는 효율적인 데이터를 전송하는 계층이다.
- 링크의 설정과 유지 및 종료를 담당한다.
- 전송 데이터의 흐름 제어, 프레임 동기, 오류 제어 등을 수행한다.
- 링크의 효율성을 향상시킨다.
- **프로토콜 종류** : HDLC, PPP, LLC, LAPB, LAPD, ADCCP

네트워크 계층(Network Layer) 24.5, 22.9

- 통신망을 통하여 패킷을 목적지까지 전달하는 계층이다.
- 경로 설정 및 네트워크 연결 관리를 수행한다.
- 과도한 패킷 유입에 대한 폭주 제어 기능을 한다.
- **프로토콜 종류** : X.25, IP, ICMP, IGMP

전송 계층(Transport Layer)

- 통신 종단 간(End-to-End) 신뢰성 있고 효율적인 데이터를 전송하는 계층이다.
- 투명한 데이터 전송을 제공한다.
- 에러 제어 및 흐름 제어를 담당한다.
- **프로토콜 종류** : TCP, UDP

세션 계층(Session Layer) 23.6, 23.3

- 프로세스 간에 대한 연결을 확립, 관리, 단절시키는 수단을 제공한다.
- 논리적 동기 제어, 긴급 데이터 전송, 통신 시스템 간의 회화 기능 등을 제공한다.

◉ 표현 계층(Presentation Layer)

- 응용 간의 대화 제어(Dialogue Control)를 담당한다.
- 응용 계층과 세션 계층 사이에서 데이터 변환을 담당한다.
- 정보의 형식 설정, 암호화, 데이터 압축, 코드 변환, 문맥 관리 등의 기능을 수행한다.
- 긴 파일 전송 중에 통신 상태가 불량하여 트랜스포트 연결이 끊어지는 경우 처음부터 다시 전송하지 않고 어디까지 전송이 진행되었는지를 나타내는 동기점을 이용하여 오류를 복구한다.

◉ 응용 계층(Application Layer)

- 사용자에게 서비스를 제공한다.
- 응용 프로세스와 직접 관계하여 일반적인 응용 서비스를 수행한다.
- **프로토콜 종류** 23.8, 22.3 : HTTP, FTP, SMTP, Telnet, DNS

Well Known Port : 23

03 오류 제어 방식

24.5, 21.8

◉ 자동 반복 요청(ARQ : Automatic Repeat reQuest)

- 통신 경로에서 오류 발생 시 수신측은 오류의 발생을 송신측에 통보하고, 송신측은 오류가 발생한 프레임을 재전송하는 오류 제어 방식이다.

정지–대기 ARQ (Stop–and–Wait ARQ)	• 송신측이 한 블록 전송 후 수신측에서 오류의 발생을 점검 후 에러 발생 유무 신호(ACK/NAK 신호)를 보내올 때까지 기다리는 방식이다. • 수신측에서 에러 점검 후 제어 신호를 보내올 때까지 오버헤드가 효율면에서 가장 부담이 크다.
연속 ARQ (Continuous ARQ)	• Go–Back–N ARQ : 수신측으로부터 NAK 수신 시 오류 발생 이후의 모든 블록을 재전송하는 방식이다. • 선택적 재전송 ARQ(Selective–Repeat ARQ) : 수신측으로부터 NAK 수신 시 오류가 발생한 블록만 재전송하는 방식이다.
적응적 ARQ (Adaptive ARQ)	채널 효율을 최대로 하기 위해 데이터 블록의 길이를 채널의 상태에 따라 동적으로 변경하는 방식이다.

단답형 문제

01 컴퓨터 네트워크에서 여러 시스템이 데이터를 주고받기 위해 서로 연동할 수 있는 표준화된 인터페이스를 제공하기 위해 프로토콜을 기능별로 7개의 계층으로 나눈 것을 무엇이라고 하는가?

02 OSI 7계층에서 인접한 두 개의 통신 시스템 간에 신뢰성 있는 효율적인 데이터를 전송할 수 있는 계층으로 전송 데이터의 흐름 제어, 프레임 동기, 오류 제어 등을 수행하는 계층은 무엇인가?

객관식 문제

03 OSI–7 Layer에서 링크의 설정과 유지 및 종료를 담당하며, 노드 간의 오류 제어와 흐름 제어 기능을 수행하는 계층은?

① 데이터 링크 계층
② 물리 계층
③ 세션 계층
④ 응용 계층

04 OSI 7계층 중 데이터 링크 계층의 프로토콜에 해당하지 않는 것은?

① HDLC ② HTTP
③ PPP ④ LLC

05 OSI 7계층에서 단말기 사이에 오류 수정과 흐름 제어를 수행하여 신뢰성 있고 명확한 데이터를 전달하는 계층은?

① 전송 계층
② 응용 계층
③ 세션 계층
④ 표현 계층

정답 01 OSI 7계층 02 데이터 링크 계층 03 ① 04 ② 05 ①

POINT 64 TCP/IP 프로토콜

01 TCP/IP 프로토콜의 개념

TCP/IP(Transmission Control Protocol/Internet Protocol) 24.5, 23.8, 21.3

- 인터넷에 연결된 서로 다른 기종의 컴퓨터 간에 데이터 송·수신이 가능하도록 도와주는 표준 프로토콜이다.
- TCP 프로토콜과 IP 프로토콜의 결합적 의미로서 TCP가 IP보다 상위층에 존재한다.
- 접속형 서비스, 전이중 전송 서비스, 신뢰성 서비스를 제공한다.
- 네트워크 환경에 따라 여러 개의 프로토콜을 허용한다.
- TCP 프로토콜의 기본 헤더 크기는 20byte이고 60byte까지 확장 가능하다.
- OSI 표준 프로토콜과 가까운 네트워크 구조를 가진다.

	OSI 7계층	TCP/IP 계층
Layer 7	응용 계층	응용 계층
Layer 6	표현 계층	
Layer 5	세션 계층	
Layer 4	전송 계층	전송 계층
Layer 3	네트워크 계층	인터넷 계층
Layer 2	데이터 링크 계층	링크 계층
Layer 1	물리 계층	

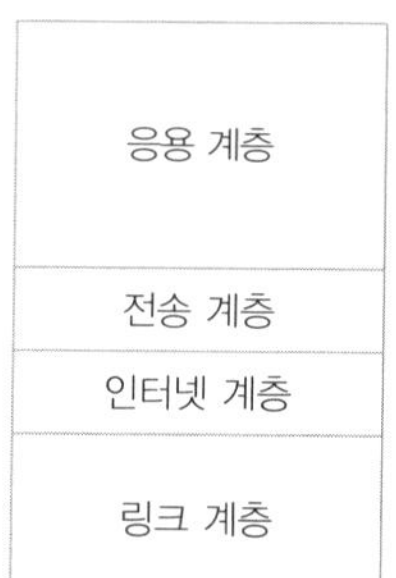

▲OSI 7계층 ▲TCP/IP 계층

TCP(Transmission Control Protocol)

- OSI 7계층의 전송 계층의 역할을 수행한다.
- 서비스 처리를 위해 Multiplexing과 De-Multiplexing을 이용한다.
- 전이중 서비스와 스트림 데이터 서비스를 제공한다.

IP(Internet Protocol)

- OSI 7계층의 네트워크 계층에 해당하며 비신뢰성 서비스를 제공한다.
- 신뢰성이 부족한 비연결형 서비스를 제공하기 때문에 상위 프로토콜에서 이러한 단점을 보완해야 한다.

IP 프로토콜에서 사용하는 필드 21.3

- Header Length(4bit) : IP 헤더 뒷부분에 옵션 필드가 여럿 붙을 수 있어 길이는 가변적이다.
- Total Packet Length(16bit) : 전체 패킷의 길이를 바이트 단위로 표시한다. 길이는 헤더와 데이터(페이로드)를 더한 것이다. IP 헤더 및 데이터를 포함한 IP 패킷 전체의 길이를 바이트 단위로 길이를 표시한다. 최대값은 65535 ($2^{16}-1$)이다.
- Time To Live(8bit) : 패킷을 전달할 수 있는 횟수 제한을 나타낸다.

02 TCP/IP의 구조

링크 계층(Link Layer)

- 프레임을 송·수신한다.
- **프로토콜 종류** : Ethernet, IEEE 802, HDLC, X.25, RS-232C 등

인터넷 계층(Internet Layer)

- 주소 지정, 경로 설정을 제공한다.
- 네트워크 계층이라고도 한다.
- **프로토콜 종류** : IP, ICMP, IGMP, ARP, RARP 등

데이터 체크섬은 제공하지 않고, 헤더 체크섬만 제공 IP (Internet Protocol)	• 비연결형 및 비신뢰성 전송 서비스를 제공한다. • 라우팅과 단편화 기능을 수행한다. • 데이터그램(Datagram)이라는 데이터 전송 형식을 가진다. • 각 데이터그램이 독립적으로 처리되고 목적지까지 다른 경로를 통해 전송될 수 있어 데이터그램은 전송 순서와 도착 순서가 다를 수 있다. • 비연결성이기 때문에 송신지가 여러 개인 데이터 그램을 보내면서 순서가 뒤바뀌어 도달할 수 있으며 IP 프로토콜의 헤더 길이는 최소 20~60byte이다.

수신지 도달 불가 메시지는 수신지 또는 서비스에 도달할 수 없는 호스트를 통지하는 데 사용

ICMP 23.8, 22.3 (Internet Control Message Protocol)	• IP 프로토콜에서는 오류 보고와 수정을 위한 메커니즘이 없기 때문에 이를 보완하기 위해 설계된 프로토콜이다. • 메시지는 크게 오류 보고(Error-Reporting) 메시지와 질의(Query) 메시지로 나눌 수 있다. • 메시지 형식은 8바이트의 헤더와 가변 길이의 데이터 영역으로 분리된다. • 에코 메시지는 호스트가 정상적으로 동작하는지를 결정하는데 사용할 수 있다.
IGMP (Internet Group Management Protocol)	• 시작지 호스트에서 여러 목적지 호스트로 데이터를 전송할 때 사용되는 프로토콜이다. • 멀티캐스트 그룹에 가입한 네트워크 내의 호스트를 관리한다.
ARP 24.8, 20.9 (Address Resolution Protocol)	• 논리 주소(IP 주소)를 물리 주소(MAC 주소)로 변환하는 프로토콜이다. • 네트워크에서 두 호스트가 성공적으로 통신하기 위하여 각 하드웨어의 물리적인 주소 문제를 해결해 줄 수 있다.
RARP (Reverse Address Resolution Protocol)	• 호스트의 물리 주소(MAC 주소)로부터 논리 주소(IP 주소)를 구하는 프로토콜이다. • IP 호스트가 자신의 물리 네트워크 주소(MAC)는 알지만 IP 주소를 모르는 경우, 서버에게 IP 주소를 요청하기 위해 사용한다.

◉ 전송 계층(Transport Layer)

• 호스트 간 신뢰성 있는 통신을 제공한다.
• **프로토콜 종류** 21.3 : TCP, UDP

TCP 20.8 (Transmission Control Protocol)	• 신뢰성 있는 연결 지향형 전달 서비스를 제공한다. • 순서 제어, 에러 제어, 흐름 제어 기능을 제공한다. • 전이중 서비스와 스트림 데이터 서비스를 제공한다. • 메시지를 캡슐화(Encapsulation)와 역캡슐화(Decapsulation)한다. • 서비스 처리를 위해 다중화(Multiplexing)와 역다중화(Demultiplexing)를 이용한다.
UDP (User Datagram Protocol) 24.8, 23.3, 22.4, 20.9	• 비연결형 및 비신뢰성 전송 서비스를 제공한다. • 흐름 제어나 순서 제어가 없어 전송 속도가 빠르다. • 수신된 데이터의 순서 재조정 기능을 지원하지 않는다. • 복구 기능을 제공하지 않는다.

◉ 응용 계층(Application Layer)

• 응용 프로그램 간의 데이터 송·수신을 제공한다.
• **프로토콜 종류** : FTP, SMTP, SNMP, Telnet 등

단답형 문제

01 인터넷에 연결된 서로 다른 기종의 컴퓨터 간에 데이터 송·수신이 가능하도록 해주는 표준 프로토콜은 무엇인가?

02 TCP/IP 프로토콜 구조에서 주소 지정, 경로 설정을 제공하는 계층으로, 네트워크 계층이라고도 하는 계층은 무엇인가?

객관식 문제

03 TCP 프로토콜에 대한 설명으로 거리가 먼 것은?
① 신뢰성 있는 연결 지향형 전달 서비스이다.
② 기본 헤더 크기는 100byte이고 160byte까지 확장 가능하다.
③ 스트림 전송 기능을 제공한다.
④ 순서 제어, 오류 제어, 흐름 제어 기능을 제공한다.

04 TCP/IP에서 사용되는 논리 주소를 물리 주소로 변환시켜 주는 프로토콜은?
① TCP ② ARP
③ FTP ④ IP

05 UDP 특성에 해당되는 것은?
① 데이터 전송 후, ACK를 받는다.
② 송신 중에 링크를 유지 관리하므로 신뢰성이 높다.
③ 흐름 제어나 순서 제어가 없어 전송 속도가 빠르다.
④ 제어를 위한 오버헤드가 크다.

06 TCP/IP 계층 구조에서 IP의 동작 과정에서의 전송 오류가 발생하는 경우에 대비해 오류 정보를 전송하는 목적으로 사용하는 프로토콜은?
① ECP(Error Checking Protocol)
② ARP(Address Resolution Protocol)
③ ICMP(Internet Control Message Protocol)
④ PPP(Point-to-Point Protocol)

정답 **01** TCP/IP **02** 인터넷 계층 **03** ② **04** ② **05** ③ **06** ③

이론 4과목 프로그래밍 언어 활용

POINT 65

IP 주소

01 IPv4(Internet Protocol version 4)

IPv4의 개념

- 32비트 길이의 IP 주소이다. (네트워크 주소(Netid)+호스트 주소(Hostid))
- 주소의 각 부분을 8비트씩 4개로 나눠서 10진수로 표현한다.

IPv4 주소 체계 23.8, 21.8

클래스 A	• 0.0.0.0 ~ 127.255.255.255 • 기본 서브넷 마스크 : 255.0.0.0 • 국가나 대형 통신망에서 사용한다.
클래스 B	• 128.0.0.0 ~ 191.255.255.255 • 기본 서브넷 마스크 : 255.255.0.0 • 중대형 통신망에서 사용한다.
클래스 C	• 192.0.0.0 ~ 223.255.255.255 • 기본 서브넷 마스크 : 255.255.255.0 • 소규모 통신망에서 사용한다.
클래스 D	• 224.0.0.0 ~ 239.255.255.255 • 멀티캐스트용으로 사용한다.
클래스 E	• 240.0.0.0 ~ 255.255.255.255 • 실험용으로 사용한다.

서브넷 마스크(Subnet Mask) 24.5, 24.8, 23.8, …

- 네트워크를 작은 내부 네트워크로 분리하여 효율적으로 네트워크를 관리하기 위한 수단이다.
- 서브넷 마스크는 32bit의 값으로 IP 주소를 네트워크와 호스트 IP 주소를 구분하는 역할을 한다.
- 네트워크 ID에 해당하는 모든 비트를 1로 설정하며 호스트 ID에 해당하는 모든 비트를 0으로 설정한다.
- **CIDR 표기 형식** : 10진수의 IP/네트워크 ID의 1비트의 개수

예제

CIDR(Classless Inter-Domain Routing) 표기로 203.241.132.82/27과 같이 사용되었다면, 해당 주소의 서브넷 마스크(Subnet Mask)는?

- 203.241.132.82/27에서 끝의 /27은 32bit의 2진수 IP주소 중 27bit가 네트워크 ID인 1비트의 개수이고 나머지 5(32-27)bit가 호스트 ID인 0비트의 개수이다.
- 서브넷 마스크 : 11111111.11111111.11111111.11100000
- 10진수 표기법 : 255.255.255.224

02 IPv6(Internet Protocol version 6)

IPv6의 개념 24.8, 22.3

- IPv4의 주소 부족 문제를 해결하기 위하여 개발되었다.
- 128비트 길이의 IP 주소이다. (예 2001:0db8:85a3:0000:0000:8a2e:0370:7334)
- 16비트씩 8개의 필드로 분리 표기된다.

IPv6의 장점 22.3, 21.3

- 인증 및 보안 기능을 포함하고 있어 IPv4보다 보안성이 강화되었다.
- IPv6 확장 헤더를 통해 네트워크 기능 확장이 용이하다.
- 임의 크기의 패킷을 주고받을 수 있도록 패킷 크기 제한이 없다.
- 멀티미디어의 실시간 처리가 가능하다.
- 자동으로 네트워크 환경 구성이 가능하다.
- 주소 체계는 유니캐스트(Unicast), 애니캐스트(Anycast), 멀티캐스트(Multicast) 세 가지로 나뉜다.

IPv6 통신 방식 20.6

유니캐스트 (Unicast)	하나의 호스트에서 다른 하나의 호스트에게 전달하는 1:1 통신 방식이다.
애니캐스트 (Anycast)	하나의 호스트에서 그룹 내의 가장 가까운 곳에 있는 수신자에게 전달하는 '1 : 가장 가까운 1' 통신 방식이다.
멀티캐스트 (Multicast)	하나의 호스트에서 네트워크상의 특정 그룹 호스트들에게 전달하는 1:N 통신 방식이다.

IPv4에서 IPv6로의 천이 전략

Dual Stack (듀얼 스택)	호스트가 IPv4와 IPv6를 모두 처리할 수 있도록 2개의 스택을 구성하는 전략이다.
Tunneling (터널링)	• IPv6를 사용하는 두 컴퓨터가 서로 통신하기 위해 IPv4를 사용하는 네트워크 영역을 통과해야 할 때 사용되는 전략이다. • Tunneling을 통과하기 위해 패킷은 IPv4주소를 가져야만 한다. • IPv6패킷은 그 영역에 들어갈 때 IPv4패킷 내에 캡슐화되고, Tunneling을 나올 때 역캡슐화된다.
Header Translation (헤더 변환)	IPv4패킷 헤더를 IPv6패킷 헤더로 변환하거나 또는 그 반대의 동작을 수행하는 전략이다.

IEEE 802의 표준 규격 21.3

802.1	상위 계층 인터페이스
802.2	논리 링크 제어(LLC)
802.3	CSMA/CD
802.4	토큰 버스(Token Bus)
802.5	토큰 링(Token Ring)
802.6	MAN
802.8	고속 이더넷(Fast Ethernet)
802.11	무선 LAN
802.15	블루투스

CSMA/CA 24.8, 23.8, 21.3

- 무선 랜에서 데이터 전송 시, 매체가 비어있음을 확인한 뒤 충돌을 회피하기 위해 임의 시간을 기다린 후 데이터를 전송하는 방법이다.
- 네트워크에 데이터의 전송이 없는 경우라도 동시 전송에 의한 충돌에 대비하여 확인 신호를 전송한다.

CSMA/CD 23.3

- 전송 중에 충돌이 감지되면 패킷의 전송을 즉시 중단하고 충돌이 발생한 사실을 모든 스테이션들이 알 수 있도록 간단한 통보 신호를 송신한다.
- 스테이션의 수가 많아지면 충돌이 많아져서 효율이 떨어진다.
- 어느 한 기기에 고장이 발생하여도 다른 기기의 통신에 전혀 미치지 않는다.

단답형 문제

01 IP 주소에서 네트워크 주소(Netid)와 호스트 주소(Hostid)를 구분하기 위한 비트를 무엇이라고 하는가?

02 IPv4의 주소 부족 문제를 해결하기 위한 128비트 길이의 주소 체계로, 인증 및 보안 기능을 포함하고 있어 IPv4보다 보안성이 강화된 주소 체계를 무엇이라고 하는가?

객관식 문제

03 IPv6 주소 체계로 거리가 먼 것은?

① Unicast
② Anycast
③ Broadcast
④ Multicast

04 IPv6에 대한 설명으로 틀린 것은?

① 128비트의 주소 공간을 제공한다.
② 인증 및 보안 기능을 포함하고 있다.
③ 패킷 크기가 64Kbyte로 고정되어 있다.
④ IPv6 확장 헤더를 통해 네트워크 기능 확장이 용이하다.

05 IP 주소 체계와 관련한 설명으로 틀린 것은?

① IPv6의 패킷 헤더는 32 octet의 고정된 길이를 가진다.
② IPv6는 주소 자동설정(Auto Config uration) 기능을 통해 손쉽게 이용자의 단말을 네트워크에 접속시킬 수 있다.
③ IPv4는 호스트 주소를 자동으로 설정하며 유니캐스트(Unicast)를 지원한다.
④ IPv4는 클래스별로 네트워크와 호스트 주소의 길이가 다르다.

정답 01 서브넷 마스크 02 IPv6 03 ③ 04 ③ 05 ①

POINT 66 소프트웨어 개발 방법론

소프트웨어 개발 방법론의 개요

- 소프트웨어 개발 생명주기에 소프트웨어 공학 원리를 적용한 것으로 소프트웨어 개발 전 과정에 지속적으로 적용할 수 있는 방법, 절차, 기법 등을 의미하며, 시스템 개발 주기라고도 한다.
- 소프트웨어 개발 과정을 정리하고 표준화하여 프로그래머 개인이 개발 과정에서의 일관성을 유지하고 프로그래머들 간의 효과적인 협업이 이루어질 수 있게 한다.

소프트웨어 개발 방법론의 목적

- 소프트웨어 개발 생산성 향상, 소프트웨어 품질 향상, 효과적인 프로젝트 관리, 의사소통 수단 제공

구조적 방법론(Structured Development Methodology)

- 정형화된 분석 절차에 따라 사용자 요구사항을 파악하여 문서화하는 체계적인 방법론이다.
- 요구사항 분석, 구조적 분석, 구조적 설계, 구조적 프로그래밍 단계로 구성된다.
- 쉽게 이해할 수 있고 검증할 수 있는 프로그램의 부호를 생성하는 것이 목적이다.
- 1970년대까지 가장 많이 적용된 방법론이다.
- 시스템 분석을 위해 데이터 흐름 다이어그램(Data Flow Diagram)이 주로 사용된다.
- 시스템 설계를 위해 구조도(Structured Chart)가 주로 사용된다.

정보공학 방법론(Information Engineering Methodology)

- 정보 시스템 개발에 필요한 관리 절차와 작업 기법을 체계화한 방법론이다.
- 정보 시스템에 공학적 기법을 적용하여 시스템을 계획, 분석, 설계, 구축하는 데이터 중심의 방법론이다.
- 구조적 방법론의 거시적 관점 부재에서 등장하였다.
- 자료에 중점을 두어 자료와 프로세스를 별개의 작업으로 병행 진행한 후 서로 간의 오류를 상관 분석하여 검증한다.
- 정보 전략 계획(ISP), 업무 영역 분석(BAA), 업무 시스템 설계(BSD), 시스템 구축(SC) 단계로 구성된다.

객체지향 방법론(Object-oriented Engineering Methodology)

- 분석, 설계, 개발 단계에 객체지향 기법을 활용하는 방법론이다.
- 구조적 프로그래밍 기법의 한계와 소프트웨어 개발의 위기에서 등장하였다.
- 요구분석, 설계, 구현, 테스트 및 검증 단계로 구성된다.
- 객체지향의 구성 요소는 객체(Object), 클래스(Class), 메시지(Message)이다.
- 객체지향의 기본 원칙은 캡슐화(Encapsulation), 정보 은닉(Information Hiding), 추상화(Abstraction), 상속(Inheritance), 다형성(Polymorphism)이다.
- 시스템 분석을 위해 유스케이스 다이어그램(Usecase Diagram)이 주로 사용된다.
- 시스템 설계를 위해 시퀀스 다이어그램(Sequence Diagram)이 주로 사용된다.

넓은 의미에서 재사용되는 모든 단위라고 볼 수 있으며 인터페이스를 통해서만 접근할 수 있음

컴포넌트 개발 방법론(CBD : Component Based Development) 23.6, 21.3

- 재사용이 가능한 컴포넌트의 개발 또는 상용 컴포넌트들을 조합하여 애플리케이션 개발 생산성과 품질을 높이고, 시스템 유지보수 비용을 최소화할 수 있는 개발 방법 프로세스이다.
- 컴포넌트 단위의 개발 및 조립을 통하여 정보 시스템의 신속한 구축, 변경, 확장의 용이성과 타 시스템과의 호환성을 달성하고자 하는 소프트웨어 공학 프로세스, 방법론 및 기술의 총체적 개념이다.

CBD SW 개발 표준 산출물 21.5

- **분석** : 사용자 요구사항 정의서, 유스케이스 명세서, 요구사항 추적표
- **설계** : 클래스 명세서, 사용자 인터페이스 설계서, 아키텍처 설계서, 총괄 시험 계획서, 시스템 시험 시나리오, 엔티티 관계 모형 설계서, 데이터베이스 설계서, 통합 시험 시나리오, 단위 시험 케이스, 데이터 전환 및 초기 데이터 설계서
- **구현(Implementation)** : 프로그램 코드, 단위 시험 결과서, 데이터베이스 테이블

  프로그래밍 또는 코딩이라고 불리며 설계 명세서를 컴퓨터가 알 수 있는 모습으로 변환하는 과정을 의미
- **시험** : 통합 시험 결과서, 시스템 시험 결과서, 사용자 지침서, 운영자 지침서, 시스템 설치 결과서, 인수 시험 시나리오, 인수시험 결과서

CBD 방법론의 특징 20.9

- 개발 준비, 분석, 설계, 구현, 테스트, 전개, 인도 순으로 반복 점진적 개발 프로세스를 제공하고, 시스템 설계를 위해 컴포넌트 설계서가 주로 사용된다.
- 컴포넌트(Component)는 데이터베이스와 소프트웨어의 모듈 단위로, 재사용이 가능하다.
- 시스템 분석을 위해 유스케이스 다이어그램(Usecase Diagram)이 주로 사용된다.
- 개발 기간 단축으로 인한 생산성이 향상되며 새로운 기능 추가가 쉬워 확장성이 높다.

소프트웨어 재사용(Software Reuse)

- 소프트웨어 개발의 품질과 생산성을 높이기 위한 방법으로, 이미 개발되어 안정화된 소프트웨어의 전체 혹은 일부분을 다른 소프트웨어 개발이나 유지에 사용하는 것이다.
- 기존에 개발된 소프트웨어와 경험, 지식 등을 새로운 소프트웨어에 적용한다.
- 클래스, 객체 등의 소프트웨어 요소는 소프트웨어 재사용성을 크게 향상했다.
- 소프트웨어 부품(모듈)의 크기가 작고 일반적인 설계일수록 재사용률이 높다.

합성 중심 20.6 (Composition–Based)	전자칩과 같은 소프트웨어 부품, 즉 블록(모듈)을 만들어서 끼워 맞춰 소프트웨어를 완성시키는 방법으로, 블록 구성 방법이라고도 한다.
생성 중심 (Generation–Based)	추상화 형태로 쓰여진 명세를 구체화하여 프로그램을 만드는 방법으로, 패턴 구성 방법이라고도 한다.

단답형 문제

01 전자칩과 같은 소프트웨어 부품, 즉 블록(모듈)을 만들어서 끼워 맞추는 방법으로 소프트웨어를 완성시키는 재사용 방법은?

객관식 문제

02 소프트웨어를 재사용함으로써 얻을 수 있는 이점으로 가장 거리가 먼 것은?
① 새로운 개발 방법론 도입 용이
② 생산성 증가
③ 소프트웨어 품질 향상
④ 프로젝트 문서 공유

03 CBD(Component Based Development)에 대한 설명으로 틀린 것은?
① 개발 기간 단축으로 인한 생산성 향상
② 새로운 기능 추가가 쉬운 확장성
③ 소프트웨어 재사용이 가능
④ 1960년대까지 가장 많이 적용되었던 소프트웨어 개발 방법

04 소프트웨어 재사용에 대한 설명으로 가장 옳은 것은?
① 프로젝트 실패의 위험을 증가시킨다.
② 소프트웨어를 재사용함으로써 유지보수 비용이 높아진다.
③ 모든 소프트웨어를 개발할 때는 반드시 소프트웨어를 재사용해야 한다.
④ 소프트웨어의 개발 생산성과 품질을 높이려는 주요 방법이다.

05 명백한 역할을 가지고 독립적으로 존재할 수 있는 시스템의 부분으로 넓은 의미에서 재사용되는 모든 단위라고 볼 수 있으며 인터페이스를 통해서만 접근할 수 있는 것은?
① Model ② Sheet
③ Component ④ Cell

정답 01 합성 중심 02 ① 03 ④ 04 ④ 05 ③

POINT 67

소프트웨어 개발 방법론 활용

소프트웨어 프로세스 모형이라고도 함

01 소프트웨어 개발 생명주기 모형

◉ 소프트웨어 개발 생명주기(SDLC : Software Development Life Cycle)

소프트웨어 생명주기 또는 소프트웨어 수명주기라고도 함

- 소프트웨어 시스템의 개발, 가동, 운용, 유지보수, 파기의 전 공정을 체계화한 개념이다.
- 소프트웨어 시스템의 개발부터 생애를 마치기까지의 과정에 대한 작업 프로세스를 모델화한 것이다.
- 단계별 주요 활동과 산출물을 표현함으로써 프로젝트의 관리를 쉽게 해 준다.
- 프로젝트의 비용 산정과 개발 계획을 수립할 수 있는 기본 골격이 된다.
- **종류** : 폭포수 모형, 프로토타입 모형, 나선형 모형, 애자일 모형 등이 있다.

◉ 프로토타입 모형(Prototyping Model)

- 실제 개발될 소프트웨어에 대한 시제품(Prototype)을 만들어 최종 결과물을 예측하는 모형이다.
- 요구 수집, 빠른 설계, 프로토타입 구축, 고객 평가, 프로토타입 조정, 구현의 단계를 통해 소프트웨어를 개발하는 모형이다.
- 발주자(의뢰자)나 개발자 모두에게 공동의 참조 모델을 제공한다.
- 구축하고자 하는 시스템의 요구사항이 불명확한 경우 가장 적절하게 적용될 수 있다.
- 사용자 요구사항을 정확하게 파악하고 충실히 반영할 수 있다.
- 개발 단계 안에서 유지보수가 이루어지는 것으로 볼 수 있다.

가장 오래된 모형으로 모형의 적용 경험과 성공 사례가 많음

◉ 폭포수 모형(Waterfall Model) 21.8, 21.3, 20.9, 20.8, 20.6

- 보헴(Boehm)이 제안한 고전적 생명주기 모형으로, 선형 순차적 모형이라도 한다.
- 타당성 검토, 계획, 요구사항 분석, 구현, 테스트, 유지보수의 단계를 통해 소프트웨어를 개발하는 모형이다.
- 순차적인 접근 방법을 이용하며, 단계적 정의와 산출물이 명확하다.
- 각 단계의 결과가 확인되어야지만 다음 단계로 넘어간다.
- 개발 중 발생한 요구사항은 반영하기 어렵다.

소프트웨어 개발 프로세스를 위험 관리(Risk Management) 측면에서 본 모델

◉ 나선형 모형(Spiral Model) 21.8, 20.9, 20.8

- Boehm이 제시하였으며, 반복적인 작업을 수행하는 모형으로 점증적 모형, 집중적 모형이라고도 한다. 완성도 높은 소프트웨어를 만들 수 있다.
- 여러 번의 개발 과정을 거쳐 완벽한 최종 소프트웨어를 개발하는 점진적 모형이다.
- 가장 큰 장점인 위험 분석 단계에서 기술과 관리의 위험 요소들을 하나씩 제거해 나감으로써 위험성 평가에 크게 의존하기 때문에 이를 발견하지 않으면 문제가 발생할 수 있다.
- 대규모 시스템의 소프트웨어 개발에 적합하다.

◉ 나선형 모형의 개발 단계 21.3

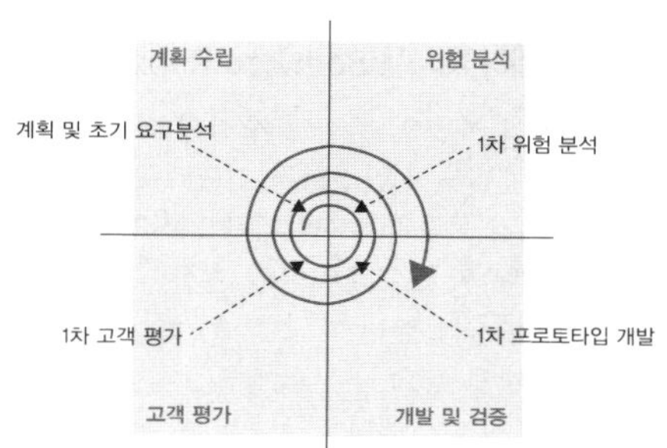

1. **계획 수립(Planning)** : 위험 요소와 타당성을 분석하여 프로젝트의 추진 여부를 결정한다.
2. **위험 분석(Risk Analysis)** : 개발 목적과 기능 선택, 제약 조건 등을 결정하고 분석한다.
3. **개발 및 검증(Development)** : 선택된 기능을 수행하는 프로토타입을 개발한다.
4. **고객 평가(Evaluation)** : 개발된 프로토타입을 사용자가 확인하고 추가 및 수정될 요구사항이 있으면 이를 반영한 개선 프로토타입을 만든다.

◉ CPM(Critical Path Method) 24.8, 22.7, 22.3, 20.8

- 프로젝트 완성에 필요한 작업을 나열하고 작업에 필요한 소요 기간을 예측하는 기법이다.
- 노드와 간선으로 구성되며, 노드는 작업을 표시하고 간선은 작업 사이의 전후 의존 관계를 나타낸다.
- 박스 노드는 프로젝트의 중간 점검을 뜻하는 이정표로, 이 노드 위에 예상 완료 시간이 표시된다.

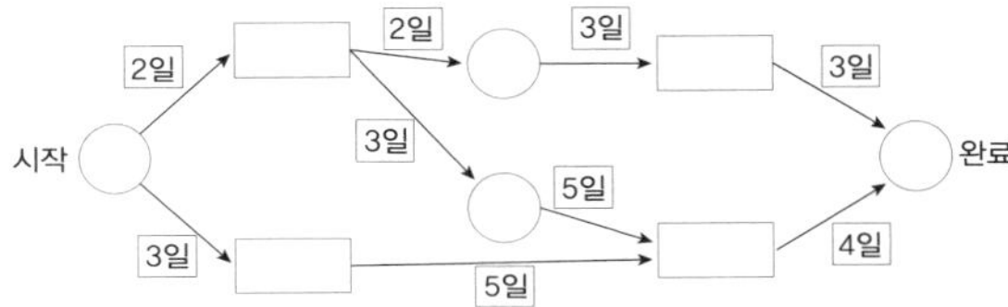

- 모든 작업을 거치려면 2일 + 2일 + 3일 + 3일 = 10일, 2일 + 3일 + 5일 + 4일 = 14일 두 가지 작업 방법이 있으며, 짧은 작업보다 긴 작업을 선택해서 계산해야 그 시간 안에 모든 일을 처리할 수 있게 된다.

◉ PERT(Program Evaluation and Review Technique) 22.7, 22.4, 21.4, 20.10

- 소요 시간 예측이 어려운 경우 최단 시간 내에 완성할 수 있게 하는 프로젝트 방법이다.
- 계획 공정(Network)을 작성하여 분석하므로 간트도표에 비해 작업 계획을 수립하기 쉽다.
- 계획 공정의 문제점을 명확히 종합적으로 파악할 수 있다.
- 관계자 전원이 참가하게 되므로 의사소통이나 정보 교환이 용이하다.

◉ WBS(Work Breakdown Structure) 23.8

- 작업을 작은 단위의 작업으로 세분화하여 쉽게 관리하고 접근하기 쉽도록 하기 위한, 작업 분류 상세화 도구이다.

◉ 간트 차트(Gantt Chart) 23.8, 23.5, 22.9, 22.5, 22.3

- 각 작업들의 일정을 막대로 표시하는 기법이다.
- 시간선(Time-Line) 차트라고도 한다.
- **작성 시 고려 사항** : 작업의 순서, 기간, 종속성, 진행 현황

단답형 문제

01 소프트웨어 생명주기 모형 중 고전적 생명주기 모형으로 선형 순차적 모델이라고도 하며, 타당성 검토, 계획, 요구사항 분석, 구현, 테스트, 유지보수의 단계를 통해 소프트웨어를 개발하는 모형은?

02 프로토타입을 지속적으로 발전시켜 최종 소프트웨어 개발까지 이르는 개발 방법으로 위험 관리가 중심인 소프트웨어 생명주기 모형은?

객관식 문제

03 폭포수 모형의 특징으로 거리가 먼 것은?

① 개발 중 발생한 요구사항을 쉽게 반영할 수 있다.
② 순차적인 접근 방법을 이용한다.
③ 단계적 정의와 산출물이 명확하다.
④ 모형의 적용 경험과 성공사례가 많다.

04 소프트웨어 개발 모델 중 나선형 모델의 4가지 주요 활동이 순서대로 나열된 것은?

> Ⓐ 계획 수립
> Ⓒ 개발 및 검증
> Ⓑ 고객 평가
> Ⓓ 위험 분석

① Ⓐ-Ⓑ-Ⓓ-Ⓒ 순으로 반복
② Ⓐ-Ⓓ-Ⓒ-Ⓑ 순으로 반복
③ Ⓐ-Ⓑ-Ⓒ-Ⓓ 순으로 반복
④ Ⓐ-Ⓒ-Ⓑ-Ⓓ 순으로 반복

05 프로젝트에 내재된 위험 요소를 인식하고 그 영향을 분석하여 이를 관리하는 활동으로서, 프로젝트를 성공시키기 위하여 위험 요소를 사전에 예측, 대비하는 모든 기술과 활동을 포함하는 것은?

① Critical Path Method
② Risk Analysis
③ Work Breakdown Structure
④ Waterfall Model

정답 **01** 폭포수 모형 **02** 나선형 모형 **03** ① **04** ② **05** ①

POINT 68

비용 산정 모델

비용 산정 모델의 종류 20.9

- 전문가 감정 기법, 델파이(Delphi) 기법, LOC(Line Of Code) 기법, COCOMO(COnstructive COst MOdel) 모델, Putnam 모델, 기능 점수(FP)

Functional Point

전문가 감정 기법

- 개발 조직 내에 경험이 많은 2인 이상의 전문가에게 비용 산정을 의뢰하는 기법이다.
- 의뢰자의 신뢰도가 높고 편리하게 비용을 산정할 수 있다.
- 과거 프로젝트와의 유사성이 낮을 수 있다.
- 전문가에 따라 감정의 편차가 클 수 있다.

델파이(Delphi) 기법 22.7

- 산정 요원과 조정자에 의해 산정하는 기법이다.
- 전문가가 독자적으로 감정할 때 발생할 수 있는 편차를 줄이기 위해 단계별로 전문가들의 견해를 조정자가 조정하여 최종 견적을 결정한다.
- 유사한 프로젝트 경험을 가진 전문가 집단을 구성하여 규모, 공수, 비용의 산정 의견을 구한다.
- 의견 일치가 이루어지지 않을 경우 의견의 근거를 익명으로 집단 내에 배포하고 자신들의 산정을 수정할 수 있도록 한다.

LOC(Line Of Code) 기법 24.5, 22.4, 22.3, 21.3, 20.6

- 소프트웨어 각 기능 구현 시 작성될 원시 코드 라인 수의 비관치, 낙관치, 기대치를 측정하여 예측치를 구하고 이를 이용하여 비용을 산정하는 기법이다.
- 예측치 = a+(4×c) + b / 6 (단, a는 낙관치, b는 비관치, c는 기대치임)

규모 추정이 다음과 같은 프로젝트의 LOC는?

낙관치	기대치	비관치
60	100	200

LOC = 60 + (4×100) + 200 / 6 = 660 / 6 = 110

- 개발 기간 = 예측된 LOC / (개발자 수 × 1인당 월 평균 생산 LOC)

LOC 기법에 의하여 예측된 총 라인 수가 36,000라인, 개발에 참여할 프로그래머가 6명, 프로그래머들의 평균 생산성이 월간 300라인일 때 개발에 소요되는 기간은?

개발 기간 = 36,000 / (6×300)
= 36,000 / 1,800
= 20[개월]

COCOMO(COnstructive COst MOdel) 모델

- 보헴(Boehm)이 제안한 소스 코드(Source Code)의 규모에 의한 비용 예측 모델이다.
- 같은 규모의 소프트웨어라도 그 유형에 따라 비용이 다르게 산정된다.
- 소프트웨어 프로젝트 유형에 따라 다르게 책정되는 비용 산정 수식(Equation)을 이용한다.
- 산정 결과는 프로젝트를 완성하는데 필요한 MM(Man-Month)으로 나타난다.
- 프로젝트 특성을 15개로 나누고 각각에 대한 승수 값을 제시한다.
- 개발 노력 승수(Development Effort Multipliers)를 결정한다.
- 비용 견적의 강도 분석 및 비용 견적의 유연성이 높아 소프트웨어 개발비 견적에 널리 통용되고 있다.
- COCOMO 모형 종류 : Basic COCOMO, Intermediate COCOMO, Detailed COCOMO
- **소프트웨어 개발 유형** 23.8, 23.6, 23.3, 22.4, 21.3, …

Organic Mode (단순형)	• 5만 라인 이하의 소프트웨어를 개발하는 유형 • 기관 내부에서 개발된 중소 규모의 소프트웨어로 일괄 자료 처리나 과학기술 계산용, 비즈니스 자료 처리 등 • 노력(MM) = 2.4 × $(KDSI)^{1.05}$
Semi-detached Mode (중간형)	• 30만 라인 이하의 소프트웨어를 개발하는 유형 • 트랜잭션 처리 시스템이나 운영체제, 데이터베이스 관리 시스템 등 • 노력(MM) = 3.0 × $(KDSI)^{1.12}$

Embed-ded Mode (임베디드형)	• 30만 라인 이상의 소프트웨어를 개발하는 유형 • 초대형 규모의 트랜잭션 처리시스템이나 운영체제 등 • 노력(MM) = 3.6 × (KDSI)1.20

• KDSI(Kilo Delivered Source Instruction) : 전체 라인 수를 1,000단위로 묶은 것으로, KLOC와 같은 의미이다.

◉ Putnam 모델 20.8, 20.6

• Rayleigh–Norden 곡선의 노력 분포도를 이용한 프로젝트 비용 산정 기법이다.
• 소프트웨어 개발 생명주기의 전 과정 동안에 사용될 노력의 분포를 예측한다.
• SLIM : Rayleigh–Norden 곡선과 Putnam의 모델에 기반을 둔 자동화 추정 도구이다.

◉ 기능 점수(FP : Functional Point)

• 시스템을 구현한 기술에 의존적이고 개발자에 의해 식별되는 기능에 기반하여 시스템의 크기를 측정하는 척도이다.
• 기능 점수는 소프트웨어 시스템이 가지는 기능을 정량화한 것이다.
• 입력, 출력, 질의, 파일, 인터페이스의 개수로 소프트웨어의 규모를 표현한다.
• 경험을 바탕으로 단순, 보통, 복잡한 정도에 따라 가중치를 부여한다.
• 프로젝트의 영향도와 가중치의 합을 이용하여 실질 기능 점수를 계산한다.
• 기능 점수의 산출 시 적용되는 가중치는 시스템의 특성에 따라 달라질 수 있다.
• **기능 점수 비용산정 요소** 20.8 : 코드 라인 수, 데이터 파일 수, 문서 페이지 수, 입력 유형의 수, 출력 보고서의 수, 외부 루틴과의 인터페이스 수, 명령어(사용자 질의 수)
• 기능별 가중치

소프트웨어 기능 증대 요인	가중치		
	단순	보통	복잡
입력(입력 양식)	3	4	6
출력(출력 보고서)	4	5	7
명령어(사용자 질의 수)	3	4	5
데이터 파일	7	10	15
인터페이스	5	7	10

단답형 문제

01 LOC 기법에 의하여 예측된 총 라인 수가 50,000라인, 프로그래머의 월평균 생산성이 200라인, 개발에 참여할 프로그래머가 10인일 때, 개발 소요 기간은?

02 Rayleigh–Norden 곡선의 노력 분포도를 이용한 프로젝트 비용 산정 기법은?

객관식 문제

03 기능 점수(Functional Point) 모형에서 비용 산정에 이용되는 요소가 아닌 것은?
① 클래스 인터페이스
② 명령어(사용자 질의 수)
③ 데이터 파일
④ 출력 보고서

04 Putnam 모형을 기초로 해서 만든 자동화 추정 도구는?
① SQLR/30 ② SLIM
③ MESH ④ NFV

05 COCOMO 모델의 프로젝트 유형으로 거리가 먼 것은?
① Organic
② Semi–detached
③ Embedded
④ Sequential

06 상향식 비용 산정 기법 중 LOC(원시 코드 라인 수) 기법에서 예측치를 구하기 위해 사용하는 항목이 아닌 것은?
① 낙관치 ② 기대치
③ 비관치 ④ 모형치

정답 **01** 25개월 **02** Putnam 모형 **03** ① **04** ② **05** ④ **06** ④

POINT 69 소프트웨어 개발 표준

◉ ISO/IEC 12119

- 패키지 소프트웨어의 일반적인 품질 요구사항 및 테스트를 위한 국제 표준이다.
- ISO/IEC 25051로 대체되었다.

◉ ISO/IEC 25000 23.6, 23.3

- 기존 소프트웨어 품질 평가 모델과 소프트웨어 평가 절차 모델인 ISO/IEC 9126과 ISO/IEC 14598을 통합하였다.
- 2500n, 2501n, 2502n, 2503n, 2504n의 다섯 가지 분야로 나눌 수 있고, 확장 분야인 2505n이 있다.
- **2501n(9126-2, 품질 모형)** : 품질 모델 및 품질 사용
- **2503n(9126-3, 품질 측정)** : 매트릭을 통한 측정 방법 제시

◉ ISO/IEC 12207

- 소프트웨어 개발 작업에 일관적이고 체계적인 프레임워크를 제공하기 위하여 1995년에 ISO/IEC에서 제정한 소프트웨어 생명주기 프로세스 국제 표준이다.
- **기본 생명주기 프로세스 구분** 21.5 : 획득 프로세스(Acquisition Process), 공급 프로세스(Supply Process), 개발 프로세스(Development Process), 운영 프로세스(Operation Process), 유지보수(Maintenance)

◉ SPICE(Software Process Improvement and Capability dEtermination) 24.8, 20.9, 20.8

- 소프트웨어 품질 및 생산성 향상을 위해 소프트웨어 프로세스를 평가 및 개선하는 국제 표준이다.
- 공식 명칭은 ISO/IEC 15504이다.
- ISO/IEC 12207의 단점을 해결하기 위해 개발되었다.

- SPICE 모델의 범주

구분	설명
고객-공급자 프로세스	• 소프트웨어를 개발하여 고객에게 전달하는 것을 지원하고, 소프트웨어를 정확하게 운용하고 사용하도록 하기 위한 프로세스로 구성된다. • 10개의 프로세스로 구성된다.
공학 프로세스	• 시스템과 소프트웨어 제품을 직접 명세화, 구현, 유지보수하는 프로세스로 구성된다. • 9개의 프로세스로 구성된다.
지원 프로세스	• 소프트웨어 생명주기에서 다른 프로세스에 의해 이용되는 프로세스로 구성된다. • 4개의 프로세스로 구성된다.
관리 프로세스	• 소프트웨어 생명주기에서 프로젝트 관리자에 의해 사용되는 프로세스로 구성된다. • 4개의 프로세스로 구성된다.
조직 프로세스	• 조직의 업무 목적을 수립하고, 조직이 업무 목표를 달성하는데 도움을 주는 프로세스로 구성된다. • 9개의 프로세스로 구성된다.

◉ SPICE 모델의 레벨 21.5

레벨 5 최적(Optimizing) 단계	정의된 프로세스와 표준 프로세스가 지속적으로 개선되는 단계이다.
레벨 4 예측(Predictable) 단계	표준 프로세스 능력에 대하여 정량적인 이해와 성능이 예측되는 단계이다.
레벨 3 확립(Established) 단계	표준 프로세스를 사용하여 계획되고 관리된 단계이다.
레벨 2 관리(Managed) 단계	프로세스가 정해진 절차에 따라 이루어져 산출물을 내며, 모든 작업이 계획되고 추적되는 단계이다.
레벨 1 수행(Performed) 단계	해당 프로세스의 목적은 달성하지만 계획되거나 추적되지 않은 단계이다.
레벨 0 불완전(Incomplete) 단계	프로세스가 구현되지 않거나 프로세스 목적을 달성하지 못한 단계이다.

CMM(Capability Maturity Model, 능력 성숙도 모델)

- 조직의 업무 능력 평가 기준을 세우기 위한 평가 표준이다.
- 1991년 카네기멜런대학이 미국국방부의 의뢰를 받아 개발한 평가 모델이다.
- 소프트웨어 개발 능력 측정 기준과 소프트웨어 개발 조직의 성숙도 수준을 평가한다.
- 이후 CMM은 CMMI로 발전했다.

CMM 모델의 레벨 및 핵심 프로세스 24.8, 20.9, 20.6

레벨	핵심 프로세스
레벨 5 최적(Optimizing) 단계	• 프로세스 변경 관리 • 기술 변경 관리 • 결함 방지
레벨 4 관리(Managed) 단계	• 소프트웨어 품질 관리 • 정량적 프로세스 관리
레벨 3 정의(Defined) 단계	• 조직 프로세스 집중 • 조직 프로세스 정의 • 동료 검토 • 교육 프로그램 • 교육 간 협력 • 소프트웨어 프로덕트 엔지니어링 • 통합 소프트웨어 관리
레벨 2 반복(Repeatable) 단계	• 소프트웨어 프로젝트 계획 • 소프트웨어 프로젝트 추적 및 감독 • 소프트웨어 하청 관리 • 소프트웨어 품질 보증 • 소프트웨어 형상 관리 • 요구 관리
레벨 1 초보(Initial) 단계	–

CMMI(Capability Maturity Model Integration, 능력 성숙도 통합 모델)

- 조직의 개발 프로세스 역량 성숙도를 평가하는 표준이다.
- CMM은 소프트웨어 개발 프로세스의 성숙도를 다루고, CMMI는 소프트웨어, 시스템, 프로덕트를 포함하는 세 분야를 통합 평가하는 모델이다.
- 24개 프로세스 영역을 4개 범주로 분할한다.

단답형 문제

01 소프트웨어 개발 표준 중 소프트웨어 품질 및 생산성 향상을 위해 소프트웨어 프로세스를 평가 및 개선하는 국제 표준은?

객관식 문제

02 패키지 소프트웨어의 일반적인 제품 품질 요구사항 및 테스트를 위한 국제 표준은?

① ISO/IEC 2196 ② IEEE 19554
③ ISO/IEC 12119 ④ ISO/IEC 14959

03 CMM(Capability Maturity Model) 모델의 레벨로 옳지 않은 것은?

① 최적 단계 ② 관리 단계
③ 정의 단계 ④ 캐치 단계

04 CMM(Capability Maturity Model) 모델에서 다음에 해당하는 레벨은?

> – 조직 프로세스 집중
> – 조직 프로세스 정의
> – 동료 검토
> – 교육 프로그램

① 최적(Optimizing) 단계
② 관리(Managed) 단계
③ 반복(Repeatable) 단계
④ 정의(Defined) 단계

05 SPICE 모델의 프로세스 수행 능력 수준의 단계별 설명이 틀린 것은?

① 수준7 – 미완성 단계
② 수준5 – 최적화 단계
③ 수준4 – 예측 단계
④ 수준3 – 확립 단계

정답 01 SPICE 02 ③ 03 ④ 04 ④ 05 ①

이론 5과목 정보 시스템 구축 관리

POINT 70

테일러링과 프레임워크

23.3, 22.3

◉ 소프트웨어 개발 방법론 테일러링(Tailoring)의 개념

- 기존 개발 방법론의 절차, 기법, 산출물 등을 프로젝트 상황에 맞게 수정하는 작업이다.
- 소프트웨어 개발 방법론 테일러링 수행 절차

  프로젝트 특징 정의 → 표준 프로세스 선정/검증 → 상위 레벨 커스터마이징 → 세부 커스터마이징 → 테일러링 문서화

  테일러링은 프로젝트 수행 시 예상되는 변화를 고려하여 정밀하게 진행

◉ 소프트웨어 개발 방법론 테일러링 시 고려사항 20.6

내부적 요건 (내부 기준)	• 납기/비용 : 개발 소프트웨어의 납기일과 개발 비용 • 구성원 능력 : 개발에 참여하는 구성원 개개인의 능력 • 목표 환경 : 시스템의 개발 환경 및 유형이 서로 다른 경우 • 고객 요구사항 : 프로젝트의 생명주기 활동 측면에서 개발, 운영, 유지보수 등 프로젝트에서 우선적으로 고려할 요구사항이 서로 다른 경우 • 프로젝트 규모 : 사업비, 참여 인력, 개발 기간 등 프로젝트의 규모가 서로 다른 경우 • 보유 기술 : 프로세스, 방법론, 산출물, 인력의 숙련도 등이 다른 경우
외부적 요건 (외부 기준)	• 법적 제약사항 : 프로젝트별로 적용될 IT Compliance 서로 다른 경우 테일러링이 필요 • 표준 품질 기준 : 금융, 제조, 의료 업종별 표준 품질 기준이 상이하므로 방법론의 테일러링이 필요

◉ 소프트웨어 개발 방법론 테일러링 기법

- 프로젝트 규모와 복잡도에 따른 테일러링
- 프로젝트 구성원에 따른 테일러링
- 팀 내 방법론 지원에 따른 테일러링
- 자동화에 따른 테일러링

◉ 라이브러리(Library)의 개념

- 단순 활용 가능한 도구들의 집합을 의미한다.
- 프로그래머가 어떠한 기능을 수행하기 위해서 도움을 주는 또는 필요한 것을 제공해주는 역할을 한다.

◉ 소프트웨어 프레임워크(Framework)의 개념 22.4

- 비슷한 유형의 응용 프로그램들을 위해 재사용이 가능한 아키텍처와 협력하는 소프트웨어 산출물의 통합된 집합이다.
- 특정 클래스의 재사용뿐만 아니라 응용 프로그램을 위한 핵심 아키텍처를 제공하여 설계의 재사용을 지원한다.

◉ 프레임워크와 라이브러리의 차이점 23.3

- 프레임워크는 전체적인 흐름을 자체적으로 가지고 있어 프로그래머는 그 안에서 필요한 코드를 작성하는 반면에 라이브러리는 프로그래머가 전체적인 흐름을 가지고 있어 라이브러리를 자신이 원하는 기능을 구현하고 싶을 때 가져다 사용할 수 있다.

◉ 소프트웨어 개발 프레임워크의 개념 23.3

- 소프트웨어 개발을 도와주는 재사용이 가능한 클래스와 패턴의 집합이다.
- 소프트웨어 개발의 효율성을 높이고 소프트웨어 품질을 높이기 위한 반제품 성격의 소프트웨어이다.
- 소프트웨어의 틀과 구조를 결정하고, 이를 바탕으로 개발된 개발자의 코드를 제어한다.

◉ 소프트웨어 개발 프레임워크 적용 시 20.9, 20.8, 20.6

개발 용이성	• 공통 기능은 프레임워크가 제공한다. • 패턴 기반 개발과 비즈니스 로직에만 집중한 개발이 가능하다.
시스템 복잡도 감소	• 시스템의 복잡한 기술은 프레임워크에 의해 숨겨진다. • 미리 잘 정의된 기술 셋을 적용할 수 있다.
이식성	• 플랫폼 연동을 프레임워크가 제공한다. • 플랫폼의 독립적인 개발이 가능하다.
품질 보증	• 검증된 개발 기술과 패턴에 따른 개발이 가능하다. • 개발자의 경험과 능력 차이를 줄여준다.
운영 용이성	• 소프트웨어 변경이 용이하다. • 비즈니스 로직 및 아키텍처 파악이 용이하다.

개발 코드 최소화	• 공통 컴포넌트와 서비스를 활용한다. • 반복적인 코드 개발을 최소화한다.
변경 용이성	• 잘 구조화된 아키텍처를 적용한다. • 플랫폼에 독립적이다.
설계 및 코드의 재사용성	• 프레임워크의 서비스와 패턴을 재사용한다. • 이미 개발된 컴포넌트를 재사용한다.

◉ 스프링 프레임워크(Spring Framework)

• 자바 플랫폼을 위한 오픈소스 애플리케이션 프레임워크이다.
• 동적인 웹 사이트 개발을 위해 여러 가지 서비스를 제공하고 있다.
• 전자정부 표준 프레임워크의 기반 기술로 사용된다.
• **스프링 프레임워크의 주요 모듈**
  – 제어 반전 컨테이너
  – 관점 지향 프로그래밍 프레임워크
  – 데이터 액세스 프레임워크
  – 트랜잭션 관리 프레임워크
  – 모델-뷰-컨트롤러(MVC) 패턴
  – 배치 프레임워크

◉ 전자정부 표준 프레임워크

• 공공부문 정보화 사업 시 플랫폼별 표준화된 개발 프레임워크를 말한다.
• 공공기관의 웹 서비스 개발 시 사용을 권장하고 있다.
• **전자정보 표준 프레임워크 적용 시 기대효과**
  – 전자정부 서비스 품질 향상
  – 정보화 투자 효율성 향상
  – 국가 정보화 투자 효율성 제고
  – 중소 SI 업체 경쟁력 확보
  – 선진 국가정보화 추진 기반 환경 제고

◉ 닷넷 프레임워크(.NET Framework)

• Microsoft사에서 개발한 윈도우 프로그램 개발 및 실행 환경이다.
• 네트워크 작업, 인터페이스 등의 많은 작업을 캡슐화하였고, 공통 언어 런타임(CLR : Common Language Runtime) 가상 머신 위에서 작동한다.
• 오픈소스 버전으로 닷넷 코어가 있다.

단답형 문제

01 다음이 설명하는 것을 쓰시오.

> – 자바 플랫폼을 위한 오픈소스 애플리케이션 프레임워크이다.
> – 동적인 웹 사이트를 개발하기 위한 여러 가지 서비스를 제공하고 있다.
> – 전자정부 표준 프레임워크의 기반 기술로 사용된다.

객관식 문제

02 테일러링(Tailoring) 개발 방법론의 내부 기준에 해당하지 않는 것은?
① 납기/비용 ② 기술 환경
③ 구성원 능력 ④ 국제표준 품질 기준

03 소프트웨어 개발 프레임워크를 적용할 경우 기대 효과로 거리가 먼 것은?
① 품질 보증 ② 시스템 복잡도 증가
③ 개발 용이성 ④ 변경 용이성

04 소프트웨어 개발 프레임워크의 적용 효과로 볼 수 없는 것은?
① 공통 컴포넌트 재사용으로 중복 예산 절감
② 기술 종속으로 인한 선행사업자 의존도 증대
③ 표준화된 연계 모듈 활용으로 상호 운용성 향상
④ 개발 표준에 의한 모듈화로 유지보수 용이

05 정보기술을 활용하여 행정기관의 사무를 전자화함으로써 행정기관 상호 간 또는 국민에 대한 행정업무를 효율적으로 수행하는 정부를 무엇이라고 하는가?
① 전자정부
② 국민의 정부
③ 문민정부
④ 지식산업정부

정답 01 스프링 프레임워크 02 ④ 03 ② 04 ② 05 ①

POINT 71

네트워크 구성

01 네트워크 구성

◉ 성형(Star Topology)

- 중앙에 호스트 컴퓨터(Host Computer)가 있고 이를 중심으로 터미널(Terminal)들이 연결되는 중앙 집중식의 네트워크 구성 형태이다.
- 중앙 컴퓨터와 직접 연결되어 응답이 빠르고 통신비용이 적게 소요되지만, 중앙 컴퓨터에 장애가 발생하면 전체 시스템이 마비되는 분산 시스템의 위상 구조이다.

◉ 링형(Ring Topology)

- 서로 이웃한 컴퓨터와 노드끼리 연결한 네트워크 구성 형태이다.
- 각 노드가 공평한 서비스를 받으며, 전송 매체와 노드의 고장 발견이 쉽다.
- 데이터가 한 방향으로 전송되기 때문에 충돌(Collision) 위험이 없다.

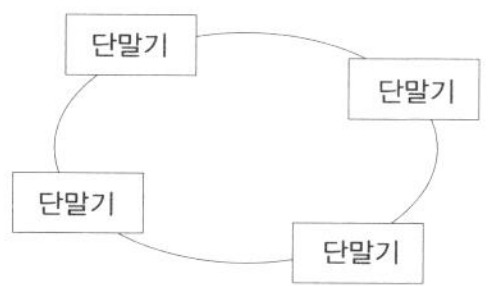

◉ 버스형(Bus Topology) 21.3, 20.8

- 한 개의 통신 회선에 여러 개의 노드가 연결된 형태이다.
- 한 사이트의 고장은 나머지 사이트 간의 통신에 아무런 영향을 주지 않는다.
- 네트워크 트래픽이 많을 경우 네트워크 효율이 떨어진다.

◉ 트리형(Tree Topology)

- 하나의 노드에 여러 개의 노드를 연결한 네트워크 구성 형태로 네트워크 관리가 용이하다.
- 각 노드가 계층적으로 구성되어 있어 계층형 또는 분산형이라고도 한다.

◉ 망형(Mesh Topology) 20.8

- 모든 컴퓨터와 노드들이 서로 연결된 네트워크 구성 형태로 그물형이라고도 한다.
- 응답 시간이 빠르고 노드의 연결성이 우수하다.
- 일반적으로 많은 단말기로부터 많은 양의 통신을 필요로 하는 경우에 유리하다.
- n개의 노드를 망형으로 구성 시 n(n−1)/2개의 회선이 필요하다.

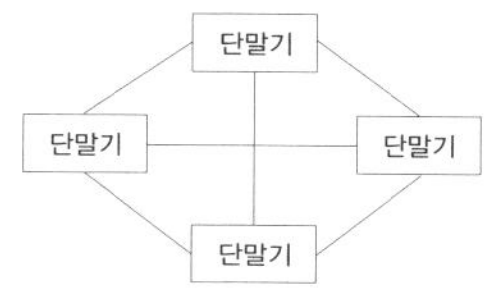

02 네트워크 장비

◉ 허브(Hub)

- 여러 대의 컴퓨터를 손쉽게 연결할 수 있도록 여러 개의 입력과 출력 포트를 가지고 있으며, 한 포트에서 수신된 신호를 다른 모든 포트로 재전송하는 장치이다.

◉ 브리지(Bridge) 24.8

- 데이터 링크 계층(Data Link Layer)에서 동작하며 같은 MAC 프로토콜(Protocol)을 사용하는 근거리 통신망 사이를 연결하는 통신 장치이다.
  Media Access Control

◉ 스위치(Switch)

- 브리지와 같이 두 개 이상의 LAN을 연결하여 하나의 네트워크로 만드는 장치이다.
- 보안 및 트래픽 관리 기능도 제공할 수 있다.
- 스위치 분류

L2 스위치	• OSI 2계층에 속하는 네트워크 장비이다. • 가장 기본적인 스위치로, 단순히 스위치라고도 한다. • Address Learning, Filtering, Forwarding 등의 기능을 수행한다.
L3 스위치	• OSI 3계층에 속하는 네트워크 장비이다. • L2 스위치에 라우팅 기능이 추가되었다. • 서로 다른 네트워크를 연결할 수 있다.
L4 스위치	• OSI 4계층에 속하는 네트워크 장비이다. • L3 스위치에 로드밸런서(Load Balancer)가 추가되었다.
L7 스위치	• OSI 7계층에 속하는 네트워크 장비이다. • 세밀한 로드밸런싱이 가능하다. • 보안 기능을 대폭 강화하였다.

◉ 라우터(Router) 21.5

- 네트워크 계층(Network Layer)에서 동작하며 동일 전송 프로토콜을 사용하는 분리된 2개 이상의 네트워크를 연결해주는 통신 장치이다.
- 네트워크상에서 가장 최적의 IP 경로를 설정하여 전송하는 장비이다.

◉ 게이트웨이(Gateway) 23.8

- 서로 다른 통신 프로토콜을 사용하는 네트워크 사이를 연결하여 데이터를 교환할 수 있도록 하는 역할을 한다.
- 두 개의 서로 다른 형태의 네트워크를 상호 연결시켜 주는 관문 역할을 하는 장치이다.
- 필요한 경우 프로토콜 변환을 수행한다.

◉ VLAN(Virtual Local Area Network) 21.8

- 물리적 배치와 상관없이 논리적으로 LAN을 구성하여 Broadcast Domain을 구분할 수 있게 해주는 기술로 접속된 장비들의 성능 향상 및 보안성 증대 효과를 목표로 한다.

단답형 문제

01 다음 중 아래 내용이 설명하는 네트워크 장비는?

> 네트워크에서 디지털 신호를 일정한 거리 이상으로 전송시키면 신호가 감쇠되므로 디지털 신호의 장거리 전송을 위해 수신한 신호를 재생하거나 출력 전압을 높여 전송한다.

객관식 문제

02 다음 LAN의 네트워크 토폴로지는?

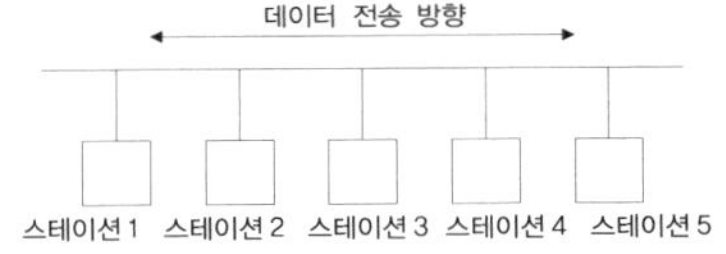

① 버스형 ② 성형
③ 링형 ④ 그물형

03 중앙에 호스트 컴퓨터가 있고 이를 중심으로 터미널들이 연결되는 네트워크 구성 형태(Topology)는?

① 버스형(Bus)
② 링형(Ring)
③ 성형(Star)
④ 그물형(Mesh)

04 L2 스위치의 기본 기능이 아닌 것은?

① Address Learning
② Filtering
③ Forwarding
④ Routing

정답 01 리피터 02 ① 03 ③ 04 ④

이론 5과목 정보 시스템 구축 관리

POINT 72 네트워크 관련 신기술

라우팅 프로토콜을 IGP와 EGP로 분류했을 때 IGP에 해당

◉ RIP(Routing Information Protocol) 22.4, 20.8, 20.6

- 최단 경로 탐색에 Bellman-Ford 알고리즘을 사용하는 거리 벡터 라우팅 프로토콜이다.
- 최적의 경로를 산출하기 위한 정보로서 홉(거릿값)만을 고려하므로, RIP를 선택한 경로가 최적의 경로가 아닌 경우가 많이 발생할 수 있다.
- 최대 홉 카운트를 15홉 이하로 한정한다.
- 소규모 네트워크 환경에 적합하다.

24.5, 21.5

◉ OSPF(Open Shortest Path First Protocol)

- 대표적인 링크 상태(Link State) 라우팅 프로토콜로 IP 패킷에서 89번 프로토콜을 사용하여 라우팅 정보를 전송하며 안정되고 다양한 기능으로 가장 많이 사용되는 것은 IGP(Interior Gateway Protocol)이다.

23.6, 21.8, 21.3

◉ MQTT(Message Queuing Telemetry Transport)

- IBM이 주도하여 개발한 기술로 사물 인터넷과 같이 대역폭이 제한된 통신 환경에 최적화하여 개발된 푸시 기술 기반의 경량 메시지 전송 프로토콜이다.
- TCP/IP 기반 네트워크에서 동작하는 발행-구독 기반의 메시징 프로토콜로 최근 IoT 환경에서 자주 사용되고 있는 프로토콜이다.

◉ 사물 인터넷(IoT : Internet of Things)

- 인터넷에 연결된 기기가 사람의 개입 없이 상호 간에 알아서 정보를 주고받아 처리한다.
- 사물은 물론이고 현실과 가상세계의 모든 정보와 상호작용하는 개념이다.

◉ WSN(Wireless Sensor Network)

- 센서를 네트워크로 구성한 것이다.
- 사물에 부착된 센서를 통해 탐지된 사물의 인식 정보는 물론 주변의 온도, 습도와 같은 환경 정보를 실시간으로 네트워크와 연결하여 수집하고 관리하는 네트워크 시스템이다.

◉ 클라우드 컴퓨팅(Cloud Computing)

- 사용자가 인터넷 등을 통해 하드웨어, 소프트웨어 등의 컴퓨팅 자원을 원격으로 필요한 만큼 빌려서 사용하는 방식의 서비스 기술로서 서비스 모델은 IaaS, PaaS, SaaS로 구분한다.

Infrastructure as a Service / Platform as a Service / Software as a Service

- 가상화 기술, 서비스 프로비저닝(Provisioning) 기술, 과금 체계 등을 필요로 한다.
- PaaS-TA 21.8 : 국내 IT 서비스 경쟁력 강화를 목표로 개발, 인프라 제어 및 관리 환경, 실행 환경, 개발 환경, 서비스 환경, 운영환경으로 구성되어 있는 개방형 클라우드 컴퓨팅 플랫폼이다.

◉ 그리드 컴퓨팅(Grid Computing)

- 인터넷상에서 사용하지 않는 시간대의 연결된 수많은 컴퓨터를 하나의 고성능 컴퓨터처럼 활용할 수 있는 기술이다.

◉ RFID(Radio Frequency IDentification)

- 전자 태그가 부착된 IC칩과 무선 통신 기술을 이용하여 다양한 개체들의 정보를 관리할 수 있는 센서 기술이다.

◉ NFC(Near Field Communication)

- RFID 기술 중 하나로, 10cm 정도로 가까운 거리에서 장치 간에 양방향 무선 통신을 가능하게 해주는 기술이다. 13.56MHz의 주파수 대역을 사용하는 비접촉식 통신 기술이다.
- 데이터 읽기와 쓰기 기능을 모두 사용할 수 있다.

◉ WPAN(Wireless Personal Area Network) 23.8

- 사용자를 중심으로 작은 지역에서 주로 블루투스 헤드셋, 스마트 워치 등과 같은 개인화 장치들을 연결시키는 무선 통신 규격이다.
- IEEE 802.15 규격의 범주에 속한다.

◉ PICONET(피코넷) 20.6

- 여러 개의 독립된 통신 장치가 UWB(Ultra Wide Band) 기술 또는 블루투스 기술을 사용하여 통신망을 형성하는 무선 네트워크 기술이다.

◉ 스마트 그리드(Smart Grid) 21.3

- 전기 및 정보통신 기술을 활용하여 전력망을 지능화, 고도화함으로써 고품질의 전력 서비스를 제공하고 에너지 이용 효율을 극대화하는 전력망 시스템이다.
- 기존의 전력망에 정보 기술을 접목하여 전력 공급자와 소비자가 쌍방향으로 실시간 정보를 교환함으로써 에너지 효율을 최적화하고 새로운 부가가치를 창출한다.

◉ 비컨(Beacon) 24.5

- 블루투스 4.0(BLE) 프로토콜 기반의 근거리 무선 통신 장치로 최대 70m 이내의 장치들과 교신할 수 있는 차세대 스마트폰 근거리 통신 기술이다.
- 저전력으로 모바일 결제 등을 가능하게 해주는 스마트폰 근거리 통신 기술이다.
- NFC보다 가용거리가 길고 5~10cm 단위 구별이 가능해 정확성이 높다.

◉ 포스퀘어(Foursquare)

- 스마트폰에 탑재된 GPS를 활용해 위치 정보를 수집한다.
- 쇼핑 관광 등에 활용하는 위치 기반 소셜 네트워크 서비스이다.

◉ Zing

- 기기를 키오스크에 갖다 대면 원하는 데이터를 바로 가져올 수 있는 기술로 10cm 이내 근접 거리에서 기가급 속도로 데이터 전송이 가능한 초고속 근접 무선 통신(NFC : Near Field Communication) 기술이다.

◉ Mesh Network 22.4, 20.8

- 기존 무선 랜의 한계 극복을 위해 등장하였다.
- 대규모 디바이스의 네트워크 생성에 최적화되어 차세대 이동통신, 홈네트워킹, 공공 안전 등의 특수 목적을 위한 새로운 방식의 네트워크 기술이다.

◉ Wavelength Division Multiplexing(WDM, 파장 분할 다중화) 24.8, 20.9

- 레이저 빛의 다른 파장(다른 색)을 사용하여 여러 반송파 신호를 단일 광섬유에 적용하는 기술이다.
- 파장이 서로 다른 복수의 광신호를 동시에 이용하는 것으로 광섬유를 다중화하는 방식이다.
- 빛의 파장 축과 파장이 다른 광선은 서로 간섭을 일으키지 않는 성질을 이용한다.

단답형 문제

01 여러 개의 독립된 통신 장치가 UWB(Ultra Wideband) 기술 또는 블루투스 기술을 사용하여 통신망을 형성하는 무선 네트워크 기술은?

02 TCP/IP 기반 네트워크에서 동작하는 발행-구독 기반의 메시징 프로토콜로 최근 IoT 환경에서 자주 사용되고 있는 프로토콜은?

객관식 문제

03 기존 무선 랜의 한계 극복을 위해 등장하였으며, 대규모 디바이스의 네트워크 생성에 최적화되어 차세대 이동 통신, 홈네트워킹, 공공 안전 등의 특수목적을 위한 새로운 방식의 네트워크 기술을 의미하는 것은?

① Software Defined Perimeter
② Virtual Private Network
③ Local Area Network
④ Mesh Network

04 RIP(Routing Information Protocol)에 대한 설명으로 틀린 것은?

① 거리 벡터 라우팅 프로토콜이라고도 한다.
② 소규모 네트워크 환경에 적합하다.
③ 최대 홉 카운트를 115홉 이하로 한정하고 있다.
④ 최단 경로 탐색에는 Bellman-Ford 알고리즘을 사용한다.

05 링크 상태 라우팅 알고리즘을 사용하며, 대규모 네트워크에 적합한 것은?

① RIP
② VPN
③ OSPF
④ XOP

정답 01 PICONET 02 MQTT 03 ④ 04 ③ 05 ③

이론 5과목 정보 시스템 구축 관리

POINT 73

소프트웨어/하드웨어 관련 신기술

01 소프트웨어 관련 신기술

◉ 소프트웨어 정의 데이터 센터(SDDC : Software Defined Data Center) 24.8, 20.9

- 가상 데이터 센터(Virtual Data Center : VDC)라고도 하며, 추상화, 풀링(Pooling), 자동화 등을 통해 인프라를 가상화하는 데이터 센터를 의미한다.
- 컴퓨팅, 네트워킹, 스토리지, 관리 등을 모두 소프트웨어로 정의한다.
- 인력 개입 없이 소프트웨어 조작만으로 자동 제어 관리한다.
- 데이터 센터 내 모든 자원을 가상화하여 서비스한다.

◉ 텐서플로우(TensorFlow)

- 구글에서 개발해서 공개한 인공지능 응용 프로그램 개발용 오픈소스 프레임워크이다.
- 텐서플로우를 사용할 때 인공지능 소프트웨어가 이미지 및 음성을 인식하기 위해서는 신경망의 합성곱 신경망 모델을 주로 사용한다.

◉ 머신 러닝(Machine Learning)

- 컴퓨터 프로그램이 데이터와 처리 경험을 이용한 학습을 통해 정보 처리 능력을 향상시키는 기술로 컴퓨터에게 많은 데이터를 주고, 거기에서 일반적인 패턴을 찾아내게 한다.
- 자율 주행 자동차, 필기체 문자 인식 등과 같이 알고리즘 개발이 어려운 문제의 해결에 유용하다.

◉ 딥 러닝(Deep Learning)

- 일반적인 머신 러닝 모델보다 더 깊은 신경망 계층 구조를 이용하는 머신 러닝이다.
- 주로 여러 개의 은닉층(Hidden Layer)으로 구성된 인공 신경망을 활용한다.

◉ 디지털 트윈(Digital Twin) 20.8

- 물리적인 사물과 컴퓨터에 동일하게 표현되는 가상 모델이다.
- 실제 물리적인 자산 대신 소프트웨어로 가상화한 자산의 디지털 트윈을 만들어 시뮬레이션함으로써 실제 자산의 특성에 대한 정확한 정보를 얻을 수 있다.

◉ HMD(Head Mounted Display)

- 머리에 착용하는 형태의 디스플레이로 HMD 장치를 머리에 쓰면 양쪽 눈에 근접한 위치에 소형 디스플레이가 있어 시차를 이용한 3D 영상이 투영된다.

◉ 블록체인(Blockchain)

- 공공 거래 장부로, 가상 화폐로 거래할 때 발생할 수 있는 해킹을 막는 기술이다.
- 하나의 블록은 트랜잭션의 집합과 헤더(Header)로 이루어져 있고 한 블록에는 앞의 블록에 대한 정보가 포함되어 있어, 앞 블록의 내용을 변경하면 뒤에 이어지는 블록도 변경해야 한다.

◉ BaaS(Blockchain as a Service) 21.3

- 블록체인(Blockchain) 개발 환경을 클라우드로 서비스하는 개념으로 블록체인 네트워크에 노드의 추가 및 제거가 용이하다.
- 블록체인의 기본 인프라를 추상화하여 블록체인 응용 프로그램을 만들 수 있는 클라우드 컴퓨팅 플랫폼이다.

◉ 분산 원장 기술(Distributed Ledger Technology)

- 분산 네트워크 참여자가 암호화 기술을 사용하여 거래 정보를 검증하고 합의한 원장(Ledger)을 공동으로 분산 · 관리하는 기술이다.
- 수많은 사적 거래 정보를 개별적 데이터 블록으로 만들고, 이를 체인처럼 연결하는 블록체인 기술이다.

◉ 증강현실(AR : Augmented Reality)

- 현실을 기반으로 가상 정보를 실시간으로 결합하여 보여주는 기술이다.
- 예를 들어 스마트폰 카메라로 주변을 비추면 인근에 있는 상점의 위치, 전화번호 등의 정보가 입체 영상으로 표시된다.

◉ 매시업(Mashup) 20.8

- 웹에서 제공하는 정보 및 서비스를 이용하여 새로운 소프트웨어나 서비스, 데이터베이스 등을 만드는 기술이다.
- 다수의 정보원이 제공하는 콘텐츠를 조합하여 하나의 서비스로 제공한다.
- 구글 지도에 부동산 매물 정보를 결합한 구글의 하우징맵스(HousingMaps)가 대표적이다.

◉ 양자 암호(Quantum Cryptography)

- 양자 역학의 특성을 이용하여 안전하게 정보를 보호하기 위한 알고리즘 또는 정보 이론적/수학적 방법론이다.
- 양자 컴퓨터가 등장하면서 기존의 대칭키 암호 기법과 비대칭키 암호 기법은 안전성을 보장할 수 없게 되었다.
- 대표적인 양자 암호 기법으로 양자 암호키 분배(QKD: Quantum Key Distribution) 기법이다.

02 하드웨어 관련 신기술

◉ 양자 컴퓨터(Quantum Computer)

- 양자 역학적 현상을 이용하여 연산을 수행하는 컴퓨터이다.
- 양자 정보의 최소 단위인 큐비트(Qubit)의 상태를 제어하여 연산과 양자 알고리즘을 수행한다.

◉ N-Screen 21.5

- 동일한 콘텐츠를 PC, 스마트TV, 스마트폰, 태블릿 PC 등 다양한 디지털 정보기기에서 자유롭게 이용할 수 있는 서비스이다.

◉ 고가용성 솔루션(HACMP:High Availability Cluster Multi Processing) 24.5, 23.6, 22.7, 22.3

- 각 시스템 간에 공유 디스크를 중심으로 클러스터링으로 엮여 다수의 시스템을 동시에 연결할 수 있다.
- 조직, 기업의 기간 업무 서버 등의 안정성을 높이기 위해 사용될 수 있다.
- 여러 가지 방식으로 구현되며 2개의 서버를 연결하는 것으로 2개의 시스템이 각각 업무를 수행하도록 구현하는 방식이 널리 사용된다.

단답형 문제

01 공공 거래 장부로, 가상 화폐로 거래할 때 발생할 수 있는 해킹을 막는 기술은?

02 동일한 콘텐츠를 PC, 스마트 TV, 스마트폰, 태블릿 PC 등 다양한 디지털 정보기기에서 자유롭게 이용할 수 있는 서비스 기술은?

03 양자 컴퓨터(Quantum Computer)는 얽힘(Entanglement)이나 중첩(Superposition) 같은 양자역학적인 현상을 활용하여 자료를 처리하는 계산 기계이다. 양자 컴퓨터의 자료의 양은 무엇으로 측정되는가?

객관식 문제

04 다음 빈칸에 알맞은 기술은?

> (　)은/는 웹에서 제공하는 정보 및 서비스를 이용하여 새로운 소프트웨어나 서비스, 데이터베이스 등을 만드는 기술이다.

① Quantum Key Distribution
② Digital Rights Management
③ Grayware
④ Mashup

05 정보 시스템과 관련한 다음 설명에 해당하는 것은?

> – 각 시스템 간에 공유 디스크를 중심으로 클러스터링으로 엮여 다수의 시스템을 동시에 연결할 수 있다.
> – 조직, 기업의 기간 업무 서버 등의 안정성을 높이기 위해 사용될 수 있다.
> – 여러 가지 방식으로 구현되며 2개의 서버를 연결하는 것으로 2개의 시스템이 각각 업무를 수행하도록 구현하는 방식이 널리 사용된다.

① 고가용성 솔루션(HACMP)
② 점대점 연결 방식(Point-to-Point Mode)
③ 스턱스넷(Stuxnet)
④ 루팅(Rooting)

01 블록체인 **02** N-Screen **03** 큐비트(Qubit)
04 ④ **05** ①

POINT **74**

데이터베이스 관련 기술 용어

데이터가 분산 저장되어 한 개의 하드 디스크에 장애가 발생하면 전체 데이터가 소실됨

여러 대의 하드디스크가 있을 때 동일한 데이터를 다른 위치에 중복해서 저장하는 방법으로 디스크의 고장에 대비하여 데이터의 안정성을 높이는 기술

◉ RAID(Redundant Array of Inexpensive Disk)

- RAID 0 : 2개 이상의 하드 디스크를 병렬로 연결해서 하나의 디스크처럼 사용하는 방식이다. 디스크 드라이브가 동시에 액세스가 일어나서 디스크의 개수가 늘어날수록 성능이 향상되며 연결된 디스크 중 가장 작은 용량 기준으로 디스크가 묶인다.

미러(Mirror) 지원으로 1개 디스크 고장에도 데이터 복구 가능

- RAID 1 : 동일한 용량의 2개 이상의 하드디스크를 병렬로 연결하여, 동일한 데이터를 동시에 각 디스크에 저장되어 신뢰성이 높다.
- RAID 2 : 비트 단위로 분산 저장하고 여러 개의 해밍 코드 검사 디스크를 사용한다. 디스크 미러링(Disk Mirroring) 방식으로 높은 신뢰도를 갖는다.

Parity 체크용 디스크를 1개 별도로 사용

- RAID 3 : 데이터를 다수의 디스크에 스트라이핑하여 저장하며, 하나의 드라이브에 패리티를 저장한다. 패리티 드라이브를 사용한다.

Block 단위 Stripe

- RAID 4 : 각 디스크에 데이터를 블록 단위로 분산 저장하고 하나의 패리티 검사 디스크를 사용한다(블록 인터리브된 패리티(Block-Interleaved Striping with Parity)).

Parity 정보를 매번 다른 디스크에 저장하여 데이터 복구가 가능

- RAID 5 : 별도의 패리티 디스크 대신 모든 디스크에 패리티 정보를 나누어 기록하는 방식으로 3개 이상의 디스크를 요구하며 쓰기 작업이 많지 않은 다중 시스템에 적합하다.

RAID 1 구성에서 쓰기 성능을 높일 수 있음

- RAID 1+0 : RAID 1 방식으로 데이터 미러링하고, 이를 다시 RAID 0 방식으로 스트라이핑하는 방식이다.
- RAID 0+1 : RAID 0 방식으로 스트라이핑 한 디스크 2개를 서로 RAID 1 방식으로 미러링한다.
- JBOD(Just a Bunch of Disks) : 두 개 이상의 하드 드라이브가 하나의 큰 하드 드라이브로 OS X에서 Mac에 나타날 수 있도록 한다.

여러 디스크를 연결하여 하나의 큰 용량의 디스크로 인식(Spanning)

◉ 웨어러블 컴퓨팅(Wearable Computing)

- 컴퓨터를 옷이나 안경처럼 착용할 수 있게 해주는 기술이다.
- 소형화, 경량화를 비롯해 음성과 동작 인식 등 다양한 기술이 적용되어 장소에 구애받지 않고 컴퓨터를 활용할 수 있다.

◉ 멤리스터(Memristor)

- 메모리와 레지스터의 합성어로, 전류의 방향과 크기 등 기존의 상태를 모두 기억하는 소자이다.
- 레지스터, 커패시터, 인덕터에 이어 네 번째 전자 회로 구성 요소로 차세대 기억 소자, 회로 등에 응용될 수 있다. 에너지 소모와 부팅 시간을 획기적으로 줄일 수 있다.

◉ 직접 연결 저장 장치(DAS : Direct-Attached Storage)

- 하드디스크와 같은 데이터 저장 장치를 호스트 버스 어댑터에 직접 연결하는 방식이다.
- 저장 장치와 호스트 기기 사이에 네트워크 디바이스가 있지 말아야 한다.

◉ SAN(Storage Area Network) 21.5

- 네트워크상에 광 채널 스위치의 이점인 고속 전송과 장거리 연결 및 멀티 프로토콜 기능을 활용하여 각기 다른 운영체제를 가진 여러 기종이 네트워크상에서 동일 저장 장치의 데이터를 공유하게 함으로써, 여러 개의 저장 장치나 백업 장비를 단일화시킨 시스템이다.

◉ NAS(Network Attached Storage)

- 컴퓨터에 직접 연결하지 않고 네트워크를 통해 데이터를 주고받는 저장 장치이다.
- 구조적으로는 스토리지 서버를 단순화, 소형화한 것이다.

◉ Software Defined Storage 21.8

- 가상화를 적용하여 필요한 공간만큼 나눠 사용할 수 있도록 하며 서버 가상화와 유사하다.
- 컴퓨팅 소프트웨어로 규정하는 데이터 스토리지 체계이며, 일정 조직 내 여러 스토리지를 하나처럼 관리하고 운용하는 컴퓨터 이용 환경으로 스토리지 자원을 효율적으로 나누어 쓰는 방법이다.

◉ 데이터웨어하우스(Data Warehouse)

- 기간 업무 시스템에서 추출되어 새로이 생성된 데이터베이스로서 의사결정지원시스템을 지원하는 주제적, 통합적, 시간적 데이터의 집합체이다.

• 통합된 데이터에 대한 OLAP(On-Line Analytical Processing) 연산을 효율적으로 지원할 수 있다.

◉ 빅데이터(Big Data)

• 많은 양의 정형 또는 비정형 데이터들로부터 가치를 추출하고 결과를 분석하는 기술이다.
• 빅데이터의 특성은 Volume(규모), Velocity(속도), Variety(다양성)이다.
• 구글 및 페이스북, 아마존의 경우 이용자의 성향과 검색 패턴, 구매 패턴을 분석해 맞춤형 광고를 제공하는 등 빅데이터의 활용을 증대시키고 있다.

◉ 데이터 마이닝(Data Mining) 23.6, 20.8, 20.6

• 대량의 데이터를 분석하여 데이터 속에 있는 변수 사이의 상호관계를 규명하여 일정한 패턴을 찾아내는 기법이다.
• 데이터웨어하우징에서 수집되고 분석된 자료를 사용자에게 제공하기 위해 분류 및 가공되는 요소 기술이다.

◉ 디지털 아카이빙(Digital Archiving)

• 디지털 정보 자원을 장기적으로 보존하기 위한 작업이다.
• 아날로그 콘텐츠는 디지털로 변환해 압축해서 저장하고, 디지털 콘텐츠도 체계적으로 분류하고 메타 데이터를 만들어 DB화하는 작업이다.

◉ 하둡(Hadoop) 23.6, 20.8, 20.6

• 오픈소스를 기반으로 한 분산 컴퓨팅 플랫폼으로 일반 PC급 컴퓨터들로 가상화된 대형 스토리지를 형성하고, 그 안에 보관된 거대한 데이터 세트를 병렬로 처리할 수 있도록 빅데이터 분산 처리를 돕는 자바 소프트웨어 오픈소스 프레임워크이다.
• 다양한 소스를 통해 생성된 빅데이터를 효율적으로 저장하고 처리한다.
• 하둡의 필수 핵심 구성 요소는 맵리듀스와 하둡 분산 파일 시스템이다.
• Sqoop 21.5 : 하둡과 관계형 데이터베이스 간에 데이터를 전송할 수 있도록 설계된 도구이다.

◉ 맵리듀스(MapReduce) 20.9

• HADOOP의 핵심 구성 요소로서 대용량 데이터를 분산 처리하기 위한 목적으로 개발된 프로그래밍 모델이다.
• Google에 의해 고안된 기술로써 대표적인 대용량 데이터 처리를 위한 병렬 처리 기법을 제공한다.
• 임의의 순서로 정렬된 데이터를 분산 처리하고 이를 다시 합치는 과정을 거친다.

단답형 문제

01 다음 보기에서 설명하는 용어는?

> – 대용량 데이터를 분산 처리하기 위한 목적으로 개발된 프로그래밍 모델이다.
> – Google에 의해 고안된 기술로써 대표적인 대용량 데이터 처리를 위한 병렬 처리 기법을 제공한다.
> – 임의의 순서로 정렬된 데이터를 분산 처리하고 이를 다시 합치는 과정을 거친다.

객관식 문제

02 빅데이터 분석 기술 중 대량의 데이터는 분석하여 데이터 속에 있는 변수 사이의 상호관계를 규명하여 일정한 패턴을 찾아내는 기법은?

① Data Mining ② Wm-Bus
③ Digital Twin ④ Zigbee

03 다음이 설명하는 용어로 옳은 것은?

> – 오픈소스를 기반으로 한 분산 컴퓨팅 플랫폼이다.
> – 일반 PC급 컴퓨터들로 가상화된 대형 스토리지를 형성한다.
> – 다양한 소스를 통해 생성된 빅데이터를 효율적으로 저장하고 처리한다.

① 하둡(Hadoop)
② 비컨(Beacon)
③ 포스퀘어(Foursquare)
④ 멤리스터(Memristor)

04 RAID-5는 RAID-4의 어떤 문제점을 보완하기 위하여 개발되었는가?

① 병렬 액세스의 불가능
② 긴 쓰기 동작 시간
③ 패리티 디스크의 액세스 집중
④ 많은 수의 검사 디스크 사용

정답 01 MapReduce 02 ① 03 ① 04 ③

이론 5과목 정보 시스템 구축 관리

POINT 75

소프트웨어 개발 보안

소프트웨어 개발 보안의 개념

- 소프트웨어 개발 보안은 소프트웨어 개발 과정에서 발생될 수 있는 보안 취약점이나 보안 약점들을 최소화하여 사이버 보안 위협에 대응할 수 있는 안전한 소프트웨어를 개발하기 위한 보안 활동이다.
- 소프트웨어 개발 생명주기(SDLC : Software Development Life Cycle)의 단계별로 요구되는 보안 활동을 수행하여 안전한 소프트웨어를 개발한다.

취약점 관리를 위한 수행 작업시 실행 프로세스와 열린 포트 위주로 확인

소프트웨어 보안 취약점 발생 원인

- 보안 요구사항이 정의되지 않거나 논리적인 오류를 가지는 설계를 수행하였다.
- 기술 취약점을 가지는 코딩 규칙을 적용하거나 소프트웨어 배치가 적절하지 않았다.
- 발견된 취약점에 대해 적절한 관리 또는 패치를 하지 않았다.

소프트웨어 개발 보안 체계

- 소프트웨어 개발 보안 관련 활동 주체는 행정안전부, 발주기관(행정기관 등), 한국인터넷진흥원, 사업자, 감리법인(진단원) 등으로 구분할 수 있다.
- 개발 보안 주체별로 잘 정의된 개발 보안 활동과 주체 간의 유기적인 협력이 필요하다.
- 활동 주체별 개발 보안 활동

주체	활동
행정안전부	• 지침 고시, 가이드 배포, 진단원 자격 여부 등 • 발주기관에 개발 보안 지침-가이드 제공 • 한국인터넷진흥원에 정책 지원
발주기관	개발 보안 지침 준수, 사업자에 개발 요청, 감리법인에 확인 요청
한국인터넷진흥원	• 정책-기술 지원, 가이드 개발, 교육과정 문의, 발주기관에 기술 지원 • 사업자 및 감리법인에 교육 제공 가이드 안내
사업자	교육 이수, 시큐어 코딩 적용, 보안 약점 제거 등
감리법인	보안 약점 진단, 사업자에 개발 보안 적용 확인

프로젝트 참여 역할별 보안 활동

역할	보안 활동
프로젝트 관리자(Project Manager)	• 팀 구성원에게 응용 프로그램의 보안 전략을 알려야 한다. • 보안 위험과 비즈니스에 응용 프로그램 보안의 영향을 이해시킨다. • 조직의 상태를 모니터링한다.
요구사항 분석가(Requirement Specifier)	• 아키텍트가 고려해야 할 여러 가지 보안 관련 비즈니스 요구사항들을 설명할 수 있어야 한다. • 프로젝트팀이 고려해야 할 구조를 정의한 뒤, 해당 구조에 존재하는 자원에 대한 보안 요구사항이 무엇인지 결정한다. • 보안 수준을 추상화할 때 다른 프로젝트에 적용되었던 보안 요구사항을 재사용하여 시간을 절약할 수 있어야 한다.
아키텍트(Architect)	• 명백한 보안 오류를 도입하지 않도록 충분히 보안 기술의 문제를 이해할 수 있어야 한다. • 시스템에 사용되는 모든 리소스를 가능한 자세하게 정의한다. • 시스템에서 각각 리소스의 역할에 적절한 보안 요구사항이 적용되도록 한다. • 각 리소스가 시스템 라이프 사이클을 통한 서로 간의 상호작용을 이해할 수 있게 해야 한다.
설계자(Designer)	• 특정 기술이 설계 보안 항목을 만족하는지 확인하고 제대로 그 기술이 사용될 수 있는 방법을 파악해야 한다. • 일반적으로 결과를 평가하고 최선의 문제 해결 방법을 결정해야 한다. • 설계자는 모든 기존 개발 역할의 보안 관련 작업을 수행할 수 있어야 한다.
구현개발자(Implementer)	• 고도로 구조화된 개발 환경에서 프로그램을 구현하기 위해 안전한 코딩 표준을 준수하여 개발하여야 한다. • 제3자가 소프트웨어 안전 여부를 쉽게 판단할 수 있도록 문서화해야 한다.
테스트 분석가(Test Analyst)	• 요구사항과 구현 결과를 반복적으로 테스트해야 한다. • 테스트 그룹은 반드시 보안 전문가일 필요는 없으며, 테스트가 가능할 정도의 위험에 대한 학습이나 툴 사용 방법을 숙지하고 있으면 된다.
보안감사자(Security Auditor)	• 프로젝트의 현재 상태를 검사하고 현재 상태의 보안을 보장한다. • 설계단계에서는 일반적으로 취약성으로 이어질 수 있는 사항이 있는지 점검한다.

◉ Secure OS 21.4, 20.9

- 컴퓨터 운영체제의 커널에 보안 기능을 추가한 것으로 운영체제의 보안상 결함으로 인하여 발생 가능한 각종 해킹으로부터 시스템을 보호하기 위하여 사용된다.
- 네트워크 보안 제품의 무력화 시 최후 시스템 보호 역할을 수행하며 조직의 보안 정책 및 역할에 최적화되어 보안 정책 관리를 지원한다.
- Secure OS의 목적

안정성	중단 없는 안정적 서비스 지원
보안성	핵심 서버 침입 차단 및 통합 보안 관리
신뢰성	중요 정보의 안전한 보호 기반 신뢰성 확보

◉ 버퍼 오버플로(Buffer Overflow)

- 운영 체제가 메모리를 조작하는 동안 잘못된 동작을 하는 프로그램의 취약점으로 보통 데이터 저장 과정에서 데이터를 저장할 메모리 위치의 유효성을 검사하지 않을 때 발생한다.

◉ 버퍼 오버플로우 대응 방안

- 운영체제의 주기적 최신 패치와 입력값 검증이 가능한 안전 함수를 사용한다.
- **스택 실드** : 함수 시작 시 복귀 주소를 'Global RET'이라는 특수 스택에 저장해 두고 함수 종료 시 스택의 RET 값을 비교해 다를 경우 오버플로 상태로 간주하여 프로그램 실행을 중단한다.
- **ASLR** : 메모리 공격 방어를 위해 주소 공간 배치를 난수화, 실행 시마다 메모리 주소를 변경하여 오버플로우를 통한 특정 주소의 호출을 차단한다.
- **스택 가드(Stack Guard)** 20.6 : 메모리상에서 프로그램의 복귀 주소와 변수 사이에 특정 값(카나리)을 저장해 두었다가 그 값이 변경되었을 경우 오버플로우 상태로 가정하여 프로그램 실행을 중단하는 기술이다.

◉ 시스로그(Syslog)

- LINUX에서 다양한 이벤트를 로그 파일에 기록하는 것을 의미한다.
- 다른 의미로는 Syslog Server라고 불리는 이벤트 메시지(로그) 수집기 쪽으로 IP 네트워크를 통해서 장치(Machine)의 이벤트 메시지들을 전송할 수 있게 해주는 프로토콜이다.

단답형 문제

01 다음이 설명하는 것은?

> – LINUX에서 다양한 이벤트를 로그 파일에 기록하는 것을 의미한다.
> – 이벤트 메시지(로그) 수집기 쪽으로 IP 네트워크를 통해서 장치(Machine)의 이벤트 메시지들을 전송할 수 있게 해주는 프로토콜이다.

객관식 문제

02 메모리상에서 프로그램의 복귀 주소와 변수 사이에 특정 값을 저장해 두었다가 그 값이 변경되었을 경우 오버플로우 상태로 가정하여 프로그램 실행을 중단하는 기술은?

① 모드 체크 ② 리커버리 통제
③ 시스로그 ④ 스택 가드

03 컴퓨터 운영체제의 커널에 보안 기능을 추가한 것으로 운영체제의 보안상 결함으로 인하여 발생 가능한 각종 해킹으로부터 시스템을 보호하기 위하여 사용되는 것은?

① GPID ② CentOS
③ XSS ④ Secure OS

04 다음 중 Secure OS의 목적이 아닌 것은?

① 안정성 ② 보안성
③ 신뢰성 ④ 가용성

05 취약점 관리를 위해 일반적으로 수행하는 작업이 아닌 것은?

① 무결성 검사
② 응용 프로그램의 보안 설정 및 패치(Patch) 적용
③ 중단 프로세스 및 닫힌 포트 위주로 확인
④ 불필요한 서비스 및 악성 프로그램의 확인과 제거

정답 01 시스로그 02 ④ 03 ④ 04 ④ 05 ③

POINT 76

소프트웨어 개발 보안 구축 및 방법론의 종류

01 Secure SDLC(Software Development Life Cycle)

◉ 소프트웨어 개발 보안 방법론의 개념

• 기존의 소프트웨어 개발 방법론이 적용된 프로젝트에서 안전한 소프트웨어 개발에 요구되는 보안 활동들을 적용하는 개발 방법이다.

• SDLC(소프트웨어 개발 생명주기)에 걸쳐 추가되는 보안 활동은 다음과 같다.

요구사항 분석	요구사항 중 보안 항목 식별, 요구사항 명세서
설계	• 위협원 도출을 위한 위협 모델링 • 보안 설계 검토 및 보안 설계서 작성, 보안 통제 수립
구현	• 표준 코딩 정의서 및 소프트웨어 개발 보안 가이드를 준수해 개발 • 소스 코드 보안 약점 진단 및 개선
테스트	모의 침투 테스트 또는 동전 분석을 통한 보안 취약점 진단 및 개선
유지보수	지속적인 개선, 보안 패치

02 소프트웨어 개발 보안 방법론의 종류

◉ MS-SDL(Microsoft-Secure Development Lifecycle)

• 마이크로소프트사에서 보안 수준이 높은 안전한 소프트웨어를 개발하기 위해 수행한 프로세스 개선 작업으로, 자체 수립한 SDL 방법론을 적용하였다.

교육	• 소프트웨어 개발 보안 교육 • 안전 설계, 위협 모델링, 시큐어 코딩, 보안 테스팅, 프라이버시 관련 보안 교육
계획/분석	소프트웨어의 질과 버그 경계 정의, 보안과 프라이버시 위험 분석
설계	공격 영역 분석, 위협 모델링
구현	도구 명세, 금지된 함수 사용 제한, 정적 분석
시험/검증	동적/퍼징 테스팅, 공격 영역/위협 모델 검증
배포/운영	사고 대응 계획, 최종 보안 검토, 기록 보관
대응	사고 대응 수행

◉ Seven Touchpoints 21.5

• 소프트웨어 보안의 모범 사례를 SDLC에 통합한 개발 보안 방법론이다.

• 공통 위험 요소를 파악하고 이해하며, 보안을 설계하고 모든 소프트웨어 산출물에 대해 철저하고 객관적인 위험 분석 및 테스트를 거쳐 안전한 소프트웨어를 만들어내는 방법을 정의하고 있다.

• SDLC의 각 단계에 7개의 보안 강화 활동을 집중적으로 관리하도록 개발자에게 요구한다.

SDLC 단계 / 보안 강화 활동	요구사항 및 Use Cases	구조 설계	테스트 계획	코드	테스트 및 테스트 결과	현장과의 피드백
악용 사례	●					
보안 요구사항	●					
위험 분석	●	●			●	
위험 기반 보안 테스트			●			
코드 검토				●		
침투 테스트					●	●
보안 운영						●

◉ CLASP(Comprehensive, Lightweight Application Security Process)

• SDLC 초기 단계에 보안 강화를 목적으로 하는 정형화된 개발 보안 프로세스이다.

• 활동 중심의 프로세스와 역할 기반의 프로세스로 구성된 집합체이다.

• 안전한 소프트웨어를 개발하기 위해 개념 관점, 역할 기반 관점, 활동 평가 관점, 활동 구현 관점, 취약성 관점 등 5가지 관점에 따라 개발 보안 프로세스를 수행한다.

개념 관점	• CLASP 구조와 CLASP 프로세스 컴포넌트 간의 종속성을 제공한다. • CLASP 프로세스 컴포넌트들의 상호작용 방법과 취약성 관점을 통해서 역할 기반 관점에 적용하는 방법을 기술한다.
역할 기반 관점	24개의 보안 관련 CLASP 활동들에 요구되는 각 역할을 창출하여 활동 평가 관점, 활동 구현 관점, 취약성 관점에서 사용한다.
활동 평가 관점	활동 평가관점, 활동 구현 관점, 취약성 관점에서의 적합성과 관련하여 보안 관련 CLASP 활동들에 대한 타당성을 평가한다.
활동 구현 관점	활동 평가 관점에서 선택한 24개의 보안 관련 CLASP 활동들을 수행한다.
취약성 관점	문제 타입에 대한 솔루션을 활동 평가 관점, 활동 구현 관점으로 통합한다.

◉ 정보 보안의 3대 요소 24.5, 23.6, 22.4, 21.3, 20.8, 20.6

기밀성 (Confidentiality)	• 인가된 사용자만 정보 자산에 접근할 수 있다. • 일반적인 보안의 의미와 가장 가깝다. • 방화벽, 암호 패스워드 등이 대표적인 예이다. • 신분 위장(Masquerading) 등과 같은 공격에 의해 위협받을 수 있다.
무결성 (Integrity)	• 시스템 내의 정보는 오직 인가된 사용자가 인가된 방법으로만 수정할 수 있다. • 변경, 가장, 재전송 등과 같은 공격에 의해 위협받을 수 있다.
가용성 (Availability)	• 사용자가 필요할 때 데이터에 접근할 수 있는 능력을 말한다. • 인가된 사용자가 조직의 정보 자산에 적시에 접근하여 업무를 수행할 수 있도록 유지하는 것을 목표로 한다. • 가용성을 유지하기 위해 데이터 백업, 위협 요소 제거 등의 기술을 사용할 수 있다. • 서비스 거부(Denial of Service) 등과 같은 공격에 의해 위협받을 수 있다.

03 OWASP 24.5, 21.8

The Open Web Application Security Project

• 오픈소스 웹 애플리케이션 보안 프로젝트로서 주로 웹을 통한 정보 유출, 악성 파일 및 스크립트, 보안 취약점 등을 연구하는 곳이다.

• 연구 결과에 따라 취약점 발생 빈도가 높은 10가지 취약점을 공개한다.

단답형 문제

01 기존의 소프트웨어 개발 방법론이 적용된 프로젝트에서 안전한 소프트웨어 개발에 요구되는 보안 활동들을 적용하는 개발 방법은?

02 마이크로소프트사에서 보안 수준이 높은 안전한 소프트웨어를 개발하기 위해 수행한 프로세스 개선 작업으로, 자체 수립한 개발 보안 방법론은 ?

객관식 문제

03 시스템 내의 정보는 오직 인가된 사용자만 수정할 수 있는 보안 요소는?

① 기밀성 ② 부인방지
③ 가용성 ④ 무결성

04 정보보안의 3대 요소에 해당하지 않는 것은?

① 기밀성 ② 휘발성
③ 무결성 ④ 가용성

05 실무적으로 검증된 개발 보안 방법론 중 하나로써 SW 보안의 모범 사례를 SDLC(Software Development Life Cycle)에 통합한 소프트웨어 개발 보안 생명주기 방법론은?

① CLASP
② CWE
③ PIMS
④ Seven Touchpoints

정답 01 SDLC 02 MS-SDL 03 ④ 04 ② 05 ④

POINT 77

시큐어 코딩 가이드

01 입력 데이터 검증 및 표현

입력 데이터 검증 및 표현의 개념

- 프로그램에 입력되는 데이터로 인해 여러 가지 보안 약점이 발생할 수 있다.
- 이러한 보안 약점을 방지하기 위한 보안 점검 항목들이다.

보안 약점의 종류

운영체제 명령어 삽입, 위험한 형식 파일 업로드, 신뢰되지 않는 URL 주소로 자동 접속 연결된다.

SQL Injection 21.8	• 검증되지 않은 외부 입력값이 SQL 쿼리문에 삽입되어 공격할 수 있는 보안 약점이다. • DB에 컴파일된 SQL 쿼리문을 전달함으로써 방지할 수 있다. • SQL Injection 취약점이 발생하는 곳은 주로 웹 애플리케이션과 데이터베이스가 연동되는 부분이다. • 로그인과 같이 웹에서 사용자의 입력값을 받아 데이터베이스 SQL문으로 데이터를 요청하는 경우 SQL Injection을 수행할 수 있다.
경로 조작 및 자원 삽입	검증되지 않은 외부 입력값이 시스템 자원 접근 경로를 조작하거나 시스템 자원에 삽입되어 공격할 수 있는 보안 약점이다.
크로스 사이트 스크립트 (XSS, Cross Site Scripting) 24.8, 20.9	• 게시판의 글에 원본과 함께 악성 코드를 삽입하여 글을 읽으면 악성코드가 실행되도록 하여 클라이언트의 정보를 유출하는 공격 방법이다. • 웹페이지에 악의적인 스크립트를 포함시켜 사용자 측에서 실행되게 유도함으로써, 정보 유출 등의 공격을 유발할 수 있는 취약점이다. • 외부 입력값에 스크립트가 삽입되지 못하도록 문자열 치환 함수를 사용하거나 JSTL이나 크로스사이트 스크립트 방지 라이브러리를 사용함으로써 방지할 수 있다.
XQuery 삽입	• XQuery를 사용하여 XML 데이터에 대한 동적 쿼리 생성 시 검증되지 않은 외부 입력값이 쿼리문 구조 변경에 사용될 수 있는 보안 약점이다. • XQuery에 사용되는 외부 입력값에 대하여 특수문자 및 쿼리 예약어 필터링을 통해 방지할 수 있다.
XPath 삽입	검증되지 않은 외부 입력값으로 XPath 쿼리문을 생성하여 쿼리문의 의미나 구조가 변경될 수 있는 보안 약점이다.
LDAP 삽입	• 외부 입력값이 올바르게 처리되지 못하여 LDAP(Lightweight Directory Access Protocol) 쿼리문의 구성 변경에 사용될 수 있는 보안 약점이다. • DN(Distinguished Name)과 필터에 사용되는 외부 입력값에 특수문자를 제거함으로써 방지할 수 있다.
자원 삽입 23.8, 22.3	외부 입력값을 검증하지 않고 시스템 자원에 대한 식별자로 사용하는 경우 공격자는 입력값 조작을 통해 시스템이 보호하는 자원에 임의로 접근하거나 수정할 수 있다.

02 보안 기능

보안 기능의 개념

- 인증, 접근 제어, 기밀성, 암호화, 권한 관리 등의 보안 기능을 부적절하게 구현하여 여러 가지 보안 약점이 발생할 수 있다.
- 이러한 보안 약점을 방지하기 위한 보안 점검 항목들이다.

보안 약점의 종류

적절한 인증 없는 중요 기능 허용	• 적절한 인증 없이 중요 정보를 읽거나 변경할 때 발생하는 보안 약점이다. • 인증 과정 없이 서버에 접근하지 못하도록 하고 중요 정보는 재인증을 거치도록 함으로써 방지할 수 있다.
부적절한 인가	• 접근 가능한 실행 경로에 대한 접근 제어 검사를 완전하게 하지 않아 정보가 유출되는 보안 약점이다. • 노출되는 실행 경로를 최소화하고 사용자의 권한에 따라 접근 제어 리스트(Access Control List)를 관리함으로써 방지할 수 있다.

중요한 자원에 대한 잘못된 권한 설정	• 보안 또는 설정 파일과 같이 중요한 자원에 대해 읽기나 쓰기 권한을 잘못 설정하여 발생하는 보안 약점이다. • 중요한 자원은 관리자만 읽고 쓰기가 가능하게 하고 사용자의 권한을 검사함으로써 방지할 수 있다.
취약한 암호화 알고리즘 사용	• 취약하거나 위험한 암호화 알고리즘을 사용하여 패스워드가 유출되는 보안 약점이다. • 잘 알려진 안전한 암호화 알고리즘을 사용함으로써 방지할 수 있다.
중요 정보 평문 저장	• 개인정보, 금융정보, 패스워드 등의 중요 정보를 암호화하지 않고 평문으로 저장하여 중요 정보가 노출되는 보안 약점이다. • 중요 정보를 암호화하여 저장하고 중요 정보 접근 시 사용자의 권한을 검사함으로써 방지할 수 있다.
중요 정보 평문 전송	• 중요 정보를 암호화하지 않고 평문으로 전송하여 중요 정보가 노출되는 보안 약점이다. • 중요 정보를 암호화하여 전송하거나 보안 채널을 사용함으로써 방지할 수 있다.
하드 코드된 비밀번호 20.8	• 프로그램 코드 내에 데이터를 직접 입력하는 하드 코드된 패스워드를 포함시켜 사용하여 관리자의 정보가 노출되는 보안 약점이다. • 패스워드는 암호화하여 별도의 파일에 저장하여 사용하고 디폴트 패스워드 대신 사용자 입력 패스워드를 사용함으로써 방지할 수 있다.
충분하지 않은 키 길이 사용	• 길이가 짧은 키로 암호화 및 복호화를 함으로써 짧은 시간 안에 키를 찾아낼 수 있는 보안 약점이다. • RSA 알고리즘은 2,048비트 이상, 대칭 암호화 알고리즘은 128비트 이상의 키를 사용함으로써 방지할 수 있다.
적절하지 않은 난수값 사용	• 적절하지 않은 난수값을 사용하여 난수가 예측 가능해질 수 있는 보안 약점이다. • 난수 값을 결정하는 현재 시각 기반 등으로 시드값을 매번 변경함으로써 방지할 수 있다.

단답형 문제

01 데이터베이스와 연동된 웹 애플리케이션에서 입력된 데이터에 대한 유효성 검증을 하지 않을 경우 공격자가 입력 폼 및 URL 입력란에 SQL문을 삽입하여 DB로부터 정보를 탈취하거나 조작할 수 있는 보안 약점은?

02 다음 JAVA 코드에서 밑줄로 표시된 부분에는 어떤 보안 약점이 존재하는가? (단, key는 암호화 키를 저장하는 변수이다.)

```
import javax.crypto.KeyGenerator;
import javax.crypto.sepc.SecretKeySpec;
import javax.crypto.Cipher;
--------생략
public String encriptString(String usr) {
String key = "22df3023sf~2;asn!@#/)as";
if (key != null) {
byte[] bToEncrypt = usr.getBytes("UTF-8");
.....생략
```

객관식 문제

03 웹 페이지에 악의적인 스크립트를 포함시켜 사용자 측에서 실행되게 유도함으로써, 정보 유출 등의 공격을 유발할 수 있는 취약점은?

① Ransomware ② Pharming
③ Phishing ④ XSS

04 Secure 코딩에서 입력 데이터의 보안 약점과 관련한 설명으로 틀린 것은?

① SQL 삽입 : 사용자의 입력값 등 외부 입력값이 SQL 쿼리에 삽입되어 공격
② 크로스사이트 스크립트 : 검증되지 않은 외부 입력값에 의해 브라우저에서 악의적인 코드가 실행
③ 운영체제 명령어 삽입 : 운영체제 명령어 파라미터 입력값이 적절한 사전검증을 거치지 않고 사용되어 공격자가 운영체제 명령어를 조작
④ 자원 삽입 : 사용자가 내부 입력값을 통해 시스템 내에 사용이 불가능한 자원을 지속적으로 입력함으로써 시스템에 과부하 발생

정답 **01** SQL 삽입 **02** 하드 코드된 암호화 키 사용
03 ④ **04** ④

이론 5과목 정보 시스템 구축 관리

03 시간 및 상태

시간 및 상태의 개념

- 동시 수행을 지원하는 병렬 시스템이나 여러 개의 프로세스가 동작되는 멀티 프로세스 환경에서 시간 및 상태를 부적절하게 사용하여 여러 가지 보안 약점이 발생할 수 있다. 이러한 보안 약점을 방지하기 위한 보안 점검 항목들이다.

보안 약점의 종류

경쟁 조건 : 검사 시점과 사용 시점 (TOCTOU)	• 자원을 검사하는 시점(TOC : Time Of Check)과 사용하는 시점(TOU : Time Of Use)이 달라서 발생하는 보안 약점이다. • 여러 프로세스가 공유 자원 접근 시 동기화 구문으로 한 번에 하나의 프로세스만 접근하게 함으로써 방지할 수 있다.
종료되지 않는 반복문 또는 재귀함수	• 종료 조건이 없는 반복문이나 재귀 함수를 사용하여 무한 반복하며 자원 고갈이 발생하는 보안 약점이다. • 재귀 호출 횟수를 제한함으로써 방지할 수 있다.

04 에러 처리

에러 처리의 개념

- 발생한 에러를 처리하지 않거나 완전하게 처리하지 않아 에러 정보에 중요 정보가 포함되어 여러 가지 보안 약점이 발생할 수 있다. 이러한 보안 약점을 방지하기 위한 보안 점검 항목들이다.

보안 약점의 종류

- **에러 메시지를 통한 정보 노출** : 에러 메시지에 실행 환경이나 사용자 관련 등 민감한 정보가 포함되어 외부에 노출되는 보안 약점이다.
- **에러 상황 대응 부재** : 에러가 발생할 수 있는 에러 상황에 대해 예외 처리를 하지 않아 프로그램이 동작하지 않거나 제대로 동작하지 않는 보안 약점이다.
- **부적절한 예외 처리** : 프로그램 수행 중에 함수의 결과값에 대해 적절하게 처리하지 않거나 예외 상황에 대해 조건을 적절하게 검사하지 않아 발생하는 보안 약점이다.

05 코드 오류

코드 오류의 개념

- 개발자가 흔히 실수하는 프로그램 오류들로 인해 여러 가지 보안 약점이 발생할 수 있다. 이러한 보안 약점을 방지하기 위한 보안 점검 항목들이다.

보안 약점의 종류

- **Null Pointer(널 포인터) 역참조** : 일반적으로 객체가 Null이 될 수 없다는 가정을 위반하여 공격자가 의도적으로 Null Pointer 역참조를 발생시켜 공격에 사용하는 보안 약점이다.
- **부적절한 자원 해제** : 오픈 파일 디스크립터, 힙 메모리, 소켓 등의 유한한 자원을 할당받아 사용한 후 프로그램 에러로 반환하지 않아 발생하는 보안 약점이다.
- **해제된 자원 사용** : 해제된 자원을 참조하여 의도하지 않은 값이나 코드를 실행하게 됨으로써 의도하지 않은 결과가 발생하는 보안 약점이다.
- **초기화되지 않은 변수 사용** : 초기화되지 않은 변수를 사용하면 임의의 값이 사용되어 의도하지 않은 결과가 발생하는 보안 약점이다.

06 캡슐화

캡슐화의 개념

- 중요한 데이터나 기능성을 잘못 캡슐화하거나 잘못 사용하면 여러 가지 보안 약점이 발생할 수 있다. 이러한 보안 약점을 방지하기 위한 보안 점검 항목들이다.

보안 약점의 종류

잘못된 세션에 의한 데이터 정보 노출	• 다중 스레드 환경에서 정보를 저장하는 멤버 변수가 포함되어 서로 다른 세션에서 데이터를 공유하여 발생하는 보안 약점이다. • 싱글톤(Singleton) 패턴 사용 시 변수 범위를 제한하여 방지할 수 있다.
제거되지 않고 남은 디버그 코드	• 개발 완료 후에 디버그 코드가 제거되지 않은 채로 배포되어 발생하는 보안 약점이다. • 소프트웨어가 배포되기 전에 디버그 코드를 삭제해 방지할 수 있다.

시스템 데이터 정보 노출	• 시스템, 관리자, DB 정보 등의 시스템 데이터 정보가 공개되어 발생하는 보안 약점이다. • 예외 상황 발생 시 시스템 메시지 등의 시스템 데이터 정보가 화면에 출력되지 않게 함으로써 방지할 수 있다.
public 메소드로부터 반환된 private 배열	• private 선언된 배열을 public 선언된 메소드를 통해 반환하여 그 배열의 레퍼런스가 외부에 공개되어 발생하는 보안 약점이다. • private 선언된 배열을 public 선언된 메소드를 통해 반환하지 않게 함으로써 방지할 수 있다.
private 배열에 public 데이터 할당	• public 선언된 메소드의 인자가 private 선언된 배열에 저장되어 그 배열을 외부에서 접근할 수 있게 되는 보안 약점이다. • public 선언된 메소드의 인자를 private 선언된 배열에 저장되지 않도록 함으로써 방지할 수 있다.

07 API 오용

◉ API 오용의 개념

• 서비스에서 제공되는 사용법에 반하는 방법으로 API를 사용하거나 보안에 취약한 API를 사용하여 여러 가지 보안 약점이 발생할 수 있다. 이러한 보안 약점을 방지하기 위한 보안 점검 항목들이다.

◉ 보안 약점의 종류

DNS lookup에 의존한 보안 결정	• 도메인명에 의존하여 인증이나 접근 통제 등의 보안 결정을 하면 공격자가 DNS 엔트리를 속여 동일 도메인에 속한 서버인 것처럼 위장하는 보안 약점이다. • 보안 결정 시 도메인명을 이용한 DNS lookup에 의존하지 않도록 함으로써 방지할 수 있다.
취약한 API 사용	• 보안 문제로 금지된 함수 또는 오용될 가능성이 있는 API 등의 취약한 API를 사용하여 발생하는 보안 약점이다. • 보안 문제로 금지된 함수는 안전한 대체 함수를 사용함으로써 방지할 수 있다.

단답형 문제

01 다음과 관련된 보안 취약점은?

> – 잘못된 세션에 의한 데이터 정보 노출
> – 제거되지 않고 남은 디버그 코드
> – 시스템 데이터 정보 노출
> – public 메소드로부터 반환된 private 배열

객관식 문제

02 다음 중 도메인명에 의존하여 인증이나 접근 통제 등의 보안 결정을 하면 공격자가 DNS 엔트리를 속여 동일 도메인에 속한 서버인 것처럼 위장하는 보안 약점은?

① DNS lookup에 의존한 보안 결정
② 취약한 API 사용
③ public 메소드로부터 반환된 private 배열
④ 종료되지 않는 반복문 또는 재귀 함수

03 다음 중 코드 오류의 보안 약점이 아닌 것은?

① Null Pointer(널 포인터) 역참조
② 부적절한 인가
③ 해제된 자원 사용
④ 초기화되지 않은 변수 사용

04 다음 중 에러 처리 보안 약점의 종류가 아닌 것은?

① 에러 메시지를 통한 정보 노출
② 에러 상황 대응 부재
③ 부적절한 예외 처리
④ 검사 시점과 사용 시점

05 자원을 검사하는 시점과 사용하는 시점이 달라서 발생하는 보안 약점은?

① 검사 시점과 사용 시점
② 에러 메시지를 통한 정보 노출
③ 에러 상황 대응 부재
④ 취약한 API 사용

정답 01 캡슐화 02 ① 03 ② 04 ④ 05 ①

POINT 78

암호화 알고리즘

01 암호 알고리즘

22.7, 21.3

◉ 암호 알고리즘(Cryptographic Algorithm)의 개념

- 평문(Plaintext)을 암호문(Ciphertext)으로 바꾸고, 암호문을 다시 평문으로 바꿀 때 사용되는 알고리즘을 의미한다.
  - 평문: 암호화되기 전 메시지
  - 암호문: 암호화가 적용된 메시지
- 평문을 암호문으로 바꾸는 과정을 암호화(Encryption)라고 하고, 암호문을 다시 평문으로 바꾸는 과정을 복호화(Decryption)라고 한다.
- 암호화 및 복호화 과정에 암호키(Cryptographic key)가 필요하다.

◉ 암호 방식의 분류

24.5, 22.4, 21.3, 20.9, 20.6

◉ 공개키(Public Key, 비대칭키) 암호화 기법

- 암호키와 해독키가 서로 다른 기법으로 키 개수는 2N개가 필요하다.
- 비대칭키 암호화 기법 또는 공개키(공중키) 암호화 기법이라고도 한다.
- 키 분배가 비밀키 암호화 기법보다 쉽고, 암호화/복호화 속도가 느리며 알고리즘이 복잡하다.
- RSA, ElGama 기법 등이 있다.

RSA 20.8 (Rivest Shamir Adleman)	• 소인수분해의 어려움에 기초를 둔 알고리즘이다. • 1978년 MIT에 의해 제안되었다. • 전자문서에 대한 인증 및 부인 방지에 활용된다.
ElGama	• 이산대수 문제의 어려움에 기초를 둔 알고리즘이다. • 동일한 메시지라도 암호화가 이루어질 때마다 암호문이 변경되고 암호문의 길이가 2배로 늘어나는 특징이 있다.

23.8, 23.6, 22.7, 21.5

◉ 비밀키(Private Key, 대칭키) 암호화 기법

- 동일한 키로 암호화하고 복호화하는 기법으로 키 개수는 N(N−1)/2개가 필요하다.
- 대칭키 암호화 기법 또는 개인키 암호화 기법이라고도 한다.
- 암호화/복호화 속도가 빠르고 알고리즘이 단순하다.
- 키 분배가 공개키 암호화 기법보다 어렵다.
- 스트림 방식과 블록 방식으로 분류된다.

<table>
<tr><td>스트림 방식</td><td colspan="2">• 평문의 길이와 동일한 스트림(Stream)을 생성하여 비트 단위로 암호화하는 대칭키 암호화 방식이다. 암호화할 때 XOR 연산을 수행한다.
• 종류 : RC4, A5/1, LSFR, SEAL, WEP, OFB</td></tr>
<tr><td rowspan="3">블록 방식</td><td colspan="2">• 평문을 블록 단위로 암호화하는 대칭키 암호화 방식이다.
• 종류</td></tr>
<tr><td>DES
(Data Encryp-tion Standard)
23.1, 22.3</td><td>• 1970년대 초 IBM이 개발한 알고리즘이다.
• 16라운드 Feistel 구조를 가진다.
• 평문을 64비트로 블록화를 하고, 실제 키의 길이는 56비트를 이용한다.
• 전사 공격(Brute−Force Attack)에 취약하다.</td></tr>
<tr><td>AES
(Ad-vanced Encryp-tion Standard)</td><td>• DES를 대신하여 새로운 표준이 되었다.
• 블록 크기는 128비트이고, 키 길이는 128/192/256비트이다.
• SPN(Substitution−Permutation Network) 구조이다.</td></tr>
</table>

ARIA 우리나라 국가 표준으로 지정	• 국내 기술로 개발된 암호 알고리즘이다. • 경량 환경 및 하드웨어 구현에서의 효율성 향상을 위해 개발되었다. • 블록 크기와 키 길이가 AES와 동일하다.
SEED	• 국내 기술로 개발된 128비트 블록 암호 알고리즘이다. • Feistel 구조이다. • 2005년 국제 표준으로 제정되었다.
IDEA	• DES를 대체하기 위해서 스위스에서 개발한 알고리즘이다. • 상이한 대수 그룹으로부터의 세 가지 연산을 혼합하는 방식이다.

02 해시(HASH) 암호화 방식 23.3, 21.5, 21.3

- 임의 길이의 메시지를 입력으로 하여 고정된 길이의 출력값으로 변환하는 기법이다.
- 주어진 원문에서 고정된 길이의 의사난수를 생성하며, 생성된 값을 해시값이라고 한다.
- 해시 함수라고도 한다.
- 디지털 서명에 이용되어 데이터 무결성을 제공한다.
- 블록체인에서 체인 형태로 사용되어 데이터의 신뢰성을 보장한다.
- SHA, SHA1, SHA256, MD5, RMD160, HAS-160, HAVAL 기법 등이 있다.

03 SHA(Secure Hash Algorithm)

- 1993년에 미국 NIST에 의해 개발되었고 가장 많이 사용되고 있는 방식이다.
- SHA-1은 DSA에서 사용하게 되어 있으며 많은 인터넷 응용에서 Default 해시 알고리즘으로 사용된다.
- SHA-256, SHA-384, SHA-512는 AES의 키 길이인 128, 192, 256bit에 대응하도록 출력 길이를 늘린 해시 알고리즘이다.

04 Salt 24.5, 21.8

- 시스템에 저장되는 패스워드들은 Hash 또는 암호화 알고리즘의 결과값으로 저장된다. 이때 암호 공격을 막기 위해 똑같은 패스워드들이 다른 암호 값으로 저장되도록 추가되는 값을 의미한다.

단답형 문제

01 분산 데이터베이스의 불법적인 접근을 차단하기 위하여 데이터 암호화가 필요하다. DES 알고리즘에서는 평문을 (①)비트로 블록화를 하고, 실제 키의 길이는 (②)비트를 이용한다. 괄호의 내용을 순서대로 쓰시오.

객관식 문제

02 블록 암호화 방식이 아닌 것은?
① DES ② RC4
③ AES ④ SEED

03 큰 숫자를 소인수분해하기 어렵다는 기반하에 1978년 MIT에 의해 제안된 공개키 암호화 알고리즘은?
① DES ② ARIA
③ SEED ④ RSA

04 소인수분해 문제를 이용한 공개키 암호화 기법에 널리 사용되는 암호 알고리즘 기법은?
① RSA ② ECC
③ PKI ④ PEM

05 다음 암호화 기법에 대한 설명으로 틀린 것은?
① DES는 비대칭형 암호화 기법이다.
② RSA는 공개키/비밀키 암호화 기법이다.
③ 디지털 서명은 비대칭형 암호 알고리즘을 사용한다.
④ DES 알고리즘에서 키 관리가 매우 중요하다.

06 DES는 몇 비트의 암호화 알고리즘인가?
① 8 ② 24
③ 64 ④ 132

정답 01 ① 64, ② 56 02 ② 03 ④ 04 ① 05 ① 06 ③

이론 5과목 정보 시스템 구축 관리

POINT
79 서버 인증 및 서버 접근 통제

01 서버 인증

◉ 사용자 인증 기법 22.4

지식 기반 인증 (Knowl-edge-based Authentication)	• 사용자가 기억하고 있는 지식을 기초로 접근 제어를 수행하는 인증 기법이다. • 아이디, 패스워드, PIN(Personal Identifi-cation Number) 번호 등
소유 기반 인증 (Authentication by what the entity has)	• 사용자가 소유하고 있는 인증 토큰을 기반으로 하는 인증 기법이다. • 지식 기반 인증 기법보다 보안성이 높다. • 건물 출입 시 사용되는 스마트 카드, 인터넷 뱅킹 시 사용되는 OTP(One Time Password) 단말, 공인인증서 등
생체 기반 인증	• 사람의 정적인 신체적 특성 또는 동적인 행위적 특성을 이용하는 인증 기법이다. • 지문 인식, 홍채 인식, 정맥 인식, 음성 인식 등이 해당된다. • 유일성, 영속성, 정량성, 보편성 등

02 서버 접근 통제

◉ 접근 통제(Access Control)의 개념 22.7

- 시스템의 자원 이용에 대한 불법적인 접근을 방지하는 과정이다.
- 크래커(Cracker)의 침입으로부터 보호한다.
- **종류** 23.3, 21.5, 21.3 : 강제적 접근 통제, 임의적 접근 통제, 역할 기반 접근 통제

  Secure OS의 보안 기능과 동일하다.

◉ 접근 통제 요소

- **식별** : 인증 서비스에 스스로를 확인시키기 위하여 정보를 공급하는 주체의 활동이다.
- **인증** : 주체의 신원을 검증하기 위한 사용자 증명의 두 번째 부분이다.
- **인가** : 인증을 통해 식별된 주체의 실제 접근 가능 여부와 주체가 수행 가능한 일을 결정하는 과정이다.

◉ 대표적 접근 통제 모델

- 벨라파듈라 모델(BLP : Bell-LaPadula Confiden-tiality Model) 24.8, 21.5 : 군대의 보안 레벨처럼 정보의 기밀성에 따라 상하 관계가 구분된 정보를 보호하기 위해 사용하며, 자신의 권한보다 낮은 보안 레벨 권한을 가진 경우에는 높은 보안 레벨의 문서를 읽을 수 없고 자신의 권한보다 낮은 수준의 문서만을 읽을 수 있다.
- SSO(Single Sign-On) 21.8 : 스템이 몇 대가 되어도 하나의 시스템에서 인증에 성공하면 다른 시스템에 대한 접근 권한도 얻는 시스템이다.
- Biba Integrity Model : 무결성을 위한 최초의 상업적 모델이다(BLP를 보완, MAC). 무결성 목표 중 비인가자에 의한 데이터 변형 방지만 취급한다(변조 방지를 목적으로 함).
- CWM(Clark-Wilson Integrity Model) : 무결성 중심의 상업적 모델로 사용자가 직접 객체에 접근할 수 없고 프로그램을 통해서만 객체에 접근할 수 있게 하는 보안 모델이다. 무결성의 3가지 목표를 모델을 통해서 각각 제시한다.

Mandatory Access Control

03 강제적 접근 통제(MAC) 21.8

- 중앙에서 정보를 수집하고 분류하여 보안 레벨을 결정하고 정책적으로 접근 제어를 수행하는 방식으로 다단계 보안 모델이라고도 한다.
- 어떤 주체가 특정 개체에 접근하려 할 때 양쪽의 보안 레이블(Security Label)에 기초하여 높은 보안 수준을 요구하는 정보(객체)가 낮은 보안 수준의 주체에게 노출되지 않도록 하는 접근 제어 방법이다.
- 대표적 접근통제 모델로 BLP(Bell-Lapadula), Biba, Clark-Wilson, 만리장성 모델 등이 있다.

Discretionary Access Control

04 임의적 접근 통제(DAC)

- 정보의 소유자가 보안 레벨을 결정하고 이에 대한 정보의 접근 제어를 설정하는 방식이다.
- 주체 또는 소속 그룹의 아이디(ID)에 근거하여 객체에 대한 접근 제한을 설정한다.

• 객체별로 세분화된 접근 제어가 가능하며 유연한 접근 제어 서비스를 제공할 수 있다.
• 다양한 환경에서 폭넓게 사용되고 있다.
• 대표적 모델로는 접근 제어 행렬, 자격 목록, 접근 제어 목록 등이 있다.

Role Based Access Control

05 역할 기반 접근 통제(RBAC) 22.4

• 사람이 아닌 직책에 대해 권한을 부여함으로써 효율적인 권한 관리가 가능하다.
• 접근 권한은 직무에 허용된 연산을 기준으로 허용함으로 조직의 기능 변화에 따른 관리적 업무의 효율성을 높일 수 있다.

MAC vs DAC vs RBAC 24.8, 24.5, 20.8

정책	MAC	DAC	RBAC
권한 부여	시스템	데이터 소유자	중앙 관리자
접근 결정	보안 등급(Label)	신분(Identity)	역할(Role)
정책 변경	고정적(변경 어려움)	변경 용이	변경 용이
장점	안정적 중앙 집중적	구현 용이 유연함	관리 용이

06 보안 아키텍처

보안 아키텍처(Security Architecture)의 개념

• 보안 설계 감독을 위한 원칙과 보안 시스템의 모든 양상에 대한 세부 사항을 의미한다.
• 보안 요구사항을 충족시키는 시스템 구성 방법에 대한 세부 사항이다.
• 정보 자산의 기밀성, 무결성 및 가용성을 높이기 위한 보안 영역의 구성 요소와 관계에 대한 세부 사항이다.

07 보안 프레임워크

보안 프레임워크(Security Framework)의 개념

• 정보의 기밀성, 무결성 및 가용성을 높이기 위한 정보 보안 시스템의 기본이 되는 뼈대이다.
• 보안 프레임워크는 기술적 보안, 관리적 보안, 물리적 보안 프레임워크로 나누어진다.

단답형 문제

01 다음이 설명하는 것을 쓰시오.

> – 보안 설계 감독을 위한 원칙과 보안 시스템의 모든 양상에 대한 세부 사항을 의미한다.
> – 보안 요구사항을 충족시키는 시스템 구성 방법에 대한 세부 사항이다.

객관식 문제

02 다음 중 보안 프레임워크의 분류가 아닌 것은?
① 기술적 보안 ② 관리적 보안
③ 물리적 보안 ④ 논리적 보안

03 다음은 정보의 접근통제 정책에 대한 설명이다. (ㄱ)에 들어갈 내용으로 옳은 것은?

정책	(ㄱ)	DAC	RBAC
권한 부여	시스템	데이터 소유자	중앙 관리자
접근 결정	보안 등급 (Label)	신분(Identity)	역할(Role)
정책 변경	고정적 (변경 어려움)	변경 용이	변경 용이
장점	안정적 중앙 집중적	구현 용이 유연함	관리 용이

① NAC ② MAC
③ SDAC ④ AAC

04 접근 통제 방법 중 조직 내에서 직무, 직책 등 개인의 역할에 따라 결정하여 부여하는 접근 정책은?
① RBAC
② DAC
③ MAC
④ QAC

정답 01 보안 아키텍처 02 ④ 03 ② 04 ①

이론 5과목 정보 시스템 구축 관리

POINT 80

보안 솔루션과 보안 아키텍처

01 보안 솔루션

◉ IDS(Intrusion Detection System, 침입 탐지 시스템) 21.8

• 침입 공격에 대하여 탐지하는 것을 목표로 하는 보안 솔루션이다.
• 외부 침입에 대한 정보를 수집하고 분석하여 침입 활동을 탐지해 이에 대응하도록 보안 담당자에게 통보하는 기능을 수행하는 네트워크 보안 시스템이다.
• 예방적이고 사전에 조처를 하는 기술로서 HIDS와 NIDS로 구분한다.

HIDS (Host-based IDS, 호스트 기반 IDS)	• 컴퓨터 시스템의 내부를 감시하고 분석하여 침입을 탐지하는 시스템이다. • 컴퓨터 시스템의 동작이나 상태를 모두 감시하거나 부분적으로 감시한다. • CPU, 메모리, 디스크 등 호스트 자원을 일정 부분 점유한다.
NIDS (Network-based IDS, 네트워크 기반 IDS)	• 네트워크상의 모든 패킷을 캡처링한 후 이를 분석하여 침입을 탐지한다. • 네트워크 위치에 따라 설치할 수 있으며, 적절한 배치를 통하여 넓은 네트워크 감시가 가능하다. • HIDS에 탐지 못 한 침입을 탐지할 수 있다.

• 침임 탐지 기법 21.8

오용 탐지 (Misuse Detection)	• 이미 발견되어 알려진 공격 패턴과 일치하는 지를 검사하여 침입을 탐지한다. • 속도가 빠르고 구현이 간단하다. • False Positive가 낮은 반면 False Negative가 높다.
이상 탐지 (Anomaly Detection)	• 장기간 수집된 올바른 사용자 행동 패턴을 활용해 통계적으로 침입을 탐지한다. • 알려지지 않은 공격을 탐지하는데 적합하다. • False Negative가 높은 반면 False Positive가 낮다. • 호스트 기반과 네트워크 기반 침입 탐지 시스템에 모두 적용될 수 있다.

실제 공격인데도 공격을 탐지하지 못함

실제 공격이 아닌데도 공격으로 탐지함

◉ 방화벽(Firewall)

• 내부-외부 네트워크 사이에 위치하여, 보안 정책을 만족하는 트래픽만 통과할 수 있다.
• 방화벽이 제공하는 기능에는 접근 제어, 인증, 감사 추적, 암호화 등이 있다.
• 불법 사용자의 침입 차단을 위한 정책과 이를 지원하는 하드웨어 및 소프트웨어를 제공한다.
• 방화벽 하드웨어 및 소프트웨어 자체의 결함에 의해 보안상 취약점을 가질 수 있다.
• 내부 네트워크에서 외부 네트워크로 나가는 패킷은 그대로 통과시키므로 내부 사용자에 의한 보안 침해는 방어하지 못한다.
• 방화벽의 유형

패킷 필터링 (Packet Filtering)	• 패킷의 출발지 및 목적지 IP 주소, 서비스의 포트 번호 등을 이용한 접속 제어를 수행한다. • 특정 IP, 프로토콜, 포트의 차단 및 허용을 할 수 있다. • 바이러스에 감염된 파일 전송 시 분석이 불가능하다. • OSI 참조 모델의 제3/4계층에서 처리되므로 처리 속도가 빠르다.
상태 검사 (Stateful Inspection)	패킷 필터링 기능을 사용하며 현재 연결 세션의 트래픽 상태와 미리 저장된 상태와의 비교를 통하여 접근을 제어한다.
응용 레벨 게이트웨이 (Application Level Gateway)	• OSI 참조 모델의 7계층의 트래픽을 감시하여 안전한 데이터만을 네트워크 중간에서 릴레이한다. • 응용 프로그램 수준의 트래픽을 기록하고 감시하기가 용이하며, 추가로 사용자 인증과 같은 부가 서비스를 지원할 수 있다. • 응용 계층에서 동작하기 때문에 다른 방식의 방화벽에 비해 처리 속도가 가장 느리다.
회선 레벨 게이트웨이 (Circuit Level Gateway)	• 종단-대-종단 TCP 연결을 허용하지 않고, 두 개의 TCP 연결을 설정한다. • 시스템 관리자가 내부 사용자를 신뢰할 경우 일반적으로 사용한다. • 내부 IP 주소를 숨길 수 있다.

- 베스천 호스트(Bastion Host) : 중세 성곽의 가장 중요한 수비 부분을 의미하는 단어로, 방화벽 시스템 관리자가 중점 관리하는 시스템을 말하며 액세스 제어 및 응용 시스템 게이트웨이로서 프록시 서버의 설치, 인증, 로그 등을 담당하는 호스트를 말한다.

02 방화벽 6가지 구성 형태

◉ 스크리닝 라우터(Screening Router)

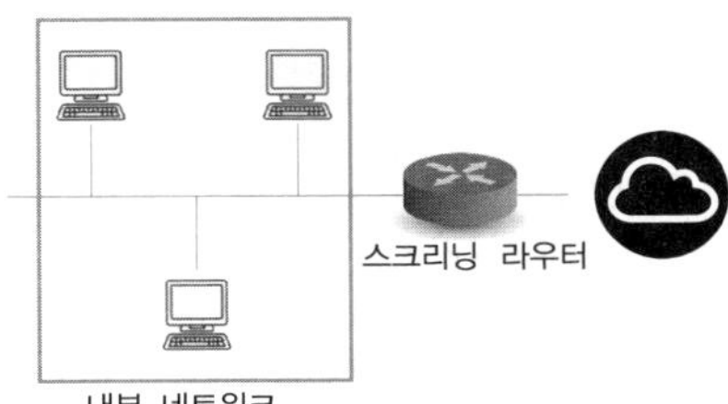

- 외부(인터넷)과 내부망의 가운데에서 패킷 필터링 규칙을 적용해서 방화벽의 역할을 수행하는 구조이다.
- 3계층과 4계층에서 IP와 Port에 대해 접근 제어를 하는 스크리닝 라우터는 매우 저렴하게 방화벽의 역할을 수행할 수 있으나 세부적인 규칙을 적용하기 어렵고 만약에 접속이 폭주할 경우 부하가 걸려 효과적이지 못하다.

◉ 이중 홈 게이트웨이(Dual-Homed Gateway)

- 2개의 네트워크 인터페이스를 가진 베스천호스트로서 하나의 NIC는 내부 네트워크와 연결하고 다른 NIC는 외부 네트워크와 연결한다. 방화벽은 하나의 네트워크에서 다른 네트워크로 IP 패킷을 라우팅하지 않기 때문에 프록시 기능을 부여한다.
- 내부에서 외부로 갈려면 반드시 이중 홈 게이트웨이를 지나가야 하므로 좀 더 효율적으로 트래픽을 관리할 수 있다.

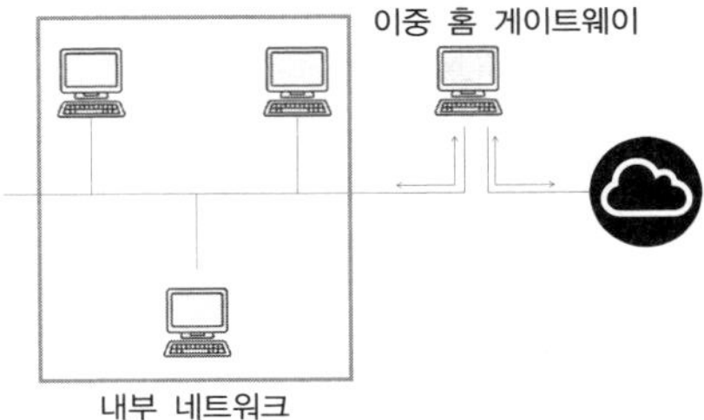

단답형 문제

01 컴퓨터 시스템의 내부를 감시하고 분석하여 침입을 탐지하는 시스템으로 컴퓨터 시스템의 동작이나 상태를 모두 감시하거나 부분적으로 감시하는 것은?

객관식 문제

02 다음 중 방화벽의 유형이 아닌 것은?
① 크랙 필터링(Crack Filtering)
② 상태 검사(Stateful Inspection)
③ 응용 레벨 게이트웨이(Application Level Gateway)
④ 회선 레벨 게이트웨이(Circuit Level Gate-way)

03 정보 시스템의 보안을 위협하는 침입 행위가 발생할 경우 이를 탐지하는 기능을 가지고 있는 시스템은?
① 모뎀(MODEM)
② 게이트웨이(Gateway)
③ 침입 탐지 시스템(IDS)
④ 스위치(Switch)

정답 **01** IDS **02** ① **03** ③

듀얼 홈드 호스트(Dual-Homed Host)

- 2개의 네트워크 인터페이스를 가진 베스천호스트로서 하나의 NIC는 내부 네트워크와 연결하고 다른 NIC는 외부 네트워크와 연결한다. 방화벽은 하나의 네트워크에서 다른 네트워크로 IP 패킷을 라우팅하지 않기 때문에 프록시 기능을 부여한다.
- 두 개의 인터페이스를 가지는 장비를 말하며, 하나의 인터페이스는 외부 네트워크와 연결되고 다른 인터페이스는 내부 네트워크로 연결되며, 라우팅 기능이 없는 방화벽을 설치하는 형태이다.

단일 홈 게이트웨이(Single-Homed Gateway)

- 스크리닝 라우터와 비슷한 구조를 가진다. 접근 제어, 프록시, 인증, 로깅 등 방화벽의 기본 기능을 수행하며, 보다 강력한 보안 정책을 실행할 수 있지만 방화벽이 손상되면 내부의 공격에 대해 무방비 상태가 된다.
- 2계층에서 우회를 통한 공격이 가능하며, 일반적으로 이런 구조를 베스천호스트라고 한다.

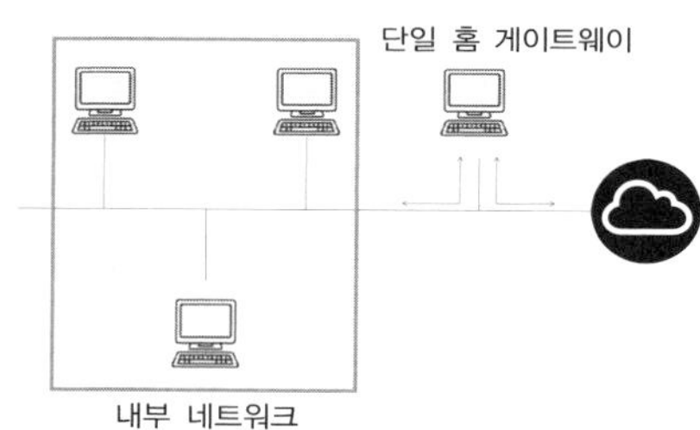

스크린된 호스트 게이트웨이(Screened Host Gateway)

- 듀얼 홈드 게이트웨이와 스크리닝 라우터를 결합한 형태로 '숨겨진'이라는 의미로 방화벽이 숨겨져 있다. 패킷 필터링 호스트와 베스천 호스트로 구성되어 있다.
- 패킷 필터링 라우터는 외부 및 내부 네트워크(인터넷 쪽)에서 발생하는 패킷을 통과시킬 것인지를 검사하고 외부에서 내부로 유입되는 패킷(라우터와 내부 네트워크 사이)에 대해서는 베스천호스트로 검사된 패킷을 전달한다. 베스천호스트는 내부 및 외부 네트워크 시스템에 대한 인증을 담당한다.
- 3계층과 4계층에 대해서 접근 제어를 해주고 베스천 호스트에서 7계층에 대한 접근 제어를 하게 되지만 구축 비용은 위의 방식들보다 많이 비싼 편이다.

스크린된 서브넷 게이트웨이(Screened Subnet Gateway) 21.4

- 스크린드 호스트의 보안상 문제점을 보완한 모델이다. 외부 네트워크와 내부 네트워크 사이에 하나 이상의 경계 네트워크를 두어 내부 네트워크를 외부 네트워크로 분리하기 위한 구조이다.
- 스크린된 서브넷 게이트웨이 방식은 외부와 내부의 가운데에 DMZ를 위치시키며 방화벽도 DMZ 부분에 위치하고 주로 프록시가 설치된다.
- 설치 및 관리가 어렵고 속도 느리며 고비용이다.

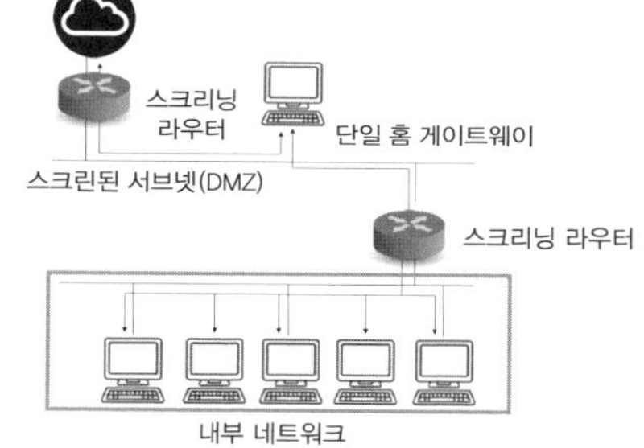

03 정보보호 대책

IPS(Intrusion Prevention System, 침입 방지 시스템)

- 사후에 조치를 취하는 기술로서 침입 공격에 대하여 방지하는 것을 목표로 하는 보안 솔루션이다.
- IDS와 방화벽의 장점을 결합한 네트워크 보안 시스템이다.
- 호스트의 IP 주소, 포트 번호, 사용자 인증에 기반을 두고 외부 침입을 차단한다.
- 허용되지 않는 사용자나 서비스에 대해 사용을 거부하여 내부 자원을 보호한다.

◉ DMZ(DeMilitarized Zone, 비무장 지대)

- DMZ는 보안 조치가 취해진 네트워크 영역이다.
- 메모리, 네트워크 연결, 접근 포인트 등과 같은 자원에 대한 접근을 제한하기 위해 구축된다.
- 내부 방화벽과 외부 방화벽 사이에 위치할 수 있다.
- 웹 서버, DNS 서버, 메일 서버 등이 위치할 수 있다.

◉ IPSec(IP security) 24.5, 21.5

- 통신 세션의 각 IP 패킷을 암호화하고 인증하는 안전한 인터넷 프로토콜(IP)이다.
- ESP는 발신지 인증, 데이터 무결성, 기밀성 모두를 보장한다. (Encapsulation Security Paload)
- 운영 모드는 Tunnel 모드와 Transport 모드로 분류된다.
- AH는 발신지 호스트를 인증하고, IP 패킷의 무결성을 보장한다. (Authentication Header) (전송 계층과 네트워크 계층 사이에 전달되는 payload를 보호한다.)

◉ DLP(Data Loss Prevention)

- 기업 데이터 유출을 방지하는 것을 목표로 하는 보안 솔루션이다.
- 사용자의 PC에서 기업 내 기밀 데이터가 외부로 반출되는 것을 항시 감시하고 기록하며, 정책에 따라 유출을 차단시킨다.

◉ ESM(Enterprise Security Management, 통합 보안 관리)

- 방화벽, 침입 탐지 시스템, 가상 사설망 등의 보안 솔루션을 하나로 모은 통합 보안 관리 시스템으로 서로 다른 보안 장비에서 발생한 각종 로그를 통합적으로 관리하여 통합 보안 관제 서비스를 제공한다.
- 전사적 차원의 보안 정책 통합 관리와 적용을 통해 정보시스템 보안성을 향상시키고 안전성을 높인다.

◉ VPN(Virtual Private Network, 가상 사설망) 20.9

- 이용자가 인터넷과 같은 공중망에 사설망을 구축하여 마치 전용망을 사용하는 효과를 가지는 보안 솔루션이다.
- 안전하지 않은 공용 네트워크를 이용하여 사설 네트워크를 구성하는 기술이다.
- 전용선을 이용한 사설 네트워크에 비해 저렴한 비용으로 안전한 망을 구성할 수 있다.
- 공용 네트워크로 전달되는 트래픽은 암호화 및 메시지 인증 코드 등을 사용하여 기밀성과 무결성을 제공한다.
- 인터넷과 같은 공공 네트워크를 통해서 기업의 재택근무자나 이동 중인 직원이 안전하게 회사 시스템에 접근할 수 있도록 해준다.

단답형 문제

01 이용자가 인터넷과 같은 공중망에 사설망을 구축하여 마치 전용망을 사용하는 효과를 가지는 보안 솔루션은?

객관식 문제

02 IPSec(IP Security)에 대한 설명으로 틀린 것은?

① 암호화 수행 시 일방향 암호화만 지원한다.
② ESP는 발신지 인증, 데이터 무결성, 기밀성 모두를 보장한다.
③ 운영 모드는 Tunnel 모드와 Transport 모드로 분류된다.
④ AH는 발신지 호스트를 인증하고, IP 패킷의 무결성을 보장한다.

03 침입 차단 시스템(방화벽) 중 다음과 같은 형태의 구축 유형은?

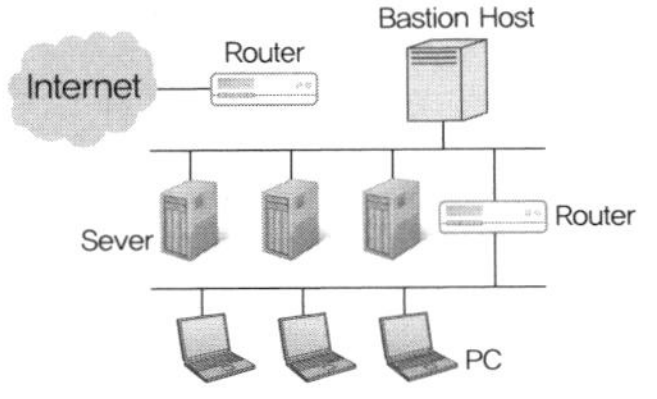

① Block Host
② Tree Host
③ Screened Subnet
④ Ring Homed

04 방화벽, 침입 탐지 시스템, 가상사설망 등의 보안 솔루션을 하나로 모은 통합 보안 관리 시스템은?

① NAT ② VPN
③ ESM ④ IDS

정답 01 VPN 02 ① 03 ③ 04 ③

POINT 81 서비스 공격 유형과 인증

01 공격 유형

시스템의 자원을 부족하게 하여 원래 의도된 용도로 사용하지 못하게 하는 공격 방법

DoS(Denial of Service, 서비스 거부)

- 정보보호의 3대 목표 중 가용성(Availability)을 위협하는 행위로서 공격자가 임의로 자신의 IP 주소를 속여서 다량으로 서버에 보낸다.
- 헤더가 조작된 일련의 IP 패킷 조각들을 전송한다.
- 라우터, 웹, 전자 우편, DNS 서버 등 모든 네트워크 장비를 대상으로 이루어질 수 있다.

스머프(Smurf) 22.7, 22.4, 20.6	• 공격 대상의 IP 주소를 근원지로 대량의 ICMP 응답 패킷을 전송하여, 서비스 거부를 유발시키는 공격 방법이다. • IP 또는 ICMP의 특성을 악용하여 특정 사이트에 집중적으로 데이터를 보내 네트워크 또는 시스템의 상태를 불능으로 만드는 공격 방법이다.
SYN 플러딩(SYN Flooding)	• TCP 연결 설정 과정의 취약점을 악용한 서비스 거부 공격이다. • TCP 3-Way Handshaking 과정에서 Half-Open 연결 시도가 가능하다는 취약성을 이용한 공격 방법이다.
UDP 플러딩(UDP Flooding)	• 대량의 UDP 패킷을 만들어 보내 정상적인 서비스를 하지 못하도록 하는 공격 방법이다. • ICMP Unreachable : 공격 과정에서 지정된 UDP 포트가 나타내는 서비스가 존재하지 않을 때 발생되는 패킷이다.
Ping 플러딩 21.8 (Ping Flooding)	• 네트워크의 정상 작동 여부를 확인하기 위해 사용하는 Ping 테스트를 공격자가 공격 대상 컴퓨터를 확인하기 위한 방법으로 사용하는 공격 방법이다. • 특정 사이트에 매우 많은 ICMP Echo를 보내면, 이에 대한 응답을 하기 위해 시스템 자원을 모두 사용해버려 시스템이 정상적으로 동작하지 못하도록 하는 공격 방법이다.
Ping of Death 22.4	비정상적인 ICMP 패킷을 전송하여, 시스템의 성능을 저하시키는 공격 방법이다.
티어드랍(Teardrop)	패킷 재조합의 문제를 악용하여 오프셋이나 순서가 조작된 일련의 패킷 조각들을 보냄으로써 자원을 고갈시키는 공격 방법이다.
랜드(LAND, Local Area Network Denial) Attack 23.3	공격자가 패킷의 출발지 IP 주소나 포트(Port)를 임의로 변경하여 출발지와 목적지 주소(또는 포트)를 동일하게 함으로써, 공격 대상 컴퓨터의 실행 속도가 느려지거나 동작이 마비되어 서비스 거부 상태에 빠지도록 하는 공격 방법이다.

DDoS(Distributed Denial of Service, 분산 서비스 거부)

- 여러 대의 공격자를 분산 배치하여 동시에 서비스 거부 공격함으로써 공격 대상이 되는 시스템이 정상적인 서비스를 할 수 없도록 방해하는 공격 방법이다.
- 공격용 도구 20.8 : Trinoo, TFN(Tribe Flood Network), TFN2K, Stacheldraht 등이 있다.

피싱(Phishing) 21.3

- 소셜 네트워크에서 진짜 웹 사이트와 거의 동일하게 꾸며진 가짜 웹 사이트를 통해 개인정보를 탈취하는 수법이다.
- 금융기관 등의 웹 사이트에서 보내온 메일로 위장하여 개인의 인증번호나 신용카드번호, 계좌정보 등을 빼내 이를 불법적으로 이용한다.

이블 트윈 공격(evil twin Attack)

- 피싱 사기의 무선 버전이다. 공격자는 합법적인 제공자처럼 행세하며 노트북이나 휴대 전화로 핫스팟에 연결한 무선 사용자들의 정보를 탈취한다.

파밍(Pharming)

- 도메인을 탈취하거나 악성코드를 통해 DNS의 이름을 속여 사용자가 진짜 웹 사이트로 오인하게 만들어 개인정보를 탈취하는 수법이다.

랜섬웨어(Ransomware) 24.5, 21.8, 21.5

- 개인과 기업, 국가적으로 큰 위협이 되고 있는 주요 사이버 범죄 중 하나로 Snake, Darkside 등 시스템을 잠그거나 데이터를 암호화해 사용할 수 없도록 하고 이를 인질로 금전을 요구하는데 사용되는 악성 프로그램이다.

◉ 키 로거(Key Logger) 20.6

- 컴퓨터 사용자의 키보드 움직임을 탐지해 ID, 패스워드 등 개인의 중요한 정보를 몰래 빼가는 공격 방법이다.

◉ 무작위 대입 공격(Brute-Force Attack)

- 패스워드(Password)에 사용될 수 있는 문자열의 범위를 정하고, 그 범위 내에서 생성 가능한 패스워드를 활용하는 공격 방법이다.

◉ APT(Advanced Persistent Threat, 지능적 지속 위협)

- 개인 단체, 정치 단체, 국가, 산업체 등 목표 조직을 타깃으로 하여 다양한 보안 위협을 만들어 침해에 성공해 정보를 유출하거나 장기간의 접속 권한을 획득하기 위해 또는 장기간의 접근을 위해 지속적으로 수행되는 공격 방법이다.

◉ 제로데이(Zero-day) 공격

- 조사된 정보를 바탕으로 정보 시스템, 웹 애플리케이션 등의 알려지지 않은 취약점 및 보안 시스템에서 탐지되지 않는 악성코드 등을 감염시키는 것이다.

◉ 백도어(Back Door) 20.8, 20.6

- 프로그램이나 손상된 시스템에 허가되지 않는 접근을 할 수 있도록 정상적인 보안 절차를 우회하는 악성 소프트웨어이다. 트랩 도어(Trap Door)라고도 한다.
- 백도어 공격 도구로는 NetBus, Back Orifice, RootKit 등이 있다.
- 백도어 탐지 방법에는 무결성 검사, 열린 포트 확인, 로그 분석, SetUID 파일 검사 등이 있다.
- tripwire 24.8 : 크래커가 침입하여 백도어를 만들어 놓거나, 설정 파일을 변경했을 때 분석하는 도구이다.

◉ TCP 세션 하이재킹 24.5, 21.3

- 서버와 클라이언트 통신 시에 TCP의 3-Way Handshake 단계에서 발생하는 취약점을 이용한 공격 기법으로 서버와 클라이언트가 TCP를 이용하여 통신하고 있을 때 RST 패킷을 전송하여 일시적으로 TCP 세션을 끊고 시퀀스 번호를 새로 생성하여 세션을 탈취하고 인증을 회피하는 공격 기법이다.
- 비동기화 상태와 동기화 상태 2가지가 존재한다.
- **세션 하이재킹 탐지 기법** : 비동기화 상태 감지, ACK STORM 탐지, 패킷의 유실 및 재전송 증가 탐지, 예상치 못한 접속의 리셋 탐지
- SSH 같은 세션 인증 수준이 높은 프로토콜 사용을 통해 방어하도록 한다.

Well Kinown Port : 22

단답형 문제

01 TCP 연결설정 과정의 취약점을 악용한 서비스 거부 공격으로 TCP 3-Way Hand shaking 과정에서 Half-Open 연결 시도가 가능하다는 취약성을 이용한 공격 방법은?

02 공격자가 패킷의 출발지 IP 주소나 포트(Port)를 임의로 변경하여 출발지와 목적지 주소(또는 포트)를 동일하게 함으로써, 공격 대상 컴퓨터의 실행 속도가 느려지거나 동작이 마비되어 서비스 거부 상태에 빠지도록 하는 공격 방법은?

객관식 문제

03 백도어 탐지 방법으로 틀린 것은?
① 무결성 검사
② 닫힌 포트 확인
③ 로그 분석
④ SetUID 파일 검사

04 DDoS 공격과 연관이 있는 공격 방법은?
① Secure shell
② Tribe Flood Network
③ Nimda
④ Deadlock

05 컴퓨터 사용자의 키보드 움직임을 탐지해 ID, 패스워드 등 개인의 중요한 정보를 몰래 빼가는 해킹 공격은?
① Key Logger Attack
② Worm
③ Rollback
④ Zombie Worm

정답 **01** SYN 플러딩 **02** LAND Attack **03** ② **04** ② **05** ①

이론 5과목 정보 시스템 구축 관리

Parsing

- 하나의 프로그램을 런타임 환경(예를 들면, 브라우저 내 자바스크립트 엔진)이 실제로 실행할 수 있는 내부 포맷으로 분석하고 변환하는 것이다.

지능적 지속 위협(APT) 공격 23.8

- 사회 공학적 방법을 사용하는 것으로, 공격자가 다양한 첨단 보안 위협을 이용하여 특정 기업이나 조직의 네트워크에 침투하는 지능적인 방법이다.

Switch Jamming

- 스위칭 허브의 기능이 방해 받아 정상 동작을 하지 못해 스위치가 더미 허브처럼 작동하게 되는 것을 의미한다(Switch + Jamming).

FTP SYN Flooding 23.8

- TCP의 3Way Handshake 취약점을 이용한 DoS 공격으로 다량의 SYN 패킷을 보내 백로그 큐를 가득 채우는 공격이다.

Session Hijacking(TCP 세션 하이재킹)

- 케빈 미트닉이 사용했던 공격 방법 중 하나로, TCP의 세션 관리 취약점을 이용한 공격 기법이다.

Piggyback Attack

- 사회공학적 방법으로 몰래 따라 들어가는 방법이다. 대체로(중요한 정보를 취급하는 곳 또는 회사 입구 등) 물리적인 보안 장치들이 많이 존재하는 장치들을 우회하는 방법이다.

CSRF(Cross Site Request Forgery)

- 사용자가 자신의 의지와는 무관하게 공격자가 의도한 행위(수정, 삭제, 등록 등)을 특정 웹 사이트에 요청하게 하는 공격 기법이다.

02 악성코드 유형 22.4

악성코드 유형

- **웜(Worm)** : 네트워크를 통해 연속적으로 자신을 복제하여 시스템의 부하를 높여 결국 시스템을 다운시키는 바이러스의 일종이다.
- **Rogue Ware** 23.8 : 백신 소프트웨어를 사칭해서 이득을 얻는 악성 소프트웨어이다.
- **반사 공격(Reflection attack)** : 전 세계 어느 곳으로 UDP 서비스를 이용하여 대규모 트래픽을 보낼 수 있게 된다.

Honeypot 22.7, 21.3

- 비정상적인 접근의 탐지를 위해 의도적으로 설치해 둔 시스템이다.
- 침입자를 속여 실제 공격당하는 것처럼 보여줌으로써 크래커를 추적 및 공격 기법의 정보를 수집하는 역할을 한다.
- 쉽게 공격자에게 노출되어야 하며 쉽게 공격이 가능한 것처럼 취약해 보여야 한다.

블루투스 관련 공격 22.3

- **블루버그** : 블루투스 장비 사이 취약한 연결 관리를 악용한 공격 기법이다.
- **블루스나프(블루스나핑)** : 블루투스의 취약점을 활용하여 장비의 파일에 접근하는 공격으로 OPP(Obex Push Protocol)를 사용하여 정보를 열람하는 공격 기법이다.
- **블루재킹** : 블루투스를 이용해 스팸처럼 명함을 익명으로 퍼뜨리는 공격 기법이다.

03 인증

DPI(Deep Packet Inspection) 22.3

- OSI 7계층까지 전 계층의 프로토콜과 패킷 내부의 콘텐츠를 파악하여 침입 시도, 해킹 등을 탐지하고 트래픽을 조정하기 위한 패킷 분석 기술이다.

◉ AAA(Authentication Authorization Accounting, 인증 권한 검증 계정 관리) 23.8, 22.4

- 시스템의 사용자가 로그인하여 명령을 내리는 과정에 대한 시스템의 동작을 Authentication(인증), Authorization(권한 부여), Accounting(계정 관리)으로 구분한다.
- **인증** : 망,시스템 접근을 허용하기 전에 사용자의 신원을 검증한다.
- **권한 부여** : 검증된 사용자에게 어떤 수준의 권한과 서비스를 허용한다.
- **계정 관리** : 사용자의 자원에 대한 사용 정보를 모아서 과금, 감사, 용량증설, 리포팅 등이 있다.기준으로 허용함으로 조직의 기능 변화에 따른 관리적 업무의 효율성을 높일 수 있다.

◉ HSM(Hardware Security Module) 22.4

- 암호화 키를 생성하고 저장하는 역할을 하는 전용 하드웨어 장치이다.
- 암호키(Master Key)를 안전하게 저장하는 역할과 Server CA의 Private Key를 저장하는 역할을 제공한다.

◉ TCP Wrapper 22.4

- 어떤 외부 컴퓨터가 접속되면 접속 인가 여부를 점검해서 인가된 경우에는 접속이 허용되고, 그 반대의 경우에는 거부할 수 있는 접근 제어 유틸리티이다.

◉ SDN(Software Defined Networking) 22.4

- 네트워크를 제어부, 데이터 전달부로 분리하여 네트워크 관리자가 보다 효율적으로 네트워크를 제어, 관리할 수 있는 기술이다.
- 기존의 라우터, 스위치 등과 같이 하드웨어에 의존하는 네트워크 체계에서 안정성, 속도, 보안 등을 소프트웨어로 제어, 관리하기 위해 개발되었다.
- 네트워크 장비의 펌웨어 업그레이드를 통해 사용자의 직접적인 데이터 전송 경로 관리가 가능하고, 기존 네트워크에는 영향을 주지 않으면서 특정 서비스의 전송 경로 수정을 통하여 인터넷상에서 발생하는 문제를 처리할 수 있다.

단답형 문제

01 위조된 매체 접근 제어(MAC) 주소를 지속적으로 네트워크로 흘려보내, 스위치 MAC 주소 테이블의 저장 기능을 혼란시켜 더미 허브(Dummy Hub)처럼 작동하게 하는 공격은?

객관식 문제

02 블루투스(Bluetooth) 공격과 해당 공격에 대한 설명이 올바르게 연결된 것은?

① 블루버그(BlueBug) – 블루투스의 취약점을 활용하여 장비의 파일에 접근하는 공격으로 OPP를 사용하여 정보를 열람
② 블루스나프(BlueSnarf) – 블루투스를 이용해 스팸처럼 명함을 익명으로 퍼뜨리는 것
③ 블루프린팅(BluePrinting) – 블루투스 공격 장치의 검색 활동을 의미
④ 블루재킹(BlueJacking) – 블루투스 장비 사이의 취약한 연결 관리를 악용한 공격

03 다음 설명에 해당하는 시스템은?

> – 1990년대 David Clock이 처음 제안하였다.
> – 비정상적인 접근의 탐지를 위해 의도적으로 설치해 둔 시스템이다.
> – 침입자를 속여 실제 공격당하는 것처럼 보여줌으로써 크래커를 추적 및 공격 기법의 정보를 수집하는 역할을 한다.
> – 쉽게 공격자에게 노출되어야 하며 쉽게 공격이 가능한 것처럼 취약해 보여야 한다.

① Apache ② Hadoop
③ Honeypot ④ MapReduce

04 OSI 7Layer 전 계층의 프로토콜과 패킷 내부의 콘텐츠를 파악하여 침입 시도, 해킹 등을 탐지하고 트래픽을 조정하기 위한 패킷 분석 기술은?

① PLCP(Packet Level Control Processor)
② Traffic Distributor
③ Packet Tree
④ DPI(Deep Packet Inspection)

 정답 01 Switch Jamming 02 ③ 03 ③ 04 ④

이론 5과목 정보 시스템 구축 관리

자격증은 이기적!

이기적 강의는 무조건 0원!

이기적 영진닷컴 

강의를 듣다가 궁금한 사항은?

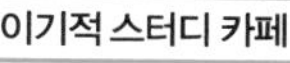

한번에 합격, 자격증은 이기적

이기적 스터디 카페

합격 전담마크! 365 이벤트부터
실시간 Q&A까지 다양한 혜택 받기

365 이벤트

매일 매일 쏟아지는 이벤트!
기출복원, 리뷰, 합격후기, 정오표

100% 무료 강의

13만 구독자의 선택,
7.5천 개의 고퀄리티 영상 무료

CBT 온라인 문제집

연습도 실전처럼!
PC와 모바일로 시험 환경 완벽 연습

이기적 스터디 카페

홈페이지 : license.youngjin.com
질문/답변 : cafe.naver.com/yjbooks

수험서 26,000원

ISBN 978-89-314-7601-9

YoungJin.com Y.
영진닷컴

정보처리기사 필기

절대족보 2권 · 문제집

신면철, 강희영 공저

이렇게 기막힌 적중률

25
· 2025년 수험서 ·

빠른 합격을 위한 지름길, 이기적 절대족보!

소비자가 뽑은 한국소비자만족지수
7년 연속 1위

CBT 온라인 문제집
PC & 스마트폰 버전

YoungJin.com Y.
영진닷컴

이렇게
기막힌
적중률

정보처리기사
필기 절대족보

2권 · 문제집

"이" 한 권으로 합격의 "기적"을 경험하세요!

YoungJin.com Y.
영진닷컴

차례

2권

손에 잡히는 기출문제

자주 출제되는 기출문제 190선

최신 기출문제

구매 인증 PDF

더 공부하고 싶다면?
그래서 이기적이 준비했습니다!
[이기적 스터디 카페]에 접속한 후 구매인증을 하면 더 많은 추가 자료를 보내드립니다.
이기적은 여러분의 합격을 응원합니다!

손에 잡히는 기출문제

CBT 온라인 문제집

시험장과 동일한 환경에서
문제 풀이 서비스

- QR 코드를 찍으면 원하는 시험에 응시할 수 있습니다.
- 풀이가 끝나면 자동 채점되며, 해설을 즉시 확인할 수 있습니다.
- 마이페이지에서 풀이 내역을 분석하여 드립니다.
- 모바일과 PC로 이용 가능합니다.

자주 출제되는 기출문제 190선

과목 01 소프트웨어 설계

001 CASE(Computer Aided Software Engineering) POINT 02 참고

- 소프트웨어 개발 과정에서 사용되는 요구 분석, 설계, 구현, 검사 및 디버깅 과정을 컴퓨터와 전용의 소프트웨어 도구를 사용하여 자동화하는 작업이다.
- 소프트웨어 생명주기의 전체 단계를 연결해주고 자동화시켜 주는 통합된 도구를 제공해주는 기술이다.
- 소프트웨어 시스템의 문서화 및 명세화를 위한 그래픽 기능을 제공한다.
- 자료 흐름도 등의 다이어그램을 쉽게 작성하게 해주는 소프트웨어 CASE 도구이다.
- 표준화된 개발 환경 구축 및 문서 자동화 기능을 제공한다.
- 작업 과정 및 데이터 공유를 통해 작업자 간의 커뮤니케이션을 증대시킨다.

23.6, 23.3, 21.5, 21.3

01 CASE(Computer Aided Software Engineering)에 대한 설명으로 틀린 것은?

① 소프트웨어 모듈의 재사용성이 향상된다.
② 자동화된 기법을 통해 소프트웨어 품질이 향상된다.
③ 소프트웨어 사용자들에게 사용 방법을 신속히 숙지시키기 위해 사용된다.
④ 소프트웨어 유지보수를 간편하게 수행할 수 있다.

오답 피하기

CASE는 개발 단계에서 사용되는 자동화 도구이므로 사용자 단계에서 사용되는 도구가 아니다.

20.9, 20.8, 20.6

02 CASE(Computer Aided Software Engineering)의 주요 기능으로 옳지 않은 것은?

① S/W 라이프 사이클 전 단계의 연결
② 그래픽 지원
③ 다양한 소프트웨어 개발 모형 지원
④ 언어 번역

기적의 TIP

CASE의 기능과 주요 기능을 중심으로 내용을 정리합니다.

002 애자일(Agile) POINT 03 참고

- '날렵한, 재빠른'의 사전적 의미와 같이 소프트웨어 개발 중 설계 변경에 신속히 대응하여 요구사항을 수용할 수 있다.
- 절차와 도구보다 개인과 소통을 중요시하고 고객과의 피드백을 중요하게 생각한다.
- 소프트웨어가 잘 실행되는데 가치를 둔다.
- 소프트웨어 배포 시차를 최소화할 수 있다.
- 특정 방법론이 아닌 소프트웨어를 빠르고 낭비 없이 제작하기 위해 고객과의 협업에 초점을 두고 있다.
- **특징** : 짧은 릴리즈와 반복, 점증적 설계, 사용자 참여, 문서 최소화, 비공식적인 커뮤니케이션 변화

Agile 선언문

- 프로세스나 도구보다 개인과의 소통이 더 중요하다.
- 완벽한 문서보다 실행되는 소프트웨어가 더 중요하다.
- 계약 협상보다 고객과의 협업이 더 중요하다.
- 계획을 따르는 것보다 변경에 대한 응답이 더 중요하다.

22.7, 22.3, 21.3, 21.8, 21.5, 20.9

03 애자일 소프트웨어 개발 기법의 가치가 아닌 것은?

① 프로세스와 도구보다는 개인과 상호작용에 더 가치를 둔다.
② 계약 협상보다는 고객과의 협업에 더 가치를 둔다.
③ 실제 작동하는 소프트웨어보다는 이해하기 좋은 문서에 더 가치를 둔다.
④ 계획을 따르기보다는 변화에 대응하는 것에 더 가치를 둔다.

23.3, 22.4, 22.3

04 소프트웨어 개발 방법론 중 애자일(Agile) 방법론의 특징과 가장 거리가 먼 것은?

① 각 단계의 결과가 완전히 확인된 후 다음 단계 진행
② 소프트웨어 개발에 참여하는 구성원들 간의 의사소통 중시
③ 환경 변화에 대한 즉시 대응
④ 프로젝트 상황에 따른 주기적 조정

기적의 TIP

애자일 개발 방법론에 대한 문제가 많이 출제됩니다. 특징 및 선언문에 대한 내용을 정리합니다.

003 익스트림 프로그래밍(XP : eXtreme Programming)

POINT 03 참고

- 1999년 Kent Beck이 제안하였으며, 개발 단계 중 요구사항이 시시각각 변동이 심한 경우 적합한 방법론이다.
- 요구에 맞는 양질의 소프트웨어를 신속하게 제공하는 것을 목표로 한다.
- 요구사항을 모두 정의해 놓고 작업을 진행하는 것이 아니라 요구사항이 변경되는 것을 적용하는 방식으로 예측성보다는 적응성에 더 높은 가치를 부여한 방법이다.
- 고객의 참여와 개발 과정의 반복을 극대화하여 생산성을 향상하는 방법이다.

XP 핵심 가치

- **소통(Communication)** : 개발자, 관리자, 고객 간의 원활한 소통을 지향한다.
- **단순성(Simplicity)** : 부가적 기능 또는 미사용 구조와 알고리즘은 배제한다.
- **피드백(Feedback)** : 소프트웨어 개발에서 변화는 불가피하다. 이러한 변화는 지속적 테스트와 통합, 반복적 결함 수정 등 빠르게 피드백한다.
- **용기(Courage)** : 고객 요구사항 변화에 능동적으로 대응한다.
- **존중(Respect)** : 개발 팀원 간의 상호 존중을 기본으로 한다.

23.6, 23.3, 22.4, 20.9

05 익스트림 프로그래밍에 대한 설명으로 틀린 것은?

① 대표적인 구조적 방법론 중 하나이다.
② 소규모 개발 조직이 불확실하고 변경이 많은 요구를 접하였을 때 적절한 방법이다.
③ 익스트림 프로그래밍을 구동시키는 원리는 상식적인 원리와 경험을 최대한 끌어올리는 것이다.
④ 구체적인 실천 방법을 정의하고 있으며, 개발 문서보다는 소스 코드에 중점을 둔다.

오답 피하기

대표적 구조적 방법론에는 폭포수 모형, 나선형 모형 등이 있다.

20.9, 20.6

06 익스트림 프로그래밍(eXtreme Programming)의 5가지 가치에 속하지 않는 것은?

① 의사소통 ② 단순성
③ 피드백 ④ 고객 배제

기적의 TIP

XP의 개념, 기본 원리, 핵심 가치 등을 묻는 문제가 자주 출제됩니다. XP의 5가지 가치는 꼭 암기하기 바랍니다.

004 요구사항 분석

POINT 06 참고

- 요구사항 간 상충되는 것을 해결하고, 소프트웨어의 범위를 파악한다.
- 명확하지 못하거나 모호한 부분을 걸러 내기 위한 과정이다.
- 소프트웨어가 환경과 어떻게 상호작용하는지 이해한다.
- 중복되는 내용을 통합하고, 서로 상충되는 요구사항을 해결한다.
- 시스템 요구사항을 정제하여 소프트웨어 요구사항을 도출한다.
- 도출된 사항을 분석하여 소프트웨어 개발 범위를 파악한다.
- 비용과 일정에 대한 제약을 설정한다.
- 타당성 조사를 수행한다.
- 요구사항 정의를 문서화한다.
- 성능, 보안, 품질, 안정 등에 대한 요구사항은 비기능적 요구사항에 해당한다.

SWEBOK에 따른 요구사항 개발 프로세스

도출(Elicitation) → 분석(Analysis) → 명세(Specification) → 확인(Validation)

23.6, 22.3, 20.9, 20.8, 20.6

07 소프트웨어 개발 방법 중 요구사항 분석(Requirements Analysis)과 거리가 먼 것은?

① 비용과 일정에 대한 제약 설정
② 타당성 조사
③ 요구사항 정의 문서화
④ 설계 명세서 작성

21.5

08 요구사항 개발 프로세스의 순서로 옳은 것은?

㉠ 도출(Elicitation)	㉡ 분석(Analysis)
㉢ 명세(Specification)	㉣ 확인(Validation)

① ㉠ → ㉡ → ㉢ → ㉣　② ㉠ → ㉢ → ㉡ → ㉣
③ ㉠ → ㉣ → ㉡ → ㉢　④ ㉠ → ㉡ → ㉣ → ㉢

기적의 TIP

요구사항 분석의 개념과 개발 절차에 대한 문제가 자주 출제됩니다. 요구사항 분석의 개념 및 절차에 대해 반드시 숙지해야 합니다.

005 UML Diagram

POINT 07 참고

UML의 기본 구성 요소

구성	내용
사물(Things)	• 객체지향 모델을 구성하는 기본 요소 • 객체 간의 관계 형성 대상
관계(Relationship)	• 객체 간의 연관성을 표현하는 것 • 종류 : 연관, 집합, 포함, 일반화, 의존, 실체화
다이어그램(Diagram)	• 객체의 관계를 도식화한 것 • 다양한 관점에서 의사소통할 수 있도록 View를 제공 • 정적 모델 – 구조 다이어그램 • 동적 모델 – 행위 다이어그램

UML 다이어그램의 분류

- **구조적(정적) 다이어그램** : Class Diagram, Object Diagram, Composite Structure Diagram, Deployment Diagram, Component Diagram, Package Diagram
- **행위(동적) 다이어그램** : Use Case Diagram, Activity Diagram, Collaboration Diagram, State Diagram Interaction Diagram(Sequence Diagram), Communication Diagram, Interaction Overview Diagram, Timing Diagram

23.3, 20.9, 20.8

09 UML의 기본 구성 요소가 아닌 것은?

① Things　② Terminal
③ Relationship　④ Diagram

22.3, 21.5, 20.6

10 UML 모델에서 사용하는 Structural Diagram에 속하지 않은 것은?

① Class Diagram
② Object Diagram
③ Component Diagram
④ Activity Diagram

22.7, 22.4, 21.8, 20.8

11 순차 다이어그램(Sequence Diagram)과 관련한 설명으로 틀린 것은?

① 객체들의 상호작용을 나타내기 위해 사용한다.
② 시간의 흐름에 따라 객체들이 주고받는 메시지의 전달 과정을 강조한다.
③ 동적 다이어그램보다는 정적 다이어그램에 가깝다.
④ 교류 다이어그램(Interaction Diagram)의 한 종류로 볼 수 있다.

기적의 TIP

UML의 구분은 빠지지 않고 출제되는 내용입니다. 암기보다는 각 다이어그램의 사전적 의미를 분석하여 이해하도록 합니다.

006 유스케이스(Use Case)의 구성 요소 간의 관계

POINT 07 참고

- **연관 관계(Association)** : 유스케이스와 액터 간의 상호작용이 있음을 표현한다.
- **포함 관계(Include)** : 하나의 유스케이스가 다른 유스케이스의 실행을 전제로 할 때 형성되는 관계이다.
- **확장 관계(Extend)** : 확장 기능 유스케이스와 확장 대상 유스케이스 사이에 형성되는 관계이다.
- **일반화 관계(Generalization)** : 유사한 유스케이스 또는 액터를 모아 추상화한 유스케이스 또는 액터와 연결해 그룹을 만들어 이해도를 높이기 위한 관계이다.

22.4, 21.5, 21.3

12 유스케이스(Use Case)의 구성 요소 간의 관계에 포함되지 않는 것은?

① 연관
② 확장
③ 구체화
④ 일반화

22.7, 22.4, 21.5

13 유스케이스 다이어그램에 관련된 내용으로 틀린 것은?

① 시스템과 상호작용하는 외부 시스템은 액터로 파악해서는 안 된다.
② 유스케이스는 사용자 측면에서의 요구사항으로, 사용자가 원하는 목표를 달성하기 위해 수행할 내용을 기술한다.
③ 시스템 액터는 다른 프로젝트에서 이미 개발되어 사용되고 있으며, 본 시스템과 데이터를 주고받는 등 서로 연동되는 시스템을 말한다.
④ 액터가 인식할 수 없는 시스템 내부의 기능을 하나의 유스케이스로 파악해서는 안 된다.

오답 피하기

- 유스케이스 즉, 사용 사례는 시스템과 상호작용하는 액터의 행위 사례를 의미한다.
- 액터(Actor)는 서비스를 이용하는 외부 객체이다. 시스템이 특정한 사례(Use Case)를 실행하도록 요구할 수 있는 중요한 요소이다.

기적의 TIP

유스케이스의 구성 요소 간 관계를 잘 알아 두세요.

007 럼바우(Rumbaugh) 객체지향 분석 기법

POINT 07 참고

- **객체 모델링** : 정보 모델링이라고도 한다. 시스템에서 요구되는 객체를 찾아내어 속성과 연산 식별 및 객체 간의 관계를 규정하여 객체를 다이어그램으로 표시한다.
- **동적 모델링** : 제어 흐름, 상호작용, 동작 순서 등의 상태를 시간 흐름에 따라 상태 다이어그램으로 표시한다.
- **기능 모델링** : 자료 흐름도를 이용하여 여러 프로세스 간의 자료 흐름을 표시한다. 어떤 데이터를 입력하여 어떤 결과를 가져올 수 있을지를 표현한다.

22.3, 20.8, 20.6

14 객체지향 분석 기법의 하나로 객체 모형, 동적 모형, 기능 모형의 3개 모형을 생성하는 방법은?

① Wirfs-Block Method
② Rumbaugh Method
③ Booch Method
④ Jacobson Method

22.7, 21.8, 21.5, 21.3, 20.9

15 럼바우(Rumbaugh)의 객체지향 분석에서 사용하는 분석 활동으로 옳은 것은?

① 객체 모델링, 동적 모델링, 정적 모델링
② 객체 모델링, 동적 모델링, 기능 모델링
③ 동적 모델링, 기능 모델링, 정적 모델링
④ 정적 모델링, 객체 모델링, 기능 모델링

오답 피하기

절차 : 객체 모델링 → 동적 모델링 → 기능 모델링

기적의 TIP

럼바우의 객체지향 분석 기법은 100% 출제되는 내용입니다. 기법 및 절차 모두 기억합니다. 암기보다는 객체지향의 설계 단계를 이해하면 쉽습니다.

008 UI 설계 원칙과 설계 지침 POINT 09 참고

UI 설계 원칙

직관성 (Intuitiveness)	• Findability/Ease of use/Consistency • '앱의 구조를 큰 노력 없이도 쉽게 이해하고, 쉽게 사용하게 해주는가'에 관한 척도이다.
유효성 (Efficiency)	• Feedback/Effectiveness • 얼마나 정확하고 완벽하게 사용자의 목표가 달성될 수 있는지에 관한 척도이다. • 시스템의 상태와 사용자의 지시에 대한 효과를 보여주어 사용자가 명령에 대한 진행 상황과 표시된 내용을 해석할 수 있도록 도와준다.
학습성 (Learnability)	• Easy of Learning/Accessibility/Memorability • 초보와 숙련자 모두가 쉽게 배우고 사용할 수 있게 해주는지에 관한 척도이다.
유연성 (Flexibility)	• Forgiveness/Error Prevention/Error Detectability/Error-averse • 사용자의 인터랙션을 얼마나 포용하고, 실수로부터 방지해주는지에 관한 척도이다.

UI 설계 지침

- **사용자 중심** : 실사용자의 이해를 바탕으로 쉽게 이해하고, 쉽게 사용할 수 있는 환경을 제공한다.
- **일관성** : 사용자가 기억하기 쉽고 빠른 습득이 가능하도록 버튼이나 조작법을 제공한다.
- **단순성** : 인지적 부담을 줄이도록 조작 방법을 가장 간단히 작동하도록 한다.
- **가시성** : 주요 기능은 메인 화면에 배치하여 조작이 쉽게 한다.
- **표준화** : 기능 구조의 선행 학습 이후 쉽게 이용할 수 있도록 디자인을 표준화한다.
- **접근성** : 사용자의 직무, 성별, 나이 등 다양한 계층을 수용해야 한다.
- **결과 예측 가능** : 작동 대상 기능만 보고도 결과 예측이 가능해야 한다.
- **명확성** : 사용자 관점에서 개념적으로 쉽게 인지할 수 있어야 한다.
- **오류 발생 해결** : 오류가 발생하면 사용자가 상황을 정확히 인지할 수 있어야 한다.

UI 설계에 도움을 주는 도구

- **와이어 프레임(Wire frame)** : UI 중심의 화면 레이아웃을 선을 이용하여 개략적으로 작성한다.
- **목업(Mockup)** : 실물과 흡사한 정적인 모형을 의미한다. 시각적으로 구성 요소를 배치하는 것으로 일반적으로 실제로 구현되지는 않는다.
- **프로토타입(Prototype)** : Interaction이 결합하여 실제 작동하는 모형이다.
- **스토리보드(storyboard)** : 정책, 프로세스, 와이어 프레임, 설명이 모두 포함된 설계 문서이다.

22.4, 20.8

16 UI와 관련된 기본 개념 중 하나로, 시스템의 상태와 사용자의 지시에 대한 효과를 보여주어 사용자가 명령에 대한 진행 상황과 표시된 내용을 해석할 수 있도록 도와주는 것은?

① Feedback ② Posture
③ Module ④ Hash

오답 피하기

유효성(Efficiency) : Feedback/Effectiveness

22.4, 21.5, 21.3

17 UI의 설계 지침으로 틀린 것은?

① 이해하기 편하고 쉽게 사용할 수 있는 환경을 제공해야 한다.
② 주요 기능을 메인 화면에 노출하여 조작이 쉽도록 하여야 한다.
③ 치명적인 오류에 대한 부정적인 사항은 사용자가 인지할 수 없도록 한다.
④ 사용자의 직무, 연령, 성별 등 다양한 계층을 수용하여야 한다.

오답 피하기

치명적인 오류에 대한 부정적인 사항도 사용자에게 정확한 정보를 제공해야 하며, 오류 메시지는 사용자가 쉽게 이해할 수 있도록 소리, 색 등을 사용하여 전달한다.

22.7, 22.4

18 다음 내용이 설명하는 UI 설계 도구는?

- 디자인, 사용 방법 설명, 평가 등을 위해 실제 화면과 유사하게 만든 정적인 형태의 모형
- 시각적으로 구성 요소를 배치하는 것으로 일반적으로 실제로 구현되지는 않음

① 스토리보드(Storyboard)
② 목업(Mockup)
③ 프로토타입(Prototype)
④ 유스케이스(Usecase)

기적의 TIP

UI 설계 지침의 종류를 무작정 외우기보다 UI의 개념을 파악하고 보기에서 알맞은 답을 찾도록 합니다.

009 자료 흐름도 (DFD : Data Flow Diagram)

POINT 11 참고

- 자료는 처리를 거쳐 변환될 때마다 새로운 명칭을 부여해야 한다.
- 자료 흐름도의 최하위 처리(Process)는 소단위 명세서를 갖는다.
- 어떤 처리(Process)가 출력 자료를 산출하기 위해서는 필요한 자료가 반드시 입력되어야 한다.
- 시스템이나 프로그램 간의 총체적인 데이터 흐름을 표시할 수 있으며, 기본적인 데이터 요소와 그들 사이의 데이터 흐름 형태로 기술된다.
- 다차원적이며 자료 흐름 그래프 또는 버블(Bubble) 차트라고도 한다.
- 구조적 분석 기법에 이용된다.
- 그림 중심의 표현이고 하향식 분할 원리를 적용한다.

23.3, 22.3, 21.8, 21.5, 21.3, 20.9, 20.8, 20.6

19 자료 흐름도(Data Flow Diagram)의 구성 요소로 옳은 것은?

① Process, Data Flow, Data Store, Comment
② Process, Data Flow, Data Store, Terminator
③ Data Flow, Data Store, Terminator, Data Dictionary
④ Process, Data Store, Terminator, Mini-Spec

23.3, 22.7, 22.4, 21.5, 21.3

20 DFD(Data Flow Diagram)에 대한 설명으로 틀린 것은?

① 자료 흐름 그래프 또는 버블(Bubble) 차트라고도 한다.
② 구조적 분석 기법에 이용된다.
③ 시간 흐름을 명확하게 표현할 수 있다.
④ DFD의 요소는 화살표, 원, 사각형, 직선(단선/이중선)으로 표시한다.

기적의 TIP

DFD의 구성 요소와 각 기호도 같이 정리합니다.

기출

자주 출제되는 기출문제

010 데이터 사전(자료 사전, Data Dictionary)

POINT 11 참고

자료 사전

- 시스템 자신이 필요로 하는 여러 가지 객체(기본 테이블, 뷰, 인덱스, 데이터베이스, 패키지, 접근 권한 등)에 관한 정보를 포함하고 있는 시스템 데이터베이스이다.
- 시스템 카탈로그(System Catalog), 메타 데이터(Meta Data)라고도 한다.
- 시스템 카탈로그 자체도 시스템 테이블로 구성되어 있어 SQL문을 이용하여 내용 검색이 가능하다.

자료 사전 표기법

기호	의미	설명
=	자료의 정의	~로 구성되어 있다 (is compose of).
+	자료의 연결	그리고(and, along with)
( )	자료의 생략	생략 가능한 자료(Optional)
[|]	자료의 선택	다중 택일(Selection), 또는(or)
{ }	자료의 반복 (Iteration of)	$\{\ \}_n$: 최소 n번 이상 반복 $\{\ \}^n$: 최대 n번 이하 반복 $\{\ \}^n_m$: m번 이상 n번 이하 반복
**	자료의 설명	주석(Comment)
|	대체 항목 나열	또는(or)

22.4, 21.5, 21.3

21 데이터 사전에 대한 설명으로 틀린 것은?

① 시스템 카탈로그 또는 시스템 데이터베이스라고도 한다.
② 데이터 사전 역시 데이터베이스의 일종이므로 일반 사용자가 생성, 유지 및 수정할 수 있다.
③ 데이터베이스에 대한 데이터인 메타 데이터(Meta-data)를 저장하고 있다.
④ 데이터 사전에 있는 데이터에 실제로 접근하는 데 필요한 위치 정보는 데이터 디렉터리(Data Directory)라는 곳에서 관리한다.

오답 피하기
데이터 사전은 DBMS가 자동으로 관리한다.

20.9, 20.6

22 자료 사전에서 자료의 생략을 의미하는 기호는?

① {
② **
③ =
④ ( )

기적의 TIP

자료에 대한 정보를 담고 있는 사전이 자료 사전입니다. 자료 사전 표기법을 기억합니다.

011 소프트웨어 모델링

POINT 11 참고

- 현실 세계에 존재하는 데이터를 추상화하여 컴퓨터 세계로 옮기는 변환 과정이다.
- 모델링 작업의 결과물은 다른 모델링에 영향을 준다.
- 개념적 모델링과 논리적 모델링으로 구분된다.
- 데이터 모델링의 결과물을 데이터 모델이라고 한다.

22.4, 22.3, 21.8

23 소프트웨어 모델링과 관련한 설명으로 틀린 것은?

① 모델링 작업의 결과물은 다른 모델링 작업에 영향을 줄 수 없다.
② 구조적 방법론에서는 DFD(Data Flow Diagram), DD(Data Dictionary) 등을 사용하여 요구사항의 결과를 표현한다.
③ 객체지향 방법론에서는 UML 표기법을 사용한다.
④ 소프트웨어 모델을 사용할 경우 개발될 소프트웨어에 대한 이해도 및 이해 당사자 간의 의사소통 향상에 도움이 된다.

오답 피하기
모델링 작업 결과물은 연계된 다른 모델링 작업에 영향을 줄 수 있다.

21.8

24 소프트웨어 공학에서 모델링(Modeling)과 관련한 설명으로 틀린 것은?

① 개발팀이 응용 문제를 이해하는 데 도움을 줄 수 있다.
② 유지보수 단계에서만 모델링 기법을 활용한다.
③ 개발될 시스템에 대하여 여러 분야의 엔지니어들이 공통된 개념을 공유하는 데 도움을 준다.
④ 절차적인 프로그램을 위한 자료 흐름도는 프로세스 위주의 모델링 방법이다.

오답 피하기

모델링은 소프트웨어 개발 전 단계에 사용되며 다른 모델에 영향을 줄 수 있다.

기적의 TIP

소프트웨어 모델링의 내용을 이해하고 설명할 수 있도록 합니다.

012 응집도, 결합도 그리고 효과적인 모듈 설계

POINT 12 참고

응집도(Cohesion)

- 한 모듈 내에 있는 처리 요소들 사이의 기능적인 연관 정도를 나타낸다.
- (강함)기능적 응집도 〉 순차적 응집도 〉 교환적 응집도 〉 절차적 응집도 〉 시간적 응집도 〉 논리적 응집도 〉 우연적 응집도(약함)

결합도

- 모듈들이 변수를 공유하지 않도록 결합도를 낮추어야 한다.
- (낮음)데이터 결합도 〈 스탬프 결합도 〈 제어 결합도 〈 외부 결합도 〈 공통 결합도 〈 내용 결합도(높음)

효과적인 모듈화 설계 방법

- 응집도는 강하게, 결합도는 약하게 설계한다.
- 복잡도와 중복성을 줄이고 일관성을 유지할 수 있도록 설계한다.
- 유지보수가 용이하도록 설계한다.
- 모듈 크기는 시스템의 전반적인 기능과 구조를 이해하기 쉬운 크기로 설계한다.
- 모듈 기능은 예측이 가능해야 하며 지나치게 제한적이어서는 안 된다.

22.4, 21.8, 21.5, 21.3, 20.9, 20.8, 20.6

25 다음 중 Myers가 구분한 응집도(Cohesion)의 정도에서 가장 낮은 응집도를 갖는 단계는?

① 순차적 응집도(Sequential Cohesion)
② 기능적 응집도(Functional Cohesion)
③ 시간적 응집도(Temporal Cohesion)
④ 우연적 응집도(Coincidental Cohesion)

23.6, 23.3, 22.4, 22.3, 21.3, 20.9, 20.8

26 효과적인 모듈 설계를 위한 유의 사항으로 거리가 먼 것은?

① 모듈 간의 결합도를 약하게 하면 모듈 독립성이 향상된다.
② 복잡도와 중복성을 줄이고 일관성을 유지시킨다.
③ 모듈의 기능은 예측이 가능해야 하며 지나치게 제한적이어야 한다.
④ 유지보수가 용이해야 한다.

기적의 TIP

- 응집도는 "기 – 순 – 교 – 절 – 시 – 논 – 우"를 "학교 종이" 동요 음률을 붙여 암기하도록 하세요.
- 결합도는 "데 – 스 – 제 – 외 – 공 – 내"로 암기하도록 하세요.

013 객체지향/캡슐화

POINT 15 참고

객체지향(Object Oriented) 분석

- 현실 세계의 대상 체인 개체(Entity)를 속성(Attribute)과 메소드 (Method)로 결합하여 객체(Object)로 표현(모델링)한다.
- 소프트웨어 개발의 대상을 기능이 아닌 개체를 대상으로 하며 개체 간의 상호관계를 모델링하는 방식이다.

캡슐화(Encapsulation)

- 서로 관련성이 높은 데이터(속성)와 그와 관련된 기능(메소드, 함수)을 묶는 기법이다.
- 결합도가 낮아져 소프트웨어 개발에 있어 재사용성이 높아진다.
- 정보은닉을 통하여 타 객체와 메시지 교환 시 인터페이스가 단순해진다.

23.6, 21.8, 21.3, 20.9, 20.8

27 객체지향의 주요 개념에 대한 설명으로 틀린 것은?

① 캡슐화는 상위 클래스에서 속성이나 연산을 전달받아 새로운 형태의 클래스로 확장하여 사용하는 것을 의미한다.

② 객체는 실세계에 존재하거나 생각할 수 있는 것을 말한다.

③ 클래스는 하나 이상의 유사한 객체들을 묶어 공통된 특성을 표현한 것이다.

④ 다형성은 상속받은 여러 개의 하위 객체들이 다른 형태의 특성을 갖는 객체로 이용될 수 있는 성질이다.

오답 피하기

①번은 상속성에 대한 설명이다.

22.7, 22.3

28 객체지향 기법에서 상위 클래스의 메소드와 속성을 하위 클래스가 물려받는 것을 의미하는 것은?

① Abstraction

② Polymorphism

③ Encapsulation

④ Inheritance

오답 피하기

상속성(Inheritance) : 상위 클래스의 모든 속성, 연산을 하위 클래스가 재정의 없이 물려받아 사용하는 것이다.

기적의 TIP

객체지향의 개념과 캡슐화를 구분하고 설명할 수 있도록 합니다.

014 객체지향의 구성 요소와 설계 원칙

POINT 15 참고

객체지향의 구성 요소

Class	• 유사한 객체를 정의한 프로그램이다. • 같은 종류의 객체 집합으로 속성+행위를 정의한 것으로 일반적인 Type을 의미한다. • 객체지향 프로그램의 기본적인 사용자 정의 데이터형이다. • 객체지향 프로그램에서 데이터를 추상화하는 단위이다. • 같은 종류의 Object 속성과 연산을 정의하고 있는 Template이다. • Class에 속한 Instance를 Object라 한다. • 상위 클래스(부모 클래스, Super Class), 하위 클래스(자식 클래스, Sub Class)가 있다.	
Object	• 데이터와 함수를 묶어 캡슐화한 것이다. • 데이터와 함수를 묶어 캡슐화하는 대상이 된다. • 하나의 소프트웨어 모듈이다. • Class(클래스)에 속한 Instance(인스턴스)를 Object(객체)라 한다.	
	Attribute	Object가 가지고 있는 데이터 값
	Method	Object의 행위인 함수
Message	Object 간에 서로 주고받는 통신을 의미한다.	

객체지향 설계 원칙(SOLID)

단일 책임의 원칙 (SRP : Single Responsibility Principle)	모든 클래스는 단일 목적으로 생성되고, 하나의 책임만 가져야 한다.
개방-폐쇄의 원칙 (OCP : Open Closed Principle)	소프트웨어 구성 요소는 확장에 대해서는 개방되어야 하나 수정에 대해서는 폐쇄적이어야 한다.
리스코프 치환 원칙 (LSP : Liskov Substitution Principle)	부모 클래스가 들어갈 자리에 자식 클래스를 대체하여도 계획대로 작동해야 한다.
인터페이스 분리 원칙 (ISP : Interface Segregation Principle)	• 클라이언트는 자신이 사용하지 않는 메소드와 의존관계를 맺으면 안 된다. • 클라이언트가 사용하지 않는 인터페이스 때문에 영향을 받아서는 안 된다.
의존 역전 원칙 (DIP : Dependency Inversion Principle)	의존 관계를 맺으면 변하기 쉽고 변화 빈도가 높은 것보다 변하기 어렵고 변화 빈도가 낮은 것에 의존한다.

22.4, 22.3, 21.5, 20.8

29 객체에 대한 설명으로 틀린 것은?

① 객체는 상태, 동작, 고유 식별자를 가진 모든 것이라 할 수 있다.
② 객체는 공통 속성을 공유하는 클래스들의 집합이다.
③ 객체는 필요한 자료 구조와 이에 수행되는 함수들을 가진 하나의 독립된 존재이다.
④ 객체의 상태는 속성값에 의해 정의된다.

20.6

30 객체지향 프로그램에서 데이터를 추상화하는 단위는?

① 메소드
② 클래스
③ 상속성
④ 메세지

22.3, 20.9, 20.8

31 클래스 설계 원칙에 대한 바른 설명은?

① 단일 책임 원칙 : 하나의 클래스만 변경 가능해야 한다.
② 개방-폐쇄의 원칙 : 클래스는 확장에 대해 열려 있어야 하며 변경에 대해 닫혀 있어야 한다.
③ 리스코프 교체의 원칙 : 여러 개의 책임을 가진 클래스는 하나의 책임을 가진 클래스로 대체되어야 한다.
④ 의존관계 역전의 원칙 : 클라이언트는 자신이 사용하는 메소드와 의존관계를 갖지 않도록 해야 한다.

기적의 TIP

객체지향의 구성인 Class, Object, Message의 기능을 이해하도록 합니다.

015 CBD(Component Based Development)

POINT 66 참고

- 재사용이 가능한 컴포넌트의 개발 또는 상용 컴포넌트들을 조합하여 애플리케이션 개발 생산성과 품질을 높이고, 시스템 유지보수 비용을 최소화할 수 있는 개발 방법 프로세스이다.
- 컴포넌트 단위의 개발 및 조립을 통하여 정보 시스템의 신속한 구축, 변경, 확장의 용이성과 타 시스템과의 호환성을 달성하고자 하는 소프트웨어 공학 프로세스, 방법론 및 기술의 총체적 개념이다.

23.6, 21.5, 21.3, 20.9

32 소프트웨어 개발 방법론 중 CBD(Component Based Development)에 대한 설명으로 틀린 것은?

① 생산성과 품질을 높이고, 유지보수 비용을 최소화할 수 있다.
② 컴포넌트 제작 기법을 통해 재사용성을 향상시킨다.
③ 모듈의 분할과 정복에 의한 하향식 설계 방식이다.
④ 독립적인 컴포넌트 단위의 관리로 복잡성을 최소화할 수 있다.

기적의 TIP

CBD와 연결해서 구조적 개발 방법론도 같이 정리합니다.

016 GoF 디자인 패턴

POINT 16 참고

GoF(Gang of Four) 디자인 패턴

- **구조** : Adapter, Bridge, Composite, Decorator, Facade, Flyweight, Proxy
- **행위** : Chain of Responsibility, Iterator, Command, Interpreter, Memento, Observer, State, Strategy, Visitor, Template Method, Mediator
- **생성** : Factory Method, Singleton, Prototype, Builder, Abstraction Factory

디자인 패턴을 사용할 때의 장 · 단점

장점	• 개발자 간의 원활한 의사소통을 지원한다. • 소프트웨어 구조 파악이 쉽다. • 재사용을 통한 개발 시간을 단축할 수 있다. • 설계 변경 요청에 대한 유연한 대처가 가능하다. • 객체지향 설계 및 구현의 생산성을 높이는 데 적합하다.
단점	• 객체지향 설계/구현 위주로 사용된다. • 초기 투자 비용이 부담된다.

디자인 패턴의 특징

자주 사용하는 설계 형태를 정형화하여 유형별로 설계 템플릿을 만들어 두고 소프트웨어 개발 중 나타나는 과제를 해결하기 위한 방법 중 한 가지이므로 개발 프로세스를 무시할 수 없다.

23.3, 22.4, 22.3, 21.8, 21.5, 21.3, 20.9, 20.8, 20.6

33 GoF(Gang of Four) 디자인 패턴을 생성, 구조, 행동 패턴의 세 그룹으로 분류할 때, 구조 패턴이 아닌 것은?

① Adapter 패턴 ② Bridge 패턴
③ Builder 패턴 ④ Proxy 패턴

22.3, 21.3, 20.9

34 디자인 패턴을 이용한 소프트웨어 재사용으로 얻어지는 장점이 아닌 것은?

① 소프트웨어 코드의 품질을 향상시킬 수 있다.
② 개발 프로세스를 무시할 수 있다.
③ 개발자들 사이의 의사소통을 원활하게 할 수 있다.
④ 소프트웨어의 품질과 생산성을 향상시킬 수 있다.

기적의 TIP

디자인 패턴의 분류는 무작정 암기보다는 단어의 사전적 의미를 분석하고 분류하도록 합니다.

017 요구사항 검토 기법

POINT 17 참고

요구사항 검토 기법

방법	설명	
프로토타이핑	시제품인 프로토타입을 제작하여 검증한다.	
테스트 설계	Test Case를 생성하고, 요구사항이 현실적으로 테스트 가능한지 검토한다.	
CASE (Computer Aid Software Engineering)	• 소프트웨어를 개발하는 시점부터 요구 분석, 설계, 개발, 유지보수에 이르기까지 소프트웨어 생명주기의 전 단계를 연결한다. • 요구사항 변경의 추적과 분석을 통하여 요구사항을 관리한다.	
요구사항 검토	동료 검토	명세 작성자가 동료들에게 설명하고 동료들이 결함을 찾는 방법이다.
	워크 스루 (Walk Through)	• 절차 : 검토 회의 전 명세서 배포 → 짧은 검토 회의 → 결함 발견 • 사용 사례를 확장하여 명세하거나 설계 다이어그램, 원시 코드, 테스트 케이스 등에 적용할 수 있다. • 복잡한 알고리즘 또는 반복, 실시간 동작, 병행 처리와 같은 기능이나 동작을 이해하려고 할 때 유용하다. • 단순한 테스트 케이스를 이용하여 프로덕트를 수작업으로 수행해 보는 것이다.
	인스펙션 (Inspection)	명세서 작성자 외 전문가가 명세서의 결함을 발견하는 방법이다.

23.3, 22.4, 22.3

35 소프트웨어 공학에서 워크스루(Walkthrough)에 대한 설명으로 틀린 것은?

① 사용 사례를 확장하여 명세하거나 설계 다이어그램, 원시 코드, 테스트 케이스 등에 적용할 수 있다.
② 복잡한 알고리즘 또는 반복, 실시간 동작, 병행 처리와 같은 기능이나 동작을 이해하려고 할 때 유용하다.
③ 인스펙션(Inspection)과 동일한 의미를 가진다.
④ 단순한 테스트 케이스를 이용하여 프로덕트를 수작업으로 수행해 보는 것이다.

오답 피하기

Inspection(감사)은 전문가가 명세서의 결함을 발견하는 기법이다.

22.3

36 요구사항 검증(Requirements Validation)과 관련한 설명으로 틀린 것은?

① 요구사항이 고객이 정말 원하는 시스템을 제대로 정의하고 있는지 점검하는 과정이다.
② 개발 완료 이후에 문제점이 발견될 경우 막대한 재작업 비용이 들 수 있기 때문에 요구사항 검증은 매우 중요하다.
③ 요구사항이 실제 요구를 반영하는지, 문서상의 요구사항은 서로 상충되지 않는지 등을 점검한다.
④ 요구사항 검증 과정을 통해 모든 요구사항 문제를 발견할 수 있다.

오답 피하기

요구사항 검증(Requirements Validation)을 통해 모든 요구사항 문제를 발견할 수는 없다.

23.6, 22.3

37 코드 인스펙션과 관련한 설명으로 틀린 것은?

① 프로그램을 수행시켜보는 것 대신에 읽어보고 눈으로 확인하는 방법으로 볼 수 있다.
② 코드 품질 향상 기법 중 하나이다.
③ 동적 테스트 시에만 활용하는 기법이다.
④ 결함과 함께 코딩 표준 준수 여부, 효율성 등의 다른 품질 이슈를 검사하기도 한다.

오답 피하기

코드 인스펙션(감사)는 정적 테스트 기법에 주로 사용된다.

기적의 TIP

수집된 요구사항을 검증하는 기법과 요구사항 검증 기법을 구분하고 설명할 수 있도록 합니다.

018 미들웨어

POINT 19 참고

미들웨어 솔루션의 정의

- **DB(DataBase)** : 데이터베이스 벤더에서 제공하는 클라이언트와 데이터베이스를 연결하는 미들웨어이다. 2-Tier 아키텍처라고 한다.
- 클라이언트와 서버 간의 통신을 담당하는 시스템 소프트웨어이다.
- 이기종 하드웨어, 소프트웨어, 네트워크, 프로토콜, PC 환경, 운영체제 환경 등에서 시스템 간의 표준화된 연결을 도와주는 소프트웨어이다.
- 표준화된 인터페이스를 통하여 시스템 간의 데이터 교환에 있어 일관성을 제공한다.
- 운영체제와 애플리케이션 사이에서 중간 매개 역할을 하는 다목적 소프트웨어이다.

미들웨어 솔루션의 유형

- **TP-Monitor(Transaction Processing Monitor)** : 여러 프로토콜에서 동작하는 세션, 시스템, 데이터베이스 사이의 트랜잭션을 감시하여 일관성 있게 보관 유지하는 역할을 한다.
- **ORB(Object Request Broker)** : 객체지향 미들웨어로 코바(CORBA) 표준 스펙을 구현한 미들웨어이다.
- **RPC(Remote Procedure Call)** : 응용 프로그램의 프로시저를 사용하여 원격 프로시저를 마치 로컬 프로시저처럼 호출하는 방식이다.
- **MOM(Messgae Oriented Middleware)** : 메시지 기반의 비동기형 메시지를 전달하는 방식의 미들웨어이다. 온라인 업무보다는 이기종 분산 데이터 시스템의 데이터 동기를 위해 많이 사용한다.
- **WAS(Web Application Server)** : 사용자의 요구에 따라 변하는 동적인 콘텐츠를 처리하기 위해 사용되는 미들웨어이다.

23.3, 22.3, 21.3, 20.9, 20.8

38 분산 시스템에서의 미들웨어(Middleware)와 관련한 설명으로 틀린 것은?

① 분산 시스템에서 다양한 부분을 관리하고 통신하며 데이터를 교환하게 해주는 소프트웨어로 볼 수 있다.
② 위치 투명성(Location Transparency)을 제공한다.
③ 분산 시스템의 여러 컴포넌트가 요구하는 재사용 가능한 서비스의 구현을 제공한다.
④ 애플리케이션과 사용자 사이에서만 분산 서비스를 제공한다.

오답 피하기

애플리케이션과 사용자 사이에서뿐만 아니라, 이기종 하드웨어, 서버 간 표준 인터페이스를 통해 연결을 도와준다.

22.4, 21.3, 20.9, 20.8

39 응용 프로그램의 프로시저를 사용하여 원격 프로시저를 로컬 프로시저처럼 호출하는 방식의 미들웨어는?

① WAS(Web Application Server)
② MOM(Message Oriented Middleware)
③ RPC(Remote Procedure Call)
④ ORB(Object Request Broker)

기적의 TIP

미들웨어 솔루션의 개념과 종류를 정리합니다. 미들웨어 종류의 경우 문제은행 방식이므로 기출문제 기준으로 확인하세요.

019 인터페이스 보안 기술

POINT 33 참고

IPSec(IP Security Protocol)

- 보안에 취약한 인터넷상에서 안전한 통신을 실현하는 통신 규약이다.
- 가상 전용 회선을 구축하여 데이터를 도청당하는 등의 행위를 방지하기 위한 통신 규약이다.

SSL(Secure Sockets Layer)

- 웹 브라우저와 웹 서버 간에 데이터를 안전하게 주고받기 위한 업계 표준 프로토콜이다.
- 미국 넷스케이프 커뮤니케이션스사가 개발했고, 마이크로소프트사 등 주요 웹 제품 업체가 채택하고 있다.
- FTP 등 다른 TCP/IP 애플리케이션에 적용할 수 있다.
- 인증 암호화 기능을 제공한다.

20.9, 20.8, 20.6

40 인터페이스 보안을 위해 네트워크 영역에 적용될 수 있는 것으로 거리가 먼 것은?

① IPSec
② SSL
③ SMTP
④ S-HTTP

오답 피하기

SMTP(Simple Mail Transfer Protocol) : 사용자의 컴퓨터에서 작성한 메일을 다른 사람의 계정이 있는 곳으로 전송해 주는 역할을 하는 프로토콜이다.

기적의 TIP

같은 문제가 동일하게 반복됩니다.

과목 02 소프트웨어 개발

020 애플리케이션 패키징

POINT 21 참고

패키징

- 개발이 완료된 소프트웨어를 고객에 인도하기 위해 패키징하고, 설치 매뉴얼, 사용 매뉴얼 등을 작성하는 일련의 배포용 설치 파일을 만드는 작업을 의미한다.
- 향후 관리 편의성을 위해 모듈화하여 패키징한다.
- 사용자를 중심으로 진행하며, 사용자의 다양한 환경에서 설치할 수 있도록 패키징한다.
- 사용자의 불편함을 줄이고 사용자의 편의성을 먼저 고려한다.
- **패키징 시 주의 사항** : 전체 내용을 포함, 고객 중심, 모듈화, 버전 관리 및 릴리즈 노트 관리

패키징 도구 활용 시 고려사항

- 제품 SW 종류에 적합한 암호화 알고리즘을 적용한다.
- 패키징 도구를 활용하여 여러 가지 이기종 콘텐츠 및 단말기 간 DRM 연동을 고려한다.
- 사용자에게 배포되는 소프트웨어임을 고려하여 반드시 내부 콘텐츠에 대한 암호화 및 보안을 고려한다.

23.3, 22.3, 21.5

41 소프트웨어 패키징에 대한 설명으로 틀린 것은?

① 패키징은 개발자 중심으로 진행한다.
② 신규 및 변경 개발 소스를 식별하고, 이를 모듈화하여 상용 제품으로 패키징한다.
③ 고객의 편의성을 위해 매뉴얼 및 버전 관리를 지속적으로 한다.
④ 범용 환경에서 사용할 수 있도록 일반적인 배포 형태로 패키징이 진행된다.

20.9, 20.8, 20.6

42 소프트웨어 패키징 도구 활용 시 고려사항으로 틀린 것은?

① 반드시 내부 콘텐츠에 대한 암호화 및 보안을 고려한다.
② 보안을 위하여 이기종 연동을 고려하지 않아도 된다.
③ 사용자 편의성을 위한 복잡성 및 비효율성 문제를 고려한다.
④ 제품 소프트웨어 종류에 적합한 암호화 알고리즘을 적용한다.

기적의 TIP

소프트웨어 패키징은 소프트웨어를 판매하기 위해 포장하는 단계로 이해하면 됩니다.

021 형상 관리

POINT 24 참고

형상 관리(configuration managment)

- 구성 관리(Software Configuration Management)라고도 한다.
- 소프트웨어에 가시성과 추적 가능성을 부여하여 제품의 품질과 안전성을 높인다.
- 형상 관리를 위해 구성된 팀은 형상통제위원회이다.
- 소프트웨어 개발 생명주기 전반에 걸쳐 생성되는 소스 코드와 문서 등과 같은 산출물의 종합 및 변경 과정을 체계적으로 관리하고 유지하는 일련의 개발 관리 활동이다.
- 형상 식별, 형상 통제, 형상 상태 보고, 형상 감사를 통하여 변경사항을 관리한다.
- 이전 리비전이나 버전에 대한 정보에 접근 가능하여 배포본 관리에 유용하다.
- 불필요한 사용자의 소스 수정을 제한할 수 있다.
- 동일한 프로젝트에 대해 여러 개발자 동시 개발이 가능하다.

대표적인 소프트웨어 형상 항목

프로젝트 요구 분석서, 운영 및 설치 지침서, 요구사항 명세서, 설계/인터페이스 명세서, 테스트 설계서, 소프트웨어 품질보증, 형상 관리, V&V 계획서와 같은 계획서, 코드 모듈(소스와 오브젝트 모두)

22.4, 21.3, 21.8, 20.6

43 형상 관리의 개념과 절차에 대한 설명으로 틀린 것은?

① 형상 식별은 형상 관리 계획을 근거로 형상 관리의 대상이 무엇인지 식별하는 과정이다.
② 형상 관리를 통해 가시성과 추적성을 보장함으로써 소프트웨어의 생산성과 품질을 높일 수 있다.
③ 형상 통제 과정에서는 형상 목록의 변경 요구를 즉시 수용 및 반영해야 한다.
④ 형상 감사는 형상 관리 계획대로 형상 관리가 진행되고 있는지, 형상 항목의 변경이 요구사항에 맞도록 제대로 이뤄졌는지 등을 살펴보는 활동이다.

오답 피하기

형상 변경이 발생하면 "형상통제위원회"를 통해 변경을 승인한다.

20.9, 20.8

44 소프트웨어 형상 관리에서 관리 항목에 포함되지 않는 것은?

① 프로젝트 요구 분석서
② 소스 코드
③ 운영 및 설치 지침서
④ 프로젝트 개발 비용

기적의 TIP

형상이란 소프트웨어 개발 시 생성되는 모든 산출물을 의미합니다.

022 SW 테스트

POINT 25 참고

인수 테스트

- 일반적인 테스트 레벨의 가장 마지막 상위 레벨로, SW 제품에 대한 요구사항이 제대로 이행되었는지 확인하는 단계이다.
- 테스팅 환경을 실사용자 환경에서 진행하며 수행하는 주체가 사용자이다.
- 알파, 베타 테스트와 가장 밀접한 연관이 있다.
  - **알파 테스트** : 베타 테스트 전에 프로그램 개발 시 내부에서 미리 평가하고 버그를 찾아 수정하기 위해 시험해 보는 검사이다.
  - **베타 테스트** : 정식으로 프로그램을 공개하기 전에 한정된 집단 또는 일반인에게 공개하여 기능을 시험하는 검사이다.

결함 집중(Defect Clustering)

- 파레토 법칙이 좌우한다.
- 애플리케이션 결함의 대부분은 소수의 특정한 모듈에 집중되어 존재한다.
- 결함은 발생한 모듈에서 계속 추가로 발생할 가능성이 크다.

21.3

45 필드 테스팅(Field Testing)이라고도 불리며 개발자 없이 고객의 사용 환경에 소프트웨어를 설치하여 검사를 수행하는 인수 검사 기법은?

① 베타 검사　② 알파 검사
③ 형상 검사　④ 복구 검사

20.9, 20.6

46 검증 검사 기법 중 개발자의 장소에서 사용자가 개발자 앞에서 행하는 기법이며, 일반적으로 통제된 환경에서 사용자와 개발자가 함께 확인하면서 수행되는 검사는?

① 동치 분할 검사　② 형상 검사
③ 알파 검사　④ 베타 검사

21.5

47 다음 설명의 소프트웨어 테스트의 기본 원칙은?

> – 파레토 법칙이 좌우한다.
> – 애플리케이션 결함의 대부분은 소수의 특정한 모듈에 집중되어 존재한다.
> – 결함은 발생한 모듈에서 계속 추가로 발생할 가능성이 높다.

① 살충제 패러독스　② 결함 집중
③ 오류 부재의 궤변　④ 완벽한 테스팅은 불가능

기적의 TIP

인수 테스트 단계의 화이트/블랙박스 테스트를 구분하고 테스트 관련 용어를 정리합니다.

023 단위 테스트(Unit Test)

POINT 25, 27, 32 참고

단위 테스트 정의

- 하나의 모듈을 기준으로 독립적으로 진행되는 가장 작은 단위의 테스트이다.
- 애플리케이션을 구성하는 하나의 기능이 올바르게 동작하는지를 독립적으로 테스트하는 것이다.
- 구현 단계에서 각 모듈의 개발을 완료한 후 개발자가 명세서의 내용대로 정확히 구현되었는지 테스트한다.
- 모듈 내부의 구조를 구체적으로 볼 수 있는 구조적 테스트를 주로 시행한다.

단위 테스트 지원 도구(xUnit)

- **JUnit** : Java 프로그래밍 언어에 사용되는 테스트 도구로서 데이터를 테스트한 다음 코드에 삽입한다.
- **NUnit** : 모든 .net 언어에 널리 사용되는 단위 테스트 프레임워크로 병렬로 실행할 수 있는 데이터 중심 테스트를 지원한다.
- **JMockit** : 오픈소스 단위 테스트 도구로 기록 및 검증 구문으로 API를 Mocking할 수 있다.
- **EMMA** : 코드 분석 오픈소스 툴킷으로 JAVA 기반이므로 외부 라이브러리 종속성이 없으며 소스 코드에 액세스할 수 있다.
- **PHPUnit** : PHP 프로그래머를 위한 단위 테스트 도구이다.
- **HttpUnit** : Java 프로그램용 GUI가 없는 브라우저를 포함하는 오픈소스 Java 라이브러리이다.
- **DBUnit** : 데이터베이스 단위 테스트를 지원하는 프레임워크이다.

23.3, 22.7, 22.4, 21.5, 20.8

48 단위 테스트(Unit Test)와 관련한 설명으로 틀린 것은?

① 구현 단계에서 각 모듈의 개발을 완료한 후 개발자가 명세서의 내용대로 정확히 구현되었는지 테스트한다.
② 모듈 내부의 구조를 구체적으로 볼 수 있는 구조적 테스트를 주로 시행한다.
③ 필요 테스트를 인자를 통해 넘겨주고, 테스트 완료 후 그 결과값을 받는 역할을 하는 가상의 모듈을 테스트 스텁(Stub)이라고 한다.
④ 테스트할 모듈을 호출하는 모듈도 있고, 테스트할 모듈이 호출하는 모듈도 있다.

23.6, 22.4

49 다음 중 단위 테스트 도구로 사용할 수 없는 것은?

① CppUnit ② JUnit
③ HttpUnit ④ IgpUnit

기적의 TIP

테스트 레벨은 다음과 같습니다. 교재의 V 모델을 참고하여 정리합니다.
단위 테스트 → 통합 테스트 → 시스템 테스트 → 인수 테스트

024 테스트 스텁(Stub)과 테스트 드라이버(Driver)

POINT 25, 27 참고

Test Stub

- 상위 모듈에서 하위 모듈 방향으로 통합 테스트를 진행하는 하향식 테스트에서 사용한다.
- 상위 모듈에서 하위 모듈로의 테스트를 진행하는 과정 중 하위 시스템 컴포넌트의 개발이 완료되지 않은 상황에서 시스템 테스트를 진행하기 위하여 임시로 생성된 가상의 더미 컴포넌트(Dummy Component)를 일컫는다.

Test Driver

- 하위 모듈에서 상위 모듈로 통합하면서 테스트하는 상향식 테스트에서 사용한다.
- 테스트할 소프트웨어 또는 시스템을 제어하고 동작시키는데 사용되는 도구를 의미한다.
- 시스템이나 시스템 컴포넌트를 시험하는 환경 일부분으로 시험을 지원하는 목적하에 생성된 코드와 데이터이다.

23.6, 21.3, 20.8, 20.6

50 하향식 통합에 있어서 모듈 간의 통합 시험을 위해 일시적으로 필요한 조건만을 가지고 임시로 제공되는 시험용 모듈을 무엇이라고 하는가?

① Stub ② Driver
③ Procedure ④ Function

23.6, 23.3, 22.3, 21.8

51 테스트 드라이버(Test Driver)에 대한 설명으로 틀린 것은?

① 시험 대상 모듈을 호출하는 간이 소프트웨어이다.
② 필요에 따라 매개 변수를 전달하고 모듈을 수행한 후의 결과를 보여줄 수 있다.
③ 상향식 통합 테스트에서 사용된다.
④ 테스트 대상 모듈이 호출하는 하위 모듈의 역할을 한다.

기적의 TIP

- **Stub 사전적 의미** : 토막, 담배꽁초, 몽당연필
- **Driver 사전적 의미** : 운전기사

025 통합 테스트

POINT 25, 28 참고

통합 테스트

단위 테스트를 통과한 개발 소프트웨어/하드웨어 컴포넌트 간 인터페이스 및 연동 기능 등을 구조적으로 접근하여 테스트한다.

시각에 따른 테스트

- **검증(Verification) 테스트** : 제품이 명세서대로 완성되었는지 검증하는 단계이다. 개발자의 시각에서 제품의 생산 과정을 테스트하는 것을 의미한다.
- **확인(Validation) 테스트** : 사용자의 요구사항을 잘 수행하고 있는지 사용자의 시각에서 생산된 제품의 결과를 테스트하는 것을 의미한다.

22.4

52 통합 테스트(Integration Test)와 관련한 설명으로 틀린 것은?

① 시스템을 구성하는 모듈의 인터페이스와 결합을 테스트하는 것이다.
② 하향식 통합 테스트의 경우 너비 우선(Breadth First) 방식으로 테스트를 할 모듈을 선택할 수 있다.
③ 상향식 통합 테스트의 경우 시스템 구조도의 최상위에 있는 모듈을 먼저 구현하고 테스트한다.
④ 모듈 간의 인터페이스와 시스템의 동작이 정상적으로 잘 되고 있는지를 빨리 파악하고자 할 때 상향식 보다는 하향식 통합 테스트를 사용하는 것이 좋다.

23.6, 21.8

53 소프트웨어 테스트에서 검증(Verification)과 확인(Validation)에 대한 설명으로 틀린 것은?

① 소프트웨어 테스트에서 검증과 확인을 구별하면 찾고자 하는 결함 유형을 명확하게 하는 데 도움이 된다.
② 검증은 소프트웨어 개발 과정을 테스트하는 것이고, 확인은 소프트웨어 결과를 테스트하는 것이다.
③ 검증은 작업 제품이 요구 명세의 기능, 비기능 요구사항을 얼마나 잘 준수하는지 측정하는 작업이다.
④ 검증은 작업 제품이 사용자의 요구에 적합한지 측정하며, 확인은 작업 제품이 개발자의 기대를 충족시키는지를 측정한다.

기적의 TIP

V-모델을 참고하여 테스트 단계를 정리하세요.

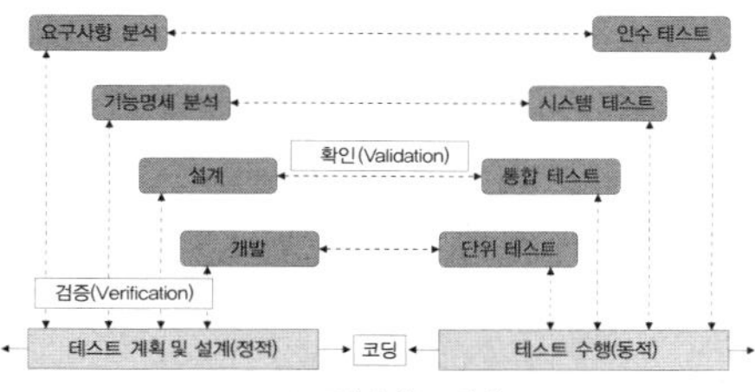

▲V-모델과 테스트 단계

026 테스트 케이스(Test Case)

POINT 25 참고

테스트 케이스 정의

- 구현된 소프트웨어가 사용자의 요구사항을 정확하게 준수했는지를 확인하기 위해 설계된 입력값, 실행 조건, 기대 결과 등으로 구성된 테스트 항목에 대한 명세서를 의미한다.
- 테스트의 목표 및 테스트 방법을 결정하고 테스트 케이스를 작성해야 한다.

테스트 케이스 자동 생성

- 자료 흐름도 → 테스트 경로 관리
- 입력 도메인 분석 → 테스트 데이터 산출
- 랜덤 테스트 → 무작위 값 입력, 신뢰성 검사

22.4, 22.3, 21.5, 20.8, 20.6

54 테스트 케이스와 관련한 설명으로 틀린 것은?

① 테스트의 목표 및 테스트 방법을 결정하기 전에 테스트 케이스를 작성해야 한다.
② 프로그램에 결함이 있더라도 입력에 대해 정상적인 결과를 낼 수 있기 때문에 결함을 검사할 수 있는 테스트 케이스를 찾는 것이 중요하다.
③ 개발된 서비스가 정의된 요구사항을 준수하는지 확인하기 위한 입력값과 실행 조건, 예상 결과의 집합으로 볼 수 있다.
④ 테스트 케이스 실행이 통과되었는지 실패하였는지 판단하기 위한 기준을 테스트 오라클(TestOracle)이라고 한다.

21.9

55 테스트 케이스 자동 생성 도구를 이용하여 테스트 데이터를 찾아내는 방법이 아닌 것은?

① 스터브(Stub)와 드라이버(Driver)
② 입력 도메인 분석
③ 랜덤(Random) 테스트
④ 자료 흐름도

기적의 TIP

테스트 케이스의 개념을 이해하고 테스트 케이스를 자동으로 생성할 수 있는 방법을 정리합니다.

027 블랙박스 테스트 vs 화이트박스 테스트

POINT 25 참고

블랙박스 테스트(Black Box Test)

- 소프트웨어가 수행할 특정 기능을 알기 위해 각 기능이 완벽히 작동되는 것을 입증하는 테스트로 기능 테스트라고도 한다.
- 대표적인 명세 기반 기법(Specification-based Technique)이다.
- 등가 분할의 경계 부분에 해당하는 입력값에서 결함이 발견될 확률이 경험적으로 높아서 결함을 방지하기 위해 경계값까지 포함하여 테스트하는 기법이다.
- **종류** : 동치 분할 검사, 원인 효과 그래프, 오류 예측 검사, 비교 검사, 경계값 분석

화이트박스 테스트(White Box Test)

- 모듈의 원시 코드를 오픈시킨 상태에서 코드의 논리적 모든 경로를 테스트하는 방법이다.
- Source Code의 모든 문장을 한 번 이상 수행함으로써 진행된다.
- 화이트박스 테스트의 이해를 위해 논리 흐름도(Logic-Flow Diagram)를 이용할 수 있다.
- 테스트 데이터를 이용해 실제 프로그램을 실행함으로써 오류를 찾는 동적 테스트(Dynamic Test)에 해당한다.
- **종류** : 기초 경로 검사, 루프 테스트, 데이터 흐름 테스트, 제어 구조 검사

22.4, 22.3, 21.5, 20.8, 20.9

56 화이트박스 검사 기법에 해당하는 것으로만 짝지어진 것은?

㉠ 데이터 흐름 검사	㉡ 루프 검사
㉢ 동등 분할 검사	㉣ 경계값 분석
㉤ 원인 결과 그래프 기법	㉥ 오류 예측 기법

① ㉠, ㉡　　② ㉠, ㉣
③ ㉡, ㉤　　④ ㉢, ㉥

23.3, 21.5, 21.3

57 블랙박스 테스트를 이용하여 발견할 수 있는 오류가 아닌 것은?

① 비정상적인 자료를 입력해도 오류 처리를 수행하지 않는 경우
② 정상적인 자료를 입력해도 요구된 기능이 제대로 수행되지 않는 경우
③ 반복 조건을 만족하는데도 루프 내의 문장이 수행되지 않는 경우
④ 경계값을 입력할 경우 요구된 출력 결과가 나오지 않는 경우

기적의 TIP

블랙/화이트박스 테스트 기법을 구분하고 각 기법을 구분할 수 있도록 합니다.

028 알고리즘 순환 복잡도

POINT 30 참고

시간 복잡도 Big-O 표기법

$O(1)$	상수 시간의 복잡도를 의미하며 입력값 n이 주어졌을 때, 문제를 해결하는 데 오직 한 단계만 거친다(해시 함수).
$O(\log_2 n)$	로그 시간의 복잡도를 의미하며 입력값 n이 주어졌을 때, 문제를 해결하는 데 필요한 단계들이 연산마다 특정 요인에 의해 줄어든다(이진 탐색).
$O(n\log_2 n)$	선형 로그 시간의 복잡도를 의미하며 문제 해결을 위한 단계수는 $n\log_2 n$번의 수행 시간을 갖는다(퀵 정렬, 병합(합병) 정렬).
$O(n)$	선형 시간의 복잡도를 의미하며 문제를 해결하기 위한 단계의 수와 입력값 n이 1 : 1 관계이다(순차 탐색).
$O(n^2)$	제곱 시간의 복잡도를 의미하며 문제를 해결하기 위한 단계의 수는 입력값 n의 제곱근이다(버블 정렬, 삽입 정렬, 선택 정렬).
$O(C^n)$	지수 시간의 복잡도를 의미하며 문제를 해결하기 위한 단계의 수는 주어진 상수값 C의 n 제곱이다.

기출 자주 출제되는 기출문제

21.5, 20.6

58 정렬된 N개의 데이터를 처리하는 데 $O(N\log_2 N)$의 시간이 소요되는 정렬 알고리즘은?

① 선택 정렬 ② 삽입 정렬
③ 버블 정렬 ④ 합병 정렬

20.6

59 알고리즘 시간 복잡도 *O(1)*이 의미하는 것은?

① 컴퓨터 처리가 불가
② 알고리즘 입력 데이터 수가 한 개
③ 알고리즘 수행 시간이 입력 데이터 수와 관계없이 일정
④ 알고리즘 길이가 입력 데이터보다 작음

오답 피하기

알고리즘 시간 복잡도 *O(1)*이 의미하는 것은 알고리즘 수행 시간이 입력데이터 수와 관계없이 일정하다는 의미이다.

기적의 TIP

알고리즘별 순환 복잡도와 Big *O* 표기법을 정리합니다.

029 소스 코드 최적화

POINT 31 참고

클린 코드(Clean Code)

- 깔끔하게 잘 정리된 코드이다.
- 중복 코드 제거로 애플리케이션의 설계가 개선된다.
- 가독성이 높아진다.
- 버그를 찾기 쉬워지며, 프로그래밍 속도가 빨라진다.

외계인 코드(Alien Code)

아주 오래되거나 참고문서 또는 개발자가 없어 유지보수 작업이 어려운 프로그램을 의미한다.

소스 코드 품질 분석 기법

정적 분석 도구	• 소프트웨어를 분석하는 방법의 하나로 소프트웨어를 실행하지 않고 코드 레벨에서 분석하는 방법이다. • 종류 : pmd, cppcheck, checkstyle, FindBugs
동적 분석 도구	• 애플리케이션을 실행하여 코드에 존재하는 메모리 누수 현황을 발견하고, 발생한 스레드의 결함 등을 분석하기 위한 도구이다. • 종류 : Avalanche, Valgrind, ValMeter

22.3, 21.5, 20.9, 20.8

60 클린 코드(Clean Code)를 작성하기 위한 원칙으로 틀린 것은?

① 추상화 : 하위 클래스/메소드/함수를 통해 애플리케이션의 특성을 간략하게 나타내고, 상세 내용은 상위 클래스/메소드/함수에서 구현한다.
② 의존성 : 다른 모듈에 미치는 영향을 최소화하도록 작성한다.
③ 가독성 : 누구든지 읽기 쉽게 코드를 작성한다.
④ 중복성 : 중복을 최소화할 수 있는 코드를 작성한다.

22.3, 21.8

61 소스 코드 품질 분석 도구 중 정적 분석 도구가 아닌 것은?

① pmd
② cppcheck
③ valMeter
④ checkstyle

기적의 TIP

기출문제를 기반으로 클린 코드의 개념과 소스 코드 품질 분석 도구의 정적/동적 도구를 구분할 수 있도록 합니다.

030 선형/비선형 구조

POINT 34 참고

- **선형 구조** : 큐, 스택, 데크, 리스트, 연결 리스트
- **비선형 구조** : 그래프, 트리, 인접 행렬
- **스택 응용 분야** : 인터럽트의 처리, 수식의 계산, 서브루틴의 복귀 번지 저장, 후위 표현(Post-fix Expression)의 연산, 깊이 우선 탐색

21.3

62 다음 중 선형 구조로만 묶인 것은?

① 스택, 트리
② 큐, 데크
③ 큐, 그래프
④ 리스트, 그래프

22.3, 21.5, 20.4, 21.3

63 스택(Stack)에 대한 옳은 내용으로만 나열된 것은?

> ㉠ FIFO 방식으로 처리된다.
> ㉡ 순서 리스트의 뒤(Rear)에서 노드가 삽입되며, 앞(Front)에서 노드가 제거된다.
> ㉢ 삭제가 리스트의 앞과 뒤에서 모두 가능한 자료 구조이다.
> ㉣ 인터럽트 처리, 서브루틴 호출 작업 등에 응용된다.

① ㉠, ㉡
② ㉡, ㉢
③ ㉣
④ ㉠, ㉡, ㉢, ㉣

오답 피하기

㉠, ㉡은 큐에 관한 설명이다.

23.6, 22.3, 21.9

64 순서가 A, B, C, D로 정해진 입력 자료를 push, push, pop, push, push, pop, pop, pop 순서로 스택 연산을 수행하는 경우 출력 결과는?

① B D C A
② A B C D
③ B A C D
④ A B D C

오답 피하기

입력 순서 : A → B → C → D

연산	스택	행동
push	A	A 삽입
push	A, B	B 삽입
pop	A	B 출력
push	A, C	C 삽입
push	A, C, D	D 삽입
pop	D	D 출력
pop	C	C 출력
pop	A	A 출력

출력을 순서대로 표시하면 B → D → C → A

21.5, 20.6

65 메모리상에서 프로그램의 복귀 주소와 변수 사이에 특정 값을 저장해 두었다가 그 값이 변경되었을 경우 오버플로 상태로 가정하여 프로그램 실행을 중단하는 기술은?

① Stack Guard　② Bridge
③ ASLR　④ FIN

기적의 TIP

자료 구조 중 스택은 시험문제 단골입니다. 본문과 기출문제를 통해 스택의 다양한 문제를 폭넓게 학습하세요.

031 정렬

POINT 36 참고

버블 정렬(Bubble Sort)

- 인접한 데이터를 비교하면서 그 크기에 따라 데이터의 위치를 바꾸어 정렬하는 방법이다.
- **최상, 최악, 평균 시간 복잡도** : $O(n^2)$

삽입 정렬(Insertion Sort)

- 정렬된 파일에 새로운 하나의 레코드를 순서에 따라 삽입시켜 정렬하는 방법이다.
- **최상 시간 복잡도** : $O(n)$
- **최악, 평균 시간 복잡도** : $O(n^2)$

22.4, 21.5, 21.8

66 버블 정렬을 이용하여 다음 자료를 오름차순으로 정렬할 경우 PASS 1의 결과는?

> 9, 6, 7, 3, 5

① 6, 9, 7, 3, 5　② 3, 9, 6, 7, 5
③ 3, 6, 7, 9, 5　④ 6, 7, 3, 5, 9

오답 피하기

버블 정렬의 오름차순 수행 시 매 회전(Pass)마다 마지막 값이 가장 큰 값이 된다.
- 초　기 : 9, 6, 7, 3, 5
- 1Pass : 6, 7, 3, 5, 9
- 2Pass : 6, 3, 5, 7, 9
- 3Pass : 3, 5, 6, 7, 9
- 4Pass : 3, 5, 6, 7, 9

21.3, 20.8

67 다음 자료에 대하여 "Selection Sort"를 사용하여 오름차순으로 정렬한 경우 PASS 2의 결과는?

초기 상태 : 8, 3, 4, 9, 7

① 3, 4, 8, 9, 7
② 3, 4, 9, 7, 8
③ 7, 8, 3, 4, 9
④ 3, 8, 4, 9, 7

오답 피하기

오름차순 선택 정렬의 경우 1Pass마다 가장 작은 값이 맨 앞으로 이동한다.

- 1Pass : 8, 3, 4, 9, 7 → 3, 8, 4, 9, 7
- 2Pass : 3, 8, 4, 9, 7 → 3, 4, 8, 9, 7
- 3Pass : 3, 4, 8, 9, 7 → 3, 4, 7, 9, 8
- 4Pass : 3, 4, 7, 9, 8 → 3, 4, 7, 8, 9

기적의 TIP

버블 정렬은 각 pass마다 가장 큰 값이 뒤부터 정렬되고, 선택 정렬은 각 pass마다 작은 값이 앞으로 이동합니다(오름차순 기준).

032 검색

POINT 37 참고

이분 검색 방법

- 탐색 효율이 좋고 탐색 기간이 적게 소요된다.
- 검색할 데이터가 정렬되어 있어야 한다.
- 비교 횟수를 거듭할 때마다 검색 대상이 되는 데이터의 수가 절반으로 줄어든다.
- 대상 범위의 첫 번째 원소의 위치를 Low로, 마지막 원소의 위치를 High로 두고서 그 중간 원소의 위치인 Mid를 (Low + High) / 2로 구한다.
- 찾고자 하는 Key와 중간값을 비교한다.
- **Key 〉 중간값** : Low를 (Mid+1)로 두고서 계속 수행
- **Key 〈 중간값** : High를 (Mid−1)로 두고서 계속 수행
- **Key = 중간값** : 검색 완료

선형 검색

- 원하는 레코드를 찾을 때까지 처음부터 끝까지 차례로 하나씩 비교하면서 검색한다.
- 데이터가 모인 집합(배열, 링크드리스트(Linked-List) 등)의 처음부터 끝까지 하나씩 순서대로 비교하며 원하는 값을 찾아내는 알고리즘이다.
- 순차 검색이라고도 한다.
- **단점** : 단순한 방식으로 정렬되지 않는 검색에 가장 유용하며 평균 검색 시간이 많이 소요된다.
- **평균 검색 횟수** : (n + 1) / 2

깊이 우선 탐색

- 루트 노드(혹은 다른 임의의 노드)에서 시작해서 다음 분기(Branch)로 넘어가기 전에 해당 분기를 완벽하게 탐색하는 방법이다.
- 넓게(Wide) 탐색하기 전에 깊게(Deep) 탐색하는 것이다.

22.3, 21.5, 20.9, 20.8

68 알고리즘과 관련한 설명으로 틀린 것은?

① 주어진 작업을 수행하는 컴퓨터 명령어를 순서대로 나열한 것으로 볼 수 있다.
② 검색(Searching)은 정렬이 되지 않은 데이터 혹은 정렬이 된 데이터 중에서 키값에 해당하는 데이터를 찾는 알고리즘이다.
③ 정렬(Sorting)은 흩어져 있는 데이터를 키값을 이용하여 순서대로 열거하는 알고리즘이다.
④ 선형 검색은 검색을 수행하기 전에 반드시 데이터의 집합이 정렬되어 있어야 한다.

오답 피하기

검색 수행 전 반드시 정렬되어 있어야 하는 방식은 이분 검색이다

22.7, 22.4, 22.3, 21.5, 20.8, 20.6

69 다음과 같이 레코드가 구성되어 있을 때, 이진 검색 방법으로 14를 찾을 경우 비교되는 횟수는?

1 2 3 4 5 6 7 8 9 10 11 12 13 14 15

① 2 ② 3 ③ 4 ④ 5

오답 피하기

- **14와 중간값 비교** : 14가 8보다 크므로 Low를 9로 설정
- **14와 중간값 비교** : 14가 12보다 크므로 Low를 13으로 설정
- **14와 중간값 비교** : 14와 14가 같으므로 검색 완료

21.8

70 **다음 그래프에서 정점 A를 선택하여 깊이 우선 탐색(DFS)으로 운행한 결과는?**

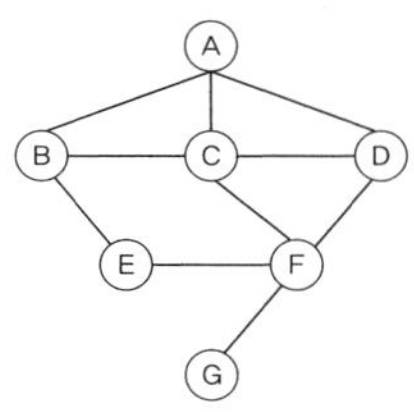

① A B E C D F G ② A B E C F D G
③ A B C D E F G ④ A B E F G C D

오답 피하기

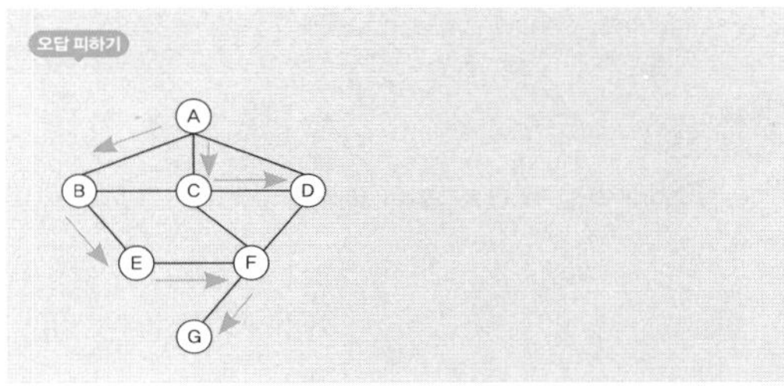

기적의 TIP

이진검색 알고리즘과 그래프 깊이 우선 탐색 기법을 정리합니다.

033 DRM (Digital Right Management)

POINT 22 참고

DRM

디지털 콘텐츠의 지식재산권 보호, 관리 기능 및 안전한 유통과 배포를 보장하는 솔루션이다.

DRM 기술 요소

- **사용 규칙 제어 기술** : 콘텐츠 식별 체계, 메타 데이터, 권리 표현 기술
- **저작권 보호 기술** : 암호화(Encryption), 키 관리(Key Management), 암호화 파일 생성(Packager), 식별 기술(Identification), 저작권 표현(Right Expression), 정책 관리(Policy Management), 크랙 방지(Tamper Resistance), 인증(Authentication), 인터페이스(Interface), 이벤트 보고(Event Reporting), 사용 권한(Permission)

DRM 시스템 구성 요소

- **콘텐츠 제공자(Contents Provider)** : 콘텐츠를 제공하는 저작권자
- **콘텐츠 분배자(Contents Distributor)** : 쇼핑몰 등으로써 암호화된 콘텐츠 제공
- **패키저(Packager)** : 콘텐츠를 메타 데이터와 함께 배포할 수 있는 단위로 묶는 기능
- **보안 컨테이너** : 원본을 안전하게 유통하기 위한 전자적 보안 장치
- **DRM 컨트롤러** : 배포된 콘텐츠의 이용 권한을 통제
- **클리어링 하우스(Clearing House)** : 키 관리 및 라이선스 발급 관리

21.3, 20.9, 20.8, 20.6

71 **디지털 저작권 관리(DRM) 기술과 거리가 먼 것은?**

① 콘텐츠 암호화 및 키 관리
② 콘텐츠 식별 체계 표현
③ 콘텐츠 오류 감지 및 복구
④ 라이선스 발급 및 관리

23.6, 21.5, 21.8, 20.9

72 **디지털 저작권 관리(DRM) 구성 요소가 아닌 것은?**

① Data Warehouse
② DRM Controller
③ Packager
④ Contents Distributor

오답 피하기

Data Warehouse : 기간 업무 시스템에서 추출되어 새로이 생성된 데이터베이스로서 의사결정 자원 시스템을 지원하는 주체적, 통합적, 시간적 데이터의 집합체이다.

기적의 TIP

저작권 보호 기술 종류와 DRM 시스템의 구성을 구분할 수 있도록 합니다.

과목 03 데이터베이스 구축

034 인덱스(Index)

POINT 34 참고

- 데이터베이스 성능에 많은 영향을 주는 DBMS의 구성 요소로 테이블과 클러스터에 연관되어 독립적인 저장 공간을 보유하며, 데이터베이스에 저장된 자료를 더욱 빠르게 조회하기 위하여 별도로 구성한 순서 데이터를 말한다.
- 데이터베이스 대부분에서 테이블을 삭제하면 인덱스도 같이 삭제된다.

22.4, 21.8

73 데이터베이스의 인덱스와 관련한 설명으로 틀린 것은?

① 문헌의 색인, 사전과 같이 데이터를 쉽고 빠르게 찾을 수 있도록 만든 데이터 구조이다.
② 테이블에 붙여진 색인으로 데이터 검색 시 처리 속도 향상에 도움이 된다.
③ 인덱스의 추가, 삭제 명령어는 각각 ADD, DELETE이다.
④ 대부분의 데이터베이스에서 테이블을 삭제하면 인덱스도 같이 삭제된다.

오답 피하기

- **인덱스는 수정할 수 없다.**
- **인덱스 생성** : CREATE
- **인덱스 삭제** : DROP

21.3

74 데이터베이스 성능에 많은 영향을 주는 DBMS의 구성 요소로 테이블과 클러스터에 연관되어 독립적인 저장 공간을 보유하며, 데이터베이스에 저장된 자료를 더욱 빠르게 조회하기 위하여 사용되는 것은?

① 인덱스(Index)
② 트랜잭션(Transaction)
③ 역정규화(Denormalization)
④ 트리거(Trigger)

오답 피하기

인덱스의 대표적인 활용 예는 두꺼운 사전 뒤쪽 페이지에서 빠르게 찾기이다.

기적의 TIP

인덱스의 개념과 각 인덱스의 특징을 이해하세요.

035 트리 순회, 연산식

POINT 35 참고

- **전위(Preorder) 순회** : [루트 → 왼쪽 자식 → 오른쪽 자식] 순으로 순회
- **중위(Inorder) 순회** : [왼쪽 자식 → 루트 → 오른쪽 자식] 순으로 순회
- **후위(Postorder) 순회** : [왼쪽 자식 → 오른쪽 자식 → 루트] 순으로 순회

23.3, 22.7, 22.4, 21.8, 21.3, 20.9, 20.8, 20.6

75 다음 트리를 Preorder 운행법으로 운행할 경우 다섯 번째로 탐색되는 것은?

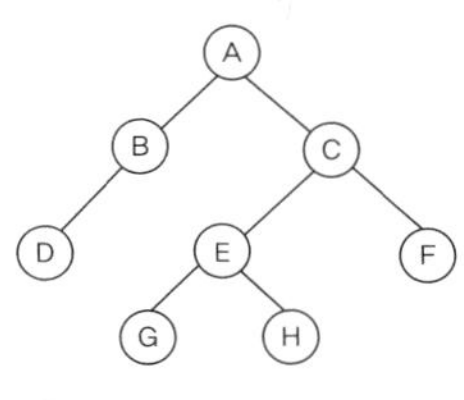

① C　② E　③ G　④ H

오답 피하기
- Preorder의 순회 순서는 Root → Left → Right이다.
- A ① ② → A B D C ③ F → A B D C E G H F 이므로 5번째 E가 검색된다.
- 아래 그림과 같이 트리를 자식 노드별로 분할하여 분석하면 쉽게 풀 수 있다.

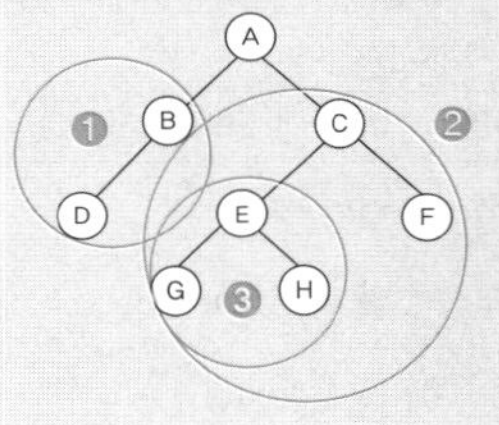

23.3, 21.5, 20.9

76 다음 Postfix로 표현된 연산식의 연산 결과로 옳은 것은?

3 4 * 5 6 * +

① 35　② 42　③ 81　④ 360

오답 피하기

Postfix(후위 표기법)를 Infix(중위 표기법)로 변환 후 계산한다.
- 3 4 * 5 6 * +
- ((3 4) * (5 6) *) + : 연산자 앞 피연산자 2개를 괄호( )로 묶는다.
- (3 * 4) + (5 * 6) : 연산자를 괄호 ( )안의 피연산자 사이로 이동한다.
- 12 + 30 = 42

기적의 TIP

처음에는 조금 어려울 수 있습니다. 원리를 파악하고 순서대로 여러 번 반복해 복습하세요.

036 해싱 함수의 종류

POINT 37 참고

해싱 함수의 종류 : 제산 방법(Division Method), 중간 제곱 방법(Mid-Square Method), 중첩 방법(폴딩, Folding Method), 기수 변환 방법 (Radix Conversion Method), 무작위 방법(Random Method), 계수 분석 방법(Digit Analysis Method)

23.6, 21.3

77 해싱 함수(Hashing Function)의 종류가 <u>아닌</u> 것은?

① 제곱법(Mid-Square)
② 숫자 분석법(Digit Analysis)
③ 개방 주소법(Open Addressing)
④ 제산법(Division)

20.9

78 해싱 함수 중 레코드 키를 여러 부분으로 나누고, 나눈 부분의 각 숫자를 더하거나 XOR한 값을 홈 주소로 사용하는 방식은?

① 제산법　② 폴딩법
③ 기수 변환법　④ 숫자 분석법

오답 피하기

중첩 방법(폴딩, Folding Method) : 해싱 함수 중 레코드 키를 여러 부분으로 나누고, 나눈 부분의 각 숫자를 더하거나 XOR한 값을 홈 주소로 삼는 방식이다.

기적의 TIP

문제 답을 외워도 될 정도로 매번 같은 문제가 출제됩니다.

037 데이터베이스 설계 POINT 42 참고

개념적 설계

- 요구 분석 단계에서 나온 결과(명세)를 E–R(Entity–Relationship) 다이어그램과 같은 DBMS에 독립적이고 고차원적인 표현 기법으로 기술하는 과정이다.
- 요구 조건 분석 결과로 식별된 응용을 검토해서 이들을 구현할 수 있는 트랜잭션을 고차원 명세로 기술하는 과정이다.

논리적 설계

- 목표 DBMS에 종속적인 논리적 스키마 작성
- 논리적 데이터 모델로 변환
- 트랜잭션 인터페이스 설계
- 스키마의 평가 및 정제

물리적 설계

- 목표 DBMS에 종속적인 물리적 구조 설계
- 저장 레코드 양식 설계 및 레코드 집중의 분석/설계
- 파일 조직 방법과 저장 방법 그리고 파일 접근 방법 등을 선정
- 응답 시간 효율화를 위한 접근 경로 설계
- 트랜잭션 세부 설계

23.6, 22.4, 21.8, 21.3

79 물리적 데이터베이스 구조의 기본 데이터 단위인 저장 레코드의 양식을 설계할 때 고려사항이 아닌 것은?

① 데이터 타입 ② 데이터값의 분포
③ 트랜잭션 모델링 ④ 접근 빈도

오답 피하기

데이터베이스 설계 단계에서의 트랜잭션 설계 단계
- **개념 설계** : 트랜잭션 모델링
- **논리 설계** : 트랜잭션 인터페이스 설계
- **물리 설계** : 트랜잭션 세부 설계

22.3, 21.5, 20.9

80 데이터베이스 설계 단계 중 물리적 설계 시 고려사항으로 적절하지 않은 것은?

① 스키마의 평가 및 정제
② 응답 시간
③ 저장 공간의 효율화
④ 트랜잭션 처리량

기적의 TIP

데이터베이스 설계 단계 : 개념 → 논리 → 물리 절차를 암기하고 각 단계의 트랜잭션 설계 단계를 암기하세요.

038 E–R 다이어그램 POINT 40 참고

E–R 다이어그램

기호	기호 이름	의미
(사각형)	사각형	개체(Entity)
(마름모)	마름모	관계(Relationship)
(타원)	타원	속성(Attribute)
(실선)	실선	개체 타입과 속성을 연결
(2중 타원)	2중 타원	다중값 속성

21.5, 21.3, 20.9, 20.6

81 개체–관계 모델(E–R)의 그래픽 표현으로 옳지 않은 것은?

① 개체 타입 – 사각형
② 속성 – 원형
③ 관계 타입 – 마름모
④ 연결 – 삼각형

22.3

82 E-R 모델에서 다중값 속성의 표기법은?

① 

② 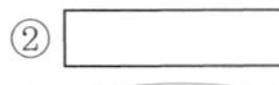

③ (이중 타원)

④ ———

오답 피하기

속성값은 유일해야 한다. 하지만 개념 모델에서 현실 세계를 분석하다 보면 다중값을 갖는 속성이 있을 수 있다.

기적의 TIP

E-R 다이어그램의 기호가 출제되니 기호와 이름 의미를 알아두세요.

039 릴레이션의 구성

POINT 41 참고

관계형 데이터베이스 모델 구조

속성(Attribute)

- 테이블의 열(Column)에 해당하며 파일 구조의 항목(Item), 필드(Field)와 같은 의미이다.
- **차수(Degree)** : 속성의 수(차수)

튜플(Tuple)

- 파일 구조의 각 행을 튜플이라고 한다. 레코드와 같은 의미이다.
- **카디널리티(Cardinality)** : 튜플(행)의 수(기수)

22.4

83 관계 데이터 모델에서 릴레이션(Relation)에 포함되어 있는 튜플(Tuple)의 수를 무엇이라고 하는가?

① Degree
② Cardinality
③ Attribute
④ Cartesian product

22.3, 21.5

84 다음 릴레이션의 Degree와 Cardinality는?

학번	이름	학년	학과
13001	홍길동	3학년	전기
13002	이순신	4학년	기계
13003	강감찬	2학년	컴퓨터

① Degree : 4, Cardinality : 3
② Degree : 3, Cardinality : 4
③ Degree : 3, Cardinality : 12
④ Degree : 12, Cardinality : 3

오답 피하기

- **카디널리티(Cardinality)** : 튜플(행)의 수(기수) – 3개
- **디그리(Degree)** : 속성(열)의 수(차수) – 4개

기적의 TIP

DB 학습의 기본이 되므로 릴레이션의 각 부분 명칭과 기수, 차수 계산 방법을 정리합니다.

040 키(Key)

POINT 41 참고

기본키(Primary Key)

- 테이블의 각 레코드를 고유하게 식별하는 필드나 필드의 집합이다.
- 테이블에 기본키 설정은 필수가 아니다.
- 기본키를 설정하지 않고도 다른 테이블과의 관계를 설정할 수 있다.
- 관계가 설정되어있는 테이블에서 기본키 설정을 해제하더라도 설정된 관계는 유지된다.
- 데이터가 이미 입력된 필드도 기본키로 지정할 수 있으며 기본키 값은 변경될 수 있다.

외래키(Foreign Key)

- 관계형 데이터 모델에서 한 릴레이션의 외래키는 참조되는 릴레이션의 기본키와 대응되어 릴레이션 간에 참조 관계를 표현하는 데 사용되는 중요한 도구이다.
- 외래키를 포함하는 릴레이션이 참조하는 릴레이션이 되고, 대응되는 기본키를 포함하는 릴레이션이 참조 릴레이션이 된다.

22.4

85 테이블의 기본키로 지정된 속성에 관한 설명으로 가장 거리가 먼 것은?

① NOT NULL로 널 값을 가지지 않는다.
② 릴레이션에서 튜플을 구별할 수 있다.
③ 외래키로 참조될 수 있다.
④ 검색할 때 반드시 필요하다.

오답 피하기

검색할 때는 인덱스를 활용한다.

23.6, 22.4, 21.8, 20.9, 20.6

86 다음 설명의 ( ) 안에 들어갈 내용으로 적합한 것은?

"후보키는 릴레이션에 있는 모든 튜플에 대해 유일성과 ( )을 모두 만족시켜야 한다."

① 중복성　　② 최소성
③ 참조성　　④ 동일성

유일성과 최소성을 모두 만족하는 키는 후보키이다.

기적의 TIP

슈퍼키는 유일성은 만족하지만 최소성은 보장하지 않는다는 것도 같이 정리하세요.

"대통령 선거를 위해서 각 당에서 전당 대회를 통해 많은 후보 중에(슈퍼키) 당 대표를 선출(후보키, 대통령 후보)한다. 대통령 선거를 통해 대한민국을 대표할 수 있는 1명(기본키)을 선출한다."

041 무결성의 종류

POINT 41 참고

- **개체 무결성** : 기본키의 값은 널(Null)값이나 중복값을 가질 수 없다는 제약조건이다.
- **참조 무결성** : 참조할 수 없는 외래키 값을 가질 수 없다는 제약조건이다.
- **도메인 무결성** : 각 속성값은 해당 속성 도메인에 지정된 값이어야 한다는 제약조건이다.

22.4, 20.6

87 무결성 제약조건 중 개체 무결성 제약조건에 대한 설명으로 옳은 것은?

① 릴레이션 내의 튜플들이 각 속성의 도메인에 정해진 값만을 가져야 한다.
② 기본키는 NULL 값을 가져서는 안 되며 릴레이션 내에 오직 하나의 값만 존재해야 한다.
③ 자식 릴레이션의 외래키는 부모 릴레이션의 기본키와 도메인이 동일해야 한다.
④ 자식 릴레이션의 값이 변경될 때 부모 릴레이션의 제약을 받는다.

22.4, 21.8, 21.5, 20.8

88 다음 중 기본키는 NULL 값을 가져서는 안 되며, 릴레이션 내에 오직 하나의 값만 존재해야 한다는 조건을 무엇이라 하는가?

① 개체 무결성 제약조건
② 참조 무결성 제약조건
③ 도메인 무결성 제약조건
④ 속성 무결성 제약조건

기적의 TIP

- 기본키 – 개체 무결성
- 외래키 – 참조 무결성
- 속성 – 도메인 무결성

042 이상 현상(Anomaly)

POINT 42 참고

- 릴레이션 조작 시 데이터들이 불필요하게 중복되어 예기치 않게 발생하는 곤란한 현상을 의미한다.
- **종류** : 삽입 이상, 삭제 이상, 갱신 이상

21.8, 21.5, 20.8

89 데이터 속성 간의 종속성에 대한 엄밀한 고려 없이 잘못 설계된 데이터베이스에서는 데이터 처리 연산 수행 시 각종 이상 현상이 발생할 수 있는데, 이러한 이상 현상이 아닌 것은?

① 검색 이상 ② 삽입 이상
③ 삭제 이상 ④ 갱신 이상

21.3

90 데이터의 중복으로 인하여 관계연산을 처리할 때 예기치 못한 곤란한 현상이 발생하는 것을 무엇이라 하는가?

① 이상(Anomaly) ② 제한(Restriction)
③ 종속성(Dependency) ④ 변환(Translation)

기적의 TIP

- **테이블 입력 시** : 삽입
- **테이블 수정 시** : 갱신
- **테이블 삭제 시** : 삭제

043 정규화(Normalization)

POINT 43 참고

- 함수적 종속성 등의 잘못 설계된 관계형 스키마를 더 작은 속성의 세트로 쪼개어 바람직한 스키마로 만들어 가는 과정이다.
- 데이터베이스의 논리적 설계 단계에서 수행한다.
- 데이터 구조의 안정성을 최대화한다.
- 중복을 배제하여 삽입, 삭제, 갱신 이상의 발생을 방지한다.
- 데이터 삽입 시 릴레이션을 재구성할 필요성을 줄인다.

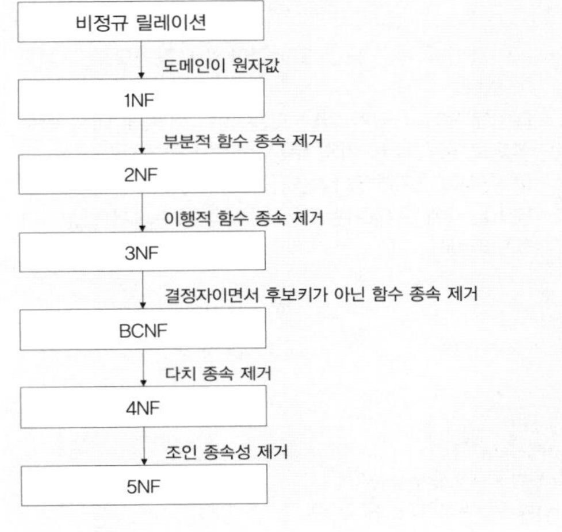

22.7, 21.8, 20.9, 20.8

91 정규화에 대한 설명으로 적절하지 않은 것은?

① 데이터베이스의 개념적 설계 단계 이전에 수행한다.
② 데이터 구조의 안정성을 최대화한다.
③ 중복을 배제하여 삽입, 삭제, 갱신 이상의 발생을 방지한다.
④ 데이터 삽입 시 릴레이션을 재구성할 필요성을 줄인다.

오답 피하기

- **개념 설계** : E–R 모델
- **논리 설계** : 관계형 데이터베이스 모델(정규화 진행)
- **물리 설계** : 물리 저장 장치에 저장되는 레코드 모델

22.3, 20.8, 20.6

92 정규화 과정에서 함수 종속이 A → B이고 B → C 일 때 A → C인 관계를 제거하는 단계는?

① 1NF → 2NF
② 2NF → 3NF
③ 3NF → BCNF
④ BCNF → 4NF

23.6, 22.4, 21.5, 21.3, 20.9, 20.8

93 다음 조건을 모두 만족하는 정규형은?

> – 테이블 R에 속한 모든 도메인이 원자값만으로 구성되어 있다.
> – 테이블 R에서 키가 아닌 모든 필드가 키에 대해 함수적으로 종속되며, 키의 부분 집합이 결정자가 되는 부분 종속이 존재하지 않는다.
> – 테이블 R에 존재하는 모든 함수적 종속에서 결정자가 후보키이다.

① BCNF　　② 제1정규형
③ 제2정규형　　④ 제3정규형

오답 피하기
- **원자값** : 1정규형
- **완전 함수적 종속** : 2정규형
- **결정자가 후보키** : BCNF정규형

22.3, 21.8, 20.6

94 어떤 릴레이션 R의 모든 조인 종속성의 만족이 R의 후보키를 통해서만 만족될 때, 이 릴레이션 R이 해당하는 정규형은?

① 제5정규형　　② 제4정규형
③ 제3정규형　　④ 제1정규형

기적의 TIP

이행 종속 규칙은 릴레이션에서 속성 A가 B를 결정하고(A → B), 속성 B가 C를 결정하면(B → C) 속성 A가 C도 결정한다는(A → C) 종속 규칙입니다. 자주 출제되니 정리해 주세요.

044 병행 제어/로킹

POINT 47 참고

병행 제어의 목적
- 데이터베이스 공유 최대화
- 데이터베이스 일관성 최대화
- 시스템 활용도 최대화
- 사용자에 대한 응답 시간 최소화

로킹(Locking) 특징
- 로킹 단위가 커지면 로크의 수가 적어 관리가 쉬워지지만 병행성 수준은 낮아진다.
- 로킹 단위가 작으면 로크의 수가 많아 관리가 어려워지지만, 병행성 수준은 높아진다.
- 로킹의 대상이 되는 객체(파일, 테이블, 필드, 레코드)의 크기를 로킹 단위라고 한다.

23.3, 21.8, 21.3, 20.9, 20.8, 20.6

95 로킹 단위(Locking Granularity)에 대한 설명으로 옳은 것은?

① 로킹 단위가 크면 병행성 수준이 낮아진다.
② 로킹 단위가 크면 병행 제어 기법이 복잡해진다.
③ 로킹 단위가 작으면 로크(Lock)의 수가 적어진다.
④ 로킹은 파일 단위로 이루어지며, 레코드와 필드는 로킹 단위가 될 수 없다.

오답 피하기
로킹은 잠김 시간의 길이이다. 로킹 단위가 커지면 병행성이 낮아진다.

21.8, 21.5, 20.8

96 동시성 제어를 위한 직렬화 기법으로 트랜잭션 간의 처리 순서를 미리 정하는 방법은?

① 로킹 기법　　② 타임스탬프 기법
③ 검증 기법　　④ 배타 로크 기법

오답 피하기
타임스탬프
- 트랜잭션이 DBMS로부터 유일한 타임스탬프(시간 허가 인증 도장)를 부여받는다.
- 제어를 위한 직렬화 기법으로 트랜잭션 간의 순서를 미리 정하는 방법이다.

기적의 TIP

동시성 제어 기법의 종류와 로킹 단위와 병행 제어의 관계를 정리합니다.

045 분산 데이터베이스의 투명성 POINT 48 참고

- **위치 투명성(Location Transparency)** : 하드웨어와 소프트웨어의 물리적 위치를 사용자가 알 필요가 없다.
- **중복(복제) 투명성(Replication Transparency)** : 사용자에게 통지할 필요 없이 시스템 안에 파일들과 자원들의 부가적인 복사를 자유롭게 할 수 있다.
- **병행 투명성(Concurrency Transparency)** : 다중 사용자들이 자원들을 자동으로 공유할 수 있다.
- **장애 투명성(Faiure Transparency)** : 사용자들은 어느 위치의 시스템에 장애가 발생했는지 알 필요가 없다.
- **분산 데이터베이스의 구성 요소** : 분산 처리기, 분산 데이터베이스, 통신 네트워크, 분산 트랜잭션
- **분산 데이터베이스의 구조** : 전역, 분할(단편화), 할당, 지역 스키마

22.4, 20.8, 20.6

97 분산 데이터베이스 시스템과 관련한 설명으로 틀린 것은?

① 물리적으로 분산된 데이터베이스 시스템을 논리적으로 하나의 데이터베이스 시스템처럼 사용할 수 있도록 한 것이다.
② 물리적으로 분산되어 지역별로 필요한 데이터를 처리할 수 있는 지역 컴퓨터(Local Computer)를 분산 처리기(Distributed Processor)라고 한다.
③ 분산 데이터베이스 시스템을 위한 통신 네트워크 구조가 데이터 통신에 영향을 주므로 효율적으로 설계해야 한다.
④ 데이터베이스가 분산되어 있음을 사용자가 인식할 수 있도록 분산 투명성(Distribution Transparency)을 배제해야 한다.

23.3, 22.4

98 분산 데이터베이스 시스템(Distributed Database System)에 대한 설명으로 틀린 것은?

① 분산 데이터베이스는 논리적으로는 하나의 시스템에 속하지만 물리적으로는 여러 개의 컴퓨터 사이트에 분산되어 있다.
② 위치 투명성, 중복 투명성, 병행 투명성, 장애 투명성을 목표로 한다.
③ 데이터베이스의 설계가 비교적 어렵고, 개발 비용과 처리 비용이 증가한다는 단점이 있다.
④ 분산 데이터베이스 시스템의 주요 구성 요소는 분산 처리기, P2P 시스템, 단일 데이터베이스 등이 있다.

기적의 TIP

분산 데이터베이스에서는 투명성이 출제 빈도가 가장 높았으나 최근 새로운 형태의 문제가 출제되고 있습니다. 기출문제를 통해 모두 정리하도록 합니다.

046 관계 대수 (Relational Algebra) POINT 44 참고

- 원하는 정보와 그 정보를 어떻게 유도하는가를 기술하는 절차적인 방법이다.
- 주어진 릴레이션 조작을 위한 연산의 집합이다.
- 질의에 대한 해를 구하기 위해 수행해야 할 연산의 순서를 명시한다.
- 릴레이션 조작을 위한 연산의 집합으로 피연산자와 결과가 모두 릴레이션이다.
- 일반 집합 연산과 순수 관계 연산으로 구분된다.

순수 관계 연산자의 종류

Select(σ)	튜플 집합을 검색한다.
Project(π)	속성 집합을 검색한다.
Join(⋈)	두 릴레이션의 공통 속성을 연결한다.
Division(÷)	두 릴레이션에서 특정 속성을 제외한 속성만 검색한다.

21.8, 21.5, 20.8, 20.6

99 관계 데이터베이스에 있어서 관계 대수 연산이 아닌 것은?

① 디비전(Division) ② 프로젝트(Project)
③ 조인(Join) ④ 포크(Fork)

22.3

100 **관계 대수식을 SQL 질의로 옳게 표현한 것은?**

$\pi_{이름}(\sigma_{학과='교육'}(학생))$

① SELECT 학생 FROM 이름 WHERE 학과 = '교육';
② SELECT 이름 FROM 학생 WHERE 학과 = '교육';
③ SELECT 교육 FROM 학과 WHERE 이름 = '학생';
④ SELECT 학과 FROM 학생 WHERE 이름 = '교육';

오답 피하기

- select(σ) : 튜플 집합을 검색한다.
- project(π) : 속성 집합을 검색한다.

$\pi_{이름}$ → SELECT 이름
$\sigma_{학과='교육'}(학생)$ → FROM 학생 WHERE 학과='교육';

기적의 TIP

관계 대수는 절차적 언어라서 SQL의 기본이 됩니다. 관계 대수 기호와 SQL 식 맵핑 방법을 기억하세요. 최근 자주 출제됩니다.

047 SQL의 분류

POINT 45 참고

- **DDL의 종류** : CREATE, DROP, ALTER
- **DML의 종류** : SELECT, INSERT, DELETE, UPDATE
- **DCL의 종류** : GRANT, REVOKE, COMMIT, ROLLBACK

22.4, 20.6

101 **SQL의 기능에 따른 분류 중에서 REVOKE문과 같이 데이터의 사용 권한을 관리하는 데 사용하는 언어는?**

① DDL(Data Definition Language)
② DML(Data Manipulation Language)
③ DCL(Data Control Language)
④ DUL(Data User Language)

기적의 TIP

- 테이블 → 정의(Definition)
- 레코드 → 조작(Manipulation)
- 데이터베이스 → 제어(Control)

048 DDL (Data Definition Language)

POINT 45 참고

- 데이터베이스의 정의/변경/삭제에 사용되는 언어이다.
- 논리적 데이터 구조와 물리적 데이터 구조로 정의할 수 있다.
- 논리적 데이터 구조와 물리적 데이터 구조 간의 사상을 정의한다.
- 번역한 결과가 데이터 사전에 저장된다.

```
CREATE TABLE 기본테이블
 ( { 열이름 데이터_타입 [NOT NULL], [DEFALUT 값] }
  [PRIMARY KEY(열이름_리스트)]
  [UNIQUE(열이름_리스트,…)]
    [FOREIGN KEY(열이름_리스트)]
    REFERENCES 기본테이블[(기본키_열이름)]
    [ON DELETE 옵션]
    [ON UPDATE 옵션]
  [CHECK(조건식)] );
```

- { }는 중복 가능한 부분, [ ]는 생략 가능한 부분이다.
- NOT NULL은 특정 열에 대해 널(Null) 값을 허용하지 않을 때 기술한다.
- PRIMARY KEY는 기본키를 구성하는 속성을 지정할 때 기술한다.
- FOREIGN KEY는 외래키로 어떤 릴레이션의 기본키를 참조하는지를 기술한다.

CASCADE vs RESTRICT

- **DROP View** : View_이름 [CASCADE | RESTRICT];
- **CASCADE** : 삭제할 요소가 다른 개체에서 참조 중이라도 삭제가 수행된다.
- **RESTRICT** : 삭제할 요소가 다른 객체에서 참조 중일 경우 삭제가 취소된다.

DDL 종류

- **CREATE** : 스키마, 도메인, 테이블, 뷰 정의
- **ALTER** : 테이블 정의 변경
- **DROP** : 스키마, 도메인, 테이블, 뷰 삭제

23.6, 23.3, 21.8, 21.5, 20.9, 20.8, 20.6

102 **DDL(Data Define Language)의 명령어 중 스키마, 도메인, 인덱스 등을 정의할 때 사용하는 SQL문은?**

① ALTER ② SELECT
③ CREATE ④ INSERT

22.3

103 **테이블 두 개를 조인하여 뷰 V_1을 정의하고, V_1을 이용하여 뷰 V_2를 정의하였다. 다음 명령 수행 후 결과로 옳은 것은?**

```
DROP VIEW V_1 CASCADE;
```

① V_1만 삭제된다.
② V_2만 삭제된다.
③ V_1과 V_2 모두 삭제된다.
④ V_1과 V_2 모두 삭제되지 않는다.

오답 피하기

CASCADE : 삭제할 요소가 다른 개체에서 참조 중이라도 삭제가 수행된다. 즉, V_1 하위에 연결된 V_2도 같이 삭제된다.

기적의 TIP

DDL은 테이블을 만들고, 변경하고 삭제하는 명령어이다.

049 DML(Data Manipulation Language)

POINT 46 참고

- **SELECT** : 튜플을 검색할 때 사용한다.
- **INSERT** : 튜플을 삽입할 때 사용한다.
- **DELETE** : 튜플을 삭제할 때 사용한다.
- **UPDATE** : 튜플의 내용을 변경할 때 사용한다.

SELECT문 기본 구조

```
SELECT 속성명 [ALL | DISTINCT]
FROM 릴레이션명
WHERE 조건;
[GROUP BY 속성명1, 속성명2,…]
[HAVING 조건]
[ORDER BY 속성명 [ASC | DESC]];
```

- ALL : 모든 튜플을 검색(생략 가능)
- DISTINCT : 중복된 튜플 생략
- ORDER BY를 사용하며 내림차순은 DESC를 사용한다. 오름차순의 경우 생략이나 ASC를 사용한다.

21.5, 20.8, 20.6

104 **STUDENT 테이블에 독일어과 학생 50명, 중국어과 학생 30명, 영어영문학과 학생 50명의 정보가 저장되어 있을 때, 다음 두 SQL문의 실행 결과 튜플 수는? (단, DEPT 컬럼은 학과명)**

```
ⓐ SELECT DEPT FROM STUDENT;
ⓑ SELECT DISTINCT DEPT FROM STUDENT;
```

① ⓐ 3, ⓑ 3 ② ⓐ 50, ⓑ 3
③ ⓐ 130, ⓑ 3 ④ ⓐ 130, ⓑ 130

오답 피하기

DISTINCT는 검색된 레코드가 중복될 경우 1개만 출력한다.

22.3

105 **DELETE 명령에 대한 설명으로 틀린 것은?**

① 테이블의 행을 삭제할 때 사용한다.
② WHERE 조건절이 없는 DELETE 명령을 수행하면 DROP TABLE 명령을 수행했을 때와 동일한 효과를 얻을 수 있다.
③ SQL을 사용 용도에 따라 분류할 경우 DML에 해당한다.
④ 기본 사용 형식은 "DELETE FROM 테이블 [WHERE 조건];"이다.

오답 피하기

데이터베이스 조작어는 튜플을 관리할 때 사용한다. 레코드를 모두 삭제한다고 해서 테이블이 삭제되지는 않는다. 테이블을 삭제하려면 데이터베이스 정의어인 DROP문을 사용한다.

22.4

106 다음 테이블을 보고 강남지점의 판매량이 많은 제품부터 출력되도록 할 때 다음 중 가장 적절한 SQL 구문은? (단, 출력은 제품명과 판매량이 출력되도록 한다.)

[푸드] 테이블

지점명	제품명	판매량
강남지점	비빔밥	500
강북지점	도시락	300
강남지점	도시락	200
강남지점	미역국	550
수원지점	비빔밥	600
인천지점	비빔밥	800
강남지점	잡채밥	250

①
```
SELECT 제품명, 판매량 FROM 푸드
    ORDER BY 판매량 ASC;
```

②
```
SELECT 제품명, 판매량 FROM 푸드
    ORDER BY 판매량 DESC;
```

③
```
SELECT 제품명, 판매량 FROM 푸드
    WHERE 지점명 = '강남지점'
            ORDER BY 판매량 ASC;
```

④
```
SELECT 제품명, 판매량 FROM 푸드
    WHERE 지점명 = '강남지점'
            ORDER BY 판매량 DESC;
```

기적의 TIP

판매량이 큰 값부터 작은 값 순이므로, 판매량 기준 내림차순(DSC, Descending)으로 적용해야 합니다.

050 DCL (Data Control Language)

POINT 45 참고

- **COMMIT** : 명령어로 수행된 결과를 실제 물리적 디스크로 저장하고, 명령어로 수행을 성공적으로 완료하였음을 선언한다.
- **ROLLBACK** : 명령어로 수행에 실패하였음을 알리고, 수행된 결과를 원상 복귀시킨다.
- **GRANT** : 데이터베이스 사용자에게 사용 권한을 부여한다.
- **REVOKE** : 데이터베이스 사용자로부터 사용 권한을 취소한다.

GRANT : 권한 설정

- GRANT 권한 ON 데이터 객체 TO 사용자 [WITH GRANT OPTION];
- **WITH GRANT OPTION** : 사용자가 부여받은 권한을 다른 사용자에게 다시 부여할 수 있는 권한을 부여한다.
- **부여할 수 있는 권한** : UPDATE, DELETE, INSERT, SELECT

REVOKE : 권한 해제

- REVOKE [GRANT OPTION FOR] 권한 ON 데이터 객체 FROM 사용자 [CASCADE];
- **GRANT OPTION FOR** : 다른 사용자에게 권한을 부여할 수 있는 권한을 취소한다.
- **CASCADE** : 권한을 부여받았던 사용자가 다른 사용자에게 부여한 권한도 연쇄 취소한다.
- **부여할 수 있는 권한** : UPDATE, DELETE, INSERT, SELECT

22.4, 20.6

107 SQL의 기능에 따른 분류 중에서 REVOKE문과 같이 데이터의 사용 권한을 관리하는 데 사용하는 언어는?

① DDL(Data Definition Language)
② DML(Data Manipulation Language)
③ DCL(Data Control Language)
④ DUL(Data User Language)

23.3, 22.7, 21.8, 21.5, 20.9, 20.8, 20.6

108 DCL(Data Control Language) 명령어가 아닌 것은?

① COMMIT ② ROLLBACK
③ GRANT ④ SELECT

22.3

109 데이터 제어어(DCL)에 대한 설명으로 옳은 것은?

① ROLLBACK : 데이터의 보안과 무결성을 정의한다.
② COMMIT : 데이터베이스 사용자의 사용 권한을 취소한다.
③ GRANT : 데이터베이스 사용자에게 사용 권한을 부여한다.
④ REVOKE : 데이터베이스 조작 작업이 비정상적으로 종료되었을 때 원래 상태로 복구한다.

기적의 TIP

다양한 형태로 꼭 출제됩니다. 기출문제를 통하여 SQL을 이해하도록 합니다. 실기 시험에도 연결되어 출제됩니다.

051 하위 질의, SQL 연산자

POINT 46 참고

하위 질의의 개념

- 하위 질의문은 하위 질의를 먼저 처리하고 검색된 결과는 상위 질의에 적용되어 검색된다.

논리 연산자 설정

- **AND** : 이면서, 그리고 조건
- **OR** : 이거나, 또는 조건
- **NOT** : 부정 조건

BETWEEN

- 구간 값 조건식이다.
- BETWEEN 90 AND 95은 90 이상에서 95 이하까지의 범위를 의미한다.
- WHERE 점수 〉= 90 and 점수 〈= 95로 표현할 수 있다.

22.3, 20.8

110 다음 SQL문에서 사용된 BETWEEN 연산의 의미와 동일한 것은?

```
SELECT *
FROM 성적
WHERE (점수 BETWEEN 90 AND 95)
        AND 학과 = '컴퓨터공학과';
```

① 점수 〉= 90 AND 점수 〈= 95
② 점수 〉 90 AND 점수 〈 95
③ 점수 〉 90 AND 점수 〈= 95
④ 점수 〉= 90 AND 점수 〈 95

오답 피하기

BETWEEN A AND B : A~B까지의 구간값을 조회한다.

21.3

111 아래의 SQL문을 실행한 결과는?

[R1 테이블]

학번	이름	학년	학과	주소
1000	홍길동	4	컴퓨터	서울
2000	김철수	3	전기	경기
3000	강남길	1	컴퓨터	경기
4000	오말자	4	컴퓨터	경기
5000	장미화	2	전자	서울

[R2 테이블]

학번	과목번호	성적	점수
1000	C100	A	91
1000	C200	A	94
2000	C300	B	85
3000	C400	A	90
3000	C500	C	75
3000	C100	A	90
4000	C400	A	95
4000	C500	A	91
4000	C100	B	80
4000	C200	C	74
5000	C400	B	85

[SQL문]

```
SELECT 이름
FROM R1
WHERE 학번 IN
      (SELECT 학번
       FROM R2
       WHERE 과목번호 = 'C100');
```

①

이름
홍길동
강남길
장미화

②

이름
홍길동
강남길
오말자

③

이름
홍길동
김철수
강남길
오말자
장미화

④

이름
홍길동
김철수

오답 피하기

- 하위 질의문은 하위 질의를 먼저 처리하고 검색된 결과는 상위 질의에 적용되어 검색된다.
- **하위 질의** : (SELECT 학번 FROM R2 WHERE 과목번호 = 'C100');
- R2 테이블에서 과목번호가 'C100'인 튜플의 학번 필드를 조회한다.
  → 학번 1000, 3000, 4000이 조회된다.
- SELECT 이름 FROM R1 WHERE 학번 IN(1000, 3000, 4000)
- R1 테이블에서 학번이 1000, 2000, 4000인 튜플의 이름을 조회한다.
  → 홍길동, 강남길, 오말자

기적의 TIP

하위 질의 문제는 하위 질의를 먼저 연산하고 그 결과를 상위 질의 조건으로 받는다는 것을 기억하세요.

052 트랜잭션

POINT 47 참고

트랜잭션의 특성

- **원자성(Atomicity)** : 완전하게 수행 완료되지 않으면 전혀 수행되지 않아야 한다.
- **일관성(Consistency)** : 시스템의 고정 요소는 트랜잭션 수행 전후에 같아야 한다.
- **격리성(Isolation, 고립성)** : 트랜잭션 실행 시 다른 트랜잭션의 간섭을 받지 않아야 한다.
- **영속성(Durability, 지속성)** : 트랜잭션의 완료 결과가 데이터베이스에 영구히 기억된다.

트랜잭션 상태

- **활동(Active)** : 초기 상태로 트랜잭션이 Begin_Trans에서 부터 실행을 시작하였거나 실행 중인 상태이다.
- **부분 완료(Partially Committed)** : 트랜잭션의 마지막 연산이 실행된 직후의 상태로, 모든 연산의 처리는 끝났지만 트랜잭션이 수행한 최종 결과를 데이터베이스에 반영하지 않은 상태
- **철회(Aborted)** : 트랜잭션이 실행에 실패하여 Rollback 연산을 수행한 상태이다.
- **완료(Committed)** : 트랜잭션이 실행을 성공적으로 완료 연산을 수행한 상태이다.

23.6, 23.3, 22.4, 21.3, 20.9, 20.8, 20.6

112 다음 설명과 관련 있는 트랜잭션의 특징은?

"트랜잭션의 연산은 모두 실행되거나, 모두 실행되지 않아야 한다."

① Durability ② Isolation
③ Consistency ④ Atomicity

23.3, 22.4

113 트랜잭션의 상태 중 트랜잭션의 마지막 연산이 실행된 직후의 상태로, 모든 연산의 처리는 끝났지만 트랜잭션이 수행한 최종 결과를 데이터베이스에 반영하지 않은 상태는?

① Active ② Partially Committed
③ Committed ④ Aborted

기적의 TIP

트랜잭션은 데이터베이스에서 하나의 논리적 기능을 수행하기 위한 작업의 단위 또는 한꺼번에 모두 수행되어야 할 일련의 연산들을 의미합니다.

053 뷰(View)의 특징

POINT 45 참고

- 뷰의 생성 시 CREATE문, 검색 시 SELECT문을 사용한다.
- 뷰의 정의 변경 시 ALTER문을 사용할 수 없고 DROP문을 이용한다.
- 뷰를 이용한 또 다른 뷰의 생성이 가능하다.
- 하나의 뷰 제거 시 그 뷰를 기초로 정의된 다른 뷰도 함께 삭제된다.
- 뷰에 대한 조작에서 삽입, 갱신, 삭제 연산은 제약이 따른다.
- 뷰가 정의된 기본 테이블이 제거되면 뷰도 자동적으로 제거된다.

23.3, 22.4, 21.3, 20.9, 20.8, 20.6

114 데이터베이스에서의 뷰(View)에 대한 설명으로 틀린 것은?

① 뷰는 다른 뷰를 기반으로 새로운 뷰를 만들 수 있다.
② 뷰는 일종의 가상 테이블이며, Update에는 제약이 따른다.
③ 뷰는 기본 테이블을 만드는 것처럼 Create View를 사용하여 만들 수 있다.
④ 뷰는 논리적으로 존재하는 기본 테이블과 다르게 물리적으로만 존재하며 카탈로그에 저장된다.

오답 피하기
- DBA는 보안 측면에서 뷰를 활용할 수 있다.
- 뷰는 물리적으로 존재하지 않는 가상화된 테이블이다.

22.7, 22.3

115 뷰(View)에 대한 설명으로 틀린 것은?

① 뷰 위에 또 다른 뷰를 정의할 수 있다.
② DBA는 보안성 측면에서 뷰를 활용할 수 있다.
③ 사용자가 필요한 정보를 요구에 맞게 가공하여 뷰로 만들 수 있다.
④ SQL을 사용하면 뷰에 대한 삽입, 갱신, 삭제 연산 시 제약사항이 없다.

오답 피하기
뷰의 삽입, 삭제, 갱신 연산 시 ALTER문을 사용할 수 없는 제약이 있다.

기적의 TIP

View의 개념과 특징을 정리하고 암기하세요.

과목 04 프로그래밍 언어 활용

054 C언어의 연산자

POINT 50 참고

C언어의 연산자 우선순위(높음 → 낮음)

- 괄호( ) → 산술 연산자 → 비트 이동 연산자 → 관계 연산자 → 비트 논리 연산자 → 논리 연산자
- **산술 연산자** : *, /, %, +, −
- **비트 이동 연산자** : 〈〈, 〉〉
- **관계 연산자** : 〈, 〈=, 〉, =, = =, !=
- **비트 논리 연산자** : &, ^, |
- **논리 연산자** : &&, ||
- **삼항 연산자** : ?

C언어의 논리 연산자

- **논리부정(!) 연산자** : '참'을 '거짓'으로 '거짓'을 '참'으로 부정
- **논리곱(&&) 연산자** : 좌측과 우측 피연산자가 모두 '참'이어야 '참'의 결과
- **논리합(||) 연산자** : 좌측과 우측 피연산자 중 하나 이상이 '참'이면 '참'의 결과

22.3, 20.6

116 C언어에서 비트 논리 연산자에 해당하지 않는 것은?

① ^　　② ?
③ &　　④ ~

22.4, 21.8

117 다음 C언어 프로그램이 실행되었을 때 실행 결과는?

```
#include <stdio.h>
int main(int argc, char *argv[]) {
  int a = 5, b = 3, c = 12;
  int t1, t2, t3;
  t1 = a && b;
  t2 = a || b;
  t3 = !c;
  printf("%d", t1 + t2 + t3);
  return 0;
}
```

① 0　　② 2
③ 5　　④ 14

오답 피하기

int a = 5, b = 3, c = 12;	
t1	a && b
	5 && 3
	참 && 참
	결과 : 참(1)
t2	a || b
	5 || 3
	참 || 3
	결과 : 참(1)
t3	!c
	!12
	!참
	결과 : 거짓(0)

printf("%d", t1 + t2 + t3); 명령문은 1 + 1 + 0을 수행한 결과 2를 출력한다.

기적의 TIP

매번 출제되는 내용입니다. C언어의 산술/논리 연산자의 종류와 기능을 정리합니다.

055 C언어 변수명 작성 규칙과 라이브러리 함수 POINT 51 참고

C언어의 변수명 작성 규칙

- 영문 대소문자(A~Z, a~z), 숫자(0~9), '_'를 혼용하여 사용할 수 있다.
- 첫 글자는 숫자로 시작할 수 없으며, 영문자나 '_'로 시작해야 한다.
- 영문자는 대소문자를 구분한다.
- 공백을 포함할 수 없다.
- 예약어(Reserved Word)를 사용할 수 없다.

라이브러리 함수

- **atoi()** : 문자열을 정수형으로 변환
- **atof()** : 문자열을 실수형으로 변환
- **itoa()** : 숫자를 문자열로 변환
- **ceil()** : 자리 올림
- **floor()** : 자리 버림

23.3, 21.3

118 C언어에서 변수로 사용할 수 없는 것은?

① data02
② int01
③ _sub
④ short

short는 C언어의 자료형(예약어)이다.

23.6, 22.7, 20.6

119 C언어에서 사용할 수 없는 변수명은?

① student2019
② text-color
③ _korea
④ amount

C언어의 변수명으로 '-'을 사용할 수 없다.

21.3

120 C언어에서 문자열을 정수형으로 변환하는 라이브러리 함수는?

① atoi() ② atof()
③ itoa() ④ ceil()

오답 피하기

- i : integer
- f : float
- a : 문자열

기적의 TIP

C언어의 변수명 작성 규칙과 라이브러리 함수를 알아두고 문제의 유형을 익히도록 합니다.

056 for 반복문과 문자열 처리 함수

POINT 51 참고

for 반복문

- 일정 횟수만큼 반복 수행할 때 사용한다.
- 문법 구조

```
for(초기식; 조건식; 증감식)
{
  명령문1;
  ...
  명령문n;
}
```

문자열 처리 함수

- **strlen()** : 인수로 전달되는 문자열 길이 반환
- **strcat(), strncat()** : 하나의 문자열에 다른 문자열을 연결
- **strcpy(), strncpy()** : 문자열을 복사
- **strcmp(), strncmp()** : 문자열 내용을 비교
- **atoi(), atol(), atoll(), atof()** : 인수로 전달된 문자열을 숫자 형으로 변환
- **toupper(), tolower()** : 영문자를 대문자, 소문자로 변환

23.3, 20.8

121 다음 C 프로그램의 결과값은?

```
main(void) {
  int i;
  int sum = 0;
  for(i = 1; i <= 10; i = i + 2)
  sum = sum + i;
  printf("%d", sum);
}
```

① 15 ② 19 ③ 25 ④ 27

오답 피하기

- 반복 변수를 초기화하는 초기식은 한 번만 수행되고 조건식을 만족하면 하위 명령문을 수행한 후 증감식을 수행하고 조건식을 검사한다.
- i가 1일 때 i <= 10을 만족하므로 sum은 1이 된다.
- i가 3일 때 i <= 10을 만족하므로 sum은 4가 된다.
- i가 5일 때 i <= 10을 만족하므로 sum은 9가 된다.
- i가 7일 때 i <= 10을 만족하므로 sum은 16이 된다.
- i가 9일 때 i <= 10을 만족하므로 sum은 25가 된다.
- i가 11일 때 i <= 10을 만족하지 못하므로 printf를 실행한다.

22.4

122 C언어에서 문자열 처리 함수의 서식과 그 기능의 연결로 틀린 것은?

① strlen(s) – s의 길이를 구한다.
② strcpy(s1, s2) – s2를 s1으로 복사한다.
③ strcmp(s1, s2) – s1과 s2를 연결한다.
④ strrev(s) – s를 거꾸로 변환한다.

오답 피하기

strcmp : s1과 s2의 내용을 비교한다.

기적의 TIP

다양한 문제가 출제됩니다. 코드를 분석하면서 구조를 파악하도록 합니다.

057 JAVA 연산자의 종류 및 우선순위

POINT 52 참고

연산자	종류	결합 방향	우선순위
단항 연산자	+, −, !, ~, ++, −−	←	높음
산술 연산자	*, /, %	→	↑
	+, −		
시프트 연산자	<<, >>, >>>		
관계 연산자	<, <=, >, >=		
	==, !=		
비트 연산자	&, |, ^		
논리 연산자	&&, ||		
조건 연산자	? :	→	
할당 연산자	=, +=, −=, *=, /=, %=, <<=, >>=	←	↓
콤마 연산자	,	→	낮음

21.8

123 다음 중 JAVA에서 우선순위가 가장 낮은 연산자는?

① −− ② %
③ & ④ =

21.5

124 다음 JAVA 프로그램이 실행되었을 때의 결과는?

```
public class Array1 {
  public static void main(String[] args) {
   int cnt = 0;
   do {
     cnt++;
   } while (cnt < 0);
   if(cnt == 1)
    cnt++;
   else
    cnt = cnt + 3;
   System.out.printf("%d", cnt);
  }
}
```

① 2 ② 3 ③ 4 ④ 5

오답 피하기

do~while 명령문과 if~else 명령문

- 변수 cnt의 초기값은 0이며, do~while 명령문에 의해 무조건 반복문 내부로 진입하여 cnt++;를 수행하여 변수 cnt는 1이 된다. 조건식 cnt 〈 0이 결과 거짓이므로 다음 if~else 명령문을 수행하게 된다.
- 변수 cnt는 1이므로 조건식 cnt= =1은 참이다. cnt++;를 수행하여 변수 cnt는 2이 된다.
- 출력문에 의해 변수 cnt는 2가 출력된다.

기적의 TIP

코드 문제는 기출문제가 반복되지 않습니다. 문제 구조를 파악하고 이해하도록 합니다.

058 JAVA의 배열 객체

POINT 52 참고

JAVA의 배열 객체.length

- **배열 객체.length** : 배열 객체의 크기(요소의 개수)
- **실행의 순서** : main() → marr()

Java 출력 함수

- **System.out.print()** : 괄호 안을 출력하고 줄 바꿈을 안 한다.
- **System.out.println()** : 괄호 안을 출력하고 줄 바꿈을 한다.
- **System.out.printf()** : 변환 문자를 사용하여 출력한다.

22.4

125 다음 JAVA 프로그램이 실행되었을 때 실행 결과는?

```
public class Rarr {
  static int[] marr() {
    int temp[] = new int[4];
    for(int i = 0; i < temp.length; i++)
      temp[i] = i;
    return temp;
 }
  public static void main(String[] args) {
    int iarr[];
    iarr = marr();
    for(int i = 0; i < temp.length; i++)
      System.out.print(iarr[i] + " ");
  }
}
```

① 1 2 3 4 ② 0 1 2 3
③ 1 2 3 ④ 0 1 2

오답 피하기

- **temp.length** : 1차원 문자 배열 객체의 크기(4)
- marr() 메소드에서 배열 객체 temp의 0번째 요소에서 3번째 요소까지의 값을 0에서 3으로 초기화하고 배열 객체 temp를 반환하여 참조변수 iarr에 전달한 후 배열 요소를 차례대로 출력하는 프로그램이다.

20.9

126 Java에서 사용되는 출력 함수가 아닌 것은?

① System.out.print()
② System.out.println()
③ System.out.printing()
④ System.out.printf()

오답 피하기

ing로 끝나는 출력 메소드는 없다.

기적의 TIP

JAVA에서 배열 객체를 이해하고 코드를 통해 결과를 도출할 수 있도록 합니다.

059 JAVA 삼항 연산자

POINT 53 참고

if ~ else 문

```
if(조건식)
조건식의 결과가 참일 때 실행하는 명령문;
else
조건식의 결과가 거짓일 때 실행하는 명령문;
```

삼항 연산자

```
조건식? 참일 때 명령문 : 거짓일 때 명령문
```

22.4

127 다음 JAVA 프로그램이 실행되었을 때의 결과는?

```
public class ovr {
  public static void main(String[] args) {
    int a = 1, b = 2, c = 3, d = 4;
    int mx, mn;
    mx = a < b ? b : a;
    if(mx == 1) {
        mn = a > mx ? b : a;
    }
    else {
        mn = b < mx ? d : c;
    }
    System.out.println(mn);
  }
}
```

① 1
② 2
③ 3
④ 4

오답 피하기

변수 mx의 값을 구한 후 if ~ else문을 실행하여 변수 mn의 값을 구하여 출력하는 프로그램이다.

mx = a < b ? b : a;	조건식 1 < 2의 결과는 '참'이므로 변수 mx에는 변수 b 값인 3이 대입된다.
if(mx == 1) {	3 == 1의 결과는 '거짓'이므로
mn = a > mx ? b : a;	
}	
else {	'거짓'인 경우 else 블록을 실행한다. 조건식 2 > 3의 결과는 '거짓'이므로 변수 mn에는 변수 c 값인 3이 대입된다.
mn = b < mx ? d : c;	
}	

기적의 TIP

삼항 연산자는 실기 시험에도 출제되는 내용입니다

060 파이썬

POINT 54 참고

파이썬

- 1991년 귀도 반 로섬(Guido van Rossum)이 개발한 고급 프로그래밍 언어이다.
- 플랫폼에 독립적이고 인터프리터식, 객체지향적, 동적 타이핑 대화형 언어이다. 매우 쉬운 문법 구조로 초보자들도 쉽게 배울 수 있다.

파이썬 변수명 작성 규칙

- 영문 대소문자(A~Z, a~z), 숫자(0~9), '_'를 혼용하여 사용할 수 있다.
- 첫 글자는 영문자나 '_'로 시작해야 한다.
- 영문자는 대소문자를 구분한다.
- 공백을 포함할 수 없다.
- 예약어(Reserved Word)를 사용할 수 없다.

22.7, 21.7

128 귀도 반 로섬(Guido van Rossum)이 발표한 언어로 인터프리터 방식이자 객체지향적이며, 배우기 쉽고 이식성이 좋은 것이 특징인 스크립트 언어는?

① C++　② JAVA
③ C#　④ Python

오답 피하기

파이썬은 문법이 매우 쉬워서 초보자들이 처음 프로그래밍을 배울 때 추천되는 언어이다.

기출 | 자주 출제되는 기출문제

20.8

129 파이썬의 변수 작성 규칙 설명으로 옳지 <u>않은</u> 것은?

① 첫 자리에 숫자를 사용할 수 없다.
② 영문 대문자/소문자, 숫자, 밑줄(_)의 사용이 가능하다.
③ 변수 이름의 중간에 공백을 사용할 수 있다.
④ 이미 사용되고 있는 예약어는 사용할 수 없다.

오답 피하기
C, Java, Python 모두 변수 이름 중간에 공백을 허용하지 않는다.

기적의 TIP

Python을 보고 결과를 도출하고 스크립트 언어의 특징을 정리합니다.

061 파이썬 함수

POINT 54 참고

if ~ elif ~ else 조건문

```
if 조건1:
    조건1이 True일 경우 실행문
elif 조건2:
    조건1일 False이고 조건2가 True일 경우 실행문
else
    조건1과 조건2가 모두 False일 경우 실행문
```

range() 함수

- for 반복문과 함께 많이 사용되며, 주어진 인수로 0부터 연속된 정수를 리스트 객체로 반환하는 함수이다.
- (예1) range(3) → (결과) [0, 1, 2]
- (예2) range(1, 3) → (결과) [1, 2]

22.4

130 다음 Python 프로그램의 실행 결과가 [실행 결과]와 같을 때, 빈칸에 적합한 것은?

```
x = 20
if x = = 10:
  print('10')
(          ) x = = 20:
  print('20')
else:
  print('other')
```

[실행 결과]

```
20
```

① either ② elif
③ else if ④ else

오답 피하기
x는 20이므로 x = = 2의 조건 판별 결과 True이므로 20이 출력된다.

21.8

131 다음 파이썬(Python) 프로그램이 실행되었을 때의 결과는?

```
def cs(n):
  s=0
  for num in range(n+1):
    s+=num
  return s

print(cs(11))
```

① 45 ② 55 ③ 66 ④ 78

오답 피하기
- print(cs(11)) 명령문을 통해 정수 11을 cs( ) 함수에 전달한 후 반환되는 값을 출력한다.
- cs( ) 함수에 정수 11이 매개 변수 n에 전달된 후, for ~ in 반복문을 통해 0부터 11까지의 num의 값을 s에 누적한다.
- s의 최종 결과 66은 반환되며 print( ) 함수를 통해 콘솔에 출력한다.

기적의 TIP

C언어 else if의 축약 명령으로 암기합니다.

062 파이썬의 리스트와 딕셔너리 POINT 54 참고

- **리스트 객체** : [요소1, 요소2, ...]
- **딕셔너리 객체** : { 'key1' : 'value1', 'key2' : 'value2', ... }

22.3

132 다음 Python 프로그램이 실행되었을 때, 실행 결과는?

```
a = 100
list_data = ['a', 'b', 'c']
dict_data = {'a':90, 'b':95}
print(list_data[0])
print(dict_data['a'])
```

① a
90

② 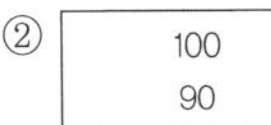

③ 100
100

④ 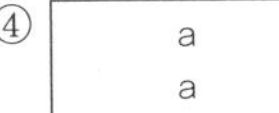

오답 피하기

- print(list_data[0]) : list_data[0]의 슬라이싱 연산을 통해 리스트 객체의 0번째 요소를 추출하여 출력한다. → a
- print(dict_data['a']) : dict_data['a']는 딕셔너리의 키 'a'에 대응하는 값을 추출하여 출력한다. → 90

기적의 TIP

리스트와 딕셔너리의 객체에 대한 이해가 필요합니다.

063 기억 장치 교체 전략 POINT 58 참고

주기억 장치의 모든 페이지 프레임이 사용 중일 때 어떤 페이지 프레임을 교체할 것인지 결정하는 전략이다.

OPT (OPTimal replacement)	• 이후에 가장 오랫동안 사용되지 않을 페이지를 먼저 교체하는 기법이다. • 실현 가능성이 희박하다.
FIFO (First In First Out)	• 가장 먼저 적재된 페이지를 먼저 교체하는 기법이다. • 구현이 간단하다.
LRU (Least Recently Used)	각 페이지마다 계수기나 스택을 두어 현 시점에서 가장 오랫동안 사용하지 않은 페이지를 교체하는 기법이다.
LFU (Least Frequently Used)	참조된 횟수가 가장 적은 페이지를 먼저 교체하는 기법이다.

22.4, 22.3, 20.9, 20.6

133 4개의 페이지를 수용할 수 있는 주기억 장치가 있으며, 초기에는 모두 비어 있다고 가정한다. 다음의 순서로 페이지 참조가 발생할 때, LRU 페이지 교체 알고리즘을 사용하면 몇 번의 페이지 결함이 발생하는가?

페이지 참조 순서 : 1, 2, 3, 1, 2, 4, 1, 2, 5

① 5회 ② 6회
③ 7회 ④ 8회

오답 피하기

요청 페이지	1	2	3	1	2	4	1	2	5
페이지 프레임	1	1	1	1	1	1	1	1	1
		2	2	2	2	2	2	2	2
			3	3	3	3	3	3	5
						4	4	4	4
페이지 부재	●	●	●			●			●

프레임에 찾는 값이 없을 때 부재(결함)가 발생한다.

기적의 TIP

가상 기억 장치 기법 중 페이징, 세그먼테이션 기법을 구분하고, 페이지 폴트 횟수를 구할 수 있도록 합니다.

064 운영체제 스케줄링 POINT 57 참고

HRN(Highest Response–ratio Next)

$$우선순위\ 계산식 = \frac{대기\ 시간 + 서비스를\ 받을\ 시간}{서비스를\ 받을\ 시간}$$

SJF(Shortest Job First)

- 비선점 스케줄링 기법의 일종이다.
- 준비 상태 큐에서 기다리고 있는 프로세스들 중에서 실행 시간이 가장 짧은 프로세스에게 먼저 CPU를 할당하는 스케줄링 기법이다.

23.6, 23.3, 22.4, 20.6

134 다음에서 설명하는 프로세스 스케줄링은?

> 최소 작업 우선(SJF) 기법의 약점을 보완한 비선점 스케줄링 기법으로 다음과 같은 식을 이용해 우선순위를 판별한다.
>
> $$우선순위 = \frac{대기한\ 시간 + 서비스를\ 받을\ 시간}{서비스를\ 받을\ 시간}$$

① FIFO 스케줄링 ② RR 스케줄링
③ HRN 스케줄링 ④ MQ 스케줄링

20.9

135 다음과 같은 프로세스가 차례로 큐에 도착하였을 때, SJF(Shortest Job First) 정책을 사용할 경우 가장 먼저 처리되는 작업은?

프로세스 번호	실행 시간
P1	6
P2	8
P3	4
P4	3

① P1 ② P2 ③ P3 ④ P4

오답 피하기

실행 시간이 가장 짧은 P4가 가장 먼저 처리된다.

기적의 TIP

- HRN 스케줄링 우선순위 공식 : (대 + 서) / 서 → "대써~ 니가 써"
- 실제 계산 문제도 출제되니 확인하도록 하세요.

065 주기억 장치 배치 전략 POINT 58 참고

- **최초 적합(First Fit)** : 프로그램/데이터가 할당 가능한 영역 중에서 첫 번째 영역에 할당
- **최적 적합(Best Fit)** : 프로그램/데이터가 할당 가능한 영역 중에서 단편화가 가장 작은 영역에 할당
- **최악 적합(Worst Fit)** : 프로그램/데이터가 할당 가능한 영역 중에서 단편화가 가장 큰 영역에 할당

22.7, 22.3

136 빈 기억 공간의 크기가 20KB, 16KB, 8KB, 40KB일 때 기억 장치 배치 전략으로 "Best Fit"을 사용하여 17KB의 프로그램을 적재할 경우 내부 단편화의 크기는 얼마인가?

① 3KB ② 23KB
③ 64KB ④ 67KB

오답 피하기

입력 데이터 크기인 17KB보다 크면서 가장 비슷한 크기의 저장 공간(20KB)에 적재한다.

21.3

137 기억 공간이 15K, 23K, 22K, 21K 순으로 빈 공간이 있을 때 기억 장치 배치 전략으로 "First Fit"을 사용하여 17K의 프로그램을 적재할 경우 내부 단편화의 크기는 얼마인가?

① 5K ② 6K
③ 7K ④ 8K

기적의 TIP

각 배치 방법의 원리를 파악하고 단편화 크기 계산 방법도 기억합니다.

066 가상 기억 장치(Virtual Memory)

POINT 58 참고

가상 기억 장치(Virtual Memory)

- 주기억 장치의 부족한 용량을 해결하기 위해 보조 기억 장치를 주기억 장치처럼 사용하는 기법이다.
- 가상 기억 장치의 일반적인 구현 방법에는 프로그램을 고정된 크기의 일정한 블록(페이지)으로 나누는 페이징 기법과 가변적인 크기의 블록(세그먼트)으로 나누는 세그멘테이션 기법이 있다.

워킹 셋(Working Set)

- 운영체제의 가상 기억 장치 관리에서 프로세스가 일정 시간 동안 자주 참조하는 페이지들의 집합이다.

21.3

138 운영체제의 가상 기억 장치 관리에서 프로세스가 일정 시간 동안 자주 참조하는 페이지들의 집합을 의미하는 것은?

① Locality ② Deadlock
③ Thrashing ④ Working Set

기적의 TIP

가상 기억 장치 기법 중 페이징, 세그먼테이션 기법을 구분하고, 워킹 셋에 대한 개념에 대해 알아 두세요.

067 UNIX, LINUX의 쉘(Shell)과 커널(Kernel)

POINT 62 참고

UNIX의 특징

- Multi-User 및 Multi-Tasking을 지원한다.
- 네트워킹 시스템이며 대화식 운영체제이다.
- 높은 이식성과 확장성, 프로세스 간 호환성이 높다.
- 트리 구조의 계층적 파일 시스템을 갖는다.

쉘(Shell)

- 사용자가 지정한 명령들을 해석하여 커널로 전달하는 명령어 해석기이다.
- 시스템과 사용자 간의 인터페이스를 담당한다.
- **종류** : C Shell, Bourn Shell, Korn Shell 등

커널(Kernel)

- 운영체제의 핵심 부분인 커널(Kernel)은 프로세스 관리, 기억 장치 관리, 입출력 관리, 파일 시스템 관리 등의 기능을 수행한다.
- 사용자 인터페이스 제공은 쉘(Shell)의 기능이다.

umask

- 파일이나 디렉터리 생성 시 초기 접근 권한을 설정할 때 사용한다.
- 초기 파일의 권한은 666이고 디렉터리는 777이며 여기에 umask 값을 빼서 초기 파일 권한을 설정할 수 있다.
- 파일 초기 권한 666 － ? = 644

22.4

139 UNIX 운영체제에 관한 특징으로 틀린 것은?

① 하나 이상의 작업에 대하여 백그라운드에서 수행이 가능하다.
② Multi-User는 지원하지만 Multi-Tasking은 지원하지 않는다.
③ 트리 구조의 파일 시스템을 갖는다.
④ 이식성이 높으며 장치 간의 호환성이 높다.

22.3, 20.6

140 UNIX 시스템의 쉘(shell)의 주요 기능에 대한 설명이 아닌 것은?

① 사용자 명령을 해석하고 커널로 전달하는 기능을 제공한다.
② 반복적인 명령을 프로그램으로 만드는 프로그래밍 기능을 제공한다.
③ 쉘 프로그램 실행을 위해 프로세스와 메모리를 관리한다.
④ 초기화 파일을 이용해 사용자 환경을 설정하는 기능을 제공한다.

오답 피하기

프로세스 메모리 관리는 커널의 역할이다.

22.3

141 리눅스에서 생성된 파일 권한이 644일 경우 umask 값은?

① 022 ② 666
③ 777 ④ 755

오답 피하기

소유자			그룹			사용자		
r	w	x	r	w	x	r	w	x
4	2	1	4	2	1	4	2	1

- rwx(7)은 모든 권한을 갖는다.
- ---(0)은 모든 권한이 해제된 상태이다.
- 644는 소유자(읽기+쓰기), 그룹(읽기), 사용자(읽기) 권한이 부여된 상태이다.

기적의 TIP

UNIX의 특징, 쉘과 커널의 차이를 정리합니다.

068 OSI 7계층

POINT 63 참고

데이터 링크 계층(Data Link Layer)

- 인접한 두 개의 통신 시스템 간에 신뢰성 있는 효율적인 데이터를 전송하는 계층이다.
- 링크의 설정과 유지 및 종료를 담당한다.
- 전송 데이터의 흐름 제어, 프레임 동기, 오류 제어 등을 수행한다.
- 링크의 효율성을 향상시킨다.
- **프로토콜 종류** : HDLC, PPP, LLC, LAPB, LAPD, ADCCP

전송 계층(Transport Layer)

- 통신 양단간(End-to-End) 투명한 데이터 전송을 제공한다.
- 에러 제어 및 흐름 제어를 담당한다.
- **표준** : TCP, UDP

23.6, 22.3, 21.3, 20.8

142 OSI 7계층에서 물리적 연결을 이용해 신뢰성 있는 정보를 전송하려고 동기화, 오류 제어, 흐름 제어 등의 전송 에러를 제어하는 계층은?

① 데이터 링크 계층 ② 물리 계층
③ 응용 계층 ④ 표현 계층

23.3, 20.9, 20.6

143 OSI 7계층에서 단말기 사이에 오류 수정과 흐름 제어를 수행하여 신뢰성 있고 명확한 데이터를 전달하는 계층은?

① 전송 계층 ② 응용 계층
③ 세션 계층 ④ 표현 계층

기적의 TIP

- **물리적 연결 + 동기화, 오류 제어** : 데이터 링크(HDLC, LAPB)
- **데이터 전송 + 오류 수정, 흐름 제어** : 전송(TCP, UDP)

069 TCP/IP

POINT 64 참고

TCP(Transmission Control Protocol)

- OSI 7계층의 전송 계층에 해당한다.
- **특징** : 접속형 서비스, 전이중 전송 서비스, 신뢰성 서비스
- **기능** : 패킷 다중화, 오류 제어, 흐름 제어, 순서 제어

IP(Internet Protocol)

- OSI 7계층의 네트워크 계층에 해당하며 비신뢰성 서비스를 제공한다.
- 비연결성으로 송신지가 여러 개인 데이터 그램을 보내면서 순서가 뒤바뀌어 도달할 수 있으며 IP 프로토콜의 헤더 길이는 최소 20~60byte이다.
- **ARP(Address Resolution Protocol)** : 논리 주소(IP 주소)를 물리 주소(MAC 주소)로 변환하는 프로토콜이다.
- **RARP(Reverse Address Resolution Protocol)** : 호스트의 물리 주소(MAC 주소)로부터 논리 주소(IP 주소)를 구하는 프로토콜이다.

ICMP(Internet Control Message Protocol, 인터넷 제어 메시지 프로토콜)

- TCP/IP 계층의 인터넷 계층에 해당한다. 네트워크 컴퓨터에서 운영체제의 오류 메시지를 전송받는 데 주로 쓰이며, 인터넷 프로토콜에 의존하여 작업을 수행한다.
- IP의 동작 과정에서의 전송 오류가 발생하는 경우에 대비해 오류 정보를 전송하는 목적으로 사용하는 프로토콜이다.

21.3

144 TCP/IP 프로토콜에서 TCP가 해당하는 계층은?

① 데이터 링크 계층 ② 네트워크 계층
③ 트랜스포트 계층 ④ 세션 계층

22.3

145 TCP/IP 계층 구조에서 IP의 동작 과정에서의 전송 오류가 발생하는 경우에 대비해 오류 정보를 전송하는 목적으로 사용하는 프로토콜은?

① ECP(Error Checking Protocol)
② ARP(Address Resolution Protocol)
③ ICMP(Internet Control Message Protocol)
④ PPP(POINT-to-POINT Protocol)

20.9, 20.6

146 TCP/IP에서 사용되는 논리 주소를 물리 주소로 변환시켜 주는 프로토콜은?

① TCP ② ARP
③ FTP ④ IP

오답 피하기

- ARP : 논리(IP) → 물리(MAC)
- RARP : 물리 → 논리

22.4

147 IP 프로토콜의 주요 특징에 해당하지 않는 것은?

① 체크섬(Checksum) 기능으로 데이터 체크섬(Data Checksum)만 제공한다.
② 패킷을 분할, 병합하는 기능을 수행하기도 한다.
③ 비연결형 서비스를 제공한다.
④ Best Effort 원칙에 따른 전송 기능을 제공한다.

기적의 TIP

TCP/IP 프로토콜의 각 프로토콜 기능을 분류하고, ARP, RAPR 프로토콜의 기능을 정리합니다.

070 TCP/UDP

POINT 64 참고

TCP(Transmission Control Protocol)

- 신뢰성 있는 연결 지향형 전달 서비스를 제공한다.
- 순서 제어, 에러 제어, 흐름 제어 기능을 제공한다.
- 전이중 서비스와 스트림 데이터 서비스를 제공한다.
- 메시지를 캡슐화(Encapsulation)와 역캡슐화(Decapsulation)한다.
- 서비스 처리를 위해 다중화(Multiplexing)와 역다중화(Demultiplexing)를 이용한다.

UDP(User Datagram Protocol)

- 비연결형 및 비신뢰성 전송 서비스를 제공한다.
- 흐름 제어나 순서 제어가 없어 전송 속도가 빠르다.
- 수신된 데이터의 순서 재조정 기능을 지원하지 않는다.
- 복구 기능을 제공하지 않는다.

21.5, 20.8

148 **TCP 프로토콜과 관련한 설명으로 틀린 것은?**

① 인접한 노드 사이의 프레임 전송 및 오류를 제어한다.
② 흐름 제어(Flow Control)의 기능을 수행한다.
③ 전이중(Full Duplex) 방식의 양방향 가상 회선을 제공한다.
④ 전송 데이터와 응답 데이터를 함께 전송할 수 있다.

오답 피하기
①번은 HDLC 프로토콜의 기능이다.

23.3, 22.4, 21.3, 20.9

149 **UDP 특성에 해당되는 것은?**

① 양방향 연결형 서비스를 제공한다.
② 송신 중에 링크를 유지관리하므로 신뢰성이 높다.
③ 순서 제어, 오류 제어, 흐름 제어 기능을 한다.
④ 흐름 제어나 순서 제어가 없어 전송 속도가 빠르다.

오답 피하기
①, ②, ③번은 TCP의 특성이다.

기적의 TIP
TCP, UDP 프로토콜의 특징을 분류할 수 있도록 합니다.

071 IPv6(Internet Protocol version 6) POINT 65 참고

- 16비트씩 8부분의 16진수로 표시한다.
- 인증 및 보안 기능을 포함하고 있어 IPv4보다 보안성이 강화되었다.
- IPv6 확장 헤더를 통해 네트워크 기능 확장이 용이하다.
- 자동으로 네트워크 환경 구성이 가능하다.
- 128비트 길이의 IP 주소다.

23.6, 22.7, 22.3, 21.3, 20.8, 20.6

150 **IPv6에 대한 특성으로 틀린 것은?**

① 표시 방법은 8비트씩 4부분의 10진수로 표시한다.
② 2^{128}개의 주소를 표현할 수 있다.
③ 등급별, 서비스별로 패킷을 구분할 수 있어 품질 보장이 용이하다.
④ 확장 기능을 통해 보안 기능을 제공한다.

오답 피하기
16비트씩 8부분의 16진수로 표시한다.

기적의 TIP
주소 체계는 유니캐스트(Unicast), 애니캐스트(Anycast), 멀티캐스트(Multicast) 방식이 있다는 것도 같이 정리해 두세요.

과목 05 정보 시스템 구축 관리

072 공개키와 비밀키 암호화 기법 POINT 48 참고

공개키(비대칭키) 암호화 기법
- 암호키와 해독키가 서로 다른 기법이다.
- 비대칭키 암호화 기법 또는 공중키 암호화 기법이라고도 한다.
- 키 분배가 비밀키 암호화 기법보다 용이하다.
- 암호화/복호화 속도가 느리고 알고리즘이 복잡하다.

비밀키(대칭키) 암호화 기법
- 동일한 키로 암호화하고 복호화하는 기법으로 키 개수는 N(N−1)/2개 필요하다.
- 대칭 암호 알고리즘은 처음 통신 시에 비밀키를 전달해야 하므로, 키 교환 중 키가 노출될 수 있다.
- 암호화/복호화 속도가 빠르고 알고리즘이 단순하다.
- **종류** : DES, AES, ARIA, SEED, IDEA, RC4

21.3, 20.9

151 **공개키 암호화 방식에 대한 설명으로 틀린 것은?**

① 공개키로 암호화된 메시지는 반드시 공개키로 복호화해야 한다.
② 비대칭 암호 기법이라고도 한다.
③ 대표적인 기법은 RSA 기법이 있다.
④ 키 분배가 용이하고, 관리해야 할 키 개수가 적다.

21.5, 21.3

152 암호화 키와 복호화 키가 동일한 암호화 알고리즘은?

① RSA ② AES ③ DSA ④ ECC

오답 피하기

- **대칭키(암호화키 = 복호화키)** : DES, AES
- **비대칭키(암호화키 ≠ 복호화키)** : RSA, DSA, ECC

22.4

153 대칭 암호 알고리즘과 비대칭 암호 알고리즘에 대한 설명으로 틀린 것은?

① 대칭 암호 알고리즘은 비교적 실행 속도가 빠르기 때문에 다양한 암호의 핵심 함수로 사용될 수 있다.
② 대칭 암호 알고리즘은 비밀키 전달을 위한 키 교환이 필요하지 않아 암호화 및 복호화의 속도가 빠르다.
③ 비대칭 암호 알고리즘은 자신만이 보관하는 비밀키를 이용하여 인증, 전자 서명 등에 적용이 가능하다.
④ 대표적인 대칭키 암호 알고리즘으로는 AES, IDEA 등이 있다.

기적의 TIP

- 공개키(암호화 ≠ 복호화, 암호화 키를 공개한다.) = 비대칭키 = RSA
- 비공개키(암호화 = 복호화, 암호화키를 공개하지 않는다.) = 대칭키 = DES
- "화장실 비데스" 만 암기한다. (비공개키(비밀키) + 대칭키 + DES)

073 나선형 모형(Spiral Model) POINT 06, 66 참고

- Boehm이 제시하였으며, 반복적인 작업을 수행하는 점증적 생명주기 모형이다.
- 점증적 모형, 집중적 모형이라고도 한다.

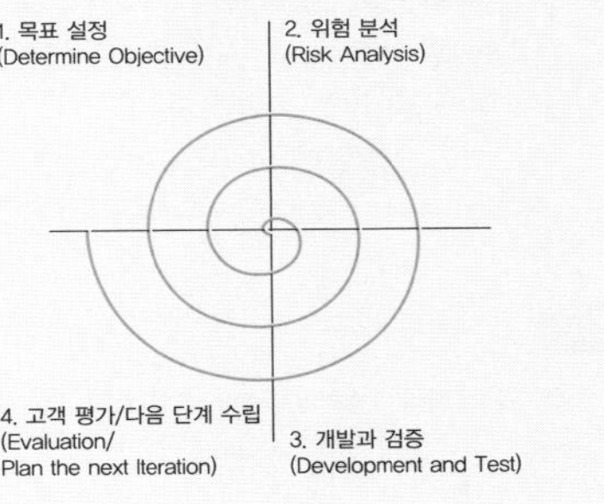

22.3, 21.8, 21.3, 20.9, 20.8, 20.6

154 소프트웨어 개발 모델 중 나선형 모델의 4가지 주요 활동이 순서대로 나열된 것은?

Ⓐ 계획 수립	Ⓑ 고객 평가
Ⓒ 개발 및 검증	Ⓓ 위험 분석

① Ⓐ-Ⓑ-Ⓓ-Ⓒ 순으로 반복
② Ⓐ-Ⓓ-Ⓒ-Ⓑ 순으로 반복
③ Ⓐ-Ⓑ-Ⓒ-Ⓓ 순으로 반복
④ Ⓐ-Ⓒ-Ⓑ-Ⓓ 순으로 반복

기적의 TIP

SW 개발 방법론 중 나선형 모형의 특징과 절차를 기억하도록 합니다. 폭포수형 모델은 개발 과정이 순차적으로 진행되는 모델입니다.

074 폭포수 모델(Waterfall Model) POINT 67 참고

- 각 단계가 끝나는 시점에서 확인, 검증, 검사를 거쳐 다음 단계로 넘어가거나 이전 단계로 환원하면서 구현 및 운영 단계에 이르는 하향식 생명주기 모형이다.
- **폭포수 모델의 순서** : 계획 → 요구사항 정의 → 개략 설계 → 상세 설계 → 구현 → 통합 시험 → 시스템 실행 → 유지보수

22.7, 21.8, 21.3, 20.9, 20.8, 20.6

155 다음 설명에 해당하는 생명주기 모형으로 가장 옳은 것은?

> 가장 오래된 모형으로 많은 적용 사례가 있지만 요구사항의 변경이 어려우며, 각 단계의 결과가 확인되어야지만 다음 단계로 넘어간다. 선형 순차적 모형으로 고전적 생명주기 모형이라고도 한다.

① 패키지 모형 ② 코코모 모형
③ 폭포수 모형 ④ 관계형 모델

기적의 TIP

폭포의 물은 한 번 바닥으로 떨어지면 위로 올라갈 수 없다는 개념을 알면 이해하기 쉽습니다.

075 CPM/PERT

POINT 67 참고

CPM(Critical Path Method)

- 프로젝트 완성에 필요한 작업들을 나열하고 작업에 필요한 소요 기간을 예측하는 기법이다.
- 노드와 간선으로 구성되며, 노드는 작업을 표시하고 간선은 작업 사이의 전후 의존 관계를 나타낸다.
- 박스 노드는 프로젝트의 중간 점검을 뜻하는 이정표로, 이 노드 위에 예상 완료 시간을 표시한다.
- 한 이정표에서 다른 이정표에 도달하기 전의 작업이 모두 완료되어야만 다음 작업 진행이 가능하다.

PERT(Program Evaluation and Review Technique)

- 소요 시간 예측이 어려운 경우 최단 시간 내에 완성할 수 있게 하는 프로젝트 일정 방법이다.
- 계획 공정(Network)을 작성하여 분석하므로 간트 도표에 비해 작업 계획을 수립하기 쉽다.
- 계획 공정의 문제점을 명확히 종합적으로 파악할 수 있다.
- 관계자 전원이 참가하게 되므로 의사소통이나 정보 교환이 용이하다.

22.3, 20.8

156 CPM 네트워크가 다음과 같을 때 임계경로의 소요 기일은?

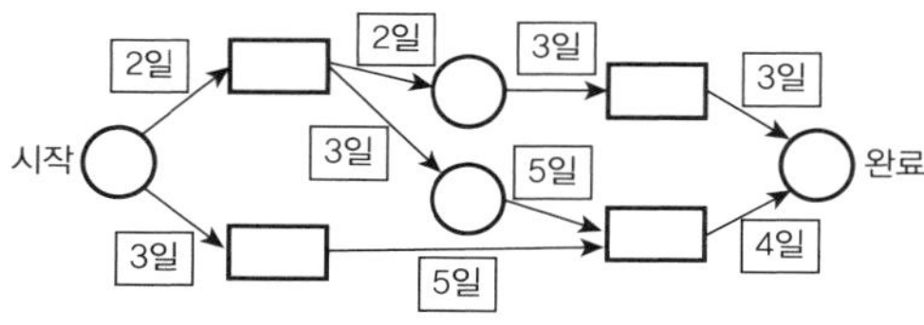

① 10일 ② 12일 ③ 14일 ④ 16일

오답 피하기

모든 작업을 거치려면 2일 + 3일 + 5일 + 4일 = 14일

22.7, 20.9, 21.5

157 소프트웨어 비용 추정 모형(Estimation Models)이 아닌 것은?

① COCOMO ② Putnam
③ Function-POINT ④ PERT

기적의 TIP

프로젝트 일정 관리와 관리 도구 PERT, CPM의 개념을 정리합니다.

076 COCOMO(COnstructive COst MOdel) 모델

POINT 68 참고

- 보헴(Boehm)이 제안한 소스 코드(Source Code)의 규모에 의한 비용 예측 모델이다.
- 같은 규모의 소프트웨어라도 그 유형에 따라 비용이 다르게 산정된다.
- 시스템의 구성 모듈과 서브 시스템의 비용 합계를 계산하여 시스템의 비용을 산정한다.
- 현실적으로 가장 이해하기 쉬운 실험적 모형이다.

COCOMO 개발 유형

Organic Mode (단순형)	• 5만 라인 이하의 소프트웨어를 개발하는 유형 • 기관 내부에서 개발된 중소 규모의 소프트웨어로 일괄 자료 처리나 과학 기술 계산용, 비즈니스 자료 처리 등 • 노력(MM) = 2.4 × $(KDSI)^{1.05}$
Semi-detached Mode (중간형)	• 30만 라인 이하의 소프트웨어를 개발하는 유형 • 트랜잭션 처리 시스템이나 운영체제, 데이터베이스 관리 시스템 등 • 노력(MM) = 3.0 × $(KDSI)^{1.12}$
Embedded Mode (임베디드형)	• 30만 라인 이상의 소프트웨어를 개발하는 유형 • 초대형 규모의 트랜잭션 처리 시스템이나 운영체제 등 • 노력(MM) = 3.6 × $(KDSI)^{1.20}$

23.6, 22.4, 21.8, 21.5, 21.3, 20.6, 20.3

158 COCOMO(Constructive Cost Model) 모형의 특징이 아닌 것은?

① 프로젝트를 완성하는 데 필요한 man-month로 산정 결과를 나타낼 수 있다.
② 보헴(Boehm)이 제안한 것으로 원시 코드 라인 수에 의한 비용 산정 기법이다.
③ 비교적 작은 규모의 프로젝트 기록을 통계 분석하여 얻은 결과를 반영한 모델이며 중소 규모 소프트웨어 프로젝트 비용 추정에 적합하다.
④ 프로젝트 개발 유형에 따라 Object, Dynamic, Function의 3가지 모드로 구분한다.

기적의 TIP

프로젝트 개발 유형에 따라 Organic, Semi-detached, Embeded 3가지 모드로 구분된다.

077 LOC(Line Of Code) 기법 POINT 68 참고

- 소프트웨어 각 기능의 원시 코드 라인 수의 비관치, 낙관치, 기대치를 측정하여 예측치를 구하고 이를 이용하여 비용을 산정하는 기법이다.
- 예측치 = a + (4 x c) + b / 6(단, a는 낙관치, b는 비관치, c는 기대치임)
- 개발 기간 = 예측된 LOC / (개발자 수 × 1인당 월평균 생산 LOC)

22.4, 22.3, 21.8, 21.3, 20.6

159 두 명의 개발자가 5개월에 걸쳐 10,000라인의 코드를 개발하였을 때, 월별(man-month) 생산성 측정을 위한 계산 방식으로 가장 적합한 것은?

① $\frac{10000}{2}$ ② $\frac{10000}{(5\times2)}$

③ $\frac{10000}{5}$ ④ $\frac{(2\times10000)}{5}$

오답 피하기

개발 기간 = 예측된 LOC / (개발자 수 × 1인당 월평균 생산 LOC)
10000 / (2 x 5)

22.3

160 LOC 기법에 의하여 예측된 총 라인 수가 36,000라인, 개발에 참여할 프로그래머가 6명, 프로그래머들의 평균 생산성이 월간 300라인일 때 개발에 소요되는 기간을 계산한 결과로 가장 옳은 것은?

① 5개월 ② 10개월
③ 15개월 ④ 20개월

오답 피하기

개발 기간 = 예측된 LOC / (개발자 수 × 1인당 월평균 생산 LOC)
= 360000 / (6 × 300)
= 360000 / 1800
= 20개월

기적의 TIP

공식과 계산 방법을 꼭 숙지합니다.

078 SLIM POINT 68 참고

- Putnam 모형 기반의 자동화 추정 도구이다.
- 푸트남(Putnam)이 제안한 것으로 생명주기 예측 모형이라고도 한다.
- 시간에 따른 함수로 표현되는 Rayleigh–Norden 곡선의 노력 분포도를 기초로 한다.

20.6, 20.8

161 Putnam 모형을 기초로 해서 만든 자동화 추정 도구는?

① SQLR/30 ② SLIM
③ MESH ④ NFV

기적의 TIP

Putnam = SLIM = 노력 분포도

079 CMMI 5단계(소프트웨어 프로세스 성숙도) POINT 69 참고

CMMI 5단계

단계	내용
1. 초기(Initial)	예측/통제 불가능
2. 관리(Managed)	기본적인 프로젝트 관리 체계 수립
3. 정의(Defined)	조직 차원의 표준 프로세스를 통한 프로젝트 지원
4. 정량적 관리(Quantitativelymanaged)	정량적으로 프로세스가 측정/통제됨
5. 최적화(Optimizing)	프로세스 개선 활동

23.6, 20.9, 20.6

162 CMM(Capability Maturity Model) 모델의 레벨로 옳지 않은 것은?

① 최적 단계
② 관리 단계
③ 정의 단계
④ 캐치 단계

20.9, 20.8

163 소프트웨어 프로세스에 대한 개선 및 능력 측정 기준에 대한 국제 표준은?

① ISO 14001 ② IEEE 802.5
③ IEEE 488 ④ SPICE

오답 피하기

SPICE
- 소프트웨어 개발 표준 중 소프트웨어 품질 및 생산성 향상을 위해 소프트웨어 프로세스를 평가 및 개선하는 국제 표준이다.
- 미 국방성의 CMM과 유사한 프로세스 평가를 위한 모델을 제시하며 심사 과정도 제안하고 있다.

기적의 TIP

CMMI는 SW 성숙도 모델이다. 암기보다는 SW의 성장 과정이라고 이해하도록 한다.

21.8, 21.3, 20.8

164 소프트웨어 품질 목표 중 쉽게 배우고 사용할 수 있는 정도를 나타내는 것은?

① Correctness ② Reliability
③ Usability ④ Integrity

23.3, 21.3

165 소프트웨어 품질 목표 중 하나 이상의 하드웨어 환경에서 운용되기 위해 쉽게 수정될 수 있는 시스템 능력을 의미하는 것은?

① Portability ② Efficiency
③ Usability ④ Correctness

기적의 TIP

- 쉽게 배운다 + 쉽게 사용한다 → 사용 용이성
- 성능 + 자원 소요량 → 효율성

080 소프트웨어 품질 목표

POINT 23 참고

소프트웨어 품질 목표

정확성 (Correctness)	사용자의 요구 기능을 충족시키는 정도
신뢰성 (Reliability)	주어진 시간동안 주어진 기능을 오류 없이 수행하는 정도
사용 용이성 (Usability)	• 사용에 필요한 노력을 최소화하고 쉽게 사용할 수 있는 정도 • 적절한 사용자 인터페이스와 문서를 가지고 있는 정도
효율성 (Efficiency)	명시된 조건하에서 소프트웨어 제품의 일정한 성능과 자원 소요량의 관계에 관한 속성, 즉 요구되는 기능을 수행하기 위해 필요한 자원의 소요 정도
무결성 (Integrity)	허용되지 않는 사용이나 자료의 변경을 제어하는 정도
이식성 (Portability)	다양한 하드웨어 환경에서도 운용 가능하도록 쉽게 수정될 수 있는 정도

081 소프트웨어 개발 프레임워크

POINT 70 참고

- 소프트웨어 프레임워크를 활용하면 개발 및 운영 용이성을 제공하고, 시스템 복잡도 감소, 재사용성 확대 등의 장점이 있다.
- **개발 용이성** : 패턴 기반 개발과 비즈니스 로직에만 집중한 개발이 가능하며, 공통 기능은 프레임워크가 제공한다.
- **운영 용이성** : 변경이 용이하며, 비즈니스 로직/아키텍처 파악이 용이하다.
- **시스템 복잡도의 감소** : 복잡한 기술은 프레임워크에 의해 숨겨진다. 미리 잘 정의된 기술 Set을 적용할 수 있다.
- **개발 코드의 최소화** : 반복 개발을 제거하며, 공통 컴포넌트와 서비스 활용이 가능하다.
- **이식성** : 플랫폼 비의존적인 개발 가능하며, 플랫폼과의 연동은 프레임워크가 제공한다.
- **변경 용이성** : 잘 구조화된 아키텍처를 적용하며, 플랫폼에 비의존적이다.
- **품질 보증** : 검증된 개발 기술과 패턴에 따른 개발이 가능하며, 고급 개발자와 초급 개발자의 차이를 줄여준다.
- **설계와 코드의 재사용성** : 프레임워크의 서비스 및 패턴의 재사용, 사전에 개발된 컴포넌트의 재사용이 가능하다.

23.3, 20.9, 20.6

166 소프트웨어 개발 프레임워크의 적용 효과로 볼 수 없는 것은?

① 공통 컴포넌트 재사용으로 중복 예산 절감
② 기술 종속으로 인한 선행사업자 의존도 증대
③ 표준화된 연계 모듈 활용으로 상호 운용성 향상
④ 개발 표준에 의한 모듈화로 유지보수 용이

오답 피하기

이전 프로젝트 수주 기업의 자체 프레임워크 사용으로 인한 기술 종속으로 인해 증가하는 선행사업자에 대한 의존도를 표준화된 개발 기반 도입으로 일정부분 해소할 수 있어 유지보수업체의 선정이 용이하다.

23.3, 22.4, 21.7, 21.5

167 소프트웨어 개발 프레임워크와 관련한 설명으로 틀린 것은?

① 반제품 상태의 제품을 토대로 도메인별로 필요한 서비스 컴포넌트를 사용하여 재사용성 확대와 성능을 보장받을 수 있게 하는 개발 소프트웨어이다.
② 개발해야 할 애플리케이션의 일부분이 이미 구현되어 있어 동일한 로직 반복을 줄일 수 있다.
③ 라이브러리와 달리 사용자 코드가 직접 호출하여 사용하기 때문에 소프트웨어 개발 프레임워크가 직접 코드의 흐름을 제어할 수 없다.
④ 생산성 향상과 유지보수성 향상 등의 장점이 있다.

오답 피하기

소프트웨어 개발 프레임워크가 직접 코드의 흐름을 제어할 수 있다.

기적의 TIP

SW 개발 프레임워크의 개념과 프레임워크, 라이브러리의 차이점을 정리합니다.

082 플랫폼 성능 특성

POINT 05 참고

플랫폼 성능 측정 항목

- 응답 시간(Response Time)
- 가용성(Availability)
- 사용률(Utilization)

20.6

168 소프트웨어 설계 시 구축된 플랫폼의 성능 특성 분석에 사용되는 측정 항목이 아닌 것은?

① 응답 시간(Response Time)
② 가용성(Availability)
③ 사용률(Utilization)
④ 서버 튜닝(Server Tuning)

기적의 TIP

아래와 같이 정리하면 이해가 쉽습니다.

- **라이브러리** : 프로그램 제작 시 필요한 기능을 모아놓은 것(자동차 부품, JQuery)
- **프레임워크** : 프로그램의 기본 구조를 정의한 것(자동차 차체, Java의 Spring)
- **아키텍처** : 프로그램의 구조를 문서화 한 설계도(자동차 설계도)
- **플랫폼** : 프로그램 실행 환경(자동차 도로, Windows)

083 테일러링(Tailoring) 고려사항

POINT 70 참고

내부적 요건

- **목표 환경** : 시스템의 개발 환경 및 유형이 서로 다른 경우 테일러링이 필요
- **요구사항** : 프로젝트의 생명주기 활동 측면에서 개발, 운영, 유지보수 등 프로젝트에서 먼저 고려할 요구사항이 서로 다른 경우 테일러링이 필요
- **프로젝트 규모** : 사업비, 참여 인력, 개발 기간 등 프로젝트의 규모가 서로 다른 경우 테일러링이 필요
- **보유 기술** : 프로세스, 방법론, 산출물, 인력의 숙련도 등이 다른 경우 테일러링이 필요

외부적 요건

- **법적 제약사항** : 프로젝트별로 적용될 IT Compliance 서로 다른 경우 테일러링이 필요
- **표준 품질 기준** : 금융, 제조, 의료 업종별 표준 품질 기준이 상이하므로 방법론의 테일러링이 필요

20.6

169 소프트웨어 개발 방법론의 테일러링(Tailoring)과 관련한 설명으로 틀린 것은?

① 프로젝트 수행 시 예상되는 변화를 배제하고 신속히 진행하여야 한다.
② 프로젝트에 최적화된 개발 방법론을 적용하기 위해 절차, 산출물 등을 적절히 변경하는 활동이다.
③ 관리 측면에서의 목적 중 하나는 최단기간에 안정적인 프로젝트 진행을 위한 사전 위험을 식별하고 제거하는 것이다.
④ 기술적 측면에서의 목적 중 하나는 프로젝트에 최적화된 기술 요소를 도입하여 프로젝트 특성에 맞는 최적의 기법과 도구를 사용하는 것이다.

기적의 TIP

테일러링의 내부적/외부적 요건을 구분할 수 있어야 합니다.

084 RIP(Routing Information Protocol)

POINT 72 참고

- 최단 경로 탐색에는 Bellman–Ford 알고리즘을 사용하는 거리 벡터 라우팅 프로토콜이다.
- 라우팅 프로토콜을 IGP와 EGP로 분류했을 때 IGP에 해당한다.
- 최적의 경로를 산출하기 위한 정보로서 홉(거리값)만을 고려하므로, RIP을 선택한 경로가 최적의 경로가 아닌 경우가 많이 발생할 수 있다.
- 소규모 네트워크 환경에 적합하다.

21.3

170 RIP(Routing Information Protocol)에 대한 설명으로 틀린 것은?

① 거리 벡터 라우팅 프로토콜이라고도 한다.
② 소규모 네트워크 환경에 적합하다.
③ 최대 홉 카운트를 115홉 이하로 한정하고 있다.
④ 최단 경로 탐색에는 Bellman–Ford 알고리즘을 사용한다.

오답 피하기

최대 홉 카운트를 15홉 이하로 한정하고 있다.

기적의 TIP

RIP 라우팅 프로토콜에 대한 설명 중 잘못된 것을 고르는 문제로 자주 출제됩니다.

085 정보보안의 3요소

POINT 76 참고

- **무결성(Integrity)** : 시스템 내의 정보는 오직 인가된 사용자만 수정할 수 있는 보안 요소
- **기밀성(Confidentiality)** : 인가되지 않는 사용자가 객체 정보의 내용을 알 수 없도록 하는 보안 요소
- **가용성(Availability)** : 정보 시스템 또는 정보에 대한 접근과 사용이 요구 시점에 완전하게 제공될 수 있는 상태를 의미하는 보안 요소

22.4, 21.3, 20.8, 20.6

171 소프트웨어 개발에서 정보보안 3요소에 해당하지 않는 설명은?

① 기밀성 : 인가된 사용자에 대해서만 자원 접근이 가능하다.
② 무결성 : 인가된 사용자에 대해서만 자원 수정이 가능하며 전송 중인 정보는 수정되지 않는다.
③ 가용성 : 인가된 사용자는 가지고 있는 권한 범위 내에서 언제든 자원 접근이 가능하다.
④ 휘발성 : 인가된 사용자가 수행한 데이터는 처리 완료 즉시 폐기되어야 한다.

기적의 TIP

매번 출제되는 문제로 정보보안의 3요소를 알고 있어야 합니다.

086 신기술 용어

POINT 72 참고

Mesh Network

기존 무선 랜의 한계 극복을 위해 등장하였으며, 대규모 디바이스의 네트워크 생성에 최적화되어 차세대 이동통신, 홈네트워킹, 공공 안전 등의 특수 목적을 위한 새로운 방식의 네트워크 기술이다.

Zing

기기를 키오스크에 갖다 대면 원하는 데이터를 바로 가져올 수 있는 기술로 10cm 이내 근접 거리에서 기가급 속도로 데이터 전송이 가능한 초고속 근접 무선 통신(NFC : Near Field Communication) 기술이다.

MQTT(Message Queuing Telemetry Transport)

- IBM이 주도하여 개발한 기술로 사물 통신, 사물 인터넷과 같이 대역폭이 제한된 통신 환경에 최적화하여 개발된 푸시 기술 기반의 경량 메시지 전송 프로토콜이다.
- TCP/IP 기반 네트워크에서 동작하는 발행-구독 기반의 메시징 프로토콜로 최근 IoT 환경에서 자주 사용되고 있는 프로토콜이다.

SDN(Software Defined Networking)

- 네트워크를 제어부, 데이터 전달부로 분리하여 네트워크 관리자가 보다 효율적으로 네트워크를 제어, 관리할 수 있는 기술이다.
- 기존의 라우터, 스위치 등과 같이 하드웨어에 의존하는 네트워크 체계에서 안정성, 속도, 보안 등을 소프트웨어로 제어, 관리하기 위해 개발된다.

직접 연결 저장 장치(DAS : Direct Attached Storage)

- 하드 디스크와 같은 데이터 저장 장치를 호스트 버스 어댑터에 직접 연결하는 방식이다.
- 저장 장치와 호스트 기기 사이에 네트워크 디바이스 없이 직접 연결하는 방식으로 구성된다.

Docker

컨테이너 응용 프로그램의 배포를 자동화하는 오픈소스 엔진으로 SW 컨테이너안의 응용 프로그램들을 배치시키는 일을 자동화해 주는 오픈소스 프로젝트이자 소프트웨어이다.

22.4, 20.8

172 다음 내용이 설명하는 기술로 가장 적절한 것은?

- 다른 국을 향하는 호출이 중계에 의하지 않고 직접 접속되는 그물 모양의 네트워크이다.
- 통신량이 많은 비교적 소수의 국 사이에 구성될 경우 경제적이며 간편하지만, 다수의 국 사이에는 회선이 세분화되어 비경제적일 수도 있다.
- 해당 형태의 무선 네트워크의 경우 대용량을 빠르고 안전하게 전달할 수 있어 행사장이나 군 등에서 많이 활용된다.

① Virtual Local Area Network
② Simple Station Network
③ Mesh Network
④ Modem Network

오답 피하기

그물 모양의 네트워크는 Mesh(그물) 네트워크이다.

22.4

173 기기를 키오스크에 갖다 대면 원하는 데이터를 바로 가져올 수 있는 기술로 10cm 이내 근접 거리에서 기가급 속도로 데이터 전송이 가능한 초고속 근접 무선 통신(NFC : Near Field Communication) 기술은?

① BcN(Broadband Convergence Network)
② Zing
③ Marine Navi
④ C-V2X(Cellular Vehicle To Everything)

오답 피하기

Kiosk
- 공공장소에 설치된 터치스크린 방식의 정보 전달 시스템이다.
- 백화점, 전시장, 공항, 철도역과 같은 곳에 설치되어 각종 행사 안내나 상품 정보, 시설물 이용 방법, 관광 정보 등을 제공하는 무인 단말기이다.

23.6, 21.7, 21.3

174 다음 내용이 설명하는 것은?

- 사물 통신, 사물 인터넷과 같이 대역폭이 제한된 통신 환경에 최적화하여 개발된 푸시 기술 기반의 경량 메시지 전송 프로토콜
- 메시지 매개자(Broker)를 통해 송신자가 특정 메시지를 발행하고 수신자가 메시지를 구독하는 방식
- IBM이 주도하여 개발

① GRID ② TELNET
③ GPN ④ MQTT

22.4

175 다음에서 설명하는 IT 기술은?

- 네트워크를 제어부, 데이터 전달부로 분리하여 네트워크 관리자가 보다 효율적으로 네트워크를 제어, 관리할 수 있는 기술이다.
- 기존의 라우터, 스위치 등과 같이 하드웨어에 의존하는 네트워크 체계에서 안정성, 속도, 보안 등을 소프트웨어로 제어, 관리하기 위해 개발되었다.
- 네트워크 장비의 펌웨어 업그레이드를 통해 사용자의 직접적인 데이터 전송 경로 관리가 가능하고, 기존 네트워크에는 영향을 주지 않으면서 특정 서비스의 전송 경로 수정을 통하여 인터넷상에서 발생하는 문제를 처리할 수 있다.

① SDN(Software Defined Networking)
② NFS(Network File System)
③ Network Mapper
④ AOE Network

23.6, 22.3, 20.9

176 다음 내용이 설명하는 스토리지 시스템은?

- 하드 디스크와 같은 데이터 저장 장치를 호스트 버스 어댑터에 직접 연결하는 방식
- 저장 장치와 호스트 기기 사이에 네트워크 디바이스 없이 직접 연결하는 방식으로 구성

① DAS ② NAS ③ BSA ④ NFC

22.3

177 다음이 설명하는 IT 기술은?

- 컨테이너 응용 프로그램의 배포를 자동화하는 오픈소스 엔진이다.
- 소프트웨어 컨테이너 안에 응용 프로그램들을 배치시키는 일을 자동화해 주는 오픈소스 프로젝트이자 소프트웨어로 볼 수 있다.

① StackGuard ② Docker
③ CipherContainer ④ Scytale

기적의 TIP

신기술 용어는 반복 출제율이 낮습니다. 즉 기존 출제된 모든 문제를 모두 확인하고 확장하여 공부하도록 합니다.

087 데이터베이스 관련 기술 용어

POINT 74 참고

하둡(Hadoop)

- 오픈소스를 기반으로 한 분산 컴퓨팅 플랫폼으로 일반 PC급 컴퓨터들로 가상화된 대형 스토리지를 형성하고, 그 안에 보관된 거대한 데이터 세트를 병렬로 처리할 수 있도록 빅데이터 분산 처리를 돕는 자바 소프트웨어 오픈소스 프레임워크이다.
- 다양한 소스를 통해 생성된 빅데이터를 효율적으로 저장하고 처리한다.
- 하둡의 필수 핵심 구성 요소는 맵리듀스(MapReduce)와 하둡 분산 파일 시스템(Hadoop Distributed File System)이다.
- **Sqoop** : 하둡(Hadoop)과 관계형 데이터베이스 간에 데이터를 전송할 수 있도록 설계된 도구이다.

20.9, 20.6

178 다음이 설명하는 용어로 옳은 것은?

> – 오픈소스를 기반으로 한 분산 컴퓨팅 플랫폼이다.
> – 일반 PC급 컴퓨터들로 가상화된 대형 스토리지를 형성한다.
> – 다양한 소스를 통해 생성된 빅데이터를 효율적으로 저장하고 처리한다.

① 하둡(Hadoop) ② 비컨(Beacon)
③ 포스퀘어(Foursquare) ④ 멤리스터(Memristor)

오답 피하기

포스퀘어(Foursquare)
- 스마트폰에 탑재된 GPS를 활용해 위치 정보를 수집한다.
- 쇼핑 관광 등에 활용하는 위치 기반 소셜네트워크 서비스이다.

21.5

179 하둡(Hadoop)과 관계형 데이터베이스 간에 데이터를 전송할 수 있도록 설계된 도구는?

① Apnic ② Topology
③ Sqoop ④ SDB

기적의 TIP

하둡과 관련된 문제가 지속적으로 출제되고 있습니다. 기본 개념부터 출제된 내용을 같이 정리하세요.

088 공격 유형

POINT 80 참고

DoS(Denial of Service, 분산 서비스 거부)

- 여러 곳에 분산된 공격 지점에서 한 곳의 서버에 대해 분산 서비스 공격을 수행하는 공격 방법이다.
- **공격 종류** : Ping Of Death, Land Attack, SYN Flooding, Smurf, DDoS, UDP Flooding

TCP 세션 하이재킹

- 서버와 클라이언트 통신 시에 TCP의 3-Way Handshake 단계에서 발생하는 취약점을 이용한 공격 기법이다.
- **세션 하이재킹 탐지 기법** : 비동기화 상태 감지, ACK STORM 탐지, 패킷의 유실 및 재전송 증가 탐지, 예상치 못한 접속의 리셋 탐지

백도어(Back Door)

- 프로그램이나 손상된 시스템에 허가되지 않는 접근을 할 수 있도록 정상적인 보안 절차를 우회하는 악성 소프트웨어이다. 트랩 도어(Trap Door)라고도 한다.
- **백도어 공격 도구** : NetBus, Back Orifice, RootKit 등
- **백도어 탐지 방법** : 무결성 검사, 열린 포트 확인, 로그 분석, SetUID 파일 검사 등

웜(Worm)

네트워크를 통해 연속적으로 자신을 복제하여 시스템의 부하를 높여 결국 시스템을 다운시키는 바이러스의 일종이다.

22.7, 22.3, 20.8, 20.6

180 DoS 공격과 관련한 내용으로 틀린 것은?

① Ping of Death 공격은 정상 크기보다 큰 ICMP 패킷을 작은 조각(Fragment)으로 쪼개어 공격 대상이 조각화된 패킷을 처리하게 만드는 공격 방법이다.
② Smurf 공격은 멀티캐스트(Multicast)를 활용하여 공격 대상이 네트워크의 임의의 시스템에 패킷을 보내게 만드는 공격이다.
③ SYN Flooding은 존재하지 않는 클라이언트가 서버별로 한정된 접속 가능 공간에 접속한 것처럼 속여 다른 사용자가 서비스를 이용하지 못하게 하는 것이다.
④ Land 공격은 패킷 전송 시 출발지 IP 주소와 목적지 IP 주소값을 똑같이 만들어서 공격 대상에게 보내는 공격 방법이다.

오답 피하기

Smurf 공격 : Broadcast를 이용해 Ping Packet을 보내고, 수많은 Ping Packet이 Server로 반사되는 공격 기법이다.

기출 자주 출제되는 기출문제

22.4

181 다음 설명에 해당되는 공격기법은?

> 시스템 공격 기법의 하나로 허용 범위 이상의 ICMP 패킷을 전송하여 대상 시스템의 네트워크를 마비시킨다.

① Ping of Death ② Session Hijacking
③ Piggyback Attack ④ XSS

오답 피하기

Ping Flood : 특정 사이트에 매우 많은 ICMP Echo를 보내면, 이에 대한 응답(Respond)을 하기 위해 시스템 자원을 모두 사용해 버려 시스템이 정상적으로 동작하지 못하도록 하는 공격 기법이다.

21.3

182 세션 하이재킹을 탐지하는 방법으로 거리가 먼 것은?

① FTP SYN SEGMENT 탐지
② 비동기화 상태 탐지
③ ACK STORM 탐지
④ 패킷의 유실 및 재전송 증가 탐지

21.3, 20.6

183 크래커가 침입하여 백도어를 만들어 놓거나, 설정 파일을 변경했을 때 분석하는 도구는?

① tripwire ② tcpdump
③ cron ④ netcat

오답 피하기

tripwire : 크래커가 침입하여 백도어를 만들어 놓거나, 설정 파일을 변경했을 때 분석하는 도구이다.

22.6

184 악성 코드의 유형 중 다른 컴퓨터의 취약점을 이용하여 스스로 전파하거나 메일로 전파되며 스스로를 증식하는 것은?

① Worm ② Rogue Ware
③ Adware ④ Reflection Attack

기적의 TIP

문제와 보기를 통해 답을 찾을 수 있도록 공격 유형의 종류 및 개념을 확실히 숙지하세요.

089 Secure OS와 OWASP

POINT 76 참고

Secure OS의 보안 기능

강제적 접근 통제, 임의적 접근 통제, 식별 및 인증, 객체 사용 보호, 완전성 조성, 신뢰 경로

OWASP(The Open Web Application Security Project)

- 오픈소스 웹 애플리케이션 보안 프로젝트로서 주로 웹을 통한 정보 유출, 악성 파일 및 스크립트, 보안 취약점 등을 연구하는 곳이다.
- 연구 결과에 따라 취약점 발생 빈도가 높은 10가지 취약점을 공개한다.

OWASP TOP 10 LIST 2022

- Broken Access Control
- Cryptographic Failures
- Injections
- Insecure Design
- Security Misconfigurations
- Vulnerable and Outdated Components
- Identification and Authentication Failures
- Software and Data Integrity Failures
- Security Logging and Monitoring Failures
- Server-Side Request Forgery(SSRF)

21.5, 20.9

185 Secure OS의 보안 기능으로 거리가 먼 것은?

① 식별 및 인증 ② 임의적 접근 통제
③ 고가용성 지원 ④ 강제적 접근 통제

오답 피하기

고가용성은 보안보다는 성능을 위한 기능이다.

21.8

186 오픈소스 웹 애플리케이션 보안 프로젝트로서 주로 웹을 통한 정보 유출, 악성 파일 및 스크립트, 보안 취약점 등을 연구하는 곳은?

① WWW ② OWASP
③ WBSEC ④ ITU

기적의 TIP

보안 기술 용어는 다양한 문제들이 출제됩니다. 암기노트로 만들어 암기합니다.

090 접근 통제

POINT 81 참고

정보의 접근 통제 정책

정책	MAC	DAC	RBAC
권한 부여	시스템	데이터 소유자	중앙 관리자
접근 결정	보안 등급 (Label)	신분(Identity)	역할(Role)
정책 변경	고정적 (변경 어려움)	변경 용이	변경 용이
장점	안정적 중앙 집중적	구현 용이 유연함	관리 용이

AAA(Authentication Authorization Accounting, 인증 권한 검증 계정 관리)

- 시스템의 사용자가 로그인하여 명령을 내리는 과정에 대한 시스템의 동작을 Authentication(인증), Authorization(권한 부여), Accounting(계정 관리)으로 구분한다.
- **Authentication(인증)** : 망, 시스템 접근을 허용하기 전에 사용자의 신원을 검증한다.
- **Authorization(권한 부여)** : 검증된 사용자에게 어떤 수준의 권한과 서비스를 허용한다.
- **Accounting(계정 관리)** : 사용자의 자원에 대한 사용 정보를 모아서 과금, 감사, 용량 증설, 리포팅 등의 관리를 한다.

Honeypot

비정상적인 접근을 탐지하기 위해 의도적으로 설치해 둔 시스템을 의미한다.

23.3, 22.4, 21.3, 20.9, 20.8

187 접근 통제 방법 중 조직 내에서 직무, 직책 등 개인의 역할에 따라 결정하여 부여하는 접근 정책은?

① RBAC ② DAC ③ MAC ④ QAC

21.9

188 정보 시스템 내에서 어떤 주체가 특정 개체에 접근하려 할 때 양쪽의 보안 레이블(Security Label)에 기초하여 높은 보안 수준을 요구하는 정보(객체)가 낮은 보안 수준의 주체에게 노출되지 않도록 하는 접근 제어 방법은?

① Mandatory Access Control
② User Access Control
③ Discretionary Access Control
④ Data-Label Access Control

22.6

189 시스템의 사용자가 로그인하여 명령을 내리는 과정에 대한 시스템의 동작 중 다음 설명에 해당하는 것은?

- 자신의 신원을 시스템에 증명하는 과정이다.
- 아이디와 패스워드를 입력하는 과정이 가장 일반적인 예시라고 볼 수 있다.

① Aging ② Accounting
③ Authorization ④ Authentication

23.3, 22.7, 22.3

190 다음 설명에 해당하는 시스템은?

- 1990년대 David Clock이 처음 제안하였다.
- 비정상적인 접근의 탐지를 위해 의도적으로 설치해 둔 시스템이다.
- 침입자를 속여 실제 공격당하는 것처럼 보여줌으로써 크래커를 추적 및 공격 기법의 정보를 수집하는 역할을 한다.
- 쉽게 공격자에게 노출되어야 하며 쉽게 공격이 가능한 것처럼 취약해 보여야 한다.

① Apache ② Hadoop
③ Honeypot ④ MapReduce

오답 피하기

- **하둡(Hadoop)** : 빅데이터를 분석 처리할 수 있는 큰 컴퓨터 클러스터에서 동작하는 분산 응용 프로그램을 지원하는 프리웨어 자바 소프트웨어 프레임워크이다.
- **MapReduce** : Hadoop의 핵심 구성 요소로서 대용량 데이터를 분산 처리하기 위한 목적으로 개발된 프로그래밍 모델이다.

기적의 TIP

접근 통제 방법을 구분할 수 있도록 정리합니다.

최신 기출문제 01회

2024년 제3회

• **제한시간 :** 2시간 30분 • **소요시간 :** 시간 분 • **전체 문항 수 :** 100문항 • **맞힌 문항 수 :** 문항

과목 01 소프트웨어 설계

01 XP(eXtreme Programming)의 기본원리로 볼 수 없는 것은?

① Linear Sequential Method
② Pair Programming
③ Collective Ownership
④ Continuous Integration

02 럼바우(Rumbaugh) 객체지향 분석 기법에서 동적 모델링에 활용되는 다이어그램은?

① 객체 다이어그램(Object Diagram)
② 패키지 다이어그램(Package Diagram)
③ 상태 다이어그램(State Diagram)
④ 자료 흐름도(Data Flow Diagram)

03 좋은 소프트웨어 설계를 위한 소프트웨어의 모듈 간의 결합도(Coupling)와 모듈 내 요소 간 응집도(Cohesion)에 대한 설명으로 옳은 것은?

① 응집도는 낮게 결합도는 높게 설계한다.
② 응집도는 높게 결합도는 낮게 설계한다.
③ 양쪽 모두 낮게 설계한다.
④ 양쪽 모두 높게 설계한다.

04 객체지향 기법의 캡슐화(Encapsulation)에 대한 설명으로 틀린 것은?

① 인터페이스가 단순화된다.
② 소프트웨어 재사용성이 높아진다.
③ 변경 발생 시 오류의 파급효과가 적다.
④ 상위 클래스의 모든 속성과 연산을 하위 클래스가 물려받는 것을 의미한다.

05 다음 내용이 설명하는 객체지향 설계 원칙은?

- 클라이언트는 자신이 사용하지 않는 메서드와 의존관계를 맺으면 안 된다.
- 클라이언트가 사용하지 않는 인터페이스 때문에 영향을 받아서는 안 된다.

① 인터페이스 분리 원칙
② 단일 책임 원칙
③ 개방 폐쇄의 원칙
④ 리스코프 교체의 원칙

06 파이프 필터 형태의 소프트웨어 아키텍처에 대한 설명으로 옳은 것은?

① 노드와 간선으로 구성된다.
② 서브 시스템이 입력 데이터를 받아 처리하고 결과를 다음 서브 시스템으로 넘겨주는 과정을 반복한다.
③ 계층 모델이라고도 한다.
④ 3개의 서브 시스템(모델, 뷰, 제어)으로 구성되어 있다.

07 인터페이스 구현 시 사용하는 기술 중 다음 내용이 설명하는 것은?

> JavaScript를 사용한 비동기 통신 기술로, 클라이언트와 서버 간에 XML 데이터를 주고받는 기술

① Procedure
② Trigger
③ Greedy
④ AJAX

08 디자인 패턴 사용의 장 · 단점에 대한 설명으로 거리가 먼 것은?

① 소프트웨어 구조 파악이 용이하다.
② 객체지향 설계 및 구현의 생산성을 높이는 데 적합하다.
③ 재사용을 위한 개발 시간이 단축된다.
④ 절차형 언어와 함께 이용될 때 효율이 극대화된다.

09 DFD(data flow diagram)에 대한 설명으로 틀린 것은?

① 자료 흐름 그래프 또는 버블(bubble) 차트라고도 한다.
② 구조적 분석 기법에 이용된다.
③ 시간 흐름을 명확하게 표현할 수 있다.
④ DFD의 요소는 화살표, 원, 사각형, 직선(단선/이중선)으로 표시한다.

10 소프트웨어 공학의 기본 원칙이라고 볼 수 없는 것은?

① 품질 높은 소프트웨어 상품 개발
② 지속적인 검증 시행
③ 결과에 대한 명확한 기록 유지
④ 최대한 많은 인력 투입

11 UML에서 활용되는 다이어그램 중, 시스템의 동작을 표현하는 행위(Behavioral) 다이어그램에 해당하지 않는 것은?

① 유스케이스 다이어그램(Use Case Diagram)
② 시퀀스 다이어그램(Sequence Diagram)
③ 활동 다이어그램(Activity Diagram)
④ 배치 다이어그램(Deployment Diagram)

12 소프트웨어의 상위 설계에 속하지 않는 것은?

① 아키텍처 설계
② 모듈 설계
③ 인터페이스 정의
④ 사용자 인터페이스 설계

13 다음 중 UI(User Interface)에서 사용자 동작에 해당하지 않는 것은?

① Swipe ② Tap
③ Drag ④ Flux

14 시스템의 기능을 여러 개의 고유 모듈들로 분할하여 이들 간의 인터페이스를 계층 구조로 표현한 도형 또는 도면을 무엇이라 하는가?

① Flow Chart
② HIPO Chart
③ Control Specification
④ Box Diagram

15 다음 중 요구사항 모델링에 활용되지 않는 것은?

① 애자일(Agile) 방법
② 유스케이스 다이어그램(Use Case Diagram)
③ 시퀀스 다이어그램(Sequence Diagram)
④ 단계 다이어그램(Phase Diagram)

16 현행 시스템 분석에서 고려하지 않아도 되는 항목은?

① DBMS 분석
② 네트워크 분석
③ 운영체제 분석
④ 인적 자원 분석

17 IPSec(IP Security)에 대한 설명으로 틀린 것은?

① 암호화 수행 시 양방향 암호화를 지원한다.
② ESP는 발신지 인증, 데이터 무결성, 기밀성 모두를 보장한다.
③ 운영 모드는 Tunnel 모드와 Transport 모드로 분류된다.
④ Tunnel 모드는 전송 계층과 네트워크 계층 사이에 전달되는 payload를 보호한다.

18 여러 개의 선택 항목 중 하나의 선택만 가능한 경우 사용하는 사용자 인터페이스(UI) 요소는?

① 토글 버튼
② 텍스트 박스
③ 라디오 버튼
④ 체크 박스

19 GoF(Gangs of Four) 디자인 패턴 분류에 해당하지 않는 것은?

① 생성 패턴
② 구조 패턴
③ 행위 패턴
④ 추상 패턴

20 코드의 기입 과정에서 원래 '12639'으로 기입되어야 하는데 '12936'으로 표기되었을 경우, 어떤 코드 오류에 해당하는가?

① Addition Error
② Omission Error
③ Sequence Error
④ Transcription Error

과목 02 소프트웨어 개발

21 연결 리스트(Linked List)에 대한 설명으로 거리가 먼 것은?

① 노드의 삽입이나 삭제가 쉽다.
② 노드들이 포인터로 연결되어 검색이 빠르다.
③ 연결을 해주는 포인터(Pointer)를 위한 추가 공간이 필요하다.
④ 연결 리스트 중에서 중간 노드 연결이 끊어지면 그 다음 노드를 찾기 힘들다.

22 정보 시스템 개발 단계에서 프로그래밍 언어 선택 시 고려할 사항으로 가장 거리가 먼 것은?

① 개발 정보 시스템의 특성
② 사용자의 요구사항
③ 컴파일러의 가용성
④ 컴파일러의 독창성

23 소스 코드 품질 분석 도구 중 정적 분석 도구가 아닌 것은?

① pmd
② checkstyle
③ valance
④ cppcheck

24 중위 표기법으로 표현된 다음 수식을 후위 표기법으로 옳게 표현한 것은?

a/b+c−d*e

① a/b+c−d*e
② ab/c+de*−
③ −+/abc*de
④ a/b+−de*c

25 SPICE 모델의 프로세스 수행 능력 수준의 단계별 설명이 틀린 것은?

① 수준 7 – 미완성 단계
② 수준 5 – 최적화 단계
③ 수준 4 – 예측 단계
④ 수준 3 – 확립 단계

26 S/W Project 일정이 지연된다고 해서 Project 말기에 새로운 인원을 추가 투입하면 Project는 더욱 지연되게 된다는 내용과 관련되는 법칙은?

① Putnam의 법칙
② Mayer의 법칙
③ Brooks의 법칙
④ Boehm의 법칙

27 다음 초기 자료에 대하여 삽입 정렬(Insertion Sort)을 이용하여 오름차순 정렬한 경우 1회전 후의 결과는?

초기 자료 : 8, 3, 4, 9, 7

① 3, 4, 8, 7, 9
② 3, 4, 9, 7, 8
③ 7, 8, 3, 4, 9
④ 3, 8, 4, 9, 7

28 소프트웨어 품질 목표 중 요구되는 기능을 수행하기 위해 필요한 자원의 소요 정도를 의미하는 것은?

① Usability
② Reliability
③ Efficiency
④ Functionality

29 정렬된 N개의 데이터를 처리하는데 $O(N\log_2 N)$의 시간이 소요되는 정렬 알고리즘은?

① 합병 정렬
② 버블 정렬
③ 선택 정렬
④ 삽입 정렬

30 알고리즘 설계 기법으로 거리가 먼 것은?

① Divide and Conquer
② Greedy
③ Static Block
④ Backtracking

31 외계인 코드(Alien Code)에 대한 설명으로 옳은 것은?

① 프로그램의 로직이 복잡하여 이해하기 어려운 프로그램을 의미한다.
② 아주 오래되거나 참고문서 또는 개발자가 없어 유지보수 작업이 어려운 프로그램을 의미한다.
③ 오류가 없어 디버깅 과정이 필요 없는 프로그램을 의미한다.
④ 사용자가 직접 작성한 프로그램을 의미한다.

32 다음 트리에 대한 INORDER 운행 결과는?

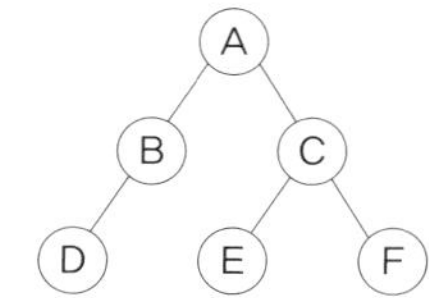

① D B A E C F
② A B D C E F
③ D B E C F A
④ A B C D E F

33 다음 중 단위 테스트 도구로 사용할 수 없는 것은?

① CppUnit
② JUnit
③ HttpUnit
④ IgpUnit

34 다음은 인스펙션 과정을 표현한 것이다. (가)~(마)에 들어갈 말을 [보기]에서 찾아 바르게 연결한 것은?

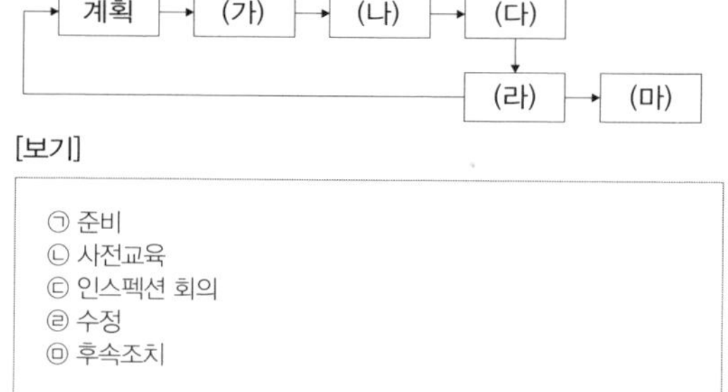

[보기]

㉠ 준비
㉡ 사전교육
㉢ 인스펙션 회의
㉣ 수정
㉤ 후속조치

① (가) – ㉡, (나) – ㉢
② (가) – ㉠, (나) – ㉢
③ (가) – ㉢, (나) – ㉤
④ (가) – ㉣, (나) – ㉢

35 다음 설명의 소프트웨어 테스트의 기본 원칙은?

- 파레토 법칙이 좌우한다.
- 애플리케이션 결함의 대부분은 소수의 특정한 모듈에 집중되어 존재한다.
- 결함은 발생한 모듈에서 계속 추가로 발생할 가능성이 높다.

① 살충제 패러독스
② 결함 집중
③ 오류 부재의 궤변
④ 완벽한 테스팅은 불가능

36 저작권 관리 구성 요소에 대한 설명이 틀린 것은?

① 콘텐츠 제공자(Contents Provider) : 콘텐츠를 제공하는 저작권자
② 콘텐츠 분배자(Contents Distributor) : 콘텐츠를 메타 데이터와 함께 배포 가능한 단위로 묶는 기능
③ 클리어링 하우스(Clearing House) : 키 관리 및 라이선스 발급 관리
④ DRM 컨트롤러 : 배포된 콘텐츠의 이용 권한을 통제

37 블랙박스 테스트 기법으로 거리가 먼 것은?

① 기초 경로 검사
② 동치 클래스 분해
③ 경계값 분석
④ 원인 결과 그래프

38 해싱 함수 중 레코드 키를 여러 부분으로 나누고, 나눈 부분의 각 숫자를 더하거나 XOR한 값을 홈 주소로 사용하는 방식은?

① 제산법
② 폴딩법
③ 기수 변환법
④ 숫자 분석법

39 **다음에서 설명하는 클린 코드 작성 원칙은?**

- 한 번에 한 가지 처리만 수행한다. - 클래스/메소드/함수를 최소 단위로 분리한다.

① 다형성
② 단순성
③ 추상화
④ 의존성

40 **디지털 저작권 관리(DRM)에 사용되는 기술 요소가 아닌 것은?**

① 키 관리
② 방화벽
③ 암호화
④ 크랙 방지

과목 03 데이터베이스 구축

41 **다음 설명과 관련 있는 트랜잭션의 특징은?**

"트랜잭션의 연산은 모두 실행되거나, 모두 실행되지 않아야 한다."

① Durability
② Isolation
③ Consistency
④ Atomicity

42 **데이터베이스에 영향을 주는 생성, 읽기, 갱신, 삭제 연산으로 프로세스와 테이블 간에 매트릭스를 만들어서 트랜잭션을 분석하는 것은?**

① CASE 분석
② 일치 분석
③ CRUD 분석
④ 연관성 분석

43 **데이터베이스 로그(log)를 필요로 하는 회복 기법은?**

① 즉각 갱신 기법
② 대수적 코딩 방법
③ 타임 스탬프 기법
④ 폴딩 기법

44 **테이블 R1, R2에 대하여 다음 SQL문의 결과는?**

```
(SELECT 학번 FROM R1)
INTERSECT
(SELECT 학번 FROM R2);
```

[R1] 테이블

학번	학점 수
20201111	15
20202222	20

[R2] 테이블

학번	과목번호
20202222	CS200
20203333	CS300

①

학번	학점 수	과목번호
20202222	20	CS200

②

학번
20202222

③

학번
20201111
20202222
20203333

④

학번	학점 수	과목번호
20201111	15	NULL
20202222	20	CS200
20203333	NULL	CS300

45 정규화의 필요성으로 거리가 먼 것은?

① 데이터 구조의 안정성 최대화
② 중복 데이터의 활성화
③ 수정, 삭제 시 이상 현상의 최소화
④ 테이블 불일치 위험의 최소화

46 개체-관계 모델의 E-R 다이어그램에서 사용되는 기호와 그 의미의 연결이 틀린 것은?

① 삼각형 – 개체 타입
② 삼각형 – 속성
③ 선 – 개체 타입과 속성 연결
④ 마름모 – 관계 타입

47 분산 데이터베이스의 투명성(Transparency)에 해당하지 않는 것은?

① Location Transparency
② Replication Transparency
③ Failure Transparency
④ Media Access Transparency

48 릴레이션에 대한 설명으로 거리가 먼 것은?

① 튜플들의 삽입, 삭제 등의 작업으로 인해 릴레이션은 시간에 따라 변한다.
② 한 릴레이션에 포함된 튜플들은 모두 상이하다.
③ 애트리뷰트는 논리적으로 쪼갤 수 없는 원자값으로 저장한다.
④ 한 릴레이션에 포함된 튜플 사이에는 순서가 있다.

49 SQL문에서 HAVING을 사용할 수 있는 절은?

① LIKE절
② WHERE절
③ GROUP BY절
④ ORDER BY절

50 관계대수에 대한 설명으로 틀린 것은?

① 주어진 릴레이션 조작을 위한 연산의 집합이다.
② 일반 집합 연산과 순수 관계 연산으로 구분된다.
③ 질의에 대한 해를 구하기 위해 수행해야 할 연산의 순서를 명시한다.
④ 원하는 정보와 그 정보를 어떻게 유도하는가를 기술하는 비절차적 방법이다.

51 다음 SQL문의 실행 결과는?

```
SELECT 과목이름
FROM 성적
WHERE EXISTS
(SELECT 학번 FROM 학생 WHERE 학생.학번 = 성
적.학번 AND 학생.학과 IN ('전산', '전기') AND
학생.주소 = '경기');
```

[학생] 테이블

학번	이름	학년	학과	주소
1000	김철수	1	전산	서울
2000	고영준	1	전기	경기
3000	유진호	2	전자	경기
4000	김영진	2	전산	경기
5000	정현영	3	전자	서울

[성적] 테이블

학번	과목번호	과목이름	학점	점수
1000	A100	자료구조	A	91
2000	A200	DB	A+	99
3000	A100	자료구조	B+	88
3000	A200	DB	B	85
4000	A200	DB	A	94
4000	A300	운영체제	B+	89
5000	A300	운영체제	B	88

①

과목이름
DB

②

과목이름
DB
DB

③

과목이름
DB
DB
운영체제

④

과목이름
DB
운영체제

52 로킹(Locking) 기법에 대한 설명으로 틀린 것은?

① 로킹의 대상이 되는 객체의 크기를 로킹 단위라고 한다.
② 로킹 단위가 작아지면 병행성 수준이 낮아진다.
③ 데이터베이스도 로킹 단위가 될 수 있다.
④ 로킹 단위가 커지면 로크 수가 작아 로킹 오버헤드가 감소한다.

53 사용자 X1에게 department 테이블에 대한 검색 연산을 회수하는 명령은?

① delete select on department to X1;
② remove select on department from X1;
③ revoke select on department from X1;
④ grant select on department from X1;

54 player 테이블에는 player_name, team_id, height 컬럼이 존재한다. 아래 SQL문에서 문법적 오류가 있는 부분은?

```
(1) SELECT player_name, height
(2) FROM player
(3) WHERE team_id = 'Korea'
(4) AND height BETWEEN 170 OR 180;
```

① (1) ② (2)
③ (3) ④ (4)

55 다음 내용이 설명하는 것은?

> – 네트워크상에 광채널 스위치의 이점인 고속 전송과 장거리 연결 및 멀티 프로토콜 기능을 활용
> – 각기 다른 운영체제를 가진 여러 기종들이 네트워크상에서 동일 저장장치의 데이터를 공유하게 함으로써, 여러 개의 저장장치나 백업 장비를 단일화시킨 시스템

① SAN ② MBR
③ NAC ④ NIC

56 제3정규형에서 보이스코드 정규형(BCNF)으로 정규화하기 위한 작업은?

① 원자값이 아닌 도메인을 분해
② 부분 함수 종속 제거
③ 이행 함수 종속 제거
④ 결정자가 후보키가 아닌 함수 종속 제거

57 A1, A2, A3 3개 속성을 갖는 한 릴레이션에서 A1의 도메인은 3개 값, A2의 도메인은 2개 값, A3의 도메인은 4개 값을 갖는다. 이 릴레이션에 존재할 수 있는 가능한 튜플(Tuple)의 최대 수는?

① 24
② 12
③ 8
④ 9

58 데이터베이스 설계 시 물리적 설계 단계에서 수행하는 사항이 아닌 것은?

① 저장 레코드 양식 설계
② 레코드 집중의 분석 및 설계
③ 접근 경로 설계
④ 목표 DBMS에 맞는 스키마 설계

59 한 릴레이션 스키마가 4개 속성, 2개 후보키 그리고 그 스키마의 대응 릴레이션 인스턴스가 7개 튜플을 갖는다면 그 릴레이션의 차수(degree)는?

① 1
② 2
③ 4
④ 7

60 데이터웨어하우스의 기본적인 OLAP(on-line analytical processing) 연산이 아닌 것은?

① translate
② roll-up
③ dicing
④ drill-down

과목 04 프로그래밍 언어 활용

61 UNIX에서 새로운 프로세스를 생성하는 명령어는?

① ls
② cat
③ fork
④ chmod

62 Java 프로그래밍 언어의 정수 데이터 타입 중 'long'의 크기는?

① 1byte
② 2byte
③ 4byte
④ 8byte

63 다음 JAVA 프로그램이 실행되었을 때의 결과는?

```
public class ovr {
  public static void main(String[] args) {
    int a = 1, b = 2, c = 3, d = 4;
    int mx, mn;
    mx = a < b ? b : a;
    if(mx == 1) {
      mn = a > mx ? b : a;
    }
    else {
      mn = b < mx ? d : c;
    }
    System.out.println(mn);
  }
}
```

① 1 ② 2
③ 3 ④ 4

64 소규모 네트워트인 LAN과 LAN 간의 인터네트워킹 연결 장치로 제2계층에서 동작하는 장비는?

① 리피터 ② 브리지
③ L4 스위치 ④ 허브

65 파일 디스크립터(File Descriptor)에 대한 설명으로 틀린 것은?

① 파일 관리를 위해 시스템이 필요로 하는 정보를 가지고 있다.
② 보조기억장치에 저장되어 있다가 파일이 개방(open)되면 주기억장치로 이동된다.
③ 사용자가 파일 디스크립터를 직접 참조할 수 있다.
④ 파일 제어 블록(File Control Block)이라고도 한다.

66 다음 파이썬으로 구현되는 프로그램을 실행하여 '12a34'를 입력한 경우의 실행 결과로 옳은 것은?

```
a, b = map(int, input('문자열 입력 : ').
split('a'))
print(a, b)
```

①
```
12
34
```

② 12a34a

③ 1234

④ 12 34

67 다음 Java 코드를 실행한 결과는?

```
int x=1, y=6;
while (y--) {
x++;
}
System.out.println("x=" x+"y=" y);
```

① x=7 y=0
② x=6 y=-1
③ x=7 y=-1
④ Unresolved compilation problem 오류 발생

68 다음 Python 프로그램이 실행되었을 때, 실행 결과는?

```
a = 0
b = 0

def func1():
    a = 10
    b = a
    return b
def func2():
    global a
    b = a
    return b

a = 20
b = 20
print(func1())
print(func2())
a = a + 20
b = b + 20
print(func1())
print(func2())
```

①
```
10
20
10
40
```

②
```
10
20
10
20
```

③
```
20
20
10
40
```

④
```
20
20
40
40
```

기출

최신 기출문제

69 10.0.0.0 네트워크 전체에서 마스크값으로 255.240.0.0을 사용할 경우 유효한 서브넷 ID는?

① 10.240.0.0
② 10.0.0.32
③ 10.1.16.3
④ 10.29.240.0

70 다음과 같은 프로세스가 차례로 큐에 도착하였을 때, SJF(Shortest Job First) 정책을 사용할 경우 가장 먼저 처리되는 작업은?

프로세스 번호	실행시간
P1	6
P2	8
P3	4
P4	3

① P1
② P2
③ P3
④ P4

71 4개의 페이지를 수용할 수 있는 주기억장치가 있으며, 초기에는 모두 비어 있다고 가정한다. 다음의 순서로 페이지 참조가 발생할 때, FIFO 페이지 교체 알고리즘을 사용할 경우 페이지 결함의 발생 횟수는?

> 페이지 참조 순서 : 1, 2, 3, 1, 2, 4, 5, 1

① 6회
② 7회
③ 8회
④ 9회

72 다음 JAVA 프로그램의 결과값은?

```
class TestClass {
  void exe(int[] arr) {
     System.out.println(func(func(5, 5),
5, func(arr)));
  }
  int func(int a, int b) {
    return a + b;
  }
  int func(int a, int b, int c) {
    return a · b;
  }
  int func(int[] c) {
    int s = 0;
    for(int i = 0; i < c.length; i++) {
      s += c[i];
    }
    return s;
  }
}
public class Test {
   public static void main(String[]
args) {
    int[] a = {1, 2, 3, 4, 5};
    TestClass t = new TestClass();
    t.exe(a);
  }
}
```

① 5
② 10
③ 15
④ 20

73 리눅스에서 생성된 파일 권한이 644일 경우 umask 값은?

① 022
② 666
③ 777
④ 755

74 SSH(Secure Shell)에 대한 설명으로 틀린 것은?

① SSH의 기본 네트워크 포트는 220번을 사용한다.
② 전송되는 데이터는 암호화된다.
③ 키를 통한 인증은 클라이언트의 공개키를 서버에 등록해야 한다.
④ 서로 연결되어 있는 컴퓨터 간 원격 명령 실행이나 셸 서비스 등을 수행한다.

75 교착상태의 해결 방법 중 은행원 알고리즘(Banker's Algorithm)이 해당되는 기법은?

① Detection
② Avoidance
③ Recovery
④ Prevention

76 UDP 특성에 해당되는 것은?

① 데이터 전송 후, ACK를 받는다.
② 송신 중에 링크를 유지 관리하므로 신뢰성이 높다.
③ 흐름 제어나 순서 제어가 없어 전송 속도가 빠르다.
④ 제어를 위한 오버헤드가 크다.

77 다음 C코드의 반복문을 while문으로 변환한 것으로 옳은 것은?

```
#include <stdio.h>
int main() {
  int i = 0;
  int sum = 0;
  while(i < 10) {
    sum += i;
    i++;
  }
  printf("Sum = %d\n", sum);
  return 0;
}
```

①
```
#include <stdio.h>
int main() {
    int i = 0;
    int sum = 0;

    while(i > 10) {
        sum += i;
        i++;
    }
    printf("Sum = %d\n", sum);
    return 0;
}
```

②
```
#include <stdio.h>
int main() {

    while(i < 10) {
    int i = 0;
    int sum = 0;

        sum += i;
        i++;
    }
    printf("Sum = %d\n", sum);
    return 0;
}
```

기출

최신 기출문제

③

```
#include <stdio.h>
int main() {
    int i = 0;

    while(i < 10) {
    int sum = 0;
        sum += i;
        i++;
    }
    printf("Sum = %d\n", sum);
    return 0;
}
```

④

```
#include <stdio.h>
int main() {
    int i = 0;
    int sum = 0;

    while(i < 10) {
        sum += i;
        i++;
    }
    printf("Sum = %d\n", sum);
    return 0;
}
```

78 **TCP/IP에서 사용되는 논리 주소를 물리 주소로 변환시켜 주는 프로토콜은?**

① TCP
② ARP
③ FTP
④ IP

79 **C언어의 break 명령문에 대한 설명으로 옳은 것은?**

① C언어에서 반복 처리를 위한 명령문이다.
② switch~case 구문에서는 break 명령문을 생략하여도 동일한 결과를 얻을 수 있다.
③ continue 명령문과 함께 조건 분기 명령문에 해당한다.
④ 가장 가까운 블록을 탈출한다.

80 **OSI-7 layer의 데이터링크 계층에서 사용하는 데이터 전송 단위는?**

① 바이트
② 프레임
③ 레코드
④ 워드

과목 05 정보 시스템 구축 관리

81 **다음 중 휴리스틱 탐색 방법이 아닌 것은?**

① A Algorithm
② Greedy Search
③ Hill Climbing
④ Bell-Lapadula

82 **CMM(Capability Maturity Model) 모델의 레벨로 옳지 않은 것은?**

① 최적 단계
② 관리 단계
③ 계획 단계
④ 정의 단계

83 **다음 설명에 해당하는 생명주기 모형으로 가장 옳은 것은?**

> 가장 오래된 모형으로 많은 적용 사례가 있지만 요구사항의 변경이 어려우며, 각 단계의 결과가 확인되어야지만 다음 단계로 넘어간다. 선형 순차적 모형으로 고전적 생명주기 모형이라고도 한다.

① 패키지 모형
② 코코모 모형
③ 폭포수 모형
④ 관계형 모델

84 **서비스 지향 아키텍처 기반 애플리케이션을 구성하는 층이 아닌 것은?**

① 표현 층
② 프로세스 층
③ 제어 클래스 층
④ 비지니스 층

85 **다음 내용이 설명하는 것은?**

> – 미국의 작가 닐 스티븐슨(Neal Stephenson)이 1992년에 발표한 사이버펑크 소설 스노우 크래쉬에 처음 소개된 개념이다.
> – 가상현실을 넘어선 개념으로 3차원 가상 세계에서 사람들이 현실 세계처럼 상호작용하고 생활할 수 있는 디지털 공간을 의미한다.

① 메타버스
② 증강현실
③ 혼합현실
④ 디지털 트윈

86 **소프트웨어 개발 프레임워크의 적용 효과로 볼 수 없는 것은?**

① 공통 컴포넌트 재사용으로 중복 예산 절감
② 기술 종속으로 인한 선행사업자 의존도 증대
③ 표준화된 연계모듈 활용으로 상호 운용성 향상
④ 개발표준에 의한 모듈화로 유지보수 용이

87 **CPM 네트워크가 다음과 같을 때 임계경로의 소요 기일은?**

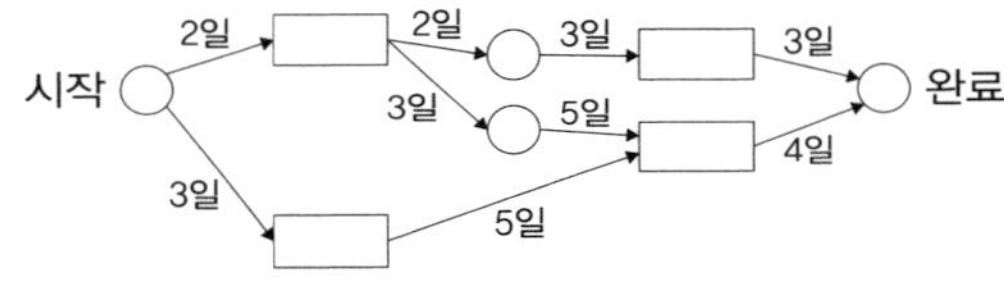

① 10일
② 12일
③ 14일
④ 16일

88 **익스트림 프로그래밍(eXtreme Programming)의 5가지 가치에 속하지 않는 것은?**

① 의사소통
② 단순성
③ 피드백
④ 고객 배제

89 다음은 정보의 접근통제 정책에 대한 설명이다. (ㄱ)에 들어갈 내용으로 옳은 것은?

정책	(ㄱ)	DAC	RBAC
권한 부여	시스템	데이터 소유자	중앙 관리자
접근 결정	보안등급 (Label)	신분(Identity)	역할(Role)
정책 변경	고정적 (변경 어려움)	변경 용이	변경 용이
장점	안정적, 중앙 집중적	구현 용이, 유연함	관리 용이

① NAC
② MAC
③ SDAC
④ AAC

90 소프트웨어 개발 모델 중 나선형 모델의 4가지 주요 활동이 순서대로 나열된 것은?

ⓐ 계획 수립
ⓒ 개발 및 검증
ⓑ 고객 평가
ⓓ 위험 분석

① ⓐ–ⓑ–ⓓ–ⓒ 순으로 반복
② ⓐ–ⓓ–ⓒ–ⓑ 순으로 반복
③ ⓐ–ⓑ–ⓒ–ⓓ 순으로 반복
④ ⓐ–ⓒ–ⓑ–ⓓ 순으로 반복

91 타원 곡선 위에서의 이산대수 문제의 난해성에 기반한 암호화 알고리즘으로 비트코인과 같은 블록체인 시스템 등에 활용되는 방식은 무엇인가?

① RSA
② ECC
③ DSA
④ MD5

92 CSMA/CA 방식에 대한 설명과 가장 거리가 먼 것은?

① 무선 환경에서 효율적인 통신을 위해 채널 상태를 감지하고 충돌을 회피하는 방식이다.
② 유선 네트워크에서 주로 사용되며, 충돌을 감지하고, 전송을 중단하고 랜덤한 시간 후 재전송을 시도한다.
③ IEEE 802.11 프로토콜을 사용한다.
④ 랜덤 백오프, RTS/CTS 등 다양한 메커니즘을 사용하여 충돌을 줄이고 효율적인 통신을 지원한다.

93 다음이 설명하는 다중화 기술은?

– 광섬유를 이용한 통신 기술의 하나를 의미함
– 파장이 서로 다른 복수의 광신호를 동시에 이용하는 것으로 광섬유를 다중화하는 방식임
– 빛의 파장 축과 파장이 다른 광선은 서로 간섭을 일으키지 않는 성질을 이용함

① Wavelength Division Multiplexing
② Frequency Division Multiplexing
③ Code Division Multiplexing
④ Time Division Multiplexing

94 웹페이지에 악의적인 스크립트를 포함시켜 사용자 측에서 실행되게 유도함으로써, 정보 유출 등의 공격을 유발할 수 있는 취약점은?

① Ransomware
② Pharming
③ Phishing
④ XSS

95 TCP 헤더와 관련한 설명으로 틀린 것은?

① 순서번호(Sequence Number)는 전달하는 바이트마다 번호가 부여된다.
② 수신번호확인(Acknowledgement Number)은 상대편 호스트에서 받으려는 바이트의 번호를 정의한다.
③ Urgent Pointer는 IPv4의 헤더 구조 중, 도착한 패킷에 대한 오류 여부를 체크하기 위해 존재하는 요소이다.
④ 윈도우 크기는 송수신 측의 버퍼 크기로 최대 크기는 64bit이다.

96 소프트웨어 정의 데이터 센터(SDDC, Software Defined Data Center)에 대한 설명으로 틀린 것은?

① 컴퓨팅, 네트워킹, 스토리지, 관리 등을 모두 소프트웨어로 정의한다.
② 인력 개입 없이 소프트웨어 조작만으로 자동 제어 관리한다.
③ 데이터센터 내 모든 자원을 가상화하여 서비스한다.
④ 특정 하드웨어에 종속되어 특화된 업무를 서비스하기에 적합하다.

97 아래 이미지와 같은 동작 방식을 가지는 블록 암호화 방식은 무엇인가?

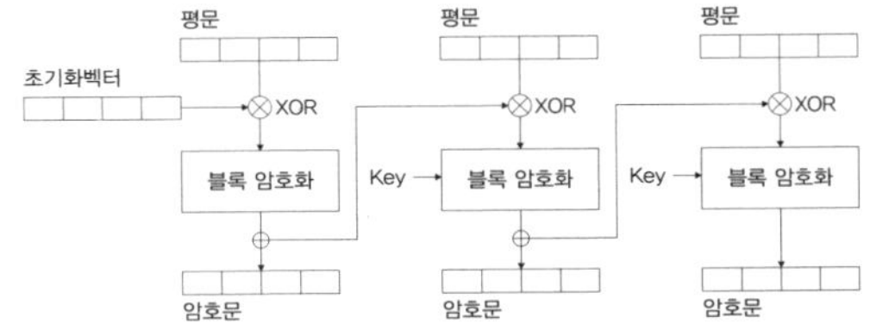

① CBC
② ECB
③ CFB
④ OFB

98 NS(Nassi-Schneiderman) chart에 대한 설명으로 거리가 먼 것은?

① 논리의 기술에 중점을 둔 도형식 표현 방법이다.
② 연속, 선택 및 다중 선택, 반복 등의 제어 논리구조로 표현한다.
③ 주로 화살표를 사용하여 논리적인 제어 구조로 흐름을 표현한다.
④ 조건이 복합되어 있는 곳의 처리를 시각적으로 명확히 식별하는 데 적합하다.

99 아래 설명에 해당하는 도구는 무엇인가?

> – 호스트 기반으로 크래커가 침입하여 백도어를 만들어 놓거나, 설정 파일을 변경했을 때 분석하는 도구이다.
> – 침입 이후 탐지에 매우 유용할 뿐만 아니라 무결성 입증과 변화 관리 그리고 정책 준수 같은 다른 여러 목적으로도 사용될 수 있다.

① SATAN ② Klaxon
③ Watcher ④ Tripwire

100 IPv6의 주소 표기법으로 올바른 것은 무엇인가?

① 255.236.212.1
② 2001:0db8:85a3:0000:0000:8a2e:0370: 7334
③ 20:A0:C3:4B:21:33
④ 0c00:002A:0080:c703:3c75

최신 기출문제 01회
빠르게 정답 확인하기!
스마트폰으로 QR 코드를 찍어 보세요.
정답표를 통해 편리하게 채점할 수 있습니다.

기출

최신 기출문제

최신 기출문제 02회

2024년 제2회

• 제한시간 : 2시간 30분 • 소요시간 : 시간 분 • 전체 문항 수 : 100문항 • 맞힌 문항 수 : 문항

과목 01 소프트웨어 설계

01 시스템의 기능을 여러 개의 고유 모듈들로 분할하여 이들 간의 인터페이스를 계층 구조로 표현한 도형 또는 도면을 무엇이라 하는가?

① Flow Chart
② HIPO Chart
③ Control Specification
④ Box Diagram

02 GoF(Gangs of Four) 디자인 패턴에서 생성(Creational) 패턴에 해당하는 것은?

① 컴퍼지트(Composite)
② 어댑터(Adapter)
③ 추상 팩토리(Abstract Factory)
④ 옵서버(Observer)

03 소프트웨어 설계에서 사용되는 대표적인 추상화 메커니즘이 아닌 것은?

① 프로토콜 추상화
② 자료 추상화
③ 제어 추상화
④ 기능 추상화

04 개체-관계 모델에 대한 설명으로 옳지 않은 것은?

① 오너-멤버(Owner-Member) 관계라고도 한다.
② 개체 타입과 이들 간의 관계 타입을 기본 요소로 이용하여 현실 세계를 개념적으로 표현한다.
③ E-R 다이어그램에서 개체 타입은 사각형으로 나타낸다.
④ E-R 다이어그램에서 속성은 타원으로 나타낸다.

05 CASE(Computer Aided Software Engineering)의 주요 기능으로 옳지 않은 것은?

① S/W 라이프 사이클 전 단계의 연결
② 그래픽 지원
③ 다양한 소프트웨어 개발 모형 지원
④ 언어 번역

06 소프트웨어 아키텍처 모델 중 MVC(Model-View-Controller)와 관련한 설명으로 틀린 것은?

① MVC 모델은 사용자 인터페이스를 담당하는 계층의 응집도를 높일 수 있고 여러 개의 다른 UI를 만들어 그 사이에 결합도를 낮출 수 있다.
② 모델(Model)은 뷰(View)와 제어(Controller) 사이에서 전달자 역할을 하며, 뷰마다 모델 서브 시스템이 각각 하나씩 연결된다.
③ 뷰(View)는 모델(Model)에 있는 데이터를 사용자 인터페이스에 보이는 역할을 담당한다.
④ 제어(Controller)는 모델(Model)에 명령을 보냄으로써 모델의 상태를 변경할 수 있다.

07 UML 모델에서 한 객체가 다른 객체에게 오퍼레이션을 수행하도록 지정하는 의미적 관계로 옳은 것은?

① Dependency
② Realization
③ Generalization
④ Association

08 통신을 위한 프로그램을 생성하여 포트를 할당하고, 클라이언트의 통신 요청 시 클라이언트와 연결하는 내 · 외부 송 · 수신 연계 기술은?

① DB 링크 기술
② 소켓 기술
③ 스크럼 기술
④ 프로토타입 기술

09 UI의 종류로 멀티 터치, 동작 인식 등 사용자의 자연스러운 움직임을 인식하여 서로 주고받는 정보를 제공하는 사용자 인터페이스는?

① GUI(Graphical User Interface)
② OUI(Organic User Interface)
③ NUI(Natural User Interface)
④ CLI(Command Line Interface)

10 분산 시스템을 위한 마스터-슬레이브(Master-Slave) 아키텍처에 대한 설명으로 틀린 것은?

① 일반적으로 실시간 시스템에서 사용된다.
② 마스터 프로세스는 일반적으로 연산, 통신, 조정을 책임진다.
③ 슬레이브 프로세스는 데이터 수집 기능을 수행할 수 없다.
④ 마스터 프로세스는 슬레이브 프로세스들을 제어할 수 있다.

11 다음 중 시스템의 구조와 관계를 보여주는 UML 다이어그램은?

① 유스케이스 다이어그램
② 액티비티 다이어그램
③ 컴포넌트 다이어그램
④ 시퀀스 다이어그램

12 시스템의 5가지 기본 요소 중 다음과 같은 특징을 갖는 것은?

> "처리된 결과의 측정, 분석 후 목표치 도달 여부 확인과 만족스럽지 못한 결과는 다시 조정하는 반복 행위"

① 입력(input)
② 제어(control)
③ 피드백(feedback)
④ 처리(process)

13 입력되는 데이터를 컴퓨터의 프로세서가 처리하기 전에 미리 처리하여 프로세서가 처리하는 시간을 줄여주는 프로그램이나 하드웨어를 말하는 것은?

① EAI
② FEP
③ GPL
④ Duplexing

14 객체지향 언어(Object-Oriented Programming Language)에서 하나 이상의 유사한 객체(object)들을 묶어서 하나의 공통된 특성으로 표현한 것을 무엇이라 하는가?

① 클래스(class)
② 행위(behavior)
③ 사건(event)
④ 메시지(message)

15 코드화 대상 항목의 중량, 면적, 용량 등의 물리적 수치를 이용하여 만든 코드는?

① 순차 코드
② 10진 코드
③ 표의 숫자 코드
④ 블록 코드

16 다음 (　　) 안에 들어갈 내용으로 옳은 것은?

> 컴포넌트 설계 시 "(　　)에 의한 설계"를 따를 경우, 해당 명세에서는
> (1) 컴포넌트의 오퍼레이션 사용 전에 참이 되어야 할 선행조건
> (2) 사용 후 만족되어야 할 결과조건
> (3) 오퍼레이션이 실행되는 동안 항상 만족되어야 할 불변조건 등이 포함되어야 한다.

① 협약(Contract)
② 프로토콜(Protocol)
③ 패턴(Pattern)
④ 관계(Relation)

17 기본 유스케이스 수행 시 특별한 조건을 만족할 때 수행하는 유스케이스는?

① 연관
② 확장
③ 선택
④ 특화

18 UML 다이어그램 중 정적 다이어그램이 아닌 것은?

① 컴포넌트 다이어그램
② 배치 다이어그램
③ 순차 다이어그램
④ 패키지 다이어그램

19 프로그램 품질관리의 한 방법으로써 워크스루(Walk-through)와 인스펙션(Inspection)이 있다. 워크스루에 대한 설명으로 옳지 않은 것은?

① 소프트웨어 품질을 검토하기 위한 기술적 검토 회의이다.
② 제품 개발자가 주최가 된다.
③ 오류 발견과 발견된 오류의 문제 해결에 중점을 둔다.
④ 검토 자료는 사전에 미리 배포한다.

20 캡슐화(Encapsulation)에 관한 설명 중 옳지 않은 것은?

① 데이터와 데이터를 처리하는 함수를 하나로 묶는 것이다.
② 캡슐화된 객체의 세부 내용이 외부에 은폐되어 변경이 발생해도 오류의 파급효과가 적다.
③ 인터페이스가 단순해지고 객체 간의 결합도가 낮아진다.
④ 캡슐화된 객체들은 재사용이 불가능하다.

과목 02 소프트웨어 개발

21 소프트웨어의 일부분을 다른 시스템에서 사용할 수 있는 정도를 의미하는 것은?

① 신뢰성(Reliability)
② 유지보수성(Maintainability)
③ 가시성(Visibility)
④ 재사용성(Reusability)

22 소프트웨어 형상 관리에 대한 설명으로 거리가 먼 것은?

① 소프트웨어에 가해지는 변경을 제어하고 관리한다.
② 프로젝트 계획, 분석서, 설계서, 프로그램, 테스트 케이스 모두 관리 대상이다.
③ 대표적인 형상 관리 도구로 Ant, Maven, Gradle 등이 있다.
④ 유지보수 단계뿐만 아니라 개발 단계에도 적용할 수 있다.

23 웹과 컴퓨터 프로그램에서 용량이 적은 데이터를 교환하기 위해 데이터 객체를 속성 · 값의 쌍 형태로 표현하는 형식으로 자바스크립트(JavaScript)를 토대로 개발되어진 형식은?

① Pythonm
② XML
③ JSON
④ WEB SERVER

24 소프트웨어 패키징에 대한 설명으로 틀린 것은?

① 패키징은 개발자 중심으로 진행한다.
② 신규 및 변경 개발소스를 식별하고, 이를 모듈화하여 상용제품으로 패키징한다.
③ 고객의 편의성을 위해 매뉴얼 및 버전관리를 지속적으로 한다.
④ 범용 환경에서 사용이 가능하도록 일반적인 배포 형태로 패키징이 진행된다.

25 다음 결함 관리 프로세스의 빈칸에 알맞은 것은?

결함 관리 계획 → 결함 기록 → (　　) → (　　) → (　　) → 최종 분석 및 보고서 작성

① 결함 검토, 결함 재확인, 결함 수정
② 결함 검토, 결함 수정, 결함 재확인
③ 결함 수정, 결함 재확인, 결함 검토
④ 결함 검토, 결함 확인, 결함 수정

26 테스트 드라이버(Test Driver)에 대한 설명으로 틀린 것은?

① 시험대상 모듈을 호출하는 간이 소프트웨어이다.
② 필요에 따라 매개 변수를 전달하고 모듈을 수행한 후의 결과를 보여줄 수 있다.
③ 상향식 통합 테스트에서 사용된다.
④ 테스트 대상 모듈이 호출하는 하위 모듈의 역할을 한다.

27 테스트 단계 중 SW 제품에 대한 요구사항이 제대로 이행되었는지 점검하는 것이 주요 목적인 테스트는?

① 통합 테스트(Integration Test)
② 단위 테스트(Unit Test)
③ 시스템 테스트(System Test)
④ 인수 테스트(Acceptance Test)

28 다음 초기 자료에 대하여 selection sort를 이용하여 오름차순 정렬할 경우 2회전 후의 결과는?

초기 자료 : 8, 3, 4, 9, 7

① 3, 8, 4, 9, 7
② 3, 4, 8, 9, 7
③ 3, 4, 7, 9, 8
④ 3, 4, 7, 8, 9

29 다음 설명의 소프트웨어 버전 관리 도구 방식은?

- 버전 관리 자료가 원격 저장소와 로컬 저장소에 함께 저장되어 관리된다.
- 로컬 저장소에서 버전 관리가 가능하므로 원격 저장소에 문제가 생겨도 로컬 저장소의 자료를 이용하여 작업할 수 있다.
- 대표적인 버전 관리 도구로 Git이 있다.

① 단일 저장소 방식
② 분산 저장소 방식
③ 공유 폴더 방식
④ 클라이언트 · 서버 방식

30 **인터페이스 구현 검증 도구 중 아래에서 설명하는 것은?**

> - 서비스 호출, 컴포넌트 재사용 등 다양한 환경을 지원하는 테스트 프레임워크
> - 각 테스트 대상 분산 환경에 데몬을 사용하여 테스트 대상 프로그램을 통해 테스트를 수행하고, 통합하여 자동화하는 검증 도구

① xUnit
② STAF
③ FitNesse
④ RubyNode

31 **소프트웨어 품질 관련 국제 표준인 ISO/IEC 25000에 관한 설명으로 옳지 않은 것은?**

① 소프트웨어 품질 평가를 위한 소프트웨어 품질 평가 통합 모델 표준이다.
② System and Software Quality Requirements and Evaluation으로 줄여서 SQuaRE라고도 한다.
③ ISO/IEC 2501n에서는 소프트웨어의 내부 측정, 외부 측정, 사용 품질 측정, 품질 측정 요소 등을 다룬다.
④ 기존 소프트웨어 품질 평가 모델과 소프트웨어 평가 절차 모델인 ISO/IEC 9126과 ISO/IEC 14598을 통합하였다.

32 **소프트웨어 생명주기 모델 중 V 모델과 관련한 설명으로 틀린 것은?**

① 요구 분석 및 설계 단계를 거치지 않으며 항상 통합 테스트를 중심으로 V 형태를 이룬다.
② Perry에 의해 제안되었으며 세부적인 테스트 과정으로 구성되어 신뢰도 높은 시스템을 개발하는 데 효과적이다.
③ 개발 작업과 검증 작업 사이의 관계를 명확히 들어내 놓은 폭포수 모델의 변형이라고 볼 수 있다.
④ 폭포수 모델이 산출물 중심이라면 V 모델은 작업과 결과의 검증에 초점을 둔다.

33 **소프트웨어 테스트와 관련한 설명으로 틀린 것은?**

① 화이트박스 테스트는 모듈의 논리적인 구조를 체계적으로 점검할 수 있다.
② 블랙박스 테스트는 프로그램의 구조를 고려하지 않는다.
③ 테스트 케이스에는 일반적으로 시험 조건, 테스트 데이터, 예상 결과가 포함되어야 한다.
④ 화이트박스 테스트에서 기본 경로(Basis Path)란 흐름 그래프의 시작 노드에서 종료 노드까지의 서로 독립된 경로로 싸이클을 허용하지 않는 경로를 말한다.

34 **제어 흐름 그래프가 다음과 같을 때 McCabe의 cyclomatic 수는 얼마인가?**

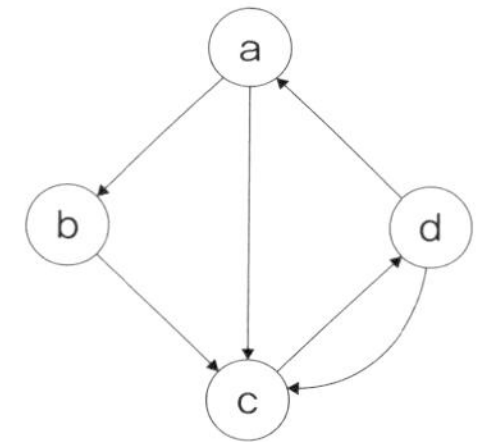

① 3
② 4
③ 5
④ 6

35 **블랙박스 테스트의 종류 중 프로그램의 입력 조건에 중점을 두고, 어느 하나의 입력 조건에 대하여 타당한 값과 그렇지 못한 값을 설정하여 해당 입력 자료에 맞는 결과가 출력되는 확인하는 테스트 기법은?**

① Equivalence Partitioning Testing
② Boundary Value Analysis
③ Comparison Testing
④ Cause-Effect Graphic Testing

36 외계인 코드(Alien Code)에 대한 설명으로 옳은 것은?

① 프로그램의 로직이 복잡하여 이해하기 어려운 프로그램을 의미한다.
② 아주 오래되거나 참고문서 또는 개발자가 없어 유지보수 작업이 어려운 프로그램을 의미한다.
③ 오류가 없어 디버깅 과정이 필요 없는 프로그램을 의미한다.
④ 사용자가 직접 작성한 프로그램을 의미한다.

37 버전 관리 항목 중 저장소에 새로운 버전의 파일로 갱신하는 것을 의미하는 용어는?

① 형상 검사(Configuration Audit)
② 롤백(Rollback)
③ 단위 테스트(Unit Test)
④ 체크인(Check-In)

38 폭포수 모델(Waterfall Model)에 대한 설명으로 옳지 않은 것은?

① 앞 단계가 끝나야만 다음 단계로 넘어갈 수 있다.
② 요구분석 단계에서 프로토타입을 사용하는 것이 특징이다.
③ 제품의 일부가 될 매뉴얼을 작성해야 한다.
④ 각 단계가 끝난 후 결과물이 명확히 나와야 한다.

39 다음 postfix로 표현된 연산식의 연산 결과로 옳은 것은?

```
34*56*+
```

① 35
② 42
③ 81
④ 360

40 이진트리의 레코드 R = (88, 74, 63, 55, 37, 25, 33, 19, 26, 14, 9)에 대하여 힙(heap) 정렬을 만들 때 37의 왼쪽과 오른쪽의 자노드(child node)의 값은?

① 55, 25
② 63, 33
③ 33, 19
④ 14, 9

과목 03 데이터베이스 구축

41 릴레이션 R의 차수가 4이고 카디널리티가 5이며, 릴레이션 S의 차수가 6이고 카디널리티가 7일 때, 두 개의 릴레이션을 카티션 프로덕트한 결과의 새로운 릴레이션의 차수와 카디널리티는 얼마인가?

① 24, 35
② 24, 12
③ 10, 35
④ 10, 12

42 시스템 카탈로그에 대한 설명으로 옳지 않은 것은?

① 사용자가 직접 시스템 카탈로그의 내용을 갱신하여 데이터베이스 무결성을 유지한다.
② 시스템 자신이 필요로 하는 스키마 및 여러 가지 객체에 관한 정보를 포함하고 있는 시스템 데이터베이스이다.
③ 시스템 카탈로그에 저장되는 내용을 메타 데이터라고도 한다.
④ 시스템 카탈로그는 DBMS가 스스로 생성하고 유지한다.

43 다음 관계대수 중 순수 관계 연산자가 아닌 것은?

① 차집합(difference)
② 프로젝트(project)
③ 조인(join)
④ 디비전(division)

44 다음 기법과 가장 관계되는 것은?

– deferred modification
– immediate update
– shadow paging
– check point

① Locking
② Integrity
③ Recovery
④ Security

45 다음 R1과 R2의 테이블에서 아래의 실행결과를 얻기 위한 SQL문은?

[R1] 테이블

학번	이름	학년	학과	주소
1000	홍길동	1	컴퓨터공학	서울
2000	김철수	1	전기공학	경기
3000	강남길	2	전자공학	경기
4000	오말자	2	컴퓨터공학	경기
5000	장미화	3	전자공학	서울

[R2] 테이블

학번	과목번호	과목이름	학점	점수
1000	C100	컴퓨터구조	A	91
2000	C200	데이터베이스	A+	99
3000	C100	컴퓨터구조	B+	89
3000	C200	데이터베이스	B	85
4000	C200	데이터베이스	A	93
4000	C300	운영체제	B+	88
5000	C300	운영체제	B	82

[실행결과]

과목번호	과목이름
C100	컴퓨터구조
C200	데이터베이스

① SELECT 과목번호, 과목이름
FROM R1, R2
WHERE R1.학번 = R2.학번 AND R1.학과 = '전자공학' AND R1.이름 = '강남길';

② SELECT 과목번호, 과목이름
FROM R1, R2
WHERE R1.학번 = R2.학번 OR R1.학과 = '전자공학' OR R1.이름 = '홍길동';

③ SELECT 과목번호, 과목이름
FROM R1, R2
WHERE R1.학번 = R2.학번 AND R1.학과 = '컴퓨터공학' AND R1.이름 = '강남길';

④ SELECT 과목번호, 과목이름
FROM R1, R2
WHERE R1.학번 = R2.학번 OR R1.학과 = '컴퓨터공학' OR R1.이름 = '홍길동';

46 다음 설명의 (　　) 안에 들어갈 내용으로 적합한 것은?

> "후보키는 릴레이션에 있는 모든 튜플에 대해 유일성과 (　　)(을)를 모두 만족시켜야 한다."

① 중복성
② 최소성
③ 참조성
④ 동일성

47 SQL문에서 SELECT에 대한 설명으로 옳지 않은 것은?

① FROM 절에는 질의에 의해 검색될 데이터들을 포함하는 테이블명을 기술한다.
② 검색 결과에 중복되는 레코드를 없애기 위해서는 WHERE 절에 'DISTINCT' 키워드를 사용한다.
③ HAVING 절은 GROUP BY 절과 함께 사용되며, 그룹에 대한 조건을 지정한다.
④ ORDER BY 절은 특정 속성을 기준으로 정렬하여 검색할 때 사용한다.

48 제3정규형(3NF)에서 BCNF(Boyce-Codd Normal Form)가 되기 위한 조건은?

① 결정자가 후보키가 아닌 함수 종속 제거
② 이행적 함수 종속 제거
③ 부분적 함수 종속 제거
④ 원자값이 아닌 도메인 분해

49 다음 중 SQL의 집계 함수(aggregation function)가 아닌 것은?

① AVG
② COUNT
③ SUM
④ CREATE

50 다음 두 릴레이션 R1과 R2의 카티션 프로덕트(cartesian product) 수행 결과는?

R1

학년
1
2
3

R2

학과
컴퓨터
국문
수학

①

학년	학과
1	컴퓨터
2	국문
3	수학

②

학년	학과
2	컴퓨터
2	국문
2	수학

③

학년	학과
3	컴퓨터
3	국문
3	수학

④

학년	학과
1	컴퓨터
1	국문
1	수학
2	컴퓨터
2	국문
2	수학
3	컴퓨터
3	국문
3	수학

51 테이블 R과 S에 대한 SQL문이 실행되었을 때, 실행결과로 옳은 것은?

```
SELECT A FROM R UNION ALL SELECT A FROM S ;
```

R

A	B
1	A
3	B

S

A	B
1	A
2	B

①
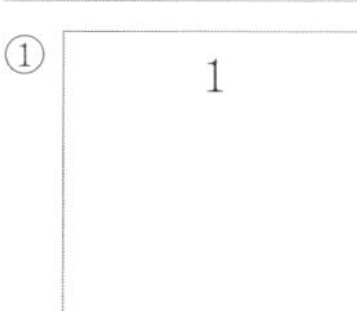
1

②
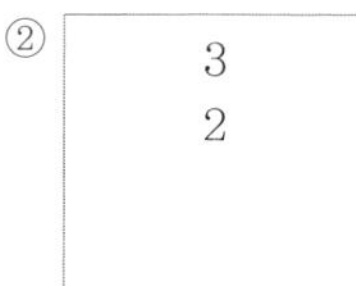
3
2

③
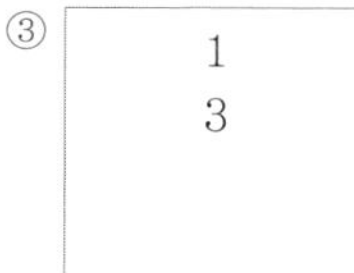
1
3

④
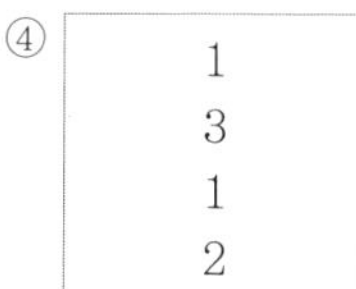
1
3
1
2

52 다음 그림에서 트리의 차수는?

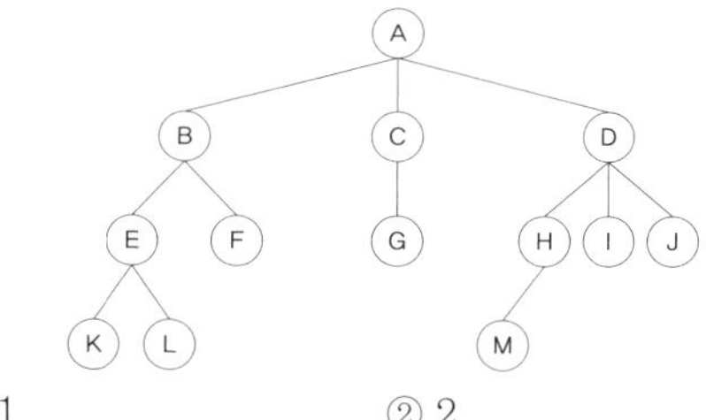

① 1 ② 2
③ 3 ④ 4

53 테이블 R1, R2에 대하여 다음 SQL문의 결과는?

```
(SELECT 학번 FROM R1)
INTERSECT
(SELECT 학번 FROM R2)
```

[R1] 테이블

학번	학점 수
20201111	15
20202222	20

[R2] 테이블

학번	학점 수
20202222	CS200
20203333	CS300

①

학번	학점 수	과목번호
20202222	20	CS200

②

학번
20202222

③

학번
20201111
20202222
20203333

④

학번	학점 수	과목번호
20201111	15	NULL
20202222	20	CS200
20203333	NULL	CS300

54 관계 데이터베이스 모델에서 차수(Degree)의 의미는?

① 튜플의 수
② 테이블의 수
③ 데이터베이스의 수
④ 애트리뷰트의 수

55 DELETE 명령에 대한 설명으로 틀린 것은?

① 테이블의 행을 삭제할 때 사용한다.
② WHERE 조건절이 없는 DELETE 명령을 수행하면 DROP TABLE 명령을 수행했을 때와 동일한 효과를 얻을 수 있다.
③ SQL을 사용 용도에 따라 분류할 경우 DML에 해당한다.
④ 기본 사용 형식은 "DELETE FROM 테이블 [WHERE 조건];"이다.

56 정보 시스템과 관련한 다음 설명에 해당하는 것은?

> – IBM AIX 시스템에서 장애 발생 시 서비스 중단 없이 시스템을 계속 운영하기 위한 클러스터링 솔루션이다.
> – 각 시스템 간에 공유 디스크를 중심으로 클러스터링으로 엮어 다수의 시스템을 동시에 연결할 수 있다.
> – 서버 장애 시 다른 노드로 자동으로 애플리케이션을 전환하여 가동 중단 시간을 최소화한다.

① 고가용성 솔루션(HACMP)
② 점대점 연결 방식(Point–to–Point Mode)
③ 스턱스넷(Stuxnet)
④ 루팅(Rooting)

57 참조 무결성을 유지하기 위하여 DROP문에서 부모 테이블의 항목 값을 삭제할 경우 자동적으로 자식 테이블의 해당 레코드를 삭제하기 위한 옵션은?

① CLUSTER
② CASCADE
③ SET–NULL
④ RESTRICTED

58 Commit과 Rollback 명령어에 의해 보장받는 트랜잭션 특성은?

① 병행성
② 보안성
③ 원자성
④ 로그

59 릴레이션에서 기본키를 구성하는 속성은 널(Null) 값이나 중복 값을 가질 수 없다는 것을 의미하는 제약조건은?

① 참조 무결성
② 보안 무결성
③ 개체 무결성
④ 정보 무결성

60 개체–관계 모델(E–R)의 그래픽 표현으로 옳지 않은 것은?

① 개체 타입 – 사각형
② 속성 – 원형
③ 관계 타입 – 마름모
④ 연결 – 삼각형

과목 04 프로그래밍 언어 활용

61 페이징 기법에서 페이지 크기가 작아질수록 발생하는 현상이 아닌 것은?

① 기억장소 이용 효율이 증가한다.
② 입 · 출력 시간이 늘어난다.
③ 내부 단편화가 감소한다.
④ 페이지 맵 테이블의 크기가 감소한다.

62 C언어에서 구조체를 사용하여 데이터를 처리할 때 사용하는 것은?

① for
② scanf
③ struct
④ abstract

63 다음 파이썬(Python) 프로그램이 실행되었을 때의 결과는?

```
l = [10*i for i in range(10) if i%2==0]
print(l)
```

① [0, 2, 4, 6, 8]
② [0, 1, 2, 3, 4, 5, 6, 7, 8, 9]
③ [0, 20, 40, 60, 80]
④ [0, 20, 40, 60, 80, 90]

64 CIDR(Classless Inter-Domain Routing) 표기로 203.241.132.82/27과 같이 사용되었다면, 해당 주소의 서브넷 마스크(subnet mask)는?

① 255.255.255.0
② 255.255.255.224
③ 255.255.255.240
④ 255.255.255.248

65 OSI 7계층 중 네트워크 계층에 대한 설명으로 틀린 것은?

① 패킷을 발신지로부터 최종 목적지까지 전달하는 책임을 진다.
② 한 노드로부터 다른 노드로 프레임을 전송하는 책임을 진다.
③ 패킷에 발신지와 목적지의 논리 주소를 추가한다.
④ 라우터 또는 교환기는 패킷 전달을 위해 경로를 지정하거나 교환 기능을 제공한다.

66 다음 C언어 프로그램이 실행되었을 때의 결과는?

```
#include <stdio.h>
int main(int argc, char *argv[]) {
   char a;
   a = 'A' + 1;
   printf("%d", a);
   return 0;
}
```

① 1
② 11
③ 66
④ 98

67 3개의 페이지 프레임을 갖는 시스템에서 페이지 참조 순서가 1, 2, 1, 0, 4, 1, 3일 경우 FIFO 알고리즘에 의한 페이지 교체의 경우 프레임의 최종 상태는?

① 1, 2, 0
② 2, 4, 3
③ 1, 4, 2
④ 4, 1, 3

68 프레임워크(Framework)에 대한 설명으로 옳은 것은?

① 소프트웨어 구성에 필요한 기본 구조를 제공함으로써 재사용이 가능하게 해준다.
② 소프트웨어 개발 시 구조가 잡혀있기 때문에 확장이 불가능하다.
③ 소프트웨어 아키텍처(Architecture)와 동일한 개념이다.
④ 모듈화(Modularity)가 불가능하다.

69 C언어의 malloc( ) 함수에 대한 설명으로 틀린 것은?

① malloc( ) 함수는 실행 시간에 힙 메모리를 할당받는다.
② malloc( ) 함수를 실행하여 메모리를 할당받지 못하면 널 값이 반환된다.
③ malloc( ) 함수로 할당받은 메모리는 free( ) 함수를 통해 해제시킨다.
④ 인수로 비트 단위의 정수를 전달받아 메모리를 할당한다.

70 다음 1~20까지의 수열 중 짝수, 홀수를 구분하는 C언어 프로그램에서 빈칸에 알맞은 것은?

```
#include <stdio.h>
int main() {
    int i;
    for (i = 1; i <= 20; i++) {
        if (i ( 1 ) 2 == 0) {
            printf("%d (짝수)\n", i);
        } ( 2 ) {
            printf("%d (홀수)\n", i);
        }
    }
    return 0;
}
```

① /, if else
② %, if else
③ %, else
④ /, else

71 다음 중 가장 강한 응집도(Cohesion)는?

① Sequential Cohesion
② Procedural Cohesion
③ Logical Cohesion
④ Coincidental Cohesion

72 HRN 방식으로 스케줄링할 경우, 입력된 작업이 다음 〈표〉와 같을 때 우선순위가 가장 높은 것은?

작업	대기시간	서비스(실행)시간
A	5	20
B	40	20
C	15	45
D	40	10

① A
② B
③ C
④ D

73 교착상태의 해결 방법 중 은행원 알고리즘(Banker's Algorithm)이 해당되는 기법은?

① Detection
② Avoidance
③ Recovery
④ Prevention

74 다음 C언어 프로그램이 실행되었을 때의 결과는?

```
#include <stdio.h>
int main(int argc, char *argv[]) {
    int a = 4;
    int b = 7;
    int c = a | b;
    printf("%d", c);
    return 0;
}
```

① 3　② 4
③ 7　④ 10

75 자바에서 사용하는 접근 제어자의 종류가 아닌 것은?

① internal
② private
③ default
④ public

76 다음은 Python에서 두 수를 입력받아 예외를 처리하는 코드이다. 다음 빈칸에 알맞은 것은?

```
(  1  ):
    num1 = int(input("첫 번째 숫자 입력: "))
    num2 = int(input("두 번째 숫자 입력: "))
    result = num1 / num2
except ValueError:
    print("숫자만 입력하시오.")
except ZeroDivisionError:
    print("0으로 나눌 수 없음.")
else:
    print("계산 결과: ", result)
(  2  ):
    print("계산 완료")
```

① try, finally
② try, except
③ finally, try
④ try, else

77 다음 JAVA 프로그램의 결과값은?

```
class TestClass {
    int t = 1;
    public void print() {
        System.out.print("AA");
    }
}
public class Test extends TestClass {
    public void print() {
        System.out.print("BB");
    }
    public static void main(String[]
    args) {
        int t = 2;
        TestClass tt = new Test();
        tt.print();
        System.out.print(t);
    }
}
```

① AA1
② AA2
③ BB1
④ BB2

78 다중 프로그래밍 시스템에서 OS에 의해 CPU가 할당되는 프로세스를 변경하기 위한 목적으로 현재 CPU를 사용하여 실행되고 있는 프로세스의 상태 정보를 저장하고 제어 권한을 ISR에게 넘기는 작업을 무엇이라 하는가?

① Context Switching
② Monitor
③ Mutual Exclusion
④ Semaphore

79 TCP 프로토콜과 관련한 설명으로 틀린 것은?

① 인접한 노드 사이의 프레임 전송 및 오류를 제어한다.
② 흐름 제어(Flow control)의 기능을 수행한다.
③ 전이중(Full Duplex) 방식의 양방향 가상회선을 제공한다.
④ 전송 데이터와 응답 데이터를 함께 전송할 수 있다.

80 오류 제어에 사용되는 자동 반복 요청 방식(ARQ)이 아닌 것은?

① Stop-and-wait ARQ
② Go-back-N ARO
③ Selective-Repeat ARQ
④ Non-Acknowledge ARQ

과목 05 정보 시스템 구축 관리

81 다음이 설명하는 용어로 옳은 것은?

- 블루투스4.0(BLE) 프로토콜 기반의 근거리 무선통신 장치로, 최대 70m 이내의 장치들과 교신할 수 있는 차세대 스마트폰 근거리 통신 기술이다.
- 저전력으로 모바일 결제 등을 가능하게 해주는 스마트폰 근거리 통신 기술이다.
- NFC보다 가용거리가 길고 5~10cm 단위 구별이 가능해 정확성이 높다.

① 하둡(Hadoop)
② 비컨(Beacon)
③ 포스퀘어(Foursquare)
④ 맴리스터(Memristor)

82 시스템 내의 정보는 오직 인가된 사용자만 수정할 수 있는 보안 요소는?

① 기밀성
② 부인방지
③ 가용성
④ 무결성

83 코드의 기입 과정에서 원래 '12536'으로 기입되어야 하는데 '12936'으로 표기되었을 경우, 어떤 코드 오류에 해당하는가?

① Addition Error
② Omission Error
③ Sequence Error
④ Transcription Error

84 시스템에 저장되는 패스워드들은 Hash 또는 암호화 알고리즘의 결과값으로 저장된다. 이때 암호공격을 막기 위해 똑같은 패스워드들이 다른 암호값으로 저장되도록 추가되는 값을 의미하는 것은?

① Pass flag
② Bucket
③ Opcode
④ Salt

85 오픈소스 웹 애플리케이션 보안 프로젝트로서 주로 웹을 통한 정보 유출, 악성 파일 및 스크립트, 보안 취약점 등을 연구하는 곳은?

① WWW
② OWASP
③ WBSEC
④ ITU

86 메모리상에서 프로그램의 복귀 주소와 변수 사이에 특정 값을 저장해 두었다가 그 값이 변경되었을 경우 오버플로우 상태로 가정하여 프로그램 실행을 중단하는 기술은?

① Stack Guard
② Bridge
③ ASLR
④ FIN

87 다음 보안 인증 방법 중 스마트 카드, USB 토큰에 해당하는 것은?

① Something You Know
② Something You Have
③ Something You Are
④ Somewhere You Are

88 세션 하이재킹을 탐지하는 방법으로 거리가 먼 것은?

① FTP SYN SEGMENT 탐지
② 비동기화 상태 탐지
③ ACK STORM 탐지
④ 패킷의 유실 및 재전송 증가 탐지

89 라우팅 프로토콜인 OSPF(Open Shortest Path First)에 대한 설명으로 옳지 않은 것은?

① 네트워크 변화에 신속하게 대처할 수 있다.
② 거리 벡터 라우팅 프로토콜이라고 한다.
③ 멀티캐스팅을 지원한다.
④ 최단 경로 탐색에 Dijkstra 알고리즘을 사용한다.

90 소프트웨어 프로젝트 관리를 효율적으로 수행하기 위한 3P 중 소프트웨어 프로젝트를 수행하기 위한 Framework의 고려와 가장 연관되는 것은?

① People
② Problem
③ Product
④ Process

91 TELNET 프로토콜의 Well Known Port 번호는?

① 23번 포트
② 53번 포트
③ 80번 포트
④ 161번 포트

92 LOC 기법에 의하여 예측된 총 라인 수가 50,000라인, 프로그래머의 월 평균 생산성이 200라인, 개발에 참여할 프로그래머가 10인일 때, 개발 소요 기간은?

① 25개월
② 50개월
③ 200개월
④ 2000개월

93 다음이 설명하는 IT 기술은?

> – 사물인터넷(IoT) 디바이스 간의 상호작용을 위한 퀄컴이 개발한 오픈소스 소프트웨어 프레임워크이다.
> – 디바이스들이 서로 통신하고 협업할 수 있도록 하며, 이를 통해 서로 다른 제조업체의 기기들이 함께 작동할 수 있게 연결한다.

① Zigbee
② AllJoyn
③ MQTT
④ BLE

94 다음 내용이 설명하는 것은?

> 개인과 기업, 국가적으로 큰 위협이 되고 있는 주요 사이버 범죄 중 하나로 Snake, Darkside 등 시스템을 잠그거나 데이터를 암호화해 사용할 수 없도록 하고 이를 인질로 금전을 요구하는 데 사용되는 악성 프로그램

① Format String
② Ransomware
③ Buffer overflow
④ Adware

95 공개키 암호에 대한 설명으로 틀린 것은?

① 10명이 공개키 암호를 사용할 경우 5개의 키가 필요하다.
② 복호화키는 비공개되어 있다.
③ 송신자는 수신자의 공개키로 문서를 암호화한다.
④ 공개키 암호로 널리 알려진 알고리즘은 RSA가 있다.

96 IPSec(IP security)에 대한 설명으로 틀린 것은?

① 암호화 수행 시 일방향 암호화만 지원한다.
② ESP는 발신지 인증, 데이터 무결성, 기밀성 모두를 보장한다.
③ 운영 모드는 Tunnel 모드와 Transport 모드로 분류된다.
④ AH는 발신지 호스트를 인증하고, IP 패킷의 무결성을 보장한다.

97 서버에 열린 포트 정보를 스캐닝해서 보안 취약점을 찾는 데 사용하는 도구는?

① type ② mkdir
③ ftp ④ nmap

98 제조사가 시장에 내놓겠다고 공표하였으나 개발과 출시 일정이 계속 연기되면서, 향후에 출시되지 않을 가능성이 있는 제품을 의미하는 것은?

① Hypeware
② Vaporware
③ Wishware
④ Blue Sky

99 해시(Hash) 기법에 대한 설명으로 틀린 것은?

① 임의의 길이의 입력 데이터를 받아 고정된 길이의 해시값으로 변환한다.
② 주로 공개키 암호화 방식에서 키 생성을 위해 사용한다.
③ 대표적인 해시 알고리즘으로 HAVAL, SHA-1 등이 있다.
④ 해시 함수는 일방향 함수(One-way function)이다.

100 접근 통제 방법 중 조직 내에서 직무, 직책 등 개인의 역할에 따라 결정하여 부여하는 접근 정책은?

① RBAC
② DAC
③ MAC
④ QAC

최신 기출문제 02회
빠르게 정답 확인하기!
스마트폰으로 QR 코드를 찍어 보세요.
정답표를 통해 편리하게 채점할 수 있습니다.

최신 기출문제 03회

2024년 제1회

• **제한시간 :** 2시간 30분 • **소요시간 :** 시간 분 • **전체 문항 수 :** 100문항 • **맞힌 문항 수 :** 문항

과목 01 소프트웨어 설계

01 정형 기술 검토(FTR)의 지침으로 틀린 것은?

① 의제를 제한한다.
② 논쟁과 반박을 제한한다.
③ 문제 영역을 명확히 표현한다.
④ 참가자의 수를 제한하지 않는다.

02 GoF(Gang of Four) 디자인 패턴을 생성, 구조, 행동 패턴의 세 그룹으로 분류할 때, 구조 패턴이 아닌 것은?

① Adapter 패턴
② Bridge 패턴
③ Builder 패턴
④ Proxy 패턴

03 유스케이스(Usecase)에 대한 설명 중 옳은 것은?

① 유스케이스 다이어그램은 개발자의 요구를 추출하고 분석하기 위해 주로 사용한다.
② 액터는 대상 시스템과 상호 작용하는 사람이나 다른 시스템에 의한 역할이다.
③ 사용자 액터는 본 시스템과 데이터를 주고받는 연동 시스템을 의미한다.
④ 연동의 개념은 일방적으로 데이터를 파일이나 정해진 형식으로 넘겨주는 것을 의미한다.

04 서브 시스템이 입력 데이터를 받아 처리하고 결과를 다른 시스템에 보내는 작업이 반복되는 아키텍처 스타일은?

① 클라이언트 서버 구조
② 계층 구조
③ MVC 구조
④ 파이프 필터 구조

05 HIPO(Hierarchy Input Process Output)에 대한 설명으로 거리가 먼 것은?

① 상향식 소프트웨어 개발을 위한 문서화 도구이다.
② HIPO 차트 종류에는 가시적 도표, 총체적 도표, 세부적 도표가 있다.
③ 기능과 자료의 의존 관계를 동시에 표현할 수 있다.
④ 보기 쉽고 이해하기 쉽다.

06 럼바우(Rumbaugh)의 객체지향 분석 기법 중 자료 흐름도(DFD)를 주로 이용하는 것은?

① 기능 모델링
② 동적 모델링
③ 객체 모델링
④ 정적 모델링

07 객체지향 개념을 활용한 소프트웨어 구현과 관련한 설명 중 틀린 것은?

① 객체(Object)란 필요한 자료 구조와 수행되는 함수들을 가진 하나의 독립된 존재이다.
② JAVA에서 정보은닉(Information Hiding)을 표기할 때 private의 의미는 '공개'이다.
③ 상속(Inheritance)은 개별 클래스를 상속 관계로 묶음으로써 클래스 간의 체계화된 전체 구조를 파악하기 쉽다는 장점이 있다.
④ 같은 클래스에 속하는 개개의 객체이자 하나의 클래스에서 생성된 객체를 인스턴스(Instance)라고 한다.

08 요구사항 개발 프로세스가 아닌 것은?

① 도출(Elicitation)
② 분석(Analysis)
③ 명세(Specification)
④ 검증(Verification)

09 소프트웨어 패키징에 대한 설명으로 틀린 것은?

① 패키징은 개발자 중심으로 진행한다.
② 신규 및 변경 개발소스를 식별하고, 이를 모듈화하여 상용제품으로 패키징한다.
③ 고객의 편의성을 위해 매뉴얼 및 버전 관리를 지속적으로 한다.
④ 범용 환경에서 사용이 가능하도록 일반적인 배포 형태로 패키징이 진행된다.

10 다음 내용이 설명하는 UI 설계 도구는?

- 디자인, 사용 방법 설명, 평가 등을 위해 실제 화면과 유사하게 만든 정적인 형태의 모형
- 시각적으로만 구성 요소를 배치하는 것으로 일반적으로 실제로 구현되지는 않음

① 스토리보드(Storyboard)
② 목업(Mockup)
③ 프로토타입(Prototype)
④ 유스케이스(Usecase)

11 인터페이스 구현 시 사용하는 기술로 속성–값 쌍(Attribute–Value Pairs)으로 이루어진 데이터 오브젝트를 전달하기 위해 사용하는 개방형 표준 포맷은?

① JSON
② HTML
③ AVPN
④ DOF

12 CASE에 대한 설명으로 옳지 않은 것은?

① 소프트웨어 모듈의 재사용성이 향상된다.
② 자동화된 기법을 통해 소프트웨어 품질이 향상된다.
③ 소프트웨어 사용자들이 소프트웨어 사용 방법을 신속히 숙지할 수 있도록 개발된 자동화 패키지이다.
④ 소프트웨어 유지보수를 간편하게 수행할 수 있다.

13 소프트웨어 설계에서 사용되는 대표적인 추상화(Abstraction) 기법이 아닌 것은?

① 자료 추상화
② 제어 추상화
③ 기능 추상화
④ 강도 추상화

14 소프트웨어 공학에서 모델링(Modeling)과 관련한 설명으로 틀린 것은?

① 개발팀이 응용문제를 이해하는 데 도움을 줄 수 있다.
② 유지보수 단계에서만 모델링 기법을 활용한다.
③ 개발될 시스템에 대하여 여러 분야의 엔지니어들이 공통된 개념을 공유하는 데 도움을 준다.
④ 절차적인 프로그램을 위한 자료 흐름도는 프로세스 위주의 모델링 방법이다.

15 다음은 어떤 프로그램 구조를 나타낸다. 모듈 F에서의 fan-in과 fan-out의 수는 얼마인가?

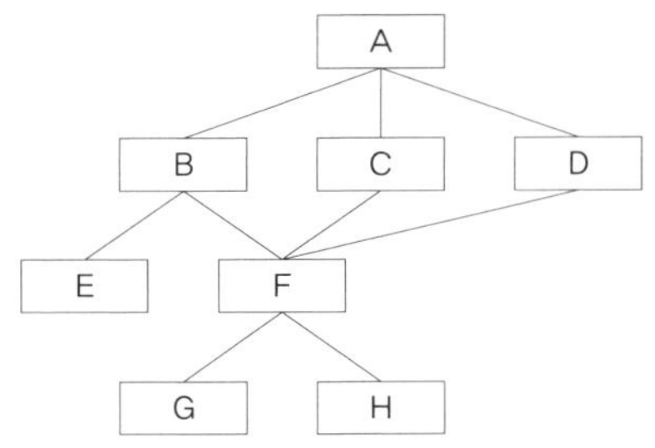

	fan-in	fan-out
①	2	3
②	3	2
③	1	2
④	2	1

16 프로그램 설계도의 하나인 NS Chart에 대한 설명으로 가장 거리가 먼 것은?

① 논리의 기술에 중점을 두고 도형을 이용한 표현 방법이다.
② 이해하기 쉽고 코드 변환이 용이하다.
③ 화살표나 GOTO를 사용하여 이해하기 쉽다.
④ 연속, 선택, 반복 등의 제어 논리 구조를 표현한다.

17 애자일(Agile) 기법 중 스크럼(Scrum)과 관련한 설명으로 틀린 것은?

① 스크럼 마스터(Scrum Master)는 스크럼 프로세스를 따르고, 팀이 스크럼을 효과적으로 활용할 수 있도록 보장하는 역할 등을 맡는다.
② 제품 백로그(Product Backlog)는 스크럼 팀이 해결해야 하는 목록으로 소프트웨어 요구사항, 아키텍처 정의 등이 포함될 수 있다.
③ 스프린트(Sprint)는 소단위 개발 업무를 위한 주기로 2~4주의 단기간으로 결정된다.
④ 스크럼 마스터는 방해 요소를 찾아 해결하고 완료 작업시간을 소멸 차트(Burndown Chart)에 기록한다.

18 요구사항 명세 기법에 대한 설명으로 틀린 것은?

① 비정형 명세 기법은 사용자의 요구를 표현할 때 자연어를 기반으로 서술한다.
② 비정형 명세 기법은 사용자의 요구를 표현할 때 Z 비정형 명세 기법을 사용한다.
③ 정형 명세 기법은 사용자의 요구를 표현할 때 수학적인 원리와 표기법을 이용한다.
④ 정형 명세 기법은 비정형 명세 기법에 비해 표현이 간결하다.

19 UML 모델에서 한 사물의 명세가 바뀌면 다른 사물에 영향을 주며, 일반적으로 한 클래스가 다른 클래스를 오퍼레이션의 매개변수로 사용하는 경우에 나타나는 관계는?

① Association
② Dependency
③ Realization
④ Generalization

20 익스트림 프로그래밍(XP)에 대한 설명으로 틀린 것은?

① 기존의 방법론에 비해 실용성(Pragmatism)을 강조한 것이라고 볼 수 있다.
② 사용자의 요구사항은 언제든지 변할 수 있다.
③ 고객과 직접 대면하며 요구사항을 이야기하기 위해 사용자 스토리(User Story)를 활용할 수 있다.
④ 빠른 개발을 위해 테스트를 수행하지 않는다.

과목 02 소프트웨어 개발

21 인터페이스 구현 검증 도구가 아닌 것은?

① Foxbase
② STAF
③ watir
④ xUnit

22 다음의 항을 이용하여 트리의 전체 노드 수를 구하는 공식은?

a : 루트 노드의 수
b : 간 노드의 수
c : 단말 노드의 수
d : 전체 노드 수
e : 트리의 차수

① d = a + b + e
② d = e − a − b
③ d = a + c + e
④ d = a + b + c

23 색인 순차 파일에 대한 설명으로 옳지 않은 것은?

① 레코드를 참조할 때 색인을 탐색한 후 색인이 가리키는 포인터를 사용하여 직접 참조할 수 있다.
② 레코드를 추가 및 삽입하는 경우, 파일 전체를 복사할 필요가 없다.
③ 인덱스를 저장하기 위한 공간과 오버플로우 처리를 위한 별도의 공간이 필요 없다.
④ 색인 구역은 트랙 색인 구역, 실린더 색인 구역, 마스터 색인 구역으로 구성된다.

24 소프트웨어 테스트에서 검증(Verification)과 확인(Validation)에 대한 설명으로 틀린 것은?

① 소프트웨어 테스트에서 검증과 확인을 구별하면 찾고자 하는 결함 유형을 명확하게 하는 데 도움이 된다.
② 검증은 소프트웨어 개발 과정을 테스트하는 것이고, 확인은 소프트웨어 결과를 테스트하는 것이다.
③ 검증은 작업 제품이 요구 명세의 기능, 비기능 요구사항을 얼마나 잘 준수하는지 측정하는 작업이다.
④ 검증은 작업 제품이 사용자의 요구에 적합한지 측정하며, 확인은 작업 제품이 개발자의 기대를 충족시키는지를 측정한다.

25 소프트웨어 패키징에 대한 설명으로 틀린 것은?

① 패키징은 개발자 중심으로 진행한다.
② 신규 및 변경 개발소스를 식별하고, 이를 모듈화하여 상용제품으로 패키징한다.
③ 고객의 편의성을 위해 매뉴얼 및 버전 관리를 지속적으로 한다.
④ 범용 환경에서 사용이 가능하도록 일반적인 배포 형태로 패키징이 진행된다.

26 필드 테스팅(field testing)이라고도 불리며 개발자 없이 고객의 사용 환경에 소프트웨어를 설치하여 검사를 수행하는 인수 검사 기법은?

① 베타 검사
② 알파 검사
③ 형상 검사
④ 복구 검사

27 해싱 함수(Hashing Function)의 종류가 아닌 것은?

① 제곱법(mid-square)
② 숫자분석법(digit analysis)
③ 개방주소법(open addressing)
④ 제산법(division)

28 클라이언트/서버 방식의 소프트웨어 버전 관리 도구가 아닌 것은?

① CVS ② SVN
③ RCS ④ Clear Case

29 다음 트리에 대한 중위 순회 운행 결과는?

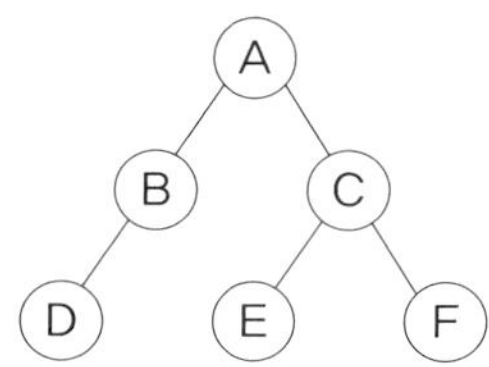

① ABDCEF ② ABCDEF
③ DBECFA ④ DBAECF

30 소프트웨어 테스트에서 오류의 80%는 전체 모듈의 20% 내에서 발견된다는 법칙은?

① Brooks의 법칙
② Boehm의 법칙
③ Pareto의 법칙
④ Jackson의 법칙

31 형상 관리의 개념과 절차에 대한 설명으로 틀린 것은?

① 형상 식별은 형상 관리 계획을 근거로 형상 관리의 대상이 무엇인지 식별하는 과정이다.
② 형상 관리를 통해 가시성과 추적성을 보장함으로써 소프트웨어의 생산성과 품질을 높일 수 있다.
③ 형상 통제 과정에서는 형상 목록의 변경 요구를 즉시 수용 및 반영해야 한다.
④ 형상 감사는 형상 관리 계획대로 형상 관리가 진행되고 있는지, 형상 항목의 변경이 요구사항에 맞도록 제대로 이뤄졌는지 등을 살펴보는 활동이다.

32 소프트웨어 품질 관련 국제 표준인 ISO/IEC 25000에 관한 설명으로 옳지 않은 것은?

① 소프트웨어 품질 평가를 위한 소프트웨어 품질 평가 통합 모델 표준이다.
② System and Software Quality Requirements and Evaluation으로 줄여서 SQuaRE라고도 한다.
③ ISO/IEC 2501n에서는 소프트웨어의 내부 측정, 외부 측정, 사용 품질 측정, 품질 측정 요소 등을 다룬다.
④ 기존 소프트웨어 품질 평가 모델과 소프트웨어 평가 절차 모델인 ISO/IEC 9126과 ISO/IEC 14598을 통합하였다.

33 소스 코드 품질 분석 도구 중 정적 분석 도구가 아닌 것은?

① pmd
② cppcheck
③ valMeter
④ checkstyle

34 디지털 저작권 관리(DRM) 기술과 거리가 먼 것은?

① 콘텐츠 암호화 및 키 관리
② 콘텐츠 식별체계 표현
③ 콘텐츠 오류 감지 및 복구
④ 라이선스 발급 및 관리

35 상향식 통합 테스트 절차가 올바른 순서로 나열된 것은?

㉮ 하위 모듈을 클러스터로 결합 ㉯ 상위 모듈에서 데이터 입출력을 확인하기 위해 더미모듈인 드라이버를 작성 ㉰ 통합된 클러스터 단위로 테스트를 수행 ㉱ 테스트가 완료되면 클러스터는 프로그램 구조의 상위로 이동하여 결합하고 드라이버는 실제 모듈로 대체

① ㉮ → ㉯ → ㉰ → ㉱
② ㉯ → ㉮ → ㉱ → ㉰
③ ㉮ → ㉰ → ㉯ → ㉱
④ ㉱ → ㉯ → ㉰ → ㉮

36 다음이 설명하는 애플리케이션 통합 테스트 유형은?

- 깊이 우선 방식 또는 너비 우선 방식이 있다.
- 상위 컴포넌트를 테스트하고 점증적으로 하위 컴포넌트를 테스트한다.
- 하위 컴포넌트 개발이 완료되지 않은 경우 스텁(Stub)을 사용하기도 한다.

① 하향식 통합 테스트
② 상향식 통합 테스트
③ 회귀 테스트
④ 빅뱅 테스트

37 다음 초기 자료에 대하여 삽입 정렬(Insertion Sort)을 이용하여 오름차순 정렬할 경우 1회전 후의 결과는?

초기 자료 : 8, 3, 4, 9, 7

① 3, 4, 8, 7, 9
② 3, 4, 9, 7, 8
③ 7, 8, 3, 4, 9
④ 3, 8, 4, 9, 7

38 n개의 노드로 구성된 무방향 그래프의 최대 간선 수는?

① n−1
② n/2
③ n(n−1)/2
④ n(n+1)

39 IDE(Integrated Development Environment) 도구의 각 기능에 대한 설명으로 틀린 것은?

① Coding – 프로그래밍 언어를 가지고 컴퓨터 프로그램을 작성할 수 있는 환경을 제공
② Compile – 저급언어의 프로그램을 고급언어 프로그램으로 변환하는 기능
③ Debugging – 프로그램에서 발견되는 버그를 찾아 수정할 수 있는 기능
④ Deployment – 소프트웨어를 최종 사용자에게 전달하기 위한 기능

40 블랙박스 테스트를 이용하여 발견할 수 있는 오류가 아닌 것은?

① 비정상적인 자료를 입력해도 오류 처리를 수행하지 않는 경우
② 정상적인 자료를 입력해도 요구된 기능이 제대로 수행되지 않는 경우
③ 반복 조건을 만족하는데도 루프 내의 문장이 수행되지 않는 경우
④ 경계값을 입력할 경우 요구된 출력 결과가 나오지 않는 경우

과목 03 데이터베이스 구축

41 정규화 과정에서 A→B이고, B→C일 때 A→C인 관계를 제거하는 관계는?

① 1NF → 2NF
② 2NF → 3NF
③ 3NF → BCNF
④ BCNF → 4NF

42 다음 중 기본키는 NULL 값을 가져서는 안 되며, 릴레이션 내에 오직 하나의 값만 존재해야 한다는 조건을 무엇이라 하는가?

① 개체 무결성 제약조건
② 참조 무결성 제약조건
③ 도메인 무결성 제약조건
④ 속성 무결성 제약조건

43 A1, A2, A3의 3개 속성을 갖는 한 릴레이션에서 A1의 도메인은 3개 값, A2의 도메인은 2개 값, A3의 도메인은 4개 값을 갖는다. 이 릴레이션에 존재할 수 있는 가능한 튜플(Tuple)의 최대 수는?

① 24
② 12
③ 8
④ 9

44 CREATE TABLE문에 포함되지 않는 기능은?

① 속성 타입 변경
② 속성의 NOT NULL 여부 지정
③ 기본키를 구성하는 속성 지정
④ CHECK 제약조건의 정의

45 관계형 데이터베이스에서 다음 설명에 해당하는 키(Key)는?

> 한 릴레이션 내의 속성들의 집합으로 구성된 키로서, 릴레이션을 구성하는 모든 튜플에 대한 유일성은 만족시키지만 최소성은 만족시키지 못한다.

① 후보키
② 대체키
③ 슈퍼키
④ 외래키

46 데이터베이스 설계 단계 중 물리적 설계 시 고려 사항으로 적절하지 않은 것은?

① 스키마의 평가 및 정제
② 응답 시간
③ 저장 공간의 효율화
④ 트랜잭션 처리량

47 정규화를 거치지 않아 발생하게 되는 이상(anomaly) 현상의 종류에 대한 설명으로 옳지 않은 것은?

① 삭제 이상이란 릴레이션에서 한 튜플을 삭제할 때 의도와는 상관없는 값들도 함께 삭제되는 연쇄 삭제 현상이다.
② 삽입 이상이란 릴레이션에서 데이터를 삽입할 때 의도와는 상관없이 원하지 않는 값들도 함께 삽입되는 현상이다.
③ 갱신 이상이란 릴레이션에서 튜플에 있는 속성값을 갱신할 때 일부 튜플의 정보만 갱신되어 정보에 모순이 생기는 현상이다.
④ 종속 이상이란 하나의 릴레이션에 하나 이상의 함수적 종속성이 존재하는 현상이다.

48 정규화된 엔티티, 속성, 관계를 시스템의 성능 향상과 개발 운영의 단순화를 위해 중복, 통합, 분리 등을 수행하는 데이터 모델링 기법은?

① 정규화
② 반정규화
③ 집단화
④ 머징

49 로킹 단위(Locking Granularity)에 대한 설명으로 옳은 것은?

① 로킹 단위가 크면 병행성 수준이 낮아진다.
② 로킹 단위가 크면 병행 제어 기법이 복잡해진다.
③ 로킹 단위가 작으면 로크(lock)의 수가 적어진다.
④ 로킹은 파일 단위로 이루어지며, 레코드와 필드는 로킹 단위가 될 수 없다.

50 어떤 릴레이션 R에서 X와 Y를 각각 R의 애트리뷰트 집합의 부분 집합이라고 할 경우 애트리뷰트 X의 값 각각에 대해 시간에 관계없이 항상 애트리뷰트 Y의 값이 오직 하나만 연관되어 있을 때 Y는 X에 함수 종속이라고 한다. 이 함수 종속의 표기로 옳은 것은?

① Y → X
② Y ⊂ X
③ X → Y
④ X ⊂ Y

51 해싱 등의 사상 함수를 사용하여 레코드 키(Record Key)에 의한 주소 계산을 통해 레코드를 접근할 수 있도록 구성한 파일은?

① 순차 파일
② 인덱스 파일
③ 직접 파일
④ 다중 링 파일

52 동시성 제어를 위한 직렬화 기법으로 트랜잭션 간의 처리 순서를 미리 정하는 방법은?

① 로킹 기법
② 타임 스탬프 기법
③ 검증 기법
④ 베타 로크 기법

53 물리 데이터 저장소의 파티션 설계에서 파티션 유형으로 옳지 않은 것은?

① 범위 분할(Range Partitioning)
② 해시 분할(Hash Partitioning)
③ 조합 분할(Composite Partitioning)
④ 유닛 분할(Unit Processing)

54 테이블 두 개를 조인하여 뷰 V_1을 정의하고, V_1을 이용하여 뷰 V_2를 정의하였다. 다음 명령 수행 후 결과로 옳은 것은?

```
DROP VIEW V_1 CASCADE;
```

① V_1만 삭제된다.
② V_2만 삭제된다.
③ V_1과 V_2 모두 삭제된다.
④ V_1과 V_2 모두 삭제되지 않는다.

55 다음 SQL문에서 (   ) 안에 들어갈 내용으로 옳은 것은?

```
UPDATE 인사급여 (    ) 호봉 = 15
    WHERE 성명 = '홍길동';
```

① SET
② FROM
③ INTO
④ IN

56 『회원』 테이블 생성 후 『주소』 필드(컬럼)가 누락되어 이를 추가하려고 한다. 이에 적합한 SQL 명령어는?

① DELETE
② RESTORE
③ ALTER
④ ACCESS

57 다음 R1과 R2의 테이블에서 아래의 실행결과를 얻기 위한 SQL문은?

[R1] 테이블

학번	이름	학년	학과	주소
1000	홍길동	1	컴퓨터공학	서울
2000	김철수	1	전기공학	경기
3000	강남길	2	전자공학	경기
4000	오말자	2	컴퓨터공학	경기
5000	장미화	3	전자공학	서울

[R2] 테이블

학번	과목번호	과목이름	학점	점수
1000	C100	컴퓨터구조	A	91
2000	C200	데이터베이스	A+	99
3000	C100	컴퓨터구조	B+	89
3000	C200	데이터베이스	B	85
4000	C200	데이터베이스	A	93
4000	C300	운영체제	B+	88
5000	C300	운영체제	B	82

[실행결과]

과목번호	과목이름
C100	컴퓨터구조
C200	데이터베이스

① SELECT 과목번호, 과목이름
FROM R1, R2
WHERE R1.학번 = R2.학번 AND R1.학과 = '전자공학' AND R1.이름 = '강남길';

② SELECT 과목번호, 과목이름
FROM R1, R2
WHERE R1.학번 = R2.학번 OR R1.학과 = '전자공학' OR R1.이름 = '홍길동';

③ SELECT 과목번호, 과목이름
FROM R1, R2
WHERE R1.학번 = R2.학번 AND R1.학과 = '컴퓨터공학' AND R1.이름 = '강남길';

④ SELECT 과목번호, 과목이름
FROM R1, R2
WHERE R1.학번 = R2.학번 OR R1.학과 = '컴퓨터공학' OR R1.이름 = '홍길동';

58 뷰(VIEW)에 대한 설명으로 틀린 것은?

① 뷰 위에 또 다른 뷰를 정의할 수 있다.
② 뷰에 대한 조작에서 삽입, 갱신, 삭제 연산은 제약이 따른다.
③ 뷰의 정의는 기본 테이블과 같이 ALTER문을 이용하여 변경한다.
④ 뷰가 정의된 기본 테이블이 제거되면 뷰도 자동적으로 제거된다.

59 데이터 사전에 대한 설명으로 틀린 것은?

① 시스템 카탈로그 또는 시스템 데이터베이스라고도 한다.
② 시스템 카탈로그는 DBMS가 스스로 생성하고 유지한다.
③ 데이터베이스에 대한 데이터인 슈퍼데이터(Superdata)를 저장하고 있다.
④ 데이터 사전에 있는 데이터에 실제로 접근하는 데 필요한 위치 정보는 데이터 디렉터리(Data Directory)라는 곳에서 관리한다.

60 데이터베이스의 인덱스와 관련한 설명으로 틀린 것은?

① 문헌의 색인, 사전과 같이 데이터를 쉽고 빠르게 찾을 수 있도록 만든 데이터 구조이다.
② 테이블에 붙여진 색인으로 데이터 검색 시 처리 속도 향상에 도움이 된다.
③ 인덱스의 추가, 삭제 명령어는 각각 ADD, DELETE이다.
④ 대부분의 데이터베이스에서 테이블을 삭제하면 인덱스도 같이 삭제된다.

과목 04 프로그래밍 언어 활용

61 다음 파이썬으로 구현되는 프로그램 실행 결과로 옳은 것은?

```
a = [1, 2, 3, 4, 5, 6, 7, 8, 9, 10, 11,
12, 13, 14, 15]
a[3:7:2] = 'd', 'f'
print(a[:8])
```

① [3, 'd', 4, 'f', 5, 6, 7]
② [3, 'd', 'f', 6, 7, 8]
③ [1, 2, 3, 'd', 5, 'f', 7, 8]
④ [1, 2, 3, 'd', 'f', 7, 8, 9]

62 다음 C 프로그램의 결과값은?

```
#include <stdio.h>
int main()
{
    int n = 3;
    int r = 1;
    int i = 1;
    while(i <= n)
    {
        r *= i;
        i++;
    }
    printf("%d", r);
    return 0;
}
```

① 3
② 6
③ 9
④ 12

63 다음 C 프로그램의 결과값은?

```
#include <stdio.h>
int main()
{
    int a = 97;
    int b = 'a';
    int c = 3.14;
    printf("%c, %d, %d", a, b, c);
    return 0;
}
```

① 97, a, 3.14
② A, 97, 3
③ a, 97, 3
④ a, 97, 3.14

64 다음 C 프로그램의 결과값은?

```
#include <stdio.h>
int function(int x, int y)
{
    return x > y ? 10*x*y : 10*x+y;
}
int main()
{
    printf("%d", function(3, 7));
    return 0;
}
```

① 20
② 37
③ 73
④ 210

65 객체지향 개념에서 다형성(Polymorphism)과 관련한 설명으로 틀린 것은?

① 다형성은 현재 코드를 변경하지 않고 새로운 클래스를 쉽게 추가할 수 있게 한다.
② 다형성이란 여러 가지 형태를 가지고 있다는 의미로, 여러 형태를 받아들일 수 있는 특징을 말한다.
③ 메소드 오버라이딩(Overriding)은 상위 클래스에서 정의한 일반 메소드의 구현을 하위 클래스에서 무시하고 재정의할 수 있다.
④ 메소드 오버로딩(Overloading)의 경우 매개 변수 타입은 동일하지만 메소드명을 다르게 함으로써 구현, 구분할 수 있다.

66 메모리 관리 기법 중 Worst fit 방법을 사용할 경우 10K 크기의 프로그램 실행을 위해서는 어느 부분에 할당되는가?

영역 번호	메모리 크기	사용 여부
NO.1	8K	FREE
NO.2	12K	FREE
NO.3	10K	IN USE
NO.4	20K	IN USE
NO.5	16K	FREE

① NO.2
② NO.3
③ NO.4
④ NO.5

67 10.0.0.0 네트워크 전체에서 마스크 255.240.0.0을 사용할 경우 유효한 서브넷 ID는?

① 10.1.16.9
② 10.16.0.0
③ 10.27.32.0
④ 10.0.1.32

68 다음 중 가장 약한 결합도(Coupling)는?

① Common Coupling
② Content Coupling
③ External Coupling
④ Stamp Coupling

69 트랜잭션의 상태 중 트랜잭션의 마지막 연산이 실행된 직후의 상태로, 모든 연산의 처리는 끝났지만 트랜잭션이 수행한 최종 결과를 데이터베이스에 반영하지 않은 상태는?

① Active
② Partially Committed
③ Committed
④ Aborted

70 OSI 7계층에서 단말기 사이에 오류 수정과 흐름 제어를 수행하여 신뢰성 있고 명확한 데이터 전송을 하는 계층은?

① 네트워크 계층
② 전송 계층
③ 데이터 링크 계층
④ 표현 계층

71 Java에서 사용되는 출력 함수가 아닌 것은?

① System.out.print( )
② System.out.println( )
③ System.out.printing( )
④ System.out.printf( )

72 다음 설명에 해당하는 OSI 7계층을 옳게 나열한 것은?

> ㄱ. 네트워크 환경에서 사용자에게 서비스를 제공하는 계층
> ㄴ. 링크의 설정과 유지 및 종료를 담당하며, 노드 간의 오류 제어와 흐름 제어 기능을 수행하는 계층
> ㄷ. 통신망을 통하여 패킷을 목적지까지 전달하는 계층
> ㄹ. 종단 간 신뢰성 있고 효율적인 데이터를 전송하기 위해 오류 검출과 복구, 흐름 제어를 수행하는 계층

① 응용 계층 – 데이터 링크 계층 – 네트워크 계층 – 전송 계층
② 네트워크 계층 – 세션 계층 – 전송 계층 – 응용 계층
③ 응용 계층 – 데이터 링크 계층 – 네트워크 계층 – 전송 계층
④ 물리 계층 – 데이터 링크 계층 – 네트워크 계층 – 표현 계층

73 페이지 교체 기법 중 시간 오버헤드를 줄이기 위해 각 페이지마다 참조 비트와 변형 비트를 두는 교체 기법은?

① LRU
② FIFO
③ LFU
④ NUR

74 IPv6에 대한 설명으로 틀린 것은?

① 더 많은 IP 주소를 지원할 수 있도록 주소의 크기는 64비트이다.
② 프로토콜의 확장을 허용하도록 설계되었다.
③ 확장 헤더로 이동성을 지원하고, 보안 및 서비스 품질 기능 등이 개선되었다.
④ 유니캐스트, 멀티캐스트, 애니캐스트를 지원한다.

75 운영체제 분석을 위해 리눅스에서 버전을 확인하고자 할 때 사용되는 명령어는?

① ls
② cat
③ pwd
④ uname

76 C언어의 malloc( ) 함수와 free( ) 함수를 통하여 해제하는 메모리 영역은?

① 스택(Stack)
② 힙(Heap)
③ 버퍼(Buffer)
④ 스풀(Spool)

77 다음 JAVA 프로그램의 결과값은?

```
public class Test
{
    public static void main(String[]
    args) {
        for(int i = 0; i <10; i++) {
            if(i % 5 == 0)
               System.out.print("O");
            else
               System.out.print("X");
            }
        }
}
```

① XXXXOXXXXO
② OXXXXOXXXX
③ XXOXXOXXOX
④ OOOOXOOOOX

78 다음 파이썬으로 구현되는 프로그램 실행 결과로 옳은 것은?

```
a = [[[0]*2 for y in range(2)] for x in
range(2)]
print(a)
```

① [0, 0], [0, 0], [0, 0], [0, 0]
② [[0, 0], [0, 0]], [[0, 0], [0, 0]]
③ [[[0, 0], [0, 0]], [[0, 0], [0, 0]]]
④ [[[0, 0], [0, 0]]], [[[0, 0], [0, 0]]]

79 C언어에서 자료형의 크기를 구하는 연산자는?

① strlen
② length
③ sizeof
④ type

80 페이징 기법과 세그먼테이션 기법에 대한 설명으로 가장 옳지 않은 것은?

① 페이징 기법에서는 주소 변환을 위한 페이지 맵 테이블이 필요하다.
② 프로그램을 일정한 크기로 나눈 단위를 페이지라고 한다.
③ 세그먼테이션 기법에서는 하나의 작업을 크기가 각각 다른 여러 논리적인 단위로 나누어 사용한다.
④ 세그먼테이션 기법에서는 내부 단편화가, 페이징 기법에 서는 외부 단편화가 발생할 수 있다.

과목 05 정보 시스템 구축 관리

81 소프트웨어 비용 추정 모형(estimation models)이 아닌 것은?

① COCOMO
② Putnam
③ Function-Point
④ PERT

82 RSA 암호 시스템의 변형으로 소인수분해를 기반으로 하는 간단하고 빠른 연산속도의 공개키 암호 방식은?

① 엘가말(El Gamal) 암호
② 타원곡선 암호
③ ECC 암호
④ 라빈(Rabin) 암호

83 사용자가 컴퓨터나 네트워크를 의식하지 않고 장소에 상관없이 언제, 어디서나 네트워크에 접속할 수 있는 환경을 무엇이라 하는가?

① 사물인터넷(IoT)
② 디지털 컨버전스(Digital Convergence)
③ 블루투스(Bluetooth)
④ 유비쿼터스(Ubiquitous)

84 하둡(Hadoop)과 관계형 데이터베이스 간에 데이터를 전송할 수 있도록 설계된 도구는?

① Apnic
② Topology
③ Sqoop
④ SDB

85 암호화 키와 복호화 키가 동일한 암호화 알고리즘은?

- (①) : 비대칭 암호화 방식으로 이산대수를 활용한 암호화 알고리즘
- (②) : 비대칭 암호화 방식으로 소인수분해를 활용한 암호화 알고리즘

① DSA, RSA
② AES, RSA
③ DEA, AES
④ RSA, DES

86 기기를 키오스크에 갖다 대면 원하는 데이터를 바로 가져올 수 있는 기술로 10cm 이내 근접 거리에서 기가급 속도로 데이터 전송이 가능한 초고속 근접무선통신(NFC, Near Field Communication) 기술은?

① BcN(Broadband Convergence Network)
② Zing
③ Marine Navi
④ C-V2X(Cellular Vehicle To Everything)

87 클라우드 컴퓨팅 유형이 아닌 것은?

① IaaS
② LaaS
③ PaaS
④ SaaS

88 다음에서 설명하는 IT 기술은?

- 네트워크를 제어부, 데이터 전달부로 분리하여 네트워크 관리자가 보다 효율적으로 네트워크를 제어, 관리할 수 있는 기술
- 기존의 라우터, 스위치 등과 같이 하드웨어에 의존하는 네트워크 체계에서 안정성, 속도, 보안 등을 소프트웨어로 제어, 관리하기 위해 개발됨
- 네트워크 장비의 펌웨어 업그레이드를 통해 사용자의 직접적인 데이터 전송 경로 관리가 가능하고, 기존 네트워크에는 영향을 주지 않으면서 특정 서비스의 전송 경로 수정을 통하여 인터넷상에서 발생하는 문제를 처리할 수 있음

① SDN(Software Defined Networking)
② NFS(Network File System)
③ Network Mapper
④ AOE Network

89 사전 등록된 모바일 장비를 통해 원격으로 개인 사용자 기기를 등록, 관리, 추적 등을 지원하는 단말기기 관리 업무를 처리하는 BYOD(Bring Your Own Device) 환경에서의 주요 보안 강화 기술은?

① NAC
② MDM
③ MAM
④ ESM

90 IP 또는 ICMP의 특성을 악용하여 특정 사이트에 집중적으로 데이터를 보내 네트워크 또는 시스템의 상태를 불능으로 만드는 공격 방법은?

① TearDrop
② Smishing
③ Qshing
④ Smurfing

91 SSL을 기반으로 만들어진 네트워크를 통해 보안 서비스를 제공하는 기술의 전송 계층 보안 프로토콜은?

① TLS
② IPSec
③ SET
④ Kerberos

92 기존 무선 랜의 한계 극복을 위해 등장하였으며, 대규모 디바이스의 네트워크 생성에 최적화되어 차세대 이동통신, 홈네트워킹, 공공 안전 등의 특수목적을 위한 새로운 방식의 네트워크 기술을 의미하는 것은?

① Software Defined Perimeter
② Virtual Private Network
③ Local Area Network
④ Mesh Network

93 나선형(Spiral) 모형의 주요 태스크에 해당하지 않는 것은?

① 버전 관리
② 위험 분석
③ 개발
④ 평가

94 CMMI의 성숙도 레벨이 아닌 것은?

① 관리(Managed) 단계
② 정의(Defined) 단계
③ 최적화(Optimizing) 단계
④ 시작(Start) 단계

95 다음이 설명하는 IT 기술은?

> – 컨테이너 응용 프로그램의 배포를 자동화하는 오픈소스 엔진이다.
> – 소프트웨어 컨테이너 안에 응용 프로그램들을 배치시키는 일을 자동화해 주는 오픈소스 프로젝트이자 소프트웨어로 볼 수 있다.

① StackGuard
② Docker
③ Cipher Container
④ Scytale

96 Something You Have가 아닌 것은?

① IC 카드
② 마그네틱 카드
③ 지문
④ OTP

97 시스템이 몇 대가 되어도 하나의 시스템에서 인증에 성공하면 다른 시스템에 대한 접근권한도 얻는 시스템을 의미하는 것은?

① SOS
② SBO
③ SSO
④ SOA

98 Cocomo model 중 기관 내부에서 개발된 중소규모의 소프트웨어로 일괄 자료 처리나 과학기술 계산용, 비즈니스 자료 처리용으로 5만 라인 이하의 소프트웨어를 개발하는 유형은?

① Embeded
② Organic
③ Semi–detached
④ Semi–embeded

99 **다음 내용이 설명하는 사용자 요구사항 분석과 관련된 용어는?**

> – 어떤 제품 혹은 서비스를 사용할 만한 목표 집단 내의 다양한 사용자의 유형을 대표하는 가상의 인물이다.
> – 마케팅, 디자인, 판매 등 다양한 개발 조건 간의 사용자를 위한 상호 소통의 도구로 이용되며, 사용자 중심의 UI를 만들기 위해서 사용자를 분류하고 정의해야 한다.

① 유즈케이스(Usecase)
② 페이퍼 프로토타입(Paper Prototype)
③ 페르소나(Persona)
④ 감성 공학(Sensibility Engineering)

100 **어떤 외부 컴퓨터가 접속되면 접속 인가 여부를 점검해서 인가된 경우에는 접속이 허용되고, 그 반대의 경우에는 거부할 수 있는 접근 제어 유틸리티는?**

① tcp wrapper
② trace checker
③ token finder
④ change detector

기출

최신 기출문제

최신 기출문제 03회
빠르게 정답 확인하기!
스마트폰으로 QR 코드를 찍어 보세요.
정답표를 통해 편리하게 채점할 수 있습니다.

최신 기출문제 04회

2023년 제3회

• **제한시간 :** 2시간 30분 • **소요시간 :** 시간 분 • **전체 문항 수 :** 100문항 • **맞힌 문항 수 :** 문항

과목 01 소프트웨어 설계

01 정형 기술 검토(FTR)의 지침 사항으로 가장 옳지 않은 것은?

① 제품의 검토에만 집중한다.
② 문제 영역을 명확히 표현한다.
③ 참가자의 수를 제한한다.
④ 논쟁이나 반박을 허용한다.

02 UML의 기본 구성요소 중에서 사물(Things)과 가장 관련성이 높은 것은?

① 클래스
② 객체
③ 패키지
④ 다이어그램

03 간트 차트(Gantt Chart) 작성 시 고려 사항이 아닌 것은?

① 작업의 순서
② 작업의 기간
③ 작업의 종속성
④ 작업에 필요한 자원

04 다음 내용이 설명하는 객체지향 설계 원칙은?

> – 클래스를 여러 개로 분리한다. 클래스의 책임이 너무 많다면 해당 클래스를 여러 개로 분리하여 각 클래스에 하나의 책임만을 부여한다.
> – 클래스에서 수행하는 기능을 분리하고, 클래스가 하나의 책임을 수행하기 위해 여러 개의 기능을 수행한다면 해당 기능을 다른 클래스로 분리한다.

① 인터페이스 분리 원칙
② 단일 책임 원칙
③ 개방 폐쇄의 원칙
④ 리스코프 교체의 원칙

05 UI의 설계 지침으로 틀린 것은?

① 이해하기 편하고 쉽게 사용할 수 있는 환경을 제공해야 한다.
② 주요 기능을 메인 화면에 노출하여 조작이 쉽도록 해야 한다.
③ 치명적인 오류에 대한 부정적인 사항은 사용자가 인지할 수 없도록 한다.
④ 사용자의 직무, 연령, 성별 등 다양한 계층을 수용하여야 한다.

06 EAI(Enterprise Application Integration)의 구성요소가 아닌 것은?

① Application Adapter
② Message Hub
③ Workflow
④ SOA

07 객체지향 개념 중 데이터와 데이터를 처리하는 함수를 캡슐화한 하나의 모듈을 의미하는 것은?

① Class
② Package
③ Object
④ Message

08 DFD(Data Flow Diagram)에 대한 설명으로 거리가 먼 것은?

① 자료 흐름 그래프 또는 버블(Bubble) 차트라고도 한다.
② 구조적 분석 기법에 이용된다.
③ 시간 흐름을 명확하게 표현할 수 있다.
④ DFD의 요소는 화살표, 원, 사각형, 직선(단선/이중선)으로 표시한다.

09 다음 중 추상화(Abstraction) 방법이 아닌 것은?

① 제어 추상화
② 기능 추상화
③ 데이터 추상화
④ 구조 추상화

10 요구사항 분석에서 비기능적(Nonfunctional) 요구에 대한 설명으로 옳은 것은?

① 시스템의 처리량(Throughput), 반응 시간 등의 성능 요구나 품질 요구는 비기능적 요구에 해당하지 않는다.
② '차량 대여 시스템이 제공하는 모든 화면이 3초 이내에 사용자에게 보여야 한다'는 비기능적 요구이다.
③ 시스템 구축과 관련된 안전, 보안에 대한 요구사항들은 비기능적 요구에 해당하지 않는다.
④ '금융 시스템은 조회, 인출, 입금, 송금의 기능이 있어야 한다'는 비기능적 요구이다.

11 UML 다이어그램 중 시스템 내 업무 처리 과정이나 연산이 수행되는 과정을 나타내는 것은?

① Activity Diagram
② Model Diagram
③ State Diagram
④ Class Diagram

12 소프트웨어 아키텍처 모델 중 MVC(Model-View-Controller)와 관련한 설명으로 틀린 것은?

① MVC 모델은 사용자 인터페이스를 담당하는 계층의 응집도를 높일 수 있고, 여러 개의 다른 UI를 만들어 그 사이의 결합도를 낮출 수 있다.
② 모델(Model)은 애플리케이션이 "무엇"을 할 것인지를 정의하는 부분으로, 내부 비즈니스 로직을 처리하기 위한 역할을 할 것이다.
③ 뷰(View)는 모델(Model)과 제어(Controller)가 각각 무엇을 해야 할지를 알고 있어야 한다.
④ 제어(Controller)는 모델(Model)에 명령을 보냄으로써 모델의 상태를 변경할 수 있다.

13 개발 환경 구성을 위한 빌드(Build) 도구에 해당하지 않는 것은?

① Ant
② Selenium
③ Maven
④ Gradle

14 나선형(Spiral) 모형에 대한 설명으로 옳지 않은 것은?

① 대규모 시스템의 소프트웨어 개발에 적합하다.
② 실제 개발될 소프트웨어에 대한 시제품을 만들어 최종 결과물을 예측한다.
③ 위험성 평가에 크게 의존하기 때문에 이를 발견하지 않으면 문제가 발생할 수 있다.
④ 여러 번의 개발 과정을 거쳐 점진적으로 완벽한 소프트웨어를 개발한다.

15 GoF(Gang of Four) 디자인 패턴과 관련한 설명으로 틀린 것은?

① 디자인 패턴을 목적(Purpose)으로 분류할 때 생성, 구조, 행위로 분류할 수 있다.
② Bridge Pattern은 기존에 구현되어 있는 클래스에 기능 발생 시 기존 클래스를 재사용할 수 있도록 중간에서 맞춰주는 역할을 한다.
③ Behavioral Pattern은 클래스나 객체들이 상호작용하는 방법과 책임을 분산하는 방법을 정의한다.
④ Factory Method Pattern은 상위 클래스에서 객체를 생성하는 인터페이스를 정의하고, 하위 클래스에서 인스턴스를 생성하도록 하는 방식이다.

16 럼바우의 객체지향 분석 기법에서 자료 흐름도를 이용하여 여러 프로세스 간의 자료 흐름을 기술하는 모델링은?

① Dynamic Modeling
② Object Modeling
③ Functional Modeling
④ Static Modeling

17 애자일(Agile) 프로세스 모델에 대한 설명으로 틀린 것은?

① 변화에 대한 대응보다는 자세한 계획을 중심으로 소프트웨어를 개발한다.
② 날렵한, 재빠른 이란 사전적 의미와 같이 소프트웨어 개발 중 설계 변경에 신속히 대응하여 요구사항을 수용할 수 있다.
③ 협상과 계약보다는 고객과의 협력을 중시한다.
④ 종류에는 익스트림 프로그래밍(eXtreme Programming), 스크럼(SCRUM), 린(Lean), DSDM, FDD, Crystal 등이 있다.

18 COCOMO(Constructive Cost Model) 모형에 대한 설명으로 옳지 않은 것은?

① 산정 결과는 프로젝트를 완성하는데 필요한 man-month로 나타난다.
② 보헴(Boehm)이 제안한 것으로 원시 코드 라인 수에 의한 비용 산정 기법이다.
③ 비용견적의 유연성이 높아 소프트웨어 개발비 견적에 널리 통용되고 있다.
④ 프로젝트 개발 유형에 따라 Object, Dynamic, Function의 3가지 모드로 구분한다.

19 객체지향 기법에서 데이터와 데이터를 조작하는 연산을 하나로 묶어 하나의 모듈 내에서 결합 되도록 하는 것은?

① 객체
② 캡슐화
③ 다형성
④ 추상화

20 서로 다른 모듈들이 연결되거나 인터페이스를 통해 통신하는 경우, 이러한 상호 작용이 예상대로 이루어지는지 확인하며 모듈 간의 호환성과 통합 과정에서 발생할 수 있는 문제를 찾는 것이 목적인 테스트는?

① 통합 테스트(Integration Test)
② 단위 테스트(Unit Test)
③ 시스템 테스트(System Test)
④ 인수 테스트(Acceptance Test)

과목 02 소프트웨어 개발

21 다음 설명의 소프트웨어 테스트의 기본원칙은?

- 테스트를 통해 결함이 발견되지 않았다고 해서 소프트웨어에 결함이 없다고 확신할 수 없다.
- 테스트는 결함을 발견하는 활동일 뿐, 결함이 없음을 보장하는 활동은 아니다.

① 살충제 패러독스
② 결함 집중
③ 오류 부재의 궤변
④ 완벽한 테스팅은 불가능

22 ISO/IEC 9126의 소프트웨어 품질 특성 중 기능성(Functionlity)의 하위 특성으로 옳지 않은 것은?

① 적응성
② 적합성
③ 정확성
④ 보안

23 알고리즘 시간 복잡도 O(n)이 의미하는 것은?

① 컴퓨터 처리가 불가능하다.
② 알고리즘 입력 데이터 수가 한 개다.
③ 선형으로, 문제를 해결하기 위한 단계의 수와 입력값 n이 1:1 관계를 갖는다.
④ 알고리즘 길이가 입력 데이터보다 작다.

24 인터페이스 간의 통신을 위해 이용되는 데이터 포맷이 아닌 것은?

① ZHTML
② CSV
③ XML
④ REST

25 프로그램 설계도의 하나인 NS Chart에 대한 설명으로 가장 거리가 먼 것은?

① 논리의 기술에 중점을 두고 도형을 이용한 표현 방법이다.
② 조건이 복합되어있는 곳의 처리를 시각적으로 명확히 식별하는 데 적합하다.
③ 블록 다이어그램이라고도 한다.
④ 연속, 선택, 반복 등의 제어 논리 구조를 표현한다.

26 1964년 J. W. J. 윌리엄스에 의해 발명되었으며, n개의 노드에 대한 완전 이진 트리를 루트 노드부터 부모 노드, 왼쪽 자식 노드, 오른쪽 자식 노드 순으로 구성하는 정렬은?

① 삽입 정렬
② 병합 정렬
③ 버블 정렬
④ 힙 정렬

27 제어 흐름 그래프가 다음과 같을 때 McCabe의 Cyclomatic 수는 얼마인가?

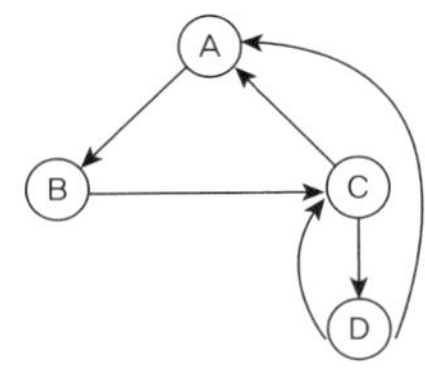

① 3
② 4
③ 5
④ 6

28 소프트웨어 품질 관련 국제 표준인 ISO/IEC 25000에 관한 설명으로 옳지 않은 것은?

① 소프트웨어 품질 평가를 위한 소프트웨어 품질 평가 통합모델 표준이다.
② System and Software Quality Requirements and Evaluation으로 줄여서 SQuaRE라고도 한다.
③ 기존 소프트웨어 품질 평가 모델과 소프트웨어 평가 절차 모델인 ISO/IEC 9126과 ISO/IEC 14598을 통합하였다.
④ 2501n(9126-2, 품질 모형)은 매트릭을 통한 측정 방법을 제시한다.

29 다음 트리의 전위 순회 결과는?

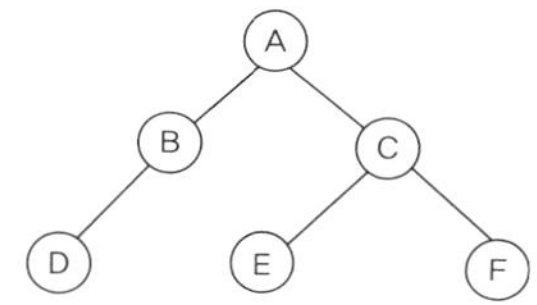

① A B D C E F
② D B A E C F
③ A B C D E F
④ D B E F C A

30 정렬된 n개의 데이터를 처리하는 데 평균 $O(n^2)$의 시간이 소요되는 정렬 알고리즘은?

① 힙 정렬
② 버블 정렬
③ 병합 정렬
④ 퀵 정렬

31 프로젝트의 작업을 계층적으로 분해하고 구조화한 것으로 프로젝트 관리자는 작업의 세부 항목을 파악하고, 프로젝트 일정과 예산을 관리할 수 있는 도구는?

① Critical Path Method
② Risk Analysis
③ Work Breakdown Structure
④ Waterfall Model

32 IDE(Integrated Development Environment) 도구의 각 기능에 대한 설명으로 틀린 것은?

① Coding : 프로그래밍 언어를 가지고 컴퓨터 프로그램을 작성할 수 있는 환경을 제공
② Compile : 문법에 어긋나는지 확인하고 기계어로 변환하는 기능 제공
③ Debugging : 프로그램에서 발견되는 버그를 찾아 수정할 수 있는 기능 제공
④ Deployment : 저급 언어의 프로그램을 고급 언어 프로그램으로 변환하는 기능 제공

33 소프트웨어 형상 관리(Configuration Management)에 대한 설명으로 가장 타당한 것은?

① 개발 인력을 관리하는 것
② 개발 과정의 변경 사항을 관리하는 것
③ 개발 일정을 관리하는 것
④ 테스트 과정에서 소프트웨어를 통합하는 것

34 선형 자료 구조에 해당하지 않는 것은?

① 해시
② 스택
③ 큐
④ 데크

35 **테스트 드라이버(Test Driver)에 대한 설명으로 틀린 것은?**

① 시험대상 모듈을 호출하는 간이 소프트웨어이다.
② 필요에 따라 매개 변수를 전달하고 모듈을 수행한 후의 결과를 보여줄 수 있다.
③ 하향식 통합 테스트에서 사용된다.
④ 테스트 대상 모듈이 호출하는 상위 모듈의 역할을 한다.

36 **다음이 설명하는 테스트 관련 용어는?**

- 주어진 테스트 케이스에 의해 수행되는 소프트웨어의 테스트 범위를 측정하는 테스트 품질 측정 기준이다.
- 테스트의 정확성과 신뢰성을 향상시키는 역할을 수행한다.

① 테스트 커버리지
② 테스트 시나리오
③ 테스트 드라이버
④ 테스트 스텁

37 **다음 자료에 대하여 삽입(Insertion) 정렬 기법을 사용하여 오름차순으로 정렬하고자 한다. 1회전 후의 결과는?**

5, 4, 3, 2, 1

① 4, 3, 2, 1, 5
② 3, 4, 5, 2, 1
③ 4, 5, 3, 2, 1
④ 1, 2, 3, 4, 5

38 **파일 편성 방법 중 순차 파일 편성 방법의 특징이 아닌 것은?**

① 집계용 파일이나 단순한 마스터 파일 등이 대표적인 응용 파일이다.
② 기본키 값에 따라 순차적으로 배열되어 있다.
③ 파일 내 레코드 추가, 삭제 시 파일 전체를 복사할 필요가 없다.
④ 기억 공간의 활용률이 높다.

39 **다음 중 확인 시험(Validation Test)과 거리가 먼 것은?**

① 알파(Alpha) 테스트
② 베타(Beta) 테스트
③ 블랙박스(Black-Box) 테스트
④ 화이트박스(White-Box) 테스트

40 **응집력이 강한 것부터 약한 순서로 옳게 나열된 것은?**

① Sequential → Functional → Procedural → Coincidental → Logical
② Procedural → Coincidental → Functional → Sequential → Logical
③ Functional → Sequential → Procedural → Logical → Coincidental
④ Logical → Coincidental → Functional → Sequential → Procedural

과목 03 데이터베이스 구축

41 관계 해석에서 'There Exists : 존재 정량자'의 의미를 나타내는 논리 기호는?

① ∃
② ∈
③ ∀
④ U

42 다음은 관계형 데이터베이스의 키(Key)를 설명하고 있다. 해당되는 키는?

> – 모든 튜플을 유일하게 식별할 수 있는 하나 또는 몇 개의 속성 집합을 의미한다.
> – 유일성과 최소성 모두 만족한다.

① 후보키
② 대체키
③ 슈퍼키
④ 외래키

43 SQL에서 각 기능에 대한 내장 집계 함수(Aggregate Function)의 연결이 옳지 않은 것은?

① 열에 있는 값들의 개수 – COUNT
② 열에 있는 값들의 평균 – AVG
③ 열에 있는 값들의 합 – TOT
④ 열에서 가장 큰 값 – MAX

44 관계 해석에 대한 설명으로 옳지 않은 것은?

① 수학의 프레디킷 해석에 기반을 두고 있다.
② 관계 데이터 모델의 제안자인 코드(Code)가 관계 데이터베이스에 적용할 수 있도록 설계하여 제안하였다.
③ 튜플 관계 해석과 도메인 관계 해석이 있다.
④ 원하는 정보와 그 정보를 어떻게 유도하는가를 기술하는 절차적 특성을 가진다.

45 SELECT문에 대한 설명으로 틀린 것은?

① DML에 해당하는 SQL 명령문이다.
② SELECT 절에 * 기호를 사용하면, 해당 테이블의 모든 열을 선택한다.
③ WHERE 절은 필수 구문이다.
④ 열의 값을 한 번만 선택할 때는 DISTINCT를 사용한다.

46 데이터베이스 분할(Partitioning)의 종류가 아닌 것은?

① Range Partition
② List Partition
③ Hash Partition
④ Relation Partition

47 다음과 같은 일련의 권한 부여 SQL 명령에 대한 설명 중 부적합한 것은?

```
DBA) GRANT SELECT ON STUDENT T0 U1 WITH GRANT OPTION;
U1) GRANT SELECT ON STUDENT TO U2;
DBA) REVOKE SELECT ON STUDENT FROM U1 CASCADE;
```

① U1은 STUDENT에 대한 검색 권한이 없다.
② DBA는 STUDENT에 대한 검색 권한이 있다.
③ U2는 STUDENT에 대한 검색 권한이 있다.
④ U2는 STUDENT에 대한 검색 권한을 다른 사용자에게 부여할 수 없다.

48 시스템 자신이 필요로 하는 여러 가지 객체에 관한 정보를 포함하고 있는 시스템 데이터베이스로서, 포함하고 있는 객체로는 테이블, 데이터베이스, 뷰, 접근 권한 등이 있는 것은?

① 스키마(Schema)
② 시스템 카탈로그(System Catalog)
③ 관계(Relation)
④ 도메인(Domain)

49 3단계 데이터베이스 구조(3-Level Database Architecture)에서 공용의 의미보다는 어느 개인이나 특정 응용에 한정된 논리적 데이터 구조이며 데이터베이스의 개별 사용자나 응용 프로그래머가 접근하는 데이터베이스를 정의한 것은?

① 관계 스키마
② 개념 스키마
③ 외부 스키마
④ 내부 스키마

50 데이터베이스에서 하나의 논리적 기능을 수행하기 위한 작업의 단위 또는 한꺼번에 모두 수행되어야 할 일련의 연산을 의미하는 것은?

① COLLISION
② BUCKET
③ SYNONYM
④ TRANSACTION

51 릴레이션의 특징으로 옳지 않은 것은?

① 한 릴레이션에 포함된 튜플 사이에는 순서가 없다.
② 속성의 값은 물리적으로 더 이상 쪼갤 수 없는 원자값이다.
③ 한 릴레이션에 포함된 튜플들은 모두 상이하다.
④ 한 릴레이션을 구성하는 속성들 사이의 순서는 큰 의미가 없다.

52 여러 사용자 또는 프로세스가 동시에 데이터베이스에 접근할 때 일관성을 유지하고 충돌을 방지하기 위한 제어 메커니즘을 의미하는 용어는?

① Concurrency Control
② Backup
③ Normalization
④ Transaction

53 외래키에 대한 설명으로 옳지 않은 것은?

① 외래키는 현실 세계에 존재하는 개체 타입 간의 관계를 표현하는데 중요한 역할을 수행한다.
② 외래키로 지정되면 참조 릴레이션의 기본키에 없는 값은 입력할 수 없다.
③ 외래키를 포함하는 릴레이션이 참조 릴레이션이 되고, 대응되는 기본키를 포함하는 릴레이션이 참조하는 릴레이션이 된다.
④ 참조 무결성 제약조건과 밀접한 관계를 가진다.

54 SQL의 명령은 사용 용도에 따라 DDL, DML, DCL로 구분할 수 있다. DML에 해당하는 것으로만 나열된 것은?

㉠ UPDATE	㉡ SELECT
㉢ INSERT	㉣ GRANT
㉤ ALTER	㉥ DROP

① ㉠, ㉡, ㉢
② ㉠, ㉣, ㉥
③ ㉢, ㉣, ㉤
④ ㉠, ㉡, ㉢, ㉥

55 다음 질의에 대한 SQL문은?

「프로젝트 번호(PNO)가 1, 2, 3에서 일하는 사원의 주민등록번호(JUNO)를 검색하라.」
(단, 사원 테이블(WORKS)은 프로젝트 번호(PNO), 주민등록번호(JUNO) 필드로 구성된다.)

① SELECT WORKS FROM JUNO WHERE PNO IN 1, 2, 3;
② SELECT WORKS FROM JUNO WHERE PNO ON 1, 2, 3;
③ SELECT JUNO FROM WORKS WHERE PNO IN (1, 2, 3);
④ SELECT JUNO FROM WORKS WHERE PNO ON (1, 2, 3);

56 **트랜잭션이 부분 완료(Partial Commit) 상태에 도달하였다가 실패(Fail) 상태로 가는 경우에 해당하는 것은?**

① 사용자의 인터럽트
② 교착상태(Deadlock) 발생
③ 트랜잭션 프로그램의 논리 오류
④ 디스크 출력 도중의 하드웨어 장애

57 **다음 SQL문의 빈칸에 들어갈 내용은?**

```
update 직원 (    ) 급여 = 급여 * 1.1
(    ) 급여 <= 100000 or 입사일 < 20230101;
```

① into, where
② set, where
③ set, having
④ set, order by

58 **뷰에 대한 설명으로 옳지 않은 것은?**

① 뷰는 삽입, 삭제, 갱신 연산에 제약사항이 따른다.
② 뷰는 데이터 접근 제어로 보안을 제공한다.
③ 뷰는 일반 사용자가 수정할 수 있다.
④ 뷰는 데이터의 논리적 독립성을 제공한다.

59 **제2정규형(2NF)에서 제3정규형(3NF)이 되기 위한 조건은?**

① 이행적 함수 종속 제거
② 부분적 함수 종속 제거
③ 다치 종속 제거
④ 조인 종속 제거

60 **분산 시스템에 대한 설명으로 거리가 먼 것은?**

① 다수의 사용자들이 데이터를 공유할 수 있다.
② 다수의 사용자들 간에 통신이 용이하다.
③ 귀중한 장치들이 다수의 사용자들에 의해 공유될 수 있다.
④ 집중형(Centralized) 시스템에 비해 소프트웨어의 개발이 용이하다.

과목 04 프로그래밍 언어 활용

61 **다음과 같이 C언어의 외부 헤더 파일을 현재 파일에 포함시킬 때 사용하는 선행 처리 지시자는?**

```
________________ <stdio.h>
```

① #define
② #import
③ #include
④ #error

62 **다음 C 프로그램의 결과값은?**

```
#include <stdio.h>
int main()
{
    int d = 55;
    int r = 0, q = 0;
    r = d;
    while(r >= 4) {
        r = r - 4;
        q++;
    }
    printf("%d 그리고 ", q);
    printf("%d", r);

    return 0;
}
```

① 13 그리고 0　　② 13 그리고 3
③ 0 그리고 13　　④ 3 그리고 13

63 다음 C 프로그램의 결과값은?

```
#include <stdio.h>
struct data
{
    int a;
    int c[10];
};
int main()
{
    struct data d;
    int i;
    for(i = 0; i < 10; i++)
    {
        d.c[i] = i * 2;
    }
    for(i = 0; i < 10; i += 2)
    {
        d.a += d.c[i];
    }
    printf("%d", d.a);
    return 0;
}
```

① 20 ② 30
③ 40 ④ 60

64 다음 C 프로그램의 밑줄 친 부분(!x || !y)과 동일한 결과값을 출력하는 명령은?

```
#include <stdio.h>
int main()
{
    int x, y;
    for(x = 0; x < 2; x++)
    {
        for(y = 0; y < 2; y++)
        {
            printf("%d", !x || !y);
        }
    }
    return 0;
}
```

① !(x && y) ② !(x || y)
③ !x || y ④ !x && y

65 다음 Java 연산의 결과로 옳은 것은?

```
a << n
```

① a × n이다.
② a ÷ n이다.
③ a × 2^n이다.
④ a ÷ 2^n이다.

66 TCP 프로토콜에 대한 설명으로 틀린 것은?

① 전송 계층 서비스를 제공한다.
② 전이중 서비스를 제공한다.
③ 비연결형 프로토콜이다.
④ 에러 제어 프로토콜이다.

67 192.168.1.0/24 네트워크를 FLSM 방식을 이용하여 3개의 Subnet으로 나누고 IP Subnet-Zero를 적용했다. 이때 서브네팅 된 네트워크 중 2번째 네트워크의 Broadcast IP 주소는?

① 192.168.1.127
② 192.168.245.128
③ 192.168.1.191
④ 192.168.1.192

68 C언어의 Break 명령문에 대한 설명으로 옳은 것은?

① C언어에서 반복처리를 위한 명령문이다.
② switch ~ case 구문에서는 break 명령문을 생략하여도 동일한 결과를 얻을 수 있다.
③ continue 명령문과 함께 조건 분기 명령문에 해당한다.
④ 가장 가까운 블록을 탈출한다.

69 HRN 방식으로 스케줄링할 경우, 입력된 작업이 다음과 같을 때 처리되는 작업 순서로 옳은 것은?

작업	대기 시간	실행 시간
A	5	10
B	10	15
C	10	30
D	20	5

① A → B → C → D
② A → C → B → D
③ D → B → A → C
④ D → A → B → C

70 다음 중 A클래스의 IP 주소는?

① 229.6.8.4
② 120.80.158.57
③ 210.150.165.140
④ 192.132.124.65

71 ICMP(Internet Control Message Protocol)에 관한 설명으로 틀린 것은?

① IP 프로토콜에서는 오류 보고와 수정을 위한 메커니즘이 없기 때문에 이를 보완하기 위해 설계되었다.
② ICMP는 네트워크 계층 프로토콜이다.
③ ICMP 메시지는 하위 계층으로 가기 전에 IP 프로토콜의 데이터그램으로 캡슐화된다.
④ ICMP 메시지는 4바이트의 헤더와 고정 길이의 데이터 영역으로 나뉜다.

72 주어진 명령어를 실행하는데 새로운 프로세스를 생성하지 않고, 쉘 프로세스를 대체하는 유닉스 명령어는?

① exit()
② fork()
③ exec()
④ wait()

73 다음 중 페이지 교체(Page Replacement) 알고리즘이 아닌 것은?

① LFU(Least Frequently Used)
② SSTF(Shortest Seek Time First)
③ Optimal
④ LRU(Least Recently Used)

74 병행 제어에 영향을 주는 요소로 한 번에 로크(Lock)되어야 할 데이터의 크기를 로킹 단위(Locking Granularity)라고 한다. 이 단위가 클 경우에 대한 설명으로 옳지 않은 것은?

① 병행성 수준이 높아진다.
② 병행제어 기법이 간단하다.
③ 로크의 수가 적어진다.
④ 극단적인 경우 순차 처리하는 것과 같다.

75 다음 중 한 네트워크에서 다른 네트워크로 들어가는 입구 역할을 하는 장치로, 근거리 통신망(LAN)과 같은 하나의 네트워크를 다른 네트워크와 연결할 때 사용되는 장치는?

① 게이트웨이
② 라우터
③ 리피터
④ 브리지

76 파이썬의 변수명으로 사용 불가능한 것은?

① student
② kor total
③ int_var
④ Name

77 다음 Java 프로그램의 결과값은?

```
class TestClass {
    void exe(int[] arr) {
         System.out.println(func(func(5,
5), 5, func(arr)));
    }
    int func(int a, int b) {
        return a + b;
    }
    int func(int a, int b, int c) {
        return a - b;
    }
    int func(int[] c) {
        int s = 0;
          for(int i = 0; i < c.length;
i++) {
            s += c[i];
        }
        return s;
    }
}
public class Test {
      public static void main(String[]
args) {
        int[] a = {1, 2, 3, 4, 5};
        TestClass t = new TestClass();
        t.exe(a);
    }
}
```

① 5　　② 10
③ 15　　④ 20

78 다음은 n각형을 그리는 파이썬 함수이다. 빈칸 (ㄱ)에 가장 적절한 명령은?

```
import turtle
n = int(input("몇 각형을 그리시겠습니까?"))

if n < 3:
    print("3 이상의 n 값 입력")
else:
    t = turtle.Turtle()

    def ngak(distance, n):
        angle = ( ㄱ )

        for i in range(n):
            t.forward(distance)
            t.left(angle)

    ngak(100, n)
    turtle.done()
```

① 180 % n
② 180 // n
③ 360 % n
④ 360 // n

79 C언어의 지역 변수(Local Variable)에 관한 설명으로 틀린 것은?

① 지역 변수는 블록 내부에 선언된 변수이다.
② 지역 변수는 블록 안팎에서 유효하다.
③ 지역 변수는 스택(Stack) 영역에 저장된다.
④ 지역 변수는 초기화하지 않으면 쓰레기 값으로 대입된다.

80 다음은 교착상태 발생 조건 중 어떤 조건을 제거하기 위한 것인가?

> – 프로세스가 수행되기 전에 필요한 모든 자원을 할당시켜준다.
> – 자원이 점유되지 않은 상태에서만 자원을 요구하도록 한다.

① Multi–Exclusion
② Hold and Wait
③ Non–preemption
④ Circular Wait

과목 05 정보 시스템 구축 관리

81 DDoS 공격과 연관이 있는 공격 방법은?

① Secure Shell
② TCP SYN Flooding
③ Nimda
④ Deadlock

82 송신자가 생성한 메시지를 가로챈 공격자가 그 메시지를 다시 송신자에게 재전송하여 접근 권한을 얻는 형태의 공격 방법은?

① Worm
② Rogue Ware
③ Adware
④ Reflection Attack

83 Secure 코딩에서 입력 데이터의 보안 약점과 관련한 설명으로 틀린 것은?

① SQL 삽입 : 사용자의 입력값 등 외부 입력값이 SQL 쿼리에 삽입되어 공격
② 크로스사이트 스크립트 : 검증되지 않은 외부 입력값에 의해 브라우저에서 악의적인 코드가 실행
③ 운영체제 명령어 삽입 : 운영체제 명령어 파라미터 입력값이 적절한 사전 검증을 거치지 않고 사용되어 공격자가 운영체제 명령어를 조작
④ 자원 삽입 : 사용자가 내부 입력값을 통해 시스템 내에 사용이 불가능한 자원을 지속적으로 입력함으로써 시스템에 과부하 발생

84 시스템의 사용자가 로그인하여 명령을 내리는 과정에 대한 시스템의 동작 중 다음 설명에 해당하는 것은?

> – 인증된 사용자에게 어떤 권한을 부여할 것인지 결정하는 과정이다.
> – 일반적으로 역할이나 그룹에 기반하여 부여된다.

① Aging
② Accounting
③ Authorization
④ Authentication

85 대칭 암호 알고리즘과 비대칭 암호 알고리즘에 대한 설명으로 틀린 것은?

① 대칭 암호 알고리즘은 비교적 실행 속도가 빠르기 때문에 다양한 암호의 핵심 함수로 사용될 수 있다.
② 대칭 암호 알고리즘은 처음 통신 시에 비밀키를 전달해야 하므로, 키 교환 중 키가 노출될 수 있다.
③ 비대칭 암호 알고리즘은 자신만이 보관하는 비밀키를 이용하여 인증, 전자서명 등에 적용이 가능하다.
④ 대표적인 대칭키 암호 알고리즘으로는 RSA, Diffie–Hellman 등이 있다.

86 IEEE 802.15 규격의 범주에 속하며 비교적 짧은 거리(약 10m 내)인 개인 활동 공간 내의 저전력 휴대기기 간의 무선 네트워크의 구성 무선통신 규격은?

① WPAN
② VPN
③ WAN
④ WLAN

87 TELNET 프로토콜의 Well Known Port 번호는?

① 23번 포트
② 53번 포트
③ 80번 포트
④ 161번 포트

88 다음 내용이 설명하는 보안 공격 유형은?

> – 사회 공학적 방법을 사용한다.
> – 특정 기업이나 조직을 표적으로 하여 공격자가 다양한 공격을 수행한다.
> – 공격 대상을 명확히 지정하여 시스템의 특성을 파악한 후 지속적으로 공격한다.

① 루트킷(Rootkit) 공격
② 랜섬웨어(Ransomware) 공격
③ 지능적 지속 위협(APT) 공격
④ 블루 스나프(Blue Snarf) 공격

89 무선 LAN 환경에서는 충돌 감지가 어려우므로 전송을 하기 전 캐리어를 감지하여 회선이 사용 중인지, 충돌 가능성이 있는지를 확인하는 절차를 거친다. 이러한 절차를 통해 충돌 가능성을 회피하는 무선 전송 다원 접속 방식을 뜻하는 단어는?

① Token Bus
② Token Ring
③ CSMA/CA
④ CDMA

90 다음 중에서 SQL 인젝션 공격에 대한 보호 대책으로 거리가 먼 것은?

① 사용자 입력이 SQL 문장으로 사용되지 않도록 한다.
② 사용자 입력으로 특수문자의 사용은 제한하도록 한다.
③ 원시 ODBC 오류를 사용자가 볼 수 없도록 코딩해야 한다.
④ 테이블 이름, SQL 구조 등이 외부 HTML에 포함되어 나타나도록 한다.

91 클라우드 기반 HSM(Cloud-based Hardware Security Module)에 대한 설명으로 틀린 것은?

① 클라우드(데이터센터) 기반 암호화 키 생성, 처리, 저장 등을 하는 보안 기기이다.
② 국내에서는 공인인증 제의 폐지와 전자서명법 개정을 추진하면서 클라우드 HSM 용어가 자주 등장하였다.
③ 클라우드에 인증서를 저장하므로 기존 HSM 기기나 휴대폰에 인증서를 저장해 다닐 필요가 없다.
④ 하드웨어가 아닌 소프트웨어적으로만 구현되기 때문에 소프트웨어식 암호 기술에 내재된 보안 취약점을 해결할 수 없다는 것이 주요 단점이다.

92 다음 중 소프트웨어 개발에서 정보 보안 3요소 중 하나에 해당하지 않는 것은?

① 비밀번호 정책 : 비밀번호는 최소 8자리 이상이어야 하며, 대소문자, 숫자, 특수문자를 포함해야 한다.
② 접근 제어 : 사용자는 자신의 권한에 따라 시스템 자원에 대한 접근 권한을 부여받는다.
③ 암호화 : 중요한 데이터는 암호화하여 저장 및 전송한다.
④ 백업 : 중요한 데이터는 정기적으로 백업하여 복구가 가능하도록 한다.

93 침입 탐지 시스템(IDS : Intrusion Detection System)과 관련한 설명으로 틀린 것은?

① 오용탐지(Misuse Detection)는 Signature Base나 Knowledge Base라고도 불리며 이미 발견되고 정립된 공격 패턴을 입력해두었다가 탐지 및 차단한다.
② HIDS(Host-Based Intrusion Detection System)는 운영체제에 설정된 사용자 계정에 따라 어떤 사용자가 어떤 접근을 시도하고 어떤 작업을 했는지에 대한 기록을 남기고 추적한다.
③ NIDS(Network-Based Intrusion Detection System)로는 대표적으로 Snort가 있다.
④ 외부 인터넷에 서비스를 제공하는 서버가 위치하는 네트워크인 DMZ(Demilitarized Zone)에는 IDS를 설치할 수 없다.

94 패킷이 네트워크를 따라 계속 전송되는 네트워크 루프 현상을 확인하고 적절히 포트를 사용하지 못하게 하여 루프를 예방하는 프로토콜은?

① VLAN
② STP
③ L2AN
④ ARP

95 다음 내용이 설명하는 것은?

> – 스마트그리드 등 HAN/NAN 활용을 위한 IEEE802.15.4g 표준 기반 900MHz 대역 근거리 무선 통신 기술이다.
> – 넓은 커버리지와 더불어 빠른 속도를 지원해 원격 검침 등 스마트시티 핵심 서비스를 실현할 최적의 기술이다.

① OTT
② BaaS
③ SDDC
④ Wi-SUN

96 인터넷상에서 통신하고자 하는 지능형 단말들이 서로를 식별하여 그 위치를 찾고, 그들 상호 간에 멀티미디어 통신 세션을 생성하거나 삭제 또는 변경하기 위한 절차를 명시한 시그널링 프로토콜은?

① PLCP(Packet Level Control Processor)
② Traffic Distributor
③ SIP(Session Initiation Protocol)
④ DPI(Deep Packet Inspection)

97 IPSec(IP Security)에 대한 설명으로 틀린 것은?

① 암호화 수행 시 일방향 암호화만 지원한다.
② ESP는 발신지 인증, 데이터 무결성, 기밀성 모두를 보장한다.
③ 운영 모드는 Tunnel 모드와 Transport 모드로 분류된다.
④ AH는 발신지 호스트를 인증하고, IP 패킷의 무결성을 보장한다.

98 COCOMO 모델의 프로젝트 유형으로 거리가 먼 것은?

① Organic
② Semi-detached
③ Embedded
④ Sequential

99 프로토타이핑 모형(Prototyping Model)에 대한 설명으로 옳지 않은 것은?

① 개발 단계에서 오류 수정이 불가하므로 유지보수 비용이 많이 발생한다.
② 최종 결과물이 만들어지기 전에 의뢰자가 최종 결과물의 일부 또는 모형을 볼 수 있다.
③ 프로토타입은 발주자나 개발자 모두에게 공동의 참조 모델을 제공한다.
④ 프로토타입은 구현 단계의 구현 골격이 될 수 있다.

100 해시(Hash) 기법에 대한 설명으로 틀린 것은?

① 임의의 길이의 입력 데이터를 받아 고정된 길이의 해시값으로 변환한다.
② 해시 함수는 주로 검색, 데이터 무결성, 인증, 암호화 등 다양한 용도로 사용된다.
③ 대표적인 해시 알고리즘으로 HAVAL, SHA-1 등이 있다.
④ 해시 함수는 다차원 함수(Multidimensional Function)이다.

기출

최신 기출문제

최신 기출문제 04회
빠르게 정답 확인하기!
스마트폰으로 QR 코드를 찍어 보세요.
정답표를 통해 편리하게 채점할 수 있습니다.

최신 기출문제 05회

2023년 제2회

• **제한시간 :** 2시간 30분 • **소요시간 :** 시간 분 • **전체 문항 수 :** 100문항 • **맞힌 문항 수 :** 문항

과목 01 소프트웨어 설계

01 정형 기술 검토(FTR)의 지침사항으로 옳은 내용 모두를 나열한 것은?

> ① 의제를 제한한다.
> ② 논쟁과 반박을 제한한다.
> ③ 문제 영역을 명확히 표현한다.
> ④ 참가자의 수를 제한하지 않는다.

① ①, ④ ② ①, ②, ③
③ ①, ②, ④ ④ ①, ②, ③, ④

02 GoF(Gang of Four)의 디자인 패턴에서 행위 패턴에 속하는 것은?

① Builder ② Visitor
③ Prototype ④ Bridge

03 다음은 어떤 프로그램 구조를 나타낸다. 모듈 F에서의 Fan-In과 Fan-Out의 수는 얼마인가?

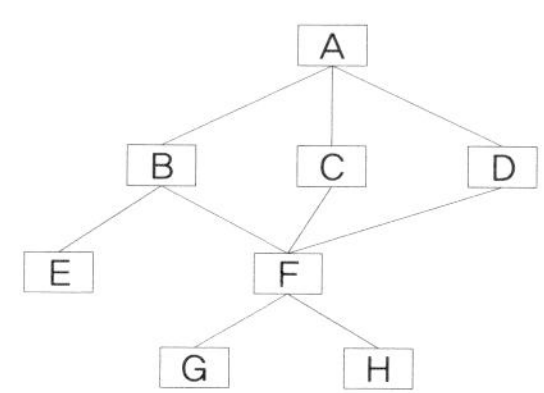

① Fan-In : 2, Fan-Out : 3
② Fan-In : 3, Fan-Out : 2
③ Fan-In : 1, Fan-Out : 2
④ Fan-In : 2, Fan-Out : 1

04 소프트웨어 아키텍처와 관련한 설명으로 틀린 것은?

① 파이프 필터 아키텍처에서 데이터는 파이프를 통해 양방향으로 흐르며, 필터 이동 시 오버헤드가 발생하지 않는다.
② 외부에서 인식할 수 있는 특성이 담긴 소프트웨어의 골격이 되는 기본 구조로 볼 수 있다.
③ 데이터 중심 아키텍처는 공유 데이터 저장소를 통해 접근자 간의 통신이 이루어지므로 각 접근자의 수정과 확장이 용이하다.
④ 이해관계자들의 품질 요구사항을 반영하여 품질 속성을 결정한다.

05 유스케이스(Usecase)에 대한 설명 중 옳은 것은?

① 유스케이스 다이어그램은 개발자의 요구를 추출하고 분석하기 위해 주로 사용한다.
② 액터는 대상 시스템과 상호작용하는 사람이나 다른 시스템에 의한 역할이다.
③ 사용자 액터는 본 시스템과 데이터를 주고받는 연동 시스템을 의미한다.
④ 연동의 개념은 일방적으로 데이터를 파일이나 정해진 형식으로 넘겨주는 것을 의미한다.

06 소프트웨어 개발 방법 중 요구사항 분석(Requirements Annalysis)과 거리가 먼 것은?

① 비용과 일정에 대한 제약 설정
② 타당성 조사
③ 요구사항 정의 문서화
④ 설계 명세서 작성

07 객체에게 어떤 행위를 하도록 지시하는 명령은?

① Class ② Package
③ Object ④ Message

08 소프트웨어 개발 단계에서 요구 분석 과정에 대한 설명으로 거리가 먼 것은?

① 분석 결과의 문서화를 통해 향후 유지보수에 유용하게 활용할 수 있다.
② 개발 비용이 가장 많이 소요되는 단계이다.
③ 자료 흐름도, 자료 사전 등이 효과적으로 이용될 수 있다.
④ 보다 구체적인 명세를 위해 소단위 명세서(Mini-Spec)가 활용될 수 있다.

09 정보 공학 방법론에서 데이터베이스 설계의 표현으로 사용하는 모델링 언어는?

① Package Diagram
② State Transition Diagram
③ Deployment Diagram
④ Entity-Relationship Diagram

10 객체지향 개념에서 다형성(Polymorphism)과 관련한 설명으로 틀린 것은?

① 다형성은 현재 코드를 변경하지 않고 새로운 클래스를 쉽게 추가할 수 있게 한다.
② 다형성이란 여러 가지 형태를 가지고 있다는 의미로 여러 형태를 받아들일 수 있는 특징을 말한다.
③ 메소드 오버라이딩(Overriding)은 상위 클래스에서 정의한 일반 메소드의 구현을 하위 클래스에서 무시하고 재정의할 수 있다.
④ 메소드 오버로딩(Overloading)의 경우 매개 변수 타입은 동일하지만, 메소드명을 다르게 함으로써 구현, 구분할 수 있다.

11 디자인 패턴을 이용한 소프트웨어 재사용으로 얻어지는 장점이 아닌 것은?

① 소프트웨어 코드의 품질을 향상시킬 수 있다.
② 개발 프로세스를 무시할 수 있다.
③ 개발자들 사이의 의사소통을 원활하게 할 수 있다.
④ 소프트웨어의 품질과 생산성을 향상시킬 수 있다.

12 CASE(Computer-Aided Software Engineering)의 원천 기술이 아닌 것은?

① 일괄 처리 기술
② 프로토타이핑 기술
③ 정보 저장소 기술
④ 구조적 기법

13 요구사항 정의 및 분석 · 설계의 결과물을 표현하기 위한 모델링 과정에서 사용되는 다이어그램(Diagram)이 아닌 것은?

① Data Flow Diagram
② UML Diagram
③ E-R Diagram
④ AVL Diagram

14 객체지행 분석 방법론 중 Coad-Yourdon 방법에 해당하는 것은?

① E-R 다이어그램을 사용하여 객체의 행위를 데이터 모델링하는 데 초점을 둔 방법이다.
② 객체, 동적, 기능 모델로 나누어 수행하는 방법이다.
③ 미시적 개발 프로세스와 거시적 개발 프로세스를 모두 사용하는 방법이다.
④ Use Case를 강조하여 사용하는 방법이다.

15 GoF(Gangs of Four) 디자인 패턴에 대한 설명으로 틀린 것은?

① Factory Method Pattern은 상위 클래스에서 객체를 생성하는 인터페이스를 정의하고, 하위 클래스에서 인스턴스를 생성하도록 하는 방식이다.
② Prototype Pattern은 Prototype을 먼저 생성하고 인스턴스를 복제하여 사용하는 구조이다.
③ Bridge Pattern은 기존에 구현되어 있는 클래스에 기능 발생 시 기존 클래스를 재사용할 수 있도록 중간에서 맞춰주는 역할을 한다.
④ Mediator Pattern은 객체 간의 통제와 지시의 역할을 하는 중재자를 두어 객체지향의 목표를 달성하게 해준다.

16 다음 중 사용자 인터페이스 방식인 NUI(Natural User Interface)의 예시로 옳지 않은 것은?

① 음성 인식
② 제스처 인식
③ 터치 인터페이스
④ 마우스 및 키보드 인터페이스

17 시스템에서 모듈 사이의 결합도(Coupling)에 대한 설명으로 옳은 것은?

① 모듈 간의 결합도를 약하게 하면 모듈 독립성이 향상된다.
② 한 모듈 내에 있는 처리요소들 사이의 기능적인 연관 정도를 나타낸다.
③ 결합도가 높으면 시스템 구현 및 유지보수 작업이 쉽다.
④ 자료 결합도는 내용 결합도보다 결합도가 높다.

18 설계 기법 중 하향식 설계 방법과 상향식 설계 방법에 대한 비교 설명으로 가장 옳지 않은 것은?

① 하향식 설계에서는 통합 검사 시 인터페이스가 이미 정의되어 있어 통합이 간단하다.
② 하향식 설계에서 레벨이 낮은 데이터 구조의 세부 사항은 설계 초기 단계에서 필요하다.
③ 상향식 설계는 최하위 수준에서 각각의 모듈들을 설계하고 이러한 모듈이 완성되면 이들을 결합하여 검사한다.
④ 상향식 설계에서는 인터페이스가 이미 성립되어 있지 않더라도 기능 추가가 쉽다.

19 CASE의 주요 기능으로 가장 옳지 않은 것은?

① S/W 라이프 사이클 전 단계의 연결
② 그래픽 지원
③ 다양한 소프트웨어 개발 모형 지원
④ 언어 번역

20 익스트림 프로그래밍(XP)에 대한 설명으로 틀린 것은?

① 기존의 방법론에 비해 실용성(Pragmatism)을 강조한 것이라고 볼 수 있다.
② 사용자의 요구사항은 언제든지 변할 수 있다.
③ 고객과 직접 대면하며 요구사항을 이야기하기 위해 사용자 스토리(User Story)를 활용할 수 있다.
④ 빠른 개발을 위해 테스트를 수행하지 않는다.

과목 02 소프트웨어 개발

21 저작권 관리 구성 요소 중 패키저(Packager)의 주요 역할로 옳은 것은?

① 콘텐츠를 제공하는 저작권자를 의미한다.
② 콘텐츠를 메타 데이터와 함께 배포 가능한 단위로 묶는다.
③ 라이선스를 발급하고 관리한다.
④ 배포된 콘텐츠의 이용 권한을 통제한다.

22 소프트웨어 품질 특성인 이식성(Portability)의 세부 특성이 아닌 것은?

① 적응성
② 이식 용이성
③ 호환성
④ 사용자 편의성

23 소프트웨어 재공학의 주요 활동 중 기존 소프트웨어 시스템을 새로운 기술 또는 하드웨어 환경에서 사용할 수 있도록 변환하는 작업을 의미하는 것은?

① Analysis
② Migration
③ Restructuring
④ Reverse Engineering

24 테스트와 디버깅의 목적으로 옳은 것은?

① 테스트는 오류를 찾는 작업이고 디버깅은 오류를 수정하는 작업이다.
② 테스트는 오류를 수정하는 작업이고 디버깅은 오류를 찾는 작업이다.
③ 둘 다 소프트웨어의 오류를 찾는 작업으로 오류 수정은 하지 않는다.
④ 둘 다 소프트웨어 오류의 발견, 수정과 무관하다.

25 기업 내의 컴퓨터 애플리케이션들을 현대화하고, 통합하고, 조정하는 것을 목표로 세운 계획, 방법 및 도구 등을 일컫는 것은?

① e-business
② BPR
③ EAI
④ ERP

26 알고리즘 설계 기법으로 거리가 먼 것은?

① Divide and Conquer
② Greedy
③ Static Block
④ Backtracking

27 다음 그래프의 인접 행렬(Adjacency Matrix) 표현 시 옳은 것은?

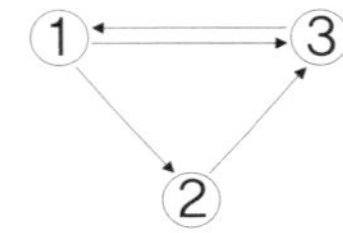

① $\begin{pmatrix} 011 \\ 001 \\ 100 \end{pmatrix}$ ② $\begin{pmatrix} 011 \\ 011 \\ 100 \end{pmatrix}$

③ $\begin{pmatrix} 001 \\ 101 \\ 001 \end{pmatrix}$ ④ $\begin{pmatrix} 101 \\ 011 \\ 101 \end{pmatrix}$

28 다음 중 테스트 드라이버에 대한 설명으로 옳지 않은 것은?

① 하향식 통합 테스트에서 사용한다.
② 필요에 따라 매개 변수를 전달하고 모듈을 수행한 후의 결과를 보여줄 수 있다.
③ 시험 대상 모듈을 호출하는 간이 소프트웨어이다.
④ 테스트 대상을 제어하고 동작시키는데 사용되는 도구를 의미한다.

29 다음과 같이 주어진 후위 표기 방식의 수식을 중위 표기 방식으로 나타낸 것은?

```
ABC − / DEF + ∗ +
```

① A / (B − C) + F ∗ E + D
② A / (B − C) + D ∗ (E + F)
③ A / (B − C) + D + E ∗ F
④ A / (B − C) ∗ D + E + F

30 순서도의 기본 구조가 아닌 것은?

① 입출력 ② 연속
③ 선택 ④ 반복

31 테스트를 목적에 따라 분류했을 때, 강도(Stress) 테스트에 대한 설명으로 옳은 것은?

① 시스템에 고의로 실패를 유도하고 시스템이 정상적으로 복귀하는지 테스트한다.
② 시스템에 과다 정보량을 부과하여 과부하 시에도 시스템이 정상적으로 작동되는지를 테스트한다.
③ 사용자의 이벤트에 시스템이 응답하는 시간, 특정 시간 내에 처리하는 업무량, 사용자 요구에 시스템이 반응하는 속도 등을 테스트한다.
④ 부당하고 불법적인 침입을 시도하여 보안 시스템이 불법적인 침투를 잘 막아내는지 테스트한다.

32 다음 중 단위 테스트 도구로 사용할 수 없는 것은?

① CppUnit
② JUnit
③ HttpUnit
④ IgpUnit

33 소프트웨어를 보다 쉽게 이해할 수 있고 적은 비용으로 수정할 수 있도록 겉으로 보이는 동작의 변화 없이 내부 구조를 변경하는 것은?

① Refactoring
② Architecting
③ Specification
④ Renewal

34 디지털 저작권 관리(DRM) 구성 요소가 아닌 것은?

① Data Warehouse
② DRM Controller
③ Packager
④ Contents Distributor

35 단위 테스트에서 테스트의 대상이 되는 하위 모듈을 호출하고, 파라미터를 전달하는 가상의 모듈로 상향식 테스트에 필요한 것은?

① 테스트 스텁(Test Stub)
② 테스트 드라이버(Test Driver)
③ 테스트 슈트(Test Suites)
④ 테스트 케이스(Test Case)

36 다음이 설명하는 애플리케이션 통합 테스트 유형은?

> – 깊이 우선 방식 또는 너비 우선 방식이 있다.
> – 상위 컴포넌트를 테스트하고 점증적으로 하위 컴포넌트를 테스트한다.
> – 하위 컴포넌트 개발이 완료되지 않은 경우 스텁(Stub)을 사용하기도 한다.

① 하향식 통합 테스트
② 상향식 통합 테스트
③ 회귀 테스트
④ 빅뱅 테스트

37 **다음 자료에 대하여 선택(Selection) 정렬을 이용하여 오름차순으로 정렬하고자 한다. 2회전 후의 결과로 옳은 것은?**

37, 14, 17, 40, 35

① 14, 17, 35, 37, 40
② 14, 17, 37, 40, 35
③ 14, 37, 17, 40, 35
④ 14, 17, 37, 35, 40

38 **프로그램 설계도의 하나인 NS(Nassi-Schneiderman) Chart에 대한 설명으로 가장 옳지 않은 것은?**

① 논리의 기술에 중점을 두고 도형을 이용한 표현 방법이다.
② 박스, 다이아몬드, 화살표 등의 기호를 사용하므로 읽고 작성하기가 매우 쉽다.
③ 이해하기 쉽고 코드로 변환이 용이하다.
④ 연속, 선택, 반복 등의 제어 논리 구조를 표현한다.

39 **코드 인스펙션과 관련한 설명으로 틀린 것은?**

① 프로그램을 수행시켜보는 것 대신에 읽어보고 눈으로 확인하는 방법으로 볼 수 있다.
② 코드 품질 향상 기법 중 하나이다.
③ 동적 테스트 시에만 활용하는 기법이다.
④ 결함과 함께 코딩 표준 준수 여부, 효율성 등의 다른 품질 이슈를 검사하기도 한다.

40 **모듈의 재사용성을 높이기 위하여 최소화해야 하는 결합도는?**

① 내용 결합도(Content Coupling)
② 제어 결합도(Control Coupling)
③ 공통 결합도(Common Coupling)
④ 스탬프 결합도(Stamp Coupling)

과목 03 데이터베이스 구축

41 **데이터베이스에서 개념적 설계 단계에 대한 설명으로 틀린 것은?**

① 산출물로 ER-D가 만들어진다.
② DBMS에 독립적인 개념 스키마를 설계한다.
③ 트랜잭션 인터페이스를 설계한다.
④ 논리적 설계 단계의 앞 단계에서 수행된다.

42 **데이터베이스에서 병행 제어의 목적으로 틀린 것은?**

① 시스템 활용도 최대화
② 사용자에 대한 응답 시간 최소화
③ 데이터베이스 공유 최소화
④ 데이터베이스 일관성 유지

43 **릴레이션의 R의 차수가 3이고 카디널리티가 3이며, 릴레이션의 S 차수가 4이고 카디널리티가 4일 때, 두 개의 릴레이션을 카티션 프로덕트한 결과의 새로운 릴레이션의 차수와 카디널리티는 얼마인가?**

① 7, 7
② 12, 7
③ 7, 12
④ 12, 12

44 **순수 관계 연산자에서 릴레이션의 일부 속성만 추출하여 중복되는 튜플은 제거한 후 새로운 릴레이션을 생성하는 연산자는?**

① REMOVE
② PROJECT
③ DIVISION
④ JOIN

45 다음 두 릴레이션에서 외래키로 사용된 것은? (단, 밑 줄 친 속성은 기본키)

> 제품(<u>제품코드</u>, 제품명, 단가, 구입처)
> 판매(판매코드, 판매처, <u>제품코드</u>, 수량)

① 제품코드
② 제품명
③ 판매코드
④ 판매처

46 데이터베이스 분할(Partitioning)에 대한 설명으로 틀린 것은?

① 테이블 분할은 대량의 데이터를 처리하고 성능을 향상시키기 위해 테이블을 논리적 또는 물리적으로 분할하는 과정이다.
② 수평 분할, 수직 분할, 조인 분할 방식이 있다.
③ 테이블 분할은 성능 향상, 데이터 관리, 보안, 유지 보수 등의 측면에서도 이점을 제공한다.
④ 테이블의 열(Column)을 기준으로 논리적 또는 물리적으로 나누어 여러 개의 파티션으로 구성하는 방식을 수평 분할이라 한다.

47 다음에 주어진 제약조건과 키의 빈칸을 알맞게 채운 것은?

제약조건	개체 무결성	참조 무결성	도메인 무결성
대상	튜플	튜플, 테이블	속성
키	㉠	㉡	X

	㉠	㉡
①	기본키	기본키
②	기본키	외래키
③	외래키	기본키
④	외래키	외래키

48 데이터베이스의 3층 스키마 중 모든 응용 시스템과 사용자들이 필요로 하는 데이터를 통합한 조직 전체의 데이터베이스 구조를 논리적으로 정의하는 스키마는?

① 개념 스키마
② 외부 스키마
③ 내부 스키마
④ 응용 스키마

49 물리적 데이터베이스 설계에 대한 설명으로 거리가 먼 것은?

① 물리적 설계의 목적은 효율적인 방법으로 데이터를 저장하는 것이다.
② 트랜잭션 처리량과 응답 시간, 디스크 용량 등을 고려해야 한다.
③ 저장 레코드의 형식, 순서, 접근 경로와 같은 정보를 사용하여 설계한다.
④ 트랜잭션의 인터페이스를 설계하며, 데이터 타입 및 데이터 타입들 간의 관계로 표현한다.

50 순서가 A, B, C, D로 정해진 입력 자료를 스택에 입력하였다가 출력한 결과로 가능한 것이 아닌 것은?

① A, D, B, C
② D, C, B, A
③ B, C, D, A
④ C, B, A, D

51 트랜잭션의 특성 중 둘 이상의 트랜잭션이 동시에 병행 실행되는 경우 어느 하나의 트랜잭션 실행 중에 다른 트랜잭션의 연산이 끼어들 수 없음을 의미하는 것은?

① Atomicity
② Consistency
③ Isolation
④ Durability

52 장비 고장 또는 기타 재해 발생 시 데이터베이스를 보존하기 위한 데이터베이스 복사 활동을 의미하는 용어는?

① Concurrency Control
② Backup
③ Normalization
④ Transaction

53 다음과 같이 결정자이면서 후보키가 아닌 것을 제거한 정규화는?

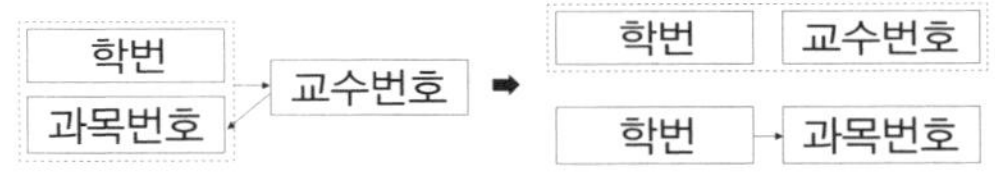

① 2NF
② 3NF
③ BCNF
④ 4NF

54 DDL에 해당하는 SQL 명령으로만 나열된 것은?

① DELETE, UPDATE, CREATE
② CREATE, ALTER, DROP
③ INSERT, DELETE, UPDATE
④ SELECT, INSERT, ALTER

55 다음 표와 같은 판매실적 테이블에 대하여 서울 지역에 한하여 판매액 내림차순으로 지점명과 판매액을 출력하고자 한다. 가장 적정한 SQL 구문은?

[테이블명 : 판매실적]

도시	지점명	판매액
서울	강남지점	330
서울	강북지점	168
광주	광주지점	197
서울	강서지점	158
서울	강동지점	197
대전	대전지점	165

① SELECT 지점명, 판매액 FROM 판매실적 WHERE 도시="서울" ORDER BY 판매액 DESC;
② SELECT 지점명, 판매액 FROM 판매실적 ORDER BY 판매액 DESC;
③ SELECT 지점명, 판매액 FROM 판매실적 WHERE 도시="서울" ASC;
④ SELECT * FROM 판매실적 WHEN 도시="서울" ORDER BY 판매액 DESC;

56 트랜잭션을 수행하는 도중 장애로 인해 손상된 데이터베이스를 손상되기 이전의 정상적인 상태로 복구시키는 작업은?

① Recovery
② Commit
③ Abort
④ Restart

57 다음과 같은 조건을 검색하는 SQL 명령문은?

- 부서번호가 D1, D2, D3인 사원의 사원명을 검색하시오(IN연산자를 반드시 사용하시오).
- 사원 테이블(TBL)은 사원명(ENAME) 속성과 부서번호(DNO) 속성으로 구성되어 있다.

① SELECT ENAME, DNO FROM TBL WHERE DNO IN ('D1', 'D2', 'D3');
② SELECT ENAME FROM TBL WHERE DNO IN ('D1', 'D2', 'D3');
③ SELECT ENAME WHERE DNO IN ('D1', 'D2', 'D3');
④ SELECT ENAME FROM DNO WHERE DNO IN ('D1', 'D2', 'D3');

58 릴레이션 조작 시 데이터들이 불필요하게 중복되어 예기치 않게 발생하는 곤란한 현상을 의미하는 것은?

① Normalization
② Rollback
③ Cardinality
④ Anomaly

59 집합 연산에 대한 설명으로 옳지 않은 것은?

① UNION 연산과 UNION ALL 연산은 여러 SQL문의 결과에 대한 합집합을 수행한다.
② UNION 연산은 중복된 행을 제거한 뒤 두 테이블을 합쳐준다.
③ INTERSECT 연산은 JOIN 연산으로 동일한 수행 결과를 얻을 수 있다.
④ EXCEPT(MINUS) 연산은 여러 SQL문의 결과에 대한 교집합을 수행한다.

60 분산 운영체제에서 사용자가 원하는 파일이나 데이터베이스, 프린터 등의 자원들이 지역 컴퓨터 또는 네트워크 내의 다른 원격지 컴퓨터에 존재하더라도 위치에 관계없이 그 외 사용을 보장하는 개념은?

① 위치 투명성
② 접근 투명성
③ 복사 투명성
④ 접근 독립성

과목 04 프로그래밍 언어 활용

61 다음 C 프로그램의 결과값은?

```
#include <stdio.h>
#include <string.h>
int main()
{
    printf("%d", strlen("Hello World"));
    return 0;
}
```

① 9 ② 10
③ 11 ④ 12

62 다음 C 프로그램의 결과값은?

```
#include <stdio.h>
int main()
{
    int a = 3, b = 5, c = -1;
    int t1, t2, t3;

    t1 = a>b && a<b;
    t2 = a>b || a<b;
    t3 = !c;
    printf("%d", t1 + t2 + t3);
    return 0;
}
```

① 1
② 2
③ 3
④ 4

63 다음 C 프로그램을 실행하여 사용자가 3을 입력했을 때의 결과값은?

```
#include <stdio.h>
int main()
{
    int value;
    scanf("%d", &value);

    switch (value)
    {
        case 1: printf("one");
        case 2: printf("two");
        case 3: printf("three"); break;
        case 4: printf("four");
        case 5: printf("five");
    }
    return 0;
}
```

① one
two

② one
two
three

③ three

④ four
five

64 다음 C 프로그램의 밑줄 친 부분(!x || !y)과 동일한 결과값을 출력하는 명령은?

```
#include <stdio.h>
int main()
{
    int x, y;

    for(x = 0; x < 2; x++)
    {
        for(y = 0; y < 2; y++)
        {
            printf("%d", !x || !y);
        }
    }

    return 0;
}
```

① !(x && y)　② !(x || y)
③ !x || y　④ !x && y

65 다음 JAVA 프로그램의 결과값은?

```
class TestClass {
   int t = 1;
   public void print() {
     System.out.print("AA");
   }
}
public class Test extends TestClass {
       public void print() {
       System.out.print("BB");
   }
     public static void main(String[] args) {
       int t = 2;
       TestClass tt = new Test();
       tt.print();
       System.out.print(t);
   }
}
```

① AA1　② AA2
③ BB1　④ BB2

66 IP 주소 체계와 관련한 설명으로 틀린 것은?

① IPv6의 패킷 헤더는 32 octet의 고정된 길이를 가진다.
② IPv6는 주소 자동 설정(Auto Configuration) 기능을 통해 손쉽게 이용자의 단말을 네트워크에 접속시킬 수 있다.
③ IPv4는 호스트 주소를 자동으로 설정하며 유니캐스트(Unicast)를 지원한다.
④ IPv4는 클래스별로 네트워크와 호스트 주소의 길이가 다르다.

67 192.168.1.0/24 네트워크를 FLSM 방식 네트워크를 4개의 Subnet으로 나누고 IP Subnet-zero를 적용했다. 이때 Subnetting된 네트워크 중 4번째 네트워크의 4번째 사용 가능한 IP는 무엇인가?

① 192.168.1.192
② 192.168.1.195
③ 192.168.1.196
④ 192.168.1.198

68 C언어의 malloc() 함수에 대한 설명으로 틀린 것은?

① malloc() 함수를 실행 시간에 힙 메모리를 할당받는다.
② malloc() 함수를 실행하여 메모리를 할당받지 못하면 널 값이 반환된다.
③ malloc() 함수로 할당받은 메모리는 free() 함수를 통해 해제시킨다.
④ 인수로 비트 단위의 정수를 전달받아 메모리를 할당한다.

69 HRN 방식으로 스케줄링 할 경우, 입력된 작업이 다음 <표>와 같을 때 우선순위가 가장 높은 것은?

작업	대기시간	서비스(실행) 시간
A	5	20
B	40	20
C	15	45
D	40	10

① A
② B
③ C
④ D

70 백도어 탐지 방법으로 틀린 것은?

① 무결성 검사
② 닫힌 포트 확인
③ 로그 분석
④ SetUID 파일 검사

71 라이브러리의 개념과 구성에 대한 설명 중 틀린 것은?

① 라이브러리란 필요할 때 찾아서 쓸 수 있도록 모듈화되어 제공되는 프로그램을 말한다.
② 프로그래밍 언어에 따라 일반적으로 도움말, 설치 파일, 샘플 코드 등을 제공한다.
③ 외부 라이브러리는 프로그래밍 언어가 기본적으로 가지고 있는 라이브러리를 의미하며, 표준 라이브러리는 별도의 파일 설치를 필요로 하는 라이브러리를 의미한다.
④ 라이브러리는 모듈과 패키지를 총칭하며, 모듈이 개별 파일이라면 패키지는 파일들을 모아 놓은 폴더라고 볼 수 있다.

72 다음 설명은 OSI 7계층 중 어느 계층에 속하는가?

- 응용 간의 대화 제어(Dialogue Control)를 담당한다.
- 긴 파일 전송 중에 통신 상태가 불량하여 트랜스포트 연결이 끊어지는 경우 처음부터 다시 전송을 하지 않고 어디까지 전송이 진행되었는지를 나타내는 동기점(Synchronization Point)을 이용하여 오류 복구

① 데이터 링크 계층
② 네트워크 계층
③ 세션 계층
④ 표현 계층

73 3개의 페이지 프레임을 갖는 시스템에서 페이지 참조 순서가 1, 2, 1, 0, 4, 1, 3일 경우 FIFO 알고리즘에 의한 페이지 교체의 경우 프레임의 최종 상태는?

① 1, 2, 0
② 2, 4, 3
③ 1, 4, 2
④ 4, 1, 3

74 프로세스와 관련한 설명으로 틀린 것은?

① 프로세스는 스레드(Thread) 내에서 실행되는 흐름의 단위이며, 스레드와 달리 주소 공간에 실행 스택(Stack)이 없다.
② 프로세스 제어 블록(PCB : Process Control Block)은 프로세스 식별자, 프로세스 상태 등의 정보로 구성된다.
③ 이전 프로세스의 상태 레지스터 내용을 보관하고 다른 프로세스의 레지스터를 적재하는 과정을 문맥 교환(Context Switching)이라고 한다.
④ 프로세스가 준비 상태에서 프로세서가 배당되어 실행 상태로 변화하는 것을 디스패치(Dispatch)라고 한다.

75 OSI 7계층에서 물리적 연결을 이용해 신뢰성 있는 정보를 전송하려고 동기화, 오류 제어, 흐름 제어 등 역할을 하는 계층은?

① 데이터 링크 계층
② 물리 계층
③ 전송 계층
④ 네트워크 계층

76 C언어에서 산술 연산자에 해당하지 않는 것은?

① %
② =
③ /
④ *

77 다음 JAVA 프로그램의 결과값은?

```
public class Test
{
 static void func(int a, int b) throws
 ArithmeticException {
    if (b == 0) {
       throw new ArithmeticException("나눗
       셈 불가");
    }
    System.out.println("결과 : " + a /
b);
 }

 public static void main(String[] args) {
   try {
       func(30, 0);
   } catch (ArithmeticException e) {
      System.out.println(e.getMes-
      sage());
   } finally {
      System.out.println("프로그램 종료");
   }
 }
}
```

① 나눗셈 불가

② 프로그램 종료

③ 정수 변환 불가
나눗셈 불가
프로그램 종료

④ 나눗셈 불가
프로그램 종료

78 다음 파이썬으로 구현되는 프로그램 실행 결과로 옳은 것은?

```
text = "Hello, World!"

for i in range(0, len(text), 2):
    print(text[i])
```

①
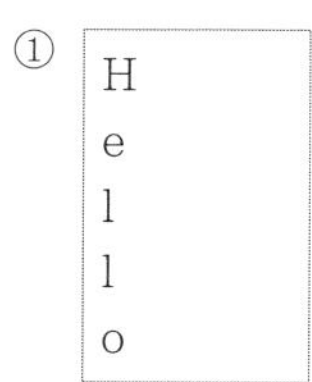

②
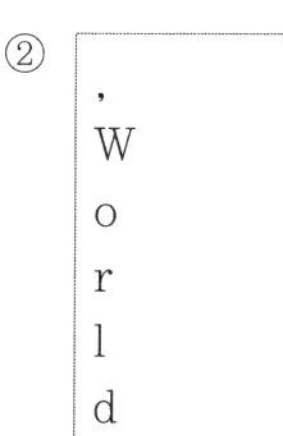

③
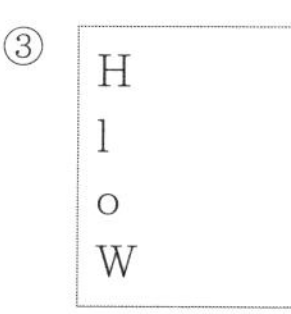

④
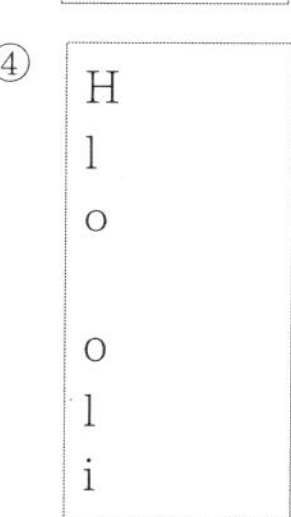

79 C언어의 변수명으로 사용 불가능한 것은?

① A1　② text-size
③ _total12　④ Score

80 모듈화(Modularity)와 관련한 설명으로 틀린 것은?

① 소프트웨어의 모듈은 프로그래밍 언어에서 Subroutine, Function 등으로 표현될 수 있다.
② 모듈의 수가 증가하면 상대적으로 각 모듈의 크기가 커지며, 모듈 사이의 상호교류가 감소하여 과부하(Overload) 현상이 나타난다.
③ 모듈화는 시스템을 지능적으로 관리할 수 있도록 해주며, 복잡도 문제를 해결하는 데 도움을 준다.
④ 모듈화는 시스템의 유지보수와 수정을 용이하게 한다.

과목 05 정보 시스템 구축 관리

81 TCP/IP 기반 네트워크에서 동작하는 발행-구독 기반의 메시징 프로토콜로 최근 IoT 환경에서 자주 사용되고 있는 프로토콜은?

① MLFQ　② MQTT
③ Zigbee　④ MTSP

82 특정 사이트에 매우 많은 ICMP Echo를 보내면, 이에 대해 응답(Respond)하기 위해 시스템 자원을 모두 사용해버려 시스템이 정상적으로 동작하지 못하도록 하는 공격 방법은?

① Role-Based Access Control
② Ping Flood
③ Brute-Force
④ Trojan Horses

83 인공 지능과 머신 러닝 기술을 활용하여 네트워크 동작을 모니터링하고, 문제를 예측하고, 최적의 구성을 제안하여 네트워크 관리와 운영을 간소화하고 자동화하기 위한 접근 방식을 무엇이라 하는가?

① DPI
② IBN
③ MapReduce
④ Docker

84 다음이 설명하는 용어로 옳은 것은?

> - 오픈 소스를 기반으로 한 분산 컴퓨팅 플랫폼이다.
> - 일반 PC급 컴퓨터들로 가상화된 대형 스토리지를 형성한다.
> - 다양한 소스를 통해 생성된 빅데이터를 효율적으로 저장하고 처리한다.

① 하둡(Hadoop)
② 비컨(Beacon)
③ 포스퀘어(Foursquare)
④ 맴리스터(Memristor)

85 다음 보기의 빈 칸에 알맞은 암호화 알고리즘은?

- ( ) : 비대칭 암호화 방식으로 이산대수를 활용한 암호화 알고리즘
- ( ) : 비대칭 암호화 방식으로 소인수분해를 활용한 암호화 알고리즘

① DSA, RSA
② AES, RSA
③ DEA, AES
④ RSA, DES

86 서버에 열린 포트 정보를 스캐닝해서 보안 취약점을 찾는 데 사용하는 도구는?

① type
② mkdir
③ ftp
④ nmap

87 현대 대칭키 암호를 이용한 블록 암호의 주요 모드가 아닌 것은?

① ECB
② CBC
③ CFB
④ ECC

88 다음 내용이 설명하는 스토리지 시스템은?

- 하드 디스크와 같은 데이터 저장 장치를 호스트 버스 어댑터에 직접 연결하는 방식
- 저장 장치와 호스트 기기 사이에 네트워크 디바이스 없이 직접 연결하는 방식으로 구성

① DAS
② NAS
③ BSA
④ NFC

89 COCOMO Model 중 기관 내부에서 개발된 중소 규모의 소프트웨어로 일괄 자료 처리나 과학 기술 계산용, 비즈니스 자료 처리용으로 5만 라인 이하의 소프트웨어를 개발하는 유형은?

① Embeded
② Organic
③ Semi-detached
④ Semi-embeded

90 시스템 내의 정보는 오직 인가된 사용자만 접근할 수 있는 보안 요소는?

① 기밀성
② 부인 방지
③ 가용성
④ 무결성

91 빅데이터 분석 기술 중 대량의 데이터를 분석하여 데이터 속에 내재되어 있는 변수 사이의 상호관계를 규명하여 일정한 패턴을 찾아내는 기법은?

① Data Mining
② Wm-Bus
③ Digital Twin
④ Zigbee

92 간트 차트(Gantt Chart)에 대한 설명으로 틀린 것은?

① 프로젝트를 이루는 소작업별로 언제 시작되고 언제 끝나야 하는지를 한눈에 볼 수 있도록 도와준다.
② 자원 배치 계획에 유용하게 사용된다.
③ CPM 네트워크로부터 만드는 것이 가능하다.
④ 수평 막대의 길이는 각 작업(Task)에 필요한 인원 수를 나타낸다.

93 **소프트웨어 개발 방법론 중 CBD(Componet Based Development)에 대한 설명으로 틀린 것은?**

① 생산성과 품질을 높이고, 유지보수 비용을 최소화할 수 있다.
② 컴포넌트 제작 기법을 통해 재사용성을 향상시킨다.
③ 모듈의 분할과 정복에 의한 하향식 설계 방식이다.
④ 독립적인 컴포넌트 단위의 관리로 복잡성을 최소화할 수 있다.

94 **소프트웨어 생명주기 모델 중 V 모델과 관련한 설명으로 틀린 것은?**

① 요구 분석 및 설계 단계를 거치지 않으며 항상 통합 테스트를 중심으로 V 형태를 이룬다.
② Perry에 의해 제안되었으며 세부적인 테스트 과정으로 구성되어 신뢰도 높은 시스템을 개발하는 데 효과적이다.
③ 개발 작업과 검증 작업 사이의 관계를 명확히 들어내 놓은 폭포수 모델의 변형이라고 볼 수 있다.
④ 폭포수 모델이 산출물 중심이라면 V 모델은 작업과 결과의 검증에 초점을 둔다.

95 **정보 시스템과 관련한 다음 설명에 해당하는 것은?**

- 각 시스템 간에 공유 디스크를 중심으로 클러스터링으로 엮어 다수의 시스템을 동시에 연결할 수 있다.
- 조직, 기업의 기간 업무 서버 등의 안정성을 높이기 위해 사용될 수 있다.
- 여러 가지 방식으로 구현되며 2개의 서버를 연결하는 것으로 2개의 시스템이 각각 업무를 수행하도록 구현하는 방식이 널리 상용된다.

① 고가용성 솔루션(HACMP)
② 점대점 연결 방식(Point-to-Point Mode)
③ 스턱스넷(Stuxnet)
④ 루팅(Rooting)

96 **소프트웨어 공학에 대한 설명으로 거리가 먼 것은?**

① 소프트웨어 공학이란 소프트웨어의 개발, 운용, 유지보수 및 파기에 대한 체계적인 접근 방법이다.
② 소프트웨어 공학은 소프트웨어 제품의 품질을 향상시키고 소프트웨어 생산성과 작업 만족도를 증대시키는 것이 목적이다.
③ 소프트웨어 공학의 궁극적 목표는 최대의 비용으로 계획된 일정보다 이른 시일 내에 소프트웨어를 개발하는 것이다.
④ 소프트웨어 공학은 신뢰성 있는 소프트웨어를 경제적인 비용으로 획득하기 위해 공학적 원리를 정립하고 이를 이용하는 것이다.

97 **CMM(Capability Maturity Model) 모델의 레벨로 옳지 않은 것은?**

① 최적 단계
② 관리 단계
③ 정의 단계
④ 캐치 단계

98 **COCOMO 모델의 프로젝트 유형으로 거리가 먼 것은?**

① Organic
② Semi-detached
③ Embedded
④ Sequential

99 **다음 내용이 설명하는 접근 제어 모델은?**

> – 군대의 보안 레벨처럼 정보의 기밀성에 따라 상하 관계가 구분된 정보를 보호하기 위해 사용한다.
> – 자신의 권한보다 낮은 보안 레벨 권한을 가진 경우에는 높은 보안 레벨의 문서를 읽을 수 없고 자신의 권한보다 낮은 수준의 문서만을 읽을 수 있다.
> – 자신의 권한보다 높은 보안 레벨의 문서에는 쓰기가 가능하지만 보안 레벨이 낮은 문서의 쓰기 권한은 제한한다.

① Clark–Wilson Integrity Model
② PDCA Model
③ Bell–Lapadula Model
④ Chinese Wall Model

100 **해싱 함수(Hashing Function)의 종류가 아닌 것은?**

① 제곱법(Mid–Square)
② 숫자 분석법(Digit Analysis)
③ 개방 조소법(Open Addressing)
④ 제산법(Division)

최신 기출문제 05회
빠르게 정답 확인하기!
스마트폰으로 QR 코드를 찍어 보세요.
정답표를 통해 편리하게 채점할 수 있습니다.

최신 기출문제 06회

2023년 제1회

• 제한시간 : 2시간 30분　• 소요시간 : 시간 분　• 전체 문항 수 : 100문항　• 맞힌 문항 수 : 문항

과목 01 소프트웨어 설계

01 메시지 지향 미들웨어(Message-Oriented Middleware, MOM)에 대한 설명으로 틀린 것은?

① 느리고 안정적인 응답보다는 즉각적인 응답이 필요한 온라인 업무에 적합하다.
② 독립적인 애플리케이션을 하나의 통합된 시스템으로 묶기 위한 역할을 한다.
③ 송신측과 수신측의 연결 시 메시지 큐를 활용하는 방법이 있다.
④ 상이한 애플리케이션 간 통신을 비동기 방식으로 지원한다.

02 GoF(Gangs of Four) 디자인 패턴 중 Singleton 패턴에 대한 설명으로 옳은 것은?

① 기능 확장이 필요할 때 서브 클래싱(Sub Classing) 대신 쓸 수 있는 유연한 대안을 제공한다.
② 서브 시스템에 있는 객체들을 사용할 수 있도록 인터페이스 역할을 한다.
③ 대표적인 구조 패턴으로 인스턴스를 복제하여 사용하는 구조를 말한다.
④ 특정 클래스의 인스턴스가 오직 하나임을 보장하고, 이 인스턴스에 대한 접근 방법을 제공한다.

03 웹과 컴퓨터 프로그램에서 용량이 적은 데이터를 교환하기 위해 데이터 객체를 속성 · 값의 쌍 형태로 표현하는 형식으로 자바스크립트(JavaScript)를 토대로 개발된 형식은?

① Python　② XML
③ JSON　④ WEB SERVER

04 자료 흐름도(DFD)를 작성하는 데 지침이 될 수 없는 항목은?

① 자료 흐름은 처리(Process)를 거쳐 변환될 때마다 새로운 이름을 부여한다.
② 어떤 처리(Process)가 출력 자료를 산출하기 위해서는 반드시 입력 자료가 발생해야 한다.
③ 자료 저장소에 입력 화살표가 있으면 반드시 출력 화살표도 표시되어야 한다.
④ 상위 단계의 처리(Process)와 하위 자료 흐름도의 자료 흐름은 서로 일치되어야 한다.

05 HIPO에 대한 설명으로 옳지 않은 것은?

① HIPO는 일반적으로 가시적 도표(Visual Table of Contents), 총체적 다이어그램(Overview Diagram), 세부적 다이어그램(Detail Diagram)으로 구성된다.
② 가시적 도표(Visual Table of Contents)는 시스템에 있는 어떤 특별한 기능을 담당하는 부분의 입력, 처리, 출력에 대한 전반적인 정보를 제공한다.
③ HIPO 기법은 문서화의 도구 및 설계 도구 방법을 제공하는 기법이다.
④ HIPO의 기본 시스템 모델은 입력, 처리, 출력으로 구성된다.

06 럼바우의 분석 기법에서 다음 설명에 해당하는 것은?

> – 자료 흐름도를 이용하여 다수의 프로세스들 간의 자료 흐름을 중심으로 처리 과정을 표현한 모델링이다.
> – 어떤 데이터를 입력하여 어떤 결과를 구할 것인지를 표현하는 것이다.

① 기능 모델링　② 동적 모델링
③ 객체 모델링　④ 정적 모델링

07 객체지향 기법에서 클래스들 사이의 '부분-전체(part-whole)' 관계 또는 '부분(is-a-part-of)'의 관계로 설명되는 연관성을 나타내는 용어는?

① 일반화
② 추상화
③ 캡슐화
④ 집단화

08 소프트웨어 개발 프레임워크의 적용 효과로 볼 수 없는 것은?

① 공통 컴포넌트 재사용으로 중복 예산 절감
② 기술 종속으로 인한 선행사업자 의존도 증대
③ 표준화된 연계 모듈 활용으로 상호 운용성 향상
④ 개발 표준에 의한 모듈화로 유지보수 용이

09 객체지향 기법에서 다음 설명에 해당하는 것으로 가장 옳은 것은?

> – 다른 객체에게 자신의 정보를 숨기고 자신의 연산만을 통하여 접근한다.
> – 유지보수와 소프트웨어 확장 시 오류를 최소화 할 수 있다.

① Abstraction
② Inheritance
③ Information Hiding
④ Polymorphism

10 색인 순차 파일에 대한 설명으로 옳지 않은 것은?

① 레코드를 참조할 때 색인을 탐색한 후 색인이 가리키는 포인터를 사용하여 직접 참조할 수 있다.
② 레코드를 추가 및 삽입하는 경우, 파일 전체를 복사할 필요가 없다.
③ 인덱스를 저장하기 위한 공간과 오버플로우 처리를 위한 별도의 공간이 필요 없다.
④ 색인 구역은 트랙 색인 구역, 실린더 색인 구역, 마스터 색인 구역으로 구성된다.

11 GoF(Gangs of Four) 디자인 패턴 분류에 해당하지 않는 것은?

① 생성 패턴
② 구조 패턴
③ 행위 패턴
④ 추상 패턴

12 UML의 기본 구성 요소가 아닌 것은?

① Things
② Terminal
③ Relationship
④ Diagram

13 대표적으로 DOS 및 Unix 등의 운영체제에서 조작을 위해 사용하던 것으로, 정해진 명령 문자열을 입력하여 시스템을 조작하는 사용자 인터페이스(User Interface)는?

① GUI(Graphical User Interface)
② CLI(Command Line Interface)
③ CUI(Cell User Interface)
④ MUI(Mobile User Interface)

14 미들웨어(Middleware)에 대한 설명으로 틀린 것은?

① 여러 운영체제에서 응용 프로그램들 사이에 위치한 소프트웨어이다.
② 미들웨어의 서비스 이용을 위해 사용자가 정보 교환 방법 등의 내부 동작을 쉽게 확인할 수 있어야 한다.
③ 소프트웨어 컴포넌트를 연결하기 위한 준비된 인프라 구조를 제공한다.
④ 여러 컴포넌트를 1대1, 1대다, 다대다 등 여러 가지 형태로 연결이 가능하다.

15 GoF(Gangs of Four) 디자인 패턴에서 생성(Creational) 패턴에 해당하는 것은?

① 컴퍼지트(Composite)
② 어댑터(Adapter)
③ 추상 팩토리(Abstract Factory)
④ 옵서버(Observer)

16 데이터 사전(Data Dictionary)에 대한 설명으로 부적합한 것은?

① 여러 가지 스키마와 이들 속에 포함된 사상들에 관한 정보도 컴파일되어 저장된다.
② 데이터베이스를 실제로 접근하는 데 필요한 정보를 유지, 관리하며 시스템만이 접근 가능하다.
③ 사전 자체도 하나의 데이터베이스로 간주되며, 시스템 카탈로그(System Catalog)라고도 한다.
④ 데이터베이스가 취급하는 모든 데이터 객체들에 대한 정의나 명세에 관한 정보를 관리 유지한다.

17 다음 중 애자일(Agile) 소프트웨어 개발에 대한 설명으로 틀린 것은?

① 공정과 도구보다 개인과의 상호작용을 더 가치 있게 여긴다.
② 동작하는 소프트웨어보다는 포괄적인 문서를 가치 있게 여긴다.
③ 계약 협상보다는 고객과의 협력을 가치 있게 여긴다.
④ 계획을 따르기보다 변화에 대응하기를 가치 있게 여긴다.

18 자료 흐름도(Data Flow Diagram)의 구성요소로 옳은 것은?

① Process, Data Flow, Data Store, Comment
② Process, Data Flow, Data Store, Terminator
③ Data Flow, Data Store, Terminator, Data Dictionary
④ Process, Data Store, Terminator, Mini-Spec

19 CASE(Computer-Aided Software Engineering) 도구에 대한 설명으로 거리가 먼 것은?

① 소프트웨어 개발 과정의 일부 또는 전체를 자동화하기 위한 도구이다.
② 표준화된 개발 환경 구축 및 문서 자동화 기능을 제공한다.
③ 작업 과정 및 데이터 공유를 통해 작업자 간의 커뮤니케이션을 증대한다.
④ 2000년대 이후 소개되었으며, 객체지향 시스템에 한해 효과적으로 활용된다.

20 익스트림 프로그래밍에 대한 설명으로 틀린 것은?

① 대표적인 구조적 방법론 중 하나이다.
② 소규모 개발 조직이 불확실하고 변경이 많은 요구를 접하였을 때 적절한 방법이다.
③ 익스트림 프로그래밍을 구동시키는 원리는 상식적인 원리와 경험을 최대한 끌어올리는 것이다.
④ 구체적인 실천 방법을 정의하고 있으며, 개발 문서보다는 소스 코드에 중점을 둔다.

과목 02 소프트웨어 개발

21 소프트웨어공학에서 워크스루(Walkthrough)에 대한 설명으로 틀린 것은?

① 사용 사례를 확장하여 명세하거나 설계 다이어그램, 원시 코드, 테스트 케이스 등에 적용할 수 있다.
② 복잡한 알고리즘 또는 반복, 실시간 동작, 병행 처리와 같은 기능이나 동작을 이해하려고 할 때 유용하다.
③ 인스펙션(Inspection)과 동일한 의미를 가진다.
④ 단순한 테스트 케이스를 이용하여 프로덕트를 수작업으로 수행해 보는 것이다.

22 다음 중 빌드 자동화 도구가 아닌 것은?

① Ant ② Maven
③ Gradle ④ Git

23 **소프트웨어 품질 관련 국제 표준인 ISO/IEC 25000에 관한 설명으로 옳지 않은 것은?**

① 소프트웨어 품질 평가를 위한 소프트웨어 품질 평가 통합 모델 표준이다.
② System and Software Quality Requirements and Evaluation으로 줄여서 SQuaRE라고도 한다.
③ ISO/IEC 2501n에서는 소프트웨어의 내부 측정, 외부 측정, 사용 품질 측정, 품질 측정 요소 등을 다룬다.
④ 기존 소프트웨어 품질 평가 모델과 소프트웨어 평가 절차 모델인 ISO/IEC 9126과 ISO/IEC 14598을 통합하였다.

24 **소프트웨어 패키징에 대한 설명으로 틀린 것은?**

① 패키징은 개발자 중심으로 진행한다.
② 신규 및 변경 개발 소스를 식별하고, 이를 모듈화하여 상용 제품으로 패키징한다.
③ 고객의 편의성을 위해 매뉴얼 및 버전 관리를 지속적으로 한다.
④ 범용 환경에서 사용할 수 있도록 일반적인 배포 형태로 패키징이 진행된다.

25 **블랙박스 테스트를 이용하여 발견할 수 있는 오류의 경우로 가장 거리가 먼 것은?**

① 비정상적인 자료를 입력해도 오류 처리를 수행하지 않는 경우
② 정상적인 자료를 입력해도 요구된 기능이 제대로 수행되지 않는 경우
③ 반복 조건을 만족하는데도 루프 내의 문장이 수행되지 않는 경우
④ 경계값을 입력할 경우 요구된 출력 결과가 나오지 않는 경우

26 **다음 중 릴리즈 노트 작성 항목이 아닌 것은?**

① 헤더
② 이슈 요약
③ 재현 항목
④ 개발자 이름

27 **다음 트리를 전위 순회(Preorder Traversal)한 결과는?**

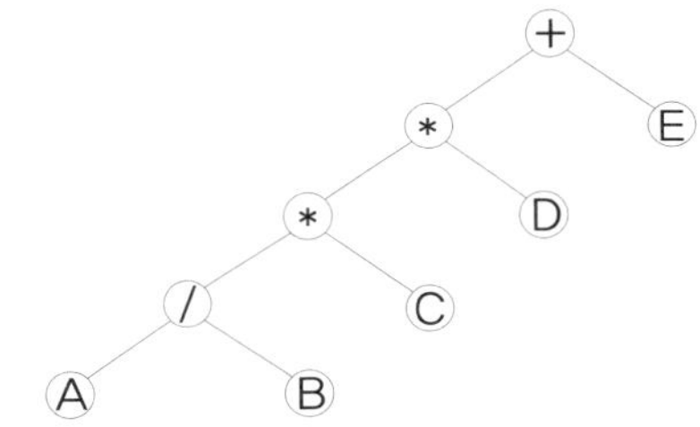

① + * A B / * C D E
② A B / C * D * E +
③ A / B * C * D + E
④ + * * / A B C D E

28 **소스 코드 정적 분석(Static Analysis)에 대한 설명으로 틀린 것은?**

① 소스 코드를 실행시키지 않고 분석한다.
② 코드에 있는 오류나 잠재적인 오류를 찾아내기 위한 활동이다.
③ 하드웨어적인 방법으로만 코드 분석이 가능하다.
④ 자료 흐름이나 논리 흐름을 분석하여 비정상적인 패턴을 찾을 수 있다.

29 **중위 표 기법(Infix)의 수식 (A+B)*C+(D+E)을 후위 표 기법으로(Postfix) 올바르게 표기한 것은?**

① AB+CDE*++
② AB+C*DE++
③ +AB*C+DE+
④ +*+ABC+DE

30 소프트웨어 품질 목표 중 사용자의 요구 기능을 충족시키는 정도를 의미하는 시스템 능력은?

① Portability
② Efficiency
③ Usability
④ Correctness

31 회귀 테스트(Regression Test)에 대한 설명으로 옳은 것은?

① 개발자의 통제하에 사용자가 개발 환경에서 수행하는 테스트이다.
② 시스템에 고장이 발생하더라도 시스템이 정상적으로 작동 가능한지 파악하기 위한 테스트이다.
③ 시스템의 변경된 부분이 기존 시스템에 부작용을 일으키는지를 파악하기 위한 테스트이다.
④ 개발된 소프트웨어를 사용자가 실제 운영 환경에서 수행하는 테스트이다.

32 소프트웨어 모듈화의 장점이 아닌 것은?

① 오류의 파급 효과를 최소화한다.
② 기능의 분리가 가능하여 인터페이스가 복잡하다.
③ 모듈의 재사용 가능으로 개발과 유지보수가 용이하다.
④ 프로그램의 효율적인 관리가 가능하다.

33 개별 모듈을 시험하는 것으로 모듈이 정확하게 구현되었는지, 예정한 기능이 제대로 수행되는지를 점검하는 것이 주요 목적인 테스트는?

① 통합 테스트(Integration Test)
② 단위 테스트(Unit Test)
③ 시스템 테스트(System Test)
④ 인수 테스트(Acceptance Test)

34 디지털 저작권 관리(DRM)의 기술 요소가 아닌 것은?

① 크랙 방지 기술
② 정책 관리 기술
③ 암호화 기술
④ 방화벽 기술

35 여러 개의 선택 항목 중 하나의 선택만 가능한 경우 사용하는 사용자 인터페이스(UI) 요소는?

① 토글 버튼
② 텍스트 박스
③ 라디오 버튼
④ 체크 박스

36 하향식 통합 테스트에 대한 설명으로 틀린 것은?

① 깊이 우선 방식 또는 너비 우선 방식이 있다.
② 상위 컴포넌트를 테스트하고 점증적으로 하위 컴포넌트를 테스트한다.
③ 하위 컴포넌트 개발이 완료되지 않은 경우 스텁(Stub)을 사용하기도 한다.
④ 테스트 케이스 입력과 출력을 조정하기 위한 드라이버(Driver)를 작성한다.

37 아주 오래되거나 참고문서 또는 개발자가 없어 유지보수 작업이 아주 어려운 프로그램을 의미하는 것은?

① Title Code
② Source Code
③ Object Code
④ Alien Code

38 프로젝트에 내재된 위험 요소를 인식하고 그 영향을 분석하여 이를 관리하는 활동으로서, 프로젝트를 성공시키기 위하여 위험 요소를 사전에 예측, 대비하는 모든 기술과 활동을 포함하는 것은?

① Critical Path Method
② Risk Analysis
③ Work Breakdown Structure
④ Waterfall Model

39 다음은 인스펙션(Inspection) 과정을 표현한 것이다. (가) ~ (마)에 들어갈 말을 [보기]에서 찾아 바르게 연결한 것은?

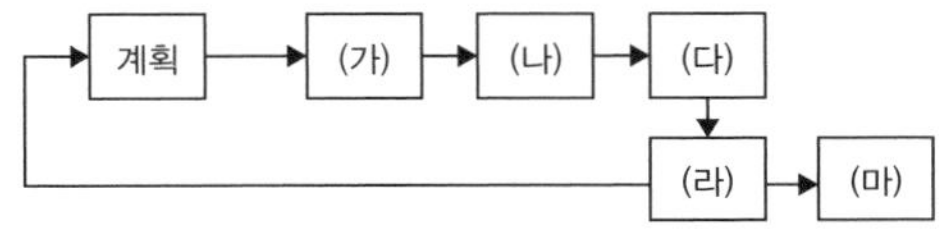

[보기]

㉠ 준비	㉡ 사전교육
㉢ 인스펙션 회의	㉣ 재작업
㉤ 추적	

① (가) – ㉡, (나) – ㉢
② (나) – ㉠, (다) – ㉢
③ (다) – ㉢, (라) – ㉤
④ (라) – ㉣, (마) – ㉢

40 EAI(Enterprise Application Integration) 구축 유형 중 Hybrid에 대한 설명으로 틀린 것은?

① Hub & Spoke와 Message Bus의 혼합 방식이다.
② 필요한 경우 한 가지 방식으로 EAI 구현이 가능하다.
③ 데이터 병목 현상을 최소화할 수 있다.
④ 중간에 미들웨어를 두지 않고 각 애플리케이션을 Point-to-Point로 연결한다.

과목 03 데이터베이스 구축

41 정규화에 대한 설명으로 적절하지 않은 것은?

① 데이터베이스의 개념적 설계 단계 이전에 수행한다.
② 데이터 구조의 안정성을 최대화한다.
③ 중복을 배제하여 삽입, 삭제, 갱신 이상의 발생을 방지한다.
④ 데이터 삽입 시 릴레이션을 재구성할 필요성을 줄인다.

42 개체–관계 모델에 대한 설명으로 옳지 않은 것은?

① 오너–멤버(Owner–Member) 관계라고도 한다.
② 개체 타입과 이들 간의 관계 타입을 기본 요소로 이용하여 현실 세계를 개념적으로 표현한다.
③ E–R 다이어그램에서 개체 타입은 사각형으로 나타낸다.
④ E–R 다이어그램에서 속성은 타원으로 나타낸다.

43 관계 대수와 관계 해석에 대한 설명으로 옳지 않은 것은?

① 관계 대수는 원하는 정보가 무엇이라는 것만 정의하는 비절차적 특징을 가지고 있다.
② 기본적으로 관계 대수와 관계 해석은 관계 데이터베이스를 처리하는 기능과 능력면에서 동등하다.
③ 관계 해석에는 튜플 관계 해석과 도메인 관계 해석이 있다.
④ 관계 해석은 수학의 프레디킷 해석(Predicate Calculus)에 기반을 두고 있다.

44 트랜잭션의 상태 중 트랜잭션의 마지막 연산이 실행된 직후의 상태로, 모든 연산의 처리는 끝났지만 트랜잭션이 수행한 최종 결과를 데이터베이스에 반영하지 않은 상태는?

① Active
② Partially Committed
③ Committed
④ Aborted

45 SQL은 사용 용도에 따라 DDL, DML, DCL로 구분할 수 있다. 다음 중 성격이 다른 하나는?

① UPDATE
② SELECT
③ INSERT
④ CREATE

46 분산 데이터베이스 시스템(Distributed Database System)에 대한 설명으로 틀린 것은?

① 분산 데이터베이스는 논리적으로는 하나의 시스템에 속하지만 물리적으로는 여러 개의 컴퓨터 사이트에 분산되어 있다.
② 위치 투명성, 중복 투명성, 병행 투명성, 장애 투명성을 목표로 한다.
③ 데이터베이스의 설계가 비교적 어렵고, 개발 비용과 처리 비용이 증가한다는 단점이 있다.
④ 분산 데이터베이스 시스템의 주요 구성 요소는 분산 처리기, P2P 시스템, 단일 데이터베이스 등이 있다.

47 관계 데이터베이스인 테이블 R1에 대한 아래 SQL문의 실행 결과로 옳은 것은?

[R1]

학번	이름	학년	학과	주소
1000	홍길동	1	컴퓨터공학	서울
2000	김철수	1	전기공학	경기
3000	강남길	2	전기공학	경기
4000	오말자	2	컴퓨터공학	경기
5000	장미화	3	전자공학	서울

[SQL문]

```
SELECT 주소 FROM R1 GROUP BY 주소 HAVING
COUNT(*) >= 2;
```

①

주소
서울

②

주소
서울
경기

③

주소
경기

④

주소	COUNT(*)
서울	2
경기	3

48 데이터베이스 설계 시 논리적 설계 단계에 대한 설명으로 옳지 않은 것은?

① 사용자의 요구에 대한 트랜잭션을 모델링한다.
② 트랜잭션 인터페이스를 설계한다.
③ 관계형 데이터베이스에서는 테이블을 설계하는 단계이다.
④ DBMS에 맞는 논리적 스키마를 설계한다.

49 데이터베이스의 ACID에 대한 설명으로 가장 옳지 않은 것은?

① A : Atomicity(원자성)의 의미이며 트랜잭션과 관련된 작업들이 부분적으로 실행되다가 중단되지 않는 것을 보장하는 것을 말한다.
② C : Consistency(일관성)의 의미로 트랜잭션 실행을 성공적으로 완료하면 언제나 일관성 있는 DB 상태로 유지하는 것을 말한다.
③ I : Isolation(고립성)의 의미로 트랜잭션 수행 시 다른 트랜잭션 연산 작업이 중간에 개입되지 못하도록 보장하는 것을 말한다.
④ D : Dictation(사전)의 의미로 데이터베이스가 사전의 구조를 가지는 것을 의미한다.

50 데이터베이스 시스템에서 삽입, 갱신, 삭제 등의 이벤트가 발생할 때마다 관련 작업이 자동으로 수행되는 절차형 SQL은?

① 트리거(trigger)
② 무결성(integrity)
③ 잠금(lock)
④ 복귀(rollback)

51 릴레이션의 특징으로 옳은 내용 모두를 나열한 것은?

> ㉠ 모든 튜플은 서로 다른 값을 갖는다.
> ㉡ 각 속성은 중복된 이름을 가질 수 있으며, 속성의 순서는 중요하다.
> ㉢ 튜플 사이에는 순서가 없다.
> ㉣ 모든 속성값은 원자값이다.

① ㉠, ㉡ ② ㉠, ㉡, ㉣
③ ㉠, ㉢, ㉣ ④ ㉠, ㉡, ㉢, ㉣

52 SQL 명령어 중 TRUNCATE와 DELETE에 대한 설명으로 옳지 않은 것은?

① TRUNCATE는 Auto Commit이 수행되어 Rollback이 가능하다.
② TRUNCATE와 DELETE는 DROP과는 다르게 테이블의 데이터만 삭제한다.
③ DELETE는 테이블의 데이터만 삭제하며 삭제된 디스크 공간의 용량은 줄어들지 않는다.
④ TRUNCATE는 테이블의 데이터 삭제 시 WHERE 조건절은 사용할 수 없지만 DELETE보다 처리 속도가 빠르다.

53 관계 데이터 모델, 계층 데이터 모델, 네트워크 데이터 모델의 가장 큰 차이점은 무엇인가?

① 개체의 표현 방법
② 속성의 표현 방법
③ 관계의 표현 방법
④ 데이터 저장 방법

54 학생 테이블에서 성명에 '정'이 포함된 튜플을 검색하는 SQL 명령문은?

① SELECT * FROM 학생 WHERE 성명 LIKE '정%';
② SELECT * FROM 학생 WHERE 성명 LIKE '%정';
③ SELECT * FROM 학생 WHERE 성명 LIKE '%정%';
④ SELECT * FROM 학생 WHERE 성명 LIKE '_정_';

55 다음 표와 같은 판매실적 테이블에 대하여 서울 지역에 한하여 판매액 내림차순으로 지점명과 판매액을 출력하고자 한다. 가장 알맞은 SQL 구문은?

[테이블명 : 판매실적]

도시	지점명	판매액
서울	강남지점	330
서울	강북지점	168
광주	광주지점	197
서울	강서지점	158
서울	강동지점	197
대전	대전지점	165

① SELECT 지점명, 판매액 FROM 판매실적 WHERE 도시="서울" ORDER BY 판매액 DESC;
② SELECT 지점명, 판매액 FROM 판매실적 ORDER BY 판매액 DESC;
③ SELECT 지점명, 판매액 FROM 판매실적 WHERE 도시="서울" ASC;
④ SELECT * FROM 판매실적 WHEN 도시="서울" ORDER BY 판매액 DESC;

56 물리 데이터 저장소의 파티션 설계에서 파티션 유형으로 옳지 않은 것은?

① 범위 분할(Range Partitioning)
② 해시 분할(Hash Partitioning)
③ 조합 분할(Composite Partitioning)
④ 유닛 분할(Unit Partitioning)

57 다음 SQL 명령문에 대한 설명으로 가장 옳지 않은 것은?

```
ALTER TABLE 학생 DROP COLUMN 지도교수 CASCADE;
```

① 학생 테이블의 지도교수 컬럼의 제약조건을 삭제한다.
② 학생 테이블의 지도교수 컬럼을 삭제하며 참조되는 다른 테이블의 지도교수 컬럼까지 연쇄 삭제한다.
③ 학생 테이블의 지도교수 컬럼을 수정한다.
④ 학생 테이블의 지도교수 컬럼을 제한적으로 삭제한다.

58 SQL View(뷰)에 대한 설명으로 틀린 것은?

① 뷰(View)를 제거하고자 할 때는 DROP문을 이용한다.
② 뷰(View)의 정의를 변경하고자 할 때는 ALTER문을 이용한다.
③ 뷰(View)를 생성하고자 할 때는 CREATE문을 이용한다.
④ 뷰(View)의 내용을 검색하고자 할 때는 SELECT문을 이용한다.

59 병행 제어의 로킹(Locking) 단위에 대한 설명으로 옳지 않은 것은?

① 데이터베이스, 파일, 레코드 등은 로킹 단위가 될 수 있다.
② 로킹 단위가 작아지면 로킹 오버헤드가 증가한다.
③ 한꺼번에 로킹할 수 있는 단위를 로킹 단위라고 한다.
④ 로킹 단위가 작아지면 병행성 수준이 낮아진다.

60 다른 관계에 존재하는 튜플을 참조하기 위해 사용되는 속성의 값은 참조되는 테이블의 튜플 중에 해당 속성에 대해 같은 값을 갖는 튜플이 존재해야 한다는 제약은?

① 개체 무결성 제약
② 주소 무결성 제약
③ 참조 무결성 제약
④ 도메인 제약

과목 04 프로그래밍 언어 활용

61 다음 보기의 내용은 어떤 장비에 대한 설명인가?

> 서버나 장비, 네트워크 부하를 분산(Load balancing)하고, 고가용성 시스템을 구축해 신뢰성과 확장성을 향상시킬 수 있으며, 장비 간 효과적인 결합을 통해 네트워크 시스템의 속도를 개선한다.

① L2 스위치
② L3 스위치
③ L4 스위치
④ L7 스위치

62 다음 C 프로그램의 결과값은?

```
#include <stdio.h>
int main()
{
    int a = 3, b = 5, c = -1;
    int t1, t2, t3;

    t1 = a && b;
    t2 = a && b;
    t3 = !c;
    printf("%d", t1 + t2 + t3);
    return 0;
}
```

① 1
② 2
③ 3
④ 4

63 다음 C 프로그램의 결과값은?

```
#include <stdio.h>
int main()
{
    int value = 2;
    int sum = 0;
    switch (value)
    {
        case 1: sum += 4;
        case 2: sum += 2;
        case 3: sum += 1;
    }
    printf("%d", sum);
    return 0;
}
```

① 1
② 2
③ 3
④ 4

64 다음 C 프로그램의 결과값은?

```
#include <stdio.h>
int main()
{
    int i, t = 0;

    for(i = 1; i <= 10; i += 2)
    {
        t += i;
    }
    printf("%d", t);
    return 0;
}
```

① 15
② 25
③ 35
④ 45

65 다음 JAVA 프로그램의 결과값은?

```
class TestClass {
    void exe(int[] arr) {
      System.out.println(func(func(5,
      5), 5, func(arr)));
    }
    int func(int a, int b) {
        return a + b;
    }
    int func(int a, int b, int c) {
        return a - b;
    }
    int func(int[] c) {
        int s = 0;
        for(int i = 0; i < c.length; i++) {
            s += c[i];
        }
        return s;
    }
}
public class Test {
    public static void main(String[] args) {
        int[] a = {1, 2, 3, 4, 5};
        TestClass t = new TestClass();
        t.exe(a);
    }
}
```

① 5
② 10
③ 15
④ 20

66 IPv6에 대한 설명으로 틀린 것은?

① 멀티캐스트(Multicast) 대신 브로드캐스트(Broadcast)를 사용한다.
② 보안과 인증 확장 헤더를 사용함으로써 인터넷 계층의 보안 기능을 강화하였다.
③ 애니캐스트(Anycast)는 하나의 호스트에서 그룹 내의 가장 가까운 곳에 있는 수신자에게 전달하는 방식이다.
④ 128비트 주소 체계를 사용한다.

67 IP 주소 198.0.46.201/24 기본 마스크는?

① 255.0.0.0
② 255.255.0.0
③ 255.255.255.0
④ 255.255.255.255

68 UDP 프로토콜에 대한 설명으로 틀린 것은?

① 비연결형 전송
② 적은 오버헤드
③ 빠른 전송
④ 신뢰성 있는 데이터 전송 보장

69 HRN(Highest Response-ratio Next) 방식으로 스케줄링할 경우, 입력된 작업이 다음과 같을 때 가장 먼저 처리되는 작업은?

작업	대기 시간	서비스 시간
A	5	5
B	10	4
C	15	3
D	20	2

① A ② B
③ C ④ D

70 결합도(Coupling) 단계를 약한 순서에서 강한 순서로 가장 옳게 표시한 것은?

① Stamp → Data → Control → Common → Content
② Control → Data → Stamp → Common → Content
③ Content → Stamp → Control → Common → Data
④ Data → Stamp → Control → Common → Content

71 Java에서 변수 선언문으로 옳지 않은 것은?

① short abc;
② int false;
③ float _x;
④ double A123;

72 OSI 참조 모듈에서 전이중 방식이나 반이중 방식으로 종단 시스템의 응용 간 대화(Dialog)를 관리하는 계층은?

① Data Link Layer
② Network Layer
③ Transport Layer
④ Session Layer

73 3개의 페이지 프레임(Frame)을 가진 기억 장치에서 페이지 요청을 다음과 같은 페이지 번호순으로 요청했을 때 교체 알고리즘으로 FIFO 방법을 사용한다면 몇 번의 페이지 부재(Fault)가 발생하는가? (단, 현재 기억 장치는 모두 비어 있다고 가정한다.)

요청된 페이지 번호의 순서 : 2, 3, 2, 1, 5, 2, 4, 5, 3

① 5번
② 6번
③ 7번
④ 8번

74 단말 장치 사용자가 일정한 시간 간격(Time Slice) 동안 CPU를 사용함으로써 단독으로 중앙 처리 장치를 이용하는 것과 같은 효과를 가지는 시스템은?

① 시분할 시스템
② 다중 프로그래밍 시스템
③ 일괄 처리 시스템
④ 분산 처리 시스템

75 다음이 설명하고 있는 LAN의 매체 접근 제어 방식은?

- 버스 또는 트리 토폴로지에서 가장 많이 사용된다.
- 전송하는 스테이션이 전송 매체의 상태를 감지하다가 유휴(idle)상태인 경우 데이터를 전송하고, 전송이 끝난 후에도 계속 매체의 상태를 감지하여 다른 스테이션과의 충돌 발생 여부를 감시한다.

① CSMA/CD
② token bus
③ token ring
④ slotted ring

76 전송 제어 문자 중에서 수신된 내용에 아무런 에러가 없다는 의미를 가진 것은?

① ENQ
② ACK
③ NAK
④ DLE

77 다음 JAVA 프로그램의 결과값은?

```
public class Test
{
   static void func(int a, int b) {
     try {
         System.out.println("결과 : " + a / b);
     } catch(NumberFormatException e) {
         System.out.println("정수 변환 불가");
     } catch(ArithmeticException e) {
         System.out.println("나눗셈 불가");
     } catch(ArrayIndexOutOfBoundsExce
       ption e) {
         System.out.println("배열 범위 초과");
     } finally {
         System.out.println("프로그램 종료");
     }
   }
   public static void main(String[]
   args) {
     func(30, 0);
   }
}
```

① 나눗셈 불가

② 프로그램 종료

③ 정수 변환 불가
나눗셈 불가
프로그램 종료

④ 나눗셈 불가
프로그램 종료

78 다음 파이썬으로 구현되는 프로그램을 실행하여 '12a34'를 입력한 경우의 실행 결과로 옳은 것은?

```
a, b = map(int, input('문자열입력 : ').split('a'))
print(a, b)
```

① 12
34

② 12a34a

③ 1234

④ 12 34

79 C언어의 변수명으로 사용 불가능한 것은?

① A1 ② short
③ total_12 ④ Score

80 임계 구역(Critical Section)에 대한 설명으로 옳지 않은 것은?

① 임계 구역에서 프로세스 수행은 가능한 빨리 끝내야 한다.
② 프로세스가 일정 시간 동안 자주 참조하는 페이지의 집합을 임계 구역이라고 한다.
③ 임계 구역에서는 프로세스가 무한 루프에 빠지지 않도록 해야 한다.
④ 임계 구역에서는 프로세스들이 하나씩 순차적으로 처리되어야 한다.

과목 05 정보 시스템 구축 관리

81 취약점 관리를 위해 일반적으로 수행하는 작업이 아닌 것은?

① 무결성 검사
② 응용 프로그램의 보안 설정 및 패치(Patch) 적용
③ 중단 프로세스 및 닫힌 포트 위주로 확인
④ 불필요한 서비스 및 악성 프로그램의 확인과 제거

82 OSI 7Layer 전 계층의 프로토콜과 패킷 내부의 콘텐츠를 파악하여 침입 시도, 해킹 등을 탐지하고 트래픽을 조정하기 위한 패킷 분석 기술은?

① PLCP(Packet Level Control Processor)
② Traffic Distributor
③ Packet Tree
④ DPI(Deep Packet Inspection)

83 **검증되지 않는 외부 입력값에 의해 웹 브라우저에서 악의적인 코드가 실행되는 보안 취약점을 무엇이라 하는가?**

① SQL 삽입
② XSS
③ 부적절한 인가
④ LDAP 삽입

84 **현실을 기반으로 가상 정보를 실시간으로 결합하여 보여주는 기술은?**

① 생체인식(Biometrics)
② 증강 현실(Augmented Reality)
③ 매시업(Mashup)
④ 가상 현실(Virtual Reality)

85 **암호화 키와 복호화 키가 동일한 암호화 알고리즘은?**

① RSA
② AES
③ DSA
④ ECC

86 **SQL Injection 공격과 관련한 설명으로 틀린 것은?**

① SQL Injection은 임의로 작성한 SQL 구문을 애플리케이션에 삽입하는 공격 방식이다.
② SQL Injection 취약점이 발생하는 곳은 주로 웹 애플리케이션과 데이터베이스가 연동되는 부분이다.
③ DBMS의 종류와 관계없이 SQL Injection 공격 기법은 모두 동일하다.
④ 로그인과 같이 웹에서 사용자의 입력값을 받아 데이터베이스 SQL문으로 데이터를 요청하는 경우 SQL Injection을 수행할 수 있다.

87 **다음 암호화 기법에 대한 설명으로 틀린 것은?**

① DES는 비대칭형 암호화 기법이다.
② RSA는 공개키/비밀키 암호화 기법이다.
③ 디지털 서명은 비대칭형 암호 알고리즘을 사용한다.
④ DES 알고리즘에서 키 관리가 매우 중요하다.

88 **다음 내용에 적합한 용어는?**

- 대용량 데이터를 분산 처리하기 위한 목적으로 개발된 프로그래밍 모델이다.
- Google에 의해 고안된 기술로써 대표적인 대용량 데이터 처리를 위한 병렬 처리 기법을 제공한다.
- 임의의 순서로 정렬된 데이터를 분산 처리하고 이를 다시 합치는 과정을 거친다.

① MapReduce
② SQL
③ Hijacking
④ Logs

89 **이용자가 인터넷과 같은 공중망에 사설망을 구축하여 마치 전용망을 사용하는 효과를 가지는 보안 솔루션은?**

① ZIGBEE
② KDD
③ IDS
④ VPN

90 **해시(Hash) 기법에 대한 설명으로 틀린 것은?**

① 임의 길이의 입력 데이터를 받아 고정된 길이의 해시 값으로 변환한다.
② 주로 공개키 암호화 방식에서 키 생성을 위해 사용한다.
③ 대표적인 해시 알고리즘으로 HAVAL, SHA-1 등이 있다.
④ 해시 함수는 일방향 함수(One-way Function)이다.

91 정보 보안을 위한 접근 통제 정책 종류에 해당하지 않는 것은?

① 임의적 접근 통제
② 데이터 전환 접근 통제
③ 강제적 접근 통제
④ 역할 기반 접근 통제

92 A* 알고리즘에 대한 설명으로 옳은 것은?

① 가중치 그래프에서 시작 노드에서 목표 노드까지의 최단 경로만 구하려 하는 그리드 알고리즘이다.
② 프로젝트 각 작업에 필요한 시간을 정확하게 예측할 수 있는 알고리즘이다.
③ 가중치 그래프에서 시작 노드를 기준으로 모든 노드까지의 최단 거리를 구하는 그리드 알고리즘이다.
④ 비 가중치 그래프에서 최단 경로를 찾는 완전 탐색 알고리즘이다.

93 패킷을 전송 시 출발지와 목적지 IP 주소를 공격 대상의 IP 주소로 동일하게 만들어 공격 대상에게 보내는 서비스 거부 공격 기법은?

① Smurf Attack
② Session Hijacking
③ Land Attack
④ ARP Redirect

94 네트워크상에서 전달되는 패킷을 엿보면서 사용자의 계정과 패스워드를 알아내는 해킹 형태는?

① Cracking
② Sniffing
③ Spoofing
④ Pharming

95 다음 설명에 해당하는 시스템은?

- 1990년대 David Clock이 처음 제안하였다.
- 비정상적인 접근의 탐지를 위해 의도적으로 설치해 둔 시스템이다.
- 침입자를 속여 실제 공격을 당하는 것처럼 보여줌으로써 크래커를 추적 및 공격 기법의 정보를 수집하는 역할을 한다.
- 쉽게 공격자에게 노출되어야 하며 쉽게 공격이 가능한 것처럼 취약해 보여야 한다.

① Apache
② Hadoop
③ Honeypot
④ MapReduce

96 소프트웨어 개발 방법론의 테일러링(Tailoring)과 관련한 설명으로 틀린 것은?

① 프로젝트 수행 시 예상되는 변화를 배제하고 신속히 진행하여야 한다.
② 프로젝트에 최적화된 개발 방법론을 적용하기 위해 절차, 산물출 등을 적절히 변경하는 활동이다.
③ 관리 측면에서의 목적 중 하나는 최단기간에 안정적인 프로젝트 진행을 위한 사전 위험을 식별하고 제거하는 것이다.
④ 기술적 측면에서의 목적 중 하나는 프로젝트에 최적화된 기술 요소를 도입하여 프로젝트 특성에 맞는 최적의 기법과 도구를 사용하는 것이다.

97 **소프트웨어 생명주기 모델 중 나선형 모델(Spiral Model)과 관련한 설명으로 틀린 것은?**

① 소프트웨어 개발 프로세스를 위험 관리(Risk Management) 측면에서 본 모델이다.
② 위험 분석(Risk Analysis)은 반복적인 개발 진행 후 주기의 마지막 단계에서 최종적으로 한 번 수행해야 한다.
③ 시스템을 여러 부분으로 나누어 여러 번의 개발 주기를 거치면서 시스템이 완성된다.
④ 요구사항이나 아키텍처를 이해하기 어렵다거나 중심이 되는 기술에 문제가 있는 경우 적합한 모델이다.

98 **비용 예측 방법에서 원시 프로그램의 규모에 의한 방법(COCOMO model) 중 초대형 규모의 트랜잭션 처리 시스템이나 운영체제 등의 소프트웨어를 개발하는 유형은?**

① Organic
② Semi-detached
③ Embedded
④ Sequential

99 **소프트웨어 개발 프레임워크와 관련한 설명으로 가장 적절하지 않은 것은?**

① 반제품 상태의 제품을 토대로 도메인별로 필요한 서비스 컴포넌트를 사용하여 재사용성 확대와 성능을 보장받을 수 있게 하는 개발 소프트웨어이다.
② 라이브러리와는 달리 사용자 코드에서 프레임워크를 호출해서 사용하고, 그에 대한 제어도 사용자 코드가 가지는 방식이다.
③ 설계 관점에 개발 방식을 패턴화시키기 위한 노력의 결과물인 소프트웨어 상태로 집적화시킨 것으로 볼 수 있다.
④ 프레임워크의 동작 원리를 그 제어 흐름의 일반적인 프로그램 흐름과 반대로 동작한다고 해서 IoC(Inversion of Control)이라고 설명하기도 한다.

100 **어떤 외부 컴퓨터가 접속되면 접속 인가 여부를 점검해서 인가된 경우에는 접속이 허용되고, 그 반대의 경우에는 거부할 수 있는 접근 제어 유틸리티는?**

① tcp wrapper
② trace checker
③ token finder
④ change detector

최신 기출문제 06회
빠르게 정답 확인하기!
스마트폰으로 QR 코드를 찍어 보세요.
정답표를 통해 편리하게 채점할 수 있습니다.

최신 기출문제 07회

2022년 제3회

• **제한시간 :** 2시간 30분 • **소요시간 :** 시간 분 • **전체 문항 수 :** 100문항 • **맞힌 문항 수 :** 문항

과목 01 소프트웨어 설계

01 UML 다이어그램 중 순차 다이어그램에 대한 설명으로 틀린 것은?

① 객체 간의 동적 상호작용을 시간 개념을 중심으로 모델링하는 것이다.
② 주로 시스템의 정적 측면을 모델링하기 위해 사용된다.
③ 일반적으로 다이어그램의 수직 방향은 시간의 흐름을 나타낸다.
④ 회귀 메시지(Self-Message), 제어 블록(Statement Block) 등으로 구성된다.

02 다음 내용이 설명하는 UI 설계 도구는?

> – 디자인, 사용 방법 설명, 평가 등을 위해 실제 화면과 유사하게 만든 정적인 형태의 모형
> – 시각적으로 구성 요소를 배치하는 것으로 일반적으로 실제로 구현되지는 않음

① 스토리보드(Storyboard)
② 목업(Mockup)
③ 프로토타입(Prototype)
④ 유스케이스(Usecase)

03 UI 설계 원칙 중 누구나 쉽게 이해하고 사용할 수 있어야 한다는 원칙은?

① 학습성 ② 유연성
③ 직관성 ④ 멀티운용성

04 개체-관계 모델(E-R 모델)에 대한 설명으로 옳지 않은 것은?

① 개체 타입과 관계 타입을 이용해서 현실 세계를 개념적으로 표현하는 방법이다.
② E-R 다이어그램은 E-R 모델을 그래프 방식으로 표현한 것이다.
③ E-R 다이어그램의 다이아몬드 형태는 관계 타입을 표현하며, 연관된 개체 타입들을 링크로 연결한다.
④ 현실 세계의 자료가 데이터베이스로 표현될 수 있는 물리적 구조를 기술하는 것이다.

05 DFD(Data Flow Diagram)에 대한 설명으로 틀린 것은?

① 자료 흐름 그래프 또는 버블(Bubble) 차트라고도 한다.
② 구조적 분석 기법에 이용된다.
③ 시간 흐름을 명확하게 표현할 수 있다.
④ DFD의 요소는 화살표, 원, 사각형, 직선(단선/이중선)으로 표시한다.

06 다음 중 사용자와 시스템의 관계를 보여주는 UML 다이어그램은?

① 유스케이스 다이어그램
② 액티비티 다이어그램
③ 컴포넌트 다이어그램
④ 시퀀스 다이어그램

07 리스코프 교환 원칙에 따르면, 자식 클래스는 어떤 관계를 유지해야 하는가?

① 부모 클래스보다 더 많은 메서드를 가져야 한다.
② 부모 클래스와 완전히 동일한 메서드를 가져야 한다.
③ 부모 클래스의 메서드를 오버라이딩할 수 없다.
④ 부모 클래스의 메서드를 원하는 대로 변경할 수 있다.

08 인터페이스 명세서 작성 중 관련 없는 것은?

① 인터페이스명
② 파라미터
③ 반환값
④ 변수명

09 소프트웨어 아키텍처 설계에서 시스템 품질 속성이 아닌 것은?

① 가용성(Availability)
② 독립성(Isolation)
③ 변경 용이성(Modificability)
④ 사용성(Usability)

10 아키텍처 설계 과정이 올바른 순서로 나열된 것은?

> ㉮ 설계 목표 설정
> ㉯ 시스템 타입 결정
> ㉰ 스타일 적용 및 커스터마이즈
> ㉱ 서브 시스템의 기능, 인터페이스 동작 작성
> ㉲ 아키텍처 설계 검토

① ㉮ → ㉯ → ㉰ → ㉱ → ㉲
② ㉲ → ㉮ → ㉯ → ㉱ → ㉰
③ ㉮ → ㉲ → ㉯ → ㉱ → ㉰
④ ㉮ → ㉯ → ㉰ → ㉲ → ㉱

11 소프트웨어 재공학의 주요 활동 중 다음 설명에 해당하는 것은?

> "기존 소프트웨어를 분석하여 소프트웨어 개발 과정과 데이터 처리 과정을 설명하는 분석 및 설계 정보를 재발견하거나 다시 만들어내는 작업"

① Analysis ② Reverse Engineering
③ Restructuring ④ Migration

12 속성과 관련된 연산(Operation)을 클래스 안에 묶어서 하나로 취급하는 것을 의미하는 객체지향 개념은?

① Inheritance ② Class
③ Encapsulation ④ Association

13 애자일(Agile) 기법 중 스크럼(Scrum)과 관련된 용어에 대한 설명이 틀린 것은?

① 스크럼 마스터(Scrum Master)는 스크럼 프로세스를 따르고, 팀이 스크럼을 효과적으로 활용할 수 있도록 보장하는 역할 등을 맡는다.
② 제품 백로그(Product Backlog)는 스크럼 팀이 해결해야 하는 목록으로 소프트웨어 요구사항, 아키텍처 정의 등이 포함될 수 있다.
③ 스프린트(Sprint)는 하나의 완성된 최종 결과물을 만들기 위한 주기로 3달 이상의 장기간으로 결정된다.
④ 속도(Velocity)는 한 번의 스프린트에서 한 팀이 어느 정도의 제품 백로그를 감당할 수 있는지에 대한 추정치로 볼 수 있다.

14 소프트웨어 프로젝트 관리를 효율적으로 수행하기 위한 3P 중 소프트웨어 프로젝트를 수행하기 위한 Framework의 고려와 가장 연관되는 것은?

① People ② Problem
③ Product ④ Process

15 **GoF(Gang of Four) 디자인 패턴을 생성, 구조, 행동 패턴의 세 그룹으로 분류할 때, 다른 그룹의 패턴에 해당하는 것은?**

① Singleton 패턴
② Bridge 패턴
③ Adapter 패턴
④ Proxy 패턴

16 **소프트웨어 품질 목표 중 정해진 조건 아래에서 소프트웨어 제품의 정확하고 일관된 결과를 얻기 위해 요구된 기능을 오류 없이 수행하는 정도의 품질 기준을 갖는 것은?**

① Integrity
② Flexibility
③ Efficiency
④ Reliability

17 **소프트웨어의 위기 현상과 가장 거리가 먼 것은?**

① 개발 인력의 급증
② 유지보수의 어려움
③ 개발 기간의 지연 및 개발 비용의 증가
④ 신기술에 대한 교육과 훈련의 부족

18 **객체지향 분석 기법과 관련한 설명으로 틀린 것은?**

① 동적 모델링 기법이 사용될 수 있다.
② 기능 중심으로 시스템을 파악하며 순차적인 처리가 중요시되는 하향식(Top-down) 방식으로 볼 수 있다.
③ 데이터와 행위를 하나로 묶어 객체를 정의 내리고 추상화시키는 작업이라 할 수 있다.
④ 코드 재사용에 의한 프로그램 생산성 향상 및 요구에 따른 시스템의 쉬운 변경이 가능하다.

19 **유스케이스 다이어그램에 관련된 내용으로 틀린 것은?**

① 시스템과 상호작용하는 외부 시스템은 액터로 파악해서는 안 된다.
② 유스케이스는 사용자 측면에서의 요구사항으로, 사용자가 원하는 목표를 달성하기 위해 수행할 내용을 기술한다.
③ 시스템 액터는 다른 프로젝트에서 이미 개발되어 사용되고 있으며, 본 시스템과 데이터를 주고받는 등 서로 연동되는 시스템을 말한다.
④ 액터가 인식할 수 없는 시스템 내부의 기능을 하나의 유스케이스로 파악해서는 안 된다.

20 **폭포수 모델(Waterfall Model)에 대한 설명으로 옳지 않은 것은?**

① 앞 단계가 끝나야만 다음 단계로 넘어갈 수 있다.
② 요구 분석 단계에서 프로토타입을 사용하는 것이 특징이다.
③ 제품의 일부가 될 매뉴얼을 작성해야 한다.
④ 각 단계가 끝난 후 결과물이 명확히 나와야 한다.

과목 02 소프트웨어 개발

21 **GoF 디자인 패턴 중 구체적인 클래스에 의존하지 않고 서로 연관되거나 의존적인 객체들의 조합을 만드는 인터페이스를 제공하는 패턴은?**

① Singleton ② Builder
③ Factory Method ④ Abstraction Factory

22 **소프트웨어 테스트에서 오류의 80%는 전체 모듈의 20% 내에서 발견된다는 법칙은?**

① Brooks의 법칙 ② Boehm의 법칙
③ Pareto의 법칙 ④ Jackson의 법칙

23 **인터페이스 구현 검증 도구 중 아래에서 설명하는 것은?**

> – 서비스 호출, 컴포넌트 재사용 등 다양한 환경을 지원하는 테스트 프레임워크
> – 각 테스트 대상 분산 환경에 데몬을 사용하여 테스트 대상 프로그램을 통해 테스트를 수행하고, 통합하여 자동화하는 검증 도구

① xUnit ② STAF
③ FitNesse ④ RubyNode

24 **소프트웨어의 개발 과정에서 소프트웨어의 변경 사항을 관리하기 위해 개발된 일련의 활동을 뜻하는 것은?**

① 복호화 ② 형상 관리
③ 저작권 ④ 크랙

25 **단위 테스트(Unit Test)와 관련한 설명으로 틀린 것은?**

① 구현 단계에서 각 모듈의 개발을 완료한 후 개발자가 명세서의 내용대로 정확히 구현되었는지 테스트한다.
② 모듈 내부의 구조를 구체적으로 볼 수 있는 구조적 테스트를 주로 시행한다.
③ 필요 테스트를 인자를 통해 넘겨주고, 테스트 완료 후 그 결과 값을 받는 역할을 하는 가상의 모듈을 테스트 스텁(Stub)이라고 한다.
④ 테스트할 모듈을 호출하는 모듈도 있고, 테스트할 모듈이 호출하는 모듈도 있다.

26 **UML에 대한 설명으로 옳지 않은 것은?**

① OMG에서 만든 통합 모델링 언어로서 객체지향적 분석, 설계 방법론의 표준 지정을 목표로 한다.
② 애플리케이션을 개발할 때 쉽게 이해할 수 있도록 도와주는 여러 가지 유형의 다이어그램을 제공한다.
③ 실시간 시스템 및 분산 시스템과 같은 시스템의 분석과 설계에는 사용될 수 없다.
④ 개발자와 고객 또는 개발자 상호 간의 의사소통을 원활하게 할 수 있다.

27 **소프트웨어 생명주기 모형 중 다음 설명에 해당하는 것은?**

> – 시스템 기능을 사용자에게 미리 보여줌으로써 개발자와 사용자 간의 오해 요소를 줄인다.
> – 사용자와 개발자 간의 커뮤니케이션이 원활하지 못할 때 서로의 이해에 도움을 준다.
> – 실제 개발될 시스템 견본을 미리 만들어 최종 결과물을 예측하는 모형이다.

① 폭포수 모형 ② 나선형 모형
③ 프로토타입 모형 ④ 4GT 모형

28 **테스트 케이스와 관련한 설명으로 틀린 것은?**

① 테스트의 목표 및 테스트 방법을 결정하기 전에 테스트 케이스를 작성해야 한다.
② 프로그램에 결함이 있더라도 입력에 대해 정상적인 결과를 낼 수 있기 때문에 결함을 검사할 수 있는 테스트 케이스를 찾는 것이 중요하다.
③ 개발된 서비스가 정의된 요구사항을 준수하는지 확인하기 위한 입력값과 실행 조건, 예상 결과의 집합으로 볼 수 있다.
④ 테스트 케이스 실행이 통과되었는지 실패하였는지 판단하기 위한 기준을 테스트 오라클(TestOracle)이라고 한다.

29 **각종 사물에 컴퓨터 칩과 통신 기능을 내장하여 인터넷에 연결하는 기술은?**

① IoT ② PSDN
③ ISDN ④ IMT–2000

30 **블랙박스 테스트 종류 중 입력 자료에 초점을 맞춰 테스트 케이스를 만들어 입력 조건에 타당한 입력 자료와 그렇지 않은 자료의 개수를 균등하게 나눠 테스트 케이스를 설정하는 것은?**

① Boundary Value Analysis
② Cause–Effect Graphing
③ Equivalence Partitioning
④ Comparison Testing

31 럼바우(Rumbaugh)의 객체지향 분석 절차를 바르게 나열한 것은?

① 객체 모형 → 동적 모형 → 기능 모형
② 객체 모형 → 기능 모형 → 동적 모형
③ 기능 모형 → 동적 모형 → 객체 모형
④ 기능 모형 → 객체 모형 → 동적 모형

32 이진 트리의 레코드 R = (88, 74, 63, 55, 37, 25, 33, 19, 26, 14, 9)에 대하여 힙(heap) 정렬을 만들 때 37의 왼쪽과 오른쪽의 자 노드(Child Node)의 값은?

① 55, 25 ② 63, 33
③ 33, 19 ④ 14, 9

33 해싱 등의 사상 함수를 사용하여 레코드 키(Record Key)에 의한 주소 계산을 통해 레코드에 접근할 수 있도록 구성한 파일은?

① 순차 파일
② 인덱스 파일
③ 직접 파일
④ 다중 링 파일

34 다음과 같이 레코드가 구성되어 있을 때, 이진 검색 방법으로 'E'를 찾을 경우 비교되는 횟수는?

A, B, C, D, E, F, G, H, I, J, K, L, M, N, O

① 2번
② 3번
③ 4번
④ 5번

35 정형 기술 검토(FTR)의 지침사항으로 옳은 내용 모두를 나열한 것은?

1) 의제를 제한한다. 2) 논쟁과 반박을 제한한다. 3) 문제 영역을 명확히 표현한다. 4) 참가자의 수를 제한하지 않는다.

① 1), 4)
② 1), 2), 3)
③ 1), 2), 4)
④ 1), 2), 3), 4)

36 UML 확장 모델에서 스테레오 타입 객체를 표현할 때 사용하는 기호로 맞는 것은?

① 〈〈 〉〉
② (( ))
③ {{ }}
④ [[ ]]

37 아래 Tree 구조에 대하여 후위 순회(Post-order)한 결과는?

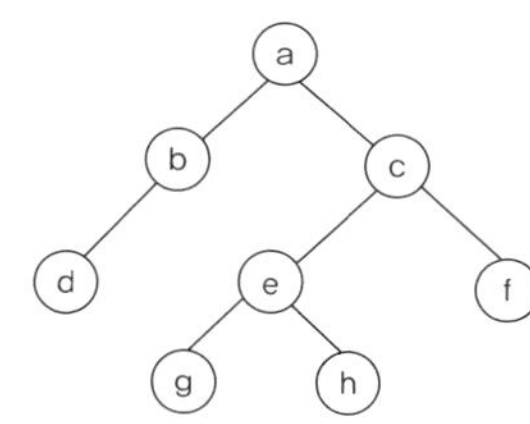

① a → b → d → c → e → g → h → f
② d → b → g → h → e → f → c → a
③ d → b → a → g → e → h → c → f
④ a → b → d → g → e → h → c → f

38 소프트웨어 비용 산정 방법 중 전문가가 독자적으로 감정할 때 발생할 수 있는 편차를 줄이기 위해 단계별로 전문가들의 견해를 조정자가 조정하여 최종 견적을 결정하는 것은?

① 전문가 감정에 의한 방법
② 델파이 방법
③ LOC 방법
④ COCOMO 방법

39 다음 중 중위 표기법의 수식을 표현하기 적합한 자료 구조는?

① queue
② graph
③ stack
④ tree

40 테스트 단계 중 SW 제품에 대한 요구사항이 제대로 이행되었는지 점검하는 것이 주요 목적인 테스트는?

① 통합 테스트(Integration Test)
② 단위 테스트(Unit Test)
③ 시스템 테스트(System Test)
④ 인수 테스트(Acceptance Test)

과목 03 데이터베이스 구축

41 정규화의 목적으로 옳지 않은 것은?

① 어떠한 릴레이션이라도 데이터베이스 내에서 표현 가능하게 만든다.
② 데이터 삽입 시 릴레이션을 재구성할 필요성을 줄인다.
③ 중복을 배제하여 삽입, 삭제, 갱신 이상의 발생을 야기 한다.
④ 효과적인 검색 알고리즘을 생성할 수 있다.

42 이행적 함수 종속 관계를 의미하는 것은?

① A→B이고 B→C일 때, A→C를 만족하는 관계
② A→B이고 B→C일 때, C→A를 만족하는 관계
③ A→B이고 B→C일 때, B→A를 만족하는 관계
④ A→B이고 B→C일 때, C→B를 만족하는 관계

43 분산 시스템에 대한 설명으로 거리가 먼 것은?

① 다수의 사용자들이 데이터를 공유할 수 있다.
② 다수의 사용자들 간에 통신이 용이하다.
③ 귀중한 장치들이 다수의 사용자들에 의해 공유될 수 있다.
④ 집중형(Centralized) 시스템에 비해 소프트웨어의 개발이 용이하다.

44 다음 질의어를 SQL 문장으로 바르게 나타낸 것은?

"부서번호가 널(NULL)인 사원번호와 이름을 검색하라."

① SELECT 사원번호, 이름 FROM 직원 WHERE 부서번호 = NULL;
② SELECT 사원번호, 이름 FROM 직원 WHERE 부서번호 〈 〉 NULL;
③ SELECT 사원번호, 이름 FROM 직원 WHERE 부서번호 IS NULL;
④ SELECT 사원번호, 이름 FROM 직원 WHERE 부서번호 = " ";

45 로킹 기법에서 2단계 로킹 규약(2PLP)에 대한 설명으로 옳은 것은?

① 트랜잭션은 look만 수행할 수 있고, unlook은 수행할 수 없는 확장 단계가 있다.
② 트랜잭션이 unlook과 lock을 동시에 수행할 수 있는 단계를 병렬 전환 단계라 한다.
③ 한 트랜잭션이 unlook 후 다른 데이터 아이템을 lock할 수 있다.
④ 교착상태를 일으키지 않는다.

46 관계 데이터베이스의 정규화에 대한 설명으로 옳지 않은 것은?

① 정규화를 거치지 않으면 여러 가지 상이한 종류의 정보를 하나의 릴레이션으로 표현하여 그 릴레이션을 조작할 때 이상(Anomaly) 현상이 발생할 수 있다.
② 정규화의 목적은 각 릴레이션에 분산된 종속성을 하나의 릴레이션에 통합하는 것이다.
③ 이상(Anomaly) 현상은 데이터들 간에 존재하는 함수 종속이 하나의 원인이 될 수 있다.
④ 정규화가 잘못되면 데이터의 불필요한 중복이 야기되어 릴레이션을 조작할 때 문제가 발생할 수 있다.

47 다음의 관계 대수 문장을 SQL로 표현한 것으로 옳은 것은?

$$\pi_{name,\ dept}(\sigma_{year\ =\ 3}(student))$$

① SELECT name, dept FROM student HAVING year = 3;
② SELECT name, dept FROM student WHERE year = 3;
③ SELECT student FROM name, dept WHERE year = 3;
④ SELECT student FROM name, dept HAVING year = 3;

48 다음 기법과 가장 관계되는 것은?

Deferred Modification, Immediate Update, Shadow Paging, Check Point

① Locking
② Integrity
③ Recovery
④ Security

49 릴레이션의 특징으로 옳지 않은 것은?

① 모든 튜플은 서로 다른 값을 갖는다.
② 각 속성은 릴레이션 내에서 유일한 이름을 가지며, 속성의 순서는 큰 의미가 없다.
③ 하나의 릴레이션에서 튜플의 순서는 없다.
④ 한 릴레이션에 나타난 속성값은 논리적으로 더 이상 분해할 수 없는 원자값이어서는 안 된다.

50 뷰(View)에 대한 설명으로 옳지 않은 것은?

① 뷰의 정의 변경을 위해서는 ALTER문을 이용한다.
② 뷰에 대한 조작은 기본 테이블 조작과 거의 동일하며, 삽입, 갱신, 삭제 연산에는 제약이 따른다.
③ 뷰 위에 또 다른 뷰를 정의할 수 있다.
④ 뷰가 정의된 기본 테이블이 삭제되면 뷰도 자동적으로 삭제된다.

51 트랜잭션의 정의 및 특징이 아닌 것은?

① 한꺼번에 수행되어야 할 일련의 데이터베이스 연산 집합
② 사용자의 시스템에 대한 서비스 요구 시 시스템의 상태 변환 과정의 작업 단위
③ 병행 제어 및 회복 작업의 논리적 작업 단위
④ 트랜잭션의 연산이 데이터베이스에 모두 반영되지 않고 일부만 반영시키는 원자성의 성질

52 SQL의 명령을 사용 용도에 따라 DDL, DML, DCL로 구분할 경우, 그 성격이 나머지 셋과 다른 것은?

① SELECT
② ALTER
③ CREATE
④ DROP

53 다음은 관계형 데이터베이스의 키(Key)를 설명하고 있다. 해당되는 키는?

> 한 릴레이션 내의 속성들의 집합으로 구성된 키로서, 릴레이션을 구성하는 모든 튜플에 대한 유일성은 만족시키지만 최소성은 만족시키지 못한다.

① 후보키 ② 대체키
③ 슈퍼키 ④ 외래키

54 다음 중 암호화 과정에 대한 설명으로 틀린 것은?

① 평문을 암호학적 방법으로 변환한 것을 암호문이라 한다.
② 암호학을 이용하여 보호해야 할 메시지를 평문이라 한다.
③ 암호화 알고리즘은 공개로 하기보다는 개별적으로 해야 한다.
④ 암호문을 다시 평문으로 변환하는 과정을 복호화라 한다.

55 다음 중 파일 구조가 아닌 것은?

① Sequential File
② Indexed Sequential File
③ Direct File
④ Recurcive File

56 데이터 모델이 포함하는 구성 요소와 거리가 먼 것은?

① Concept
② Structure
③ Operation
④ Constraint

57 STUDENT(SNO, SNAME, YEAR, DEPT) 테이블에 200번, 김길동, 2학년, 전산과 학생 튜플을 삽입하는 SQL 명령으로 옳은 것은?

① INSERT STUDENT INTO VALUES (200, '김길동', 2, '전산과');
② INSERT TO STUDENT VALUES (200, '김길동', '전산과', 2);
③ INSERT INTO STUDENT(SNO, SNAME, YEAR, DEPT) VALUES (200, '김길동', 2, '전산과');
④ INSERT TO STUDENT(SNO, SNAME, YEAR, DETP) VALUES (200, '김길동', 2, '전산과');

58 참조 무결성을 유지하기 위하여 DROP문에서 부모 테이블의 항목 값을 삭제할 경우 자동적으로 자식 테이블의 해당 레코드를 삭제하기 위한 옵션은?

① CLUSTER
② CASCADE
③ SET-NULL
④ RESTRICT

59 Linear Search의 평균 검색 횟수는?

① n−1 ② (n+1)/2
③ n ④ n/2

60 다음 SQL문의 빈칸에 들어갈 내용은?

```
update 직원 (    ) 급여 = 급여 * 1.1
where 급여 <= 100000 or 입사일 <19990101;
```

① into ② set
③ from ④ select

기출 최신 기출문제

과목 04 프로그래밍 언어 활용

61 C언어에서 식별자로 사용할 수 없는 것은?

① _2hrdk ② str1
③ union ④ Total

62 다음 C언어 프로그램이 실행되었을 때의 결과는?

```
#include <stdio.h>
int main(int argc, char *argv[]) {
        int a[2][2] = {(33, 44},(55,
        66)};
        int i, sum = 0;
        int *p;
        p = a[0];
        for(i = 1; i < 4; i++)
              sum += *(p + i);
        printf("%d", sum);
        return 0;
}
```

① 55 ② 77 ③ 165 ④ 132

63 다음 C언어 프로그램이 실행되었을 때, 실행 결과는?

```
#include <stdio.h>
int main(int argc, char *argv[]) {
    int arr[3][3] = {1, 2, 3, 4, 5, 6,
    7, 8, 9};
    int (*p)[3] = NULL;
    p = arr;

    printf("%d, ", *(p[0]+1) +
    *(p[1]+2));
    printf("%d", *(*(p+1)+0) +
    *(*(p+1)+1));

    return 0;
}
```

① 7, 5 ② 8, 5
③ 8, 9 ④ 7, 9

64 IPv6에 대한 설명으로 틀린 것은?

① 더 많은 IP 주소를 지원할 수 있도록 주소의 크기는 64비트이다.
② 프로토콜의 확장을 허용하도록 설계되었다.
③ 확장 헤더로 이동성을 지원하고, 보안 및 서비스 품질 기능 등이 개선되었다.
④ 유니캐스트, 멀티캐스트, 애니캐스트를 지원한다.

65 다음 Python 프로그램이 실행되었을 때, 실행 결과는?

```
a = 0
b = 0

def func1();
    a = 10
    b = a
    return b
def func2();
    global a
    b = a
    return b

a = 20
b = 20
print(func1())
print(func2())
a = a + 20
b = b + 20
print(func1())
print(func2())
```

① 10 20 10 40
② 10 20 10 20
③ 20 20 10 40
④ 20 20 40 40

66 다음 중 IP의 라우팅 프로토콜이 아닌 것은?

① IGP ② RIP
③ EGP ④ HDLC

67 HRN 방식으로 스케줄링할 경우, 입력된 작업이 다음 <표>와 같을 때 우선순위가 가장 높은 것은?

작업	대기 시간	서비스(실행) 시간
A	5	20
B	40	20
C	15	45
D	40	10

① A ② B ③ C ④ D

68 메모리 관리 기법 중 Worst fit 방법을 사용할 경우 10K 크기의 프로그램 실행을 위해서는 어느 부분이 할당되는가?

영역 번호	메모리 크기	사용 여부
NO.1	8K	FREE
NO.2	12K	FREE
NO.3	10K	IN USE
NO.4	20K	IN USE
NO.5	16K	FREE

① NO.2 ② NO.3
③ NO.4 ④ NO.5

69 다음은 교착상태 발생 조건 중 어떤 조건을 제거하기 위한 것인가?

– 프로세스가 수행되기 전에 필요한 모든 자원을 할당시켜 준다.
– 자원이 점유되지 않은 상태에서만 자원을 요구하도록 한다.

① Mutual Exclusion ② Hold and Wait
③ Non−preemption ④ Circular Wait

70 다음 중 JAVA의 예외 처리 구문의 예약어가 아닌 것은?

① try ② catch
③ finally ④ extends

71 다음 JAVA 프로그램이 실행되었을 때의 결과는?

```
public class Operator {
    public static void main(String[] args) {
        int x = 7, y = 0, z = 0;
        y = x++;
        z = - -x;
        System.out.print(x + ", " + y +
        ", " + z);
    }
}
```

① 7, 7, 7 ② 5, 6, 5
③ 6, 5, 5 ④ 5, 6, 4

72 다음 JAVA 프로그램이 실행되었을 때의 결과는?

```
public class BBB extends AAA
{
   int a = 20;
   void d() {
     System.out.print("Hello");
   }
   public static void main(String[]
   args) {
     AAA obj = new BBB();
     obj.d();
     System.out.print(obj.a);
   }
}
class AAA
{
   int a = 10;
   void d() {
     System.out.print("Hi");
   }
}
```

① Hi10 ② Hi20
③ Hello10 ④ Hello20

73 귀도 반 로섬(Guido van Rossum)이 발표한 언어로 인터프리터 방식이자 객체지향적이며, 배우기 쉽고 이식성이 좋은 것이 특징인 스크립트 언어는?

① C++ ② JAVA
③ C# ④ Python

74 다음 JAVA의 연산자 중 우선순위가 가장 높은 것은?

① ^ ② % ③ = ④ 〈〈

75 OSI 7계층 중 네트워크 계층에 대한 설명으로 틀린 것은?

① 패킷을 발신지로부터 최종 목적지까지 전달하는 책임을 진다.
② 한 노드로부터 다른 노드로 프레임을 전송하는 책임을 진다.
③ 패킷에 발신지와 목적지의 논리 주소를 추가한다.
④ 라우터 또는 교환기는 패킷 전달을 위해 경로를 지정하거나 교환 기능을 제공한다.

76 10.0.0.0 네트워크 전체에서 마스크값으로 255.240.0.0을 사용할 경우 유효한 서브넷 ID는?

① 10.240.0.0 ② 10.0.0.32
③ 10.1.16.3 ④ 10.29.240.0

77 페이지 부재율(Page Fault Ratio)과 스래싱(Thrashing)의 관계에 대한 설명 중 가장 옳은 것은?

① 페이지 부재율이 크면 스래싱이 많이 일어난 것이다.
② 페이지 부재율과 스래싱은 관계가 없다.
③ 다중 프로그래밍의 정도가 높아지면 페이지 부재율과 스래싱이 감소한다.
④ 스래싱이 많이 발생하면 페이지 부재율이 감소할 수 있어서 여러 스레드가 시스템 호출을 동시에 사용할 수 없다.

78 결합도(Coupling) 단계를 약한 순서에서 강한 순서로 가장 옳게 표시한 것은?

① Stamp → Data → Control → Common → Content
② Control → Data → Stamp → Common → Content
③ Content → Stamp → Control → Common → Data
④ Data → Stamp → Control → Common → Content

79 다음 C언어 프로그램이 실행되었을 때, 실행 결과는?

```
#include <stdio.h>
#include <string.h>
int main(int argc, char *argv[]) {
        char str1[20] = "KOREA";
        char str2[20] = "LOVE";
        char* p1 = NULL;
        char* p2 = NULL;
        p1 = str1;
        p2 = str2;
        str1[1] = p2[2];
        str2[3] = p1[4];
        strcat(str1, str2);
        printf("%c", *(p1+2));
        return 0;
}
```

① E
② V
③ R
④ O

80 다음 중 JAVA의 비교 연산자가 아닌 것은?

① 〉 ② ||
③ != ④ ==

과목 05 정보 시스템 구축 관리

81 정보보호를 위한 암호화에 대한 설명으로 틀린 것은?

① 평문 – 암호화되기 전의 원본 메시지
② 암호문 – 암호화가 적용된 메시지
③ 복호화 – 평문을 암호문으로 바꾸는 작업
④ 키(Key) – 적절한 암호화를 위하여 사용하는 값

82 제어 흐름 그래프가 다음과 같을 때 McCabe의 Cyclomatic 수는 얼마인가?

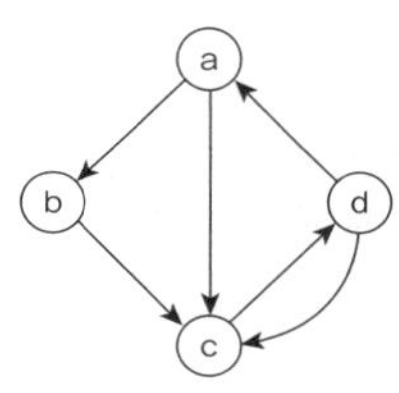

① 3 ② 4
③ 5 ④ 6

83 다음이 설명하는 공격 기법은?

> 컴퓨터 소프트웨어나 하드웨어 및 컴퓨터 관련 전자 제품의 버그, 보안 취약점 등 설계상 결함을 이용하여 공격자의 의도된 동작을 수행하도록 만들어진 절차나 일련의 명령, 스크립트, 프로그램 또는 특정한 데이터 조각을 말한다.

① 익스플로잇(Exploit)
② 웜(Worm)
③ LAND Attack
④ TearDrop

84 취약점 관리를 위한 응용 프로그램의 보안 설정과 가장 거리가 먼 것은?

① 서버 관리실 출입 통제
② 실행 프로세스 권한 설정
③ 운영체제의 접근 제한
④ 운영체제의 정보 수집 제한

85 페어 프로그래밍(Pair Programming)에 대한 설명으로 틀린 것은?

① 두 사람이 짝이 되어 한 사람은 코딩을, 다른 사람은 검사를 수행하는 방식이다.
② 게임처럼 선수와 규칙, 목표를 두고 기획에 임한다.
③ 코드에 대한 책임을 공유하고, 비형식적인 검토를 수행할 수 있다.
④ 코드 개선을 위한 리팩토링을 장려하며, 생산성이 떨어지지 않는다.

86 이용자가 인터넷과 같은 공중망에 사설망을 구축하여 마치 전용망을 사용하는 효과를 가지는 보안 솔루션은?

① ZIGBEE ② KDD
③ IDS ④ VPN

87 소프트웨어 개발 모델 중 나선형 모델의 4가지 주요 활동이 순서대로 나열된 것은?

> Ⓐ 계획 수립 Ⓑ 고객 평가
> Ⓒ 개발 및 검증 Ⓓ 위험 분석

① Ⓐ → Ⓑ → Ⓓ → Ⓒ순으로 반복
② Ⓐ → Ⓓ → Ⓒ → Ⓑ순으로 반복
③ Ⓐ → Ⓑ → Ⓒ → Ⓓ순으로 반복
④ Ⓐ → Ⓒ → Ⓑ → Ⓓ순으로 반복

기출 최신 기출문제

88 **다음 설명에 해당하는 시스템은?**

> – 1990년대 David Clock이 처음 제안하였다.
> – 비정상적인 접근의 탐지를 위해 의도적으로 설치해 둔 시스템이다.
> – 침입자를 속여 실제 공격당하는 것처럼 보여줌으로써 크래커를 추적 및 공격 기법의 정보를 수집하는 역할을 한다.
> – 쉽게 공격자에게 노출되어야 하며 쉽게 공격이 가능한 것처럼 취약해 보여야 한다.

① Apache
② Hadoop
③ Honeypot
④ MapReduce

89 **물리적 배치와 상관없이 논리적으로 LAN을 구성하여 Broadcast Domain을 구분할 수 있게 해주는 기술로 접속된 장비들의 성능 향상 및 보안성 증대 효과가 있는 것은?**

① VLAN
② STP
③ L2AN
④ ARP

90 **대칭 암호 알고리즘과 비대칭 암호 알고리즘에 대한 설명으로 틀린 것은?**

① 대칭 암호 알고리즘은 비교적 실행 속도가 빠르기 때문에 다양한 암호의 핵심 함수로 사용될 수 있다.
② 대칭 암호 알고리즘은 비밀키 전달을 위한 키 교환이 필요하지 않아 암호화 및 복호화의 속도가 빠르다.
③ 비대칭 암호 알고리즘은 자신만이 보관하는 비밀키를 이용하여 인증, 전자 서명 등에 적용이 가능하다.
④ 대표적인 대칭 키 암호 알고리즘으로는 AES, IDEA 등이 있다.

91 **정보 시스템과 관련한 다음 설명에 해당하는 것은?**

> – 각 시스템 간에 공유 디스크를 중심으로 클러스터링으로 엮여 다수의 시스템을 동시에 연결할 수 있다.
> – 조직, 기업의 기간 업무 서버 등의 안정성을 높이기 위해 사용될 수 있다.
> – 여러 가지 방식으로 구현되며 2개의 서버를 연결하는 것으로 2개의 시스템이 각각 업무를 수행하도록 구현하는 방식이 널리 사용된다.

① 고가용성 솔루션(HACMP)
② 점대점 연결 방식(Point-to-Point Mode)
③ 스턱스넷(Stuxnet)
④ 루팅(Rooting)

92 **IP 또는 ICMP의 특성을 악용하여 특정 사이트에 집중적으로 데이터를 보내 네트워크 또는 시스템의 상태를 불능으로 만드는 공격 방법은?**

① TearDrop ② Smishing
③ Qshing ④ Smurfing

93 **다음 보안 인증 방법 중 패스워드에 해당하는 것은?**

① Something You Know
② Something You Have
③ Something You Are
④ Somewhere You Are

94 **OSI 7계층 중 물리 계층에서만 사용하는 장비로써 근거리 무선 통신망(LAN)의 전송 매체상에 흐르는 신호를 정형, 증폭, 중계하는 장치는?**

① Repeater ② Router
③ Bridge ④ Gateway

95 접근 통제(Access Control)에 대한 설명으로 틀린 것은?

① 접근 통제 요소는 식별, 인증, 인가이다.
② 역할 기반 접근 통제는 직책이 아닌 사람에 대해 권한을 부여함으로써 효율적인 권한 관리가 가능하다.
③ 임의적 접근 통제는 정보의 소유자가 보안 레벨을 결정하고 이에 대한 정보의 접근 제어를 설정하는 방식이다.
④ 강제적 접근 통제는 중앙에서 정보를 수집하고 분류하여 보안 레벨을 결정하고 정책적으로 접근 제어를 수행하는 방식이다.

96 시스템 평가 방법 중 소프트웨어 비용 산출 방법이 아닌 것은?

① LOC 방법
② COCOMO 방법
③ CPM 방법
④ 델파이 방법

97 CPM 네트워크가 다음과 같을 때 임계경로의 소요 기일은?

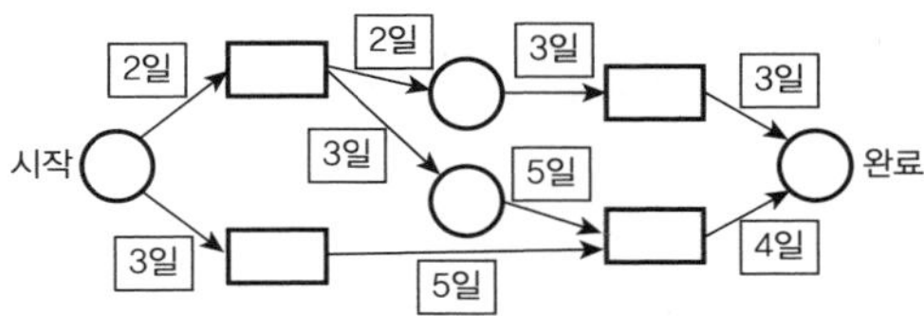

① 10일
② 12일
③ 14일
④ 16일

98 시스템의 사용자가 로그인하여 명령을 내리는 과정에 대한 시스템의 동작 중 다음 설명에 해당하는 것은?

- 자신의 신원을 시스템에 증명하는 과정이다.
- 아이디와 패스워드를 입력하는 과정이 가장 일반적인 예시라고 볼 수 있다.

① Aging ② Accounting
③ Authorization ④ Authentication

99 소프트웨어 비용 추정 모형(Estimation Models)이 아닌 것은?

① Use Case Points
② Agile Estimation Models
③ Function-Point
④ PERT

100 다음 설명에 해당하는 보안 시스템은?

- 사용자, 시스템 행동의 모니터링 및 분석
- 시스템 설정 및 취약점에 대한 감사 기록
- 알려진 공격에 대한 행위 패턴 인식
- 비정상적 행위 패턴에 대한 통계적 분석

① IDS ② Firewall
③ DMZ ④ IPS

최신 기출문제 07회
빠르게 정답 확인하기!
스마트폰으로 QR 코드를 찍어 보세요.
정답표를 통해 편리하게 채점할 수 있습니다.

최신 기출문제 08회

2022년 제2회

• **제한시간 :** 2시간 30분 • **소요시간 :** 시간 분 • **전체 문항 수 :** 100문항 • **맞힌 문항 수 :** 문항

과목 01 소프트웨어 설계

01 UML 다이어그램 중 순차 다이어그램에 대한 설명으로 틀린 것은?

① 객체 간의 동적 상호작용을 시간 개념을 중심으로 모델링하는 것이다.
② 주로 시스템의 정적 측면을 모델링하기 위해 사용된다.
③ 일반적으로 다이어그램의 수직 방향이 시간의 흐름을 나타낸다.
④ 회귀 메시지(Self-Message), 제어 블록(Statement Block) 등으로 구성된다.

02 메시지 지향 미들웨어(Message-Oriented Middleware, MOM)에 대한 설명으로 틀린 것은?

① 느리고 안정적인 응답보다는 즉각적인 응답이 필요한 온라인 업무에 적합하다.
② 독립적인 애플리케이션을 하나의 통합된 시스템으로 묶기 위한 역할을 한다.
③ 송신측과 수신측의 연결 시 메시지 큐를 활용하는 방법이 있다.
④ 상이한 애플리케이션 간 통신을 비동기 방식으로 지원한다.

03 익스트림 프로그래밍에 대한 설명으로 틀린 것은?

① 대표적인 구조적 방법론 중 하나이다.
② 소규모 개발 조직이 불확실하고 변경이 많은 요구를 접하였을 때 적절한 방법이다.
③ 익스트림 프로그래밍을 구동시키는 원리는 상식적인 원리와 경험을 최대한 끌어올리는 것이다.
④ 구체적인 실천 방법을 정의하고 있으며, 개발 문서보다는 소스 코드에 중점을 둔다.

04 유스케이스(Use Case)의 구성 요소 간의 관계에 포함되지 않는 것은?

① 연관
② 확장
③ 구체화
④ 일반화

05 요구사항 분석에서 비기능적(Nonfunctional) 요구에 대한 설명으로 옳은 것은?

① 시스템의 처리량(Throughput), 반응 시간 등의 성능 요구나 품질 요구는 비기능적 요구에 해당하지 않는다.
② '차량 대여 시스템이 제공하는 모든 화면이 3초 이내에 사용자에게 보여야 한다'는 비기능적 요구이다.
③ 시스템 구축과 관련된 안전, 보안에 대한 요구사항들은 비기능적 요구에 해당하지 않는다.
④ '금융 시스템은 조회, 인출, 입금, 송금의 기능이 있어야 한다'는 비기능적 요구이다.

06 정보 공학 방법론에서 데이터베이스 설계의 표현으로 사용하는 모델링 언어는?

① Package Diagram
② State Transition Diagram
③ Deployment Diagram
④ Entity-Relationship Diagram

07 미들웨어(Middleware)에 대한 설명으로 틀린 것은?

① 여러 운영체제에서 응용 프로그램들 사이에 위치한 소프트웨어이다.
② 미들웨어의 서비스 이용을 위해 사용자가 정보 교환 방법 등의 내부 동작을 쉽게 확인할 수 있어야 한다.
③ 소프트웨어 컴포넌트를 연결하기 위한 준비된 인프라 구조를 제공한다.
④ 여러 컴포넌트를 1대1, 1대다, 다대다 등 여러 가지 형태로 연결이 가능하다.

08 UI의 설계 지침으로 틀린 것은?

① 이해하기 편하고 쉽게 사용할 수 있는 환경을 제공해야 한다.
② 주요 기능을 메인 화면에 노출하여 조작이 쉽도록 하여야 한다.
③ 치명적인 오류에 대한 부정적인 사항은 사용자가 인지할 수 없도록 한다.
④ 사용자의 직무, 연령, 성별 등 다양한 계층을 수용하여야 한다.

09 객체지향 개념에서 다형성(Polymorphism)과 관련한 설명으로 틀린 것은?

① 다형성은 현재 코드를 변경하지 않고 새로운 클래스를 쉽게 추가할 수 있게 한다.
② 다형성이란 여러 가지 형태를 가지고 있다는 의미로 여러 형태를 받아들일 수 있는 특징을 말한다.
③ 메소드 오버라이딩(Overriding)은 상위 클래스에서 정의한 일반 메소드의 구현을 하위 클래스에서 무시하고 재정의할 수 있다.
④ 메소드 오버로딩(Overloading)의 경우 매개 변수 타입은 동일하지만, 메소드명을 다르게 함으로써 구현, 구분할 수 있다.

10 소프트웨어 개발 영역을 결정하는 요소 중 다음 사항과 관계있는 것은?

- 소프트웨어에 의해 간접적으로 제어되는 장치와 소프트웨어를 실행하는 하드웨어
- 기존의 소프트웨어와 새로운 소프트웨어를 연결하는 소프트웨어
- 순서적 연산에 의해 소프트웨어를 실행하는 절차

① 기능(Function)
② 성능(Performance)
③ 제약조건(Constraint)
④ 인터페이스(Interface)

11 객체에 대한 설명으로 틀린 것은?

① 객체는 상태, 동작, 고유 식별자를 가진 모든 것이라 할 수 있다.
② 객체는 공통 속성을 공유하는 클래스들의 집합이다.
③ 객체는 필요한 자료 구조와 이에 수행되는 함수들을 가진 하나의 독립된 존재이다.
④ 객체의 상태는 속성값에 의해 정의된다.

12 속성과 관련된 연산(Operation)을 클래스 안에 묶어서 하나로 취급하는 것을 의미하는 객체지향 개념은?

① Inheritance ② Class
③ Encapsulation ④ Association

13 애자일(Agile) 프로세스 모델에 대한 설명으로 틀린 것은?

① 변화에 대한 대응보다는 자세한 계획을 중심으로 소프트웨어를 개발한다.
② 프로세스와 도구 중심이 아닌 개개인과의 상호소통을 통해 의견을 수렴한다.
③ 협상과 계약보다는 고객과의 협력을 중시한다.
④ 문서 중심이 아닌, 실행 가능한 소프트웨어를 중시한다.

14 명백한 역할을 가지고 독립적으로 존재할 수 있는 시스템의 부분으로 넓은 의미에서 재사용되는 모든 단위라고 볼 수 있으며 인터페이스를 통해서만 접근할 수 있는 것은?

① Model
② Sheet
③ Component
④ Cell

15 GoF(Gang of Four) 디자인 패턴을 생성, 구조, 행동 패턴의 세 그룹으로 분류할 때, 구조 패턴이 아닌 것은?

① Adapter 패턴
② Bridge 패턴
③ Builder 패턴
④ Proxy 패턴

16 UI와 관련된 기본 개념 중 하나로, 시스템의 상태와 사용자의 지시에 대한 효과를 보여주어 사용자가 명령에 대한 진행 상황과 표시된 내용을 해석할 수 있도록 도와주는 것은?

① Feedback
② Posture
③ Module
④ Hash

17 UI의 종류로 멀티 터치(Multi-touch), 동작 인식(Gesture Recognition) 등 사용자의 자연스러운 움직임을 인식하여 서로 주고받는 정보를 제공하는 사용자 인터페이스?

① GUI(Graphical User Interface)
② OUI(Organic User Interface)
③ NUI(Natural User Interface)
④ CLI(Command Line Interface)

18 소프트웨어 모델링과 관련한 설명으로 틀린 것은?

① 모델링 작업의 결과물은 다른 모델링 작업에 영향을 줄 수 없다.
② 구조적 방법론에서는 DFD(Data Flow Diagram), DD(Data Dictionary) 등을 사용하여 요구사항의 결과를 표현한다.
③ 객체지향 방법론에서는 UML 표기법을 사용한다.
④ 소프트웨어 모델을 사용할 경우 개발될 소프트웨어에 대한 이해도 및 이해 당사자 간의 의사소통 향상에 도움이 된다.

19 유스케이스 다이어그램에 관련된 내용으로 틀린 것은?

① 시스템과 상호작용하는 외부 시스템은 액터로 파악해서는 안 된다.
② 유스케이스는 사용자 측면에서의 요구사항으로, 사용자가 원하는 목표를 달성하기 위해 수행할 내용을 기술한다.
③ 시스템 액터는 다른 프로젝트에서 이미 개발되어 사용되고 있으며, 본 시스템과 데이터를 주고받는 등 서로 연동되는 시스템을 말한다.
④ 액터가 인식할 수 없는 시스템 내부의 기능을 하나의 유스케이스로 파악해서는 안 된다.

20 소프트웨어 아키텍처 모델 중 MVC(Model-View-Controller)와 관련한 설명으로 틀린 것은?

① MVC 모델은 사용자 인터페이스를 담당하는 계층의 응집도를 높일 수 있고 여러 개의 다른 UI를 만들어 그사이에 결합도를 낮출 수 있다.
② 모델(Model)은 뷰(View)와 제어(Controller) 사이에서 전달자 역할을 하며, 뷰마다 모델 서브 시스템이 각각 하나씩 연결된다.
③ 뷰(View)는 모델(Model)에 있는 데이터를 사용자 인터페이스에 보이는 역할을 담당한다.
④ 제어(Controller)는 모델(Model)에 명령을 보냄으로써 모델의 상태를 변경할 수 있다.

과목 02 소프트웨어 개발

21 통합 테스트(Integration Test)와 관련한 설명으로 틀린 것은?

① 시스템을 구성하는 모듈의 인터페이스와 결합을 테스트하는 것이다.
② 하향식 통합 테스트의 경우 너비 우선(Breadth First) 방식으로 테스트를 할 모듈을 선택할 수 있다.
③ 상향식 통합 테스트의 경우 시스템 구조도의 최상위에 있는 모듈을 먼저 구현하고 테스트한다.
④ 모듈 간의 인터페이스와 시스템의 동작이 정상적으로 잘 되고 있는지를 빨리 파악하고자 할 때 상향식보다는 하향식 통합 테스트를 사용하는 것이 좋다.

22 다음과 같이 레코드가 구성되어 있을 때, 이진 검색 방법으로 14를 찾을 경우 비교되는 횟수는?

1 2 3 4 5 6 7 8 9 10 11 12 13 14 15

① 2 ② 3 ③ 4 ④ 5

23 소프트웨어 공학에서 워크스루(Walkthrough)에 대한 설명으로 틀린 것은?

① 사용 사례를 확장하여 명세하거나 설계 다이어그램, 원시 코드, 테스트 케이스 등에 적용할 수 있다.
② 복잡한 알고리즘 또는 반복, 실시간 동작, 병행 처리와 같은 기능이나 동작을 이해하려고 할 때 유용하다.
③ 인스펙션(Inspection)과 동일한 의미를 가진다.
④ 단순한 테스트 케이스를 이용하여 프로덕트를 수작업으로 수행해 보는 것이다.

24 소프트웨어의 개발 과정에서 소프트웨어의 변경 사항을 관리하기 위해 개발된 일련의 활동을 뜻하는 것은?

① 복호화 ② 형상 관리
③ 저작권 ④ 크랙

25 테스트 케이스와 관련한 설명으로 틀린 것은?

① 테스트의 목표 및 테스트 방법을 결정하기 전에 테스트 케이스를 작성해야 한다.
② 프로그램에 결함이 있더라도 입력에 대해 정상적인 결과를 낼 수 있기 때문에 결함을 검사할 수 있는 테스트 케이스를 찾는 것이 중요하다.
③ 개발된 서비스가 정의된 요구사항을 준수하는지 확인하기 위한 입력값과 실행 조건, 예상 결과의 집합으로 볼 수 있다.
④ 테스트 케이스 실행이 통과되었는지 실패하였는지 판단하기 위한 기준을 테스트 오라클(TestOracle)이라고 한다.

26 객체지향 개념을 활용한 소프트웨어 구현과 관련한 설명 중 틀린 것은?

① 객체(Object)란 필요한 자료 구조와 수행되는 함수들을 가진 하나의 독립된 존재이다.
② JAVA에서 정보은닉(Information Hiding)을 표기할 때 private의 의미는 '공개'이다.
③ 상속(Inheritance)은 개별 클래스를 상속 관계로 묶음으로써 클래스 간의 체계화된 전체 구조를 파악하기 쉽다는 장점이 있다.
④ 같은 클래스에 속하는 개개의 객체이자 하나의 클래스에서 생성된 객체를 인스턴스(Instance)라고 한다.

27 DRM(Digital Rights Management)과 관련한 설명으로 틀린 것은?

① 디지털 콘텐츠와 디바이스의 사용을 제한하기 위해 하드웨어 제조업자, 저작권자, 출판업자 등이 사용할 수 있는 접근 제어 기술을 의미한다.
② 디지털 미디어의 생명주기 동안 발생하는 사용 권한 관리, 과금, 유통 단계를 관리하는 기술로도 볼 수 있다.
③ 클리어링 하우스(Clearing House)는 사용자에게 콘텐츠 라이센스를 발급하고 권한을 부여해주는 시스템을 말한다.
④ 원본을 안전하게 유통하기 위한 전자적 보안은 고려하지 않기 때문에 불법 유통과 복제의 방지는 불가능하다.

28 위험 모니터링의 의미로 옳은 것은?

① 위험을 이해하는 것
② 첫 번째 조치로 위험을 피할 수 있는 것
③ 위험 발생 후 즉시 조치하는 것
④ 위험 요소 징후들에 대하여 계속적으로 인지하는 것

29 동시에 소스를 수정하는 것을 방지하며 다른 방향으로 진행된 개발 결과를 합치거나 변경 내용을 추적할 수 있는 소프트웨어 버전 관리 도구는?

① RCS(Revision Control System)
② RTS(Reliable Transfer Service)
③ RPC(Remote Procedure Call)
④ RVS(Relative Version System)

30 화이트 박스 테스트와 관련한 설명으로 틀린 것은?

① 화이트박스 테스트의 이해를 위해 논리 흐름도(Logic-Flow Diagram)를 이용할 수 있다.
② 테스트 데이터를 이용해 실제 프로그램을 실행함으로써 오류를 찾는 동적 테스트(Dynamic Test)에 해당한다.
③ 프로그램의 구조를 고려하지 않기 때문에 요구나 명세를 기초로 결정한다.
④ 테스트 데이터를 선택하기 위하여 검증 기준(Test Coverage)을 정한다.

31 알고리즘과 관련한 설명으로 틀린 것은?

① 주어진 작업을 수행하는 컴퓨터 명령어를 순서대로 나열한 것으로 볼 수 있다.
② 검색(Searching)은 정렬이 되지 않은 데이터 혹은 정렬이 된 데이터 중에서 키값에 해당되는 데이터를 찾는 알고리즘이다.
③ 정렬(Sorting)은 흩어져 있는 데이터를 키값을 이용하여 순서대로 열거하는 알고리즘이다.
④ 선형 검색은 검색을 수행하기 전에 반드시 데이터의 집합이 정렬되어 있어야 한다.

32 버블 정렬을 이용하여 다음 자료를 오름차순으로 정렬할 경우 PASS 1의 결과는?

9, 6, 7, 3, 5

① 6, 9, 7, 3, 5
② 3, 9, 6, 7, 5
③ 3, 6, 7, 9, 5
④ 6, 7, 3, 5, 9

33 다음은 인스펙션(Inspection) 과정을 표현한 것이다. (가) ~ (마)에 들어갈 말을 [보기]에서 찾아 바르게 연결한 것은?

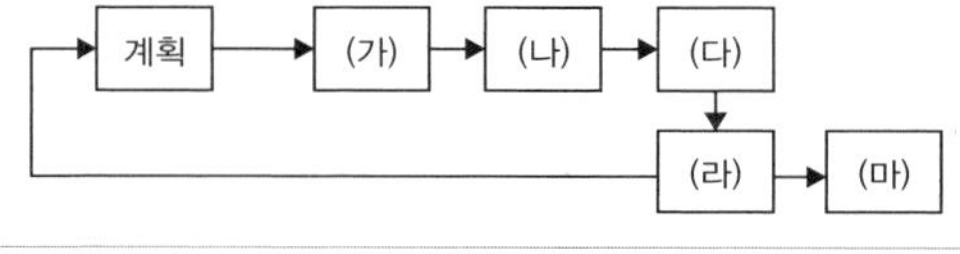

㉠ 준비	㉡ 사전교육
㉢ 인스펙션 회의	㉣ 재작업
㉤ 추적	

① (가) – ㉡, (나) – ㉢
② (나) – ㉠, (다) – ㉢
③ (다) – ㉢, (라) – ㉤
④ (라) – ㉣, (마) – ㉢

34 소프트웨어를 보다 쉽게 이해할 수 있고 적은 비용으로 수정할 수 있도록 겉으로 보이는 동작의 변화 없이 내부 구조를 변경하는 것은?

① Refactoring
② Architecting
③ Specification
④ Renewal

35 **단위 테스트(Unit Test)와 관련한 설명으로 틀린 것은?**

① 구현 단계에서 각 모듈의 개발을 완료한 후 개발자가 명세서의 내용대로 정확히 구현되었는지 테스트한다.
② 모듈 내부의 구조를 구체적으로 볼 수 있는 구조적 테스트를 주로 시행한다.
③ 필요 테스트를 인자를 통해 넘겨주고, 테스트 완료 후 그 결과 값을 받는 역할을 하는 가상의 모듈을 테스트 스텁(Stub)이라고 한다.
④ 테스트할 모듈을 호출하는 모듈도 있고, 테스트할 모듈이 호출하는 모듈도 있다.

36 **IDE(Integrated Development Environment) 도구의 각 기능에 대한 설명으로 틀린 것은?**

① Coding – 프로그래밍 언어를 가지고 컴퓨터 프로그램을 작성할 수 있는 환경을 제공
② Compile – 저급 언어의 프로그램을 고급 언어 프로그램으로 변환하는 기능
③ Debugging – 프로그램에서 발견되는 버그를 찾아 수정할 수 있는 기능
④ Deployment – 소프트웨어를 최종 사용자에게 전달하기 위한 기능

37 **아래 Tree 구조에 대하여 후위 순회(Post-order)한 결과는?**

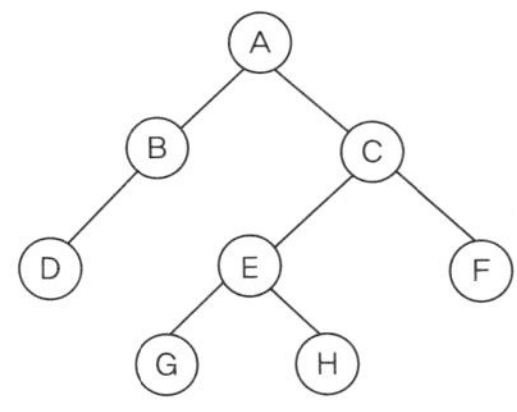

① A → B → D → C → E → G → H → F
② D → B → G → H → E → F → C → A
③ D → B → A → G → E → H → C → F
④ A → B → D → G → E → H → C → F

38 **인터페이스 구현 시 사용하는 기술로 속성-값 쌍(Attribute-Value Pairs)으로 이루어진 데이터 오브젝트를 전달하기 위해 사용하는 개방형 표준 포맷은?**

① JSON
② HTML
③ AVPN
④ DOF

39 **순서가 있는 리스트에서 데이터의 삽입(Push), 삭제(Pop)가 한 쪽 끝에서 일어나며 LIFO(Last-In-First-Out)의 특징을 가지는 자료 구조는?**

① Tree
② Graph
③ Stack
④ Queue

40 **다음 중 단위 테스트 도구로 사용할 수 없는 것은?**

① CppUnit
② JUnit
③ HttpUnit
④ IgpUnit

과목 03 데이터베이스 구축

41 **다음 조건을 모두 만족하는 정규형은?**

- 테이블 R에 속한 모든 도메인이 원자값만으로 구성되어 있다.
- 테이블 R에서 키가 아닌 모든 필드가 키에 대해 함수적으로 종속되며, 키의 부분 집합이 결정자가 되는 부분 종속이 존재하지 않는다.
- 테이블 R에 존재하는 모든 함수적 종속에서 결정자가 후보키이다.

① BCNF
② 제1정규형
③ 제2정규형
④ 제3정규형

42 데이터베이스의 트랜잭션 성질들 중에서 다음 설명에 해당하는 것은?

> 트랜잭션의 모든 연산들이 정상적으로 수행 완료되거나 아니면 전혀 어떠한 연산도 수행되지 않은 원래 상태가 되도록 해야 한다.

① Atomicity
② Consistency
③ Isolation
④ Durability

43 분산 데이터베이스 시스템과 관련한 설명으로 틀린 것은?

① 물리적으로 분산된 데이터베이스 시스템을 논리적으로 하나의 데이터베이스 시스템처럼 사용할 수 있도록 한 것이다.
② 물리적으로 분산되어 지역별로 필요한 데이터를 처리할 수 있는 지역 컴퓨터(Local Computer)를 분산 처리기(Distributed Processor)라고 한다.
③ 분산 데이터베이스 시스템을 위한 통신 네트워크 구조가 데이터 통신에 영향을 주므로 효율적으로 설계해야 한다.
④ 데이터베이스가 분산되어 있음을 사용자가 인식할 수 있도록 분산 투명성(Distribution Transparency)을 배제해야 한다.

44 다음 테이블을 보고 강남지점의 판매량이 많은 제품부터 출력되도록 할 때 다음 중 가장 적절한 SQL 구문은? (단, 출력은 제품명과 판매량이 출력되도록 한다.)

[푸드] 테이블

지점명	제품명	판매량
강남지점	비빔밥	500
강북지점	도시락	300
강남지점	도시락	200
강남지점	미역국	550
수원지점	비빔밥	600
인천지점	비빔밥	800
강남지점	잡채밥	250

① SELECT 제품명, 판매량 FROM 푸드
　ORDER BY 판매량 ASC;
② SELECT 제품명, 판매량 FROM 푸드
　ORDER BY 판매량 DESC;
③ SELECT 제품명, 판매량 FROM 푸드
　WHERE 지점명 = '강남지점'
　ORDER BY 판매량 ASC;
④ SELECT 제품명, 판매량 FROM 푸드
　WHERE 지점명 = '강남지점'
　ORDER BY 판매량 DESC;

45 데이터베이스의 인덱스와 관련한 설명으로 틀린 것은?

① 문헌의 색인, 사전과 같이 데이터를 쉽고 빠르게 찾을 수 있도록 만든 데이터 구조이다.
② 테이블에 붙여진 색인으로 데이터 검색 시 처리 속도 향상에 도움이 된다.
③ 인덱스의 추가, 삭제 명령어는 각각 ADD, DELETE이다.
④ 대부분의 데이터베이스에서 테이블을 삭제하면 인덱스도 같이 삭제된다.

46 물리적 데이터베이스 구조의 기본 데이터 단위인 저장 레코드의 양식을 설계할 때 고려사항이 아닌 것은?

① 데이터 타입
② 데이터 값의 분포
③ 트랜잭션 모델링
④ 접근 빈도

47 SQL의 기능에 따른 분류 중에서 REVOKE 문과 같이 데이터의 사용 권한을 관리하는 데 사용하는 언어는?

① DDL(Data Definition Language)
② DML(Data Manipulation Language)
③ DCL(Data Control Language)
④ DUL(Data User Language)

48 데이터 사전에 대한 설명으로 틀린 것은?

① 시스템 카탈로그 또는 시스템 데이터베이스라고도 한다.
② 데이터 사전 역시 데이터베이스의 일종이므로 일반 사용자가 생성, 유지 및 수정할 수 있다.
③ 데이터베이스에 대한 데이터인 메타 데이터(Meta-data)를 저장하고 있다.
④ 데이터 사전에 있는 데이터에 실제로 접근하는 데 필요한 위치 정보는 데이터 디렉터리(Data Directory)라는 곳에서 관리한다.

49 데이터베이스에서 릴레이션에 대한 설명으로 틀린 것은?

① 모든 튜플은 서로 다른 값을 가지고 있다.
② 하나의 릴레이션에서 튜플은 특정한 순서를 가진다.
③ 각 속성은 릴레이션 내에서 유일한 이름을 가진다.
④ 모든 속성값은 원자값(Atomic Value)을 가진다.

50 데이터베이스에서의 뷰(View)에 대한 설명으로 틀린 것은?

① 뷰는 다른 뷰를 기반으로 새로운 뷰를 만들 수 있다.
② 뷰는 일종의 가상 테이블이며, update에는 제약이 따른다.
③ 뷰는 기본 테이블을 만드는 것처럼 create view를 사용하여 만들 수 있다.
④ 뷰는 논리적으로 존재하는 기본 테이블과 다르게 물리적으로만 존재하며 카탈로그에 저장된다.

51 트랜잭션의 상태 중 트랜잭션의 마지막 연산이 실행된 직후의 상태로, 모든 연산의 처리는 끝났지만 트랜잭션이 수행한 최종 결과를 데이터베이스에 반영하지 않은 상태는?

① Active
② Partially Committed
③ Committed
④ Aborted

52 SQL의 명령을 사용 용도에 따라 DDL, DML, DCL로 구분할 경우, 그 성격이 나머지 셋과 다른 것은?

① SELECT
② UPDATE
③ INSERT
④ GRANT

53 키의 종류 중 유일성과 최소성을 만족하는 속성 또는 속성들의 집합은?

① Atomic Key
② Super Key
③ Candidate Key
④ Test Key

54 **데이터베이스에서 개념적 설계 단계에 대한 설명으로 틀린 것은?**

① 산출물로 E-R Diagram을 만들 수 있다.
② DBMS에 독립적인 개념 스키마를 설계한다.
③ 트랜잭션 인터페이스를 설계 및 작성한다.
④ 논리적 설계 단계의 앞 단계에서 수행된다.

55 **테이블의 기본키(Primary Key) 로 지정된 속성에 관한 설명으로 가장 거리가 먼 것은?**

① NOT NULL로 널 값을 가지지 않는다.
② 릴레이션에서 튜플을 구별할 수 있다.
③ 외래키로 참조될 수 있다.
④ 검색할 때 반드시 필요하다.

56 **데이터 모델의 구성 요소 중 데이터 구조에 따라 개념 세계나 컴퓨터 세계에서 실제로 표현된 값들을 처리하는 작업을 의미하는 것은?**

① Relation
② Data Structure
③ Constraint
④ Operation

57 **다음 [조건]에 부합하는 SQL문을 작성하고자 할 때, [SQL문]의 빈칸에 들어갈 내용으로 옳은 것은? (단, '팀코드' 및 '이름'은 속성이며, '직원'은 테이블이다.)**

[조건]

이름이 '정도일'인 팀원이 소속된 팀코드를 이용하여 해당 팀에 소속된 팀원들의 이름을 출력하는 SQL문 작성

[SQL문]

```
SELECT 이름
FROM 직원
WHERE 팀코드 = (              );
```

① WHERE 이름 = '정도일'
② SELECT 팀코드 FROM 이름
WHERE 직원 = '정도일'
③ WHERE 직원 = '정도일'
④ SELECT 팀코드 FROM 직원
WHERE 이름 = '정도일'

58 **무결성 제약조건 중 개체 무결성 제약조건에 대한 설명으로 옳은 것은?**

① 릴레이션 내의 튜플들이 각 속성의 도메인에 정해진 값만을 가져야 한다.
② 기본키는 NULL 값을 가져서는 안 되며 릴레이션 내에 오직 하나의 값만 존재해야 한다.
③ 자식 릴레이션의 외래키는 부모 릴레이션의 기본키와 도메인이 동일해야 한다.
④ 자식 릴레이션의 값이 변경될 때 부모 릴레이션의 제약을 받는다.

59 **관계 데이터 모델에서 릴레이션(Relation)에 포함되어있는 튜플(Tuple)의 수를 무엇이라고 하는가?**

① Degree
② Cardinality
③ Attribute
④ Cartesian Product

60 사용자 'PARK'에게 테이블을 생성할 수 있는 권한을 부여하기 위한 SQL문의 구성으로 빈칸에 적합한 내용은?

[SQL문]

```
GRANT (            ) PARK;
```

① CREATE TABLE TO
② CREATE TO
③ CREATE FROM
④ CREATE TABLE FROM

과목 03 프로그래밍 언어 활용

61 C언어에서 문자열 처리 함수의 서식과 그 기능의 연결로 틀린 것은?

① strlen(s) – s의 길이를 구한다.
② strcpy(s1, s2) – s2를 s1으로 복사한다.
③ strcmp(s1, s2) – s1과 s2를 연결한다.
④ strrev(s) – s를 거꾸로 변환한다.

62 다음 C언어 프로그램이 실행되었을 때, 실행 결과는?

```
#include <stdio.h>
int main(int argc, char *argv[]) {
      int a = 5, b = 3, c = 12;
      int t1, t2, t3;
      t1 = a && b;
      t2 = a || b;
      t3 = !c;
      printf("%d", t1 + t2 + t3);
      return 0;
}
```

① 0 ② 2
③ 5 ④ 14

63 다음 C언어 프로그램이 실행되었을 때, 실행 결과는?

```
#include <stdio.h>
struct st {
      int a;
      int c[10];
};

int main(int argc, char *argv[]) {
      int i = 0;
      struct st ob1;
      struct st ob2;
      ob1.a = 0;
      ob2.a = 0;

      for(i = 0; i < 10; i++) {
            ob1.c[i] = i;
            ob2.c[i] = ob1.c[i] + i;
      }

      for(i = 0; i < 10; i = i + 2) {
            ob1.a = ob1.a + ob1.c[i];
            ob2.a = ob2.a + ob2.c[i];
      }
      printf("%d", ob1.a + ob2.a);
      return 0;
}
```

① 30 ② 60
③ 80 ④ 120

64 IP 프로토콜에서 사용하는 필드와 해당 필드에 대한 설명으로 틀린 것은?

① Header Length는 IP 프로토콜의 헤더 길이를 32bit 워드 단위로 표시한다.
② Packet Length는 IP 헤더를 제외한 패킷 전체의 길이를 나타내며 최대 크기는 $2^{32}-1$비트이다.
③ Time To Live는 송신 호스트가 패킷을 전송하기 전 네트워크에서 생존할 수 있는 시간을 지정한 것이다.
④ Version Number는 IP 프로토콜의 버전 번호를 나타낸다.

65 다음 Python 프로그램의 실행 결과가 [실행 결과]와 같을 때, 빈칸에 적합한 것은?

```
x = 20

if x == 10;
    print('10')
(     )  x == 20;
    print('20')
else;
    print('other')
```

[실행 결과]

```
20
```

① either
② elif
③ else if
④ else

66 RIP 라우팅 프로토콜에 대한 설명으로 틀린 것은?

① 경로 선택 매트릭은 홉 카운트(Hop Count)이다.
② 라우팅 프로토콜을 IGP와 EGP로 분류했을 때 EGP에 해당한다.
③ 최단 경로 탐색에 Bellman-Ford 알고리즘을 사용한다.
④ 각 라우터는 이웃 라우터들로부터 수신한 정보를 이용하여 라우팅 표를 갱신한다.

67 다음에서 설명하는 프로세스 스케줄링은?

> 최소 작업 우선(SJF) 기법의 약점을 보완한 비선점 스케줄링 기법으로 다음과 같은 식을 이용해 우선순위를 판별한다.
>
> $$\text{우선순위 계산식} = \frac{(\text{대기 시간} + \text{서비스를 받을 시간})}{\text{서비스를 받을 시간}}$$

① FIFO 스케줄링 ② RR 스케줄링
③ HRN 스케줄링 ④ MQ 스케줄링

68 UNIX 운영체제에 관한 특징으로 틀린 것은?

① 하나 이상의 작업에 대하여 백그라운드에서 수행이 가능하다.
② Multi-User는 지원하지만 Multi-Tasking은 지원하지 않는다.
③ 트리 구조의 파일 시스템을 갖는다.
④ 이식성이 높으며 장치 간의 호환성이 높다.

69 UDP 프로토콜의 특징이 아닌 것은?

① 비연결형 서비스를 제공한다.
② 단순한 헤더 구조로 오버헤드가 적다.
③ 주로 주소를 지정하고, 경로를 설정하는 기능을 한다.
④ TCP와 같이 트랜스포트 계층에 존재한다.

70 Python 데이터 타입 중 시퀀스(Sequence) 데이터 타입에 해당하며 다양한 데이터 타입들을 주어진 순서에 따라 저장할 수 있으나 저장된 내용을 변경할 수 없는 것은?

① 복소수(Complex) 타입
② 리스트(List) 타입
③ 사전(Dict) 타입
④ 튜플(Tuple) 타입

71 다음 JAVA 프로그램이 실행되었을 때 실행 결과는?

```
public class Rarr {
  static int[] marr() {
   int temp[] = new int[4];
   for(int i = 0; i < temp.length; i++)
              temp[i] = i;
   return temp;
}
  public static void main(String[]
  args) {
   int iarr[];
   iarr = marr();
   for(int i = 0; i < iarr.length; i++)
          System.out.print(iarr[i] +
          " ");
  }
}
```

① 1 2 3 4 ② 0 1 2 3
③ 1 2 3 ④ 0 1 2

72 다음 JAVA 프로그램이 실행되었을 때의 결과는?

```
public class ovr {
  public static void main(String[]
  args) {
        int a = 1, b = 2, c = 3, d = 4;
        int mx, mn;
        mx = a < b ? b : a;
        if(mx == 1) {
             mn = a > mx ? b : a;
        }
        else {
             mn = b < mx ? d : c;
        }
        System.out.println(mn);
        }
}
```

① 1 ② 2 ③ 3 ④ 4

73 다음 중 Myers가 구분한 응집도(Cohesion)의 정도에서 가장 낮은 응집도를 갖는 단계는?

① 순차적 응집도(Sequential Cohesion)
② 기능적 응집도(Functional Cohesion)
③ 시간적 응집도(Temporal Cohesion)
④ 우연적 응집도(Coincidental Cohesion)

74 다음 C언어 프로그램이 실행되었을 때, 실행 결과는?

```
#include <stdio.h>
int main(int argc, char *argv[]) {
       int n1 = 1, n2 = 2, n3 = 3;
       int r1, r2, r3;

       r1 = (n2 <= 2) || (n3 > 3);
       r2 = !n3;
       r3 = (n1 > 1) && (n2 < 3);

       printf("%d", r3 - r2 + r1);
       return 0;
}
```

① 0 ② 1
③ 2 ④ 3

75 IP 프로토콜의 주요 특징에 해당하지 않는 것은?

① 체크섬(Checksum) 기능으로 데이터 체크섬(Data Checksum)만 제공한다.
② 패킷을 분할, 병합하는 기능을 수행하기도 한다.
③ 비연결형 서비스를 제공한다.
④ Best Effort 원칙에 따른 전송 기능을 제공한다.

76 4개의 페이지를 수용할 수 있는 주기억 장치가 있으며, 초기에는 모두 비어 있다고 가정한다. 다음의 순서로 페이지 참조가 발생할 때, LRU 페이지 교체 알고리즘을 사용할 경우 몇 번의 페이지 결함이 발생하는가?

페이지 참조 순서 : 1, 2, 3, 1, 2, 4, 1, 2, 5

① 5회 ② 6회
③ 7회 ④ 8회

77 **사용자 수준에서 지원되는 스레드(Thread)가 커널에서 지원되는 스레드에 비해 가지는 장점으로 옳은 것은?**

① 한 프로세스가 운영체제를 호출할 때 전체 프로세스가 대기할 필요가 없으므로 시스템 성능을 높일 수 있다.
② 동시에 여러 스레드가 커널에 접근할 수 있으므로 여러 스레드가 시스템 호출을 동시에 사용할 수 있다.
③ 각 스레드를 개별적으로 관리할 수 있으므로 스레드의 독립적인 스케줄링이 가능하다.
④ 커널 모드로의 전환 없이 스레드 교환이 가능하므로 오버헤드가 줄어든다.

78 **한 모듈이 다른 모듈의 내부 기능 및 그 내부 자료를 참조하는 경우의 결합도는?**

① 내용 결합도(Content Coupling)
② 제어 결합도(Control Coupling)
③ 공통 결합도(Common Coupling)
④ 스탬프 결합도(Stamp Coupling)

79 **a[0]의 주소값이 10일 경우 다음 C언어 프로그램이 실행되었을 때의 결과는? (단, int형의 크기는 4Byte로 가정한다.)**

```
#include <stdio.h>
int main(int argc, char *argv[]) {
     int a[] = {14, 22, 30, 38};
     printf("%u, ", &a[2]);
     printf("%u", a);
      return 0;
}
```

① 14, 10　　② 14, 14
③ 18, 10　　④ 18, 14

80 **모듈화(Modularity)와 관련한 설명으로 틀린 것은?**

① 시스템을 모듈로 분할하면 각각의 모듈을 별개로 만들고 수정할 수 있기 때문에 좋은 구조가 된다.
② 응집도는 모듈과 모듈 사이의 상호의존 또는 연관 정도를 의미한다.
③ 모듈 간의 결합도가 약해야 독립적인 모듈이 될 수 있다.
④ 모듈 내 구성 요소들 간의 응집도가 강해야 좋은 모듈 설계이다.

과목 05 정보 시스템 구축 관리

81 **소프트웨어 개발에서 정보보안 3요소에 해당하지 않는 설명은?**

① 기밀성 : 인가된 사용자에 대해서만 자원 접근이 가능하다.
② 무결성 : 인가된 사용자에 대해서만 자원 수정이 가능하며 전송 중인 정보는 수정되지 않는다.
③ 가용성 : 인가된 사용자는 가지고 있는 권한 범위 내에서 언제든 자원 접근이 가능하다.
④ 휘발성 : 인가된 사용자가 수행한 데이터는 처리 완료 즉시 폐기되어야 한다.

82 **어떤 외부 컴퓨터가 접속되면 접속 인가 여부를 점검해서 인가된 경우에는 접속이 허용되고, 그 반대의 경우에는 거부할 수 있는 접근 제어 유틸리티는?**

① tcp wrapper
② trace checker
③ token finder
④ change detector

83 기기를 키오스크에 갖다 대면 원하는 데이터를 바로 가져올 수 있는 기술로 10cm 이내 근접 거리에서 기가급 속도로 데이터 전송이 가능한 초고속 근접 무선 통신(NFC : Near Field Communication) 기술은?

① BcN(Broadband Convergence Network)
② Zing
③ Marine Navi
④ C-V2X(Cellular Vehicle To Everything)

84 취약점 관리를 위한 응용 프로그램의 보안 설정과 가장 거리가 먼 것은?

① 서버 관리실 출입 통제
② 실행 프로세스 권한 설정
③ 운영체제의 접근 제한
④ 운영체제의 정보 수집 제한

85 소프트웨어 개발 프레임워크와 관련한 설명으로 가장 적절하지 않은 것은?

① 반제품 상태의 제품을 토대로 도메인별로 필요한 서비스 컴포넌트를 사용하여 재사용성 확대와 성능을 보장받을 수 있게 하는 개발 소프트웨어이다.
② 라이브러리와는 달리 사용자 코드에서 프레임워크를 호출해서 사용하고, 그에 대한 제어도 사용자 코드가 가지는 방식이다.
③ 설계 관점에 개발 방식을 패턴화시키기 위한 노력의 결과물인 소프트웨어 상태로 집적화시킨 것으로 볼 수 있다.
④ 프레임워크의 동작 원리를 그 제어 흐름의 일반적인 프로그램 흐름과 반대로 동작한다고 해서 IoC(Inversion of Control)이라고 설명하기도 한다.

86 클라우드 기반 HSM(Cloud-based Hardware Security Module)에 대한 설명으로 틀린 것은?

① 클라우드(데이터센터) 기반 암호화 키 생성, 처리, 저장 등을 하는 보안 기기이다.
② 국내에서는 공인인증제의 폐지와 전자서명법 개정을 추진하면서 클라우드 HSM 용어가 자주 등장하였다.
③ 클라우드에 인증서를 저장하므로 기존 HSM 기기나 휴대폰에 인증서를 저장해 다닐 필요가 없다.
④ 하드웨어가 아닌 소프트웨어적으로만 구현되기 때문에 소프트웨어식 암호 기술에 내재된 보안 취약점을 해결할 수 없다는 것이 주요 단점이다.

87 다음 내용이 설명하는 기술로 가장 적절한 것은?

- 다른 국을 향하는 호출이 중계에 의하지 않고 직접 접속되는 그물 모양의 네트워크이다.
- 통신량이 많은 비교적 소수의 국 사이에 구성될 경우 경제적이며 간편하지만, 다수의 국 사이에는 회선이 세분화되어 비경제적일 수도 있다.
- 해당 형태의 무선 네트워크의 경우 대용량을 빠르고 안전하게 전달할 수 있어 행사장이나 군 등에서 많이 활용된다.

① Virtual Local Area Network
② Simple Station Network
③ Mesh Network
④ Modem Network

88 물리적 위협으로 인한 문제에 해당하지 않는 것은?

① 화재, 홍수 등 천재지변으로 인한 위협
② 하드웨어 파손, 고장으로 인한 장애
③ 방화, 테러로 인한 하드웨어와 기록 장치를 물리적으로 파괴하는 행위
④ 방화벽 설정의 잘못된 조작으로 인한 네트워크, 서버 보안 위협

89 **악성 코드의 유형 중 다른 컴퓨터의 취약점을 이용하여 스스로 전파하거나 메일로 전파되며 스스로를 증식하는 것은?**

① Worm
② Rogue Ware
③ Adware
④ Reflection Attack

90 **다음 설명에 해당되는 공격 기법은?**

> 시스템 공격 기법 중 하나로 허용 범위 이상의 ICMP 패킷을 전송하여 대상 시스템의 네트워크를 마비시킨다.

① Ping of Death
② Session Hijacking
③ Piggyback Attack
④ XSS

91 **다음 설명에 해당되는 소프트웨어는?**

> – 개발해야 할 애플리케이션의 일부분이 이미 내장된 클래스 라이브러리로 구현이 되어 있다.
> – 따라서, 그 기반이 되는 이미 존재하는 부분을 확장 및 이용하는 것으로 볼 수 있다.
> – JAVA 기반의 대표적인 소프트웨어로는 스프링(Spring)이 있다.

① 전역 함수 라이브러리
② 소프트웨어 개발 프레임워크
③ 컨테이너 아키텍처
④ 어휘 분석기

92 **소프트웨어 개발 방법론 중 애자일(Agile) 방법론의 특징과 가장 거리가 먼 것은?**

① 각 단계의 결과가 완전히 확인된 후 다음 단계 진행
② 소프트웨어 개발에 참여하는 구성원들 간의 의사소통 중시
③ 환경 변화에 대한 즉시 대응
④ 프로젝트 상황에 따른 주기적 조정

93 **대칭 암호 알고리즘과 비대칭 암호 알고리즘에 대한 설명으로 틀린 것은?**

① 대칭 암호 알고리즘은 비교적 실행 속도가 빠르기 때문에 다양한 암호의 핵심 함수로 사용될 수 있다.
② 대칭 암호 알고리즘은 비밀키 전달을 위한 키 교환이 필요하지 않아 암호화 및 복호화의 속도가 빠르다.
③ 비대칭 암호 알고리즘은 자신만이 보관하는 비밀키를 이용하여 인증, 전자 서명 등에 적용이 가능하다.
④ 대표적인 대칭 키 암호 알고리즘으로는 AES, IDEA 등이 있다.

94 **두 명의 개발자가 5개월에 걸쳐 10000라인의 코드를 개발하였을 때, 월별(man–month) 생산성 측정을 위한 계산 방식으로 가장 적합한 것은?**

① $\frac{10000}{2}$
② $\frac{10000}{(5\times2)}$
③ $\frac{10000}{5}$
④ $\frac{(2\times10000)}{5}$

95 **접근 통제 방법 중 조직 내에서 직무, 직책 등 개인의 역할에 따라 결정하여 부여하는 접근 정책은?**

① RBAC
② DAC
③ MAC
④ QAC

96 COCOMO(Constructive Cost Model) 모형의 특징이 아닌 것은?

① 프로젝트를 완성하는데 필요한 man-month로 산정 결과를 나타낼 수 있다.
② 보헴(Boehm)이 제안한 것으로 원시 코드 라인 수에 의한 비용 산정 기법이다.
③ 비교적 작은 규모의 프로젝트 기록을 통계 분석하여 얻은 결과를 반영한 모델이며 중소 규모 소프트웨어 프로젝트 비용 추정에 적합하다.
④ 프로젝트 개발 유형에 따라 Object, Dynamic, Function의 3가지 모드로 구분한다.

97 각 사용자 인증의 유형에 대한 설명으로 가장 적절하지 않은 것은?

① 지식 : 주체는 '그가 알고 있는 것'을 보여주며 예시로는 패스워드, PIN 등이 있다.
② 소유 : 주체는 '그가 가지고 있는 것'을 보여주며 예시로는 토큰, 스마트카드 등이 있다.
③ 존재 : 주체는 '그를 대체하는 것'을 보여주며 예시로는 패턴, QR 등이 있다.
④ 행위 : 주체는 '그가 하는 것'을 보여주며 예시로는 서명, 움직임, 음성 등이 있다.

98 시스템의 사용자가 로그인하여 명령을 내리는 과정에 대한 시스템의 동작 중 다음 설명에 해당하는 것은?

- 자신의 신원을 시스템에 증명하는 과정이다.
- 아이디와 패스워드를 입력하는 과정이 가장 일반적인 예시라고 볼 수 있다.

① Aging
② Accounting
③ Authorization
④ Authentication

99 다음에서 설명하는 IT 기술은?

- 네트워크를 제어부, 데이터 전달부로 분리하여 네트워크 관리자가 보다 효율적으로 네트워크를 제어, 관리할 수 있는 기술
- 기존의 라우터, 스위치 등과 같이 하드웨어에 의존하는 네트워크 체계에서 안정성, 속도, 보안 등을 소프트웨어로 제어, 관리하기 위해 개발됨
- 네트워크 장비의 펌웨어 업그레이드를 통해 사용자의 직접적인 데이터 전송 경로 관리가 가능하고, 기존 네트워크에는 영향을 주지 않으면서 특정 서비스의 전송 경로 수정을 통하여 인터넷상에서 발생하는 문제를 처리할 수 있음

① SDN(Software Defined Networking)
② NFS(Network File System)
③ Network Mapper
④ AOE Network

100 프로젝트 일정 관리 시 사용하는 PERT 차트에 대한 설명에 해당하는 것은?

① 각 작업들이 언제 시작하고 언제 종료되는지에 대한 일정을 막대도 표를 이용하여 표시한다.
② 시간선(Time-line) 차트라고도 한다.
③ 수평 막대의 길이는 각 작업의 기간을 나타낸다.
④ 작업들 간의 상호 관련성, 결정 경로, 경계 시간, 자원 할당 등을 제시한다.

최신 기출문제 08회
빠르게 정답 확인하기!
스마트폰으로 QR 코드를 찍어 보세요.
정답표를 통해 편리하게 채점할 수 있습니다.

최신 기출문제 09회

2022년 제1회

• **제한시간 :** 2시간 30분 • **소요시간 :** 시간 분 • **전체 문항 수 :** 100문항 • **맞힌 문항 수 :** 문항

과목 01 소프트웨어 설계

01 User Interface 설계 시 오류 메시지나 경고에 관한 지침으로 가장 거리가 먼 것은?

① 메시지는 이해하기 쉬워야 한다.
② 오류로부터 회복을 위한 구체적인 설명이 제공되어야 한다.
③ 오류로 인해 발생 될 수 있는 부정적인 내용을 적극적으로 사용자들에게 알려야 한다.
④ 소리나 색의 사용을 줄이고 텍스트로만 전달하도록 한다.

02 다음 중 애자일(Agile) 소프트웨어 개발에 대한 설명으로 틀린 것은?

① 공정과 도구보다 개인과의 상호작용을 더 가치 있게 여긴다.
② 동작하는 소프트웨어보다는 포괄적인 문서를 가치 있게 여긴다.
③ 계약 협상보다는 고객과의 협력을 가치 있게 여긴다.
④ 계획을 따르기보다 변화에 대응하기를 가치 있게 여긴다.

03 소프트웨어 설계에서 요구사항 분석에 대한 설명으로 틀린 것은?

① 소프트웨어가 무엇을 해야 하는가를 추적하여 요구사항 명세를 작성하는 작업이다.
② 사용자의 요구를 추출하여 목표를 정하고 어떤 방식으로 해결할 것인지 결정하는 단계이다.
③ 소프트웨어 시스템이 사용되는 동안 발견되는 오류를 정리하는 단계이다.
④ 소프트웨어 개발의 출발점이면서 실질적인 첫 번째 단계이다.

04 객체지향 기법에서 상위 클래스의 메소드와 속성을 하위 클래스가 물려받는 것을 의미하는 것은?

① Abstraction
② Polymorphism
③ Encapsulation
④ Inheritance

05 설계 기법 중 하향식 설계 방법과 상향식 설계 방법에 대한 비교 설명으로 가장 옳지 않은 것은?

① 하향식 설계에서는 통합 검사 시 인터페이스가 이미 정의되어 있어 통합이 간단하다.
② 하향식 설계에서 레벨이 낮은 데이터 구조의 세부 사항은 설계 초기 단계에서 필요하다.
③ 상향식 설계는 최하위 수준에서 각각의 모듈들을 설계하고 이러한 모듈이 완성되면 이들을 결합하여 검사한다.
④ 상향식 설계에서는 인터페이스가 이미 성립되어 있지 않더라도 기능 추가가 쉽다.

06 **자료 흐름도(DFD)의 각 요소별 표기 형태의 연결이 옳지 않은 것은?**

① Process : 원
② Data Flow : 화살표
③ Data Store : 삼각형
④ Terminator : 사각형

07 **소프트웨어 개발에 이용되는 모델(Model)에 대한 설명 중 거리가 먼 것은?**

① 모델은 개발 대상을 추상화하고 기호나 그림 등으로 시각적으로 표현한다.
② 모델을 통해 소프트웨어에 대한 이해도를 향상시킬 수 있다.
③ 모델을 통해 이해 당사자 간의 의사소통이 향상된다.
④ 모델을 통해 향후 개발될 시스템의 유추는 불가능하다.

08 **다음의 설명에 해당하는 언어는?**

> 객체지향 시스템을 개발할 때 산출물을 명세화, 시각화, 문서화하는 데 사용된다.
> 즉, 개발하는 시스템을 이해하기 쉬운 형태로 표현하여 분석가, 의뢰인, 설계자가 효율적인 의사소통을 할 수 있게 해준다.
> 따라서, 개발 방법론이나 개발 프로세스가 아니라 표준화된 모델링 언어이다.

① JAVA　　② C
③ UML　　④ Python

09 **다음 내용이 설명하는 UI 설계 도구는?**

> – 디자인, 사용 방법 설명, 평가 등을 위해 실제 화면과 유사하게 만든 정적인 형태의 모형
> – 시각적으로 구성 요소를 배치하는 것으로 일반적으로 실제로 구현되지는 않음

① 스토리보드(Storyboard)
② 목업(Mockup)
③ 프로토타입(Prototype)
④ 유스케이스(Usecase)

10 **애자일(Agile) 기법 중 스크럼(Scrum)과 관련된 용어에 대한 설명이 틀린 것은?**

① 스크럼 마스터(Scrum Master)는 스크럼 프로세스를 따르고, 팀이 스크럼을 효과적으로 활용할 수 있도록 보장하는 역할 등을 맡는다.
② 제품 백로그(Product Backlog)는 스크럼 팀이 해결해야 하는 목록으로 소프트웨어 요구사항, 아키텍처 정의 등이 포함될 수 있다.
③ 스프린트(Sprint)는 하나의 완성된 최종 결과물을 만들기 위한 주기로 3달 이상의 장기간으로 결정된다.
④ 속도(Velocity)는 한 번의 스프린트에서 한 팀이 어느 정도의 제품 백로그를 감당할 수 있는지에 대한 추정치로 볼 수 있다.

11 **UML 다이어그램 중 정적 다이어그램이 아닌 것은?**

① 컴포넌트 다이어그램　　② 배치 다이어그램
③ 순차 다이어그램　　④ 패키지 다이어그램

12 **LOC 기법에 의하여 예측된 총 라인수가 36000라인, 개발에 참여할 프로그래머가 6명, 프로그래머들의 평균 생산성이 월간 300라인일 때 개발에 소요되는 기간을 계산한 결과로 가장 옳은 것은?**

① 5개월　　② 10개월
③ 15개월　　④ 20개월

13 **클래스 설계 원칙에 대한 바른 설명은?**

① 단일 책임원칙 : 하나의 클래스만 변경 가능해야 한다.
② 개방–폐쇄의 원칙 : 클래스는 확장에 대해 열려 있어야 하며 변경에 대해 닫혀 있어야 한다.
③ 리스코프 교체의 원칙 : 여러 개의 책임을 가진 클래스는 하나의 책임을 가진 클래스로 대체되어야 한다.
④ 의존 관계 역전의 원칙 : 클라이언트는 자신이 사용하는 메소드와 의존 관계를 갖지 않도록 해야 한다.

14 GoF(Gangs of Four) 디자인 패턴에서 생성(Creational) 패턴에 해당하는 것은?

① 컴퍼지트(Composite)
② 어댑터(Adapter)
③ 추상 팩토리(Abstract Factory)
④ 옵서버(Observer)

15 아키텍처 설계 과정이 올바른 순서로 나열된 것은?

> ㉮ 설계 목표 설정
> ㉯ 시스템 타입 결정
> ㉰ 스타일 적용 및 커스터마이즈
> ㉱ 서브 시스템의 기능, 인터페이스 동작 작성
> ㉲ 아키텍처 설계 검토

① ㉮ → ㉯ → ㉰ → ㉱ → ㉲
② ㉲ → ㉮ → ㉯ → ㉱ → ㉰
③ ㉮ → ㉲ → ㉯ → ㉱ → ㉰
④ ㉮ → ㉯ → ㉰ → ㉲ → ㉱

16 사용자 인터페이스를 설계할 경우 고려해야 할 가이드 라인과 가장 거리가 먼 것은?

① 심미성을 사용성보다 우선하여 설계해야 한다.
② 효율성을 높이게 설계해야 한다.
③ 발생하는 오류를 쉽게 수정할 수 있어야 한다.
④ 사용자에게 피드백을 제공해야 한다.

17 소프트웨어 설계에서 자주 발생하는 문제에 대한 일반적이고 반복적인 해결 방법을 무엇이라고 하는가?

① 모듈 분해
② 디자인 패턴
③ 연관 관계
④ 클래스 도출

18 객체지향 분석 기법의 하나로 객체 모형, 동적 모형, 기능 모형의 3개 모형을 생성하는 방법은?

① Wirfs-Block Method
② Rumbaugh Method
③ Booch Method
④ Jacobson Method

19 입력되는 데이터를 컴퓨터의 프로세서가 처리하기 전에 미리 처리하여 프로세서가 처리하는 시간을 줄여주는 프로그램이나 하드웨어를 말하는 것은?

① EAI
② FEP
③ GPL
④ Duplexing

20 객체지향 개념 중 하나 이상의 유사한 객체들을 묶어 공통된 특성을 표현한 데이터 추상화를 의미하는 것은?

① Method
② Class
③ Field
④ Message

과목 02 소프트웨어 개발

21 클린 코드(Clean Code)를 작성하기 위한 원칙으로 틀린 것은?

① 추상화 : 하위 클래스/메소드/함수를 통해 애플리케이션의 특성을 간략하게 나타내고, 상세 내용은 상위 클래스/메소드/함수에서 구현한다.
② 의존성 : 다른 모듈에 미치는 영향을 최소화하도록 작성한다.
③ 가독성 : 누구든지 읽기 쉽게 코드를 작성한다.
④ 중복성 : 중복을 최소화할 수 있는 코드를 작성한다.

22 단위 테스트에서 테스트의 대상이 되는 하위 모듈을 호출하고, 파라미터를 전달하는 가상의 모듈로 상향식 테스트에 필요한 것은?

① 테스트 스텁(Test Stub)
② 테스트 드라이버(Test Driver)
③ 테스트 슈트(Test Suites)
④ 테스트 케이스(Test Case)

23 스택(Stack)에 대한 옳은 내용으로만 나열된 것은?

> ㉠ FIFO 방식으로 처리된다.
> ㉡ 순서 리스트의 뒤(Rear)에서 노드가 삽입되며, 앞(Front)에서 노드가 제거된다.
> ㉢ 선형 리스트의 양쪽 끝에서 삽입과 삭제가 모두 가능한 자료 구조이다.
> ㉣ 인터럽트 처리, 서브 루틴 호출 작업 등에 응용된다.

① ㉠, ㉡　　② ㉡, ㉢
③ ㉣　　④ ㉠, ㉡, ㉢, ㉣

24 소프트웨어 모듈화의 장점이 아닌 것은?

① 오류의 파급 효과를 최소화한다.
② 기능의 분리가 가능하여 인터페이스가 복잡하다.
③ 모듈의 재사용 기능으로 개발과 유지보수가 용이하다.
④ 프로그램의 효율적인 관리가 가능하다.

25 소프트웨어 프로젝트 관리에 대한 설명으로 가장 옳은 것은?

① 개발에 따른 산출물 관리
② 소요 인력은 최대화하되 정책 결정은 신속하게 처리
③ 주어진 기간은 연장하되 최소의 비용으로 시스템을 개발
④ 주어진 기간 내에 최소의 비용으로 사용자를 만족시키는 시스템을 개발

26 정형 기술 검토(FTR)의 지침으로 틀린 것은?

① 의제를 제한한다.
② 논쟁과 반박을 제한한다.
③ 문제 영역을 명확히 표현한다.
④ 참가자의 수를 제한하지 않는다.

27 소프트웨어 재공학의 주요 활동 중 기존 소프트웨어 시스템을 새로운 기술 또는 하드웨어 환경에서 사용할 수 있도록 변환하는 작업을 의미하는 것은?

① Analysis
② Migration
③ Restructuring
④ Reverse Engineering

28 정보 시스템을 개발 단계에서 프로그래밍 언어 선택 시 고려할 사항으로 가장 거리가 먼 것은?

① 개발 정보 시스템의 특성
② 사용자의 요구사항
③ 컴파일러의 가용성
④ 컴파일러의 독창성

29 소프트웨어 패키징에 대한 설명으로 틀린 것은?

① 패키징은 개발자 중심으로 진행한다.
② 신규 및 변경 개발 소스를 식별하고, 이를 모듈화하여 상용 제품으로 패키징한다.
③ 고객의 편의성을 위해 매뉴얼 및 버전 관리를 지속적으로 한다.
④ 범용 환경에서 사용이 가능하도록 일반적인 배포 형태로 패키징이 진행된다.

30 자료 구조의 분류 중 선형 구조가 아닌 것은?

① 트리　　② 리스트
③ 스택　　④ 데크

31 아주 오래되거나 참고문서 또는 개발자가 없어 유지보수 작업이 아주 어려운 프로그램을 의미하는 것은?

① Title Code　② Source Code
③ Object Code　④ Alien Code

32 소프트웨어를 재사용함으로써 얻을 수 있는 이점으로 가장 거리가 먼 것은?

① 생산성 증가
② 프로젝트 문서 공유
③ 소프트웨어 품질 향상
④ 새로운 개발 방법론 도입 용이

33 인터페이스 간의 통신을 위해 이용되는 데이터 포맷이 아닌 것은?

① AJTML　② JSON
③ XML　④ YAML

34 프로그램 설계도의 하나인 N–S Chart에 대한 설명으로 가장 거리가 먼 것은?

① 논리의 기술에 중점을 두고 도형을 이용한 표현 방법이다.
② 이해하기 쉽고 코드 변환이 용이하다.
③ 화살표나 GOTO를 사용하여 이해하기 쉽다.
④ 연속, 선택, 반복 등의 제어 논리 구조를 표현한다.

35 순서가 A, B, C, D로 정해진 입력 자료를 push, push, pop, push, push, pop, pop, pop 순서로 스택 연산을 수행하는 경우 출력 결과는?

① B D C A　② A B C D
③ B A C D　④ A B D C

36 분할 정복(Divide and Conquer)에 기반한 알고리즘으로 피벗(Pivot)을 사용하며 최악의 경우 $\frac{n(n-1)}{2}$ 회의 비교를 수행하는 정렬(Sort)은?

① Selection Sort
② Bubble Sort
③ Insert Sort
④ Quick Sort

37 화이트 박스 검사 기법에 해당하는 것으로만 짝지어진 것은?

ㄱ 데이터 흐름 검사
ㄴ 루프 검사
ㄷ 동등 분할 검사
ㄹ 경계값 분석
ㅁ 원인 결과 그래프 기법
ㅂ 오류 예측 기법

① ㄱ, ㄴ　② ㄱ, ㄹ
③ ㄴ, ㅁ　④ ㄷ, ㅂ

38 소프트웨어 품질 관련 국제 표준인 ISO/IEC 25000에 관한 설명으로 옳지 않은 것은?

① 소프트웨어 품질 평가를 위한 소프트웨어 품질 평가 통합 모델 표준이다.
② System and Software Quality Requirements and Evaluation으로 줄여서 SQuaRE라고도 한다.
③ ISO/IEC 2501n에서는 소프트웨어의 내부 측정, 외부 측정, 사용 품질 측정, 품질 측정 요소 등을 다룬다.
④ 기존 소프트웨어 품질 평가 모델과 소프트웨어 평가 절차 모델인 ISO/IEC 9126과 ISO/IEC 14598을 통합하였다.

39 코드 인스펙션과 관련한 설명으로 틀린 것은?

① 프로그램을 수행시켜보는 것 대신에 읽어보고 눈으로 확인하는 방법으로 볼 수 있다.
② 코드 품질 향상 기법 중 하나이다.
③ 동적 테스트 시에만 활용하는 기법이다.
④ 결함과 함께 코딩 표준 준수 여부, 효율성 등의 다른 품질 이슈를 검사하기도 한다.

40 프로젝트에 내재된 위험 요소를 인식하고 그 영향을 분석하여 이를 관리하는 활동으로서, 프로젝트를 성공시키기 위하여 위험 요소를 사전에 예측, 대비하는 모든 기술과 활동을 포함하는 것은?

① Critical Path Method
② Risk Analysis
③ Work Breakdown Structure
④ Waterfall Model

과목 03 데이터베이스 구축

41 데이터베이스 설계 단계 중 물리적 설계 시 고려 사항으로 적절하지 않은 것은?

① 스키마의 평가 및 정제
② 응답 시간
③ 저장 공간의 효율화
④ 트랜잭션 처리량

42 DELETE 명령에 대한 설명으로 틀린 것은?

① 테이블의 행을 삭제할 때 사용한다.
② WHERE 조건절이 없는 DELETE 명령을 수행하면 DROP TABLE 명령을 수행했을 때와 동일한 효과를 얻을 수 있다.
③ SQL을 사용 용도에 따라 분류할 경우 DML에 해당한다.
④ 기본 사용 형식은 "DELETE FROM 테이블 [WHERE 조건];" 이다.

43 어떤 릴레이션 R의 모든 조인 종속성의 만족이 R의 후보키를 통해서만 만족될 때, 이 릴레이션 R이 해당하는 정규형은?

① 제5정규형 ② 제4정규형
③ 제3정규형 ④ 제1정규형

44 E-R 모델에서 다중값 속성의 표기법은?

① ②
③ ④

45 다른 릴레이션의 기본키를 참조하는 키를 의미하는 것은?

① 필드키 ② 슈퍼키
③ 외래키 ④ 후보키

46 관계 해석에서 '모든 것에 대하여'의 의미를 나타내는 논리 기호는?

① ∃ ② ∈
③ ∀ ④ ⊂

47 다음 릴레이션의 Degree와 Cardinality는?

학번	이름	학년	학과
13001	홍길동	3학년	전기
13002	이순신	4학년	기계
13003	강감찬	2학년	컴퓨터

① Degree : 4, Cardinality : 3
② Degree : 3, Cardinality : 4
③ Degree : 3, Cardinality : 12
④ Degree : 12, Cardinality : 3

48 뷰(View)에 대한 설명으로 틀린 것은?

① 뷰 위에 또 다른 뷰를 정의할 수 있다.
② DBA는 보안성 측면에서 뷰를 활용할 수 있다.
③ 사용자가 필요한 정보를 요구에 맞게 가공하여 뷰로 만들 수 있다.
④ SQL을 사용하면 뷰에 대한 삽입, 갱신, 삭제 연산 시 제약 사항이 없다.

49 관계 대수식을 SQL 질의로 옳게 표현한 것은?

$\pi_{이름}(\sigma_{학과='교육'}(학생))$

① SELECT 학생 FROM 이름 WHERE 학과 = '교육';
② SELECT 이름 FROM 학생 WHERE 학과 = '교육';
③ SELECT 교육 FROM 학과 WHERE 이름 = '학생';
④ SELECT 학과 FROM 학생 WHERE 이름 = '교육';

50 정규화 과정에서 함수 종속이 A → B이고 B → C일 때 A → C인 관계를 제거하는 단계는?

① 1NF → 2NF ② 2NF → 3NF
③ 3NF → BCNF ④ BCNF → 4NF

51 CREATE TABLE문에 포함되지 않는 기능은?

① 속성의 타입 변경
② 속성의 NOT NULL 여부 지정
③ 기본키를 구성하는 속성 지정
④ CHECK 제약조건의 정의

52 SQL과 관련한 설명으로 틀린 것은?

① REVOKE 키워드를 사용하여 열 이름을 다시 부여할 수 있다.
② 데이터 정의어는 기본 테이블, 뷰 테이블 또는 인덱스 등을 생성, 변경, 제거하는데 사용되는 명령어이다.
③ DISTINCT를 활용하여 중복 값을 제거할 수 있다.
④ JOIN을 통해 여러 테이블의 레코드를 조합하여 표현할 수 있다.

53 다음 SQL문의 실행 결과로 생성되는 튜플 수는?

```
SELECT 급여 FROM 사원;
```

[사원] 테이블

사원ID	사원명	급여	부서ID
101	박철수	30000	1
102	한나라	35000	2
103	김감동	40000	3
104	이구수	35000	2
105	최초록	40000	3

① 1
② 3
③ 4
④ 5

54 다음 SQL문에서 사용된 BETWEEN 연산의 의미와 동일한 것은?

```
SELECT *
FROM 성적
WHERE (점수 BETWEEN 90 AND 95)
        AND 학과 = '컴퓨터공학과';
```

① 점수 〉= 90 AND 점수 〈= 95
② 점수 〉 90 AND 점수 〈 95
③ 점수 〉 90 AND 점수 〈= 95
④ 점수 〉= 90 AND 점수 〈 95

55 트랜잭션의 상태 중 트랜잭션의 수행이 실패하여 Rollback 연산을 실행한 상태는?

① 철회(Aborted)
② 부분 완료(Partially Committed)
③ 완료(Commit)
④ 실패(Fail)

56 데이터 제어어(DCL)에 대한 설명으로 옳은 것은?

① ROLLBACK : 데이터의 보안과 무결성을 정의한다.
② COMMIT : 데이터베이스 사용자의 사용 권한을 취소한다.
③ GRANT : 데이터베이스 사용자에게 사용 권한을 부여한다.
④ REVOKE : 데이터베이스 조작 작업이 비정상적으로 종료되었을 때 원래 상태로 복구한다.

57 테이블 R과 S에 대한 SQL문이 실행되었을 때, 실행 결과로 옳은 것은?

[R]

A	B
1	A
3	B

[S]

A	B
1	A
2	B

```
SELECT A FROM R
UNION ALL
SELECT A FROM S;
```

①

1

②

3
2

③

1
3

④

1
3
1
2

58 분산 데이터베이스 시스템(Distributed Database System)에 대한 설명으로 틀린 것은?

① 분산 데이터베이스는 논리적으로는 하나의 시스템에 속하지만 물리적으로는 여러 개의 컴퓨터 사이트에 분산되어 있다.
② 위치 투명성, 중복 투명성, 병행 투명성, 장애 투명성을 목표로 한다.
③ 데이터베이스의 설계가 비교적 어렵고, 개발 비용과 처리 비용이 증가한다는 단점이 있다.
④ 분산 데이터베이스 시스템의 주요 구성 요소는 분산 처리기, P2P 시스템, 단일 데이터베이스 등이 있다.

59 테이블 두 개를 조인하여 뷰 V_1을 정의하고, V_1을 이용하여 뷰 V_2를 정의하였다. 다음 명령 수행 후 결과로 옳은 것은?

```
DROP VIEW V_1 CASCADE;
```

① V_1만 삭제된다.
② V_2만 삭제된다.
③ V_1과 V_2 모두 삭제된다.
④ V_1과 V_2 모두 삭제되지 않는다.

60 데이터베이스에서 병행 제어의 목적으로 틀린 것은?

① 시스템 활용도 최대화
② 사용자에 대한 응답 시간 최소화
③ 데이터베이스 공유 최소화
④ 데이터베이스 일관성 유지

과목 04 프로그래밍 언어 활용

61 IP 주소 체계와 관련한 설명으로 틀린 것은?

① IPv6의 패킷 헤더는 32octet의 고정된 길이를 가진다.
② IPv6는 주소 자동 설정(Auto Configuration) 기능을 통해 손쉽게 이용자의 단말을 네트워크에 접속시킬 수 있다.
③ IPv4는 호스트 주소를 자동으로 설정하며 유니캐스트(Unicast)를 지원한다.
④ IPv4는 클래스별로 네트워크와 호스트 주소의 길이가 다르다.

62 다음 C언어 프로그램이 실행되었을 때, 실행 결과는?

```
#include <stdio.h>
#include <stdlib.h>
int main(int argc, char *argv[]) {
   int arr[2][3] = {1, 2, 3, 4, 5, 6};
   int (*p)[3] = NULL;
   p = arr;
   printf("%d, ", *(p[0]+1) + *(p[1]+2));
   printf("%d", *(*(p+1)+0) + *(*(p+1)+1));
   return 0;
}
```

① 7, 5 ② 8, 5
③ 8, 9 ④ 7, 9

63 OSI 7계층 중 데이터 링크 계층에 해당되는 프로토콜이 아닌 것은?

① HTTP ② HDLC
③ PPP ④ LLC

64 C언어에서 두 개의 논리값 중 하나라도 참이면 1을, 모두 거짓이면 0을 반환하는 연산자는?

① || ② &&
③ ** ④ !=

65 IPv6에 대한 특성으로 틀린 것은?

① 표시 방법은 8비트씩 4부분의 10진수로 표시한다.
② 2^{128}개의 주소를 표현할 수 있다.
③ 등급별, 서비스별로 패킷을 구분할 수 있어 품질보장이 용이하다.
④ 확장 기능을 통해 보안 기능을 제공한다.

66 JAVA의 예외(Exception)와 관련한 설명으로 틀린 것은?

① 문법 오류로 인해 발생한 것
② 오동작이나 결과에 악영향을 미칠 수 있는 실행 시간 동안에 발생한 오류
③ 배열의 인덱스가 그 범위를 넘어서는 경우 발생하는 오류
④ 존재하지 않는 파일을 읽으려고 하는 경우에 발생하는 오류

67 TCP/IP 계층 구조에서 IP의 동작 과정에서의 전송 오류가 발생하는 경우에 대비해 오류 정보를 전송하는 목적으로 사용하는 프로토콜은?

① ECP(Error Checking Protocol)
② ARP(Address Resolution Protocol)
③ ICMP(Internet Control Message Protocol)
④ PPP(Point-to-Point Protocol)

68 좋은 소프트웨어 설계를 위한 소프트웨어의 모듈 간의 결합도(Coupling)와 모듈 내 요소 간 응집도(Cohesion)에 대한 설명으로 옳은 것은?

① 응집도는 낮게 결합도는 높게 설계한다.
② 응집도는 높게 결합도는 낮게 설계한다.
③ 양쪽 모두 낮게 설계한다.
④ 양쪽 모두 높게 설계한다.

69 다음과 같은 형태로 임계 구역의 접근을 제어하는 상호배제 기법은?

```
P(S) : while S <= 0 do skip;
S := S - 1;
V(S) : S := S + 1;
```

① Dekker Algorithm
② Lamport Algorithm
③ Peterson Algorithm
④ Semaphore

70 소프트웨어 개발에서 모듈(Module)이 되기 위한 주요 특징에 해당하지 않는 것은?

① 다른 것들과 구별될 수 있는 독립적인 기능을 가진 단위(Unit)이다.
② 독립적인 컴파일이 가능하다.
③ 유일한 이름을 가져야 한다.
④ 다른 모듈에서의 접근이 불가능해야 한다.

71 빈 기억 공간의 크기가 20KB, 16KB, 8KB, 40KB일 때 기억 장치 배치 전략으로 "Best Fit"을 사용하여 17KB의 프로그램을 적재할 경우 내부 단편화의 크기는 얼마인가?

① 3KB
② 23KB
③ 64KB
④ 67KB

72 다음 C언어 프로그램이 실행되었을 때, 실행 결과는?

```
#include <stdio.h>
#include <stdlib.h>
int main(int argc, char *argv[]) {
    int i = 0;
    while(1) {
        if(i == 4) {
            break;
        }
        ++i;
    }
    printf("i = %d", i);
    return 0;
}
```

① i = 0　　② i = 1
③ i = 3　　④ i = 4

73 다음 JAVA 프로그램이 실행되었을 때, 실행 결과는?

```
public class Ape {
  static void rs(char a[]) {
    for(int i = 0; i < a.length; i++)
          if(a[i] == 'B')
          a[i] = 'C';
       else if(i == a.length - 1)
        a[i] = a[i-1];
          else a[i] = a[i+1];
  }

  static void pca(char a[]) {
    for(int i = 0; i < a.length; i++)
      System.out.print(a[i]);
    System.out.println();
  }

  public static void main(String[] args) {
   char c[] = {'A', 'B', 'D', 'D', 'A',
   'B', 'C'};
   rs(c);
   pca(c);
  }
}
```

① BCDABCA
② BCDABCC
③ CDDACCC
④ CDDACCA

기출 최신 기출문제

74 개발 환경 구성을 위한 빌드(Build) 도구에 해당하지 않는 것은?

① Ant
② Kerberos
③ Maven
④ Gradle

75 3개의 페이지 프레임을 갖는 시스템에서 페이지 참조 순서가 1, 2, 1, 0, 4, 1, 3일 경우 FIFO 알고리즘에 의한 페이지 교체의 경우 프레임의 최종 상태는?

① 1, 2, 0　　② 2, 4, 3
③ 1, 4, 2　　④ 4, 1, 3

76 다음 C언어 프로그램이 실행되었을 때, 실행 결과는?

```
#include <stdio.h>
#include <string.h>
int main(int argc, char *argv[]) {
      char str1[20] = "KOREA";
      char str2[20] = "LOVE";
      char* p1 = NULL;
      char* p2 = NULL;
      p1 = str1;
      p2 = str2;
      str1[1] = p2[2];
      str2[3] = p1[4];
      strcat(str1, str2);
      printf("%c", *(p1+2));
      return 0;
}
```

① E　　② V
③ R　　④ O

77 다음 Python 프로그램이 실행되었을 때, 실행 결과는?

```
a = 100
list_data = ['a', 'b', 'c']
dict_data = {'a' : 90, 'b' : 95}
print(list_data[0])
print(dict_data['a'])
```

①
```
a
90
```
②
```
100
90
```
③
```
100
100
```
④
```
a
a
```

78 C언어에서 정수 변수 a, b에 각각 1, 2가 저장되어 있을 때 다음 식의 연산 결과로 옳은 것은?

```
a < b + 2 && a << 1 <= b
```

① 0　　② 1
③ 3　　④ 5

79 다음 Python 프로그램이 실행되었을 때의 결과는?

```
a = ["대", "한", "민", "국"]
for i in a:
    print(i)
```

①
```
대한민국
```
②
```
대
한
민
국
```
③
```
대
```
④
```
대대대대
```

80 **UNIX 시스템의 쉘(shell)의 주요 기능에 대한 설명이 아닌 것은?**

① 사용자 명령을 해석하고 커널로 전달하는 기능을 제공한다.
② 반복적인 명령을 프로그램으로 만드는 프로그래밍 기능을 제공한다.
③ 쉘 프로그램 실행을 위해 프로세스와 메모리를 관리한다.
④ 초기화 파일을 이용해 사용자 환경을 설정하는 기능을 제공한다.

과목 05 정보 시스템 구축 관리

81 **소프트웨어 생명주기 모델 중 나선형 모델(Spiral Model)과 관련한 설명으로 틀린 것은?**

① 소프트웨어 개발 프로세스를 위험 관리(Risk Management) 측면에서 본 모델이다.
② 위험 분석(Risk Analysis)은 반복적인 개발 진행 후 주기의 마지막 단계에서 최종적으로 한 번 수행해야 한다.
③ 시스템을 여러 부분으로 나누어 여러 번의 개발 주기를 거치면서 시스템이 완성된다.
④ 요구사항이나 아키텍처를 이해하기 어렵다거나 중심이 되는 기술에 문제가 있는 경우 적합한 모델이다.

82 **정보 시스템과 관련한 다음 설명에 해당하는 것은?**

- 각 시스템 간에 공유 디스크를 중심으로 클러스터링으로 엮어 다수의 시스템을 동시에 연결할 수 있다.
- 조직, 기업의 기간 업무 서버 등의 안정성을 높이기 위해 사용될 수 있다.
- 여러 가지 방식으로 구현되며 2개의 서버를 연결하는 것으로 2개의 시스템이 각각 업무를 수행하도록 구현하는 방식이 널리 사용된다.

① 고가용성 솔루션(HACMP)
② 점대점 연결 방식(Point-to-Point Mode)
③ 스턱스넷(Stuxnet)
④ 루팅(Rooting)

83 **위조된 매체 접근 제어(MAC) 주소를 지속적으로 네트워크로 흘려보내, 스위치 MAC 주소 테이블의 저장 기능을 혼란시켜 더미 허브(Dummy Hub)처럼 작동하게 하는 공격은?**

① Parsing　　② LAN Tapping
③ Switch Jamming　　④ FTP Flooding

84 **다음 내용이 설명하는 스토리지 시스템은?**

- 하드 디스크와 같은 데이터 저장 장치를 호스트 버스 어댑터에 직접 연결하는 방식
- 저장 장치와 호스트 기기 사이에 네트워크 디바이스 없이 직접 연결하는 방식으로 구성

① DAS　　② NAS
③ BSA　　④ NFC

85 **취약점 관리를 위해 일반적으로 수행하는 작업이 아닌 것은?**

① 무결성 검사
② 응용 프로그램의 보안 설정 및 패치(Patch) 적용
③ 중단 프로세스 및 닫힌 포트 위주로 확인
④ 불필요한 서비스 및 악성 프로그램의 확인과 제거

86 **소프트웨어 생명주기 모델 중 V 모델과 관련한 설명으로 틀린 것은?**

① 요구 분석 및 설계 단계를 거치지 않으며 항상 통합 테스트를 중심으로 V 형태를 이룬다.
② Perry에 의해 제안되었으며 세부적인 테스트 과정으로 구성되어 신뢰도 높은 시스템을 개발하는 데 효과적이다.
③ 개발 작업과 검증 작업 사이의 관계를 명확히 들어내 놓은 폭포수 모델의 변형이라고 볼 수 있다.
④ 폭포수 모델이 산출물 중심이라면 V 모델은 작업과 결과의 검증에 초점을 둔다.

87 **블루투스(Bluetooth) 공격과 해당 공격에 대한 설명이 올바르게 연결된 것은?**

① 블루버그(BlueBug) – 블루투스의 취약점을 활용하여 장비의 파일에 접근하는 공격으로 OPP를 사용하여 정보를 열람
② 블루스나프(BlueSnarf) – 블루투스를 이용해 스팸처럼 명함을 익명으로 퍼뜨리는 것
③ 블루프린팅(BluePrinting) – 블루투스 공격 장치의 검색 활동을 의미
④ 블루재킹(BlueJacking) – 블루투스 장비 사이의 취약한 연결 관리를 악용한 공격

88 **DoS(Denial of Service) 공격과 관련한 내용으로 틀린 것은?**

① Ping of Death 공격은 정상 크기보다 큰 ICMP 패킷을 작은 조각(Fragment)으로 쪼개어 공격 대상이 조각화된 패킷을 처리하게 만드는 공격 방법이다.
② Smurf 공격은 멀티캐스트(Multicast)를 활용하여 공격 대상이 네트워크의 임의의 시스템에 패킷을 보내게 만드는 공격이다.
③ SYN Flooding은 존재하지 않는 클라이언트가 서버별로 한정된 접속 가능 공간에 접속한 것처럼 속여 다른 사용자가 서비스를 이용하지 못하게 하는 것이다.
④ Land 공격은 패킷 전송 시 출발지 IP 주소와 목적지 IP 주소 값을 똑같이 만들어서 공격 대상에게 보내는 공격 방법이다.

89 **다음 설명에 해당하는 시스템은?**

> – 1990년대 David Clock이 처음 제안하였다.
> – 비정상적인 접근의 탐지를 위해 의도적으로 설치해 둔 시스템이다.
> – 침입자를 속여 실제 공격당하는 것처럼 보여줌으로써 크래커를 추적 및 공격 기법의 정보를 수집하는 역할을 한다.
> – 쉽게 공격자에게 노출되어야 하며 쉽게 공격이 가능한 것처럼 취약해 보여야 한다.

① Apache ② Hadoop
③ Honeypot ④ MapReduce

90 **다음이 설명하는 IT 기술은?**

> – 컨테이너 응용 프로그램의 배포를 자동화하는 오픈소스 엔진이다.
> – 소프트웨어 컨테이너 안에 응용 프로그램들을 배치시키는 일을 자동화해 주는 오픈소스 프로젝트이자 소프트웨어로 볼 수 있다.

① Stack Guard ② Docker
③ Cipher Container ④ Scytale

91 **간트 차트(Gantt Chart)에 대한 설명으로 틀린 것은?**

① 프로젝트를 이루는 소작업별로 언제 시작되고 언제 끝나야 하는지를 한눈에 볼 수 있도록 도와준다.
② 자원 배치 계획에 유용하게 사용된다.
③ CPM 네트워크로부터 만드는 것이 가능하다.
④ 수평 막대의 길이는 각 작업(Task)에 필요한 인원수를 나타낸다.

92 **Python 기반의 웹 크롤링(Web Crawling) 프레임워크로 옳은 것은?**

① Li–fi ② Scrapy
③ CrawlCat ④ SBAS

93 **Secure 코딩에서 입력 데이터의 보안 약점과 관련한 설명으로 틀린 것은?**

① SQL 삽입 : 사용자의 입력값 등 외부 입력값이 SQL 쿼리에 삽입되어 공격
② 크로스사이트 스크립트 : 검증되지 않은 외부 입력값에 의해 브라우저에서 악의적인 코드가 실행
③ 운영체제 명령어 삽입 : 운영체제 명령어 파라미터 입력값이 적절한 사전 검증을 거치지 않고 사용되어 공격자가 운영체제 명령어를 조작
④ 자원 삽입 : 사용자가 내부 입력값을 통해 시스템 내에 사용이 불가능한 자원을 지속적으로 입력함으로써 시스템에 과부하 발생

94 Windows 파일 시스템인 FAT과 비교했을 때의 NTFS의 특징이 아닌 것은?

① 보안에 취약
② 대용량 볼륨에 효율적
③ 자동 압축 및 안정성
④ 저용량 볼륨에서의 속도 저하

95 DES는 몇 비트의 암호화 알고리즘인가?

① 8 ② 24
③ 64 ④ 132

96 리눅스에서 생성된 파일 권한이 644일 경우 umask 값은?

① 022 ② 666
③ 777 ④ 755

97 다음 내용이 설명하는 로그 파일은?

- 리눅스 시스템에서 사용자의 성공한 로그인/로그아웃 정보 기록
- 시스템의 종료/시작 시간 기록

① tapping
② xtslog
③ linuxer
④ wtmp

98 상향식 비용 산정 기법 중 LOC(원시 코드 라인 수) 기법에서 예측치를 구하기 위해 사용하는 항목이 아닌 것은?

① 낙관치
② 기대치
③ 비관치
④ 모형치

99 OSI 7Layer 전 계층의 프로토콜과 패킷 내부의 콘텐츠를 파악하여 침입 시도, 해킹 등을 탐지하고 트래픽을 조정하기 위한 패킷 분석 기술은?

① PLCP(Packet Level Control Processor)
② Traffic Distributor
③ Packet Tree
④ DPI(Deep Packet Inspection)

100 소프트웨어 개발 방법론의 테일러링(Tailoring)과 관련한 설명으로 틀린 것은?

① 프로젝트 수행 시 예상되는 변화를 배제하고 신속히 진행하여야 한다.
② 프로젝트에 최적화된 개발 방법론을 적용하기 위해 절차, 산물출 등을 적절히 변경하는 활동이다.
③ 관리 측면에서의 목적 중 하나는 최단 기간에 안정적인 프로젝트 진행을 위한 사전 위험을 식별하고 제거하는 것이다.
④ 기술적 측면에서의 목적 중 하나는 프로젝트에 최적화된 기술 요소를 도입하여 프로젝트 특성에 맞는 최적의 기법과 도구를 사용하는 것이다.

최신 기출문제 09회
빠르게 정답 확인하기!
스마트폰으로 QR 코드를 찍어 보세요.
정답표를 통해 편리하게 채점할 수 있습니다.

최신 기출문제 10회

2021년 제3회

• **제한시간 :** 2시간 30분 • **소요시간 :** 시간 분 • **전체 문항 수 :** 100문항 • **맞힌 문항 수 :** 문항

과목 01 소프트웨어 설계

01 럼바우(Rumbaugh)의 객체지향 분석 기법 중 자료 흐름도(DFD)를 주로 이용하는 것은?

① 기능 모델링 ② 동적 모델링
③ 객체 모델링 ④ 정적 모델링

02 클래스 다이어그램의 요소로 다음 설계에 해당하는 용어는?

- 클래스의 동작을 의미한다.
- 클래스에 속하는 객체에 대하여 적용될 메소드를 정의한 것이다.
- UML에서는 동작에 대한 인터페이스를 지칭한다고 볼 수 있다.

① Instance ② Operation
③ Item ④ Hiding

03 요구사항 검증(Requirements Validation)과 관련한 설명으로 틀린 것은?

① 요구사항이 고객이 정말 원하는 시스템을 제대로 정의하고 있는지 점검하는 과정이다.
② 개발 완료 이후에 문제점이 발견될 경우 막대한 재작업 비용이 들 수 있기 때문에 요구사항 검증은 매우 중요하다.
③ 요구사항이 실제 요구를 반영하는지, 문서상의 요구사항은 서로 상충되지 않는지 등을 점검한다.
④ 요구사항 검증 과정을 통해 모든 요구사항 문제를 발견할 수 있다.

04 소프트웨어 공학에서 모델링(Modeling)과 관련한 설명으로 틀린 것은?

① 개발팀이 응용 문제를 이해하는 데 도움을 줄 수 있다.
② 유지보수 단계에서만 모델링 기법을 활용한다.
③ 개발될 시스템에 대하여 여러 분야의 엔지니어들이 공통된 개념을 공유하는 데 도움을 준다.
④ 절차적인 프로그램을 위한 자료 흐름도는 프로세스 위주의 모델링 방법이다.

05 분산 시스템을 위한 마스터-슬레이브(Master-Slave) 아키텍처에 대한 설명으로 틀린 것은?

① 일반적으로 실시간 시스템에서 사용된다.
② 마스터 프로세스는 일반적으로 연산, 통신, 조정을 책임진다.
③ 슬레이브 프로세스는 데이터 수집 기능을 수행할 수 없다.
④ 마스터 프로세스는 슬레이브 프로세스들을 제어할 수 있다.

06 사용자 인터페이스(User Interface)에 대한 설명으로 틀린 것은?

① 사용자와 시스템이 정보를 주고받는 상호작용이 잘 이루어지도록 하는 장치나 소프트웨어를 의미한다.
② 편리한 유지보수를 위해 개발자 중심으로 설계되어야 한다.
③ 배우기가 용이하고 쉽게 사용할 수 있도록 만들어져야 한다.
④ 사용자 요구사항이 UI에 반영될 수 있도록 구성해야 한다.

07 객체지향 분석 기법과 관련한 설명으로 틀린 것은?

① 동적 모델링 기법이 사용될 수 있다.
② 기능 중심으로 시스템을 파악하며 순차적인 처리가 중요시되는 하향식(Top-down) 방식으로 볼 수 있다.
③ 데이터와 행위를 하나로 묶어 객체를 정의 내리고 추상화시키는 작업이라 할 수 있다.
④ 코드 재사용에 의한 프로그램 생산성 향상 및 요구에 따른 시스템의 쉬운 변경이 가능하다.

08 대표적으로 DOS 및 Unix 등의 운영체제에서 조작을 위해 사용하던 것으로, 정해진 명령 문자열을 입력하여 시스템을 조작하는 사용자 인터페이스(User Interface)는?

① GUI(Graphical User Interface)
② CLI(Command Line Interface)
③ CUI(Cell User Interface)
④ MUI(Mobile User Interface)

09 객체지향의 주요 개념에 대한 설명으로 틀린 것은?

① 캡슐화는 상위 클래스에서 속성이나 연산을 전달받아 새로운 형태의 클래스로 확장하여 사용하는 것을 의미한다.
② 객체는 실세계에 존재하거나 생각할 수 있는 것을 말한다.
③ 클래스는 하나 이상의 유사한 객체들을 묶어 공통된 특성을 표현한 것이다.
④ 다형성은 상속받은 여러 개의 하위 객체들이 다른 형태의 특성을 갖는 객체로 이용될 수 있는 성질이다.

10 객체지향 설계에서 정보은닉(Information Hiding)과 관련한 설명으로 틀린 것은?

① 필요하지 않은 정보는 접근할 수 없도록 하여 한 모듈 또는 하부 시스템이 다른 모듈의 구현에 영향을 받지 않게 설계되는 것을 의미한다.
② 모듈들 사이의 독립성을 유지시키는 데 도움이 된다.
③ 설계에서 은닉되어야 할 기본 정보로는 IP 주소와 같은 물리적 코드, 상세 데이터 구조 등이 있다.
④ 모듈 내부의 자료 구조와 접근 동작들에만 수정을 국한하기 때문에 요구사항 등 변화에 따른 수정이 불가능하다.

11 익스트림 프로그래밍(XP)에 대한 설명으로 틀린 것은?

① 빠른 개발을 위해 테스트를 수행하지 않는다.
② 사용자의 요구사항은 언제든지 변할 수 있다.
③ 고객과 직접 대면하며 요구사항을 이야기하기 위해 사용자 스토리(User Story)를 활용할 수 있다.
④ 기존의 방법론에 비해 실용성(Pragmatism)을 강조한 것이라고 볼 수 있다.

12 순차 다이어그램(Sequence Diagram)과 관련한 설명으로 틀린 것은?

① 객체들의 상호작용을 나타내기 위해 사용한다.
② 시간의 흐름에 따라 객체들이 주고받는 메시지의 전달 과정을 강조한다.
③ 동적 다이어그램보다는 정적 다이어그램에 가깝다.
④ 교류 다이어그램(Interaction Diagram)의 한 종류로 볼 수 있다.

13 분산 시스템에서의 미들웨어(Middleware)와 관련한 설명으로 틀린 것은?

① 분산 시스템에서 다양한 부분을 관리하고 통신하며 데이터를 교환하게 해주는 소프트웨어로 볼 수 있다.
② 위치 투명성(Location Transparency)을 제공한다.
③ 분산 시스템의 여러 컴포넌트가 요구하는 재사용 가능한 서비스의 구현을 제공한다.
④ 애플리케이션과 사용자 사이에서만 분산 서비스를 제공한다.

14 GoF(Gang of Four) 디자인 패턴과 관련한 설명으로 틀린 것은?

① 디자인 패턴을 목적(Purpose)으로 분류할 때 생성, 구조, 행위로 분류할 수 있다.
② Strategy 패턴은 대표적인 구조 패턴으로 인스턴스를 복제하여 사용하는 구조를 말한다.
③ 행위 패턴은 클래스나 객체들이 상호작용하는 방법과 책임을 분산하는 방법을 정의한다.
④ Singleton 패턴은 특정 클래스의 인스턴스가 오직 하나임을 보장하고, 이 인스턴스에 대한 접근 방법을 제공한다.

15 소프트웨어 설계에서 사용되는 대표적인 추상화(Abstraction) 기법이 아닌 것은?

① 자료 추상화
② 제어 추상화
③ 과정 추상화
④ 강도 추상화

16 소프트웨어 아키텍처와 관련한 설명으로 틀린 것은?

① 파이프 필터 아키텍처에서 데이터는 파이프를 통해 양방향으로 흐르며, 필터 이동 시 오버헤드가 발생하지 않는다.
② 외부에서 인식할 수 있는 특성이 담긴 소프트웨어의 골격이 되는 기본 구조로 볼 수 있다.
③ 데이터 중심 아키텍처는 공유 데이터 저장소를 통해 접근자 간의 통신이 이루어지므로 각 접근자의 수정과 확장이 용이하다.
④ 이해관계자들의 품질 요구사항을 반영하여 품질 속성을 결정한다.

17 애자일 개발 방법론과 관련한 설명으로 틀린 것은?

① 빠른 릴리즈를 통해 문제점을 빠르게 파악할 수 있다.
② 정확한 결과 도출을 위해 계획 수립과 문서화에 중점을 둔다.
③ 고객과의 의사소통을 중요하게 생각한다.
④ 진화하는 요구사항을 수용하는 데 적합하다.

18 UML 모델에서 한 사물의 명세가 바뀌면 다른 사물에 영향을 주며, 일반적으로 한 클래스가 다른 클래스를 오퍼레이션의 매개 변수로 사용하는 경우에 나타나는 관계는?

① Association ② Dependency
③ Realization ④ Generalization

19 요구사항 정의 및 분석 · 설계의 결과물을 표현하기 위한 모델링 과정에서 사용되는 다이어그램(Diagram)이 아닌 것은?

① Data Flow Diagram
② UML Diagram
③ E-R Diagram
④ AVL Diagram

20 **요구분석(Requirement Analysis)에 대한 설명으로 틀린 것은?**

① 요구분석은 소프트웨어 개발의 실제적인 첫 단계로 사용자의 요구에 대해 이해하는 단계라 할 수 있다.
② 요구 추출(Requirement Elicitation)은 프로젝트 계획 단계에 정의한 문제의 범위 안에 있는 사용자의 요구를 찾는 단계이다.
③ 도메인 분석(Domain Analysis)은 요구에 대한 정보를 수집하고 배경을 분석하여 이를 토대로 모델링을 하게 된다.
④ 기능적(Functional) 요구에서 시스템 구축에 대한 성능, 보안, 품질, 안정 등에 대한 성능, 보안, 품질, 안정성 등에 대한 요구사항을 도출한다.

과목 02 소프트웨어 개발

21 **다음 중 선형 구조로만 묶인 것은?**

① 스택, 트리
② 큐, 데크
③ 큐, 그래프
④ 리스트, 그래프

22 **테스트 드라이버(Test Driver)에 대한 설명으로 틀린 것은?**

① 시험 대상 모듈을 호출하는 간이 소프트웨어이다.
② 필요에 따라 매개 변수를 전달하고 모듈을 수행한 후의 결과를 보여줄 수 있다.
③ 상향식 통합 테스트에서 사용된다.
④ 테스트 대상 모듈이 호출하는 하위 모듈의 역할을 한다.

23 **다음 트리에 대한 중위 순회 운행 결과는?**

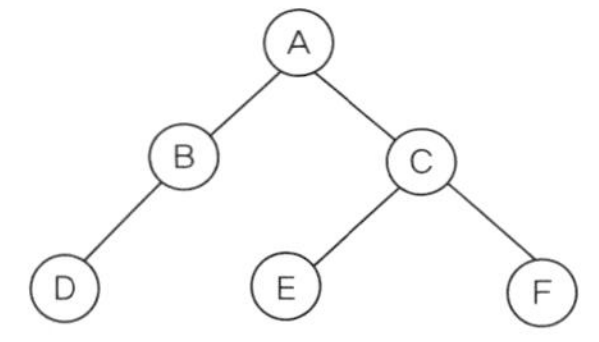

① A B D C E F ② A B C D E F
③ D B E C F A ④ D B A E C F

24 **테스트 케이스 자동 생성 도구를 이용하여 테스트 데이터를 찾아내는 방법이 아닌 것은?**

① 스터브(Stub)와 드라이버(Driver)
② 입력 도메인 분석
③ 랜덤(Random) 테스트
④ 자료 흐름도

25 **소프트웨어 테스트에서 검증(Verification)과 확인(Validation)에 대한 설명으로 틀린 것은?**

① 소프트웨어 테스트에서 검증과 확인을 구별하면 찾고자 하는 결함 유형을 명확하게 하는 데 도움이 된다.
② 검증은 소프트웨어 개발 과정을 테스트하는 것이고, 확인은 소프트웨어 결과를 테스트 것이다.
③ 검증은 작업 제품이 요구 명세의 기능, 비기능 요구사항을 얼마나 잘 준수하는지 측정하는 작업이다.
④ 검증은 작업 제품이 사용자의 요구에 적합한지 측정하며, 확인은 작업 제품이 개발자의 기대를 충족시키는지를 측정한다.

26 저작권 관리 구성 요소 중 패키저(Packager)의 주요 역할로 옳은 것은?

① 콘텐츠를 제공하는 저작권자를 의미한다.
② 콘텐츠를 메타 데이터와 함께 배포 가능한 단위로 묶는다.
③ 라이선스를 발급하고 관리한다.
④ 배포된 콘텐츠의 이용 권한을 통제한다.

27 다음 설명에 부합하는 용어로 옳은 것은?

- 소프트웨어 구조를 이루며, 다른 것들과 구별될 수 있는 독립적인 기능을 갖는 단위이다.
- 하나 또는 몇 개의 논리적인 기능을 수행하기 위한 명령어들의 집합이라고도 할 수 있다.
- 서로 모여 하나의 완전한 프로그램으로 만들어질 수 있다.

① 통합 프로그램
② 저장소
③ 모듈
④ 데이터

28 제품 소프트웨어의 사용자 매뉴얼 작성 절차로 (가)~(다)와 [보기]의 기호를 바르게 연결한 것은?

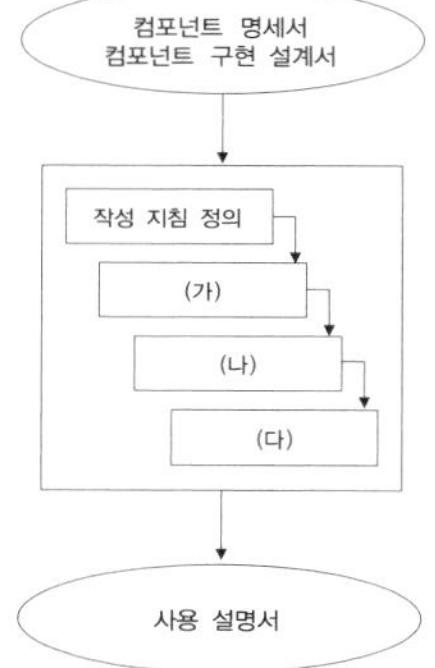

[보기]

㉠ 사용 설명서 검토
㉡ 구성 요소별 내용 작성
㉢ 사용 설명서 구성 요소 정의

① (가)–㉠, (나)–㉡, (다)–㉢
② (가)–㉢, (나)–㉡, (다)–㉠
③ (가)–㉠, (나)–㉢, (다)–㉡
④ (가)–㉢, (나)–㉠, (다)–㉡

29 코드의 간결성을 유지하기 위해 사용되는 지침으로 틀린 것은?

① 공백을 이용하여 실행문 그룹과 주석을 명확히 구분한다.
② 복잡한 논리식과 산술식은 괄호와 들여쓰기(Indentation)를 통해 명확히 표현한다.
③ 빈 줄을 사용하여 선언부와 구현부를 구별한다.
④ 한 줄에 최대한 많은 문장을 코딩한다.

30 다음 중 최악의 경우 검색 효율이 가장 나쁜 트리 구조는?

① 이진 탐색 트리 ② AVL 트리
③ 2–3 트리 ④ 레드–블랙 트리

31 다음 그래프에서 정점 A를 선택하여 깊이 우선 탐색(DFS)으로 운행한 결과는?

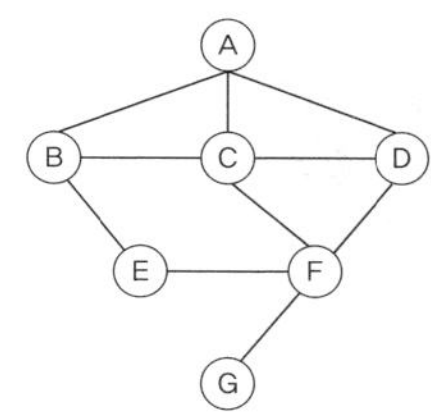

① A B E C D F G
② A B E C F D G
③ A B C D E F G
④ A B E F G C D

32 개별 모듈을 시험하는 것으로 모듈이 정확하게 구현되었는지, 예정한 기능이 제대로 수행되는지를 점검하는 것이 주요 목적인 테스트는?

① 통합 테스트(Integration Test)
② 단위 테스트(Unit Test)
③ 시스템 테스트(System Test)
④ 인수 테스트(Acceptance Test)

33 다음은 스택의 자료 삭제 알고리즘이다. ⓐ에 들어갈 내용으로 옳은 것은? (단, Top : 스택 포인터, S : 스택의 이름)

```
If Top=0 Then
    (   ⓐ   )
Else {
    remove S(Top)
    Top=Top-1
}
```

① Overflow　　② Top=Top+1
③ Underflow　　④ Top=Top

34 다음 자료를 버블 정렬을 이용하여 오름차순으로 정렬할 경우 PASS 3의 결과는?

9, 6, 7, 3, 5

① 6, 3, 5, 7, 9　　② 3, 5, 6, 7, 9
③ 6, 7, 3, 5, 9　　④ 3, 5, 9, 6, 7

35 순서가 A, B, C, D로 정해진 입력 자료를 스택에 입력한 후 출력한 결과로 불가능한 것은?

① D, C, B, A　　② B, C, D, A
③ C, B, A, D　　④ D, B, C, A

36 소프트웨어 개발 활동을 수행함에 있어서 시스템이 고장(Failure)을 일으키게 하며, 오류(Error)가 있는 경우 발생하는 것은?

① Fault　　② Testcase
③ Mistake　　④ Inspection

37 소프트웨어 품질 목표 중 하나 이상의 하드웨어 환경에서 운용되기 위해 쉽게 수정될 수 있는 시스템 능력을 의미하는 것은?

① Portability　　② Efficiency
③ Usability　　④ Correctness

38 테스트를 목적에 따라 분류했을 때, 강도(Stress) 테스트에 대한 설명으로 옳은 것은?

① 시스템에 고의로 실패를 유도하고 시스템이 정상적으로 복귀하는지 테스트한다.
② 시스템에 과다 정보량을 부과하여 과부하 시에도 시스템이 정상적으로 작동되는지를 테스트한다.
③ 사용자의 이벤트에 시스템이 응답하는 시간, 특정 시간 내에 처리하는 업무량, 사용자 요구에 시스템이 반응하는 속도 등을 테스트한다.
④ 부당하고 불법적인 침입을 시도하여 보안 시스템이 불법적인 침투를 잘 막아내는지 테스트한다.

39 형상 관리의 개념과 절차에 대한 설명으로 틀린 것은?

① 형상 식별은 형상 관리 계획을 근거로 형상 관리의 대상이 무엇인지 식별하는 과정이다.
② 형상 관리를 통해 가시성과 추적성을 보장함으로써 소프트웨어의 생산성과 품질을 높일 수 있다.
③ 형상 통제 과정에서는 형상 목록의 변경 요구를 즉시 수용 및 반영해야 한다.
④ 형상 감사는 형상 관리 계획대로 형상 관리가 진행되고 있는지, 형상 항목의 변경이 요구사항에 맞도록 제대로 이뤄졌는지 등을 살펴보는 활동이다.

40 소스 코드 정적 분석(Static Analysis)에 대한 설명으로 틀린 것은?

① 소스 코드를 실행시키지 않고 분석한다.
② 코드에 있는 오류나 잠재적인 오류를 찾아내기 위한 활동이다.
③ 하드웨어적인 방법으로만 코드 분석이 가능하다.
④ 자료 흐름이나 논리 흐름을 분석하여 비정상적인 패턴을 찾을 수 있다.

과목 03 데이터베이스 구축

41 데이터의 중복으로 인하여 관계 연산을 처리할 때 예기치 못한 곤란한 현상이 발생하는 것을 무엇이라 하는가?

① 이상(Anomaly) ② 제한(Restriction)
③ 종속성(Dependency) ④ 변환(Translation)

42 다음 중 기본키는 NULL 값을 가져서는 안 되며, 릴레이션 내에 오직 하나의 값만 존재해야 한다는 조건을 무엇이라 하는가?

① 개체 무결성 제약조건
② 참조 무결성 제약조건
③ 도메인 무결성 제약조건
④ 속성 무결성 제약조건

43 다음 두 릴레이션 R1과 R2의 카티션 프로덕트(Cartesian Product) 수행 결과는?

R1

학년
1
2
3

R2

학과
컴퓨터
국문
수학

①

학년	학과
1	컴퓨터
2	국문
3	수학

②

학년	학과
2	컴퓨터
2	국문
2	수학

③

학년	학과
3	컴퓨터
3	국문
3	수학

④

학년	학과
1	컴퓨터
1	국문
1	수학
2	컴퓨터
2	국문
2	수학
3	컴퓨터
3	국문
3	수학

44 정규화에 대한 설명으로 적절하지 않은 것은?

① 데이터베이스의 개념적 설계 단계 이전에 수행한다.
② 데이터 구조의 안정성을 최대화한다.
③ 중복을 배제하여 삽입, 삭제, 갱신 이상의 발생을 방지한다.
④ 데이터 삽입 시 릴레이션을 재구성할 필요성을 줄인다.

45 이전 단계의 정규형을 만족하면서 후보키를 통하지 않는 조인 종속(JD : Join Dependency)을 제거해야 만족하는 정규형은?

① 제3정규형　② 제4정규형
③ 제5정규형　④ 제6정규형

46 물리적 데이터베이스 설계에 대한 설명으로 거리가 먼 것은?

① 물리적 설계의 목적은 효율적인 방법으로 데이터를 저장하는 것이다.
② 트랜잭션 처리량과 응답 시간, 디스크 용량 등을 고려해야 한다.
③ 저장 레코드의 형식, 순서, 접근 경로와 같은 정보를 사용하여 설계한다.
④ 트랜잭션의 인터페이스를 설계하며, 데이터 타입 및 데이터 타입들 간의 관계로 표현한다.

47 SQL의 논리 연산자가 아닌 것은?

① AND　② OTHER
③ OR　④ NOT

48 학적 테이블에서 전화번호가 NULL 값이 아닌 학생명을 모두 검색할 때, SQL 구문으로 옳은 것은?

① SELECT 학생명 FROM 학적 WHERE 전화번호 DON'T NULL;
② SELECT 학생명 FROM 학적 WHERE 전화번호 != NOT NULL;
③ SELECT 학생명 FROM 학적 WHERE 전화번호 IS NOT NULL;
④ SELECT 학생명 FROM 학적 WHERE 전화번호 IS NULL;

49 다음 중 SQL에서의 DDL문이 아닌 것은?

① CREATE　② DELETE
③ ALTER　④ DROP

50 동시성 제어를 위한 직렬화 기법으로 트랜잭션 간의 처리 순서를 미리 정하는 방법은?

① 로킹 기법　② 타임스탬프 기법
③ 검증 기법　④ 배타 로크 기법

51 데이터베이스에서 하나의 논리적 기능을 수행하기 위한 작업의 단위 또는 한꺼번에 모두 수행되어야 할 일련의 연산들을 의미하는 것은?

① 트랜잭션 ② 뷰
③ 튜플 ④ 카디널리티

52 로킹 단위(Locking Granularity)에 대한 설명으로 옳은 것은?

① 로킹 단위가 크면 병행성 수준이 낮아진다.
② 로킹 단위가 크면 병행 제어 기법이 복잡해진다.
③ 로킹 단위가 작으면 로크(Lock)의 수가 적어진다.
④ 로킹은 파일 단위로 이루어지며, 레코드와 필드는 로킹 단위가 될 수 없다.

53 관계형 데이터베이스에서 다음 설명에 해당하는 키(Key)는?

한 릴레이션 내의 속성들의 집합으로 구성된 키로서, 릴레이션을 구성하는 모든 튜플에 대한 유일성은 만족시키지만 최소성은 만족시키지 못한다.

① 후보키 ② 대체키
③ 슈퍼키 ④ 외래키

54 트랜잭션의 주요 특성 중 하나로 둘 이상의 트랜잭션이 동시에 병행 실행되는 경우 어느 하나의 트랜잭션 실행 중에 다른 트랜잭션의 연산이 끼어들 수 없음을 의미하는 것은?

① Log ② Consistency
③ Isolation ④ Durability

55 데이터베이스에서 인덱스(Index)와 관련한 설명으로 틀린 것은?

① 인덱스의 기본 목적은 검색 성능을 최적화하는 것으로 볼 수 있다.
② B-트리 인덱스는 분기를 목적으로 하는 Branch Block을 가지고 있다.
③ BETWEEN 등 범위(Range) 검색에 활용될 수 있다.
④ 시스템이 자동으로 생성하여 사용자가 변경할 수 없다.

56 SQL문에서 HAVING을 사용할 수 있는 절은?

① LIKE 절
② WHERE 절
③ GROUP BY 절
④ ORDER BY 절

57 어떤 릴레이션 R에서 X와 Y를 각각 R의 애트리뷰트 집합의 부분 집합이라고 할 경우 애트리뷰트 X의 값 각각에 대해 시간에 관계없이 항상 애트리뷰트 Y의 값이 오직 하나만 연관되어 있을 때 Y는 X에 함수 종속이라고 한다. 이 함수 종속의 표기로 옳은 것은?

① $Y \rightarrow X$ ② $Y \subset X$
③ $X \rightarrow Y$ ④ $X \subset Y$

58 관계 대수에 대한 설명으로 틀린 것은?

① 원하는 릴레이션을 정의하는 방법을 제공하며 비절차적 언어이다.
② 릴레이션 조작을 위한 연산의 집합으로 피연산자와 결과가 모두 릴레이션이다.
③ 일반 집합 연산과 순수 관계 연산으로 구분된다.
④ 질의에 대한 해를 구하기 위해 수행해야 할 연산의 순서를 명시한다.

59 관계 데이터베이스에 있어서 관계 대수 연산이 아닌 것은?

① 디비전(Division)
② 프로젝트(Project)
③ 조인(Join)
④ 포크(Fork)

60 데이터베이스의 무결성 규정(Integrity Rule)과 관련한 설명으로 틀린 것은?

① 무결성 규정에는 데이터가 만족해야 될 제약조건, 규정을 참조할 때 사용하는 식별자 등의 요소가 포함될 수 있다.
② 무결성 규정의 대상으로는 도메인, 키, 종속성 등이 있다.
③ 정식으로 허가받은 사용자가 아닌 불법적인 사용자에 의한 갱신으로부터 데이터베이스를 보호하기 위한 규정이다.
④ 릴레이션 무결성 규정(Relation Integrity Rules)은 릴레이션을 조작하는 과정에서의 의미적 관계(Semantic Relationship)를 명세한 것이다.

과목 04 프로그래밍 언어 활용

61 C Class에 속하는 IP Address는?

① 200.168.30.1
② 10.3.2.1 4
③ 225.2.4.1
④ 172.16.98.3

62 다음 중 페이지 교체(Page Replacement) 알고리즘이 아닌 것은?

① FIFO(First-In-First-Out)
② LUF(Least Used First)
③ Optimal
④ LRU(Least Recently Used)

63 다음 JAVA 프로그램이 실행되었을 때의 결과를 쓰시오.

```
public class Ovr {
    public static void main(String[]
    args) {
        int arr[];
        int i = 0;
        arr = new int[10];
        arr[0] = 0;
        arr[1] = 1;
        while(i<8) {
            arr[i + 2] = arr[i+1] +
            arr[i];
            i++;
        }
        System.out.println(arr[9]);
    }
}
```

① 13 ② 21
③ 34 ④ 55

64 JAVA에서 힙(Heap)에 남아있으나 변수가 가지고 있던 참조 값을 잃거나 변수 자체가 없어짐으로써 더 이상 사용되지 않는 객체를 제거해주는 역할을 하는 모듈은?

① Heap Collector ② Garbage Collector
③ Memory Collector ④ Variable Collector

65 C언어에서의 변수 선언으로 틀린 것은?

① int else; ② int Test2;
③ int pc; ④ int True;

66 모듈 내 구성 요소들이 서로 다른 기능을 같은 시간대에 함께 실행하는 경우의 응집도(Cohesion)는?

① Temporal Cohesion
② Logical Cohesion
③ Coincidental Cohesion
④ Sequential Cohesion

67 오류 제어에 사용되는 자동 반복 요청 방식(ARQ)이 아닌 것은?

① Stop-and-Wait ARQ
② Go-back-N ARQ
③ Selective-Repeat ARQ
④ Non-Acknowledge ARQ

68 사용자가 요청한 디스크 입·출력 내용이 다음과 같은 순서로 큐에 들어 있을 때 SSTF 스케쥴링을 사용한 경우의 처리 순서는? (단, 현재 헤드 위치는 53이고, 제일 안쪽이 1번, 바깥쪽이 200번 트랙이다.)

큐의 내용 : 98 183 37 122 14 124 65 67

① 53-65-67-37-14-98-122-124-183
② 53-98-183-37-122-14-124-65-67
③ 53-37-14-65-67-98-122-124-183
④ 53-67-65-124-14-122-37-183-98

69 파일 디스크립터(File Descriptor)에 대한 설명으로 틀린 것은?

① 파일 관리를 위해 시스템이 필요로 하는 정보를 가지고 있다.
② 보조 기억 장치에 저장되어 있다가 파일이 개방(Open)되면 주기억 장치로 이동된다.
③ 사용자가 파일 디스크립터를 직접 참조할 수 있다.
④ 파일 제어 블록(File Control Block)이라고도 한다.

70 귀도 반 로섬(Guido van Rossum)이 발표한 언어로 인터프리터 방식이자 객체지향적이며, 배우기 쉽고 이식성이 좋은 것이 특징인 스크립트 언어는?

① C++ ② JAVA
③ C# ④ Python

71 다음 파이썬(Python) 프로그램이 실행되었을 때의 결과는?

```
def cs(n);
    s=0
    for num in range(n+1);
        s + = num
    return s

print(cs(11))
```

① 45
② 55
③ 66
④ 78

72 모듈화(Modularity)와 관련한 설명으로 틀린 것은?

① 소프트웨어의 모듈은 프로그래밍 언어에서 Subroutine, Function 등으로 표현될 수 있다.
② 모듈의 수가 증가하면 상대적으로 각 모듈의 크기가 커지며, 모듈 사이의 상호교류가 감소하여 과부하(Overload) 현상이 나타난다.
③ 모듈화는 시스템을 지능적으로 관리할 수 있도록 해주며, 복잡도 문제를 해결하는 데 도움을 준다.
④ 모듈화는 시스템의 유지보수와 수정을 용이하게 한다.

73 192.168.1.0/24 네트워크를 FLSM 방식을 이용하여 4개의 Subnet으로 나누고 IP Subnet-zero를 적용했다. 이때 Subnetting된 네트워크 중 4번째 네트워크의 4번째 사용 가능한 IP는 무엇인가?

① 192.168.1.192
② 192.168.1.195
③ 192.168.1.196
④ 192.168.1.198

74 모듈의 독립성을 높이기 위한 결합도(Coupling)와 관련한 설명으로 틀린 것은?

① 오류가 발생했을 때 전파되어 다른 오류의 원인이 되는 파문 효과(Ripple Effect)를 최소화해야 한다.
② 인터페이스가 정확히 설정되어 있지 않을 경우 불필요한 인터페이스가 나타나 모듈 사이의 의존도는 높아지고 결합도가 증가한다.
③ 모듈들이 변수를 공유하여 사용하게 하거나 제어 정보를 교류하게 함으로써 결합도를 낮추어야 한다.
④ 다른 모듈과 데이터 교류가 필요한 경우 전역 변수(Global Variable)보다는 매개 변수(Parameter)를 사용하는 것이 결합도를 낮추는 데 도움이 된다.

75 프로세스와 관련한 설명으로 틀린 것은?

① 프로세스가 준비 상태에서 프로세서가 배당되어 실행 상태로 변화하는 것을 디스패치(Dispatch)라고 한다.
② 프로세스 제어 블록(PCB : Process Control Block)은 프로세스 식별자, 프로세스 상태 등의 정보로 구성된다.
③ 이전 프로세스의 상태 레지스터 내용을 보관하고 다른 프로세스의 레지스터를 적재하는 과정을 문맥 교환(Context Switching)이라고 한다.
④ 프로세스는 스레드(Thread) 내에서 실행되는 흐름의 단위이며, 스레드와 달리 주소 공간에 실행 스택(Stack)이 없다.

76 TCP 헤더와 관련한 설명으로 틀린 것은?

① 순서번호(Sequence Number)는 전달하는 바이트마다 번호가 부여된다.
② 수신번호 확인(Acknowledgement Number)은 상대편 호스트에서 받으려는 바이트의 번호를 정의한다.
③ 체크섬(Checksum)은 데이터를 포함한 세그먼트의 오류를 검사한다.
④ 윈도우 크기는 송·수신 측의 버퍼 크기로 최대 크기는 32767bit이다.

77 다음 C언어 프로그램이 실행되었을 때의 결과는?

```
#include <stdio.h>
#include <string.h>
int main(void) {
        char str[50] = "nation";
        char *p2 = "alter";
        strcat(str, p2);
        printf("%s", str);
        return 0;
}
```

① nation
② nationalter
③ alter
④ alternation

78 다음 중 JAVA에서 우선순위가 가장 낮은 연산자는?

① --　　② %
③ &　　④ =

79 다음 C언어 프로그램이 실행되었을 때의 결과는?

```
#include <stdio.h>
int main(void) {
    int a = 3, b = 4, c = 2;
    int r1, r2, r3;

    r1 = b< = 4 || c == 2;
    r2 = (a>0) && (b<5);
    r3 = !c;

    printf("%d", r1+r2+r3);
    return 0;
}
```

① 0
② 1
③ 2
④ 3

80 다음 C언어 프로그램이 실행되었을 때의 결과는?

```
#include <stdio.h>
int main(void) {
    int n = 4;
    int* pt = NULL;
    pt = &n;

    printf("%d", &n+*pt-*&pt+n);
    return 0;
}
```

① 0　　② 4
③ 8　　④ 12

과목 05 정보 시스템 구축 관리

81 특정 사이트에 매우 많은 ICMP Echo를 보내면, 이에 대한 응답(Respond)을 하기 위해 시스템 자원을 모두 사용해버려 시스템이 정상적으로 동작하지 못하도록 하는 공격 방법은?

① Role-Based Access Control
② Ping Flood
③ Brute-Force
④ Trojan Horses

82 구글의 구글 브레인 팀이 제작하여 공개한 기계 학습(Machine Learning)을 위한 오픈소스 소프트웨어 라이브러리는?

① 타조(Tajo)
② 원 세그(One Seg)
③ 포스퀘어(Foursquare)
④ 텐서플로(TensorFlow)

83 비대칭 암호화 방식으로 소수를 활용한 암호화 알고리즘은?

① DES　　② AES
③ SMT　　④ RSA

84 시스템이 몇 대가 되어도 하나의 시스템에서 인증에 성공하면 다른 시스템에 대한 접근 권한도 얻는 시스템을 의미하는 것은?

① SOS
② SBO
③ SSO
④ SOA

85 오픈소스 웹 애플리케이션 보안 프로젝트로서 주로 웹을 통한 정보 유출, 악성 파일 및 스크립트, 보안 취약점 등을 연구하는 곳은?

① WWW
② OWASP
③ WBSEC
④ ITU

86 생명주기 모형 중 가장 오래된 모형으로 많은 적용 사례가 있지만 요구사항의 변경이 어렵고 각 단계의 결과가 확인되어야 다음 단계로 넘어갈 수 있는 선형 순차적, 고전적 생명주기 모형이라고도 하는 것은?

① Waterfall Model
② Prototype Model
③ COCOMO Model
④ Spiral Model

87 COCOMO Model 중 기관 내부에서 개발된 중소 규모의 소프트웨어로 일괄 자료 처리나 과학 기술 계산용, 비즈니스 자료 처리용으로 5만 라인 이하의 소프트웨어를 개발하는 유형은?

① Embeded
② Organic
③ Semi-detached
④ Semi-embeded

88 다음에서 설명하는 IT 스토리지 기술은?

> – 가상화를 적용하여 필요한 공간만큼 나눠 사용할 수 있도록 하며 서버 가상화와 유사함
> – 컴퓨팅 소프트웨어로 규정하는 데이터 스토리지 체계이며, 일정 조직 내 여러 스토리지를 하나처럼 관리하고 운용하는 컴퓨터 이용 환경
> – 스토리지 자원을 효율적으로 나누어 쓰는 방법으로 이해할 수 있음

① Software Defined Storage
② Distribution Oriented Storage
③ Network Architected Storage
④ Systematic Network Storage

89 TCP/IP 기반 네트워크에서 동작하는 발행–구독 기반의 메시징 프로토콜로 최근 IoT 환경에서 자주 사용되고 있는 프로토콜은?

① MLFQ
② MQTT
③ Zigbee
④ MTSP

90 다음 내용이 설명하는 것은?

> 개인과 기업, 국가적으로 큰 위협이 되고 있는 주요 사이버 범죄 중 하나로 Snake, Darkside 등 시스템을 잠그거나 데이터를 암호화해 사용할 수 없도록 하고 이를 인질로 금전을 요구하는 데 사용되는 악성 프로그램

① Format String
② Ransomware
③ Buffer overflow
④ Adware

91 정보 보안을 위한 접근 제어(Access Control)과 관련한 설명으로 틀린 것은?

① 적절한 권한을 가진 인가자만 특정 시스템이나 정보에 접근할 수 있도록 통제하는 것이다.
② 시스템 및 네트워크에 대한 접근 제어의 가장 기본적인 수단은 IP와 서비스 포트로 볼 수 있다.
③ DBMS에 보안 정책을 적용하는 도구인 XDMCP를 통해 데이터베이스에 대한 접근 제어를 수행할 수 있다.
④ 네트워크 장비에서 수행하는 IP에 대한 접근 제어로는 관리 인터페이스의 접근 제어와 ACL(Access Control List) 등이 있다.

92 국내 IT 서비스 경쟁력 강화를 목표로 개발되었으며 인프라 제어 및 관리 환경, 실행 환경, 개발 환경, 서비스 환경, 운영 환경으로 구성되어 있는 개방형 클라우드 컴퓨팅 플랫폼은?

① N20S ② PaaS–TA
③ KAWS ④ Metaverse

93 물리적 배치와 상관없이 논리적으로 LAN을 구성하여 Broadcast Domain을 구분할 수 있게 해주는 기술로 접속된 장비들의 성능 향상 및 보안성 증대 효과가 있는 것은?

① VLAN ② STP
③ L2AN ④ ARP

94 S/W 각 기능의 원시 코드 라인수의 비관치, 낙관치, 기대치를 측정하여 예측치를 구하고 이를 이용하여 비용을 산정하는 기법은?

① Effort Per TSK 기법
② 전문가 감정 기법
③ 델파이 기법
④ LOC 기법

95 **소프트웨어 개발 프레임워크와 관련한 설명으로 틀린 것은?**

① 반제품 상태의 제품을 토대로 도메인별로 필요한 서비스 컴포넌트를 사용하여 재사용성 확대와 성능을 보장받을 수 있게 하는 개발 소프트웨어이다.
② 개발해야 할 애플리케이션의 일부분이 이미 구현되어 있어 동일한 로직 반복을 줄일 수 있다.
③ 라이브러리와 달리 사용자 코드가 직접 호출하여 사용하기 때문에 소프트웨어 개발 프레임워크가 직접 코드의 흐름을 제어할 수 없다.
④ 생산성 향상과 유지보수성 향상 등의 장점이 있다.

96 **정보 시스템 내에서 어떤 주체가 특정 개체에 접근하려 할 때 양쪽의 보안 레이블(Security Label)에 기초하여 높은 보안 수준을 요구하는 정보(객체)가 낮은 보안 수준의 주체에게 노출되지 않도록 하는 접근 제어 방법은?**

① Mandatory Access Control
② User Access Control
③ Discretionary Access Control
④ Data-Label Access Control

97 **소프트웨어 생명주기 모형 중 Spiral Model에 대한 설명으로 틀린 것은?**

① 비교적 대규모 시스템에 적합하다.
② 개발 순서는 계획 및 정의, 위험 분석, 공학적 개발, 고객 평가 순으로 진행된다.
③ 소프트웨어를 개발하면서 발생할 수 있는 위험을 관리하고 최소화하는 것을 목적으로 한다.
④ 계획, 설계, 개발, 평가의 개발 주기가 한 번만 수행된다.

98 **SQL Injection 공격과 관련한 설명으로 틀린 것은?**

① SQL Injection은 임의로 작성한 SQL 구문을 애플리케이션에 삽입하는 공격 방식이다.
② SQL Injection 취약점이 발생하는 곳은 주로 웹 애플리케이션과 데이터베이스가 연동되는 부분이다.
③ DBMS의 종류와 관계없이 SQL Injection 공격 기법은 모두 동일하다.
④ 로그인과 같이 웹에서 사용자의 입력값을 받아 데이터베이스 SQL문으로 데이터를 요청하는 경우 SQL Injection을 수행할 수 있다.

99 **침입 탐지 시스템(IDS : Intrusion Detection System)과 관련한 설명으로 틀린 것은?**

① 이상 탐지 기법(Anomaly Detection)은 Signature Base나 Knowledge Base라고도 불리며 이미 발견되고 정립된 공격 패턴을 입력해두었다가 탐지 및 차단한다.
② HIDS(Host-Based Intrusion Detection)는 운영체제에 설정된 사용자 계정에 따라 어떤 사용자가 어떤 접근을 시도하고 어떤 작업을 했는지에 대한 기록을 남기고 추적한다.
③ NIDS(Network-Based Intrusion Detection System)로는 대표적으로 Snort가 있다.
④ 외부 인터넷에 서비스를 제공하는 서버가 위치하는 네트워크인 DMZ(Demilitarized Zone)에는 IDS가 설치될 수 있다.

100 **시스템에 저장되는 패스워드들은 Hash 또는 암호화 알고리즘의 결과값으로 저장된다. 이때 암호 공격을 막기 위해 똑같은 패스워드들이 다른 암호 값으로 저장되도록 추가되는 값을 의미하는 것은?**

① Pass flag ② Bucket
③ Opcode ④ Salt

최신 기출문제 10회
빠르게 정답 확인하기!
스마트폰으로 QR 코드를 찍어 보세요.
정답표를 통해 편리하게 채점할 수 있습니다.

최신 기출문제 11회

2021년 제2회

• 제한시간 : 2시간 30분 • 소요시간 : 시간 분 • 전체 문항 수 : 100문항 • 맞힌 문항 수 : 문항

과목 01 소프트웨어 설계

01 요구사항 관리 도구의 필요성으로 틀린 것은?

① 요구사항 변경으로 인한 비용 편익 분석
② 기존 시스템과 신규 시스템의 성능 비교
③ 요구사항 변경의 추적
④ 요구사항 변경에 따른 영향 평가

02 GoF(Gangs of Four) 디자인 패턴에 대한 설명으로 틀린 것은?

① Factory Method Pattern은 상위 클래스에서 객체를 생성하는 인터페이스를 정의하고, 하위 클래스에서 인스턴스를 생성하도록 하는 방식이다.
② Prototype Pattern은 Prototype을 먼저 생성하고 인스턴스를 복제하여 사용하는 구조이다.
③ Bridge Pattern은 기존에 구현되어 있는 클래스에 기능 발생 시 기존 클래스를 재사용할 수 있도록 중간에서 맞춰주는 역할을 한다.
④ Mediator Pattern은 객체 간의 통제와 지시의 역할을 하는 중재자를 두어 객체지향의 목표를 달성하게 해준다.

03 애자일 개발 방법론이 아닌 것은?

① 스크럼(Scrum)
② 익스트림 프로그래밍(XP, eXtreme Programming)
③ 기능 주도 개발(FDD, Feature Driven Development)
④ 하둡(Hadoop)

04 유스케이스(Usecase)에 대한 설명 중 옳은 것은?

① 유스케이스 다이어그램은 개발자의 요구를 추출하고 분석하기 위해 주로 사용한다.
② 액터는 대상 시스템과 상호작용하는 사람이나 다른 시스템에 의한 역할이다.
③ 사용자 액터는 본 시스템과 데이터를 주고받는 연동 시스템을 의미한다.
④ 연동의 개념은 일방적으로 데이터를 파일이나 정해진 형식으로 넘겨주는 것을 의미한다.

05 CASE(Computer-Aided Software Engineering)의 원천 기술이 아닌 것은?

① 구조적 기법 ② 프로토타이핑 기술
③ 정보 저장소 기술 ④ 일괄처리 기술

06 럼바우(Rumbaugh)의 객체지향 분석에서 사용하는 분석 활동으로 옳은 것은?

① 객체 모델링, 동적 모델링, 정적 모델링
② 객체 모델링, 동적 모델링, 기능 모델링
③ 동적 모델링, 기능 모델링, 정적 모델링
④ 정적 모델링, 객체 모델링, 기능 모델링

07 UML 모델에서 한 객체가 다른 객체에게 오퍼레이션을 수행하도록 지정하는 의미적 관계로 옳은 것은?

① Dependency ② Realization
③ Generalization ④ Association

08 시스템의 구성 요소로 볼 수 없는 것은?

① Process ② Feedback
③ Maintenance ④ Control

09 사용자 인터페이스(UI)의 특징으로 틀린 것은?

① 구현하고자 하는 결과의 오류를 최소화한다.
② 사용자의 편의성을 높임으로써 작업 시간을 증가시킨다.
③ 막연한 작업 기능에 대해 구체적인 방법을 제시하여 준다.
④ 사용자 중심의 상호작용이 되도록 한다.

10 요구사항 개발 프로세스의 순서로 옳은 것은?

> ㉠ 도출(Elicitation)
> ㉡ 분석(Analysis)
> ㉢ 명세(Specification)
> ㉣ 확인(Validation)

① ㉠-㉡-㉢-㉣ ② ㉠-㉢-㉡-㉣
③ ㉠-㉣-㉡-㉢ ④ ㉠-㉡-㉣-㉢

11 요구사항 분석이 어려운 이유가 아닌 것은?

① 개발자와 사용자 간의 지식이나 표현의 차이가 커서 상호 이해가 쉽지 않다.
② 사용자의 요구는 예외가 거의 없어 열거와 구조화가 어렵지 않다.
③ 사용자의 요구사항이 모호하고 불명확하다.
④ 소프트웨어 개발 과정 중에 요구사항이 계속 변할 수 있다.

12 소프트웨어 아키텍처 설계에서 시스템 품질 속성이 아닌 것은?

① 가용성(Availability)
② 독립성(Isolation)
③ 변경 용이성(Modificability)
④ 사용성(Usability)

13 서브 시스템이 입력 데이터를 받아 처리하고 결과를 다른 시스템에 보내는 작업이 반복되는 아키텍처 스타일은?

① 클라이언트 서버 구조
② 계층 구조
③ MVC 구조
④ 파이프 필터 구조

14 객체지향 기법에서 같은 클래스에 속한 각각의 객체를 의미하는 것은?

① Instance ② Message
③ Method ④ Module

15 GoF(Gangs of Four) 디자인 패턴 중 생성 패턴으로 옳은 것은?

① Singleton Pattern ② Adapter Pattern
③ Decorator Pattern ④ State Pattern

16 다음 중 상위 CASE 도구가 지원하는 주요 기능으로 볼 수 없는 것은?

① 모델들 사이의 모순 검사 기능
② 전체 소스 코드 생성 기능
③ 모델의 오류 검증 기능
④ 자료 흐름도 작성 기능

17 다음 설명에 해당하는 시스템으로 옳은 것은?

> 시스템 인터페이스를 구성하는 시스템으로, 연계할 데이터를 데이터베이스와 애플리케이션으로부터 연계 테이블 또는 파일 형태로 생성하여 송신하는 시스템이다.

① 연계 서버 ② 중계 서버
③ 송신 시스템 ④ 수신 시스템

18 UML 다이어그램이 아닌 것은?

① 액티비티 다이어그램(Activity Diagram)
② 절차 다이어그램(Procedural Diagram)
③ 클래스 다이어그램(Class Diagram)
④ 시퀀스 다이어그램(Sequence Diagram)

19 객체에게 어떤 행위를 하도록 지시하는 명령은?

① Class
② Package
③ Object
④ Message

20 객체지향 설계에서 객체가 가지고 있는 속성과 오퍼레이션의 일부를 감추어서 객체의 외부에서는 접근이 불가능하게 하는 개념은?

① 조직화(Organizing)
② 캡슐화(Encapsulation)
③ 정보은닉(Information Hiding)
④ 구조화(Structuralization)

과목 02 소프트웨어 개발

21 클린 코드 작성 원칙에 대한 설명으로 틀린 것은?

① 코드의 중복을 최소화한다.
② 코드가 다른 모듈에 미치는 영향을 최대화하도록 작성한다.
③ 누구든지 코드를 쉽게 읽을 수 있도록 작성한다.
④ 간단하게 코드를 작성한다.

22 소프트웨어 형상 관리에 대한 설명으로 거리가 먼 것은?

① 소프트웨어에 가해지는 변경을 제어하고 관리한다.
② 프로젝트 계획, 분석서, 설계서, 프로그램, 테스트 케이스 모두 관리 대상이다.
③ 대표적인 형상 관리 도구로 Ant, Maven, Gradle 등이 있다.
④ 유지보수 단계뿐만 아니라 개발 단계에도 적용할 수 있다.

23 EAI(Enterprise Application Integration) 구축 유형에서 애플리케이션 사이에 미들웨어를 두어 처리하는 것은?

① Message Bus ② Poin-to-Point
③ Hub & Spoke ④ Hybrid

24 소프트웨어 패키징에 대한 설명으로 틀린 것은?

① 패키징은 개발자 중심으로 진행한다.
② 신규 및 변경 개발 소스를 식별하고, 이를 모듈화하여 상용 제품으로 패키징한다.
③ 고객의 편의성을 위해 매뉴얼 및 버전 관리를 지속적으로 한다.
④ 범용 환경에서 사용이 가능하도록 일반적인 배포 형태로 패키징이 진행된다.

25 애플리케이션의 처리량, 응답 시간, 경과 시간, 자원 사용률에 대해 가상의 사용자를 생성하고 테스트를 수행함으로써 성능 목표를 달성하였는지를 확인하는 테스트 자동화 도구는?

① 명세 기반 테스트 설계 도구
② 코드 기반 테스트 설계 도구
③ 기능 테스트 수행 도구
④ 성능 테스트 도구

26 디지털 저작권 관리(DRM) 구성 요소가 아닌 것은?

① Dataware House
② DRM Controller
③ Packager
④ Contents Distributor

27 다음 설명의 소프트웨어 테스트의 기본 원칙은?

- 파레토 법칙이 좌우한다.
- 애플리케이션 결함의 대부분은 소수의 특정한 모듈에 집중되어 존재한다.
- 결함은 발생한 모듈에서 계속 추가로 발생할 가능성이 높다.

① 살충제 패러독스
② 결함 집중
③ 오류 부재의 궤변
④ 완벽한 테스팅은 불가능

28 다음 자료를 버블 정렬을 이용하여 오름차순으로 정렬할 경우 Pass2의 결과는?

9, 6, 7, 3, 5

① 3, 5, 6, 7, 9　　② 6, 7, 3, 5, 9
③ 3, 5, 9, 6, 7　　④ 6, 3, 5, 7, 9

29 다음 설명의 소프트웨어 버전 관리 도구 방식은?

- 버전 관리 자료가 원격 저장소와 로컬 저장소에 함께 저장되어 관리된다.
- 로컬 저장소에서 버전 관리가 가능하므로 원격 저장소에 문제가 생겨도 로컬 저장소의 자료를 이용하여 작업할 수 있다.
- 대표적인 버전 관리 도구로 Git이 있다.

① 단일 저장소 방식　　② 분산 저장소 방식
③ 공유 폴더 방식　　④ 클라이언트 · 서버 방식

30 인터페이스 구현 검증 도구가 아닌 것은?

① Foxbase　　② STAF
③ Watir　　④ xUnit

31 정렬된 N개의 데이터를 처리하는데 $O(N\log_2 N)$의 시간이 소요되는 정렬 알고리즘은?

① 합병 정렬　　② 버블 정렬
③ 선택 정렬　　④ 삽입 정렬

32 블랙박스 테스트를 이용하여 발견할 수 있는 오류가 아닌 것은?

① 비정상적인 자료를 입력해도 오류 처리를 수행하지 않는 경우
② 정상적인 자료를 입력해도 요구된 기능이 제대로 수행되지 않는 경우
③ 반복 조건을 만족하는데도 루프 내의 문장이 수행되지 않는 경우
④ 경계값을 입력할 경우 요구된 출력 결과가 나오지 않는 경우

33 소프트웨어 테스트와 관련한 설명으로 틀린 것은?

① 화이트박스 테스트는 모듈의 논리적인 구조를 체계적으로 점검할 수 있다.
② 블랙박스 테스트는 프로그램의 구조를 고려하지 않는다.
③ 테스트 케이스에는 일반적으로 시험 조건, 테스트 데이터, 예상 결과가 포함되어야 한다.
④ 화이트박스 테스트에서 기본 경로(Basis Path)란 흐름 그래프의 시작 노드에서 종료 노드까지의 서로 독립된 경로로 싸이클을 허용하지 않는 경로를 말한다.

34 공학적으로 잘된 소프트웨어(Well Engineered Software)의 설명 중 틀린 것은?

① 소프트웨어는 유지보수가 용이해야 한다.
② 소프트웨어는 신뢰성이 높아야 한다.
③ 소프트웨어는 사용자 수준에 무관하게 일관된 인터페이스를 제공해야 한다.
④ 소프트웨어는 충분한 테스팅을 거쳐야 한다.

35 다음 중 단위 테스트를 통해 발견할 수 있는 오류가 아닌 것은?

① 알고리즘 오류에 따른 원치 않는 결과
② 탈출구가 없는 반복문의 사용
③ 모듈 간의 비정상적 상호작용으로 인한 원치 않는 결과
④ 틀린 계산 수식에 의한 잘못된 결과

36 힙 정렬(Heap Sort)에 대한 설명으로 틀린 것은?

① 정렬할 입력 레코드들로 힙을 구성하고 가장 큰 키 값을 갖는 루트 노드를 제거하는 과정을 반복하여 정렬하는 기법이다.
② 평균 수행 시간은 $O(nlog_2n)$이다.
③ 완전 이진 트리(Complete Binary Tree)로 입력 자료의 레코드를 구성한다.
④ 최악의 수행 시간은 $O(2n^4)$이다.

37 버전 관리 항목 중 저장소에 새로운 버전의 파일로 갱신하는 것을 의미하는 용어는?

① 형상 검사(Configuration Audit)
② 롤백(Rollback)
③ 단위 테스트(Unit Test)
④ 체크인(Check-In)

38 테스트와 디버그의 목적으로 옳은 것은?

① 테스트는 오류를 찾는 작업이고 디버깅은 오류를 수정하는 작업이다.
② 테스트는 오류를 수정하는 작업이고 디버깅은 오류를 찾는 작업이다.
③ 둘 다 소프트웨어의 오류를 찾는 작업으로 오류 수정은 하지 않는다.
④ 둘 다 소프트웨어 오류의 발견, 수정과 무관하다.

39 다음 Postfix로 표현된 연산식의 연산 결과로 옳은 것은?

```
34*56*+
```

① 35　　② 42
③ 81　　④ 360

40 다음 중 스택을 이용한 연산과 거리가 먼 것은?

① 선택 정렬
② 재귀 호출
③ 후위 표현(Post-fix expression)의 연산
④ 깊이 우선 탐색

과목 03 데이터베이스 구축

41 릴레이션 R의 차수가 4이고 카디널리티가 5이며, 릴레이션 S의 차수가 6이고 카디널리티가 7일 때, 두 개의 릴레이션을 카티션 프로덕트한 결과의 새로운 릴레이션의 차수와 카디널리티는 얼마인가?

① 24, 35　　② 24, 12
③ 10, 35　　④ 10, 12

42 시스템 카탈로그에 대한 설명으로 옳지 않은 것은?

① 사용자가 직접 시스템 카탈로그의 내용을 갱신하여 데이터베이스 무결성을 유지한다.
② 시스템 자신이 필요로 하는 스키마 및 여러 가지 객체에 관한 정보를 포함하고 있는 시스템 데이터베이스이다.
③ 시스템 카탈로그에 저장되는 내용을 메타 데이터라고도 한다.
④ 시스템 카탈로그는 DBMS가 스스로 생성하고 유지한다.

43 다음 관계 대수 중 순수 관계 연산자가 아닌 것은?

① 차집합(Difference)
② 프로젝트(Project)
③ 조인(Join)
④ 디비전(Division)

44 데이터베이스 설계 시 물리적 설계 단계에서 수행하는 사항이 아닌 것은?

① 레코드 집중의 분석 및 설계
② 접근 경로 설계
③ 저장 레코드의 양식 설계
④ 목표 DBMS에 맞는 스키마 설계

45 다음 R1과 R2의 테이블에서 아래의 실행 결과를 얻기 위한 SQL문은?

[R1 테이블]

학번	이름	학년	학과	주소
1000	홍길동	1	컴퓨터공학	서울
2000	김철수	1	전기공학	경기
3000	강남길	2	전자공학	경기
4000	오말자	2	컴퓨터공학	경기
5000	장미화	3	전자공학	서울

[R2 테이블]

학번	과목번호	과목이름	학점	점수
1000	C100	컴퓨터구조	A	91
2000	C200	데이터베이스	A+	99
3000	C100	컴퓨터구조	B+	89
3000	C200	데이터베이스	B	85
4000	C200	데이터베이스	A	93
4000	C300	운영체제	B+	88
5000	C300	운영체제	B	82

[실행 결과]

과목번호	과목이름
C100	컴퓨터구조
C200	데이터베이스

① SELECT 과목번호, 과목이름 FROM R1, R2 WHERE R1.학번 = R2.학번 AND R1.학과 = '전자공학' AND R1.이름 = '강남길';
② SELECT 과목번호, 과목이름 FROM R1, R2 WHERE R1.학번 = R2.학번 OR R1.학과 = '전자공학' OR R1.이름 = '홍길동';
③ SELECT 과목번호, 과목이름 FROM R1, R2 WHERE R1.학번 = R2.학번 AND R1.학과 = '컴퓨터공학' AND R1.이름 = '강남길';
④ SELECT 과목번호, 과목이름 FROM R1, R2 WHERE R1.학번 = R2.학번 OR R1.학과 = '컴퓨터공학' OR R1.이름 = '홍길동';

46 병행 제어 기법의 종류가 아닌 것은?

① 로킹 기법
② 시분할 기법
③ 타임스탬프 기법
④ 다중 버전 기법

47 SQL문에서 SELECT에 대한 설명으로 옳지 않은 것은?

① FROM 절에는 질의에 의해 검색될 데이터들을 포함하는 테이블명을 기술한다.
② 검색 결과에 중복되는 레코드를 없애기 위해서는 WHERE 절에 'DISTINCT' 키워드를 사용한다.
③ HAVING 절은 GROUP BY 절과 함께 사용되며, 그룹에 대한 조건을 지정한다.
④ ORDER BY 절은 특정 속성을 기준으로 정렬하여 검색할 때 사용한다.

48 제3정규형(3NF)에서 BCNF(Boyce-Codd Normal Form)가 되기 위한 조건은?

① 결정자가 후보키가 아닌 함수 종속 제거
② 이행적 함수 종속 제거
③ 부분적 함수 종속 제거
④ 원자값이 아닌 도메인 분해

49 SQL에서 VIEW를 삭제할 때 사용하는 명령은?

① ERASE ② KILL
③ DROP ④ DELETE

50 트랜잭션의 실행이 실패하였음을 알리는 연산자로 트랜잭션이 수행한 결과를 원래의 상태로 원상 복귀시키는 연산은?

① COMMIT 연산 ② BACKUP 연산
③ LOG 연산 ④ ROLLBACK 연산

51 DDL(Data Define Language)의 명령어 중 스키마, 도메인, 인덱스 등을 정의할 때 사용하는 SQL문은?

① ALTER ② SELECT
③ CREATE ④ INSERT

52 데이터 속성 간의 종속성에 대한 엄밀한 고려 없이 잘못 설계된 데이터베이스에서는 데이터 처리 연산 수행 시 각종 이상 현상이 발생할 수 있는데, 이러한 이상 현상이 아닌 것은?

① 검색 이상 ② 삽입 이상
③ 삭제 이상 ④ 갱신 이상

53 테이블 R1, R2에 대하여 다음 SQL문의 결과는?

```
(SELECT 학번 FROM R1)
INTERSECT
(SELECT 학번 FROM R2);
```

[R1 테이블]

학번	학점 수
20201111	15
20202222	20

[R2 테이블]

학번	과목번호
20202222	CS200
20203333	CS300

①

학번	학점 수	과목번호
20202222	20	CS200

②

학번
20202222

③

학번
20201111
20202222
20203333

④

학번	학점 수	과목번호
20201111	15	NULL
20202222	20	CS200
20203333	NULL	CS300

54 관계 데이터베이스 모델에서 차수(Degree)의 의미는?

① 튜플의 수　② 테이블의 수
③ 데이터베이스의 수　④ 애트리뷰트의 수

55 다음 SQL문에서 ( ) 안에 들어갈 내용으로 옳은 것은?

```
UPDATE 인사급여 (    ) 호봉 = 15 WHERE 성명 = '홍길동';
```

① SET　② FROM
③ INTO　④ IN

56 병렬 데이터베이스 환경 중 수평 분할에서 활용되는 분할 기법이 아닌 것은?

① 라운드-로빈　② 범위 분할
③ 예측 분할　④ 해시 분할

57 관계형 데이터 모델의 릴레이션에 대한 설명으로 틀린 것은?

① 모든 속성값은 원자값을 갖는다.
② 한 릴레이션에 포함된 튜플은 모두 상이하다.
③ 한 릴레이션에 포함된 튜플 사이에는 순서가 없다.
④ 한 릴레이션을 구성하는 속성 사이에는 순서가 존재한다.

58 속성(Attribute)에 대한 설명으로 틀린 것은?

① 속성은 개체의 특성을 기술한다.
② 속성은 데이터베이스를 구성하는 가장 작은 논리적 단위이다.
③ 속성은 파일 구조상 데이터 항목 또는 데이터 필드에 해당된다.
④ 속성의 수를 "Cardinality"라고 한다.

59 릴레이션에서 기본키를 구성하는 속성은 널(Null) 값이나 중복 값을 가질 수 없다는 것을 의미하는 제약조건은?

① 참조 무결성　② 보안 무결성
③ 개체 무결성　④ 정보 무결성

60 개체-관계 모델(E-R)의 그래픽 표현으로 옳지 않은 것은?

① 개체 타입 – 사각형　② 속성 – 원형
③ 관계 타입 – 마름모　④ 연결 – 삼각형

과목 04 프로그래밍 언어 활용

61 페이징 기법에서 페이지 크기가 작아질수록 발생하는 현상이 아닌 것은?

① 기억 장소 이용 효율이 증가한다.
② 입·출력 시간이 늘어난다.
③ 내부 단편화가 감소한다.
④ 페이지 맵 테이블의 크기가 감소한다.

62 다음 C언어 프로그램이 실행되었을 때의 결과는?

```
#include <stdio.h>
int main(int argc, char *argv[]) {
    int a = 4;
    int b = 7;
    int c = a | b;
    printf("%d", c);
    return 0;
}
```

① 3　② 4
③ 7　④ 10

63 다음 파이썬(Python) 프로그램이 실행되었을 때의 결과는?

```
class FourCal:
  def setdata(sel, fir, sec):
    sel.fir = fir
    sel.sec = sec
  def add(sel):
    result = sel.fir + sel.sec
    return result
a = FourCal( )
a.setdata(4, 2)
print(a.add( ))
```

① 0　② 2
③ 4　④ 6

64 CIDR(Classless Inter-Domain Routing) 표기로 203.241.132.82/27과 같이 사용되었다면, 해당 주소의 서브넷 마스크(Subnet Mask)는?

① 255.255.255.0
② 255.255.255.224
③ 255.255.255.240
④ 255.255.255.248

65 OSI 7계층 중 네트워크 계층에 대한 설명으로 틀린 것은?

① 패킷을 발신지로부터 최종 목적지까지 전달하는 책임을 진다.
② 한 노드로부터 다른 노드로 프레임을 전송하는 책임을 진다.
③ 패킷에 발신지와 목적지의 논리 주소를 추가한다.
④ 라우터 또는 교환기는 패킷 전달을 위해 경로를 지정하거나 교환 기능을 제공한다.

66 다음 C언어 프로그램이 실행되었을 때의 결과는?

```
#include <stdio.h>
int main(int argc, char *argv[]) {
  char a;
  a = 'A' + 1;
  printf("%d", a);
  return 0;
}
```

① 1　② 11　③ 66　④ 98

67 다음 중 가장 강한 응집도(Cohesion)는?

① Sequential Cohesion
② Procedural Cohesion
③ Logical Cohesion
④ Coincidental Cohesion

68 프레임워크(Framework)에 대한 설명으로 옳은 것은?

① 소프트웨어 구성에 필요한 기본 구조를 제공함으로써 재사용이 가능하게 해준다.
② 소프트웨어 개발 시 구조가 잡혀있기 때문에 확장이 불가능하다.
③ 소프트웨어 아키텍처(Architecture)와 동일한 개념이다.
④ 모듈화(Modularity)가 불가능하다.

69 다음 JAVA 프로그램이 실행되었을 때의 결과는?

```
public class Operator {
   public static void main(String[] args) {
     int x = 5, y = 0, z = 0;
     y = x++;
     z = - -x;
     System.out.print(x + ", " + y + ", " + z);
   }
}
```

① 5, 5, 5　② 5, 6, 5
③ 6, 5, 5　④ 5, 6, 4

70 다음 C언어 프로그램이 실행되었을 때의 결과는?

```
#include <stido.h>
int main(int argc, char *argv[]) {
   int a[2][2] = {{11, 22}, {44, 55}};
   int i, sum = 0;
   int *p;
   p = a[0];
   for(i = 1; i < 4; i++)
      sum += *(p + i);
   printf("%d", sum);
   return 0;
}
```

① 55 ② 77 ③ 121 ④ 132

71 C언어 라이브러리 중 stdlib.h에 대한 설명으로 옳은 것은?

① 문자열을 수치 데이터로 바꾸는 문자 변환 함수와 수치를 문자열로 바꿔주는 변환 함수 등이 있다.
② 문자열 처리 함수로 strlen( )이 포함되어 있다.
③ 표준 입·출력 라이브러리이다.
④ 삼각 함수, 제곱근, 지수 등 수학적인 함수를 내장하고 있다.

72 프로세스 적재 정책과 관련한 설명으로 틀린 것은?

① 반복, 스택, 부프로그램은 시간 지역성(Temporal Locality)과 관련이 있다.
② 공간 지역성(Spatial Locality)은 프로세스가 어떤 페이지를 참조했다면 이후 가상 주소 공간상 그 페이지와 인접한 페이지들을 참조할 가능성이 높음을 의미한다.
③ 일반적으로 페이지 교환에 보내는 시간보다 프로세스 수행에 보내는 시간이 더 크면 스레싱(Thrashing)이 발생한다.
④ 스레싱(Thrashing) 현상을 방지하기 위해서는 각 프로세스가 필요로 하는 프레임을 제공할 수 있어야 한다.

73 교착상태의 해결 방법 중 은행원 알고리즘(Banker's Algorithm)이 해당되는 기법은?

① Detection ② Avoidance
③ Recovery ④ Prevention

74 다음 중 가장 약한 결합도(Coupling)는?

① Common Coupling ② Content Coupling
③ External Coupling ④ Stamp Coupling

75 자바스크립트(JavaScript)와 관련한 설명으로 틀린 것은?

① 프로토타입(Prototype)의 개념이 존재한다.
② 클래스 기반으로 객체 상속을 지원한다.
③ Prototype Link와 Prototype Object를 활용할 수 있다.
④ 객체지향 언어이다.

76 C언어에서 연산자 우선순위가 높은 것에서 낮은 것으로 바르게 나열된 것은?

㉠ ( )	㉡ ==	㉢ <
㉣ <<	㉤ ||	㉥ /

① ㉠, ㉥, ㉣, ㉢, ㉡, ㉤
② ㉠, ㉣, ㉥, ㉢, ㉡, ㉤
③ ㉠, ㉣, ㉥, ㉢, ㉤, ㉡
④ ㉠, ㉥, ㉣, ㉤, ㉡, ㉢

77 다음 JAVA 프로그램이 실행되었을 때의 결과는?

```
public class array1 {
   public static void main(String[]
   args) {
      int cnt = 0;
      do {
         cnt++;
      } while (cnt < 0);
      if(cnt==1)
         cnt++;
      else
         cnt = cnt + 3;
      System.out.printf("%d", cnt);
   }
}
```

① 2 ② 3
③ 4 ④ 5

78 리눅스 Bash 쉘(Shell)에서 export와 관련한 설명으로 틀린 것은?

① 변수를 출력하고자 할 때는 export를 사용해야 한다.
② export가 매개 변수 없이 쓰일 경우 현재 설정된 환경 변수들이 출력된다.
③ 사용자가 생성하는 변수는 export 명령어로 표시하지 않는 한 현재 쉘에 국한된다.
④ 변수를 export 시키면 전역(Global) 변수처럼 되어 끝까지 기억된다.

79 TCP 프로토콜과 관련한 설명으로 틀린 것은?

① 인접한 노드 사이의 프레임 전송 및 오류를 제어한다.
② 흐름 제어(Flow Control)의 기능을 수행한다.
③ 전이중(Full Duplex) 방식의 양방향 가상 회선을 제공한다.
④ 전송 데이터와 응답 데이터를 함께 전송할 수 있다.

80 다음 설명에 해당하는 방식은?

- 무선 랜에서 데이터 전송 시, 매체가 비어있음을 확인한 뒤 충돌을 회피하기 위해 임의 시간을 기다린 후 데이터를 전송하는 방법이다.
- 네트워크에 데이터의 전송이 없는 경우라도 동시 전송에 의한 충돌에 대비하여 확인 신호를 전송한다.

① STA ② Collision Domain
③ CSMA/CA ④ CSMA/CD

과목 05 정보 시스템 구축 관리

81 SSH(Secure Shell)에 대한 설명으로 틀린 것은?

① SSH의 기본 네트워크 포트는 220번을 사용한다.
② 전송되는 데이터는 암호화된다.
③ 키를 통한 인증은 클라이언트의 공개키를 서버에 등록해야 한다.
④ 서로 연결되어 있는 컴퓨터 간 원격 명령 실행이나 셸 서비스 등을 수행한다.

82 침입 차단 시스템(방화벽) 중 다음과 같은 형태의 구축 유형은?

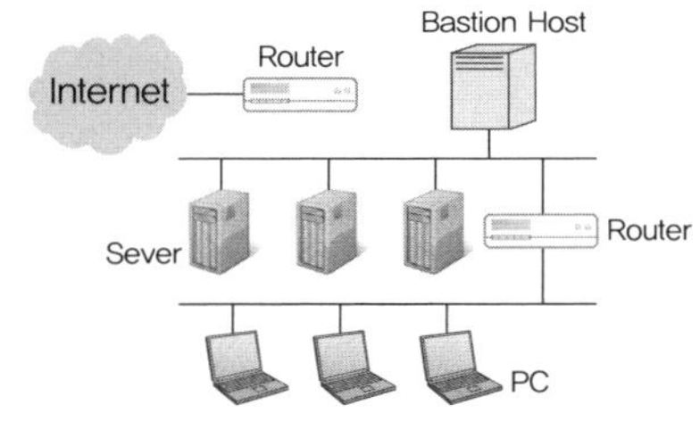

① Block Host ② Tree Host
③ Screened Subnet ④ Ring Homed

기출 최신 기출문제

83 코드의 기입 과정에서 원래 '12536'으로 기입되어야 하는데 '12936'으로 표기되었을 경우, 어떤 코드 오류에 해당하는가?

① Addition Error ② Omission Error
③ Sequence Error ④ Transcription Error

84 PC, TV, 휴대폰에서 원하는 콘텐츠를 끊김없이 자유롭게 이용할 수 있는 서비스는?

① Meristor ② MEMS
③ SNMP ④ N-Screen

85 Secure OS의 보안 기능으로 거리가 먼 것은?

① 식별 및 인증 ② 임의적 접근 통제
③ 고가용성 지원 ④ 강제적 접근 통제

86 메모리상에서 프로그램의 복귀 주소와 변수 사이에 특정 값을 저장해 두었다가 그 값이 변경되었을 경우 오버플로우 상태로 가정하여 프로그램 실행을 중단하는 기술은?

① Stack Guard ② Bridge
③ ASLR ④ FIN

87 다음 내용이 설명하는 접근 제어 모델은?

- 군대의 보안 레벨처럼 정보의 기밀성에 따라 상하 관계가 구분된 정보를 보호하기 위해 사용한다.
- 자신의 권한보다 낮은 보안 레벨 권한을 가진 경우에는 높은 보안 레벨의 문서를 읽을 수 없고 자신의 권한보다 낮은 수준의 문서만을 읽을 수 있다.
- 자신의 권한보다 높은 보안 레벨의 문서에는 쓰기가 가능하지만 보안 레벨이 낮은 문서의 쓰기 권한은 제한한다.

① Clark-Wilson Integrity Model
② PDCA Model
③ Bell-Lapadula Model
④ Chinese Wall Model

88 ISO 12207 표준의 기본 생명주기의 주요 프로세스에 해당하지 않는 것은?

① 획득 프로세스
② 개발 프로세스
③ 성능평가 프로세스
④ 유지보수 프로세스

89 라우팅 프로토콜인 OSPF(Open Shortest Path First)에 대한 설명으로 옳지 않은 것은?

① 네트워크 변화에 신속하게 대처할 수 있다.
② 거리 벡터 라우팅 프로토콜이라고 한다.
③ 멀티캐스팅을 지원한다.
④ 최단 경로 탐색에 Dijkstra 알고리즘을 사용한다.

90 다음 내용이 설명하는 것은?

- 네트워크상에 광채널 스위치의 이점인 고속 전송과 장거리 연결 및 멀티 프로토콜 기능을 활용
- 각기 다른 운영체제를 가진 여러 기종들이 네트워크상에서 동일 저장 장치의 데이터를 공유하게 함으로써, 여러 개의 저장장치나 백업 장비를 단일화시킨 시스템

① SAN ② MBR
③ NAC ④ NIC

91 CBD(Component Based Development) SW 개발 표준 산출물 중 분석 단계에 해당하는 것은?

① 클래스 설계서 ② 통합 시험 결과서
③ 프로그램 코드 ④ 사용자 요구사항 정의서

92 소프트웨어 비용 산정 기법 중 개발 유형으로 organic, semi-detached, embedded로 구분되는 것은?

① PUTNAM ② COCOMO
③ FP ④ SLIM

93 SPICE 모델의 프로세스 수행 능력 수준의 단계별 설명이 틀린 것은?

① 수준7 – 미완성 단계
② 수준5 – 최적화 단계
③ 수준4 – 예측 단계
④ 수준3 – 확립 단계

94 서로 다른 네트워크 대역에 있는 호스트들 상호 간에 통신할 수 있도록 해주는 네트워크 장비는?

① L2 스위치 ② HIPO
③ 라우터 ④ RAD

95 암호화 키와 복호화 키가 동일한 암호화 알고리즘은?

① RSA ② AES
③ DSA ④ ECC

96 IPSec(IP Security)에 대한 설명으로 틀린 것은?

① 암호화 수행 시 일방향 암호화만 지원한다.
② ESP는 발신지 인증, 데이터 무결성, 기밀성 모두를 보장한다.
③ 운영 모드는 Tunnel 모드와 Transport 모드로 분류된다.
④ AH는 발신지 호스트를 인증하고, IP 패킷의 무결성을 보장한다.

97 서버에 열린 포트 정보를 스캐닝해서 보안 취약점을 찾는데 사용하는 도구는?

① type ② mkdir
③ ftp ④ nmap

98 하둡(Hadoop)과 관계형 데이터베이스 간에 데이터를 전송할 수 있도록 설계된 도구는?

① Apnic ② Topology
③ Sqoop ④ SDB

99 해시(Hash) 기법에 대한 설명으로 틀린 것은?

① 임의 길이의 입력 데이터를 받아 고정된 길이의 해시 값으로 변환한다.
② 주로 공개키 암호화 방식에서 키 생성을 위해 사용한다.
③ 대표적인 해시 알고리즘으로 HAVAL, SHA–1 등이 있다.
④ 해시 함수는 일방향 함수(One–way Function)이다.

100 소프트웨어 비용 추정 모형(Estimation Models)이 아닌 것은?

① COCOMO ② Putnam
③ Function–Point ④ PERT

최신 기출문제 11회
빠르게 정답 확인하기!
스마트폰으로 QR 코드를 찍어 보세요.
정답표를 통해 편리하게 채점할 수 있습니다.

최신 기출문제 12회

2021년 제1회

• **제한시간 :** 2시간 30분 • **소요시간 :** 시간 분 • **전체 문항 수 :** 100문항 • **맞힌 문항 수 :** 문항

과목 01 소프트웨어 설계

01 분산 컴퓨팅 환경에서 서로 다른 기종 간의 하드웨어나 프로토콜, 통신 환경 등을 연결하여 응용 프로그램과 운영 환경 간에 원만한 통신이 이루어질 수 있게 서비스를 제공하는 소프트웨어는?

① 미들웨어 ② 하드웨어
③ 오픈허브웨어 ④ 그레이웨어

02 기본 유스케이스 수행 시 특별한 조건을 만족할 때 수행하는 유스케이스는?

① 연관 ② 확장
③ 선택 ④ 특화

03 UML(Unified Modeling Language)에 대한 설명 중 틀린 것은?

① 기능적 모델은 사용자 측면에서 본 시스템 기능이며, UML에서는 Use Case Diagram을 사용한다.
② 정적 모델은 객체, 속성, 연관 관계, 오퍼레이션의 시스템의 구조를 나타내며, UML에서는 Class Diagram을 사용한다.
③ 동적 모델은 시스템의 내부 동작을 말하며, UML에서는 Sequence Diagram, State Diagram, Activity Diagram을 사용한다.
④ State Diagram은 객체들 사이의 메시지 교환을 나타내며, Sequence Diagram은 하나의 객체가 가진 상태와 그 상태의 변화에 의한 동작 순서를 나타낸다.

04 운영체제 분석을 위해 리눅스에서 버전을 확인하고자 할 때 사용되는 명령어는?

① ls ② cat
③ pwd ④ uname

05 럼바우(Rumbaugh) 분석 기법에서 정보 모델링이라고도 하며, 시스템에서 요구되는 객체를 찾아내어 속성과 연산 식별 및 객체들 간의 관계를 규정하여 다이어그램으로 표시하는 모델링은?

① Object ② Dynamic
③ Function ④ Static

06 GoF(Gangs of Four) 디자인 패턴의 생성 패턴에 속하지 않는 것은?

① 추상 팩토리(Abstract Factory)
② 빌더(Builder)
③ 어댑터(Adapter)
④ 싱글턴(Singleton)

07 현행 시스템 분석에서 고려하지 않아도 되는 항목은?

① DBMS 분석 ② 네트워크 분석
③ 운영체제 분석 ④ 인적 자원 분석

08 **UML 다이어그램 중 시스템 내 클래스의 정적 구조를 표현하고 클래스와 클래스, 클래스의 속성 사이의 관계를 나타내는 것은?**

① Activity Diagram ② Model Diagram
③ State Diagram ④ Class Diagram

09 **객체지향 분석 방법론 중 Coad-Yourdon 방법에 해당하는 것은?**

① E-R 다이어그램을 사용하여 객체의 행위를 데이터 모델링하는데 초점을 둔 방법이다.
② 객체, 동적, 기능 모델로 나누어 수행하는 방법이다.
③ 미시적 개발 프로세스와 거시적 개발 프로세스를 모두 사용하는 방법이다.
④ Use Case를 강조하여 사용하는 방법이다.

10 **객체지향 개념에서 연관된 데이터와 함수를 함께 묶어 외부와 경계를 만들고 필요한 인터페이스만을 밖으로 드러내는 과정은?**

① 메시지(Message)
② 캡슐화(Encapsulation)
③ 다형성(Polymorphism)
④ 상속(Inheritance)

11 **디자인 패턴을 이용한 소프트웨어 재사용으로 얻어지는 장점이 아닌 것은?**

① 소프트웨어 코드의 품질을 향상시킬 수 있다.
② 개발 프로세스를 무시할 수 있다.
③ 개발자들 사이의 의사소통을 원활하게 할 수 있다.
④ 소프트웨어의 품질과 생산성을 향상시킬 수 있다.

12 **다음은 어떤 프로그램 구조를 나타낸다. 모듈 F에서의 Fan-In과 Fan-Out의 수는 얼마인가?**

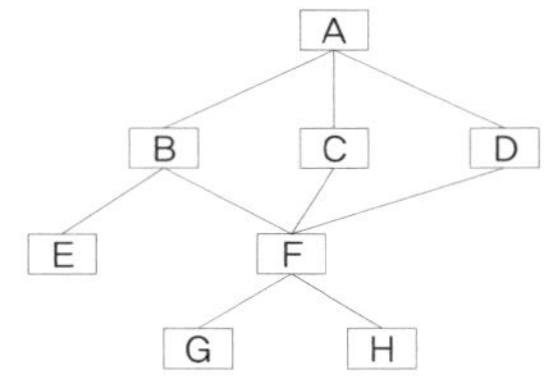

① Fan-In : 2, Fan-Out : 3
② Fan-In : 3, Fan-Out : 2
③ Fan-In : 1, Fan-Out : 2
④ Fan-In : 2, Fan-Out : 1

13 **소프트웨어를 개발하기 위한 비즈니스(업무)를 객체와 속성, 클래스와 멤버, 전체와 부분 등으로 나누어서 분석해 내는 기법은?**

① 객체지향 분석 ② 구조적 분석
③ 기능적 분석 ④ 실시간 분석

14 **다음 중 요구사항 모델링에 활용되지 않는 것은?**

① 애자일(Agile) 방법
② 유스케이스 다이어그램(Use Case Diagram)
③ 시퀀스 다이어그램(Sequence Diagram)
④ 단계 다이어그램(Phase Diagram)

15 **애자일 소프트웨어 개발 기법의 가치가 아닌 것은?**

① 프로세스와 도구보다는 개인과 상호작용에 더 가치를 둔다.
② 계약 협상보다는 고객과의 협업에 더 가치를 둔다.
③ 실제 작동하는 소프트웨어보다는 이해하기 좋은 문서에 더 가치를 둔다.
④ 계획을 따르기보다는 변화에 대응하는 것에 더 가치를 둔다.

16 응용 프로그램의 프로시저를 사용하여 원격 프로시저를 로컬 프로시저처럼 호출하는 방식의 미들웨어는?

① WAS(Web Application Server)
② MOM(Message Oriented Middleware)
③ RPC(Remote Procedure Call)
④ ORB(Object Request Broker)

17 바람직한 소프트웨어 설계 지침이 아닌 것은?

① 모듈의 기능을 예측할 수 있도록 정의한다.
② 이식성을 고려한다.
③ 적당한 모듈의 크기를 유지한다.
④ 가능한 모듈을 독립적으로 생성하고 결합도를 최대화한다.

18 통신을 위한 프로그램을 생성하여 포트를 할당하고, 클라이언트의 통신 요청 시 클라이언트와 연결하는 내 · 외부 송 · 수신 연계 기술은?

① DB 링크 기술　② 소켓 기술
③ 스크럽 기술　④ 프로토타입 기술

19 소프트웨어 설계 시 제일 상위에 있는 Main User Function에서 시작하여 기능을 하위 기능들로 분할해 가면서 설계하는 방식은?

① 객체지향 설계　② 데이터 흐름 설계
③ 상향식 설계　④ 하향식 설계

20 CASE(Computer Aided Software Engineering)에 대한 설명으로 틀린 것은?

① 소프트웨어 모듈의 재사용성이 향상된다.
② 자동화된 기법을 통해 소프트웨어 품질이 향상된다.
③ 소프트웨어 사용자들에게 사용 방법을 신속히 숙지시키기 위해 사용된다.
④ 소프트웨어 유지보수를 간편하게 수행할 수 있다.

과목 02 소프트웨어 개발

21 구현 단계에서의 작업 절차를 순서에 맞게 나열한 것은?

> ㉠ 코딩한다.
> ㉡ 코딩 작업을 계획한다.
> ㉢ 코드를 테스트한다.
> ㉣ 컴파일한다.

① ㉠-㉡-㉢-㉣　② ㉡-㉠-㉣-㉢
③ ㉢-㉠-㉡-㉣　④ ㉣-㉡-㉠-㉢

22 소프트웨어 설치 매뉴얼에 포함된 항목이 아닌 것은?

① 제품 소프트웨어 개요
② 설치 관련 파일
③ 프로그램 삭제
④ 소프트웨어 개발 기간

23 다음 전위식(Prefix)을 후위식(Postfix)으로 옳게 표현한 것은?

> −/∗A+BCDE

① A B C + D / ∗ E −
② A B ∗ C D / + E −
③ A B ∗ C + D / E −
④ A B C + ∗ D / E −

24 소프트웨어 품질 목표 중 쉽게 배우고 사용할 수 있는 정도를 나타내는 것은?

① Correctness
② Reliability
③ Usability
④ Integrity

25 여러 개의 선택 항목 중 하나의 선택만 가능한 경우 사용하는 사용자 인터페이스(UI) 요소는?

① 토글 버튼 ② 텍스트 박스
③ 라디오 버튼 ④ 체크 박스

26 퀵 정렬에 관한 설명으로 옳은 것은?

① 레코드의 키 값을 분석하여 같은 값끼리 그 순서에 맞는 버킷에 분배하였다가 버킷의 순서대로 레코드를 꺼내어 정렬한다.
② 주어진 파일에서 인접한 두 개의 레코드 키 값을 비교하여 그 크기에 따라 레코드 위치를 서로 교환한다.
③ 레코드의 많은 자료 이동을 없애고 하나의 파일을 부분적으로 나누어 가면서 정렬한다.
④ 임의의 레코드 키와 매개 변수(h) 값만큼 떨어진 곳의 레코드 키를 비교하여 서로 교환해 가면서 정렬한다.

27 디지털 저작권 관리(DRM)에 사용되는 기술 요소가 아닌 것은?

① 키 관리
② 방화벽
③ 암호화
④ 크랙 방지

28 스택에 대한 설명으로 틀린 것은?

① 입·출력이 한쪽 끝으로만 제한된 리스트이다.
② Head(front)와 Tail(rear)의 2개 포인터를 갖고 있다.
③ LIFO 구조이다.
④ 더 이상 삭제할 데이터가 없는 상태에서 데이터를 삭제하면 언더플로(Underflow)가 발생한다.

29 필드 테스팅(Field Testing)이라고도 불리며 개발자 없이 고객의 사용 환경에 소프트웨어를 설치하여 검사를 수행하는 인수 검사 기법은?

① 베타 검사
② 알파 검사
③ 형상 검사
④ 복구 검사

30 소프트웨어 형상 관리(Configuration Management)에 관한 설명으로 틀린 것은?

① 소프트웨어에서 일어나는 수정이나 변경을 알아내고 제어하는 것을 의미한다.
② 소프트웨어 개발의 전체 비용을 줄이고, 개발 과정의 여러 방해 요인이 최소화되도록 보증하는 것을 목적으로 한다.
③ 형상 관리를 위하여 구성된 팀을 "chief programmer team"이라고 한다.
④ 형상 관리의 기능 중 하나는 버전 제어 기술이다.

31 그래프의 특수한 형태로 노드(Node)와 선분(Branch)으로 되어 있고, 정점 사이에 사이클(Cycle)이 형성되어 있지 않으며, 자료 사이의 관계성이 계층 형식으로 나타나는 비선형 구조는?

① Tree
② Network
③ Stack
④ Distributed

32 이진 검색 알고리즘에 대한 설명으로 틀린 것은?

① 탐색 효율이 좋고 탐색 기간이 적게 소요된다.
② 검색할 데이터가 정렬되어 있어야 한다.
③ 피보나치 수열에 따라 다음에 비교할 대상을 선정하여 검색한다.
④ 비교 횟수를 거듭할 때마다 검색 대상이 되는 데이터의 수가 절반으로 줄어든다.

33 소프트웨어의 일부분을 다른 시스템에서 사용할 수 있는 정도를 의미하는 것은?

① 신뢰성(Reliability)
② 유지보수성(Maintainability)
③ 가시성(Visibility)
④ 재사용성(Reusability)

34 하향식 통합 시험을 위해 일시적으로 필요한 조건만을 가지고 임시로 제공되는 시험용 모듈은?

① Stub
② Driver
③ Procedure
④ Function

35 해싱 함수(Hashing Function)의 종류가 아닌 것은?

① 제곱법(Mid-Square)
② 숫자 분석법(Digit Analysis)
③ 개방 조소법(Open Addressing)
④ 제산법(Division)

36 다음 중 블랙박스 검사 기법은?

① 경계값 분석
② 조건 검사
③ 기초 경로 검사
④ 루프 검사

37 다음 트리를 Preorder 운행법으로 운행할 경우 다섯 번째로 탐색되는 것은?

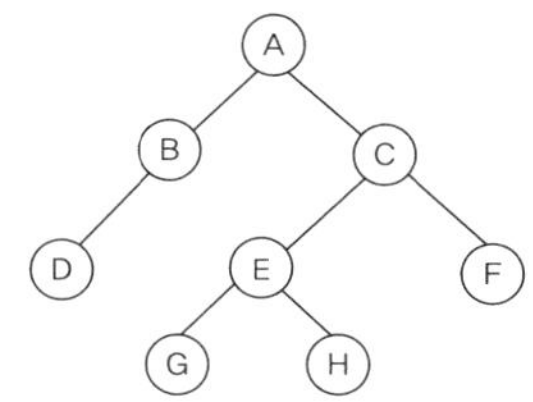

① C
② E
③ G
④ H

38 다음 자료에 대하여 "Selection Sort"를 사용하여 오름차순으로 정렬한 경우 PASS 3의 결과는?

초기 상태 : 8, 3, 4, 9, 7

① 3, 4, 7, 9, 8
② 3, 4, 8, 9, 7
③ 3, 8, 4, 9, 7
④ 3, 4, 7, 8, 9

39 자료 구조에 대한 설명으로 틀린 것은?

① 큐는 비선형 구조에 해당한다.
② 큐는 First In – First Out 처리를 수행한다.
③ 스택은 Last In – First Out 처리를 수행한다.
④ 스택은 서브 루틴 호출, 인터럽트 처리, 수식 계산 및 수식 표기법에 응용된다.

40 테스트 케이스에 일반적으로 포함되는 항목이 아닌 것은?

① 테스트 조건
② 테스트 데이터
③ 테스트 비용
④ 예상 결과

과목 03 데이터베이스 구축

41 다음 릴레이션의 카디널리티와 차수가 옳게 나타낸 것은?

아이디	성명	나이	등급	적립금	가입년도
yuyu01	원유철	36	3	2000	2008
sykim10	김성일	29	2	3300	2014
kshan4	한경선	45	3	2800	2009
namsu52	이남수	33	5	1000	2016

① 카디널리티 : 4, 차수 : 4
② 카디널리티 : 4, 차수 : 6
③ 카디널리티 : 6, 차수 : 4
④ 카디널리티 : 6, 차수 : 6

42 데이터베이스 성능에 많은 영향을 주는 DBMS의 구성 요소로 테이블과 클러스터에 연관되어 독립적인 저장 공간을 보유하며, 데이터베이스에 저장된 자료를 더욱 빠르게 조회하기 위하여 사용되는 것은?

① 인덱스(Index)
② 트랜잭션(Transaction)
③ 역정규화(Denormalization)
④ 트리거(Trigger)

43 데이터베이스 설계 단계 중 저장 레코드 양식 설계, 레코드 집중의 분석 및 설계, 접근 경로 설계와 관계되는 것은?

① 논리적 설계
② 요구 조건 분석
③ 개념적 설계
④ 물리적 설계

44 시스템 카탈로그에 대한 설명으로 틀린 것은?

① 시스템 카탈로그의 갱신은 무결성 유지를 위하여 SQL을 이용하여 사용자가 직접 갱신하여야 한다.
② 데이터베이스에 포함되는 데이터 객체에 대한 정의나 명세에 대한 정보를 유지 관리한다.
③ DBMS가 스스로 생성하고 유지하는 데이터베이스 내의 특별한 테이블의 집합체이다.
④ 카탈로그에 저장된 정보를 메타 데이터라고도 한다.

45 정규화를 거치지 않아 발생하게 되는 이상(Anomaly) 현상의 종류에 대한 설명으로 옳지 않은 것은?

① 삭제 이상이란 릴레이션에서 한 튜플을 삭제할 때 의도와는 상관없는 값들도 함께 삭제되는 연쇄 삭제 현상이다.
② 삽입 이상이란 릴레이션에서 데이터를 삽입할 때 의도와는 상관없이 원하지 않는 값들도 함께 삽입되는 현상이다.
③ 갱신 이상이란 릴레이션에서 튜플에 있는 속성값을 갱신할 때 일부 튜플의 정보만 갱신되어 정보에 모순이 생기는 현상이다.
④ 종속 이상이란 하나의 릴레이션에 하나 이상의 함수적 종속성이 존재하는 현상이다.

46 다음과 같은 트랜잭션의 특성은?

> 시스템이 가지고 있는 고정 요소는 트랜잭션 수행 전과 트랜잭션 수행 완료 후의 상태가 같아야 한다.

① 원자성(Atomicity) ② 일관성(Consistency)
③ 격리성(Isolation) ④ 영속성(Durability)

47 뷰(VIEW)에 대한 설명으로 옳지 않은 것은?

① DBA는 보안 측면에서 뷰를 활용할 수 있다.
② 뷰 위에 또 다른 뷰를 정의할 수 있다.
③ 뷰에 대한 삽입, 갱신, 삭제 연산 시 제약사항이 따르지 않는다.
④ 독립적인 인덱스를 가질 수 없다.

48 아래의 SQL문을 실행한 결과는?

[R1 테이블]

학번	이름	학년	학과	주소
1000	홍길동	4	컴퓨터	서울
2000	김철수	3	전기	경기
3000	강남길	1	컴퓨터	경기
4000	오말자	4	컴퓨터	경기
5000	장미화	2	전자	서울

[R2 테이블]

학번	과목번호	성적	점수
1000	C100	A	91
1000	C200	A	94
2000	C300	B	85
3000	C400	A	90
3000	C500	C	75
3000	C100	A	90
4000	C400	A	95
4000	C500	A	91
4000	C100	B	80
4000	C200	C	74
5000	C400	B	85

```
SELECT 이름
FROM R1
WHERE 학번 IN
      (SELECT 학번
       FROM R2
       WHERE 과목번호 = 'C100');
```

①

이름
홍길동
강남길
장미화

②

이름
홍길동
강남길
오말자

③

이름
홍길동
김철수
강남길
오말자
장미화

④

이름
홍길동
김철수

49 조건을 만족하는 릴레이션의 수평적 부분 집합으로 구성하며, 연산자의 기호는 그리스 문자 시그마(σ)를 사용하는 관계 대수 연산은?

① Select ② Project
③ Join ④ Division

50 관계 데이터 모델에서 릴레이션(Relation)에 관한 설명으로 옳은 것은?

① 릴레이션의 각 행을 스키마(Schema)라 하며, 예로 도서 릴레이션을 구성하는 스키마에는 도서번호, 도서명, 저자, 가격 등이 있다.
② 릴레이션과 각 열을 튜플(Tuple)이라 하며, 하나의 튜플을 각 속성에서 정의된 값을 이용하여 구성된다.
③ 도메인(Domain)은 하나의 속성이 가질 수 있는 같은 타입의 모든 값의 집합으로 각 속성의 도메인은 원자값을 갖는다.
④ 속성(Attribute)은 한 개의 릴레이션의 논리적인 구조를 정의한 것으로 릴레이션의 이름과 릴레이션에 포함된 속성들의 집합을 의미한다.

51 다음에서 설명하는 스키마(Schema)는?

> 데이터베이스 전체를 정의한 것으로 데이터 개체, 관계, 제약조건, 접근 권한, 무결성 규칙 등을 명세한 것

① 개념 스키마 ② 내부 스키마
③ 외부 스키마 ④ 내용 스키마

52 3NF에서 BCNF가 되기 위한 조건은?

① 이행적 함수 종속 제거
② 부분적 함수 종속 제거
③ 다치 종속 제거
④ 결정자이면서 후보키가 아닌 것 제거

53 다음 정의에서 말하는 기본 정규형은?

> 어떤 릴레이션 R에 속한 모든 도메인이 원자값(Atomic Value)만으로 되어 있다.

① 제1정규형(1NF)
② 제2정규형(2NF)
③ 제3정규형(3NF)
④ 보이스/코드 정규형(BCNF)

54 「회원」 테이블 생성 후 「주소」 필드(컬럼)가 누락되어 이를 추가하려고 한다. 이에 적합한 SQL 명령어는?

① DELETE
② RESTORE
③ ALTER
④ ACCESS

55 SQL에서 스키마(Schema), 도메인(Domain), 테이블(Table), 뷰(View), 인덱스(Index)를 정의하거나 변경 또는 삭제할 때 사용하는 언어는?

① DML(Data Manipulation Language)
② DDL(Data Definition Language)
③ DCL(Data Control Language)
④ IDL(Interactive Data Language)

56 릴레이션 R1에 속한 애트리뷰트의 조합인 외래키를 변경하려면 이를 참조하고 있는 릴레이션 R2의 기본키도 변경해야 하는데 이를 무엇이라 하는가?

① 정보 무결성 ② 고유 무결성
③ 널 제약성 ④ 참조 무결성

57 트랜잭션을 수행하는 도중 장애로 인해 손상된 데이터베이스를 손상되기 이전의 정상적인 상태로 복구시키는 작업은?

① Recovery ② Commit
③ Abort ④ Restart

58 E-R 다이어그램의 표기법으로 옳지 않은 것은?

① 개체 타입-사각형
② 속성-타원
③ 관계 집합-삼각형
④ 개체 타입과 속성을 연결-선

59 병행 제어의 로킹(Locking) 단위에 대한 설명으로 옳지 않은 것은?

① 데이터베이스, 파일, 레코드 등은 로킹 단위가 될 수 있다.
② 로킹 단위가 작아지면 로킹 오버헤드가 증가한다.
③ 한꺼번에 로킹할 수 있는 단위를 로킹 단위라고 한다.
④ 로킹 단위가 작아지면 병행성 수준이 낮아진다.

60 결과 값이 아래와 같을 때 SQL 질의로 옳은 것은?

[공급자 테이블]

공급자번호	공급자명	위치
16	대신공업사	수원
27	삼진사	서울
39	삼양사	인천
62	진아공업사	대전
70	신촌상사	서울

[결과]

공급자번호	공급자명	위치
16	대신공업사	수원
70	신촌상사	서울

① SELECT * FROM 공급자 WHERE 공급자명 LIKE '%신%';
② SELECT * FROM 공급자 WHERE 공급자명 LIKE '대%';
③ SELECT * FROM 공급자 WHERE 공급자명 LIKE '%사';
④ SELECT * FROM 공급자 WHERE 공급자명 IS NOT NULL;

과목 04 프로그래밍 언어 활용

61 운영체제를 기능에 따라 분류할 경우 제어 프로그램이 아닌 것은?

① 데이터 관리 프로그램 ② 서비스 프로그램
③ 작업 제어 프로그램 ④ 감시 프로그램

62 교착상태가 발생할 수 있는 조건이 아닌 것은?

① Mutual Exclusion
② Hold and Wait
③ Non-preemption
④ Linear Wait

63 기억 공간이 15K, 23K, 22K, 21K 순으로 빈 공간이 있을 때 기억 장치 배치 전략으로 "First Fit"을 사용하여 17K의 프로그램을 적재할 경우 내부 단편화의 크기는 얼마인가?

① 5K ② 6K
③ 7K ④ 8K

64 결합도가 낮은 것부터 높은 순으로 옳게 나열한 것은?

(ㄱ) 내용 결합도 (ㄴ) 자료 결합도
(ㄷ) 공통 결합도 (ㄹ) 스탬프 결합도
(ㅁ) 외부 결합도 (ㅂ) 제어 결합도

① (ㄱ) → (ㄴ) → (ㄹ) → (ㅂ) → (ㅁ) → (ㄷ)
② (ㄴ) → (ㄹ) → (ㅁ) → (ㅂ) → (ㄷ) → (ㄱ)
③ (ㄴ) → (ㄹ) → (ㅂ) → (ㅁ) → (ㄷ) → (ㄱ)
④ (ㄱ) → (ㄴ) → (ㄹ) → (ㅁ) → (ㅂ) → (ㄷ)

65 다음 설명의 ㉠과 ㉡에 들어갈 내용으로 옳은 것은?

가상 기억 장치의 일반적인 구현 방법에는 프로그램을 고정된 크기의 일정한 블록으로 나누는 (㉠) 기법과 가변적인 크기의 블록으로 나누는 (㉡) 기법이 있다.

① ㉠ : Paging, ㉡ : Segmentation
② ㉠ : Segmentation, ㉡ : Allocation
③ ㉠ : Segmentation, ㉡ : Compaction
④ ㉠ : Paging, ㉡ : Linking

66 C언어에서 문자열을 정수형으로 변환하는 라이브러리 함수는?

① atoi( ) ② atof( )
③ itoa( ) ④ ceil( )

67 WAS(Web Application Server)가 아닌 것은?

① JEUS ② JVM
③ Tomcat ④ WebSphere

68 C언어에서 산술 연산자가 아닌 것은?

① % ② *
③ / ④ =

69 OSI 7계층에서 물리적 연결을 이용해 신뢰성 있는 정보를 전송하려고 동기화, 오류 제어, 흐름 제어 등의 전송 에러를 제어하는 계층은?

① 데이터 링크 계층 ② 물리 계층
③ 응용 계층 ④ 표현 계층

70 IEEE 802.3 LAN에서 사용되는 전송 매체 접속 제어(MAC) 방식은?

① CSMA/CD ② Token Bus
③ Token Ring ④ Slotted Ring

71 IPv6에 대한 설명으로 틀린 것은?

① 멀티캐스트(Multicast) 대신 브로드캐스트(Broadcast)를 사용한다.
② 보안과 인증 확장 헤더를 사용함으로써 인터넷 계층의 보안 기능을 강화하였다.
③ 애니캐스트(Anycast)는 하나의 호스트에서 그룹 내의 가장 가까운 곳에 있는 수신자에게 전달하는 방식이다.
④ 128비트 주소 체계를 사용한다.

72 TCP/IP 프로토콜에서 TCP가 해당하는 계층은?

① 데이터 링크 계층 ② 네트워크 계층
③ 트랜스포트 계층 ④ 세션 계층

73 다음 중 응집도가 가장 높은 것은?

① 절차적 응집도 ② 순차적 응집도
③ 우연적 응집도 ④ 논리적 응집도

74 다음 JAVA 코드 출력문의 결과는?

```
..생략..
System.out.println("5 + 2 = " + 3 + 4);
System.out.println("5 + 2 = " + (3 + 4));
..생략..
```

① 5 + 2 = 34
   5 + 2 = 34
② 5 + 2 + 3 + 4
   5 + 2 = 7
③ 7 = 7
   7 + 7
④ 5 + 2 = 34
   5 + 2 = 7

75 다음은 파이썬으로 만들어진 반복문 코드이다. 이 코드의 결과는?

```
>>> while(True) :
     print('A')
     print('B')
     print('C')
     continue
     print('D')
```

① A, B, C 출력이 반복된다.
② A, B, C까지만 출력된다.
③ A, B, C, D 출력이 반복된다.
④ A, B, C, D까지만 출력된다.

76 C언어에서 변수로 사용할 수 없는 것은?

① data02 ② int01
③ _sub ④ short

77 라이브러리의 개념과 구성에 대한 설명 중 틀린 것은?

① 라이브러리란 필요할 때 찾아서 쓸 수 있도록 모듈화되어 제공되는 프로그램을 말한다.
② 프로그래밍 언어에 따라 일반적으로 도움말, 설치 파일, 샘플 코드 등을 제공한다.
③ 외부 라이브러리는 프로그래밍 언어가 기본적으로 가지고 있는 라이브러리를 의미하며, 표준 라이브러리는 별도의 파일 설치를 필요로 하는 라이브러리를 의미한다.
④ 라이브러리는 모듈과 패키지를 총칭하며, 모듈이 개별 파일이라면 패키지는 파일들을 모아 놓은 폴더라고 볼 수 있다.

78 UDP 특성에 해당되는 것은?

① 양방향 연결형 서비스를 제공한다.
② 송신 중에 링크를 유지 관리하므로 신뢰성이 높다.
③ 순서 제어, 오류 제어, 흐름 제어 기능을 한다.
④ 흐름 제어나 순서 제어가 없어 전송 속도가 빠르다.

79 운영체제의 가상 기억 장치 관리에서 프로세스가 일정 시간 동안 자주 참조하는 페이지들의 집합을 의미하는 것은?

① Locality ② Deadlock
③ Thrashing ④ Working Set

80 JAVA에서 변수와 자료형에 대한 설명으로 틀린 것은?

① 변수는 어떤 값을 주기억 장치에 기억하기 위해서 사용하는 공간이다.
② 변수의 자료형에 따라 저장할 수 있는 값의 종류와 범위가 달라진다.
③ char 자료형은 나열된 여러 개의 문자를 저장하고자 할 때 사용한다.
④ boolean 자료형은 조건이 참인지 거짓인지 판단하고자 할 때 사용한다.

과목 05 정보 시스템 구축 관리

81 다음 내용이 설명하는 것은?

> – 블록체인(Blockchain) 개발 환경을 클라우드로 서비스하는 개념
> – 블록체인 네트워크에 노드의 추가 및 제거가 용이
> – 블록체인의 기본 인프라를 추상화하여 블록체인 응용 프로그램을 만들 수 있는 클라우드 컴퓨팅 플랫폼

① OTT ② Baas
③ SDDC ④ Wi-SUN

82 소프트웨어 개발 방법론 중 CBD(Component Based Development)에 대한 설명으로 틀린 것은?

① 생산성과 품질을 높이고, 유지보수 비용을 최소화할 수 있다.
② 컴포넌트 제작 기법을 통해 재사용성을 향상시킨다.
③ 모듈의 분할과 정복에 의한 하향식 설계 방식이다.
④ 독립적인 컴포넌트 단위의 관리로 복잡성을 최소화할 수 있다.

83 LOC 기법에 의하여 예측된 총 라인수가 36,000라인, 개발에 참여할 프로그래머가 6명, 프로그래머들의 평균 생산성이 월간 300라인일 때 개발에 소요되는 기간은?

① 5개월 ② 10개월
③ 15개월 ④ 20개월

84 다음 내용이 설명하는 소프트웨어 개발 모형은?

> 소프트웨어 생명주기 모형 중 Boehm이 제시한 고전적 생명주기 모형으로서 선형 순차적 모델이라고도 하며, 타당성 검토, 계획, 요구사항 분석, 설계, 구현, 테스트, 유지보수의 단계를 통해 소프트웨어를 개발하는 모형

① 프로토타입 모형 ② 나선형 모형
③ 폭포수 모형 ④ RAD 모형

85 소프트웨어공학에 대한 설명으로 거리가 먼 것은?

① 소프트웨어공학이란 소프트웨어의 개발, 운용, 유지보수 및 파기에 대한 체계적인 접근 방법이다.
② 소프트웨어공학은 소프트웨어 제품의 품질을 향상시키고 소프트웨어 생산성과 작업 만족도를 증대시키는 것이 목적이다.
③ 소프트웨어공학의 궁극적 목표는 최대의 비용으로 계획된 일정보다 가능한 빠른 시일 내에 소프트웨어를 개발하는 것이다.
④ 소프트웨어공학은 신뢰성 있는 소프트웨어를 경제적인 비용으로 획득하기 위해 공학적 원리를 정립하고 이를 이용하는 것이다.

86 다음 암호 알고리즘 중 성격이 다른 하나는?

① MD4　② MD5
③ SHA-1　④ AES

87 다음 LAN의 네트워크 토폴러지는 어떤 형인가?

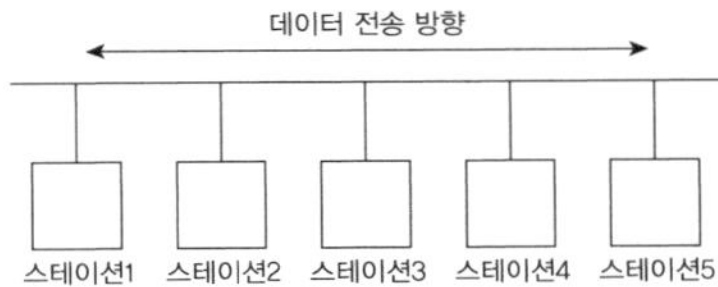

① 그물형　② 십자형
③ 버스형　④ 링형

88 정보보호를 위한 암호화에 대한 설명으로 틀린 것은?

① 평문 – 암호화되기 전의 원본 메시지
② 암호문 – 암호화가 적용된 메시지
③ 복호화 – 평문을 암호문으로 바꾸는 작업
④ 키(Key) – 적절한 암호화를 위하여 사용하는 값

89 정보 보안을 위한 접근 통제 정책 종류에 해당하지 않는 것은?

① 임의적 접근 통제
② 데이터 전환 접근 통제
③ 강제적 접근 통제
④ 역할 기반 접근 통제

90 정보 보안의 3요소에 해당하지 않는 것은?

① 기밀성　② 무결성
③ 가용성　④ 휘발성

91 소셜 네트워크에서 악의적인 사용자가 지인 또는 특정 유명인으로 가장하여 활동하는 공격 기법은?

① Evil Twin Attack
② Phishing
③ Logic Bomb
④ Cyberbullying

92 소프트웨어 비용 산정 기법 중 개발 유형으로 Organic, Semi-Detach, Embedded로 구분되는 것은?

① PUTNAM
② COCOMO
③ FP
④ SLIM

93 나선형(Spiral) 모형의 주요 태스크에 해당하지 않는 것은?

① 버전 관리
② 위험 분석
③ 개발
④ 평가

94 정형화된 분석 절차에 따라 사용자 요구사항을 파악, 문서화하는 체계적 분석 방법으로 자료 흐름도, 자료 사전, 소단위 명세서의 특징을 갖는 것은?

① 구조적 개발 방법론 ② 객체지향 개발 방법론
③ 정보공학 방법론 ④ CBD 방법론

95 전기 및 정보통신 기술을 활용하여 전력망을 지능화, 고도화함으로써 고품질의 전력 서비스를 제공하고 에너지 이용 효율을 극대화하는 전력망은?

① 사물 인터넷
② 스마트 그리드
③ 디지털 아카이빙
④ 미디어 빅뱅

96 크래커가 침입하여 백도어를 만들어 놓거나, 설정 파일을 변경했을 때 분석하는 도구는?

① Tripwire
② Tcpdump
③ Cron
④ Netcat

97 스트림 암호화 방식의 설명으로 옳지 않은 것은?

① 비트/바이트/단어들을 순차적으로 암호화한다.
② 해시 함수를 이용한 해시 암호화 방식을 사용한다.
③ RC4는 스트림 암호화 방식에 해당한다.
④ 대칭키 암호화 방식이다.

98 공개키 암호에 대한 설명으로 틀린 것은?

① 10명이 공개키 암호를 사용할 경우 5개의 키가 필요하다.
② 복호화키는 비공개되어 있다.
③ 송신자는 수신자의 공개키로 문서를 암호화한다.
④ 공개키 암호로 널리 알려진 알고리즘은 RSA가 있다.

99 다음 내용이 설명하는 것은?

- 사물 통신, 사물 인터넷과 같이 대역폭이 제한된 통신 환경에 최적화하여 개발된 푸시 기술 기반의 경량 메시지 전송 프로토콜
- 메시지 매개자(Broker)를 통해 송신자가 특정 메시지를 발행하고 수신자가 메시지를 구독하는 방식
- IBM이 주도하여 개발

① GRID ② TELNET
③ GPN ④ MQTT

100 세션 하이재킹을 탐지하는 방법으로 거리가 먼 것은?

① FTP SYN SEGMENT 탐지
② 비동기화 상태 탐지
③ ACK STORM 탐지
④ 패킷의 유실 및 재전송 증가 탐지

최신 기출문제 12회
빠르게 정답 확인하기!
스마트폰으로 QR 코드를 찍어 보세요.
정답표를 통해 편리하게 채점할 수 있습니다.

최신 기출문제 13회

2020년 제4회

• 제한시간 : 2시간 30분 • 소요시간 : 시간 분 • 전체 문항 수 : 100문항 • 맞힌 문항 수 : 문항

과목 01 소프트웨어 설계

01 XP(eXtreme Programming)의 기본 원리로 볼 수 없는 것은?

① Linear Sequential Method
② Pair Programming
③ Collective Ownership
④ Continuous Integration

02 럼바우(Rumbaugh) 객체지향 분석 기법에서 동적 모델링에 활용되는 다이어그램은?

① 객체 다이어그램(Object Diagram)
② 패키지 다이어그램(Package Diagram)
③ 상태 다이어그램(State Diagram)
④ 자료 흐름도(Data Flow Diagram)

03 CASE(Computer Aided Software Engineering)의 주요 기능으로 옳지 않은 것은?

① S/W 라이프사이클 전 단계의 연결
② 그래픽 지원
③ 다양한 소프트웨어 개발 모형 지원
④ 언어 번역

04 객체지향 기법의 캡슐화(Encapsulation)에 대한 설명으로 틀린 것은?

① 인터페이스가 단순화된다.
② 소프트웨어 재사용성이 높아진다.
③ 변경 발생 시 오류의 파급 효과가 적다.
④ 상위 클래스의 모든 속성과 연산을 하위 클래스가 물려받는 것을 의미한다.

05 다음 내용이 설명하는 객체지향 설계 원칙은?

> – 클라이언트는 자신이 사용하지 않는 메소드와 의존관계를 맺으면 안 된다.
> – 클라이언트가 사용하지 않는 인터페이스 때문에 영향을 받아서는 안 된다.

① 인터페이스 분리 원칙 ② 단일 책임 원칙
③ 개방 폐쇄의 원칙 ④ 리스코프 교체의 원칙

06 파이프 필터 형태의 소프트웨어 아키텍처에 대한 설명으로 옳은 것은?

① 노드와 간선으로 구성된다.
② 서브 시스템이 입력 데이터를 받아 처리하고 결과를 다음 서브 시스템으로 넘겨주는 과정을 반복한다.
③ 계층 모델이라고도 한다.
④ 3개의 서브 시스템(모델, 뷰, 제어)으로 구성되어 있다.

07 코드화 대상 항목의 중량, 면적, 용량 등의 물리적 수치를 이용하여 만든 코드는?

① 순차 코드 ② 10진 코드
③ 표의 숫자 코드 ④ 블록 코드

08 **디자인 패턴 사용의 장 · 단점에 대한 설명으로 거리가 먼 것은?**

① 소프트웨어 구조 파악이 용이하다.
② 객체지향 설계 및 구현의 생산성을 높이는 데 적합하다.
③ 재사용을 위한 개발 시간이 단축된다.
④ 절차형 언어와 함께 이용될 때 효율이 극대화된다.

09 **DFD(Data Flow Diagram)에 대한 설명으로 틀린 것은?**

① 자료 흐름 그래프 또는 버블(Bubble) 차트라고도 한다.
② 구조적 분석 기법에 이용된다.
③ 시간 흐름을 명확하게 표현할 수 있다.
④ DFD의 요소는 화살표, 원, 사각형, 직선(단선/이중선)으로 표시한다.

10 **그래픽 표기법을 이용하여 소프트웨어 구성 요소를 모델링하는 럼바우 분석 기법에 포함되지 않는 것은?**

① 객체 모델링　　② 기능 모델링
③ 동적 모델링　　④ 블랙박스 분석 모델링

11 **UML의 기본 구성 요소가 아닌 것은?**

① Things　　② Terminal
③ Relationship　　④ Diagram

12 **소프트웨어의 상위 설계에 속하지 않는 것은?**

① 아키텍처 설계　　② 모듈 설계
③ 인터페이스 정의　　④ 사용자 인터페이스 설계

13 **다음 중 자료 사전(Data Dictionary)에서 선택의 의미를 나타내는 것은?**

① [ ]　　② ( )
③ +　　④ =

14 **소프트웨어의 사용자 인터페이스 개발 시스템(User Interface Development System)이 가져야 할 기능이 아닌 것은?**

① 사용자 입력의 검증
② 에러 처리와 에러 메시지 처리
③ 도움과 프롬프트(Prompt) 제공
④ 소스 코드 분석 및 오류 복구

15 **요구사항 명세 기법에 대한 설명으로 틀린 것은?**

① 비정형 명세 기법은 사용자의 요구를 표현할 때 자연어를 기반으로 서술한다.
② 비정형 명세 기법은 사용자의 요구를 표현할 때 Z 비정형 명세 기법을 사용한다.
③ 정형 명세 기법은 사용자의 요구를 표현할 때 수학적인 원리와 표기법을 이용한다.
④ 정형 명세 기법은 비정형 명세 기법에 비해 표현이 간결하다.

16 **소프트웨어 개발 단계에서 요구분석 과정에 대한 설명으로 거리가 먼 것은?**

① 분석 결과의 문서화를 통해 향후 유지보수에 유용하게 활용할 수 있다.
② 개발 비용이 가장 많이 소요되는 단계이다.
③ 자료 흐름도, 자료 사전 등이 효과적으로 이용될 수 있다.
④ 보다 구체적인 명세를 위해 소단위 명세서(Mini-Spec)가 활용될 수 있다.

17 애자일 방법론에 해당하지 않는 것은?

① 기능 중심 개발 ② 스크럼
③ 익스트림 프로그래밍 ④ 모듈 중심 개발

18 클라이언트와 서버 간의 통신을 담당하는 시스템 소프트웨어를 무엇이라고 하는가?

① 웨어러블 ② 하이웨어
③ 미들웨어 ④ 응용 소프트웨어

19 GoF(Gangs of Four) 디자인 패턴 분류에 해당하지 않는 것은?

① 생성 패턴 ② 구조 패턴
③ 행위 패턴 ④ 추상 패턴

20 바람직한 소프트웨어 설계 지침이 아닌 것은?

① 적당한 모듈의 크기를 유지한다.
② 모듈 간의 접속 관계를 분석하여 복잡도와 중복을 줄인다.
③ 모듈 간의 결합도는 강할수록 바람직하다.
④ 모듈 간의 효과적인 제어를 위해 설계에서 계층적 자료 조직이 제시되어야 한다.

과목 02 소프트웨어 개발

21 소프트웨어 패키징 도구 활용 시 고려사항으로 틀린 것은?

① 반드시 내부 콘텐츠에 대한 암호화 및 보안을 고려한다.
② 보안을 위하여 이기종 연동을 고려하지 않아도 된다.
③ 사용자 편의성을 위한 복잡성 및 비효율성 문제를 고려한다.
④ 제품 소프트웨어 종류에 적합한 암호화 알고리즘을 적용한다.

22 EAI(Enterprise Application Integration) 구축 유형 중 Hybrid에 대한 설명으로 틀린 것은?

① Hub & Spoke와 Message Bus의 혼합 방식이다.
② 필요한 경우 한 가지 방식으로 EAI 구현이 가능하다.
③ 데이터 병목 현상을 최소화할 수 있다.
④ 중간에 미들웨어를 두지 않고 각 애플리케이션을 Poin-to-Point로 연결한다.

23 소스 코드 품질 분석 도구 중 정적 분석 도구가 아닌 것은?

① pmd ② checkstyle
③ valance ④ cppcheck

24 다음 Postfix 연산식에 대한 연산 결과로 옳은 것은?

```
34*56*+
```

① 35 ② 42
③ 77 ④ 360

25 인터페이스 보안을 위해 네트워크 영역에 적용될 수 있는 것으로 거리가 먼 것은?

① IPSec ② SSL
③ SMTP ④ S-HTTP

26 검증(Validation) 검사 기법 중 개발자의 장소에서 사용자가 개발자 앞에서 행해지며, 오류와 사용상의 문제점을 사용자와 개발자가 함께 확인하면서 검사하는 기법은?

① 디버깅 검사 ② 형상 검사
③ 자료 구조 검사 ④ 알파 검사

27 다음 초기 자료에 대하여 삽입 정렬(Insertion Sort)을 이용하여 오름차순 정렬한 경우 1회전 후의 결과는?

> 초기 자료 : 8, 3, 4, 9, 7

① 3, 4, 8, 7, 9　② 3, 4, 9, 7, 8
③ 7, 8, 3, 4, 9　④ 3, 8, 4, 9, 7

28 소프트웨어 설치 매뉴얼에 대한 설명으로 틀린 것은?

① 설치 과정에서 표시될 수 있는 예외 상황에 관련 내용을 별도로 구분하여 설명한다.
② 설치 시작부터 완료할 때까지의 전 과정을 빠짐없이 순서대로 설명한다.
③ 설치 매뉴얼은 개발자 기준으로 작성한다.
④ 설치 매뉴얼에는 목차, 개요, 기본사항 등이 기본적으로 포함되어야 한다.

29 인터페이스 구현 검증 도구가 아닌 것은?

① ESB　② xUnit
③ STAF　④ NTAF

30 소프트웨어 형상 관리에서 관리 항목에 포함되지 않는 것은?

① 프로젝트 요구분석서　② 소스 코드
③ 운영 및 설치 지침서　④ 프로젝트 개발 비용

31 다음 설명에 해당하는 것은?

> "물리적 저장 장치의 입장에서 본 데이터베이스 구조로서 실제로 데이터베이스에 저장될 레코드의 형식을 정의하고 저장 데이터 항목의 표현 방법, 내부 레코드의 물리적 순서 등을 나타낸다."

① 외부 스키마　② 내부 스키마
③ 개념 스키마　④ 슈퍼 스키마

32 다음 트리에 대한 INORDER 운행 결과는?

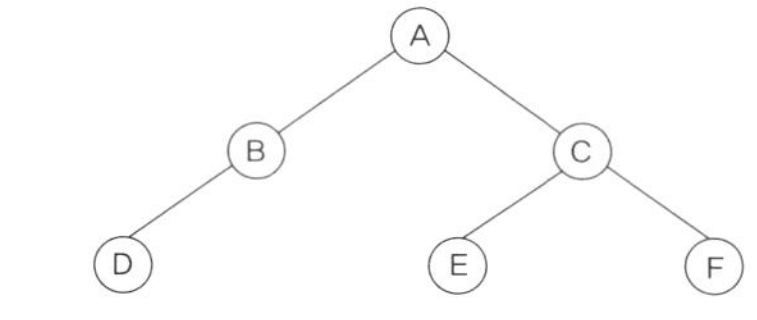

① D B A E C F　② A B D C E F
③ D B E C F A　④ A B C D E F

33 n개의 노드로 구성된 무방향 그래프의 최대 간선 수는?

① n−1　② n/2
③ n(n−1)/2　④ n(n+1)

34 다음이 설명하는 테스트 용어는?

> – 테스트의 결과가 참인지 거짓인지를 판단하기 위해서 사전에 정의된 참값을 입력하여 비교하는 기법 및 활동을 말한다.
> – 종류에는 참, 샘플링, 휴리스틱, 일관성 검사가 존재한다.

① 테스트 케이스　② 테스트 시나리오
③ 테스트 오라클　④ 테스트 데이터

35 빌드 자동화 도구에 대한 설명으로 틀린 것은?

① Gradle은 실행할 처리 명령들을 모아 태스크로 만든 후 태스크 단위로 실행한다.
② 빌드 자동화 도구는 지속적인 통합 개발 환경에서 유용하게 활용된다.
③ 빌드 자동화 도구에는 Ant, Gradle, Jenkin 등이 있다.
④ Jenkins는 Groovy 기반으로 한 오픈소스로 안드로이드 앱 개발 환경에서 사용된다.

36 저작권 관리 구성 요소에 대한 설명이 틀린 것은?

① 콘텐츠 제공자(Contents Provider) : 콘텐츠를 제공하는 저작권자
② 콘텐츠 분배자(Contents Distributor) : 콘텐츠를 메타 데이터와 함께 배포 가능한 단위로 묶는 기능
③ 클리어링 하우스(Clearing House) : 키 관리 및 라이선스 발급 관리
④ DRM 컨트롤러 : 배포된 콘텐츠의 이용 권한을 통제

37 블랙박스 테스트 기법으로 거리가 먼 것은?

① 기초 경로 검사
② 동치 클래스 분해
③ 경계값 분석
④ 원인 결과 그래프

38 해싱 함수 중 레코드 키를 여러 부분으로 나누고, 나눈 부분의 각 숫자를 더하거나 XOR한 값을 홈주소로 사용하는 방식은?

① 제산법
② 폴딩법
③ 기수 변환법
④ 숫자 분석법

39 다음에서 설명하는 클린 코드 작성 원칙은?

> – 한 번에 한 가지 처리만 수행한다.
> – 클래스/메소드/함수를 최소 단위로 분리한다.

① 다형성
② 단순성
③ 추상화
④ 의존성

40 디지털 저작권 관리(DRM) 기술과 거리가 먼 것은?

① 콘텐츠 암호화 및 키 관리
② 콘텐츠 식별 체계 표현
③ 콘텐츠 오류 감지 및 복구
④ 라이선스 발급 및 관리

과목 03 데이터베이스 구축

41 다음 설명과 관련 있는 트랜잭션의 특징은?

> "트랜잭션의 연산은 모두 실행되거나, 모두 실행되지 않아야 한다."

① Durability
② Isolation
③ Consistency
④ Atomicity

42 데이터베이스에 영향을 주는 생성, 읽기, 갱신, 삭제 연산으로 프로세스와 테이블 간에 매트릭스를 만들어서 트랜잭션을 분석하는 것은?

① CASE 분석
② 일치 분석
③ CRUD 분석
④ 연관성 분석

43 정규화된 엔티티, 속성, 관계를 시스템의 성능 향상과 개발 운영의 단순화를 위해 중복, 통합, 분리 등을 수행하는 데이터 모델링 기법은?

① 인덱스 정규화
② 반정규화
③ 집단화
④ 머징

44 학생 테이블을 생성한 후, 성별 필드가 누락되어 이를 추가하려고 한다. 이에 적합한 SQL 명령어는?

① INSERT
② ALTER
③ DROP
④ MODIFY

45 정규화의 필요성으로 거리가 먼 것은?

① 데이터 구조의 안정성 최대화
② 중복 데이터의 활성화
③ 수정, 삭제 시 이상 현상의 최소화
④ 테이블 불일치 위험의 최소화

46 개체-관계 모델의 E-R 다이어그램에서 사용되는 기호와 그 의미의 연결이 틀린 것은?

① 사각형 – 개체 타입
② 삼각형 – 속성
③ 선 – 개체 타입과 속성을 연결
④ 마름모 – 관계 타입

47 다음 SQL문에서 빈칸에 들어갈 내용으로 옳은 것은?

```
UPDATE 회원 (  ) 전화번호 = '010-14'
WHERE 회원번호 = 'N4';
```

① FROM
② SET
③ INTO
④ TO

48 릴레이션에 있는 모든 튜플에 대해 유일성은 만족시키지만 최소성은 만족시키지 못하는 키는?

① 후보키
② 기본키
③ 슈퍼키
④ 외래키

49 DBA가 사용자 PARK에게 테이블 [STUDENT]의 데이터를 갱신할 수 있는 시스템 권한을 부여하고자 하는 SQL문을 작성하고자 한다. 다음에 주어진 SQL문의 빈칸을 알맞게 채운 것은?

```
SQL> GRANT ___㉠___ ___㉡___
        STUDENT TO PARK;
```

① ㉠ INSERT, ㉡ INTO
② ㉠ ALTER, ㉡ TO
③ ㉠ UPDATE, ㉡ ON
④ ㉠ REPLACE, ㉡ IN

50 관계 대수에 대한 설명으로 틀린 것은?

① 주어진 릴레이션 조작을 위한 연산의 집합이다.
② 일반 집합 연산과 순수 관계 연산으로 구분된다.
③ 질의에 대한 해를 구하기 위해 수행해야 할 연산의 순서를 명시한다.
④ 원하는 정보와 그 정보를 어떻게 유도하는가를 기술하는 비절차적 방법이다.

51 다음 SQL문의 실행 결과는?

```
SELECT 과목이름
FROM 성적
WHERE EXISTS
(SELECT 학번 FROM 학생 WHERE 학생.학번 = 성적.학번 AND
학생.학과 IN ('전산', '전기') AND 학생.주소 = '경기');
```

[학생] 테이블

학번	이름	학년	학과	주소
1000	김철수	1	전산	서울
2000	고영준	1	전기	경기
3000	유진호	2	전자	경기
4000	김영진	2	전산	경기
5000	정현영	3	전자	서울

[성적] 테이블

학번	과목번호	과목이름	학점	점수
1000	A100	자료 구조	A	91
2000	A200	DB	A	99
3000	A100	자료 구조	B	88
3000	A200	DB	B	85
4000	A200	DB	A	94
4000	A300	운영체제	B	89
5000	A300	운영체제	B	88

①

과목이름
DB

②

과목이름
DB
DB

③

과목이름
DB
DB
운영체제

④

과목이름
DB
운영체제

52 로킹(Locking) 기법에 대한 설명으로 틀린 것은?

① 로킹의 대상이 되는 객체의 크기를 로킹 단위라고 한다.
② 로킹 단위가 작아지면 병행성 수준이 낮아진다.
③ 데이터베이스도 로킹 단위가 될 수 있다.
④ 로킹 단위가 커지면 로크 수가 작아 로킹 오버헤드가 감소한다.

53 사용자 X1에게 department 테이블에 대한 검색 연산을 회수하는 명령은?

① delete select on department to X1;
② remove select on department from X1;
③ revoke select on department from X1;
④ grant select on department from X1;

54 뷰(VIEW)에 대한 설명으로 틀린 것은?

① 뷰 위에 또 다른 뷰를 정의할 수 있다.
② 뷰에 대한 조작에서 삽입, 갱신, 삭제 연산은 제약이 따른다.
③ 뷰의 정의는 기본 테이블과 같이 ALTER문을 이용하여 변경한다.
④ 뷰가 정의된 기본 테이블이 제거되면 뷰도 자동적으로 제거된다.

55 데이터 모델에 표시해야 할 요소로 거리가 먼 것은?

① 논리적 데이터 구조
② 출력 구조
③ 연산
④ 제약조건

56 제3정규형에서 보이스 코드 정규형(BCNF)으로 정규화하기 위한 작업은?

① 원자값이 아닌 도메인을 분해
② 부분 함수 종속 제거
③ 이행 함수 종속 제거
④ 결정자가 후보키가 아닌 함수 종속 제거

57 A1, A2, A3 3개 속성을 갖는 한 릴레이션에서 A1의 도메인은 3개 값, A2의 도메인은 2개 값, A3의 도메인은 4개 값을 갖는다. 이 릴레이션에 존재할 수 있는 가능한 튜플(Tuple)의 최대 수는?

① 24　② 12
③ 8　④ 9

58 데이터베이스 설계 시 물리적 설계 단계에서 수행하는 사항이 아닌 것은?

① 저장 레코드 양식 설계
② 레코드 집중의 분석 및 설계
③ 접근 경로 설계
④ 목표 DBMS에 맞는 스키마 설계

59 한 릴레이션 스키마가 4개 속성, 2개 후보키 그리고 그 스키마의 대응 릴레이션 인스턴스가 7개 튜플을 갖는다면 그 릴레이션의 차수(Degree)는?

① 1　② 2
③ 4　④ 7

60 데이터웨어하우스의 기본적인 OLAP(On-Line Analytical Processing) 연산이 아닌 것은?

① Translate　② Roll-Up
③ Dicing　④ Drill-Down

과목 04 프로그래밍 언어 활용

61 UNIX SHELL 환경 변수를 출력하는 명령어가 아닌 것은?

① configenv　② printenv
③ env　④ setenv

62 Java 프로그래밍 언어의 정수 데이터 타입 중 'long'의 크기는?

① 1byte　② 2byte
③ 4byte　④ 8byte

63 Java에서 사용되는 출력 함수가 아닌 것은?

① System.out.print( )
② System.out.println( )
③ System.out.printing( )
④ System.out.printf( )

64 운영체제에서 커널의 기능이 아닌 것은?

① 프로세스 생성, 종료
② 사용자 인터페이스
③ 기억 장치 할당, 회수
④ 파일 시스템 관리

65 OSI 7계층에서 단말기 사이에 오류 수정과 흐름 제어를 수행하여 신뢰성 있고 명확한 데이터를 전달하는 계층은?

① 전송 계층　② 응용 계층
③ 세션 계층　④ 표현 계층

66 다음 쉘 스크립트의 의미로 옳은 것은?

```
until who | grep wow
do
 sleep 5
done
```

① wow 사용자가 로그인한 경우에만 반복문을 수행한다.
② wow 사용자가 로그인할 때까지 반복문을 수행한다.
③ wow 문자열을 복사한다.
④ wow 사용자에 대한 정보를 무한 반복하여 출력한다.

67 다음 자바 코드를 실행한 결과는?

```
int x = 1, y = 6;
while (y- -) {
  x++;
}
System.out.println("x ="+ x +"y="+ y);
```

① x=7 y=0
② x=6 y=−1
③ x=7 y=−1
④ Unresolved compilation problem 오류 발생

68 다음 파이썬으로 구현된 프로그램의 실행 결과로 옳은 것은?

```
>>> a = [0,10,20,30,40,50,60,70,80,90]
>>> a[:7:2]
```

① [20, 60]
② [60, 20]
③ [0, 20, 40, 60]
④ [10, 30, 50, 70]

69 공통 모듈의 재사용 범위에 따른 분류가 아닌 것은?

① 컴포넌트 재사용
② 더미 코드 재사용
③ 함수와 객체 재사용
④ 애플리케이션 재사용

70 다음과 같은 프로세스가 차례로 큐에 도착하였을 때, SJF(Shortest Job First) 정책을 사용할 경우 가장 먼저 처리되는 작업은?

프로세스 번호	실행 시간
P1	6
P2	8
P3	4
P4	3

① P1 ② P2
③ P3 ④ P4

71 4개의 페이지를 수용할 수 있는 주기억 장치가 있으며, 초기에는 모두 비어 있다고 가정한다. 다음의 순서로 페이지 참조가 발생할 때, FIFO 페이지 교체 알고리즘을 사용할 경우 페이지 결함의 발생 횟수는?

페이지 참조 순서 : 1, 2, 3, 1, 2, 4, 5, 1

① 6회 ② 7회
③ 8회 ④ 9회

72 TCP 흐름 제어 기법 중 프레임이 손실되었을 때, 손실된 프레임 1개를 전송하고 수신자의 응답을 기다리는 방식으로 한 번에 프레임 1개만 전송할 수 있는 기법은?

① Slow Start
② Sliding Window
③ Stop and Wait
④ Congestion Avoidance

73 결합도(Coupling)에 대한 설명으로 틀린 것은?

① 데이터 결합도(Data Coupling)는 두 모듈이 매개 변수로 자료를 전달할 때, 자료 구조 형태로 전달되어 이용될 때 데이터가 결합되어 있다고 한다.
② 내용 결합도(Content Coupling)는 하나의 모듈이 직접적으로 다른 모듈의 내용을 참조할 때 두 모듈은 내용적으로 결합되어 있다고 한다.
③ 공통 결합도(Common Coupling)는 두 모듈이 동일한 전역 데이터를 접근한다면 공통결합 되어 있다고 한다.
④ 결합도(Coupling)는 두 모듈 간의 상호작용, 또는 의존도 정도를 나타내는 것이다.

74 응집도의 종류 중 서로 간에 어떠한 의미 있는 연관관계도 지니지 않은 기능 요소로 구성되는 경우이며, 서로 다른 상위 모듈에 의해 호출되어 처리상의 연관성이 없는 서로 다른 기능을 수행하는 경우의 응집도는?

① Functional Cohesion
② Sequential Cohesion
③ Logical Cohesion
④ Coincidental Cohesion

75 자바에서 사용하는 접근 제어자의 종류가 아닌 것은?

① internal ② private
③ default ④ public

76 UDP 특성에 해당되는 것은?

① 데이터 전송 후, ACK를 받는다.
② 송신 중에 링크를 유지 관리하므로 신뢰성이 높다.
③ 흐름 제어나 순서 제어가 없어 전송 속도가 빠르다.
④ 제어를 위한 오버헤드가 크다.

77 다음과 같은 세그먼트 테이블을 가지는 시스템에서 논리 주소(2, 176)에 대한 물리 주소는?

세그먼트 번호	시작 주소	길이(바이트)
0	670	248
1	1752	422
2	222	198
3	996	604

① 398 ② 400
③ 1928 ④ 1930

78 TCP/IP에서 사용되는 논리 주소를 물리 주소로 변환시켜 주는 프로토콜은?

① TCP ② ARP
③ FTP ④ IP

79 C언어에서 구조체를 사용하여 데이터를 처리할 때 사용하는 것은?

① for
② scanf
③ struct
④ abstract

80 PHP에서 사용 가능한 연산자가 아닌 것은?

① @
② #
③ < >
④ ===

과목 05 정보 시스템 구축 관리

81 이용자가 인터넷과 같은 공중망에 사설망을 구축하여 마치 전용망을 사용하는 효과를 가지는 보안 솔루션은?

① ZIGBEE ② NDD
③ IDS ④ VPN

82 CMM(Capability Maturity Model) 모델의 레벨로 옳지 않은 것은?

① 최적 단계 ② 관리 단계
③ 계획 단계 ④ 정의 단계

83 다음 설명에 해당하는 생명주기 모형으로 가장 옳은 것은?

> 가장 오래된 모형으로 많은 적용 사례가 있지만 요구사항의 변경이 어려우며, 각 단계의 결과가 확인되어야지만 다음 단계로 넘어간다. 선형 순차적 모형으로 고전적 생명주기 모형이라고도 한다.

① 패키지 모형
② 코코모 모형
③ 폭포수 모형
④ 관계형 모델

84 서비스 지향 아키텍처 기반 애플리케이션을 구성하는 층이 아닌 것은?

① 표현층 ② 프로세스층
③ 제어 클래스층 ④ 비즈니스층

85 다음 내용이 설명하는 스토리지 시스템은?

> – 하드 디스크와 같은 데이터 저장 장치를 호스트 버스 어댑터에 직접 연결하는 방식
> – 저장 장치와 호스트 기기 사이에 네트워크 디바이스가 있지 말아야 하고 직접 연결하는 방식으로 구성

① DAS
② NAS
③ N–SCREEN
④ NFC

86 소프트웨어 개발 프레임워크의 적용 효과로 볼 수 없는 것은?

① 공통 컴포넌트 재사용으로 중복 예산 절감
② 기술 종속으로 인한 선행사업자 의존도 증대
③ 표준화된 연계 모듈 활용으로 상호 운용성 향상
④ 개발 표준에 의한 모듈화로 유지보수 용이

87 SoftTech사에서 개발된 것으로 구조적 요구분석을 하기 위해 블록 다이어그램을 채택한 자동화 도구는?

① SREM
② PSL/PSA
③ HIPO
④ SADT

88 익스트림 프로그래밍(eXtreme Programming)의 5가지 가치에 속하지 않는 것은?

① 의사소통
② 단순성
③ 피드백
④ 고객 배제

89 다음은 정보의 접근 통제 정책에 대한 설명이다. (ㄱ)에 들어갈 내용으로 옳은 것은?

정책	(ㄱ)	DAC	RBAC
권한 부여	시스템	데이터 소유자	중앙 관리자
접근 결정	보안 등급 (Label)	신분(Identity)	역할(Role)
정책 변경	고정적 (변경 어려움)	변경 용이	변경 용이
장점	안정적 중앙 집중적	구현 용이 유연함	관리 용이

① NAC ② MAC
③ SDAC ④ AAC

90 소프트웨어 개발 모델 중 나선형 모델의 4가지 주요 활동이 순서대로 나열된 것은?

> Ⓐ 계획 수립 Ⓒ 개발 및 검증
> Ⓑ 고객 평가 Ⓓ 위험 분석

① Ⓐ-Ⓑ-Ⓓ-Ⓒ순으로 반복
② Ⓐ-Ⓓ-Ⓒ-Ⓑ순으로 반복
③ Ⓐ-Ⓑ-Ⓒ-Ⓓ순으로 반복
④ Ⓐ-Ⓒ-Ⓑ-Ⓓ순으로 반복

91 소프트웨어 비용 추정모형(Estimation Models)이 아닌 것은?

① COCOMO ② Putnam
③ Function-Point ④ PERT

92 공개키 암호화 방식에 대한 설명으로 틀린 것은?

① 공개키로 암호화된 메시지는 반드시 공개키로 복호화해야 한다.
② 비대칭 암호 기법이라고도 한다.
③ 대표적인 기법은 RSA 기법이 있다.
④ 키 분배가 용이하고, 관리해야 할 키 개수가 적다.

93 다음이 설명하는 다중화 기술은?

> – 광섬유를 이용한 통신 기술의 하나를 의미함
> – 파장이 서로 다른 복수의 광신호를 동시에 이용하는 것으로 광섬유를 다중화하는 방식임
> – 빛의 파장 축과 파장이 다른 광선은 서로 간섭을 일으키지 않는 성질을 이용함

① Wavelength Division Multiplexing
② Frequency Division Multiplexing
③ Code Division Multiplexing
④ Time Division Multiplexing

94 웹 페이지에 악의적인 스크립트를 포함시켜 사용자 측에서 실행되게 유도함으로써, 정보 유출 등의 공격을 유발할 수 있는 취약점은?

① Ransomware ② Pharming
③ Phishing ④ XSS

95 CBD(Component Based Development)에 대한 설명으로 틀린 것은?

① 개발 기간 단축으로 인한 생산성 향상
② 새로운 기능 추가가 쉬운 확장성
③ 소프트웨어 재사용이 가능
④ 1960년대까지 가장 많이 적용되었던 소프트웨어 개발 방법

96 소프트웨어 정의 데이터센터(SDDC : Software Defined Data Center)에 대한 설명으로 틀린 것은?

① 컴퓨팅, 네트워킹, 스토리지, 관리 등을 모두 소프트웨어로 정의한다.
② 인력 개입 없이 소프트웨어 조작만으로 자동 제어 관리한다.
③ 데이터센터 내 모든 자원을 가상화하여 서비스한다.
④ 특정 하드웨어에 종속되어 특화된 업무를 서비스하기에 적합하다.

97 컴퓨터 운영체제의 커널에 보안 기능을 추가한 것으로 운영체제의 보안상 결함으로 인하여 발생 가능한 각종 해킹으로부터 시스템을 보호하기 위하여 사용되는 것은?

① GPID ② CentOS
③ XSS ④ Secure OS

98 NS(Nassi-Schneiderman) Chart에 대한 설명으로 거리가 먼 것은?

① 논리의 기술에 중점을 둔 도형식 표현 방법이다.
② 연속, 선택 및 다중 선택, 반복 등의 제어 논리 구조로 표현한다.
③ 주로 화살표를 사용하여 논리적인 제어 구조로 흐름을 표현한다.
④ 조건이 복합되어 있는 곳의 처리를 시각적으로 명확히 식별하는데 적합하다.

99 다음 내용에 적합한 용어는?

- 대용량 데이터를 분산 처리하기 위한 목적으로 개발된 프로그래밍 모델이다.
- Google에 의해 고안된 기술로써 대표적인 대용량 데이터 처리를 위한 병렬 처리 기법을 제공한다.
- 임의의 순서로 정렬된 데이터를 분산 처리하고 이를 다시 합치는 과정을 거친다.

① MapReduce ② SQL
③ Hijacking ④ Logs

100 소프트웨어 프로세스에 대한 개선 및 능력 측정 기준에 대한 국제 표준은?

① ISO 14001 ② IEEE 802.5
③ IEEE 488 ④ SPICE

최신 기출문제 13회
빠르게 정답 확인하기!
스마트폰으로 QR 코드를 찍어 보세요.
정답표를 통해 편리하게 채점할 수 있습니다.

최신 기출문제 14회

2020년 제3회

• **제한시간 :** 2시간 30분 • **소요시간 :** 시간 분 • **전체 문항 수 :** 100문항 • **맞힌 문항 수 :** 문항

과목 01 소프트웨어 설계

01 요구사항 분석 시에 필요한 기술로 가장 거리가 먼 것은?

① 청취와 인터뷰 질문 기술
② 분석과 중재 기술
③ 설계 및 코딩 기술
④ 관찰 및 모델 작성 기술

02 다음 내용이 설명하는 디자인 패턴은?

> – 객체를 생성하기 위한 인터페이스를 정의하여 어떤 클래스가 인스턴스화 될 것인지는 서브 클래스가 결정하도록 하는 것
> – Virtual-Constructor 패턴이라고도 함

① Visitor 패턴 ② Observer 패턴
③ Factory Method 패턴 ④ Bridge 패턴

03 럼바우의 객체지향 분석과 거리가 먼 것은?

① 기능 모델링 ② 동적 모델링
③ 객체 모델링 ④ 정적 모델링

04 애자일 기법에 대한 설명으로 맞지 않는 것은?

① 절차와 도구보다 개인과 소통을 중요하게 생각한다.
② 계획에 중점을 두어 변경 대응이 난해하다.
③ 소프트웨어가 잘 실행되는데 가치를 둔다.
④ 고객과의 피드백을 중요하게 생각한다.

05 미들웨어 솔루션의 유형에 포함되지 않는 것은?

① WAS ② Web Server
③ RPC ④ ORB

06 UML에서 시퀀스 다이어그램의 구성 항목에 해당하지 않는 것은?

① 생명선 ② 실행
③ 확장 ④ 메시지

07 객체지향에서 정보은닉과 가장 밀접한 관계가 있는 것은?

① Encapsulation ② Class
③ Method ④ Instance

08 디자인 패턴 중에서 행위적 패턴에 속하지 않는 것은?

① 커맨드(Command) 패턴
② 옵저버(Observer) 패턴
③ 프로토타입(Prototype) 패턴
④ 상태(State) 패턴

09 UI 설계 원칙 중 누구나 쉽게 이해하고 사용할 수 있어야 한다는 원칙은?

① 희소성 ② 유연성
③ 직관성 ④ 멀티 운용성

10 코드의 기본 기능으로 거리가 먼 것은?

① 복잡성
② 표준화
③ 분류
④ 식별

11 다음 (   ) 안에 들어갈 내용으로 옳은 것은?

> 컴포넌트 설계 시 "(   )에 의한 설계"를 따를 경우, 해당 명세에서는
> (1) 컴포넌트의 오퍼레이션 사용 전에 참이 되어야 할 선행 조건
> (2) 사용 후 만족되어야 할 결과 조건
> (3) 오퍼레이션이 실행되는 동안 항상 만족되어야 할 불변 조건
> 등이 포함되어야 한다.

① 협약(Contract)
② 프로토콜(Protocol)
③ 패턴(Pattern)
④ 관계(Relation)

12 UML에서 활용되는 다이어그램 중 시스템의 동작을 표현하는 행위(Behavioral) 다이어그램에 해당하지 않는 것은?

① 유스케이스 다이어그램(Use Case Diagram)
② 시퀀스 다이어그램(Sequence Diagram)
③ 활동 다이어그램(Activity Diagram)
④ 배치 다이어그램(Deployment Diagram)

13 객체지향 소프트웨어 공학에서 하나 이상의 유사한 객체들을 묶어서 하나의 공통된 특성을 표현한 것은?

① 트랜잭션
② 클래스
③ 시퀀스
④ 서브 루틴

14 아래의 UML 모델에서 '차' 클래스와 각 클래스의 관계로 옳은 것은?

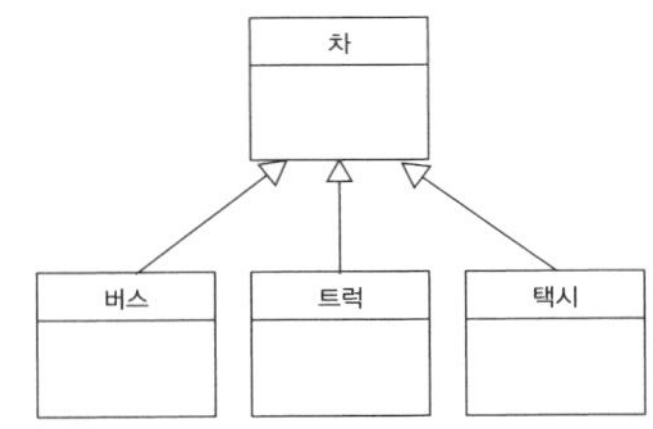

① 추상화 관계　　② 의존 관계
③ 일반화 관계　　④ 그룹 관계

15 객체지향 소프트웨어 설계 시 디자인 패턴을 구성하는 요소로서 가장 거리가 먼 것은?

① 개발자 이름　　② 문제 및 배경
③ 사례　　④ 샘플 코드

16 자료 사전에서 자료의 반복을 의미하는 것은?

① =　　② ( )
③ { }　　④ [ ]

17 객체지향 설계 원칙 중, 서브 타입(상속받은 하위 클래스)은 어디에서나 자신의 기반 타입(상위 클래스)으로 교체할 수 있어야 함을 의미하는 원칙은?

① ISP(Interface Segregation Principle)
② DIP(Dependency Inversion Principle)
③ LSP(Liskov Substitution Principle)
④ SRP(Single Responsibility Principle)

18 **자료 흐름도(Data Flow Diagram)의 구성 요소로 옳은 것은?**

① Process, Data Flow, Data Store, Comment
② Process, Data Flow, Data Store, Terminator
③ Data Flow, Data Store, Terminator, Data Dictionary
④ Process, Data Store, Terminator, Mini-Spec

19 **CASE(Computer-Aided Software Engineering) 도구에 대한 설명으로 거리가 먼 것은?**

① 소프트웨어 개발 과정의 일부 또는 전체를 자동화하기 위한 도구이다.
② 표준화된 개발 환경 구축 및 문서 자동화 기능을 제공한다.
③ 작업 과정 및 데이터 공유를 통해 작업자 간의 커뮤니케이션을 증대한다.
④ 2000년대 이후 소개되었으며, 객체지향 시스템에 한해 효과적으로 활용된다.

20 **인터페이스 요구사항 검토 방법에 대한 설명이 옳은 것은?**

① 리팩토링 : 작성자 이외의 전문 검토 그룹이 요구사항 명세서를 상세히 조사하여 결함, 표준 위배, 문제점 등을 파악
② 동료 검토 : 요구사항 명세서 작성자가 요구사항 명세서를 설명하고 이해관계자들이 설명을 들으면서 결함을 발견
③ 인스펙션 : 자동화된 요구사항 관리 도구를 이용하여 요구사항 추적성과 일관성을 검토
④ CASE 도구 : 검토 자료를 회의 전에 배포해서 사전 검토한 후 짧은 시간 동안 검토 회의를 진행하면서 결함을 발견

과목 02 소프트웨어 개발

21 **인터페이스 보안을 위해 네트워크 영역에 적용될 수 있는 솔루션과 거리가 먼 것은?**

① IPSec ② SSL
③ SMTP ④ S-HTTP

22 **소프트웨어 공학의 기본 원칙이라고 볼 수 없는 것은?**

① 품질 높은 소프트웨어 상품 개발
② 지속적인 검증 시행
③ 결과에 대한 명확한 기록 유지
④ 최대한 많은 인력 투입

23 **패키지 소프트웨어의 일반적인 제품 품질 요구사항 및 테스트를 위한 국제 표준은?**

① ISO/IEC 2196 ② IEEE 19554
③ ISO/IEC 12119 ④ ISO/IEC 14959

24 **다음 중 클린 코드 작성 원칙으로 거리가 먼 것은?**

① 누구든지 쉽게 이해하는 코드 작성
② 중복이 최대화된 코드 작성
③ 다른 모듈에 미치는 영향 최소화
④ 단순, 명료한 코드 작성

25 **블랙박스 테스트의 유형으로 틀린 것은?**

① 경계값 분석 ② 오류 예측
③ 동등 분할 기법 ④ 조건, 루프 검사

26 제어 흐름 그래프가 다음과 같을 때 McCabe의 Cyclomatic 수는 얼마인가?

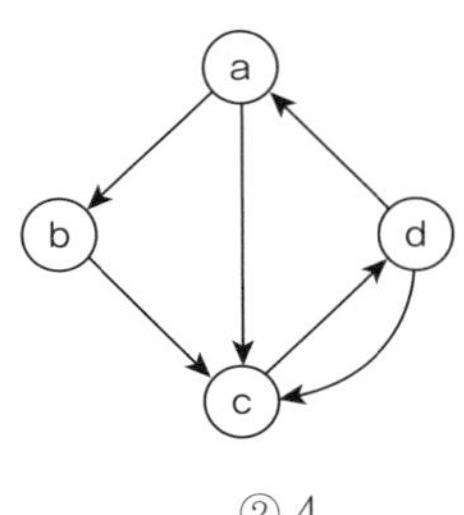

① 3 ② 4
③ 5 ④ 6

27 다음 자료에 대하여 선택(Selection) 정렬을 이용하여 오름차순으로 정렬하고자 한다. 3회전 후의 결과로 옳은 것은?

37, 14, 17, 40, 35

① 14, 17, 37, 40, 35 ② 14, 37, 17, 40, 35
③ 17, 14, 37, 35, 40 ④ 14, 17, 35, 40, 37

28 형상 관리 도구의 주요 기능으로 거리가 먼 것은?

① 정규화(Normalization) ② 체크인(Check-in)
③ 체크아웃(Check-out) ④ 커밋(Commit)

29 다음 트리를 Preorder 운행법으로 운행할 경우 가장 먼저 탐색되는 것은?

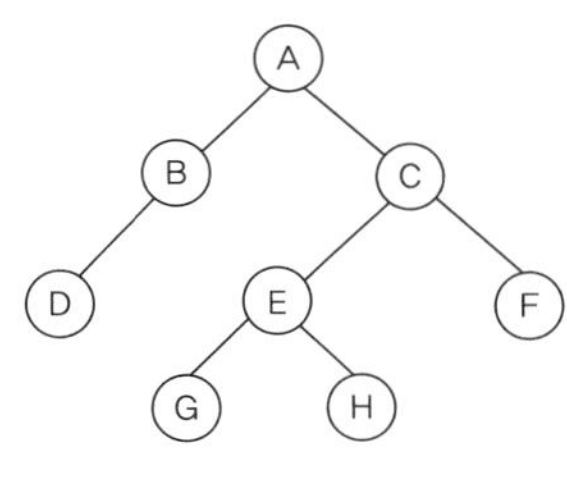

① A ② B
③ C ④ D

30 소프트웨어 품질 목표 중 주어진 시간 동안 주어진 기능을 오류 없이 수행하는 정도를 나타내는 것은?

① 직관성 ② 사용 용이성
③ 신뢰성 ④ 이식성

31 알고리즘 설계 기법으로 거리가 먼 것은?

① Divide and Conquer
② Greedy
③ Static Block
④ Backtracking

32 제품 소프트웨어의 형상 관리 역할로 틀린 것은?

① 형상 관리를 통해 이전 리비전이나 버전에 대한 정보에 접근 가능하여 배포본 관리에 유용
② 불필요한 사용자의 소스 수정 제한
③ 프로젝트 개발 비용을 효율적으로 관리
④ 동일한 프로젝트에 대해 여러 개발자 동시 개발 가능

33 제품 소프트웨어 패키징 도구 활용 시 고려사항이 아닌 것은?

① 제품 소프트웨어의 종류에 적합한 암호화 알고리즘을 고려한다.
② 추가로 다양한 이기종 연동을 고려한다.
③ 사용자 편의성을 위한 복잡성 및 비효율성 문제를 고려한다.
④ 내부 콘텐츠에 대한 보안은 고려하지 않는다.

34 디지털 저작권 관리(DRM) 기술과 거리가 먼 것은?

① 콘텐츠 암호화 및 키 관리
② 콘텐츠 식별 체계 표현
③ 콘텐츠 오류 감지 및 복구
④ 라이센스 발급 및 관리

35 물리 데이터 저장소의 파티션 설계에서 파티션 유형으로 옳지 않은 것은?

① 범위 분할(Range Partitioning)
② 해시 분할(Hash Partitioning)
③ 조합 분할(Composite Partitioning)
④ 유닛 분할(Unit Partitioning)

36 다음이 설명하는 애플리케이션 통합 테스트 유형은?

> – 깊이 우선 방식 또는 너비 우선 방식이 있다.
> – 상위 컴포넌트를 테스트하고 점증적으로 하위 컴포넌트를 테스트한다.
> – 하위 컴포넌트 개발이 완료되지 않은 경우 스텁(Stub)을 사용하기도 한다.

① 하향식 통합 테스트
② 상향식 통합 테스트
③ 회귀 테스트
④ 빅뱅 테스트

37 인터페이스 구현 시 사용하는 기술 중 다음 내용이 설명하는 것은?

> JavaScript를 사용한 비동기 통신 기술로 클라이언트와 서버 간에 XML 데이터를 주고받는 기술

① Procedure ② Trigger
③ Greedy ④ AJAX

38 소프트웨어 재공학이 소프트웨어의 재개발에 비해 갖는 장점으로 거리가 먼 것은?

① 위험부담 감소
② 비용 절감
③ 시스템 명세의 오류 억제
④ 개발시간의 증가

39 알파, 베타 테스트와 가장 밀접한 연관이 있는 테스트 단계는?

① 단위 테스트
② 인수 테스트
③ 통합 테스트
④ 시스템 테스트

40 다음 트리의 차수(Degree)는?

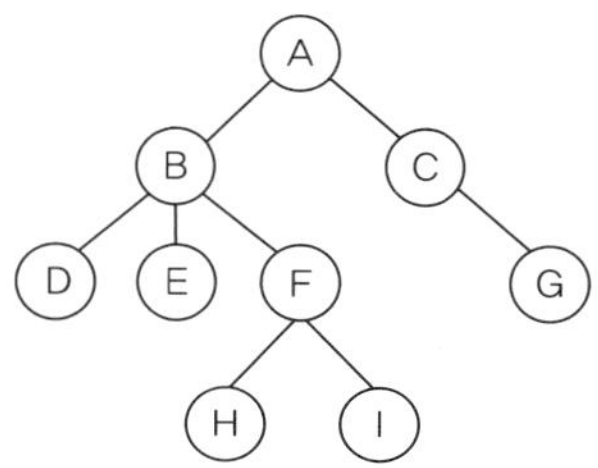

① 2
② 3
③ 4
④ 5

과목 03 데이터베이스 구축

41 릴레이션 R의 모든 결정자(Determinant)가 후보키이면 그 릴레이션 R은 어떤 정규형에 속하는가?

① 제1정규형
② 제2정규형
③ 보이스/코드 정규형
④ 제4정규형

42 다음 관계형 데이터 모델에 대한 설명으로 옳은 것은?

고객ID	고객이름	거주도시
S1	홍길동	서울
S2	이정재	인천
S3	신보라	인천
S4	김흥국	서울
S5	도요새	용인

① Relation 3개, Attribute 3개, Tuple 5개
② Relation 3개, Attribute 5개, Tuple 3개
③ Relation 1개, Attribute 5개, Tuple 3개
④ Relation 1개, Attribute 3개, Tuple 5개

43 Commit과 Rollback 명령어에 의해 보장받는 트랜잭션의 특성은?

① 병행성 ② 보안성
③ 원자성 ④ 로그

44 관계 데이터베이스인 테이블 R1에 대한 아래 SQL 문의 실행 결과로 옳은 것은?

[R1]

학번	이름	학년	학과	주소
1000	홍길동	1	컴퓨터공학	서울
2000	김철수	1	전기공학	경기
3000	강남길	2	전자공학	경기
4000	오말자	2	컴퓨터공학	경기
5000	장미화	3	전자공학	서울

[SQL문]

```
SELECT DISTINCT 학년 FROM R1;
```

①

학년
1
1
2
2
3

②

학년
1
2
3

③

이름	학년
홍길동	1
김철수	1
강남길	2
오말자	2
장미화	3

④

이름	학년
홍길동	1
강남길	2
장미화	3

45 DCL(Data Control Language) 명령어가 아닌 것은?

① COMMIT
② ROLLBACK
③ GRANT
④ SELECT

46 병행 제어 기법 중 로킹에 대한 설명으로 옳지 않은 것은?

① 로킹의 대상이 되는 객체 크기를 로킹 단위라고 한다.
② 데이터베이스, 파일, 레코드 등은 로킹 단위가 될 수 있다.
③ 로킹의 단위가 작아지면 로킹 오버헤드가 증가한다.
④ 로킹의 단위가 커지면 데이터베이스 공유도가 증가한다.

47 **관계 데이터 모델의 무결성 제약 중 기본키 값의 속성값이 널(null)값이 아닌 원자값을 갖는 성질은?**

① 개체 무결성 ② 참조 무결성
③ 도메인 무결성 ④ 튜플의 유일성

48 **뷰(View)의 장점이 아닌 것은?**

① 뷰 자체로 인덱스를 가짐
② 데이터 보안 용이
③ 논리적 독립성 제공
④ 사용자 데이터 관리 용이

49 **분산 데이터베이스의 투명성(Transparency)에 해당하지 않는 것은?**

① Location Transparency
② Replication Transparency
③ Failure Transparency
④ Media Access Transparency

50 **정규화의 목적으로 옳지 않은 것은?**

① 어떠한 릴레이션이라도 데이터베이스 내에서 표현 가능하게 만든다.
② 데이터 삽입 시 릴레이션을 재구성할 필요성을 줄인다.
③ 중복을 배제하여 삽입, 삭제, 갱신 이상의 발생을 야기 한다.
④ 효과적인 검색 알고리즘을 생성할 수 있다.

51 **다음에 해당하는 함수 종속의 추론 규칙은?**

X → Y이고 Y → Z이면 X → Z이다.

① 분해 규칙 ② 이행 규칙
③ 반사 규칙 ④ 결합 규칙

52 **다음 R과 S 두 릴레이션에 대한 Division 연산의 수행 결과는?**

R

D1	D2	D3
a	1	A
b	1	A
a	2	A
c	2	B

S

D2	D3
1	A

①

D3
A
B

②

D2
2
2

③

D3
A

④

D1
a
b

53 **player 테이블에는 player_name, team_id, height 컬럼이 존재한다. 아래 SQL문에서 문법적 오류가 있는 부분은?**

```
(1) SELECT player_name, height
(2) FROM player
(3) WHERE team_id = 'Korea'
(4) AND height BETWEEN 170 OR 180;
```

① (1) ② (2)
③ (3) ④ (4)

54 **데이터베이스 로그(log)를 필요로 하는 회복 기법은?**

① 즉각 갱신 기법 ② 대수적 코딩 방법
③ 타임스탬프 기법 ④ 폴딩 기법

55 DML(Data Manipulation Language) 명령어가 아닌 것은?

① INSERT ② UPDATE
③ ALTER ④ DELETE

56 다음과 같이 위쪽 릴레이션을 아래쪽 릴레이션으로 정규화를 하였을 때 어떤 정규화 작업을 한 것인가?

국가	도시
대한민국	서울, 부산
미국	워싱턴, 뉴욕
중국	베이징

↓

국가	도시
대한민국	서울
대한민국	부산
미국	워싱턴
미국	뉴욕
중국	베이징

① 제1정규형 ② 제2정규형
③ 제3정규형 ④ 제4정규형

57 관계 대수의 순수 관계 연산자가 아닌 것은?

① Select
② Cartesian Product
③ Division
④ Project

58 다음 중 SQL의 집계 함수(Aggregation Function)가 아닌 것은?

① AVG ② COUNT
③ SUM ④ CREATE

59 릴레이션 조작 시 데이터들이 불필요하게 중복되어 예기치 않게 발생하는 곤란한 현상을 의미하는 것은?

① Normalization ② Rollback
③ Cardinality ④ Anomaly

60 릴레이션에 대한 설명으로 거리가 먼 것은?

① 튜플들의 삽입, 삭제 등의 작업으로 인해 릴레이션은 시간에 따라 변한다.
② 한 릴레이션에 포함된 튜플들은 모두 상이하다.
③ 애트리뷰트는 논리적으로 쪼갤 수 없는 원자값으로 저장한다.
④ 한 릴레이션에 포함된 튜플 사이에는 순서가 있다.

과목 04 프로그래밍 언어 활용

61 다음 자바 프로그램 조건문에 대해 삼항 조건 연산자를 사용하여 옳게 나타낸 것은?

```
int i = 7, j = 9;
int k;
if (i > j)
   k = i - j;
else
   k = i + j;
```

① int i = 7, j = 9;
int k;
k = (i 〉 j) ? (i – j):(i + j);

② int i = 7, j = 9;
int k;
k = (i 〈 j) ? (i – j):(i + j);

③ int i = 7, j = 9;
int k;
k = (i 〉 j) ? (i + j):(i – j);

④ int i = 7, j = 9;
int k;
k = (i 〈 j) ? (i + j):(i – j);

62 다음 내용이 설명하는 소프트웨어 취약점은?

> 메모리를 다루는 데 오류가 발생하여 잘못된 동작을 하는 프로그램 취약점

① FTP 바운스 공격 ② SQL 삽입
③ 버퍼 오버플로 ④ 디렉터리 접근 공격

63 다음 중 bash 쉘 스크립트에서 사용할 수 있는 제어문이 아닌 것은?

① if ② for
③ repeat_do ④ while

64 IPv6에 대한 설명으로 틀린 것은?

① 32비트의 주소 체계를 사용한다.
② 멀티미디어의 실시간 처리가 가능하다.
③ IPv4보다 보안성이 강화되었다.
④ 자동으로 네트워크 환경 구성이 가능하다.

65 효과적인 모듈 설계를 위한 유의사항으로 거리가 먼 것은?

① 모듈 간의 결합도를 약하게 하면 모듈 독립성이 향상된다.
② 복잡도와 중복성을 줄이고 일관성을 유지시킨다.
③ 모듈의 기능은 예측이 가능해야 하며 지나치게 제한적이어야 한다.
④ 유지보수가 용이해야 한다.

66 HRN 방식으로 스케줄링할 경우, 입력된 작업이 다음과 같을 때 처리되는 작업 순서로 옳은 것은?

작업	대기 시간	서비스(실행) 시간
A	5	20
B	40	20
C	15	45
D	20	2

① A → B → C → D ② A → C → B → D
③ D → B → C → A ④ D → A → B → C

67 운영체제에 대한 설명으로 거리가 먼 것은?

① 다중 사용자와 다중 응용 프로그램 환경하에서 자원의 현재 상태를 파악하고 자원 분배를 위한 스케줄링을 담당한다.
② CPU, 메모리 공간, 기억 장치, 입 · 출력 장치 등의 자원을 관리한다.
③ 운영체제의 종류로는 매크로 프로세서, 어셈블러, 컴파일러 등이 있다.
④ 입 · 출력 장치와 사용자 프로그램을 제어한다.

68 배치 프로그램의 필수 요소에 대한 설명으로 틀린 것은?

① 자동화는 심각한 오류 상황 외에는 사용자의 개입 없이 동작해야 한다.
② 안정성은 어떤 문제가 생겼는지, 언제 발생했는지 등을 추적할 수 있어야 한다.
③ 대용량 데이터는 대용량의 데이터를 처리할 수 있어야 한다.
④ 무결성은 주어진 시간 내에 처리를 완료할 수 있어야 하고, 동시에 동작하고 있는 다른 애플리케이션을 방해하지 말아야 한다.

69 TCP 프로토콜에 대한 설명으로 거리가 먼 것은?

① 신뢰성 있는 연결 지향형 전달 서비스이다.
② 기본 헤더 크기는 100byte이고 160byte까지 확장 가능하다.
③ 스트림 전송 기능을 제공한다.
④ 순서 제어, 오류 제어, 흐름 제어 기능을 제공한다.

70 다음이 설명하는 응집도의 유형은?

> 모듈이 다수의 관련 기능을 가질 때 모듈 안의 구성 요소들이 그 기능을 순차적으로 수행할 경우의 응집도

① 기능적 응집도 ② 우연적 응집도
③ 논리적 응집도 ④ 절차적 응집도

71 OSI-7Layer에서 링크의 설정과 유지 및 종료를 담당하며, 노드 간의 오류 제어와 흐름 제어 기능을 수행하는 계층은?

① 데이터 링크 계층 ② 물리 계층
③ 세션 계층 ④ 응용 계층

72 다음 중 가장 결합도가 강한 것은?

① Data Coupling
② Stamp Coupling
③ Common Coupling
④ Control Coupling

73 메모리 관리 기법 중 Worst fit 방법을 사용할 경우 10K 크기의 프로그램 실행을 위해서는 어느 부분에 할당되는가?

영역 번호	메모리 크기	사용 여부
NO.1	8K	FREE
NO.2	12K	FREE
NO.3	10K	IN USE
NO.4	20K	IN USE
NO.5	16K	FREE

① NO.2 ② NO.3
③ NO.4 ④ NO.5

74 200.1.1.0/24 네트워크를 FLSM 방식을 이용하여 10개의 Subnet으로 나누고 IP Subnet-zero를 적용했다. 이때 서브네팅된 네트워크 중 10번째 네트워크의 Broadcast IP 주소는?

① 200.1.1.159 ② 201.1.5.175
③ 202.1.11.254 ④ 203.1.255.245

75 다음은 사용자로부터 입력받은 문자열에서 처음과 끝의 3글자를 추출한 후 합쳐서 출력하는 파이썬 코드에서 ㉠에 들어갈 내용은?

```
string = input("7문자 이상 문자열을 입력하시오:")
m = (       ㉠       )
print(m)
```

> 입력값 : Hello World
> 최종 출력 : Helrld

① string[1:3] + string[-3:]
② string[:3] + string[-3:-1]
③ string[0:3] + string[-3:]
④ string[0:] + string[:-1]

기출 최신 기출문제

76 파이썬의 변수 작성 규칙 설명으로 옳지 않은 것은?

① 첫 자리에 숫자를 사용할 수 없다.
② 영문 대문자/소문자, 숫자, 밑줄(_)의 사용이 가능하다.
③ 변수 이름의 중간에 공백을 사용할 수 있다.
④ 이미 사용되고 있는 예약어는 사용할 수 없다.

77 어떤 모듈이 다른 모듈의 내부 논리 조직을 제어하기 위한 목적으로 제어 신호를 이용하여 통신하는 경우이며, 하위 모듈에서 상위 모듈로 제어 신호가 이동하여 상위 모듈에게 처리 명령을 부여하는 권리 전도 현상이 발생하게 되는 결합도는?

① Data Coupling ② Stamp Coupling
③ Control Coupling ④ Common Coupling

78 다음 C 프로그램의 결과값은?

```
main(void) {
  int i;
  int sum = 0;
  for(i = 1; i <= 10; i = i + 2)
     sum = sum + i;
  printf("%d", sum);
}
```

① 15
② 19
③ 25
④ 27

79 UNIX에서 새로운 프로세스를 생성하는 명령어는?

① ls
② cat
③ fork
④ chmod

80 C언어에서 정수 자료형으로 옳은 것은?

① int
② float
③ char
④ double

과목 05 정보 시스템 구축 관리

81 물리적인 사물과 컴퓨터에 동일하게 표현되는 가상 모델로 실제 물리적인 자산 대신 소프트웨어로 가상화함으로써 실제 자산의 특성에 대한 정확한 정보를 얻을 수 있고, 자산 최적화, 돌발사고 최소화, 생산성 증가 등 설계부터 제조, 서비스에 이르는 모든 과정의 효율성을 향상시킬 수 있는 모델은?

① 최적화
② 실행 시간
③ 디지털 트윈
④ N-Screen

82 정보 보안의 3대 요소에 해당하지 않는 것은?

① 기밀성
② 휘발성
③ 무결성
④ 가용성

83 다음 빈칸에 알맞은 기술은?

> (　　)은/는 웹에서 제공하는 정보 및 서비스를 이용하여 새로운 소프트웨어나 서비스, 데이터베이스 등을 만드는 기술이다.

① Quantum Key Distribution
② Digital Rights Management
③ Grayware
④ Mashup

84 기능 점수(Functional Point) 모형에서 비용 산정에 이용되는 요소가 아닌 것은?

① 클래스 인터페이스
② 명령어(사용자 질의수)
③ 데이터 파일
④ 출력 보고서

85 블록 암호화 방식이 아닌 것은?

① DES
② RC4
③ AES
④ SEED

86 Putnam 모형을 기초로 해서 만든 자동화 추정 도구는?

① SQLR/30
② SLIM
③ MESH
④ NFV

87 큰 숫자를 소인수분해하기 어렵다는 기반 하에 1978년 MIT에 의해 제안된 공개키 암호화 알고리즘은?

① DES
② ARIA
③ SEED
④ RSA

88 COCOMO 모델의 프로젝트 유형으로 거리가 먼 것은?

① Organic
② Semi-detached
③ Embedded
④ Sequential

89 빅데이터 분석 기술 중 대량의 데이터를 분석하여 데이터 속에 내재되어 있는 변수 사이의 상호관계를 규명하여 일정한 패턴을 찾아내는 기법은?

① Data Mining
② Wm-Bus
③ Digital Twin
④ Zigbee

90 기존 무선 랜의 한계 극복을 위해 등장하였으며, 대규모 디바이스의 네트워크 생성에 최적화되어 차세대 이동통신, 홈네트워킹, 공공 안전 등의 특수 목적을 위한 새로운 방식의 네트워크 기술을 의미하는 것은?

① Software Defined Perimeter
② Virtual Private Network
③ Local Area Network
④ Mesh Network

91 DDoS 공격과 연관이 있는 공격 방법은?

① Secure shell
② Tribe Flood Network
③ Nimda
④ Deadlock

92 CPM 네트워크가 다음과 같을 때 임계경로의 소요 기일은?

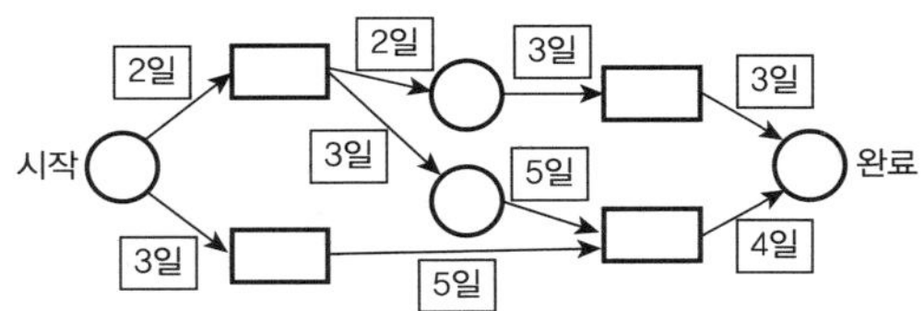

① 10일
② 12일
③ 14일
④ 16일

93 RIP(Routing Information Protocol)에 대한 설명으로 틀린 것은?

① 거리 벡터 라우팅 프로토콜이라고도 한다.
② 소규모 네트워크 환경에 적합하다.
③ 최대 홉 카운트를 115홉 이하로 한정하고 있다.
④ 최단 경로 탐색에는 Bellman-Ford 알고리즘을 사용한다.

94 소프트웨어 생명주기 모형 중 고전적 생명주기 모형으로 선형 순차적 모델이라고도 하며, 타당성 검토, 계획, 요구사항 분석, 구현, 테스트, 유지보수의 단계를 통해 소프트웨어를 개발하는 모형은?

① 폭포수 모형
② 애자일 모형
③ 컴포넌트 기반 방법론
④ 6GT 모형

95 소프트웨어 개발 모델 중 나선형 모델의 4가지 주요 활동이 순서대로 나열된 것은?

Ⓐ 계획 수립
Ⓑ 고객 평가
Ⓒ 개발 및 검증
Ⓓ 위험 분석

① Ⓐ-Ⓑ-Ⓓ-Ⓒ순으로 반복
② Ⓐ-Ⓓ-Ⓒ-Ⓑ순으로 반복
③ Ⓐ-Ⓑ-Ⓒ-Ⓓ순으로 반복
④ Ⓐ-Ⓒ-Ⓑ-Ⓓ순으로 반복

96 전자 칩과 같은 소프트웨어 부품, 즉 블록(모듈)을 만들어서 끼워 맞추는 방법으로 소프트웨어를 완성시키는 재사용 방법은?

① 합성 중심 ② 생성 중심
③ 분리 중심 ④ 구조 중심

97 다음 JAVA 코드에서 밑줄로 표시된 부분에는 어떤 보안 약점이 존재하는가? (단, key는 암호화 키를 저장하는 변수이다.)

```
import javax.crypto.KeyGenerator;
import javax.crypto.sepc.SecretKeySpec;
import javax.crypto.Cipher;
· · · · · · · · 생략
public String encriptString(String usr) {
String key = "22df3023sf~2;asn!@#/>as";
if (key != null) {
byte[] bToEncrypt = usr.getBytes("UTF-8");
.....생략
```

① 무결성 검사 없는 코드 다운로드
② 중요 자원에 대한 잘못된 권한 설정
③ 하드 코드된 암호화 키 사용
④ 적절한 인증없는 중요 기능 허용

98 소프트웨어 개발 표준 중 소프트웨어 품질 및 생산성 향상을 위해 소프트웨어 프로세스를 평가 및 개선하는 국제 표준은?

① SCRUM
② ISO/IEC 12509
③ SPICE
④ CASE

99 실무적으로 검증된 개발 보안 방법론 중 하나로써 SW 보안의 모범 사례를 SDLC(Software Development Life Cycle)에 통합한 소프트웨어 개발 보안 생명주기 방법론은?

① CLASP
② CWE
③ PIMS
④ Seven Touchpoints

100 다음 LAN의 네트워크 토폴로지는?

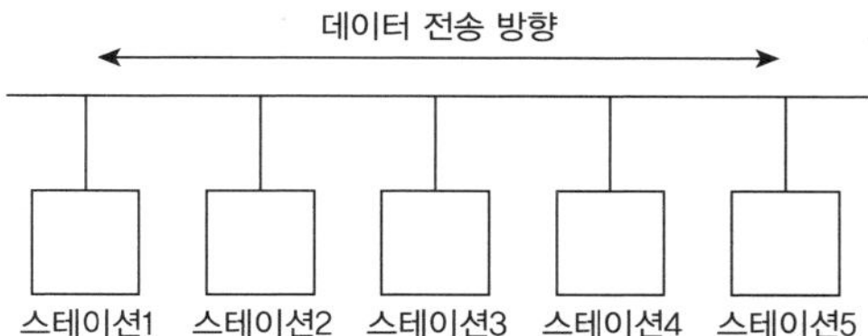

① 버스형
② 성형
③ 링형
④ 그물형

최신 기출문제 14회
빠르게 정답 확인하기!
스마트폰으로 QR 코드를 찍어 보세요.
정답표를 통해 편리하게 채점할 수 있습니다.

최신 기출문제 정답 & 해설

최신 기출문제 01회 2-62P

01 ①	02 ③	03 ②	04 ④	05 ①
06 ①	07 ④	08 ④	09 ③	10 ④
11 ④	12 ②	13 ④	14 ②	15 ④
16 ④	17 ①	18 ③	19 ④	20 ④
21 ②	22 ④	23 ③	24 ②	25 ①
26 ③	27 ④	28 ③	29 ①	30 ③
31 ②	32 ①	33 ④	34 ②	35 ②
36 ②	37 ①	38 ②	39 ②	40 ②
41 ④	42 ③	43 ①	44 ②	45 ②
46 ②	47 ④	48 ④	49 ③	50 ④
51 ③	52 ②	53 ③	54 ④	55 ①
56 ④	57 ①	58 ④	59 ③	60 ①
61 ③	62 ④	63 ③	64 ②	65 ③
66 ④	67 ④	68 ①	69 ①	70 ④
71 ①	72 ①	73 ①	74 ①	75 ②
76 ③	77 ④	78 ②	79 ④	80 ②
81 ④	82 ③	83 ③	84 ③	85 ①
86 ②	87 ③	88 ④	89 ②	90 ②
91 ②	92 ②	93 ①	94 ④	95 ③
96 ④	97 ①	98 ③	99 ④	100 ②

과목 01 소프트웨어 설계

01 ①

XP(eXtreme Programming) 12 실천사항

- Pair Programming
- Planning Game
- Test Driven Development
- Whole Team
- Continuous Integration
- Design Improvement
- Small Releases
- Coding Standards
- Collective Code Ownership
- Simple Design
- System Metaphor
- Sustainable Pace

02 ③

럼바우(Rumbaugh) 객체지향 분석 기법

- 소프트웨어 구성 요소를 그래픽으로 모형화하였다.
- 객체 모델링 기법(OMT, Object Modeling Technique)이라고도 한다.
- 객체 모델링 : 객체를 다이어그램으로 표현한다.
- 동적 모델링 : 상태를 시간 흐름에 따라 상태 다이어그램으로 표현한다.
- 기능 모델링 : 자료흐름도를 이용하여 여러 프로세스 간의 자료 흐름을 표현한다.

03 ②

모듈의 결합도와 응집도

- 바람직한 소프트웨어 설계는 응집도는 강하게, 결합도는 약하게 설계하여 모듈의 독립성을 확보할 수 있도록 한다.
- 유지보수가 수월해야 하며 복잡도와 중복을 피한다.
- 입구와 출구는 하나씩 갖도록 한다.

04 ④

객체지향 기법의 캡슐화(Encapsulation)

- 서로 관련성이 높은 데이터(속성)와 그와 관련된 기능(메소드, 함수)을 묶는 기법이다.
- 결합도가 낮아져 소프트웨어 개발에 있어 재사용성이 높아진다.
- 정보은닉을 통하여 타 객체와 메시지 교환 시 인터페이스가 단순해진다.
- 변경 발생 시 오류의 파급효과가 적다.

오답 피하기

상위 클래스의 모든 속성과 연산을 하위 클래스가 물려받는 것은 상속(Inheritance)이라고 한다.

05 ①

객체지향 설계 원칙(SOLID)

단일책임의 원칙(SRP, Single Responsibility Principle)	모든 클래스는 단일 목적으로 생성되고, 하나의 책임만 가져야 한다.
개방-폐쇄의 원칙(OCP, Open Closed Principle)	소프트웨어 구성 요소는 확장에 대해서는 개방되어야 하나 수정에 대해서는 폐쇄적이어야 한다.
리스코프치환 원칙(LSP, LiskovSubstitution Principle)	부모 클래스가 들어갈 자리에 자식 클래스를 대체하여도 계획대로 작동해야 한다.
인터페이스 분리 원칙(ISP, Interface Segregation Principle)	클라이언트는 자신이 사용하지 않는 메서드와 의존관계를 맺으면 안 되며, 클라이언트가 사용하지 않는 인터페이스 때문에 영향을 받아서는 안 된다.

의존 역전 원칙(DIP, Dependency Inversion Principle)	의존 관계를 맺으면 변하기 쉽고 변화 빈도가 높은 것보다 변하기 어렵고 변화 빈도가 낮은 것에 의존한다.

06 ①

파이프 필터(Pipe–Filters)

- 데이터 흐름(Data Stream)을 생성하고 처리하는 시스템을 위한 구조이다.
- 필터는 파이프를 통해 받은 데이터를 변경시키고 그 결과를 파이프로 전송한다.
- 각 처리 과정은 필터(filter) 컴포넌트에서 이루어지며, 처리되는 데이터는 파이프(pipes)를 통해 흐른다. 이 파이프는 버퍼링 또는 동기화 목적으로 사용될 수 있다.
- 장점 : 필터 교환과 재조합을 통해서 높은 유연성을 제공한다.
- 단점 : 상태정보 공유를 위해서 큰 비용이 소요되며 데이터 변환에 과부하가 걸릴 수 있다.
- 컴파일러, 연속한 필터들은 어휘 분석, 파싱, 의미 분석 그리고 코드 생성을 수행한다.
- 생물정보학에서의 워크플로우 등에 활용된다.

오답 피하기

④번은 MVC 모델에 대한 설명이다.

07 ④

AJAX(Asynchronous Javascript And Xml)

- JavaScript를 사용한 비동기 통신 기술로, 클라이언트와 서버 간에 XML 데이터를 주고받는 기술이다.
- 브라우저가 가지고 있는 XMLHttpRequest 객체를 이용해서 전체 페이지를 새로 고치지 않고도 페이지의 일부만을 위한 데이터를 로드하는 기법이다.

08 ④

디자인 패턴을 사용할 때의 장 · 단점

장점	• 개발자 간의 원활한 의사소통을 지원한다. • 소프트웨어 구조 파악이 쉽다. • 재사용을 통한 개발 시간을 단축할 수 있다. • 설계 변경 요청에 대해 유연하게 대처할 수 있다. • 객체지향 설계 및 구현의 생산성을 높이는 데 적합하다.
단점	• 객체지향 설계/구현 위주로 사용된다. • 초기 투자 비용이 부담된다.

09 ③

데이터(자료) 흐름도(DFD, Data Flow Diagram)

- 시스템 내의 모든 자료 흐름을 4가지의 기본 기호(처리, 자료 흐름, 자료 저장소, 단말)로 기술하고 이런 자료 흐름에 중심한 분석용 도구이다.
- DFD의 요소는 화살표, 원, 사각형, 직선(단선/이중선)으로 표시한다.
- 시스템이나 프로그램 간의 총체적인 데이터 흐름을 표시할 수 있으며, 기본적인 데이터 요소와 그들 사이의 데이터 흐름 형태로 기술된다.
- 시간의 흐름을 명확하게 표시하지는 못한다.
- 다차원적이며 자료 흐름 그래프 또는 버블(bubble)차트라고도 한다.
- 구조적 분석 기법에 이용된다.
- 그림 중심의 표현이고 하향식 분할 원리를 적용한다.

10 ④

소프트웨어 개발에서는 적절한 인력 배치와 효율적인 협업이 중요하며, 무조건 많은 인력을 투입하는 것이 항상 좋은 해결책은 아니다.

11 ④

UML 다이어그램의 분류

구조적(Structural) 다이어그램	• 클래스 다이어그램(Class Diagram) • 객체 다이어그램(Object Diagrma) • 컴포넌트 다이어그램(Componet Diagram) • 배치 다이어그램(Deployment Diagram) • 복합체 구조 다이어그램(Composite Structure Diagram) • 패키지 다이어그램(Package Diagram)
행위(Behavioral) 다이어그램	• 유스케이스 다이어그램(Use Case Diagram) • 시퀀스 다이어그램(Sequence Diagram) • 커뮤니케이션 다이어그램(Communication Diagram) • 상태 다이어그램(State Diagram) • 활동 다이어그램(Activitiy Diagram) • 상호작용 개요 다이어그램(Interaction Overview Diagram) • 타이밍 다이어그램(Timing Diagram)

12 ②

소프트웨어 설계의 분류

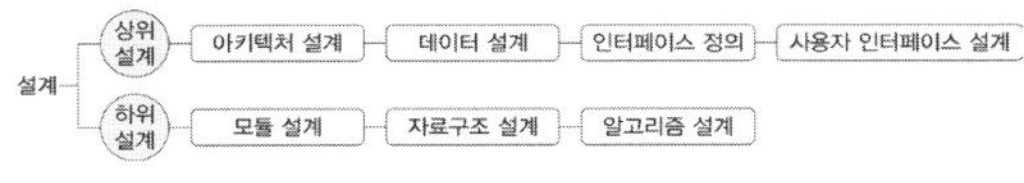

13 ④

UI(User Interface)에서 사용자 동작

- 클릭(Click) : 마우스나 터치스크린을 사용하여 특정 버튼, 링크, 아이콘 등을 선택할 때 발생하는 동작
- 탭(Tap) : 터치스크린에서 손가락으로 화면을 가볍게 누르는 동작
- 더블 클릭/더블 탭(Double Click/Double Tap) : 짧은 시간 내에 동일한 위치를 두 번 클릭하거나 탭하는 동작
- 드래그(Drag) : 마우스 버튼을 누른 상태로 이동하거나, 터치스크린에서 손가락을 눌러 끌어 이동하는 동작
- 스와이프(Swipe) : 터치스크린에서 손가락을 빠르게 밀어 올리거나, 옆으로 이동시키는 동작.
- 핀치(Pinch) : 두 손가락을 사용하여 화면을 확대하거나 축소하는 동작

14 ②

HIPO(Hierarchy Input Process Output)
- 프로그램의 기능을 계층 구조로 도식화함으로써 개발 순서를 논리적으로 전개할 수 있는 수단이다.
- 하향식 중심이며 표준화된 문서 작성 기법을 사용하므로 의사 전달 착오 가능성이 매우 적다.
- 구성 요소 : Input, Process, Output

15 ④

요구사항 모델링이나 UML 다이어그램 중 단계 다이어그램은 포함되지 않는다.

16 ④

현행 시스템 분석의 절차
- 1단계 : 시스템 구성 파악 – 시스템 기능 파악 – 시스템 인터페이스 현황 파악
- 2단계 : 아키텍처 파악 – 소프트웨어 구성 파악
- 3단계 : 시스템 하드웨어 현황 파악 – 네트워크 구성 파악

17 ①

IPSec(IP security)
- 통신 세션의 각 IP패킷을 암호화하고 인증하는 안전한 인터넷 프로토콜(IP) 통신을 위한 인터넷 프로토콜으로 양방향 암호화를 지원한다.
- ESP는 발신지 인증, 데이터 무결성, 기밀성 모두를 보장한다.
- 운영 모드는 Tunnel 모드와 Transport 모드로 분류된다.
- AH는 발신지 호스트를 인증하고, IP 패킷의 무결성을 보장한다.
- 전송 모드(Transport)는 전송 계층과 네트워크 계층 사이에 전달되는 payload를 보호한다.
- 터널 모드(Tunnel)는 IPSec이 IP 헤더를 포함한 IP 계층의 모든 것을 보호한다.

18 ③

사용자 인터페이스(UI) 요소

라디오 버튼	○ Radio1 ○ Radio2 ◉ Radio3	선택 영역에서 어느 하나를 선택할 때 사용하는 버튼이다. 항목 중 1개만 선택할 수 있다.
체크박스	☐ 정보처리 ☑ 정보보안 ☑ 빅데이터 ☑ 리눅스마스터	라디오 버튼과 달리 동시에 여러 항목을 선택할 수 있다.
토글 버튼		항목을 on/off하는 경우에 사용된다.
드롭다운 리스트(목록상자)	드롭다운메뉴 수정 삭제 차단 비활성화	기본값이 보이는 디폴트 값을 가지고 있다가 드롭다운 버튼을 누르면 선택 항목이 표시된다.

19 ④

GoF(Gang of Four) 디자인 패턴
- 에릭 감마(Eric Gamma), 리처드 헬름(Richard Helm), 랄프 존슨(Ralph Johnson), 존 브리시디스(John Vlissides)가 제안하였다.
- 객체지향 설계 단계 중 재사용에 관한 유용한 설계를 디자인 패턴화하였다.
- 생성 패턴, 구조 패턴, 행위 패턴으로 분류한다.

20 ④

코드 오류의 종류

필사 오류(Transcription Error)	입력 시 한 자리를 잘못 기록하는 오류	예 1234 → 1235
전위 오류(Transposition Error)	입력 시 좌우 자리를 바꾸어 발생하는 오류	예 1234 → 1243
이중 오류(Double Transposition Error)	전위 오류가 두 개 이상 발생하는 오류	예 1234 → 2143
생략 오류(Missing Error)	입력 시 한 자리를 빼고 기록하는 오류	예 1234 → 123
추가 오류(Addition Error)	입력 시 한 자리를 추가해서 기록하는 오류	예 1234 → 12345
임의 오류(Random Error)	두 가지 이상의 오류가 결합해서 발생하는 오류	예 1234 → 21345

과목 02 소프트웨어 개발

21 ②

연결 리스트
- 노드들이 순차적으로 연결되어 있어, 임의의 노드에 빠르게 접근하기 어렵다.
- 배열처럼 인덱스를 이용하여 바로 접근할 수 없기 때문에, 원하는 노드를 찾기 위해서는 연결된 노드를 따라 순차적으로 탐색해야 한다.
- 연결 리스트는 검색 속도가 배열에 비해 느리다는 단점을 가지고 있다.

22 ④

컴파일러가 독창적이면 타 시스템 호환성 등의 문제가 생길 수 있다.

23 ③

소스 코드 품질 분석 도구

정적 분석 도구	pmd, cppcheck, SonarQube, checkstyle, ccm, cobertura, FindBugs 등
동적 분석 도구	Avalanche, Valgrind 등

24 ②

a/b+c−d*e → (((a/b)+c)−(d*e)) → ab/c+de*−

오답 피하기

연산자 우선순위에 따라 괄호로 묶어준 뒤 괄호 뒤로 연산자를 이동시키면 된다.

25 ①

SPICE 모델의 레벨

레벨 5	최적(optimizing) 단계	정의된 프로세스와 표준 프로세스가 지속적으로 개선되는 단계이다.
레벨 4	예측(predictable) 단계	표준 프로세스 능력에 대하여 정량적인 이해와 성능이 예측되는 단계이다.
레벨 3	확립(established) 단계	표준 프로세스를 사용하여 계획되고 관리된 단계이다.
레벨 2	관리(managed) 단계	프로세스가 정해진 절차에 따라 이루어져 산출물을 내며, 모든 작업이 계획되고 추적되는 단계이다.
레벨 1	수행(performed) 단계	해당 프로세스의 목적은 달성하지만 계획되거나 추적되지 않은 단계이다.
레벨 0	불완전(incomplete) 단계	프로세스가 구현되지 않거나 프로세스 목적을 달성하지 못한 단계이다.

26 ③

브룩스(Brooks)의 법칙

소프트웨어 개발 일정이 지연된다고 해서 말기에 새로운 인원을 투입하면 작업 적응 기간과 부작용으로 인해 일정은 더욱 지연된다는 법칙이다.

27 ④

0pass	8, 3, 4, 9, 7
1pass	3, 8, 4, 9, 7
2pass	3, 4, 8, 9, 7
3pass	3, 4, 8, 9, 7
4pass	3, 4, 7, 8, 9

오답 피하기

삽입 정렬(Insertion Sort)은 정렬된 파일에 2번째 값을 첫 번째 킷값으로 설정하고 킷값 앞쪽 배열과 비교해 정렬한다. 각 pass 결과를 유추해보면 선택 정렬은 1pass 때마다 가장 작은 값이 맨 앞으로 배치되고, 버블 정렬은 가장 큰 값이 맨 뒤에 배치되는 공식을 알고 있다면 쉽게 답을 찾을 수 있다.

28 ③

소프트웨어 품질 목표(Software Quality And Goals)

정확성(Correctness)	사용자의 요구 기능을 충족시키는 정도를 의미한다.
신뢰성(Reliability)	정확하고 일관된 결과를 얻기 위해 요구된 기능을 오류 없이 수행하는 정도를 의미한다.
효율성(Efficiency)	요구되는 기능을 수행하기 위해 필요한 자원의 소요 정도나 자원의 낭비 정도를 의미한다.
무결성(Integrity)	허용되지 않는 사용이나 자료의 변경을 제어하는 정도를 의미한다.
이식성(Portability)	다양한 하드웨어 환경에서도 운용이 가능하도록 쉽게 수정될 수 있는 정도를 의미한다.

29 ①

시간 복잡도 Big−O(빅−오) 표기법

O(1)	상수 시간의 복잡도를 의미하며 입력값 n이 주어졌을 때, 문제를 해결하는데 오직 한 단계만 거친다.	해시 함수
$O(log_2n)$	로그 시간의 복잡도를 의미하며 입력값 n이 주어졌을 때, 문제를 해결하는데 필요한 단계들이 연산마다 특정 요인에 의해 줄어든다.	이진 탐색
$O(Nlog_2n)$	선형 로그 시간의 복잡도를 의미하며 문제 해결을 위한 단계수는 $nlog_2n$번의 수행시간을 갖는다.	퀵 정렬, 병합(합병) 정렬
O(n)	선형 시간의 복잡도를 의미하며 문제를 해결하기 위한 단계의 수와 입력값 n이 1:1 관계이다.	순차 탐색
O(n^2)	제곱 시간의 복잡도를 의미하며 문제를 해결하기 위한 단계의 수는 입력값 n의 제곱근이다.	버블 정렬, 삽입 정렬, 선택 정렬
O(C^n)	지수 시간의 복잡도를 의미하며 문제를 해결하기 위한 단계의 수는 주어진 상수값 C의 n제곱이다.	

30 ③

알고리즘 설계 기법에는 분할 정복법(Divide&Conquer), 동적 계획법(Dynamic Programming), 탐욕법(Greedy Method), 퇴각 검색법(Backtracking), 분기 한정법(Branch&Bound), 근사해법(Approximation Algoritm) 등이 있다.

31 ②

외계인 코드(Alien Code)는 아주 오래되거나 참고문서 또는 개발자가 없어 유지보수 작업이 어려운 프로그램을 의미한다.

32 ①

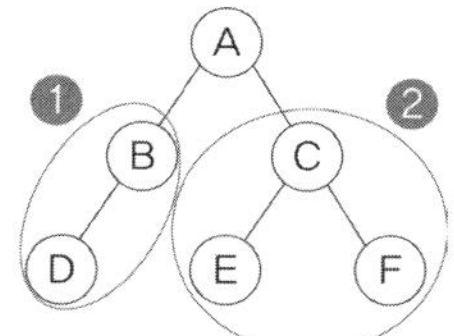

- 중위 순회(Inorder) 방법은 Left → Root → Right 순서로 진행된다.
- ❶ A ❷ → D B A ❷ → D B A E C F

33 ④

단위 테스트 지원 도구(xUnit)

- JUnit : Java 프로그래밍 언어에 사용되는 테스트 도구로서, 데이터를 테스트한 다음 코드에 삽입한다.
- NUnit : 모든 .net 언어에 널리 사용되는 단위 테스트 프레임워크로서, 병렬로 실행할 수 있는 데이터 중심 테스트를 지원한다.
- JMockit : 오픈소스 단위 테스트 도구로서, 기록 및 검증 구문으로 API를 Mocking 할 수 있다.
- EMMA : 코드 분석 오픈소스 툴 킷으로서, JAVA 기반이므로 외부 라이브러리 종속성이 없으며 소스 코드에 액세스할 수 있다.
- PHPUnit: PHP 프로그래머를 위한 단위 테스트 도구이다.
- HttpUnit : HtmlUnit은 Java 프로그램용 GUI가 없는 브라우저를 포함하는 오픈소스 Java 라이브러리이다.
- DBUnit : 데이터베이스 단위 테스트를 지원하는 프레임워크이다.

34 ②

코드 인스펙션 과정

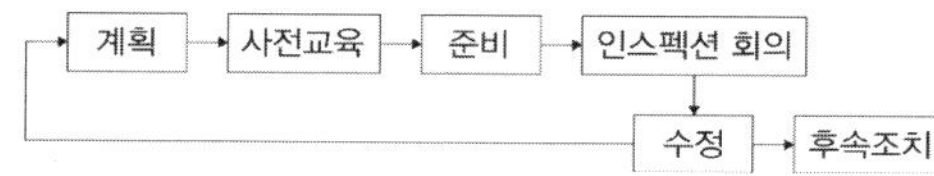

35 ②

소프트웨어 테스트의 원리

- 테스팅은 결함이 존재함을 밝히는 활동이다. : 소프트웨어의 잠재적인 결함을 줄일 수 있지만, 결함이 발견되지 않아도 결함이 없다고 증명할 수 없음을 나타낸다.
- 완벽한 테스팅은 불가능하다. : 무한 경로, 무한 입력 값, 무한 시간이 소요되어 완벽하게 테스트할 수 없으므로 리스크 분석과 우선순위를 토대로 테스트에 집중할 것을 의미한다.
- 테스팅은 개발 초기에 시작해야 한다. : 애플리케이션의 개발 단계에 테스트를 계획하고 SDLC(Software Development Life Cycle)의 각 단계에 맞춰 전략적으로 접근하는 것을 고려해야 한다.
- 결함 집중(Defect Clustering) : 애플리케이션 결함의 대부분은 소수의 특정한 모듈에 집중되어 존재한다. 파레토 법칙이 좌우한다.
- 살충제 패러독스(Presticide Paradox) : 동일한 테스트 케이스로 반복 테스트시 결함을 발견할 수 없으므로 주기적으로 테스트 케이스를 리뷰하고 개선해야 한다.

36 ②

오답 피하기

콘텐츠를 메타 데이터와 함께 배포 가능한 단위로 묶는 기능을 하는 것은 패키저(Packager)이다.

37 ①

화이트박스 테스트	기초 경로 검사, 조건 검사, 제어 구조 검사, 데이터 흐름 검사, 루프 검사 등
블랙박스 테스트	동치 분할 검사, 원인-효과 그래프 검사, 비교 검사 등

38 ②

해싱 함수의 종류

제산법 (Division Method)	나머지 연산자(%)를 사용하여 테이블 주소를 계산하는 방법
제곱법 (Mid-Square Method)	레코드 키값을 제곱한 후에 결과값의 중간 부분에 있는 몇 비트를 선택하여 해시 테이블의 홈 주소로 사용하는 방법
중첩법(폴딩법, Folding Method)	레코드 키를 여러 부분으로 나누고, 나눈 부분의 각 숫자를 더하거나 XOR한 값을 홈 주소로 사용하는 방법
기수 변환법 (Radix Conversion Method)	키 숫자의 진수를 다른 진수로 변화시켜 주소 크기를 초과한 높은 자릿수를 절단하고, 이를 다시 주소 범위에 맞게 조정하는 방법
계수 분석법 (Digit Analysis Method)	레코드 키를 구성하는 수들이 모든 키들 내에서 각 자리별로 어떤 분포인지를 조사하여 비교적 고른 분포를 나타내는 자릿수를 필요한 만큼 선택하여 레코드의 홈 주소로 사용하는 방법
무작위법 (Random Method)	난수를 발생시킨 후 그 난수를 이용해 각 키의 홈 주소를 산출하는 방법

39 ②

클린 코드의 작성 원칙

가독성	• 누구나 코드를 쉽게 읽을 수 있도록 작성한다. • 이해하기 쉬운 용어 사용하고 들여쓰기 등을 활용한다.
단순성	• 한 번에 한 가지 기능만 처리한다. • 클래스/메소드/함수는 최소 단위로 분리한다.
의존성 배제	다른 모듈에 미치는 영향 최소화하여 코드 변경 시 다른 부분에 영향 없도록 작성한다.
중복성 최소화	중복된 코드는 삭제하여 공통된 코드로 사용한다.
추상화	상위 클래스/메소드/함수에서 간략하게 애플리케이션 특성을 나타내고, 상세 내용은 하위 클래스/메소드/함수에서 구현한다.

40 ②

DRM 기술 요소에는 암호화, 키 관리, 암호화 파일 생성, 식별 기술, 저작권 표현, 정책 관리, 크랙 방지, 인증, 인터페이스, 이벤트 보고, 사용 권한 등이 있다.

과목 03 데이터베이스 구축

41 ④

트랜잭션의 특성(ACID)

원자성(Atomicity)	완전하게 수행 완료되지 않으면 전혀 수행되지 않아야 함
일관성(Consistency)	시스템의 고정 요소는 트랜잭션 수행 전후에 같아야 함
격리성(Isolation, 고립성)	트랜잭션 실행 시 다른 트랜잭션의 간섭을 받지 않아야 함
영속성(Durability, 지속성)	트랜잭션의 완료 결과가 데이터베이스에 영구히 기억되어야 함

42 ③

CRUD Matrix

- 데이터베이스에 영향을 주는 생성, 읽기, 갱신, 삭제 연산으로 프로세스와 테이블 간에 매트릭스를 만들어서 트랜잭션을 분석하는 도구이다.
- 업무 프로세스와 데이터 간의 상관관계 분석을 위한 것으로 업무 프로세스와 엔티티 타입을 행과 열로 구분하여 행과 열이 만나는 교차점에 이용에 대한 상태를 표시한다.

43 ①

즉각 갱신법

- 데이터를 갱신하면 트랜잭션이 완료되기 전에 실제 데이터베이스에 반영하는 방법이다.
- 회복 작업을 위해서 갱신 내용을 별도의 Log로 기록해야 한다.
- Redo, Undo 모두 사용 가능하다.

44 ②

두 테이블의 중복 레코드는 학번 : 20202222이므로 ②번이 답이 된다.

오답 피하기

Intersection(교집합)

- Intersection(교집합)은 연관성이 있는 두 개의 릴레이션에서 중복되는 레코드를 선택하여 릴레이션을 생성한다.
- 연산자의 기호는 ∩를 사용한다.

45 ②

정규화의 목적

- 데이터 구조의 안정성 최대화
- 중복 데이터의 최소화
- 수정 및 삭제 시 이상 현상의 최소화
- 테이블 불일치 위험의 최소화

46 ②

E-R 다이어그램

기호	기호 이름	의미
▭	사각형	개체(Entity)
◇	마름모	관계(Relationship)
⬭	타원	속성(Attribute)
──	선	개체 타입과 속성 연결

47 ④

분산 데이터베이스의 목표

위치 투명성 (Location Transparency)	하드웨어와 소프트웨어의 물리적 위치를 사용자가 알 필요가 없다.
중복(복제) 투명성 (Replication Transparency)	사용자에게 통지할 필요 없이 시스템 안에 파일들과 자원들의 부가적인 복사를 자유롭게 할 수 있다.
병행 투명성 (Concurrency Transparency)	다중 사용자들이 자원들을 자동으로 공유할 수 있다.
장애 투명성 (Faiure Transparency)	사용자들은 어느 위치의 시스템에 장애가 발생했는지 알 필요가 없다.

48 ④

릴레이션의 특징

- 테이블의 열(Column)에 해당하며 모든 속성값은 원자값이다.
- 한 릴레이션의 속성은 원자값이며, 속성 간 순서가 없다.
- 모든 튜플은 서로 다른 값을 가지며, 튜플 사이에는 순서가 없다.

49 ③

HAVING절은 GROUP BY절에 의해 선택된 그룹의 탐색 조건을 지정할 수 있으며 SUM, AVG, COUNT, MAN, MIN 등의 그룹 함수와 함께 사용할 수 있다.

50 ④

관계대수(Relational Algebra)

- 원하는 정보와 그 정보를 어떻게 유도하는가를 기술하는 절차적인 방법이다.
- 주어진 릴레이션 조작을 위한 연산의 집합이다.
- 일반 집합 연산과 순수 관계 연산으로 구분된다.
- 질의에 대한 해를 구하기 위해 수행해야 할 연산의 순서를 명시한다.

51 ③

SELECT 과목이름 FROM 성적 WHERE EXISTS
성적 테이블에서 아래 하위 테이블에서 검색된 2000, 4000에 해당하는 학생의 과목이름을 출력한다.

학번	과목번호	과목이름	학점	점수
1000	A100	자료구조	A	91
2000	A200	DB	A+	99
3000	A100	자료구조	B+	88
3000	A200	DB	B	85
4000	A200	DB	A	94
4000	A300	운영체제	B+	89
5000	A300	운영체제	B	88

(SELECT 학번 FROM 학생 WHERE 학생.학번 = 성적.학번 AND 학생.학과 IN ('전산', '전기') AND 학생.주소 = '경기');
[하위 질의] 학생 테이블과 성적 테이블의 학번 필드가 같은 학생 중 학생 테이블의 학과 필드가 전산, 전기이면서 학생 주소가 경기인 학생의 학번 필드를 검색한다. → 2000, 4000

학번	이름	학년	학과	주소
1000	김철수	1	전산	서울
2000	고영준	1	전기	경기
3000	유진호	2	전자	경기
4000	김영진	2	전산	경기
5000	정현영	3	전자	서울

오답 피하기

하위 질의의 경우 하위 질의를 먼저 처리하고 그 결과를 상위 질의 조건에 입력한다.

52 ②

로킹(Locking)의 특징

- 로킹 단위가 커지면 로크의 수가 적어 관리가 쉬워지지만 병행성 수준은 낮아진다.
- 로킹 단위가 작으면 로크의 수가 많아 관리가 어려워지지만 병행성 수준은 높아진다.

53 ③

REVOKE 명령은 데이터베이스 사용자로부터 사용 권한을 취소한다.

오답 피하기

기본 구조

REVOKE [GRANT OPTION FOR] 권한 ON 데이터 객체 FROM 사용자 [CASCADE];

- GRANT OPTION FOR : 다른 사용자에게 권한을 부여할 수 있는 권한 취소한다.
- CASCADE : 권한을 부여받았던 사용자가 다른 사용자에게 부여한 권한도 연쇄 취소한다.
- 부여 가능한 권한 : Update, delete, Insert, Select

54 ④

- BETWEEN은 구간값 조건식이다.
- BETWEEN 170 AND 180은 170~180까지의 범위를 의미하며, where 〉= 170 and 〈= 180으로 표현할 수 있다.

55 ①

SAN(Storage Area Network)은 네트워크상에 광채널 스위치의 이점인 고속 전송과 장거리 연결 및 멀티 프로토콜 기능을 활용하여 각기 다른 운영체제를 가진 여러 기종들이 네트워크상에서 동일 저장 장치의 데이터를 공유하게 함으로써, 여러 개의 저장 장치나 백업 장비를 단일화시킨 시스템이다.

56 ④

BCNF 정규형

- 1, 2, 3정규형을 만족하고, 결정자가 후보키가 아닌 함수적 종속을 제거한다.
- 강력한 3정규형이라고도 한다.

57 ①

- 모든 속성의 도메인 값을 곱하면 최대 튜플 수가 계산된다.
- 3×2×4 = 24개

58 ④

물리적 설계

- 목표 DBMS에 종속적인 물리적 구조 설계
- 저장 레코드 양식 설계
- 레코드 집중의 분석/설계
- 접근 경로 설계
- 트랜잭션 세부 설계

59 ③

제시된 릴레이션의 스키마(속성)가 4개이므로 차수는 4가 된다.

오답 피하기

속성(Attribute)

- 테이블의 열(Column)에 해당하며 파일 구조의 항목(Item), 필드(Field)와 같은 의미이다.
- 차수(Degree) : 속성의 수(차수)

60 ①

OLAP(on-line analytical processing) 연산 종류 : roll-up, drill-down, dicing, slicing

과목 04 프로그래밍 언어 활용

61 ③

오답 피하기

- ls : 현재 디렉터리 내의 모든 파일을 표시한다.
- cat : 파일의 내용을 화면에 표시한다.
- chmod : 파일의 사용 권한을 지정한다.

62 ④

Java 정수 데이터 타입

- byte : 1Byte
- short : 2Byte
- int : 4Byte
- long : 8Byte

63 ③

JAVA의 if~else와 삼항 연산자(조건 연산자)

- 삼항 연산자의 문법

조건식 ? 참값 : 거짓값

- 변수 mx의 값을 구한 후 if~else문을 실행하여 변수 mm의 값을 구하여 출력하는 프로그램이다.

`mx = a < b ? b : a;`	조건식 1<2의 결과는 '참'이므로 변수 mx에는 변수 b 값인 3이 대입된다.
`if(mx == 1) {`	3 = = 1의 결과는 '거짓'이므로
`mn = a > mx ? b : a;`	
`}`	
`else {`	'거짓'인 경우 else 블록을 실행한다. 조건식 2>3의 결과는 '거짓'이므로 변수 mn에는 변수 c 값인 3이 대입된다.
`mn = b < mx ? d : c;`	
`}`	

64 ②

브리지

- 두 개의 근거리통신망(LAN) 시스템을 이어주는 접속장치이다.
- 양쪽 방향으로 데이터의 전송만 해줄 뿐 프로토콜 변환 등 복잡한 처리는 불가능하다.

65 ③

파일 디스크립터(File Descriptor)

- 파일을 관리하기 위해 필요한 파일에 대한 정보를 갖고 있는 제어 블록이다.
- 파일 제어 블록(FCB, File Control Block)이라고도 한다.
- 파일마다 독립적으로 존재하며, 시스템에 따라 다른 구조를 가질 수 있다.
- 보조기억장치에 저장되어 있다가 해당 파일이 열릴(Open) 때 주기억장치로 옮겨진다.
- 파일 시스템이 관리하므로 사용자가 직접 참조할 수 없다.
- 파일 디스크립터의 내용 : 파일 구조, 파일 유형, 파일 크기, 파일 이름, 파일 생성 시간, 수정 시간, 파일에 대한 접근 횟수, 보조 기억 장치 정보, 접근 제어 정보

66 ④

map 함수	• 주어진 함수를 순회 가능한(iterable) 객체의 모든 요소에 적용하여 새로운 이터레이터(iterator)를 반환하는 함수이다. • 형식 : map(function, iterable) – function : 적용할 함수. 순회 가능한 객체의 각 요소를 받아 처리한다. – iterable : 순회 가능한 객체로 list, tuple, set, dict 등과 같은 여러 형태의 컬렉션을 포함한다.
split 함수	• string을 delimiter를 기준으로 분리한 후 분리된 각 부분을 원소로 가지는 리스트를 반환한다. • 형식 : string.split(delimiter, maxsplit)

오답 피하기

문자열 입력으로 받은 12a34를 'a' 기준으로 분할하고 정수형으로 a, b에 각각 할당한다.

67 ④

while문의 조건식 부분에 입력된 'y– –'는 참이나 거짓을 판단하는 조건식이 아니기 때문에 오류가 발생한다.

오답 피하기

다음과 같이 코드를 수정하여 실행하면 'x=7 y=0'이 출력된다.

```
int x=1, y=6;
while (y>0) {
x++;
y--;
}
```

68 ①

`a = 0` `b = 0`	전역 변수 a와 b를 선언하고 0으로 초기화

`def func1():`
`    a = 10`
`    b = a`
`    return b`
	• func1 함수 선언
	• 함수 내에 지역 변수 a를 10으로 초기화
	• 함수 내에 지역 변수 b에 a의 값 할당
	• 함수의 반환값으로 b 값을 반환

`def func2():`
`    global a`
`    b = a`
`    return b`
	• func2 함수 정의
	• a 변수를 전역 변수로 사용하기 위해 선언
	• 지역 변수 b에 전역 변수 a의 값을 할당
	• 함수의 반환값으로 b 값을 반환

`a = 20`
`b = 20`
`print(func1())`
`print(func2())`
	• 전역 변수 a에 20 할당
	• 전역 변수 b에 20 할당
	• func1 함수를 호출하고 반환된 값 10을 출력
	• func2 함수를 호출하고 반환된 값 20을 출력

`a = a + 20`
`b = b + 20`
`print(func1())`
`print(func2())`
	• 전역 변수 a(20)에 20을 더한 값을 할당
	• 전역 변수 b(20)에 20을 더한 값을 할당
	• func1 함수를 호출하고 반환된 값을 출력
	• func2 함수를 호출하고 반환된 값을 출력

69 ①

- 10.0.0.0 네트워크는 A클래스에 해당한다.
- 서브넷은 255.240.0.0/12이므로, 11111111. 11110000. 00000000. 00000000이다.
- 유효한 서브네트 ID

– 10.0.0.0	– 10.128.0.0
– 10.16.0.0	– 10.144.0.0
– 10.32.0.0	– 10.160.0.0
– 10.48.0.0	– 10.176.0.0
– 10.64.0.0	– 10.192.0.0
– 10.80.0.0	– 10.208.0.0
– 10.96.0.0	– 10.224.0.0
– 10.112.0.0	– 10.240.0.0

서브넷 마스크
- 현재 사용 중인 네트워크의 범위를 설정하는 것이다.
- 서브넷 ID는 설정된 범위의 첫 번째 IP로 서브넷을 식별하는 역할을 한다.

70 ④

실행시간이 가장 짧은 P4가 가장 먼저 처리된다.

오답 피하기

SJF(Shortest Job First)
- 비선점 스케줄링 기법의 일종이다.
- 준비상태 큐에서 기다리고 있는 프로세스들 중에서 실행 시간이 가장 짧은 프로세스에게 먼저 CPU를 할당하는 스케줄링 기법이다.

71 ①

참조 페이지	1	2	3	1	2	4	5	1
프레임 1	1	1	1	1	1	1	5	5
프레임 2		2	2	2	2	2	2	1
프레임 3			3	3	3	3	3	3
프레임 4						4	4	4
페이지 부재	●	●	●			●	●	●

오답 피하기

FIFO(First In First Out, 선입선출) 알고리즘
- 가장 먼저 적재된 페이지를 먼저 교체하는 기법이다.
- 구현이 간단하다.

72 ①

```
class TestClass {
    void exe(int[] arr) {
        System.out.println(func(func(5, 5),
        5, func(arr)));
    }
    int func(int a, int b) {
        return a + b;
    }
    int func(int a, int b, int c) {
        return a · b;
    }
    int func(int[] c) {
        int s = 0;
        for(int i = 0; i < c.length; i++) {
            s += c[i];
        }
        return s;
    }
}
```

- TestClass 클래스 정의
- exe 메서드 : int 배열 arr을 인자로 받아서 연산을 수행하고 결과를 출력하는 메서드
- func(int a, int b) : 두 개의 정수 a와 b를 인자로 받아 더한 값을 반환하는 메서드
- func(int a, int b, int c) : 세 개의 정수 a, b, c를 인자로 받아 a · b의 값을 반환하는 메서드
- func(int[] c) : 정수 배열 c를 인자로 받아 배열의 모든 요소를 더한 값을 반환하는 메서드

```
public class Test {
    public static void main(String[] args) {
        int[] a = {1, 2, 3, 4, 5};
        TestClass t = new TestClass();
        t.exe(a);
    }
}
```

- Test 클래스의 정의 : main 메서드를 가지는 클래스로, 프로그램의 시작점임
- main 메서드 : 배열 a를 초기화하고, TestClass의 인스턴스를 생성한 후, exe 메서드를 실행
- func(5, 5)는 5와 5를 더한 결과로서 10을 반환
- func(arr)는 배열 a의 원소인 1, 2, 3, 4, 5를 모두 더한 결과로서 15를 반환
- func(10, 5, 15)는 10에서 5를 빼서 5를 반환
- System.out.println으로 결과를 출력하면 5 출력

73 ①

umask

- 파일이나 디렉터리 생성 시 초기 접근 권한을 설정할 때 사용한다.
- 초기 파일의 권한은 666이고 디렉터리는 777이며 여기에 umask 값을 빼서 초기 파일 권한을 설정할 수 있다.
- 파일 초기 권한 666 − ? = 644

소유자			그룹			사용자		
r	w	x	r	w	x	r	w	x
4	2	1	4	2	1	4	2	1

- rwx(7)은 모든 권한을 갖는다.
- − − −(0)은 모든 권한이 해제된 상태이다.
- 644는 소유자(읽기+쓰기), 그룹(읽기), 사용자(읽기) 권한이 부여된 상태이다.

74 ①

SSH의 기본 네트워크 포트는 22번을 사용한다.

75 ②

교착상태의 해결 방법

예방(Prevention)	• 교착상태가 발생하지 않도록 사전에 시스템을 제어하는 방법이다. • 일반적으로 자원의 낭비가 가장 심한 것으로 알려진 기법이다.
회피(Avoidance)	• 교착상태 발생 가능성을 인정하고 교착상태가 발생하려고 할 때, 교착상태 가능성을 피해가는 방법이다. • 주로 은행원 알고리즘(Banker's Algorithm)을 사용한다.
발견(Detection)	교착상태가 발생했는지 검사하여 교착상태에 빠진 프로세스와 자원을 발견하는 방법이다.
회복(Recovery)	교착상태에 빠진 프로세스를 종료하거나 해당 프로세스가 점유하고 있는 자원을 선점하여 다른 프로세스에게 할당하는 기법이다.

76 ③

UDP(User Datagram Protocol)

- 비연결형, 비신뢰성 전송 서비스를 제공한다.
- TCP에 비해 헤더 구조가 간단하고 오버헤드가 적다.
- 흐름 제어나 순서 제어가 없어 전송 속도가 빠르다.
- 수신된 데이터의 순서 재조정이나 복구 기능을 지원하지 않는다.

77 ④

- 변수의 값을 반복문 안에 위치하면 반복 시마다 변수값이 초기화된다.
- While문의 기본 구조

```
#include <stdio.h>
int main() {
    int i = 1;
    while (i <= 5) {
        printf("%d\n", i);
        i++;
    }
    return 0;
}
```

78 ②

- ARP(Address Resolution Protocol) : 논리 주소(IP 주소)를 물리 주소(MAC 주소)로 변환하는 프로토콜이다.
- RARP(Reverse Address Resolution Protocol) : 호스트의 물리 주소(MAC 주소)로부터 논리 주소(IP 주소)를 구하는 프로토콜이다.

79 ④

break 명령문은 가장 가까운 반복문이나 switch~case 구문을 탈출하는 역할을 한다.

80 ②

OSI 7 Layer PDU

Layer	PDU	Protocol
Application	Data(Message)	FTP, HTTP
Presentation	Data(Message)	JPEG,MPEG
Session	Data(Message)	NetBIOS
Transport	Segment	TCP, UDP
Network	Packet	IP
Data Link	Frame	MAC, PPP
Physical	Bit	Ethernet, RS232c

과목 05 정보 시스템 구축 관리

81 ④

휴리스틱 탐색(Heuristic Search)

- 문제를 해결하기 위해 경험적 규칙이나 추정치를 사용하여 탐색 공간을 효율적으로 줄이는 방법이다.
- 주로 최적화 문제나 인공지능 분야에서 많이 사용된다.
- 종류 : Heuristic Function, A Algorithm, Consistent Heuristic, Greedy Search, Beam Search, Hill Climbing, Simulated Annealing, Best First 등

82 ③

CMMI 5단계(소프트웨어 프로세스 성숙도)

1. 초기(initial)	예측/통제 불가능
2. 관리(managed)	기본적인 프로젝트 관리 체계 수립
3. 정의(defined)	조직 차원의 표준 프로세스를 통한 프로젝트 지원
4. 정량적 관리(quantitatively managed)	정량적으로 프로세스가 측정/통제됨
5. 최적화(optimizing)	프로세스 개선 활동

83 ③

폭포수 모형(Waterfall Model)

- Boehm이 제시한 고전적 생명주기 모형으로, 소프트웨어 개발 과정의 각 단계가 순차적으로 진행되는 모형이다.
- 선형 순차적 모델이라고도 한다.
- 개발 단계 : 타당성 검사 → 계획 → 요구 분석 → 설계 → 구현 → 시험(검사) → 운용 → 유지보수

84 ③

SOA에서 일반적으로 사용되는 층

- 표현 층 : 사용자 인터페이스 제공
- 비즈니스 로직 층 : 비즈니스 로직 구현
- 데이터 액세스 층 : 데이터베이스 등의 데이터 저장소와의 상호 작용

85 ①

메타버스(Metaverse)

- 그리스어로 '초월'이나 '가공'을 뜻하는 '메타(Meta)'와 '현실 세계' 또는 '우주'를 뜻하는 '유니버스(Universe)'의 합성어이다.
- ICT 기술이 현실같이 구현한 가상 세계를 의미한다.

오답 피하기

- 증강현실(AR, Augmented Reality) : 현실 공간에 2D 또는 3D로 표현되는 가상의 물체를 겹쳐 보이게 하면서 상호작용하는 환경
- 혼합현실(MR, Mixed Reality) : 현실을 기반으로 가상 정보를 부가하는 증강현실(AR) + 가상 환경에 현실 정보를 부가하는 증강가상(AV)
- 디지털 트윈(Digital Twin) : 컴퓨터에 현실 속 사물의 쌍둥이를 만들고, 현실에서 발생할 수 있는 상황을 컴퓨터로 시뮬레이션함으로써 결과를 미리 예측하는 기술

86 ②

소프트웨어 개발 프레임워크 적용 시 장점

- 개발 용이성 : 패턴 기반 개발과 비즈니스 로직에만 집중한 개발 가능하며, 공통 기능은 프레임워크가 제공함
- 운영 용이성 : 변경이 용이하고, 비즈니스 로직과 아키텍처 파악이 용이함
- 시스템 복잡도의 감소 : 복잡한 기술은 프레임워크에 의해 숨겨지고, 미리 잘 정의된 기술 셋을 적용할 수 있음
- 개발 코드의 최소화 : 반복 개발을 제거하여 공통 컴포넌트와 서비스 활용이 가능함
- 이식성 : 플랫폼 비의존적인 개발이 가능하며, 플랫폼과의 연동은 프레임워크가 제공함
- 변경 용이성 : 잘 구조화된 아키텍처 적용이 가능하며, 플랫폼에 비의존적임
- 품질 보증 : 검증된 개발 기술과 패턴에 따른 개발이 가능하며, 고급 개발자와 초급 개발자의 차이를 줄일 수 있음
- 설계와 코드의 재사용성 : 프레임워크의 서비스 및 패턴의 재사용이 가능하며, 사전에 개발된 컴포넌트의 재사용이 가능함

87 ③

짧은 작업보다 긴 작업을 선택해서 계산해야 그 시간 안에 모든 일을 처리할 수 있으므로, 모든 작업을 거치려면 2일 + 3일 + 5일 + 4일 = 14일이 필요하다.

88 ④

XP 핵심가치

- 소통(Communication) : 개발자, 관리자, 고객 간의 원활한 소통을 지향한다.
- 단순성(Simplicity) : 부가적 기능 또는 미사용 구조와 알고리즘은 배제한다.
- 피드백(Feedback) : 소프트웨어 개발에서 변화는 불가피하며, 이러한 변화는 지속적 테스트와 통합, 반복적 결함수정 등을 빠르게 피드백한다.
- 용기(Courage) : 고객 요구사항 변화에 능동적으로 대응한다.
- 존중(Respect) : 개발 팀원 간의 상호 존중을 기본으로 한다.

89 ②

접근통제 정책의 비교

정책	MAC	DAC	RBAC
권한 부여	시스템	데이터 소유자	중앙 관리자
접근 결정	보안등급(Label)	신분(Identity)	역할(Role)
정책 변경	고정적 (변경 어려움)	변경 용이	변경 용이
장점	안정적, 중앙 집중적	구현 용이, 유연함	관리 용이

90 ②

나선형 모형(Spiral Model)

- Boehm이 제시하였으며, 반복적인 작업을 수행하는 점증적 생명주기 모형이다.
- 점증적 모형, 집중적 모형이라고도 한다.
- 개발 단계(이 과정을 추가 수정 요구사항이 없을 때까지 반복) : 계획 수립(Planning) → 위험 분석(Risk Analysis) → 개발 및 검증(Development) → 고객 평가(Customer Evaluation)

계획 (Planning)	위험 요소와 타당성을 분석하여 프로젝트의 추진 여부를 결정한다.
위험 분석 (Risk Analysis)	개발 목적과 기능 선택, 제약 조건 등을 결정하고 분석한다.
개발 및 검증 (Development)	선택된 기능을 수행하는 프로토타입을 개발한다.
고객 평가 (Customer Evaluation)	개발된 프로토타입을 사용자가 확인하고 추가 및 수정될 요구사항이 있으면 이를 반영한 개선 프로토타입을 만든다.

- 장단점

장점	• 위험 분석 단계에서 기술과 관리의 위험 요소들을 하나씩 제거해나감으로써 완성도 높은 소프트웨어 개발이 가능하다. • 비용이나 시간이 많이 소요되는 대규모 프로젝트나 큰 시스템 구축 시 유리하다.
단점	• 위험 분석 단계에서 발견하지 못한 위험 요소로 인해 문제가 발생할 수 있다. • 적용 경험이나 성공 사례가 많지 않다.

오답 피하기

폭포수 모형(Waterfall Model)

- Boehm이 제시한 고전적 생명주기 모형으로, 소프트웨어 개발 과정의 각 단계가 순차적으로 진행되는 모형이다.
- 선형 순차적 모델이라고도 한다.
- 개발 단계 : 타당성 검사 → 계획 → 요구 분석 → 설계 → 구현 → 시험(검사) → 운용 → 유지보수

91 ②

ECC(타원 곡선 암호)는 타원 곡선 위에서의 이산대수 문제의 난해성을 기반으로 하고, RSA는 소인수분해 문제의 난해성을 기반으로 한다.

92 ②

②번은 CSMA/CD 방식의 특징이다.

93 ①

파장 분할 다중(Wavelength Division Multiplexing)

- 레이저 빛의 다른 파장(다른 색)을 사용하여 여러 반송파 신호를 단일 광섬유에 적용하는 기술이다.
- 광섬유를 이용한 통신 기술의 하나를 의미한다.
- 파장이 서로 다른 복수의 광신호를 동시에 이용하는 것으로 광섬유를 다중화하는 방식이다.
- 빛의 파장 축과 파장이 다른 광선은 서로 간섭을 일으키지 않는 성질을 이용한다.

94 ④

크로스사이트 스크립트(XSS)

- 웹페이지에 악의적인 스크립트를 포함시켜 사용자 측에서 실행되게 유도함으로써, 정보 유출 등의 공격을 유발할 수 있는 취약점이다.
- 외부 입력값에 스크립트가 삽입되지 못하도록 문자열 치환 함수를 사용하거나 JSTL이나 크로스사이트 스크립트 방지 라이브러리를 사용함으로써 방지할 수 있다.

95 ③

TCP header 구조

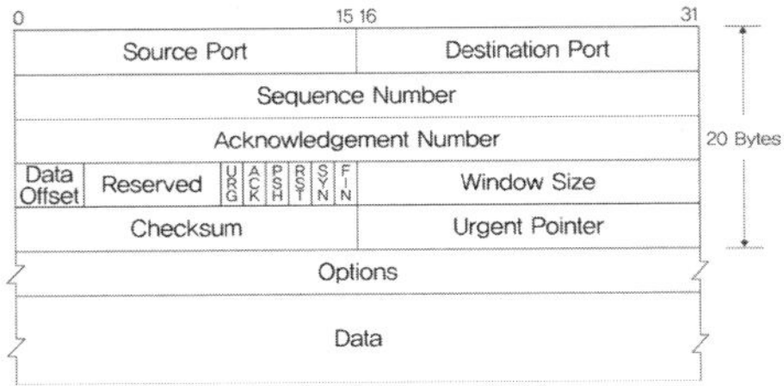

오답 피하기

IPv4의 헤더 구조 중, 도착한 패킷에 대한 오류 여부를 체크하기 위해 존재하는 요소는 체크섬(Checksum)이다.

96 ④

소프트웨어 정의 데이터 센터(SDDC, Software Defined Data Center)

- 가상 데이터 센터(virtual data center, VDC)라고도 하며, 추상화, 풀링(Pooling), 자동화 등을 통해 인프라를 가상화하는 데이터 센터를 의미한다.
- 컴퓨팅, 네트워킹, 스토리지, 관리 등을 모두 소프트웨어로 정의한다.
- 인력 개입 없이 소프트웨어 조작만으로 자동 제어 관리한다.
- 데이터 센터 내 모든 자원을 가상화하여 서비스한다.

97 ①

CBC(Cipher Block Chaining)
- 블록 암호화 알고리즘의 한 종류로, 각 블록을 암호화하기 전에 이전 블록의 암호화 결과와 XOR 연산을 수행하는 방식이다.
- 각 블록의 암호문이 이전 블록의 암호문에 의존하게 되어, 동일한 평문이라도 서로 다른 암호문이 생성된다.

98 ③

N-S 차트(Nassi-Schneiderman Chart)
- 구조적 프로그램의 순차, 선택, 반복의 구조를 사각형으로 도식화하여 알고리즘을 논리적 기술에 중점을 둔 도형식 표현 방법이다.
- 박스 다이어그램이라고도 한다.
- 조건이 복합되어 있는 곳의 처리를 시각적으로 명확히 식별하는 데 적합하다.
- 제어 구조 : 순차(Sequence), 선택 및 다중 선택(If~Then~Else, Case), 반복(Repeat~Until, While, For)

99 ④

오답 피하기
- SATAN(Security Administrator Tool for Analyzing Networks) : 네트워크 취약점 스캐너로, 시스템의 보안 설정을 점검하고 취약점을 찾는 데 사용
- Klaxon : 네트워크 트래픽을 분석하여 침입 탐지를 수행하는 시스템
- Watcher : 일반적인 감시 시스템으로, 특정 이벤트나 상태 변화를 감시하는 데 사용

100 ②

IPv6(Internet Protocol version 6)
- 128비트 길이의 IP 주소이다.
- 16비트씩(16진수) 8개의 필드로 분리 표기된다.
- 인증 및 보안 기능을 포함하고 있어 IPv4보다 보안성이 강화되었다.

최신 기출문제 02회 2-78P

01 ②	02 ③	03 ①	04 ①	05 ④
06 ②	07 ②	08 ②	09 ③	10 ③
11 ③	12 ③	13 ②	14 ①	15 ③
16 ①	17 ②	18 ③	19 ③	20 ④
21 ④	22 ③	23 ③	24 ①	25 ②
26 ④	27 ④	28 ②	29 ②	30 ②
31 ③	32 ①	33 ④	34 ②	35 ①
36 ②	37 ④	38 ②	39 ②	40 ③
41 ③	42 ①	43 ①	44 ③	45 ①
46 ②	47 ②	48 ①	49 ④	50 ④
51 ④	52 ③	53 ②	54 ④	55 ②
56 ①	57 ②	58 ③	59 ③	60 ④
61 ④	62 ③	63 ③	64 ②	65 ②
66 ③	67 ④	68 ①	69 ④	70 ③
71 ①	72 ④	73 ②	74 ③	75 ①
76 ①	77 ④	78 ①	79 ①	80 ④
81 ②	82 ④	83 ④	84 ④	85 ②
86 ①	87 ②	88 ①	89 ②	90 ④
91 ①	92 ①	93 ②	94 ②	95 ①
96 ①	97 ④	98 ②	99 ②	100 ①

과목 01 소프트웨어 설계

01 ②

HIPO(Hierarchy Input Process Output)
- 프로그램의 기능을 계층 구조로 도식화함으로써 개발 순서를 논리적으로 전개할 수 있는 수단이다.
- 하향식 중심이며 표준화된 문서 작성 기법을 사용하므로 의사 전달 착오 가능성이 매우 적다.
- 구성 요소 : Input, Process, Output

02 ③

디자인 패턴(Design Pattern)

생성 패턴	팩토리 메소드 패턴(Factory Method Pattern), 추상 팩토리 패턴(Abstract Factory Pattern), 빌더 패턴(Builder Pattern), 프로토타입 패턴(prototype Pattern), 싱글턴 패턴(Singleton Pattern) 등
구조 패턴	어댑터 패턴(Adapter Pattern), 브리지 패턴(Bridage Pattern), 컴포지트 패턴(Composite Pattern), 데코레이터 패턴(Decorator Pattern), 퍼싸드 패턴(Facade Pattern), 플라이 웨이트 패턴(Fly wight Pattern), 프록시 패턴(Porxy Pattern) 등

행위 패턴	책임 연쇄 패턴(Chain of Responsibility Pattern), 명령 패턴(Command Pattern), 반복자 패턴(Iterator Pattern), 기록 패턴(Mememto Pattern), 상태 패턴(State Pattern), 전략 패턴(Strategy Pattern), 템플릿 메서드 패턴(Template Method Pattern), 해석자 패턴(Interpreter Pattern), 감시자 패턴(Observer Pattern), 방문자 패턴(Visitor Pattern), 중재자 패턴(Mediator Pattern) 등

03 ①

추상화 메커니즘의 종류

- 자료 추상화 : 컴퓨터 내부의 자료 표현을 추상화한다.
- 제어 추상화 : 몇 개의 기계 명령어를 모아 이해하기 쉬운 추상 구문으로 만드는 것이다.
- 기능 추상화 : 입력 데이터를 출력 데이터로 변환하는 과정을 추상화하는 방법이다.

04 ①

개체 관계도(ERD, Entity-Relationship Diagram)

- 1976년에 Peter Chen이 제안한 방식이다.
- 개념적 설계에 가장 많이 사용되는 모델로 개체 관계도(ERD)가 가장 대표적이다.
- 데이터를 개체(entity), 관계(relationship), 속성(attribute)과 같은 개념으로 표시한다.
- 개체 타입은 사각형, 관계 타입은 다이아몬드, 속성은 타원, 그리고 이들을 연결하는 링크로 구성된다.
- 데이터베이스 설계 단계에서 데이터 구조들과 그들 간의 관계를 표현하는 방법이다.
- 현실 세계의 자료가 데이터베이스로 표현될 수 있는 개념적 구조를 기술하는 것이다.
- 개체 집합과 관계 집합으로 나누어서 개념적으로 표시하는 방식으로, 특정 데이터베이스 관리 시스템(DBMS)을 고려한 것은 아니다.

05 ④

CASE(Computer Aided Software Engineering)

- 개발을 신속하게 할 수 있다.
- 소프트웨어 생명 주기의 전체 단계를 연결시켜 주고 자동화시켜 주는 통합된 도구를 제공해주는 기술이다.
- 소프트웨어 시스템의 문서화 및 명세화를 위한 그래픽 기능을 제공한다.
- 오류 수정이 쉬워 S/W 품질이 향상된다.
- S/W 개발 단계의 표준화를 기할 수 있다.
- CASE가 제공하는 기능 : 모델들 사이의 모순 검사 기능, 다양한 소프트웨어 개발 모형 지원, 자료 흐름도 작성 기능

06 ②

MVC 모델

- Model : 데이터와 비즈니스 로직을 관리한다(사용자가 편집하길 원하는 모든 데이터를 가지고 있어야 한다).
- View : 레이아웃과 화면을 처리한다(모델이 가지고 있는 정보를 따로 저장해서는 안 된다).
- Controller : 명령을 모델과 뷰 부분으로 라우팅한다(모델이나 뷰에 대해서 알고 있어야 한다).

07 ②

UML 실체화 관계(Realization Relation)

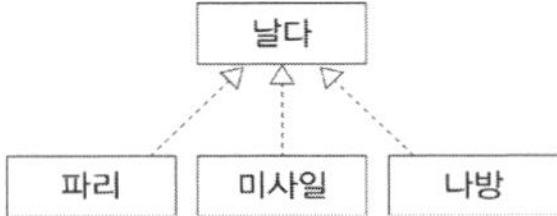

- 인터페이스와 실제 구현된 일반 클래스 간의 관계로 존재하는 행동에 대한 구현을 표현한다.
- 한 객체가 다른 객체에게 오퍼레이션을 수행하도록 지정하는 의미적 관계이다.

08 ②

인터페이스 연계 기술

- DB Link : DB에서 제공하는 DB Link 객체를 이용하는 것이다. 수신 시스템의 DB에서 송신 시스템에서 접근 가능한 DB Link를 생성한 뒤 송신 시스템에서 DB Link로 직접 참조하여 연계하는 것이다.
- Socket : 서버에서 통신을 위한 소켓(Socket)을 생성, 포트를 할당한 뒤 클라이언트의 통신 요청 시 클라이언트와 연결하는 방식이다.

09 ③

오답 피하기

- GUI(Graphical User Interface) : 그래픽을 이용하여 사용자와 소통하는 방식
- OUI(Organic User Interface) : 자연 그대로의 상태 특성들을 반영한 장치 제어 방식
- CLI(Command Line Interface) : 글자의 입출력으로 사용자와 컴퓨터 간 소통하는 방식

10 ③

주/종(Master/Slave) 처리기

- 하나의 프로세서를 Master(주 프로세서)로 지정하고, 나머지들은 Slave(종 프로세서)로 지정하는 구조이다.
- 주 프로세서가 고장나면 전체 시스템이 다운된다.
- 주 프로세서만 입출력을 수행하므로 비대칭 구조를 갖는다.
- 일반적으로 실시간 시스템에서 사용된다.

주 프로세서의 역할	• 연산, 통신, 조정을 책임진다. • 운영체제를 수행한다. • 슬레이브 프로세스들을 제어할 수 있다.
종 프로세서의 역할	• 자료 수집과 연산만 담당한다. • 입출력 발생 시 주 프로세서에게 서비스를 요청한다. • 사용자 프로그램만 담당한다.

11 ③

오답 피하기

- 유스케이스 다이어그램 : 시스템과 사용자의 상호작용을 표현한 것
- 액티비티 다이어그램 : 일련의 활동들을 도식화하여 표현한 것
- 시퀀스 다이어그램 : 특정 행동이 어떠한 순서로 어떤 객체와 어떻게 상호작용을 하는지 표현한 것

12 ③

시스템의 구성 요소

- 입력(Input) : 처리 방법, 제어조건, 처리할 데이터를 시스템에 투입하는 요소
- 출력(Output) : 처리된 결과를 시스템에서 출력하는 요소
- 처리(Process) : 입력된 자료를 처리 조건에 따라 변환 및 가공하는 요소
- 제어(Control) : 시스템의 기본 요소들이 각 과정을 올바르게 행하는지 감독하는 요소
- 피드백(Feedback) : 처리된 결과를 측정하고 목표에 도달되었는지를 검사하며 불충분할 경우 다시 입력하는 요소

13 ②

FEP(Front-End Processor, 전위처리기)

- 입력 데이터를 프로세서가 처리하기 전에 미리 처리하여 프로세서가 처리하는 시간을 줄여주는 프로그램이나 하드웨어이다.
- 여러 통신 라인을 중앙 컴퓨터에 연결하고 터미널의 메시지(Message)가 보낼 상태로 있는지 받을 상태로 있는지 검색한 후, 통신 라인의 에러를 검출한다.
- 각 처리 과정은 필터 컴포넌트에서 이루어지며, 처리되는 데이터는 파이프를 통해 흐른다. 이 파이프는 버퍼링 또는 동기화 목적으로 사용될 수 있다.

14 ①

객체지향 언어의 특징

캡슐화(Encapsulation)	데이터와 코드의 형태를 외부로부터 알 수 없도록 하고, 데이터의 구조와 역할 및 기능을 하나의 캡슐 형태로 만드는 것
상속(Inheritance)	상위 클래스의 모든 속성을 하위 클래스가 모두 이어받는 것
다형성(Polymorphism)	한 객체가 다른 여러 형태(객체)로 재구성되는 것
추상화(abstraction)	객체의 공통적인 속성과 기능을 추출하여 표현하는 것

15 ③

표의 숫자 코드(Significant Digit Code, 유효 숫자 코드)

- 코드화 대상 항목의 길이, 넓이, 부피, 무게 등을 나타내는 문자나 숫자, 기호를 그대로 코드로 사용하는 코드이다.
- 코드의 추가 및 삭제가 용이하다.
- 같은 코드를 반복 사용하므로 오류가 적다.
- 예

코드	의미
127-890-1245	두께 127mm, 폭 890mm, 길이 1245mm의 강판

16 ①

협약에 의한 설계(Design by Contract)

- 클래스에 대한 여러 가정을 공유하도록 명세한 것이다.
- 3가지 타입

선행조건	오퍼레이션이 호출되기 전 참이 되어야 할 조건
결과조건	오퍼레이션이 수행된 후 만족하여야 하는 조건
불변조건	클래스 내부가 실행되는 동안 항상 만족하여야 하는 조건

17 ②

유스케이스(Use Case) Diagram 요소

확장 관계 (Extends Association)	• 기준 유스케이스와 확장 대상 유스케이스 사이에 형성되는 관계로, 해당 유스케이스에 부가적인 유스케이스를 실행할 수 있을 때의 관계이다. • 확장 대상 유스케이스를 수행할 때 특정 조건에 따라 확장 기능 유스케이스를 수행하는 경우에 적용한다.
사용 관계 (Uses Association)	여러 개의 유스케이스에서 공통으로 수행해야 하는 기능을 모델링하기 위해 사용한다.
접속 관계 (Communication Association)	• 액터/유스케이스 또는 유스케이스/유스케이스 사이에 연결되는 관계이다. • 액터나 유스케이스가 다른 유스케이스의 서비스를 이용하는 상황을 표현한다.

18 ③

UML 다이어그램의 분류

구조적(Structural) 다이어그램(정적)	• 클래스 다이어그램(Class Diagram) • 객체 다이어그램(Object Diagrma) • 컴포넌트 다이어그램(Componet Diagram) • 배치 다이어그램(Deployment Diagram) • 복합체 구조 다이어그램(Composite Structure Diagram) • 패키지 다이어그램(Package Diagram)
행위(Behavioral) 다이어그램(동적)	• 유스케이스 다이어그램(Use Case Diagram) • 시퀀스 다이어그램(Sequence Diagram) • 커뮤니케이션 다이어그램(Communication Diagram) • 상태 다이어그램(State Diagram) • 활동 다이어그램(Activitiy Diagram) • 상호작용 개요 다이어그램(Interaction Overview Diagram) • 타이밍 다이어그램(Timing Diagram)

19 ③

- 워크스루(Walkthrough)는 교육적 목적이나 문서의 이해, 문제의 식별 등에 목적이 있으며, 발견된 오류의 문제 해결 자체에 중점을 두지는 않는다. 또한 문제 해결은 보통 후속 단계에서 진행된다.
- 인스펙션(Inspection)은 오류 발견과 수정에 중점을 둔 공식적인 검토 방법이다.

오답 피하기

워크스루(Walkthrough, 검토회의)	• 소프트웨어 검토를 위해 미리 준비된 자료를 바탕으로 정해진 절차에 따라 평가하는 방법 • 오류 조기 검출이 목적임 • 검토 자료를 회의 전에 배포하여 사전 검토한 후 짧은 시간 동안 회의 진행
인스펙션(Inspection)	• 저작자 외의 다른 전문가 또는 팀이 검사하여 오류를 찾아내는 공식적 검토 방법 • 워크스루를 발전시킨 형태

20 ④

캡슐화(Encapsulation)

- 속성과 관련된 연산(Operation)을 클래스 안에 묶어서 하나로 취급하는 것을 의미한다.
- 결합도가 낮아져 소프트웨어 개발에 있어 재사용성이 높아진다.
- 정보은닉을 통하여 타 객체와 메시지 교환 시 인터페이스가 단순해진다.
- 변경 발생 시 오류의 파급효과가 적다.

과목 02 소프트웨어 개발

21 ④

소프트웨어 품질 목표(품질평가 기준항목)

- 정확성(Correctness) : 사용자가 요구하는 기능을 충족시키는 정도
- 신뢰성(Reliability) : 요구된 기능을 오류 없이 수행하는 정도
- 효율성(Efficiency) : 요구된 기능을 수행하기 위한 시스템의 능력과 자원의 소요 정도
- 이식성(Portability) : 다양한 하드웨어 환경에서 운용 가능하도록 쉽게 수정할 수 있는지의 정도
- 무결성(Integrity) : 허용되지 않는 사용이나 자료의 변경을 제어하는 정도
- 유용성(Usability) : 쉽게 사용할 수 있는 정도
- 유연성(Flexibility) : 새로운 요구사항에 맞게 얼마큼 쉽게 수정할 수 있는지의 정도
- 재사용성(Reusability) : 이미 만들어진 프로그램을 다른 목적으로 사용할 수 있는지의 정도
- 상호운용성(Interoperability) : 다른 소프트웨어와 정보를 교환할 수 있는 정도

22 ③

형상 관리 도구에는 Git, SVN(Subversion), CVS(Concurrent Version System) 등이 있다.

오답 피하기

Ant, Maven, Gradle은 빌드 자동화 도구이다.

23 ③

JSON(JavaScript Object Notation)

- 속성–값 쌍(Attribute–Value Pairs)으로 이루어진 데이터 오브젝트를 전달하기 위해 사용하는 개방형 표준 포맷이다.
- AJAX(Asynchronous Javascript and XML)에서 많이 사용되고 XML을 대체하는 주요 데이터 포맷이다.
- 언어 독립형 데이터 포맷으로 다양한 프로그래밍 언어에서 사용되고 있다.

24 ①

패키징 도구 활용 시 고려 사항

- 사용자에게 배포되는 소프트웨어임을 고려하여 반드시 내부 콘텐츠에 대한 암호화 및 보안을 고려한다.
- 다양한 이기종 콘텐츠 및 단말기 간 DRM 연동을 고려한다.
- 사용자 편의성을 위한 복잡성 및 비효율성 문제를 고려한다.
- 반드시 내부 콘텐츠에 대한 암호화 및 보안을 고려한다.
- 제품 소프트웨어에 적합한 암호화 알고리즘을 적용하여 범용성에 지장이 없도록 고려한다.

25 ②

결함 관리 프로세스는 '결함 관리 계획 → 결함 기록 → 결함 검토 → 결함 수정 → 결함 재확인 → 최종 분석 및 보고서 작성' 순으로 진행한다.

26 ④

④번은 테스트 Stub에 관한 설명이다.

27 ④

인수 테스트(Acceptance Test)

- 일반적인 테스트 레벨의 가장 마지막 상위 레벨로, SW 제품에 대한 요구사항이 제대로 이행되었는지 확인하는 단계이다.
- 테스팅 환경을 실사용자 환경에서 진행하며 수행하는 주체가 사용자이다.
- 테스트 단계 중 SW 제품에 대한 요구사항이 제대로 이행되었는지 점검하는 것이 주요 목적이므로 알파, 베타 테스트와 가장 밀접한 연관이 있다.

오답 피하기

- 통합 테스트(Integration Test) : 모듈 통합 과정에서 각 모듈 간의 인터페이스 결함 검증
- 단위 테스트(Unit Test) : 모듈의 동작 검증
- 시스템 테스트(System Test) : 전체 시스템의 기능 검증

28 ②

- 오름차순 선택 정렬은 pass마다 앞쪽의 값들이 가장 작은 값이 위치하게 된다. 즉 2회전 시에는 두 번째 값까지 정렬이 완성된 것을 찾으면 된다.
- 앞으로 이동한 값을 제외한 나머지 값들은 위치가 변하지 않는다.

1pass	8, 3, 4, 9, 7 → 3, 8, 4, 9, 7
2pass	3, 8, 4, 9, 7 → 3, 4, 8, 9, 7
3pass	3, 4, 8, 9, 7 → 3, 4, 7, 9, 8
4pass	3, 4, 7, 9, 8 → 3, 4, 7, 8, 9

29 ②

분산 저장소 방식

- 버전 관리 자료가 원격 저장소와 로컬 저장소에 함께 저장되어 관리된다.
- 로컬 저장소에서 버전 관리가 가능하므로 원격 저장소에 문제가 생겨도 로컬 저장소의 자료를 이용하여 작업할 수 있다.
- 개발자별로 원격 저장소의 자료를 각자의 로컬 저장소로 복사하여 작업 후 변경사항을 로컬 저장소에서 우선 적용하여 로컬 버전 관리가 가능하다.
- 개발 완료한 파일을 수정한 다음에 로컬 저장소에 먼저 커밋(Commit)한 이후, 다시 원격 저장소에 반영(Push)하는 방식이다.
- 종류 : Git, Bazaar, Mercurial, TeamWare, Bitkeeper, Plastic SCM, GNU arch

30 ②

오답 피하기

- xUnit : 다양한 언어를 지원하는 단위 테스트 프레임워크
- FitNesse : 웹 기반 테스트 케이스 설계/실행/결과 확인 등을 지원하는 테스트 프레임워크
- RubyNode : Ruby(프로그래밍 언어) 내부 노드 구조에 읽기 전용 접근을 허용하는 라이브러리

31 ③

ISO/IEC 25000

- 기존 소프트웨어 품질 평가 모델과 소프트웨어 평가 절차 모델인 ISO/IEC 9126과 ISO/IEC 14598을 통합하였다.
- 2500n, 2501n, 2502n, 2503n, 2504n의 다섯 가지 분야로 나눌 수 있고, 확장 분야인 2505n이 있다.

2501n(9126-2, 품질 모형)	품질 모델 및 품질 사용
2503n(9126-3, 품질 측정)	매트릭을 통한 측정 방법 제시

32 ①

V-모델

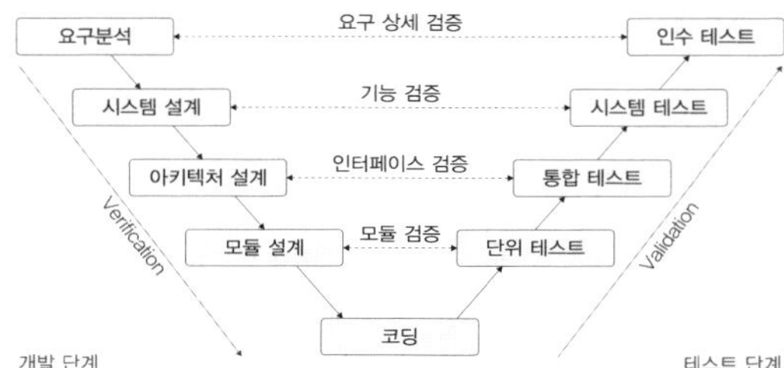

- 폭포수 모델에 시스템 검증과 테스트 작업을 강조한 모델이다.
- 세부적인 프로세스로 구성되어 있어서 신뢰도 높은 시스템 개발에 효과적이다.
- 개발 단계의 작업을 확인하기 위해 테스트 작업을 수행한다.
- 생명주기 초반부터 테스트 작업을 지원한다.

33 ④

화이트박스 테스트에서 기본 경로(Basis Path)란 제어 흐름 그래프를 분석하여 선형 독립 실행 경로 집합을 찾는다. Mccabe의 순환 복잡도를 사용하여 선형 독립 경로 수를 결정한 다음 얻어진 각 경로에 대한 테스트 사례를 생성한다.

34 ②

- 순환복잡도 : V(G) = E−N+2 = 6−4+2 = 4
- E는 화살표 수, N은 노드 수(점)

35 ①

블랙박스 테스트의 종류

동치 분할 검사 (Equivalence Partitioning Testing)	입력 자료에 초점을 맞춰 테스트 케이스를 만들고 검사하는 방법(=동등 분할 기법)
경계값 분석 (Boundary Value Analysis)	입력 조건의 중간값보다 경계값에서 오류가 발생할 확률이 높다는 점을 이용하여, 입력 조건의 경계값을 테스트 케이스로 선정하여 검사하는 방법
원인-효과 그래프 검사 (Cause-Effect Graphing Testing)	입력 데이터 간의 관계와 출력에 영향을 미치는 상황을 체계적으로 분석한 다음, 효용성이 높은 테스트 케이스를 선정하여 검사하는 방법
오류 예측 검사 (Error Guessing)	과거의 경험이나 확인자의 감각으로 검사하는 방법
비교 검사 (Comparison Testing)	여러 버전의 프로그램에 동일한 테스트 자료를 제공하여 동일한 결과가 출력되는지 검사하는 방법

36 ②

외계인 코드(Alien Code) : 아주 오래되거나 참고문서 또는 개발자가 없어 유지보수 작업이 어려운 코드

오답 피하기

나쁜 코드(Bad Code)
- 다른 개발자가 로직(Logic)을 이해하기 어렵게 작성된 코드를 의미한다.
- 종류
  - 처리 로직의 제어가 정제되지 않고 복잡하게 얽혀 있는 스파게티 코드
  - 변수나 메소드에 대한 이름 정의를 알 수 없는 코드
  - 동일 로직이 중복되게 작성된 코드 등

37 ④

Subversion(SVN) 주요 명령어

Import	아무것도 없는 서버의 저장소에 맨 처음 소스 파일을 저장
Check-in	체크아웃으로 가져온 파일을 수정 후 저장소(Repository)에 새로운 버전으로 갱신
Check-out	타 개발자가 수정 작업을 위하여 저장소(Repository)에 저장된 파일을 자신의 작업공간으로 인출
Commit	체크인 시 이전 갱신 사항이 있는 경우 충돌(conflict)이 발생하면 알림을 표시하고 diff(코드 비교) 도구를 이용하여 수정한 뒤 Commit(예치) 과정 수행
Diff	새로운 개발자가 추가된 파일의 수정 기록(Change Log)을 보면서 기존 개발자가 처음 추가한 파일과 이후 변경된 파일의 차이 확인(Diff)

38 ②

폭포수 모델(Waterfall Model)
- 보헴(Boehm)이 제안한 고전적 생명 주기 모형으로, 선형 순차적 모형이라도 한다.
- 타당성 검토, 계획, 요구사항 분석, 구현, 테스트, 유지보수의 단계를 통해 소프트웨어를 개발하는 모형이다.
- 순차적인 접근 방법을 이용하여 단계적 정의와 산출물이 명확하다.
- 각 단계의 결과가 확인되어야지만 다음 단계로 넘어간다.
- 폭포수 모델의 순서 : 계획 → 요구사항 정의 → 개략 설계 → 상세 설계 → 구현 → 통합 시험 → 시스템 실행 → 유지보수

39 ②

- Postfix(전위 표기법)를 Infix(중위 표기법)로 변환 후 계산한다.
- 계산 과정
  - → 3 4 ∗ 5 6 ∗ +
  - → ((3 4) ∗ (5 6) ∗) + : 연산자 앞 피연산자 2개를 괄호( )로 묶는다.
  - → (3 ∗ 4) + (5 ∗ 6) : 연산자를 괄호( ) 안의 피연산자 사이로 이동한다.
  - → 12 + 30 = 42

40 ③

(88, 74, 63, 55, 37, 25, 33, 19, 26, 14, 9)를 이진 트리에 입력하면 다음 그림과 같다.

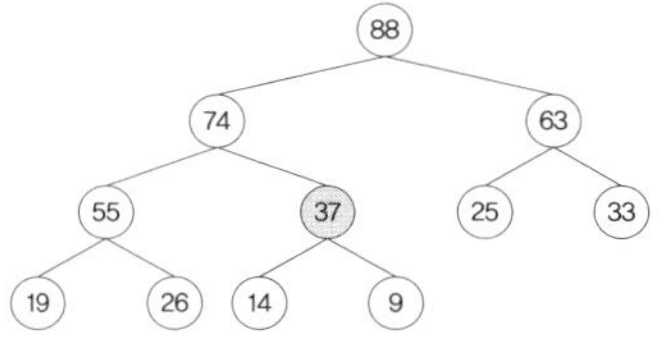

과목 03 데이터베이스 구축

41 ③

Cartesian Product(교차곱)의 결과 : 릴레이션의 속성의 개수는 더하고, 튜플의 개수는 곱함
- 릴레이션 R : 차수 4, 카디널리티 5
- 릴레이션 S : 차수 6, 카디널리티 7
  → 결과 릴레이션 : 차수 10, 카디널리티 35

42 ①

시스템 카탈로그(System Catalog)
- 시스템 자신이 필요로 하는 여러 가지 객체(기본 테이블, 뷰, 인덱스, 데이터베이스, 패키지, 접근 권한 등)에 관한 정보를 포함하고 있는 시스템 데이터베이스이다.
- 데이터 사전(Data Dictionary), 메타 데이터(Meta Data)라고도 한다.
- 시스템 카탈로그 자체도 시스템 테이블로 구성되어 있어 SQL문을 이용하여 내용 검색이 가능하다.
- 사용자가 시스템 카탈로그를 직접 갱신할 수는 없으나 SQL문으로 여러 가지 객체에 변화를 주면 시스템이 자동으로 갱신된다.

43 ①

순수 관계 연산자의 종류

select	σ	튜플 집합을 검색한다.
project	π	속성 집합을 검색한다.
join	⋈	두 릴레이션의 공통 속성을 연결한다.
division	÷	두 릴레이션에서 특정 속성을 제외한 속성만 검색한다.

44 ③

Recovery(복구)

- Deferred Modification : 변경된 데이터를 실제로 디스크에 반영하는 것을 지연시키는 방식이다. 이는 데이터의 논리적인 수정 작업을 기록하고, 나중에 특정 시점에 변경사항을 일괄적으로 디스크에 반영하는 복구 기법과 관련이 있다.
- Immediate Update : 데이터의 변경사항을 즉시 디스크에 반영하는 방식이다.
- Shadow Paging : 복구를 위해 일부 페이지를 원래의 페이지와 별도의 그림자 페이지로 유지하는 방식이다.
- Checkpoint : 특정 시점에서의 상태를 기록하는 것이다.

45 ①

- R1, R2 테이블에서 학번이 같으면서, R1의 학과가 '전자공학'이면서 '강남길'인 항목의 과목번호, 과목이름을 조회하는 SQL문이다.
- R1, R2 테이블을 학번으로 조인하고, '전자공학'이면서 '강남길'인 레코드 중에서 과목번호, 과목이름 필드를 조회한다.

46 ②

후보키(Candidate Key)

- 모든 튜플들을 유일하게 식별할 수 있는 하나 또는 몇 개의 속성 집합을 의미한다.
- 유일성과 최소성을 모두 만족시킨다.

오답 피하기

슈퍼키(Super Key)

- 두 개 이상의 속성으로 구성된 기본키이다.
- 유일성은 만족시키지만, 최소성은 만족시키지 못한다.

47 ②

SELECT문 기본 구조

```
SELECT 속성명 [ALL | DISTINCT]
FROM 릴레이션명
WHERE 조건;
[GROUP BY 속성명1, 속성명2,…]
[HAVING 조건]
[ORDER BY 속성명 [ASC | DESC]];
```

- ALL : 모든 튜플을 검색(생략 가능)
- DISTINCT : 중복된 튜플 생략

48 ①

BCNF(보이스/코드) 정규형

- 1, 2, 3정규형을 만족하고, 결정자가 후보키가 아닌 함수 종속 제거되면 보이스/코드 정규형에 속한다.
- 후보키를 여러 개 가지고 있는 릴레이션에서 발생할 수 있는 이상 현상을 해결하기 위해 제3정규형 보다 좀 더 강력한 제약조건을 적용한다.
- 보이스/코드 정규형에 속하는 모든 릴레이션은 3정규형에 속하지만, 3정규형에 속하는 모든 릴레이션이 보이스/코드 정규형에 속하지는 않는다.

49 ④

그룹 함수의 종류(집계 함수)

COUNT	• 테이블의 행의 수를 계산할 때 • 표현식 : COUNT(*)
SUM	• 하나 또는 여러 개의 열 합계를 구할 때 • 표현식 : SUM(열 이름)
AVG	• 하나 또는 여러 개의 열 평균을 구할 때 • 표현식 : AVG(열 이름)
MAX	• 해당 열의 최댓값을 구할 때 • 표현식 : MAN(열 이름)
MIN	• 해당 열의 최솟값을 구할 때 • 표현식 : MAN(열 이름)

50 ④

교차곱(Cartesian Product)

- 두 릴레이션에 있는 튜플들의 순서쌍을 구하는 연산이다.
- 교차곱의 결과 속성의 개수는 더하고 튜플의 개수는 곱한 결과 릴레이션이 생성된다.

51 ④

릴레이션 R, S에서 속성 A를 기준으로 합집합(UNION ALL) 연산을 수행하면 릴레이션 R, S의 속성 A 값 모두가 검색된다.

52 ③

트리의 차수(Degree)는 트리 노드 수가 가장 많은 차수이므로 3이다.

53 ②

두 테이블의 중복 레코드는 학번 : 20202222이므로 ②번이 답이 된다.

오답 피하기

Intersection(교집합)

- Intersection(교집합)은 연관성이 있는 두 개의 릴레이션에서 중복되는 레코드를 선택하여 릴레이션을 생성한다.
- 연산자의 기호는 ∩를 사용한다.

54 ④

- 디그리(Degree) : 속성의 수(차수)
- 카디널리티(Cardinality) : 튜플의 수(기수)

55 ②

DELETE문은 테이블 내의 튜플들만 삭제하지만, DROP문은 테이블 자체를 삭제한다.

오답 피하기

SQL 데이터베이스 조작어

SELECT	튜플을 검색	DELETE	튜플을 삭제
INSERT	튜플을 삽입	UPDATE	튜플의 내용을 변경

56 ①

고가용성 솔루션(HACMP, High Availability Cluster Multi Processing)

- AIX(AIXadvanced interactive executive, IBM 운영체제)를 기반으로 Solution, Resource의 중복 또는 공유를 통해 Application의 보호를 가능하게 해준다.
- 각 시스템 간에 공유 디스크를 중심으로 클러스터링으로 엮여 다수의 시스템을 동시에 연결할 수 있다.
- 조직, 기업의 기간 업무 서버 등의 안정성을 높이기 위해 사용될 수 있다.
- 여러 가지 방식으로 구현되며 2개의 서버를 연결하는 것으로 2개의 시스템이 각각 업무를 수행하도록 구현하는 방식이 널리 사용된다.

오답 피하기

- 점대점 연결 방식(Point-to-Point Mode) : 두 컴퓨터를 직접 연결하는 방식
- 스턱스넷(Stuxnet) : 슈퍼 산업시설 웜 바이러스
- 루팅(Rooting) : 최상위 권한(루트 권한)을 얻는 것

57 ②

```
DROP TABLE 테이블_이름 [CASCADE | RESTRICT];
```

- CASCADE : 삭제할 요소가 다른 개체에서 참조 중이라도 삭제가 수행된다.
- RESTRICT : 삭제할 요소가 다른 개체에서 참조 중일 경우 삭제가 취소된다.

58 ③

트랜잭션의 특성

격리성(Isolation, 고립성)	둘 이상의 트랜잭션이 동시에 병행 실행되는 경우 어느 하나의 트랜잭션 실행 중에 다른 트랜잭션의 연산이 끼어들 수 없다.
원자성(Atomicity)	트랜잭션의 연산은 데이터베이스에 모두 반영되든지, 아니면 전혀 반영되지 않아야 한다.
일관성(Consistency)	트랜잭션이 그 실행을 성공적으로 완료하면 언제나 일관성 있는 데이터베이스 상태로 변환한다.
영속성(Durability, 지속성)	트랜잭션에 의해서 생성된 결과는 계속 유지되어야 한다.

오답 피하기

Commit, Rollback에 의해 보장받는 트랜잭션의 특성은 원자성이다.

59 ③

무결성(Integrity)

개체 무결성	기본키의 값은 널(Null)값이나 중복 값을 가질 수 없다는 제약조건
참조 무결성	참조할 수 없는 외래키 값을 가질 수 없다는 제약조건
도메인 무결성	릴레이션의 하나의 속성은 반드시 원자값이어야 한다는 것을 보장하는 제약조건

60 ④

E-R 다이어그램

기호	기호 이름	의미
▭	사각형	개체(Entity)
◇	마름모	관계(Relationship)
⬭	타원	속성(Attribute)
―	선	개체 타입과 속성 연결

과목 04 프로그래밍 언어 활용

61 ④

페이징(Paging) 기법

- 가상기억장치에 보관된 프로그램과 주기억장치의 영역을 동일한 크기로 나눈 후, 나눠진 프로그램을 동일하게 나눠진 주기억장치의 영역에 적재시켜 실행하는 기법이다.
- 가상기억장치에서 주기억장치로 주소를 조정하기 위해 페이지의 위치 정보를 가진 페이지 맵 테이블이 필요하다.
- 페이지의 크기가 클수록 페이지 맵 테이블의 크기가 작아지고, 단편화가 증가하고, 디스크 접근 횟수가 감소하며, 전체 입출력 시간이 감소한다.

62 ③

- C언어에서 서로 다른 데이터 타입을 묶은 자료 구조를 구조체(structure)라고 한다.
- 구조체를 사용하여 데이터를 처리하려면 키워드 struct를 사용해야 한다.

63 ③

for i in range(10)	i는 0부터 9까지의 숫자 생성
if i%2==0	i가 짝수인 경우에만 리스트에 포함
10*i	짝수 i에 10을 곱한 값이 새로운 리스트에 추가

오답 피하기

파이썬의 리스트 컴프리헨션(List Comprehension) 기본 구조

```
[표현식 for 요소 in 반복 가능한 객체 if 조건]
```

- 표현식(Expression) : 각 요소에 대해 실행될 코드로서, 이 표현식의 결과가 새로운 리스트에 추가된다.
- 요소(Element) : 반복 가능한 객체(iterable)의 각 항목을 의미한다.
- 조건(Optional) : 선택적으로 요소를 필터링할 수 있는 조건이다. 이 조건이 참일 때만 해당 요소가 리스트에 포함된다.

64 ②

- 27은 32bit의 2진수 IP 주소 중 27bit가 네트워크 ID인 1비트의 개수이고 나머지 5(32−27)bit가 호스트 ID인 0비트의 개수이다.
- 서브넷 마스크 : 11111111.11111111.11111111.11100000
- 10진수 표기법 : 255.255.255.224

오답 피하기

서브넷 마스크(Subnet Mask)

- 네트워크를 작은 내부 네트워크로 분리하여 효율적으로 네트워크를 관리하기 위한 수단이다.
- 서브넷 마스크는 32bit의 값으로 IP 주소를 네트워크와 호스트 IP 주소를 구분하는 역할을 한다.
- 네트워크 ID에 해당하는 모든 비트를 1로 설정하며 호스트 ID에 해당하는 모든 비트를 0으로 설정한다.
- CIDR 표기 형식 : 10진수의 IP/네트워크 ID의 1비트의 개수

65 ②

②번은 데이터링크 계층에 대한 설명이다.

66 ③

- char 자료형은 한 개의 문자 상수를 1byte의 공간에 ASCII 코드값으로 저장한다.
- 대문자 'A'의 ASCII 코드값은 01000001으로 10진수 65이다.
- a = 'A' + 1; : 대문자 'A'의 ASCII 코드값(65)과 1을 덧셈한 결과 66을 char형 변수 a에 대문자 'B'의 ASCII 코드값으로 저장한다.
- 출력 결과는 "%d"의 출력 형식 지정문자에 의해 10진 정수로 변환되어 콘솔에 66이 출력된다.

67 ④

FIFO(First In First Out)는 가장 먼저 적재된 페이지를 먼저 교체하는 기법이다.

요청 페이지	1	2	1	0	4	1	3
페이지 프레임	1	1	1	1	4	4	4
		2	2	2	2	1	1
				0	0	0	3
페이지 부재	○	○		○	○	○	○

68 ①

오답 피하기

- 프레임워크는 기본 구조가 잡혀 있지만 내부에서 사용하는 기능과 코드는 개발자가 변경할 수 있다.
- 프레임워크는 소프트웨어 개발에 필요한 기본 구조와 기능을 제공하는 반면, 소프트웨어 아키텍처는 소프트웨어의 전체적인 구조와 기능을 정의한다.
- 프레임워크는 소프트웨어를 모듈화하여 개발하는 것을 가능하게 한다.

69 ④

malloc() 함수

- 인수로 바이트 단위의 정수를 전달받아 메모리를 할당한다.
- 할당하고자 하는 메모리의 크기를 바이트 단위로 지정해야 한다.

70 ③

- % : 나머지 연산자
- if문의 기본 구조

```
if (조건1) {
   // 조건1이 참일 때 실행될 코드
   if (조건2) {
      // 조건1과 조건2가 모두 참일 때 실행될 코드
   } else {
      // 조건1은 참이지만 조건2는 거짓일 때 실행될
         코드
   }
} else {
   // 조건1이 거짓일 때 실행될 코드
}
```

71 ①

(강함) 기능적 응집도(Functional Cohension) 〉 순차적 응집도(Sequential Cohension) 〉 통신적(교환적) 응집도(Communication Cohension) 〉 절차적 응집도(Procedural Cohesion) 〉 시간적 응집도(Temporal Cohension) 〉 논리적 응집도(Logical Cohension) 〉 우연적 응집도(Coincidental Cohension) **(약함)**

72 ④

• 우선순위 계산식 = 대기시간+서비스시간/서비스시간

작업	우선순위
A	(5+20)/20 = 1.25
B	(40+20)/20 = 3
C	(15+45)/45 = 1.3
D	(40+10)/2 = 25

• 작업순서 : D → B → C → A

73 ②

교착상태의 해결 방법

예방(Prevention)	• 교착상태가 발생하지 않도록 사전에 시스템을 제어하는 방법이다. • 일반적으로 자원의 낭비가 가장 심한 것으로 알려진 기법이다.
회피(Avoidance)	• 교착상태 발생 가능성을 인정하고 교착상태가 발생하려고 할 때, 교착상태 가능성을 피해가는 방법이다. • 주로 은행원 알고리즘(Banker's Algorithm)을 사용한다.
발견(Detection)	교착상태가 발생했는지 검사하여 교착상태에 빠진 프로세스와 자원을 발견하는 방법이다.
회복(Recovery)	교착상태에 빠진 프로세스를 종료하거나 해당 프로세스가 점유하고 있는 자원을 선점하여 다른 프로세스에게 할당하는 기법이다.

74 ③

• 변수 a와 b의 4, 7을 (2진수)비트 연산자 |(OR)로 연산한다.
• 비트 연산자는 2진수로 변환 후 계산한다.
• OR 연산자는 두 비트 중 1개라도 1이면 1이 출력된다.

```
      0100  (4)
OR )  0111  (7)
      0111  (7)
```

• 변수 0111는 "%d" 출력 형식 지정문자에 의해 10진수로 변환되어 7이 출력된다.

75 ①

JAVA 접근 제한자(접근 제어자)

public	모든 접근을 허용한다.
private	같은 패키지에 있는 객체와 상속 관계의 객체들만 허용한다.
default	같은 패키지에 있는 객체들만 허용한다.
protected	현재 객체 내에서만 허용한다.

76 ①

Python 예외 처리 구조

```
try:
    # 오류가 발생할 수 있는 코드
except 예외타입:
    # 예외가 발생했을 때 실행할 코드
else:
    # 예외가 발생하지 않았을 때 실행할 코드(op-
      tional)
finally:
    # 예외 발생 여부와 상관없이 항상 실행할 코드(op-
      tional)
```

77 ④

`class TestClass {`
`  int t = 1;`
`  public void print() {`
`      System.out.`
`print("AA");`
`  }`
`}`
	• TestClass 클래스를 정의
	• t 멤버 변수 선언하고 1로 초기화
	• print 메소드를 정의
	• "AA"를 출력

`public class Test ex-`
`tends TestClass {`
`      public void print()`
`      {`
`      System.out.print`
`      ("BB");`
`  }`
	• Test 클래스를 정의
	• Test 클래스는 TestClass 클래스를 상속받아서 print라는 이름의 메소드를 재정의(오버라이딩)
	• "BB"를 출력

`public static void`
`main(String[] args) {`
`      int t = 2;`
	• main 메소드 정의(String 배열 args를 매개변수로 가지고 있음)
	• t 정수형 변수를 선언하고 초기값으로 2를 할당

TestClass tt = new Test();
    tt.print();
    System.out.
print(t);
  }
}
	• TestClass 타입의 tt라는 이름의 변수를 선언(상속받은 Test 클래스의 객체로 초기화)
	• tt 객체의 print 메소드를 호출(실제로 실행되는 print 메소드는 Test 클래스에서 재정의한 메소드임)
	• 따라서 "BB"가 출력
	• t 변수의 값을 출력(main 메소드 내에서 선언된 변수이므로 초기값인 2가 출력)

78 ①

컨텍스트 스위칭(Context Switching)이란, 다중 프로그래밍 시스템에서 운영체제에 의하여 CPU가 할당되는 프로세스를 변경하기 위하여 현재 CPU를 사용하여 실행되고 있는 프로세서의 상태 정보를 저장하고, 앞으로 실행될 프로세스의 상태 정보를 설정한 다음에 중앙 처리 장치를 할당하여 실행이 되도록 하는 작업이다.

79 ①

TCP(Transmission Control Protocol)

- 신뢰성 있는 연결 지향형 전달 서비스를 제공한다.
- 순서 제어, 에러 제어, 흐름 제어 기능을 제공한다.
- 전이중 서비스와 스트림 데이터 서비스를 제공한다.
- 메시지를 캡슐화(Encapsulation)와 역캡슐화(Decapsulation)한다.
- 서비스 처리를 위해 다중화(Multiplexing)와 역다중화(Demultiplexing)를 이용한다.

오답 피하기

①번은 데이터링크 계층에 관한 내용이다.

80 ④

자동 반복 요청(ARQ, Automatic Repeat reQuest)

- 통신 경로에서 오류 발생 시 수신측은 오류의 발생을 송신측에 통보하고, 송신측은 오류가 발생한 프레임을 재전송하는 오류 제어 방식이다.
- 종류

정지-대기 ARQ (Stop-and-Wait ARQ)	송신측에서 하나의 블록을 전송한 후 수신측의 응답을 기다리는 방식	
연속 ARQ (Continuous ARQ)	Go-back-N ARQ	오류가 발생한 블록 이후의 모든 블록을 재전송하는 방식
	선택적 재전송 ARQ(Selective Repeat ARQ)	오류가 발생한 블록만 재전송하는 방식
적응적 ARQ (Adaptive ARQ)	데이터 블록의 길이를 채널의 상태에 따라 유동적으로 변경하는 방식	

과목 05 정보 시스템 구축 관리

81 ②

오답 피하기

- 하둡(Hadoop) : 상용 하드웨어의 클러스터에 방대한 데이터 세트를 분산할 수 있는 프레임워크
- 포스퀘어(Foursquare) : 위치 기반 소셜 네트워크 서비스
- 맴리스터(Memristor) : 메모리(memory)+레지스터(resistor)의 합성어이며, 전류의 흐름과 시간의 변화에 따라 저항의 강도가 바뀌는 새로운 전기소자로 이전의 상태를 모두 기억하는 메모리

82 ④

정보보안의 3요소(CIA)

기밀성(Confidentiality)	인가되지 않는 사용자가 객체 정보의 내용을 알 수 없도록 하는 보안 요소
무결성(Integrity)	시스템 내의 정보는 오직 인가된 사용자만 수정할 수 있는 보안 요소
가용성(Availability)	정보 시스템 또는 정보에 대한 접근과 사용이 요구 시점에 완전하게 제공될 수 있는 상태를 의미하는 보안 요소

83 ④

코드 오류의 종류

필사 오류 (Transcription Error)	입력 시 한 자리를 잘못 기록하는 오류	예 1234 → 1235
전위 오류 (Transposition Error)	입력 시 좌우 자리를 바꾸어 발생하는 오류	예 1234 → 1243
이중 오류(Double Transposition Error)	전위 오류가 두 개 이상 발생하는 오류	예 1234 → 2143
생략 오류 (Missing Error)	입력 시 한 자리를 빼고 기록하는 오류	예 1234 → 123
추가 오류 (Addition Error)	입력 시 한 자리를 추가해서 기록하는 오류	예 1234 → 12345
임의 오류 (Random Error)	두 가지 이상의 오류가 결합해서 발생하는 오류	예 1234 → 21345

84 ④

오답 피하기

- Bucket : 하나의 주소를 갖는 파일의 한 구역
- Opcode : 프로세서가 이 명령어를 통해 수행해야 할 일의 종류를 명시하는 필드

85 ②

오답 피하기

- WWW(World Wide Web) : 인터넷에 연결된 컴퓨터를 통해 사람들이 정보를 공유할 수 있는 전 세계적인 정보 공유 시스템
- WBSEC(WiBro Security) : 와이브로용 보안 프로세서
- ITU(International Telecommunication Union) : 국제전기통신연합

86 ①

오답 피하기

- Bridge : OSI 모델의 데이터 링크 계층에 있는 여러 개의 네트워크 세그먼트를 연결함
- ASLR : 주소를 매번 실행할 때마다 무작위화시켜 공격을 방해하는 정보보호 기법
- PIN : 사용자를 식별하기 위해 사용하는 보통 4~8자리의 짧은 숫자로 이루어진 비밀번호

87 ②

보안 인증 방법

Something You Know (알고 있는 것)	• 사용자가 알고 있는 정보를 사용하여 인증하는 방법 • 패스워드나 PIN(개인식별번호)과 같은 비밀 정보를 사용하여 인증
Something You Have (가지고 있는 것)	• 사용자가 소유하고 있는 물리적인 장치나 객체를 사용하여 인증하는 방법 • 스마트 카드, USB 토큰, 휴대폰 앱 등을 사용하여 인증
Something You Are (자신의 특징)	• 사용자의 생체적인 특징이나 생체 인식 기술을 사용하여 인증하는 방법 • 지문, 홍채, 음성, 얼굴 등 개인의 생체 특징을 사용하여 인증하는 바이오메트릭 인증
Somewhere You Are (있는 곳)	• 사용자가 특정한 위치에 있는지를 확인하여 인증하는 방법 • IP 주소나 지리적 위치를 이용하여 인증

88 ①

TCP 세션 하이재킹

- 서버와 클라이언트 통신 시에 TCP의 3way handshake 단계에서 발생하는 취약점을 이용한 공격 기법으로 서버와 클라이언트가 TCP를 이용하여 통신하고 있을 때 RST 패킷을 전송하여 일시적으로 TCP 세션을 끊고 시퀀스 번호를 새로 생성하여 세션을 탈취하고 인증을 회피하는 공격 기법이다.
- 비동기화 상태와 동기화 상태 2가지가 존재한다.
- 세션 하이재킹 탐지기법 : 비동기화 상태 감지, ACK STORM 탐지, 패킷의 유실 및 재전송 증가 탐지, 예상치 못한 접속의 리셋 탐지
- SSH 같은 세션 인증 수준이 높은 프로토콜 사용을 통해 방어하도록 한다.

89 ②

OSPF는 링크 상태 방식을 사용하며, 거리 벡터 라우팅 프로토콜을 사용하는 방식은 RIP이다.

90 ④

효과적인 프로젝트 관리를 위한 3대 요소

- 사람(People) : 인적 자원
- 문제(Problem) : 문제 인식
- 프로세스(Process) : 작업 계획

91 ①

TELNET 프로토콜의 Well Known Port 번호는 23이다.

92 ①

개발 기간 = 50000 / (10 × 200) = 25

오답 피하기

LOC(Line Of Code)

- 노력(인월) = 개발 기간(월) × 투입 인원(인)
- 개발 비용 = 개발 기간(월) × 투입 인원(인) × 단위 비용(1인당 월평균 인건비)
- 개발 기간 = 예측된 LOC / (투입 인원 × 1인당 월평균 생산 LOC)
- 생산성 = 개발된 LOC / (투입 인원 × 개발 기간)

93 ②

오답 피하기

- Zigbee : 저전력, 저비용 무선 메쉬 네트워크 프로토콜로, 스마트홈과 IoT 디바이스 간의 무선 통신에 많이 사용된다.
- MQTT(Message Queueing Telemetry Transport) : ISO 표준 발행-구독 기반의 메시징 프로토콜이다.
- BLE(Bluetooth Low Energy) : 저전력 무선 통신 기술로, 주로 짧은 거리에서의 통신을 필요로 하는 IoT 디바이스에서 사용된다.

94 ②

오답 피하기

- 포맷 스트링(Format String) : ret 또는 dtors 값을 쉘 코드의 주소값으로 덮어 공격용 쉘을 실행시키는 공격
- 버퍼 오버플로(Buffer overflow) : 메모리를 다루는 데에 오류가 발생하여 잘못된 동작을 하는 프로그램 취약점
- 애드웨어(Adware) : 특정 소프트웨어를 실행하거나 설치 후 자동적으로 광고가 표시되는 프로그램

95 ①

공개키(Public Key) 암호화 기법

- 암호키와 해독키가 서로 다른 기법으로 키 개수는 2N개가 필요하다.
- 비대칭키 암호화 기법 또는 공중키 암호화 기법이라고도 한다.

96 ①

IPSec(IP security)은 통신 세션의 각 IP 패킷을 암호화하고 인증하는 안전한 인터넷 프로토콜(IP)로, 양방향 암호화를 지원한다.

97 ④

Nmap(Network mapper)
- 고든 라이온(Gordon Lyon)이 작성한 보안 스캐너이다.
- 네트워크 "지도"를 함께 만들어 서버에 열린 포트 정보를 스캐닝해서 보안 취약점을 찾는 데 사용한다.

98 ②

Vaporware	출시가 지연되거나 취소될 가능성이 높은 제품
Hypeware	과도한 홍보로 인해 소비자의 기대감을 부풀리는 제품
Wishware	개발되기를 바라는 제품이지만 현실성이 낮은 제품
Unicorn	혁신적이지만 실현 가능성이 낮은 제품
Blue Sky	미래 지향적인 아이디어나 기술

99 ②

해시(HASH) 암호화 방식
- 임의의 길이의 메시지를 입력으로 하여 고정된 길이의 출력값으로 변환하는 기법이다.
- 주어진 원문에서 고정된 길이의 의사난수를 생성하며, 생성된 값을 해시값이라고 한다.
- 해시 함수라고도 한다.
- 디지털 서명에 이용되어 데이터 무결성을 제공한다.
- 블록체인에서 체인 형태로 사용되어 데이터의 신뢰성을 보장한다.
- SHA, SHA1, SHA256, MD5, RMD160, HAS-160, HAVAL 기법 등이 있다.

오답 피하기

공개키 암호화 방식이 아니라 대표적인 해싱 암호화 기법이다.

100 ①

접근 통제 방법

강제적 접근 통제(MAC, Mandatory Access Control)	중앙에서 정보를 수집하고 분류하여 보안 레벨을 결정하고 정책적으로 접근 제어를 수행하는 방식으로 다단계 보안 모델이라고도 한다.
임의적 접근 통제(DAC, Discretionary Access Control)	정보의 소유자가 보안 레벨을 결정하고 이에 대한 정보의 접근 제어를 설정하는 방식이다.
역할 기반 접근 통제(RBAC, Role Based Access Control)	사람이 아닌 직책에 대해 권한을 부여함으로써 효율적인 권한 관리가 가능하다.

최신 기출문제 03회

2-94P

01 ④	02 ③	03 ②	04 ④	05 ①
06 ①	07 ②	08 ④	09 ①	10 ②
11 ①	12 ③	13 ④	14 ②	15 ②
16 ③	17 ④	18 ②	19 ②	20 ④
21 ①	22 ④	23 ③	24 ④	25 ①
26 ①	27 ③	28 ③	29 ④	30 ③
31 ③	32 ③	33 ③	34 ③	35 ①
36 ①	37 ④	38 ③	39 ②	40 ③
41 ②	42 ①	43 ①	44 ①	45 ③
46 ①	47 ④	48 ②	49 ①	50 ③
51 ③	52 ②	53 ④	54 ③	55 ①
56 ③	57 ①	58 ③	59 ③	60 ③
61 ③	62 ②	63 ③	64 ②	65 ④
66 ④	67 ②	68 ④	69 ②	70 ②
71 ③	72 ①	73 ④	74 ①	75 ④
76 ②	77 ②	78 ③	79 ③	80 ④
81 ④	82 ④	83 ④	84 ③	85 ①
86 ②	87 ②	88 ①	89 ②	90 ④
91 ①	92 ④	93 ①	94 ④	95 ②
96 ③	97 ③	98 ②	99 ③	100 ①

과목 01 소프트웨어 설계

01 ④

정형 기술 검토(FTR)의 지침 사항
- 의제와 그 범위를 유지하라.
- 참가자의 수를 제한하라.
- 각 체크리스트를 작성하고, 자원과 시간 일정을 할당하라.
- 개발자가 아닌 제품의 검토에 집중하라.
- 논쟁과 반박을 제한하라.
- 검토 과정과 결과를 재검토하라.

02 ③

디자인 패턴(Design Pattern)

생성 패턴	팩토리 메소드 패턴(Factory Method Pattern), 추상 팩토리 패턴(Abstract Factory Pattern), 빌더 패턴(Builder Pattern), 프로토타입 패턴(prototype Pattern), 싱글턴 패턴(Singleton Pattern) 등
구조 패턴	어댑터 패턴(Adapter Pattern), 브리지 패턴(Bridage Pattern), 컴포지트 패턴(Composite Pattern), 데코레이터 패턴(Decorator Pattern), 퍼싸드 패턴(Facade Pattern), 플라이 웨이트 패턴(Fly wight Pattern), 프록시 패턴(Porxy Pattern) 등

행위 패턴	책임 연쇄 패턴(Chain of Responsibility Pattern), 명령 패턴(Command Pattern), 반복자 패턴(Iterator Pattern), 기록 패턴(Mememto Pattern), 상태 패턴(State Pattern), 전략 패턴(Strategy Pattern), 템플릿 메서드 패턴(Template Method Pattern), 해석자 패턴(Interpreter Pattern), 감시자 패턴(Observer Pattern), 방문자 패턴(Visitor Pattern), 중재자 패턴(Mediator Pattern) 등

03 ②

액터(Actor)는 서비스를 이용하는 외부 객체이며, 시스템이 특정한 사례(Use Case)를 실행하도록 요구할 수 있는 존재이다.

04 ④

파이프 필터(Pipe–Filters)

- 데이터 흐름(Data Stream)을 생성하고 처리하는 시스템을 위한 구조이다.
- 필터는 파이프를 통해 받은 데이터를 변경시키고 그 결과를 파이프로 전송한다.
- 각 처리 과정은 필터(filter) 컴포넌트에서 이루어지며, 처리되는 데이터는 파이프(pipes)를 통해 흐른다. 이 파이프는 버퍼링 또는 동기화 목적으로 사용될 수 있다.
- 장점 : 필터 교환과 재조합을 통해서 높은 유연성을 제공한다.
- 단점 : 상태정보 공유를 위해서 큰 비용이 소요되며 데이터 변환에 과부하가 걸릴 수 있다.
- 컴파일러, 연속한 필터들은 어휘 분석, 파싱, 의미 분석 그리고 코드 생성을 수행한다.
- 생물정보학에서의 워크플로우 등에 활용된다.

05 ①

HIPO(Hierarchy Input Process Output)

- 하향식 기법으로 절차보다는 기능 중심이다.
- 도형 목차의 내용을 입력, 처리, 출력 관계로 도표화한 것이 총괄 도표이다.
- 체계적인 문서 작성이 가능하며, 보기 쉽고 알기 쉽다.
- 기능과 자료의 의존 관계를 동시에 표현할 수 있다.
- HIPO 차트 종류에는 가시적 도표, 총체적 도표, 세부적 도표가 있다.
- 프로그램 구조와 데이터 구조나 데이터 구조 간의 관계를 표현할 수 없다.

06 ①

럼바우(Rumbaugh) 객체지향 분석 기법

- 소프트웨어 구성 요소를 그래픽 표기법을 이용하여 모델링하는 객체지향 분석(Object–oriented Analysis) 기법이다.
- 객체 모델링 → 동적 모델링 → 기능 모델링 순서로 진행된다.

객체 모델링 (Object Modeling)	객체 다이어그램, 정보 모델링이라고도 하며 시스템에서 요구하는 객체를 찾고 객체들 간의 관계를 정의, 가장 중요하며 선행되어야 함
동적 모델링 (Dynamic Modeling)	상태 다이어그램, 시간의 흐름에 따라 객체들 사이의 제어 흐름, 동작 순서 등의 동적인 행위를 표현
기능 모델링 (Functional Modeling)	자료 흐름도(DFD), 프로세스들의 자료 흐름을 중심으로 처리 과정 표현

07 ②

JAVA에서 정보은닉(InformationHiding)을 표기할 때 private는 외부에서 클래스 내부 정보에 접근하지 못하도록 하는 '접근금지'의 의미이다.

08 ④

SWEBOK에 따른 요구사항 개발 프로세스 : 도출(Elicitation) → 분석(Analysis) → 명세(Specification) → 확인(Validation)

09 ①

애플리케이션 패키징

- 개발이 완료된 소프트웨어를 고객에 인도하기 위해 패키징하고, 설치 매뉴얼, 사용 매뉴얼 등을 작성하는 일련의 배포용 설치 파일을 만드는 작업을 의미한다.
- 향후 관리 편의성을 위해 모듈화하여 패키징한다.
- 사용자를 중심으로 진행하며, 사용자의 다양한 환경에서 설치할 수 있도록 패키징한다.
- 사용자의 불편함을 줄이고 사용자의 편의성을 먼저 고려한다.
- 주의 사항 : 전체 내용을 포함, 고객 중심, 모듈화, 버전 관리 및 릴리즈 노트 관리

10 ②

UI 설계 도구

- 와이어프레임 : UI 중심의 화면에 대한 개략적인 레이아웃이나 UI 요소 등에 대한 뼈대를 설계
- 목업 : 와이어프레임보다 좀 더 실제 화면과 유사하게 만든 정적인 형태의 모형
- 스토리보드 : 와이어프레임 콘텐츠에 대한 설명, 페이지 간 이동 흐름 등을 추가한 문서
- 프로토타입 : 실제 구현된 것처럼 테스트가 가능한 동적인 형태의 모형
- 유스케이스 : 사용자가 원하는 목표를 달성하기 위해 수행할 내용을 기술

11 ①

JSON(JavaScript Object Notation)

- 속성–값 쌍(Attribute–Value Pairs)으로 이루어진 데이터 오브젝트를 전달하기 위해 사용하는 개방형 표준 포맷이다.
- AJAX(Asynchronous Javascript and XML)에서 많이 사용되고 XML을 대체하는 주요 데이터 포맷이다.
- 언어 독립형 데이터 포맷으로 다양한 프로그래밍 언어에서 사용되고 있다.

12 ③

CASE가 제공하는 기능

- 개발을 신속하게 할 수 있고, 오류 수정이 쉬워 S/W 품질이 향상된다.
- 소프트웨어 생명 주기의 전체 단계를 연결해 주고 자동화시켜 주는 통합된 도구를 제공해주는 기술이다.
- 소프트웨어 시스템의 문서화 및 명세화를 위한 그래픽 기능을 제공한다.
- S/W 개발 단계의 표준화를 기할 수 있으며 자료 흐름도 작성 기능을 제공한다.
- 모델들 사이의 모순검사 기능을 제공하며 다양한 소프트웨어 개발 모형을 지원한다.
- 원천 기술 : 구조적 기법, 프로토타이핑 기술, 정보 저장소 기술

13 ④

추상화(Abstraction)

- 시스템 내의 공통 성질을 추출한 뒤 추상 클래스를 설정하는 기법이다.
- 현실 세계를 컴퓨터 시스템에 자연스럽게 표현할 수 있다.
- 종류 : 기능 추상화, 제어 추상화, 자료 추상화

14 ②

모델링은 소프트웨어 개발 전단계에 사용된다.

15 ②

- Fan–In : 주어진 한 모듈을 제어하는 상위 모듈 수(해당 모듈로 들어오는 화살표의 개수) → 3
- Fan–Out : 주어진 한 모듈이 제어하는 하위 모듈 수(해당 모듈에서 나가는 화살표의 개수) → 2

16 ③

N–S 차트(Nassi–Schneiderman Chart)

- 구조적 프로그램의 순차, 선택, 반복의 구조를 사각형으로 도식화하여 알고리즘을 논리적 기술에 중점을 둔 도형식 표현 방법이다.
- 박스 다이어그램이라고도 한다.
- 조건이 복합되어 있는 곳의 처리를 시각적으로 명확히 식별하는 데 적합하다.
- 제어 구조 : 순차(Sequence), 선택 및 다중 선택(If~Then~Else, Case), 반복(Repeat~Until, While, For)

오답 피하기

NS Chart에서는 GOTO문을 사용하지 않으며, 화살표는 단순히 도형 간의 연결을 나타낼 때 사용한다.

17 ④

스크럼 마스터는 방해 요소를 찾아 해결하는 역할을 맡지만, 완료 작업시간을 기록하는 것은 프로덕트 오너(Product Owner)나 팀 자체의 일이다. 또한 소멸 차트는 스프린트 기간 동안의 남은 작업을 시각적으로 보여주는 도구이다.

18 ②

"Z"는 정형 명세 기법 중 하나이다.

오답 피하기

정형 명세 기법은 수학적인 원리와 표기법을 사용하여 요구사항을 표현하는 반면, 비정형 명세 기법은 자연어와 같은 형식이 없는 방법으로 요구사항을 기술한다.

19 ②

UML 관계의 종류

- 연관(Association) 관계 : 2개 이상의 사물이 서로 관련되어 있는 관계
- 집합(Aggregation) 관계 : 하나의 사물이 다른 사물에 포함되어 있는 관계
- 포함(Composition) 관계 : 포함하는 사물의 변화가 포함되는 사물에게 영향을 미치는 관계
- 일반화(Generalization) 관계 : 하나의 사물이 다른 사물에 비해 더 일반적이거나 구체적인 관계
- 의존(Dependency) 관계 : 서로에게 영향을 주는 짧은 시간 동안만 연관을 유지하는 관계
- 실체화(Realization) 관계 : 사물이 할 수 있거나 해야 하는 기능으로, 서로를 그룹화할 수 있는 관계

20 ④

XP(eXtremeProgramming)

- 대표적인 Agile 방법론이다.
- 1999년 Kent Beck이 제안하였으며, 개발 단계 중 요구사항이 시시각각으로 변동이 심한 경우에 적합한 방법론이다.
- 빠른 개발을 진행하면서 매 반복에서 테스트를 진행한다.
- 요구사항을 모두 정의해 놓고 작업을 진행하는 것이 아니라, 요구사항이 변경되는 것을 적용하는 방식으로 예측성보다는 적응성에 더 높은 가치를 부여한 방법이다.
- 사용자의 요구사항은 언제든지 변할 수 있다.
- 고객과 직접 대면하며 요구사항을 이야기하기 위해 사용자 스토리(User Story)를 활용할 수 있다.
- 기존의 방법론에 비해 실용성(Pragmatism)을 강조한 것이라고 볼 수 있다.

과목 02 소프트웨어 개발

21 ①

인터페이스 구현 검증 도구

Watir	• Ruby 기반 웹 애플리케이션 테스트 프레임워크이다. • 모든 언어 기반의 웹 애플리케이션 테스트와 브라우저 호환성을 테스트할 수 있다.
xUnit	• java(Junit), C++(Cppunit), .Net(Nunit) 등 다양한 언어를 지원하는 단위 테스트 프레임워크이다. • 함수, 클래스 등 다른 구성 단위의 테스트를 도와준다.

FitNesse	• 웹 기반 테스트 케이스 설계/실행/결과 확인 등을 지원하는 테스트 프레임워크이다. • 테스트 케이스 테이블을 작성하면 자동으로 빠르고 쉽게 작성한 테스트를 수행할 수 있다.
STAF	• 서비스 호출, 컴포넌트 재사용 등 다양한 환경을 지원하는 테스트 프레임워크이다. • 데몬을 사용하여 테스트 대상 분산 환경에서 대상 프로그램을 통하여 테스트를 수행하고 통합하는 자동화 검증 도구이다.

22 ④

전체 노드 수 = 루트 노드 수 + 간 노드의 자식 노드 수 + 단말 노드 수(자식이 없는 노드) + 트리의 차수(한 노드가 가질 수 있는 최대 자식 수)

23 ③

색인 순차 파일(Indexed Sequential Access File)

- 기본 영역, 색인 영역, 오버플로우 영역으로 구성된다.
- 레코드를 참조할 때 색인을 탐색한 후 색인이 가리키는 포인터를 사용하여 직접 참조할 수 있다.
- 레코드를 추가 및 삽입하는 경우, 파일 전체를 복사할 필요가 없다.
- 인덱스를 저장하기 위한 공간과 오버플로우 처리를 위한 별도의 공간이 필요하다.
- 색인 구역은 트랙(Track) 색인 영역, 실린더(Cylinder) 색인 영역, 마스터(Master) 색인 영역으로 구성된다.

24 ④

검증(Verification) 테스트	• 제품이 명세서대로 완성되었는지 검증하는 단계이다. • 개발자의 시각에서 제품의 생산 과정을 테스트하는 것을 의미한다.
확인(Validation) 테스트	• 소프트웨어가 고객의 요구사항과 기대를 충족하는지 확인하는 단계이다. • 사용자의 요구사항을 잘 수행하고 있는지 사용자의 시각에서 생산된 제품의 결과를 테스트하는 것을 의미한다.

25 ①

애플리케이션 패키징

- 개발이 완료된 소프트웨어를 고객에 인도하기 위해 패키징하고, 설치 매뉴얼, 사용 매뉴얼 등을 작성하는 일련의 배포용 설치 파일을 만드는 작업을 의미한다.
- 향후 관리 편의성을 위해 모듈화하여 패키징한다.
- 사용자를 중심으로 진행하며, 사용자의 다양한 환경에서 설치할 수 있도록 패키징한다.
- 사용자의 불편함을 줄이고 사용자의 편의성을 먼저 고려한다.
- 주의 사항 : 전체 내용을 포함, 고객 중심, 모듈화, 버전 관리 및 릴리즈 노트 관리

26 ①

알파 테스트	베타 테스트 전에 프로그램 개발 시 내부에서 미리 평가하고 버그를 찾아 수정하기 위해 시험해 보는 검사이다.
베타 테스트	정식으로 프로그램을 공개하기 전에 한정된 집단 또는 일반인에게 공개하여 기능을 시험하는 검사이다.

27 ③

해싱 함수의 종류

제산법 (Division Method)	나머지 연산자(%)를 사용하여 테이블 주소를 계산하는 방법
제곱법 (Mid-Square Method)	레코드 키값을 제곱한 후에 결과값의 중간 부분에 있는 몇 비트를 선택하여 해시 테이블의 홈 주소로 사용하는 방법
중첩법(폴딩법, Folding Method)	레코드 키를 여러 부분으로 나누고, 나눈 부분의 각 숫자를 더하거나 XOR한 값을 홈 주소로 사용하는 방법
기수 변환법 (Radix Conversion Method)	키 숫자의 진수를 다른 진수로 변화시켜 주소 크기를 초과한 높은 자릿수를 절단하고, 이를 다시 주소 범위에 맞게 조정하는 방법
계수 분석법 (Digit Analysis Method)	레코드 키를 구성하는 수들이 모든 키들 내에서 각 자리별로 어떤 분포인지를 조사하여 비교적 고른 분포를 나타내는 자릿수를 필요한 만큼 선택하여 레코드의 홈 주소로 사용하는 방법
무작위법 (Random Method)	난수를 발생시킨 후 그 난수를 이용해 각 키의 홈 주소를 산출하는 방법

28 ③

소프트웨어 버전 관리 도구

공유 폴더 방식	• 버전 관리 자료가 로컬 컴퓨터의 공유 폴더에 저장되어 관리되는 방식이다. • 개발자들은 개발이 완료된 파일을 약속된 공유 폴더에 매일 복사하고, 담당자는 공유 폴더의 파일을 자기 PC로 복사한 후 컴파일 하여 이상 유무를 확인한다. • 이상 유무 확인 과정에서 파일의 오류가 확인되면 해당 파일을 등록한 개발자에게 수정을 의뢰하고, 파일에 이상이 없다면 다음날 각 개발자들이 동작 여부를 다시 확인한다. • 파일을 잘못 복사하거나 다른 위치로 복사하는 것에 대비하기 위해 파일의 변경 사항을 데이터베이스에 기록하여 관리한다. • 종류에는 SCCS, RCS, PVCS, QVCS 등이 있다.

클라이언트/서버 방식	• 버전 관리 자료가 중앙 시스템(서버)에 저장되어 관리되는 방식이다. • 서버의 자료를 개발자별로 자신의 PC(클라이언트)로 복사하여 작업한 후 변경된 내용을 서버에 반영한다. • 모든 버전 관리는 서버에서 수행된다. • 하나의 파일을 서로 다른 개발자가 작업할 경우 경고 메시지를 출력한다. • 서버에 문제가 생기면, 서버가 복구되기 전까지 다른 개발자와의 협업 및 버전 관리 작업은 중단된다. • 종류에는 CVS, SVN(Subversion), CVSNT, Clear Case, CMVC, Perforce 등이 있다.
분산 저장소 방식	• 버전 관리 자료가 하나의 원격 저장소와 분산된 개발자 PC의 로컬 저장소에 함께 저장되어 관리되는 방식이다. • 개발자별로 원격 저장소의 자료를 자신의 로컬 저장소로 복사하여 작업한 후 변경된 내용을 로컬 저장소에서 우선 반영(버전 관리)한 다음 이를 원격 저장소에 반영한다. • 로컬 저장소에서 버전 관리가 가능하므로 원격 저장소에 문제가 생겨도 로컬 저장소의 자료를 이용하여 작업할 수 있다. • 종류에는 Git, GNU arch, DCVS, Bazaar, Mercurial, TeamWare, Bit-keeper, Plastic SCM 등이 있다.

오답 피하기

RCS(Revision Control System)

- 소스 파일의 수정을 한 사람만으로 제한한다는 점이 CVS와의 차이점이다.
- 다수의 사용자가 동시에 파일 수정을 할 수 없도록 파일 잠금 방식으로 버전을 관리하는 도구이다.
- 다른 방향으로 진행된 개발 결과를 합치거나 변경 내용을 추적할 수 있다.

29 ④

중위 순회(In-order)는 LEFT → ROOT → RIGHT 순으로 진행된다.

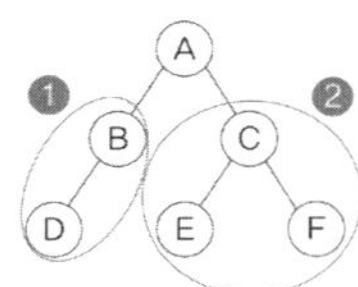

❶A❷ → DBA❷ → DBAECF 순서로 진행된다.

30 ③

오답 피하기

- Brooks의 법칙 : 지체되는 소프트웨어 개발 프로젝트에 인력을 더하는 것은 개발을 늦출 뿐이다.
- Boehm의 법칙 : 소프트웨어 프로젝트 중에 버그를 찾아 수정하는 비용은 시간이 지날수록 높아진다.

31 ③

형상 통제 과정에서 형상 목록의 변경 요구의 경우 변경 통제 위원회를 통하여 변경 통제가 이루어져야 한다.

32 ③

ISO/IEC 25000

- 기존 소프트웨어 품질 평가 모델과 소프트웨어 평가 절차 모델인 ISO/IEC 9126과 ISO/IEC 14598을 통합하였다.
- 2500n, 2501n, 2502n, 2503n, 2504n의 다섯 가지 분야로 나눌 수 있고, 확장 분야인 2505n이 있다.

2501n(9126-2, 품질 모형)	품질 모델 및 품질 사용
2503n(9126-3, 품질 측정)	매트릭을 통한 측정 방법 제시

33 ③

소스 코드 품질 분석 도구

정적 분석 도구	• 소프트웨어를 분석하는 방법의 하나로 소프트웨어를 실행하지 않고 코드 레벨에서 분석하는 방법이다. • 종류 : pmd, cppcheck, SonarQube, check-style, ccm, cobertura, FindBugs 등
동적 분석 도구	• 애플리케이션을 실행하여 코드에 존재하는 메모리 누수 현황을 발견하고, 발생한 스레드의 결함 등을 분석하기 위한 도구이다. • 종류 : Avalanche, Valgrind, valMeter 등

34 ③

디지털 저작권 관리(DRM, Digital Right Management)

- 저작권자가 배포한 디지털 콘텐츠가 저작권자의 의도한 용도로만 사용되도록 디지털 콘텐츠의 생성, 유통, 이용까지의 전 과정에 걸쳐 사용되는 디지털 콘텐츠 관리 및 보호 기술이다.
- 구성 요소

클리어링 하우스 (Clearing House)	저작권에 대한 사용 권한, 라이선스 발급, 사용량에 따른 관리 등을 수행하는 곳
콘텐츠 제공자 (Contents Provider)	콘텐츠를 제공하는 저작권자
패키저 (Packager)	콘텐츠를 메타 데이터와 함께 배포 가능한 형태로 묶어 암호화하는 프로그램
콘텐츠 분배자 (Contents Distributor)	암호화된 콘텐츠를 유통하는 곳이나 사람
콘텐츠 소비자 (Customer)	콘텐츠를 구매해서 사용하는 주체
DRM 컨트롤러 (DRM Controller)	배포된 콘텐츠의 이용 권한을 통제하는 프로그램
보안 컨테이너 (Security Container)	콘텐츠 원본을 안전하게 유통하기 위한 전자적 보안 장치

• 기술 요소

암호화 (Encryption)	콘텐츠 밑 라이선스를 암호화하고 전자 서명을 할 수 있는 기술
키 관리 (key Management)	콘텐츠를 암호화한 키에 대한 저장 및 분배 기술
암호화 파일 생성 (Pakager)	콘텐츠를 암호화된 콘텐츠로 생성하기 위한 기술
식별 기술 (Identification)	콘텐츠에 대한 식별 체계 표현 기술
저작권 표현 (Right Expression)	라이선스의 내용 표현 기술
정책 관리 (Policy Management)	라이선스 발급 및 사용에 대한 정책 표현 및 관리 기술
크랙 방지 (Tamper Resistance)	크랙에 의한 콘텐츠 사용 방지 기술
인증 (Authentication)	라이선스 발급 및 사용의 기준이 되는 사용자 인증 기술

35 ①

상향식 통합 테스트 절차

• 하위 모듈을 클러스터로 결합 : 가장 낮은 수준의 모듈들을 기능적으로 묶어 클러스터를 구성한다.
• 상위 모듈에서 데이터 입출력을 확인하기 위해 더미모듈인 드라이버를 작성 : 상위 모듈과의 인터페이스를 구현하는 드라이버를 만들어 상위 모듈의 기능을 시뮬레이션한다.
• 통합된 클러스터 단위로 테스트를 수행 : 드라이버를 통해 클러스터에 데이터를 입력하고 출력 결과를 검증하여 클러스터의 기능을 테스트한다.
• 테스트가 완료되면 클러스터는 프로그램 구조의 상위로 이동하여 결합하고 드라이버는 실제 모듈로 대체 : 테스트를 통과한 클러스터는 상위 모듈과 결합되고 드라이버는 실제 모듈로 교체된다.

36 ①

통합 테스트 수행 방법

통합 테스트 (Intergration Test)	점진적 통합 방식 (빅뱅)	모든 모듈이 결합된 프로그램 전체가 테스트 대상이다.
	비점진적 통합 방식	• 상향식 : 하위→상위로 통합해 가면서 테스트한다. • 하향식 : 상위→하위로 통합해 가면서 테스트한다.
혼합식 테스트 (Sandwich Test)	• 상향식과 하향식의 장점을 이용하는 방식(상향식+하향식)이다. • 스텁(Stub)과 드라이버(Driver)의 필요성이 매우 높은 방식이다.	
회귀 시험 (Regression Test)	• 수정한 부분이 소프트웨어의 다른 부분에 영향을 미치는지 테스트하여 소프트웨어 수정이 새로운 오류를 발생시키지 않았는지 확인한다. • 유형 : Retest All, Selective, Priority 기법	

37 ④

• 오름차순 선택 정렬은 pass마다 앞쪽의 값들이 가장 작은 값이 위치하게 된다. 즉 2회전 시에는 두 번째 값까지 정렬이 완성된 것을 찾으면 된다.
• 앞으로 이동한 값을 제외한 나머지 값들은 위치가 변하지 않는다.

1pass	8, 3, 4, 9, 7 → 3, 8, 4, 9, 7
2pass	3, 8, 4, 9, 7 → 3, 4, 8, 9, 7
3pass	3, 4, 8, 9, 7 → 3, 4, 7, 9, 8
4pass	3, 4, 7, 9, 8 → 3, 4, 7, 8, 9

38 ③

무방향 그래프의 최대 간선수 : n(n−1)/2

오답 피하기

방향 그래프의 최대 간선수 : n(n−1)

39 ②

IDE 도구의 기능

Coding	프로그래밍 언어를 가지고 컴퓨터 프로그램을 작성할 수 있는 환경을 제공
Compile	소스 코드를 기계어나 중간 코드로 변환하는 역할
Debugging	프로그램에서 발견되는 버그를 찾아 수정할 수 있는 기능
Deployment	소프트웨어를 최종 사용자에게 전달하기 위한 기능

40 ③

화이트박스 테스트	• 모듈의 원시 코드를 오픈시킨 상태에서 코드의 논리적 모든 경로를 테스트한다. • Source Code의 모든 문장을 한 번 이상 수행함으로써 진행된다. • 종류 : 기초 경로 검사, 조건 검사, 제어 구조 검사, 데이터 흐름 검사, 루프 검사 등
블랙박스 테스트	• 사용자의 요구사항 명세를 보면서 구현된 기능에 중점을 두는 테스트이다. • 소프트웨어가 수행할 특정 기능을 알기 위해 각 기능이 완전히 작동되는 것을 입증하는 테스트(=기능 테스트)이다. • 종류 : 동치 분할 검사, 원인 효과 그래프 검사, 비교 검사 등

과목 03 데이터베이스 구축

41 ②

이행 종속 규칙

- 릴레이션에서 속성 A가 B를 결정하고(A→B), 속성 B가 C를 결정하면(B→C) 속성 A가 C도 결정한다는(A→C) 종속 규칙이다.
- 정규화 과정에서 이행 종속을 해소하는 단계를 '3차 정규형'이라고 한다.

42 ①

무결성(Integrity)

개체 무결성	기본키의 값은 널(Null)값이나 중복 값을 가질 수 없다는 제약조건
참조 무결성	참조할 수 없는 외래키 값을 가질 수 없다는 제약조건
도메인 무결성	릴레이션의 하나의 속성은 반드시 원자값이어야 한다는 것을 보장하는 제약조건

43 ①

- 모든 속성의 도메인 값을 곱하면 최대 튜플 수가 계산된다.
- 3×2×4 = 24(개)

44 ①

CREATE TABLE문

```
( { 열이름 데이터_타입 [NOT NULL], [DEFALUT 값]
}
    [PRIMARY KEY(열이름_리스트)]
    [UNIQUE(열이름_리스트,...)]
    { [FOREIGN KEY(열이름_리스트)]
      REFERENCES 기본테이블[(기본키_열이름)]
      [ON DELETE 옵션]
      [ON UPDATE 옵션] }
    [CHECK(조건식)] );
```

- { }는 중복 가능한 부분, [ ]는 생략 가능한 부분
- NOT NULL은 특정 열에 대해 널(Null) 값을 허용하지 않을 때 기술
- PRIMARY KEY는 기본키를 구성하는 속성을 지정할 때
- FOREIGN KEY는 외래키로 어떤 릴레이션의 기본키를 참조하는지를 기술

오답 피하기

속성의 타입 변경은 ALTER문을 사용한다.

45 ③

키(Key)의 종류

기본키(Primary Key)	• 후보키들 중에서 하나를 선택한 키로, 테이블에서 기본키는 오직 1개만 지정할 수 있다. • NULL 값을 절대 가질 수 없고, 중복된 값을 가질 수 없다.
후보키(Candidate Key)	• 테이블에서 각 행을 유일하게 식별할 수 있는 최소한의 속성들의 집합이다. • 기본키가 될 수 있는 후보들이며, 유일성과 최소성을 동시에 만족시켜야 한다.
슈퍼키(Super Key)	• 테이블에서 각 행을 유일하게 식별할 수 있는 하나 또는 그 이상의 속성들의 집합이다. • 유일성은 만족시키지만 최소성은 만족시키지 못한다.
대체키(Alternate Key)	• 후보키가 두 개 이상일 경우 그 중에서 어느 하나를 기본키로 지정하고 남은 후보키들이다. • 기본키로 선정되지 않은 후보키이다.
외래키(Foreign Key)	• 테이블이 다른 테이블의 데이터를 참조하여 테이블 간의 관계를 연결하는 것이다. • 참조되는 테이블의 기본키와 동일한 키 속성을 가진다.

46 ①

물리적 설계	• 목표 DBMS에 종속적인 물리적 구조 설계 • 저장 레코드 양식 설계 • 레코드 집중의 분석/설계 • 엑세스 경로 인덱싱 • 클러스터링, 해싱 등의 설계
논리적 설계	• 목표 DBMS에 종속적인 논리적 스키마 설계 • 스키마의 평가 및 정제 • 논리적 데이터 모델로 변환 • 트랜잭션 인터페이스 설계

47 ④

이상(Anomaly) 현상

- 릴레이션 조작 시 데이터들이 불필요하게 중복되어 예기치 않게 발생하는 곤란한 현상을 의미한다.
- 종류 : 삽입 이상, 삭제 이상, 갱신 이상

48 ②

반정규화(De-Normalization)

- 정규화된 엔티티, 속성, 관계에 대해 시스템의 성능 향상과 개발(Development)과 운영(Maintenance)의 단순화를 위해 중복, 통합, 분리 등을 수행하는 데이터 모델링의 기법을 의미한다.
- 정규화를 통하여 정합성과 데이터 무결성이 보장되지만, 테이블의 개수가 증가함에 따라 테이블 간의 조인이 증가하여 조회 성능이 떨어질 수 있다.

- 즉, DB의 성능 향상을 목적으로 정규화를 통해 분할된 테이블을 다시 합치는 과정을 의미한다.

오답 피하기

- 정규화(Normalization) : 관계형 데이터베이스의 설계에서 데이터 중복을 줄이고 데이터 무결성을 개선하기 위해 데이터를 정규형에 맞도록 구조화하는 것
- 집단화(Aggregation) : 관련 있는 객체들을 묶어 하나의 상위 객체를 구성하는 것
- 머징(Merging) : 두 객체를 병합하는 것

49 ①

로킹 단위	커짐	작아짐
로크 수	적어짐	많아짐
관리 난이도	쉬움	어려움
병행 제어	단순해짐	복잡해짐
로킹 오버헤드	감소	증가
병행성 수준	낮아짐	높아짐
데이터베이스 공유도	감소	증가

오답 피하기

로킹의 대상이 되는 객체(파일, 테이블, 필드, 레코드)의 크기를 로킹 단위라고 한다.

50 ③

함수적 종속(Functional Dependency)

- 어떤 릴레이션 R에서, X와 Y를 각각 R의 속성(Attribute) 집합의 부분 집합일 경우, 속성(Attribute) X의 값 각각에 대해 시간에 관계없이 항상 속성(Attribute) Y의 값이 오직 하나만 연관되어 있을 때 Y는 X에 함수 종속이라 하고, X → Y로 표기한다.
- 종류

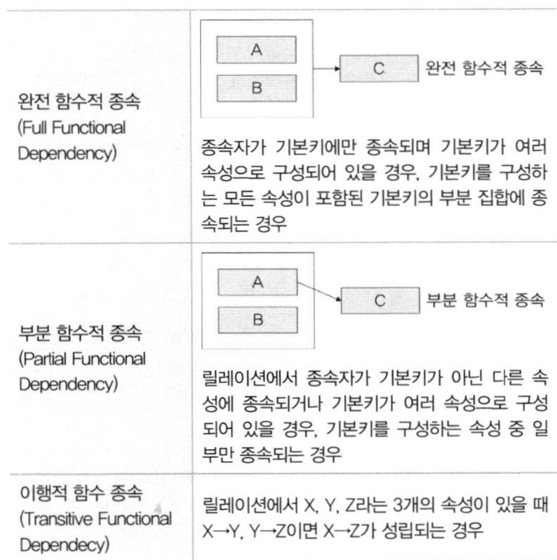

완전 함수적 종속 (Full Functional Dependency)	[A, B → C 완전 함수적 종속] 종속자가 기본키에만 종속되며 기본키가 여러 속성으로 구성되어 있을 경우, 기본키를 구성하는 모든 속성이 포함된 기본키의 부분 집합에 종속되는 경우
부분 함수적 종속 (Partial Functional Dependency)	[A → C 부분 함수적 종속, B] 릴레이션에서 종속자가 기본키가 아닌 다른 속성에 종속되거나 기본키가 여러 속성으로 구성되어 있을 경우, 기본키를 구성하는 속성 중 일부만 종속되는 경우
이행적 함수 종속 (Transitive Functional Dependecy)	릴레이션에서 X, Y, Z라는 3개의 속성이 있을 때 X→Y, Y→Z이면 X→Z가 성립되는 경우

51 ③

파일의 구조

순차 파일 (Sequential File)	입력되는 데이터들을 논리적인 순서에 따라 물리적 연속 공간에 순서대로 기록하는 방식(=순서 파일)
색인 순차 파일 (Indexed Sequential File)	레코드들을 키값 순으로 정렬시켜 기록하고 레코드의 키 항목만을 모은 색인(인덱스)을 구성하여 편성하는 방식
직접 파일 (Direct File)	파일을 구성하는 레코드들을 특정 순서 없이 임의의 물리적 저장 공간에 기록하는 방식(=랜덤 파일, DAM 파일)
역 파일 (Inverted File)	특정 항목(Field)을 여러 개의 색인으로 만들어 항목별 특성에 맞게 작업할 수 있도록 하는 방식
다중 리스트 파일 (Multi-List File)	각 키에 대하여 색인을 만든 다음 각 데이터 레코드들 간에 다중 리스트를 구축하여 구성하는 방식
다중 링 파일 (Multi-Ring File)	같은 특성을 가진 레코드들을 일련의 포인터로 연결하여 구성하는 방식

52 ②

타임 스탬프 기법

- 동시성 제어를 위한 직렬화 기법으로 트랜잭션 간의 순서를 미리 정하는 방법이다.
- 트랜잭션이 DBMS로부터 유일한 타임 스탬프(시간 허가 인증 도장)를 부여받는다.

53 ④

파티션(Partition)의 종류

범위(Range) 파티션	• 데이터를 지정한 범위에 따라 분할하는 방식이다. • 예를 들어, 날짜 범위에 따라 데이터를 분할할 수 있다. • 데이터의 연속성과 접근 패턴을 기반으로 분할하는 데 적합하다.
목록(List) 파티션	• 특정 열 값의 목록에 따라 데이터를 분할하는 방식이다. • 예를 들어, 특정 지역의 데이터를 분할할 때 해당 지역의 목록을 사용할 수 있다. • 명시적인 값 목록을 기반으로 분할하는 데 유용하다.
해시(Hash) 파티션	• 해시 함수를 사용하여 데이터를 분할하는 방식이다. • 데이터의 고르고 균형 잡힌 분할을 위해 사용된다. • 해시 파티션은 데이터의 분산을 극대화하기 위해 사용된다.
컴포지트(Composite) 파티션	• 두 개 이상의 파티션 유형을 조합하여 데이터를 분할하는 방식이다. • 범위와 목록을 조합하여 데이터를 분할할 수 있다. • 다양한 분할 기준을 조합하여 더 세부적인 데이터 분할을 수행할 때 사용된다.

54 ③

```
DROP TABLE 테이블_이름 [CASCADE | RESTRICT];
```

- CASCADE : 삭제할 요소가 다른 개체에서 참조 중이라도 삭제가 수행된다.
- RESTRICT : 삭제할 요소가 다른 개체에서 참조 중일 경우 삭제가 취소된다.

55 ①

```
UPDATE 테이블명
  SET 속성명=값
    WHERE 조건;
```

56 ③

```
ALTER TABLE 회원
ADD COLUMN 주소 VARCHAR(255);
```

57 ①

- R1, R2 테이블에서 학번이 같으면서, R1의 학과가 '전자공학'이면서 '강남길'인 항목의 과목번호, 과목이름을 조회하는 SQL문이다.
- R1, R2 테이블을 학번으로 조인하고, '전자공학'이면서 '강남길'인 레코드 중에서 과목번호, 과목이름 필드를 조회한다.

58 ③

뷰(View)의 특징
- 뷰의 생성 시 CREATE문, 검색 시 SELECT문을 사용한다.
- 뷰의 정의 변경 시 ALTER문을 사용할 수 없고 DROP문을 이용한다.
- 뷰를 이용한 또 다른 뷰의 생성이 가능하다.
- 하나의 뷰 제거 시 그 뷰를 기초로 정의된 다른 뷰도 함께 삭제된다.
- 뷰에 대한 조작에서 삽입, 갱신, 삭제 연산은 제약이 따른다.
- 뷰가 정의된 기본 테이블이 제거되면 뷰도 자동적으로 제거된다.

오답 피하기

뷰의 삽입, 삭제, 갱신 연산 시 ALTER문을 사용할 수 없다는 제약이 있다.

59 ③

데이터 사전(Data Dictionary)
- 시스템 자신이 필요로 하는 여러 가지 객체(기본 테이블, 뷰, 인덱스, 데이터베이스, 패키지, 접근 권한 등)에 관한 정보를 포함하고 있는 시스템 데이터베이스이다.
- 시스템 카탈로그(System Catalog), 메타 데이터(Meta Data)라고도 한다.
- 시스템 카탈로그 자체도 시스템 테이블로 구성되어 있어 SQL문을 이용하여 내용 검색이 가능하다.
- 사용자가 시스템 카탈로그를 직접 갱신할 수 없으며, SQL문으로 여러 가지 객체에 변화를 주면 시스템이 자동으로 갱신한다.

60 ③

인덱스(Index)
- 데이터베이스 성능에 많은 영향을 주는 DBMS의 구성 요소로 테이블과 클러스터에 연관되어 독립적인 저장 공간을 보유하며, 데이터베이스에 저장된 자료를 더욱 빠르게 조회하기 위하여 별도로 구성한 순서 데이터를 말한다.
- 대부분의 데이터베이스에서 테이블을 삭제하면 인덱스도 같이 삭제된다.
- 인덱스는 수정이 불가능하며 생성은 CREATE 명령문, 삭제는 DROP 명령문을 사용한다.

과목 04 프로그래밍 언어 활용

61 ③

- a[3:7:2]는 리스트 a의 3번째 인덱스부터 7번째 인덱스(미포함)까지 2칸씩 건너뛸 때 값을 추출하는 슬라이싱 연산이다.
- = 연산자를 사용하여 추출된 값을 문자열 'd'와 'f'로 대체한다.
- print(a[:8])은 리스트 a의 0번째 인덱스부터 8번째 인덱스(미포함)까지 값을 출력한다.

62 ②

- n 변수에 3을 할당, r 변수에 1을 할당, i 변수에 1을 할당한다.
- while 루프 시작 → i가 n보다 작거나 같은 동안 루프가 계속된다.
- 루프 내부에서 r은 현재의 i값과 곱해진다. 따라서 처음에는 r이 1이므로 r은 1×1=1이 된다.
- i는 1씩 증가하므로 루프가 계속되면서 r은 1×2=2, 그 다음은 2×3=6이 된다.
- i가 3이 되면 루프가 종료된다.
- printf 함수를 통해 결과인 r이 출력(6)된다.

63 ③

- a에 97을 할당, b에 'a'를 할당, c에 3.14를 할당한다.
- %c, %d, %d 형식 문자열을 사용하여 a, b, c의 값을 출력한다.

오답 피하기

- c에 3.14를 할당하면 실수값이 아니라 정수값인 3만 저장된다.
- %c 형식 지시자는 문자를 출력하는데, a는 97이라는 정수값이므로 문자 'a'가 아닌 ASCII 코드값인 'a'가 출력된다.

64 ②

- function 함수 정의
  - 두 개의 정수 매개변수 x와 y를 받아서 조건 연산자를 사용하여 값을 반환한다.
  - 만약 x가 y보다 크다면 10*x*y를 반환하고, 그렇지 않으면 10*x+y를 반환한다.
- main 함수 정의
  - main 함수 내에서 function(3, 7)을 호출하여 결과를 얻는다.
  - 여기서 x는 3이고 y는 7이다.
  - 3 〉 7은 거짓이므로 두 번째 표현식 10*x+y가 실행된다.

• 따라서 10*3+7을 계산하여 37이 반환되며, printf 함수를 사용하여 결과를 출력한다.

65 ④

다형성(Polymorphism)

• 많은 상이한 클래스들이 동일한 메소드명을 이용하는 능력을 의미한다.
• 한 메시지가 객체에 따라 다른 방법으로 응답할 수 있는 것이다.
• 메시지에 의해 객체가 연산을 수행하게 될 때 하나의 메시지에 대해 각 객체가 가지고 있는 고유한 방법으로 응답할 수 있는 능력이다.

오답 피하기

메소드 오버라이딩(Overriding)의 경우 매개 변수 타입은 동일하지만 메소드명을 다르게 함으로써 구현, 구분할 수 있다.

66 ④

• 10K 크기의 프로그램이 할당되려면 사용하지 않는 메모리인 NO.1, NO.2, NO.5 중에서 메모리 크기가 10K 이상인 NO.2, NO.5에 할당될 수 있다.
• NO.2에 할당되면 내부 단편화가 2K 발생하고, NO.5에 할당되면 내부 단편화가 6K 발생한다.
• 최악 적합(Worst-Fit)은 적재 가능한 공간 중에서 가장 큰 공백이 남는 부분에 배치하는 기법이므로, NO.5에 할당된다.

67 ②

• 10.0.0.0 네트워크는 A클래스에 해당한다.
• 서브넷은 255.240.0.0/12이므로, 11111111. 11110000. 00000000. 00000000이다.
• 유효한 서브네트 ID
  - 10.0.0.0
  - 10.16.0.0
  - 10.32.0.0
  - 10.48.0.0
  - 10.64.0.0
  - 10.80.0.0
  - 10.96.0.0
  - 10.112.0.0
  - 10.128.0.0
  - 10.144.0.0
  - 10.160.0.0
  - 10.176.0.0
  - 10.192.0.0
  - 10.208.0.0
  - 10.224.0.0
  - 10.240.0.0

오답 피하기

서브넷 마스크

• 현재 사용 중인 네트워크의 범위를 설정하는 것이다.
• 서브넷 ID는 설정된 범위의 첫 번째 IP로 서브넷을 식별하는 역할을 한다.

68 ④

결합도(Coupling)

(약함) 자료 결합도(Data Coupling) → 스탬프 결합도(Stamp Coupling) → 제어 결합도(Control Coupling) → 외부 결합도(External Coupling) → 공통 결합도(Common Coupling) → 내용 결합도(Content Coupling) **(강함)**

결합도	설명
자료 결합도 (Data Coupling)	한 모듈이 파라미터나 인수로 다른 모듈에게 데이터를 넘겨주고 호출받은 모듈은 받은 데이터에 대한 처리 결과를 다시 돌려주는 경우의 결합도
스탬프 결합도 (Stamp Coupling)	두 모듈이 동일한 자료구조를 조회하는 경우의 결합도
제어 결합도 (Control Coupling)	한 모듈이 다른 모듈의 내부 논리 조직을 제어하기 위한 목적으로 제어신호를 이용하여 통신하는 경우의 결합도
외부 결합도 (External Coupling)	한 모듈에서 외부로 선언한 변수를 다른 모듈에서 참조할 경우의 결합도
공통 결합도 (Common Coupling)	한 모듈이 다른 모듈에게 제어 요소를 전달하고 여러 모듈이 공통자료 영역을 사용하는 경우의 결합도
내용 결합도 (Content Coupling)	한 모듈이 다른 모듈의 내부 기능 및 그 내부 자료를 참조하는 경우의 결합도

69 ②

트랜잭션의 상태

상태	설명
활동(Active)	초기 상태로, 트랜잭션이 Begin_Trans에서부터 실행을 시작하였거나 실행 중인 상태
부분 완료 (Partially Commited)	트랜잭션의 마지막 연산이 실행된 직후의 상태로, 모든 연산의 처리는 끝났지만 트랜잭션이 수행한 최종 결과를 데이터베이스에 반영하지 않은 상태
철회(Aborted)	트랜잭션이 실행에 실패하여 Rollback 연산을 수행한 상태
완료(Committed)	트랜잭션이 실행을 성공적으로 완료 연산을 수행한 상태

70 ②

전송 계층(Transport Layer)

• 통신 양단 간(End-to-End) 투명한 데이터 전송을 제공한다.
• 에러 제어 및 흐름 제어를 담당한다.
• 표준 : TCP, UDP

71 ③

Java 출력 함수

• System.out.print() : 괄호 안을 출력하고 줄 바꿈을 안 한다.
• System.out.println() : 괄호 안을 출력하고 줄 바꿈을 한다.
• System.out.printf() : 변환 문자를 사용하여 출력한다.

72 ①

OSI 7계층의 기능

- 물리 계층(Physical Layer) : 전기적, 기능적, 절차적 기능을 정의한다.
- 데이터 링크 계층(Data Link Layer) : 흐름 제어, 에러 제어, 두 노드 간을 직접 연결하는 링크 상에서 프레임의 전달을 담당한다. 흐름 제어와 오류 복구를 통하여 신뢰성 있는 프레임 단위의 전달을 제공한다.
- 네트워크 계층(Network Layer) : 경로 설정 및 네트워크 연결 관리하며 통신망을 통한 목적지까지 패킷 전달을 담당한다.
- 전송 계층(Transport Layer) : 통신 양단 간(End-to-End)의 에러 제어 및 흐름 제어, 다중화/역다중화한다.
- 세션 계층(Session Layer) : 회화 구성, 동기 제어, 데이터 교환 관리, 프로세스 간에 대한 연결을 확립, 관리, 단절시키는 수단을 제공한다.
- 표현 계층(Presentation Layer) : 코드 변환, 암호화, 압축, 구문 검색한다.
- 응용 계층(Application Layer) : 사용자에게 서비스 제공하며, 네트워크 가상 터미널(network virtual terminal)이 존재하여 서로 다른 프로토콜에 의해 발생하는 호환성 문제를 해결하는 계층이다.

73 ④

NUR(Not Used Recently)

- 최근에 사용하지 않은 페이지를 먼저 교체하는 기법이다.
- 매 페이지마다 두 개의 하드웨어 비트인 참조 비트(호출비트, Reference Bit)와 변형 비트(Modified Bit)가 필요하다.

오답 피하기

페이지 교체 기법

FIFO(First In First Out)	가장 먼저 들어온 페이지 교체
LRU(Least Recently Used)	가장 오랫동안 사용되지 않은 페이지 교체
LFU(Least Frequently Used)	참조 횟수가 가장 작은 페이지 교체
MFU(Most Frequently used)	참조 횟수가 가장 많은 페이지 교체
OPT(Optimal)	앞으로 가장 오랫동안 사용되지 않을 페이지 교체
NUR(Not Used Recently)	최근에 사용하지 않은 페이지 교체

74 ①

IPv6(Internet Protocol version 6)

- 16비트씩 8 부분으로 총 128비트로 구성된다.
- 주소의 한 부분이 0으로만 연속되는 경우 연속된 0은 '::'으로 생략하여 표시할 수 있다.
- 주소 체계는 유니캐스트(Unicast), 애니캐스트(Anycast), 멀티캐스트(Multicast) 등 세 가지로 나뉜다.

75 ④

uname 명령어 옵션

- – a : 모든 시스템 정보를 출력
- – r : 커널 버전을 출력
- – s : 운영체제 이름을 출력
- – m : CPU 아키텍처를 출력

오답 피하기

- ls : 현재 디렉터리에 있는 파일과 디렉터리 목록을 출력
- cat : 파일 내용을 출력
- pwd : 현재 작업 디렉터리의 절대 경로를 출력

76 ②

메모리 구조

스택(Stack)	• 함수 호출 시 자동으로 할당되고 함수 종료 시 자동으로 해제되는 메모리 영역이다. • LIFO(Last In First Out) 방식으로 작동한다. • 변수의 크기가 미리 알려져 있어야 한다.
힙(Heap)	• 프로그램에서 직접적으로 할당하고 해제해야 하는 메모리 영역이다. • malloc() 함수를 사용하여 할당하고 free() 함수를 사용하여 해제한다. • 동적 메모리 할당에 사용된다.
버퍼(Buffer)	• 데이터를 일시적으로 저장하는 메모리 영역이다. • 입출력 작업에 주로 사용된다. • 프로그램 종료 시 자동으로 해제된다.
스풀(Spool)	• 프린터와 같은 입출력 장치와 데이터를 주고받는 데 사용되는 메모리 영역이다. • 데이터를 일시적으로 저장하여 입출력 작업을 효율적으로 처리한다. • 프로그램 종료 시 자동으로 해제된다.

77 ②

클래스 정의

```
public class Test
{     // 메인 메서드 정의
}
```

메인 메서드

```
public static void main(String[] args) {
    // for 루프
}
```

for 루프

```
for(int i = 0; i <10; i++) {
    if(i % 5 == 0)
        System.out.print("O");
    else
        System.out.print("X");
}
```

- 루프는 변수 i를 0부터 9까지 증가시키면서 총 10번 반복
- if(i % 5 == 0) : i가 5로 나누어떨어지면, "O" 출력
- else : i가 5로 나누어떨어지지 않으면, "X" 출력
- 0~9까지 수열 i를 생성하고 I의 값이 5의 배수일 때 O를 출력한다.

78 ③

이 코드는 2×2×2 크기의 3차원 리스트를 생성한다.

```
[[0]*2 for y in range(2)]
```

- [0, 0]이라는 1차원 리스트를 두 번 반복하여 2×2 크기의 2차원 리스트를 생성한다.
- 예를 들어, y가 0일 때 [0, 0]이 생성되고, y가 1일 때도 [0, 0]이 생성된다.
- 결과적으로 [[0, 0], [0, 0]]이라는 2차원 리스트를 생성한다.

```
for x in range(2)
```

- 위에서 생성된 2차원 리스트를 두 번 반복하여 2×2×2 크기의 3차원 리스트를 생성한다.
- 예를 들어, x가 0일 때 [[0, 0], [0, 0]]이 생성되고, x가 1일 때도 동일한 [[0, 0], [0, 0]]이 생성된다.
- 결과적으로 [[[0, 0], [0, 0]], [[0, 0], [0, 0]]]이라는 3차원 리스트를 생성한다.

79 ③

sizeof : 자료형의 크기를 바이트 단위로 구하는 연산자

오답 피하기
- strlen : 문자열의 길이를 구하는 함수
- length : 자료형의 길이를 구하는 함수(C++에서 사용)
- type : 자료형을 출력하는 함수

80 ④

세그먼테이션 기법에서는 논리적 크기가 제각기 다르기 때문에 할당되지 못하고 외부 단편화가 발생할 수 있고, 페이징 기법에서는 일정한 크기로 나누어져 있기 때문에 내부 단편화가 발생할 수 있다.

과목 05 정보 시스템 구축 관리

81 ④

PERT(Program Evaluation and Review Technique)는 프로젝트 완성에 필요한 작업들의 상호 관계를 표시하는 기법으로, 프로젝트 일정 관리 차트이다.

82 ④

라빈(Rabin)은 RSA 암호보다 빠른 연산 속도를 가지지만 선택 공격에 취약하다는 단점이 있다.

오답 피하기
- 엘가말(El Gamal) : RSA 암호와 유사하지만, 암호화 및 복호화 속도가 느림
- 타원곡선(ECC) : RSA 암호보다 짧은 키 길이로 동일한 보안 수준 제공, 하지만 특허 문제가 존재함

83 ④

오답 피하기
- 사물인터넷(IoT) : 다양한 물건에 센서와 통신 기능을 탑재하여 인터넷에 연결하는 기술
- 디지털 컨버전스(Digital Convergence) : 다양한 매체와 기술의 통합
- 블루투스(Bluetooth) : 단거리 무선 통신 기술

84 ③

오답 피하기
- APNIC : 아시아-태평양 지역의 IP 주소 할당 및 정보 서비스 제공 업무를 수행하는 비영리기관
- Topology : 컴퓨터 네트워크의 요소들(링크, 노드 등)을 물리적으로 연결해 놓은 방식
- SDB : 등록 장치

85 ①

구분	DSA	RSA
알고리즘	비대칭 암호화	비대칭 암호화
키의 종류	개인키, 공개키	개인키, 공개키
키 생성	더 작은 개인키와 공개키 생성	큰 개인키와 공개키 생성
안정성	안정적	안정적
속도	상대적으로 빠름	상대적으로 느림
사용 사례	디지털 서명	암호화, 디지털 서명
암호화 알고리즘	이산대수	소인수분해

86 ②

Zing : 기기를 키오스크에 갖다 대면 원하는 데이터를 바로 가져올 수 있는 기술로 10cm 이내 근접 거리에서 기가급 속도로 데이터 전송이 가능한 초고속 근접무선통신(NFC, Near Field Communication) 기술

오답 피하기

- BcN(Broadband Convergence Network) : 음성 · 데이터, 유 · 무선 등 통신 · 방송 · 인터넷이 융합된 품질 보장형 광대역 멀티미디어 서비스를 언제 어디서나 끊김없이 안전하게 이용할 수 있는 차세대 통합 네트워크
- Marine Navi : LTE와 지능형 CCTV, 인공지능(AI) 등을 활용한 KT의 통합 선박 안전 솔루션
- C-V2X(Cellular Vehicle To Everything) : 이동통신망을 통해 차량과 차량, 차량과 보행자, 차량과 인프라 간 정보를 공유하는 기술

87 ②

클라우드 컴퓨팅 서비스

IaaS (Infrastructure as a Service)	서버, 스토리지, 네트워크 등 기반 인프라를 클라우드 서비스 모델로 제공
PaaS (Platform as a Service)	운영체제, 개발 도구, 데이터베이스 등 플랫폼 환경을 클라우드 서비스 모델로 제공
SaaS (Software as a Service)	응용 소프트웨어를 클라우드 서비스 모델로 제공

88 ①

SDN의 특징

네트워크 제어와 데이터 전달 분리	네트워크를 제어하는 소프트웨어(Control Plane)와 데이터를 전달하는 하드웨어(Data Plane)를 분리하여 관리 효율성을 높인다.
소프트웨어 기반 제어	기존 하드웨어 중심의 네트워크 관리에서 벗어나 소프트웨어를 통해 네트워크를 유연하고 효율적으로 제어한다.
중앙 집중 관리	중앙 집중 관리 시스템을 통해 전체 네트워크를 통합적으로 관리하고 제어한다.
프로그래밍 가능성	네트워크를 소프트웨어 코드로 정의하고 변경하여 다양한 요구에 맞게 네트워크를 구성하고 관리할 수 있다.

오답 피하기

- NFS(Network File System) : 분산 환경에서 파일 공유를 위해 사용되는 클라이언트-서버 모델의 파일 시스템
- Network Mapper : 네트워크 상의 호스트 정보를 수집하고 분석하는 보안 도구
- AOE Network : 이더넷 프로토콜을 사용하는 디스크 저장장치 기술

89 ②

BYOD(Bring Your Own Device) 환경에서 주요 보안 강화 기술

MDM (Mobile Device Management)	기기 자체를 관리하는 방식
MAM (Mobile Application Management)	기기 내 특정 애플리케이션만 관리하는 방식

90 ④

Smurfing : IP 또는 ICMP의 특성을 악용하여 특정 사이트에 집중적으로 데이터를 보내 네트워크 또는 시스템의 상태를 불능으로 만드는 공격 방법

오답 피하기

- TearDrop : 네트워크나 서버에 요청과 데이터를 Flooding하여 컴퓨터 리소스를 사용할 수 없도록 만들려는 공격
- Smishing : IP와 인터넷 제어 메시지 프로토콜(ICMP)의 특성을 이용하여 고성능 컴퓨터를 통하여 대량의 접속 신호를 집중적으로 보냄으로써 상대 컴퓨터의 서버를 접속 불능 상태로 만들어버리는 해킹 수법
- Qshing : QR코드(Quick Response Code)를 통해 악성 앱을 내려받도록 유도하거나 악성 프로그램을 설치하게 하는 금융사기 기법 중 하나

91 ①

- TLS(Transport Layer Security)의 특징
  - SSL의 후속 프로토콜 : SSL의 보안 취약점을 개선하여 더욱 안전하고 강력한 프로토콜
  - 다양한 응용 프로그램 지원 : 웹 브라우징, 이메일, 파일 전송 등 다양한 응용 프로그램에서 사용
  - 인증, 암호화, 무결성 보장 : 서버 및 클라이언트 인증, 데이터 암호화, 데이터 무결성 보장
  - 다양한 암호화 알고리즘 지원 : 다양한 암호화 알고리즘 지원으로 상황에 맞는 보안 수준 설정 가능
- TLS 사용 예시
  - HTTPS : 웹 사이트의 보안 연결
  - IMAP/POP3 : 이메일 서버와 클라이언트 간의 보안 연결
  - FTPS : 파일 전송 프로토콜(FTP)의 보안 버전

오답 피하기

- IPSec : 장치 간 연결을 보호하기 위한 프로토콜 그룹
- SET : 안전한 전자상거래를 할 수 있도록 보장해주는 지불 프로토콜
- Kerberos : 사용자나 호스트의 ID를 확인하는 데 사용되는 인증 프로토콜

92 ④

Mesh Network

- 기존 무선 랜의 한계 극복을 위해 등장하였으며, 대규모 디바이스의 네트워크 생성에 최적화되어 차세대 이동통신, 홈네트워킹, 공공 안전 등의 특수목적을 위한 새로운 방식의 네트워크 기술이다.
- 통신량이 많은 비교적 소수의 국 사이에 구성될 경우 경제적이며 간편하지만, 다수의 국 사이에는 회선이 세분화되어 비경제적일 수도 있다.
- 해당 형태의 무선 네트워크의 경우 대용량을 빠르고 안전하게 전달할 수 있어 행사장이나 군 등에서 많이 활용된다.

오답 피하기

- Software Defined Perimeter(SDP, 소프트웨어 정의 경계) : 신원이 확인된 사용자만 리소스에 접근할 수 있는 인증 절차를 밟는 네트워크 접근 시스템
- Virtual Private Network(VPN, 가상사설망) : 공중 네트워크를 통해 한 회사나 몇몇 단체가 내용을 바깥 사람에게 드러내지 않고 통신할 목적으로 쓰이는 사설 통신망
- Local Area Network(LAN, 근거리 통신망) : 가까운 지리적 범위 내의 컴퓨터 및 기타 장치들을 연결하여 통신하고 자원을 공유할 수 있는 네트워크

93 ①

나선형 모형(Spiral Model)

- Boehm이 제시하였으며, 반복적인 작업을 수행하는 점증적 생명주기 모형이다.
- 점증적 모형, 집중적 모형이라고도 한다.
- 개발 단계(이 과정을 추가 수정 요구사항이 없을 때까지 반복) : 계획 수립(Planning) → 위험 분석(Risk Analysis) → 개발 및 검증(Development) → 고객 평가(Customer Evaluation)

계획 수립(Planning)	위험 요소와 타당성을 분석하여 프로젝트의 추진 여부를 결정한다.
위험 분석(Risk Analysis)	개발 목적과 기능 선택, 제약 조건 등을 결정하고 분석한다.
개발 및 검증(Development)	선택된 기능을 수행하는 프로토타입을 개발한다.
고객 평가(Customer Evaluation)	개발된 프로토타입을 사용자가 확인하고 추가 및 수정될 요구사항이 있으면 이를 반영한 개선 프로토타입을 만든다.

94 ④

CMMI 5단계(소프트웨어 프로세스 성숙도)

1. 초기(initial)	예측/통제 불가능
2. 관리(managed)	기본적인 프로젝트 관리 체계 수립
3. 정의(defined)	조직 차원의 표준 프로세스를 통한 프로젝트 지원
4. 정량적 관리(quantitatively managed)	정량적으로 프로세스가 측정/통제됨
5. 최적화(optimizing)	프로세스 개선 활동

95 ②

Docker : 컨테이너 응용 프로그램의 배포를 자동화하는 오픈소스 엔진으로 SW 컨테이너 안의 응용 프로그램들을 배치시키는 일을 자동화해 주는 오픈소스 프로젝트이자 소프트웨어이다.

오답 피하기

- StackGuard : 메모리상에서 프로그램의 복귀 주소와 변수 사이에 특정 값을 저장해 두었다가 그 값이 변경되었을 경우 오버플로우 상태로 가정하여 프로그램 실행을 중단하는 기술
- Cipher Container : 조직이 동적 컨테이너 환경 내에서 데이터를 보호하기 위한 규정 준수, 규정 및 모범 사례 요구사항을 충족할 수 있도록 중요한 암호화, 액세스 제어 및 데이터 액세스 감사 로깅 제공
- Scytale : 암호화 기법으로 단순하게 문자열의 위치를 바꾸는 방법

96 ③

보안 인증 방법

Something You Know (알고 있는 것)	• 사용자가 알고 있는 정보를 사용하여 인증하는 방법 • 패스워드나 PIN(개인식별번호)과 같은 비밀 정보를 사용하여 인증
Something You Have (가지고 있는 것)	• 사용자가 소유하고 있는 물리적인 장치나 객체를 사용하여 인증하는 방법 • 스마트 카드, USB 토큰, 휴대폰 앱 등을 사용하여 인증
Something You Are (자신의 특징)	• 사용자의 생체적인 특징이나 생체 인식 기술을 사용하여 인증하는 방법 • 지문, 홍채, 음성, 얼굴 등 개인의 생체 특징을 사용하여 인증하는 바이오메트릭 인증
Somewhere You Are (있는 곳)	• 사용자가 특정한 위치에 있는지를 확인하여 인증하는 방법 • IP 주소나 지리적 위치를 이용하여 인증

97 ③

SSO(Single Sign-On)

- 한 번의 시스템 인증을 통하여 여러 정보 시스템에 재인증 절차 없이 접근할 수 있는 통합 로그인 기능이다.
- 사용자당 비밀번호 수를 최소화하여 사용자 액세스 감사를 용이하게 하고 모든 유형의 데이터에 대한 강력한 액세스 제어를 제공한다.
- 사용자 입장에서는 한 번의 인증으로 여러 서비스를 이용할 수 있어 편리할 뿐만 아니라 비밀번호 분실 및 관리에 대한 위험도 줄일 수 있다.

98 ②

소프트웨어 개발 유형

Organic Mode (단순형)	• 5만 라인 이하의 소프트웨어를 개발하는 유형 • 기관 내부에서 개발된 중소규모의 소프트웨어로 일괄 자료 처리나 과학기술 계산용, 비즈니스 자료 처리 등 • 노력(MM) = 2.4 × (KDSI)1.05
Semi-detached Mode (중간형)	• 30만 라인 이하의 소프트웨어를 개발하는 유형 • 트랜잭션 처리 시스템이나 운영체제, 데이터베이스 관리 시스템 등 • 노력(MM) = 3.0 × (KDSI)1.12
Embedded Mode (임베디드형)	• 30만 라인 이상의 소프트웨어를 개발하는 유형 • 초대형 규모의 트랜잭션 처리 시스템이나 운영체제 등 • 노력(MM) = 3.6 × (KDSI)1.20

99 ③

- 페르소나(Persona)의 특징
  - 가상의 사용자 유형 : 실제 사용자를 기반으로 하지만, 특정 사용자 그룹을 대표하는 가상의 인물
  - 상세한 정보 포함 : 인구 통계, 성격, 목표, 습관, 고통점 등 사용자에 대한 상세 정보 포함
  - 사용자 중심 설계 : 사용자 중심의 제품 및 서비스 설계를 위한 도구
  - 공감 형성 : 개발팀 내 사용자에 대한 공감 형성 및 이해 증진
- 페르소나 활용 분야
  - 마케팅 : 타깃 고객층 설정 및 마케팅 전략 수립
  - 디자인 : 사용자 요구에 맞는 제품 및 서비스 디자인
  - 판매 : 고객과의 효과적인 커뮤니케이션 및 영업 전략 수립
  - 개발 : 사용자 중심의 기능 개발 및 UI/UX 디자인

100 ①

오답 피하기

- trace checker : 측정 데이터를 자동으로 자세히 분석하는 도구
- token finder : 특정 문자열이나 패턴을 검색하는 도구
- change detector : 파일이나 디렉터리 등에서 변경사항을 감지하고 알려주는 도구

최신 기출문제 04회

2-110P

01 ④	02 ②	03 ④	04 ②	05 ③
06 ④	07 ③	08 ③	09 ④	10 ②
11 ①	12 ③	13 ②	14 ②	15 ②
16 ③	17 ①	18 ④	19 ②	20 ①
21 ③	22 ①	23 ③	24 ①	25 ③
26 ④	27 ②	28 ④	29 ①	30 ②
31 ③	32 ④	33 ②	34 ①	35 ③
36 ①	37 ③	38 ③	39 ④	40 ③
41 ①	42 ①	43 ③	44 ④	45 ③
46 ④	47 ③	48 ②	49 ③	50 ④
51 ②	52 ①	53 ③	54 ①	55 ③
56 ④	57 ②	58 ③	59 ①	60 ④
61 ③	62 ②	63 ③	64 ①	65 ③
66 ③	67 ①	68 ④	69 ③	70 ②
71 ④	72 ③	73 ②	74 ①	75 ①
76 ②	77 ①	78 ④	79 ②	80 ②
81 ②	82 ④	83 ④	84 ③	85 ④
86 ①	87 ①	88 ③	89 ③	90 ④
91 ④	92 ①	93 ④	94 ②	95 ④
96 ③	97 ①	98 ④	99 ①	100 ④

과목 01 소프트웨어 설계

01 ④

정형 기술 검토(FTR) 지침 사항

- 의제와 그 범위를 유지하라.
- 참가자의 수를 제한하라.
- 각 체크 리스트를 작성하고, 자원과 시간 일정을 할당하라.
- 개발자가 아닌 제품의 검토에 집중하라.
- 논쟁과 반박을 제한하라.
- 검토 과정과 결과를 재검토하라.

02 ②

객체는 사물의 가장 기본적인 단위이다.

03 ④

간트 차트 작성 시 고려 사항

- 작업의 순서 : 작업의 선후 관계를 명확히 해야 한다.
- 작업의 기간 : 작업이 완료되기까지 소요되는 시간을 산정해야 한다.
- 작업의 종속성 : 작업 간의 선후 관계를 파악해야 한다.
- 작업의 진행 현황 : 작업의 진행 현황을 파악하고, 필요에 따라 일정을 조정해야 한다.

04 ②

단일 책임 원칙 : 각 객체가 단 하나에 대한 책임만을 가져야 한다.

05 ③

UI 설계 지침

- 사용자 중심 : 실사용자의 이해를 바탕으로 쉽게 이해하고, 쉽게 사용할 수 있는 환경을 제공한다.
- 일관성 : 사용자가 기억하기 쉽고 빠른 습득이 가능하도록 버튼이나 조작법을 제공한다.
- 단순성 : 인지적 부담을 줄이도록 조작 방법을 가장 간단히 작동하도록 한다.

오답 피하기

치명적인 오류에 대한 부정적인 사항도 사용자에게 정확한 정보를 제공해야 한다.

06 ④

- SOA(Service-Oriented Architecture) : 서비스 지향 아키텍처를 의미한다.
- EAI(Enterprise Application Integration) : 기업 내의 애플리케이션과 시스템을 통합하는 것을 목적으로 하는 기술이다.

오답 피하기

SOA는 EAI의 구현 방법 중 하나일 뿐이며, EAI의 구성 요소는 아니다.

07 ③

객체지향 개념 중 데이터와 데이터를 처리하는 함수를 캡슐화한 하나의 모듈을 의미하는 것은 객체(Object)이다.

08 ③

DFD는 시스템의 데이터 흐름을 표현하는 다이어그램으로, 시간 흐름의 개념을 명확하게 표현하는 데에는 적합하지 않다.

오답 피하기

시간 흐름을 명확하게 표현할 수 있는 것은 시퀀스 다이어그램이다.

09 ④

추상화 방법

- 제어 추상화 : 시스템의 제어 흐름을 단순화하는 방법
- 기능 추상화 : 시스템의 기능을 단순화하는 방법
- 데이터 추상화 : 시스템의 데이터를 단순화하는 방법

10 ②

기능적 요구사항 vs 비기능적 요구사항

- 기능적 요구사항 : 시스템이 실제로 어떻게 동작하는지에 관점을 둔 요구사항
- 비기능적 요구사항 : 시스템 구축에 대한 성능, 보안, 품질, 안정성 등으로 실제 수행에 보조적인 요구사항

오답 피하기

'차량 대여 시스템이 제공하는 모든 화면이 3초 이내에 사용자에게 보여야 한다'는 성능에 관한 요구사항에 해당하므로 비기능적 요구사항에 해당한다.

11 ①

- 클래스 다이어그램(Class Diagram) : 시스템 내 클래스의 정적 구조를 표현하고 시스템을 구성하는 클래스들 사이의 관계를 표현한다.
- 상태 머신 다이어그램(State Machine Diagram) : 객체의 생명주기를 표현한다. 동적 행위를 모형화하지만, 특정 객체만을 다룬다(예 실시간 임베디드 시스템, 게임, 프로토콜 설계에 이용).
- 활동 다이어그램(Activity Diagram) : 업무 처리 과정이나 연산이 수행되는 과정을 표현한다.

12 ③

MVC 모델

- Model : 데이터와 비즈니스 로직을 관리한다(사용자가 편집하길 원하는 모든 데이터를 가지고 있어야 한다).
- View : 모델(Model)에 있는 데이터를 사용자 인터페이스에 보이는 역할(UI)을 담당한다(모델이 가지고 있는 정보를 따로 저장해서는 안 된다).
- Controller : 모델(Model)에 명령을 보냄으로써 모델의 상태를 변경할 수 있다. 사용자의 요청을 받아서 그 요청을 분석하고, 필요한 업무 처리 로직(모델)을 호출한다(모델이나 뷰에 대해서 알고 있어야 한다).

13 ②

Selenium : 다양한 브라우저 지원 및 개발 언어를 지원하는 웹 애플리케이션 테스트 프레임워크이다.

14 ②

나선형 모형(Spiral Model)

- Boehm이 제시하였으며, 반복적인 작업을 수행하는 모형으로 점증적 모형, 집중적 모형이라고도 한다. 완성도 높은 소프트웨어를 만들 수 있다.
- 여러 번의 개발 과정을 거쳐 완벽한 최종 소프트웨어를 개발하는 점진적 모형이다.
- 가장 큰 장점인 위험 분석 단계에서 기술과 관리의 위험 요소들을 하나씩 제거해 나감으로써 위험성 평가에 크게 의존하기 때문에 이를 발견하지 않으면 문제가 발생할 수 있다.
- 대규모 시스템의 소프트웨어 개발에 적합하다.

15 ②

Bridge Pattern은 기능 클래스 계층과 구현의 클래스 계층을 연결하고, 구현부에서 추상 계층을 분리하여 각자 독립적으로 변형할 수 있도록 해주는 패턴이다.

16 ③

자료 흐름도는 데이터 흐름을 표현하는 다이어그램으로, 기능 모델링에서 프로세스 간의 데이터 흐름을 기술하는 데 사용된다.

17 ①

애자일(Agile) 방법론

- 날렵한, 재빠른 이란 사전적 의미와 같이 소프트웨어 개발 중 설계 변경에 신속히 대응하여 요구사항을 수용할 수 있다.
- 절차와 도구보다 개인과 소통을 중요시하고 고객과의 피드백을 중요하게 생각한다.
- 소프트웨어가 잘 실행되는데 가치를 둔다.
- 소프트웨어 배포 시차를 최소화할 수 있다.
- 특정 방법론이 아닌 소프트웨어를 빠르고 낭비 없이 제작하기 위해 고객과의 협업에 초점 두고 있다.
- 특징 : 짧은 릴리즈와 반복, 점증적 설계, 사용자 참여, 문서 최소화, 비공식적인 커뮤니케이션, 변화
- 종류 : 익스트림 프로그래밍(eXtreme Programming), 스크럼(SCRUM), 린(Lean), DSDM, FDD, Crystal

18 ④

COCOMO 프로젝트 유형

Organic Mode (유기적 모드)	일괄 자료 처리나 과학 기술 계산용, 비즈니스 자료 처리용의 5만 라인 이하의 중소 규모 소프트웨어를 개발하는 유형
Semi-Detached Mode (반 결합모드)	트랜잭션 처리시스템이나 운영체제, 데이터베이스 관리 시스템 등의 30만 라인 이하의 소프트웨어를 개발하는 유형
Embedded Mode (내장 모드)	최대형 규모의 트랜잭션 처리 시스템이나 운영체제 등의 30만 라인 이상의 소프트웨어를 개발하는 유형

19 ②

객체지향 기법에서 데이터와 데이터를 조작하는 연산을 하나로 묶어 하나의 모듈 내에서 결합 되도록 하는 것은 캡슐화이다.

20 ①

통합 테스트(Integration Test) : 서로 다른 모듈들이 연결되거나 인터페이스를 통해 통신하는 경우, 이러한 상호 작용이 예상대로 이루어지는지 확인하며 모듈 간의 호환성과 통합 과정에서 발생할 수 있는 문제를 찾는 것이 목적이다.

과목 02 소프트웨어 개발

21 ③

오류-부재의 궤변(Absence of Errors Fallacy) : 사용자의 요구사항을 만족하지 못하는 오류를 발견하고 그 오류를 제거하였다 해도, 해당 애플리케이션의 품질이 높다고 말할 수 없다.

22 ①

- 기능성(Functionlity)의 하위 특성은 적합성, 정확성, 상호운용성, 보안성, 기능성 준수성이다.
- 적응성은 유지보수성이다.

23 ③

Big-O 표기

- O(1) : 상수형으로, 문제 해결 시 오직 한 단계만 처리한다.
- O(logn) : 로그형으로, 문제를 해결하는데 필요한 단계들이 연산마다 특정 요인에 의하여 줄어든다.
- O(n) : 선형으로, 문제를 해결하기 위한 단계의 수와 입력값 n이 1:1 관계를 가진다.
- O(nlogn) : 로그 선형으로, 문제를 해결하기 위한 단계의 수가 n*(logn) 번만큼의 수행 시간을 가진다.
- $O(n^2)$: 2차형으로, 문제를 해결하기 위한 단계의 수는 입력값 n의 제곱이 된다.

24 ①

ZHTML은 존재하지 않는 데이터 포맷이다. CSV, XML, REST는 모두 인터페이스 간의 통신을 위해 이용되는 데이터 포맷이다.

25 ③

N-S 차트(Nassi-Schneiderman Chart)

- 구조적 프로그램의 순차, 선택, 반복의 구조를 사각형으로 도식화하여 알고리즘의 논리적 기술에 중점을 둔 도형식 표현 방법이다.
- 조건이 복합되어있는 곳의 처리를 시각적으로 명확히 식별하는 데 적합하다.
- 제어 구조 : 순차(Sequence), 선택 및 다중 선택(If~Then~Else, Case), 반복(Repeat~Until, While, For)
- 박스 다이어그램이라고도 한다.

26 ④

문제는 힙 정렬에 관한 내용이다.

27 ②

- 순환 복잡도 : V(G) = E - N + 2 = 6 - 4 + 2 = 4
- E은 화살표 수, N은 노드 수(점)

28 ④

ISO/IEC 25000

- 기존 소프트웨어 품질 평가 모델과 소프트웨어 평가 절차 모델인 ISO/IEC 9126과 ISO/IEC 14598을 통합하였다.
- 2500n, 2501n, 2502n, 2503n, 2504n의 다섯 가지 분야로 나눌 수 있고, 확장 분야인 2505n이 있다.
- 2501n(9126-2, 품질 모형) : 품질 모델 및 품질 사용
- 2503n(9126-3, 품질 측정) : 매트릭을 통한 측정 방법 제시

29 ①

전위(Preorder) 운행 : Root → Left → Right

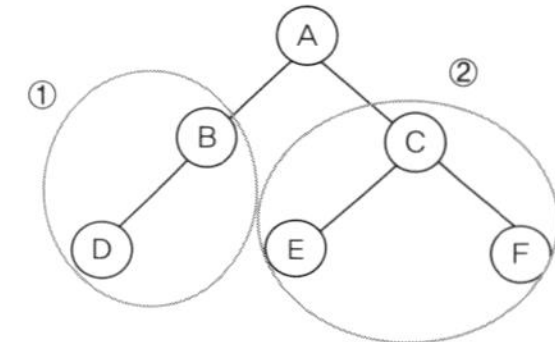

- A ① ②
- A B D ②
- A B D C E F

30 ②

힙 정렬, 병합 정렬, 퀵 정렬의 평균 시간 복잡도는 O(nlogn)이다.

31 ③

작업 분해(WBS : Work Breakdown Structure)

- 프로젝트의 작업을 계층적으로 분해하고 구조화한 것을 의미한다.
- 프로젝트 관리자는 작업의 세부 항목을 파악하고, 프로젝트 일정과 예산을 관리할 수 있다.

32 ④

IDE 도구의 기능

기능	설명
개발 환경 지원	프로그래밍 언어를 가지고 컴퓨터 프로그램을 작성할 수 있는 환경을 제공
컴파일(Compile)	문법에 어긋나는지 확인하고 기계어로 변환하는 기능 제공
디버깅(Debugging)	프로그래밍 과정에 발생하는 오류 및 비정상적인 연산 제거
외부 연계	외부 형상, 배포 관리 기능과 연계되어 자동 배포 등이 가능
DB 연동	JDBC, ODBC 등을 통한 데이터베이스 연동 기능
배포(Deployment)	소프트웨어를 최종 사용자에게 전달하기 위한 기능

33 ②

형상 관리

- 구성 관리(Software Configuration Management)라고도 한다.
- 소프트웨어의 변경 사항을 체계적으로 관리하기 위하여 추적하고 통제하는 것이다.
- 단순 버전 관리 기반의 소프트웨어 운용을 좀 더 포괄적인 학술 분야의 형태로 넓히는 근간을 의미한다.
- 작업 산출물을 형상 항목(Configuration Item)이라는 형태로 선정하고, 형상 항목 간의 변경 사항 추적과 통제 정책을 수립하고 관리한다.

34 ①

해시는 데이터가 키와 값의 쌍으로 저장되는 자료 구조이다.

35 ③

테스트 드라이버(Test Driver)

- 하위 → 상위 모듈로 통합하면서 테스트하는 것으로 상향식 테스트에서 사용한다.
- 테스트 대상을 제어하고 동작시키는데 사용되는 도구를 의미한다.
- 시스템 및 컴포넌트를 시험하는 환경의 일부분으로 시험을 지원하는 목적하에 생성된 코드와 데이터이다.
- 순차적 실행을 지원하는 프로그램이나 명령들이 묶여 있는 배치 파일이다.

36 ①

테스트 커버리지에 관한 설명이다.

37 ③

삽입 정렬은 두 번째 값을 키값으로 지정해 키값 앞의 값과 비교하면서 정렬을 진행한다. 이후 세 번째, 네 번째, 다섯 번째 순으로 키값을 지정해 반복한다.

- 1pass : 5, 4, 3, 2, 1 → 4, 5, 3, 2, 1
- 2pass : 4, 5, 3, 2, 1 → 3, 4, 5, 2, 1
- 3pass : 3, 4, 5, 2, 1 → 2, 3, 4, 5, 1
- 4pass : 2, 3, 4, 5, 1 → 1, 2, 3, 4, 5

38 ③

순차 파일은 파일을 논리적 처리 순서에 따라 연속된 물리 공간에 기록하기 때문에 중간에 새로운 레코드를 삽입하거나 삭제할 경우 전체를 복사하여 순차적으로 정렬해야 한다.

39 ④

화이트박스(White-Box) 테스트는 소프트웨어 내부의 코드와 구조를 검토하여 테스트하는 방법이며, 내부 로직의 동작 여부와 코드 커버리지를 확인하는 데 중점을 두는 테스트이지만, 확인 시험(Validation Test)은 외부 사용자 관점에서 소프트웨어가 실제로 요구사항을 충족시키는지 확인하는 것을 의미한다.

40 ③

응집도 정도(강 〉 약)

기능적 응집도 〉 순차적 응집도 〉 교환적 응집도 〉 절차적 응집도 〉 시간적 응집도 〉 논리적 응집도 〉 우연적 응집도

과목 03 데이터베이스 구축

41 ①

관계 해석 자유변수

- ∀ : for all(모든 것에 대하여), 전칭 정량자(Universal Quantifier)
- ∃ : "There exists", "For Some", 존재 정량자(Existential Quantifier)

42 ①

후보키(Candidate Key)

- 모든 튜플을 유일하게 식별할 수 있는 하나 또는 몇 개의 속성 집합을 의미한다.
- 유일성과 최소성을 모두 만족한다.

43 ③

열에 있는 값들의 합 – SUM

44 ④

관계 해석은 원하는 정보만을 명시하고 "어떻게(How) 질의를 해석하는가"에 대해 언급이 없는 선언적인 언어이므로, 관계 해석은 절차적 특성을 가진다고 할 수 없다.

45 ③

WHERE 절은 조건절로 선택적 구문이다.

SELECT문 기본 구조

```
SELECT 속성명 [ALL | DISTINCT]
FROM 릴레이션명
[WHERE 조건];
[GROUP BY 속성명1, 속성명2,…]
[HAVING 조건]
[ORDER BY 속성명 [ASC | DESC]];
 • ALL : 모든 튜플을 검색(생략 가능)
 • DISTINCT : 중복된 튜플 생략
```

46 ④

데이터베이스 분할의 종류

- 범위 분할(Range Partition) : 연속적인 값을 기준으로 분할하는 방법이다. 예를 들어, 날짜를 기준으로 분할할 수 있다.
- 목록 분할(List Partition) : 이산적인 값을 기준으로 분할하는 방법이다. 예를 들어, 국가를 기준으로 분할할 수 있다.
- 해시 분할(Hash Partition) : 해시 함수를 사용하여 분할하는 방법이다. 예를 들어, 고객 ID를 기준으로 분할할 수 있다.
- 합성 분할(Composite Partition) : 두 가지 이상의 분할 방법을 결합하여 사용하는 방법이다. 예를 들어, 날짜를 기준으로 Range Partition하고, 국가를 기준으로 List Partition할 수 있다.

47 ③

DBA) REVOKE SELECT ON STUDENT FROM U1 CASCADE; 에서 U1에 대한 검색 권한이 해제되면서 CASCADE 옵션으로 인해 하위 권한인 U2에 대한 검색 권한도 해제된다.

48 ②

시스템 카탈로그(System Catalog)

- 시스템 자신이 필요로 하는 여러 가지 객체(기본 테이블, 뷰, 인덱스, 데이터베이스, 패키지, 접근 권한 등)에 관한 정보를 포함하고 있는 시스템 데이터베이스이다.
- 데이터 사전(Data Dictionary), 메타 데이터(Meta Data)라고도 한다.
- 시스템 카탈로그 자체도 시스템 테이블로 구성되어 있어 SQL문을 이용하여 내용 검색이 가능하다.
- 사용자가 시스템 카탈로그를 직접 갱신할 수는 없으나 SQL문으로 여러 가지 객체에 변화를 주면 시스템이 자동으로 갱신된다.

49 ③

스키마 3계층

외부 스키마 (External Schema)	사용자나 응용 프로그래머가 접근할 수 있는 정의를 기술한다.
개념 스키마 (Conceptual Schema)	범기관적 입장에서 데이터베이스를 정의한 것으로 개체 간의 관계와 제약조건을 나타내고, 데이터베이스 접근 권한, 보안 및 무결성 규칙에 대한 명세가 있다.
내부 스키마 (Internal Schema)	데이터의 실제 저장 방법을 기술한다.

50 ④

데이터베이스의 상태를 변화시키기 위한 하나의 논리적 작업 단위를 Trans + Action = Transaction이라 한다.

51 ②

릴레이션의 특징
- 튜플의 유일성 : 모든 튜플은 서로 다른 값을 갖는다.
- 튜플의 무순서성 : 하나의 릴레이션에서 튜플의 순서는 없다.
- 속성의 원자성 : 속성값은 원자값을 갖고, 논리적으로 더 이상 분해될 수 없는 최소 단위이다.
- 속성의 무순서성 : 각 속성은 릴레이션 내에서 유일한 이름을 가지며, 속성의 순서는 큰 의미가 없다.

52 ①

- Concurrency Control(병행 제어, 동시성 제어) : 여러 사용자 또는 프로세스가 동시에 데이터베이스에 접근할 때 일관성을 유지하고 충돌을 방지하기 위한 제어 메커니즘을 의미한다.
- Normalization(정규화) : 데이터베이스 설계 과정에서 중복을 최소화하고 데이터의 일관성을 유지하기 위해 테이블을 구조화하는 작업이다.
- Transaction(트랜잭션) : 데이터베이스에서 하나의 논리적 작업 단위를 의미하며, 일련의 데이터 조작 작업을 원자적(Atomic), 일관적(Consistent), 고립적(Isolated), 영구적(Durable)으로 수행하는 것을 보장한다.

53 ③

외래키를 포함하는 릴레이션이 참조하는 릴레이션이 되고, 대응되는 기본키를 포함하는 릴레이션이 참조 릴레이션이 된다.

54 ①

ALTER, DROP은 DDL, GRANT는 DCL에 해당한다.

55 ③

- WHERE 절에서 PNO IN (1, 2, 3)을 사용하여 프로젝트 번호가 1, 2, 3인 행을 조회한다.
- IN (값1, 값2, 값3) : IN 다음에 나열된 값은 (값1 OR 값2 OR 값3)의 형태와 같이 값1, 값2, 값3 중에서 하나 이상 일치하는 조건을 모두 포함한다.

56 ④

- 트랜잭션이 부분 완료 상태에 도달하였다가 실패 상태로 가는 경우는 트랜잭션이 데이터베이스에 반영되기 직전에 장애가 발생한 경우이다.
- 디스크 출력 도중의 하드웨어 장애는 트랜잭션의 데이터베이스 반영을 방해할 수 있는 장애이므로, 트랜잭션이 부분 완료 상태에 도달하였다가 실패 상태가 되는 경우에 해당한다.

57 ②

UPDATE
- 튜플의 내용을 변경하는 명령어이다.
- 기본 구조

```
UPDATE 테이블명
SET 속성명 = 데이터
WHERE 조건;
```

58 ③

- 뷰는 가상 테이블이기 때문에 데이터베이스에 물리적으로 존재하지 않는다.
- 뷰는 일반 사용자가 수정할 수 없고 DBA에 의해 수정될 수 있다.

59 ①

2NF에서 이행 함수 종속을 제거하면 3NF가 된다.

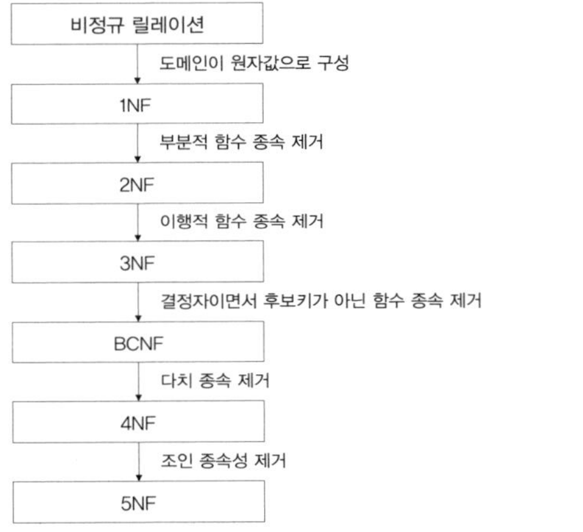

60 ④

분산 처리 시스템의 특징
- 다수의 사용자들이 데이터를 공유할 수 있다.
- 점진적인 확장이 가능하지만 보안 문제가 발생할 수 있다.
- 개발 난도가 높아 개발 비용이 많이 소요된다.
- 시스템 전체의 정책을 결정하는 통합적인 제어 기능이 필요하다.
- 집중형(Centralized) 시스템에 비해 소프트웨어의 개발이 어렵다.
- 종류 : 클라이언트/서버 모델, 프로세서 풀 모델, 혼합 모델

과목 04 프로그래밍 언어 활용

61 ③

헤더 파일 선행 처리 지시자는 #include이다.

62 ②

#include <stdio.h>	〈stdio.h〉 헤더 파일 포함

int main()
{
int d = 55;
int r = 0, q = 0;
r = d;
	• main() 함수가 시작
	• d에 55를 할당
	• r과 q를 선언
	• r에 d의 값인 55를 할당

while(r >= 4) {
r = r - 4;
q++;
}
	• r이 4 이상일 때 while 루프 실행
	• r에서 4를 빼고, q를 1 증가시킴(4로 나눈 몫을 계산하는 과정)
	• 루프가 실행되는 동안 q는 13이 되며, r은 3이 남음(55 / 4 = 13…3)

printf(“%d 그리고 ”, q); printf(“%d”, r);	• 몫 q를 출력하고 “ 그리고 “를 출력 • printf 함수는 나머지 r을 출력
return 0; }	main 함수 종료

63 ③

#include <stdio.h>	〈stdio.h〉 헤더 파일 포함

struct data
{
int a;
int c[10];
};
	• data 이름의 구조체 정의
	• int 타입의 a 변수와 길이가 10인 int 배열 c를 멤버로 가짐

int main() { struct data d; int i;	• main() 함수 시작 • data 구조체 타입의 변수 d와 int 타입의 변수 i를 선언

for(i = 0; i < 10; i++)
{
d.c[i] = i * 2;
}
	• for 문을 사용하여 구조체 d의 멤버 배열 c의 각 원소를 i의 값의 두 배로 초기화
	• c 배열은 [0, 2, 4, 6, 8, 10, 12, 14, 16, 18]이 됨

for(i = 0; i < 10; i += 2)
{
d.a += d.c[i];
}
	• for문을 사용하여 c 배열의 짝수 인덱스에 해당하는 원소들을 d.a에 더함
	• i의 초깃값은 0이며, for 문이 반복될 때마다 i에 2씩 더해짐
	• d.c[0] + d.c[2] + d.c[4] + d.c[6] + d.c[8]의 합이 d.a에 저장.
	• 결과 : 0 + 4 + 8 + 12 + 16 = 40

printf(“%d”, d.a);	구조체 d의 a 멤버인 40을 출력
return 0; }	main 함수 종료

64 ①

#include <stdio.h> int main() {	• 〈stdio.h〉 헤더 파일 포함 • main() 함수 시작

int x, y;
for(x = 0; x < 2; x++)
{
for(y = 0; y < 2; y++)
{
printf(“%d”, !x || !y);
}
}
	• 정수형 변수 x, y 선언
	• x는 0 ~ 1까지 +1씩 반복
	• y는 0 ~ 1까지 +1씩 반복
	• !0 → 1, !1→0으로 보수처리
	• a||b : a, b 둘 중 1개만 1이어도 1 출력(or 연산)

return 0; }	main 함수 종료

x		y	결과
!0(1)	||	!0(1)	1
!0(1)	||	!1(0)	1
!1(0)	||	!0(1)	1
!1(0)	||	!1(0)	0

X	0	0	1	1
Y	0	1	0	1

을 각 명령에 대입하면

① !(0 0 0 1) = 1 1 1 0

② !(0 1 1 1) = 1 0 0 0

③ (1 1 0 0) || y = 1 1 0 1

④ (1 1 0 0) && y = 0 1 0 0

65 ③

Java에서 << 연산자는 피연산자의 비트를 n만큼 왼쪽으로 산술 시프트 한다.

- 왼쪽 시프트 : × 2^n
- 오른쪽 시프트 : ÷ 2^n
- 예 a가 10인 경우, a << 2는 다음과 같이 계산된다.
  00000000 00000000 00000000 00001010
  00000000 00000000 00000000 00101000

66 ③

TCP(Transmission Control Protocol)

- 신뢰성 있는 연결 지향형 전달 서비스를 제공한다.
- 순서 제어, 에러 제어, 흐름 제어 기능을 제공한다.
- 전이중 서비스와 스트림 데이터 서비스를 제공한다.
- 메시지를 캡슐화(Encapsulation)와 역캡슐화(Decapsulation)한다.
- 서비스 처리를 위해 다중화(Multiplexing)와 역다중화(Demultiplexing)를 이용한다.

67 ①

- 192.168.1.0/24에서 /24란 진수 IP주소에서 1의 개수가 24개를 의미한다.
  - 11111111 11111111 11111111 00000000
  - 10진수 표기시 255.255.255.0이므로 C 클래스를 서브넷으로 사용한다.
- FLSM 방식으로 4개의 서브넷을 나누라고 지시했으나 2의 제곱수 단위로만 나눌 수 있으므로 2^2 = 4, 즉 4개로 Subneting할 수 있다.
- 256 ÷ 4 = 64이므로 각 Subnet에 할당되는 IP는 대역별로 64개가 된다.

No	대역
1	192.168.1.0 ~ 192.168.1.63
2	192.168.1.64 ~ 192.168.1.127
3	192.168.1.128 ~ 192.168.1.191
4	192.168.1.192 ~ 192.168.1.256

- 각 대역의 첫 번째 IP는 네트워크 ID, 마지막 IP는 브로드캐스트 주소로 할당된다. 따라서 두 번째 네트워크의 네트워크 ID는 192.168.1.64, 브로드캐스트 주소는 192.168.1.127이다.

68 ④

break 명령문은 가장 가까운 반복문이나 switch ~ case 구문을 탈출하는 역할을 한다.

69 ③

HRN(Highest Response−ratio Next)

- 우선순위 계산식 = $\frac{\text{대기 시간 + 서비스를 받을 시간}}{\text{서비스를 받을 시간}}$
- A : (5 + 10) ÷ 10 = 1.5
- B : (10 + 15) ÷ 15 = 1.66
- C : (10 + 30) ÷ 30 = 1.33
- D : (20 + 5) ÷ 5 = 5
- 작업 순서 : D → B → A → C

70 ②

A클래스의 IP 주소 범위는 0.0.0.0에서 127.255.255.255까지이므로, 첫 번째 Octet 값이 0~127 사이인 IP 주소를 찾으면 된다.

71 ④

ICMP 메시지는 8바이트의 헤더와 가변 길이의 데이터 영역으로 나뉜다.

72 ③

exec()는 주어진 명령어를 실행하기 위해 기존 프로세스의 메모리 공간을 교체하는 명령어로 새로운 프로세스를 생성하지 않고, 쉘 프로세스를 대체한다.

오답 피하기

- exit() : 쉘 프로세스를 종료
- fork() : 새로운 프로세스를 생성
- wait() : 종료된 자식 프로세스를 대기

73 ②

기억 장치 교체 전략

주기억 장치의 모든 페이지 프레임이 사용 중일 때 어떤 페이지 프레임을 교체할 것인지 결정하는 전략이다.

OPT (OPTimal replacement)	• 이후에 가장 오랫동안 사용되지 않을 페이지를 먼저 교체하는 기법이다. • 실현 가능성이 희박하다.
FIFO (First In First Out)	• 가장 먼저 적재된 페이지를 먼저 교체하는 기법이다. • 구현이 간단하다.
LRU (Least Recently Used)	각 페이지마다 계수기나 스택을 두어 현시점에서 가장 오랫동안 사용하지 않은 페이지를 교체하는 기법이다.
LFU (Least Frequently Used)	참조된 횟수가 가장 적은 페이지를 먼저 교체하는 기법이다.

오답 피하기

SSTF는 디스크 스케줄링 기법이다.

74 ①

로킹(Locking)

로킹 단위가 커지면 로크의 수가 적어 관리가 쉬워지지만, 병행성 수준이 낮아지고, 로킹 단위가 작으면 로크의 수가 많아 관리가 어려워지지만, 병행성 수준이 높아진다.

75 ①

게이트웨이는 한 네트워크에서 다른 네트워크로 들어가는 입구 역할을 하는 장치로, 근거리 통신망과 같은 하나의 네트워크를 다른 네트워크와 연결할 때 사용되는 장치이다.

76 ②

kor total은 공백을 포함하고 있으므로 파이썬의 변수명으로 사용할 수 없다.

파이썬의 변수명 규칙

- 문자, 숫자, 언더바(_)로 구성되어야 한다.
- 처음 시작으로 숫자는 올 수 없다.
- 공백을 포함할 수 없다.
- 예약어(Reserved Word)를 사용할 수 없다.

77 ①

class TestClass {
  void exe(int[] arr) {
    System.out.println
    (func(func(5, 5), 5,
    func(arr)));
  }
  int func(int a, int b) {
    return a + b;
  }
  int func(int a, int b,
int c) {
    return a - b;
  }
  int func(int[] c) {
    int s = 0;
    for(int i = 0; i <
c.length; i++) {
        s += c[i];
    }
    return s;
  }
}
	• TestClass 클래스 선언
	• exe 메서드 : int 배열 arr을 인자로 받아서 연산을 수행하고 결과를 출력하는 메서드
	• func(int a, int b) : 두 개의 정수 a와 b를 인자로 받아 더한 값을 반환하는 메서드
	• func(int a, int b, int c) : 세 개의 정수 a, b, c를 인자로 받아 a − b의 값을 반환하는 메서드
	• func(int[] c) : 정수 배열 c를 인자로 받아 배열의 모든 요소를 더한 값을 반환하는 메서드

public class Test {
  public static void
  main(String[] args) {
    int[] a = {1, 2, 3, 4,
5};
    TestClass t = new
TestClass();
    t.exe(a);
  }
}
	• Test 클래스 선언 : main() 메서드를 갖는 클래스로, 프로그램의 시작점
	• main() 메서드 정의 : 배열 a를 초기화하고, TestClass의 인스턴스를 생성한 후, exe 메서드를 실행
	• func(5, 5)는 5와 5를 더한 결과로써 10을 반환
	• func(arr)는 배열 a의 원소인 1, 2, 3, 4, 5를 모두 더한 결과로써 15를 반환
	• func(10, 5, 15)는 10에서 5를 빼서 5를 반환
	• System.out.println으로 결과를 출력하면 5 출력

78 ④

import turtle n = int(input("몇 각형을 그리시겠습니까?"))	• turtle 그래픽 라이브러리 임포트 • 3 이상의 값을 입력받음

if n < 3:
  print("3 이상의 n 값 입력")
else:
	3 이상의 값인지 확인

t = turtle.Tur- tle()	새로운 turtle 객체 t를 생성
def ngak(distance, n): angle = 360 / n	• 한 변 길이 distance와 변의 수 n을 받아서 도형을 그림 • n 값에 따가 내각을 계산
for i in range(n): t.forward(distance) t.left(angle)	• n번 반복하는 루프 시작 • 앞으로 이동시키며 변의 길이 dis-tance만큼 이동 • 틀을 왼쪽으로 회전
ngak(100, n) turtle.done()	• ngak 함수를 호출하여 n-각형 그림(변의 길이는 100) • 그림을 그린 후 터틀 그래픽 창을 열어둠

79 ②

지역 변수는 블록 내부에서만 유효하다.

80 ②

교착상태의 발생 조건
- 상호배제(Mutual Exclusion) : 한 번에 한 개의 프로세스만이 공유 자원을 사용할 수 있다.
- 점유와 대기(Hold and Wait) : 이미 자원을 가진 프로세스가 다른 자원의 할당을 요구하는 동안 가진 자원을 계속 점유한다.
- 비선점(Non-Preemption) : 프로세스에 할당된 자원은 사용이 끝날 때까지 강제로 빼앗을 수 없다.
- 환형 대기(Circular Wait) : 이미 자원을 가진 프로세스가 앞이나 뒤의 프로세스의 자원을 요구한다.

과목 05 정보 시스템 구축 관리

81 ②

TCP SYN Flooding : Denial-of-Service(DoS) 공격의 한 종류로, TCP/IP 연결을 설정하는 과정에서 발생하는 취약점을 이용하여 공격 대상의 서비스를 마비시키는 공격이다.

오답 피하기

DDoS 공격 유형

프로토콜 계층 공격	애플리케이션 계층 공격
• TCP SYN Flooding • UDP Flooding • ICMP Flooding • NTP Flooding • DNS Flooding • Slow HTTP Attack	• HTTP Flooding • SQL Injection • Cross-Site Scripting (XSS) • Command Injection • Botnet Attack

82 ④

반사공격(Reflection Attack) : 공격자들은 전 세계 어느 곳으로도 통상적인 UDP 서비스를 이용하여 대규모 트래픽을 보낼 수 있게 된다.

83 ④

경로 조작 및 자원 삽입 : 검증되지 않은 외부 입력값이 시스템 자원 접근 경로를 조작하거나 시스템 자원에 삽입되어 공격할 수 있는 보안 약점이다.

84 ③

AAA(Authentication Authorization Accounting, 인증 권한 검증 계정 관리)
- 시스템의 사용자가 로그인하여 명령을 내리는 과정에 대한 시스템의 동작을 Authentication(인증), Authorization(권한 부여), Accounting(계정 관리)으로 구분한다.
- 인증 : 망, 시스템 접근을 허용하기 전에 사용자의 신원을 검증한다.
- 권한 부여 : 검증된 사용자에게 어떤 수준의 권한과 서비스를 허용한다.
- 계정 관리 : 사용자의 자원에 대한 사용 정보를 모아서 과금, 감사, 용량 증설, 리포팅 등을 한다.

85 ④

대칭키(비밀키 암호화 기법)
- 동일한 키로 암호화하고 복호화하는 기법으로 키 개수는 N(N-1)/2개 필요하다.
- 대칭 암호 알고리즘은 처음 통신 시에 비밀키를 전달해야 하므로, 키 교환 중 키가 노출될 수 있다(키 교환에는 시간과 비용이 소요됨).
- 암호화/복호화 속도가 빠르고 알고리즘이 단순하다.
- 종류 : DES, AES, ARIA, SEED, IDEA, RC4

86 ①

WPAN(Wireless Personal Area Network)
- 사용자를 중심으로 작은 지역에서 블루투스 헤드셋, 스마트 워치 등과 같은 개인화 장치들을 주로 연결시키는 무선 통신 규격이다.
- IEEE 802.15 규격의 범주에 속한다.

87 ①

TELNET 프로토콜의 Well Known Port 번호는 23이다.

88 ③

APT 공격의 특징
- 특정 기업이나 조직을 대상으로 장기간에 걸쳐 지속적으로 공격한다.
- 사회 공학적 방법을 사용하여 피해자의 신뢰를 얻는다.
- 다양한 첨단 보안 위협을 이용하여 공격을 수행한다.
- 공격 대상을 명확히 지정하고, 시스템의 특성을 파악하여 공격한다.
- 정치적, 경제적, 군사적 이익을 위해 수행되는 경우가 많다.

89 ③

CSMA/CA(Carrier Sense Multiple Access with Collision Avoidance)
- 무선 LAN에서 사용되는 무선전송 다원 접속 방식이다.
- 전송 전에 캐리어 감지를 통해 매체가 사용 중인지 확인하고, 사용 중이라면 일정 시간 기다렸다가 다시 전송하는 방식이다.

90 ④

테이블 이름, SQL 구조 등이 외부 HTML에 포함되어 나타나도록 하는 것은 사용자가 SQL 명령을 실행할 기회를 제공하기 때문에 SQL 인젝션 공격에 취약해진다.

91 ④

HSM(Hardware Security Module)

암호키(Master Key)를 안전하게 저장하는 역할과 Server CA의 Private Key를 저장하는 역할을 하는 전용 하드웨어 장치이다.

92 ①

비밀번호 정책은 정보 보안을 위한 조치이지만, 정보 보안 3요소에 포함되지는 않는다.

오답 피하기

정보 보안의 3요소

무결성(Integrity)	시스템 내의 정보는 오직 인가된 사용자만 수정할 수 있는 보안 요소이다.
기밀성(Confidentiality)	• 인가되지 않는 사용자가 객체 정보의 내용을 알 수 없도록 하는 보안 요소이다. • 접근 제어, 암호화와 관련된 보안 요소이다.
가용성(Availability)	• 정보 시스템 또는 정보에 대한 접근과 사용이 요구 시점에 완전하게 제공될 수 있는 상태를 의미하는 보안 요소이다. • 백업과 관련된 보안 요소이다.

93 ④

DMZ(Demilitarized Zone)에는 IDS를 설치할 수 있다.

94 ②

STP(Spanning Tree Protocol)

- 네트워크 루프를 방지하기 위한 프로토콜이다.
- 네트워크에 연결된 스위치 중에서 하나를 루트 브리지로 선택하고, 루트 브리지에서 멀리 떨어진 스위치들로 가는 경로를 차단하여 네트워크 루프를 방지한다.

95 ④

Wi-SUN

- IEEE 802.15.4g 표준을 기반으로 한 근거리 무선 통신 기술로, 넓은 커버리지와 더불어 빠른 속도를 지원한다.
- 스마트그리드 등 HAN/NAN 활용에 적합한 기술이다.

96 ③

SIP(Session Initiation Protocol) : 인터넷상에서 통신하고자 하는 지능형 단말들이 서로를 식별하여 그 위치를 찾고, 그들 상호 간에 멀티미디어 통신 세션을 생성하거나 삭제 또는 변경하기 위한 절차를 명시한 시그널링 프로토콜이다.

97 ①

IPSec(IP Security)

- 통신 세션의 각 IP 패킷을 암호화하고 인증하는 안전한 인터넷 프로토콜(IP) 통신을 위한 인터넷 프로토콜으로 양방향 암호화를 지원한다.
- ESP는 발신지 인증, 데이터 무결성, 기밀성 모두를 보장한다.
- 운영 모드는 Tunnel 모드와 Transport 모드로 분류된다.
- AH는 발신지 호스트를 인증하고, IP 패킷의 무결성을 보장한다.

98 ④

COCOMO 프로젝트 유형

- Organic Mode(유기적 모드) : 일괄 자료 처리나 과학 기술 계산용, 비즈니스 자료 처리용의 5만 라인 이하의 중소 규모 소프트웨어를 개발하는 유형
- Semi-Detached Mode(반결합 모드) : 트랜잭션 처리 시스템이나 운영체제, 데이터베이스 관리 시스템 등의 30만 라인 이하의 소프트웨어를 개발하는 유형
- Embedded Mode(내장 모드) : 최대형 규모의 트랜잭션 처리 시스템이나 운영체제 등의 30만 라인 이상의 소프트웨어를 개발하는 유형

99 ①

프로토타이핑 모형

- 최종 결과물이 만들어지기 전에 의뢰자가 최종 결과물의 일부 또는 모형을 볼 수 있으므로 개발 초기에 오류 발견이 가능하다.
- 프로토타이핑 모형은 발주자나 개발자 모두에게 공동의 참조 모델을 제공한다.
- 사용자의 요구사항을 충실히 반영할 수 있다.

100 ④

해시(Hash) 암호화 방식

- 임의 길이의 메시지를 입력으로 하여 고정된 길이의 출력값으로 변환하는 기법이다.
- 주어진 원문에서 고정된 길이의 의사 난수를 생성하며, 생성된 값을 해시값이라고 한다.
- 해시 함수는 주로 검색, 데이터 무결성, 인증, 암호화 등 다양한 용도로 사용된다.
- 블록체인에서 체인 형태로 사용되어 데이터의 신뢰성을 보장한다.
- SHA, SHA1, SHA256, MD5, RMD160, HAS-160, HAVAL 기법 등이 있다.

오답 피하기

해시 함수는 해시값을 통해 본래 입력값을 찾는 것이 어려워야 하므로 일방향 함수(One-way Function)이다.

최신 기출문제 05회

2-126P

01 ②	02 ②	03 ②	04 ①	05 ②
06 ④	07 ④	08 ②	09 ④	10 ④
11 ②	12 ①	13 ④	14 ①	15 ③
16 ④	17 ①	18 ④	19 ④	20 ④
21 ②	22 ④	23 ②	24 ①	25 ③
26 ③	27 ①	28 ①	29 ②	30 ②
31 ②	32 ④	33 ①	34 ①	35 ②
36 ①	37 ②	38 ②	39 ③	40 ①
41 ③	42 ③	43 ③	44 ②	45 ①
46 ④	47 ②	48 ①	49 ④	50 ①
51 ③	52 ②	53 ③	54 ②	55 ①
56 ①	57 ②	58 ④	59 ④	60 ①
61 ③	62 ①	63 ③	64 ①	65 ④
66 ①	67 ③	68 ④	69 ④	70 ②
71 ③	72 ③	73 ④	74 ①	75 ①
76 ②	77 ④	78 ④	79 ②	80 ②
81 ②	82 ②	83 ②	84 ①	85 ①
86 ④	87 ④	88 ①	89 ②	90 ①
91 ①	92 ④	93 ③	94 ①	95 ①
96 ③	97 ④	98 ④	99 ③	100 ③

과목 01 소프트웨어 설계

01 ②

정형 기술 검토 지침사항
- 의제와 그 범위를 유지하라.
- 참가자의 수를 제한하라.
- 각 체크 리스트를 작성하고, 자원과 시간 일정을 할당하라.
- 개발자가 아닌 제품의 검토에 집중하라.
- 논쟁과 반박을 제한하라.
- 검토 과정과 결과를 재검토하라.

02 ②

GoF 디자인 패턴
- 구조 : Adapter, Bridge, Composite, Decorator, Facade, Flyweight, Proxy
- 행위 : Chain of Responsibility, Iterator, Command, Interpreter, Memento, Observer, State, Strategy, Visitor, Template Method, Mediator
- 생성 : Factory Method, Singleton, Prototype, Builder, Abstraction Factory

03 ②

- Fan-In : 주어진 한 모듈을 제어하는 상위 모듈 수 → 3
- Fan-Out : 주어진 한 모듈이 제어하는 하위 모듈 수 → 2

04 ①

파이프 필터 : 상태 정보 공유를 위해 비용이 소요되며 데이터 변환에 오버헤드가 발생할 수 있다.

05 ②

액터(Actor) : 서비스를 이용하는 외부 객체이다. 시스템이 특정한 사례(Use Case)를 실행하도록 요구할 수 있는 존재이다.

06 ④

요구사항 분석
- 요구사항 간 상충되는 것을 해결하고, 소프트웨어의 범위를 파악한다.
- 명확하지 못하거나 모호한 부분을 걸러 내기 위한 과정이다.
- 소프트웨어가 환경과 어떻게 상호작용하는지 이해한다.
- 중복되는 내용을 통합하고, 서로 상충되는 요구사항을 해결한다.
- 시스템 요구사항을 정제하여 소프트웨어 요구사항을 도출한다.
- 도출된 사항을 분석하고 소프트웨어 개발 범위를 파악하여, 비용과 일정에 대한 제약을 설정한다.
- 타당성 조사를 수행한다.
- 요구사항 정의를 문서화한다.

오답 피하기

설계 명세서 작성은 요구사항을 바탕으로 시스템의 설계를 구체화하고 문서로 만드는 작업이다.

07 ④

객체지향의 구성 요소
- Class : 유사한 객체를 정의한 집합으로 속성+행위를 정의한 것으로 일반적인 Type을 의미한다.
- Object : 데이터와 함수를 묶어 캡슐화하는 대상이 된다.
- Message : Object 간에 서로 주고받는 통신을 의미한다.

08 ②

개발 비용이 가장 많이 소요되는 단계는 유지보수 단계이다.

09 ④

개체 관계도(ERD : Entity-Relationship Diagram)
- 데이터베이스 설계 단계에서 데이터 구조들과 그들 간의 관계를 표현하는 방법이다.
- 구성 : 개체(Entity), 속성(Attribute), 관계(Relationship)

10 ④

다형성(Polymorphism)

- 많은 상이한 클래스들이 동일한 메소드명을 이용하는 능력을 의미한다.
- 한 메시지가 객체에 따라 다른 방법으로 응답할 수 있는 것이다.
- 메시지에 의해 객체가 연산을 수행하게 될 때 하나의 메시지에 대해 각 객체가 가지고 있는 고유한 방법으로 응답할 수 있는 능력이다.

오답 피하기

메소드 오버로딩(Overriding)의 경우 메소드명은 동일하지만, 매개 변수 타입을 다르게 함으로써 구현, 구분할 수 있다.

11 ②

디자인 패턴은 자주 사용하는 설계 형태를 정형화하여 유형별로 설계 템플릿을 만들어 두고 소프트웨어 개발 중 나타나는 과제를 해결하기 위한 방법 중 한 가지이므로 개발 프로세스를 무시할 수 없다.

12 ①

CASE(Computer-Aided Software Engineering)

- 개발을 신속하게 할 수 있고, 오류 수정이 쉬워 S/W 품질이 향상된다.
- 소프트웨어 생명주기의 전체 단계를 연결해 주고 자동화시켜 주는 통합된 도구를 제공해 주는 기술이다.
- 소프트웨어 시스템의 문서화 및 명세화를 위한 그래픽 기능을 제공한다.
- S/W 개발 단계의 표준화를 기할 수 있으며 자료 흐름도 작성 기능을 제공한다.
- 모델들 사이의 모순 검사 기능을 제공하며 다양한 소프트웨어 개발 모형을 지원한다.
- 원천 기술 : 구조적 기법, 프로토타이핑 기술, 정보 저장소 기술이다.

13 ④

럼바우 객체지향 분석 기법에서 E-R, Data Flow Diagram(자료 흐름도), UML을 사용한다.

오답 피하기

AVL 트리

- 균형 이진 검색 트리(Balanced Binary Search Tree)로서, 노드의 삽입 또는 삭제가 발생할 때마다 트리의 균형을 유지하는 자료 구조이다.
- Adelson-Velsky와 Landis에 의해 개발되었다.
- 각 노드의 왼쪽 서브 트리와 오른쪽 서브 트리의 높이 차이(균형 인수)를 이용하여 균형을 조정한다.

14 ①

Coad와 Yourdon 방법 : 객체지향 분석 방법론에서 E-R 다이어그램을 사용하여 객체의 행위를 모델링한다.

15 ③

Bridge Pattern은 기능 클래스 계층과 구현 클래스 계층을 연결하고, 구현부에서 추상 계층을 분리하여 각자 독립적으로 변형할 수 있도록 해주는 패턴이다.

오답 피하기

③번은 Adapter 패턴에 대한 설명이다.

16 ④

NUI는 음성 인식, 제스처 인식, 터치 인터페이스와 같은 방식을 사용하여 사용자와 컴퓨터 간 상호작용이 이루어진다.

17 ①

- ② 응집도에 대한 설명이다.
- ③ 결합도가 낮으면 시스템 구현 및 유지보수 작업이 쉽다.
- ④ 자료 결합도의 결합도가 가장 낮다.

18 ④

상향식 설계는 가장 기본적인 컴포넌트를 먼저 설계한 뒤 이것을 사용하는 상위 수준의 컴포넌트를 설계하므로 기능 추가가 어렵다.

19 ④

CASE가 제공하는 기능

- 개발을 신속하게 할 수 있다.
- 소프트웨어 생명주기의 전체 단계를 연결시켜 주고 자동화시켜 주는 통합된 도구를 제공해 주는 기술이다.
- 소프트웨어 시스템의 문서화 및 명세화를 위한 그래픽 기능을 제공한다.
- 오류 수정이 쉬워 S/W 품질이 향상된다.
- S/W 개발 단계의 표준화를 기할 수 있다.
- 모델들 사이의 모순 검사 기능을 지원한다.
- 다양한 소프트웨어 개발 모형을 지원한다.
- 자료 흐름도 작성 기능을 지원한다.

20 ④

XP(eXtremeProgramming)

- 빠른 개발을 진행하면서 매 반복에서 테스트를 진행한다.
- 요구사항을 모두 정의해 놓고 작업을 진행하는 것이 아니라, 요구사항이 변경되는 것을 적용하는 방식으로 예측성보다는 적응성에 더 높은 가치를 부여한 방법이다.

과목 02 소프트웨어 개발

21 ②

① 콘텐츠 제공자, ③ 클리어링 하우스, ④ 보안 컨테이너

22 ④

이식성(Portability)
- 소프트웨어를 한 환경에서 다른 환경으로 쉽게 이동하거나 재사용할 수 있는 능력을 의미한다.
- 여러 가지 세부 특성으로 구성되어 있으며, 적응성, 이식 용이성, 호환성이 이러한 특성에 해당한다.

적응성(Adaptability)
- 소프트웨어가 다양한 환경에 대해 적응할 수 있는 능력을 의미한다.
- 소프트웨어가 다른 운영체제, 하드웨어 또는 네트워크 환경에서 작동할 수 있도록 적응할 수 있는 유연성을 갖추어야 한다.

이식 용이성(Portability)
- 소프트웨어가 한 환경에서 다른 환경으로 쉽게 이동하거나 재사용될 수 있는 능력을 의미한다.
- 특정 플랫폼에 종속되지 않고 여러 플랫폼에서 작동할 수 있는 소프트웨어의 이동성을 나타낸다.

호환성(Compatibility)
- 소프트웨어가 다른 시스템, 플랫폼 또는 응용 프로그램과 원활하게 상호작용할 수 있는 능력을 의미한다.
- 데이터 형식, 프로토콜, API 등의 호환 가능성을 포함한다.

오답 피하기

사용자 편의성은 다른 소프트웨어 품질 특성인 사용성(Usability)의 세부 특성이다.

23 ②

재공학의 과정
- 분석(Analysis) : 소프트웨어 재공학 활동 중 기본 소프트웨어의 명세서를 확인하여 소프트웨어의 동작을 이해하고 재공학 대상을 선정하는 것이다.
- 재구성(Restructuring) : 소프트웨어 구조를 향상시키기 위해 코드를 재구성하는 것이다.
- 역공학(Reverse Engineering) : 소프트웨어 재공학 활동 중 원시 코드를 분석하여 소프트웨어 관계를 파악하고 기존 시스템의 설계 정보를 재발견하고 다시 제작하는 작업이다.
- 이식(Migration) : 소프트웨어 재공학의 주요 활동 중 기존 소프트웨어 시스템을 새로운 기술 또는 하드웨어 환경에서 사용할 수 있도록 변환하는 작업이다.

24 ①

테스트는 오류를 찾는 작업이고 디버깅은 오류를 수정하는 작업이다.

25 ③

EAI(Enterprise Application Integration, 기업 애플리케이션 통합)
- 기업 내의 컴퓨터 애플리케이션들을 현대화하고, 통합하고, 조정하는 것을 목표로 세운 계획, 방법 및 도구 등을 일컫는 비즈니스 컴퓨팅 용어이다.
- 기업의 비즈니스와 애플리케이션의 새롭고 통합적인 시각을 개발하고, 기존의 애플리케이션들이 새로운 시각 내에 어떻게 맞춰지는지를 확인한다.

오답 피하기
- BPR(Business Process Reengineering) : 기업 활동에 관한 어떤 목표(매상, 수익률 등)를 설정하여, 그것을 달성하기 위해 업무 내용, 업무 흐름/조직 구조 분석, 최적화를 하는 것이다.
- ERP(Enterprise Resource Planning) : 기업 활동을 위해 사용되는 기업 내의 모든 인적, 물적 자원을 효율적으로 관리하여 궁극적으로 기업의 경쟁력을 강화해 주는 역할을 하는 통합 정보 시스템이다.

26 ③

알고리즘 설계 기법 : 분할 정복법(Divide & Conquer), 동적 계획법(Dynamic Programming), 탐욕법(Greedy Method), 퇴각 검색법(Backtracking), 분기 한정법(Branch & Bound), 근사 해법(Approximation Algorithm)

27 ①

- 방향성 그래프에서 방향 간선이 존재하면 1, 존재하지 않으면 0으로 표현한다.
- 각 노드별 방향 간선을 분석해서 행/열을 구성한다.

28 ①

오답 피하기

테스트 드라이버는 상향식 통합 테스트에서 사용한다.

29 ②

$ABC-/DEF+*+$	← 후위
$(A(BC-))/DEF+*+$	← 괄호 1
$(A(BC-))/(D(EF+)*)+$	← 괄호 2
$((A(BC-))/(D(EF+)*)+)$	← 괄호 3
	← 연산자 이동
$A/(B-C)+D*(E+F)$	← 정규화

연산자는 피연산자 2개 단위로 묶는다.

정답

정답&해설

30 ②

순서도 : 알고리즘을 시각적으로 표현하는 도구로, 기본적으로 입출력, 선택, 반복의 기본 구조를 가지고 있다.

오답 피하기

입력(Input)과 출력(Output)
- 입력은 사용자로부터의 입력이나 외부 데이터의 획득을 나타낸다.
- 출력은 결과의 출력이나 외부로의 데이터 전송을 나타낸다.

선택(Selection)
- 조건에 따라 프로그램의 흐름을 분기하는 요소로 사용된다.
- 주어진 조건에 따라 다른 경로를 선택하여 다른 동작을 수행하도록 한다.

반복(Iteration)
- 특정 조건이 만족하는 동안 일련의 동작을 반복적으로 실행하는 요소로 사용된다.
- 주어진 조건이 참이면 반복적으로 동작을 수행하며, 조건이 거짓이 되면 반복이 종료된다.

31 ②

목적에 따른 테스트

안전 (Security)	소프트웨어가 불법적인 침입으로부터 시스템을 보호할 수 있는지 확인한다.
강도 (Stress)	소프트웨어에 과도하게 부하를 가하여도 소프트웨어가 정상적으로 실행되는지 확인한다.
병행 (Parallel)	변경된 소프트웨어와 기존 소프트웨어에 동일한 데이터를 입력하여 두 결과를 비교 확인한다.

32 ④

단위 테스트 지원 도구(xUnit)
- JUnit : Java 프로그래밍 언어에 사용되는 테스트 도구로 데이터를 테스트한 다음 코드에 삽입한다.
- NUnit : 모든 .net 언어에 널리 사용되는 단위 테스트 프레임워크이다. 병렬로 실행할 수 있는 데이터 중심 테스트를 지원한다.
- JMockit : 오픈소스 단위 테스트 도구로서, 기록 및 검증 구문으로 API를 Mocking할 수 있다.
- EMMA : 코드 분석 오픈소스 툴 킷으로서 JAVA 기반이므로 외부 라이브러리 종속성이 없으며 소스 코드에 액세스할 수 있다.
- PHPUnit : PHP 프로그래머를 위한 단위 테스트 도구이다.
- HttpUnit : HtmlUnit은 Java 프로그램용 GUI가 없는 브라우저를 포함하는 오픈소스 Java 라이브러리이다.
- DBUnit : 데이터베이스 단위 테스트를 지원하는 프레임워크이다.

33 ①

리팩토링(Refactoring) : 소프트웨어를 더 쉽게 이해할 수 있고, 적은 비용으로 수정할 수 있도록 겉으로 보이는 동작의 변화 없이 내부 구조를 변경하는 것을 의미한다.

34 ①

DRM 요소 기술

구성	내용
콘텐츠 제공자 (Contents Provider)	콘텐츠를 제공하는 저작권자
콘텐츠 분배자 (Contents Distributor)	쇼핑몰 등으로서 암호화된 콘텐츠 제공
패키저(Packager)	콘텐츠를 메타 데이터와 함께 배포 가능한 단위로 묶는 기능
보안 컨테이너 (Security Container)	원본을 안전하게 유통하려는 전자적 보안 장치
DRM Controller	배포된 콘텐츠의 이용 권한을 통제
Clearing House	키 관리 및 라이선스 발급 관리

35 ②

테스트 드라이버(Test Driver)
- 하위 → 상위 모듈로 통합하면서 테스트하는 상향식 테스트에서 사용한다.
- 테스트 대상을 제어하고 동작시키는 데 사용되는 도구를 의미한다.
- 시스템 및 컴포넌트를 시험하는 환경의 일부분으로 시험을 지원하는 목적하에 생성된 코드와 데이터이다.
- 순차적 실행을 지원하는 프로그램이나 명령들이 묶여 있는 배치 파일이다.

36 ①

하향식 통합 검사(Top Down Integration Test)
- 상위 컴포넌트를 테스트하고 점증적으로 하위 컴포넌트를 테스트한다.
- 주요 제어 모듈 기준으로 아래로 통합하며 진행한다.
- 하위 컴포넌트 개발이 완료되지 않은 경우 스텁(Stub)을 사용하기도 한다.
- 우선 통합법, 깊이 우선 통합법, 너비 우선 통합법 등이 있다.

37 ②

오름차순 선택 정렬의 경우 1pass마다 가장 작은 값이 맨 앞으로 이동한다.

Original	37	14	17	40	35
1pass	14	37	17	40	35
2pass	14	17	37	40	35
3pass	14	17	35	40	37
4pass	14	17	35	37	40

38 ②

N－S 차트(Nassi－Schneiderman Chart)

- 구조적 프로그램의 순차, 선택, 반복의 구조를 사각형으로 도식화하여 알고리즘을 논리적 기술에 중점을 둔 도형식 표현 방법이다.
- 조건이 복합되어 있는 곳의 처리를 시각적으로 명확히 식별하는 데 적합하다.
- 제어 구조 : 순차(Sequence), 선택 및 다중 선택(If～Then～Else, Case), 반복(Repeat～Until, While, For)
- 박스 다이어그램이라고도 한다.
- 연속, 선택, 반복 등의 제어 논리 구조를 표현한다.

오답 피하기

사각형 박스로 선택, 조건, 반복 조건을 구조적 흐름으로 표현한다.

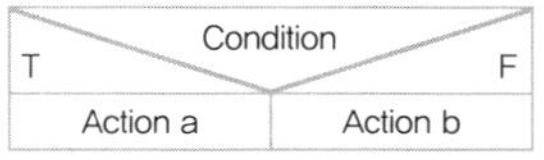

39 ③

인스펙션(Inspection)

- 소프트웨어 요구, 설계, 원시 코드 등의 작성자 외의 다른 전문가 또는 팀이 검사하여 오류를 찾아내는 공식적 검토 방법이다.
- 요구 분석서, 원시 코드 등의 문서 검토를 진행하는 정적 테스트 시에 활용하는 기법이다.

40 ①

결합도 종류(약 → 강) : 데이터 결합도 → 스탬프 결합도 → 제어 결합도 → 공통 결합도 → 내용 결합도

오답 피하기

결합도를 최소화하고 응집도를 최대화해야 하므로, 결합도가 가장 높은 내용 결합도를 낮추는 것이 재사용성이 좋은 모듈 설계이다.

과목 03 데이터베이스 구축

41 ③

데이터베이스 설계 단계에서의 트랜잭션 설계

- 개념 설계 : 트랜잭션 모델링
- 논리 설계 : 트랜잭션 인터페이스 설계
- 물리 설계 : 트랜잭션 세부설계

42 ③

병행 제어의 목적

- 데이터베이스 공유 최대화
- 데이터베이스 일관성 최대화
- 시스템 활용도 최대화
- 사용자에 대한 응답 시간 최소화

43 ③

- Cartesian Product(교차곱)의 결과 릴레이션은 두 릴레이션의 속성의 개수는 더하고 각 튜플의 개수는 곱한 크기의 결과 릴레이션이 생성된다.
- 릴레이션 R : 차수 3, 카디널리티 3
- 릴레이션 S : 차수 4, 카디널리티 4

- 결과 릴레이션 : 차수 7, 카디널리티 12

44 ②

순수 관계 연산자의 종류

- Select(σ) : 튜플 집합을 검색한다.
- Project(π) : 속성 집합을 검색한다.
- Join(⋈) : 두 릴레이션의 공통 속성을 연결한다.
- Division(÷) : 두 릴레이션에서 특정 속성을 제외한 속성만 검색한다.

45 ①

- 〈제품〉이 입고되면 그 〈제품〉이 〈판매〉된다고 볼 수 있다.
- 하위 테이블인 〈판매〉 테이블은 〈제품〉 테이블의 [제품코드]를 참조한다. 즉 상위 테이블 〈제품〉의 [제품코드] 필드가 외래키가 된다.

46 ④

데이터베이스 분할

- 수평 분할 : 효율성, 지역의 최적화, 보안 향상을 위해 행 단위로 분할 한다. 종류에는 라운드로빈, 해시 분할, 영역 분할, 이용자 정의 분할 방식 등이 있다.
- 수직 분할 : 열 단위로 분할 한다. 응용 프로그램에 따라 컬럼을 그룹화하는 방법과 분열하는 방법이 있다.

47 ②

무결성(Integrity)

- 개체 무결성 : 기본키의 값은 널 값이나 중복 값을 가질 수 없다는 제약조건
- 참조 무결성 : 참조할 수 없는 외래키 값을 가질 수 없다는 제약조건

48 ①

외부 스키마(External Schema)

사용자나 응용 프로그래머가 접근할 수 있는 정의를 기술한다.

개념 스키마(Conceptual Schema)

- 모든 응용 시스템들이나 사용자들이 필요로 하는 데이터를 통합한 조직 전체의 데이터베이스를 정의한다.
- 범기관적 입장에서 데이터베이스를 정의한다.
- 개체 간의 관계와 제약조건을 나타내고, 데이터베이스 접근 권한, 보안 및 무결성 규칙 명세가 있다.

내부 스키마(Internal Schema)

- 데이터의 실제 저장 방법을 기술한다.
- 물리적 저장 장치의 입장에서 본 데이터베이스 구조로써 실제로 데이터베이스에 저장될 레코드의 형식을 정의하고 저장 데이터 항목의 표현 방법, 내부 레코드의 물리적 순서 등을 나타낸다.

49 ④

논리적 설계

- 목표 DBMS에 종속적인 논리적 스키마 설계 및 스키마의 평가 및 정제이다.
- 논리적 데이터 모델로 변환 및 트랜잭션 인터페이스 설계이다.

물리적 설계

- 목표 DBMS에 종속적인 물리적 구조 설계이다.
- 저장 레코드 양식 설계와 레코드 집중의 분석/설계, 액세스 경로 인덱싱, 클러스터링, 해싱 등의 설계가 포함된다.

오답 피하기

트랜잭션의 인터페이스 설계는 논리적 설계 단계에서 진행한다.

50 ①

스택 입력 및 출력 문제를 해결할 때는 우선 보기의 첫 번째 문자까지 스택에 입력해 보고 순서대로 Push와 POP을 진행해서 보면된다.
예를 들어
②번의 경우 A, B, C, D 입력 → D 출력 → C 출력 → B 출력 → A 입력 → A 출력이므로 순서가 맞다.
①번의 경우 A 입력 → A 출력 → B, C, D 입력 → D, C, B 순으로 출력되어야 한다.

오답 피하기

스택(Stack)

- 리스트의 한쪽 끝에서만 자료의 삽입과 삭제가 이루어지는 선형 자료 구조로 인터럽트 처리, 서브루틴 호출 작업 등에 응용된다.
- 가장 나중에 삽입된 자료가 가장 먼저 삭제되는 후입선출(LIFO : Last In First Out) 방식이다.

51 ③

트랜잭션의 특성

- 원자성(Atomicity) : 완전하게 수행 완료되지 않으면 전혀 수행되지 않아야 한다.
- 일관성(Consistency) : 시스템의 고정 요소는 트랜잭션 수행 전후에 같아야 한다.
- 격리성(Isolation, 고립성) : 트랜잭션 실행 시 다른 트랜잭션의 간섭을 받지 않아야 한다.
- 영속성(Durability, 지속성) : 트랜잭션의 완료 결과가 데이터베이스에 영구히 기억된다.

52 ②

- Concurrency Control(동시성 제어) : 여러 사용자 또는 프로세스가 동시에 데이터베이스에 접근할 때 일관성을 유지하고 충돌을 방지하기 위한 제어 메커니즘을 의미한다.
- Normalization(정규화) : 데이터베이스 설계 과정에서 중복을 최소화하고 데이터의 일관성을 유지하기 위해 테이블을 구조화하는 작업이다.
- Transaction(트랜잭션) : 데이터베이스에서 하나의 논리적 작업 단위를 의미하며, 일련의 데이터 조작 작업을 원자적(Atomic), 일관적(Consistent), 고립적(Isolated), 영구적(Durable)으로 수행하는 것을 보장한다.

오답 피하기

장비 고장 또는 기타 재해 발생 시 데이터베이스를 보존하기 위한 데이터베이스 복사 활동을 의미하는 용어는 "Backup"이다.

53 ③

BCNF(보이스/코드) 정규형

- 1, 2, 3정규형을 만족하고, 결정자가 후보키가 아닌 함수 종속 제거되면 보이스/코드 정규형에 속한다.
- 후보키를 여러 개 가지고 있는 릴레이션에서 발생할 수 있는 이상 현상을 해결하기 위해 3정규형보다 좀 더 강력한 제약조건을 적용한다.
- 보이스/코드 정규형에 속하는 모든 릴레이션은 3정규형에 속하지만, 3정규형에 속하는 모든 릴레이션이 보이스/코드 정규형에 속하지는 않는다.

54 ②

DDL(데이터 정의어)의 종류

- CREATE : 스키마, 도메인, 테이블, 인덱스, 뷰 정의
- ALTER : 테이블 정의 변경
- DROP : 스키마, 도메인, 테이블, 인덱스, 뷰 삭제

55 ①

SELECT 명령문의 정렬

SELECT 명령문에서는 튜플 간 정렬을 위해 ORDER BY 절을 추가하여 사용한다. 정렬의 기준 속성명의 값들을 오름차순 또는 내림차순으로 튜플 단위로 정렬하여 결과 테이블을 생성한다.
ASC는 오름차순, DESC는 내림차순을 지정하는 옵션이다.
SELECT 속성명1, 속성명2 FROM 테이블명 WHERE 조건식 ORDER BY 정렬 기준 속성명 [ASC|DESC];

<u>판매실적 테이블을 읽어</u> <u>서울지역에 한하여</u> <u>판매액 내림차순으로</u> <u>지점명과 판매액을 출력</u>

<u>SELECT 지점명, 판매액</u> <u>FROM 판매실적</u> <u>WHERE 도시 = '서울'</u> <u>ORDER BY 판매액 DESC;</u>

56 ①

트랜잭션의 연산

- Commit 연산 : 트랜잭션 실행이 성공적으로 종료되었음을 선언한다.
- Rollback 연산 : 트랜잭션 실행이 실패하였음을 선언한다.
- Recovery 연산 : 트랜잭션을 수행하는 도중 장애로 인해 손상된 데이터베이스를 손상되기 이전의 정상적인 상태로 복구시키는 작업이다.

57 ②

SELECT문 기본 구조

```
SELECT 속성명 [ALL | DISTINCT |
FROM 릴레이션명
WHERE 조건;
[GROUP BY 속성명1, 속성명2,…]
[HAVING 조건]
[ORDER BY 속성명 [ASC | DESC]];
 · ALL : 모든 튜플을 검색(생략 가능)
 · DISTINCT : 중복된 튜플 생략
 · IN(a, b) : where 절에 작성하는 포함 조건
```

SELECT ENAME FROM TBL WHERE DNO IN ('D1', 'D2', 'D3');

58 ④

이상(Anomaly) 현상 : 데이터 중복으로 인해 릴레이션 조작 시 예상하지 못한 곤란한 현상이 발생하는 것을 의미한다.

59 ④

집합 연산자	연산자 의미
UNION	합집합 결과 중복된 행은 하나의 행으로 출력
UNION ALL	합집합 결과 중복된 행도 그대로 결과로 표시
INTERSECT	교집합 결과 중복된 행은 하나의 행으로 출력
EXCEPT	차집합 결과 중복된 행은 하나의 행으로 출력

60 ①

분산 처리 시스템의 투명성

- 투명성(Transparency) : 사용자가 분산된 여러 자원의 위치 정보를 알지 못하고 마치 하나의 커다란 시스템을 사용하는 것처럼 인식하도록 하는 것이다.
- 위치(Location) 투명성 : 하드웨어와 소프트웨어의 물리적 위치를 사용자가 알 필요가 없다.
- 이주(Migration) 투명성 : 사용자나 응용 프로그램의 동작에 영향을 받지 않고 시스템 내에 있는 정보 객체를 이동할 수 있게 한다.
- 복제(Replication) 투명성 : 사용자에게 통지할 필요 없이 시스템 안에 파일들과 자원들의 부가적인 복사가 자유롭다.
- 병행(Concurrency) 투명성 : 다중 사용자들이 자원들을 자동으로 공유할 수 있다.

과목 04 프로그래밍 언어 활용

61 ③

#include 〈stdio.h〉 #include 〈string.h〉 int main()	• 헤더 파일 정의 • main() 함수 시작

{
printf("%d", strlen("Hello World"));
return 0;
}
	• strlen("Hello World") 부분이 호출되어 "Hello World" 문자열의 길이인 11을 반환
	• printf 함수를 사용하여 출력
	• 함수 종료

62 ①

#include 〈stdio.h〉 int main() {	• 헤더 파일 정의 • main() 함수 시작
int a = 3, b = 5, c = -1; int t1, t2, t3;	• a, b, c 정수형 변수 초기화 • t1, t2, t3 정수형 변수 초기화
t1 = a〉b && a〈b; t2 = a〉b || a〈b; t3 = !c;	• 3〉5(F) && 3〈5(T) → F(0) • 3〉5(F) || 3〈5(T) → T(1) • !-1 → F(0)

printf("%d", t1 + t2 + t3);
return 0;
}
	• 0+1+0 =1 출력
	• 함수 종료

63 ③

#include 〈stdio.h〉 int main() {	• 헤더 파일 정의 • main() 함수 시작
int value; scanf("%d", &value);	• 정수형 변수 value 선언 • value 값 입력 받아 value에 저장

switch (value)
{
case 1: printf("one");
case 2: printf("two");
case 3: printf("three"); break;
case 4: printf("four");
case 5: printf("five");
}
	• value가 1일 경우 "onetwothree"를 출력
	• 2일 경우 "twothree"를 출력
	• 3일 경우 "three"를 출력하고 switch문을 빠져나감(break문이 없을 경우 아래의 case문들도 실행).
	• 4일 경우 "fourfive"를 출력
	• 5일 경우 "five"를 출력

return 0; }	함수 종료

64 ①

#include <stdio.h> int main() {	• 헤더 파일 정의 • main() 함수 시작

int x, y;
 	
for(x = 0; x < 2; x++)
{
for(y = 0; y < 2; y++)
{
printf("%d", !x || !y);
}
}
	• 정수형 변수 x, y 선언
	• x는 0~1까지 +1씩 반복
	• y는 0~1까지 +1씩 반복
	• !0 → 1, !1→0으로 보수 처리
	• a||b : a, b 둘 중 1개만 1이어도 1 출력 (or 연산)

return 0; }	main() 함수 종료

x		y	결과
!0(1)	||	!0(1)	1
!0(1)	||	!1(0)	1
!1(0)	||	!0(1)	1
!1(0)	||	!1(0)	0

오답 피하기

!(x && y)

x		y	x && y	!
0	&&	0	0	1
0	&&	1	0	1
1	&&	0	0	1
1	&&	1	1	0

65 ④

class TestClass {
int t = 1;
public void print() {
System.out.print("AA");
}
}
	• TestClass 클래스를 정의
	• t 멤버 변수 선언하고 1로 초기화
	• print 메소드를 정의
	• "AA"를 출력

public class Test extends TestClass
{
public void print() {
System.out.print("BB");
}
	• Test 클래스를 정의
	• Test 클래스는 TestClass 클래스를 상속받아서 print라는 이름의 메소드를 재정의(오버라이딩)
	• "BB"를 출력

public static void main(String[] args) { int t = 2;	• main 메소드 정의(String 배열 args를 매개 변수로 가지고 있음) • t 정수형 변수를 선언하고 초기값으로 2를 할당

TestClass tt = new Test();
tt.print();
System.out.print(t);
}
}
	• TestClass 타입의 tt라는 이름의 변수를 선언(상속받은 Test 클래스의 객체로 초기화)
	• tt 객체의 print 메소드를 호출(실제로 실행되는 print 메소드는 Test 클래스에서 재정의한 메소드임)
	• 따라서 "BB"가 출력
	• t 변수의 값을 출력(main 메소드 내에서 선언된 변수이므로 초기값인 2가 출력)

66 ①

IPv6의 패킷 헤더는 40바이트의 고정된 길이를 가지므로 IPv4처럼 Header Length Field가 필요 없다.

67 ③

192.168.1.0/24란 1의 개수가 24개임을 의미한다.
11111111 11111111 11111111 00000000
255.255.255.0의 C클래스를 서브넷으로 사용하는 것을 의미한다.
FLSM 방식으로 4개의 서브넷을 나누라고 지시했으나 2의 승수 단위로만 나눌 수 있으므로 2^2 = 4이며, 즉 4개로 Subnetting하여야 한다.
256/4=64이므로 각 Subnet에 할당되는 IP는 대역별로 64개가 된다.

No	대역
1	192.168.1.0~63
2	192.168.1.64~127
3	192.168.1.128~191
4	192.168.1.192~256

- 각 대역의 첫 번째 IP(192.168.1.192)는 네트워크 ID, 마지막 IP는 브로드캐스트 주소로 할당된다.
- 4번째 : 193, 194, 195, 196로 196번이다.

68 ④

malloc() 함수(메모리 동적 할당)

- malloc() 함수는 프로그램이 실행 중일 때 사용자가 직접 힙 영역에 메모리를 할당할 수 있게 해준다.
- malloc() 함수의 실행 시간에 힙 메모리를 할당받는다.
- malloc() 함수를 실행하여 메모리를 할당받지 못하면 널 값이 반환된다.
- malloc() 함수로 할당받은 메모리는 free() 함수를 통해 해제시킨다.
- 예를 들어, malloc(10)을 호출하면 10바이트의 메모리가 할당된다.

오답 피하기

[형식]

```
#include <stdlib.h> //malloc 함수가 포함된 헤더 파일
void* malloc(size_t size)
```

69 ④

우선순위를 계산하여 그 숫자가 가장 큰 것부터 높은 순으로 우선순위가 부여된다.

HRN 계산

$$\text{우선순위 계산식} = \frac{\text{대기 시간} + \text{서비스를 받을 시간}}{\text{서비스를 받을 시간}}$$

- A 작업 : (5+20)/20 = 1.25
- B 작업 : (40+20)/20 = 3
- C 작업 : (15+45)/45 = 1.3
- D 작업 : (40+10)/10 = 5
- 작업 순서 : D → B → C → A

70 ②

백도어 탐지 방법
- 무결성 검사
- 로그 분석
- SetUID 파일 검사
- 현재 동작 중인 프로세스 및 열린 포트 확인
- 바이러스 및 백도어 탐지 툴 사용

71 ③

표준 라이브러리는 프로그래밍 언어가 기본적으로 가지고 있는 라이브러리를 의미하며, 외부 라이브러리는 별도의 파일 설치를 필요로 하는 라이브러리를 의미한다.

72 ③

OSI 7계층의 기능
- 세션 계층(Session Layer) : 회화 구성, 동기 제어, 데이터 교환 관리, 프로세스 간에 대한 연결을 확립, 관리, 단절시키는 수단을 제공한다.
- 표현 계층(Presentation Layer) : 코드 변환, 암호화, 압축, 구문 검색을 한다.
- 응용 계층(Application Layer) : 사용자에게 서비스 제공하며, 네트워크 가상 터미널(network virtual terminal)이 존재하여 서로 다른 프로토콜에 의해 발생하는 호환성 문제를 해결하는 계층이다.

73 ④

FIFO(First In First Out)는 가장 먼저 적재된 페이지를 먼저 교체하는 기법이다.

요청 페이지	1	2	1	0	4	1	3
페이지 프레임	1	1	1	1	4	4	4
		2	2	2	2	1	1
				0	0	0	3
페이지 부재	O	O		O	O	O	O

74 ①

프로세스(Process)
- 프로세스는 주소 공간에 실행 스택(Stack)을 가지고 있다.
- 비동기적 행위를 일으키는 주체로 정의할 수 있다.
- 실행 중인 프로그램을 말한다.
- 프로세스는 각종 자원을 요구한다.

스레드(Thread)
- 프로세스 내에서의 작업 단위로서 시스템의 여러 자원을 할당받아 실행하는 프로그램의 단위를 의미한다.
- 하드웨어, 운영체제의 성능과 응용 프로그램의 처리율을 향상시킬 수 있다.
- 한 개의 프로세스는 여러 개의 스레드를 가질 수 있다.

75 ①

데이터 링크 계층(Data Link Layer)
- 인접한 두 개의 통신 시스템 간에 신뢰성 있는 효율적인 데이터를 전송하는 계층이다.
- 링크의 설정과 유지 및 종료를 담당한다.
- 전송 데이터의 흐름 제어, 프레임 동기, 오류 제어 등을 수행한다.
- 링크의 효율성을 향상시킨다.
- 프로토콜 종류 : HDLC, PPP, LLC, LAPB, LAPD, ADCCP

76 ②

C언어 연산자

산술 연산자	*, /, %
	+, −
시프트 연산자	<<, >>
관계 연산자	<, <=, >, >=
	==, !=
할당 연산자	=, +=, −=, *=, /=, %=, <<=, >>=

77 ④

public class Test
{
static void func(int a, int b)
throws ArithmeticException {
	Test 클래스 선언, 매개 변수 a,b를 갖는 func정적 메서드 정의

if (b == 0) {
throw new ArithmeticException("나눗셈 불가");
}
	• b가 0인 경우, 즉 0으로 나누는 상황에서는 ArithmeticException를 발생시킨다.
	• 예외를 발생시키는 throw를 사용하여 새로운 ArithmeticException 객체를 생성하고 메시지 "나눗셈 불가"를 함께 전달한다.

System.out.println("결과 : " + a / b);	b가 0이 아닌 경우 a를 b로 나눈 결과를 출력한다.
public static void main(String[] args) {	명령행 인수를 문자열 배열로 받는 매개 변수를 갖는 main 메서드 선언한다.

try {
  func(30, 0);
} catch (ArithmeticException e) {
  System.out.println(e.getMessage());
} finally {
  System.out.println("프로그램 종료");
}
	• try-catch 블록으로 예외 처리를 한다.
	• try 블록 내에서는 예외가 발생할 수 있는 코드를 실행한다.
	• func(30, 0)을 호출하는데, func 메서드에서 0으로 나누는 상황에서 ArithmeticException이 발생할 수 있다.
	• 만약 예외가 발생하면 catch 블록으로 이동하여 해당 예외를 받아서 처리한다.
	• ArithmeticException e는 catch 블록에서 ArithmeticException 예외를 받아올 때 사용할 변수이고, 예외 객체는 e에 저장된다.
	• System.out.println(e.getMessage())는 예외 객체에 저장된 메시지를 출력한다. 이 경우 "나눗셈 불가" 메시지가 출력된다.
	• finally : 예외 발생 여부와 상관없이 항상 실행된다.
	• "프로그램 종료" 메시지를 출력한다.

결과

```
나눗셈 불가
프로그램 종료
```

78 ④

• range(0, len(text), 2)를 사용하여 0부터 text 문자열의 길이까지 2의 간격으로 숫자를 생성한다.
• text 문자열의 짝수 인덱스에 해당하는 값을 추출하기 위한 인덱스 범위를 정의하는 것이다.

H	e	l	l	o	,		W	o	r	l	d	!

79 ②

C언어 변수명 작성 규칙

• 영문 대소문자(A~Z, a~z), 숫자(0~9), '_'를 혼용하여 사용할 수 있다.
• 첫 글자는 영문자나 '_'로 시작해야 한다.
• 영문자는 대소문자를 구분한다.
• 공백을 포함할 수 없다.
• 예약어(Reserved Word)를 사용할 수 없다.
• 예약어 : auto, beak, case, char, const, continue, default, do, double, else, enum, extern, float, for, goto, if, int, long, register, return, short, signed, sizeof, static, struct, switch, typedef, union, unsigend, void, volatile, while

80 ②

모듈화(Modularity)

• 모듈화는 거대한 문제를 작은 조각의 문제로 나누어 다루기 쉽도록 하는 과정으로, 작게 나누어진 각 부분을 모듈이라고 한다.
• 소프트웨어의 모듈은 프로그래밍 언어에서 Subroutine, Function 등으로 표현될 수 있다.
• 모듈화는 시스템을 지능적으로 관리할 수 있도록 해주며, 복잡도 문제를 해결하는 데 도움을 준다.
• 모듈화는 시스템의 유지보수와 수정을 용이하게 한다.

과목 05 정보 시스템 구축 관리

81 ②

MQTT(Message Queuing Telemetry Transport)

• IBM이 주도하여 개발한 기술로 사물 통신, 사물 인터넷과 같이 대역폭이 제한된 통신 환경에 최적화하여 개발된 푸시 기술 기반의 경량 메시지 전송 프로토콜이다.
• TCP/IP 기반 네트워크에서 동작하는 발행-구독 기반의 메시징 프로토콜로 최근 IoT 환경에서 자주 사용되고 있는 프로토콜이다.

82 ②

Ping Flood

• 네트워크의 정상 작동 여부를 확인하기 위해 사용하는 Ping 테스트를 공격자가 공격 대상 컴퓨터를 확인하기 위한 방법으로 사용하는 공격 방법이다.
• 특정 사이트에 매우 많은 ICMP Echo를 보내면, 이에 대한 응답(Respond)을 하기 위해 시스템 자원을 모두 사용해 버려 시스템이 정상적으로 동작하지 못하도록 하는 공격 방법이다.

83 ②

IBN(Intent-Based Networking)

• 네트워크 관리를 더 효율적이고 자동화된 방식으로 수행하기 위해 인공 지능과 머신러닝을 활용하는 개념이다.
• 네트워크 운영자가 의도(Intention)를 기반으로 네트워크 동작을 설정하고 제어할 수 있는 방식을 제공한다.
• 네트워크의 상태를 실시간으로 모니터링하고 예측하여 문제를 사전에 감지하고 조치할 수 있다.
• 네트워크 구성을 최적화하고 필요한 변경을 자동으로 제안하며, 네트워크 운영을 간소화하고 자동화할 수 있다.

84 ①

하둡(Hadoop)
- 오픈소스를 기반으로 한 분산 컴퓨팅 플랫폼이다.
- 일반 PC급 컴퓨터들로 가상화된 대형 스토리지를 형성한다.
- 다양한 소스를 통해 생성된 빅데이터를 효율적으로 저장하고 처리한다.

멤리스터(Memristor)
- 메모리(Memory)+레지스터(Resistor)의 합성어이다.
- 전류의 흐름과 시간의 변화에 따라 저항의 강도가 바뀌는 새로운 전기소자로 이전의 상태를 모두 기억하는 메모리이다.

비컨(Beacon)
- 블루투스 4.0(BLE) 프로토콜 기반의 근거리 무선 통신 장치로 최대 70m 이내의 장치들과 교신할 수 있는 차세대 스마트폰 근거리 통신 기술이다.
- 저전력으로 모바일 결제 등을 가능하게 해주는 스마트폰 근거리 통신 기술이다.
- NFC보다 가용 거리가 길고 5~10cm 단위 구별이 가능해 정확성이 높다.

포스퀘어(Foursquare)
- 스마트폰에 탑재된 GPS를 활용해 위치 정보를 수집한다.
- 쇼핑 관광 등에 활용하는 위치 기반 소셜네트워크 서비스이다.
- 위치 기반의 지역 검색 및 추천 서비스로, 사용자로 하여금 현재 위치를 지속적으로 갱신하면서 친구들과 공유하게끔 하는 서비스이다.

85 ①

구분	DSA	RSA
알고리즘	비대칭 암호화	비대칭 암호화
키의 종류	개인키, 공개키	개인키, 공개키
키 생성	더 작은 개인키와 공개키 생성	큰 개인키와 공개키 생성
안정성	안정적	안정적
속도	상대적으로 빠름	상대적으로 느림
사용 사례	디지털 서명	암호화, 디지털 서명
암호화 알고리즘	이산대수	소인수분해

86 ④

Nmap(Network mapper) : 고든 라이온(Gordon Lyon)이 작성한 보안 스캐너로 컴퓨터와 서비스를 찾을 때 쓰이며, 네트워크 "지도"를 함께 만들어 서버에 열린 포트 정보를 스캐닝해서 보안 취약점을 찾는 데 사용한다.

87 ④

ECB(Electronic Codebook Mode)
평문 블록을 독립적으로 암호화하는 가장 간단한 모드이다.

CBC(Cipher Block Chaining Mode)
- 이전 암호문 블록과의 연결을 통해 암호화를 진행하는 모드이다.
- 초기화 벡터(IV)를 사용하여 암호화의 무작위성을 추가한다.

CFB(Cipher Feedback Mode)
- 암호문의 일부를 피드백으로 사용하여 다음 평문 블록을 암호화하는 모드이다.
- 암호문 블록이 평문 블록과의 연결로 사용된다.

OFB(Output Feedback Mode)
- 암호문 블록의 일부를 피드백으로 사용하여 다음 암호문 블록을 생성하는 모드이다.
- 암호문 블록과 평문 블록은 연결되지 않는다.

CTR(Counter Mode)
- 암호문 블록을 생성하기 위해 카운터 값을 사용하는 모드이다.
- 각 평문 블록은 카운터 값을 증가시키며, 암호화와 복호화에 동일한 카운터 값이 사용된다.

오답 피하기

ECC(Elliptic Curve Cryptography) : 대칭키 암호화 모드가 아닌 암호화 기술인 "타원 곡선 암호화(Elliptic Curve Cryptography)"를 나타내는 용어이다.

88 ①

직접 연결 저장 장치(DAS : Direct–attached storage)
- 하드 디스크와 같은 데이터 저장 장치를 호스트 버스 어댑터에 직접 연결하는 방식이다.
- 저장 장치와 호스트 기기 사이에 네트워크 디바이스가 있지 말아야 하고 직접 연결하는 방식으로 구성된다.

89 ②

COCOMO 개발 유형
- Organic Mode(유기적 모드) : 일괄 자료 처리나 과학 기술 계산용, 비즈니스 자료 처리용의 5만 라인 이하의 중소 규모 소프트웨어를 개발하는 유형이다.
- Semi–Detached Mode(반 결합 모드) : 트랜잭션 처리 시스템이나 운영체제, 데이터베이스 관리 시스템 등의 30만 라인 이하의 소프트웨어를 개발하는 유형이다.
- Embedded Mode(내장 모드) : 최대형 규모의 트랜잭션 처리 시스템이나 운영체제 등의 30만 라인 이상의 소프트웨어를 개발하는 유형이다.

90 ①

정보 보안의 3요소
- 무결성(Integrity) : 시스템 내의 정보는 오직 인가된 사용자만 수정할 수 있는 보안 요소이다.
- 기밀성(Confidentiality) : 인가되지 않는 사용자가 객체 정보의 내용을 알 수 없도록 하는 보안 요소이다.
- 가용성(Availability) : 정보 시스템 또는 정보에 대한 접근과 사용이 요구 시점에 완전하게 제공될 수 있는 상태를 의미하는 보안 요소이다.

91 ①

데이터마이닝(Data Mining)

- 대량의 자료에서 유용한 정보를 찾아내어 그 데이터 사이의 연관 관계를 분석해 미래에 대한 예측을 가능하게 하는 것이다.
- 데이터웨어하우스와 데이터마이닝을 적용해 고객의 개인적 성향을 분석하여 고객관리와 마케팅의 효율성을 극대화할 수 있다.

92 ④

간트 차트(Gantt Chart)

- 각 작업들의 일정을 막대로 표시하는 기법이다.
- 이정표, 작업 기간, 작업 일정 등을 나타낸다.
- 시간선(Time-Line) 차트라고도 한다.
- 막대로 표시하며, 수평 막대의 길이는 각 태스크의 기간을 나타낸다.

93 ③

컴포넌트 기반 개발 방법론(CBD : Component Based Development)

- 재사용이 가능한 컴포넌트의 개발 또는 상용 컴포넌트들을 조합하여 애플리케이션 개발 생산성과 품질을 높이고, 시스템 유지보수 비용을 최소화할 수 있는 개발 방법 프로세스이다.
- 컴포넌트 단위의 개발 및 조립을 통하여 정보 시스템의 신속한 구축, 변경, 확장의 용이성과 타 시스템과의 호환성을 달성하고자 하는 소프트웨어 공학 프로세스, 방법론 및 기술의 총체적 개념이다.

94 ①

V-모델

- 폭포수 모델에 시스템 검증과 테스트 작업을 강조한 모델이다.
- 세부적인 프로세스로 구성되어 있어서 신뢰도 높은 시스템 개발에 효과적이다.
- 개발 단계의 작업을 확인하기 위해 테스트 작업을 수행한다.
- 생명 주기 초반부터 테스트 작업을 지원한다.

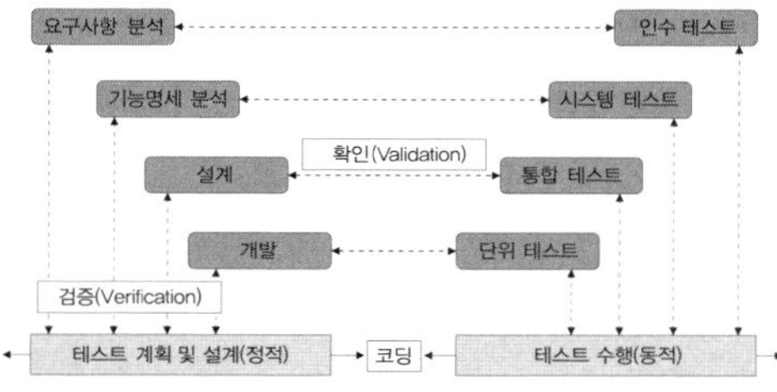

▲V-모델과 테스트 단계

95 ①

고가용성 솔루션(HACMP : High Availability Cluster Multi Processing)

- AIX(AIXadvanced interactive executive, IBM 운영체제)를 기반으로 Solution. Resource의 중복 또는 공유를 통해 Application의 보호를 가능하게 해준다.
- 두 대 이상의 시스템을 하나의 Cluster로 묶어 Cluster 내의 한 시스템에서 장애가 발생할 경우 다른 시스템이 장애가 발생한 시스템의 자원을 인수할 수 있도록 하여 서비스의 중단을 최소화하도록 도와주는 솔루션이다.
- 각 시스템 간에 공유 디스크를 중심으로 클러스터링으로 엮여 다수의 시스템을 동시에 연결할 수 있다.
- 조직, 기업의 기간 업무 서버 등의 안정성을 높이기 위해 사용된다.

오답 피하기

스턱스넷(Stuxnet)은 2010년 6월에 발견된 웜 바이러스이다.

96 ③

소프트웨어 공학의 궁극적 목표는 최소의 비용으로 계획된 일정보다 이른 시일 내에 소프트웨어를 개발하는 것이다.

97 ④

CMMI 5단계(소프트웨어 프로세스 성숙도)

- 초기(Initial) : 예측/통제 불가능
- 관리(Managed) : 기본적인 프로젝트 관리 체계 수립
- 정의(Defined) : 조직 차원의 표준 프로세스를 통한 프로젝트 지원
- 정량적 관리(Quantitatively Managed) : 정량적으로 프로세스가 측정/통제됨
- 최적화(Optimizing) : 프로세스 개선 활동

98 ④

COCOMO 개발 유형

- Organic Mode(유기적 모드) : 일괄 자료 처리나 과학 기술 계산용, 비즈니스 자료 처리용의 5만 라인 이하의 중소규모 소프트웨어를 개발하는 유형이다.
- Semi-Detached Mode(반 결합모드) : 트랜잭션 처리 시스템이나 운영체제, 데이터베이스 관리 시스템 등의 30만 라인 이하의 소프트웨어를 개발하는 유형이다.
- Embedded Mode(내장 모드) : 최대형 규모의 트랜잭션 처리 시스템이나 운영체제 등의 30만 라인 이상의 소프트웨어를 개발하는 유형이다.

99 ③

벨라파듈라 모델 (BLP : Bell-LaPadula Confidentiality Model) : 군대의 보안 레벨처럼 정보의 기밀성에 따라 상하 관계가 구분된 정보를 보호하기 위해 사용하며, 자신의 권한보다 낮은 보안 레벨 권한을 가진 경우에는 높은 보안 레벨의 문서를 읽을 수 없고 자신의 권한보다 낮은 수준의 문서만을 읽을 수 있다.

100 ③

해싱 함수의 종류 : 제산 방법(Division Method), 중간 제곱 방법(Mid-Square Method), 중첩 방법(폴딩, Folding Method), 기수 변환 방법(Radix Conversion Method), 무작위 방법(Random Method), 계수 분석 방법(Digit Analysis Method)

최신 기출문제 06회 2-142P

01 ①	02 ④	03 ③	04 ③	05 ②
06 ①	07 ④	08 ②	09 ③	10 ③
11 ④	12 ②	13 ②	14 ②	15 ③
16 ②	17 ②	18 ②	19 ④	20 ①
21 ③	22 ④	23 ③	24 ①	25 ③
26 ④	27 ④	28 ③	29 ②	30 ④
31 ③	32 ②	33 ②	34 ④	35 ③
36 ④	37 ④	38 ②	39 ②	40 ④
41 ①	42 ①	43 ①	44 ②	45 ④
46 ④	47 ②	48 ①	49 ④	50 ①
51 ③	52 ①	53 ③	54 ③	55 ①
56 ④	57 ③	58 ②	59 ④	60 ③
61 ③	62 ②	63 ③	64 ②	65 ①
66 ①	67 ③	68 ④	69 ④	70 ④
71 ②	72 ④	73 ③	74 ①	75 ①
76 ②	77 ④	78 ④	79 ②	80 ②
81 ③	82 ④	83 ②	84 ②	85 ②
86 ③	87 ①	88 ①	89 ④	90 ②
91 ②	92 ①	93 ③	94 ②	95 ③
96 ①	97 ②	98 ③	99 ②	100 ①

과목 01 소프트웨어 설계

01 ①

MOM(Message-Oriented Middleware)
- 메시지 기반의 비동기형 메시지를 전달하는 방식의 미들웨어이다.
- 온라인 업무보다는 이기종 분산 데이터 시스템의 데이터 동기를 위해 많이 사용한다.

02 ④

Singleton
- 특정 클래스의 인스턴스가 오직 하나임을 보장하고, 이 인스턴스에 대한 접근 방법을 제공한다.
- 생성된 객체를 어디에서든지 참조할 수 있도록 하는 패턴이다.
- 여러 개의 객체 인스턴스를 생성하는 대신 하나의 공유된 인스턴스를 사용해야 할 때 유용하다.
- 객체 생성의 비용이 많이 들고, 여러 곳에서 동시에 접근해야 하는 상황에서 유용하다. 하지만 오용될 경우 전역 상태로 인해 코드의 복잡성이 증가할 수 있으므로 사용 시 신중하게 고려해야 한다.

03 ③

JSON(JavaScript Object Notation)
- 속성-값 쌍(Attribute-Value Pairs)으로 이루어진 데이터 오브젝트를 전달하기 위해 사용하는 개방형 표준 포맷이다.
- AJAX(Asynchronous Javascript and XML)에서 많이 사용되고 XML을 대체하는 주요 데이터 포맷이다.
- 언어 독립형 데이터 포맷으로 다양한 프로그래밍 언어에서 사용되고 있다.

04 ③

자료 저장소에 입력 화살표가 있다고 해서 반드시 출력 화살표가 표시될 필요는 없다.

05 ②

가시적 도표(Visual Table of Contents)
- 시스템의 전체 기능과 흐름을 가시적으로 보여주는 도표이다.
- 목차와 비슷한 역할을 하며, 문서의 구조를 시각적으로 정리하여 내용을 빠르게 찾거나 이해할 수 있도록 도와준다.

06 ①

- 기능 모델링(Function Modeling) : 자료 흐름도를 이용하여 여러 프로세스 간의 자료 흐름을 표시한다. 어떤 데이터를 입력하여 어떤 결과를 가져올 수 있을지를 표현한다.
- 동적 모델링(Dynamic Modeling) : 제어 흐름, 상호작용, 동작 순서 등의 상태를 시간 흐름에 따라 상태 다이어그램으로 표시한다.

07 ④

객체지향 기법에서의 관계성
- is member of : 연관성(Association), 참조 및 이용 관계
- is part of : 집단화(Aggregation), 객체 간의 구조적인 집약 관계
- is a : 일반화(Generalization), 특수화(Specialization), 클래스 간 개념적인 포함 관계

08 ②

소프트웨어 개발 프레임워크 적용 시 장점
- 소프트웨어 프레임워크를 활용하면 개발 및 운영 용이성을 제공하고, 시스템 복잡도 감소, 재사용성 확대 등의 장점이 있다.
- 개발 용이성 : 패턴 기반 개발과 비즈니스 로직에만 집중한 개발이 가능하며, 공통 기능은 프레임워크가 제공한다.
- 운영 용이성 : 변경이 용이하며, 비즈니스 로직/아키텍처 파악이 용이하다.
- 시스템 복잡도의 감소 : 복잡한 기술은 프레임워크에 의해 숨겨진다. 미리 잘 정의된 기술 Set을 적용할 수 있다.
- 개발 코드의 최소화 : 반복 개발을 제거하며, 공통 컴포넌트와 서비스 활용이 가능하다.
- 이식성 : 플랫폼에 비의존적인 개발이 가능하며, 플랫폼과의 연동은 프레임워크가 제공한다.
- 변경 용이성 : 잘 구조화된 아키텍처를 적용하며, 플랫폼에 비의존적이다.

• 품질 보증 : 검증된 개발 기술과 패턴에 따른 개발이 가능하며, 고급 개발자와 초급 개발자의 차이를 줄여준다.
• 설계와 코드의 재사용성 : 프레임워크의 서비스 및 패턴의 재사용, 사전에 개발된 컴포넌트의 재사용이 가능하다.

09 ③

정보은닉(Information Hiding)
• 객체가 다른 객체로부터 자신의 자료를 숨기고 자신의 연산만을 통하여 접근을 허용하는 것을 의미한다.
• 캡슐화와 밀접한 관계가 있다.
• 정보은닉의 근본적인 목적은 인터페이스와 Side Effect를 최소화하기 위한 것이다.

10 ③

색인 순차 파일(Indexed Sequential Access File)
• 기본 영역, 색인 영역, 오버플로우 영역으로 구성된다.
• 레코드를 참조할 때 색인을 탐색한 후 색인이 가리키는 포인터를 사용하여 직접 참조할 수 있다.
• 레코드를 추가 및 삽입하는 경우, 파일 전체를 복사할 필요가 없다.
• 인덱스를 저장하기 위한 공간과 오버플로우 처리를 위한 별도의 공간이 필요하다.
• 색인 구역은 트랙 색인 구역, 실린더 색인 구역, 마스터 색인 구역으로 구성된다.

오답 피하기

색인 영역(Index Area)의 구성 : 트랙(Track) 색인 영역, 실린더(Cylinder) 색인 영역, 마스터(Master) 색인 영역

11 ④

GoF(Gang of Four) 디자인 패턴
• 에릭 감마(Eric Gamma), 리처드 헬름(Richard Helm), 랄프존슨(Ralph Johnson), 존 브리시데스(John Vlissides)가 제안하였다.
• 객체지향 설계 단계 중 재사용에 관한 유용한 설계를 디자인 패턴화하였다.
• 생성 패턴, 구조 패턴, 행위 패턴으로 분류한다.

12 ②

UML의 기본 구성 : 사물(Things), 관계(Relationship), 다이어그램(Diagram)

13 ②

사용자 인터페이스(User Interface)의 종류
• CUI(Character User Interface) : 문자 방식의 명령어 입력 사용자 인터페이스
• GUI(Graphic User Interface) : 그래픽 환경 기반의 마우스 입력 사용자 인터페이스
• WUI(Web User Interface) : 인터넷과 웹 브라우저를 통해 웹 페이지를 열람하고 조작하는 인터페이스
• CLI(Command Line Interface) : 사용자가 컴퓨터 자판 등을 이용해 명령 문자열을 입력하여 체계를 조작하는 인터페이스

14 ②

미들웨어 솔루션의 정의
• 클라이언트와 서버 간의 통신을 담당하는 시스템 소프트웨어이다.
• 이기종 하드웨어, 소프트웨어, 네트워크, 프로토콜, PC 환경, 운영체제 환경 등에서 시스템 간의 표준화된 연결을 도와주는 소프트웨어이다.
• 표준화된 인터페이스를 통하여 시스템 간의 데이터 교환에 있어 일관성을 제공한다.
• 운영체제와 애플리케이션 사이에서 중간 매개 역할을 하는 다목적 소프트웨어이다.

오답 피하기

미들웨어 솔루션은 미들웨어의 서비스 이용을 위해 사용자가 정보 교환 방법 등의 내부 동작을 확인할 필요가 없다.

15 ③

GoF 디자인 패턴
• 구조 : Adapter, Bridge, Composite, Decorator, Facade, Flyweight, Proxy
• 행위 : Chain of Responsibility, Iterator, Command, Interpreter, Memento, Observer, State, Strategy, Visitor, Template Method, Mediator
• 생성 : Factory Method, Singleton, Prototype, Builder, Abstraction Factory

16 ②

데이터 사전에 저장되는 정보는 시스템뿐만 아니라 데이터베이스 관리자 및 사용자들도 접근할 수 있다.

17 ②

포괄적 문서보다는 실제 동작하는 소프트웨어에 중심을 둔다.

18 ②

자료 흐름도(DFD : Data Flow Diagram)

구성 요소	의미	표기법
프로세스 (Process)	자료를 변환시키는 시스템의 한 부분을 나타냄	(원) 프로세스 이름
자료 흐름 (Data Flow)	자료의 이동(흐름)을 나타냄 자료 이름	자료 이름 →
자료 저장소 (Data Store)	시스템에서의 자료 저장소(파일, 데이터베이스)를 나타냄	자료 저장소 이름
단말 (Terminator)	• 자료의 발생지와 종착지를 나타냄 • 시스템의 외부에 존재하는 사람이나 조직체	단말 이름

19 ④

CASE

- 소프트웨어 개발 과정에서 사용되는 요구분석, 설계, 구현, 검사 및 디버깅 과정을 컴퓨터와 전용의 소프트웨어 도구를 사용하여 자동화하는 작업이다.
- 소프트웨어 생명주기의 전체 단계를 연결시켜 주고 자동화시켜 주는 통합된 도구를 제공해 주는 기술이다.
- 소프트웨어 시스템의 문서화 및 명세화를 위한 그래픽 기능을 제공한다.
- 자료 흐름도 등의 다이어그램을 쉽게 작성하게 해주는 소프트웨어도 CASE 도구이다.
- 표준화된 개발 환경 구축 및 문서 자동화 기능을 제공한다.
- 작업 과정 및 데이터 공유를 통해 작업자 간의 커뮤니케이션을 증대한다.

오답 피하기

1990년대 이후 소개되었으며, 다양한 개발 환경에 효과적으로 활용된다.

20 ①

XP(eXtreme Programming)

- 1999년 Kent Beck이 제안하였으며, 개발 단계 중 요구사항이 시시각각 변동이 심한 경우 적합한 방법론이다.
- 요구에 맞는 양질의 소프트웨어를 신속하게 제공하는 것을 목표로 한다.
- 요구사항을 모두 정의해 놓고 작업을 진행하는 것이 아니라 요구사항이 변경되는 것을 적용하는 방식으로 예측성보다는 적응성에 더 높은 가치를 부여한 방법이다.
- 고객의 참여와 개발 과정의 반복을 극대화하여 생산성을 향상시키는 방법이다.

오답 피하기

대표적인 Agile 개발 방법론이다.

과목 02 소프트웨어 개발

21 ③

워크스루(Walkthrough)

- 사용사례를 확장하여 명세하거나 설계 다이어그램, 원시 코드, 테스트 케이스 등에 적용할 수 있다.
- 복잡한 알고리즘 또는 반복, 실시간 동작, 병행 처리와 같은 기능이나 동작을 이해하려고 할 때 유용하다.
- 단순한 테스트 케이스를 이용하여 프로덕트를 수작업으로 수행해 보는 것이다.

오답 피하기

인스펙션(Inspection) : 소프트웨어 요구, 설계, 원시 코드 등의 작성자 외의 다른 전문가 또는 팀이 검사하여 오류를 찾아내는 공식적 검토 방법이다.

22 ④

빌드 자동화 도구

- 소스 코드를 컴파일, 테스트, 정적 분석 등을 실시하여 실행 가능한 애플리케이션으로 자동 생성하는 프로그램이며, 지속해서 증가하는 라이브러리의 자동 추가 및 관리(전처리, Preprocessing)를 지원한다.
- 라이브러리의 버전을 자동으로 동기화하도록 지원한다.
- 종류 : Ant, Maven, Gradle

23 ③

ISO/IEC 25000

- 기존 소프트웨어 품질 평가 모델과 소프트웨어 평가 절차 모델인 ISO/IEC 9126과 ISO/IEC 14598을 통합하였다.
- 2500n, 2501n, 2502n, 2503n, 2504n의 다섯 가지 분야로 나눌 수 있고, 확장 분야인 2505n이 있다.
- 2501n(9126−2, 품질 모형) : 품질 모델 및 품질 사용
- 2503n(9126−3, 품질 측정) : 매트릭을 통한 측정 방법 제시

24 ①

패키징 도구 활용 시 고려사항

- 사용자에게 배포되는 소프트웨어임을 고려하여 반드시 내부 콘텐츠에 대한 암호화 및 보안을 고려한다.
- 다양한 이기종 콘텐츠 및 단말기 간 DRM 연동을 고려한다.
- 사용자 편의성을 위한 복잡성 및 비효율성 문제를 고려한다.
- 반드시 내부 콘텐츠에 대한 암호화 및 보안을 고려한다.
- 제품 소프트웨어에 적합한 암호화 알고리즘을 적용하여 범용성에 지장이 없도록 고려한다.

25 ③

화이트박스 테스트(White Box Test)

- 모듈의 원시 코드를 오픈시킨 상태에서 코드의 논리적 모든 경로를 테스트하는 방법이다.
- Source Code의 모든 문장을 한 번 이상 수행함으로써 진행된다.
- 종류 : 기초 경로 검사, 제어 구조 검사

블랙박스 테스트(Black Box Test)

- 블랙박스 테스트는 소프트웨어가 수행할 특정 기능을 알기 위해 각 기능이 완전히 작동되는 것을 입증하는 테스트로 기능 테스트라고도 한다.
- 종류 : 동치 분할 검사, 원인 효과 그래프, 오류 예측 검사, 비교 검사, 경계값 분석

오답 피하기

블랙박스 테스트는 입력값에 대한 출력값이 맞는 지를 테스트하는 기법이므로 반복 조건 등의 중간 과정의 테스트는 이루어지지 않는다.

26 ④

릴리즈 노트 작성 항목 : 헤더(Header), 개요, 목적, 이슈 요약, 재현 항목, 수정 및 개선 내용, 최종 사용자 영향도, 노트, 면책 조항, 연락 정보

27 ④

전위(Preorder) 운행 : Root → Left → Right

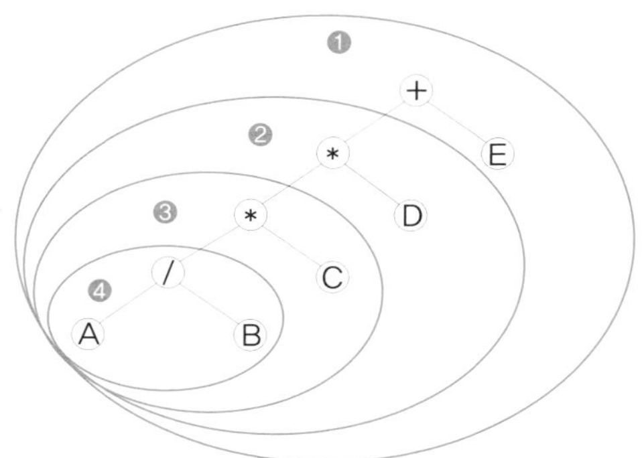

각 서브트리로 그룹 묶은 뒤 그 결과를 합쳐 본다.

❶ : + ❷ E

❷ : + * ❸ D E

❸ : + * * ❹ C D E

❹ : + * * / A B C D E

28 ③

정적 분석 도구는 소프트웨어를 이용한 코드 분석 기법이다.

29 ②

(A+B)*C+(D+E)	← 중위
((A+B)*C)+(D+E)	← 괄호 1
(((A+B)*C)+(D+E))	← 괄호 2
	← 연산자 이동
(((AB)+C)*(DE)+)+	← 괄호 삭제
AB+C*DE++	

30 ④

소프트웨어 품질 목표(Software Quality And Goals)

- 정확성(Correctness) : 사용자의 요구 기능을 충족시키는 정도를 의미한다.
- 신뢰성(Reliability) : 정확하고 일관된 결과를 얻기 위해 요구된 기능을 오류 없이 수행하는 정도를 의미한다.
- 효율성(Efficiency) : 요구되는 기능을 수행하는 데 필요한 자원의 소요 정도나 자원의 낭비 정도를 의미한다.
- 무결성(Integrity) : 허용되지 않는 사용이나 자료의 변경을 제어하는 정도를 의미한다.
- 이식성(Portability) : 다양한 하드웨어 환경에서도 운용 가능하도록 쉽게 수정될 수 있는 정도를 의미한다.

31 ③

회귀 테스트(Regression Test)

- 소프트웨어 시스템에 변경 상황이 발생한 후, 해당 변경이 기존 시스템의 다른 부분에 부작용을 일으키는지를 확인하기 위한 테스트이다.
- 주요 목적은 기존의 기능이나 동작에 영향을 주지 않는지, 오류나 결함이 발생하지 않는지를 검증하는 것이다.
- 소프트웨어의 버그 수정, 기능 추가, 코드 리팩토링 등의 변경 작업 이후에 수행된다.

32 ②

모듈화(Modularity)

- 모듈화는, 거대한 문제를 작은 조각의 문제로 나누어 다루기 쉽도록 하는 과정으로, 작게 나누어진 각 부분을 모듈이라고 한다.
- 소프트웨어의 모듈은 프로그래밍 언어에서 Subroutine, Function 등으로 표현될 수 있다.
- 모듈화는 시스템을 지능적으로 관리할 수 있도록 해주며, 복잡도 문제를 해결하는 데 도움을 준다.
- 모듈화는 시스템의 유지보수와 수정을 용이하게 한다.

33 ②

단위(Unit) 테스트

- 개발자가 원시 코드를 대상으로 각각의 단위를 다른 부분과 연계되는 부분은 고려하지 않고 단위 자체에만 집중하여 테스트한다.
- 객체지향에서 클래스 테스팅에 해당한다.

34 ④

DRM(Digital Rights Management)

- 디지털 콘텐츠의 지적재산권보호, 관리 기능 및 안전한 유통과 배포를 보장하는 솔루션이다.
- 디지털 콘텐츠의 지적재산권을 보호하는 권한 통제 기술, 사용 권한 제어 기술, 패키징 기술, 라이선스 관리를 포함한 유통 체계이다.

DRM(Digital Rights Management) 기술 요소

- 사용 규칙 제어 기술 : 콘텐츠 식별 체계, 메타 데이터, 권리 표현 기술
- 저작권 보호 기술 : 암호화, 키 관리, 식별 기술, 정책 관리, 위변조 방지, 워터마킹, 크랙 방지 기술, 인터페이스, 인증, 이벤트 보고, 사용 권한(정책 관리)

35 ③

- 라디오 버튼 : 선택 영역에서 어느 하나를 선택할 때 사용하는 버튼이다. 항목 중 1개만 선택할 수 있다.

○ Radio1

○ Radio2

◉ Radio3

- 체크박스 : 라디오 버튼과 달리 동시에 여러 항목을 선택할 수 있다.

☐ Basketball

☑ Cats

☑ Dogs

☑ Mobile & Wireless

• 토글 버튼 : 항목을 on/off 할 때 사용된다.

• 드롭다운 리스트(목록상자) : 기본값이 보이는 디폴트 값을 가지고 있다가 드롭다운 버튼을 누르면 선택 항목이 표시된다.

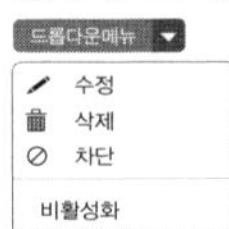

36 ④

하향식 통합 검사(Top Down Integration Test)

• 상위 컴포넌트를 테스트하고 점증적으로 하위 컴포넌트를 테스트 한다.
• 주요 제어 모듈 기준으로 아래로 통합하며 진행한다.
• 하위 컴포넌트 개발이 완료되지 않은 경우 스텁(Stub)을 사용하기도 한다.
• 우선 통합법, 깊이 우선 통합법, 너비 우선 통합법 등이 있다.

37 ④

외계인 코드(Alien Code) : 아주 오래되거나 참고문서 또는 개발자가 없어 유지보수 작업이 어려운 프로그램을 의미한다.

38 ②

Risk Analysis(위험 분석)

• 프로젝트에 내재된 위험 요소를 인식하고 그 영향을 분석하여 이를 관리하는 활동으로서, 프로젝트를 성공시키기 위하여 위험 요소를 사전에 예측하여 대비하는 모든 기술과 활동을 포함한다.
• 해당 위험의 가능성과 영향을 평가하여 관리하는 과정이다.
• 프로젝트를 진행하면서 예상되는 위험을 사전에 파악하고, 적절한 대응 전략을 수립하여 위험을 최소화하고 성공적으로 프로젝트를 완료하는 것이다.
• 대표적인 기법으로는 위험 등급 평가, 위험 행렬, 위험 시나리오 작성 등이 있다.

39 ②

코드 인스펙션 과정 : 계획 → 사전교육 → 준비 → 인스펙션 회의 → 재작업 → 추적

40 ④

EAI-Hybrid 방식

• Hub & Spoke와 Message Bus의 혼합 방식이다.
• 그룹 내 : Hub & Spoke, 그룹 간 : Message Bus 데이터 병목 현상을 최소화할 수 있다.
• 필요한 경우 한 가지 방식으로 EAI 구현이 가능하다.

오답 피하기

④번은 Poin-to-Point 방식에 관한 설명이다.

과목 03 데이터베이스 구축

41 ①

정규화(Normalization)의 개념

• 데이터베이스 설계에서 중요한 사항은 현실 세계를 가장 정확하게 표현할 수 있는 데이터의 논리적 구조를 결정하는 것이다. 관계 데이터베이스의 관점으로 '어떤 속성을 결성해야 하는가?'를 결정하는 문제가 중요하다.
• 함수적 종속성 등의 종속성 이론을 이용하여 잘못 설계된 관계형 스키마를 더 작은 속성의 세트로 쪼개어 바람직한 스키마로 만들어 가는 과정이다.
• 좋은 데이터베이스 스키마를 생성하고 불필요한 데이터의 중복을 방지하여 정보 검색을 용이하게 할 수 있도록 허용한다.

오답 피하기

정규화는 데이터베이스의 개념 설계 단계 이후인 논리적 설계 단계에 수행한다.

42 ①

개체 관계도(ERD : Entity-Relationship Diagram)

• 1976년 Peter Chen이 제안하였고 특정 DBMS를 고려하지 않는다.
• 개념적 설계에 가장 많이 사용되는 모델로 개체 관계도(ERD)가 가장 대표적이다.
• 데이터를 개체(entity), 관계(relationship), 속성(attribute)과 같은 개념으로 표시한다.
• 개체 타입은 사각형, 관계 타입은 다이아몬드, 속성은 타원, 그리고 이들을 연결하는 링크로 구성된다.

43 ①

관계 대수(Relational Algebra)

• 원하는 정보와 그 정보를 어떻게 유도하는가를 기술하는 절차적인 방법이다.
• 주어진 릴레이션 조작을 위한 연산의 집합이다.
• 질의에 대한 해를 구하기 위해 수행해야 할 연산의 순서를 명시한다.
• 릴레이션 조작을 위한 연산의 집합으로 피연산자와 결과가 모두 릴레이션이다.
• 일반 집합 연산과 순수 관계 연산으로 구분된다.
• **셀렉션 : σ, 프로젝션 : π, 개명 : ρ, 조인 : ⋈**

44 ②

트랜잭션 상태

• 활동(Active) : 초기 상태로 트랜잭션이 Begin_Trans에서부터 실행을 시작하였거나 실행 중인 상태이다.
• 부분 완료(Partially Committed) : 트랜잭션의 마지막 연산이 실행된 직후의 상태로, 모든 연산의 처리는 끝났지만, 트랜잭션이 수행한 최종 결과를 데이터베이스에 반영하지 않은 상태이다.
• 철회(Aborted) : 트랜잭션이 실행에 실패하여 Rollback 연산을 수행한 상태이다.
• 완료(Committed) : 트랜잭션이 실행을 성공적으로 완료 연산을 수행한 상태이다.

45 ④

SQL 명령어

- DDL(데이터 정의어) : CREATE, DROP, ALTER
- DML(데이터 조작어) : SELECT, INSERT, DELETE, UPDATE
- DCL(데이터 제어어) : GRANT, REVOKE, COMMIT, ROLLBACK

46 ④

- 분산 데이터베이스의 구성 요소 : 분산 처리기, 분산 데이터베이스, 통신 네트워크, 분산 트랜잭션
- 분산 데이터베이스의 구조 : 전역, 분할(단편화), 할당, 지역 스키마

47 ②

HAVING 절을 사용한 조회 검색
GROUP BY 절에 의해 선택된 그룹의 탐색 조건을 지정할 수 있으며 SUM, AVG, COUNT, MAX, MIN 등의 그룹 함수와 함께 사용할 수 있다.

SELECT 속성명1, 속성명2 FROM 테이블명

GROUP BY 그룹 기준 속성명 HAVING 그룹별 적용 조건식;
위 문제는 'R1 테이블을 동일한 주소끼리 그룹을 지었을 때 해당 주소에 2개 이상의 튜플이 존재하는 주소를 출력해라'라는 질의문이다.

48 ①

논리적 설계 단계

- 개념 스키마를 평가 및 정제하고 DBMS에 따라 서로 다른 논리적 스키마를 설계한다.
- 논리적 데이터 모델로 변환한다.
- 트랜잭션 인터페이스 설계를 수행한다.
- 개념 스키마의 평가 및 정제를 수행한다.

49 ④

트랜잭션의 특성

- 원자성(Atomicity) : 완전하게 수행 완료되지 않으면 전혀 수행되지 않아야 한다.
- 일관성(Consistency) : 시스템의 고정 요소는 트랜잭션 수행 전후에 같아야 한다.
- 격리성(Isolation, 고립성) : 트랜잭션 실행 시 다른 트랜잭션의 간섭을 받지 않아야 한다.
- 영속성(Durability, 지속성) : 트랜잭션의 완료 결과가 데이터베이스에 영구히 기억된다.

50 ①

트리거(Trigger) : 연쇄 반응을 의미한다. 즉, 일정 작업을 수행할 때 이에 부수적으로 자동 처리되도록 하는 것을 말한다.

51 ③

릴레이션의 특징

- 한 릴레이션의 속성은 원자값이며, 속성 간 순서가 없다.
- 모든 튜플은 서로 다른 값을 가지며 튜플 사이에는 순서가 없다.

52 ①

TRUNCATE와 DELETE

- TRUNCATE와 DELETE는 DROP과는 다르게 테이블의 데이터만 삭제한다.
- DELETE는 테이블의 데이터만 삭제하며 삭제된 디스크 공간의 용량은 줄어들지 않는다.
- TRUNCATE는 테이블의 데이터 삭제 시 WHERE 조건절은 사용할 수 없지만 DELETE보다 처리 속도가 빠르다.
- TRUNCATE는 Auto Commit을 수행하여 Rollback이 불가능하다.
- TRUNCATE 작업을 실행하면 데이터는 완전히 삭제되며, Rollback하여 삭제된 데이터를 복구할 수 없다.

53 ③

관계 데이터 모델, 계층 데이터 모델, 네트워크 데이터 모델의 가장 큰 차이점은 관계의 표현 방법이 다르다는 것이다.

오답 피하기

- 계층형 데이터베이스를 트리(Tree) 구조로 표현하며 두 레코드 타입을 부모 · 자식 관계로 표현한다.
- 네트워크형 모델은 그래프 표현을 이용하여 레코드 간의 관계를 다대다 관계(N:M)로 표현할 수 있다.
- 관계형 모델은 행과 열로 구성되는 테이블로 표시되고, 각 테이블 간에는 공통 속성을 통해 관계가 성립된다.

54 ③

- SQL에서 만능문자는 '%'를 사용한다.
- '정'으로 시작하거나 종료하는 것이 아니므로 만능문자를 앞뒤에 붙인다.

55 ①

SELECT 명령문의 정렬

SELECT 명령문에서는 튜플 간 정렬을 위해 ORDER BY 절을 추가하여 사용한다. 정렬의 기준 속성명의 값들을 오름차순 또는 내림차순으로 튜플 단위로 정렬하여 결과 테이블을 생성한다.
ASC는 오름차순, DESC는 내림차순을 지정하는 옵션이다.
SELECT 속성명1, 속성명2 FROM 테이블명 WHERE 조건식
ORDER BY 정렬 기준 속성명 [ASC|DESC];

판매실적 테이블을 읽어 서울지역에 한하여 판매액 내림차순으로 지점명과 판매액을 출력

SELECT 지점명, 판매액 FROM 판매실적 WHERE 도시 = '서울'
ORDER BY 판매액 DESC;

오답 피하기

- ② 조건절이 누락되었다.
- ③ 내림차순은 DESC이다.
- ④ 지점명, 판매액 필드만 제한되어야 하나 *를 사용하였다.

56 ④

Partitioning 유형 : Range Partitioning, List Partitioning, Composite Partitioning, Hash Partitioning

57 ③

① 학생 테이블의 지도교수 컬럼의 제약조건을 삭제한다.
→ ALTER TABLE문에서 "DROP COLUMN"은 테이블의 컬럼을 삭제하는 명령이며, 해당 컬럼과 관련된 제약조건도 함께 삭제된다.
② 학생 테이블의 지도교수 컬럼을 삭제하며 참조되는 다른 테이블의 지도교수 컬럼까지 연쇄 삭제한다.
→ "CASCADE" 키워드는 참조되는 다른 테이블의 지도교수 컬럼까지 연쇄적으로 삭제하는 옵션이다. 따라서 학생 테이블의 지도교수 컬럼과 이를 참조하는 다른 테이블의 컬럼도 함께 삭제된다.

58 ②

뷰(View) 특징

- 저장 장치 내에 물리적으로 존재하지 않고 테이블에서 유도되는 가상의 테이블이며 기본 테이블에 의해 유도되므로 기본 테이블을 삭제하면 뷰도 삭제된다.
- 뷰의 생성 시 CREATE문, 검색 시 SELECT문을 사용한다.
- 뷰의 정의 변경 시 ALTER문을 사용할 수 없고 DROP문을 이용한다.
- 뷰를 이용한 또 다른 뷰의 생성이 가능하다.
- 하나의 뷰 제거 시 그 뷰를 기초로 정의된 다른 뷰도 함께 삭제된다.
- 뷰 위에 또 다른 뷰를 정의할 수 있다.
- DBA는 보안 측면에서 뷰를 활용할 수 있다.
- 뷰는 물리적으로 존재하지 않는 가상화된 테이블이다.

59 ④

로킹(Locking) 특징

- 로킹 단위가 커지면 로크의 수가 적어 관리가 쉬워지지만, 병행성 수준은 낮아진다.
- 로킹 단위가 작으면 로크의 수가 많아 관리가 어려워지지만, 병행성 수준은 높아진다.

60 ③

참조 무결성(Reference Integrity)

- 다른 관계에 존재하는 튜플을 참조하기 위해 사용되는 속성의 값은 참조되는 테이블의 튜플 중에 해당 속성에 대해 같은 값을 갖는 튜플이 존재해야 한다.
- 외래키 값은 참조 테이블의 기본키 값과 동일해야 한다.
- 조인된 두 테이블 중 메인 테이블에 존재하지 않는 레코드는 서브 테이블에 입력될 수 없다.
- 다른 테이블을 참조하는 테이블의 레코드 추가 시 외래키 값이 널(Null)이면 참조 무결성은 유지된다.
- 다른 테이블에 의해 참조되는 테이블에서 레코드를 추가할 때는 참조 무결성이 유지된다.

과목 04 프로그래밍 언어 활용

61 ③

스위치의 종류

유형	기능	OSI 7계층
L1	전기 신호 변환 및 중계	물리
L2	스위칭, 맥 주소 필터링	데이터 링크
L3	패킷 라우팅, IP 주소 할당	네트워크
L4	• 전송 제어, 포트 매핑 • 로드밸런싱	전송
L5	세션 관리, 동기화	세션

62 ②

C언어의 논리 연산자

- 논리부정(!) 연산자 : '참'을 '거짓'으로 '거짓'을 '참'으로 부정
- 논리곱(&&) 연산자 : 좌측과 우측 피연산자가 모두 '참'이어야 '참'의 결과
- 논리합(||) 연산자 : 좌측과 우측 피연산자 중 좌측 연산자가 '참'이면 '참'의 결과

int a = 3, b = 5, c = -1;	
t1	a && b
	3 && 5
	참 && 참
	결과 : 참(1)
t2	a && b
	3 && 5
	참 && 참
	결과 : 참(1)
t3	!c
	!-1
	!참
	결과 : 거짓(0)

printf("%d", t1 + t2 + t3); 명령문은 1 + 1 + 0을 수행한 결과 2를 출력한다.

63 ③

#include <stdio.h> int main() {	표준 입출력 헤더 가져오기 main() 함수 시작
int value = 2; int sum = 0;	변수 초기화

switch (value)
{
case 1: sum += 4;
case 2: sum += 2;
case 3: sum += 1;
}
	switch문을 사용하여 value의 값에 따라 다른 동작을 수행
	• case 2의 코드부터 아래로 순차적으로 실행되므로, sum에 2가 추가되고,
	• 다음에 sum에 1이 더해진다.
	• 결과는 3

printf("%d", sum);
return 0;
}
	• sum 변수 출력
	• 프로그램 종료

64 ②

#include <stdio.h> int main() {	• 표준 입출력 헤더 가져오기 • main() 함수 시작
int i, t = 0;	정수형 변수 i와 t를 선언하고 t에 초기값 0을 할당

for(i = 1; i <= 10; i += 2)
{
t += i;
}
	• for 반복문을 사용하여 변수 i를 1부터 10까지 2씩 증가시키며 반복
	• 반복할 때마다 i 값을 t에 더한다.
	• i 값은 1, 3, 5, 7, 9로 변경되고, t에는 이들 값을 차례로 누적합한다.
	• (1+ 3+ 5+ 7+ 9) = 25

printf("%d", t);
return 0;
}
	• t 변수 출력(25)
	• 프로그램 종료

65 ①

class TestClass {	TestClass 클래스를 정의

void exe(int[] arr) {
System.out.println(func(func(5, 5), 5, func(arr)));
}
	• exe 메소드를 정의(int 배열 arr을 매개 변수로 받음)
	• func 메소드를 호출하여 계산한 결과를 출력

int func(int a, int b) {
return a + b;
}
	• func 메소드를 정의
	• int형 매개 변수 a와 b를 받아서 두 값을 더한 결과를 반환

int func(int a, int b, int c) {
return a − b;
}
	• func 메소드를 정의
	• int형 매개 변수 a, b, c를 받아서 a−b한 결과를 반환
	• a−b func 메소드 오버로딩

int func(int[] c) {
int s = 0;
for(int i = 0; i < c.length; i++) {
s += c[i];
}
return s;
}
	• func 메소드를 정의
	• int 배열 c를 받아서 배열 요소들의 합을 계산하여 반환
	• 배열 합 func 메소드 오버로딩

}	TestClass 클래스의 정의를 마침

public class Test {
public static void main(String[] args) {
int[] a = {1, 2, 3, 4, 5};
TestClass t = new TestClass();
t.exe(a);
}
}
	• Test 클래스를 정의
	• main 메소드에서는 int 배열 a를 초기화하고, TestClass의 인스턴스를 생성하여 exe 메소드를 호출
	• a를 exe 메소드의 매개 변수로 전달

• exe 메소드 내부에서는 func(func(5, 5), 5, func(arr))를 계산하고 결과를 출력
• func(5, 5)를 호출하여 10을 반환
• func(arr)를 호출하여 a 배열의 합인 15를 반환
• func(func(5, 5), 5, func(arr))는 func(10, 5, 15)로 계산
• func(10, 5, 15)는 10 − 5를 계산한 5를 반환

66 ①

IPv6

- 16비트씩 8부분으로 총 128비트로 구성된다.
- 2^128개의 주소를 표현할 수 있다.
- 등급별, 서비스별로 패킷을 구분할 수 있어 품질 보장이 용이하다.
- IPv6의 패킷 헤더는 40바이트의 고정된 길이를 가지므로 IPv4처럼 Header Length Field가 필요 없다.
- 주소 체계는 유니캐스트(Unicast), 애니캐스트(Anycast), 멀티캐스트(Multicast) 방식이 있다.
- IPv4의 주소 부족 문제를 해결해 줄 수 있다.
- IPv6는 주소 자동 설정(Auto Configuration) 기능을 통해 손쉽게 이용자의 단말을 네트워크에 접속시킬 수 있다.
- IPv4는 호스트 주소를 자동으로 설정한다.
- IPv4는 클래스별로 네트워크와 호스트 주소의 길이가 다르다.
- 인증 및 보안 기능을 포함하고 있어 IPv4보다 보안성이 강화되었다.
- IPv6 확장 헤더를 통해 네트워크 기능 확장이 용이하다.
- 임의 크기의 패킷을 주고받을 수 있도록 패킷 크기 제한이 없다.
- 멀티미디어의 실시간 처리가 가능하다.
- 자동으로 네트워크 환경 구성이 가능하다.

67 ③

서브넷마스크(Subnet Mask)

- 컴퓨터가 속한 네트워크를 나타내는 네트워크 식별자를 추출하는 것으로, IP 주소를 네트워크 주소 부분과 호스트 주소 부분으로 구분하기 위해서 쓰인다.
- A 클래스 서브넷 마스크 : 255.0.0.0
- B 클래스 서브넷 마스크 : 255.255.0.0
- C 클래스 서브넷 마스크 : 255.255.255.0

오답 피하기

198.0.46.201/24에서 /24는 마스킹되는 IPv4의 32비트 중 2진수 1의 개수를 의미한다.

256(2^8)	256(2^8)	256(2^8)	0(Mask)
11111111	11111111	11111111	00000000

68 ④

UDP(User Datagram Protocol)

- 비연결형 및 비신뢰성 전송 서비스를 제공한다.
- 흐름 제어나 순서 제어가 없어 전송 속도가 빠르다.
- 수신된 데이터의 순서 재조정 기능을 지원하지 않는다.
- 복구 기능을 제공하지 않는다.
- 적은 오버헤드와 빠른 전송을 지원한다.

69 ④

HRN 계산

$$우선순위\ 계산식 = \frac{대기\ 시간 + 서비스를\ 받을\ 시간}{서비스를\ 받을\ 시간}$$

- A 작업 : (5+5)/5 = 2
- B 작업 : (10+4)/4 = 3.5
- C 작업 : (15+3)/3 = 6
- D 작업 : (20+2)/2 = 11
- 작업 순서 : D → C → B → A

70 ④

결합도 종류(약 → 강 순)

- 데이터 결합도 → 스탬프 결합도 → 제어 결합도 → 공통 결합도 → 내용 결합도
- 데이터 결합도(Data Coupling) : 한 모듈이 파라미터나 인수로 다른 모듈에게 데이터를 넘겨주고 호출받은 모듈은 받은 데이터에 대한 처리 결과를 다시 돌려주는 경우의 결합도
- 스탬프 결합도(Stamp Coupling) : 두 모듈이 동일한 자료 구조를 조회하는 경우의 결합도
- 제어 결합도(Control Coupling) : 한 모듈이 다른 모듈의 내부 논리 조직을 제어하기 위한 목적으로 제어 신호를 이용하여 통신하는 경우의 결합도
- 외부 결합도(External Coupling) : 한 모듈에서 외부로 선언한 변수를 다른 모듈에서 참조할 경우의 결합도
- 공통 결합도(Common Coupling) : 한 모듈이 다른 모듈에게 제어 요소를 전달하고 여러 모듈이 공통 자료 영역을 사용하는 경우의 결합도
- 내용 결합도(Content Coupling) : 한 모듈이 다른 모듈의 내부 기능 및 그 내부 자료를 참조하는 경우의 결합도

71 ②

논리형 (true/false) 변수 선언

boolean false;

72 ④

세션 계층(Session Layer)

- 회화 구성, 동기 제어, 데이터 교환 관리, 프로세스 간에 대한 연결을 확립, 관리, 단절시키는 수단을 제공한다.
- 통신 단말기 사이의 세션을 구축하고 유지하며 종료시키는 역할을 한다.

73 ③

FIFO(First In First Out)

- 가장 먼저 적재된 페이지를 먼저 교체하는 기법이다.
- 빈 프레임에 순서대로 페이지를 채우고 프레임이 모두 찬 경우 현재 메모리에 입력된 페이지 중 가장 먼저 입력된 프레임의 값을 교체한다.
- 음영 프레임이 페이지 교체된 프레임을 의미한다.

요청 페이지	2	3	2	1	5	2	4	5	3
페이지 프레임	2	2	2	2	5	5	5	5	3
		3	3	3	3	2	2	2	2
				1	1	1	4	4	4
페이지 부재	O	O		O	O	O	O		O

74 ①

시분할 시스템(Time Sharing System)

- 단말 장치 사용자가 일정한 시간 간격(Time Slice) 동안 CPU를 사용함으로써 단독으로 중앙 처리 장치를 이용하는 것과 같은 효과를 가지는 시스템이다.
- 각 사용자가 각자 독립된 컴퓨터를 사용하는 느낌을 갖는 시스템이다.
- 응답 시간을 최소화할 수 있다.

75 ①

CSMA/CD(Carrier Sensing Multiple Access/Collision Detection)

- 전송 중에 충돌이 감지되면 패킷의 전송을 즉시 중단하고 충돌이 발생한 사실을 모든 스테이션이 알 수 있도록 간단한 통보 신호를 송신한다.
- 스테이션의 수가 많아지면 충돌이 많아져서 효율이 떨어진다.
- 어느 한 기기에 고장이 발생하여도 다른 기기의 통신에 전혀 미치지 않는다.
- 버스 또는 트리 토폴로지에서 가장 많이 사용된다.
- 전송하는 스테이션이 전송 매체의 상태를 감지하다가 유휴(idle) 상태면 데이터를 전송하고, 전송이 끝난 후에도 계속 매체의 상태를 감지하여 다른 스테이션과의 충돌 발생 여부를 감시한다.
- IEEE 802의 표준 규격 : IEEE 802.3

76 ②

전송 제어 문자

- ENQ(ENQuiry) : 상대국에 데이터 링크 설정 및 응답 요구
- DLE(Data Link Escape) : 데이터 투과성을 위해 삽입되며, 전송 제어 문자 앞에 삽입하여 전송 제어 문자임을 알림
- ACK(Acknowledge) : 수신측에서 송신측으로 보내는 긍정 응답
- NAK(Negative Acknowledge) : 수신측에서 송신측으로 보내는 부정 응답

77 ④

public class Test
{
static void func(int a, int b) {
	• Test 클래스를 정의
	• func 메소드를 정의(int형 매개변수 a와 b를 받음)

try { System.out.println("결과 : " + a / b);	• try 블록에서는 예외가 발생할 수 있는 코드를 실행 • a / b 계산 결과를 출력
} catch(NumberFormatException e) { System.out.println("정수 변환 불가");	• catch 블록을 사용하여 예외를 처리 • NumberFormatException 예외를 처리(즉, a 또는 b가 정수로 변환할 수 없는 경우 해당 예외가 발생) • 이 경우 "정수변환 불가"를 출력
} catch(ArithmeticException e) { System.out.println("나눗셈 불가");	• catch 블록을 사용하여 예외를 처리 • ArithmeticException 예외를 처리(즉, b가 0일 때 나눗셈을 수행하는 경우 해당 예외가 발생) • 이 경우 "나눗셈 불가"를 출력
} catch(ArrayIndexOutOfBoundsException e) { System.out.println("배열 범위 초과");	• catch 블록을 사용하여 예외를 처리 • ArrayIndexOutOfBoundsException 예외를 처리(즉, 배열 인덱스 범위를 초과하는 경우 해당 예외가 발생) • 이 경우 "배열 범위 초과"를 출력

} finally {
System.out.println("프로그램 종료");
}
}
	• finally 블록은 예외 발생 여부와 관계없이 항상 실행되는 블록
	• 이 블록에서는 "프로그램 종료"를 출력
	• func 메소드 정의 마침

public static void main(String[] args) {
func(30, 0);
}
	• main 메소드를 정의
	• 프로그램의 시작점
	• func 메소드를 호출하고 인수로 30과 0을 전달

func(30, 0)을 호출하고, 0으로 나누는 나눗셈 연산이 발생하므로 ArithmeticException 예외가 발생한다.
이 예외를 catch 블록에서 처리하고 "나눗셈 불가"를 출력하고 finally 블록에서 "프로그램 종료"를 출력한다.

78 ④

map 함수

• 주어진 함수를 순회 가능한(iterable) 객체의 모든 요소에 적용하여 새로운 이터레이터(iterator)를 반환하는 함수이다.

형식
map(function, iterable)

• function : 적용할 함수로 순회 가능한 객체의 각 요소를 받아 처리한다.
• iterable : 순회 가능한 객체로 list, tuple, set, dict 등과 같은 여러 형태의 컬렉션을 포함한다.

split 함수

string을 delimiter를 기준으로 분리한 후 분리된 각 부분을 원소로 가지는 리스트를 반환한다.

형식
string.split(delimiter, maxsplit)

오답 피하기

문자열 입력으로 받은 12a34를 'a' 기준으로 분할하고 정수형으로 a, b에 각각 할당한다.

79 ②

C언어 변수명 작성 규칙

• 영문 대소문자(A~Z, a~z), 숫자(0~9), '_'를 혼용하여 사용할 수 있다.
• 첫 글자는 영문자나 '_'로 시작해야 한다.
• 영문자는 대소문자를 구분한다.
• 공백을 포함할 수 없다.
• 예약어(Reserved Word)를 사용할 수 없다.
• 예약어 : auto, beak, case, char, const, continue, default, do, double, else, enum, extern, float, for, goto, if, int, long, register, return, short, signed, sizeof, static, struct, switch, typedef, union, unsigend, void, volatile, while

80 ②

임계 구역(Critical Section)

• 다중 프로그래밍 운영체제에서 여러 개의 프로세스가 공유하는 자원이나 데이터에 대하여 어느 한 시점에서 하나의 프로세스만 사용할 수 있도록 지정된 공유 자원을 의미한다.
• 하나의 프로세스만 사용할 수 있으므로 다른 프로세스들은 대기하게 된다.
• 임계 영역에서의 작업은 최대한 빠른 속도로 수행되어야 한다.

과목 05 정보 시스템 구축 관리

81 ③

중단된 프로세스와 닫힌 포트가 아니라, 활성화된 프로세스와 열린 포트를 중심으로 취약점 관리를 수행한다.

82 ④

PLCP(Physical Layer Convergence Procedure, 물리 계층 수렴 처리)

• 논리적인 802.11 MAC 부계층과 물리적인 특성을 연결하는 역할이다.
• 802.11 MAC 부계층이 물리적 특성에 관계없이 동작하도록 한다.

Traffic Distributor

네트워크 통신 간에 트래픽을 분배해주는 솔루션이다.

DPI(Deep Packet Inspection)

• OSI 7계층까지 전 계층의 프로토콜과 패킷 내부의 콘텐츠를 파악하여 침입 시도, 해킹 등을 탐지하고 트래픽을 조정하기 위한 패킷 분석 기술이다.

- 유해 정보 차단, 해킹 차단, 다양한 탐지/분석 모델이다.
- 네트워크 보안, 관리, 콘텐츠 관리 등의 목적을 갖는다.

SPI(Shallow Packet Inspection)

- OSI 7계층 중 하위 4계층까지의 패킷을 분석한다.
- IP Packet, TCP Segment, 네트워크를 관리한다.
- DPI 대비 콘텐츠 보호가 미흡하다.

83 ②

XSS(=CSS, Cross Site Scripting)

- 검증되지 않는 외부 입력값에 의해 웹 브라우저에서 악의적인 코드가 실행되는 보안 취약점이다.
- 웹 페이지에 악의적인 스크립트를 포함시켜 사용자 측에서 실행되게 유도함으로써, 정보 유출 등의 공격을 유발할 수 있는 취약점이다.
- 외부 입력값에 스크립트가 삽입되지 못하도록 문자열 치환 함수를 사용하거나 JSTL이나 크로스사이트스크립트 방지 라이브러리를 사용함으로써 방지할 수 있다.

84 ②

증강 현실(AR) : 사용자가 눈으로 보는 현실 화면이나 실제 영상에 문자나 그래픽과 같은 가상의 3차원 정보를 실시간으로 겹쳐 보여주는 새로운 멀티미디어 기술이다.

85 ②

대칭키(비밀키 암호화 기법)

- 동일한 키로 암호화하고 복호화하는 기법으로 키 개수는 N(N−1)/2개 필요하다.
- 대칭 암호 알고리즘은 처음 통신 시 비밀키를 전달해야 하므로, 키 교환 중 키가 노출될 수 있다.
- 암호화/복호화 속도가 빠르고 알고리즘이 단순하다.
- 종류 : DES, AES, ARIA, SEED, IDEA, RC4

비대칭키(공개키 암호화 기법)

- 메시지를 암호화할 때와 복호화할 때 사용되는 키가 서로 다르다.
- 대표적으로 RSA(Rivest Shamir Adleman)가 있으며 비대칭 키 또는 이중키 암호 기법이라고도 한다.
- 데이터를 암호화할 때 사용되는 키(공개키)는 공개하고, 복호화할 때의 키(비밀키)는 비밀로 한다.
- 키 분배가 비밀키 암호화 기법보다 쉽고, 암호화/복호화 속도가 느리며 알고리즘이 복잡하다.

86 ③

SQL Injection 공격 기법은 DBMS의 종류에 따라 다양하다.

87 ①

DES(Data Encryption Standard)

- 1970년대 초 IBM이 개발한 알고리즘이다.
- 16라운드 Feistel 구조를 가진다.
- 평문을 64비트로 블록화하고, 실제 키의 길이는 56비트를 이용한다.
- 전사 공격(Brute−Force Attack)에 취약하다.

RSA(Rivest Shamir Adleman)

- 비대칭 암호화 알고리즘 중에서 가장 많은 지지를 받으면서 오늘날 산업 표준으로 사용되는 방법이다.
- 큰 숫자를 소인수분해하기 어렵다는 기반하에 1978년 MIT에 의해 제안된 공개키 암호화 알고리즘이다.
- MIT의 로널드 리베스트(Ronald Rivest), 아디 샤미르(Adi Shamir), 레오나르도 애들먼(Leonard Adleman)이 고안하였다.

88 ①

MapReduce

- HADOOP의 핵심 구성 요소로서 대용량 데이터를 분산 처리하기 위한 목적으로 개발된 프로그래밍 모델이다.
- Google에 의해 고안된 기술로써 대표적인 대용량 데이터 처리를 위한 병렬 처리 기법을 제공한다.
- 임의 순서로 정렬된 데이터를 분산 처리하고 이를 다시 합치는 과정을 거친다.

89 ④

VPN(Virtual Private Network, 가상 사설망)

- 이용자가 인터넷과 같은 공중망에 사설망을 구축하여 마치 전용망을 사용하는 효과를 가지는 보안 솔루션이다.
- 안전하지 않은 공용 네트워크를 이용하여 사설 네트워크를 구성하는 기술이다.

90 ②

해시(HASH) 암호화 방식

- 임의 길이의 메시지를 입력으로 하여 고정된 길이의 출력값으로 변환하는 기법이다.
- 주어진 원문에서 고정된 길이의 의사난수를 생성하며, 생성된 값을 해시값이라고 한다.
- 해시 함수라고도 한다.
- 디지털 서명에 이용되어 데이터 무결성을 제공한다.
- 블록체인에서 체인 형태로 사용되어 데이터의 신뢰성을 보장한다.
- SHA, SHA1, SHA256, MD4, MD5, RMD160, HAS−160, HAVAL 기법 등이 있다.

오답 피하기

공개키 암호화 방식이 아니라 대표적인 해싱 암호화 기법이다.

91 ②

접근 통제(Access Control)의 개념

- 비인가자가 컴퓨터 시스템에 액세스하지 못하도록 하는 것이다.
- 시스템의 자원 이용에 대한 불법적인 접근을 방지하는 과정이다.
- 크래커(Cracker)의 침입으로부터 보호한다.
- 종류 : 강제적 접근 통제, 임의적 접근 통제, 역할 기반 접근 통제

92 ①

A* 알고리즘

- 가중치 그래프에서 시작 노드에서 목표 노드까지의 최단 경로만 구하려 하는 그리드 알고리즘이다.

- 시작 노드와 목표 노드, 그리고 각 노드 사이의 가중치를 입력으로 사용하고, 시작 노드에서 시작하여 각 노드에 대한 비용을 계산한다. 이 비용은 이동 거리와 휴리스틱 함수의 합이다.
- 휴리스틱 함수 : 현재 노드에서 목표 노드까지의 예상 이동 거리를 추정한다.
- 비용을 기준으로 노드를 정렬하고 비용이 가장 낮은 노드부터 탐색한다.
- 목표 노드에 도달할 때까지 이 과정을 반복한다.
- 다익스트라 알고리즘과 유사하지만, 휴리스틱 함수를 사용한다는 점이 다르다.
- 로봇 경로 탐색, 도로 네트워크 내의 최단 경로 찾기, 8-퍼즐 문제와 같은 다양한 문제에 사용된다.

93 ③

LAND Attack(Local Area Network Denial Attack)

- IP 주소 스푸핑과 ICMP 패킷을 이용하여 시스템 리소스를 고갈시키는 데 초점을 맞춘 공격 기법이다.
- 공격자는 피해자의 IP 주소를 탈취해 패킷의 출발지 주소와 목적지 주소로 변경하고 피해자의 컴퓨터에 연결을 시도한다.
- 피해자의 컴퓨터는 자신의 IP 주소로 인식하고 연결을 수락하고 응답하지만, 공격자가 출발지와 목적지 주소를 동일하게 설정했기 때문에 컴퓨터는 자신에게 응답하도록 하는 공격 기법이다. 이에 따라 컴퓨터가 응답을 무한히 반복하거나 무의미한 연결 상태를 생성하여 컴퓨터가 마비될 수 있다.

94 ②

스니핑(Sniffing) : 네트워크 주변을 지나다니는 패킷을 엿보면서 계정과 패스워드 등의 정보를 가로채는 행위로 이때 사용하는 프로그램을 스니퍼라고 한다.

95 ③

Honeypot

- 1990년대 David Clock이 처음 제안하였다.
- 비정상적인 접근의 탐지를 위해 의도적으로 설치해 둔 시스템이다.
- 침입자를 속여 실제 공격을 당하는 것처럼 보여줌으로써 크래커를 추적 및 공격 기법의 정보를 수집하는 역할을 한다.
- 쉽게 공격자에게 노출되어야 하며 쉽게 공격이 가능한 것처럼 취약해 보여야 한다.

96 ①

프로젝트 수행 시 예상되는 변화를 감안하여 정밀하게 진행한다.

97 ②

나선형 모형(Spiral Model)

- Boehm이 제시하였으며, 반복적인 작업을 수행하는 모형으로 점증적 모형, 집중적 모형이라고도 한다. 완성도 높은 소프트웨어를 만들 수 있다.
- 여러 번의 개발 과정을 거쳐 완벽한 최종 소프트웨어를 개발하는 점진적 모형이다.
- 가장 큰 장점인 위험 분석 단계에서 기술과 관리의 위험 요소들을 하나씩 제거해 나감으로써 위험성 평가에 크게 의존하기 때문에 이를 발견하지 않으면 문제가 발생할 수 있다.
- 위험 분석(Risk Analysis)은 반복적인 매주기 마다 수행해야 한다.
- 대규모 시스템의 소프트웨어 개발에 적합하다.

98 ③

COCOMO 프로젝트 유형

Organic Mode 유기적 모드	일괄 자료 처리나 과학 기술 계산용, 비즈니스 자료 처리용의 5만 라인 이하의 중소 규모 소프트웨어를 개발하는 유형
Semi-Detached Mode 반결합 모드	트랜잭션 처리 시스템이나 운영체제, 데이터베이스 관리 시스템 등의 30만 라인 이하의 소프트웨어를 개발하는 유형
Embedded Mode 내장 모드	초대형 규모의 트랜잭션 처리 시스템이나 운영체제 등의 30만 라인 이상의 소프트웨어를 개발하는 유형

99 ②

Framework(프레임워크)

- 프레임워크는 뼈대나 기반 구조를 뜻하고, 제어의 역전 개념이 적용된 대표적인 기술이다.
- 프로그래밍을 진행할 때 필수적인 코드, 알고리즘 등과 같이 어느 정도의 구조를 제공해주기 때문에 프레임워크를 사용하는 프로그래머는 이 프레임워크의 뼈대 위에서 코드를 작성하여 프로그램을 개발하면 된다.

라이브러리(Library)

- 단순 활용 가능한 도구들의 집합을 말한다.
- 프로그래머가 어떠한 기능을 수행하기 위해서 도움을 주는 또는 필요한 것을 제공해 주는 역할을 한다.

프레임워크와 라이브러리의 차이점

- 흐름에 대한 제어 권한을 누가 지니고 있냐의 차이이다.
- 프레임워크는 전체적인 흐름을 자체적으로 가지고 있어 프로그래머는 그 안에서 필요한 코드를 작성하는 반면에 라이브러리는 프로그래머가 전체적인 흐름을 가지고 있어 라이브러리를 자신이 원하는 기능을 구현하고 싶을 때 가져다 사용할 수 있다.

오답 피하기

라이브러리와는 달리 사용자 코드에서 프레임워크를 호출해서 사용하고, 그에 대한 제어도 프레임워크가 가지는 방식이다.

100 ①

- tcp wrapper : 어떤 외부 컴퓨터가 접속되면 접속 인가 여부를 점검해서 인가된 경우에는 접속이 허용되고, 그 반대의 경우에는 거부할 수 있는 접근 제어 유틸리티이다.
- trace checker : 측정 데이터를 자동으로 면밀히 분석하는 도구이다.

최신 기출문제 07회 2-158P

01 ②	02 ②	03 ③	04 ④	05 ③
06 ①	07 ②	08 ④	09 ②	10 ①
11 ②	12 ③	13 ③	14 ④	15 ①
16 ④	17 ①	18 ②	19 ①	20 ②
21 ④	22 ③	23 ②	24 ②	25 ③
26 ③	27 ③	28 ①	29 ①	30 ③
31 ①	32 ④	33 ③	34 ③	35 ②
36 ①	37 ②	38 ②	39 ④	40 ④
41 ③	42 ①	43 ④	44 ③	45 ①
46 ②	47 ②	48 ③	49 ④	50 ①
51 ④	52 ①	53 ③	54 ③	55 ④
56 ①	57 ③	58 ②	59 ②	60 ②
61 ③	62 ③	63 ③	64 ①	65 ①
66 ④	67 ④	68 ④	69 ②	70 ④
71 ①	72 ③	73 ④	74 ②	75 ②
76 ①	77 ①	78 ④	79 ③	80 ②
81 ③	82 ②	83 ①	84 ①	85 ②
86 ④	87 ②	88 ③	89 ①	90 ②
91 ①	92 ④	93 ①	94 ①	95 ②
96 ③	97 ③	98 ④	99 ④	100 ④

과목 01 소프트웨어 설계

01 ②

순차 다이어그램은 행위 다이어그램이므로 동적이고, 순차적인 표현을 위한 다이어그램이다.

02 ②

UI 설계에 도움을 주는 도구들

- 와이어 프레임(Wire Frame) : UI 중심의 화면 레이아웃을 선을 이용하여 개략적으로 작성한다.
- 목업(Mockup) : 실물과 흡사한 정적인 모형을 의미한다. 시각적으로 구성 요소를 배치하는 것으로 일반적으로 실제로 구현되지는 않는다.
- 프로토타입(Prototype) : Interaction이 결합하여 실제 작동하는 모형이다.
- 스토리보드(Storyboard) : 정책, 프로세스, 와이어 프레임, 설명이 모두 포함된 설계 문서이다.

03 ③

UI 설계 원칙

- 직관성 : 누구나 쉽게 이해하고 사용할 수 있도록 한다.
- 유효성 : 사용자의 목적을 정확히 달성할 수 있도록 유용하고 효과적이어야 한다.
- 학습성 : 사용자가 쉽게 배우고 익힐 수 있어야 한다.
- 유연성 : 사용자의 요구를 최대한 수용하면서 오류를 최소화해야 한다.

04 ④

개체 관계도(ERD : Entity−Relationship Diagram)

- 데이터 베이스 설계 단계에서 데이터 구조들과 그들 간의 관계를 표현하는 방법이다.
- 현실 세계의 자료가 데이터베이스로 표현될 수 있는 개념적 구조를 기술하는 것이다.

05 ③

데이터(자료) 흐름도(DFD : Data Flow Diagram)

- 시스템 내의 모든 자료 흐름을 4가지의 기본 기호(처리, 자료 흐름, 자료 저장소, 단말)로 기술하고 이런 자료 흐름에 중심한 분석용 도구이다.
- DFD의 요소는 화살표, 원, 사각형, 직선(단선/이중선)으로 표시한다.
- 시스템이나 프로그램 간의 총체적인 데이터 흐름을 표시할 수 있으며, 기본적인 데이터 요소와 그들 사이의 데이터 흐름 형태로 기술된다.
- 다차원적이며 자료 흐름 그래프 또는 버블(Bubble) 차트라고도 한다.
- 구조적 분석 기법에 이용된다.
- 그림 중심의 표현이고 하향식 분할 원리를 적용한다.

오답 피하기

시간 흐름을 명확하게 표현할 수 있는 것은 시퀀스 다이어그램이다.

06 ①

오답 피하기

컴포넌트 다이어그램(Component Diagram) : 컴포넌트(시스템) 구조 사이의 관계를 표현한다.

07 ②

부모 클래스와 완전히 동일한 메서드를 가져야 한다.

08 ④

인터페이스 명세서 작성 항목 : 인터페이스명, 설명, 메소드, 파라미터, 반환값, 예외 처리, 상태 정보, 예시 코드

09 ②

Software Architecture 시스템 품질 속성 7 : 성능, 사용 운용성, 보안성, 시험 용이성, 가용성, 변경 용이성, 사용성

10 ①

아키텍처 설계 과정 : 설계 목표 설정 → 시스템 타입 결정 → 스타일 적용 및 커스터마이즈 → 서브 시스템의 기능, 인터페이스 동작 작성 → 아키텍처 설계 검토

11 ②

역공학(Reverse Engineering) : 현재 프로그램으로부터 데이터, 아키텍쳐, 그리고 절차에 관한 분석 및 설계 정보를 추출하는 작업이다.

12 ③

캡슐화(Encapsulation)
- 서로 관련성이 높은 데이터(속성)와 그와 관련된 기능(메소드, 함수)을 묶는 기법이다.
- 결합도가 낮아져 소프트웨어 개발에 있어 재사용성이 높아진다.
- 정보은닉을 통하여 타 객체와 메시지 교환 시 인터페이스가 단순해진다.
- 변경 발생 시 오류의 파급 효과가 적다.

13 ③

Sprint : 사전적으로 "전력 질주", 작은 단위의 개발 업무를 단기간에 전력 질주하여 개발한다는 의미로 반복 주기(2~4주)마다 이해관계자에게 일의 진척도를 보고한다.

14 ④

효과적인 프로젝트 관리를 위한 3대 요소
- 사람(People) : 인적 자원
- 문제(Problem) : 문제 인식
- 프로세스(Process) : 작업 계획

15 ①

- 생성 패턴 : Abstract Factory, Builder, Factory Method, Prototype, Singleton
- 구조 패턴 : Adapter, Bridge, Composite, Decorator, Facade, Flyweight, Proxy
- 행위 패턴 : Chain of responsibility, Command, Interpreter, Iterator, Mediator, Memento, Observer, State, Strategy, Template Method, Visitor

16 ④

소프트웨어 품질 목표(Software Quality And Goals)
- 정확성(Correctness) : 사용자의 요구 기능을 충족시키는 정도를 의미한다.
- 신뢰성(Reliability) : 정확하고 일관된 결과를 얻기 위해 요구된 기능을 오류 없이 수행하는 정도를 의미한다.
- 효율성(Efficiency) : 요구되는 기능을 수행하는 데 필요한 자원의 소요 정도나 자원의 낭비 정도를 의미한다.
- 무결성(Integrity) : 허용되지 않는 사용이나 자료의 변경을 제어하는 정도를 의미한다.
- 이식성(Portability) : 다양한 하드웨어 환경에서도 운용 가능하도록 쉽게 수정될 수 있는 정도를 의미한다.

17 ①

소프트웨어 위기의 현상
- 하드웨어 비용을 초과하는 개발 비용의 증가
- 개발 기간의 지연
- 개발 인력 부족과 인건비 상승
- 성능 및 신뢰성 부족
- 유지보수의 어려움에 따른 엄청난 비용

18 ②

②번은 절차 지향형 분석 기법에 관한 설명이다.

19 ①

액터(Actor) : 서비스를 이용하는 외부 객체이다. 시스템이 특정한 사례(Use Case)를 실행하도록 요구할 수 있는 존재이다.

20 ②

Waterfall Model
- 보헴(Boehm)이 제안한 고전적 생명주기 모형으로, 선형 순차적 모형이라도 한다.
- 타당성 검토, 계획, 요구사항 분석, 구현, 테스트, 유지보수의 단계를 통해 소프트웨어를 개발하는 모형이다.
- 순차적인 접근 방법을 이용하여 단계적 정의와 산출물이 명확하다.
- 각 단계의 결과가 확인되어야지만 다음 단계로 넘어간다.
- 각 단계가 끝나는 시점에서 확인, 검증, 검사를 거쳐 다음 단계로 넘어가거나 이전 단계로 환원하면서 구현 및 운영 단계에 이르는 하향식 생명주기 모형이다.
- 제품 일부가 될 매뉴얼을 작성해야 한다.
- 폭포수 모델의 순서 : 계획 → 요구사항 정의 → 개략 설계 → 상세 설계 → 구현 → 통합 시험 → 시스템 실행 → 유지보수

과목 02 소프트웨어 개발

21 ④

Abstraction Factory
- 구체적인 클래스에 의존하지 않고 서로 연관되거나 의존적인 객체들의 조합을 만드는 인터페이스를 제공하는 생성 패턴이다.
- 관련된 서브 클래스를 그룹 지어 한 번에 교체할 수 있다.

22 ③

Pareto의 법칙 : 상위 20%가 전체 생산의 80%를 해낸다는 법칙으로 소프트웨어 테스트에 적용 가능하다.

23 ②

인터페이스 구현 검증 도구
- xUnit : java(Junit), C++(Cppunit), .Net(Nunit) 등 다양한 언어를 지원하는 단위 테스트 프레임워크이다.

- STAF : 서비스 호출, 컴포넌트 재사용 등 다양한 환경을 지원하는 테스트 프레임워크이며 각 테스트 대상 분산 환경에 데몬을 사용하여 테스트 대상 프로그램을 통해 테스트를 수행하고, 통합하여 자동화하는 검증 도구이다.
- FitNesse : 웹 기반 테스트 케이스 설계/실행/결과 확인 등을 지원하는 테스트 프레임워크이다.
- NTAF Naver : TAF와 FitNesse를 통합한 형태의 테스트 자동화 프레임워크이다.
- Selenium : 다양한 브라우저 지원 및 개발 언어를 지원하는 웹 애플리케이션 테스트 프레임워크이다.
- Watir : Ruby 기반 웹 애플리케이션 테스트 프레임워크이다.

24 ②

형상 관리(Version Control Revision Control)
- 구성 관리(Software Configuration Management)라고도 한다.
- 소프트웨어의 변경사항을 체계적으로 관리하기 위하여 추적하고 통제하는 것이다.
- 단순 버전 관리 기반의 소프트웨어 운용을 좀 더 포괄적인 학술 분야의 형태로 넓히는 근간을 의미한다.
- 작업 산출물을 형상 항목(Configuration Item)이라는 형태로 선정하고, 형상 항목 간의 변경사항 추적과 통제 정책을 수립하고 관리한다.

25 ③

단위 테스트(Unit Test)
- 하나의 모듈을 기준으로 독립적으로 진행되는 가장 작은 단위의 테스트이다.
- 애플리케이션을 구성하는 하나의 기능이 올바르게 동작하는지를 독립적으로 테스트하는 것이다.
- 구현 단계에서 각 모듈의 개발을 완료한 후 개발자가 명세서의 내용대로 정확히 구현되었는지 테스트한다.
- 모듈 내부의 구조를 구체적으로 볼 수 있는 구조적 테스트를 주로 시행한다.

Test Stub

상위 모듈에서 하위 모듈로의 테스트를 진행하는 과정 중 하위 시스템 컴포턴트의 개발이 완료되지 않은 상황에서 시스템 테스트를 진행하기 위하여 임시로 생성된 가상의 더미 컴포넌트(Dummy Componet)를 일컫는다.

26 ③

UML(Unified Modeling Language)
- 실시간 시스템 및 분산 시스템을 포함한 다양한 종류의 시스템의 분석과 설계에 사용될 수 있다.
- 객체지향적 분석과 설계 방법론의 표준화를 목표로 OMG(Open Management Group)에서 개발하고 있는 통합 모델링 언어이다.
- 실시간 시스템 및 분산 시스템에도 UML을 적용할 수 있다.

27 ③

프로토타이핑 모형
- 최종 결과물이 만들어지기 전에 의뢰자가 최종 결과물의 일부 또는 모형을 볼 수 있으므로 개발 초기에 오류 발견이 가능하다.
- 프로토타이핑 모형은 발주자나 개발자 모두에게 공동의 참조 모델을 제공한다.
- 사용자의 요구사항을 충실히 반영할 수 있다.
- 프로토타입은 구현 단계의 구현 골격이 될 수 있다.

28 ①

테스트 케이스(Test Case)
- 구현된 소프트웨어가 사용자의 요구사항을 정확하게 준수했는지를 확인하기 위해 설계된 입력값, 실행 조건, 기대 결과 등으로 구성된 테스트 항목에 대한 명세서를 의미한다.
- 테스트의 목표 및 테스트 방법을 결정하고 테스트 케이스를 작성해야 한다.

29 ①

사물 인터넷(Internet of Things) : 생활 속 사물들을 유무선 네트워크로 연결해 정보를 공유하는 환경으로 가전제품, 전자기기뿐만 아니라 헬스케어, 원격 검침, 스마트홈, 스마트카 등 다양한 분야에서 사물을 네트워크로 연결하는 것을 의미한다.

30 ③

동치 분할 검사(Equivalence Partitioning Testing) : 검사 사례 설계를 프로그램의 입력 명세 조건에 따라 설정한다. 즉, 검사 사례는 일반적으로 입력 데이터에 해당하므로 프로그램의 입력 조건에 중점을 두고, 어느 하나의 입력 조건에 대하여 타당한 값과 그렇지 못한 값을 설정한다.

31 ①

럼바우의 분석 기법(객체 모델링 기법)의 세 가지 모델링
- 객체 모델링(Object Modeling)
- 동적 모델링(Dynamic Modeling)
- 기능 모델링(Functional Modeling)

32 ④

(88, 74, 63, 55, 37, 25, 33, 19, 26, 14, 9)를 이진 트리에 입력하면 다음 그림과 같다.

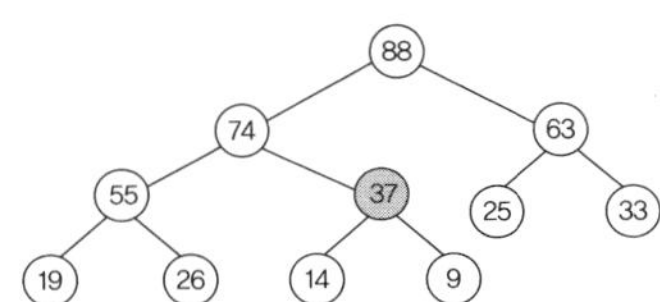

33 ③

직접 파일(Direct File)
- 직접 접근 기억 장치의 물리적 주소를 통해 직접 레코드에 접근하는 파일 구조이다.
- 해싱 등의 사상 함수를 사용하여 레코드 키에 의한 주소 계산을 통해 레코드에 접근할 수 있도록 구성한다.
- 키에 일정한 함수를 적용하여 상대 레코드 주소를 얻고, 그 주소를 레코드에 저장하는 파일 구조이다.

34 ③

이분 검색 방법

① 대상 범위의 첫 번째 원소의 위치를 Low로, 마지막 원소의 위치를 High로 두고서 그 중간 원소의 위치인 Mid를 (Low+High)/2로 구한다.

② 찾고자 하는 Key와 중간값을 비교한다.

③ **Key 〉 중간값** : Low를 (Mid+1)로 두고서 계속 수행
Key 〈 중간값 : High를 (Mid−1)로 두고서
Key = 중간값 : 검색 완료

문제 풀이

1	2	3	4	5	6	7	8	9	10	11	12	13	14	15
A	B	C	D	E	F	G	H	I	J	K	L	M	N	O

- 중간값 : (1+15)/2 = 8(H) ≠ 'E' 찾는 값이 아니므로 다음 단계 진행
- 중간값 : (1+7)/2 = 4(D) ≠ 'E' 찾는 값이 아니므로 다음 단계 진행
- 중간값 : (5+7)/2 = 6(F) ≠ 'E' 찾는 값이 아니므로 다음 단계 진행
- 중간값 : (5+5)/2 = 5(E) = 'E' 찾는 값 발견

35 ②

정형 기술 검토 지침사항
- 의제와 그 범위를 유지하라.
- 참가자의 수를 제한하라.
- 각 체크 리스트를 작성하고, 자원과 시간 일정을 할당하라.
- 개발자가 아닌 제품의 검토에 집중하라.
- 논쟁과 반박을 제한하라.
- 검토 과정과 결과를 재검토하라.

36 ①

스테레오 타입
- UML에서 제공하는 기본 요소 외에 추가적인 확장 요소를 표현할 때 사용한다.
- UML 확장 모델에서 스테레오 타입 객체를 표현할 때 사용하는 기호는 쌍 꺾쇠와 비슷하게 생긴 길러멧(guillemet) 《 》이며, 길러멧 안에 확장 요소를 적는다.

37 ②

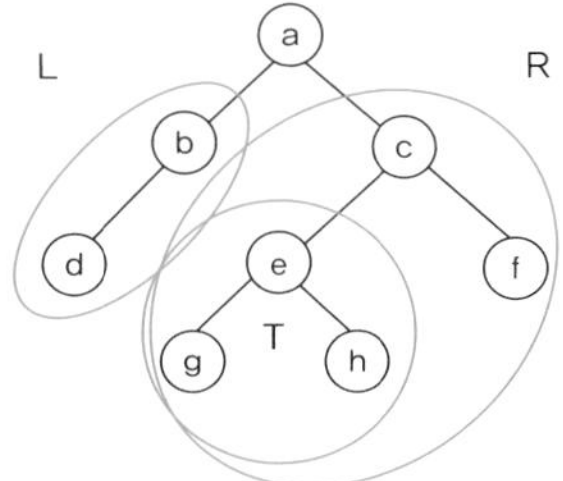

- 후위 순회는 Left – Right – Root 순으로 순회한다.
- L – R – a
- L(d – b) – R(T – f – c) – a
- L(d – b) – R(T(g – h – e) – f – c) – a
- d – b – g – h – e – f – c – a

38 ②

델파이 방법
- 소프트웨어 개발에 필요한 작업의 양과 소요 시간을 추정하기 위해 전문가의 의견을 수렴하는 방식을 사용한다.
- 소프트웨어 비용 산정 방법 중 전문가가 독자적으로 감정할 때 발생할 수 있는 편차를 줄이기 위해 단계별로 전문가들의 견해를 조정자가 조정하여 최종 견적을 결정하는 방식이다.

39 ④

중위 표기법의 수식을 표현하기 적합한 자료 구조는 Tree이다.

40 ④

인수 테스트
- 일반적인 테스트 레벨의 가장 마지막 상위 레벨로, SW 제품에 대한 요구사항이 제대로 이행되었는지 확인하는 단계이다.
- 테스팅 환경을 실 사용자 환경에서 진행하며 수행하는 주체가 사용자이다.
- 알파, 베타 테스트와 가장 밀접한 연관이 있다.

과목 03 데이터베이스 구축

41 ③

정규화(Normalization)의 개념
- 함수적 종속성 등의 잘못 설계된 관계형 스키마를 더 작은 속성의 세트로 쪼개어 바람직한 스키마로 만들어 가는 과정이다.
- 데이터베이스의 논리적 설계 단계에서 수행한다.
- 데이터 구조의 안정성을 최대화한다.
- 중복을 배제하여 삽입, 삭제, 갱신 이상의 발생을 방지한다.
- 데이터 삽입 시 릴레이션을 재구성할 필요성을 줄인다.

42 ①

이행종속 규칙 : 릴레이션에서 속성 A가 B를 결정하고(A → B), 속성 B가 C를 결정하면(B → C) 속성 A가 C도 결정한다는(A → C) 종속 규칙이다. 또한 정규화 과정에서 이행종속을 해소하는 단계를 3차 정규형이라 한다.

43 ④

분산 처리 시스템의 특징
- 다수의 사용자 간 데이터 공유가 가능하다.
- 다수의 사용자 간 통신 용이하다.
- 점진적인 확장 가능하다.
- 보안 문제 발생할 수 있다.
- 개발 난도가 높아 개발 비용이 많이 소요된다.
- 시스템 전체의 정책을 결정하는 통합적인 제어 기능이 필요하다.
- 종류 : 클라이언트/서버 모델, 프로세서 풀 모델, 혼합 모델

44 ③

SELECT문 기본 구조

```
SELECT 속성명 [ALL | DISTINCT]
FROM 릴레이션명
WHERE 조건
[GROUP BY 속성명1, 속성명2,…] – 그룹화
[HAVING 조건]
[ORDER BY 속성명 [ASC | DESC]]; – 정렬
 • ALL : 모든 튜플을 검색(생략 가능)
 • DISTINCT : 중복된 튜플 생략
```

- IS NULL : Where 절에 사용하며 빈 레코드를 검색한다.
- SELECT 사원번호, 이름 FROM 직원 WHERE 부서번호 IS NULL;

45 ①

2PL(2 Phase Locking, 2단계 로킹 기법)
- 확장 단계와 축소 단계 2단계로 구성된다.
- 트랜잭션은 lock만 수행할 수 있고, unlock은 수행할 수 없는 확장 단계가 있다.

46 ②

정규화의 목적 : 데이터 구조의 안정성 최대화와 중복 데이터의 최소화, 수정, 삭제 시 이상 현상 최소화를 위해 릴레이션의 종속성을 분석해 릴레이션을 분해하는 것이다.

오답 피하기

정규화를 통해 릴레이션이 분해되면 연산 시간이 증가할 수 있다. 이를 해결하기 위해 역정규화를 하기도 한다.

47 ②

- π : 조회할 필드명
- σ : Select문
- SELECT name, dept FROM student WHERE year = 3;

48 ③

Recovery(복구)
- Deferred Modification : 변경된 데이터를 실제로 디스크에 반영하는 것을 지연시키는 방식이다. 이는 데이터의 논리적인 수정 작업을 기록하고, 나중에 특정 시점에 변경사항을 일괄적으로 디스크에 반영하는 복구 기법과 관련이 있다.
- Immediate Update : 데이터의 변경사항을 즉시 디스크에 반영하는 방식이다.
- Shadow Paging : 복구를 위해 일부 페이지를 원래의 페이지와 별도의 그림자 페이지로 유지하는 방식이다.
- Checkpoint : 특정 시점에서의 상태를 기록하는 것이다.

49 ④

릴레이션의 특징
- 튜플의 유일성 : 모든 튜플은 서로 다른 값을 갖는다.
- 튜플의 무순서성 : 하나의 릴레이션에서 튜플의 순서는 없다.
- 속성의 원자성 : 속성값은 원자값을 갖는다.
- 속성의 무순서성 : 각 속성은 릴레이션 내에서 유일한 이름을 가지며, 속성의 순서는 큰 의미가 없다.

50 ①

뷰(View) 특징
- 저장 장치 내에 물리적으로 존재하지 않고 테이블에서 유도되는 가상의 테이블이며 기본 테이블에 의해 유도되므로 기본 테이블을 삭제하면 뷰도 삭제된다.
- 뷰의 생성 시 CREATE문, 검색 시 SELECT문을 사용한다.
- 뷰의 정의 변경 시 ALTER문을 사용할 수 없고 DROP문을 이용한다.
- 뷰를 이용한 또 다른 뷰의 생성이 가능하다.
- 하나의 뷰 제거 시 그 뷰를 기초로 정의된 다른 뷰도 함께 삭제된다.
- 뷰 위에 또 다른 뷰를 정의할 수 있다.
- DBA는 보안 측면에서 뷰를 활용할 수 있다.
- 뷰는 물리적으로 존재하지 않는 가상화된 테이블이다.

51 ④

트랜잭션의 정의
- SQL에서 데이터베이스에 대한 일련의 처리를 하나로 모은 작업 단위로 관리할 수 있는데, 이 작업 단위를 의미한다.
- 사용자의 시스템에 대한 서비스 요구 시 시스템의 상태 변환 과정의 작업 단위이다.
- 병행 제어 및 회복 작업의 논리적 작업 단위이다.

트랜잭션의 특성
- 원자성(Atomicity) : 완전하게 수행 완료되지 않으면 전혀 수행되지 않아야 한다.
- 일관성(Consistency) : 시스템의 고정 요소는 트랜잭션 수행 전후에 같아야 한다.
- 격리성(Isolation, 고립성) : 트랜잭션 실행 시 다른 트랜잭션의 간섭을 받지 않아야 한다.
- 영속성(Durability, 지속성) : 트랜잭션의 완료 결과가 데이터베이스에 영구히 기억된다.

52 ①

DDL(Data Definition Language, 데이터 정의어)의 종류

- CREATE : 스키마, 도메인, 테이블, 뷰 정의
- ALTER : 테이블 정의 변경
- DROP : 스키마, 도메인, 테이블, 뷰 삭제

53 ③

슈퍼키(Super Key)

- 두 개 이상의 속성으로 구성된 기본키이다.
- 유일성은 만족시키지만, 최소성은 만족시키지 못한다.

54 ③

암호화 알고리즘이 공개되어 있으면 보안 전문가들이 해당 알고리즘을 분석하여 취약점을 찾고 보완할 수 있고 알고리즘의 신뢰성과 안정성을 높일 수 있다. 따라서 암호화 알고리즘은 공개적으로 함께 공유되어야 한다.

55 ④

- 일반적인 파일 구조 : 순차 파일, 인덱스 순차 파일, 직접 파일
- 재귀 파일 : 자신을 참조하는 파일이로, 파일 시스템에서 허용되지 않으므로 파일 구조로 사용할 수 없다.

56 ①

데이터 모델의 구성 요소

- 데이터 구조(Structure) : 데이터 구조 및 정적 성질을 표현한다.
- 연산(Operations) : 데이터의 인스턴스에 적용할 수 있는 연산 명세와 조작 기법이 표현된 값들을 처리하는 작업이다.
- 제약조건(Constraints) : 데이터의 논리적 제한 명시 및 조작의 규칙을 의미한다.

57 ③

INSERT문 기본 구조

```
INSERT into 테이블 이름 (필드명1, 필드명2,..)
    VALUES(필드값1, 필드값2..)
```

58 ②

CASCADE vs RESTRICT

- DROP TABLE 테이블_이름 [CASCADE | RESTRICT];
- CASCADE : 삭제할 요소가 다른 개체에서 참조 중이라도 삭제가 수행된다.

오답 피하기

RESTRICT : 삭제할 요소가 다른 개체에서 참조 중이면 삭제가 취소된다.

59 ②

선형 검색(Linear Scanning)

- 원하는 레코드를 찾을 때까지 처음부터 끝까지 차례로 하나씩 비교하면서 검색한다.
- 단점 : 단순한 방식으로 정렬되지 않는 검색에 가장 유용하며 평균 검색 시간이 오래 걸린다.
- 평균 검색 횟수 : (n+1)/2

60 ②

UPDATE

- 튜플의 내용 변경(갱신)하는 명령어이다.
- 기본 구조

```
UPDATE 테이블명
SET 속성명=값
WHERE 조건;
```

과목 04 프로그래밍 언어 활용

61 ③

C언어 변수명 작성 규칙

- 영문 대소문자(A~Z, a~z), 숫자(0~9), '_'를 혼용하여 사용할 수 있다.
- 첫 글자는 영문자나 '_'로 시작해야 한다.
- 영문자는 대소문자를 구분한다.
- 공백을 포함할 수 없다.
- 예약어(Reserved Word)를 사용할 수 없다.
- 예약어 : auto, beak, case, char, const, continue, default, do, double, else, enum, extern, float, for, goto, if, int, long, register, return, short, signed, sizeof, static, struct, switch, typedef, union, unsigend, void, volatile, while

62 ③

C언어 포인터 변수의 덧셈 연산

- 포인터 변수는 정수와 덧셈과 뺄셈 연산이 가능하다.
- 포인터 변수의 덧셈 연산을 통해 포인터 변수가 가리키는 연속된 메모리 주소 간의 거리를 계산할 수 있다.
- 포인터 변수의 덧셈 시 주소의 변량 = 자료형의 크기 * 정수

p = a[0];

- int형 2차원 배열 a의 0행의 시작 주소를 포인터 변수에 저장한다. (예를 들어 int형 2차원 배열 a의 시작 주소를 1000번지라고 가정한다.)
- int형 변수는 4byte 크기이므로 2차원 배열 a에 16(4byte*2*2)byte 크기의 연속된 메모리 공간이 할당된다.

p+0 →	1000번지	a[0][0]	33	← *(p+0)
p+1 →	1004번지	a[0][1]	44	← *(p+1)
p+2 →	1008번지	a[1][0]	55	← *(p+2)
p+3 →	1012번지	a[1][1]	66	← *(p+3)

• for 반복 명령을 통해 포인터 변수 p로 2차원 배열 a의 요소의 값에 접근하여 변수 sum에 누적 합계를 구한다.

i	p + i	*(p + i)	sum
1	1000 + (4byte*1) = 1004번지	44	44
2	1000 + (4byte*2) = 1008번지	55	99
3	1000 + (4byte*3) = 1012번지	66	165

• 포인터 연산자 *는 주소(번지)의 내용을 참조하는 연산자이다.

63 ③

C언어의 2차원 배열과 배열 포인터

• C언어의 배열 포인터는 2차원 배열을 참조하기 위해 사용된다.
• int (*p)[3] = NULL; 명령문은 3개의 열 단위로 2차원 배열을 참조할 수 있는 배열 포인터 변수 p를 선언하였다.
• p = arr; 명령문으로 2차원 배열 arr는 p를 통해 참조한다.

	0	1	2
0	1	2	3
1	4	5	6
2	7	8	9

– p[0]과 *(p+0) : 2차원 배열 arr의 0행을 의미
– p[1]과 *(p+1) : 2차원 배열 arr의 1행을 의미

	표현	의미	요소값
①	*(p[0]+1)	arr[0][1]을 의미	2
②	*(p[1]+2)	arr[1][2]을 의미	6
③	*(*(p+1)+0)	arr[1][0]을 의미	4
④	*(*(p+1)+1)	arr[1][1]을 의미	5

①+②는 8이고 ③+④는 9이므로 출력 8, 9가 출력된다.

64 ①

IPv6(Internet Protocol version 6)

• 16비트씩 8부분으로 총 128비트로 구성된다.
• 주소의 한 부분이 0으로만 연속되는 경우 연속된 0은 '::'으로 생략하여 표시할 수 있다.
• 주소 체계는 유니캐스트(Unicast), 애니캐스트(Anycast), 멀티캐스트(Multicast) 등 세 가지로 나뉜다.

오답 피하기

더 많은 IP 주소를 지원할 수 있도록 주소의 크기는 128비트이다.

65 ①

a = 0 b = 0	전역 변수 a와 b를 선언하고 0으로 초기화
def func1(): a = 10 b = a return b	• func1 함수 선언 • 함수 내에 지역 변수 a를 10으로 초기화 • 함수 내에 지역 변수 b에 a의 값 할당 • 함수의 반환값으로 b 값을 반환
def func2(): global a b = a return b	• func2 함수 정의 • a 변수를 전역 변수로 사용하기 위해 선언 • 지역 변수 b에 전역 변수 a의 값을 할당 • 함수의 반환 값으로 b 값을 반환
a = 20 b = 20 print(func1()) print(func2())	• 전역 변수 a에 20할당 • 전역 변수 b에 20할당 • func1 함수를 호출하고 반환된 값 10을 출력 • func2 함수를 호출하고 반환된 값 20을 출력
a = a + 20 b = b + 20 print(func1()) print(func2())	• 전역 변수 a(20)에 20을 더한 값을 할당 • 전역 변수 b(20)에 20을 더한 값을 할당 • func1 함수를 호출하고 반환된 값을 출력 • func2 함수를 호출하고 반환된 값을 출력

66 ④

• 거리벡터 라우팅 : 패킷들이 전송되어야 하는 방향이나 인터페이스를 정의하며 목적지 네트워크까지의 거리로 경로를 판단한다.
• 종류 : RIP, IGP, EGP
• HDLC(High–level Data Link Control) : 플래그 → 주소부 → 제어부 → 정보부 → FCS → 플래그
• 비트(Bit) 위주의 프로토콜이며 점–대–점 링크뿐만 아니라 멀티 포인트 링크를 위하여 ISO에서 개발한 국제 표준이다.
• 프레임의 시작과 끝부분에 플래그 신호를 삽입하여 동기식 전송 방식을 사용한다.

67 ④

HRN 계산

$$\text{우선순위 계산식} = \frac{\text{대기 시간} + \text{서비스를 받을 시간}}{\text{서비스를 받을 시간}}$$

A 작업 : (5 + 20) / 20 = 1.25
B 작업 : (40 + 20) / 20 = 3
C 작업 : (15 + 45) / 45 = 1.3
D 작업 : (40 + 10) / 10 = 5
작업 순서 : D → B → C → A

정답 정답&해설

68 ④

• 10K 크기의 프로그램이 할당되려면 사용하지 않는 메모리인 NO.1, NO.2, NO.5 중에서 메모리 크기가 10K 이상인 NO.2, NO.5에 할당될 수 있다.
• NO.2에 할당되면 내부 단편화가 2K 발생하고, NO.5에 할당되면 내부 단편화가 6K 발생한다.
• 최악 적합(Worst-Fit)은 적재 가능한 공간 중에서 가장 큰 공백이 남는 부분에 배치하는 기법으로 NO.5에 할당된다.

69 ②

교착상태의 발생 조건

• 상호배제(Mutual Exclusion) : 한 번에 한 개의 프로세스만이 공유 자원을 사용할 수 있어야 한다.
• 점유와 대기(Hold and Wait) : 이미 자원을 가진 프로세스가 다른 자원의 할당을 요구하는 경우
• 비선점(Non-Preemption) : 프로세스에 할당된 자원은 사용이 끝날 때까지 강제로 빼앗을 수 없다.
• 환형 대기(Circular Wait) : 이미 자원을 가진 프로세스가 앞이나 뒤의 프로세스의 자원을 요구한다.

70 ④

extends : Java에서 클래스 간의 상속 관계를 정의하는 데 사용된다.

오답 피하기

JAVA 예외 처리 예약어

• try : 예외가 발생할 수 있는 코드 블록을 정의한다.
• catch : 예외가 발생했을 때 해당 예외를 처리하는 코드 블록을 정의한다.
• finally : 예외 발생 여부에 상관없이 항상 실행되는 코드 블록을 정의한다.
• throw : 예외를 강제로 발생시키는 역할을 한다.
• throws : 메소드나 생성자에서 해당 메소드를 호출한 곳으로 예외를 던질 수 있음을 선언한다.
• try-with-resources : 자원을 자동으로 해제하기 위해 사용되는 구문으로, 자원을 try 블록 내에서 선언하고 사용한 후 자동으로 해제된다.
• catch multiple exceptions : 하나의 catch 블록에서 여러 예외를 처리하는 것을 가능하게 한다.
• try-catch-finally 중첩 : 예외 처리를 중첩하여 여러 예외 상황에 대응할 수 있도록 한다.
• custom exception : 사용자가 직접 정의한 예외 클래스를 사용하여 예외를 발생시킬 수 있다.

71 ①

후위 증가 연산자(++)와 전위 감소 연산자(--)

• y = x++ : 후위 증가 연산자인 ++를 사용하며, x 값을 y에 할당한 후 x 값을 1 증가시킨다. 따라서 x는 8이 되고, y는 7이 된다.
• z = --x; : 전위 감소 연산자인 --를 사용하며, x 값을 1 감소시킨 후 z에 할당한다. 따라서 x는 7이 되고, z는 7이 된다.
• 최종 결과 변수 x, 변수 y, 변수 z를 출력하면 7, 7, 7이 출력된다.

72 ③

코드	해설

public class BBB extends AAA
{
int a = 20;
void d() {
System.out.print("Hello");
}
	• BBB 클래스가 AAA 클래스를 상속
	• BBB 클래스에 속한 int형 변수 a를 정의하고 20으로 초기화
	• void형 메소드 d()를 정의
	• "Hello" 출력

public static void main(String[] args) {
AAA obj = new BBB();
obj.d();
System.out.print(obj.a);
}
}
	• main() 메소드 시작
	• AAA 클래스의 객체를 BBB 클래스의 객체로 초기화
	• System.out.print(obj.a) 호출하여 obj가 참조하는 객체의 변수 a를 출력
	• obj는 AAA 클래스를 참조하고 있으므로 변수 a는 AAA 클래스의 변수를 참조. 따라서 10이 출력

class AAA
{
int a = 10;
void d() {
System.out.print("Hi");
}
}
	• AAA 클래스 정의
	• AAA 클래스에 속한 int형 변수 a를 정의하고 10으로 초기화
	• void형 메소드 d()를 정의. 이 메소드는 "Hi"를 출력

73 ④

Python

• 1991년 귀도 반 로섬(Guido van Rossum)이 개발한 고급 프로그래밍 언어이다.
• 플랫폼에 독립적이고 인터프리터식, 객체지향적, 동적 타이핑(Dynamically Typed) 대화형 언어이다. 매우 쉬운 문법 구조로 초보자들도 쉽게 배울 수 있다.

74 ②

연산자의 종류 및 우선순위

연산자	해설	결합	순위
단항	+, −, !, ~, ++, −−, &, *, sizeof	←	높음 ↑
산술	*, /, %	→	
	+, −		
	<<, >>, >>>		
관계	<, <=, >, >=, instanceof*, /, %		
	==, !=		
논리	&		
	^		
	|		
	&&		
	||		
조건	? :	→	
할당	=, +=, −=, *=, /=, %=, <<=, >>=	←	↓ 낮음

75 ②

오답 피하기

②번은 데이터 링크 계층에 대한 설명이다.

76 ①

서브넷 마스크

- 현재 사용중인 네트워크의 범위를 설정하는 것이다.
- 서브넷 ID는 설정된 범위의 첫 번째 IP로 서브넷을 식별하는 역할을 한다.
- 10.0.0.0 네트워크는 A클래스에 해당한다.
- 서브넷은 255.240.0.0/12

유효한 서브넷 ID

10.0.0.0
10.16.0.0
10.32.0.0
10.48.0.0
10.64.0.0
10.80.0.0
10.96.0.0
10.112.0.0
10.128.0.0
10.144.0.0
10.160.0.0
10.176.0.0
10.192.0.0
10.208.0.0
10.224.0.0
10.240.0.0

77 ①

스래싱(Thrashing) : 너무 잦은 페이지 교체 현상으로 어떤 프로세스가 계속적으로 페이지 부재가 발생하면 프로세스의 처리 시간보다 페이지 교체 시간이 더 많아지는 현상을 말한다. 따라서 시스템은 심각한 성능 저하를 초래한다. 이 경우 다중 프로그래밍의 정도를 낮춰야 한다.

78 ④

결합도 종류(약 → 강 순)

- 데이터 결합도(Data Coupling) : 한 모듈이 파라미터나 인수로 다른 모듈에게 데이터를 넘겨주고 호출받은 모듈은 받은 데이터에 대한 처리 결과를 다시 돌려주는 경우의 결합도
- 스탬프 결합도(Stamp Coupling) : 두 모듈이 동일한 자료 구조를 조회하는 경우의 결합도
- 제어 결합도(Control Coupling) : 한 모듈이 다른 모듈의 내부 논리 조직을 제어하기 위한 목적으로 제어 신호를 이용하여 통신하는 경우의 결합도
- 외부 결합도(External Coupling) : 한 모듈에서 외부로 선언한 변수를 다른 모듈에서 참조할 경우의 결합도
- 공통 결합도(Common Coupling) : 한 모듈이 다른 모듈에게 제어 요소를 전달하고 여러 모듈이 공통 자료 영역을 사용하는 경우의 결합도
- 내용 결합도(Content Coupling) : 한 모듈이 다른 모듈의 내부 기능 및 그 내부 자료를 참조하는 경우의 결합도

79 ③

C언어의 문자열 포인터와 strcat() 함수

- strcat(st1, str2); : str1의 '₩0'문자의 위치부터 str2를 이어 붙이는 함수이다.
- p1 = str1; 명령문에 의해 포인터 변수 p1가 변수 str1을 참조하게 된다.
- p2 = str2; 명령문에 의해 포인터 변수 p2가 변수 str2를 참조하게 된다.

– strcat(str1, str2); 후행 후 str1 배열은 다음과 같다.

str1
0 1 2 3 4 5 …
p1
K O R E A L O V E \0

- printf("%c", *(p1+2)); : 포인터 변수 p1에서 문자 주소 간격 2 위치의 내용은 str1[2]을 의미하므로 R이 출력된다.

80 ②

Java 연산자의 종류 및 우선순위

연산자	종류	결합 방향	우선순위
단항 연산자	+, -!, ~, ++, --	←	높음 ↑
산술 연산자	*, /, %	→	
	+, -		
시프트 연산자	<<, >>, >>>		
관계 연산자	<, <=, >, >=		
	==, !=		
비트 연산자	&, |, ^		
논리 연산자	&&, ||		
조건 연산자	? :	←	
할당 연산자 21.3	=, +=, -=, *=, /=, %=, <<=, >>=	←	
콤마 연산자	,	→	↓ 낮음

과목 05 정보 시스템 구축 관리

81 ③

암호 알고리즘(Cryptographic Algorithm)의 개념

- 평문(Plaintext)을 암호문(Ciphertext)으로 바꾸고, 암호문을 다시 평문으로 바꿀 때 사용되는 알고리즘을 의미한다.
- 평문을 암호문으로 바꾸는 과정을 암호화(Encryption)라고 하고, 암호문을 다시 평문으로 바꾸는 과정을 복호화(Decryption)라고 한다.
- 암호화 및 복호화 과정에 암호키(Cryptographic Key)가 필요하다.

82 ②

- 순환 복잡도 : V(G) = E - N + 2 = 6 - 4 + 2 = 4
- E은 화살표 수, N은 노드 수(점)

83 ①

익스플로잇(Exploit) : 컴퓨터 소프트웨어나 하드웨어나 컴퓨터 관련 전자 제품의 버그, 보안 취약점 등 설계상 결함을 이용하여 공격자의 의도된 동작을 수행하도록 만들어진 절차나 일련의 명령, 스크립트, 프로그램 또는 특정한 데이터 조각을 말한다.

84 ①

서버 관리실 출입 통제는 취약점 관리를 위한 응용 프로그램 보안 설정과는 관련이 없다.

85 ②

XP 12 실천 사항 중 Pair Programming(짝 프로그래밍)

- 두 사람이 짝이 되어 한 사람은 코딩을 다른 사람은 검사를 수행하는 방식이다.
- 코드에 대한 책임을 공유하고, 비형식적인 검토를 수행할 수 있다.
- 코드 개선을 위한 리팩토링을 장려하며, 생산성이 떨어지지 않는다.

오답 피하기

②는 Planning Game에 대한 설명이다.

86 ④

VPN(Virtual Private Network, 가상 사설망)

- 이용자가 인터넷과 같은 공중망에 사설망을 구축하여 마치 전용망을 사용하는 효과를 가지는 보안 솔루션이다.
- 안전하지 않은 공용 네트워크를 이용하여 사설 네트워크를 구성하는 기술이다.

IDS(Intrusion Detection System, 침입 탐지 시스템)

- 침입 공격에 대하여 탐지하는 것을 목표로 하는 보안 솔루션이다.
- 외부 침입에 대한 정보를 수집하고 분석하여 침입 활동을 탐지해 이에 대응하도록 보안 담당자에게 통보하는 기능을 수행하는 네트워크 보안 시스템이다.

87 ②

나선형 모형(Spiral Model)

- Boehm이 제시하였으며, 반복적인 작업을 수행하는 점증적 생명주기 모형이다.
- 점증적 모형, 집중적 모형이라고도 한다.
- 개발 단계 : 계획 수립(Planning) → 위험 분석(Risk Analysis) → 공학적 개발(Engineering) → 고객 평가(Customer Evaluation)
- 계획(Planning) 단계 : 위험 요소와 타당성을 분석하여 프로젝트의 추진 여부를 결정한다.
- 개발 및 검증(Development) 단계 : 선택된 기능을 수행하는 프로토타입을 개발한다.
- 위험 분석(Risk Analysis) 단계 : 개발 목적과 기능 선택, 제약조건 등을 결정하고 분석한다.
- 평가(Evaluation) 단계 : 개발된 프로토타입을 사용자가 확인하고 추가 및 수정될 요구사항이 있으면 이를 반영한 개선 프로토타입을 만든다.

88 ③

Honeypot : 비정상적인 접근을 탐지하기 위해 의도적으로 설치해 둔 시스템을 의미한다.

오답 피하기

- 하둡(Hadoop) : 빅데이터를 분석 처리할 수 있는 큰 컴퓨터 클러스터에서 동작하는 분산 응용 프로그램을 지원하는 프리웨어 자바 소프트웨어 프레임워크이다.
- MapReduce : HADOOP의 핵심 구성 요소로서 대용량 데이터를 분산 처리하기 위한 목적으로 개발된 프로그래밍 모델이다.

89 ①

VLAN(Virtual Local Area Network) : 물리적 배치와 상관없이 논리적으로 LAN을 구성하여 Broadcast Domain을 구분할 수 있게 해주는 기술로 접속된 장비들의 성능 향상 및 보안성 증대 효과를 목표로 한다.

90 ②

대칭키(비밀키 암호화 기법)
- 동일한 키로 암호화하고 복호화하는 기법으로 키 개수는 N(N−1)/2개 필요하다.
- 대칭 암호 알고리즘은 처음 통신 시에 비밀키를 전달해야 하므로, 키 교환 중 키가 노출될 수 있다.
- 암호화/복호화 속도가 빠르고 알고리즘이 단순하다.
- 종류 : DES, AES, ARIA, SEED, IDEA, RC4

비대칭키(공개키 암호화 기법)
- 메시지를 암호화할 때와 복호화할 때 사용되는 키가 서로 다르다.
- 대표적으로 RSA(Rivest Shamir Adleman)가 있으며 비대칭키 또는 이중키 암호 기법이라고도 한다.
- 데이터를 암호화할 때 사용되는 키(공개키)는 공개하고, 복호화할 때의 키(비밀키)는 비밀로 한다.
- 키 분배가 비밀키 암호화 기법보다 쉽고, 암호화/복호화 속도가 느리며 알고리즘이 복잡하다.

91 ①

고가용성 솔루션(HACMP : High Availability Cluster Multi Processing)
- AIX(AIXadvanced interactive executive, IBM 운영체제)를 기반으로 Solution, Resource의 중복 또는 공유를 통해 Application의 보호를 가능하게 해준다.
- 두 대 이상의 시스템을 하나의 Cluster로 묶어 Cluster 내의 한 시스템에서 장애가 발생할 경우 다른 시스템이 장애가 발생한 시스템의 자원을 인수할 수 있도록 하여 서비스의 중단을 최소화하도록 도와주는 솔루션이다.
- 각 시스템 간에 공유 디스크를 중심으로 클러스터링으로 엮여 다수의 시스템을 동시에 연결할 수 있다.
- 조직, 기업의 기간 업무 서버 등의 안정성을 높이기 위해 사용된다.

오답 피하기

스턱스넷(Stuxnet)은 2010년 6월에 발견된 웜 바이러스이다.

92 ④

- Smurfing : IP 또는 ICMP의 특성을 악용하여 특정 사이트에 집중적으로 데이터를 보내 네트워크 또는 시스템의 상태를 불능으로 만드는 공격 방법이다.
- Smishing : IP와 인터넷 제어 메시지 프로토콜(ICMP)의 특성을 이용하여 고성능 컴퓨터를 통하여 대량의 접속 신호를 집중적으로 보냄으로써 상대 컴퓨터의 서버를 접속 불능 상태로 만들어 버리는 해킹 수법이다.
- Qshing : 'QR 코드(Quick Response Code)'를 통해 악성 앱을 내려받도록 유도하거나 악성 프로그램을 설치하게 하는 금융사기 기법 중 하나이다.

93 ①

Something You Know(알고 있는 것)
- 사용자가 알고 있는 정보를 사용하여 인증하는 방법
- 패스워드나 PIN(개인식별번호)과 같은 비밀 정보를 사용하는 것

Something You Have(가지고 있는 것)
- 사용자가 소유하고 있는 물리적인 장치나 객체를 사용하여 인증하는 방법
- 스마트카드, USB 토큰, 휴대폰 앱 등

Something You Are(자신의 특징)
- 사용자의 생체적인 특징이나 생체 인식 기술을 사용하여 인증하는 방법
- 지문, 홍채, 음성, 얼굴 등 개인의 생체 특징을 사용하여 인증하는 바이오메트릭 인증

Somewhere You Are(있는 곳)
- 사용자가 특정한 위치에 있는지를 확인하여 인증하는 방법
- IP 주소나 지리적 위치를 이용하여 인증

94 ①

리피터(Repeater)
- 디지털 방식의 통신 선로에서 전송 신호를 증폭하거나 재생하고 전달하는 중계 장치이다.
- OSI 7계층 중 물리 계층에서만 사용하는 장비로써 근거리 무선 통신망의 전송 매체상에 흐르는 신호를 정형, 증폭, 중계하는 장치이다.

95 ②

- 역할 기반 접근 통제(RBAC : Role Based Access Control) : 사람이 아닌 직책에 대해 권한을 부여함으로써 효율적인 권한 관리가 가능하다.
- 임의적 접근 통제(DAC : Discretionary Access Control) : 정보의 소유자가 보안 레벨을 결정하고 이에 대한 정보의 접근 제어를 설정하는 방식이다.
- 강제적 접근 통제(MAC : Mandatory Access Control) : 중앙에서 정보를 수집하고 분류하여 보안 레벨을 결정하고 정책적으로 접근 제어를 수행하는 방식으로 다단계 보안 모델이라고도 한다.

96 ③

소프트웨어 비용 산출 도구 : LOC(Lines of Code, 코드 라인 수), COCOMO(COnstructive COst MOdel, 구축적 비용 모델), 델파이(Delphi, Delphi Technique), Putnam 모형, 기능 점수(FP : Function Point) 모형

97 ③

- 모든 작업을 거치려면 2일 + 3일 + 5일 + 4일 = 14일
- 짧은 작업보다 긴 작업을 선택해서 계산해야 그 시간 안에 모든 일을 처리할 수 있게 된다.

오답 피하기

CPM(Critical Path Method)

- 프로젝트 완성에 필요한 작업을 나열하고 작업에 필요한 소요 기간을 예측하는 기법이다.
- 노드와 간선으로 구성되며, 노드는 작업을 표시하고 간선은 작업 사이의 전후 의존 관계를 나타낸다.
- 박스 노드는 프로젝트의 중간 점검을 뜻하는 이정표로, 이 노드 위에 예상 완료 시간을 표시한다.
- 한 이정표에서 다른 이정표에 도달하기 전의 작업이 모두 완료되어야만 다음 작업 진행이 가능하다.

98 ④

AAA(Authentication Authorization Accounting)

- 시스템의 사용자가 로그인하여 명령을 내리는 과정에 대한 시스템의 동작을 Authentication(인증), Authorization(권한 부여), Accounting(계정 관리)으로 구분한다.
- 인증 : 망, 시스템 접근을 허용하기 전에 사용자의 신원을 검증한다.
- 권한 부여 : 검증된 사용자에게 어떤 수준의 권한과 서비스를 허용한다.
- 계정 관리 : 사용자의 자원에 대한 사용 정보를 모아서 과금, 감사, 용량 증설, 리포팅 등의 관리를 한다.

99 ④

PERT(Program Evaluation and Review Technique)

- 최단 시간 내에 완성할 방법을 찾는 기법으로 프로그램 진행 상황을 추적하는 매우 유용한 관리 도구이다.
- 하나의 시간 계획은 계획 공정(Network)을 작성하여 분석하므로 간트 도표보다 작업 계획을 수립하기 쉽다.
- 계획 공정의 문제점을 명확히 종합적으로 파악할 수 있다.
- 관계자 전원이 참가하게 되므로 의사소통이나 정보 교환이 쉽다.

100 ④

IPS(Intrusion Prevention System, **침입 방지 시스템**)

- 네트워크에서 악의적인 활동을 지속적으로 모니터링하고 이러한 활동이 발생하면 보고, 차단, 제거 등의 예방 조치를 취하는 네트워크 보안 도구
- 사용자, 시스템 행동의 모니터링 및 분석
- 시스템 설정 및 취약점에 대한 감사 기록
- 알려진 공격에 대한 행위 패턴 인식
- 비정상적 행위 패턴에 대한 통계적 분석

최신 기출문제 08회 2-172P

01 ②	02 ①	03 ①	04 ③	05 ②
06 ④	07 ②	08 ③	09 ④	10 ④
11 ②	12 ③	13 ①	14 ③	15 ③
16 ①	17 ③	18 ①	19 ①	20 ②
21 ③	22 ②	23 ③	24 ②	25 ①
26 ②	27 ④	28 ④	29 ①	30 ③
31 ④	32 ④	33 ②	34 ①	35 ③
36 ②	37 ②	38 ①	39 ③	40 ④
41 ①	42 ①	43 ④	44 ④	45 ③
46 ③	47 ③	48 ②	49 ②	50 ④
51 ②	52 ④	53 ③	54 ③	55 ④
56 ④	57 ④	58 ②	59 ②	60 ①
61 ③	62 ②	63 ②	64 ②	65 ②
66 ②	67 ③	68 ②	69 ③	70 ④
71 ②	72 ③	73 ④	74 ②	75 ①
76 ①	77 ④	78 ①	79 ③	80 ②
81 ④	82 ①	83 ②	84 ①	85 ②
86 ④	87 ③	88 ④	89 ①	90 ①
91 ②	92 ①	93 ②	94 ②	95 ①
96 ④	97 ③	98 ④	99 ①	100 ④

과목 01 소프트웨어 설계

01 ②

순차 다이어그램은 행위 다이어그램이므로 동적이고, 순차적인 표현을 위한 다이어그램이다.

02 ①

MOM(Message-Oriented Middleware)

- 메시지 기반의 비동기형 메시지를 전달하는 방식의 미들웨어이다.
- 온라인 업무보다는 이기종 분산 데이터 시스템의 데이터 동기를 위해 많이 사용한다.

03 ①

XP(eXtreme Programming)

- 1999년 Kent Beck이 제안하였으며, 개발 단계 중 요구사항이 시시각각 변동이 심한 경우 적합한 방법론이다.
- 요구에 맞는 양질의 소프트웨어를 신속하게 제공하는 것을 목표로 한다.
- 요구사항을 모두 정의해 놓고 작업을 진행하는 것이 아니라 요구사항이 변경되는 것을 적용하는 방식으로 예측성보다는 적응성에 더 높은 가치를 부여한 방법이다.

- 고객의 참여와 개발 과정의 반복을 극대화하여 생산성을 향상시키는 방법이다.

오답 피하기

대표적인 Agile 개발 방법론이다.

04 ③

유스케이스(Use Case)의 구성 요소 간의 관계
- 연관 관계(Association) : 유스케이스와 액터 간의 상호작용이 있음을 표현한다.
- 포함 관계(Include) : 하나의 유스케이스가 다른 유스케이스의 실행을 전제로 할 때 형성되는 관계이다.
- 확장 관계(Extend) : 확장 기능 유스케이스와 확장 대상 유스케이스 사이에 형성되는 관계이다.
- 일반화 관계(Generalization) : 유사한 유스케이스 또는 액터를 모아 추상화한 유스케이스 또는 액터와 연결시켜 그룹을 만들어 이해도를 높이기 위한 관계이다.

05 ②

기능적 요구사항 vs 비기능적 요구사항
- 기능적 요구사항 : 시스템이 실제로 어떻게 동작하는지에 관점을 둔 요구사항
- 비기능적 요구사항 : 시스템 구축에 대한 성능, 보안, 품질, 안정 등에 대한 성능, 보안, 품질, 안정성 등으로 실제 수행에 보조적인 요구사항

오답 피하기

차량 대여 시스템이 제공하는 모든 화면이 3초 이내에 사용자에게 보여야 한다'는 성능에 해당하므로 비기능적 요구사항에 해당한다.

06 ④

개체 관계도(ERD : Entity–Relationship Diagram)
- 데이터베이스 설계 단계에서 데이터 구조들과 그들 간의 관계를 표현하는 방법이다.
- 구성 : 개체(Entity), 속성(Attribute), 관계(Relationship)

07 ②

미들웨어 솔루션의 정의
- 클라이언트와 서버 간의 통신을 담당하는 시스템 소프트웨어이다.
- 이기종 하드웨어, 소프트웨어, 네트워크, 프로토콜, PC 환경, 운영체제 환경 등에서 시스템 간의 표준화된 연결을 도와주는 소프트웨어이다.
- 표준화된 인터페이스를 통하여 시스템 간의 데이터 교환에 있어 일관성을 제공한다.
- 운영체제와 애플리케이션 사이에서 중간 매개 역할을 하는 다목적 소프트웨어이다.

오답 피하기

미들웨어 솔루션은 미들웨어의 서비스 이용을 위해 사용자가 정보 교환 방법 등의 내부 동작을 확인할 필요가 없다.

08 ③

UI 설계 지침
- 사용자 중심 : 실사용자의 이해를 바탕으로 쉽게 이해하고, 쉽게 사용할 수 있는 환경을 제공한다.
- 일관성 : 사용자가 기억하기 쉽고 빠른 습득이 가능하도록 버튼이나 조작법을 제공한다.
- 단순성 : 인지적 부담을 줄이도록 조작 방법을 가장 간단히 작동하도록 한다.

오답 피하기

치명적인 오류에 대한 부정적인 사항도 사용자에게 정확한 정보를 제공해야 한다.

09 ④

다형성(Polymorphism)
- 많은 상이한 클래스들이 동일한 메소드명을 이용하는 능력을 의미한다.
- 한 메시지가 객체에 따라 다른 방법으로 응답할 수 있는 것이다.
- 메시지에 의해 객체가 연산을 수행하게 될 때 하나의 메시지에 대해 각 객체가 가지고 있는 고유한 방법으로 응답할 수 있는 능력이다.

10 ④

인터페이스 설계의 정의
- 시스템의 구조와 서브 시스템들 사이의 관계를 표현한다.
- 소프트웨어에 의해 간접적으로 제어되는 장치와 소프트웨어를 실행하는 하드웨어이다.
- 기존의 소프트웨어와 새로운 소프트웨어를 연결하는 소프트웨어이다.
- 순서적 연산에 의해 소프트웨어를 실행하는 절차이다.

11 ②

클래스(Class)
- 유사한 객체를 정의한 집합으로 속성+행위를 정의한 것으로 일반적인 Type을 의미한다.
- 기본적인 사용자 정의 데이터형이며, 데이터를 추상화하는 단위이다.
- 구조적 기법에서의 단위 테스트(Unit Test)와 같은 개념이다.

12 ③

캡슐화(Encapsulation)
- 서로 관련성이 높은 데이터(속성)와 그와 관련된 기능(메소드, 함수)을 묶는 기법이다.
- 결합도가 낮아져 소프트웨어 개발에 있어 재사용성이 높아진다.
- 정보은닉을 통하여 타 객체와 메시지 교환 시 인터페이스가 단순해진다.
- 변경 발생 시 오류의 파급 효과가 적다.

13 ①

애자일(Agile) 방법론

- 날렵한, 재빠른 이란 사전적 의미가 있다.
- 특정 방법론이 아닌 소프트웨어가 빠르고 낭비 없이 제작하기 위해 고객과의 협업에 초점을 두고 소프트웨어 개발 중 설계 변경에 신속히 대응하여 요구사항을 수용할 수 있다.
- 절차와 도구보다 개인과 소통을 중요시하고 고객과의 피드백을 중요하게 생각한다.
- 소프트웨어가 잘 실행되는데 가치를 두며, 소프트웨어 배포 시차를 최소화할 수 있다.

14 ③

컴포넌트(Component)

- SW 시스템에서 독립적인 업무 또는 기능을 수행하는 모듈로 교체가 가능한 부품이다.
- 모듈화로 생산성을 향상했으나 모듈의 소스 코드 레벨의 재활용으로 인한 한계성을 극복하기 위하여 등장하였다.
- 인터페이스를 통해서 연결된다.

15 ③

- 구조(Structure) 디자인 패턴 : Adapter, Bridge, Composite, Decorator, Facade, Flyweight, Proxy
- 행위(Behavioral) 디자인 패턴 : Chain of responsibility, Command, Interpreter, Iterator, Mediator, Memento, Observer, State, Strategy, Template Method, Visitor

오답 피하기

Builder 패턴은 복잡한 인스턴스를 조립하여 만드는 구조의 생성 디자인 패턴이다.

16 ①

사용자 인터페이스 기본 원칙

직관성(Intuitiveness)

- Findability/Ease of use/consistency
- 앱의 구조를 큰 노력 없이도 쉽게 이해하고, 쉽게 사용하게 해주는가에 관한 척도이다.

유효성(Efficiency)

- Feedback/Effectiveness
- 얼마나 정확하고 완벽하게 사용자의 목표가 달성될 수 있는지에 관한 척도이다.
- 시스템의 상태와 사용자의 지시에 대한 효과를 보여주어 사용자가 명령에 대한 진행 상황과 표시된 내용을 해석할 수 있도록 도와준다.

학습성(Learnability)

- Easy of learning/Accessibility/Memorability
- 초보와 숙련자 모두가 쉽게 배우고 사용할 수 있게 해주는지에 관한 척도이다.

유연성(Flexibility)

- Forgiveness/Error Prevention/Error Detectability/Error-averse
- 사용자의 인터랙션을 얼마나 포용하고, 실수로부터 방지해주는지에 관한 척도이다.

17 ③

NUI(Natural User Interface) : NUI는 인간의 신체를 통합 입력과 출력 제어로서 자연스러운 신체 움직임으로 직접적으로 시스템과 소통하는 방식이다.

18 ①

모델링

- 현실 세계에 존재하는 데이터를 추상화하여 컴퓨터 세계로 옮기는 변환 과정이다.
- 모델링 작업의 결과물은 다른 모델링에 영향을 준다.
- 개념적 모델링과 논리적 모델링으로 구분된다.
- 데이터 모델링의 결과물을 데이터 모델이라고 한다.

19 ①

액터(Actor) : 서비스를 이용하는 외부 객체이다. 시스템이 특정한 사례(Use Case)를 실행하도록 요구할 수 있는 존재이다.

20 ②

MVC 모델

- Model : 데이터와 비즈니스 로직을 관리한다(사용자가 편집하길 원하는 모든 데이터를 가지고 있어야 한다).
- View : 레이아웃과 화면을 처리한다(모델이 가지고 있는 정보를 따로 저장해서는 안 된다).
- Controller : 명령을 모델과 뷰 부분으로 라우팅한다(모델이나 뷰에 대해서 알고 있어야 한다).

과목 02 소프트웨어 개발

21 ③

하향식 설계

- 소프트웨어설계 시 제일 상위에 있는 Main User Function에서 시작하여 기능을 하위 기능들로 분할해 가면서 설계하는 방식이다.
- 너비 우선(Breadth First) 방식으로 테스트를 할 모듈을 선택할 수 있다.
- 모듈 간의 인터페이스와 시스템의 동작이 정상적으로 잘되고 있는지를 빨리 파악하고자 할 때 상향식보다는 하향식 통합 테스트를 사용하는 것이 좋다.

상향식 설계

가장 기본적인 컴포넌트를 먼저 설계한 다음 이것을 사용하는 상위 수준의 컴포넌트를 설계하는 방식이다.

22 ②

이분 검색 방법

① 대상 범위의 첫 번째 원소의 위치를 Low로, 마지막 원소의 위치를 High로 두고서 그 중간 원소의 위치인 Mid를 (Low+High)/2로 구한다.

② 찾고자 하는 Key와 중간값을 비교한다.
③ Key 〉 중간값 : Low를 (Mid+1)로 두고서 계속 수행
Key 〈 중간값 : High를 (Mid−1)로 두고서 계속 수행
Key = 중간값 : 검색 완료

문제 풀이

- 14와 중간값 비교 : 14가 8보다 크므로 Low를 9로 설정
- 14와 중간값 비교 : 14가 12보다 크므로 Low를 13으로 설정
- 14와 중간값 비교 : 14와 14가 같으므로 검색 완료

23 ③

워크스루(Walkthrough)

- 사용사례를 확장하여 명세하거나 설계 다이어그램, 원시 코드, 테스트 케이스 등에 적용할 수 있다.
- 복잡한 알고리즘 또는 반복, 실시간 동작, 병행 처리와 같은 기능이나 동작을 이해하려고 할 때 유용하다.
- 단순한 테스트 케이스를 이용하여 프로덕트를 수작업으로 수행해 보는 것이다.

오답 피하기

인스펙션(Inspection) : 소프트웨어 요구, 설계, 원시 코드 등의 작성자 외의 다른 전문가 또는 팀이 검사하여 오류를 찾아내는 공식적 검토 방법이다.

24 ②

형상 관리(Version Control Revision Control)

- 구성 관리(Software Configuration Management)라고도 한다.
- 소프트웨어의 변경사항을 체계적으로 관리하기 위하여 추적하고 통제하는 것이다.
- 단순 버전관리 기반의 소프트웨어 운용을 좀 더 포괄적인 학술 분야의 형태로 넓히는 근간을 의미한다.
- 작업 산출물을 형상 항목(Configuration Item)이라는 형태로 선정하고, 형상 항목 간의 변경사항 추적과 통제 정책을 수립하고 관리한다.

25 ①

테스트케이스(Test Case)

- 구현된 소프트웨어가 사용자의 요구사항을 정확하게 준수했는지를 확인하기 위해 설계된 입력값, 실행 조건, 기대 결과 등으로 구성된 테스트 항목에 대한 명세서를 의미한다.
- 테스트의 목표 및 테스트 방법을 결정하고 테스트 케이스를 작성해야 한다.

26 ②

JAVA에서 정보은닉(InformationHiding)을 표기할 때 private의 의미는 외부에서 클래스 내부 정보에 접근하지 못하도록 하는 '접근 금지'이다.

27 ④

DRM(Digital Rights Management)

- 디지털 콘텐츠의 지적재산권보호, 관리 기능 및 안전한 유통과 배포를 보장하는 솔루션이다.
- 디지털 콘텐츠의 지적재산권을 보호하는 권한 통제 기술, 사용 권한 제어 기술, 패키징 기술, 라이선스 관리를 포함한 유통 체계이다.
- 디지털 콘텐츠와 디바이스의 사용을 제한하기 위해 하드웨어 제조업자, 저작권자, 출판업자 등이 사용할 수 있는 접근 제어 기술을 의미한다.

28 ④

위험 감시(Risk Monitoring) : 위험 요소 징후들에 대하여 계속적으로 인지하는 것이다.

29 ①

RCS(Revision Control System)

- CVS와의 차이점은 소스 파일의 수정을 한 사람만으로 제한한다.
- 다수의 사용자가 동시에 파일 수정을 할 수 없도록 파일 잠금 방식으로 버전을 관리하는 도구이다.
- 다른 방향으로 진행된 개발 결과를 합치거나 변경 내용을 추적할 수 있다.

30 ③

화이트박스 테스트(White Box Test)

- 모듈의 원시 코드를 오픈시킨 상태에서 코드의 논리적 모든 경로를 테스트하는 방법이다.
- Source Code의 모든 문장을 한 번 이상 수행함으로써 진행된다.
- 종류 : 기초 경로 검사, 제어 구조 검사
- 화이트박스 테스트의 이해를 위해 논리 흐름도(Logic-Flow Diagram)를 이용할 수 있다.
- 테스트 데이터를 이용해 실제 프로그램을 실행함으로써 오류를 찾는 동적 테스트(Dynamic Test)에 해당한다.

오답 피하기

프로그램의 구조를 고려한다.

31 ④

선형 검색(Linear Scanning)

- 원하는 레코드를 찾을 때까지 처음부터 끝까지 차례로 하나씩 비교하면서 검색한다.
- 단점 : 단순한 방식으로 정렬되지 않는 검색에 가장 유용하며 평균 검색 시간이 많이 걸린다.
- 평균 검색 횟수 : (n+1)/2
- 데이터가 모인 집합(배열, 링크드 리스트 등)의 처음부터 끝까지 하나씩 순서대로 비교하며 원하는 값을 찾아내는 알고리즘이다.
- 순차 검색이라고도 한다.

오답 피하기

데이터 집합이 정렬되어 있을 필요는 없다. 정렬이 선행되어야 하는 검색 기법은 이진 검색 기법이다.

32 ④

- 버블 정렬의 오름차순 수행 시 매 회전(Pass)마다 마지막 값이 가장 큰 값이 된다.
- 초 기 : 9, 6, 7, 3, 5
- 1Pass : 6, 7, 3, 5, 9
- 2Pass : 6, 3, 5, 7, 9
- 3Pass : 3, 5, 6, 7, 9
- 4Pass : 3, 5, 6, 7, 9

33 ②

코드 인스펙션 과정 : 계획 → 사전교육 → 준비 → 인스펙션 회의 → 재작업 → 추적

34 ①

리팩토링(Refactoring) : 소프트웨어를 보다 쉽게 이해할 수 있고, 적은 비용으로 수정할 수 있도록 겉으로 보이는 동작의 변화 없이 내부 구조를 변경하는 것을 의미한다.

35 ③

단위 테스트(Unit Test)

- 하나의 모듈을 기준으로 독립적으로 진행되는 가장 작은 단위의 테스트이다.
- 애플리케이션을 구성하는 하나의 기능이 올바르게 동작하는지를 독립적으로 테스트하는 것이다.
- 구현 단계에서 각 모듈의 개발을 완료한 후 개발자가 명세서의 내용대로 정확히 구현되었는지 테스트한다.
- 모듈 내부의 구조를 구체적으로 볼 수 있는 구조적 테스트를 주로 시행한다.

Test Stub

상위 모듈에서 하위 모듈로의 테스트를 진행하는 과정 중 하위 시스템 컴포턴트의 개발이 완료되지 않은 상황에서 시스템 테스트를 진행하기 위하여 임시로 생성된 가상의 더미 컴포넌트(Dummy Componet)를 일컫는다.

36 ②

IDE 도구의 기능

기능	설명
개발 환경 지원	프로그래밍 언어를 가지고 컴퓨터 프로그램을 작성할 수 있는 환경을 제공
컴파일	문법에 어긋나는지 확인하고 기계어로 변환하는 기능 제공
디버깅	프로그래밍 과정에 발생하는 오류 및 비정상적인 연산 제거
외부 연계	외부 형상, 배포 관리 기능과 연계되어 자동 배포 등이 가능
DB 연동	JDBC, ODBC 등을 통한 데이터베이스 연동
Deployment	소프트웨어를 최종 사용자에게 전달하기 위한 기능

37 ②

- 후위 순회는 Left – Right – Root 순으로 순회한다.
- **L** – **R** – A
- **L**(D – B) – **R**(**T** – F – C) – A
- **L**(D – B) – **R**(**T**(G – H – E) – F – C) – A
- D – B – G – H – E – F – C – A

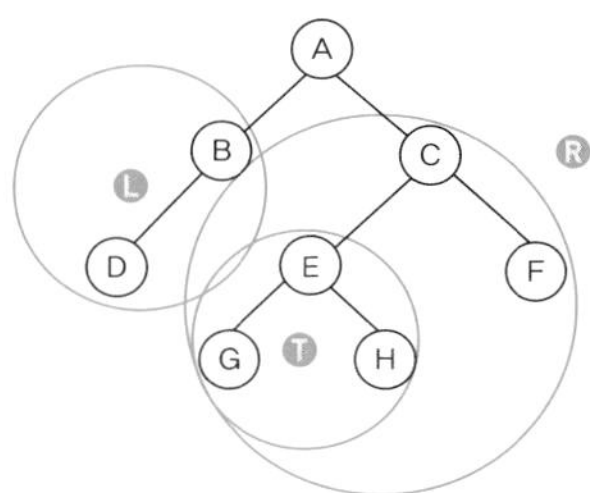

38 ①

JSON(JavaScript Object Notation)

- 속성–값 쌍(Attribute–Value Pairs)으로 이루어진 데이터 오브젝트를 전달하기 위해 사용하는 개방형 표준 포맷이다.
- AJAX(Asynchronous Javascript and XML)에서 많이 사용되고 XML을 대체하는 주요 데이터 포맷이다.
- 언어 독립형 데이터 포맷으로 다양한 프로그래밍 언어에서 사용되고 있다.

39 ③

스택(Stack)

- 포인터를 TOP 한 개 두고 운용하는 방식이다.
- 삽입 → PUSH, 삭제 → POP
- LIFO(Last In First Out) 구조이다.
- 한쪽 방향에서만 입출력이 이루어진다.
- 인터럽트 분기 시 복귀 주소 저장하는 데 사용한다.

40 ④

단위 테스트 지원 도구(xUnit)

- JUnit : Java 프로그래밍 언어에 사용되는 테스트 도구로서 데이터를 테스트한 다음 코드에 삽입한다.
- NUnit : 모든 .net 언어에 널리 사용되는 단위 테스트 프레임워크이다. 병렬로 실행할 수 있는 데이터 중심 테스트를 지원한다.
- JMockit : 오픈소스 단위 테스트 도구로서, 기록 및 검증 구문으로 API를 Mocking할 수 있다.
- EMMA : 코드 분석 오픈소스 툴 킷으로서 JAVA 기반이므로 외부 라이브러리 종속성이 없으며 소스 코드에 액세스할 수 있다.
- PHPUnit : PHP 프로그래머를 위한 단위 테스트 도구이다.
- HttpUnit : HtmlUnit은 Java 프로그램용 GUI가 없는 브라우저를 포함하는 오픈소스 Java 라이브러리이다.
- DBUnit : 데이터베이스 단위 테스트를 지원하는 프레임워크이다.

과목 03 데이터베이스 구축

41 ①

정규화 과정

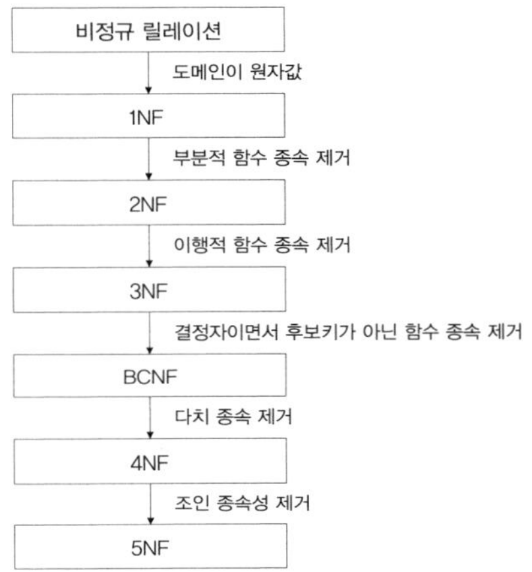

42 ①

트랜잭션의 특성

- 원자성(Atomicity) : 완전하게 수행 완료되지 않으면 전혀 수행되지 않아야 한다.
- 일관성(Consistency) : 시스템의 고정 요소는 트랜잭션 수행 전후에 같아야 한다.
- 격리성(Isolation, 고립성) : 트랜잭션 실행 시 다른 트랜잭션의 간섭을 받지 않아야 한다.
- 영속성(Durability, 지속성) : 트랜잭션의 완료 결과가 데이터베이스에 영구히 기억된다.

43 ④

분산 데이터베이스의 투명성

- 위치 투명성(Location Transparency) : 하드웨어와 소프트웨어의 물리적 위치를 사용자가 알 필요가 없다.
- 중복(복제) 투명성(Replication Transparency) : 사용자에게 통지할 필요없이 시스템 안에 파일들과 자원들의 부가적인 복사를 자유롭게 할 수 있다.
- 병행 투명성(Concurrency Transparency) : 다중 사용자들이 자원들을 자동으로 공유할 수 있다.
- 장애 투명성(Failure Transparency) : 사용자들은 어느 위치의 시스템에 장애가 발생했는지 알 필요가 없다.

44 ④

판매량이 많은 제품부터 출력되도록 하려면 내림차순 정렬을 적용해야 한다. SQL에서 정렬은 ORDER BY를 사용하며 내림차순은 DESC를 사용한다. 오름차순의 경우 생략하거나 ASC를 사용한다.

45 ③

인덱스(Index)

- 데이터베이스 성능에 많은 영향을 주는 DBMS의 구성 요소로 테이블과 클러스터에 연관되어 독립적인 저장 공간을 보유하며, 데이터베이스에 저장된 자료를 더욱 빠르게 조회하기 위하여 별도로 구성한 순서 데이터를 말한다.
- 대부분의 데이터베이스에서 테이블을 삭제하면 인덱스도 같이 삭제된다.

오답 피하기

- 인덱스는 수정이 불가능하다.
- 인덱스 생성 : CREATE
- 인덱스 삭제 : DROP

46 ③

저장 레코드 양식 설계 시 고려사항 : 데이터 타입, 데이터값의 분포, 접근 빈도

오답 피하기

트랜잭션 모델링

- 트랜잭션을 개념적 시스템 독립적으로 정의한다.
- 트랜잭션의 입출력 기능, 형태만 정의한다.
- 검색, 갱신, 혼합(검색, 갱신)

47 ③

DCL 종류

- COMMIT : 명령어로 수행된 결과를 실제 물리적 디스크로 저장하고, 명령어로 수행을 성공적으로 완료하였음을 선언한다.
- ROLLBACK : 명령어로 수행이 실패하였음을 알리고, 수행된 결과를 원상 복귀시킨다.
- GRANT : 데이터베이스 사용자에게 사용 권한을 부여한다.
- REVOKE : 데이터베이스 사용자로부터 사용 권한을 취소한다.

48 ②

데이터 사전(Data Dictionary)

- 시스템 자신이 필요로 하는 여러 가지 객체(기본 테이블, 뷰, 인덱스, 데이터베이스, 패키지, 접근 권한 등)에 관한 정보를 포함하고 있는 시스템 데이터베이스이다.
- 시스템 카탈로그(System Catalog), 메타 데이터(Meta Data)라고도 한다.
- 시스템 카탈로그 자체도 시스템 테이블로 구성되어 있어 SQL문을 이용하여 내용 검색이 가능하다.
- 사용자가 시스템 카탈로그를 직접 갱신할 수 없다.
- SQL문으로 여러 가지 객체에 변화를 주면 시스템이 자동으로 갱신한다.

49 ②

릴레이션의 특징

- 튜플의 유일성 : 모든 튜플은 서로 다른 값을 갖는다.
- 튜플의 무순서성 : 하나의 릴레이션에서 튜플의 순서는 없다.
- 속성의 원자성 : 속성값은 원자값을 갖는다.
- 속성의 무순서성 : 각 속성은 릴레이션 내에서 유일한 이름을 가지며, 속성의 순서는 큰 의미가 없다.

50 ④

뷰(View) 특징

- 저장 장치 내에 물리적으로 존재하지 않고 테이블에서 유도되는 가상의 테이블이며 기본 테이블에 의해 유도되므로 기본 테이블을 삭제하면 뷰도 삭제된다.
- 뷰의 생성 시 CREATE문, 검색 시 SELECT문을 사용한다.
- 뷰의 정의 변경 시 ALTER문을 사용할 수 없고 뷰의 제거 시 DROP문을 이용한다.
- 뷰를 이용한 또 다른 뷰의 생성이 가능하다.

51 ②

트랜잭션 상태

- 활동(Active) : 초기 상태로 트랜잭션이 Begin_Trans에서부터 실행을 시작하였거나 실행 중인 상태이다.
- 부분 완료(Partially Committed) : 트랜잭션의 마지막 연산이 실행된 직후의 상태로, 모든 연산의 처리는 끝났지만, 트랜잭션이 수행한 최종 결과를 데이터베이스에 반영하지 않은 상태이다.
- 철회(Aborted) : 트랜잭션이 실행에 실패하여 Rollback 연산을 수행한 상태이다.
- 완료(Committed) : 트랜잭션이 실행을 성공적으로 완료 연산을 수행한 상태이다.

52 ④

DCL 종류

- COMMIT : 명령어로 수행된 결과를 실제 물리적 디스크로 저장하고, 명령어로 수행을 성공적으로 완료하였음을 선언한다.
- ROLLBACK : 명령어로 수행이 실패하였음을 알리고, 수행된 결과를 원상 복귀시킨다.
- GRANT : 데이터베이스 사용자에게 사용 권한을 부여한다.
- REVOKE : 데이터베이스 사용자로부터 사용 권한을 취소한다.

53 ③

슈퍼키(Super Key)

- 두 개 이상의 속성으로 구성된 키 또는 혼합키(복합키)이다.
- 유일성은 만족하지만, 최소성은 만족하지 않는다.

후보키(Candidate Key)

- 모든 튜플 들을 유일하게 식별할 수 있는 하나 또는 몇 개의 속성 집합이다.
- 유일성과 최소성을 모두 만족한다.

54 ③

데이터베이스 설계 단계에서의 트랜잭션 설계

- 개념 설계 : 트랜잭션 모델링
- 논리 설계 : 트랜잭션 인터페이스 설계
- 물리 설계 : 트랜잭션 세부설계

55 ④

기본키(Primary Key)

- 테이블의 각 레코드를 고유하게 식별하는 필드나 필드의 집합이다.
- 테이블에 기본키 설정은 필수가 아니다.
- 기본키를 설정하지 않고도 다른 테이블과의 관계를 설정할 수 있다.
- 관계가 설정되어있는 테이블에서 기본키 설정을 해제하더라도 설정된 관계는 유지된다.
- 데이터가 이미 입력된 필드도 기본키로 지정할 수 있으며 기본키 값은 변경될 수 있다.
- 기본키와 검색은 관계가 없다.

오답 피하기

검색할 때 필요한 필드는 Index이다.

56 ④

데이터 모델의 구성 요소

- 데이터 구조(Structure) : 데이터 구조 및 정적 성질을 표현한다.
- 연산(Operation) : 데이터의 인스턴스에 적용 가능한 연산 명세와 조작 기법이 표현된 값들을 처리하는 작업이다.
- 제약조건(Constraint) : 데이터의 논리적 제한 명시 및 조작의 규칙을 의미한다.

57 ④

- 하위 질의문은 하위 질의를 먼저 처리하고 검색된 결과는 상위 질의에 적용되어 검색된다.
- 직원 테이블에서 "정도일" 팀원의 팀 코드를 검색하여 상위 질의에 반환한다.

58 ②

- 개체 무결성 : 기본키의 값은 널(Null)값이나 중복 값을 가질 수 없다는 제약조건이다.
- 참조 무결성 : 참조할 수 없는 외래키 값을 가질 수 없다는 제약조건이다.
- 도메인 무결성 : 각 속성값은 해당 속성 도메인에 지정된 값이어야 한다는 제약조건이다.

59 ②

- 디그리(Degree) : 속성의 수(차수)
- 카디널리티(Cardinality) : 튜플의 수(기수)

60 ①

GRANT 권한 ON 데이터 객체 TO 사용자 [WITH GRANT OPTION];

사용자 시스템 권한

CREATE SESSION, CREATE TABLE, CREATE SEQUENCE, CREATE VIEW, CREATE PROCEDURE

과목 04 프로그래밍 언어 활용

61 ③

문자열 처리 함수

- strlen() : 인수로 전달되는 문자열 길이 반환
- strcat() : 하나의 문자열에 다른 문자열을 연결
- strcpy() : 문자열을 복사
- strcmp() : 문자열 내용을 비교

62 ②

C언어의 논리 연산자

- 논리부정(!) 연산자 : '참'을 '거짓'으로 '거짓'을 '참'으로 부정
- 논리곱(&&) 연산자 : 좌측과 우측 피연산자가 모두 '참'이어야 '참'의 결과
- 논리합(||) 연산자 : 좌측과 우측 피연산자 중 좌측 연산자가 '참'이면 '참'의 결과

int a = 5, b = 3, c = 12;

t1	a && b
	5 && 3
	참 && 참
	결과 : 참(1)
t2	a || b
	5 || 3
	참 || 3
	결과 : 참(1)
t3	!c
	!12
	!참
	결과 : 거짓(0)

63 ②

C언어의 구조체

- 구조체 사용 순서 : ① 구조체 선언 ② 구조체 변수 선언 ③ 구조체 멤버 사용

① 구조체 선언

```
struct st {
        int a;       // 정수 a멤버
        int c[10];   // 1차원 정수 배열 b멤버
};
```

② 구조체 변수 선언

```
struct st ob1;
struct st ob2;
```

	a	c[0]	c[1]	c[2]	c[3]	c[4]	c[5]	c[6]	c[7]	c[8]	c[9]
ob1											
ob2											

- 첫 번째 for문에서는 ob1.c[i]와 ob2.c[i]의 전체 요소 값이 대입된다.

	a	c[0]	c[1]	c[2]	c[3]	c[4]	c[5]	c[6]	c[7]	c[8]	c[9]
ob1	0	0	1	2	3	4	5	6	7	8	9
ob2	0	0	2	4	6	8	10	12	14	16	18

- 두 번째 for문에서는 짝수 번째 배열 c의 요소값이 멤버 a에 누적된다.

	a	c[0]	c[1]	c[2]	c[3]	c[4]	c[5]	c[6]	c[7]	c[8]	c[9]
ob1	20		1		3		5		7		9
ob2	40		2		6		10		14		18

printf("%d", ob1.a + ob2.a); 명령문에서 20 + 40은 60이 출력된다.

64 ②

- Header Length(4bit) : IP 헤더 뒷부분에 옵션 필드가 여럿 붙을 수 있어 길이는 가변적이다.
- Total Packet Length(16bit) : 전체 패킷의 길이를 바이트 단위로 표시한다. 길이는 헤더와 데이터(페이로드)를 더한 것이다. IP 헤더 및 데이터를 포함한 IP 패킷 전체의 길이를 바이트 단위로 길이를 표시한다. 최댓값은 65535 ($2^{16}-1$)이다.
- Time To Live(8bit) : 패킷을 전달할 수 있는 횟수 제한을 나타낸다.

65 ②

파이썬의 if~elif~else 조건문

```
if 조건1:
    조건1이 True일 경우 실행문
elif 조건2:
    조건1일 False이고 조건2가 True일 경우 실행문
else
    조건1과 조건2가 모두 False일 경우 실행문
```

x는 20이므로 x == 20의 조건 판별 결과 True이므로 20이 출력된다.

66 ②

RIP(Routing Information Protocol)

- 최단 경로 탐색에는 Bellman–Ford 알고리즘을 사용하는 거리 벡터 라우팅 프로토콜이다.
- 라우팅 프로토콜을 IGP와 EGP로 분류했을 때 IGP에 해당한다.
- 최단 경로 탐색에는 Bellman–Ford 알고리즘을 사용한다.
- 최적의 경로를 산출하기 위한 정보로서 홉(거리 값)만을 고려하므로, RIP을 선택한 경로가 최적의 경로가 아닌 경우가 많이 발생할 수 있다.
- 소규모 네트워크 환경에 적합하다.
- 최대 홉 카운트를 15홉 이하로 한정하고 있다.

구분	프로토콜	설명
IGP	RIP	• Routing Information Protocol • 최저 홉 수의 경로로 패킷 전달 • 30초마다 전체 라우팅 정보를 Broadcasting
	IGRP	• Interior Gateway Routing Protocol • Cisco에서 개발한 라우팅 프로토콜 • 대역폭, 지연율 등 여러 Metric 지원
	EIGRP	• Enhanced Interior Gateway Routing Protocol • Cisco에서 IGRP를 개량한 프로토콜 • 토폴로지 변경 후 불안정 라우팅 최소화
	OSPF	• Open Shortest Path First • 링크 상태(대역폭, 지연율 등)를 OSPF Area 내에 전달하여 최단 경로 계산
	IS–IS	• Intermediate System–Intermediate System • 링크 품질 평가 Metric 등을 이용하여 최단 경로를 계산하여 패킷 전달
EGP	BGP	• Border Gateway Protocol • AS 간 라우팅 경로 설정(eBGP, iBGP) • AS 내부 IP 주소 정보를 인접 AS에 광고 • 인접 AS로부터 IP 주소 정보 수신/저장

67 ③

HRN(Highest Response–ratio Next) : 우선순위 계산식 = (대기 시간 + 서비스를 받을 시간) / 서비스를 받을 시간

68 ②

UNIX의 특징

- Multi–User 및 Multi–Tasking을 지원한다.
- 네트워킹 시스템이며 대화식 운영체제이다.
- 높은 이식성과 확장성, 프로세스 간 호환성이 높다.
- 트리 구조의 계층적 파일 시스템을 갖는다.

69 ③

UDP(User Datagram Protocol)

- 비연결형 및 비신뢰성 전송 서비스를 제공한다.
- 흐름 제어나 순서 제어가 없어 전송 속도가 빠르다.
- 수신된 데이터의 순서 재조정 기능을 지원하지 않는다.
- 복구 기능을 제공하지 않는다.

오답 피하기

③ 번은 IP Protocol에 관한 설명이다.

70 ④

- 리스트(List) : [ ] 대괄호로 표현한다. 다양한 데이터 타입을 요소로 가질 수 있고 순서가 중요하다. 중복을 허용한다.
- 튜플(Tuple) : ( ) 소괄호로 표현한다. 리스트와 유사하지만 수정, 삭제, 추가를 할 수 없다.
- 딕셔너리(Dictionary) : { } 중괄호로 표현한다. key, value 값으로 이루어진 요소를 가지는 자료형이다.
- 세트(Set) : { } 중괄호로 표현한다(딕셔너리와 혼동을 주의). 집합 자료형으로 리스트와 비슷하다. 인덱스 순서가 없다. 중복을 허용하지 않는다.

복소수형(Complex)

- complex64 : 두 개의 32비트 부동 소수점으로 표시되는 복소수
- complex128 : 두 개의 64비트 부동 소수점으로 표시되는 복소수

오답 피하기

- 수치 데이터 타입 : int, float, complex
- 불 데이터 타입 : bool(True or False)
- 시퀀스 데이터 타입 : str, list, tuple, set, dict

71 ②

JAVA의 배열 객체.length

- 배열 객체.length : 배열 객체의 크기(요소의 개수)
- 실행의 순서 : main() → marr()
- temp.length : 1차원 문자 배열 객체의 크기(4)
- marr() 메소드에서 배열 객체 temp의 0번째 요소에서 3번째 요소까지의 값을 0에서 3으로 초기화를 하고 배열 객체 temp를 반환하여 참조 변수 iarr에 전달한 후 배열 요소를 차례대로 출력하는 프로그램이다.

72 ③

JAVA의 if~else와 삼항 연산자(조건 연산자)

- 삼항 연산자의 문법 → 조건식 ? 참값 : 거짓값
- 변수 mx의 값을 구한 후 if~else문을 실행하여 변수 mm의 값을 구하여 출력하는 프로그램이다.

mx = a 〈 b ? b : a;	조건식 1 〈 2의 결과는 '참'이므로 변수 mx에는 변수 b 값인 3이 대입된다.
if(mx == 1) {	3 == 1의 결과는 '거짓'이므로
mn = a 〉 mx ? b : a;	
}	
else {	'거짓'인 경우 else 블록을 실행한다. 조건식 2 〉 3의 결과는 '거짓이므로 변수 mn에는 변수 c 값인 3이 대입된다.
mn = b 〉 mx ? d : c;	
}	

73 ④

응집도 : (강함) 기능적 응집도 〉 순차적 응집도 〉 교환적 응집도 〉 절차적 응집도 〉 시간적 응집도 〉 논리적 응집도 〉 우연적 응집도 (약함)

74 ②

C언어의 관계 연산자와 논리 연산자

<table>
<tr><td rowspan="3">r1</td><td>(n2 <= 2) || (n3 > 3);</td></tr>
<tr><td>(2 <= 2) || (n3 > 3);</td></tr>
<tr><td>좌측 조건식의 결과가 '참'이므로 논리 OR(||) 연산은 우측 조건식을 수행하지 않는다. 결과 : '참'(1)</td></tr>
<tr><td rowspan="2">r2</td><td>!n3;</td></tr>
<tr><td>!3은 !참이고 논리 NOT(!) 연산의 결과 : '거짓'(0)</td></tr>
<tr><td rowspan="3">r3</td><td>(n1 > 1) && (n2 < 3);</td></tr>
<tr><td>(1 > 1) && (n2 < 3);</td></tr>
<tr><td>좌측 조건식의 결과가 '거짓'이므로 논리AND(&&)연산은 우측 조건식을 수행하지 않는다. 결과 : '거짓'(0)</td></tr>
</table>

printf("%d", r3 - r2 + r1); 명령문은 0 - 0 + 1을 수행한 결과 1을 출력한다.

75 ①

IP 프로토콜

- 비연결형 서비스를 제공한다.
- 패킷을 분할/병합하는 기능을 수행하기도 한다.
- 데이터 체크섬은 제공하지 않고, 헤더 체크섬만 제공한다.
- Best Effort 원칙에 따른 전송 기능을 제공한다.

체크섬이란?

- 네트워크를 통해서 전송된 데이터의 값이 변경되었는지(무결성)를 검사하는 값이다.
- 무결성을 통해서 네트워크를 통해서 수신된 데이터에 오류가 없는지 여부를 확인한다.

IP 헤더 체크섬

IP 헤더 체크섬은 일반적으로 IP 헤더를 따르는 데이터는 자체 체크섬을 가지고 있기 때문에 IP 헤더를 통해서만 계산된다.

76 ①

LRU(Least Recently Used)

가장 오랫동안 사용되지 않았던 페이지를 먼저 교체하는 기법이다.

요청 페이지	1	2	3	1	2	4	1	2	5
페이지 프레임	1	1	1	1	1	1	1	1	1
		2	2	2	2	2	2	2	2
			3	3	3	3	3	3	5
						4	4	4	4
페이지 부재	●	●	●			●			●

77 ④

스레드(Thread)

프로세스 내에서의 작업 단위로서 시스템의 여러 자원을 할당받아 실행하는 프로그램의 단위를 의미한다.

사용자 스레드(User Thread)

- 라이브러리에 의해 구현된 일반적인 스레드이다.
- 커널 지원 없이 생성 및 스케줄링을 관리한다.
- 커널 입장에서는 사용자 스레드를 인식하지 못한다.
- 사용자 스레드가 커널 스레드를 이용하려면 시스템 호출로 커널 기능을 이용해야 한다.

커널 스레드(Kernel Thread)

- 커널 수준 스레드는 커널 레벨에서 생성되는 스레드이다.
- 운영체제 시스템 내에서 생성되어 동작하는 스레드로, 커널이 직접 관리한다.

오답 피하기

사용자 수준 스레드의 장점

- 높은 이식성 : 기본 커널을 변경할 필요가 없으므로 모든 운영체제에 적용할 수 있어 이식성이 높다.
- 오버헤드 감소 : 스레드 관리를 위한 모든 데이터 구조가 프로세스의 사용자 주소 공간에 있어 커널의 도움 없이 스레드 교환이 가능하다. 따라서 사용자와 커널 전환에 따른 오버헤드가 줄어든다.
- 스케줄링의 유연성 : 스레드 라이브러리에서 스레드 스케줄링을 제어하기 때문에 스케줄링이 응용 프로그램에 맞게 적절하게 구성된다. 예를 들어, 라운드 로빈(Round Robin)이나 우선순위 기법을 이용할 수 있다.

사용자 수준 스레드의 단점

- 시스템의 동시성 지원 불가 : 한 번에 하나의 스레드만 커널에 접근할 수 있기 때문에 여러 스레드가 시스템 호출을 동시에 사용할 수 없다.
- 시스템 규모 확장 제약 : 커널이 프로세스 내부의 다중 스레드를 프로세스로 하나로 관리한다. 따라서 다중 처리 환경이라도 여러 프로세서에서 분산 처리할 수 없으므로 시스템 규모를 확장하기 어렵다.
- 스레드 간 보호가 어려움 : 스레드 간의 보호에 커널의 보호 기법을 사용할 수 없다. 스레드 라이브러리에서 스레드 간 보호를 제공해야 프로세스 수준에서 보호된다.

78 ①

결합도 종류

- 데이터 결합도(Data Coupling) : 한 모듈이 파라미터나 인수로 다른 모듈에게 데이터를 넘겨주고 호출받은 모듈은 받은 데이터에 대한 처리 결과를 다시 돌려주는 경우의 결합도
- 스탬프 결합도(Stamp Coupling) : 두 모듈이 동일한 자료 구조를 조회하는 경우의 결합도
- 제어 결합도(Control Coupling) : 한 모듈이 다른 모듈의 내부 논리 조직을 제어하기 위한 목적으로 제어신호를 이용하여 통신하는 경우의 결합도
- 외부 결합도(External Coupling) : 한 모듈에서 외부로 선언한 변수를 다른 모듈에서 참조할 경우의 결합도
- 공통 결합도(Common Coupling) : 한 모듈이 다른 모듈에게 제어 요소를 전달하고 여러 모듈이 공통 자료 영역을 사용하는 경우의 결합도
- 내용 결합도(Content Coupling) : 한 모듈이 다른 모듈의 내부 기능 및 그 내부 자료를 참조하는 경우의 결합도

79 ③

C언어의 주소 연산자(&)와 1차원 배열

- 주소 연산자(&)는 단항 연산자로 메모리 영역의 시작 주소를 반환한다.
- 문제에서 배열 a의 시작 주소를 10으로 int형 각 요소는 4byte로 가정하였다.
- int a[] = {14, 22, 30, 38};

	10번지 &a[0]	14번지 &a[1]	18번지 &a[2]	22번지 &a[3]
a	14	22	30	38
	a[0]	a[1]	a[2]	a[3]

- printf("%u, ", &a[2]); 명령문은 배열 a의 3번째 요소의 주소 18를 출력한다.
- printf("%u", a); 명령문은 배열명의 주소 10을 출력한다. 배열의 이름은 배열의 첫 요소의 주소를 의미한다.

80 ②

모듈화(Modularity)

- 모듈화는 거대한 문제를 작은 조각의 문제로 나누어 다루기 쉽도록 하는 과정으로, 작게 나누어진 각 부분을 모듈이라고 한다
- 소프트웨어의 모듈은 프로그래밍 언어에서 Subroutine, Function 등으로 표현될 수 있다.
- 모듈화는 시스템을 지능적으로 관리할 수 있도록 해주며, 복잡도 문제를 해결하는 데 도움을 준다.
- 모듈화는 시스템의 유지보수와 수정을 용이하게 한다.

오답 피하기

응집도(Cohesion) : 한 모듈 내에 있는 처리 요소들 사이의 기능적인 연관 정도를 나타낸다.

과목 05 정보 시스템 구축 관리

81 ④

정보보안의 3요소

- 무결성(Integrity) : 시스템 내의 정보는 오직 인가된 사용자만 수정할 수 있는 보안 요소
- 기밀성(Confidentiality) : 인가되지 않는 사용자가 객체 정보의 내용을 알 수 없도록 하는 보안 요소
- 가용성(Availability) : 정보 시스템 또는 정보에 대한 접근과 사용이 요구 시점에 완전하게 제공될 수 있는 상태를 의미하는 보안 요소

82 ①

- tcp wrapper : 어떤 외부 컴퓨터가 접속되면 접속 인가 여부를 점검해서 인가된 경우에는 접속이 허용되고, 그 반대의 경우에는 거부할 수 있는 접근 제어 유틸리티이다.
- trace checker : 측정 데이터를 자동으로 면밀히 분석하는 도구이다.

83 ②

- Zing : 기기를 키오스크에 갖다 대면 원하는 데이터를 바로 가져올 수 있는 기술로 10cm 이내 근접 거리에서 기가급 속도로 데이터 전송이 가능한 초고속 근접 무선 통신(NFC : Near Field Communication) 기술
- Marine Navi : TV 영상 중 다양한 선박의 모양을 수집하고 학습하는 '딥러닝(Deep Learning)' 기능을 제공
- C–V2X(Cellular Vehicle To Everything) : 이동통신망을 통해 차량과 차량, 차량과 보행자, 차량과 인프라 간 정보를 공유하는 기술
- BcN(Broadband Convergence Network) : 음성 · 데이터, 유 · 무선 등 통신 · 방송 · 인터넷이 융합된 품질 보장형 광대역 멀티미디어 서비스를 언제 어디서나 끊김없이 안전하게 이용할 수 있는 차세대 통합 네트워크

84 ①

서버 관리실 출입 통제는 취약점 관리를 위한 응용 프로그램 보안 설정과는 관련이 없다.

85 ②

Framework(프레임워크)

- 프레임워크는 뼈대나 기반 구조를 뜻하고, 제어의 역전 개념이 적용된 대표적인 기술이다.
- 프로그래밍을 진행할 때 필수적인 코드, 알고리즘 등과 같이 어느 정도의 구조를 제공해주기 때문에 프레임워크를 사용하는 프로그래머는 이 프레임워크의 뼈대 위에서 코드를 작성하여 프로그램을 개발하면 된다.

라이브러리(Library)

- 단순 활용 가능한 도구들의 집합을 말한다.
- 프로그래머가 어떠한 기능을 수행하기 위해서 도움을 주는 또는 필요한 것을 제공해주는 역할을 한다.

프레임워크와 라이브러리의 차이점

- 흐름에 대한 제어 권한을 누가 지니고 있냐의 차이이다.
- 프레임워크는 전체적인 흐름을 자체적으로 가지고 있어 프로그래머는 그 안에서 필요한 코드를 작성하는 반면에 라이브러리는 프로그래머가 전체적인 흐름을 가지고 있어 라이브러리를 자신이 원하는 기능을 구현하고 싶을 때 가져다 사용할 수 있다.

오답 피하기

라이브러리와는 달리 사용자 코드에서 프레임워크를 호출해서 사용하고, 그에 대한 제어도 프레임워크가 가지는 방식이다.

86 ④

HSM(Hardware Security Module)

- 암호화 키를 생성하고 저장하는 역할을 하는 전용 하드웨어 장치이다.
- 암호키(Master Key)를 안전하게 저장하는 역할과 Server CA의 Private Key를 저장하는 역할을 제공한다.

87 ③

Mesh Network

- 기존 무선 랜의 한계 극복을 위해 등장하였으며, 대규모 디바이스의 네트워크 생성에 최적화되어 차세대 이동통신, 홈네트워킹, 공공 안전 등의 특수목적을 위한 새로운 방식의 네트워크 기술이다.
- 통신량이 많은 비교적 소수의 국 사이에 구성될 경우 경제적이며 간편하지만, 다수의 국 사이에는 회선이 세분화되어 비경제적일 수도 있다.
- 해당 형태의 무선 네트워크의 경우 대용량을 빠르고 안전하게 전달할 수 있어 행사장이나 군 등에서 많이 활용된다.

88 ④

방화벽은 소프트웨어적인 방식으로 물리적 위협을 막을 수 있다.

89 ①

- 웜(Worm) : 네트워크를 통해 연속적으로 자신을 복제하여 시스템의 부하를 높여 결국 시스템을 다운시키는 바이러스의 일종이다.
- Rogue Ware : 가짜 백신 프로그램은 백신 소프트웨어를 사칭해서 이득을 얻는 악성 소프트웨어이다.
- 반사공격(Reflection Attack) : 공격자들은 전 세계 어느 곳으로도 통상적인 UDP 서비스를 이용하여 대규모 트래픽을 보낼 수 있게 된다.

90 ①

- Session Hijacking(TCP 세션 하이재킹) : 케빈 미트닉이 사용했던 공격 방법 중 하나로, TCP의 세션 관리 취약점을 이용한 공격 기법이다.
- Piggyback Attack : 사회공학적 방법으로 몰래 따라 들어가는 방법이다. 대체로(중요한 정보를 취급하는 곳 또는 회사 입구 등) 물리적인 보안 장치들이 많이 존재하는 장치들을 우회하는 방법이다.
- XSS(=CSS : Cross Site Scripting) : 공격자가 게시판에 악성 스크립트를 작성, 삽입하여 사용자가 그것을 보았을 때 이벤트 발생을 통해 사용자의 쿠키 정보, 개인 정보 등을 특정 사이트로 전송하는 공격 기법이다.
- CSRF(Cross Site Request Forgery) : 사용자가 자신의 의지와는 무관하게 공격자가 의도한 행위(수정, 삭제, 등록 등)를 특정 웹 사이트에 요청하게 하는 공격 기법이다.

91 ②

- 소프트웨어 개발 프레임워크(Framework) : 소프트웨어 개발에 공통적으로 사용되는 구성 요소와 아키텍처를 일반화하여 손쉽게 구현할 수 있도록 여러 가지 기능들을 제공해 주는 반제품 형태의 소프트웨어 시스템이다.
- 소프트웨어 개발 프레임워크의 주요 기능 : 예외 처리, 트랜잭션 처리, 메모리 공유, 데이터 소스 관리, 서비스 관리, 쿼리 서비스, 로깅 서비스, 사용자 인증 서비스

92 ①

애자일(Agile) 방법론

- 날렵한, 재빠른 이란 사전적 의미가 있다.
- 특정 방법론이 아닌 소프트웨어가 빠르고 낭비 없이 제작하기 위해 고객과의 협업에 초점을 두고 소프트웨어 개발 중 설계 변경에 신속히 대응하여 요구사항을 수용할 수 있다.
- 절차와 도구보다 개인과 소통을 중요시하고 고객과의 피드백을 중요하게 생각한다.

93 ②

대칭키(비밀키 암호화 기법)

- 동일한 키로 암호화하고 복호화하는 기법으로 키 개수는 N(N−1)/2개 필요하다.
- 대칭 암호 알고리즘은 처음 통신 시에 비밀키를 전달해야 하므로, 키 교환 중 키가 노출될 수 있다.
- 암호화/복호화 속도가 빠르고 알고리즘이 단순하다.
- 종류 : DES, AES, ARIA, SEED, IDEA, RC4

비대칭키(공개키 암호화 기법)

- 메시지를 암호화할 때와 복호화할 때 사용되는 키가 서로 다르다.
- 대표적으로 RSA(Rivest Shamir Adleman)가 있으며 비대칭키 또는 이중키 암호 기법이라고도 한다.
- 데이터를 암호화할 때 사용되는 키(공개키)는 공개하고, 복호화할 때의 키(비밀키)는 비밀로 한다.
- 키 분배가 비밀키 암호화 기법보다 쉽고, 암호화/복호화 속도가 느리며 알고리즘이 복잡하다.

94 ②

- 개발 기간 = 예측된 LOC / (개발자 수 × 1인당 월평균 생산 LOC)
- 1인당 월평균 생산 LOC = 10000 / (2 x 5)

95 ①

- 역할 기반 접근 통제(RBAC : Role Based Access Control) : 사람이 아닌 직책에 대해 권한을 부여함으로써 효율적인 권한 관리가 가능하다.
- 임의적 접근 통제(DAC : Discretionary Access Control) : 정보의 소유자가 보안 레벨을 결정하고 이에 대한 정보의 접근 제어를 설정하는 방식이다.
- 강제적 접근 통제(MAC : Mandatory Access Control) : 중앙에서 정보를 수집하고 분류하여 보안 레벨을 결정하고 정책적으로 접근 제어를 수행하는 방식으로 다단계 보안 모델이라고도 한다.

96 ④

COCOMO(COnstructive COst MOdel) 모델

- 보헴(Boehm)이 제안한 소스 코드(Source Code)의 규모에 의한 비용 예측 모델이다.
- 같은 규모의 소프트웨어라도 그 유형에 따라 비용이 다르게 산정된다.

COCOMO 개발 유형

프로젝트 개발 유형에 따라 Organic, Semi−detach, Embedded 3가지 모드로 구분된다.

97 ③

사용자 인증

- '접속한 사용자의 신원 및 자격을 증명하는 것'으로 서명자만 서명문을 생성할 수 있으며 위조가 불가능하다.
- 공개키를 통하여 상대방이 서명문의 서명자를 확인 가능하다.
- 사용자 인증을 하면 일정 세션 동안 인증이 유지된다.
- 보통 인증(Authentication)은 사용자 인증을 의미한다.

사용자 인증 유형

- Type 1(지식) : 주체는 '그가 알고 있는 것'을 보여주며 예시로는 패스워드, PIN 등이 있다.
- Type 2(소유) : 주체는 '그가 가지고 있는 것'을 보여주며 예시로는 토큰, 스마트카드 등이 있다.
- Type 3(존재) : 주체를 나타내는 것을 보여준다. 예 생체인증
- Type 4(행위) : 주체는 '그가 하는 것'을 보여준다. 예 서명, 움직임, 음성 등
- Two Factor : 위 타입 중 두 가지 인증 매커니즘을 결합하여 구현한다. 예 토큰+PIN−6
- Multi Factor : 가장 강한 인증, 3가지 이상의 매커니즘 결합이다.
- Type 3과 Type 4를 합쳐 생체 인증이라고도 한다.

98 ④

AAA(Authentication Authorization Accounting)

- 시스템의 사용자가 로그인하여 명령을 내리는 과정에 대한 시스템의 동작을 Authentication(인증), Authorization(권한 부여), Accounting(계정 관리)으로 구분한다.
- 인증 : 망, 시스템 접근을 허용하기 전에 사용자의 신원을 검증한다.
- 권한 부여 : 검증된 사용자에게 어떤 수준의 권한과 서비스를 허용한다.
- 계정 관리 : 사용자의 자원에 대한 사용 정보를 모아서 과금, 감사, 용량 증설, 리포팅 등의 관리를 한다.

99 ①

- AOE Activity On Edge : 네트워크의 목표는 작업들을 수행하는 데 걸리는 최단 시간을 구하는 것이다.
- Nmap(Network mapper) : 고든 라이온(Gordon Lyon)이 작성한 보안 스캐너이다. 이것은 컴퓨터와 서비스를 찾을 때 쓰이며, 네트워크 "지도"를 함께 만든다.

100 ④

PERT(Program Evaluation and Review Technique)

- 소요 시간 예측이 어려운 경우 최단 시간 내에 완성할 수 있게 하는 프로젝트 일정 방법이다.
- 계획 공정(Network)을 작성하여 분석하므로 간트 도표에 비해 작업계획을 수립하기 쉽다.
- 계획 공정의 문제점을 명확히 종합적으로 파악할 수 있다.
- 관계자 전원이 참가하게 되므로 의사소통이나 정보 교환이 용이하다.

최신 기출문제 09회 2-188P

01 ④	02 ②	03 ③	04 ④	05 ④
06 ③	07 ④	08 ③	09 ②	10 ③
11 ③	12 ④	13 ②	14 ③	15 ①
16 ①	17 ②	18 ②	19 ②	20 ②
21 ①	22 ②	23 ③	24 ②	25 ④
26 ④	27 ②	28 ④	29 ①	30 ①
31 ④	32 ④	33 ①	34 ③	35 ①
36 ④	37 ①	38 ③	39 ③	40 ②
41 ①	42 ②	43 ①	44 ③	45 ③
46 ③	47 ①	48 ④	49 ②	50 ②
51 ①	52 ①	53 ④	54 ①	55 ①
56 ③	57 ④	58 ④	59 ③	60 ③
61 ①	62 ③	63 ①	64 ①	65 ①
66 ①	67 ③	68 ②	69 ④	70 ④
71 ①	72 ④	73 ②	74 ②	75 ④
76 ③	77 ①	78 ②	79 ②	80 ③
81 ②	82 ①	83 ③	84 ①	85 ③
86 ①	87 ③	88 ②	89 ③	90 ②
91 ④	92 ②	93 ④	94 ①	95 ③
96 ①	97 ④	98 ④	99 ④	100 ①

과목 01 소프트웨어 설계

01 ④

오류 메시지는 사용자가 쉽게 이해할 수 있도록, 소리, 색 등을 사용하여 전달한다.

02 ②

포괄적 문서보다는 실제 동작하는 소프트웨어에 중심을 둔다.

03 ③

소프트웨어 시스템이 사용되는 동안 발견되는 오류를 정리하는 단계는 테스트 및 유지보수 단계에 진행된다.

04 ④

상속성(Inheritance)

- 상위 클래스의 모든 속성, 연산을 하위 클래스가 재정의 없이 물려받아 사용하는 것이다.
- 상위 클래스는 추상적 성질을, 자식 클래스는 구체적 성질을 가진다.
- 하위 클래스는 상속받은 속성과 연산에 새로운 속성과 연산을 추가하여 사용할 수 있다.
- 다중상속 : 다수 상위 클래스에서 속성과 연산을 물려받는 것이다.

05 ④

상향식 설계는 가장 기본적인 컴포넌트를 먼저 설계한 뒤 이것을 사용하는 상위 수준의 컴포넌트를 설계하므로 기능 추가가 어렵다.

06 ③

자료 흐름도(DFD : Data Flow Diagram)

구성 요소	의미	표기법
프로세스 (Process)	자료를 변환시키는 시스템의 한 부분을 나타냄	(원) 프로세스 이름
자료 흐름 (Data Flow)	자료의 이동(흐름)을 나타냄	자료 이름 →
자료 저장소 (Data Store)	시스템에서의 자료 저장소(파일, 데이터베이스)를 나타냄	자료 저장소 이름
단말 (Terminator)	• 자료의 발생지와 종착지를 나타냄 • 시스템의 외부에 존재하는 사람이나 조직체	(사각형) 단말 이름

07 ④

소프트웨어 개발 모델을 이용해 개발 대상 시스템을 유추할 수 있다.

08 ③

UML

객체지향 시스템을 개발할 때 산출물을 명세화, 시각화, 문서화하는 데 사용된다.

Python

- 1991년 귀도 반 로섬(Guido van Rossum)이 개발한 고급 프로그래밍 언어이다.
- 플랫폼에 독립적이고 인터프리터식, 객체지향적, 동적 타이핑 대화형 언어이다. 매우 쉬운 문법 구조로 초보자들도 쉽게 배울 수 있다.

09 ②

UI 설계에 도움을 주는 도구들

- 와이어 프레임(Wire Frame) : UI 중심의 화면 레이아웃을 선을 이용하여 개략적으로 작성한다.
- 목업(Mockup) : 실물과 흡사한 정적인 모형을 의미한다. 시각적으로 구성 요소를 배치하는 것으로 일반적으로 실제로 구현되지는 않는다.
- 프로토타입(Prototype) : Interaction이 결합하여 실제 작동하는 모형이다.
- 스토리보드(Storyboard) : 정책, 프로세스, 와이어 프레임, 설명이 모두 포함된 설계 문서이다.

10 ③

Sprint : 사전적으로 "전력 질주", 작은 단위의 개발 업무를 단기간에 전력 질주하여 개발한다는 의미로 반복 주기(2~4주)마다 이해관계자에게 일의 진척도를 보고한다.

11 ③

순차 다이어그램은 동적 다이어그램이다.

오답 피하기

- 구조 다이어그램(정적) : 클래스, 객체, 복합체 구조, 배치, 컴포넌트, 패키지
- 행위 다이어그램(동적) : 유스케이스, 활동, 상태 머신, 콜라보레이션, 상호작용(순차, 상호작용 개요, 통신, 타이밍)

12 ④

- 개발 기간 = 예측된 LOC / (개발자 수 × 1인당 월평균 생산 LOC)
- 개발 기간 = 360000 / (6 × 300)
- 개발 기간 = 360000 / 1800
- 개발 기간 = 20

13 ②

객체지향 설계 원칙(SOLID)

단일 책임의 원칙 (SRP : Single Responsibility Principle)	모든 클래스는 단일 목적으로 생성되고, 하나의 책임만 가져야 한다.
개방-폐쇄의 원칙 (OCP : Open Closed Principle)	소프트웨어 구성 요소는 확장에 대해서는 개방되어야 하나 수정에 대해서는 폐쇄적이어야 한다.
리스코프 치환 원칙 (LSP : Liskov Substitution Principle)	부모 클래스가 들어갈 자리에 자식 클래스를 대체하여도 계획대로 작동해야 한다.
인터페이스 분리 원칙 (ISP : Interface Segregation Principle)	• 클라이언트는 자신이 사용하지 않는 메소드와 의존관계를 맺으면 안 된다. • 클라이언트가 사용하지 않는 인터페이스 때문에 영향을 받아서는 안 된다.
의존 역전 원칙 (DIP : Dependency Inversion Principle)	의존 관계를 맺으면 변하기 쉽고 변화 빈도가 높은 것보다 변하기 어렵고 변화 빈도가 낮은 것에 의존한다.

14 ③

구조(Structure)	행위(Behavioral)
Adapter Bridge Composite Decorator Facade Flyweight Proxy	Chain of responsibility Command Interpreter Iterator, Mediator Memento, Observer State, Strategy, Visitor Template Method

15 ①

아키텍처 설계 과정 : 설계 목표 설정 → 시스템 타입 결정 → 스타일 적용 및 커스터마이즈 → 서브 시스템의 기능, 인터페이스 동작 작성 → 아키텍처 설계 검토

16 ①

사용자인터페이스는 사용자의 사용성을 우선한다.

17 ②

디자인 패턴 : 디자인 패턴은 자주 사용하는 설계 형태를 정형화하여 유형별로 설계 템플릿을 만들어 두고 소프트웨어 개발 중 나타나는 과제를 해결하기 위한 방법 중 한 가지이므로 개발 프로세스를 무시할 수 없다.

18 ②

럼바우(Rumbaugh) 객체지향 분석 기법

- 소프트웨어 구성 요소를 그래픽으로 모형화하였다.
- 객체 모델링 기법(OMT : Object Modeling Technique)이라고도 한다.
- 객체 모델링 : 객체를 다이어그램으로 표시
- 동적 모델링 : 상태를 시간 흐름에 따라 다이어그램으로 표시
- 기능 모델링 : 자료 흐름도를 이용하여 여러 프로세스 간의 자료 흐름을 표시

19 ②

FEP(Front-End Processor, 전위 처리기)

- 입력 데이터를 프로세서가 처리하기 전에 미리 처리하여 프로세서가 처리하는 시간을 줄여주는 프로그램이나 하드웨어이다.
- 여러 통신 라인을 중앙 컴퓨터에 연결하고 터미널의 메시지(Message)가 보낼 상태로 있는지 받을 상태로 있는지 검색한다. 통신 라인의 에러를 검출한다.

20 ②

클래스(Class)

- 유사한 객체를 정의한 집합으로 속성+행위를 정의한 것으로 일반적인 Type을 의미한다.
- 기본적인 사용자 정의 데이터형이며, 데이터를 추상화하는 단위이다.
- 구조적 기법에서의 단위 테스트(Unit Test)와 같은 개념이다.
- 상위클래스(부모 클래스, Super Class), 하위 클래스(자식 클래스, Sub Class)

과목 02 소프트웨어 개발

21 ①

클린 코드(Clean Code)

- 깔끔하게 잘 정리된 코드이다.
- 중복 코드 제거로 애플리케이션의 설계가 개선된다.
- 가독성이 높아진다.
- 버그를 찾기 쉬워지며, 프로그래밍 속도가 빨라진다.
- 클린 코드 최적화 원칙 : 가독성, 단순성, 의존성 배제, 중복성 최소화, 추상화

22 ②

테스트 드라이버(Test Driver)

- 하위 → 상위 모듈로 통합하면서 테스트하는 상향식 테스트에서 사용한다.
- 테스트 대상을 제어하고 동작시키는데 사용되는 도구를 의미한다.
- 시스템 및 컴포넌트를 시험하는 환경의 일부분으로 시험을 지원하는 목적하에 생성된 코드와 데이터이다.
- 순차적 실행을 지원하는 프로그램이나 명령들이 묶여 있는 배치 파일이다.

23 ③

스택(Stack)

- 리스트의 한쪽 끝에서만 자료의 삽입과 삭제가 이루어지는 선형 자료 구조로 인터럽트 처리, 서브루틴 호출 작업 등에 응용된다.
- 가장 나중에 삽입된 자료가 가장 먼저 삭제되는 후입선출(LIFO, Last In First Out) 방식이다.
- 가장 나중에 삽입된 자료의 위치를 top이라 하고, 가장 먼저 삽입된 자료의 위치를 Bottom이라고 한다.
- 문장 중 top이나 pop이란 단어가 제시되면 Stack이다.

24 ②

모듈화(Modularity)

- 모듈화는, 거대한 문제를 작은 조각의 문제로 나누어 다루기 쉽도록 하는 과정으로, 작게 나누어진 각 부분을 모듈이라고 한다.
- 소프트웨어의 모듈은 프로그래밍 언어에서 Subroutine, Function 등으로 표현될 수 있다.
- 모듈화는 시스템을 지능적으로 관리할 수 있도록 해주며, 복잡도 문제를 해결하는 데 도움을 준다.
- 모듈화는 시스템의 유지보수와 수정을 용이하게 한다.

25 ④

프로젝트 관리의 목표는 주어진 기간 내에 최소의 비용으로 사용자를 만족시키는 시스템을 개발하는 것이다.

26 ④

정형 기술 검토 지침사항

- 의제와 그 범위를 유지하라.
- 참가자의 수를 제한하라.
- 각 체크리스트를 작성하고, 자원과 시간 일정을 할당하라.
- 개발자가 아닌 제품의 검토에 집중하라.
- 논쟁과 반박을 제한하라.
- 검토 과정과 결과를 재검토하라.

27 ②

재공학의 과정

- 분석(Analysis) : 소프트웨어 재공학 활동 중 기본 소프트웨어의 명세서를 확인하여 소프트웨어의 동작을 이해하고 재공학 대상을 선정하는 것이다.
- 재구성(Restructuring) : 소프트웨어 구조를 향상시키기 위해 코드를 재구성하는 것이다.
- 역공학(Reverse Engineering) : 소프트웨어 재공학 활동 중 원시 코드를 분석하여 소프트웨어 관계를 파악하고 기존 시스템의 설계 정보를 재발견하고 다시 제작하는 작업이다.
- 이식(Migration) : 소프트웨어 재공학의 주요 활동 중 기존 소프트웨어 시스템을 새로운 기술 또는 하드웨어 환경에서 사용할 수 있도록 변환하는 작업이다.

28 ④

컴파일러가 독창적이면 타 시스템 호환성 등의 문제가 생길 수 있다.

29 ①

오답 피하기

애플리케이션 패키징의 개념

- 개발이 완료된 소프트웨어를 고객에 인도하기 위해 패키징하고, 설치 매뉴얼, 사용 매뉴얼 등을 작성하는 일련의 배포용 설치 파일을 만드는 작업을 의미한다.
- 향후 관리 편의성을 위해 모듈화하여 패키징한다.
- 사용자를 중심으로 진행하며, 사용자의 다양한 환경에서 설치할 수 있도록 패키징한다.
- 사용자의 불편함을 줄이고 사용자의 편의성을 먼저 고려한다.
- 주의 사항 : 전체 내용을 포함, 고객 중심, 모듈화, 버전 관리 및 릴리즈 노트 관리

30 ①

- 선형 구조 : 큐, 스택, 데크, 리스트, 연결 리스트
- 비선형 구조 : 그래프, 트리, 인접 행렬

31 ④

외계인 코드(Alien Code) : 아주 오래되거나 참고문서 또는 개발자가 없어 유지보수 작업이 어려운 프로그램을 의미한다.

32 ④

소프트웨어 재사용의 특징

- 개발 시간 및 비용 감소
- 품질 향상과 생산성 향상
- 신뢰성 향상과 프로그램 생성 지식 공유
- 프로젝트 실패 위험 감소

33 ①

인터페이스 간의 통신을 위해 이용되는 데이터 포맷 : JSON, XML, YAML, AJAX

34 ③

N−S 차트(Nassi−Schneiderman Chart)

- 구조적 프로그램의 순차, 선택, 반복의 구조를 사각형으로 도식화하여 알고리즘을 논리적 기술에 중점을 둔 도형식 표현 방법이다.
- 조건이 복합되어 있는 곳의 처리를 시각적으로 명확히 식별하는 데 적합하다.
- 제어 구조 : 순차(Sequence), 선택 및 다중 선택(If~Then~Else, Case), 반복(Repeat~Until, While, For)
- 박스 다이어그램이라고도 한다.

오답 피하기

③번은 흐름도에 대한 설명이다.

35 ①

- 입력 순서 : A → B → C → D

연산	스택	행동
push	A	A 삽입
push	A, B	B 삽입
pop	A	B 출력
push	A, C	C 삽입
push	A, C, D	D 삽입
pop	D	D 출력
pop	C	C 출력
pop	A	A 출력

- 출력을 순서대로 표시하면 B → D → C → A

36 ④

분할 정복법(Divide & Conquer)

- 제시된 문제를 분할이 불가할 때까지 나누고, 각 과제를 풀면서 다시 병합해 문제의 답을 얻는 Top−Down 방식이다.
- ① 분할(Divide) : 정복이 필요한 과제를 분할이 가능한 부분까지 분할한다.
- ② 정복(Conquer) : ①에서 분할된 하위 과제들을 모두 해결(정복)한다.
- ③ 결합(Combine) : 그리고 ②에서 정복된 해답을 모두 취합(결합)한다.

  예 퀵 정렬 알고리즘, 병합(합병) 정렬 알고리즘

37 ①

화이트박스 테스트 종류 : 화이트박스 테스트 종류에는 기초 경로 검사, 제어 구조 검사, 데이터 흐름 검사 등이 있다.

38 ③

ISO/IEC 25000

- 기존 소프트웨어 품질 평가 모델과 소프트웨어 평가 절차 모델인 ISO/IEC 9126과 ISO/IEC 14598을 통합하였다.
- 2500n, 2501n, 2502n, 2503n, 2504n의 다섯 가지 분야로 나눌 수 있고, 확장 분야인 2505n이 있다.
- 2501n(9126-2, 품질 모형) : 품질 모델 및 품질 사용
- 2503n(9126-3, 품질 측정) : 매트릭을 통한 측정 방법 제시

39 ②

코드 인스펙션(감사)은 정적 테스트 기법에 주로 사용된다.

40 ②

Risk Analysis(위험 분석)

- 프로젝트에 내재된 위험 요소를 인식하고 그 영향을 분석하여 이를 관리하는 활동으로서, 프로젝트를 성공시키기 위하여 위험 요소를 사전에 예측하여 대비하는 모든 기술과 활동을 포함한다.
- 해당 위험의 가능성과 영향을 평가하여 관리하는 과정이다.
- 프로젝트를 진행하면서 예상되는 위험을 사전에 파악하고, 적절한 대응 전략을 수립하여 위험을 최소화하고 성공적으로 프로젝트를 완료하는 것이다.
- 대표적인 기법으로는 위험 등급 평가, 위험 행렬, 위험 시나리오 작성 등이 있다.

과목 03 데이터베이스 구축

41 ①

논리적 설계

- 목표 DBMS에 종속적인 논리적 스키마 설계 및 스키마의 평가 및 정제를 담당한다.
- 논리적 데이터 모델로 변환 및 트랜잭션 인터페이스를 설계한다.

물리적 설계

- 목표 DBMS에 종속적인 물리적 구조 설계이다.
- 저장 레코드 양식 설계와 레코드 집중의 분석/설계, 액세스 경로 인덱싱, 클러스터링, 해싱 등의 설계를 한다.

42 ②

SQL 데이터베이스 조작어의 종류

- SELECT : 튜플을 검색할 때 사용한다.
- INSERT : 튜플을 삽입할 때 사용한다.
- DELETE : 튜플을 삭제할 때 사용한다.
- UPDATE : 튜플의 내용을 변경할 때 사용한다.

오답 피하기

- 데이터베이스 조작어는 튜플을 관리할 때 사용한다.
- 레코드를 모두 삭제한다고 해서 테이블이 삭제되지는 않는다. 테이블을 삭제하려면 데이터베이스 정의어인 DROP문을 사용한다.

43 ①

정규화 과정

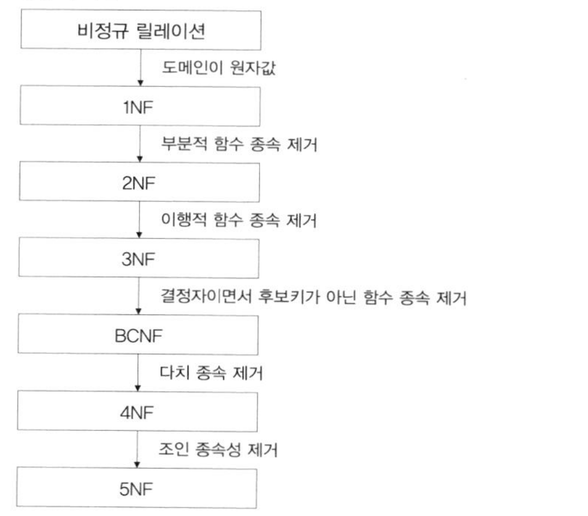

44 ③

E-R 다이어그램

기호	기호 이름	의미
▭	사각형	개체(Entity)
◇	마름모	관계(Relationship)
⬭	타원	속성(Attribute)
―	실선	개체 타입과 속성을 연결
◎	2중 타원	다중값 속성

45 ③

외래키

- 관계형 데이터 모델에서 한 릴레이션의 외래키는 참조되는 릴레이션의 기본키와 대응되어 릴레이션 간에 참조 관계를 표현하는 데 사용되는 중요한 도구이다.
- 외래키를 포함하는 릴레이션이 참조하는 릴레이션이 되고, 대응되는 기본키를 포함하는 릴레이션이 참조 릴레이션이 된다.

46 ③

관계 해석 자유변수

- ∀ : for all(모든 것에 대하여), 전칭 정량자(Universal Quantifier)
- ∃ : "There exists", "For Some", 존재 정량자(Existential Quantifier)

47 ①

- 카디널리티(Cardinality) : 튜플(행)의 수(기수) – 3개
- 디그리(Degree) : 속성(열)의 수(차수) – 4개

48 ④

뷰(View) 특징
- 뷰의 생성 시 CREATE문, 검색 시 SELECT문을 사용한다.
- 뷰의 정의 변경 시 ALTER문을 사용할 수 없고 DROP문을 이용한다.
- 뷰를 이용한 또 다른 뷰의 생성이 가능하다.
- 하나의 뷰 제거 시 그 뷰를 기초로 정의된 다른 뷰도 함께 삭제된다.
- 뷰에 대한 조작에서 삽입, 갱신, 삭제 연산은 제약이 따른다.
- 뷰가 정의된 기본 테이블이 제거되면 뷰도 자동적으로 제거된다.

오답 피하기

뷰의 삽입, 삭제, 갱신 연산 시 ALTER문을 사용할 수 없는 제약이 있다.

49 ②

관계 대수
- select(σ) : 튜플 집합을 검색한다.
- project(π) : 속성 집합을 검색한다.
- $\pi_{이름}$ → SELECT 이름
- $\sigma_{학과='교육'}$(학생) → FROM 학생 WHERE 학과 ='교육';

50 ②

이행 종속 규칙 : 릴레이션에서 속성 A가 B를 결정하고(A → B), 속성 B가 C를 결정하면(B → C) 속성 A가 C도 결정한다는(A → C) 종속 규칙이다. 또한 정규화 과정에서 이행 종속을 제거한 단계를 '3차 정규형'이라고 한다.

51 ①

CREATE TABLE 기본 테이블

```
({ 열이름 데이터_타입 [NOT NULL], [DEFALUT 값] }
 [PRIMARY KEY(열이름_리스트)]
 [UNIQUE(열이름_리스트,…)]
 { [FOREIGN KEY(열이름_리스트)]
   REFERENCES 기본테이블[(기본키_열이름)]
   [ON DELETE 옵션]
   [ON UPDATE 옵션] }
 [CHECK(조건식)] );
```

- { }는 중복 가능한 부분, [ ]는 생략 가능한 부분
- NOT NULL은 특정 열에 대해 널(Null) 값을 허용하지 않을 때 기술
- PRIMARY KEY는 기본키를 구성하는 속성을 지정할 때
- FOREIGN KEY는 외래키로 어떤 릴레이션의 기본키를 참조하는지를 기술

오답 피하기

속성의 타입 변경은 ALTER 문을 사용한다.

52 ①

REVOKE : 데이터베이스 사용자의 사용 권한을 회수하는 명령어이다.

53 ④

사원 테이블의 급여 열을 검색하면 5개의 튜플이 검색된다.

54 ①

BETWEEN
- 구간 값 조건식이다.
- BETWEEN 90 AND 95은 90이상에서 95이하까지의 범위를 의미한다.
- WHERE 학과 〉= 90 AND 학과 〈=95로 표현할 수 있다.

55 ①

DCL 종류
- COMMIT : 명령어로 수행된 결과를 실제 물리적 디스크로 저장하고, 명령어로 수행을 성공적으로 완료하였음을 선언한다.
- ROLLBACK : 명령어로 수행이 실패하였음을 알리고, 수행된 결과를 원상 복귀시킨다.
- GRANT : 데이터베이스 사용자에게 사용 권한을 부여한다.
- REVOKE : 데이터베이스 사용자로부터 사용 권한을 취소한다.

56 ③

55번 해설 참고

57 ④

릴레이션 R, S에서 속성 A를 기준으로 합집합(UNION ALL) 연산을 수행하면 릴레이션 R, S의 속성 A값 모두가 검색된다.

58 ④

- 분산 데이터베이스의 구성 요소 : 분산 처리기, 분산 데이터베이스, 통신 네트워크, 분산 트랜잭션
- 분산 데이터베이스의 구조 : 전역, 분할(단편화), 할당, 지역 스키마

59 ③

CASCADE vs RESTRICT
- DROP View : View_이름 [CASCADE | RESTRICT];
- CASCADE : 삭제할 요소가 다른 개체에서 참조 중이라도 삭제가 수행된다.
- 즉, V_1 하위에 연결된 V_2도 같이 삭제된다.

오답 피하기

RESTRICT : 삭제할 요소가 다른 개체에서 참조 중일 경우 삭제가 취소된다.

60 ③

병행 제어의 목적
- 데이터베이스 공유 최대화
- 데이터베이스 일관성 최대화
- 시스템 활용도 최대화
- 사용자에 대한 응답 시간 최소화

과목 04 프로그래밍 언어 활용

61 ①

IPv6의 패킷 헤더는 40octet(320바이트) 고정된 길이를 가지므로 IPv4처럼 Header Length Field가 필요 없다.

62 ③

C언어의 2차원 배열과 배열 포인터

- C언어의 배열 포인터는 2차원 배열을 참조하기 위해 사용된다.
- int(*p)[3] = NULL; 명령문은 3개의 열 단위로 2차원 배열을 참조할 수 있는 배열 포인터 변수 p를 선언하였다.
- p = arr; 명령문으로 2차원 배열 arr을 p를 통해 참조한다.

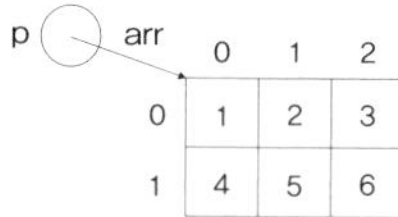

- p[0]과 *(p+0) : 2차원 배열 arr의 0행을 의미
- p[1]과 *(p+1) : 2차원 배열 arr의 1행을 의미

	표현	의미	요소값
①	*(p[0]+1)	arr[0][1]을 의미	2
②	*(p[1]+2)	arr[1][2]를 의미	6
③	*(*(p+1)+0)	arr[1][0]을 의미	4
④	*(*(p+1)+1)	arr[1][1]을 의미	5

- ①+② 는 8이고 ③+④는 9이므로 출력 8, 9가 출력된다.

63 ①

HTTP는 응용 계층 프로토콜이다.

오답 피하기

데이터링크 제어 프로토콜의 종류

- BSC : 문자 위주의 프로토콜로 반이중 전송만 지원한다.
- HDLC, SDLC, LAPB : 비트 위주의 프로토콜로 전이중 전송을 지원한다.
- Link Access Procedure–Balanced(LAPB) : HDLC를 기반으로 하는 비트 위주 데이터 링크 제어 프로토콜이다.

64 ①

- || : OR 연산, 둘 중 하나라도 참이면 True
- && : AND 연산, 둘 다 참이어야 True
- ** : C언어 연산자가 아님
- != : 같지 않음(피연산자가 서로 다를 시 True)

65 ①

IPv6 : 16비트씩 8부분의 16진수로 표시한다.

오답 피하기

IPv6의 특징

- 인증 및 보안 기능을 포함하고 있어 IPv4보다 보안성이 강화되었다.
- IPv6 확장 헤더를 통해 네트워크 기능 확장이 용이하다.
- 임의 크기의 패킷을 주고받을 수 있도록 패킷 크기 제한이 없다.
- 멀티미디어의 실시간 처리가 가능하다.
- 자동으로 네트워크 환경 구성이 가능하다.
- 주소 체계는 유니캐스트(Unicast), 애니캐스트(Anycast), 멀티캐스트(Multicast) 방식이 있다.

66 ①

문법 오류는 컴파일 과정 중에 에러가 발생하여 프로그램의 정상적인 실행이 불가능하므로 실행 과정 중 발행하는 JAVA의 예외 조건에 부합하지 않는다.

67 ③

ICMP(Internet Control Message protocol, 인터넷 제어 메시지 프로토콜)

- TCP/IP 계층의 인터넷 계층에 해당한다. 네트워크 컴퓨터에서 운영체제의 오류 메시지를 전송받는 데 주로 쓰이며, 인터넷 프로토콜에 의존하여 작업을 수행한다.
- IP의 동작 과정에서의 전송 오류가 발생하는 경우에 대비해 오류 정보를 전송하는 목적으로 사용하는 프로토콜이다.

68 ②

모듈의 결합도와 응집도

- 바람직한 소프트웨어 설계는 응집도는 강하게, 결합도는 약하게 설계하여 모듈의 독립성을 확보할 수 있도록 한다.
- 유지보수가 수월해야 하며 복잡도와 중복을 피한다.
- 입구와 출구는 하나씩 갖도록 한다.

69 ④

세마포어(Semaphore)

- Dijkstra가 제안한 상호 배제 알고리즘이다.
- 각 프로세스가 임계 구역에 대해 각각의 프로세스들이 접근하기 위하여 사용되는 P(Wait)와 V(Wake up) 연산을 통해 프로세스 사이의 동기를 유지하고 상호 배제의 원리를 보장한다.
- P연산에서 자원을 사용하려는 프로세스들의 진입을 S를 통해 대기할 것인지를 결정하게 된다.
- S를 기다리는 것이 아닌 S를 사용하고 있다면 자원의 수 S는 하나 감소하게 된다.
- V연산에서 자원을 다 사용한 후 자원을 원래대로 복귀시키는 것이므로 자원을 사용 가능하다는 것을 V연산을 통해서 알리게 된다. 자원이 복귀되므로 자원을 나타내는 S는 증가하게 된다.

70 ④

모듈은 일종의 부품으로서 다른 모듈과 인터페이스를 통해 통합된다.

71 ①

최적 적합(Best Fit) : 프로그램/데이터가 할당 가능한 영역 중에서 단편화가 가장 작은 영역에 할당한다.

72 ④

C언어의 무한 반복과 탈출 조건식

while 반복문의 조건식이 1일 경우 '참'으로 판별되어 무한 반복을 실행한다. break; 명령문은 조건식 내에서 탈출한다.

코드	설명
int i = 0;	변수 i를 1로 초기화한다.
while(1) {	조건식이 항상 참인 경우, 무한 반복한다.

if(i == 4) {
break;
}
	만약 i가 4이면 무한 반복을 종료한다.

++i;	i가 4가 아니라면 i를 1씩 증가시킨다.
}	즉, i는 0 ~ 4까지 반복한 뒤 탈출한다.
printf("i = %d", i);	i는 4이므로 "i = 4"를 출력한다.

73 ②

JAVA의 배열 객체.length

- 배열 객체.length : 배열 객체의 크기(요소의 개수)
- 실행의 순서 : main() → rs(c) → pca(c)
- c.length : 1차원 문자 배열 객체의 크기(7)

코드	설명
static void rs(char a[]) {	객체 c를 a로 전달
for(int i = 0; i < a.length; i++)	i는 0에서 6까지 반복
if(a[i] == 'B') a[i] = 'C';	a[i]가 'B'이면 'C'로 변경
else if(i == a.length - 1) a[i] = a[i-1];	i가 6이면 마지막 요소는 이전 요소값으로 변경
else a[i] = a[i+1];	이외의 경우 수행
}	

- rs(char a[]) 메소드의 else a[i] = a[i+1]; 은 배열 객체 a의 요소값이 'B'가 아니거나 마지막(6번째) 요소가 아닌 경우에는 바로 뒤에 위치한 요소값이 바로 앞 요소의 값으로 저장된다.

구분		0	1	2	3	4	5	6
rs(c) 호출 전	c	A	B	D	D	A	B	C
rs(c) 호출 후	c	B		D	A	B		→C

74 ②

- Ant : 아파치 재단에서 개발한 자바의 공식적인 빌드 도구이다.
- Kerberos : 컴퓨터 네트워크 인증 암호화 프로토콜이다.
- Maven : 아파치 재단에서 개발, Ant 대안으로 개발되었다.
- Gradle : Ant, Maven의 보완으로 개발된 빌드 도구(안드로이드 스튜디오 주 빌드 도구)이다.

오답 피하기

Kerberos : 커버로스(Kerberos)는 '티켓(ticket)'을 기반으로 동작하며 클라이언트/서버 사이의 인증을 제공하는 암호화 프로토콜이다.

75 ④

FIFO(First In First Out)는 가장 먼저 적재된 페이지를 먼저 교체하는 기법이다.

요청 페이지	1	2	1	0	4	1	3
페이지 프레임	1	1	1	1	4	4	4
		2	2	2	2	1	1
				0	0	0	3
페이지 부재	O	O		O	O	O	O

76 ③

C언어의 문자열 포인터와 strcat() 함수

- strcat(st1, str2) : str1의 '₩0' 문자의 위치부터 str2를 이어붙이는 함수이다.
- p1 = str1; 명령문에 의해 포인터 변수 p1가 변수 str1을 참조하게 된다.
- p2 = str2; 명령문에 의해 포인터 변수 p2가 변수 str2를 참조하게 된다.

– strcat(str1, str2); 후행 후 str1 배열은 다음과 같다.

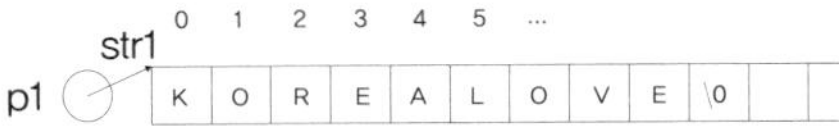

- printf("%c", *(p1+2)); : 포인터 변수 p1에서 문자 주소 간격 2 위치의 내용은 str1[2]을 의미하므로 R이 출력된다.

77 ①

파이썬의 리스트와 딕셔너리

- 리스트 객체 : [요소1, 요소2, ...]
- 딕셔너리 객체 : { 'key1' : 'value1', 'key2' : 'value2', ... }
- print(list_data[0]) : list_data[0]의 슬라이싱 연산을 통해 리스트 객체의 0번째 요소를 추출하여 출력한다. → a
- print(dict_data['a']) : dict_data['a']는 딕셔너리의 키 'a'에 대응하는 값을 추출하여 출력한다. → 90

78 ②

C언어의 연산자 우선순위

- 연산자 우선순위 : 산술 → 비트 이동 → 관계 → 비트 논리 → 논리
- 우선순위를 반영하여 ( )를 추가 후, 연산을 진행한 결과는 다음과 같다.

조건식	a < b + 2 && a << 1 <= b
STEP1	((a < (b + 2)) && ((a << 1) <= b))
STEP2	((1 < (2 + 2)) && ((1 << 1) <= 2))
STEP3	((1 < 4) && ((1 << 1) <= 2))
STEP4	((참) && ((1 << 1) <= 2))
STEP5	((참) && (2 <= 2))
STEP6	((참) && (참))
STEP7	참 → 1

79 ②

파이썬의 반복문 for 변수 in 시퀀스 객체(문자열, 튜플, 리스트)

- for 반복문은 in 키워드 뒷부분에 있는 객체(문자열, 튜플, 리스트)의 모든 요소를 꺼내 와서 변수를 통해 사용 가능하다.
- for i in a: 은 for i in ["대", "한", "민", "국"]로 리스트 객체 내의 각각의 요소 "대", "한", "민", "국"을 차례로 변수 i에 꺼내 와서 print(i)에 의해 출력을 반복한다.

80 ③

쉘(Shell)

- 사용자가 지정한 명령들을 해석하여 커널로 전달하는 명령어 해석기이다.
- 시스템과 사용자 간의 인터페이스를 담당한다.
- 종류 : C Shell, Bourn Shell, Korn Shell 등

오답 피하기

③번은 커널(Kernel)의 기능이다.

과목 05 정보 시스템 구축 관리

81 ②

나선형 모형(Spiral Model)

- Boehm이 제시하였으며, 반복적인 작업을 수행하는 모형으로 점증적 모형, 집중적 모형이라고도 한다. 완성도 높은 소프트웨어를 만들 수 있다.
- 여러 번의 개발 과정을 거쳐 완벽한 최종 소프트웨어를 개발하는 점진적 모형이다.
- 가장 큰 장점인 위험 분석 단계에서 기술과 관리의 위험 요소들을 하나씩 제거해 나감으로써 위험성 평가에 크게 의존하기 때문에 이를 발견하지 않으면 문제가 발생할 수 있다.
- 위험 분석(Risk Analysis)은 반복적인 매주기 마다 수행해야 한다.
- 대규모 시스템의 소프트웨어 개발에 적합하다.

82 ①

고가용성 솔루션(HACMP : High Availability Cluster Multi Processing)

- AIX(AIXadvanced interactive executive, IBM 운영체제)를 기반으로 Solution. Resource의 중복 또는 공유를 통해 Application의 보호를 가능하게 해준다.
- 두 대 이상의 시스템을 하나의 Cluster로 묶어 Cluster 내의 한 시스템에서 장애가 발생할 경우 다른 시스템이 장애가 발생한 시스템의 자원을 인수할 수 있도록 하여 서비스의 중단을 최소화하도록 도와주는 솔루션이다.
- 각 시스템 간에 공유 디스크를 중심으로 클러스터링으로 엮여 다수의 시스템을 동시에 연결할 수 있다.
- 조직, 기업의 기간 업무 서버 등의 안정성을 높이기 위해 사용된다.

오답 피하기

스턱스넷(Stuxnet)은 2010년 6월에 발견된 웜 바이러스이다.

83 ③

- Parsing : 하나의 프로그램을 런타임 환경(예를 들면, 브라우저 내 자바스크립트 엔진)이 실제로 실행할 수 있는 내부 포맷으로 분석하고 변환하는 것이다.
- LAN Tapping : 처음 들어보는 용어이고, 찾아도 제대로된 정의가 나오지 않으나 Lan+Tapping으로 해석한다면 LAN 신호를 직접 자신에게 끌어오는 방식의 공격 정도로 해석할 수 있다.
- Switch Jamming : 스위칭 허브의 기능이 방해받아 정상 동작을 하지 못해 스위치가 더미 허브처럼 작동하게 되는 것(Switch + Jamming)이다.
- FTP(SYN) Flooding : TCP의 3 Way Handshake 취약점을 이용한 DoS 공격으로 다량의 SYN 패킷을 보내 백로그큐를 가득 채우는 공격이다.

84 ①

직접 연결 저장 장치(Direct-attached storage, DAS)

- 하드 디스크와 같은 데이터 저장 장치를 호스트 버스 어댑터에 직접 연결하는 방식이다.
- 저장 장치와 호스트 기기 사이에 네트워크 디바이스가 있지 말아야 하고 직접 연결하는 방식으로 구성된다.

85 ③

중단된 프로세스와 닫힌 포트가 아니라, 활성화된 프로세스와 열린 포트를 중심으로 취약점 관리를 수행한다.

86 ①

V-모델

- 폭포수 모델에 시스템 검증과 테스트 작업을 강조한 모델이다.
- 세부적인 프로세스로 구성되어 있어서 신뢰도 높은 시스템 개발에 효과적이다.
- 개발 단계의 작업을 확인하기 위해 테스트 작업을 수행한다.
- 생명주기 초반부터 테스트 작업을 지원한다.

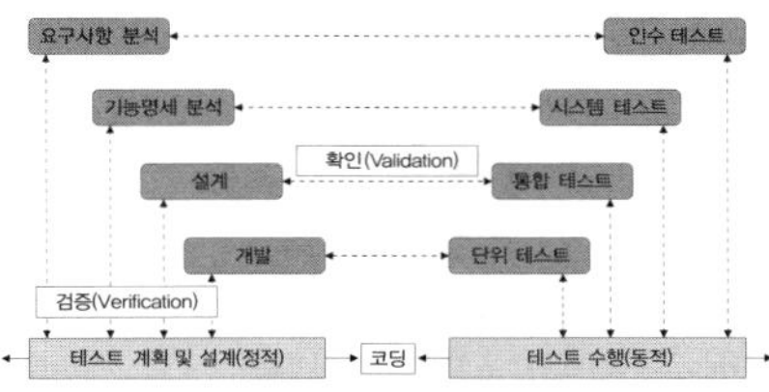

▲V-모델과 테스트 단계

87 ③

- 블루버그 : 블루투스 장비 사이 취약한 연결 관리를 악용한 공격 기법이다.
- 블루스나프(블루스나핑) : 블루투스의 취약점을 활용하여 장비의 파일에 접근하는 공격으로 OPP(Obex Push Protocol)를 사용하여 정보를 열람하는 공격 기법이다.
- 블루재킹 : 블루투스를 이용해 스팸처럼 명함을 익명으로 퍼뜨리는 공격 기법이다.

오답 피하기

OPP : 블루투스 장치끼리 인증 없이 정보를 간편하게 교환하기 위한 프로토콜이다.

88 ②

Smurf 공격 : 희생자의 스푸핑된 원본 IP를 가진 수많은 인터넷 제어 메시지 프로토콜(ICMP) 패킷들이 IP 브로드캐스트 주소를 사용하여 컴퓨터 네트워크로 브로드캐스트하는 분산 서비스 거부 공격이다.

89 ③

Honeypot : 비정상적인 접근을 탐지하기 위해 의도적으로 설치해 둔 시스템을 의미한다.

오답 피하기

- 하둡(Hadoop) : 빅데이터를 분석 처리할 수 있는 큰 컴퓨터 클러스터에서 동작하는 분산 응용 프로그램을 지원하는 프리웨어 자바 소프트웨어 프레임워크이다.
- MapReduce : HADOOP의 핵심 구성 요소로서 대용량 데이터를 분산 처리하기 위한 목적으로 개발된 프로그래밍 모델이다.

90 ②

- Docker : 컨테이너 응용프로그램의 배포를 자동화하는 오픈소스 엔진으로 SW 컨테이너 안의 응용 프로그램들을 배치시키는 일을 자동화해 주는 오픈소스 프로젝트이자 소프트웨어이다.
- Cipher Container : 조직이 동적 컨테이너 환경 내에서 데이터를 보호하기 위한 규정 준수, 규정 및 모범 사례 요구사항을 충족할 수 있도록 중요한 암호화, 액세스 제어 및 데이터 액세스 감사 로깅을 제공한다.
- Scytale : 암호화 기법으로 단순하게 문자열의 위치를 바꾸는 방법이다.

오답 피하기

Stack Guard : 메모리상에서 프로그램의 복귀 주소와 변수 사이에 특정 값을 저장해 두었다가 그 값이 변경되었을 경우 오버플로우 상태로 가정하여 프로그램 실행을 중단하는 기술이다.

91 ④

간트 차트(Gantt Chart)

- 각 작업들의 일정을 막대로 표시하는 기법이다.
- 이정표, 작업 기간, 작업 일정 등을 나타낸다.
- 시간선(Time-Line) 차트라고도 한다.
- 막대로 표시하며, 수평 막대의 길이는 각 태스크의 기간을 나타낸다.

92 ②

Scrapy

- 파이썬 기반의 웹크롤러 프레임워크이다.
- 가볍고 빠르고 확장성이 좋다.

오답 피하기

- Li-fi : 스펙트럼의 빛을 이용한 5세대 이동통신 기술이다.
- SBAS(위성항법보강시스템) : GPS의 오차를 보정해 신뢰성과 안정성을 높인 기법이다.

93 ④

경로 조작 및 자원 삽입 : 검증되지 않은 외부 입력값이 시스템 자원 접근 경로를 조작하거나 시스템 자원에 삽입되어 공격할 수 있는 보안 약점이다.

94 ①

NTFS(New Technology File System)

- FAT32에서 최대 파일 크기는 4GB이지만, NTFS에서 파일의 크기는 볼륨 크기에 의해서만 제한된다.
- 이론적으로 최대 볼륨의 크기는 256TB이다.
- NTFS는 FAT에 비하여 보안성이 높다.

95 ③

DES(Data Encryption Standard)이며 블록 암호의 일종으로 평문을 64비트로 나누어 56비트의 키를 사용한 알고리즘 방법이다.

96 ①

umask

- 파일이나 디렉터리 생성 시 초기 접근 권한을 설정할 때 사용한다.
- 초기 파일의 권한은 666이고 디렉터리는 777이며, 여기에 umask 값을 빼서 초기 파일 권한을 설정할 수 있다.
- 파일 초기 권한 666 – ? = 644

소유자			그룹			사용자		
r	w	x	r	w	x	r	w	x
4	2	1	4	2	1	4	2	1

- rwx(7) 은 모든 권한을 갖는다.
- _ _ _(0) 은 모든 권한이 해제된 상태이다.
- 644 는 소유자(읽기+쓰기), 그룹(읽기), 사용자(읽기) 권한이 부여된 상태이다.

97 ④

리눅스 로그파일

- utmp : 현재 로그인한 사용자 상태 정보를 담고 있는 로그파일
- wtmp : 성공한 로그인/로그아웃 정보와 시스템 boot/shutdown의 히스토리를 담고 있는 로그파일
- btmp : 실패한 로그인 정보를 담고 있는 로그파일

98 ④

LOC(Line Of Code) 기법

- 소프트웨어 각 기능의 원시 코드 라인 수의 비관치, 낙관치, 기대치를 측정하여 예측치를 구하고 이를 이용하여 비용을 산정하는 기법이다.
- 예측치 = a+(4×c)+b/6 (단, a–낙관치, b–비관치, c–기대치)

99 ④

PLCP(Physical Layer Convergence Procedure, 물리 계층 수렴 처리)

- 논리적인 802.11 MAC 부계층과 물리적인 특성을 연결하는 역할이다.
- 802.11 MAC 부계층이 물리적 특성에 관계없이 동작하도록 한다.

Traffic Distributor

네트워크 통신 간에 트래픽을 분배해주는 솔루션이다.

DPI(Deep Packet Inspection)

- OSI 7계층까지 전 계층의 프로토콜과 패킷 내부의 콘텐츠를 파악하여 침입 시도, 해킹 등을 탐지하고 트래픽을 조정하기 위한 패킷 분석 기술이다.
- 유해 정보 차단, 해킹 차단, 다양한 탐지/분석 모델이다.
- 네트워크 보안, 관리, 콘텐츠 관리 등의 목적을 갖는다.

SPI(Shallow Packet Inspection)

- OSI 7계층 중 하위 4계층까지의 패킷을 분석한다.
- IP Packet, TCP Segment, 네트워크를 관리한다.
- DPI 대비 콘텐츠 보호가 미흡하다.

100 ①

프로젝트 수행 시 예상되는 변화를 감안하여 정밀하게 진행한다.

최신 기출문제 10회 2-202P

01 ①	02 ②	03 ④	04 ②	05 ③
06 ②	07 ②	08 ②	09 ①	10 ④
11 ①	12 ③	13 ④	14 ②	15 ④
16 ①	17 ②	18 ②	19 ④	20 ④
21 ②	22 ④	23 ④	24 ①	25 ④
26 ②	27 ③	28 ②	29 ④	30 ①
31 ④	32 ②	33 ③	34 ②	35 ④
36 ①	37 ①	38 ②	39 ③	40 ③
41 ①	42 ①	43 ④	44 ①	45 ③
46 ④	47 ②	48 ③	49 ②	50 ②
51 ①	52 ①	53 ③	54 ③	55 ④
56 ③	57 ③	58 ①	59 ④	60 ③
61 ①	62 ②	63 ③	64 ②	65 ①
66 ①	67 ④	68 ①	69 ③	70 ④
71 ③	72 ②	73 ③	74 ③	75 ④
76 ④	77 ②	78 ④	79 ③	80 ③
81 ②	82 ④	83 ④	84 ③	85 ②
86 ①	87 ②	88 ①	89 ②	90 ②
91 ③	92 ②	93 ①	94 ④	95 ③
96 ①	97 ④	98 ③	99 ①	100 ④

과목 01 소프트웨어 설계

01 ①

럼바우(Rumbaugh) 객체지향 분석 기법

- 소프트웨어 구성 요소를 그래픽으로 모형화하였다.
- 객체 모델링 기법(OMT : Object Modeling Technique)이라고도 한다.
- 객체 모델링 : 객체를 다이어그램으로 표시
- 동적 모델링 : 상태를 시간 흐름에 따라 다이어그램으로 표시
- 기능 모델링 : 자료 흐름도를 이용하여 여러 프로세스 간의 자료 흐름을 표시

02 ②

클래스 다이어그램

시스템 내 클래스의 정적 구조를 표현하고 시스템을 구성하는 클래스들 사이의 관계를 표현한다.

구성 요소

- 속성 : 클래스류 인스턴스에 속하는 정보나 데이터의 특성을 나타낸다.
- 연산 : 클래스의 동작을 의미하며, 클래스에 속하는 객체에 대하여 적용될 메소드를 정의한 것이다.

03 ④

요구사항 검증(Requirements Validation)을 통해 모든 요구사항 문제를 발견할 수는 없다.

04 ②

모델링은 소프트웨어 개발 전 단계에 사용된다.

05 ③

주/종(Master/Slave) 아키텍처
- 마스터는 여러 슬레이브를 관리하고 실제 작업은 슬레이브가 처리한다.
- 마스터는 작업 요청을 받아 적절히 나누어 슬레이브에 분배하고 결과를 적절히 받아 병합한다.
- 일반적으로 실시간 시스템에서 사용된다.
- 마스터 프로세서는 일반적으로 연산, 통신, 조정을 책임진다.
- 슬레이브 프로세서는 데이터 수집 기능을 수행할 수 있다.
- 마스터 프로세서는 슬레이브 프로세서를 제어할 수 있다.

06 ②

UI 설계 지침
- 사용자 중심 : 실사용자의 이해를 바탕으로 쉽게 이해하고, 쉽게 사용할 수 있는 환경을 제공한다.
- 일관성 : 사용자가 기억하기 쉽고 빠른 습득이 가능하도록 버튼이나 조작법을 제공한다.
- 단순성 : 인지적 부담을 줄이기 위해 쉽게 조작되도록 한다.

07 ②

②번은 절차지향형 분석 기법에 관한 설명이다.

08 ②

사용자 인터페이스(User Interface)의 종류
- CUI(Character User Interface) : 문자 방식의 명령어 입력 사용자 인터페이스
- GUI(Graphic User Interface) : 그래픽 환경 기반의 마우스 입력 사용자 인터페이스
- WUI(Web User Interface) : 인터넷과 웹 브라우저를 통해 웹 페이지를 열람하고 조작하는 인터페이스
- CLI(Command Line Interface) : 사용자가 컴퓨터 자판 등을 이용해 명령 문자열을 입력하여 체계를 조작하는 인터페이스

09 ①

캡슐화(Encapsulation)
- 서로 관련성이 높은 데이터(속성)와 그와 관련된 기능(메소드, 함수)을 묶는 기법이다.
- 결합도가 낮아져 소프트웨어 개발에 있어 재사용성이 높아진다.
- 정보은닉을 통하여 타 객체와 메시지 교환 시 인터페이스가 단순해진다.

오답 피하기

①번은 상속에 대한 설명이다.

10 ④

정보은닉(Information Hiding) : 객체 내부의 속성과 메소드를 숨기고 공개된 인터페이스를 통해서만 메시지를 주고받을 수 있도록 하는 것을 의미한다.

11 ①

XP(eXtreme Programming)
- 1999년 Kent Beck이 제안하였으며, 개발 단계 중 요구사항이 시시각각 변동이 심한 경우 적합한 방법론이다.
- 요구에 맞는 양질의 소프트웨어를 신속하게 제공하는 것을 목표로 한다.
- 요구사항을 모두 정의해 놓고 작업을 진행하는 것이 아니라 요구사항이 변경되는 것을 적용하는 방식으로 예측성보다는 적응성에 더 높은 가치를 부여한 방법이다.
- 고객의 참여와 개발 과정의 반복을 극대화하여 생산성을 향상시키는 방법이다.

12 ③

순차 다이어그램은 동적 다이어그램에 가깝다.

13 ④

미들웨어 솔루션의 정의
- 클라이언트와 서버 간의 통신을 담당하는 시스템 소프트웨어이다.
- 이기종 하드웨어, 소프트웨어, 네트워크, 프로토콜, PC 환경, 운영체제 환경 등에서 시스템 간의 표준화된 연결을 도와주는 소프트웨어이다.
- 표준화된 인터페이스를 통하여 시스템 간의 데이터 교환에 있어 일관성을 제공한다.
- 운영체제와 애플리케이션 사이에서 중간 매개 역할을 하는 다목적 소프트웨어이다.

14 ②

- Strategy 패턴은 행위 패턴이다.
- 인스턴스를 복제하여 사용하는 구조는 프로토타입 패턴에 해당한다.

15 ④

추상화(Abstraction)
- 시스템 내의 공통 성질을 추출한 뒤 추상 클래스를 설정하는 기법이다.
- 현실 세계를 컴퓨터 시스템에 자연스럽게 표현할 수 있다.
- 기능 추상화, 제어 추상화, 자료 추상화 등이 있다.

16 ①

파이프 필터 : 상태 정보 공유를 위해 비용이 소요되며 데이터 변환에 오버헤드가 발생할 수 있다.

17 ②

애자일(Agile) 개발 방법론
- 날렵한, 재빠른 이란 사전적 의미가 있다.
- 특정 방법론이 아닌 소프트웨어를 빠르고 낭비 없이 제작하기 위해 고객과의 협업에 초점을 두고 소프트웨어 개발 중 설계 변경에 신속히 대응하여 요구사항을 수용할 수 있다.
- 절차와 도구보다 개인과 소통을 중요시하고 고객과의 피드백을 중요하게 생각한다.

18 ②

UML 의존 관계(Dependency Relation)
- 연관 관계와 같지만 메소드를 사용할 때와 같이 매우 짧은 시간만 유지된다.
- 영향을 주는 객체(User)에서 영향을 받는 객체 방향으로 점선 화살표 연결한다.

19 ④

럼바우 객체지향 분석 기법에서 E−R, Data Flow Diagram(자료 흐름도), UML을 사용한다.

20 ④

성능, 보안, 품질, 안정 등에 대한 요구사항은 비기능적 요구사항에 해당한다.

과목 02 소프트웨어 개발

21 ②
- 선형 구조 : 큐, 스택, 데크, 리스트, 연결 리스트
- 비선형 구조 : 그래프, 트리, 인접 행렬

22 ④

④번은 테스트 스터브(Test Stub)에 관한 설명이다.

23 ④

트리의 중위 순회
- 각 그룹을 운행한 뒤 그 결과를 합쳐 본다.

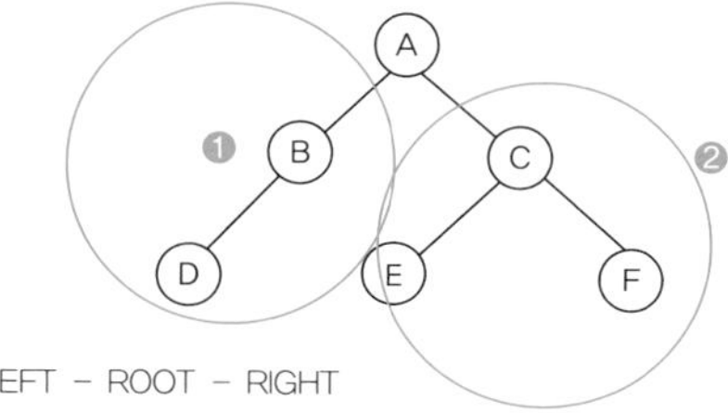

- LEFT − ROOT − RIGHT
  : ❶ A ❷ → D B A ❷ → D B A E C F

24 ①

테스트 케이스 자동 생성
- 자료 흐름도 − 테스트 경로 관리
- 입력 도메인 분석 − 테스트 데이터 산출
- 랜덤 테스트 − 무작위 값 입력, 신뢰성 검사

25 ④

시각에 따른 테스트
- 검증(Verification) 테스트 : 제품이 명세서대로 완성되었는지 검증하는 단계이다. 개발자의 시각에서 제품의 생산 과정을 테스트하는 것을 의미한다.
- 확인(Validation) 테스트 : 사용자의 요구사항을 잘 수행하고 있는지 사용자의 시각에서 생산된 제품의 결과를 테스트하는 것을 의미한다.

26 ②

① 콘텐츠 제공자, ③ 클리어링 하우스, ④ 보안 컨테이너

27 ③

단위 모듈
- 소프트웨어 구현에 필요한 다양한 동작 중 한 가지 동작을 수행하는 기능을 모듈로 구현한 것을 의미한다.
- 사용자 또는 다른 모듈로부터 값을 전달받아 시작되는 작은 프로그램이다.
- 독립적인 컴파일이 가능하며, 다른 모듈에 호출되거나 삽입될 수 있다.
- 두 개의 단위 모듈이 합쳐지면 두 개의 기능을 갖는 모듈로 구현할 수 있다.
- 종류 : 화면, DB 접근, 인터페이스, 비즈니스 트랜잭션, 데이터 암호화 등

28 ②

사용자 매뉴얼 작성 프로세스 : 작성 지침 정의 → 사용 설명서 구성 요소 정의 → 구성 요소별 내용 작성 → 사용자 매뉴얼 검토

29 ④

코드의 간결성을 유지하기 위한 지침
- 공백을 이용하여 실행문 그룹과 주석을 명확히 구분하고, 복잡한 논리식과 산술식은 괄호와 들여쓰기(Indentation)를 통해 명확히 표현한다.
- 빈 줄을 사용하여 선언부와 구현부를 구별하고 한 줄에 되도록 적은 문장을 코딩한다.

30 ①

AVL 트리, 2−3 트리, 레드−블랙 트리는 모두 이진 탐색 트리(이진 트리 검색)의 효율을 높이기 위한 트리이다.

31 ④

깊이 우선 탐색(DFS)
- 루트 노드(혹은 다른 임의의 노드)에서 시작해서 다음 분기(Branch)로 넘어가기 전에 해당 분기를 완벽하게 탐색하는 방법이다.
- 넓게(Wide) 탐색하기 전에 깊게(Deep) 탐색하는 것이다.

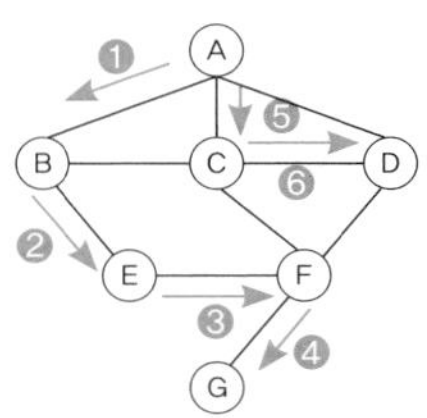

32 ②

단위(Unit) 테스트
- 개발자가 원시 코드를 대상으로 각각의 단위를 다른 부분과 연계되는 부분은 고려하지 않고 단위 자체에만 집중하여 테스트한다.
- 객체지향에서 클래스 테스팅에 해당한다.

33 ③

조건문 구조
- if 조건 then 조건 참 결과 else 조건 거짓 결과
- Top = 0이라는 것은 스택 포인터(Top)가 Bottom에 닿아있다는 것을 의미한다. 즉 스택에 아무 값도 없으면 Underflow 그렇지 않으면 스택 포인터를 1씩 감소하라는 명령이다.

34 ②

버블 정렬의 오름차순 수행 시 매 회전마다 마지막 값이 가장 큰 값이 된다.
초 기 : 9, 6, 7, 3, 5
1Pass : 6, 7, 3, 5, 9
2Pass : 6, 3, 5, 7, 9
3Pass : 3, 5, 6, 7, 9
4Pass : 3, 5, 6, 7, 9

35 ④

- 스택 입력 및 출력 문제를 해결할 때는 우선 보기의 첫 번째 문자까지 스택에 입력해 보고 순서대로 PUSH와 POP을 진행해 보면 된다.
- 첫 번째 자료가 제일 먼저 나온 자료이므로 첫 번째 자료 이전의 데이터가 순서대로 입력되어야 첫 번째 데이터가 출력될 수 있다는 것에 포인트를 둔다.
- 보기① D가 제일 먼저 출력되려면 A, B, C, D까지 입력된 상태에서 D가 제일 먼저 출력될 수 있다. D → C → B → A 순으로 출력될 수 있다.
- 보기④ D가 제일 먼저 출력되려면 A, B, C, D까지 입력된 상태에서 D가 제일 먼저 출력될 수 있다. D 다음으로 C에 막혀 B가 출력될 수 없다.

36 ①

오류(Fault)
- 소프트웨어 개발 활동을 수행함에 있어서 시스템이 고장(Failure)을 일으키게 하며, 오류(Error)가 있는 경우 발생하는 것이다.
- 프로그램 코드상에 존재하는 것으로 비정상적인 프로그램과 정상적인 프로그램 버전 간의 차이로 인하여 발생되며, 잘못된 연산자가 사용된 경우에 프로그램이 서브 루틴으로부터의 에러 리턴을 점검하는 코드가 누락된 것을 말한다.

37 ①

소프트웨어 품질 목표 – 변경 수용 특성

이식성 (Portability)	다양한 하드웨어 환경에서도 운용 가능하도록 쉽게 수정될 수 있는 정도
상호 운용성 (Interoperability)	다른 소프트웨어와 정보를 교환할 수 있는 정도
재사용성 (Reusability)	전체나 일부 소프트웨어를 다른 목적으로 사용할 수 있는가 하는 정도

38 ②

목적에 따른 테스트

안전 (Security)	소프트웨어가 불법적인 침입으로부터 시스템을 보호할 수 있는지 확인한다.
강도 (Stress)	소프트웨어에 과도하게 부하를 가하여도 소프트웨어가 정상적으로 실행되는지 확인한다.
병행 (Parallel)	변경된 소프트웨어와 기존 소프트웨어에 동일한 데이터를 입력하여 두 결과를 비교 확인한다.

39 ③

형상 통제 과정에서 형상 목록의 변경 요구의 경우 변경 통제 위원회를 통하여 변경 통제가 이루어져야 한다.

40 ③

- 정적 분석 도구는 소프트웨어를 이용한 코드 분석 기법이다.
- 정적 분석 도구 종류 : pmd, cppcheck, SonarQube, checkstyle, ccm, cobertura 등

과목 03 데이터베이스 구축

41 ①

이상 현상(Anomaly)
- 릴레이션 조작 시 데이터들이 불필요하게 중복되어 예기치 않게 발생하는 곤란한 현상을 의미한다.
- 종류 : 삽입 이상, 삭제 이상, 갱신 이상

42 ①

무결성(Integrity) 제약조건

- 개체 무결성 : 기본키의 값은 널(NULL) 값이나 중복 값을 가질 수 없다는 제약조건이다.
- 참조 무결성 : 릴레이션 R1에 속한 애트리뷰트의 조합인 외래키를 변경하려면 이를 참조하고 있는 릴레이션 R2의 기본키도 변경해야 한다. 이때 참조할 수 없는 외래키 값을 가질 수 없다는 제약조건이다.
- 도메인 무결성 : 각 속성값은 해당 속성 도메인에 지정된 값이어야 한다는 제약조건이다.

43 ④

Cartesian Product(교차곱)의 결과 릴레이션은 두 릴레이션의 속성의 개수는 더하고 각 튜플의 개수는 곱한 크기의 결과 릴레이션이 생성된다.

44 ①

정규화(Normalization)의 개념

- 데이터베이스 설계에서 중요한 사항은 현실 세계를 가장 정확하게 표현할 수 있는 데이터의 논리적 구조를 결정하는 것이다. 관계 데이터베이스의 관점으로 '어떤 속성을 결성해야 하는가?'를 결정하는 문제가 중요하다.
- 함수적 종속성 등의 종속성 이론을 이용하여 잘못 설계된 관계형 스키마를 더 작은 속성의 세트로 쪼개어 바람직한 스키마로 만들어 가는 과정이다.
- 좋은 데이터베이스 스키마를 생성하고 불필요한 데이터의 중복을 방지하여 정보 검색을 용이하게 할 수 있도록 허용한다.

오답 피하기

정규화는 데이터베이스의 개념 설계 단계 이후인 논리적 설계 단계에 수행한다.

45 ③

정규화 과정

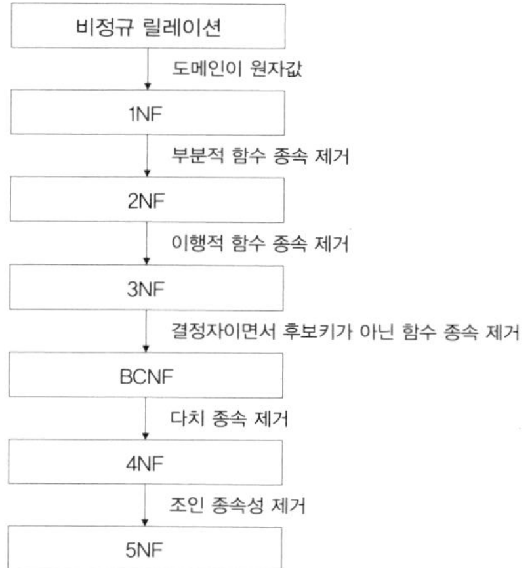

46 ④

논리적 설계

- 목표 DBMS에 종속적인 논리적 스키마 설계 및 스키마의 평가 및 정제이다.
- 논리적 데이터 모델로 변환 및 트랜잭션 인터페이스 설계이다.

물리적 설계

- 목표 DBMS에 종속적인 물리적 구조 설계이다.
- 저장 레코드 양식 설계와 레코드 집중의 분석/설계, 액세스 경로 인덱싱, 클러스터링, 해싱 등의 설계가 포함된다.

47 ②

SQL의 논리 연산자

논리 연산자	설정
AND	이면서, 그리고 조건
OR	이거나, 또는 조건
NOT	부정 조건

48 ③

- WHERE 전화번호 IS NOT NULL;
  전화번호가 NULL 값이 아니면
- WHERE 전화번호 IS NULL;
  전화번호가 NULL 값이면

49 ②

DDL 종류

- CREATE : 스키마, 도메인, 테이블, 뷰 정의
- ALTER : 테이블 정의 변경
- DROP : 스키마, 도메인, 테이블, 뷰 삭제

50 ②

타임스탬프

- 트랜잭션이 DBMS로부터 유일한 타임스탬프(시간 허가 인증 도장)를 부여받는다.
- 동시성 제어를 위한 직렬화 기법으로 트랜잭션 간의 순서를 미리 정하는 방법이다.

51 ①

트랜잭션의 정의 : 데이터베이스에서 하나의 논리적 기능을 수행하기 위한 작업의 단위 또는 한꺼번에 모두 수행되어야 할 일련의 연산들을 의미한다.

52 ①

로킹(Locking) 특징

- 로킹 단위가 커지면 로크의 수가 적어 관리가 쉬워지지만 병행성 수준은 낮아진다.
- 로킹 단위가 작으면 로크의 수가 많아 관리가 어려워지지만 병행성 수준은 높아진다.
- 로킹의 대상이 되는 객체(파일, 테이블, 필드, 레코드)의 크기를 로킹 단위라고 한다.

53 ③

슈퍼키(Super Key)

- 두 개 이상의 속성으로 구성된 키 또는 혼합키를 의미한다.
- 모든 튜플에 대해 유일성은 만족하지만, 최소성은 만족하지 않는다.

54 ③

격리성(Isolation, 고립성)

- 트랜잭션의 주요 특성 중 하나로 둘 이상의 트랜잭션이 동시에 병행 실행되는 경우 어느 하나의 트랜잭션 실행 중에 다른 트랜잭션의 연산이 끼어들 수 없음을 의미한다.
- 은행계좌에 100원이 있을 경우 A, B 사람이 동시에 한 계좌에서 100원을 인출하려고 시도하면 먼저 요구한 트랜잭션을 판별하여 순위를 결정하고 우선권을 가진 트랜잭션을 먼저 처리할 때 우선권이 없는 트랜잭션이 끼어들 수 없도록 한다. 즉, 100원이 있는 계좌에서 200원이 출금되는 현상이 발생하는 것을 방지한다.

55 ④

인덱스(Index)

- 데이터베이스 성능에 많은 영향을 주는 DBMS의 구성 요소로 테이블과 클러스터에 연관되어 독립적인 저장 공간을 보유하며, 데이터베이스에 저장된 자료를 더욱 빠르게 조회하기 위하여 별도로 구성한 순서 데이터를 말한다. 예 책의 맨 뒤에 빠르게 찾기에 해당한다.
- B-트리 인덱스는 분기를 목적으로 하는 Branch Block을 가지고 있다.
- BETWEEN 등 범위(Range) 검색에 활용될 수 있다.

56 ③

HAVING절을 사용한 조회 검색 : GROUP BY절에 의해 선택된 그룹의 탐색 조건을 지정할 수 있으며 SUM, AVG, COUNT, MAX, MIN 등의 그룹 함수와 함께 사용할 수 있다.

57 ③

함수적 종속 표현 : X → Y로 표현하고 X가 결정자, Y가 종속자가 된다.

58 ①

관계 대수(Relational Algebra)

- 원하는 정보와 그 정보를 어떻게 유도하는가를 기술하는 절차적인 방법이다.
- 주어진 릴레이션 조작을 위한 연산의 집합이다.
- 질의에 대한 해를 구하기 위해 수행해야 할 연산의 순서를 명시한다.
- 릴레이션 조작을 위한 연산의 집합으로 피연산자와 결과가 모두 릴레이션이다.
- 일반 집합 연산과 순수 관계 연산으로 구분된다.

59 ④

순수 관계 연산자의 종류

Select(σ)	튜플 집합을 검색한다.
Project(π)	속성 집합을 검색한다.
Join($\bowtie$)	두 릴레이션의 공통 속성을 연결한다.
Division(÷)	두 릴레이션에서 특정 속성을 제외한 속성만 검색한다.

60 ③

③번은 DB 보안에 관련된 내용이다.

과목 04 프로그래밍 언어 활용

61 ①

C Class

- 192.0.0.0 ~ 223.255.255.255
- 기본 서브넷 마스크 : 255.255.255.0
- 소규모 통신망에서 사용한다.

62 ②

페이지 교체 알고리즘 : 주기억 장치의 모든 페이지 프레임이 사용 중일 때 어떤 페이지 프레임을 교체할 것인지 결정하는 전략이다.

OPT (OPTimal Replacement)	• 이후에 가장 오랫동안 사용되지 않을 페이지를 먼저 교체하는 기법이다. • 실현 가능성이 희박하다.
FIFO (First In First Out)	• 가장 먼저 적재된 페이지를 먼저 교체하는 기법이다. • 구현이 간단하다.
LRU (Least Recently Used)	각 페이지마다 계수기나 스택을 두어 현 시점에서 가장 오랫동안 사용하지 않은 페이지를 교체하는 기법이다.
LFU(Least Frequently Used)	참조된 횟수가 가장 적은 페이지를 먼저 교체하는 기법이다.

63 ③

1차원 배열을 이용한 피보나치 수열

- 참조형 변수 arr는 new int[10] ; 을 통해 생성된 10개의 정수 배열을 참조한다. arr[0]=0 ; 과 arr[1]=1 ; 명령문을 통해 0번째 항과 1번째 항의 값을 각각 0과 1로 초기화한다.
- while 반복문을 통해 8회(i가 0부터 7까지)에 걸쳐 i번째와 i+1번째 요소의 값을 더해 i+2번째 요소의 값을 저장한다.

i	arr[i]		arr[i+1]		(결과) arr[i+2]	
0	arr[0]	0	arr[1]	1	arr[2]	1
1	arr[1]	1	arr[2]	1	arr[3]	2
2	arr[2]	1	arr[3]	2	arr[4]	3
3	arr[3]	2	arr[4]	3	arr[5]	5
4	arr[4]	3	arr[5]	5	arr[6]	8
5	arr[5]	5	arr[6]	8	arr[7]	13
6	arr[6]	8	arr[7]	13	arr[8]	21
7	arr[7]	13	arr[8]	21	arr[9]	34

- arr[9]의 요소 3값은 34이므로 결과는 34가 출력된다.

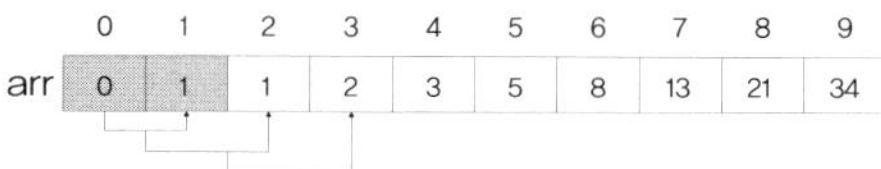

64 ②

Garbage Collector : S/W 개발 중 유효하지 않은 가비지 메모리가 발생한다. JAVA에서는 C와 달리 JVM 가비지 컬렉터가 불필요 메모리를 알아서 정리해준다.

65 ①

C언어 변수명 작성 규칙

- 영문 대소문자(A~Z, a~z), 숫자(0~9), '_'를 혼용하여 사용할 수 있다.
- 첫 글자는 숫자로 시작할 수 없고, 영문자나 '_'로 시작해야 한다.
- 영문자는 대소문자를 구분한다.
- 공백을 포함할 수 없다.
- auto, beak, case, char, const, continue, default, do, double, else, enum, extern, float, for, goto, if, int, long, register, return, short, signed, sizeof, static, struct, switch, typedef, union, unsi-gend, void, volatile, while 32개 예약어(reserved word)를 사용할 수 없다.

66 ①

- 시간적 응집도 (Temporal Cohesion) : 특정 시간에 처리되는 여러 기능을 모아 한 개의 모듈로 작성할 경우의 응집도이다.
- 논리적 응집도(Logical Cohesion) : 유사한 성격을 갖거나 특정 형태로 분류되는 처리 요소들로 하나의 모듈이 형성되는 경우의 응집도이다.

67 ④

자동 반복 요청(ARQ : Automatic Repeat reQuest)

- 통신 경로에서 오류 발생 시 수신측은 오류의 발생을 송신측에 통보하고, 송신측은 오류가 발생한 프레임을 재전송하는 오류 제어 방식이다.
- 종류 : 정지-대기 ARQ(Stop-and-Wait ARQ), 연속 ARQ(Con-tinuous ARQ), 적응적 ARQ(Adaptive ARQ)

68 ③

SSTF : 가까운 트랙을 먼저 탐색하는 스케줄링 기법

- 헤드 이동 순서 : 53-65-67-37-14-98-122-124-183
- 총 이동 거리 : 12+2+30+23+84+24+2+59=236

69 ③

파일 디스크립터(File Descriptor)의 개념

- 파일을 관리하기 위해 필요한 파일에 대한 정보를 갖고 있는 제어 블록이다.
- 파일 제어 블록(FCB : File Control Block)이라고도 한다.
- 파일마다 독립적으로 존재하며, 시스템에 따라 다른 구조를 가질 수 있다.
- 대개 보조 기억 장치에 저장되어 있다가 해당 파일이 열릴(Open) 때 주기억 장치로 옮겨진다.
- 파일 시스템이 관리하므로 사용자가 직접 참조할 수 없다.

70 ④

파이썬의 개요

- 1991년 귀도 반 로섬(Guido van Rossum)이 개발한 고급 프로그래밍 언어이다.
- 플랫폼에 독립적이고 인터프리터식, 객체지향적, 동적 타이핑 대화형 언어이다. 매우 쉬운 문법 구조로 초보자들도 쉽게 배울 수 있다.

71 ③

파이썬의 range( ) 함수

- for 반복문과 함께 많이 사용되며, 주어진 인수로 0부터 연속된 정수를 리스트 객체로 반환하는 함수이다.
- (예1) Range(3) → (결과) [0, 1, 2]
- (예2) Range(1, 3) → (결과) [1, 2]

파이썬의 함수 호출과 매개 변수 전달

- 파이썬의 cs( ) 함수는 정수를 전달받아 0부터 정수까지의 합을 누적하여 반환하도록 정의되어 있다.
- print(cs(11)) 명령문을 통해 정수 11을 cs( ) 함수에 전달한 후 반환되는 값을 출력한다.
- cs( ) 함수에 정수 11이 매개 변수 n에 전달된 후 for ~ in 반복문을 통해 0부터 11까지의 num의 값을 s에 누적한다.
- s의 최종 결과 66은 반환되며 print( ) 함수를 통해 콘솔에 출력한다.

72 ②

모듈화(Modularity)

- 모듈화는 거대한 문제를 작은 조각의 문제로 나누어 다루기 쉽도록 하는 과정으로, 작게 나누어진 각 부분을 모듈이라고 한다.
- 소프트웨어의 모듈은 프로그래밍 언어에서 Subroutine, Function 등으로 표현될 수 있다.
- 모듈화는 시스템을 지능적으로 관리할 수 있도록 해주며, 복잡도 문제를 해결하는 데 도움을 준다.
- 모듈화는 시스템의 유지보수와 수정을 용이하게 한다.

73 ③

- 192.168.1.0/24란 서브넷팅(Subnetting) 서브넷 마스크의 1의 개수가 24개를 의미한다.
- 11111111. 11111111. 11111111. 00000000
- 255.255.255.0의 C클래스를 서브넷으로 사용하는 것을 의미한다.
- FLSM 방식으로 4개의 서브넷을 나누라고 지시했으나 2의 승수 단위로만 나눌 수 있으므로 2^2 = 4 즉 4개로 Subneting 하여야 한다.
- 256/4=64이므로 각 서브넷에 할당되는 IP는 대역별로 64개가 된다.

No	대역
1	192.168.1.0~63
2	192.168.1.64~127
3	192.168.1.128~191
4	192.168.1.192~255

- 각 대역의 첫 번째 IP(192.168.1.192)는 네트워크 ID, 마지막 IP는 브로드캐스트 주소로 할당된다.
- 4번째 : 193.194.195.196로 196번이다.

74 ③

모듈들이 변수를 공유하지 않도록 결합도를 낮추어야 한다.

75 ④

스레드(Thread)

- 프로세스 내에서의 작업 단위로서 시스템의 여러 자원을 할당받아 실행하는 프로그램의 단위를 의미한다.
- 하드웨어, 운영체제의 성능과 응용 프로그램의 처리율을 향상시킬 수 있다.
- 한 개의 프로세스는 여러 개의 스레드를 가질 수 있다.

76 ④

TCP Header 구조

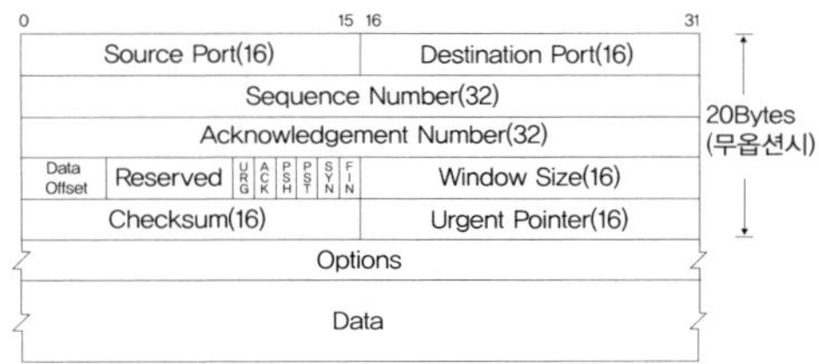

- 윈도우 크기는 송 · 수신 측의 버퍼 크기로 최대 크기는 64KByte (2^{16}Byte, 65535bit)이다.

77 ②

C언어의 문자열 결합 함수 strcat( )

- strcat( ) 함수는 'string.h' 헤더 파일에서 제공하는 대표적인 문자열 처리 함수이다. 하나의 문자열에 다른 문자열을 연결한다. 첫 번째 문자열을 기준으로 두 번째 문자열이 복사되어 추가된다.

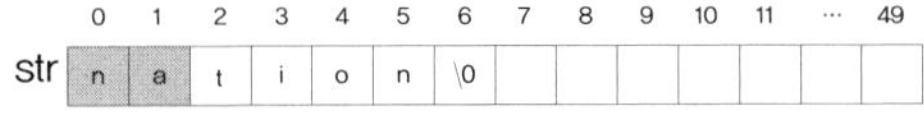

p2 → alter \0

- strcat(str, p2); 실행 후의 str 배열은 다음과 같다.

	0	1	2	3	4	5	6	7	8	9	10	11	…	49
str	n	a	t	i	o	n	a	l	t	e	r	\0		

p2 → alter \0

- printf("%s", str); 명령문은 최종 str 배열 내의 '\0' 이전까지의 문자열 "nationalter"이 콘솔에 출력된다.

78 ④

연산자의 종류 및 우선순위

연산자	종류	결합 방향	우선순위
단항 연산자	+, -!, ~, ++, --, &, *	←	높음 ↑
산술 연산자	*, /, %	→	
	+, -		
시프트 연산자	〈〈, 〉〉, 〉〉〉		
관계 연산자	〈, 〈=, 〉, 〉=		
	==, !=		
비트 연산자	&, |, ^		
논리 연산자	&&, ||		
조건 연산자	? :	←	
할당 연산자 21.3	=, +=, -=, *=, /=, %=, 〈〈=, 〉〉=	←	↓
콤마 연산자	,	→	낮음

79 ③

C언어의 관계 연산자와 논리 연산자

- 이항 연산의 관계 연산자(==, !=, 〈, 〈=, 〉, 〉=)는 논리 연산자(&&, ||)보다 우선순위가 높다.
- 정수 변수 r1, r2, r3의 수행 결과는 다음과 같다.

r1	① b〈=4 || c==2	논리 OR 연산자 || 는 두 항 중 하나만 '참'이면 결과가 '참'으로 연산한다.
	② (4〈=4) || (2==2)	
	③ 참 || 참	
	④ 참	
	(결과) 1	
r2	① (a〉0) && (b〈5)	논리 AND 연산자 && 는 두 항 모두 '참'이어야 결과가 '참'으로 연산한다.
	② (3〉0) && (4〈5)	
	③ 참 && 참	
	④ 참	
	(결과) 1	
r3	① !c	논리 NOT 연산자 !는 하나의 항에 대해 '참'은 '거짓'으로 '거짓'은 '참'으로 연산한다.
	② !2	
	③ !참	
	④ 거짓	
	(결과) 0	

- r1은 1, r2는 2, r3는 0이므로 최종 결과는 2가 출력된다.

80 ③

C언어 주소 연산자(&)와 포인터 연산자(*)

- C언어의 단항 연산자 중 주소 연산자(&)와 포인터 연산자(*)를 통해 정수형 변수를 참조한 값을 출력하는 프로그램이다.
- 주소 연산자 &는 할당된 메모리의 시작 주소를 의미는 연산자이다.
- 포인터 연산자 *는 주소(번지)의 내용을 참조하는 연산자이다.
- 정수형 변수 n은 정수상수 4로 초기화되어 있고 정수형 포인터 변수 pt는 널 포인터(NULL)로 초기화되어 있다.
- pt = &n; 명령문에 의해 포인터 변수 pt가 변수 n을 참조하게 된다.

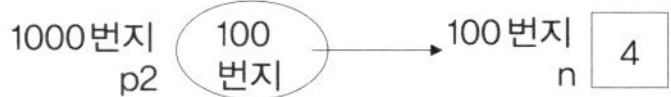

- printf("%d", &n+*pt-*&pt+n); 명령문의 출력 결과는 4개의 항을 다음과 같이 차례로 산술한 결과이다.

&n	변수 n의 주소	100번지
*pt	포인터 변수의 참조 내용	4
*&pt	① *(&pt)로 포인터 변수 pt의 주소를 먼저 연산 후, ② 해당 주소의 참조 내용	*(1000번지) 100번지
n	변수 n의 내용	4

- printf("%d", 100번지+4-100번지+4); 가 되어 8이 출력된다.

과목 05 정보 시스템 구축 관리

81 ②

Ping Flood

- 네트워크의 정상 작동 여부를 확인하기 위해 사용하는 Ping 테스트를 공격자가 공격 대상 컴퓨터를 확인하기 위한 방법으로 사용하는 공격 방법이다.
- 특정 사이트에 매우 많은 ICMP Echo를 보내면, 이에 대한 응답(Respond)을 하기 위해 시스템 자원을 모두 사용해버려 시스템이 정상적으로 동작하지 못하도록 하는 공격 방법이다.

82 ④

텐서플로(TensorFlow)

- 구글 브레인 팀이 제작하여 공개한 기계 학습(Machine Learning)을 위한 오픈소스 소프트웨어 라이브러리이다.
- 텐서플로를 사용할 때 인공지능 소프트웨어가 이미지 및 음성을 인식하기 위해서는 신경망의 합성곱 신경망 모델을 주로 사용한다.

83 ④

공개키(Public Key, 비대칭키) 암호화 기법

- 암호키와 해독키가 서로 다른 기법으로 키 개수는 2N개가 필요하다.
- 비대칭키 암호화 기법 또는 공중키 암호화 기법이라고도 한다.
- 키 분배가 비밀키 암호화 기법보다 쉽고, 암호화/복호화 속도가 느리며 알고리즘이 복잡하다.
- RSA, ElGama 기법 등이 있다.

RSA (Rivest Shamir Adleman)	• 소인수분해의 어려움에 기초를 둔 알고리즘이다. • 1978년 MIT에 의해 제안되었다. • 전자문서에 대한 인증 및 부인 방지에 활용된다.
ElGama	• 이산대수 문제의 어려움에 기초를 둔 알고리즘이다. • 동일한 메시지라도 암호화가 이루어질 때마다 암호문이 변경되고 암호문의 길이가 2배로 늘어나는 특징이 있다.

84 ③

SSO(Single Sign-On) : 시스템이 몇 대가 되어도 하나의 시스템에서 인증에 성공하면 다른 시스템에 대한 접근 권한도 얻는 시스템이다. 예 구글 로그인, 네이버 로그인

85 ②

OWASP(The Open Web Application Security Project)

- 오픈소스 웹 애플리케이션 보안 프로젝트로서 주로 웹을 통한 정보 유출, 악성 파일 및 스크립트, 보안 취약점 등을 연구하는 곳이다.
- 연구 결과에 따라 취약점 발생 빈도가 높은 10가지 취약점을 공개한다.

86 ①

폭포수 모델(Waterfall Model)

- 보헴(Boehm)이 제안한 고전적 생명주기 모형으로, 선형 순차적 모형이라도 한다.
- 타당성 검토, 계획, 요구사항 분석, 구현, 테스트, 유지보수의 단계를 통해 소프트웨어를 개발하는 모형이다.
- 순차적인 접근 방법을 이용하여 단계적 정의와 산출물이 명확하다.
- 각 단계의 결과가 확인되어야지만 다음 단계로 넘어간다.

87 ②

COCOMO Model(소프트웨어 개발 유형)

Organic Mode (단순형)	• 5만 라인 이하의 소프트웨어를 개발하는 유형 • 기관 내부에서 개발된 중소 규모의 소프트웨어로 일괄 자료 처리나 과학 기술 계산용, 비즈니스 자료 처리 등 • 노력(MM) = 2.4 × (KDSI)1.05
Semi-detached Mode (중간형)	• 30만 라인 이하의 소프트웨어를 개발하는 유형 • 트랜잭션 처리 시스템이나 운영체제, 데이터베이스 관리 시스템 등 • 노력(MM) = 3.0 × (KDSI)1.12
Embedded Mode (임베디드형)	• 30만 라인 이상의 소프트웨어를 개발하는 유형 • 초대형 규모의 트랜잭션 처리 시스템이나 운영체제 등 • 노력(MM) = 3.6 × (KDSI)1.20

88 ①

Software Defined Storage

- 가상화를 적용하여 필요한 공간만큼 나눠 사용할 수 있도록 하며 서버 가상화와 유사하다.
- 컴퓨팅 소프트웨어로 규정하는 데이터 스토리지 체계이며, 일정 조직 내 여러 스토리지를 하나처럼 관리하고 운용하는 컴퓨터 이용 환경으로 스토리지 자원을 효율적으로 나누어 쓰는 방법이다.

89 ②

MQTT(Message Queuing Telemetry Transport)

- IBM이 주도하여 개발한 기술로 사물 통신, 사물 인터넷과 같이 대역폭이 제한된 통신 환경에 최적화하여 개발된 푸시 기술 기반의 경량 메시지 전송 프로토콜이다.
- TCP/IP 기반 네트워크에서 동작하는 발행-구독 기반의 메시징 프로토콜로 최근 IoT 환경에서 자주 사용되고 있는 프로토콜이다.

90 ②

랜섬웨어(Ransomware) : 개인과 기업, 국가적으로 큰 위협이 되고 있는 주요 사이버 범죄 중 하나로 Snake, Darkside 등 시스템을 잠그거나 데이터를 암호화해 사용할 수 없도록 하고 이를 인질로 금전을 요구하는 데 사용되는 악성 프로그램이다.

91 ③

XDMCP(X Display Manager Control Protocol) : LINUX의 X 서버가 실행하는 호스트와 X 클라이언트가 XDM과 통신하기 위해 X 단말기에서 이용하는 프로토콜이다.

92 ②

PaaS-TA : 국내 IT 서비스 경쟁력 강화를 목표로 개발, 인프라 제어 및 관리 환경, 실행 환경, 개발 환경, 서비스 환경, 운영 환경으로 구성되어 있는 개방형 클라우드 컴퓨팅 플랫폼이다.

93 ①

VLAN(Virtual Local Area Network) : 물리적 배치와 상관없이 논리적으로 LAN을 구성하여 Broadcast Domain을 구분할 수 있게 해주는 기술로 접속된 장비들의 성능 향상 및 보안성 증대 효과를 목표로 한다.

94 ④

LOC(Line Of Code) 기법

- 소프트웨어 각 기능의 원시 코드 라인 수의 비관치, 낙관치, 기대치를 측정하여 예측치를 구하고 이를 이용하여 비용을 산정하는 기법이다.
- 예측치 = a + (4 × c) + b / 6 (단, a는 낙관치, b는 비관치, c는 기대치임)

95 ③

소프트웨어 개발 프레임워크 적용 시 기대 효과 : SW 프레임워크를 활용하면 개발 및 운영 용이성을 제공하고, 시스템 복잡도 감소, 유지보수성, 재사용성 확대 등의 장점이 있다.

96 ①

강제적 접근 통제(MAC : Mandatory Access Control)

- 중앙에서 정보를 수집하고 분류하여 보안 레벨을 결정하고 정책적으로 접근 제어를 수행하는 방식으로 다단계 보안 모델이라고도 한다.
- 어떤 주체가 특정 개체에 접근하려 할 때 양쪽의 보안 레이블(Security Label)에 기초하여 높은 보안 수준을 요구하는 정보(객체)가 낮은 보안 수준의 주체에게 노출되지 않도록 하는 접근 제어 방법이다.
- 대표적 접근 통제 모델로 BLP(Bell-Lapadula), Biba, Clark-Wilson, 만리장성 모델 등이 있다.

97 ④

나선형 모형(Spiral Model)

- Boehm이 제시하였으며, 반복적인 작업을 수행하는 모형으로 점증적 모형, 집중적 모형이라고도 한다. 완성도 높은 소프트웨어를 만들 수 있다.
- 여러 번의 개발 과정을 거쳐 완벽한 최종 소프트웨어를 개발하는 점진적 모형이다.
- 가장 큰 장점인 위험 분석 단계에서 기술과 관리의 위험 요소들을 하나씩 제거해 나감으로써 위험성 평가에 크게 의존하기 때문에 이를 발견하지 않으면 문제가 발생할 수 있다.
- 대규모 시스템의 소프트웨어 개발에 적합하다.

98 ③

SQL Injection 공격 기법은 DBMS의 종류에 따라 다양하다.

99 ①

이상 탐지(Anomaly Detection)

- 장기간 수집된 올바른 사용자 행동 패턴을 활용해 통계적으로 침입을 탐지. 알려지지 않은 공격을 탐지하는 데 적합하다.
- False Negative가 높은 반면 False Positive가 낮다.
- 호스트 기반과 네트워크 기반 침입 탐지 시스템에 모두 적용될 수 있다.

오답 피하기

①번은 오용 탐지에 관한 설명이다.

100 ④

Salt : 시스템에 저장되는 패스워드들은 Hash 또는 암호화 알고리즘의 결과값으로 저장된다. 이때 암호 공격을 막기 위해 똑같은 패스워드들이 다른 암호 값으로 저장되도록 추가되는 값을 의미한다.

최신 기출문제 11회 2-217P

01 ②	02 ③	03 ④	04 ②	05 ④
06 ②	07 ②	08 ③	09 ②	10 ①
11 ②	12 ②	13 ④	14 ①	15 ①
16 ②	17 ③	18 ②	19 ④	20 ②,③
21 ②	22 ③	23 ①, ③, ④		24 ①
25 ④	26 ①	27 ②	28 ④	29 ②
30 ①	31 ①	32 ③	33 ④	34 ③
35 ③	36 ④	37 ④	38 ①	39 ②
40 ①	41 ③	42 ①	43 ①	44 ④
45 ①	46 ②	47 ②	48 ①	49 ③
50 ④	51 ③	52 ①	53 ②	54 ④
55 ①	56 ③	57 ④	58 ④	59 ③
60 ④	61 ④	62 ③	63 ④	64 ②
65 ②	66 ③	67 ①	68 ①	69 ①
70 ③	71 ①	72 ③	73 ②	74 ④
75 ①, ②, ③, ④		76 ①	77 ①	78 ①
79 ①	80 ③	81 ①	82 ③	83 ④
84 ④	85 ③	86 ①	87 ③	88 ③
89 ②	90 ①	91 ④	92 ②	93 ①
94 ③	95 ②	96 ①	97 ④	98 ③
99 ②	100 ④			

과목 01 소프트웨어 설계

01 ②

기존 시스템과 신규 시스템의 성능 비교는 소프트웨어 재공학 시 벤치마킹 도구를 활용한다.

02 ③

Bridge Pattern은 기능 클래스 계층과 구현 클래스 계층을 연결하고, 구현부에서 추상 계층을 분리하여 각자 독립적으로 변형할 수 있도록 해주는 패턴이다.

오답 피하기

③번은 Adapter 패턴에 대한 설명이다.

03 ④

하둡(Hadoop) : 빅데이터를 분석 처리할 수 있는 큰 컴퓨터 클러스터에서 동작하는 분산 응용 프로그램을 지원하는 프리웨어 자바 소프트웨어 프레임워크이다.

04 ②

유스케이스 다이어그램(Usecase Diagram) 관계

확장 관계(Extends Association)

- 기준 유스케이스와 확장 대상 유스케이스 사이에 형성되는 관계로, 해당 유스케이스에 부가적인 유스케이스를 실행할 수 있을 때의 관계이다.
- 확장 대상 유스케이스를 수행할 때 특정 조건에 따라 확장 기능 유스케이스를 수행하는 경우에 적용한다.

사용 관계(Uses Association)

여러 개의 유스케이스에서 공통으로 수행해야 하는 기능을 모델링하기 위해 사용한다.

접속 관계(Communication Association)

- 액터/유스케이스 또는 유스케이스/유스케이스 사이에 연결되는 관계이다.
- 액터나 유스케이스가 다른 유스케이스의 서비스를 이용하는 상황을 표현한다.

액터(Actor)

서비스를 이용하는 외부 객체이다. 시스템이 특정한 사례(Use Case)를 실행하도록 요구할 수 있는 존재이다.

05 ④

CASE(Computer-Aided Software Engineering)

- 개발을 신속하게 할 수 있고, 오류 수정이 쉬워 S/W 품질이 향상된다.
- 소프트웨어 생명주기의 전체 단계를 연결해 주고 자동화시켜 주는 통합된 도구를 제공해주는 기술이다.
- 소프트웨어 시스템의 문서화 및 명세화를 위한 그래픽 기능을 제공한다.
- S/W 개발 단계의 표준화를 기할 수 있으며 자료 흐름도 작성 기능을 제공한다.
- 모델들 사이의 모순 검사 기능을 제공하며 다양한 소프트웨어 개발 모형을 지원한다.
- 원천 기술 : 구조적 기법, 프로토타이핑 기술, 정보 저장소 기술이다.

06 ②

럼바우(Rumbaugh) 객체지향 분석 기법

- 소프트웨어 구성 요소를 그래픽으로 모형화하였다.
- **객체 모델링 기법(OMT : Object Modeling Technique)이라고도 한다.**
- 객체 모델링 : 정보 모델링이라고도 한다. 시스템에서 요구되는 객체를 찾아내어 속성과 연산 식별 및 객체들 간의 관계를 규정하여 객체를 다이어그램으로 표시한다.
- 동적 모델링 : 제어 흐름, 상호작용, 동작 순서 등의 상태를 시간 흐름에 따라 상태 다이어그램으로 표시한다.
- 기능 모델링 : 자료 흐름도를 이용하여 여러 프로세스 간의 자료 흐름을 표시한다. 어떤 데이터를 입력하여 어떤 결과를 가져올 수 있을지를 표현한다.

07 ②

UML 실체화 관계(Realization Relation)

- 인터페이스와 실제 구현된 일반 클래스 간의 관계로 존재하는 행동에 대한 구현을 표현한다.
- 한 객체가 다른 객체에게 오퍼레이션을 수행하도록 지정하는 의미적 관계이다.

08 ③

시스템의 기본 요소 : 입력, 처리, 출력, 제어, 피드백으로 구성된다.

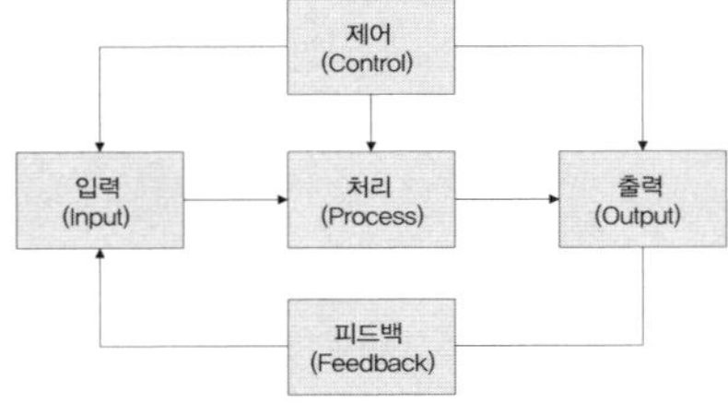

09 ②

UI 설계 지침

- 사용자 중심 : 실사용자의 이해를 바탕으로 쉽게 이해하고, 쉽게 사용할 수 있는 환경을 제공한다.
- 일관성 : 사용자가 기억하기 쉽고 빠른 습득이 가능하도록 버튼이나 조작법을 제공한다.
- 단순성 : 인지적 부담을 줄이도록 조작 방법을 간단히 작동하도록 한다.
- 가시성 : 주요 기능은 메인화면에 배치하여 조작이 쉽게 한다.
- 표준화 : 기능 구조의 선행 학습 이후 쉽게 이용할 수 있도록 디자인을 표준화한다.
- 접근성 : 사용자의 직무, 성별, 나이 등 다양한 계층을 수용해야 한다.
- 결과 예측 가능 : 작동 대상 기능만 보고도 결과 예측이 가능해야 한다.
- 명확성 : 사용자 관점에서 개념적으로 쉽게 인지할 수 있어야 한다.
- 오류 발생 해결 : 오류가 발생하면 사용자가 상황을 정확히 인지할 수 있어야 한다.

10 ①

SWEBOK에 따른 요구사항 개발 프로세스 : 도출(Elicitation) → 분석(Analysis) → 명세(Specification) → 확인(Validation)

11 ②

요구사항 분석(Requirement Analysis)

- 소프트웨어가 환경과 어떻게 상호작용하는지 이해하고, 사용자의 요구사항은 구조화와 열거가 어려워, 명확하지 못하거나 모호한 부분이 많다.
- 이러한 요구를 걸러 내기 위한 과정을 통하여 요구사항을 도출하고, 요구사항 정의를 문서화하는 과정이다.
- 도출된 사항을 분석하고 소프트웨어 개발 범위를 파악하여 개발 비용, 일정에 대한 제약을 설정하고 타당성 조사를 수행한다.

12 ②

Software Architecture 시스템 품질 속성 7 : 성능, 사용 운용성, 보안성, 시험 용이성, 가용성, 변경 용이성, 사용성

13 ④

파이프 필터(Pipe-Filters)

- 데이터 흐름(Data Stream)을 생성하고 처리하는 시스템을 위한 구조이다.
- 필터는 파이프를 통해 받은 데이터를 변경시키고 그 결과를 파이프로 전송한다.
- 각 처리 과정은 필터 컴포넌트에서 이루어지며, 처리되는 데이터는 파이프를 통해 흐른다. 이 파이프는 버퍼링 또는 동기화 목적으로 사용될 수 있다.

14 ①

객체지향의 Object(객체)

- 데이터와 함수를 묶어 캡슐화하는 대상이 된다.
- Class(클래스)에 속한 Instance(인스턴스)를 Object(객체)라 한다.
- 하나의 소프트웨어 모듈로서 목적, 대상을 표현한다.
- 같은 클래스에 속한 각각의 객체를 Instance라고 한다.
- Attribute : Object가 가지고 있는 데이터 값
- Method : Object의 행위인 함수

15 ①

생성 패턴

- 객체를 생성하는 것과 관련된 패턴이다.
- 객체의 생성과 변경이 전체 시스템에 미치는 영향을 최소화하도록 만들어주어 유연성을 높일 수 있고 코드를 유지하기가 쉬운 편이다.
- 종류 : Factory Method, Singleton, Prototype, Builder, Abstraction Factory

16 ②

CASE의 분류

- 상위(Upper) CASE : 요구분석 및 설계 단계 지원(모델 간 모순 검사 기능, 모델 오류 검증 기능, 자료 흐름도 작성 기능)
- 하위(Lower) CASE : 소스 코드 작성, 테스트, 문서화 과정 지원
- 통합(Integrate) CASE : 소프트웨어 개발 주기 전체 과정 지원

17 ③

인터페이스 시스템의 구성

- 서로 다른 시스템 간의 연결을 의미하며 송 · 수신, 중계 서버로 구성된다.
- 송신 시스템 : 연계할 데이터를 테이블, 파일 형태로 생성하고 전송하는 시스템
- 수신 시스템 : 송신된 데이터를 수신 시스템에서 관리하는 형식의 데이터를 변환하여 DB에 저장하거나 애플리케이션에 활용할 수 있도록 지원하는 시스템
- 중계 시스템 : 송 · 수신 시스템 사이에서 데이터 송 · 수신 상태를 모니터링하는 시스템

18 ②

UML 다이어그램의 분류

- 구조적 다이어그램 : Class Diagram, Object Diagram, Composite Structure Diagram, Deployment Diagram, Component Diagram, Package Diagram
- 행위 다이어그램 : Use Case Diagram, Activity Diagram, Collaboration Diagram, State Diagram Interaction Diagram, Sequence Diagram, Communication Diagram, Interaction Overview Diagram, Timing Diagram

19 ④

객체지향의 구성 요소

- Class : 유사한 객체를 정의한 집합으로 속성+행위를 정의한 것으로 일반적인 Type을 의미한다.
- Object : 데이터와 함수를 묶어 캡슐화하는 대상이 된다.
- Message : Object 간에 서로 주고받는 통신을 의미한다.

20 ②,③

정보은닉(Information Hiding)

- 객체 내부의 속성과 메소드를 숨기고 공개된 인터페이스를 통해서만 메시지를 주고받을 수 있도록 하는 것을 의미한다.
- 예기치 못한 부작용을 줄이기 위해서 사용한다.

오답 피하기

- 중복 답안 : ②, ③
- 객체가 가지고 있는 속성과 오퍼레이션의 일부를 감추는 것을 캡슐화라고 하고 이렇게 캡슐화된 상태에서 외부의 접근이 불가능한 상태를 정보은닉되었다고 한다.

과목 02 소프트웨어 개발

21 ②

클린 코드 최적화 원칙 : 가독성, 단순성, 의존성 배제, 중복성 최소화, 추상화

22 ③

Ant, Maven, Gradle은 빌드 자동화 도구이다.

오답 피하기

빌드 자동화 도구

- 소스 코드 컴파일 후 다수의 연관된 모듈을 묶어 실행 파일로 만드는 과정을 빌드라 한다.
- 소프트웨어 개발자가 반복 작업해야 하는 코딩을 잘 짜여진 프로세스를 통해 자동으로 실행하여, 신뢰성 있는 결과물을 생산해 낼 수 있는 작업 방식 및 방법이다.

23 ①, ③, ④

Poin－to－Point

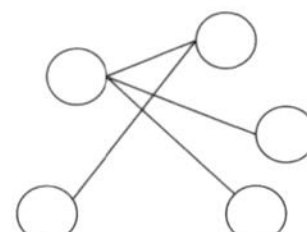

연계 모듈 사이에 미들웨어 없이 각 애플리케이션이 Poin－to－Point 방식으로 연결된 형태이다.

Hub & Spoke

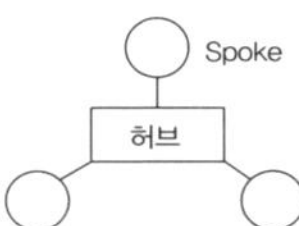

중앙집중적 방식으로 중앙에 허브를 통하여 모듈을 연결한다.

Message Bus(ESB 방식)

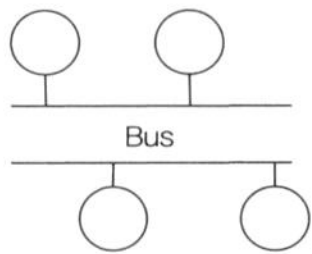

애플리케이션 사이에 데이터 공유와 병목 제거를 위한 Bus를 구성한다.

Hybrid

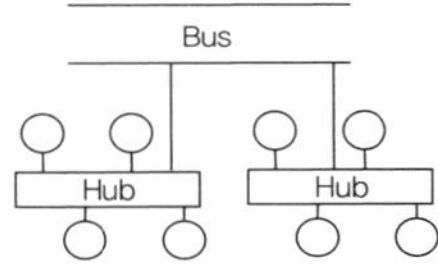

그룹 내에는 Hub& Spoke 방식을 통하여 연결하고 그룹 간 연결은 ESB 방식을 사용한다.

오답 피하기

- 중복 답안 : ①, ③, ④
- Poin－to－Point 외 방식은 모두 미들웨어(Hub, Bus)를 사용한다.

24 ①

패키징 도구 활용 시 고려사항

- 사용자에게 배포되는 소프트웨어임을 고려하여 반드시 내부 콘텐츠에 대한 암호화 및 보안을 고려한다.
- 다양한 이기종 콘텐츠 및 단말기 간 DRM 연동을 고려한다.
- 사용자 편의성을 위한 복잡성 및 비효율성 문제를 고려한다.
- 반드시 내부 콘텐츠에 대한 암호화 및 보안을 고려한다.
- 제품 소프트웨어에 적합한 암호화 알고리즘을 적용하여 범용성에 지장이 없도록 고려한다.

25 ④

- 성능 테스트 도구 : 애플리케이션의 처리량, 응답 시간, 경과 시간, 자원 사용률에 대해 가상의 사용자를 생성하고 테스트를 수행함으로써 성능 목표를 달성하였는지를 확인하는 테스트 자동화 도구이다.
- 테스트 하네스 도구 : 소프트웨어 컴포넌트의 테스트를 가능하게 하거나 프로그램의 입력을 받아들이거나 빠진 컴포넌트의 기능을 대신하거나 실행 결과와 예상 결과를 비교하기 위하여 동원된 소프트웨어 도구이다.

26 ①

저작권 관리(DRM) 구성 요소

- 콘텐츠 제공자(Contents Provider) : 콘텐츠를 제공하는 저작권자
- 콘텐츠 분배자(Contents Distributor) : 쇼핑몰 등으로 암호화된 콘텐츠 제공
- 패키저(Packager) : 콘텐츠를 메타 데이터와 함께 배포 가능한 단위로 묶는 기능
- 보안 컨테이너(Security Container) : 원본을 안전하게 유통하려는 전자적 보안 장치
- DRM Controller : 배포된 콘텐츠의 이용 권한을 통제
- Clearing House : 키 관리 및 라이선스 발급 관리

27 ②

소프트웨어 테스트의 원리

- 테스팅은 결함이 존재함을 밝히는 활동이다. : 소프트웨어의 잠재적인 결함을 줄일 수 있지만, 결함이 발견되지 않아도 결함이 없다고 증명할 수 없음을 나타낸다.
- 완벽한 테스팅은 불가능하다. : 무한 경로, 무한 입력값, 무한 시간이 소요되어 완벽하게 테스트할 수 없으므로 리스크 분석과 우선순위를 토대로 테스트에 집중할 것을 의미한다.
- 테스팅은 개발 초기에 시작해야 한다. : 애플리케이션의 개발 단계에 테스트를 계획하고 SDLC(Software Development Life Cycle)의 각 단계에 맞춰 전략적으로 접근하는 것을 고려하라는 뜻이다.
- 결함 집중(Defect Clustering) : 애플리케이션 결함의 대부분은 소수의 특정한 모듈에 집중되어 존재한다. 파레토 법칙이 좌우한다.
- 살충제 패러독스(Presticide Paradox) : 동일한 테스트 케이스로 반복 테스트 시 결함을 발견할 수 없으므로 주기적으로 테스트 케이스를 리뷰하고 개선해야 한다.
- 테스팅은 정황(Context)에 의존한다. : 정황과 비즈니스 도메인에 따라 테스트를 다르게 수행하여야 한다.
- 오류－부재의 궤변(Absence of Errors Fallacy) : 사용자의 요구사항을 만족하지 못하는 오류를 발견하고 그 오류를 제거하였다 해도, 해당 애플리케이션의 품질이 높다고 말할 수 없다.

28 ④

버블 정렬의 오름차순 수행 시 매 회전마다 마지막 값이 가장 큰 값이 된다.

초　기 : 9, 6, 7, 3, 5
1Pass : 6, 7, 3, 5, 9
2Pass : 6, 3, 5, 7, 9
3Pass : 3, 5, 6, 7, 9
4Pass : 3, 5, 6, 7, 9

29 ②

분산 저장소 방식

- 버전 관리 자료가 원격 저장소와 로컬 저장소에 함께 저장되어 관리된다.
- 로컬 저장소에서 버전 관리가 가능하므로 원격 저장소에 문제가 생겨도 로컬 저장소의 자료를 이용하여 작업할 수 있다.
- 개발자별로 원격 저장소의 자료를 각자의 로컬 저장소로 복사하여 작업 후 변경사항을 로컬 저장소에서 우선 적용하여 로컬 버전 관리가 가능하다.
- 개발 완료한 파일을 수정한 다음에 로컬 저장소에 먼저 커밋(Commit)한 이후, 다시 원격 저장소에 반영(Push)하는 방식이다.
- 종류 : Git, Bazaar, Mercurial, TeamWare, Bitkeeper, Plastic SCM, GNU Arch

30 ①

인터페이스 구현 검증 도구

구분	설명
Watir	Ruby 기반 웹 애플리케이션 테스트 프레임워크이며 모든 언어 기반의 웹 애플리케이션 테스트와 브라우저 호환성을 테스트할 수 있다.
xUnit	• java(Junit), C++(Cppunit), .Net(Nunit) 등 다양한 언어를 지원하는 단위 테스트 프레임워크이다. • 함수, 클래스 등 다른 구성 단위를 테스트를 도와준다.
FitNesse	• 웹 기반 테스트 케이스 설계/실행/결과 확인 등을 지원하는 테스트 프레임워크이다. • 테스트 케이스 테이블 작성하면 자동으로 빠르고 쉽게 작성한 테스트를 수행할 수 있다.
STAF	• 서비스 호출, 컴포넌트 재사용 등 다양한 환경을 지원하는 테스트 프레임워크이다. • 데몬을 사용하여 테스트 대상 분산 환경에서 대상 프로그램을 통해서 테스트를 수행하고 통합하는 자동화 검증 도구이다.
NTAF Naver	테스트 자동화 프레임워크이며, STAF와 FitNesse를 통합한다.
Selenium	• 다양한 브라우저 지원 및 개발 언어를 지원하는 웹 애플리케이션 테스트 프레임워크이다. • 테스트를 위한 스크립트 언어 습득 없이, 기능 데스트를 작성을 위한 플레이백 도구를 제공한다.

31 ①

시간 복잡도 Big-*O*(빅-오) 표기법

$O(1)$	상수 시간의 복잡도를 의미하며 입력값 N이 주어졌을 때, 문제를 해결하는 데 오직 한 단계만 거친다(해시 함수).
$O(log_2N)$	로그 시간의 복잡도를 의미하며 입력값 N이 주어졌을 때, 문제를 해결하는 데 필요한 단계들이 연산마다 특정 요인에 의해 줄어든다(이진 탐색).
$O(Nlog_2N)$	선형 로그 시간의 복잡도를 의미하며 문제 해결을 위한 단계수는 $Nlog_2N$번의 수행 시간을 갖는다(퀵 정렬, 병합(합병) 정렬).
$O(N)$	선형 시간의 복잡도를 의미하며 문제를 해결하기 위한 단계의 수와 입력값 N이 1 : 1 관계이다(순차 탐색).
$O(N^2)$	제곱 시간의 복잡도를 의미하며 문제를 해결하기 위한 단계의 수는 입력값 N의 제곱근이다(거품 정렬, 삽입 정렬, 선택 정렬).
$O(C^N)$	지수 시간의 복잡도를 의미하며 문제를 해결하기 위한 단계의 수는 주어진 상수값 C의 N 제곱이다.

32 ③

화이트박스 테스트(White Box Test)

- 모듈의 원시 코드를 오픈시킨 상태에서 코드의 논리적 모든 경로를 테스트하는 방법이다.
- Source Code의 모든 문장을 한 번 이상 수행함으로써 진행된다.
- 종류 : 기초 경로 검사, 제어 구조 검사

블랙박스 테스트(Black Box Test)

- 블랙박스 테스트는 소프트웨어가 수행할 특정 기능을 알기 위해 각 기능이 완전히 작동되는 것을 입증하는 테스트로 기능 테스트라고도 한다.
- 종류 : 동치 분할 검사, 원인 효과 그래프, 오류 예측 검사, 비교 검사, 경계값 분석

33 ④

화이트박스 테스트에서 기본 경로(Basis Path)란 제어 흐름 그래프를 분석하여 선형 독립 실행 경로 집합을 찾는 것이다. Mccabe의 순환 복잡도를 사용하여 선형 독립 경로 수를 결정한 다음 얻어진 각 경로에 대한 테스트 사례를 생성한다.

34 ③

소프트웨어는 사용자 수준에 맞게 잘 작동할 수 있도록 인터페이스를 제공해야 한다.

35 ③

모듈 간의 비정상적 상호작용으로 인한 원치 않는 결과는 통합 테스트로 확인할 수 있다.

테스트 레벨의 종류

단위 테스트	개발자가 원시 코드를 대상으로 각각의 단위를 다른 부분과 연계되는 부분은 고려하지 않고 단위 자체에만 집중하여 테스트한다.
통합 테스트	단위 테스트를 통과한 개발 소프트웨어/하드웨어 컴포넌트 간 인터페이스 및 연동 기능 등을 구조적으로 접근하여 테스트한다.
시스템 테스트	• 단위/통합 테스트가 가능한 완벽히 완료되어 기능상에 문제가 없는 상태에서 실제 환경과 가능한 유사한 환경에서 진행한다. • 시스템 성능과 관련된 요구사항이 완벽하게 수행되는지를 테스트하기 때문에 사전 요구사항이 명확해야 한다. • 개발 조직과는 독립된 테스트 조직에서 수행한다.
인수 테스트	• 일반적인 테스트 레벨의 가장 마지막 상위 레벨로, SW 제품에 대한 요구사항이 제대로 이행되었는지 확인하는 단계이다. • 테스팅 환경을 실 사용자 환경에서 진행하며 수행하는 주체가 사용자이다. • 알파, 베타 테스트와 가장 밀접한 연관이 있다.

36 ④

힙 정렬의 경우 최악 복잡도와 평균 복잡도가 동일하다.

37 ④

Subversion(SVN) 주요 명령어

Import	아무것도 없는 서버의 저장소에 맨 처음 소스 파일을 저장
Check –in	체크아웃으로 가져온 파일을 수정 후 저장소(Repository)에 새로운 버전으로 갱신
Check –out	타 개발자가 수정 작업을 위하여 저장소(Repository)에 저장된 파일을 자신의 작업 공간으로 인출
Commit	체크인 시 이전 갱신 사항이 있는 경우 충돌(Conflict)이 있을 경우 알림을 표시하고 Diff(코드 비교) 도구를 이용하여 수정한 뒤 Commit(예치) 과정 수행
Diff	새로운 개발자가 추가된 파일의 수정 기록(Change Log)을 보면서 기존 개발자가 처음 추가한 파일과 이후 변경된 파일의 차이(Diff)

38 ①

테스트는 오류를 찾는 작업이고 디버깅은 오류를 수정하는 작업이다.

39 ②

- Postfix(전위 표기법)를 Infix(중위 표기법)로 변환 후 계산한다.

3 4 * 5 6 * +

- ((3 4) * (5 6) *) + : 연산자 앞 피연산자 2개를 괄호 ( )로 묶는다.
- ((3 * 4) + (5 * 6)) : 연산자를 괄호 ( )안의 피연산자 사이로 이동한다.
- 12 + 30 = 42

40 ①

선택 정렬은 하나의 임시 기억 공간만 있으면 정렬할 수 있으므로 스택(LIFO, 후입선출)과는 무관하다.

과목 03 데이터베이스 구축

41 ③

- Cartesian Product(교차곱)의 결과 릴레이션은 두 릴레이션의 속성의 개수는 더하고 각 튜플의 개수는 곱한 크기의 결과 릴레이션이 생성된다.
- 릴레이션 R : 차수 4, 카디널리티 5
- 릴레이션 S : 차수 6, 카디널리티 7
- 결과릴레이션 : 차수 10, 카디널리티 35

42 ①

시스템 카탈로그(System Catalog)

- 시스템 자신이 필요로 하는 여러 가지 객체(기본 테이블, 뷰, 인덱스, 데이터베이스, 패키지, 접근 권한 등)에 관한 정보를 포함하고 있는 시스템 데이터베이스이다.
- 데이터 사전(Data Dictionary), 메타 데이터(Meta Data)라고도 한다.
- 시스템 카탈로그 자체도 시스템 테이블로 구성되어 있어 SQL문을 이용하여 내용 검색이 가능하다.
- 사용자가 시스템 카탈로그를 직접 갱신할 수는 없으나 SQL문으로 여러 가지 객체에 변화를 주면 시스템이 자동으로 갱신된다.

43 ①

순수 관계 연산자의 종류

Select(σ)	튜플 집합을 검색한다.
Project(π)	속성 집합을 검색한다.
Join($\bowtie$)	두 릴레이션의 공통 속성을 연결한다.
Division(÷)	두 릴레이션에서 특정 속성을 제외한 속성만 검색한다.

44 ④

물리적 설계

- 목표 DBMS에 종속적인 물리적 구조 설계이다.
- 저장 레코드 양식 설계와 레코드 집중의 분석/설계, 액세스 경로 인덱싱, 클러스터링, 해싱 등의 설계가 포함된다.
- 접근 경로 설계 및 트랜잭션 세부 설계이다.

오답 피하기

④번은 개념적 설계 단계에 관한 내용이다.

45 ①

- R1, R2 테이블에서 학번이 같으면서, R1의 학과가 '전자공학'이면서 '강남길'인 항목의 과목번호, 과목이름을 조회하는 SQL문이다.
- R1, R2 테이블을 학번으로 조인하고, '전자공학'이면서 '강남길'인 레코드 중에서 과목번호, 과목이름 필드를 조회한다.

46 ②

병행 제어(Concurrency Control)

- 동시에 수행되는 트랜잭션들을 일관성 있게 처리하기 위해 제어하는 것이다.
- 병행 수행의 문제점 : 갱신 분실, 비완료 의존성, 모순성, 연쇄 복귀가 있다.
- 종류 : 로킹, 최적 병행 수행, 타임스탬프, 다중 버전 기법

47 ②

SELECT문 기본 구조

```
SELECT 속성명 [ALL | DISTINCT]
FROM 릴레이션명
WHERE 조건
[GROUP BY 속성명1, 속성명2,…] – 그룹화
[HAVING 조건]
[ORDER BY 속성명 [ASC | DESC]]; – 정렬
```

- ALL : 모든 튜플을 검색 (생략 가능)
- DISTINCT : 중복된 튜플 생략

48 ①

BCNF(보이스/코드) 정규형

- 1, 2, 3정규형을 만족하고, 결정자가 후보키가 아닌 함수 종속 제거되면 보이스/코드 정규형에 속한다.
- 후보키를 여러 개 가지고 있는 릴레이션에서 발생할 수 있는 이상 현상을 해결하기 위해 제3정규형 보다 좀 더 강력한 제약조건을 적용한다.
- 보이스/코드 정규형에 속하는 모든 릴레이션은 3정규형에 속하지만, 3정규형에 속하는 모든 릴레이션이 보이스/코드 정규형에 속하지는 않는다.

49 ③

뷰(View) 특징

- 뷰의 생성 시 CREATE문, 검색 시 SELECT문을 사용한다.
- 뷰의 정의 변경 시 ALTER문을 사용할 수 없고 DROP문을 이용한다.
- 뷰를 이용한 또 다른 뷰의 생성이 가능하다.

50 ④

DCL 종류

COMMIT	명령어로 수행된 결과를 실제 물리적 디스크로 저장하고, 명령어로 수행을 성공적으로 완료하였음을 선언한다.
ROLLBACK	명령어로 수행에 실패하였음을 알리고, 수행된 결과를 원상 복귀시킨다.
GRANT	데이터베이스 사용자에게 사용 권한을 부여한다.
REVOKE	데이터베이스 사용자로부터 사용 권한을 취소한다.

51 ③

DDL 종류

CREATE	스키마, 도메인, 테이블, 뷰 정의
ALTER	테이블 정의 변경
DROP	스키마, 도메인, 테이블, 뷰 삭제

52 ①

이상 현상(Anomaly)

- 릴레이션 조작 시 데이터들이 불필요하게 중복되어 예기치 않게 발생하는 곤란한 현상을 의미한다.
- 종류 : 삽입 이상, 삭제 이상, 갱신 이상

53 ②

두 테이블의 중복 레코드는 학번 : 20202222이므로 ②번이 답이 된다.

54 ④

- 차수(Degree) : 속성의 수
- 카디널리티(Cardinality) : 튜플의 수(기수)

55 ①

UPDATE

- 튜플의 내용 변경(갱신)하는 명령어이다.
- **기본 구조**

```
UPDATE 테이블명
SET 속성명 = 값
WHERE 조건;
```

56 ③

데이터베이스 분할

- 수평 분할 : 효율성, 지역의 최적화, 보안 향상을 위해 행 단위로 분할 한다. 종류에는 라운드-로빈, 해시 분할, 영역 분할(범위 분할), 이용자 정의 분할 방식 등이 있다.
- 수직 분할 : 열 단위로 분할 한다. 응용 프로그램에 따라 컬럼을 그룹핑하는 방법과 분열하는 방법이 있다.

57 ④

릴레이션의 특징

- 튜플의 유일성 : 모든 튜플은 서로 다른 값을 갖는다.
- 튜플의 무순서성 : 하나의 릴레이션에서 튜플의 순서는 없다.
- 속성의 원자성 : 속성값은 원자값을 갖는다.
- 속성의 무순서성 : 각 속성은 릴레이션 내에서 유일한 이름을 가지며, 속성의 순서는 큰 의미가 없다.

58 ④

- 차수(Degree) : 속성의 수
- 카디널리티(Cardinality) : 튜플의 수(기수)

59 ③

무결성(Integrity)

- 개체 무결성 : 기본키의 값은 널(Null) 값이나 중복 값을 가질 수 없다는 제약조건이다.
- 참조 무결성 : 참조할 수 없는 외래키 값을 가질 수 없다는 제약조건이다.
- 도메인 무결성 : 각 속성값은 해당 속성 도메인에 지정된 값이어야 한다는 제약조건이다.

60 ④

E-R 다이어그램 : E-R 모델을 그래프 방식으로 표현하였다.

기호	기호 이름	의미
(사각형 기호)	사각형	개체(Entity)
(마름모 기호)	마름모	관계(Relationship)
(타원 기호)	타원	속성(Attribute)
(실선 기호)	실선	개체 타입과 속성을 연결

과목 04 프로그래밍 언어 활용

61 ④

페이징(Paging) 기법

- 가상 기억 장치에 보관된 프로그램과 주기억 장치의 영역을 동일한 크기로 나눈 후, 나눠진 프로그램을 동일하게 나눠진 주기억 장치의 영역에 적재시켜 실행하는 기법이다.
- 가상 기억 장치에서 주기억 장치로 주소를 조정하기 위해 페이지의 위치 정보를 가진 페이지 맵 테이블이 필요하다.
- 페이지의 크기가 클수록 페이지 맵 테이블의 크기가 작아지고, 단편화가 증가하고, 디스크 접근 횟수가 감소하며, 전체 입 · 출력 시간이 감소한다.

62 ③

- 변수 a와 b의 4, 7을 (2진수)비트 연산자 |(OR)로 연산한다.
- 비트 연산자는 2진수로 변환 후 계산한다.
- OR 연산자는 두 비트 중 1개라도 1이면 1이 출력된다.

```
          0100 (10진수 : 4)
비트 OR ) 0111 (10진수 : 7)
          0111 (10진수 : 7)
```

- 0111는 "%d" 출력 형식 지정 문자에 의해 10진수로 변환하면 7이 되어 출력된다.

63 ④

파이썬의 클래스 메소드 호출

- 클래스 FourCal에 setdata( ) 메소드와 add( ) 메소드가 정의되어 있다.
- setdata(sel, fir, sec) 메소드 : 두 개의 매개 변수를 전달받아 객체 변수 fir와 sec에 각각 저장된다.
- add(sel) 메소드 : 객체 변수들의 덧셈을 수행 후 결과 값을 반환한다.
- a = FourCal( ) 명령문을 통해 FourCal 클래스 형의 객체 a를 생성한다.
- 객체명.메소드 형태로 호출을 수행한다.
- a.setdata(4, 2) : 메소드 호출 시, 객체명을 통해 호출할 때는 self를 반드시 생략해서 호출한다. 4와 2의 값을 매개 변수로 전달하여 객체 a의 객체 변수를 fir를 4로 sec를 2로 저장한다.
- a.add( ) : add( ) 메소드 호출 후, 두 객체 변수를 덧셈한 결과 6을 반환받아 온다. print( ) 함수를 통해 콘솔에 출력한다.

64 ②

서브넷 마스크(Subnet Mask)

- 네트워크를 작은 내부 네트워크로 분리하여 효율적으로 네트워크를 관리하기 위한 수단이다.
- 서브넷 마스크는 32bit의 값으로 IP 주소를 네트워크와 호스트 IP 주소를 구분하는 역할을 한다.
- 네트워크 ID에 해당하는 모든 비트를 1로 설정하며 호스트 ID에 해당하는 모든 bit를 0으로 설정한다.
- CIDR 표기 형식 : 10진수의 IP/네트워크 ID의 1bit의 개수이다.
- 203.241.132.82/27
- 27은 32bit의 2진수 IP 주소 중 27bit가 네트워크 ID인 1bit의 개수이고 나머지 5(32−27)bit가 호스트 ID인 0bit의 개수이다.
- 서브넷 마스크 : 11111111.11111111.11111111.11100000
- 10진수 표 기법 : 255.255.255.224

65 ②

오답 피하기

②번은 데이터 링크 계층에 대한 설명이다.

66 ③

C언어의 문자 상수 ASCII 코드값

- char 자료형은 한 개의 문자 상수를 1byte의 공간에 ASCII 코드값으로 저장한다.
- 대문자 'A'의 ASCII 코드값은 01000001으로 10진수 65이다.

a = 'A' + 1;

- 대문자 'A'의 ASCII 코드값(65)과 1을 덧셈한 결과 66을 char형 변수 a에 대문자 'B'의 ASCII 코드값으로 저장한다.
- 출력 결과는 "%d"의 출력 형식 지정 문자에 의해 10진 정수로 변환되어 콘솔에 66이 출력된다.

67 ①

응집도 : (강함) 기능적 응집도 〉 순차적 응집도 〉 교환적 응집도 〉 절차적 응집도 〉 시간적 응집도 〉 논리적 응집도 〉 우연적 응집도 (약함)

68 ①

프레임워크(FrameWork) : 복잡한 소프트웨어 문제를 해결하거나 서술하는 데 필요한 기본 구조를 제공함으로써 재사용이 가능하게 해준다.

69 ①

후위 증가 연산자(+ +)와 전위 감소 연산자(− −)

- y = x+ +;
- 변수 y에 변수 x의 값을 대입 후, 변수 x의 값을 1증가시켜 변수 y에는 5가 변수 x에는 6이 저장된다.
- z = − −x;
- 변수 x의 값을 1감소시킨 후, 변수 z에 변수 x의 값을 대입하여 변수 x는 5가 변수 z이 저장된다.
- 최종 결과 변수 x, 변수 y, 변수 z를 출력하면 5, 5, 5가 출력된다.

70 ③

C언어 포인터 변수의 덧셈 연산

- 포인터 변수는 정수와 덧셈과 뺄셈 연산이 가능하다.
- 포인터 변수의 덧셈 연산을 통해 포인터 변수가 가리키는 연속된 메모리 주소 간의 거리를 계산할 수 있다.
- 포인터 변수의 덧셈 시 주소의 변량 = 자료형의 크기 * 정수

p = a[0];

- int형 2차원 배열 a의 0행의 시작 주소를 포인터 변수에 저장한다 (예를 들어 int형 2차원 배열 a의 시작 주소를 1000번지라고 가정한다).

• int형 변수는 4byte 크기이므로 2차원 배열 a에 16(4byte*2*2)byte 크기의 연속된 메모리 공간이 할당된다.

p+0	→	1000번지	a[0][0]	11	← *(p+0)
p+1	→	1004번지	a[0][1]	22	← *(p+1)
p+2	→	1008번지	a[1][0]	44	← *(p+2)
p+3	→	1012번지	a[1][1]	55	← *(p+3)

• for 반복 명령을 통해 포인터 변수 p로 2차원 배열 a의 요소의 값에 접근하여 변수 sum에 누적 합계를 구한다.

i	p + i	*(p + i)	sum
1	1000 + (4byte*1) = 1004번지	22	22
2	1000 + (4byte*2) = 1008번지	44	66
3	1000 + (4byte*3) = 1012번지	55	121

• 포인터 연산자 *는 주소(번지)의 내용을 참조하는 연산자이다.

71 ①

• stdio.h : C언어 표준 입 · 출력 라이브러리(Standard Input and Output Library)이다.
• stdlib.h : C 표준 유틸리티 함수를 모아놓은 헤더 파일이다. 문자형 변환, 수치를 문자형으로 변환하는 등 동적 할당 관련 함수, 난수 생성 함수, 정수의 연산 함수, 검색 및 정렬 함수 등이다.

72 ③

스래싱(Thrashing) : 하나의 프로세스가 작업 수행 과정에 수행하는 기억 장치 접근에서 지나치게 페이지 부재가 발생하여 프로세스 수행에 소요되는 시간보다 페이지 이동에 소요되는 시간이 더 커지는 현상이다.

73 ②

교착상태의 해결 방법

예방 (Prevention)	• 교착상태가 발생하지 않도록 사전에 시스템을 제어하는 방법이다. • 일반적으로 자원의 낭비가 가장 심한 것으로 알려진 기법이다.
회피 (Avoidance)	• 교착상태 발생 가능성을 인정하고 교착상태가 발생하려고 할 때, 교착상태 가능성을 피해 가는 방법이다. • 주로 은행가 알고리즘(Banker's Algorithm)을 사용한다.
발견 (Detection)	교착상태가 발생했는지 검사하여 교착상태에 빠진 프로세스와 자원을 발견하는 방법이다.
회복 (Recovery)	교착상태에 빠진 프로세스를 종료하거나 해당 프로세스가 점유하고 있는 자원을 선점하여 다른 프로세스에게 할당하는 기법이다.

74 ④

결합도 정도 : (약함) 데이터 결합도 〈 스탬프 결합도 〈 제어 결합도 〈 외부 결합도 〈 공통 결합도 〈 내용 결합도 (강함)

75 ①, ②, ③, ④

모두 정답 처리됨

76 ①

C언어의 연산자 우선순위

• (높음) 괄호( ) → 산술 연산자 → 비트 이동 연산자 → 관계 연산자 → 비트 논리 연산자 → 논리 연산자 (낮음)
• 산술 연산자 : *, /, %, +, −
• 비트 이동 연산자 : 〈〈, 〉〉
• 관계 연산자 : 〈, 〈=, 〉, =, = =, !=
• 비트 논리 연산자 : &, ^, |
• 논리 연산자 : &&, ||

77 ①

C언어의 do~while 명령문과 if~else 명령문

• 변수 cnt를 초기화 후, 반복문(do~while)과 조건문(if~else)을 실행 후 변수 cnt의 값을 출력하는 프로그램이다.
• 변수 cnt의 초기값은 0이며, do~while 명령문에 의해 무조건 반복문 내부로 진입하여 cnt++;를 수행하여 변수 cnt는 1이 된다. 조건식 cnt 〈 0의 결과가 거짓이므로 다음 if~else 명령문을 수행하게 된다.
• 변수 cnt는 1이므로 조건식 cnt= =1은 참이므로 cnt++;를 수행하여 변수 cnt는 2이 된다.
• 출력문에 의해 변수 cnt는 2가 출력된다.

78 ①

리눅스 Bash 쉘에서의 export 명령

• export 명령은 리눅스에서 사용자 환경 변수를 전역 변수로 설정할 때 사용한다.
• export가 매개 변수 없이 쓰일 경우 현재 설정된 환경 변수들이 출력된다.
• 사용자가 생성하는 변수는 export 명령어로 표시하지 않는 한 현재 쉘(세션)에 국한된다.
• 변수를 export 시키면 전역(Global) 변수처럼 되어 끝까지 기억된다.
• 사용법 : export [변수명]=[데이터값]

오답 피하기

• 변수를 출력하고자 할 때는 echo를 사용해야 한다.
• 사용법 : echo $[변수명]

79 ①

TCP(Transmission Control Protocol)

• 신뢰성 있는 연결 지향형 전달 서비스를 제공한다.
• 순서 제어, 에러 제어, 흐름 제어 기능을 제공한다.
• 전이중 서비스와 스트림 데이터 서비스를 제공한다.
• 메시지를 캡슐화(Encapsulation)와 역캡슐화(Decapsulation)한다.
• 서비스 처리를 위해 다중화(Multiplexing)와 역다중화(Demultiplexing)를 이용한다.

오답 피하기

①번은 데이터 링크 계층에 관한 내용이다.

80 ③

CSMA/CA에 관한 설명이다.

오답 피하기

CSMA/CD(Carrier Sensing Multiple Access/Collision Detection)
- 전송 중에 충돌이 감지되면 패킷의 전송을 즉시 중단하고 충돌이 발생한 사실을 모든 스테이션들이 알 수 있도록 간단한 통보 신호를 송신한다.
- 스테이션의 수가 많아지면 충돌이 많아져서 효율이 떨어진다.
- 어느 한 기기에 고장이 발생하여도 다른 기기의 통신에 전혀 미치지 않는다.

과목 05 정보 시스템 구축 관리

81 ①

SSH의 기본 네트워크 포트는 22번을 사용한다.

82 ③

스크린된 서브넷 게이트웨이(Screened Subnet Gateway)
- 스크린드 호스트의 보안상 문제점을 보완한 모델이다. 외부 네트워크와 내부 네트워크 사이에 하나 이상의 경계 네트워크를 두어 내부 네트워크를 외부 네트워크로 분리하기 위한 구조이다.
- 스크린된 서브넷 게이트웨이 방식은 외부와 내부의 가운데인 DMZ(DeMilitarized Zone)에 위치시키며 방화벽도 DMZ 부분에 위치하고 주로 프록시가 설치된다.
- 설치 및 관리가 어렵고 속도가 느리며 고비용이다.

83 ④

코드의 오류 종류

오류	의미	예
필사 오류 (Transcription Error)	입력 시 한 자리를 잘못 기록하는 오류	1234 → 1235
전위 오류 (Transposition Error)	입력 시 좌우 자리를 바꾸어 발생하는 오류	1234 → 1243
이중 오류 (Double Transposition Error)	전위 오류가 두 개 이상 발생하는 오류	1234 → 2143
생략 오류 (Missing Error)	입력 시 한 자리를 빼고 기록하는 오류	1234 → 123
추가 오류 (Addition Error)	입력 시 한 자리를 추가해서 기록하는 오류	1234 → 12345
임의 오류 (Random Error)	두 가지 이상의 오류가 결합해서 발생하는 오류	1234 → 21345

84 ④

N-Screen : 동일한 콘텐츠를 PC, 스마트TV, 스마트폰, 태블릿 PC 등 다양한 디지털 정보기기에서 자유롭게 이용할 수 있는 서비스이다.

85 ③

Secure OS의 보안 기능 : 강제적 접근 통제, 임의적 접근 통제, 식별 및 인증, 객체 사용 보호, 완전성 조성, 신뢰 경로

86 ①

Stack Guard : 메모리상에서 프로그램의 복귀 주소와 변수 사이에 특정 값을 저장해 두었다가 그 값이 변경되었을 경우 오버플로우 상태로 가정하여 프로그램 실행을 중단하는 기술이다.

87 ③

벨라파듈라 모델 (BLP : Bell-LaPadula Confidentiality Model)

군대의 보안 레벨처럼 정보의 기밀성에 따라 상하 관계가 구분된 정보를 보호하기 위해 사용하며, 자신의 권한보다 낮은 보안 레벨 권한을 가진 경우에는 높은 보안 레벨의 문서를 읽을 수 없고 자신의 권한보다 낮은 수준의 문서만을 읽을 수 있다.

88 ③

ISO/IEC 12207
- 소프트웨어 개발 작업에 일관적이고 체계적인 프레임워크를 제공하기 위하여 1995년에 ISO/IEC에서 제정한 소프트웨어 생명주기 프로세스 국제 표준이다.
- 기본 생명주기 프로세스 구분 : 획득 프로세스(Acquisition Process), 공급 프로세스(Supply Process), 개발 프로세스(Development Process), 운영 프로세스(Operation Process), 유지보수(Maintenance)

89 ②

- 거리 벡터 라우팅 프로토콜을 사용하는 방식은 RIP이다.
- OSPF는 링크 상태 방식을 사용한다.

90 ①

SAN(Storage Area Network) : 네트워크상에 광채널 스위치의 이점인 고속 전송과 장거리 연결 및 멀티 프로토콜 기능을 활용하여 각기 다른 운영체제를 가진 여러 기종들이 네트워크상에서 동일 저장 장치의 데이터를 공유하게 함으로써, 여러 개의 저장 장치나 백업 장비를 단일화시킨 시스템이다.

91 ④

CBD(Component Based Development) SW 개발 표준 산출물
- 분석 : 사용자 요구사항 정의서, 유스케이스 명세서, 요구사항 추적표
- 설계 : 클래스 명세서, 사용자 인터페이스 설계서, 아키텍처 설계서, 총괄 시험 계획서, 시스템 시험 시나리오, 엔티티 관계 모형 설계서, 데이터베이스 설계서, 통합 시험 시나리오, 단위 시험 케이스, 데이터 전환 및 초기 데이터 설계서
- 구현 : 프로그램 코드, 단위 시험 결과서, 데이터베이스 테이블
- 시험 : 통합 시험 결과서, 시스템 시험 결과서, 사용자 지침서, 운영자 지침서, 시스템 설치 결과서, 인수 시험 시나리오, 인수 시험 결과서

92 ②

COCOMO 모델

- 보헴이 제안한 소스 코드의 규모에 의한 비용 예측 모델이다.
- 개발 유형 : Organic Mode(단순형), Semidetached Mode(중간형), Embedded Mode(임베디드형)

93 ①

SPICE 모델의 레벨

레벨 5 최적(Optimizing) 단계	정의된 프로세스와 표준 프로세스가 지속적으로 개선되는 단계이다.
레벨 4 예측(Predictable) 단계	표준 프로세스 능력에 대하여 정량적인 이해와 성능이 예측되는 단계이다.
레벨 3 확립(Established) 단계	표준 프로세스를 사용하여 계획되고 관리된 단계이다.
레벨 2 관리(Managed) 단계	프로세스가 정해진 절차에 따라 이루어져 산출물을 내며, 모든 작업이 계획되고 추적되는 단계이다.
레벨 1 수행(Performed) 단계	해당 프로세스의 목적은 달성하지만 계획되거나 추적되지 않은 단계이다.
레벨 0 불완전(Incomplete) 단계	프로세스가 구현되지 않거나 프로세스 목적을 달성하지 못한 단계이다.

94 ③

라우터

- 네트워크 계층(Network Layer)에서 동작하며 동일 전송 프로토콜을 사용하는 분리된 2개 이상의 네트워크를 연결해주는 통신 장치이다.
- 네트워크상에서 가장 최적의 IP 경로를 설정하여 전송하는 장비이다.

95 ②

비밀키(Private Key, 대칭키) 암호화 기법

- 동일한 키로 암호화하고 복호화하는 기법으로 키 개수는 N(N−1)/2개가 필요하다.
- 대칭키 암호화 기법 또는 개인키 암호화 기법이라고도 한다.
- 암호화/복호화 속도가 빠르고 알고리즘이 단순하다.
- 종류 : DES, AES, ARIA, SEED, IDEA, RC4

96 ①

IPSec(IP Security)

- 통신 세션의 각 IP 패킷을 암호화하고 인증하는 안전한 인터넷 프로토콜(IP) 통신을 위한 인터넷 프로토콜으로 양방향 암호화를 지원한다.
- ESP는 발신지 인증, 데이터 무결성, 기밀성 모두를 보장한다.
- 운영 모드는 Tunnel 모드와 Transport 모드로 분류된다.
- AH는 발신지 호스트를 인증하고, IP 패킷의 무결성을 보장한다.

97 ④

Nmap(Network mapper) : 고든 라이온(Gordon Lyon)이 작성한 보안 스캐너로 컴퓨터와 서비스를 찾을 때 쓰이며, 네트워크 "지도"를 함께 만들어 서버에 열린 포트 정보를 스캐닝해서 보안 취약점을 찾는데 사용한다.

98 ③

하둡(Hadoop)

- 오픈소스를 기반으로 한 분산 컴퓨팅 플랫폼으로 일반 PC급 컴퓨터들로 가상화된 대형 스토리지를 형성하고, 그 안에 보관된 거대한 데이터 세트를 병렬로 처리할 수 있도록 빅데이터 분산 처리를 돕는 자바 소프트웨어 오픈소스 프레임워크이다.
- 다양한 소스를 통해 생성된 빅데이터를 효율적으로 저장하고 처리한다.
- 하둡의 필수 핵심 구성 요소는 맵리듀스(MapReduce)와 하둡 분산 파일 시스템(Hadoop Distributed File System)이다.
- Sqoop : 하둡(Hadoop)과 관계형 데이터베이스 간에 데이터를 전송할 수 있도록 설계된 도구이다.

99 ②

해시(HASH) 암호화 방식

- 임의 길이의 메시지를 입력으로 하여 고정된 길이의 출력값으로 변환하는 기법이다.
- 주어진 원문에서 고정된 길이의 의사난수를 생성하며, 생성된 값을 해시값이라고 한다.
- 해시 함수라고도 한다.
- 디지털 서명에 이용되어 데이터 무결성을 제공한다.
- 블록체인에서 체인 형태로 사용되어 데이터의 신뢰성을 보장한다.
- SHA, SHA1, SHA256, MD4, MD5, RMD160, HAS−160, HAVAL 기법 등이 있다.

오답 피하기

공개키 암호화 방식이 아니라 대표적인 해싱 암호화 기법이다.

100 ④

PERT(Program Evaluation and Review Technique) : 프로젝트 관리를 분석하거나, 주어진 완성 프로젝트를 포함한 일을 묘사하는 데 쓰이는 모델이다.

최신 기출문제 12회 2-230P

01 ①	02 ②	03 ④	04 ②, ④	05 ①
06 ③	07 ④	08 ④	09 ①	10 ②
11 ②	12 ②	13 ①	14 ④	15 ③
16 ③	17 ④	18 ②	19 ④	20 ③
21 ②	22 ④	23 ④	24 ③	25 ③
26 ③	27 ②	28 ②	29 ①	30 ③
31 ①	32 ③	33 ④	34 ①	35 ③
36 ①	37 ②	38 ①	39 ①	40 ③
41 ②	42 ①	43 ④	44 ①	45 ④
46 ②	47 ③	48 ②	49 ①	50 ③
51 ①	52 ④	53 ①	54 ③	55 ②
56 ④	57 ①	58 ③	59 ④	60 ①
61 ②	62 ④	63 ②	64 ③	65 ①
66 ①	67 ②	68 ④	69 ①	70 ①
71 ①	72 ③	73 ②	74 ④	75 ①
76 ④	77 ③	78 ④	79 ④	80 ③
81 ②	82 ③	83 ④	84 ③	85 ③
86 ④	87 ③	88 ③	89 ②	90 ④
91 ①, ②	92 ②	93 ①	94 ①	95 ②
96 ①	97 ②	98 ①	99 ④	100 ①

과목 01 소프트웨어 설계

01 ①

미들웨어 솔루션의 정의
- 클라이언트와 서버 간의 통신을 담당하는 시스템 소프트웨어이다.
- 이기종 하드웨어, 소프트웨어, 네트워크, 프로토콜, PC 환경, 운영체제 환경 등에서 시스템 간의 표준화된 연결을 도와주는 소프트웨어이다.

오픈허브웨어
웹 서비스 모음들과 오픈소스 소프트웨어 개발 환경의 전반을 안내하는 데 초점을 둔 온라인 커뮤니티플랫폼을 제공하는 웹 사이트이다.

그레이웨어
악성 코드와 바이러스 중간 단계로 사용자 동의를 얻어 설치된다. 사용자의 중요정보를 탈취하지 않지만 불편함을 준다.

02 ②

Use Case Diagram 관계

확장 관계(Extends Association)
- 기준 유스케이스와 확장 대상 유스케이스 사이에 형성되는 관계로, 해당 유스케이스에 부가적인 유스케이스를 실행할 수 있을 때의 관계이다.
- 확장 대상 유스케이스를 수행할 때 특정 조건에 따라 확장 기능 유스케이스를 수행하는 경우에 적용한다.

사용 관계(Uses Association)
여러 개의 유스케이스에서 공통으로 수행해야 하는 기능을 모델링하기 위해 사용한다.

접속 관계(Communication Association)
- 액터/유스케이스 또는 유스케이스/유스케이스 사이에 연결되는 관계이다.
- 액터나 유스케이스가 다른 유스케이스의 서비스를 이용하는 상황을 표현한다.

03 ④

상태 머신 다이어그램(State Machine Diagram)
- 객체의 생명주기를 표현한다.
- 동적 행위를 모델링 하지만 특정 객체만을 다룬다. 예 실시간 임베디드 시스템, 게임, 프로토콜 설계에 이용

순차 다이어그램(Sequence Diagram)
시스템의 동작을 정형화하고 객체 간의 메시지 교환을 쉽게 표현하고 시간에 따른 메시지 발생 순서를 강조한다.

04 ②, ④

- uname –a : 현재 설치된 리눅스 커널 정보를 모두 표시한다.
- cat /etc/issue : cat은 문서를 열어 볼 수 있는 명령어이고 /etc/issue는 etc 폴더의 issue 문서를 열어 보는 것으로 리눅스 버전을 볼 수 있다.
- cat /etc/*release* : release 문서에 저장된 리눅스 릴리즈를 확인할 수 있다.

05 ①

럼바우(Rumbaugh) 객체지향 분석 기법
- 소프트웨어 구성 요소를 그래픽으로 모형화하였다.
- 객체 모델링 기법(OMT : Object Modeling Technique)이라고도 한다.
- 객체 모델링 : 정보 모델링이라고도 한다. 시스템에서 요구되는 객체를 찾아내어 속성과 연산 식별 및 객체들 간의 관계를 규정하여 객체를 다이어그램으로 표시한다.
- 동적 모델링 : 제어 흐름, 상호작용, 동작 순서 등의 상태를 시간 흐름에 따라 상태 다이어그램으로 표시한다.
- 기능 모델링 : 자료 흐름도를 이용하여 여러 프로세스 간의 자료 흐름을 표시한다. 어떤 데이터를 입력하여 어떤 결과를 가져올 수 있을지를 표현한다.

06 ③

GOF 디자인 패턴

생성(Creational)	구조(Structure)	행위(Behavioral)
Abstract Factory Builder Factory Method Prototype Singleton	Adapter Bridge Composite Decorator Facade Flyweight Proxy	Chain of responsibility Command Interpreter Iterator, Mediator Memento, Observer State, Strategy, Visitor Template Method

07 ④

현행 시스템 파악 절차

- 1단계(시스템 구성 파악 → 시스템 기능 파악 → 시스템 인터페이스 현황 파악)
- 2단계(아키텍처 파악 → 소프트웨어 구성 파악)
- 3단계(시스템 하드웨어 현황 파악 → 네트워크 구성 파악)

08 ④

- 클래스 다이어그램(Class Diagram) : 시스템 내 클래스의 정적 구조를 표현하고 시스템을 구성하는 클래스들 사이의 관계를 표현한다.
- 상태 머신 다이어그램(State Machine Diagram) : 객체의 생명주기를 표현한다. 동적 행위를 모델링하지만 특정 객체만을 다룬다.
  예 실시간 임베디드 시스템, 게임, 프로토콜 설계에 이용
- 활동 다이어그램 (Activity Diagram) : 업무 처리 과정이나 연산이 수행되는 과정을 표현한다.

09 ①

Coad와 Yourdon 방법 : 객체지향 분석 방법론에서 E-R 다이어그램을 사용하여 객체의 행위를 모델링한다.

10 ②

캡슐화(Encapsulation)

- 서로 관련성이 높은 데이터(속성)와 그와 관련된 기능(메소드, 함수)을 묶는 기법이다.
- 결합도가 낮아져 소프트웨어 개발에 있어 재사용성이 높아진다.
- 정보은닉을 통하여 타 객체와 메시지 교환 시 인터페이스가 단순해진다.
- 변경 발생 시 오류의 파급 효과가 적다.

11 ②

디자인 패턴은 자주 사용하는 설계 형태를 정형화하여 유형별로 설계 템플릿을 만들어 두고 소프트웨어 개발 중 나타나는 과제를 해결하기 위한 방법 중 한 가지이므로 개발 프로세스를 무시할 수 없다.

12 ②

- Fan-In : 주어진 한 모듈을 제어하는 상위 모듈 수 → 3
- Fan-Out : 주어진 한 모듈이 제어하는 하위 모듈 수 → 2

13 ①

객체지향(Object Oriented) 분석

- 현실 세계의 대상 체인 개체(Entity)를 속성(Attribute)과 메소드(Method)로 결합하여 객체(Object)로 표현(모델링)한다.
- 소프트웨어 개발의 대상을 기능이 아닌 개체를 대상으로 하며 개체 간의 상호 관계를 모델링하는 방식이다.

14 ④

요구사항 모델링이나 UML 다이어그램 중 단계 다이어그램 포함되지 않는다.

15 ③

애자일(Agile) 선언문

- 프로세스나 도구보다 개인과의 소통이 더 중요하다.
- 완벽한 문서보다 실행되는 소프트웨어가 더 중요하다.
- 계약 협상보다 고객과의 협업이 더 중요하다.
- 계획을 따르는 것보다 변경에 대한 응답이 더 중요하다.

16 ③

미들웨어 솔루션

TP-Monitor(Transaction Processing Monitor)

여러 프로토콜에서 동작하는 세션, 시스템, 데이터베이스 사이의 트랜잭션을 감시하여 일관성 있게 보관 유지하는 역할을 한다.

ORB(Object Request Broker)

- 객체 재향 미들웨어로 코바(CORBA) 표준 스펙을 구현한 미들웨어이다.
- TP-Monitor의 장점인 트랜잭션 처리와 모니터링 등을 추가로 구현 가능하다.

RPC(Remote Procedure Call)

응용 프로그램의 프로시저를 사용하여 원격 프로시저를 마치 로컬 프로시저처럼 호출하는 방식이다.

MOM(Message Oriented Middleware)

- 메시지 기반의 비동기형 메시지를 전달하는 방식의 미들웨어이다.
- 온라인 업무보다는 이기종 분산 데이터 시스템의 데이터 동기를 위해 많이 사용한다.

WAS(Web Application Server)

사용자의 요구에 따라 변하는 동적인 콘텐츠를 처리하기 위해 사용되는 미들웨어이다.

17 ④

결합도(Coupling)

- 서로 다른 두 모듈 간의 상호 의존도로서 두 모듈 간의 기능적인 연관 정도를 나타낸다.
- 모듈 간의 결합도를 약하게 하면 모듈 독립성이 향상되어 시스템의 구현 및 유지보수 작업이 쉬워진다.

18 ②

인터페이스 연계 기술

- DB Link : DB에서 제공하는 DB Link 객체를 이용하는 것이다. 수신 시스템의 DB에서 송신 시스템에서 접근 가능한 DB Link를 생성한 뒤 송신 시스템에서 DB Link로 직접 참조하여 연계하는 것이다.
- Socket : 서버에서 통신을 위한 소켓(Socket)을 생성, 포트를 할당한 뒤 클라이언트의 통신 요청 시 클라이언트와 연결하는 방식이다.

19 ④

하향식과 상향식 설계

- 하향식 설계 : 소프트웨어 설계 시 제일 상위에 있는 Main User Function에서 시작하여 기능을 하위 기능들로 분할해 가면서 설계하는 방식이다.

- 상향식 설계 : 가장 기본적인 컴포넌트를 먼저 설계한 다음 이것을 사용하는 상위 수준의 컴포넌트를 설계하는 방식이다.

20 ③

CASE가 제공하는 기능

- 개발을 신속하게 할 수 있고, 오류 수정이 쉬워 S/W 품질이 향상된다.
- 소프트웨어 생명주기의 전체 단계를 연결해 주고 자동화시켜 주는 통합된 도구를 제공해주는 기술이다.
- 소프트웨어 시스템의 문서화 및 명세화를 위한 그래픽 기능을 제공한다.
- S/W 개발 단계의 표준화를 기할 수 있으며 자료 흐름도 작성 기능을 제공한다.
- 모델들 사이의 모순 검사 기능을 제공하며 다양한 소프트웨어 개발 모형을 지원한다.

과목 02 소프트웨어 개발

21 ②

구현 단계의 작업 절차 : 코딩 계획 → 코딩 → 컴파일 → 테스트

22 ④

소프트웨어 설치 매뉴얼 기본 사항 : 제품 소프트웨어 개요, 설치 관련 파일, 설치 아이콘, 프로그램 삭제, 관련 추가 정보

23 ④

- 피연산자의 왼쪽에 연산자가 있으므로 연산자 1개와 피연산자 2개씩 묶어준다.

(− (/ (A ∗ (+ B C)) D) E)

- 연산자를 피연산자 뒤로 이동시킨다.

(((A (B C +) ∗) D /) E −)

- 괄호를 제거한다.

A B C + ∗ D / E −

24 ③

소프트웨어 품질 목표

정확성 (Correctness)	사용자의 요구 기능을 충족시키는 정도
신뢰성 (Reliability)	주어진 시간 동안 주어진 기능을 오류 없이 수행하는 정도
사용 용이성 (Usability)	• 사용에 필요한 노력을 최소화하고 쉽게 사용할 수 있는 정도 • 적절한 사용자 인터페이스와 문서를 가지고 있는 정도
효율성 (Efficiency)	명시된 조건하에서 소프트웨어 제품의 일정한 성능과 자원 소요량의 관계에 관한 속성, 즉 요구되는 기능을 수행하기 위해 필요한 자원의 소요 정도
무결성 (Integrity)	허용되지 않는 사용이나 자료의 변경을 제어하는 정도

25 ③

- 라디오 버튼 : 선택 영역에서 어느 하나를 선택할 때 사용하는 버튼이다. 항목 중 1개만 선택할 수 있다.

○ Radio1
○ Radio2
◉ Radio3

- 체크박스 : 라디오 버튼과 달리 동시에 여러 항목을 선택할 수 있다.

☐ Basketball
☑ Cats
☑ Dogs
☑ Mobile & Wireless

- 토글 버튼 : 항목을 on/off 하는 경우에 사용된다.

- 드롭다운 리스트(목록상자) : 기본값이 보이는 디폴트 값을 가지고 있다가 드롭다운 버튼을 누르면 선택 항목이 표시된다.

드롭다운메뉴 ▼
수정
삭제
차단
비활성화

26 ③

퀵 정렬 : 레코드의 많은 자료 이동을 없애고 하나의 파일을 부분적으로 나누어 가면서 정렬한다.

오답 피하기

① 해시 정렬, ② 삽입 정렬, ④ 선택 정렬

27 ②

DRM 요소 기술 : 암호화, 키 관리, 암호화 파일 생성, 식별 기술, 저작권 표현, 정책 관리, 크랙 방지, 인증, 인터페이스, 이벤트 보고, 사용 권한

28 ②

스택(Stack)

- 리스트의 한쪽 끝에서만 자료의 삽입과 삭제가 이루어지는 선형 자료 구조이다.
- 가장 나중에 삽입된 자료가 가장 먼저 삭제되는 후입선출(LIFO : Last In First Out) 방식이다.
- 가장 나중에 삽입된 자료의 위치를 Top이라 하고, 가장 먼저 삽입된 자료의 위치를 Bottom이라고 한다.
- 문장 중 top이나 pop이란 단어가 제시되면 스택이다.

오답 피하기

• ②번은 큐에 관한 설명이다.

29 ①

• 알파 테스트 : 베타 테스트 전에 프로그램 개발 시 내부에서 미리 평가하고 버그를 찾아 수정하기 위해 시험해 보는 검사이다.
• 베타 테스트 : 정식으로 프로그램을 공개하기 전에 한정된 집단 또는 일반인에게 공개하여 기능을 시험하는 검사이다.

30 ③

형상 관리(Version Control Revision Control)
• 구성 관리(Software Configuration Management)라고도 한다.
• 소프트웨어의 변경사항을 체계적으로 관리하기 위하여 추적하고 통제하는 것이다.
• 단순 버전 관리 기반의 소프트웨어 운용을 좀 더 포괄적인 학술 분야의 형태로 넓히는 근간을 의미한다.
• 작업 산출물을 형상 항목(Configuration Item)이라는 형태로 선정하고, 형상 항목 간의 변경사항 추적과 통제 정책을 수립하고 관리한다.
• 형상 관리를 위해 구성된 팀은 형상통제위원회이다.

오답 피하기

책임 프로그래머팀
• 전문화(Specialization)와 계층화(Hierarchy)의 핵심 개념으로 구성하는 팀이다.
• 민주적 팀보다는 커뮤니케이션 채널이 적어 신속하고 정확한 협업과 의사결정이 가능하다.

민주적팀
팀원이 자신의 코드에 절대적인 애착을 가지고 있어 팀장 없이 상호 협의하에 협업하는 구성을 가진 팀이다.

31 ①

트리(Tree)
• 자료 사이의 관계성이 계층 형식으로 나타나는 비선형 구조이다.
• 그래프의 특수한 형태로 노드(Node)와 선분(Branch)으로 되어 있다.
• 정점 사이에 사이클(Cycle)이 형성되어 있지 않다.

32 ③

피보나치 수열에 따라 다음에 비교할 대상을 선정하여 검색하는 것은 피보나치 검색 방식이다.

33 ④

소프트웨어 품질 목표 – 변경 수용성

이식성 (Portability)	다양한 하드웨어 환경에서도 운용 가능하도록 쉽게 수정될 수 있는 정도
상호운용성 (Interoperability)	다른 소프트웨어와 정보를 교환할 수 있는 정도
재사용성 (Reusability)	전체나 일부 소프트웨어를 다른 목적으로 사용 할 수 있는가 하는 정도

34 ①

테스트 스터브(Test Stub)
• 상위 모듈에서 하위 모듈 방향으로 통합 테스트를 진행하는 하향식 테스트에서 사용한다.
• 상위 모듈에서 하위 모듈로의 테스트를 진행하는 과정 중 하위 시스템 컴포넌트의 개발이 완료되지 않은 상황에서 시스템 테스트를 진행하기 위하여 임시로 생성된 가상의 더미 컴포넌트(Dummy Component)를 일컫는다.

테스트 드라이버(Test Driver)
• 하위 모듈에서 상위 모듈로 통합하면서 테스트하는 상향식 테스트에서 사용한다.
• 테스트할 소프트웨어 또는 시스템을 제어하고 동작시키는 데 사용되는 도구를 의미한다.
• 시스템 및 시스템 컴포넌트를 시험하는 환경의 일부분으로 시험을 지원하는 목적하에 생성된 코드와 데이터이다.
• 일 예로 순차적 실행을 지원하는 프로그램이나 명령들이 묶여 있는 배치 파일이 있다.

35 ③

해싱 함수의 종류
• 제산 방법(Division Method) : 나머지 연산자(%)를 사용하여 테이블 주소를 계산하는 방법이다.
• 중간 제곱 방법(Mid–Square Method) : 레코드 키 값을 제곱한 후에 결과 값의 중간 부분에 있는 몇 비트를 선택하여 해시 테이블의 홈주소로 사용하는 방법이다.
• 중첩 방법(폴딩, Folding Method) : 해싱 함수 중 레코드 키를 여러 부분으로 나누고, 나눈 부분의 각 숫자를 더하거나 XOR한 값을 홈주소로 삼는 방식이다.
• 기수 변환 방법(Radix Conversion Method) : 어떤 진법으로 표현된 주어진 레코드 키값을 다른 진법으로 간주하고 키값을 변환하여 홈주소로 취하는 방식
• 무작위 방법(Random Method) : 난수를 발생시킨 후 그 난수를 이용해 각 키의 홈주소를 산출하는 방법이다.
• 계수 분석 방법(Digit Analysis Method) : 레코드 키를 구성하는 수들이 모든 키들 내에서 각 자리별로 어떤 분포인지를 조사하여 비교적 고른 분포를 나타내는 자릿수를 필요한 만큼 선택, 레코드의 홈주소로 사용하는 방법이다.

36 ①

블랙박스 테스트 종류 : 동치 분할 검사, 경계값 분석, 원인–효과 그래프 검사, 오류 예측 검사, 비교 검사 등이 있다.

오답 피하기

조건, 루프 검사, 기초 경로 검사는 내부를 들여다봐야 하므로 화이트 박스 테스트에 해당한다.

37 ②

Preorder의 순회 순서는 Root → Left → Right이다.
• A ❶ ❷
• A B D C ❸ F
• A B D C E G H F

이므로 5번째 E가 검색된다.

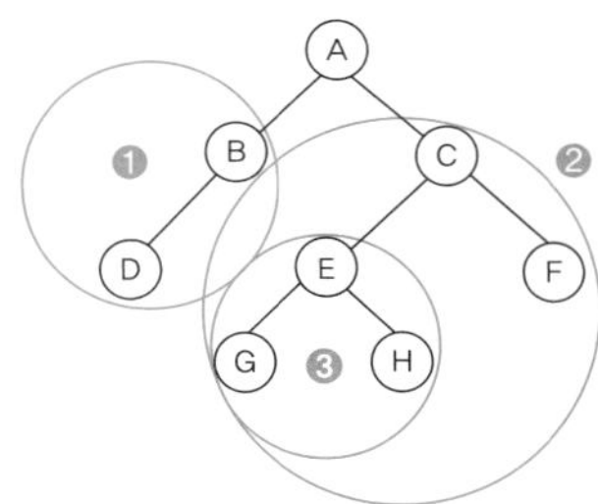

38 ①

오름차순 선택 정렬의 경우 각 pass마다 가장 작은 값이 맨 앞으로 이동한다.

- 1pass : 8 3 4 9 7 → 3 8 4 9 7
- 2pass : 3 8 4 9 7 → 3 4 8 9 7
- 3pass : 3 4 8 9 7 → 3 4 7 9 8
- 4pass : 3 4 7 9 8 → 3 4 7 8 9

39 ①

큐는 대표적인 선형 구조에 해당한다.

40 ③

테스트 케이스의 구성 항목 : 식별자, 일련번호, 테스트할 모듈 또는 기능, 입력값(테스트 데이터) 또는 테스트 조건, 테스트 케이스 실행 시 기대되는 출력값(예상 결과), 환경 설정, 특수 절차, 테스트 케이스 간의 의존성

과목 03 데이터베이스 구축

41 ②

- 카디널리티(Cardinality) : 튜플(레코드, 행)의 수(기수)
- 차수(Degree) : 속성(필드, 열)의 수

42 ①

인덱스(Index) : 데이터베이스 성능에 많은 영향을 주는 DBMS의 구성 요소로 테이블과 클러스터에 연관되어 독립적인 저장 공간을 보유하며, 데이터베이스에 저장된 자료를 더욱 빠르게 조회하기 위하여 별도로 구성한 순서 데이터를 말한다.

43 ④

물리적 설계

- 목표 DBMS에 종속적인 물리적 구조 설계이다.
- 저장 레코드 양식 설계와 레코드 집중의 분석/설계, 액세스 경로 인덱싱, 클러스터링, 해싱 등의 설계가 포함된다.
- 접근 경로 설계 및 트랜잭션 세부 설계이다.

44 ①

시스템 카탈로그(System Catalog)

- 시스템 자신이 필요로 하는 여러 가지 객체(기본 테이블, 뷰, 인덱스, 데이터베이스, 패키지, 접근 권한 등)에 관한 정보를 포함하고 있는 시스템 데이터베이스이다.
- 데이터 사전(Data Dictionary), 메타 데이터(Meta Data)라고도 한다.
- 시스템 카탈로그 자체도 시스템 테이블로 구성되어 있어 SQL문을 이용하여 내용 검색이 가능하다.
- 사용자가 시스템 카탈로그를 직접 갱신할 수는 없으나 SQL문으로 여러 가지 객체에 변화를 주면 시스템이 자동으로 갱신된다.

45 ④

이상 현상(Anomaly)

- 릴레이션 조작 시 데이터들이 불필요하게 중복되어 예기치 않게 발생하는 곤란한 현상을 의미한다.
- 종류 : 삽입 이상, 삭제 이상, 갱신 이상

46 ②

일관성(Consistency)

- 시스템의 고정 요소는 트랜잭션 수행 전후가 같아야 한다.
- 트랜잭션 결과는 일관성을 유지해야 한다.
- 트랜잭션 처리 전과 후의 데이터베이스 상태는 같아야 한다. 처리 후라고 해서 구조나 형식이 변경되어서는 안 된다.

오답 피하기

트랜잭션의 ACID 특성 : 원자성(Atomicity), 일관성(Consistency), 격리성(Isolation, 고립성), 영속성(Durability, 지속성)

47 ③

뷰(View) 특징

- 뷰의 생성 시 CREATE문, 검색 시 SELECT문을 사용한다.
- 뷰의 정의 변경 시 ALTER문을 사용할 수 없고 DROP문을 이용한다.
- 뷰를 이용한 또 다른 뷰의 생성이 가능하다.
- 하나의 뷰 제거 시 그 뷰를 기초로 정의된 다른 뷰도 함께 삭제된다.
- 뷰에 대한 조작에서 삽입, 갱신, 삭제 연산은 제약이 따른다.
- 뷰가 정의된 기본 테이블이 제거되면 뷰도 자동적으로 제거된다.

오답 피하기

뷰의 삽입, 삭제, 갱신 연산 시 ALTER문을 사용할 수 없는 제약이 있다.

48 ②

- 하위 질의문은 하위 질의를 먼저 처리하고 검색된 결과는 상위 질의에 적용되어 검색된다.
- 하위 질의 : (SELECT 학번 FROM R2 WHERE 과목번호 = 'C100');
- R2 테이블에서 과목번호가 'C100'인 튜플의 학번 필드를 조회한다. → 학번, 1000, 3000, 4000
- SELECT 이름 FROM R1 WHERE 학번 IN (1000, 3000 ,4000)
- R1 테이블에서 학번이 1000, 2000, 4000인 튜플의 이름을 조회한다. → 홍길동, 강남길, 오말자

정답 | 정답&해설

49 ①

순수 관계 연산자의 종류

Select(σ)	튜플 집합을 검색한다.
Project(π)	속성 집합을 검색한다.
Join(⋈)	두 릴레이션의 공통 속성을 연결한다.
Division(÷)	두 릴레이션에서 특정 속성을 제외한 속성만 검색한다.

50 ③

① 릴레이션의 각 열을 스키마(Schema)라 하며, 예로 도서 릴레이션을 구성하는 스키마에는 도서번호, 도서명, 저자, 가격 등이 있다.
② 릴레이션과 각 행을 튜플(Tuple)이라 하며, 하나의 튜플을 각 속성에서 정의된 값을 이용하여 구성된다.
④ 릴레이션 스키마는 한 개의 릴레이션의 논리적인 구조를 정의한 것으로 릴레이션의 이름과 릴레이션에 포함된 속성들의 집합을 의미한다.

관계형 데이터베이스 모델 구조

51 ①

외부 스키마(External Schema)

사용자나 응용 프로그래머가 접근할 수 있는 정의를 기술한다.

개념 스키마(Conceptual Schema)

- 모든 응용 시스템들이나 사용자들이 필요로 하는 데이터를 통합한 조직 전체의 데이터베이스를 정의한다.
- 범 기관적 입장에서 데이터베이스를 정의한다.
- 개체 간의 관계와 제약조건을 나타내고, 데이터베이스 접근 권한, 보안 및 무결성 규칙 명세가 있다.

내부 스키마(Internal Schema)

- 데이터의 실제 저장 방법을 기술한다.
- 물리적 저장 장치의 입장에서 본 데이터베이스 구조로써 실제로 데이터베이스에 저장될 레코드의 형식을 정의하고 저장 데이터 항목의 표현 방법, 내부 레코드의 물리적 순서 등을 나타낸다.

52 ④

BCNF(보이스/코드) 정규형

- 1, 2, 3정규형을 만족하고, 결정자가 후보키가 아닌 함수 종속 제거되면 보이스/코드 정규형에 속한다.
- 후보키를 여러 개 가지고 있는 릴레이션에서 발생할 수 있는 이상 현상을 해결하기 위해 3정규형 보다 좀 더 강력한 제약조건을 적용한다.
- 보이스/코드 정규형에 속하는 모든 릴레이션은 3정규형에 속하지만, 3정규형에 속하는 모든 릴레이션이 보이스/코드 정규형에 속하지는 않는다.

53 ①

제1정규형(1NF) : 어떤 릴레이션에 속한 모든 도메인이 원자값(Atomic Value)만으로 되어 있는 릴레이션이다.

54 ③

ALTER문 문법 구조

- ALTER TABLE : 테이블 구조(필드 추가, 삭제, 변경) 변경문이다.
- ALTER TABLE 테이블_이름 ADD 열_이름 데이터_타입 DEFAULT 값;
- ALTER TABLE 테이블_이름 ALTER 열_이름 SET DEFAULT 값;
- ALTER TABLE 테이블_이름 DROP 열_이름 CASCADE;

55 ②

DDL(Data Definition Language, 데이터 정의어)

- 데이터베이스의 정의/변경/삭제에 사용되는 언어이다.
- 논리적 데이터 구조와 물리적 데이터 구조로 정의할 수 있다.
- 논리적 데이터 구조와 물리적 데이터 구조 간의 사상을 정의한다.
- 번역한 결과가 데이터 사전에 저장된다.

56 ④

무결성(Integrity)

- 개체 무결성 : 기본키의 값은 널(Null)값이나 중복 값을 가질 수 없다는 제약조건이다.
- 참조 무결성 : 참조할 수 없는 외래키 값을 가질 수 없다는 제약조건이다.
- 도메인 무결성 : 각 속성값은 해당 속성 도메인에 지정된 값이어야 한다는 제약조건이다.

57 ①

트랜잭션의 연산

- Commit 연산 : 트랜잭션 실행이 성공적으로 종료되었음을 선언한다.
- Rollback 연산 : 트랜잭션 실행이 실패하였음을 선언한다.
- Recovery 연산 : 트랜잭션을 수행하는 도중 장애로 인해 손상된 데이터베이스를 손상되기 이전의 정상적인 상태로 복구시키는 작업이다.

58 ③

E–R 다이어그램 : E–R 모델을 그래프 방식으로 표현하였다.

기호	기호 이름	의미
	사각형	개체(Entity)
	마름모	관계(Relationship)
	타원	속성(Attribute)
	실선	개체 타입과 속성을 연결

59 ④

로킹(Locking) 특징
- 로킹 단위가 커지면 로크의 수가 적어 관리가 쉬워지지만 병행성 수준은 낮아진다.
- 로킹 단위가 작으면 로크의 수가 많아 관리가 어려워지지만 병행성 수준은 높아진다.
- 로킹의 대상이 되는 객체(파일, 테이블, 필드, 레코드)의 크기를 로킹 단위라고 한다.

60 ①

LIKE 연산자를 이용한 특정 문자열 검색
- SELECT 검색문에서 와일드카드 문자 '%'를 이용하여 특정 지정된 패턴과 일치하는지를 확인할 때는 LIKE 연산자를 사용한다.
- '%신%' : 공급자명에 '신'이 포함된 모든 레코드
- '대%' : 공급자명에 '대'로 시작하는 모든 레코드
- '%사' : 공급자명이 '사'로 끝나는 모든 레코드
- IS NOT NULL : 공급자명이 비어있지 않은 레코드

과목 04 프로그래밍 언어 활용

61 ②

제어 프로그램(Control Program)
- 감시 프로그램(Supervisor Program)
- 작업 제어 프로그램(Job Control Program)
- 자료 관리 프로그램(Data Management Program)

처리 프로그램(Processing Program)
- 언어 번역 프로그램(Language Translator Program)
- 서비스 프로그램(Service Program)
- 문제 프로그램(Problem Program)

62 ④

교착상태의 발생 조건
- 상호 배제(Mutual Exclusion) : 한 번에 한 개의 프로세스만이 공유 자원을 사용할 수 있어야 한다(데커 알고리즘, 피터슨 알고리즘, Lamport의 빵집 알고리즘, Test and Set 기법, Swap 명령어 기법).
- 점유와 대기(Hold and Wait) : 이미 자원을 가진 프로세스가 다른 자원의 할당을 요구한다.
- 비선점(Non–preemption) : 프로세스에 할당된 자원은 사용이 끝날 때까지 강제로 빼앗을 수 없다.
- 환형 대기(Circular Wait) : 이미 자원을 가진 프로세스가 앞이나 뒤의 프로세스 자원을 요구한다.

63 ②

- 최초 적합(First Fit) : 프로그램/데이터가 할당 가능한 영역 중에서 첫 번째 영역에 할당한다.
- 17K가 입력될 수 있는 공간은 23K, 22K, 21K가 있으나 첫 번째인 23K에 입력되며 단편화는 23K – 17K = 6K가 된다.

64 ③

결합도 정도(낮음 → 높음) : 데이터 결합도 < 스탬프 결합도 < 제어 결합도 < 외부 결합도 < 공통 결합도 < 내용 결합도

65 ①

가상 기억 장치(Virtual Memory)
- 주기억 장치의 부족한 용량을 해결하기 위해 보조 기억 장치를 주기억 장치처럼 사용하는 기법이다.
- 가상 기억 장치의 일반적인 구현 방법에는 프로그램을 고정된 크기의 일정한 블록(페이지)으로 나누는 페이징 기법과 가변적인 크기의 블록(세그먼트)으로 나누는 세그멘테이션 기법이 있다.

66 ①

- atoi( ) : 문자열을 정수형으로 변환
- atof( ) : 문자열을 실수형으로 변환
- itoa( ) : 숫자를 문자열로 변환
- ceil( ) : 자리올림
- floor( ) : 자리버림

67 ②

WAS(Web Application Server)
- 일반 웹 서버와 구별되며, 주로 DB 서버와 같이 동적 서버 콘텐츠를 수행하는 데 사용한다.
- HTTP를 통한 사용자 컴퓨터나 장치에 Application을 수행해주는 미들웨어이다.
- 선정 시 고려사항 : 가용성, 성능, 기술 지원, 구축 비용
- 종류 : RedHat의 JBoss, Tmax의 JEUS, Oracle의 Weblogic, IBM의 Websphere, GlasFish, Jetty, Resin, Tomcat

오답 피하기

JVM(Java Virtual Machine)은 자바 애플리케이션을 클래스 로더를 통해 읽어 들여 자바 API와 함께 실행시키는 자바 가상 머신이다.

68 ④

C언어 연산자

산술 연산자	*, /, %
	+, –
시프트 연산자	<<, >>

관계 연산자	<, <=, >, >=
	==, !=
할당 연산자	=, +=, -=, *=, /=, %=, <<=, >>=

69 ①

데이터 링크 계층(Data Link Layer)

- 인접한 두 개의 통신 시스템 간에 신뢰성 있는 효율적인 데이터를 전송하는 계층이다.
- 링크의 설정과 유지 및 종료를 담당한다.
- 전송 데이터의 흐름 제어, 프레임 동기, 오류 제어 등을 수행한다.
- 링크의 효율성을 향상시킨다.
- 프로토콜 종류 : HDLC, PPP, LLC, LAPB, LAPD, ADCCP

70 ①

IEEE 802의 표준 규격

802.1	상위 계층 인터페이스
802.2	논리 링크 제어(LLC)
802.3	CSMA/CD
802.4	토큰 버스(Token Bus)
802.5	토큰 링(Token Ring)
802.6	MAN
802.8	고속 이더넷(Fast Ethernet)
802.11	무선 LAN
802.15	블루투스

71 ①

IPv6의 장점

- 인증 및 보안 기능을 포함하고 있어 IPv4보다 보안성이 강화되었다.
- IPv6 확장 헤더를 통해 네트워크 기능 확장이 용이하다.
- 임의 크기의 패킷을 주고받을 수 있도록 패킷 크기 제한이 없다.
- 멀티미디어의 실시간 처리가 가능하다.
- 자동으로 네트워크 환경 구성이 가능하다.
- 주소 체계는 유니캐스트(Unicast), 애니캐스트(Anycast), 멀티캐스트(Multicast) 방식이 있다.

72 ③

TCP/IP(Transmission Control Protocol/Internet Protocol)

- TCP 프로토콜과 IP 프로토콜의 결합적 의미이다.
- TCP가 IP보다 상위층에 존재한다.

TCP(Transmission Control Protocol)

- OSI 7계층의 전송 계층에 해당한다.
- 특징 : 접속형 서비스, 전이중 전송 서비스, 신뢰성 서비스
- 기능 : 패킷 다중화, 오류 제어, 흐름 제어, 순서 제어
- 메시지를 Encapsulation과 Decapsulation한다.
- 서비스 처리를 위해 Multiplexing과 Demultiplexing을 이용한다.
- 전이중 서비스와 스트림 데이터 서비스를 제공한다.

IP(Internet Protocol)

- OSI 7계층의 네트워크 계층에 해당하며 비신뢰성 서비스를 제공한다.
- 비연결성이기 때문에 송신지가 여러 개인 데이터 그램을 보내면서 순서가 뒤바뀌어 도달할 수 있으며 IP 프로토콜의 헤더 길이는 최소 20~60byte이다.
- 데이터 그램이라는 데이터 전송 형식을 갖는다.
- 신뢰성이 부족한 비 연결형 서비스를 제공하기 때문에 상위 프로토콜에서 이러한 단점을 보완해야 한다.
- 기능 : 패킷 분해/조립, 호스트 주소 지정, 경로 선택

73 ②

응집도 정도 : (높음) 기능적 응집도 > 순차적 응집도 > 교환적 응집도 > 절차적 응집도 > 시간적 응집도 > 논리적 응집도 > 우연적 응집도(낮음)

74 ④

JAVA의 System.out.println 메소드

- System.out.println 메소드는 콘솔에 문자열 결과를 출력 후, 행을 변경한다.
- "5 + 2 = "의 문자열 이후의 + 연산의 경우 문자열 간 연결 기능을 수행한다.
- 따라서, "5 + 2 = " 이후 + 3을 수행하면 3이 "3" 문자열로 형 변환 후 "5 + 2 = 3"으로 문자열 연결되며 + 4 역시 4가 "4" 문자열로 형 변환 후 "5 + 2 = 34"로 문자열 연결된 후 출력된다.
- "5 + 2 = " + (3 + 4)의 경우 괄호에 의해 (3 + 4)가 먼저 덧셈 수행 후 7로 산술 연산이 된다. "5 + 2 = "와 "7"이 문자열 연결되어 "5 + 2 = 7"이 출력된다.

75 ①

파이썬의 무한 반복과 continue 명령문

- while 반복 조건식의 결과가 True 값이므로 항상 참인 판별 상황으로 반복문을 항상 실행하게 된다.
- 반복문에서 continue 명령문을 만나면 continue 명령문 이후 문장을 실행하지 않고, 반복 조건식으로 제어를 이동한다.
- 위 반복 코드는 무한 반복문 내에서 A, B, C를 출력 후 contine문을 실행하게 되어 반복 조건식을 수행하는 동작을 반복하게 된다.

76 ④

C언어 변수명 작성 규칙

- 영문 대소문자(A~Z, a~z), 숫자(0~9), '_'를 혼용하여 사용할 수 있다.
- 첫 글자는 숫자로 시작할 수 없으며, 영문자나 '_'로 시작해야 한다.
- 영문자는 대소문자를 구분한다.
- 공백을 포함할 수 없다.
- 예약어(Reserved Word)를 사용할 수 없다.

오답 피하기

C언어의 사용되는 예약어는 변수명으로 사용할 수 없다. short 자료형은 2byte 정수를 저장하고자 할 때 사용한다.

77 ③

표준 라이브러리는 프로그래밍 언어가 기본적으로 가지고 있는 라이브러리를 의미하며, 외부 라이브러리는 별도의 파일 설치를 필요로 하는 라이브러리를 의미한다.

78 ④

UDP(User Datagram Protocol)
- 비연결형 및 비신뢰성 전송 서비스를 제공한다.
- 흐름 제어나 순서 제어가 없어 전송 속도가 빠르다.
- 수신된 데이터의 순서 재조정 기능을 지원하지 않는다.
- 복구 기능을 제공하지 않는다.

오답 피하기

①, ②, ③번은 TCP의 특성이다.

79 ④

워킹 셋(Working Set) : 운영체제의 가상 기억 장치 관리에서 프로세스가 일정 시간 동안 자주 참조하는 페이지들의 집합이다.

80 ③

char 자료형은 한 개의 문자를 저장하고자 할 때 사용한다.

과목 05 정보 시스템 구축 관리

81 ②

BaaS(Backend as a Service)
- 블록체인(Blockchain) 개발 환경을 클라우드로 서비스하는 개념으로 블록체인 네트워크에 노드의 추가 및 제거가 용이하다.
- 블록체인의 기본 인프라를 추상화하여 블록체인 응용 프로그램을 만들 수 있는 클라우드 컴퓨팅 플랫폼이다.

82 ③

컴포넌트 기반 개발 방법론(CBD)
- 재사용이 가능한 컴포넌트의 개발 또는 상용 컴포넌트들을 조합하여 애플리케이션 개발 생산성과 품질을 높이고, 시스템 유지보수 비용을 최소화할 수 있는 개발 방법 프로세스이다.
- 컴포넌트 단위의 개발 및 조립을 통하여 정보 시스템의 신속한 구축, 변경, 확장의 용이성과 타 시스템과의 호환성을 달성하고자 하는 소프트웨어 공학 프로세스, 방법론 및 기술의 총체적 개념이다.

83 ④

- 개발 기간 = 예측된 LOC / (개발자 수 × 1인당 월평균 생산 LOC)
- 개발 기간 = 36000 / (6 × 300) = 20

84 ③

폭포수 모델(Waterfall Model)
- 각 단계가 끝나는 시점에서 확인, 검증, 검사를 거쳐 다음 단계로 넘어가거나 이전 단계로 환원하면서 구현 및 운영 단계에 이르는 하향식 생명주기 모형이다.
- 폭포수 모델의 순서 : 계획 → 요구사항 정의 → 개략 설계 → 상세 설계 → 구현 → 통합 시험 → 시스템 실행 → 유지보수

85 ③

소프트웨어공학의 궁극적 목표는 최소의 비용으로 계획된 일정보다 가능한 빠른 시일 내에 소프트웨어를 개발하는 것이다.

86 ④

해시(HASH) 암호화 방식
- 임의의 길이의 메시지를 입력으로 하여 고정된 길이의 출력값으로 변환하는 기법이다.
- 주어진 원문에서 고정된 길이의 의사난수를 생성하며, 생성된 값을 해시값이라고 한다.
- 블록체인에서 체인 형태로 사용되어 데이터의 신뢰성을 보장한다.
- SHA, SHA1, SHA256, MD4, MD5, RMD160, HAS-160 기법 등이 있다.

오답 피하기

AES는 블록 암호화 방식이다.

87 ③

버스형(Bus)
- 한 개의 통신 회선에 여러 개의 사이트가 연결된 형태이다.
- 한 사이트의 고장은 나머지 사이트 간의 통신에 아무런 영향을 주지 않는다.

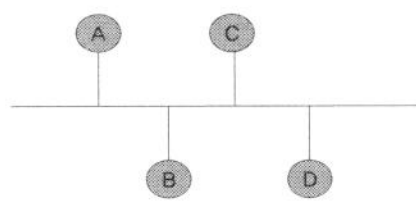

88 ③

암호 알고리즘(Cryptographic Algorithm)의 개념
- 평문(Plaintext)을 암호문(Ciphertext)으로 바꾸고, 암호문을 다시 평문으로 바꿀 때 사용되는 알고리즘을 의미한다.
- 평문을 암호문으로 바꾸는 과정을 암호화(Encryption)라고 하고, 암호문을 다시 평문으로 바꾸는 과정을 복호화(Decryption)라고 한다.
- 암호화 및 복호화 과정에 암호키(Cryptographic Key)가 필요하다.

89 ②

접근 통제(Access Control)의 개념
- 비인가자가 컴퓨터 시스템에 액세스하지 못하도록 하는 것이다.
- 시스템의 자원 이용에 대한 불법적인 접근을 방지하는 과정이다.
- 크래커(Cracker)의 침입으로부터 보호한다.
- 종류 : 강제적 접근 통제, 임의적 접근 통제, 역할 기반 접근 통제

90 ④

정보 보안의 3대 요소 : 기밀성(Confidentiality), 무결성(Integrity), 가용성(Availability)

91 ①, ②

피싱(Phishing)

- 소셜 네트워크에서 진짜 웹 사이트와 거의 동일하게 꾸며진 가짜 웹 사이트를 통해 개인정보를 탈취하는 수법이다.
- 금융기관 등의 웹 사이트에서 보내온 메일로 위장하여 개인의 인증번호나 신용카드번호, 계좌정보 등을 빼내 이를 불법적으로 이용한다.

이블 트윈 공격(Evil Twin Attack)

피싱 사기의 무선 버전이다. 공격자는 합법적인 제공자처럼 행세하며 노트북이나 휴대 전화로 핫스팟에 연결한 무선 사용자들의 정보를 탈취한다.

92 ②

COCOMO(COnstructive COst MOdel) 모델

- 보헴(Boehm)이 제안한 소스 코드(Source Code)의 규모에 의한 비용 예측 모델이다.
- 같은 규모의 소프트웨어라도 그 유형에 따라 비용이 다르게 산정된다.

COCOMO 개발 유형

Organic, Semi-Detach, Embedded

93 ①

나선형 모형의 개발 단계

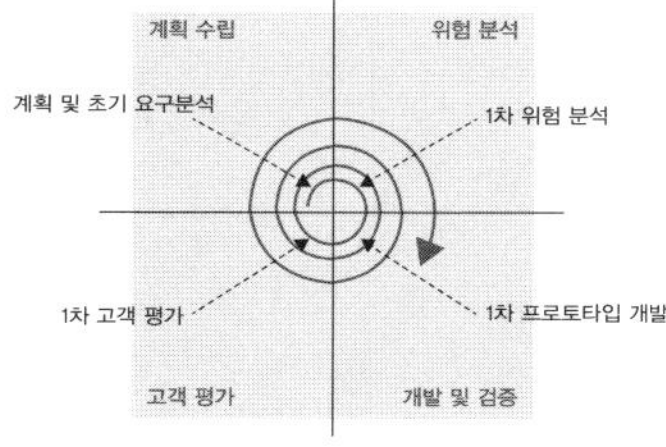

94 ①

구조적 분석

- 자료(Data)의 흐름, 처리를 중심으로 한 요구분석 방법이다. 전체 시스템의 일관성 있는 이해를 돕는 분석 도구로 모형화에 필요한 도구 제공 및 시스템을 나누어 분석할 수 있다.
- 정형화된 분석 절차에 따라 사용자 요구사항을 파악, 문서화하는 체계적 분석 방법으로 자료 흐름도, 자료 사전, 소단위 명세를 사용한다.
- 시스템 분할 가능하며 하향식 분석 기법을 사용하고 분석자와 사용자 간의 의사소통을 돕는다.

95 ②

스마트 그리드(Smart Grid)

- 전기 및 정보 통신 기술을 활용하여 전력망을 지능화, 고도화함으로써 고품질의 전력 서비스를 제공하고 에너지 이용 효율을 극대화하는 전력망 시스템이다.
- 기존의 전력망에 정보 기술을 접목하여 전력 공급자와 소비자가 쌍방향으로 실시간 정보를 교환함으로써 에너지 효율을 최적화하고 새로운 부가가치를 창출한다.

96 ①

Tripwire : 크래커가 침입하여 백도어를 만들어 놓거나 설정 파일을 변경했을 때 분석하는 도구이다.

97 ②

②번은 해시 암호화 알고리즘 방식에 관한 내용이다.

98 ①

공개키(Public Key) 암호화 기법

- 암호키와 해독키가 서로 다른 기법으로 키 개수는 2N개가 필요하다.
- 비대칭키 암호화 기법 또는 공중키 암호화 기법이라고도 한다.

99 ④

MQTT(Message Queuing Telemetry Transport)에 관한 지문이다.

100 ①

TCP 세션 하이재킹

- 서버와 클라이언트 통신 시에 TCP의 3Way-Handshake 단계에서 발생하는 취약점을 이용한 공격 기법으로 서버와 클라이언트가 TCP를 이용하여 통신하고 있을 때 RST 패킷을 전송하여 일시적으로 TCP 세션을 끊고 시퀀스 번호를 새로 생성하여 세션을 탈취하고 인증을 회피하는 공격 기법이다.
- 비동기화 상태와 동기화 상태 2가지가 존재한다.
- 세션 하이재킹 탐지 기법 : 비동기화 상태 감지, ACK STORM 탐지, 패킷의 유실 및 재전송 증가 탐지, 예상치 못한 접속의 리셋을 탐지한다.
- SSH 같은 세션 인증 수준이 높은 프로토콜 사용을 통해 방어하도록 한다.

최신 기출문제 13회 2-243P

01 ①	02 ③	03 ④	04 ④	05 ①
06 ②	07 ③	08 ④	09 ③	10 ④
11 ②	12 ②	13 ①	14 ④	15 ②
16 ②	17 ④	18 ③	19 ④	20 ③
21 ②	22 ④	23 ③	24 ②	25 ③
26 ④	27 ④	28 ③	29 ①	30 ④
31 ②	32 ①	33 ③	34 ③	35 ④
36 ②	37 ①	38 ②	39 ②	40 ③
41 ④	42 ③	43 ②	44 ②	45 ②
46 ②	47 ②	48 ③	49 ③	50 ④
51 ③	52 ②	53 ③	54 ③	55 ②
56 ④	57 ①	58 ④	59 ③	60 ①
61 ①	62 ④	63 ③	64 ②	65 ①
66 ②	67 ④	68 ③	69 ②	70 ④
71 ①	72 ③	73 ①	74 ④	75 ①
76 ③	77 ①	78 ②	79 ③	80 ②
81 ④	82 ③	83 ③	84 ③	85 ①
86 ②	87 ④	88 ④	89 ②	90 ②
91 ④	92 ①	93 ①	94 ④	95 ④
96 ④	97 ④	98 ③	99 ①	100 ④

과목 01 소프트웨어 설계

01 ①

XP(eXtreme Programming) 12 실천사항

- Pair Programming
- Planning Game
- Test Driven Development
- Whole Team
- Continuous Integration
- Design Improvement
- Small Releases
- Coding Standards
- Collective Code Ownership
- Simple Design
- System Metaphor
- Sustainable Pace

02 ③

럼바우(Rumbaugh) 객체지향 분석 기법

- 소프트웨어 구성 요소를 그래픽으로 모형화하였다.
- 객체 모델링 기법(OMT : Object Modeling Technique)이라고도 한다.
- 객체 모델링 : 객체를 다이어그램으로 표현한다.
- 동적 모델링 : 상태를 시간 흐름에 따라 상태 다이어그램으로 표현한다.
- 기능 모델링 : 자료 흐름도를 이용하여 여러 프로세스 간의 자료 흐름을 표현한다.

03 ④

CASE가 제공하는 기능

- 개발을 신속하게 할 수 있다.
- 소프트웨어 생명주기의 전체 단계를 연결시켜 주고 자동화시켜 주는 통합된 도구를 제공해주는 기술이다.
- 소프트웨어 시스템의 문서화 및 명세화를 위한 그래픽 기능을 제공한다.
- 오류 수정이 쉬워 S/W 품질이 향상된다.
- S/W 개발 단계의 표준화를 기할 수 있다.
- 모델들 사이의 모순 검사 기능을 지원한다.
- 다양한 소프트웨어 개발 모형을 지원한다.
- 자료 흐름도 작성 기능을 지원한다.

04 ④

객체지향 기법의 캡슐화(Encapsulation)

- 서로 관련성이 높은 데이터(속성)와 그와 관련된 기능(메소드, 함수)을 묶는 기법이다.
- 결합도가 낮아져 소프트웨어 개발에 있어 재사용성이 높아진다.
- 정보은닉을 통하여 타 객체와 메시지 교환 시 인터페이스가 단순해진다.
- 변경 발생 시 오류의 파급 효과가 적다.

05 ①

객체지향 설계 원칙(SOLID)

단일 책임의 원칙 (SRP : Single Responsibility Principle)	모든 클래스는 단일 목적으로 생성되고, 하나의 책임만 가져야 한다.
개방-폐쇄의 원칙 (OCP : Open Closed Principle	소프트웨어 구성 요소는 확장에 대해서는 개방되어야 하나 수정에 대해서는 폐쇄적이어야 한다.
리스코프 치환 원칙 (LSP : Liskov Substitution Principle)	부모 클래스가 들어갈 자리에 자식 클래스를 대체하여도 계획대로 작동해야 한다.
인터페이스 분리 원칙 (ISP : Interface Segregation Principle)	• 클라이언트는 자신이 사용하지 않는 메소드와 의존관계를 맺으면 안 된다. • 클라이언트가 사용하지 않는 인터페이스 때문에 영향을 받아서는 안 된다.
의존 역전 원칙 (DIP : Dependency Inversion Principle)	의존관계를 맺으면 변하기 쉽고 변화 빈도가 높은 것보다 변하기 어렵고 변화 빈도가 낮은 것에 의존한다.

06 ②

파이프 필터(Pipe–Filters)

- 데이터 흐름(Data Stream)을 생성하고 처리하는 시스템을 위한 구조이다.
- 필터는 파이프를 통해 받은 데이터를 변경시키고 그 결과를 파이프로 전송한다.
- 각 처리 과정은 필터(Filter) 컴포넌트에서 이루어지며, 처리되는 데이터는 파이프(Pipes)를 통해 흐른다. 이 파이프는 버퍼링 또는 동기화 목적으로 사용될 수 있다.
- 컴파일러, 연속한 필터들은 어휘 분석, 파싱, 의미 분석 그리고 코드 생성을 수행한다.

오답 피하기

④번은 MVC 모델이다.

07 ③

표의 숫자 코드(Significant Digit Code, 유효 숫자 코드)

- 코드화 대상 항목의 길이, 넓이, 부피, 무게 등을 나타내는 문자나 숫자, 기호를 그대로 코드로 사용하는 코드이다.
- 코드의 추가 및 삭제가 용이하다.
- 같은 코드를 반복 사용하므로 오류가 적다.

코드	의미
127–890–1245	두께 127mm, 폭 890mm, 길이 1245mm의 강판

08 ④

디자인 패턴을 사용할 때의 장 · 단점

장점	• 개발자 간의 원활한 의사소통을 지원한다. • 소프트웨어 구조 파악이 쉽다. • 재사용을 통한 개발 시간 단축할 수 있다. • 설계 변경 요청에 대해 유연히 대처할 수 있다. • 객체지향 설계 및 구현의 생산성을 높이는 데 적합하다.
단점	• 객체지향 설계/구현 위주로 사용된다. • 초기 투자 비용 부담이 된다.

09 ③

데이터(자료) 흐름도(DFD : Data Flow Diagram)

- 시스템 내의 모든 자료 흐름을 4가지의 기본 기호(처리, 자료 흐름, 자료 저장소, 단말)로 기술하고 이런 자료 흐름에 중심한 분석용 도구이다.
- DFD의 요소는 화살표, 원, 사각형, 직선(단선/이중선)으로 표시한다.
- 시스템이나 프로그램 간의 총체적인 데이터 흐름을 표시할 수 있으며, 기본적인 데이터 요소와 그들 사이의 데이터 흐름 형태로 기술된다.
- 다차원적이며 자료 흐름 그래프 또는 버블(Bubble) 차트라고도 한다.
- 구조적 분석 기법에 이용된다.
- 그림 중심의 표현이고 하향식 분할 원리를 적용한다.

10 ④

럼바우(Rumbaugh) 객체지향 분석 기법

- 소프트웨어 구성 요소를 그래픽으로 모형화하였다.
- 객체 모델링 기법(OMT : Object Modeling Technique)이라고도 한다.
- 객체 모델링 : 객체를 다이어그램으로 표현한다.
- 동적 모델링 : 상태를 시간 흐름에 따라 상태 다이어그램으로 표현한다.
- 기능 모델링 : 자료 흐름도를 이용하여 여러 프로세스 간의 자료 흐름을 표현한다.

11 ②

UML의 기본 구성

구성	내용
사물 (Things)	• 객체지향 모델을 구성하는 기본 요소이다. • 객체 간의 관계 형성 대상이다.
관계 (Relationship)	• 객체 간의 연관성을 표현하는 것이다. • 종류 : 연관, 집합, 포함, 일반화, 의존, 실체화
다이어그램 (Diagram)	• 객체의 관계를 도식화한 것이다. • 다양한 관점에서 의사소통할 수 있도록 View를 제공한다. • 정적 모델 – 구조 다이어그램 • 동적 모델 – 행위 다이어그램

12 ②

소프트웨어 설계 분류

13 ①

자료 사전

- 시스템과 관련된 모든 자료의 명세와 자료 속성을 파악할 수 있도록 조직화한 도구이다.
- 표기법

기호	의미	설명
=	자료의 정의	~로 구성되어 있다(is compose of).
+	자료의 연결	그리고(and, along with)
( )	자료의 생략	생략 가능한 자료(Optional)
[|]	자료의 선택	다중 택일(Selection), 또는(or)
{ }	자료의 반복 (Iteration of)	$\{\ \}_n$: 최소 n번 이상 반복 $\{\ \}^n$: 최대 n번 이하 반복 $\{\ \}^n_m$: m번 이상 n번 이하 반복
* *	자료의 설명	주석(Comment)

14 ④

소스 코드 분석 및 오류 복구는 테스트 도구가 가져야 할 기능이다.

오답 피하기

프롬프트(Prompt) : 사용자의 명령을 받아들일 준비가 되었음을 모니터에 나타내는 표시(커서)이다.

15 ②

요구사항 명세 기법

구분	정형 명세	비정형 명세
기법	• 수학적 기반 • 모델링 기반	• 상태/기능/객체 중심 명세 기법 • 자연어 기반
종류	• Z, VDM • Petri–Net(모형 기반) • LOTOS(대수적 방법) • CSP, CCS	• FSM(Finite State Machine) • Decision Table, ER 모델링 • State Chart(SADT) • UseCase • 사용자 기반 모델링
장점	• 시스템 요구 특성을 정확하고 명세가 간결하게 명세 할 수 있다. • 명세/구현의 일치성	• 명세작성 이해 용이 • 의사전달 방법 다양성
단점	• 낮은 이해도 • 이해관계자의 부담 가중	• 불충분한 명세기능 • 모호성

16 ②

개발 비용이 가장 많이 소요되는 단계는 유지보수 단계이다.

17 ④

애자일 방법론의 종류 : 익스트림프로그래밍(XP, eXtreme Programming), 스크럼(SCRUM), 린(Lean), DSDM(Dynamic System Development Method, 동적 시스템 개발 방법론), FDD(Feature Driven Development, 기능 중심 개발), Crystal, ASD(Adaptive Software Development, 적응형 소프트웨어 개발 방법론), DAD(Disciplined Agile Delivery, 학습 애자일 배포)

18 ③

미들웨어 솔루션의 정의

- 클라이언트와 서버 간의 통신을 담당하는 시스템 소프트웨어이다.
- 이기종 하드웨어, 소프트웨어, 네트워크, 프로토콜, PC 환경, 운영체제 환경 등에서 시스템 간의 표준화된 연결을 도와주는 소프트웨어이다.

19 ④

GoF(Gang of Four) 디자인 패턴

- 에릭 감마(Eric Gamma), 리처드 헬름(Richard Helm), 랄프존슨(Ralph Johnson), 존 브리시데스(John Vlissides)가 제안하였다.
- 객체지향 설계 단계 중 재사용에 관한 유용한 설계를 디자인 패턴화하였다.
- 생성 패턴, 구조 패턴, 행위 패턴으로 분류한다.

20 ③

모듈의 결합도와 응집도

- 바람직한 소프트웨어 설계는 응집도는 강하게, 결합도는 약하게 설계하여 모듈의 독립성을 확보할 수 있도록 한다.
- 유지보수가 수월해야 하며 복잡도와 중복을 피한다.
- 입구와 출구는 하나씩 갖도록 한다.

과목 02 소프트웨어 개발

21 ②

패키징 도구 활용 시 고려사항

- 사용자에게 배포되는 소프트웨어임을 고려하여 반드시 내부 콘텐츠에 대한 암호화 및 보안을 고려한다.
- 다양한 이기종 콘텐츠 및 단말기 간 DRM 연동을 고려한다.
- 사용자 편의성을 위한 복잡성 및 비효율성 문제를 고려한다.
- 반드시 내부 콘텐츠에 대한 암호화 및 보안을 고려한다.
- 제품 소프트웨어에 적합한 암호화 알고리즘을 적용하여 범용성에 지장이 없도록 고려한다.

22 ④

EAI – Hybrid 방식

- Hub & Spoke와 Message Bus의 혼합 방식이다.
- **그룹 내** : Hub & Spoke, 그룹 간: Message Bus 데이터 병목 현상을 최소화할 수 있다.
- 필요한 경우 한 가지 방식으로 EAI 구현이 가능하다.

오답 피하기

④번은 Poin–to–Point 방식에 관한 설명이다.

23 ③

소스 코드 품질 분석 도구

구분	종류
정적	pmd, cppcheck, SonarQube, checkstyle, ccm, cobertura, FindBugs
동적	Avalanche, Valgrind 등

24 ②

Postfix 연산식을 Infix 형태로 변경한 뒤 연산한다.

식	설명
3 4 * 5 6 * +	기본값
(3 4) * (5 6) * +	연산자 앞의 각 피연산자를 괄호 침
(3 4) * (5 6) * +	마지막 + 는 두 괄호 사이에 위치
(3 * 4) + (5 * 6)	Infix 표현 완료
12 + 30 = 42	연산

25 ③

SMTP(Simple Mail Transfer Protocol)

사용자의 컴퓨터에서 작성한 메일을 다른 사람의 계정이 있는 곳으로 전송해 주는 역할을 하는 프로토콜이다.

IPSEC(IP Security Protocol)

- 보안에 취약한 인터넷상에서 안전한 통신을 실현하는 통신 규약이다.
- 가상 전용 회선을 구축하여 데이터를 도청당하는 등의 행위를 방지하기 위한 통신 규약이다.

SSL(Secure Sockets Layer)

- 웹 브라우저와 웹 서버 간에 데이터를 안전하게 주고받기 위한 업계 표준 프로토콜이다.
- 미국 넷스케이프 커뮤니케이션스사가 개발했고, 마이크로소프트사 등 주요 웹 제품 업체가 채택하고 있다.
- FTP 등 다른 TCP/IP 애플리케이션에 적용할 수 있다.
- 인증 암호화 기능을 제공한다.

오답 피하기

SMTP는 메일 전송 시 사용하는 프로토콜이다.

26 ④

- 알파 테스트 : 베타 테스트 전에 프로그램 개발 시 내부에서 미리 평가하고 버그를 찾아 수정하기 위해 시험해 보는 검사이다.
- 베타 테스트 : 정식으로 프로그램을 공개하기 전에 한정된 집단 또는 일반인에게 공개하여 기능을 시험하는 검사이다.

27 ④

삽입 정렬(Insertion Sort) : 정렬된 파일에 2번째 값을 첫 번째 키 값으로 설정하고 키 값 앞쪽 배열과 비교해 정렬한다. 각 pass 결과를 유추해보면 선택 정렬은 1pass 때마다 가장 작은 값이 맨 앞으로 배치되고, 버블 정렬은 가장 큰 값이 맨 뒤에 배치되는 공식을 알고 있다면 쉽게 답을 찾을 수 있다.

초 기	8	3	4	9	7
pass 1	3	8	4	9	7
pass 2	3	4	8	9	7
pass 3	3	4	8	9	7
pass 4	3	4	7	8	9

28 ③

소프트웨어 설치 매뉴얼

- 소프트웨어 실사용자가 제품을 최초 설치 시 참조하는 매뉴얼이며, 제품 소프트웨어 소개, 설치 파일, 설치 절차 등이 포함된다.
- 설치 과정에서 표시될 수 있는 예외 상황에 관련 내용을 별도로 구분하여 설명한다.
- 설치 시작부터 완료할 때까지의 전 과정을 빠짐없이 순서대로 설명한다.
- 설치 매뉴얼은 사용자 기준으로 작성한다.
- 설치 매뉴얼에는 목차, 개요, 기본사항 등이 기본적으로 포함되어야 한다.

29 ①

인터페이스 구현 검증 도구

구성	설명
Watir	Ruby 기반 웹 애플리케이션 테스트 프레임워크이며 모든 언어 기반의 웹 애플리케이션 테스트와 브라우저 호환성을 테스트할 수 있다.
xUnit	• java(Junit), C++(Cppunit), .Net(Nunit) 등 다양한 언어를 지원하는 단위 테스트 프레임워크이다. • 함수, 클래스 등 다른 구성 단위를 테스트를 도와준다.
FitNesse	• 웹 기반 테스트 케이스 설계/실행/결과 확인 등을 지원하는 테스트 프레임워크이다. • 테스트 케이스 테이블 작성하면 자동으로 빠르고 쉽게 작성한 테스트를 수행할 수 있다.
STAF	• 서비스 호출, 컴포넌트 재사용 등 다양한 환경을 지원하는 테스트 프레임워크이다. • 데몬을 사용하여 테스트 대상 분산 환경에서 대상 프로그램을 통해서 테스트를 수행하고 통합하는 자동화 검증 도구이다.
NTAF Naver	테스트 자동화 프레임워크이며, STAF와 FitNesse를 통합한 것이다.
Selenium	• 다양한 브라우저 지원 및 개발 언어를 지원하는 웹 애플리케이션 테스트 프레임워크이다. • 테스트를 위한 스크립트 언어 습득없이, 기능 테스트 작성을 위한 플레이백 도구를 제공한다.

30 ④

형상 관리 항목(Configuration Item)

- 개발 프로세스에서 생산되거나 사용되는 작업 산출물, 작업 산출물들의 집합체를 의미한다.
- 대표적인 소프트웨어 형상 항목 : 프로젝트 요구분석서, 운영 및 설치 지침서, 요구사항 명세서, 설계/인터페이스 명세서, 테스트 설계서, 소프트웨어 품질 보증, 형상 관리, V&V 계획서와 같은 계획서, 코드 모듈(소스와 오브젝트 모두)

31 ②

스키마의 3계층

구분	설명
외부 스키마(External Schema)	사용자나 응용 프로그래머가 접근할 수 있는 정의를 기술한다.
개념 스키마(Conceptual Schema)	범 기관적 입장에서 데이터베이스를 정의한 것이다. 개체 간의 관계와 제약조건을 나타내고, 데이터베이스 접근 권한, 보안 및 무결성 규칙 명세가 있다.
내부 스키마(Internal Schema)	물리적 저장 장치의 입장에서 본 데이터베이스 구조로서 실제로 데이터베이스에 저장될 레코드의 형식을 정의하고 저장 데이터 항목의 표현 방법, 내부 레코드의 물리적 순서 등을 나타낸다.

32 ①

트리의 중위 순회

- 각 그룹을 운행한 뒤 그 결과를 합쳐 본다.

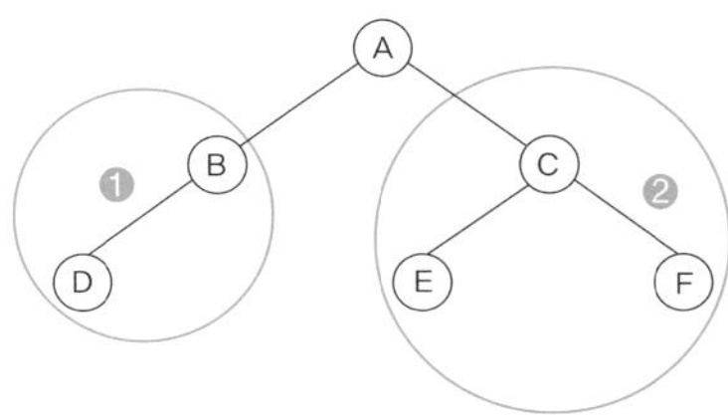

- LEFT – ROOT – RIGHT
  ❶ A ❷
  ❶ : D B
  ❷ : E C F
  D B A E C F

33 ③

무방향 그래프의 최대 간선 수 : n(n–1)/2

오답 피하기

방향 그래프의 최대 간선 수 : n(n–1)

34 ③

설명은 테스트 오라클에 관한 정의이다. 문제와 답으로 정리하도록 한다.

35 ④

Groovy 기반으로 한 오픈소스로 안드로이드 앱 개발 환경에서 사용되는 도구는 Gradle이다.

36 ②

콘텐츠를 메타 데이터와 함께 배포 가능한 단위로 묶는 기능을 하는 것은 패키저(Packager)이다.

37 ①

기초 경로 검사는 화이트박스 테스트 기법이다.

38 ②

해싱 함수의 종류

- 제산 방법(Division Method) : 나머지 연산자(%)를 사용하여 테이블 주소를 계산하는 방법
- 중간 제곱 방법(Mid–Square Method) : 레코드 키 값을 제곱한 후에 결과 값의 중간 부분에 있는 몇 비트를 선택하여 해시 테이블의 홈주소로 사용하는 방법
- 중첩 방법(폴딩, Folding Method) : 해싱 함수 중 레코드 키를 여러 부분으로 나누고, 나눈 부분의 각 숫자를 더하거나 XOR한 값을 홈주소로 삼는 방식
- 기수 변환 방법(Radix Conversion Method) : 어떤 진법으로 표현된 주어진 레코드 키값을 다른 진법으로 간주하고 키값을 변환하여 홈주소로 취하는 방식
- 무작위 방법(Random Method) : 난수를 발생시킨 후 그 난수를 이용해 각 키의 홈주소를 산출하는 방법
- 계수 분석 방법(Digit Analysis Method) : 레코드 키를 구성하는 수들이 모든 키들 내에서 각 자리별로 어떤 분포인지 를 조사하여 비교적 고른 분포를 나타내는 자릿수를 필요한 만큼 선택, 레코드의 홈주소로 사용하는 방법

39 ②

클린 코드의 작성 원칙

가독성	• 누구나 코드를 쉽게 읽을 수 있도록 작성한다. • 이해하기 쉬운 용어를 사용하고 들여쓰기 등을 활용한다.
단순성	• 한 번에 한 가지 기능만 처리한다. • 클래스/메소드/함수는 최소 단위로 분리한다.
의존성 배제	다른 모듈에 미치는 영향 최소화하여 코드 변경 시 다른 부분에 영향 없도록 작성한다.
중복성 최소화	중복된 코드는 삭제하여 공통된 코드로 사용한다.
추상화	상위 클래스/메소드/함수에서 간략하게 애플리케이션 특성을 나타내고, 상세 내용은 하위 클래스/메소드/함수에서 구현한다.

40 ③

DRM 기술 요소 : 암호화 (Encryption), 키 관리(Key Management), 암호화 파일 생성(Packager), 식별 기술(Identification), 저작권 표현(Right Expression), 정책 관리(Policy Management), 크랙 방지(Tamper Resistance), 인증(Authentication), 인터페이스(Interface), 이벤트보고(Event Reporting), 사용 권한(Permission)

과목 03 데이터베이스 구축

41 ④

트랜잭션의 특성

- 원자성(Atomicity) : 완전하게 수행 완료되지 않으면 전혀 수행되지 않아야 한다.
- 일관성(Consistency) : 시스템의 고정 요소는 트랜잭션 수행 전후에 같아야 한다.
- 격리성(Isolation, 고립성) : 트랜잭션 실행 시 다른 트랜잭션의 간섭을 받지 않아야 한다.
- 영속성(Durability, 지속성) : 트랜잭션의 완료 결과가 데이터베이스에 영구히 기억된다.

42 ③

CRUD Matrix

- 데이터베이스에 영향을 주는 생성, 읽기, 갱신, 삭제 연산으로 프로세스와 테이블 간에 매트릭스를 만들어서 트랜잭션을 분석하는 도구이다.

- 업무 프로세스와 데이터 간의 상관관계 분석을 위한 것으로 업무 프로세스와 엔티티 타입을 행과 열로 구분하여 행과 열이 만나는 교차점에 이용에 대한 상태를 표시한다.

43 ②

반정규화

- 정규화된 엔티티, 속성, 관계에 대해 시스템의 성능 향상과 개발(Development)과 운영(Maintenance)의 단순화를 위해 중복, 통합, 분리 등을 수행하는 데이터 모델링의 기법을 의미한다.
- 정규화를 통하여 정합성과 데이터 무결성이 보장되지만, 테이블의 개수가 증가함에 따라 테이블 간의 조인이 증가하여 조회 성능이 떨어질 수 있다.
- 즉, DB의 성능 향상을 목적으로 정규화를 통해 분할된 테이블을 다시 합치는 과정을 의미한다.

44 ②

ALTER : 테이블 구조 변경문이다.

ADD	새로운 열(속성)을 추가할 때
ALTER	특정 열(속성)의 디폴트 값을 변경할 때
DROP	특정 열(속성)을 제거할 때

45 ②

정규화의 목적

- 데이터 구조의 안정성 최대화
- 중복 데이터의 최소화
- 수정 및 삭제 시 이상 현상 최소화
- 테이블 불일치 위험 간소화

46 ②

E–R 다이어그램 : E–R 모델을 그래프 방식으로 표현하였다.

기호	기호 이름	의미
(사각형)	사각형	개체(Entity)
(마름모)	마름모	관계(Relationship)
(타원)	타원	속성(Attribute)
(실선)	실선	개체 타입과 속성을 연결

47 ②

UPDATE

- 튜플의 내용 변경하는 명령어이다.
- 기본 구조

```
UPDATE 테이블명
 SET 속성명 = 데이터
 WHERE 조건;
```

48 ③

슈퍼키(Super Key)

- 두 개 이상의 속성으로 구성된 키 또는 혼합키(복합키)이다.
- 유일성은 만족하지만, 최소성은 만족하지 않는다.

후보키(Candidate Key)

- 모든 튜플들을 유일하게 식별할 수 있는 하나 또는 몇 개의 속성 집합이다.
- 유일성과 최소성을 모두 만족한다.

49 ③

GRANT 권한 ON 데이터 객체 TO 사용자 [WITH GRANT OPTION];

오답 피하기

- WITH GRANT OPTION : 사용자가 부여받은 권한을 다른 사용자에게 다시 부여할 수 있는 권한을 부여한다.
- 부여 가능한 권한 : Update, Delete, Insert, Select

50 ④

관계 대수(Relational Algebra)

- 원하는 정보와 그 정보를 어떻게 유도하는가를 기술하는 절차적인 방법이다.
- 주어진 릴레이션 조작을 위한 연산의 집합이다.
- 일반 집합 연산과 순수 관계 연산으로 구분된다.
- 질의에 대한 해를 구하기 위해 수행해야 할 연산의 순서를 명시한다.

51 ③

- 하위 질의의 경우 하위 질의를 먼저 처리하고 그결과를 상위 질의 조건에 입력한다.

SELECT 과목이름 FROM 성적 WHERE EXISTS

성적 테이블에서 아래 하위 테이블에서 검색된 2000, 4000에 해당하는 학생의 과목이름을 출력한다.

학번	과목번호	과목이름	학점	점수
1000	A100	자료 구조	A	91
2000	A200	DB	A	99
3000	A100	자료 구조	B	88
3000	A200	DB	B	85
4000	A200	DB	A	94
4000	A300	운영체제	B	89
5000	A300	운영체제	B	88

(SELECT 학번 FROM 학생 WHERE 학생.학번 = 성적.학번 AND 학생.학과 IN ('전산', '전기') AND 학생.주소 = '경기');

하위 질의
학생 테이블과 성적 테이블의 학번 필드가 같은 학생 중 학생테이블의 학과 필드가 전산, 전기 이면서 학생 주소가 경기인 학생의 학번필드를 검색한다. ⇒ 2000, 4000

학번	이름	학년	학과	주소
1000	김철수	1	전산	서울
2000	고영준	1	전기	경기
3000	유진호	2	전자	경기
4000	김영진	2	전산	경기
5000	정현영	3	전자	서울

52 ②

로킹(Locking) 특징
- 로킹 단위가 커지면 로크의 수가 적어 관리가 쉬워지지만 병행성 수준은 낮아진다.
- 로킹 단위가 작으면 로크의 수가 많아 관리가 어려워지지만 병행성 수준은 높아진다.

53 ③

REVOKE
데이터베이스 사용자로부터 사용 권한을 취소한다.
기본 구조

REVOKE [GRANT OPTION FOR] 권한 ON 데이터 객체 FROM 사용자 [CASCADE];

- GRANT OPTION FOR : 다른 사용자에게 권한을 부여할 수 있는 권한을 취소한다.
- CASCADE : 권한을 부여받았던 사용자가 다른 사용자에게 부여한 권한도 연쇄 취소한다.
- 부여 가능한 권한 : Update, Delete, Insert, Select

54 ③

뷰(View) 특징
- 뷰의 생성 시 CREATE문, 검색 시 SELECT문을 사용한다.
- 뷰의 정의 변경 시 ALTER문을 사용할 수 없고 DROP문을 이용한다.
- 뷰를 이용한 또 다른 뷰의 생성이 가능하다.
- 하나의 뷰 제거 시 그 뷰를 기초로 정의된 다른 뷰도 함께 삭제된다.
- 뷰에 대한 조작에서 삽입, 갱신, 삭제 연산은 제약이 따른다.
- 뷰가 정의된 기본 테이블이 제거되면 뷰도 자동적으로 제거된다.

55 ②

데이터 모델의 구성 요소
- 데이터 구조(Structure) : 데이터 구조 및 정적 성질 표현
- 연산(Operation) : 데이터의 인스턴스에 적용 가능한 연산 명세와 조작 기법 표현
- 제약조건(Constraint) : 데이터의 논리적 제한 명시 및 조작의 규칙

56 ④

BCNF 정규형
- 1, 2, 3정규형을 만족하고, 결정자가 후보키가 아닌 함수적 종속을 제거한다.
- 강력한 제3정규형이라고도 한다.

57 ①

- 모든 속성의 도메인 값을 곱하면 최대 튜플 수가 계산된다.
- 3 * 2 * 4 = 24

58 ④

물리적 설계
- 목표 DBMS에 종속적인 물리적 구조 설계
- 저장 레코드 양식 설계
- 레코드 집중의 분석/설계
- 접근 경로 설계
- 트랜잭션 세부 설계

59 ③

속성(Attribute)
- 테이블의 열(Column)에 해당하며 파일 구조의 항목(Item), 필드(Field)와 같은 의미이다.
- 차수(Degree) : 속성의 수(차수)

오답 피하기
제시된 릴레이션의 스키마(속성)가 4개 이므로 차수는 4가 된다.

60 ①

OLAP(On-Line Analytical Processing) 연산 종류 : Roll-Up, Drill-Down, Dicing, Slicing

과목 04 프로그래밍 언어 활용

61 ①

환경 변수 관련 명령어
- env : 전역 환경 변수를 설정하거나 출력한다.
- set : 사용자 환경 변수를 설정한다.
- printenv : 현재 설정되어 있는 환경 변수의 값을 모두 출력한다.
- echo : 특정 환경 변수의 값을 출력한다.
- setenv : 환경 변수의 값을 설정한다.

62 ④

Java 정수 데이터 타입
- byte : 1Byte
- short : 2Byte
- int : 4Byte
- long : 8Byte

63 ③

Java 출력 함수

- System.out.print( ) : 괄호 안을 출력하고 줄 바꿈을 안 한다.
- System.out.println( ) : 괄호 안을 출력하고 줄 바꿈을 한다.
- System.out.printf( ) : 변환 문자를 사용하여 출력한다.

64 ②

- 운영체제의 핵심 부분인 커널(Kernel)은 프로세스 관리, 기억 장치 관리, 입 · 출력 관리, 파일 시스템 관리 등의 기능을 수행한다.
- 사용자 인터페이스 제공은 쉘(Shell)의 기능이다.

65 ①

전송 계층(Transport Layer)

- 통신 양단간(End-to-End) 투명한 데이터 전송을 제공한다.
- 에러 제어 및 흐름 제어를 담당한다.
- 표준 : TCP, UDP

66 ②

until문 형식

- 조건식을 만족할 때까지 명령문을 반복 실행한다.

```
until 조건식
do
  조건식의 결과가 거짓일 때 실행하는 명령문
done
```

- until who | grep wow : wow 사용자가 로그인할 때까지(grep : 특정 단어나 문자열 검색)
- do : 다음의 명령문을 반복 실행
- sleep 5 : 5초마다 로그인 여부 확인
- done

67 ④

- while문의 조건식 부분에 입력된 'y- -'는 참이나 거짓을 판단하는 조건식이 아니기 때문에 오류가 발생한다.
- 예를 들어 다음과 같이 코드를 수정하여 실행하면 'x=7, y=0'이 출력된다.

```
int x = 1, y = 6;
while (y > 0) {
  x++;
  y--;
}
```

68 ③

- [x:y:z] : 인덱스 x부터 (y-1)까지 z만큼 건너뛰면서 추출한다.
- a[:7:2] : 인덱스 0(값: 0)부터 6(값: 60)까지 2만큼 건너뛰면서 추출한다.
- 결과 : 0, 20, 40, 60

69 ②

소프트웨어 재사용(Software Reusability)

- 이미 개발되어 그 기능 및 성능, 품질을 인정받았던 소프트웨어의 전체 또는 일부분을 다시 사용하여 새롭게 개발하는 기법이다.
- 재사용 범위에 따른 분류 : 함수와 객체 재사용, 컴포넌트 재사용, 애플리케이션 재사용
- 더미 코드(Dummy Code)는 임시로 작성된 코드이므로 재사용 가치가 없다.

70 ④

SJF(Shortest Job First)

- 비선점 스케줄링 기법의 일종이다.
- 준비 상태 큐에서 기다리고 있는 프로세스들 중 실행 시간이 가장 짧은 프로세스에게 먼저 CPU를 할당하는 스케줄링 기법이다.
- 그러므로 실행 시간이 가장 짧은 P4가 가장 먼저 처리된다.

71 ①

FIFO(First In First Out, 선입선출) 알고리즘

- 가장 먼저 적재된 페이지를 먼저 교체하는 기법이다.
- 구현이 간단하다.

참조 페이지	1	2	3	1	2	4	5	1
프레임 1	1	1	1	1	1	1	5	5
프레임 2		2	2	2	2	2	2	1
프레임 3			3	3	3	3	3	3
프레임 4						4	4	4
페이지 부재	●	●	●			●	●	●

72 ③

정지-대기(Stop and Wait) 방식

- 한 개의 프레임을 전송하고, 수신측으로부터 ACK(긍정 응답) 및 NAK(부정 응답) 신호를 수신할 때까지 정보 전송을 중지하고 기다리는 기법이다.
- 가장 간단한 방식이다.

73 ①

데이터 결합도(Data Coupling) : 한 모듈이 파라미터나 인수로 다른 모듈에게 데이터를 넘겨주고 호출받은 모듈은 받은 데이터에 대한 처리 결과를 다시 돌려주는 경우의 결합도이다.

74 ④

응집도(Cohesion) 종류

기능적 응집도 (Functional Cohesion)	한 모듈 내부의 한 기능 요소에 의한 출력 자료가 다음 기능 원소의 입력 자료로서 제공되는 경우의 응집도
순차적 응집도 (Sequential Cohesion)	모듈의 구성 요소가 하나의 활동으로부터 나온 출력 자료를 그다음 활동의 입력 자료로 사용하는 같은 모듈 내에서의 응집도

교환적 응집도 (Communicational Cohesion)	동일한 입력과 출력을 사용하는 소 작업들이 모인 모듈에서 볼 수 있는 응집도
절차적 응집도 (Procedural Cohesion)	모듈이 다수의 관련 기능을 가질 때 모듈 내부의 기능 요소들이 그 기능을 순차적으로 수행할 경우의 응집도
시간적 응집도 (Temporal Cohesion)	특정 시간에 처리되는 여러 기능을 모아 한 개의 모듈로 작성할 경우의 응집도
논리적 응집도 (Logical Cohesion)	유사한 성격을 갖거나 특정 형태로 분류되는 처리 요소들로 하나의 모듈이 형성되는 경우의 응집도
우연적 응집도 (Coincidental Cohesion)	서로 간에 어떠한 의미 있는 연관 관계도 지니지 않은 기능 요소로 구성되는 경우의 응집도

75 ①

JAVA 접근 제한자(접근 제어자)

- public : 모든 접근을 허용한다.
- private : 같은 패키지에 있는 객체와 상속 관계의 객체들만 허용한다.
- default : 같은 패키지에 있는 객체들만 허용한다.
- protected : 현재 객체 내에서만 허용한다.

76 ③

UDP(User Datagram Protocol)

- 비연결형, 비신뢰성 전송 서비스를 제공한다.
- TCP에 비해 헤더 구조가 간단하고 오버헤드가 적다.
- 흐름 제어나 순서 제어가 없어 전송 속도가 빠르다.
- 수신된 데이터의 순서 재조정이나 복구 기능을 지원하지 않는다.

77 ①

- 논리 주소(2, 176)에서 2는 세그먼트 번호를 의미하고, 176은 해당 세그먼트의 시작 주소로부터의 오프셋을 의미한다.
- 세그먼트 2의 시작 주소는 222이고 오프셋 176을 더하면 물리 주소는 398이 된다.

78 ②

- ARP(Address Resolution Protocol) : 논리 주소(IP 주소)를 물리 주소(MAC 주소)로 변환하는 프로토콜이다.
- RARP(Reverse Address Resolution Protocol) : 호스트의 물리 주소(MAC 주소)로부터 논리 주소(IP 주소)를 구하는 프로토콜이다.

79 ③

- C언어에서 서로 다른 데이터 타입을 묶은 자료 구조를 구조체(Structure)라고 한다.
- 구조체를 사용하여 데이터를 처리하려면 키워드 Struct를 사용해야 한다.

80 ②

PHP 연산자

산술 연산자	+, −, *, /, %, **
할당 연산자	=, +=, −=, *=, /=, %=
증가/감소 연산자	++, −−
관계 연산자	==, ===, !=, 〈〉, 〉, 〈, 〉=, 〈=
논리 연산자	and, or, xor, &&, ¦¦, !

오답 피하기

PHP는 C언어를 기반으로 만들어진 언어이므로 연산자는 유사하다. 단, PHP는 다음과 같은 연산자를 추가적으로 사용한다.

- = = = → = =는 값만 같으면 참이지만 = = =는 데이터 타입까지 같아야만 참이 된다.
- != = → !=는 값이 다르면 참이지만 != =는 데이터 타입까지 달라야 참이 된다.
- 〈〉 → !=과 같은 연산자이다.
- and → &&와 같은 연산자이다.
- xor → XOR(^) 연산자이다.
- or → ||와 같은 연산자이다.
- @ → 오류 제어 연산자로 명령어가 정상이면 수행, 오류가 발생하면 수행하지 않게 하는 연산자이다.

과목 05 정보 시스템 구축 관리

81 ④

VPN(Virtual Private Network, 가상 사설망)

- 이용자가 인터넷과 같은 공중망에 사설망을 구축하여 마치 전용망을 사용하는 효과를 가지는 보안 솔루션이다.
- 안전하지 않은 공용 네트워크를 이용하여 사설 네트워크를 구성하는 기술이다.

IDS(Intrusion Detection System, 침입 탐지 시스템)

- 침입 공격에 대하여 탐지하는 것을 목표로 하는 보안 솔루션이다.
- 외부 침입에 대한 정보를 수집하고 분석하여 침입 활동을 탐지해 이에 대응하도록 보안 담당자에게 통보하는 기능을 수행하는 네트워크 보안 시스템이다.

82 ③

CMMI 5단계(소프트웨어 프로세스 성숙도)

단계	내용
1. 초기(Initial)	예측/통제 불가능
2. 관리(Managed)	기본적인 프로젝트 관리 체계 수립
3. 정의(Defined)	조직 차원의 표준 프로세스를 통한 프로젝트 지원
4. 정량적 관리 (Quantitatively Managed)	정량적으로 프로세스가 측정/통제됨
5. 최적화(Optimizing)	프로세스 개선 활동

83 ③

폭포수 모형(Waterfall Model)

- Boehm이 제시한 고전적 생명주기 모형으로, 소프트웨어 개발 과정의 각 단계가 순차적으로 진행되는 모형이다.
- 선형 순차적 모델이라고도 한다.
- 개발 단계 : 타당성 검사 → 계획 → 요구분석 → 설계 → 구현 → 시험(검사) → 운용 → 유지보수

84 ③

서비스 지향 아키텍처 기반 애플리케이션 계층 : 표현 계층(Presentation Layer), 프로세스 계층(Process Layer), 비즈니스 논리 계층(Business Logic Layer), 데이터 접근 계층(Data Access Layer)

85 ①

직접 연결 저장 장치(DAS : Direct-Attached Storage)

- 하드 디스크와 같은 데이터 저장 장치를 호스트 버스 어댑터에 직접 연결하는 방식이다.
- 저장 장치와 호스트 기기 사이에 네트워크 디바이스가 있지 말아야 하고 직접 연결하는 방식으로 구성된다.

86 ②

소프트웨어 개발 프레임워크 적용 시 장점

- 소프트웨어 프레임워크를 활용하면 개발 및 운영 용이성을 제공하고, 시스템 복잡도 감소, 재사용성 확대 등의 장점이 있다.
- 개발 용이성 : 패턴 기반 개발과 비즈니스 로직에만 집중한 개발이 가능하며, 공통 기능은 프레임워크가 제공한다.
- 운영 용이성 : 변경이 용이하며, 비즈니스 로직/아키텍처 파악이 용이하다.
- 시스템 복잡도의 감소 : 복잡한 기술은 프레임워크에 의해 숨겨진다. 미리 잘 정의된 기술 Set을 적용할 수 있다.
- 개발 코드의 최소화 : 반복 개발을 제거하며, 공통 컴포넌트와 서비스 활용이 가능하다.
- 이식성 : 플랫폼 비의존적인 개발 가능하며, 플랫폼과의 연동은 프레임워크가 제공한다.
- 변경 용이성 : 잘 구조화된 아키텍처를 적용하며, 플랫폼에 비의존적이다.
- 품질 보증 : 검증된 개발 기술과 패턴에 따른 개발이 가능하며, 고급 개발자와 초급 개발자의 차이를 줄여준다.
- 설계와 코드의 재사용성 : 프레임워크의 서비스 및 패턴의 재사용, 사전에 개발된 컴포넌트의 재사용이 가능하다.

87 ④

SADT(Structured Analaysis and Design Technique)

- SoftTech 사에서 개발한 것으로 시스템 정의, 소프트웨어 요구사항 분석, 시스템/소프트웨어 설계를 위해 널리 이용되어 온 구조적 분석 및 설계 도구이다.
- 구조적 요구 분석을 하기 위해 블록 다이어그램을 채택한 자동화 도구다.

88 ④

XP 핵심 가치

- 소통(Communication) : 개발자, 관리자, 고객 간의 원활한 소통을 지향한다.
- 단순성(Simplicity) : 부가적 기능 또는 미사용 구조와 알고리즘은 배제한다.
- Feedback : 소프트웨어 개발에서 변화는 불가피하다. 이러한 변화는 지속적 테스트와 통합, 반복적 결함 수정 등을 빠르게 피드백한다.
- 용기(Courage) : 고객 요구사항 변화에 능동적으로 대응한다.
- 존중(Respect) : 개발 팀원 간의 상호 존중을 기본으로 한다.

89 ②

MAC vs DAC vs RBAC

정책	MAC	DAC	RBAC
권한 부여	시스템	데이터 소유자	중앙 관리자
접근 결정	보안 등급(Label)	신분(Identity)	역할(Role)
정책 변경	고정적(변경 어려움)	변경 용이	변경 용이
장점	안정적 중앙 집중적	구현 용이 유연함	관리 용이

90 ②

나선형 모형(Spiral Model)

- Boehm이 제시하였으며, 반복적인 작업을 수행하는 점증적 생명주기 모형이다.
- 점증적 모형, 집중적 모형이라고도 한다.
- 개발 단계 : 계획 수립(Planning) → 위험 분석(Risk Analysis) → 공학적 개발(Engineering) → 고객 평가(Customer Evaluation)
  ① 계획(Planning) 단계에서는 위험 요소와 타당성을 분석하여 프로젝트의 추진 여부를 결정한다.
  ② 위험 분석(Risk Analysis) 단계에서는 개발 목적과 기능 선택, 제약 조건 등을 결정하고 분석한다.
  ③ 개발 및 검증(Development) 단계에서는 선택된 기능을 수행하는 프로토타입을 개발한다.
  ④ 평가(Evaluation) 단계에서는 개발된 프로토타입을 사용자가 확인하고 추가 및 수정될 요구사항이 있으면 이를 반영한 개선 프로토타입을 만든다.
  이 과정을 추가 수정 요구사항이 없을 때까지 반복한다.

91 ④

비용 산정 모델의 종류

전문가 감정 기법, 델파이(Delphi) 기법, LOC(Line Of Code) 기법, COCOMO(COnstructive COst MOdel) 모델, Putnam 모델, 기능 점수(FP : Functional Point)

오답 피하기

PERT(Program Evaluation And Review Technique)
- 소요 시간 예측이 어려운 경우 최단 시간 내에 완성할 수 있게 하는 프로젝트 일정 방법이다.
- 계획 공정(Network)을 작성하여 분석하므로 간트도표에 비해 작업 계획을 수립하기 쉽다.
- 계획 공정의 문제점을 명확히 종합적으로 파악할 수 있다.
- 관계자 전원이 참가하게 되므로 의사소통이나 정보 교환이 용이하다.

92 ①

공개키(Public Key) 암호화 기법
- 암호키와 해독키가 서로 다른 기법이다.
- 비대칭키 암호화 기법 또는 공중키 암호화 기법이라고도 한다.
- 키 분배가 비밀키 암호화 기법보다 용이하다.
- 암호화/복호화 속도가 느리고 알고리즘이 복잡하다.

93 ①

파장 분할 다중(Wavelength Division Multiplexing)
- 레이저 빛의 다른 파장(다른 색)을 사용하여 여러 반송파 신호를 단일 광섬유에 적용하는 기술이다.
- 광섬유를 이용한 통신 기술의 하나를 의미한다.
- 파장이 서로 다른 복수의 광신호를 동시에 이용하는 것으로 광섬유를 다중화하는 방식이다.
- 빛의 파장 축과 파장이 다른 광선은 서로 간섭을 일으키지 않는 성질을 이용한다.

94 ④

크로스사이트 스크립트(XSS)
- 웹페이지에 악의적인 스크립트를 포함시켜 사용자 측에서 실행되게 유도함으로써, 정보 유출 등의 공격을 유발할 수 있는 취약점이다.
- 외부 입력값에 스크립트가 삽입되지 못하도록 문자열 치환 함수를 사용하거나 JSTL이나 크로스사이트 스크립트 방지 라이브러리를 사용함으로써 방지할 수 있다.

95 ④

CBD 방법론의 특징
- 반복 점진적 개발 프로세스를 제공한다.
- 컴포넌트(Component)는 데이터베이스와 소프트웨어의 모듈 단위로, 재사용이 가능하다.
- 개발 준비, 분석, 설계, 구현, 테스트, 전개, 인도 단계로 구성된다.
- 시스템 분석을 위해 유스케이스 다이어그램(Usecase Diagram)이 주로 사용된다.
- 시스템 설계를 위해 컴포넌트 설계서가 주로 사용된다.
- 개발 기간 단축으로 인한 생산성이 향상되며 새로운 기능 추가가 쉬워 확장성이 높다.

오답 피하기

1960년대까지는 별도의 개발 방법론 없이 무원칙 상향식 프로그래밍 방식을 사용하였다.

96 ④

소프트웨어 정의 데이터센터
- 가상 데이터 센터(VDC : Virtual Data Center)라고도 하며, 추상화, 풀링(Pooling), 자동화 등을 통해 인프라를 가상화하는 데이터 센터를 의미한다.
- 컴퓨팅, 네트워킹, 스토리지, 관리 등을 모두 소프트웨어로 정의한다.
- 인력 개입 없이 소프트웨어 조작만으로 자동 제어 관리한다.
- 데이터센터 내 모든 자원을 가상화하여 서비스한다.

97 ④

Secure OS
- 컴퓨터 운영체제의 커널에 보안 기능을 추가한 것으로 운영체제의 보안상 결함으로 인하여 발생 가능한 각종 해킹으로부터 시스템을 보호하기 위하여 사용된다.
- 네트워크 보안 제품의 무력화 시 최후 시스템 보호 역할을 수행하며 조직의 보안 정책 및 역할에 최적화되어 보안 정책 관리를 지원한다.

98 ③

N-S 차트(Nassi-Schneiderman Chart)
- 구조적 프로그램의 순차, 선택, 반복의 구조를 사각형으로 도식화하여 알고리즘을 논리적 기술에 중점을 둔 도형식 표현 방법이다.
- 조건이 복합되어 있는 곳의 처리를 시각적으로 명확히 식별하는 데 적합하다.
- 제어 구조 : 순차(Sequence), 선택 및 다중 선택(If~Then~Else, Case), 반복(Repeat~Until, While, For)
- 박스 다이어그램이라고도 한다.

99 ①

MapReduce : HADOOP의 핵심 구성 요소로서 대용량 데이터를 분산 처리하기 위한 목적으로 개발된 프로그래밍 모델이다.

100 ④

SPICE(Software Process Improvement and Capability dEtermination)
- 소프트웨어 품질 및 생산성 향상을 위해 소프트웨어 프로세스를 평가 및 개선하는 국제 표준이다.
- 공식 명칭은 ISO/IEC 15504이다.
- ISO/IEC 12207의 단점을 해결하기 위해 개발되었다.

최신 기출문제 14회

2-256P

01 ③	02 ③	03 ④	04 ②	05 ②
06 ③	07 ①	08 ③	09 ③	10 ①
11 ①	12 ④	13 ②	14 ③	15 ①
16 ③	17 ③	18 ②	19 ④	20 ②
21 ③	22 ④	23 ③	24 ②	25 ④
26 ②	27 ④	28 ①	29 ①	30 ③
31 ③	32 ③	33 ④	34 ③	35 ④
36 ①	37 ④	38 ④	39 ②	40 ②
41 ③	42 ④	43 ③	44 ②	45 ④
46 ④	47 ①	48 ①	49 ④	50 ③
51 ②	52 ④	53 ④	54 ①	55 ③
56 ①	57 ②	58 ④	59 ④	60 ④
61 ①	62 ③	63 ③	64 ①	65 ③
66 ③	67 ③	68 ④	69 ②	70 ④
71 ①	72 ③	73 ④	74 ①	75 ③
76 ③	77 ③	78 ③	79 ③	80 ①
81 ③	82 ②	83 ④	84 ①	85 ②
86 ②	87 ④	88 ④	89 ①	90 ④
91 ②	92 ③	93 ③	94 ①	95 ②
96 ①	97 ③	98 ③	99 ④	100 ①

과목 01 소프트웨어 설계

01 ③

요구분석을 위한 기법 : 사용자 의견 청취, 사용자 인터뷰, 현재 사용 중인 각종 문서 분석과 중제 기술, 관찰 및 모델 작성 기술, 설문 조사를 통한 의견을 수렴한다.

02 ③

생성 패턴
- 객체를 생성하는 것과 관련된 패턴이다.
- 객체의 생성과 변경이 전체 시스템에 미치는 영향을 최소화하도록 만들어주어 유연성을 높일 수 있고 코드를 유지하기가 쉬운 편이다.
- 객체의 생성과 참조 과정을 추상화함으로써 시스템을 개발할 때 부담을 덜어준다.

Factory method	• 객체를 생성하기 위한 인터페이스를 정의하여 어떤 클래스가 인스턴스화 될 것인지는 서브 클래스가 결정하도록 한다. • Virtual–Constructor 패턴이라고도 한다.
Singleton	• 전역 변수를 사용하지 않고 객체를 하나만 생성하도록 한다. • 생성된 객체를 어디에서든지 참조할 수 있도록 하는 패턴이다.
Prototype	• 원본 객체를 복제하여 객체를 생성하는 패턴이다. • 일반적인 방법으로 객체를 생성한다. 비용이 많이 소요되는 경우 주로 사용한다.
Builder	작게 분리된 인스턴스를 조립하듯 조합하여 객체를 생성한다.
Abstraction factory	• 구체적인 클래스에 의존하지 않고 서로 연관되거나 의존적인 객체들의 조합을 만드는 인터페이스를 제공하는 생성 패턴이다. • 관련된 서브 클래스를 그룹지어 한 번에 교체할 수 있다.

03 ④

럼바우(Rumbaugh) 객체지향 분석 기법
- 소프트웨어 구성 요소를 그래픽으로 모형화하였다.
- 객체 모델링 기법(OMT : Object Modeling Technique)이라고도 한다.
- 객체 모델링 : 객체를 다이어그램으로 표시
- 동적 모델링 : 상태를 시간 흐름에 따라 다이어그램으로 표시
- 기능 모델링 : 자료 흐름도를 이용하여 여러 프로세스 간의 자료 흐름을 표시

04 ②

애자일(Agile) 방법론
- 날렵한, 재빠른 이란 사전적 의미와 같이 소프트웨어 개발 중 설계 변경에 신속히 대응하여 요구사항을 수용할 수 있다.
- 절차와 도구보다 개인과 소통을 중요시하고 고객과의 피드백을 중요하게 생각한다.
- 소프트웨어가 잘 실행되는데 가치를 둔다.
- 소프트웨어 배포 시차를 최소화할 수 있다.
- 특정 방법론이 아닌 소프트웨어를 빠르고 낭비 없이 제작하기 위해 고객과의 협업에 초점을 두고 있다.
- 특징 : 짧은 릴리즈와 반복, 점증적 설계, 사용자 참여, 문서 최소화, 비공식적인 커뮤니케이션 변화
- 종류 : 익스트림프로그래밍(eXtreme Programming), 스크럼(SCRUM), 린 (Lean), DSDM, FDD, Crystal

05 ②

미들웨어 솔루션의 유형 : DB, TP–Monitor, ORB, RPC, MOM, WAS, OTM

06 ③

순차 다이어그램(Sequence Diagram)
- 시간 흐름에 따른 객체 사이의 상호작용을 표현한다.
- 요소 : 생명선(Life Line), 통로(Gate), 상호작용(Interaction Fragment), 발생(Occurrence), 실행(Execution), 상태 불변(State Invariant), 상호작용(Interaction Use), 메시지(Messages), 활성(Activations), 객체(Entity Actor)

07 ①

캡슐화(Encapsulation)

- 서로 관련성이 높은 데이터(속성)와 그와 관련된 기능(메소드, 함수)을 묶는 기법이다.
- 결합도가 낮아져 소프트웨어 개발에 있어 재사용성이 높아진다.
- 정보은닉을 통하여 타 객체와 메시지 교환 시 인터페이스가 단순해진다.

08 ③

GOF 디자인 패턴

생성(Creational)	구조(Structure)	행위(Behavioral)
Abstract Factory Builder Factory Method Prototype Singleton	Adapter Bridge Composite Decorator Facade Flyweight Proxy	Chain of responsibility Command Interpreter Iterator, Mediator Memento, Observer State, Strategy, Visitor Template Method

09 ③

UI 설계 원칙

- 직관성 : 누구나 쉽게 이해하고 사용할 수 있도록 한다.
- 유효성 : 사용자의 목적을 정확히 달성할 수 있도록 유용하고 효과적이어야 한다.
- 학습성 : 사용자가 쉽게 배우고 익힐 수 있어야 한다.
- 유연성 : 사용자의 요구를 최대한 수용하면서 오류를 최소화해야 한다.

10 ①

코드의 기능

코드의 기본적 기능	코드의 3대 기능
표준화 기능 간소화 기능	분류 기능 식별 기능 배열 기능

11 ①

협약에 의한 설계(Design by Contract) 3가지 타입

- 클래스에 대한 여러 가정을 공유하도록 명세한 것이다.
- 선행조건 : 오퍼레이션이 호출되기 전 참이 되어야 할 조건
- 결과조건 : 오퍼레이션이 수행된 후 만족하여야 하는 조건
- 불변조건 : 클래스 내부가 실행되는 동안 항상 만족하여야 하는 조건

12 ④

행위(Behavioral) 다이어그램 : 유스케이스(Use Case) 다이어그램, 시퀀스(Sequence) 다이어그램, 커뮤니케이션(Communication) 다이어그램, 상태(State) 다이어그램, 활동(Activity) 다이어그램, 상호작용 개요(Interaction Overview) 다이어그램, 타이밍(Timing) 다이어그램

오답 피하기

배치(Deployment) 다이어그램은 구조적 다이어그램에 해당된다.

13 ②

Class	• 같은 종류의 객체 집합으로 속성+행위를 정의한 것으로 일반적인 Type을 의미한다. • 객체지향 프로그램의 기본적인 사용자 정의 데이터형이다. • 같은 종류의 Object 속성과 연산을 정의하고 있는 Template이다. • Class에 속한 Instance를 Object라 한다. • 상위 클래스(부모 클래스, Super Class), 하위 클래스(자식 클래스, Sub Class)	
Object	• 데이터와 함수를 묶어 캡슐화한 것이다. • 하나의 소프트웨어 모듈이다. • Class의 요소(Instance)이다.	
	Attribute	Object가 가지고 있는 데이터 값
	Method	Object의 행위인 함수

14 ③

UML 일반화 관계(Generalization Relation)

- 객체지향에서 상속 관계(Is A Kind Of)를 표현한다.
- 한 클래스가 다른 클래스를 포함하는 상위 개념일 때 사용한다.

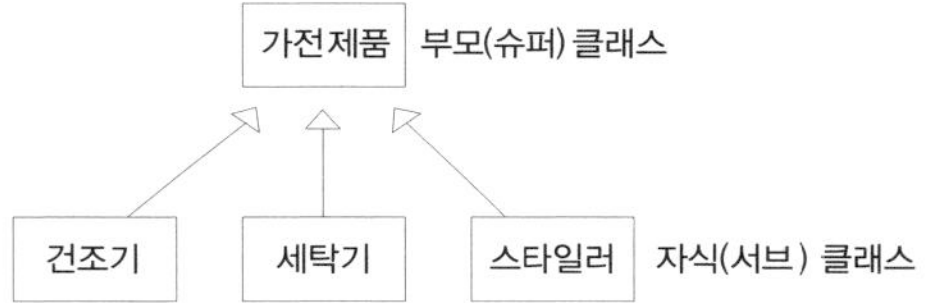

15 ①

디자인 패턴의 구성 요소

필수 요소	• 패턴의 이름 : 패턴을 부를 때 사용하는 이름과 패턴의 유형 • 문제 및 배경: 패턴이 사용되는 분야 또는 배경, 해결하는 문제를 의미 • 해법 : 패턴을 이루는 요소들, 관계, 협동(Collaboration) 과정 • 결과 : 패턴을 사용하면 얻게 되는 이점이나 영향
추가 요소	• 알려진 사례 : 간단한 적용 사례 • 샘플 코드 : 패턴이 적용된 원시 코드 • 원리/정당성/근거 • 예제

16 ③

자료 사전(DD : Data Dictionary)

- 시스템과 관련된 모든 자료의 명세와 자료 속성을 파악할 수 있도록 조직화한 도구이다.
- 표기법

기호	의미	설명
=	자료의 정의	~로 구성되어 있다.(is compose of)
+	자료의 연결	그리고(and)

( )	자료의 생략	생략 가능한 자료(optional)
[ ]	자료의 선택	다중 택일(slection)
{ }	자료의 반복	$\{\}_n$: 최소 n번 이상 반복 $\{\}^n$: 최대 n번 이하 반복 $\{\}^n_m$: m번 이상 n번 이하 반복
* *	자료의 설명	주석(comment)
|	대체 항목 나열	또는(or)

17 ③

객체지향 설계 원칙(SOLID)

단일 책임의 원칙 (SRP : Single Responsibility Principle)	모든 클래스는 단일 목적으로 생성되고, 하나의 책임만 가져야 한다.
개방-폐쇄의 원칙 (OCP : Open Closed Principle	소프트웨어 구성 요소는 확장에 대해서는 개방되어야 하나 수정에 대해서는 폐쇄적이어야 한다.
리스코프 치환 원칙 (LSP : Liskov Substitution Principle)	부모 클래스가 들어갈 자리에 자식 클래스를 대체하여도 계획대로 작동해야 한다.
인터페이스 분리 원칙 (ISP : Interface Segregation Principle)	한 인터페이스는 자신이 사용하지 않는 인터페이스를 클라이언트에 특화되도록 분리해야 한다.
의존 역전 원칙 (DIP : Dependency Inversion Principle)	의존관계를 맺으면 변하기 쉽고 변화 빈도가 높은 것보다 변하기 어렵고 변화 빈도가 낮은 것에 의존한다.

18 ②

자료 흐름도(DFD : Data Flow Diagram)

구성 요소	의미	표기법
프로세스 (Process)	자료를 변환시키는 시스템의 한 부분을 나타냄	프로세스 이름
자료 흐름 (Data Flow)	자료의 이동(흐름)을 나타냄 자료 이름	자료 이름 →
자료 저장소 (Data Store)	시스템에서의 자료 저장소(파일, 데이터베이스)를 나타냄	자료 저장소 이름
단말 (Terminator)	• 자료의 발생지와 종착지를 나타냄 • 시스템의 외부에 존재하는 사람이나 조직체	단말 이름

19 ④

오답 피하기

1990년대 이후 소개되었으며, 다양한 개발 환경에 효과적으로 활용된다.

20 ②

요구사항 검증 방법 : 프로토타이핑, 테스트 설계, CASE 도구 활용, 요구사항 검토 등의 방법이 있다.

방법	설명	
프로토타이핑	시제품인 프로토타입을 제작하여 검증한다.	
테스트 설계	Test Case를 생성하고, 요구사항이 현실적으로 테스트 가능한지 검토한다.	
CASE(Computer Aid Software Engineering)	일관성 분석을 통하여 요구사항 변경의 추적과 분석을 통하여 요구사항을 관리한다.	
요구사항 검토	동료 검토	명제 작성자가 동료들에게 설명하고 동료들이 결함을 찾는 방법
	Walk Through	검토 회의 전 명세서 배포 → 짧은 검토 회의 → 결함 발견
	Inspection	명세서작성자 외 전문가가 명세서의 결함을 발견하는 방법

과목 02 소프트웨어 개발

21 ③

① IPSec(IP Security) : IP 패킷의 보안 프로토콜로 패킷을 제거하거나 삽입을 불가능하게 하는 보안 기술이다.

② SSL(Secure Socket Layer) : 웹 서버와 웹 브라우저에서 전달되는 데이터를 안전하게 송 · 수신할 수 있도록 미국의 넷스케이프사가 개발한 프로토콜이다.

④ S-HTTP(Secure-HyperText Transfer Protocol) : HTTP에 보안 기능을 부가하기 위한 통신 규약으로 WWW를 이용할 때 웹 페이지의 데이터를 안전하게 주고받을 수 있게 만든 프로토콜이다.

오답 피하기

SMTP는 E-메일 전송 프로토콜로 보안이 적용되지 않은 프로토콜이다.

22 ④

개발 인력을 많이 투입한다고 소프트웨어의 생산성이 증가되지 않는다. 개발할 소프트웨어의 성격에 맞게 적절한 개발 인력을 투입해야 한다.

23 ③

ISO/IEC 12119

- SO/IEC 9126의 품질 모델을 따르며 패키지 소프트웨어의 일반적인 제품 품질 요구사항 및 테스트를 위한 국제 표준이다.
- 제품 설명서, 사용자 문서 및 프로그램으로 구분하여 각각 품질 요구사항을 규정하고 있다.

24 ②

클린 코드(Clean Code)

- 깔끔하게 잘 정리된 코드이다.
- 중복 코드 제거로 애플리케이션의 설계가 개선된다.
- 가독성이 높아 애플리케이션의 기능에 대해 쉽게 이해할 수 있다.
- 버그를 찾기 쉬워지며, 프로그래밍 속도가 빨라진다.
- 클린 코드 최적화 원칙 : 가독성, 단순성, 의존성 배제, 중복성 최소화, 추상화

25 ④

블랙박스 테스트 종류 : 동치 분할 검사, 경계값 분석, 원인-효과 그래프 검사, 오류 예측 검사, 비교 검사 등

오답 피하기

조건, 루프 검사는 내부를 들여다봐야 하므로 화이트 박스 테스트에 해당한다.

26 ②

- 순환 복잡도 : V(G) = E−N+2 = 6−4+2 = 4
- E : 화살표 수, N은 노드 수(점)

27 ④

오름차순 선택 정렬의 경우 각 pass 마다 가장 작은 값이 맨 앞으로 이동한다.

• 초 기	37	14	17	40	35
• 1pass	14	37	17	40	35
• 2pass	14	17	37	40	35
• 3pass	14	17	35	40	37
• 4pass	14	17	35	37	40

28 ①

형상 관리 도구(SVN) 주요 명령어

Import	아무것도 없는 서버의 저장소에 맨 처음 소스 파일을 저장한다.
Check-in	체크아웃으로 가져온 파일을 수정한 뒤 저장소(Repository)에 새로운 버전으로 갱신한다.
Check-out	타 개발자가 수정 작업을 위하여 저장소(Repository)에 저장된 파일을 자신의 작업 공간으로 인출한다.
Commit	체크인 시 이전 갱신 사항이 있는 경우 충돌(Conflict)이 있을 경우 알림을 표시하고 diff(코드 비교)도구를 이용하여 수정한 뒤 Commit(예치) 과정 수행한다.
Diff	새로운 개발자가 추가된 파일의 수정 기록(Change Log)을 보면서 기존 개발자가 처음 추가한 파일과 이후 변경된 파일의 차이를 본다(Diff).

29 ①

- Preorder 의 순회 순서는 Root → Left → Right이다.
- A ❶ ❷
- A B D C ❸ F
- A B D C E G H F
- 1번째 A가 검색된다.

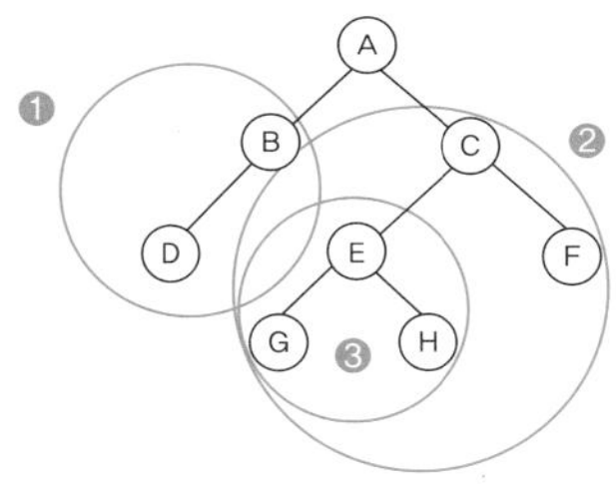

30 ③

소프트웨어 품질 목표(Software Quality And Goals)

- 정확성(Correctness) : 사용자의 요구 기능을 충족시키는 정도를 의미한다.
- 신뢰성(Reliability) : 정확하고 일관된 결과를 얻기 위해 요구된 기능을 오류 없이 수행하는 정도를 의미한다.
- 효율성(Efficiency) : 요구되는 기능을 수행하는 데 필요한 자원의 소요 정도나 자원의 낭비 정도를 의미한다.
- 무결성(Integrity) : 허용되지 않는 사용이나 자료의 변경을 제어하는 정도를 의미한다.
- 이식성(Portability) : 다양한 하드웨어 환경에서도 운용 가능하도록 쉽게 수정될 수 있는 정도를 의미한다.

31 ③

알고리즘 설계 기법 : 분할 정복법(Divide & Conquer), 동적 계획법(Dynamic Programming), 탐욕법(Greedy Method), 퇴각 검색법(Backtracking), 분기 한정법(Branch & Bound), 근사 해법(Approximation Algorithm)

32 ③

형상 관리 도구

- 소프트웨어 개발 생명주기 전반에 걸쳐 생성되는 소스 코드와 문서 등과 같은 산출물의 종합 및 변경 과정을 체계적으로 관리하고 유지하는 일련의 개발 관리 활동이다.
- 소프트웨어에 가시성과 추적 가능성을 부여하여 제품의 품질과 안전성을 높인다.
- 형상 식별, 형상 통제, 형상 상태 보고, 형상 감사를 통하여 변경사항을 관리한다.
- 이전 리비전이나 버전에 대한 정보에 접근 가능하여 배포본 관리에 유용하다.
- 불필요한 사용자의 소스 수정을 제한할 수 있다.
- 동일한 프로젝트에 대해 여러 개발자 동시 개발이 가능하다.

33 ④

패키징 도구 활용 시 고려사항

- 사용자에게 배포되는 소프트웨어임을 고려하여 반드시 내부 콘텐츠에 대한 암호화 및 보안을 고려한다.
- 다양한 이기종 콘텐츠 및 단말기 간 DRM 연동을 고려한다.
- 사용자 편의성을 위한 복잡성 및 비효율성 문제를 고려한다.
- 제품 소프트웨어에 적합한 암호화 알고리즘을 적용하여 범용성에 지장이 없도록 고려한다.

34 ③

DRM 요소 기술 : 암호화, 키 관리, 암호화 파일 생성, 식별 기술, 저작권 표현, 정책 관리, 크랙 방지, 인증, 인터페이스, 이벤트 보고, 사용 권한

35 ④

Partitioning 유형 : Range Partitioning, List Partitioning, Composite Partitioning, Hash Partitioning

36 ①

하향식 통합 검사(Top Down Integration Test)

- 상위 컴포넌트를 테스트하고 점증적으로 하위 컴포넌트를 테스트한다.
- 주요 제어 모듈 기준으로 아래로 통합하며 진행한다.
- 하위 컴포넌트 개발이 완료되지 않은 경우 스텁(Stub)을 사용하기도 한다.
- 우선 통합법, 깊이 우선 통합법, 너비 우선 통합법 등이 있다.

37 ④

AJAX(Asynchronous Javascript And Xml)

- JavaScript를 사용한 비동기 통신 기술로 클라이언트와 서버 간에 XML 데이터를 주고받는 기술이다.
- 브라우저가 가지고 있는 XMLHttpRequest 객체를 이용해서 전체 페이지를 새로 고치지 않고도 페이지 일부만을 위한 데이터를 로드하는 기법이다.

38 ④

재공학의 장점 : 개발 시간 및 비용 감소, 품질 향상, 생산성 향상, 신뢰성 향상, 구축 방법에 대한 지식의 공유, 프로젝트 실패 위험 감소

39 ②

인수 테스트

- 일반적인 테스트 레벨의 가장 마지막 상위 레벨로, SW 제품에 대한 요구사항이 제대로 이행되었는지 확인하는 단계이다.
- 테스팅 환경을 실 사용자 환경에서 진행하며 수행하는 주체가 사용자이다.
- 알파, 베타 테스트와 가장 밀접한 연관이 있다.

40 ②

차수는 하위 노드(가지)가 최대인 노드의 개수를 의미한다. 트리의 최대 하위 노드(분기)는 3개이다.

과목 03 데이터베이스 구축

41 ③

보이스 코드 정규형은 비결정자에 의한 함수 종속을 제거하여 모든 결정자가 후보키가 되도록 하는 데 있다.

42 ④

관계형 데이터베이스 모델의 용어

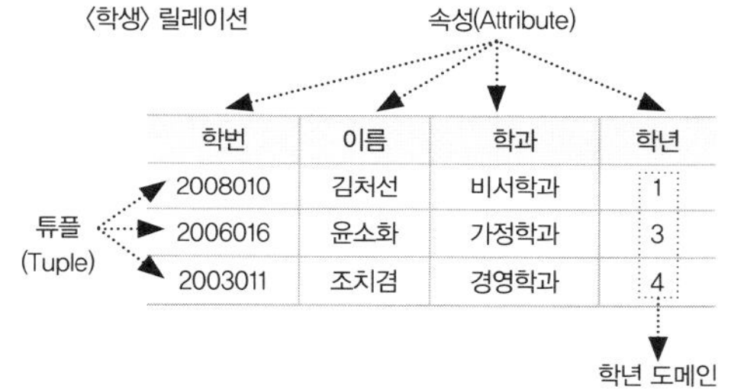

43 ③

트랜잭션의 연산

- Commit 연산 : 트랜잭션 실행이 성공적으로 종료되었음을 선언한다.
- Rollback 연산 : 트랜잭션 실행이 실패하였음을 선언한다.

오답 피하기

트랜잭션의 특성

- 원자성(Atomicity) : 트랜잭션의 연산은 데이터베이스에 모두 반영되든지, 아니면 전혀 반영되지 않아야 한다.
- 일관성(Consistency) : 트랜잭션이 그 실행을 성공적으로 완료하면 언제나 일관성 있는 데이터베이스 상태로 변환한다.
- 격리성(Isolation, 고립성) : 둘 이상의 트랜잭션이 동시에 병행 실행되는 경우 어느 하나의 트랜잭션 실행 중에 다른 트랜잭션의 연산이 끼어들 수 없다.
- 영속성(Durability, 지속성) : 트랜잭션에 의해서 생성된 결과는 계속 유지되어야 한다.

44 ②

SELECT DISTINCT 학년 FROM R1;

- DISTINCT 명령은 검색된 레코드 중 중복된 레코드를 제외하는 명령이다.
- R1 테이블에서 학년을 검색하되 중복을 제거한다.
- 1, 1, 2, 2, 3 → 1, 2, 3

45 ④

- DDL의 종류 : CREATE, DROP, ALTER
- DML의 종류 : SELECT, INSERT, DELETE, UPDATE
- DCL의 종류 : GRANT, REVOKE, COMMIT, ROLLBACK

46 ④

로킹(Locking) : 로킹 단위가 커지면 로크의 수가 적어 관리가 쉬워지지만, 병행성 수준이 낮아지고, 로킹 단위가 작으면 로크의 수가 많아 관리가 어려워지지만, 병행성 수준이 높아진다.

47 ①

무결성(Integrity)

- 개체 무결성 : 기본키의 값은 널 값이나 중복 값을 가질 수 없다는 제약조건
- 참조 무결성 : 참조할 수 없는 외래키 값을 가질 수 없다는 제약조건

48 ①

뷰(View)의 특징

- 뷰의 생성 시 CREATE문, 검색 시 SELECT문, 제거 시 DROP문을 이용한다.
- 뷰를 이용한 또 다른 뷰의 생성이 가능하다.
- 하나의 뷰 제거 시 그 뷰를 기초로 정의된 다른 뷰도 함께 삭제된다.
- 뷰 위에 또 다른 뷰를 정의할 수 있다.
- DBA는 보안 측면에서 뷰를 활용할 수 있다.
- 뷰는 물리적으로 존재하지 않는 가상화된 테이블이다.
- 논리적 독립성을 제공하고 사용자 데이터 관리가 용이하다.

49 ④

분산 데이터베이스의 목표

- 위치 투명성(Location Transparency) : 하드웨어와 소프트웨어의 물리적 위치를 사용자가 알 필요가 없다.
- 중복(복제) 투명성(Replication Transparency) : 사용자에게 통지할 필요 없이 시스템 안에 파일들과 자원들의 부가적인 복사를 자유롭게 할 수 있다.
- 병행 투명성(Concurrency Transparency) : 다중 사용자들이 자원들을 자동으로 공유할 수 있다.
- 장애 투명성(Failure Transparency) : 사용자들은 어느 위치의 시스템에 장애가 발생했는지 알 필요가 없다.

50 ③

정규화(Normalization)의 개념

- 함수적 종속성 등의 잘못 설계된 관계형 스키마를 더 작은 속성의 세트로 쪼개어 바람직한 스키마로 만들어 가는 과정이다.
- 데이터베이스의 논리적 설계 단계에서 수행한다.
- 데이터 구조의 안정성을 최대화한다.
- 중복을 배제하여 삽입, 삭제, 갱신 이상의 발생을 방지한다.
- 데이터 삽입 시 릴레이션을 재구성할 필요성을 줄인다.

51 ②

이행 함수적 종속 : A → B이고 B → C일 때 A → C인 관계

52 ④

Division

- Division에서 나누어지는 릴레이션은 나누는 릴레이션(학과 릴레이션)의 모든 속성을 포함하고 있다.
- 연산 표현은 R÷S를 사용한다.
- 나눌(제수) S 테이블이 포함된 레코드를 대상 R 테이블에서 검색하여 결과 중 나눌 테이블 필드를 제외한 필드만 출력한다.

53 ④

BETWEEN ~ AND

- 구간값 조건식이다.
- BETWEEN 170 AND 180 은 170~180까지의 범위를 의미한다.
- BETWEEN 〉=170 AND 〈= 180로 표현할 수 있다.

54 ①

즉각 갱신법

- 데이터를 갱신하면 트랜잭션이 완료되기 전에 실제 데이터베이스에 반영하는 방법이다.
- 회복 작업을 위해서 갱신 내용을 별도 Log로 기록해야 한다.
- Redo, Undo 모두 사용 가능하다.

55 ③

- DDL의 종류 : CREATE, DROP, ALTER
- DML의 종류 : SELECT, INSERT, DELETE, UPDATE

56 ①

제1정규형

- 어떤 릴레이션에 속한 모든 도메인이 원자값(Atomic Value)만으로 되어 있는 릴레이션이다.
- 하나의 속성만 있어야 하고 반복되는 속성은 별도 테이블로 분리한다.

57 ②

순수 관계 연산의 종류

- Select(σ) : 튜플 집합 검색
- Project(π) : 속성 집합 검색
- Join($\bowtie$) : 두 릴레이션의 공통 속성은 연결
- Division(÷) : 두 릴레이션에서 특정 속성을 제외한 속성만 검색

오답 피하기

Cartesian Product는 집합 연산자이다.

58 ④

그룹 함수의 종류(집계 함수)

종류	설명
COUNT	• 테이블의 행의 수를 계산할 때 • 표현식 : COUNT(*)
SUM	• 하나 또는 여러 개의 열 합계를 구할 때 • 표현식 : SUM(열 이름)
AVG	• 하나 또는 여러 개의 열 평균을 구할 때 • 표현식 : AVG(열 이름)
MAX	• 해당 열의 최댓값을 구할 때 • 표현식 : MAX(열 이름)
MIN	• 해당 열의 최솟값을 구할 때 • 표현식 : MAX(열 이름)

59 ④

이상(Anomaly) 현상

데이터 중복으로 인해 릴레이션 조작 시 예상하지 못한 곤란한 현상이 발생하는 것을 의미한다.

오답 피하기

이상 현상

- 삽입 이상(Insertion Anomaly) : 데이터를 삽입할 때 불필요한 데이터가 함께 삽입되는 현상이다.
- 삭제 이상(Deletion Anomaly) : 릴레이션의 한 튜플을 삭제함으로써 연쇄 삭제로 인해 정보의 손실을 발생시키는 현상이다.
- 갱신 이상(Updating Anomaly) : 튜플 중에서 일부 속성을 갱신함으로써 정보의 모순성이 발생하는 현상이다.

60 ④

릴레이션의 특징

- 테이블의 열(Column)에 해당하며 모든 속성값은 원자값이다.
- 한 릴레이션의 속성은 원자값이며, 속성 간 순서가 없다.
- 모든 튜플은 서로 다른 값을 가지며 튜플 사이에는 순서가 없다.

과목 04 프로그래밍 언어 활용

61 ①

if ~ else문

```
if(조건식)
  조건식의 결과가 참일 때 실행하는 명령문;
else
  조건식의 결과가 거짓일 때 실행하는 명령문;
```

삼항 연산자

```
조건식 ? 참일 때 명령문 : 거짓일 때 명령문
```

62 ③

버퍼 오버플로(Buffer Overflow)

- 버퍼가 오버플로우 되는 순간에 사용자가 원하는 임의의 명령어를 수행시킬 수 있다.
- 버퍼에 할당된 메모리의 경계를 침범해서 데이터 오류를 발생하게 하는 공격이다.

63 ③

UNIX 쉘 스크립트(Shell Script) 제어문

- 조건문 : if, case
- 반복문 : for, while
- 기타 : select, continue, until

64 ①

- IPv4 : 32비트의 주소 체계를 사용한다.
- IPv6 : 128비트의 주소 체계를 사용한다.

65 ③

효과적인 모듈화 설계 방법

- 응집도는 강하게, 결합도는 약하게 설계한다.
- 복잡도와 중복성을 줄이고 일관성을 유지할 수 있도록 설계한다.
- 유지보수가 용이하도록 설계한다.
- 모듈 크기는 시스템의 전반적인 기능과 구조를 이해하기 쉬운 크기로 설계한다.
- 모듈 기능은 예측이 가능해야 하며 지나치게 제한적이어서는 안 된다.

66 ③

HRN(Highest Response－ratio Next)

$$우선순위\ 계산식 = \frac{(대기\ 시간 + 서비스를\ 받을\ 시간)}{서비스를\ 받을\ 시간}$$

A : (5 + 20) / 20 = 1.25
B : (40 + 20) / 20 = 3
C : (15 + 45) / 45 = 1.33
D : (20 + 2) / 2 = 11
작업 순서 : D → B → C → A

67 ③

- 매크로 프로세서, 어셈블러, 컴파일러 등은 시스템 소프트웨어(System Software)의 종류이다.
- 운영체제의 종류 : MS－DOS, Windows 10, LINUX, UNIX, OS/2 등

68 ④

배치 프로그램(Batch Program)의 필수 요소

- 대용량 데이터 : 대용량의 데이터를 처리할 수 있어야 한다.
- 자동화 : 심각한 오류 상황 외에는 사용자의 개입 없이 동작해야 한다.
- 견고성 : 유효하지 않은 데이터의 경우에도 처리해서 비정상적인 동작 중단이 발생하지 않아야 한다.
- 안정성 : 어떤 문제가 생겼는지, 언제 발생했는지 등을 추적할 수 있어야 한다.
- 성능 : 주어진 시간 내에 처리를 완료할 수 있어야 하고, 동시에 동작하고 있는 다른 애플리케이션을 방해하지 말아야 한다.

69 ②

TCP 프로토콜의 기본 헤더 크기는 20byte이고 60byte까지 확장 가능하다.

70 ④

응집도 유형

- 기능적 응집도 : 한 모듈 내부의 한 기능 요소에 의한 출력 자료가 다음 기능 원소의 입력 자료로써 제공되는 경우의 응집도
- 순차적 응집도 : 모듈의 구성 요소가 하나의 활동으로부터 나온 출력 자료를 그다음 활동의 입력 자료로 사용하는 같은 모듈 내에서의 응집도
- 교환적 응집도 : 동일한 입력과 출력을 사용하는 소 작업들이 모인 모듈에서 볼 수 있는 응집도
- 절차적 응집도 : 모듈이 다수의 관련 기능을 가질 때 모듈 내부의 기능 요소들이 그 기능을 순차적으로 수행할 경우의 응집도
- 시간적 응집도 : 특정 시간에 처리되는 여러 기능을 모아 한 개의 모듈로 작성할 경우의 응집도
- 논리적 응집도 : 유사한 성격을 갖거나 특정 형태로 분류되는 처리 요소들로 하나의 모듈이 형성되는 경우의 응집도
- 우연적 응집도 : 서로 간에 어떠한 의미 있는 연관 관계도 지니지 않은 기능 요소로 구성되는 경우의 응집도

71 ①

OSI 7계층

- 물리 계층 : 물리적인 장치와 인터페이스가 전송을 위해 필요한 기계적, 전기적, 기능적, 절차적 기능을 정의한다.
- 데이터 링크 계층 : 인접한 두 개의 통신 시스템 간에 신뢰성 있는 효율적인 데이터를 전송할 수 있다.
- 네트워크 계층 : 경로 설정 및 네트워크 연결 관리를 수행한다.
- 전송 계층 : 통신 양단간(End-to-End) 투명한 데이터 전송을 제공한다.
- 세션 계층 : 프로세스 간에 대한 연결을 확립, 관리, 단절시키는 수단을 제공한다.
- 표현 계층 : 응용 계층과 세션 계층 사이에서 데이터 변환을 담당한다.
- 응용 계층 : 사용자에게 서비스를 제공한다.

72 ③

결합도 정도(약 〈 강) : 데이터 결합도(Data Coupling) 〈 스탬프 결합도(Stamp Coupling) 〈 제어 결합도(Control Coupling) 〈 외부 결합도(External Coupling) 〈 공통 결합도(Common Coupling) 〈 내용 결합도(Content Coupling)

73 ④

- 10K 크기의 프로그램이 할당되려면 사용하지 않는 메모리인 NO.1, NO.2, NO.5 중에서 메모리 크기가 10K 이상인 NO.2, NO.5에 할당될 수 있다.
- NO.2에 할당되면 내부 단편화가 2K 발생하고, NO.5에 할당되면 내부 단편화가 6K 발생한다.
- 최악 적합(Worst-Fit)은 적재 가능한 공간 중에서 가장 큰 공백이 남는 부분에 배치하는 기법으로 NO.5에 할당된다.

74 ①

서브네팅(Subnetting)

- subnet 10개와 네트워크 및 브로드캐스트 주소 2개까지 모두 12개를 커버하려면 2^4(=16)개가 필요하므로, 네트워크 대역의 끝 4자리를 0으로 처리한다.
- Subnet Mask : 200.1.1. 11110000 → 255.255.255.240
- **네트워크 Bandwidth**

200.1.1. 00000000 = 200.1.1.**0** ~ 200.1.1.**15**
200.1.1. 00010000 = 200.1.1.**16** ~ 200.1.1.**31**
200.1.1. 00100000 = 200.1.1.**32** ~ 200.1.1.**47**
200.1.1. 00110000 = 200.1.1.**48** ~ 200.1.1.**63**
200.1.1. 01000000 = 200.1.1.**64** ~ 200.1.1.**79**
200.1.1. 01010000 = 200.1.1.**80** ~ 200.1.1.**95**
200.1.1. 01100000 = 200.1.1.**96** ~ 200.1.1.**111**
200.1.1. 01110000 = 200.1.1.**112** ~ 200.1.1.**127**
200.1.1. 10000000 = 200.1.1.**128** ~ 200.1.1.**143**
200.1.1. 10010000 = 200.1.1.**144** ~ 200.1.1.**159**

- Broadcast IP 주소 : 200.1.1.159

75 ③

- 인덱스는 0부터 시작한다.
- 역순으로 맨 오른쪽의 인덱스는 -1, 그 앞은 -2, 그 앞은 -3이다.
- [x:y] : 인덱스 x부터 (y-1)까지 추출하므로 string[0:3]은 인덱스 0부터 2까지 'Hel'이 출력된다.
- [x:] : 인덱스 x부터 끝까지 추출하므로 string[-3:]은 인덱스 -3부터 끝까지 'rld'가 출력된다.
- string[0:3] + string[-3:] : Helrld

76 ③

파이썬 변수명 작성 규칙

- 영문 대소문자(A~Z, a~z), 숫자(0~9), '_'를 혼용하여 사용할 수 있다.
- 첫 글자는 영문자나 '_'로 시작해야 한다.
- 영문자는 대소문자를 구분한다.
- 공백을 포함할 수 없다.
- 예약어(Reserved Word)를 사용할 수 없다.

77 ③

결합도 종류

데이터 결합도 (Data Coupling)	한 모듈이 파라미터나 인수로 다른 모듈에게 데이터를 넘겨주고 호출받은 모듈은 받은 데이터에 대한 처리 결과를 다시 돌려주는 경우의 결합도
스탬프 결합도 (Stamp Coupling)	두 모듈이 동일한 자료 구조를 조회하는 경우의 결합도
제어 결합도 (Control Coupling)	한 모듈이 다른 모듈의 내부 논리 조직을 제어하기 위한 목적으로 제어 신호를 이용하여 통신하는 경우의 결합도
외부 결합도 (External Coupling)	한 모듈에서 외부로 선언한 변수를 다른 모듈에서 참조할 경우의 결합도
공통 결합도 (Common Coupling)	한 모듈이 다른 모듈에 제어 요소를 전달하고 여러 모듈이 공통 자료 영역을 사용하는 경우의 결합도
내용 결합도 (Content Coupling)	한 모듈이 다른 모듈의 내부 기능 및 그 내부 자료를 참조하는 경우의 결합도

78 ③

for 반복문

일정 횟수만큼 반복 수행할 때 사용한다.

문법 구조

```
for(초기식; 조건식; 증감식)
{
  명령문1;
  ...
  명령문n;
}
```

- 반복 변수를 초기화하는 초기식은 한 번만 수행되고 조건식을 만족하면 하위 명령문을 수행한 후 증감식을 수행하고 조건식을 검사한다.
- i가 1일 때 i<=10을 만족하므로 sum은 1이 된다.
- i가 3일 때 i<=10을 만족하므로 sum은 4가 된다.
- i가 5일 때 i<=10을 만족하므로 sum은 9가 된다.
- i가 7일 때 i<=10을 만족하므로 sum은 16이 된다.
- i가 9일 때 i<=10을 만족하므로 sum은 25가 된다.
- i가 11일 때 i<=10을 만족하지 않으므로 sum 변수값인 정수 25를 출력한다.

79 ③

- ls : 현재 디렉터리 내의 모든 파일을 표시한다.
- cat : 파일의 내용을 화면에 표시한다.
- fork : 새로운 프로세스를 생성한다.
- chmod : 파일의 사용 권한을 지정한다.

80 ①

C언어의 기본 자료형

자료형	예약어	크기
정수형	int	2Byte
	long	4Byte
실수형	float	4Byte
	double	8Byte
문자형	char	1Byte

과목 05 정보 시스템 구축 관리

81 ③

디지털 트윈 : 물리적인 사물과 컴퓨터에 동일하게 표현되는 가상 모델로 실제 물리적인 자산 대신 소프트웨어로 가상화함으로써 실제 자산의 특성에 대한 정확한 정보를 얻을 수 있고, 자산 최적화, 돌발사고 최소화, 생산성 증가 등 설계부터 제조, 서비스에 이르는 모든 과정의 효율성을 향상시킬 수 있는 모델이다.

오답 피하기

N-Screen : 하나의 콘텐츠를 다양한 정보통신 기기에서 이용할 수 있는 네트워크 서비스를 말한다. 스마트기기로 시청하던 영상을 TV로 이어보는 기능이다.

82 ②

정보 보안의 3대 요소 : 기밀성(Confidentiality), 무결성(Integrity), 가용성(Availability)

83 ④

매시업(Mashup) : 웹 서비스 업체들이 제공하는 각종 콘텐츠와 서비스를 조합하여 새로운 웹 서비스를 만들어내는 것을 의미한다.

84 ①

기능 점수 비용 산정 요소 : 코드라인 수, 데이터 파일 수, 문서 페이지 수, 입력 유형의 수, 출력 보고서의 수, 외부 루틴과의 인터페이스 수, 명령어(사용자 질의 수)

85 ②

블록 암호(Block Cipher)화 방식

- 평문을 블록 단위로 암호화하는 대칭키 암호 시스템이다.
- 종류 : DES, AES, SEED, ECB, CBC, OFB

86 ②

Putnam

소프트웨어 개발 프로젝트의 생명주기 전 과정 동안 노력의 특수한 분포(Rayleigh)를 가정해주는 동적 다변수 모델이다.

SLIM

- Putnam 모형 기반의 자동화 추정 도구이다.
- 푸트남(Putnam)이 제안한 것으로 생명주기 예측 모형이라고도 한다.
- 시간에 따른 함수로 표현되는 Rayleigh–Norden 곡선의 노력 분포도를 기초로 한다.

87 ④

RSA(Rivest Shamir Adleman)

- 비대칭 암호화 알고리즘 중에서 가장 많은 지지를 받으면서 오늘날 산업 표준으로 사용되는 방법이다.
- 큰 숫자를 소인수분해하기 어렵다는 기반하에 1978년 MIT에 의해 제안된 공개키 암호화 알고리즘이다.
- MIT의 로널드 리베스트(Ronald Rivest), 아디 샤미르(Adi Shamir), 레오나르도 애들먼(Leonard Adleman)이 고안하였다.

88 ④

COCOMO 프로젝트 유형

Organic Mode 유기적 모드	일괄 자료 처리나 과학 기술 계산용, 비즈니스 자료 처리용의 5만 라인 이하의 중소 규모 소프트웨어를 개발하는 유형
Semi-Detached Mode 반결합 모드	트랜잭션 처리 시스템이나 운영체제, 데이터베이스 관리 시스템 등의 30만 라인 이하의 소프트웨어를 개발하는 유형
Embedded Mode 내장 모드	최대형 규모의 트랜잭션 처리 시스템이나 운영체제 등의 30만 라인 이상의 소프트웨어를 개발하는 유형

89 ①

Data Mining : 대량의 Big Data 가운데 숨겨져 있는 변수 사이의 상호관계를 규명하여 일정한 패턴을 찾아 미래에 실행 가능한 정보를 도출하여 의사 결정에 이용하는 과정이다.

90 ④

Mesh Network : 기존 무선 랜의 한계 극복을 위해 등장하였으며, 대규모 디바이스의 네트워크 생성에 최적화되어 차세대 이동통신, 홈네트워킹, 공공 안전 등의 특수 목적을 위한 새로운 방식의 네트워크 기술이다.

오답 피하기

VPN(Virtual Private Network) : 공용인 인터넷망을 전용선처럼 사용할 수 있도록 특수 통신 체계와 암호화 기법을 제공하는 서비스이다.

91 ②

분산 서비스 거부(DDoS : Distributed Denial of Service)

- 여러 곳에 분산된 공격 지점에서 한 곳의 서버에 대해 분산 서비스 공격을 수행하는 공격 방법이다.
- 공격 종류 : Trinoo, Tribe Flood Network, Stacheldraht, Reflector Attack

92 ③

- 모든 작업을 거치려면 2일 + 3일 + 5일 + 4일 = 14일
- 짧은 작업보다 긴 작업을 선택해서 계산해야 그 시간 안에 모든 일을 처리할 수 있게 된다.

오답 피하기

CPM(Critical Path Method)

- 프로젝트 완성에 필요한 작업을 나열하고 작업에 필요한 소요 기간을 예측하는 기법이다.
- 노드와 간선으로 구성되며, 노드는 작업을 표시하고 간선은 작업 사이의 전후 의존 관계를 나타낸다.
- 박스 노드는 프로젝트의 중간 점검을 뜻하는 이정표로, 이 노드 위에 예상 완료 시간을 표시한다.
- 한 이정표에서 다른 이정표에 도달하기 전의 작업이 모두 완료되어야만 다음 작업 진행이 가능하다.

93 ③

RIP(Routing Information Protocol)

- 최단 경로 탐색에는 Bellman–Ford 알고리즘을 사용하는 거리 벡터 라우팅 프로토콜이다.
- 최적의 경로를 산출하기 위한 정보로서 홉(거리값)만을 고려하므로, RIP를 선택한 경로가 최적의 경로가 아닌 경우가 많이 발생할 수 있다.
- 소규모 네트워크 환경에 적합하다.
- 최대 홉 카운트를 15홉 이하로 한정하고 있다.

94 ①

폭포수 모형(Waterfall Model)

- Boehm이 제시한 고전적 생명주기 모형으로, 소프트웨어 개발 과정의 각 단계가 순차적으로 진행되는 모형이다.
- 선형 순차적 모델이라고도 한다.
- 개발 단계 : 타당성 검사 → 계획 → 요구분석 → 설계 → 구현 → 시험(검사) → 운용 → 유지보수

95 ②

나선형 모형(Spiral Model)

- Boehm이 제시하였으며, 반복적인 작업을 수행하는 점증적 생명주기 모형이다.
- 점증적 모형, 집중적 모형이라고도 한다.
- 개발 단계 : 계획 수립(Planning) → 위험 분석(Risk Analysis) → 공학적 개발(Engineering) → 고객 평가(Customer Evaluation)

96 ①

합성 중심 (Composition-Based) : 전자 칩과 같은 소프트웨어 부품, 즉 블록(모듈)을 만들어서 끼워 맞추는 방법으로 소프트웨어를 완성시키는 재사용 방법이다(블록 구성 방법).

오답 피하기

생성 중심(Generation-Based) : 추상화 형태로 쓰여진 명세를 구체화하여 프로그램을 만드는 방법이다(패턴 구성 방법).

97 ③

KISA 소프트웨어 개발 보안 가이드/보안 기능/하드 코드된 비밀번호

- 프로그램 코드 내에 데이터를 직접 입력하는 하드 코드된 패스워드를 포함시켜 사용하여 관리자의 정보가 노출되는 보안 약점이다.
- 패스워드는 암호화하여 별도의 파일에 저장하여 사용하고 디폴트 패스워드 대신 사용자 입력 패스워드를 사용함으로써 방지할 수 있다.

안전하지 않은 코드의 예 JAVA

```
public class MemberDAO {
private static final String DRIVER = "oracle.jdbc.driver.OracleDriver";
private static final String URL = "jdbc:oracle:thin:@192.168.0.3:1521:ORCL";
private static final String USER = "SCOTT"; // DB ID;
//DB 패스워드가 소스 코드에 평문으로 저장되어 있다.
private static final String PASS = "SCOTT"; // DB PW;
......
public Connection getConn( ) {
Connection con = null;
try {
Class.forName(DRIVER);
con = DriverManager.getConnection(URL, USER, PASS);
......
```

안전한 코드의 예 JAVA

```
public class MemberDAO {
private static final String DRIVER = "oracle.jdbc.driver.OracleDriver";
private static final String URL = "jdbc:oracle:thin:@192.168.0.3:1521:ORCL";
private static final String USER = "SCOTT"; // DB ID
......
public Connection getConn( ) {
Connection con = null;
try {
Class.forName(DRIVER);
//암호화된 패스워드를 프로퍼티에서 읽어들어 복화해서 사용해야한다.
String PASS = props.getProperty("EncryptedPswd");
byte[] decryptedPswd = cipher.doFinal(PASS.getBytes( ));
PASS = new String(decryptedPswd);
con = DriverManager.getConnection(URL, USER, PASS);
......
```

98 ③

SPICE

- 소프트웨어 개발 표준 중 소프트웨어 품질 및 생산성 향상을 위해 소프트웨어 프로세스를 평가 및 개선하는 국제 표준이다.
- 미 국방성의 CMM과 유사한 프로세스 평가를 위한 모델을 제시하며 심사 과정도 제안하고 있다.

99 ④

Seven Touchpoints

실무적으로 검증된 개발 보안 방법론 중 하나로써 SW 보안의 모범 사례를 SDLC(Software Development Life Cycle)에 통합한 소프트웨어 개발 보안 생명주기 방법론이다.

오답 피하기

CLASP(Comprehensive Lightweight Application Security Process)

- SW 개발 보안 방법론 중 하나이다.
- 소프트웨어 개발 생명주기(SDLC) 초기 단계에 보안 강화를 목적으로 하는 정형화된 프로세스로써, 활동 중심, 역할 기반의 프로세스로 구성된 집합체이다. 이미 운영 중인 시스템에 적용하기 좋다.

100 ①

버스형(Bus)

- 한 개의 통신 회선에 여러 개의 사이트가 연결된 형태이다.
- 한 사이트의 고장은 나머지 사이트 간의 통신에 아무런 영향을 주지 않는다.

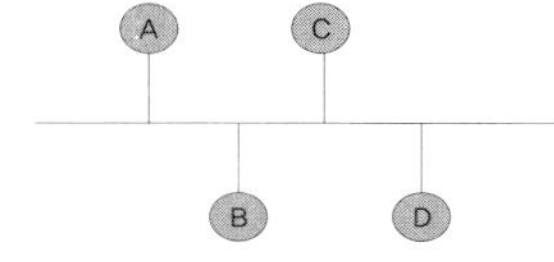

MEMO

MEMO

MEMO

자격증은 이기적!

이기적 강의는
무조건 0원!

이기적 영진닷컴 

강의를 듣다가
궁금한 사항은?